Bewegte Zeiten
Archäologie in Deutschland

Bundespräsident
Frank-Walter Steinmeier
hat die Schirmherrschaft über die Ausstellung
„Bewegte Zeiten. Archäologie in Deutschland"
übernommen

BEWEGTE ZEITEN
ARCHÄOLOGIE IN DEUTSCHLAND

herausgegeben von Matthias Wemhoff und Michael M. Rind

Museum für Vor- und Frühgeschichte, Staatliche Museen zu Berlin
Verband der Landesarchäologen in der Bundesrepublik Deutschland

EIN BEITRAG ZUM
EUROPÄISCHEN KULTURERBEJAHR 2018
SHARING HERITAGE

MICHAEL IMHOF VERLAG

Impressum

Begleitband zur Ausstellung
Bewegte Zeiten. Archäologie in Deutschland

21. September 2018 bis 6. Januar 2019
Gropius Bau, Berlin

Ausstellung

Gesamtleitung
Matthias Wemhoff (Direktor Museum für Vor- und Frühgeschichte, Staatliche Museen zu Berlin)
Michael M. Rind (Vorsitzender Verband der Landesarchäologen)

Kuratoren
Benjamin Wehry
Susanne Kuprella
(Museum für Vor- und Frühgeschichte, Staatliche Museen zu Berlin)

Ausstellungsbüro
Susanne Kuprella
Raimund Masanz
Benjamin Wehry
unter Mitarbeit von
Bernhard S. Heeb
Anna-Sophie Karl
Clara von der Osten-Sacken
Anne Sklebitz
(Museum für Vor- und Frühgeschichte, Staatliche Museen zu Berlin)

Wissenschaftlicher Beirat Verband der Landesarchäologen
Sylvia Codreanu-Windauer (Bayerisches Landesamt für Denkmalpflege)
Henning Haßmann (Niedersächsisches Landesamt für Denkmalpflege)
Jürgen Kunow (LVR-Amt für Bodendenkmalpflege im Rheinland)
Harald Meller (Landesamt für Denkmalpflege und Archäologie Sachsen Anhalt, Landesmuseum für Vorgeschichte)
Udo Recker (Landesamt für Denkmalpflege Hessen)
Michael M. Rind (LWL-Archäologie für Westfalen)
Franz Schopper (Brandenburgisches Landesamt für Denkmalpflege und Archäologisches Landesmuseum)

Ausstellungstexte
Bernhard S. Heeb
Susanne Kuprella
Raimund Masanz
Anne Sklebitz
Benjamin Wehry
Matthias Wemhoff
(Museum für Vor- und Frühgeschichte, Staatliche Museen zu Berlin)

Ausstellungsaufbau
Yvonne de Bordes
Bernhard S. Heeb
Anna-Sophie Karl
Christiane Klähne
Susanne Kuprella
Raimund Masanz
Anne Sklebitz
Luise Tschirner
Benjamin Wehry
(Museum für Vor- und Frühgeschichte, Staatliche Museen zu Berlin)

Restauratorische Betreuung
Claudia Bullack
Anica Kelp
Emelie Kories
Susanne Krebstakies
Philipp Schmidt-Reimann
Franziska Thieme
(Museum für Vor- und Frühgeschichte, Staatliche Museen zu Berlin)

Leihverkehr, Versicherung und Transport
Almut Hoffmann
Raimund Masanz
Benjamin Wehry
(Museum für Vor- und Frühgeschichte, Staatliche Museen zu Berlin)
Susanne Anger
Maren Eichhorn-Johannsen
Ramona Föllmer
(Referat Forschung, Ausstellungen, Projekte, Staatliche Museen zu Berlin)

Besucherdienste und Begleitprogramm
Heike Kropff
Antonia Schneemann
(Referat Bildung, Vermittlung und Besucherdienste, Staatliche Museen zu Berlin)
Christine Reich
Matthias Stier

Öffentlichkeitsarbeit
Mechtild Kronenberg
Fabian Fröhlich
Markus Farr
Anna Mosig
(Referat Presse, Kommunikation und Sponsoring, Staatliche Museen zu Berlin)
Hannah Prinz
Anna Nike Sohrauer
artpress, Ute Weingarten, Alexandra Saheb

Finanzen und Verwaltung
Zoltan Arendt
Christine Köhler
Tanja Lipowski
Armin Peupelmann
Volko Steinig
(Stiftung Preußischer Kulturbesitz)

Ausstellungsgestaltung, Szenographie und Medienkonzeption
harry vetter team (Berlin/Stuttgart)
Harry Vetter, David Winkelmann

Graphikumsetzung
Martina Bolz

Illustrationen
Vincent Burmeister

Medienumsetzung
Architectura Virtualis, Marc Grellert
Laserscan Berlin
Andreas Sawall

Werbung Berlin
SMITH Agentur für Markenkommunikation

Audioguide
tonwelt GmbH

Organisation im Gropius Bau
Katrin Mundorf

Kunsttransport
DB Schenker

Katalog

Herausgegeben für das Museum für Vor- und Frühgeschichte der Staatlichen Museen zu Berlin und den Verband der Landesarchäologen von Matthias Wemhoff und Michael M. Rind

Redaktion und Bildredaktion
Susanne Kuprella
Raimund Masanz
Anne Sklebitz
(Museum für Vor- und Frühgeschichte, Staatliche Museen zu Berlin)

Umschlagabbildung und -gestaltung
SMITH Agentur für Markenkommunikation

Publikationsmanagement
Sigrid Wollmeiner
(Referat Publikation und Merchandising, Staatliche Museen zu Berlin)

Lektorat
Karin Kreuzpaintner, Lektoratsbüro Kreuzpaintner

Gestaltung und Reproduktion
Anja Schneidenbach, Michael Imhof Verlag

© 2018
Michael Imhof Verlag GmbH & Co. KG
Stettiner Straße 25 | D-36100 Petersberg
Tel.: 0661/2919166-0
Fax: 0661/2919166-9
www.imhof-verlag.com
info@imhof-verlag.de

Druck und Bindung
Grafisches Centrum Cuno GmbH & Co. KG, Calbe

ISBN 978-3-7319-0723-7
Printed in EU

In Kooperation mit

Gefördert durch

Medienpartner

Wir danken unseren Leihgebern

Archäologischer Verein im Landkreis Freising e. V.

Archäologisches Landesmuseum Baden-Württemberg

Archäologisches Museum der Stadt Kelheim

Archäologisches Museum Frankfurt

Archäologisches Museum Hamburg

Archäologische Staatssammlung München

Archäologische Zone Köln

AschheiMuseum, Gemeinde Aschheim

Bayerisches Landesamt für Denkmalpflege,
Dst. Nürnberg im Auftrag der Gde. Gallmersgarten,
Lkr. Neustadt a.d. Aisch-Bad Windsheim

Bethel im Norden, Freistatt

Bischöfliches Dom- und Diözesanmuseum
Bistum Münster – Kunstpflege

Brandenburgisches Landesamt für Denkmalpflege
und Archäologisches Landesmuseum

Braunschweigisches Landesmuseum, Braunschweig

Domschatz- und Diözesanmuseum Passau

Federseemuseum Bad Buchau, Zweigmuseum des
Archäologischen Landesmuseums Baden-Württemberg

Focke-Museum, Bremer Landesmuseum für Kunst
und Kulturgeschichte

GDKE – Direktion Landesarchäologie, Außenstelle
Koblenz

GDKE – Direktion Landesmuseum Mainz

Gemeinde Markt Pförring

Gustav-Lübcke-Museum Hamm

Hansestadt Buxtehude

Hansestadt Lübeck, Fachbereich Kultur und Bildung –
Abteilung Archäologie

Hansestadt Stade

Historisches Museum der Pfalz • Speyer

Hochstift Meißen

Industrie Museum Lohne

Jentgens & Partner Archäologie

Kölnisches Stadtmuseum

Landesamt für Archäologie Sachsen

Landesamt für Denkmalpflege Hessen –
Abt. **hessen**ARCHÄOLOGIE

Landesamt für Denkmalpflege im Regierungspräsidium Stuttgart

Landesamt für Denkmalpflege und Archäologie –
Landesmuseum für Vorgeschichte – Sachsen-Anhalt

Landesamt für Kultur und Denkmalpflege
Mecklenburg-Vorpommern, Landesarchäologie

Landesarchäologie Bremen

Lippisches Landesmuseum Detmold

LVR-Archäologischer Park Xanten/LVR-RömerMuseum

LVR-LandesMuseum Bonn

LWL-Archäologie für Westfalen, Münster

Landesdenkmalamt Saarland

Leihgeber

Münster/Stadtarchäologie

Musée d'Archéologie Nationale, Domaine national de Saint-Germain-en-Laye

Museen der Stadt Donauwörth

Museen der Stadt Regensburg – Historisches Museum

Museum bei der Kaiserpfalz, Ingelheim am Rhein

Museum der Stadt Worms im Andreasstift, Worms

Museum Erding

Museum für Archäologie Schloss Gottorf, Landesmuseum Schleswig-Holstein

Museum für Kunst und Kulturgeschichte Dortmund

Museum Quintana – Archäologie in Künzing

Museumsverein Stade e. V.

Museum Wasserschloß Werdringen

Niedersächsisches Landesamt für Denkmalpflege Hannover, Abteilung Archäologie

Niedersächsisches Landesmuseum Hannover

Niedersächsisches Landesmuseum Oldenburg, Landesmuseum Natur und Mensch

Rheinisches Landesmuseum Trier – Generaldirektion Kulturelles Erbe Rheinland-Pfalz

Römermuseum Güglingen

Römisch-Germanisches Museum der Stadt Köln

Staatliche Museen zu Berlin, Antikensammlung

Staatliche Museen zu Berlin, Münzkabinett

Staatliche Museen zu Berlin, Museum für Islamische Kunst

Staatssammlung für Anthropologie und Paläoanatomie München

Stadt Ingelheim am Rhein/Forschungsstelle Kaiserpfalz Ingelheim

Stadt Kamen; FB 40.03 Haus der Stadtgeschichte Kamen

Stadt Krefeld

Stadtmuseum Beckum

Stadt Soest, Stadtarchäologie

Stadt- und Kreisarchäologie Fulda

Stadt- und Residenzmuseum Paderborn/Schloß-Neuhaus

Stiftung Berliner Mauer

Stiftung Humboldt Forum im Berliner Schloss

Stiftung Stadtmuseum Berlin, Sammlung Märkisches Museum

Tell Schech Hamad Archiv, Freie Universität Berlin

Thüringisches Landesamt für Denkmalpflege und Archäologie

Urgeschichtliches Museum Blaubeuren, Zweigmuseum des Archäologischen Landesmuseums Baden-Württemberg

Vereinigte Domstifter zu Naumburg und Merseburg und des Kollegiatstiftes Zeitz

Wetterau-Museum, Friedberg (Hessen)

Private Leihgeber:

Bernd Reineke, Bestweig-Velmede
Harald Hübner
Walter Ehls, Willebadessen
Wissenschaftlicher Nachlass Ernst Wall, Familie Wall (Hansjörg Wall, Überlingen)

Inhalt

12 Grußwort
Monika Grütters

13 Grußwort
Hermann Parzinger

14 Grußwort
Peter Strohschneider, Dorothee Dzwonnek

16 Bewegte Zeiten: Eine Einführung
Matthias Wemhoff, Michael M. Rind

EUROPA VERNETZT

22 Köln: Römische Hafenstadt, Wirtschaftszentrum und Schmelztiegel antiker Kulturen am Rhein
Marcus Trier

40 Ein römisches Binnenschiff im Experiment
Karl Hofmann-von Kap-herr, Christoph Schäfer

MOBILITÄT – MOBIL DURCH DIE JAHRTAUSENDE

46 Es führte (k)ein Weg hinüber …
Hölzerne Wege im Moor als Quellen der Siedlungs- und Verkehrsgeschichte
Andreas Bauerochse, Marion Heumüller

55 Das Mädchen aus dem Uchter Moor
Andreas Bauerochse

56 Jungsteinzeitliche Radfunde von Olzreute
Renate Ebersbach

58 Wohin es die mitteleuropäischen Neandertaler zog, als es richtig kalt wurde
Michael Baales, Olaf Jöris

62 Nacheinander, nebeneinander oder miteinander? Jäger-Sammler und Ackerbauern in der Blätterhöhle. Archäologische und naturwissenschaftliche Erkenntnisse zum spätpaläolithischen, mesolithischen und neolithischen Fundplatz in Hagen, Nordrhein-Westfalen
Jörg Orschiedt, Wolfgang Heuschen, Michael Baales, Birgit Gehlen, Werner Schön, Joachim Burger

72 Als Europa (zu) Europa wurde.
Die großen Migrationen im Neolithikum
Detlef Gronenborn, Wolfgang Haak

78 Brunnen gehören zur Kultur der Linienbandkeramik
Harald Stäuble

82 Herxheim – Ort eines außergewöhnlichen Rituals mit weitgereisten Teilnehmern
Andrea Zeeb-Lanz

92 *Strangers in a strange land* – Die fremden Damen von Petershagen-Ilse
Julia Hallenkamp-Lumpe, Sven Spiong

96 Auf trockenem Fuß durch die Flussniederung.
Die mittellatènezeitliche Brücke von Kirchhain-Niederwald, Kreis Marburg-Biedenkopf (Hessen)
Esther Lehnemann, Christa Meiborg

98 Vom Rhein bis an den Chaboras.
Ein römischer Dolch in Syrien
Benjamin Wehry

100 Fremd oder einheimisch?
Migrationsereignisse in der Völkerwanderungszeit und ihre Nachweismöglichkeiten
Bernd Päffgen, Andreas Rott, Silvia Codreanu-Windauer, Michaela Harbeck

112 Die spätantike Grabgruppe im Kletthamer Feld
Bernd Päffgen, Michaela Harbeck, Harald Krause

114	Die „Prinzessin von Profen". Eine quadische Königstochter besiegelt in der Ferne die germanische Bündnispolitik Harald Meller, Ralf Schwarz	170	**Austausch in der Eisenzeit. Produktion und Distribution im „keltischen" Mitteleuropa** Thomas Stöllner
116	**Mobilität im frühen und hohen Mittelalter** Thomas Wetzstein	180	Quellsalzgewinnung in Bad Nauheim Katharina von Kurzynski
126	Von Mainz über Naumburg nach Meißen und zurück. Der Weg des Naumburger Meisters durch Europa Benjamin Wehry	182	**Römisches im rechtsrheinischen Germanien. Warenaustausch an der Grenze des Imperiums** Hans-Jörg Karlsen
128	Schreibzeug – Ausweis – Werkzeug Markus Marquart	190	**Kleine Geschenke erhalten die Freundschaft – Austausch unter Eliten** Dirk Krausse, Jonathan Scheschkewitz
130	**Religiös bewegt: Pilger in Antike und Mittelalter** Martin Grünewald, Andreas Haasis-Berner	204	Neuer Blick auf alte Funde. Eine reiche Trachtausstattung mit Verbindungen quer durch Deutschland Benjamin Wehry
140	Nach dem Tod noch unterwegs: eine Organseparatbestattung Michael Malliaris	206	Die Leier von Trossingen – Austausch auf höchstem Niveau Barbara Theune-Großkopf
	AUSTAUSCH – WAREN UND WEGE	208	Die Lämmer von Pförring – ein Zeichen frühen Christentums? Hubert Fehr
144	*Manus manum lavat* – Tausch im Neolithikum Michael M. Rind	210	Europäische Kontakte nach Ost und West? Der Herr von Boilstädt Christian Tannhäuser
154	Der neolithische Feuersteinabbau bei Artern (Thüringen) Mario Küßner	212	Fernhandelsgut aus Asien – Schmuck in Europa Elke Nieveler
156	**Schatzfunde aus der Bronzezeit – Indizien für ein weitgespanntes Wirtschafts- und Wertesystem** Henning Haßmann	214	Neue Fragen an alte Funde. Das Grab des Herrn von Morken und das Gräberfeld Bedburg-Königshoven (FR 50) Elke Nieveler
167	Europas größter Spangenbarrenhort: Der frühbronzezeitliche Kupferschatz von Oberding Harald Krause, Sabrina Kutscher, Carola Metzner-Nebelsick, Ernst Pernicka, Björn Seewald, Jörg Stolz		

216	**Handel und Rohstofftransfer nach Skandinavien und ins Ostseegebiet. Haithabu/Schleswig und der Kontinent im 11. Jahrhundert** Volker Hilberg	294	Das Meer als Kriegsschauplatz. Seeschlachten in der Ostsee, Unterwasserarchäologie und die Wracks der *Lindormen* und der *Prinsessan Hedvig Sophia* Stefanie Klooß, Martin Segschneider, Jens Auer
228	**Das Gründungsviertel von Lübeck. Veränderungen in den Handelsströmen und in den urbanen Strukturen** Dirk Rieger, Carsten Jahnke	308	Sieg und Niederlage. Spannende Archäologie vor dem Hintergrund dramatischer Zeitläufe Claus von Carnap-Bornheim
242	**Messestadt Leipzig** Thomas Westphalen	316	„Er mich zerbrach, mein Ehr abnahm." Bildersturm als Deutungsmöglichkeit archäologischer Befunde Matthias Wemhoff
244	**Eis, Fett und Schinderei. Bremer Walfang zwischen Spitzbergen und Grönland im 17. und 18. Jahrhundert** Dieter Bischop	328	Die Zerschlagung des Augustus. Der Pferdekopf von Waldgirmes Gabriele Rasbach
250	**Von weit her – Zeugnisse des Seehandels** Elke Först	332	Funde aus dem mittelalterlichen jüdischen Viertel in Köln Katja Kliemann, Michael Wiehen
252	**Warenetiketten für exotische Genüsse** Lothar Schwinden		
253	**Der Tuchplombenfund vom Bremer Teerhof** Dieter Bischop		**INNOVATION – DIE ANEIGNUNG DER WELT**
254	**Aus der Erde – in die Erde. Silber im Mittelalter** Ivonne Burghardt, Christiane Hemker, Gabriele Wagner, Joanna Wojnicz	338	Als die moderne Kultur begann. Die Anfänge der Kunst und der Musik sowie die Bedeutung der Funde aus den Höhlen der Schwäbischen Alb Nicholas J. Conard
267	**Kostbarer Schmuck vom Marktplatz. Der Schatzfund von Fürstenberg an der Havel** Stefan Krabath	350	Das Wissen um Zeit und Raum: Himmelsdarstellungen in der Bronzezeit Harald Meller
		360	Ideentransfer und geistiger Austausch Franz Schopper
	KONFLIKT – MITEINANDER GEGENEINANDER		
270	**Die Schlacht im Tollensetal und ihre Bedeutung für die Geschichte des Krieges** Detlef Jantzen, Thomas Terberger	370	Zusammengesetzt und entschlüsselt: Die ältesten Wandmalereien nördlich der Alpen Helmut Schlichtherle
282	**Eingefrorene Zeit. Das Harzhorn-Ereignis – Archäologie einer römisch-germanischen Konfrontation 235 n. Chr.** Michael Geschwinde, Petra Lönne, Michael Meyer	374	Bayerns älteste Skulptur. Der Statuenmenhir von Gallmersgarten (Nordwestmittelfranken) Martin Nadler

375	Die Bestattung des Patroklos an der Oder. Die Idee der Leichenverbrennung in der Lausitzer Kultur Benjamin Wehry	407	Ein innovatives Medium der Karolingerzeit in Europa. Glockenguss im westfälischen Dülmen, Kreis Coesfeld Gerard Jentgens, Hans-Werner Peine
378	Kelten – Römer – Gallorömer. Die Verschmelzung antiker Kulturen im heutigen Saarland Wolfgang Adler	410	Die Holsterburg bei Warburg. Zeugnis von Innovation und Konflikt Hans-Werner Peine, Kim Wegener
382	Mit römischem Know-how über den Rhein Sabine Schade-Lindig	412	Innovation aus dem Osten. Asiatisches Porzellan inspiriert die europäische Kultur Stefan Krabath
386	In der Tradition antiker Kaiser – Karl der Große und die Kaiserpfalz Ingelheim Britta Schulze-Böhm, Ramona Kaiser, Barbara Gaertner	416	Innovation im Geist der Tradition. Die Heizungs- und Lüftungsanlage für den Weißen Saal des Berliner Schlosses Michael Malliaris
388	**Technische Innovationen:** **Ein neues Thema der Archäologie** Svend Hansen	418	**Das Alchemielabor von Wittenberg.** **Eine archäologische Grabung in der Geschichte** **der Naturwissenschaften** Alfred Reichenberger, Christian-Heinrich Wunderlich
401	Die ältesten Holzwaffen der Welt: Speer II aus dem altsteinzeitlichen Wildpferdjagdlager von Schöningen Henning Haßmann		
402	Bienenwachs als Klebstoff der späten Altsteinzeit in Westfalen Michael Baales, Susanne Birker	433	**ANHANG**
403	Der Kupferhort von Lüstringen. Fernhandel in der Jungsteinzeit Henning Haßmann	434 435 438 456 477	Zeittafel Liste der Autoren Liste der in der Ausstellung gezeigten Exponate Bibliographie Bildnachweis
404	Meisterwerke frühmittelalterlicher Waffenschmiede. Das Ringschwert von Krefeld-Gellep und eine Schweißmusterklinge aus Beckum werden neu geschmiedet Ulrich Lehmann		

Grußwort

„Die deutsche Sprache hat Gehen und Schreiten und Tanzen und Tänzeln gelernt in Griechenland, in der Provence, in England und sonst wo", schrieb der Schriftsteller Martin Walser einmal über das gemeinsame Fundament der europäischen Literatur. Was für die Literatur gilt, gilt für die gesamte europäische Kultur. Wie sehr diese von Austausch und wechselseitigen Einflüssen geprägt ist, zeigt eindrucksvoll die Ausstellung „Bewegte Zeiten. Archäologie in Deutschland" – ein ambitioniertes archäologisches Projekt zum kulturellen Erbe Europas und damit auch eine wahrhaft „europäische" Ausstellung.
Der Zeitpunkt der Ausstellung ist nicht zufällig gewählt: Das aktuelle Europäische Kulturerbejahr 2018 lädt dazu ein, der Seele Europas wie auch der Identität der einzelnen europäischen Staaten und ihrer Verbundenheit untereinander nachzuspüren. So ist die Ausstellung ein Höhepunkt in einer Vielzahl wunderbarer Projekte und Veranstaltungen, die im Rahmen des Europäischen Kulturerbejahres aus meinem Kulturetat gefördert werden.

Die Ausstellung „Bewegte Zeiten" zeigt herausragende Neufunde der vergangenen zwanzig Jahre. Sie macht sichtbar, dass Deutschland immer in ein gesamteuropäisches Netzwerk eingebunden war – und dass große Fragen, die uns heute beschäftigen, die Menschen seit jeher bewegt haben. Dieser Blick auf die Geschichte der Menschheit und die gemeinsamen Wurzeln Europas kann Impuls sein für eine zukünftige Entwicklung im Sinne von Verständigung und Zusammenwachsen in Zeiten globaler Herausforderungen – zumal in Zeiten, in denen die europäische Idee sich gegen den vielerorts wieder aufkeimenden Nationalismus behaupten muss.

Als Kooperation zwischen dem Museum für Vor- und Frühgeschichte und dem Verband der Landesarchäologen in der Bundesrepublik Deutschland ist die Ausstellung darüber hinaus ein schöner Beleg für den Austauch innerhalb der heutigen deutschen Kulturlandschaft, deren prägende Institutionen über die Grenzen der Bundesländer hinweg an einem Strang ziehen – und so ebenfalls im Sinne Martin Walsers voneinander lernen.

Allen Beteiligten danke ich herzlich für ihr Engagement und wünsche der Ausstellung zahlreiche Besucherinnen und Besucher, die sich durch den Blick in die Vergangenheit für unser gemeinsames europäisches Erbe begeistern lassen!

Monika Grütters MdB
Staatsministerin für Kultur und Medien

Grußwort

Dies ist keine gewöhnliche Ausstellung. Über 2000 Objekte von 60 Leihgebern aus 16 Bundesländern sind auf Zeit im Gropius Bau zu Berlin vereint. Sie geben ein eindrucksvolles Bild von der Leistungsfähigkeit der deutschen Archäologie in den Bundesländern und von der europäischen Dimension unserer frühesten Geschichte.

Die Stiftung Preußischer Kulturbesitz zeigt mit dieser Ausstellung des Museums für Vor- und Frühgeschichte der Staatlichen Museen zu Berlin, wie wichtig es ist, dass die Arbeit der Archäologen in den Bodendenkmalämtern und Museen der Bundesländer auch ein Forum bekommt, das eine gemeinsame, Ländergrenzen übergreifende Wahrnehmung ermöglicht. Diese Zusammenführung ist eine Aufgabe, die die SPK gerne übernimmt und zu der sie – als gesamtstaatliche, von Bund und allen 16 Ländern gemeinsam getragene Kultureinrichtung – auch in besonderer Weise befähigt ist.

Ich bin beeindruckt von der gemeinsamen Tatkraft und von dem großen Zusammenhalt, der im Verband der Landesarchäologen zu spüren ist. Es ist in anderen Disziplinen nicht selbstverständlich, dass sich alle so engagiert hinter eine gemeinsame Sache stellen. Dafür gilt allen Beteiligten mein besonderer Dank.

Gleichzeitig überzeugt mich das Konzept der Ausstellung. Es verlässt die ausgetretenen Pfade einer chronologischen Darstellung und baut gleichzeitig aber auch nicht auf die einfache eindimensionale Wirkung einer Leistungsschau. In dieser Ausstellung werden die Grenzen der Zeit aufgehoben. Der Besucher steht inmitten von Zeitzeugen aus Jahrtausenden und reiht sich dort mit seinen eigenen Erfahrungen ein. Bewegungen von Menschen, Sachen und Ideen sind etwas, das unsere Zeit heute von anderen Epochen zu unterscheiden scheint. Wie oft haben wir das Gefühl, dass sich alles immer schneller bewegt. Der Blick zurück macht deutlich, dass wir keineswegs die Einzigen sind, die so gefühlt haben. Veränderung und Neuorientierung sind Wesenszüge der menschlichen Geschichte und des menschlichen Seins. Eine Präsentation wie „Bewegte Zeiten" ist nicht jedes Jahr möglich. Sie ist ein besonderes Ereignis und wird nicht nur in Fachkreisen noch auf Jahre hinaus rezipiert werden. Meine Anerkennung und mein Dank gelten allen Beteiligten in den Bundesländern und im Verband der Landesarchäologen in Deutschland sowie insbesondere den Kolleginnen und Kollegen im Museum für Vor- und Frühgeschichte, die es erfolgreich geschafft haben, mit großem Einsatz und in erstaunlich kurzer Zeit dieses anspruchsvolle Konzept umzusetzen.

Ich bin mir sicher, dass mit dieser Ausstellung der starke gesellschaftliche Rückhalt für die Archäologie weiter wachsen wird.

Berlin, im September 2018
Hermann Parzinger
Präsident der Stiftung Preußischer Kulturbesitz

Grußwort

Das Thema der Ausstellung – „Bewegte Zeiten" – könnte aktueller nicht sein. Die Themenfelder Mobilität, Austausch, Konflikt und Innovation zeigen, wie tief vermeintlich gegenwärtige Phänomene in der Vergangenheit wurzeln und zu allen Zeiten das Zusammenleben von Menschen entscheidend gestalteten und prägten. Archäologische Relikte – Einzelfunde wie große Bodendenkmale – helfen uns heute dabei, gerade für die langen schriftlosen Zeiten Einblick in diese Entwicklungen zu erhalten. Sie lassen uns teilhaben an der Entstehung und dem Ausbau frühester kultureller Interaktion.

Die Ausstellung setzt damit im Europäischen Kulturerbejahr 2018 einen besonderen Akzent, um zum einen die Aktualität, ja den Gegenwartsbezug archäologischer Forschung zu adressieren und zum anderen aufzuzeigen, wie sehr Europa durch sein kulturelles Erbe – ein *shared heritage* – verbunden war und ist. Gerade in unseren aktuellen „bewegten Zeiten" ist diese Erkenntnis eines gemeinsamen, grenzübergreifenden kulturellen und geistigen Erbes als Grundlage eines zukunftsgewandten und friedvollen Europas wichtig.

Zahlreiche der in der Ausstellung gezeigten Objekte und wissenschaftlichen Befunde sind im Rahmen von Forschungsprojekten entdeckt worden, die durch die Deutsche Forschungsgemeinschaft (DFG) gefördert wurden. Die neuen, teilweise spektakulären Erkenntnisse, die sie erbrachten, basieren auf einer starken interdisziplinären wissenschaftlichen Zusammenarbeit. Gerade das Zusammenwirken von geistes-, natur-, lebens- und ingenieurwissenschaftlicher Forschung eröffnet neue Wege wissenschaftlicher Erkenntnis und neue Einblicke in unsere faszinierende Vergangenheit. Damit stehen auch Forschung und Wissenschaft sinnbildlich für das Motto der Ausstellung.

Beispielhaft seien hier nur einige der DFG-geförderten Vorhaben genannt, die mit ihren Forschungen die Ausstellung bestücken. Mit Fragen von Subsistenzstrategien mittelpleistozäner Homininen wird die Umwelt der Menschen erforscht, die die berühmten Speere von Schöningen herstellten. Auch die Höhlen des Hohle Fels und des Vogelherds, wo Relikte der frühesten figürlichen Kunst der Menschheit entdeckt wurden, waren mehrfach Ziel von Projekten der DFG.

Der Fundort Herxheim, wo mehrere Hundert Skelette aufgefunden wurden, die in die Linearbandkeramik datieren, steht ebenso wie das bronzezeitliche Tollensetal, wo Überreste einer größeren kriegerischen Auseinandersetzung ausgegraben werden, für Fragen von Konflikt, Krieg und Mobilität. Mithilfe genetischer Forschung lassen sich hier vertiefte Erkenntnisse über Wanderungs- und Verwandtschaftsbeziehungen und damit die große Mobilität der frühen Europäer aufzeigen. In mehreren großen DFG-Forschungsvorhaben, deren Ergebnisse auch in diese Ausstellung eingeflossen sind, haben Wissenschaftlerinnen und Wissenschaftler verschiedener Disziplinen Prozesse des Kulturwandels und früher Bevölkerungsdynamik erforscht, die auch Migrationsbewegungen aus dem heutigen Vorderasien nach Zentraleuropa beschreiben.

Grußwort

Die sogenannte Himmelsscheibe von Nebra, die sicherlich zu den spektakulärsten archäologischen Funden der jüngeren Zeit in Deutschland zählt, stand mehr als sechs Jahre im Zentrum einer interdisziplinären Forschungsgruppe der DFG. Die Archäologie im Zusammenspiel mit natur- und materialwissenschaftlichen Disziplinen untersuchte das nähere und weitere Umfeld des Fundortes und befasste sich mit Fragen zur Herkunft des Goldes, zu den Herstellungstechniken und zu den archäoastronomischen Aspekten dieses einzigartigen Fundes.

Nicht unerwähnt bleiben sollen auch die langjährigen Förderungen der wissenschaftlichen Untersuchungen in der wikingerzeitlichen Siedlung von Haithabu zur frühesten Stadtentwicklung Nordeuropas. Die diesjährige Ernennung zum Weltkulturerbe unterstreicht die große wissenschaftliche wie kulturelle Bedeutung dieses Ortes nachdrücklich.

Dem Verband der Landesarchäologen in Deutschland und dem Museum für Vor- und Frühgeschichte in Berlin gratulieren wir im Namen der Deutschen Forschungsgemeinschaft zu dieser hervorragenden Ausstellung. Sie zeigt nicht nur außergewöhnliche Funde, sondern macht durch ihre thematische Breite deutlich, dass die Vergangenheit viele Bezüge in unsere Zeit aufweist und wie relevant es für unsere Gesellschaft ist, diese zu kennen. Die Basis dafür ist eine hochqualifizierte Forschung auf höchstem Niveau. Dafür steht die Deutsche Forschungsgemeinschaft. Wir sind beeindruckt, wie die Archäologie in Deutschland den oft beschworenen Wissenstransfer in eine breite Öffentlichkeit gerade mit dieser Ausstellung voranbringt. Wir wünschen ihr viele interessierte Besucherinnen und Besucher. Möge sie nicht nur unser Wissen über die Vergangenheit unseres Landes bereichern, sondern auch uns alle immer wieder an das Verbindende unseres grenzüberschreitenden kulturellen Erbes erinnern, an das so wichtige Fundament Europas – vor allem in bewegten Zeiten wie den heutigen.

Peter Strohschneider
Präsident der Deutschen Forschungsgemeinschaft

Dorothee Dzwonnek
Generalsekretärin der Deutschen Forschungsgemeinschaft

Bewegte Zeiten: Eine Einführung

Am Ende des Jahres 2015 haben die Herausgeber das erste Mal über die Idee für eine große Ausstellung anlässlich des Europäischen Kulturerbejahres 2018 gesprochen. Eine solche Idee lag fast auf der Hand, gab es doch die erste große, damals noch auf das Gebiet der damaligen Bundesrepublik beschränkte deutsche Archäologieausstellung im Europäischen Jahr für Denkmalschutz 1975 in Bonn unter dem Titel „Das neue Bild der alten Welt". Das Jahr 1975 war für die Entwicklung der Bodendenkmalpflege von großer Wichtigkeit. In der Öffentlichkeit wurde die Forderung nach Bewahrung und Schutz des kulturellen Erbes und nach der Erforschung der archäologischen Fundstätten immer lauter. Die Denkmalschutzgesetzgebung hat dann deutlich verbesserte gesetzliche Grundlagen für die Arbeit der Archäologie in den deutschen Bundesländern geschaffen.

Vor 15 Jahren konnte dann die erste gesamtdeutsche Archäologieausstellung „Menschen, Zeiten, Räume – Archäologie in Deutschland" im Gropius Bau in Berlin und in der Kunst- und Ausstellungshalle der Bundesrepublik in Bonn gezeigt werden. Die eindrucksvolle Inszenierung von Kisten mit Funden aus allen Bundesländern im Innenhof des Gropius Baus wird kaum ein Besucher vergessen. Es war eine Leistungsschau der deutschen Archäologie, die gerade vor dem Hintergrund der vielen und großflächigen Ausgrabungen in den Städten der neuen Bundesländer den Eindruck einer unerschöpflichen archäologischen Fundlandschaft erweckte und die Leistungsfähigkeit der Bodendenkmalpflege in den Bundesländern betonte. Die Ausstellung war chronologisch in die bekannten Epochen gegliedert und erweiterte mit Neufunden die Kenntnis der jeweiligen Zeit.

Im Rückblick erkennen wir deutlich, wie stark die beiden Vorgängerausstellungen von den Strömungen der jeweiligen Gegenwart geprägt gewesen sind. 1975 war nach dem Wirtschaftswunder und der ungehemmten Begeisterung für Veränderung und Aufbruch die Zeit reif für eine neue Wertschätzung der historischen Zeugnisse. Die positive Wahrnehmung der Wiedervereinigung und das Interesse an der nun an vielen Orten in Ost und West erlebbaren gesamtdeutschen Geschichte bildete einen Wesenszug der ersten Jahre des neuen Jahrtausends, auch wenn das Sommermärchen 2006 noch vor uns lag. Und heute, 15 Jahre später, wie werden sich die aktuellen gesellschaftlichen Strömungen in unserer Ausstellung widerspiegeln? Können wir einfach so weitermachen und eine neue Leistungsschau präsentieren? Ist das Interesse an der Archäologie und der Geschichte so selbstverständlich und gefestigt, dass eine chronologische Herangehensweise großes Interesse wecken und neue, gesellschaftlich relevante Erkenntnisse ermöglichen würde?

Bei diesen Überlegungen hat uns der Ansatz des Europäischen Kulturerbejahres weitergebracht.

Sharing Heritage, das Motto dieses Jahres, zeigt auf, dass *Heritage*, also das historische Erbe, nur schwer zu vereinnahmen ist. Es ist immer ein Erbe, dass es zu teilen gilt, das also vielen mit unterschiedlichen Zugängen wichtig ist. Gleichzeitig liegt in dem Motto die Aufforderung begründet, aktiv Teilhabe für viele an diesem Erbe zu ermöglichen. Das Deutsche Nationalkomitee für Denkmalschutz hat mehrere Themen definiert, in denen sich Projekte entfalten können. Das erste Thema hat uns sofort angesprochen: Austausch und Bewegung. Gibt es einen Themenbereich, der stärker die Aussage archäologischer Funde treffen könnte? Sind nicht archäologische Funde per se ein Zeugnis für Verbindungen und Kontakte? Archäologische Funde ermöglichen es, drei Arten von Bewegung nachzuvollziehen: die Bewegung von Menschen, also Mobilität und Migration, die Bewegung von Sachen, also Handel und Austausch, und die Bewegung von Ideen, also Innovationen auf kulturellem und technischem Gebiet. Dabei können Konflikte entstehen und daher haben wir diesen Themenbereich ebenfalls mit in unsere Konzeption aufgenommen.

Der Titel der Ausstellung „Bewegte Zeiten" kann dabei schon als ein Fazit gelten. Alle Zeiten sind von Bewegung geprägt, alle Epochen sind keineswegs statisch oder isoliert zu betrachten, sondern sie spiegeln stets Veränderungen, Umbrüche und Aufbrüche. Bewegte Zeiten sind dabei etwas, was auch für unsere aktuelle Situation stehen kann. Die positive Zukunftssicht nach dem Ende des Kalten Krieges und die Wertschätzung der europäischen Zusammenarbeit sind vielfach einer Furcht vor neuen Konflikten und einer kaum begründbaren Zukunftsangst gewichen. Die Angst vor Veränderung ist dabei ein Nährboden für nationalistische Scharfmacher und richtet sich schnell gegen andere, vermeintlich Fremde. Dies sehen wir gerade in aller Deutlichkeit in der Flüchtlingspolitik.

Die Archäologie kann und will mit dieser Ausstellung einen Beitrag zu dieser Debatte leisten. Sie nimmt den Themen unserer Zeit in gewisser Weise ihre Einzigartigkeit. Jede Zeit ist von den drei Aspekten der Bewegung geprägt worden und immer haben Menschen daraus Wege in die Zukunft gefunden. Bei allen Konflikten wird beim Blick in die Geschichte deutlich, dass ohne Bewegung von Menschen, Dingen und Ideen Gesellschaften statisch werden und sich dann irgendwann Veränderungen geradezu eruptiv ereignen. Die alte Frage, ob es möglich ist, aus der Geschichte zu lernen, bleibt stets aktuell. Niemals sind die Rahmenbedingungen die gleichen, jedes Mal ist ein Geschehen individuell und doch kann der Blick zurück uns aufzeigen, wie Menschen sich über Jahrtausende verhalten haben.

Die spektakulären ebenso wie die auf den ersten Blick eher unscheinbaren archäologischen Objekte aus allen deutschen Bundesländern enthalten klare Botschaften gegen Nationalismus und Ausgrenzung. Sie erzählen keine nationale Geschichte, sondern sind Indizien einer für uns heute oft unvorstellbaren Dynamik des Wandels durch alle Epochen. Die Ausstellung erweitert und verändert damit unser Geschichtsbild. Nicht erst seit der Postkutsche oder der Erfindung der Eisenbahn ist Europa vernetzt und ist das Reisen möglich. Menschen haben zu allen Zeiten große Strecken zurückgelegt. Das Geschichtsbild, das davon ausgeht, dass Menschen in der Regel über Generationen immer an der gleichen Stelle, auf dem gleichen Hof, im gleichen Dorf leben, ist häufig unzutreffend. Vielmehr zeigt die Ausstellung deutlich, dass sich die Kontakt- und Austauschräume zu allen Zeiten verändert haben und dass aus allen Richtungen Europas und darüber hinaus immer wieder wesentliche Impulse für die Entwicklungen in den verschiedenen Regionen im heutigen Deutschland ausgegangen sind.

Die Ausstellung verändert auch den Blick auf archäologische Funde. Fassungslos und erschüttert haben wir in den vergangenen Jahren gesehen, wie unersetzliche Kulturdenkmäler von fanatischen Islamisten zerstört worden sind. Dies erschien vielen als ein singuläres Ereignis. Die Archäologie legt jedoch häufig Objekte frei, die bewusst in einer Art Bildersturm zerschlagen wurden. In der Ausstellung werden dazu Funde aus römischer Zeit bis zum Berliner Skulpturenfund gezeigt. Letzterer umfasst Werke, die von den Nazis im Rahmen ihrer Aktion „Entartete Kunst" beschlagnahmt worden sind. Solange liegen solche Vorgänge also auch bei uns noch nicht zurück.

Die thematische Herangehensweise führt dazu, dass Objekte unterschiedlicher Zeitstellung in den vier Themenblöcken miteinander in Beziehung gesetzt werden; nicht die Chronologie, sondern die Thematik ist die entscheidende Verbindungslinie. Es geht um gesellschaftlich relevante Fragen und damit bedient die Bodendenkmalpflege nicht in erster Linie antiquarische Interessen, sondern wird zu einem Impulsgeber für uns heute. Dies ist eine deutliche Veränderung verglichen mit den Ansätzen der Ausstellungen von 1975 und 2003.

Zwischen der Idee und der Eröffnung liegen weniger als drei Jahre. Ein solch großes Projekt kann in einer so kurzen Zeit nur umgesetzt werden, wenn alle an einem Strang ziehen. Unser großer Dank gilt allen Kolleginnen und Kollegen in den Museen und Bodendenkmalpflegeämtern, die von Anfang an mit großem Einsatz die Ausstellung unterstützt haben. Es ist sicherlich nicht selbstverständlich, dass alle Landesarchäologinnen und Landesarchäologen die Chancen, die dieses Vorhaben bietet, sofort erkannt haben und in einem wirklich besonderen kollegialen Geist den arbeitsreichen Weg mitgegangen sind. Sie haben die besten Funde aus ihren Verantwortungsbereichen für die Ausstellung zur Verfügung gestellt und viele wissenschaftliche und restauratorische Vorarbeiten geleistet. Hierfür möchten wir sehr herzlich danken.

Eine große Bedeutung für das Gelingen des Projektes kommt dem Ausstellungsbüro zu. Das Museum für Vor- und Frühgeschichte der Staatlichen Museen zu Berlin verfügt über große Erfahrung in der Umsetzung solcher anspruchsvoller Projekte und hat, wie auch 2003 wieder, die Verantwortung für das Vorhaben übernommen. Mit Benjamin Wehry konnte ein sehr erfahrener Ausstellungskurator gewonnen werden, der bereits 2016 die Ausstellungsidee zur Konzeptreife entwickeln konnte und danach die Umsetzung souverän und fachlich hochkompetent vorangetrieben hat. Ihm steht seit Anfang 2017 Susanne Kuprella zur Seite, die die Redaktion des Kataloges und viele andere Arbeiten übernommen hat. Seit März 2018 verstärkt Raimund Masanz das Ausstellungsteam.

Die Ausstellungsgestaltung lag in den bewährten Händen von Harry Vetter und seinem Team. Die medialen zeitgenössischen Aktualisierungen hat Andreas Sawall beigetragen und Vincent Burmeister hat den Funden durch seine Illustrationen ein Gesicht gegeben. Ihnen und allen beteiligten Firmen gilt unser herzlicher Dank. Dem Michael Imhof Verlag und seinem Verleger Dr. Michael Imhof sowie insbesondere der Lektorin Frau Karin Kreuzpaintner und der Graphikerin Anja Schneidenbach danken wir für die sorgfältige und termingerechte Realisierung dieses Werkes.

Allen Kolleginnen und Kollegen in den Fachabteilungen der Stiftung Preußischer Kulturbesitz und den Staatlichen Museen, besonders in den Bereichen Verwaltung, Öffentlichkeitsarbeit sowie Bildung und Vermittlung möchten wir für den engagierten Einsatz und die stets erfolgreiche Suche nach praktikablen Lösungen sehr danken.

Diese Ausstellung steht in einer Reihe von großen archäologischen Ausstellungen, die das Museum für Vor- und Frühgeschichte bereits im Gropius Bau realisiert hat. Dem Gebäude ist auch die eigene Geschichte sehr verbunden, da hier die Museumssammlung in der Zwischenkriegszeit präsentiert werden konnte. Schon Heinrich Schliemann hat hier die von ihm dem Museum geschenkte Sammlung der Trojanischen Altertümer das erste Mal gezeigt. „Bewegte Zeiten" ist zugleich die erste Ausstellung im Gropius Bau unter der Ägide seiner neuen Leiterin Stephanie Rosenthal. Wir freuen uns sehr, dass sie die Verbindung des Gropius Baus mit der Archäologie aufrechterhalten möchte, und sehen es als ein besonderes Zeichen für zukünftige Projekte, dass der Zeppelin von Lee Bul im Lichthof über den Funden der Kölner Hafenmauer schwebt und so Archäologie und aktuelle Kunst verbindet.

Unser besonderer Dank gilt Frau Staatsministerin Monika Grütters, die die Ausstellung im Rahmen der Förderung national bedeutsamer Projekte im Europäischen

Kulturerbejahr großzügig unterstützt hat. Ebenso hat der Einsatz des Kuratoriums der Stiftung Preußischer Kulturbesitz erheblich zur Qualität der Ausstellung beigetragen.

Bundespräsident Frank-Walter Steinmeier hat die Schirmherrschaft über die Ausstellung übernommen und wird im Rahmen der Eröffnung sprechen. Dieses große Zeichen der Wertschätzung der Arbeit der Archäologinnen und Archäologen in Deutschland ist uns Ansporn und Ermutigung.

Unser Dank gilt auch den archäologischen Fachverbänden, dem Deutschen Verband für Archäologie (DVA) und dem Verband der Landesarchäologen in der Bundesrepublik Deutschland (VLA).

Der Katalog übernimmt die Gliederung der Ausstellung in fünf Abschnitte. Die Ausstellung beginnt dabei mit der Inszenierung „Europa vernetzt" im Lichthof. Hier werden die römischen Funde der Kölner U-Bahn-Grabung am Rheinufer präsentiert. Den Mittelpunkt bilden dabei die Eichenbohlen der Spundwand der Baugrube für die hafenseitige Stadtmauer. Sie stehen zusammen mit den zahlreichen Funden aus der Hafenverfüllung stellvertretend für alle vier Themenbereiche der Ausstellung: Mit der römischen Stadtgründung kommen sehr viele Menschen neu an den Rhein (Mobilität), die Mauer dient der Verteidigung und dem Ausbau der römischen Macht (Konflikt), die zahlreichen Funde von Handelsgütern spiegeln das europaweite römische Handelsnetzwerk wider (Austausch) und die technisch perfekte Anlage der Mauer zeugt von den enormen technischen Innovationen der Römerzeit. Die Themen in den vier folgenden Abschnitten werden mit einführenden Aufsätzen, tiefergehenden Artikeln und kürzen Beiträgen zu Fallbeispielen vorgestellt. Die Reihenfolge der Fallbeispiele im Katalog ist dabei innerhalb der Themen chronologisch angelegt und unterscheidet sich damit von der Präsentation in der Ausstellung. Im Katalog konnten nicht alle in der Ausstellung gezeigten Objekte aufgeführt werden, alle sind jedoch vollständig nach Ausstellungseinheiten aufgelistet und auch noch einmal nach Fundorten gegliedert angeführt.

Die Ausstellung „Bewegte Zeiten" steckt voller Bezüge zum Europäischen Kulturerbejahr. Sie macht deutlich, dass archäologische Funde als Zeichen von Kontakt und Austausch verstanden und interpretiert werden können. Das Europäische unserer Geschichte wird in den Bodenfunden fassbar. Wir stehen auf dieser Geschichte und können uns auf diesem Grund auch weiter gut bewegen.

Berlin und Münster im September 2018

Matthias Wemhoff
Direktor des Museums für Vor- und Frühgeschichte
und Landesarchäologe von Berlin

Michael M. Rind
Vorsitzender des Verbandes der Landesarchäologen in der
Bundesrepublik Deutschland

EUROPA VERNETZT

Köln: Römische Hafenstadt, Wirtschaftszentrum und Schmelztiegel antiker Kulturen am Rhein

Marcus Trier

Der Feldzug Domitians (reg. 81–96) gegen die Chatten schien für klare Verhältnisse gesorgt zu haben: Im Jahr 83 galten die Germanen als besiegt; Münzen verkündeten GERMANIA CAPTA – Germanien ist bezwungen, andere zeigen die Germania am Boden (Abb. 1)! Spätestens 90 n. Chr. – wann genau, ist nicht überliefert – wird Köln, die *Colonia Claudia Ara Agrippinensium*, zur Hauptstadt der neu eingerichteten Provinz Niedergermanien. Auch wenn diese administrativen und militärischen Funktionen de facto seit langem hier verortet waren, dürfte dies der Stadtentwicklung zusätzlich Aufschwung verliehen haben.[1] Die Lage am Rhein (Abb. 2), vor allem aber der Flusshafen als zentrales Logistikzentrum der Region hat dabei eine entscheidende Rolle gespielt. In Verbindung mit den schiffbaren Zuflüssen des Rheins und dem dichten Netz der Fernstraßen war hier das entscheidende Drehkreuz für Menschen, Baustoffe und Waren aller Art geschaffen.

Am Rheinufer der *Colonia* muss lebhaftes Treiben geherrscht haben: Rechnet man die Vorstädte hinzu, erstreckte sich die Hafenszenerie über fast 1,5 Kilometer Länge. Überall sah man ein- und auslaufende Frachtkähne, viele schwer mit Waren beladen, Schiffe auf Lände oder vor Anker. Speicherbauten säumten das Ufer, dazwischen stapelten sich Handelsgüter und tonnenschwere Materialien für städtische Baustellen, die nur mit gewaltigen Hebekränen zu bewegen waren. Aus den Mündungen der Kanäle ergossen sich die Brauchwässer der Stadt. Hier und da türmte sich Unrat aus Gewerbebetrieben und Wohnhäusern. Allerorts gingen Menschen geschäftig ihren Gewerken nach.

Doch damit nicht genug: Nur gut drei Kilometer rheinaufwärts lag das Kastell Alteburg im heutigen Stadtteil Marienburg, in dem die römische Rheinflotte *Classis Augusta Germanica* mit einer großen Zahl Militärs stationiert war. Die Menschen rechts des Rheins dürften dem geschäftigen Treiben staunend und respektvoll zugeschaut haben.

Die antiken Schriftquellen schweigen sich über all das aus, doch spricht die Archäologie seit den großflächigen Ausgrabungen anlässlich des Baus der Nord-Süd Stadtbahn Köln (2003–2013) eine eindeutige Sprache – doch der Reihe nach!

Abb. 1 Goldmünze Domitians mit der besiegten trauernden Germania am Boden, darunter ein zerbrochener Speer, 86 n. Chr.

Abb. 2 Kalksteinrelief des Gottes Rhenus: Der bärtige Mann mit wildem Haar und weit geöffnetem Mund verkörpert den Rhein. 0,60 m x 0,65 m x 0,19 m. Fundort: Köln, unbekannt.

linke Seite Detail aus Abb. 16

Das *Oppidum Ubiorum* – Grenzstadt des Imperium Romanum

Nachdem Marcus Vipsanius Agrippa (63–12 v. Chr.) die romfreundlichen Ubier aus dem Rechtsrheinischen in den Kölner Raum umgesiedelt hatte, waren die Voraussetzungen zur administrativen, verkehrlichen und wirtschaftlichen Erschließung der Region geschaffen. Für die Gründung eines neuen Zentralorts wählten römische Militärs den Standort auf dem hochwassersicheren Plateau im Zentrum der historischen Kölner Altstadt.[2] Ziel war die Gründung einer Stadt nach mediterranem Vorbild. Angehörige der Rheinarmee rodeten das Gelände, vermaßen es, markierten Straßen, Plätze und Grundstücke. So entstand im letzten vorchristlichen Jahrzehnt eine römische Plansiedlung (Abb. 3).

Die Katastrophe im Jahre 9 – die verlorene Schlacht im Teutoburger Wald – ließ Roms Träume von einer Provinz *Germania Magna* platzen. Für die neue Stadt hatte die Festlegung der Rheingrenze jedoch keine erkennbaren Nachteile. Im Gegenteil: In der prosperierenden Neugründung ließen sich zugewanderte Römer, romanisierte Gallier, Ubier und Menschen aus anderen Landschaften nieder (Abb. 4), ein buntes Völkchen aus unterschiedlichen Kulturen, mit eigenen Sprachen, Gebräuchen, Religionen, aber auch mit bis dahin in dieser Landschaft weitgehend unbekannten Gütern der mediterranen Welt (Abb. 5). Bald gesellten sich Veteranen des römischen Heeres, zivile Händler und Handwerker hinzu, die in der jungen Stadt und deren Umland lohnende Ziele erkannten. Aus der Neugründung wurde der politische, religiöse und wirtschaftliche Vorort der Region. Tacitus (Annalen 1,36) nennt ihn *Oppidum Ubiorum*.

Das orthogonale, am Messtisch entworfene Straßennetz der Stadt richtete sich an *Cardo* (Hohe Straße) und *Decumanus maximus* (Schildergasse) aus. Es wurde gebaut wie geplant. Herausforderungen durch widrige Bodenverhältnisse meisterten die Straßenbauer spielerisch. Frischwasser wurde über eine Fernleitung aus dem Vorgebirge herbeigeschafft. Kanäle führten Brauchwasser zum Rhein. Entlang den Straßen reihten sich einfache Wohn- und Gewerbebauten. Früh prägten große öffentliche Steinbauten das Stadtbild. Tempel und Verwaltungsgebäude entstanden im Auftrag des Kaiserhauses und der Heeresverwaltung.[3]

Die örtlichen Bedingungen waren ideal (Abb. 6). Das vor Hochwasser geschützte Plateau überragte sein Umland meterhoch. Nach Osten fiel das Gelände steil zur Rheinau ab. Vor dem Festland lag eine mehr als 1200 Meter lange und knapp 200 Meter breite Insel, die durch eine sechzig Meter breite und bis zu vier Meter tiefe Flussrinne vom Festland getrennt war – ein perfekter Naturhafen. Der Hafen hatte von Beginn an eine existenzielle

Abb. 3 Topographie des römischen Köln mit dem Flottenlager Alteburg, 1./2. Jahrhundert n. Chr.

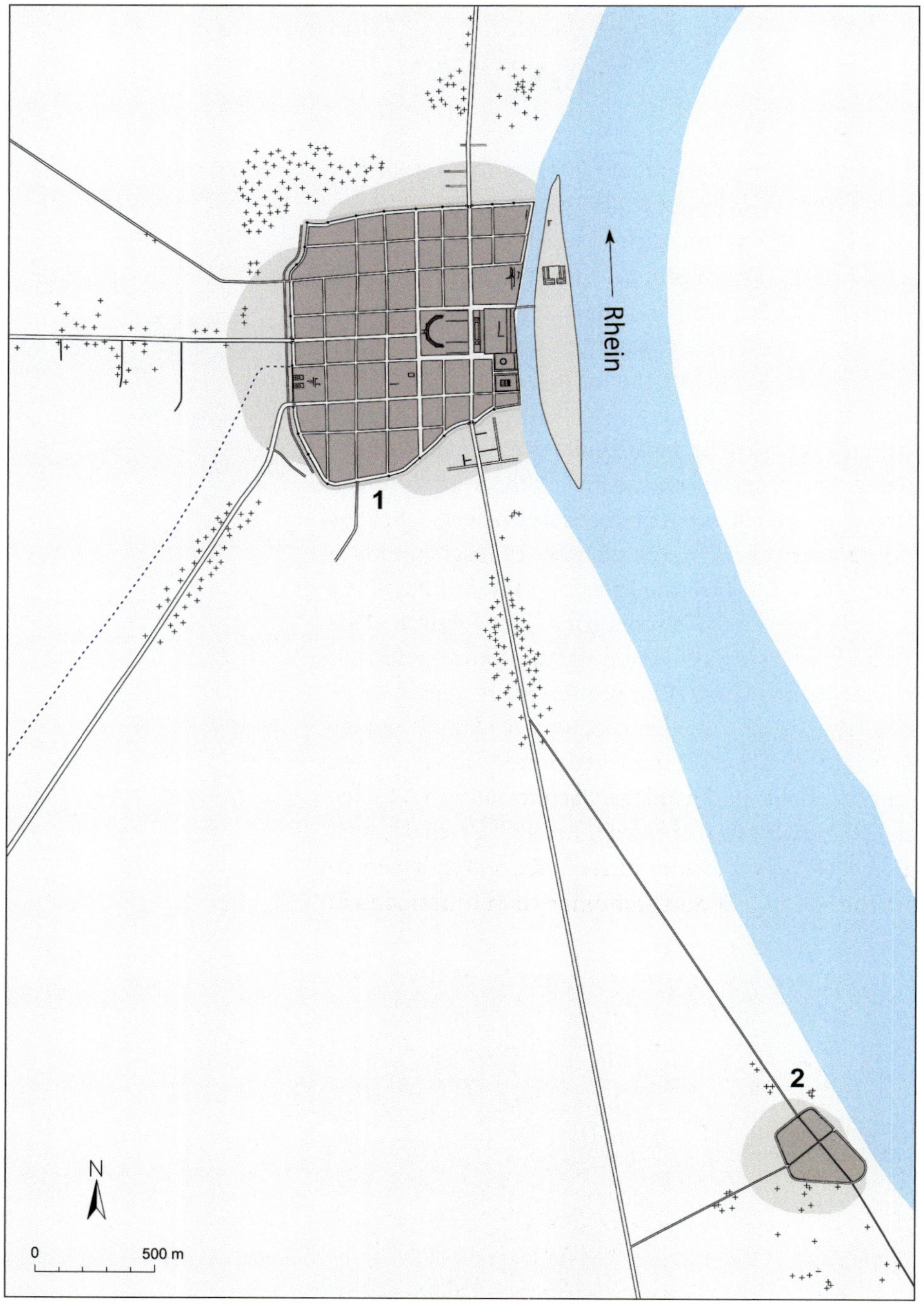

1 CCAA mit Vorstädten; 2 Flottenlager mit Lagerdorf; +++ Friedhöfe

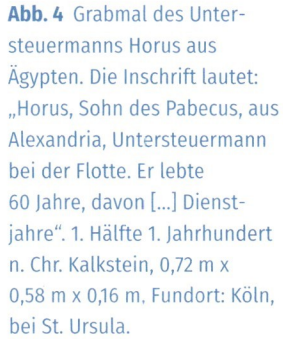

Rolle gespielt, garantierte er doch die Versorgung mit allem, was lebensnotwendig war. Wie der Hafen des *Oppidum Ubiorum* gestaltet war, wissen wir nicht; zu wenig hat sich erhalten. Das Ufer hat man im Laufe der Jahre sukzessive durch Aufschüttungen erhöht und gewiss ertüchtigt, damit Schiffe anlanden konnten. Hölzerne Uferbauten sind vorauszusetzen. Ein bedeutender Fund konnte 13 Meter tief unter dem Alter Markt in Feuchtböden der Rheinrinne geborgen werden. Die Hölzer gehören wohl zu einem auf Kiel gebauten Schiff der Rheinflotte, nicht zu einem der zahlreich überlieferten Frachtkähne. Die Dendrochronologie datiert die Wrackteile in das Jahr 5 (+/- 5). Das Schiff war also zu Zeiten des Augustus auf dem Rhein unterwegs.[4]

Zum Hafen gehörte auch das „Ubiermonument". Der 6,6 Meter hoch erhaltene Turm gilt als ältester Steinquaderbau nördlich der Alpen.[5] Ursprünglich war das Bauwerk, das später in der Stadtmauer aufging, mindestens 12 Meter hoch und gründete auf einem Rost von Eichenpfählen, die man 4/5 n. Chr. geschlagen und verbaut hatte. Ein zweiter Turm in der Nordostecke der Stadt – das Pendant an der nördlichen Hafeneinfahrt – wurde 1892 bei Bauarbeiten zerstört. Das Aufgehende des „Ubier-

monuments", das die südliche Hafeneinfahrt gesichert hatte, besteht aus großen Tuffblöcken in einem quadratischen Grundriss von neun Metern Seitenlänge. Mineralogische Studien zeigen, dass der Tuff aus dem Krufter Bachtal und dem Brohltal geholt worden war. Das ambitionierte augusteische Bauprogramm gab Anlass zur frühen Erschließung der Steinbrüche durch das römische Militär.

Auch die Alteburg liegt auf einem geschützten Plateau über dem Prallhang zum Rhein.[6] Mitte des 1. Jahrhunderts wurde ein bereits seit tiberischer Zeit bestehendes Militärlager zum Hauptquartier der römischen Rheinflotte, der *Classis Augusta Germanica*. Dieser taktischen Einheit oblag neben Wachfahrten die logistische Versorgung der römischen Administrative und des Militärs. In dem etwa sieben Hektar großen Standlager lebten – rechnet man das umgebende Lagerdorf hinzu – einige Tausend Menschen. Die ausgedehnten Hafenanlagen der Rheinflotte mit Kaianlagen, Schiffshäusern, Werften und Magazinen sind unterhalb eines im Osten des Kastells lokalisierten Tors zu suchen.[7] Kastellfunde berichten vom Alltag der dort stationierten Marinesoldaten,

Abb. 4 Grabmal des Untersteuermanns Horus aus Ägypten. Die Inschrift lautet: „Horus, Sohn des Pabecus, aus Alexandria, Untersteuermann bei der Flotte. Er lebte 60 Jahre, davon [...] Dienstjahre". 1. Hälfte 1. Jahrhundert n. Chr. Kalkstein, 0,72 m x 0,58 m x 0,16 m. Fundort: Köln, bei St. Ursula.

Abb. 5 Farbige Glasfläschchen für kostbare Essenzen in Dattelform sind ein Spiegelbild der orientalischen Frucht. Sie wurden im östlichen Mittelmeerraum produziert und gelangten mitsamt Inhalt als Import nach Köln. 1. Jahrhundert n. Chr. Glas, Länge 6,5–7,7 cm.

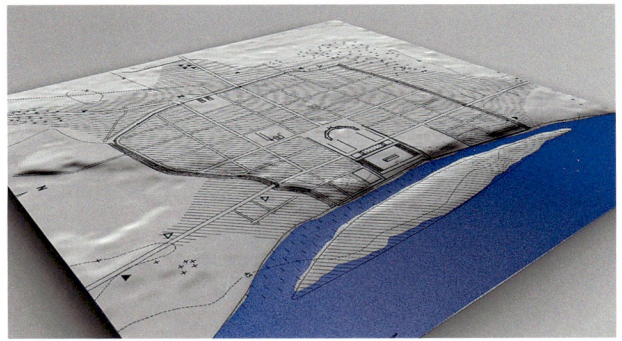

Abb. 6 Im digitalen Höhenmodell zeichnen sich der hochwassersichere Geländeschild der Kölner Altstadt und die ehemalige Rheininsel markant ab.

von denen in der Frühphase viele in Ägypten oder in den östlichen Mittelmeerländern rekrutiert worden waren, wie Grabsteine aus dem Lagerumfeld und den Friedhöfen der *Colonia* zeigen. Die Angehörigen der Flotte verstanden sich als Teil der örtlichen Gesellschaft. Da sie vermutlich große Teile ihres Solds für mehr oder weniger nachhaltige Waren und Dienstleistungen vor Ort ausgaben, darf die Truppe als örtlicher Wirtschaftsfaktor keinesfalls unterschätzt werden.[8]

Die *Colonia Claudia Ara Agrippinensium* – ein multikulturelles Erfolgsmodell

Großen Einfluss auf die Entwicklung der Stadt hatte die Geburt von Agrippina der Jüngeren, die 15 n. Chr. als Tochter von Germanicus und Agrippina der Älteren in Köln das Licht der Welt erblickte. Im Jahr 49 wurde Agrippina mit Claudius (reg. 41–54) vermählt. Ihrem Einfluss ist es zu verdanken, dass ihre Geburtsstadt 50 n. Chr. zur Veteranenkolonie erhoben wurde und den höchsten Rechtsstatus zugesprochen bekam, der einer Stadt im Römischen Reich verliehen werden konnte.[9] Das *Oppidum Ubiorum* hieß fortan *Colonia Claudia Ara Agrippinensium* oder kurz *CCAA*.

Für Veteranen, die nach 25 Jahren Dienstzeit im Militär als Altersversorgung Anspruch auf Geld aus der Versorgungskasse oder ein Stück Land hatten, wurde der Standort noch reizvoller. Grabsteine ehemaliger Militärangehöriger berichten von der Herkunft der Veteranen aus vielen Teilen des Reiches. In der Frühzeit dominierten Italien, Südgallien, Spanien oder das östliche Mittelmeer, später kamen viele aus den gallischen und germanischen Provinzen. Grab- und Weihesteine weisen Italien, Spanien, Frankreich, Bulgarien, Griechenland, die Türkei, Syrien, Nordafrika, die Niederlande, Großbritannien, Deutschland, Österreich sowie den Balkan als Herkunftsgebiete aus.

Der Bürgerkrieg des Vierkaiserjahres und der Bataveraufstand 69/70 n. Chr. haben der Stadt keinen erkennbaren Schaden zugefügt.[10] Dazu haben die Lage am Rhein, die zentralörtlichen Funktionen, die administrative Rolle als Sitz des Oberbefehlshabers der Rheinarmee, die Nähe zum Standort der Flotte und die Lage am Limes, die Köln eine wichtige Rolle im Handel mit der germanischen Bevölkerung jenseits des Stroms einräumte, wesentlich beigetragen. So erstaunt es nicht, dass die Archäologie von einem kontinuierlichen städtebaulichen und wirtschaftlichen Aufschwung seit Vespasian (reg. 69–79) berichtet, der zu stetig steigenden Bevölkerungszahlen führte. Schätzungen gehen für das 2./3. Jahrhundert von bis zu 40 000 Einwohnern aus.[11] Angesichts der städtischen Gesamtfläche von 180 Hektar, die sich aus Kernstadt und dicht besiedelten Vorstädten ergibt, dürfte diese Zahl nicht zu hoch angesetzt sein.

Grundlage wirtschaftlicher Prosperität waren die seit Augustus meist stabilen politischen Verhältnisse. Verbindliche Rechtsnormen, eine einheitliche Währung, sichere Rahmenbedingungen für Transporte zu Wasser wie zu Lande und vor allem die Schrift begünstigten Handel und Handwerk.[12] Das alles war der weitgehend agrarisch strukturierten vorrömischen Gesellschaft fremd. Das hochdifferenzierte Wirtschaftssystem der römischen Kaiserzeit profitierte vom Ausbau der Infrastruktur, von den Ressourcen der Provinzen und den neuen Absatzmärkten. Waren aller Art erreichten die entlegensten Landschaften des Imperiums. Die rasch wachsenden Ballungszentren waren ideale Absatzmärkte gewerblicher Produktion. Entsprechend attraktiv waren sie für Handwerker wie Dienstleister und lockten insbesondere in den beiden ersten nachchristlichen Jahrhunderten zahlreiche spezialisierte Handwerker mit ihrem Fachwissen aus Italien und schon länger romanisierten Provinzen an den Niederrhein.

Die Funde zeichnen ein differenziertes Bild der Gesellschaft im Nordwesten des römischen Imperiums, am Rand der „zivilisierten Welt". Inschriften auf Grab- und Weihesteinen berichten von Handwerkern und Händlern, die im römischen Köln lebten, arbeiteten und starben. Die rund 540 Tätigkeitsbezeichnungen, die aus der römischen Welt bekannt sind,[13] lassen sich in Köln bislang nur ausschnitthaft belegen,[14] doch handelt es sich hierbei sicher nur um die Spitze des Eisbergs. Inschriften bezeugen mindestens 15 Händler in der CCAA.[15] Manche werden allgemein als *negotiatores* (Großhändler) bezeichnet. Eine Grabinschrift nennt einen [neg]otiator C(oloniae) C(laudiae) A(rae) A(grippinensium). Die Tätigkeit eines *negotiator Britannicianus* wird nicht detailliert erklärt. Caius Iulius Florentius, Caius Iulius Ianuarius und Marcus Exgingius Agricola hatten sich auf den florierenden Salzhandel mit dem Nordseeraum und der Kanalküste spezialisiert. Auch Caius Iulius Florentinus und Caius Iulius

Ianuarius – beide nennen sich *Agrippinensis* und *negotiator salarius* – gingen diesem einträglichen Geschäft nach.[16] Erwähnt werden die Händlerfamilie eines *negotiator cretarius* (Keramikprodukte), ein *negotiator pistricius* (Mehl und Backwaren), ein *negotiator lanio* (Fleischerzeugnisse), ein *negotiator artis lapidariae* (Steinmetzerzeugnisse), ein *negotiator seplasiarius* (Salben und Parfüms), ein *negotiator commerciator infectarius* (Färbemittel) und ein Holzhändler (*negotiator lignarius*). Für den Fernhandel war der Beruf eines Geldwechslers und Bankiers von Bedeutung: Zwei *nummularii* namens Marcus Varenius Hermes und Titus Aelius Viperinus haben ihren verstorbenen Ehefrauen Grabsteine gesetzt. Anhand von Grab- und Weihinschriften lassen sich auch Walker, Gladiatoren und deren Trainer, Sklavenhändler, Ärzte, Lehrer, Metzger, Steinmetzunternehmer, Zimmermänner, Bauhandwerker, Ammen und Musiker nachweisen. Anhand von archäologischen Funden, die auf Produktionsabfälle, Halbfertigprodukte und anderes mehr zurückgehen, ließe sich die Liste erheblich erweitern.

Der Rheinhafen in römischer Zeit

Wann immer es möglich war, hat man zum Transport von Waren, Baustoffen und Menschen Schiffe eingesetzt, da sie die Tragkraft eines Karrens um ein Vielfaches übertrafen (Abb. 7). Die Kosten für den Transport zu Wasser lagen um das vier- bis sechsfache niedriger als zu Land. Neben Flößen lassen sich in der regionalen Binnenschifffahrt zwei funktionale Klassen unterscheiden: Schiffe mit ausgeprägtem Kiel der Rheinflotte und Transportschiffe mit einem rampenförmigen Bug und einem Mast im vorderen Schiffsdrittel, der als Segelbefestigung und als Treidelmast für die Befestigung der Zugseile diente. Getreidelt wurde mit menschlicher Muskelkraft; Segel wurden nur in Ausnahmefällen genutzt.[17] Schwere Lastschiffe erreichten Längen von vierzig Metern und konnten bis zu sechzig Tonnen Last aufnehmen. Trotzdem hatten sie wenig Tiefgang und waren für den Transport auf den von Untiefen und Sandbänken durchsetzten Flüssen besonders geeignet, zumal sie, anders als die auf Kiel gebauten Schiffe, keine Uferbauten zur Landung benötigten; es reichte eine feste Böschung.
Trotzdem waren Häfen unverzichtbarer Teil der Schifffahrt. Wo immer möglich, nutzte man natürliche Ge-

Abb. 7 Grabsteinfragment mit Schiffsdarstellung: Auf dem hochgezogenen Achtersteven steht ein Steuermann am Ruder, die Ruderpinne über seiner linken Schulter. Unter ihm sind mehrere Ruderknechte an den Riemen.
2. Hälfte 1. Jahrhundert n. Chr. Kalkstein, 0,89 m x 0,58 m x 0,50 m. Fundort: Köln, Rheinufer (in sekundärer Nutzung verbaut).

gebenheiten. Erwiesen sich die Voraussetzungen als unzureichend, scheute man keine Kosten und Mühen, künstliche Häfen anzulegen, den Untergrund zu ertüchtigen und Kaimauern oder andere Bauten zu errichten. Bei Bedarf wurde auch unter Wasser gearbeitet. Mithilfe von Einbauten wurden natürliche Flussverlagerungen verhindert. Der Verlandung des Hafenbeckens begegnete man mit Ausschachtungen. Mächtige Zieh- und Hebemaschinen konnten tonnenschwere Lasten bewegen.[18]
Die Ansprüche waren hoch: Ein funktionstüchtiger Hafen musste Schiffe vor Witterung und Strömung schützen. Möglichkeiten zum Be- und Entladen der Schiffe waren ebenso gefragt wie große Speicherbauten und Stapelflächen zur Lagerung, Liegeplätze zu Wasser und zu Lande sowie Werften zum Bau, zur Wartung und Reparatur der Fahrzeuge. Häfen waren auf strenge Organisation und ausreichendes, qualifiziertes Personal angewiesen:[19] Sackträger, Speicherarbeiter, Schiffsbauer

und Kalfaterer, Produzenten von Tau- und Segelwerk, Importeure von Schiffsbauholz, Taucher, Treidler, Fährleute, Spediteure, Kaufleute, Schiffseigner, Zoll- und Finanzbeamte, die Waren registrierten sowie über Abgaben und Steuern wachten, Geldwechsler und Gastwirte, in deren Umfeld sich Heiligtümer und Bordelle ansiedelten, und viele andere mehr. In den Ländern am Mittelmeer waren Häfen mit Statuen, Ehrenbögen und Heiligtümern repräsentativ ausgestattet.

Markt- und Hafenaufsicht sowie politische Administrative gaben Strukturen und rechtliches Regelwerk vor. Kaiserliche Kassenbeamte der Wirtschaftsverwaltung kontrollierten und regulierten den Betrieb, wo es nötig war.[20] In Köln – Grenzstadt zum freien Germanien – spielten die Warenkontrollen gewiss eine besondere Rolle.[21] Vermutlich unterstanden die großen Häfen der germanischen Provinzen unmittelbar dem Militär.[22] Für die staatlichen Einnahmen waren Gebühren aus dem Hafen- und Marktbetrieb ein Segen. Vor allem den Einnahmen aus dem Handel mit Luxusgütern kam eine nicht zu unterschätzende Rolle in der Gesamtwirtschaft zu. In Alexandria soll Einfuhrzoll in Höhe von bis zu 25 Prozent auf den Warenwert erhoben worden sein. Auch in Köln dürfte der Hafen eine wichtige öffentliche Einnahmequelle bedeutet haben.[23]

Da Baumaßnahmen mit ein- oder zweigeschossiger Unterkellerung die bis zu 14 Meter tief unter dem modernen Straßenniveau liegenden Sedimente nicht erreichen, war der Rheinhafen der CCAA lange kaum erforscht. Erst die Ausgrabungen für die Nord-Süd Stadtbahn haben zu Untersuchungen auf mehr als 5000 Quadratmetern Fläche geführt und unser Wissen vertieft (Abb. 8).

Sie belegen, dass der Naturhafen in der sechzig Meter breiten Rinne zwischen Festland und Insel angesichts einer durchschnittlichen Wassertiefe von bis zu vier Metern ganzjährig mit Schiffen befahren werden konnte. Das natürliche Flussufer wurde bis zum dritten Viertel des 1. Jahrhunderts um meterhohe Erdaufschüttungen ertüchtigt, die befahrbare Rinne wurde so in Richtung Insel zurückgedrängt (Abb. 9). 67/68 n. Chr., so die Ergebnisse der Dendrochronologie, wurde der Ufersaum auf Höhe des Kurt-Hackenberg-Platzes mit einem Rost aus Eichenpfählen ertüchtigt, auf dem eine Tuff-Mörtel-Lage für die nötige Trittfestigkeit sorgte.[24] Die Uferränder von Festland und Insel waren mit Holz- und teilweise auch Steinkonstruktionen gegen Unterspülung und Erosion gesichert.[25] Insel und Festland waren anfangs über Holzbrücken oder -stege miteinander verbunden. Zeitgleich wurde die Insel zu einem Logistikzentrum ausgebaut, indem man das Gelände vermaß, Erhebungen abtrug, Senken auffüllte und Terrassenstützmauern errichtete.[26] Die Insel ragte bei normalem Wasserstand bis zu drei Meter hoch aus dem Rhein. So war sie vor Hochwasser geschützt, zumal Überschwemmungen bis zur Stromregulierung dank großer Reten-

Abb. 8 Die Ausgrabungen (2003–2013) anlässlich des Baus der Nord-Süd Stadtbahn Köln waren der größte Eingriff in die unterirdische Geschichte der Stadt auf mehr als 30 000 m² Fläche und mit einem Volumen von 150 000 m³. Das Bild zeigt die Ausgrabungen im römischen Hafen auf Höhe des Kurt-Hackenberg-Platzes.

Abb. 9 Vor dem Bau der römischen Stadtmauer fand ein 4- bis 6-jähriger Hund am Rheinufer seine letzte Ruhestätte. Er wurde sorgfältig beigesetzt und mit einem kleinen Keramikbecher für das Jenseits ausgestattet. Unter dem Kopf lag ein gefaltetes Lederstück. Abgedeckt hatte man das Grab mit einem Deckel aus Kiefernbrettern, der 68 +/- 5 Jahre n. Chr. datiert. Fundort: Köln, Kurt-Hackenberg-Platz.

tionsräume seltener waren als heute. Vermutlich gab es damals schon Anlegeplätze auf der Ostseite der Insel, deren Uferlinie zum offenen Strom mit mächtigen, angespitzten und in den Ufergrund gerammten Eichenpfählen gesichert war. Die Dendrochronologie datiert die Uferhölzer zwischen 160 und 180. Etwas weiter südlich – im Zentrum der Insel – scheint man das Ufer mit festen Kaimauern in Stein (*opus caementicium*) gesichert zu haben. Auf der Insel gab es anfangs einen großen kiesgeschotterten Stapelplatz für Waren und Baustoffe. Ende des 1./Anfang des 2. Jahrhunderts wurden vier große, wohl zweigeschossige Speicher (*horrea*) von bis zu 52 Metern Länge, 22 Metern Breite und mehr als 3500 Quadratmetern Nutzfläche errichtet, die sich um einen großen offenen Innenhof postierten. Weitere Lagergebäude befanden sich zumindest im Norden des Eilands.[27]

Neben einem Ankerstock, Bootshaken, der Aufhängung einer großen Lastwaage und großen Basaltgewichten, die zum Wiegen der Schiffsladungen bestimmt waren, Etiketten und Warenplomben aus Blei zeugen allerlei Werkzeuge, die vielleicht auf Schiffsbauer zurückgehen, Angelhaken, Netzbeschwerer, Filet- und Netznadeln vom antiken Hafenleben (Abb. 10).[28] Manches wurde womöglich absichtlich dem Rhein übergeben (Abb. 11), anderes ging unfreiwillig verloren, so etwa zwischen 70 und 90 n. Chr. eine Kiste mit Terra-sigillata-Gefäßen aus dem südfranzösischen La Graufesenque.[29] Die dortigen Manufakturen haben lange Zeit Niedergermanien und den Kölner Markt mit den rot glänzenden Sigillaten bedient. Die Ateliers waren das bedeutendste Töpfereizentrum Südgalliens, das riesige Stückzahlen exportiert hat.

Abb. 10 Hafengeräte und Werkzeuge (Ankerstock, Bootshaken, vierarmiger Eisenhaken einer Waage, Netznadeln) aus der römischen Hafenrinne. Eisen, 1. Jahrhundert n. Chr. Fundort: Köln, Alter Markt und Kurt-Hackenberg-Platz.

EUROPA VERNETZT

Abb. 11 Vier bronzene Siebgefäße aus italischen Werkstätten hat man schon wegen ihres hohen Materialwertes nicht entsorgt. Vielleicht handelt es sich um Flussopfer? Fundort: Köln, Kurt-Hackenberg-Platz. 1. Jahrhundert n. Chr.

Abb. 12 13 m tief unter dem Alter Markt lag ein großer Lastkahn, der in der alten Hafenrinne gesunken ist. Archäologen dokumentieren und bergen den Fund im Licht der Scheinwerfer.

Bauhölzer von mindestens acht Flachbodenschiffen des 1. und 2. Jahrhunderts, die bei Grabungen für den Bau der Philharmonie (1979/80) und der Nord-Süd Stadtbahn (2003–2013) ans Tageslicht kamen, sind Zeugen römischer Rheinschifffahrt.[30] Gut erhalten war das Wrack eines Flachbodenschiffs, das wenige Zentimeter über dem Kiesbett des Rheines lag (Abb. 12). Das 2,3 Meter lange und 3,8 Meter breite Rumpfteil gehört zu einem Lastkahn von 23 bis 27 Metern Länge. Untersuchungen im Labor für Dendrochronologie der Universität Köln ergaben, dass die Eichen für den Bau dieses Schiffes um 50 n. Chr. (43 +/- 5 Jahre) in der Kölner Bucht geschlagen worden sind (Abb. 13).[31]

Aus aller Herren Länder frisch auf den Tisch

Masse und Vielfalt des Warenumschlags in der CCAA dürfen keinesfalls unterschätzt werden: Allein bei den Ausgrabungen am Kurt-Hackenberg-Platz wurden 1,4 Millionen Objekte geborgen, fast neunzig Prozent davon datieren in römische Zeit (Abb. 14).[32] 640 000 Keramikfragmente, 230 000 Tierknochen, 35 000 Holz- und 20 000 Lederfunde – die reinen Zahlen sind überwältigend. Vieles davon geht auf Abfälle aus der alten Flussrinne zurück, die Bürger und Gewerbetreibende dort verklappten. Für die Archäologie ist der Fundreichtum ein Segen, zumal sich in den Feuchtböden organische Dinge erhalten haben, die sonst längst vergangen wären,[33] darunter Spindeln, Warenmarken, Holzdöschen, Küchengeräte, Fenstersprossen und anderes mehr (Abb. 15). In riesigen Mengen kamen Abfälle von Werkstätten ans Tageslicht, in denen Schreibtäfelchen aus Tannen- oder Fichtenholz gefertigt wurden. Diese wurden von Handwerkern, Händlern und Beamten wie Notizbücher genutzt. Auf manchen sind Fragmente von Schriftzeichen erhalten, die sich in das weiche Holz durchgedrückt haben. Eine Tafel ziert gar ein Brandstempel der CCAA – vielleicht ein öffentliches Dokument? Ein anderes Täfelchen zeugt vom Streit zweier Händler.[34]

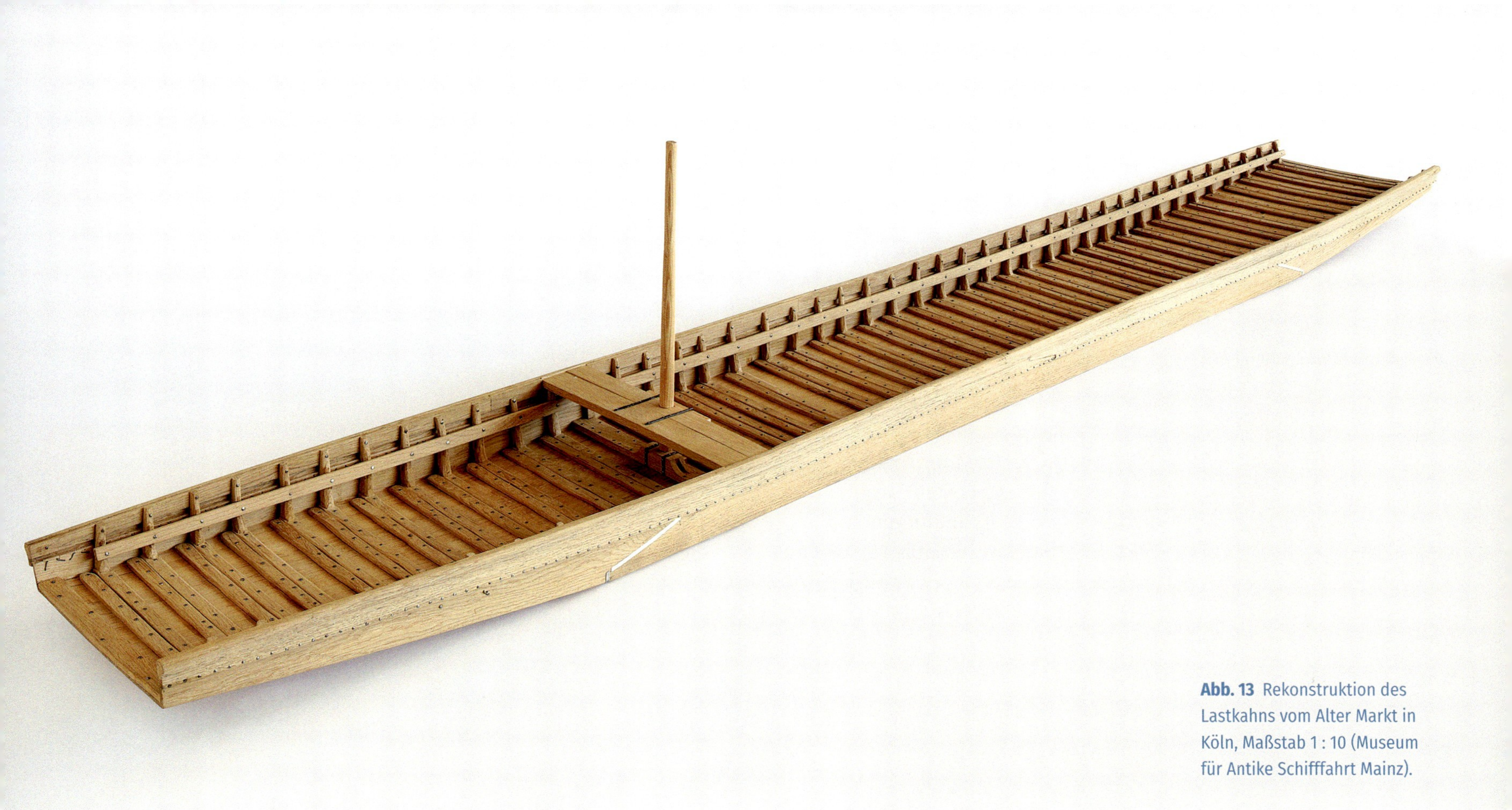

Abb. 13 Rekonstruktion des Lastkahns vom Alter Markt in Köln, Maßstab 1:10 (Museum für Antike Schifffahrt Mainz).

Manche Gefäße enthielten Färbemittel wie kostbaren Purpur aus dem süditalienischen Canosa (*purpurissum a Canusio*) oder Grünspan (*aerugo*) aus Rhodos.³⁵ Die überwältigende Mehrheit war mit Spezialitäten aus dem Süden gefüllt, die importierten Keramikgefäße oder Holzbehälter waren mit Holzdeckeln und Spundzapfen verschlossen. Von 1500 Verschlüssen tragen knapp 300 Brandstempel, viele davon einen Merkurstab, eine Art Prüfbeleg des Händlers.³⁶

Mobilität und Handel spiegeln sich eindrucksvoll in den Transportamphoren wider, von denen 87 000 Bruchstücke geborgen wurden.³⁷ Da man zahlreiche Lebensmittel in Amphoren und anderen Keramikbehältern aufbewahrte, um sie transportieren zu können oder die Haltbarkeit zu verlängern, haben sich im Laufe der Zeit ungeheure Mengen dieser „Einweg-Verpackungen" erhalten, die nach ihrer Leerung im Regelfall zertrümmert und über den Haus- oder Hafenmüll entsorgt wurden. So entstanden Schuttkegel von gewaltigen Ausmaßen. Der Monte Testaccio am Tiberufer in Rom gilt als größte bekannte Müllhalde der römischen Welt. Auf 22 000 Quadratmetern stapeln sich die Scherben bis in eine Höhe von fast fünfzig Meter.³⁸ Wie viele Amphoren in den mehr als 400 Jahren römischer Kulturgeschichte an den Rhein kamen, lässt sich nur erahnen. Stadtrömische Verhältnisse wurden natürlich nicht erreicht, aber es müssen gewaltige Mengen gewesen sein.

Der sorglose Umgang unserer Vorfahren mit ihrem Abfall ist ein Glücksfall. Von den Scherben tragen fast 350 Pinselaufschriften (*tituli picti*), die im Idealfall Aussagen

Abb. 14 Abfälle aus dem römischen Hafen in Köln. 1. Jahrhundert n. Chr. Fundort: Köln, Kurt-Hackenberg-Platz.

Abb. 15 Römische Alltagsgegenstände aus Holz: Fragmente von Möbeln, Fensterrahmen, Etiketten, Deckeldöschen, Spundzapfen, Kämme und eine Spindel. 1. Jahrhundert n. Chr. Fundort: Köln, Kurt-Hackenberg-Platz.

Abb. 16 Auswahl von Amphorenfragmenten mit Pinseletiketten (*tituli picti*). 2. Hälfte 1. Jahrhundert n. Chr. Fundort: Köln, Kurt-Hackenberg-Platz.

über den Wareninhalt, das Einlagegewicht, die Herkunft und den Produzenten zulassen (Abb. 16).[39] Die Kölner Funde werden quantitativ von Rom und den Vesuvstädten übertroffen, nördlich der Alpen ist es jedoch der größte Bestand seiner Art und ein einzigartiges Zeugnis römischer Wirtschaftsgeschichte (Abb. 17). Anhand der Aufschriften lassen sich Weine aus Spanien, Südfrankreich, Italien, von Rhodos, Kreta und von der kleinasiatischen Küste identifizieren. Olivenöle stammten aus Südspanien und Tunesien. Aus Spanien kamen eingelegte schwarze Oliven, grüne aus Südfrankreich. Süßes *defrutum* – eingedickter Traubenmost – wurde aus Italien und Spanien in rheinische Küchen geliefert. Behälter für salzige Fischsaucen – ein Grundelement der römischen Küche – machen mehr als ein Drittel des Bestandes aus: Die allseits beliebte Würze wurde meist in Portugal und Spanien hergestellt, von dort in großen Behältern zu Schiff abtransportiert und im mittleren Rhonetal in Amphoren umgefüllt. Vom Umschlagplatz *Lugdunum* (Lyon) ging es über die Saône in Richtung Rhein und Nordwesten des Imperiums. Zu den Kölner Fischsaucen-Lieferanten gehört überraschenderweise der in Pompeji ansässige Produzent Aulus Umbricius Scarus, der für seine hochwertigen Würzsaucen (*garum pompeianum*) bekannt war.[40] In Pompeji lassen sich ein Drittel aller Amphoren auf seine Produktion zurückführen. Kein Wunder also, dass es seine Familie zu Reichtum und politischem Einfluss in ihrer Heimatstadt gebracht hat. Bislang war jedoch unbekannt, dass die Erzeugnisse auch den rheinischen Markt erreicht haben. Das Schicksal meinte es gleichwohl nicht gut mit der Familie: 79 n. Chr. ging die Stadt im Golf von Neapel mitsamt Betrieb im Vesuvausbruch unter.

Den weitesten Weg hat das Fragment eines bauchigen Vorratsgefäßes zurückgelegt, das aufgrund seines spezifischen Tons und Dekors klar erkennbar im oberägyp-

Abb. 17 Kölner Importe aus dem Imperium Romanum nach Auskunft der Gefäßaufschriften aus dem römischen Rheinhafen (nach Ehmig 2009).

tischen Assuan getöpfert wurde, wo man diese Keramiken in großen Serien produziert hat (Abb. 18).⁴¹ Über Nil, Mittelmeer, Rhone und Rhein hat das Gefäß fast 4000 Kilometer Luftlinie zurückgelegt. Es handelt sich um ein Zeugnis größter Mobilität, unabhängig davon, ob es mit Delikatessen gefüllt über den Handel aus dem Niltal geliefert wurde oder als Besitz einer aus Ägypten an den Rhein gereisten Person im Hafenabfall landete. Südfrüchte und aromatische Gewürze waren bei den Römern begehrt – auch in der *Colonia* –, doch sind sie archäologisch schwer nachzuweisen. Importiert wurden Granatäpfel, getrocknete Feigen, gesüßte Datteln und Trockenpflaumen, vielleicht Mandeln und Pinienkerne. Pfeffer war ungeheuer populär und wurde hoch gehandelt.⁴²

Und doch kam nicht alles aus dem Süden. Unter 17 000 Mollusken, die in der Hafenrinne geborgen wurden, fanden sich Austernschalen, die sich im römischen Köln größter Nachfrage erfreuten und in großen Mengen verspeist wurden. Analysen belegen, dass die Austern an der belgischen und der nordfranzösischen Küste gewachsen sind.⁴³ In der kühlen Jahreszeit wurden die Schalentiere gut verpackt auf Schiffen den Rhein hinaufgebracht; länger als drei Wochen sollte man nach der

Abb. 18 Verzierte Scherbe eines bauchigen Vorratsgefäßes aus dem oberägyptischen Assuan und Alexandria. 1. Jahrhundert n. Chr. Fundort: Alter Markt, Köln.

Ernte mit dem Verzehr nicht gewartet haben. Auch Fischsaucen kamen spätestens seit dem 2. Jahrhundert aus dem Norden ins Rheinland und ergänzten das mediterrane Angebot. Eine wichtige Rolle spielte die Salzproduktion an der belgisch-französischen Kanal- und Atlantikküste, wie Grab- und Weiheinschriften von Kölner Salzhändlern belegen.

Köln und sein Umland haben allerdings nicht nur Nahrungsmittel und Güter aus allen Teilen des Römischen Reiches bezogen. Auch als Exporthafen dürfte die Stadt einige Bedeutung besessen haben, denn es wird angenommen, dass die Getreideernten der Lößbörden alljährlich tonnenweise Überschüsse erzielten.[44] Der Sklavenhandel dürfte ebenfalls eine Rolle gespielt haben wie auch natürliche Ressourcen, darunter Blei, Pech, Bergkristall, Bernstein, Gold, Silber, Eisen, Wachs, Tierhäute, Felle, Textilien, aber auch Nahrungsmittel wie Käse, Fleischprodukte und Honig.[45] Die großen Kölner Töpfereien haben seit dem 2. Jahrhundert ihre Produkte nach Obergermanien, Gallien und Britannien exportiert. Spätestens Ende des 1. Jahrhunderts spielt die lokale Glasverarbeitung eine Rolle.[46]

Auf zu neuen Ufern: Der Hafen zieht um

Die Politik Domitians löste am Niederrhein einen Bauboom aus, der die CCAA am Übergang vom 1. zum 2. Jahrhundert in eine Großbaustelle verwandelte. Ziel dieses immensen logistischen, finanziellen und städtebaulichen Engagements, das auf die Initiative von höchster Stelle zurückgegangen sein muss, war es einerseits, die Stadt mit einer repräsentativen Mauer zu umgeben, andererseits, einen einzigartigen Stadtprospekt entlang der Rheinseite zu schaffen, der bei den Zeitgenossen beiderseits des Rheins bleibenden Eindruck hinterlassen haben dürfte.[47]

Die Großbaumaßnahmen erforderten logistische Vorbereitungen. Angesichts der gewaltigen Mengen von Baustoffen war an Warenumschlag in der alten Hafenrinne nicht mehr zu denken. Die Anlieferung wurde vermutlich vollständig auf die Ostseite der Insel verlagert. In der alten Hafenrinne schüttete man auf Höhe der Budengasse einen mit zahlreichen, teils schräg gesetzten Pfählen ertüchtigten Damm auf, der Insel und Festland verband. Die Analyse der Eichenhölzer, von denen einige mit eisernen Pfahlschuhen bewehrt waren, ergab die Datierung 90 n. Chr. (+/- 5 Jahre). Aus dem durchflossenen Seitenarm wurde ein nach Norden offener Altarm.

Mit diesen Veränderungen waren die Voraussetzungen zum Start der Arbeiten am Rheinufer und zur Anlieferung der Materialien geschaffen. Da es im Umland mit Ausnahme der nördlich der CCAA in Rheinnähe gelegenen Ziegeleien keine nennenswerten Baustoffe gab, musste alles auf Lastkähnen nach Köln transportiert werden. Die Beschaffung von Holz sowie Steinen unterschiedlicher Qualität und Materialität war ein kraft- und kostenaufwendiges Unterfangen.[48] Steine stammten vom Drachenfels (Trachyt), aus dem Laacher Raum (Tuff), dem Ahrtal (Grauwacke), vom Mittelrhein (Basalt), aus der Eifel beziehungsweise dem Trierer Land (Sandsteine) und vom Oberlauf der Mosel (lothringischer Kalkstein aus Norroy). Hochwertiger Marmor wurde aus Griechenland, Italien, Nordafrika und Kleinasien importiert. Allein der Bau der Stadtmauer soll drei bis vier Millionen Grauwackequader verschlungen haben.[49] Auch Kalkmörtel wurde als Bindematerial in großen Mengen verbaut. Bei Iversheim hat man eine nach industriellen Maßstäben produzierende Fabrik betrieben, wo monatlich 2000 Tonnen Kalk hergestellt und per Schiff auf der Erft in Richtung Rhein transportiert wurden. Auch der Bedarf an Bau- und Brennholz war hoch, beispielsweise für die Befeuerung der Thermen, wobei Holzkohle sicherlich eine Rolle spielte. Handwerker benötigten Holz für den Bau von Häusern, Wagen, Schiffen, Behältern und anderem mehr. Vermutlich deckten sie ihren Bedarf in den Wäldern östlich des Rheins, denn das linksrheinische Territorium war weitgehend entwaldet. Teilweise wurden Hölzer aus entfernten Landschaften importiert, etwa zum Bau der antiken Stadtmauer.

Die kaiserliche Entscheidung löste in den späten 80er-Jahren des 1. Jahrhunderts gewaltige Aktivitäten aus: Anstelle einer älteren Holz-Erde-Mauer wurde eine mächtige und repräsentativ gestaltete Steinmauer von mehr als acht Metern Höhe errichtet. Zunächst wurden vermutlich die drei Feldseiten gebaut. Um auch die bis dahin offene Rheinseite zu sichern und großzügig dimensionierten Baugrund entlang der Rheinfront zu schaffen, wurde anschließend der steil zum Flussufer abfallende Hang des Altstadtplateaus ertüchtigt. Meterstarke Stützmauern sollten den gewaltigen Erddruck und die sieben Meter Höhenunterschied abfangen.

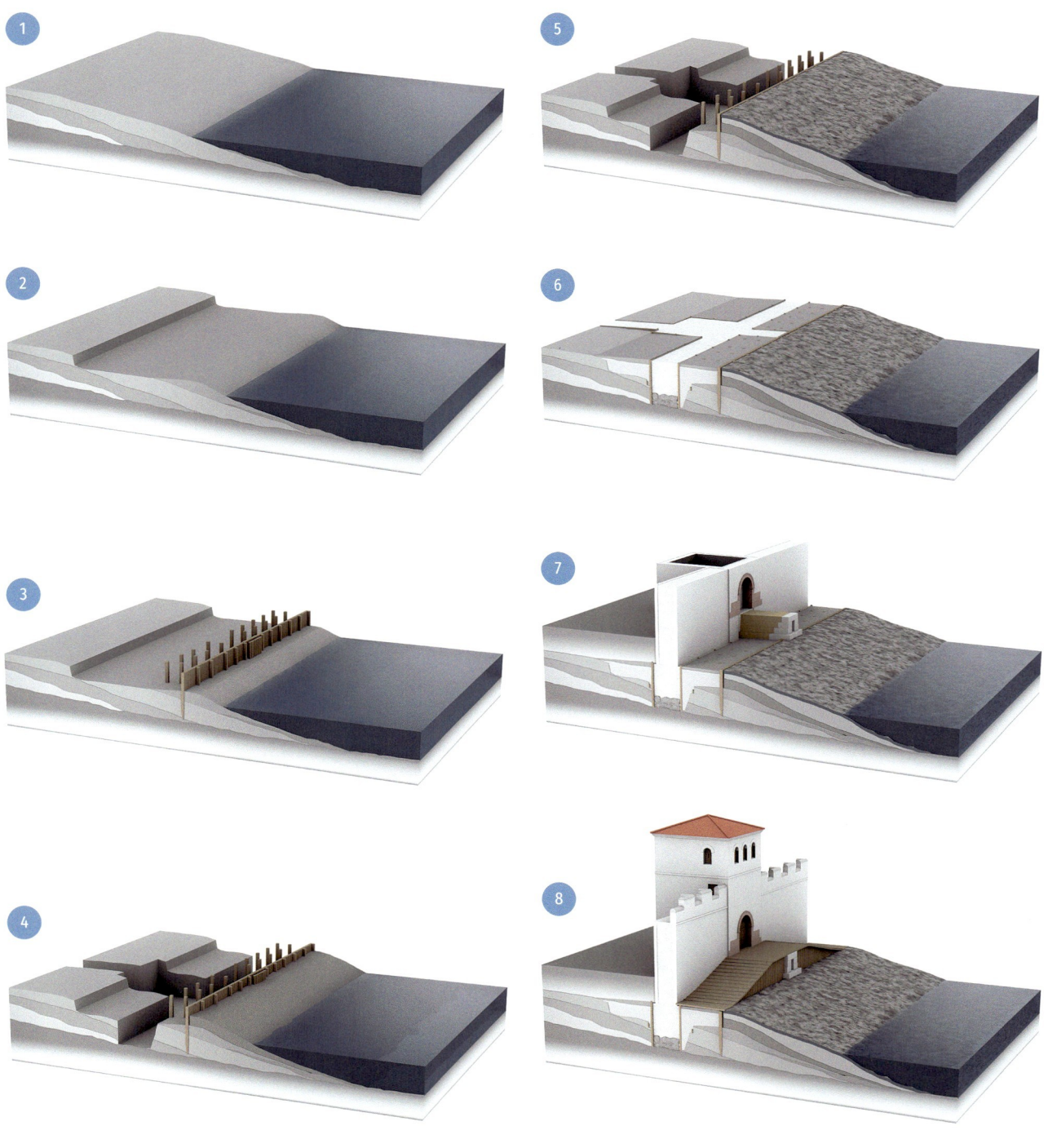

Abb. 19 Köln, Kurt-Hackenberg-Platz: Bauablauf der rheinseitigen römischen Stadtmauer in der 3D-Rekonstruktion, Ende 1. Jahrhundert n. Chr.

Auf den terrassierten neuen Grundstücken entstanden Ende des 1. Jahrhunderts öffentliche Großbauten: Ganz im Süden – wo heute St. Maria im Kapitol steht – der Kapitolstempel, daneben ein großer Rundtempel und im Zentrum der Rheinfront ein Terrassenheiligtum, das als Standort des Altars für die Göttin Roma und für Augustus interpretiert wird. Nördlich folgte der Palast des Statthalters, der Ende des 1. Jahrhunderts grundlegend erneuert worden war. Dank der Ausgrabungen für die Nord-Süd Stadtbahn lassen sich die Abläufe beim Bau der rheinseitigen Stadtmauer rekonstruieren. Hunderte in den Jahren 89/90 geschlagene Bauhölzer zeigen, dass die Stadtmauer

EUROPA VERNETZT

Abb. 20 Ausgrabungen auf dem Kurt-Hackenberg-Platz in Köln. In den Feuchtböden der alten Hafenrinne haben sich die schweren Eichenhölzer der Spundwand bestens erhalten. 89/90 n. Chr.

in die Regierungszeit Domitians datiert. Die 3911,8 Meter lange Mauer, die eine Fläche von 96,8 Hektar umschloss, unterliegt einem einheitlichen Architekturentwurf.⁵⁰

Das Vorgehen der Handwerker lässt sich minutiös rekonstruieren (Abb. 19): Um ausreichend Baugrund zu schaffen, wurde ein gut zehn Meter breiter Uferstreifen planiert, anschließend wurde eine Spundwand aus über 4,5 Meter langen, tonnenschweren Vierkanthölzern mit den spitzen Enden Fuge auf Fuge in den Uferschlick gerammt (Abb. 20–22). 2500 mächtige Eichen mussten in der Voreifel oder im Bergischen Land gefällt und auf Schiffen nach Köln gebracht werden. Landseitig wurde die Baugrube drei Meter tief ausgehoben und mit Tannenhölzern ausgesteift (Abb. 23). Die Stämme, aus denen vor Ort mehr als zwölf Meter lange Bretter gesägt wurden, waren zeitgleich mit den Eichen zu Hunderten im Schwarzwald oder in den Vogesen gefällt und zur Baustelle geflößt worden. Den Aushub der Baugrube hatte man am Ufer angeschüttet und mit Grauwacken ertüchtigt. Nach dem Ausschalen der Baugrube begannen die Maurer mit ihrer Arbeit. Auf den tragfähigen Kies legten sie große Grauwacken und deckten sie mit Kalk ab, darüber gossen sie ein 3,9 Meter hohes und drei Meter breites Fundament aus *opus caementicium*, dessen Stabilität moderne DIN-Normen erfüllt. Über dem Fundament wurde die Wehrmauer mit Torhaus und Kanalauslass errichtet (Abb. 24). Die Arbeiten waren zweifellos noch vor der Jahrhundertwende abgeschlossen. Infolge der Arbeiten am Rheinufer veränderten sich die örtlichen Gegebenheiten. In der alten Flussrinne sam-

Abb. 21 Mächtige Vierkanthölzer der römischen Spundwand. Fundort: Köln, Kurt-Hackenberg-Platz. Eiche, 89/90 n. Chr.

melten sich in fünf Jahrzehnten Sedimente auf mehr als vier Meter Höhe an. Holzfunde aus den jüngsten Schichten zeigen, dass die Verlandung 148/49 weit fortgeschritten war. Nur im Osten verlief damals noch nahe dem Inselufer eine 25 Meter breite Rinne, die je nach Wasserstand schiffbar war (Abb. 25). Um 200 wurde dann meterstarker Lehm aufgetragen. Die alte Rheinrinne war nun „Geschichte".[51]

Abb. 22 Einige Eichenhölzer der Spundwand tragen Brandstempel mit dem römischen Namenskürzel *L IV IOV (Lucius Iulius Iovinus?)*. Vielleicht sind es die Initialen des Holzhändlers? Fundort: Köln, Kurt-Hackenberg-Platz. 89/90 n. Chr.

Abb. 23 Tannenholzverschalung der Baugrube der römischen Stadtmauer während der Ausgrabungen auf dem Kurt-Hackenberg-Platz in Köln. 89/90 n. Chr.

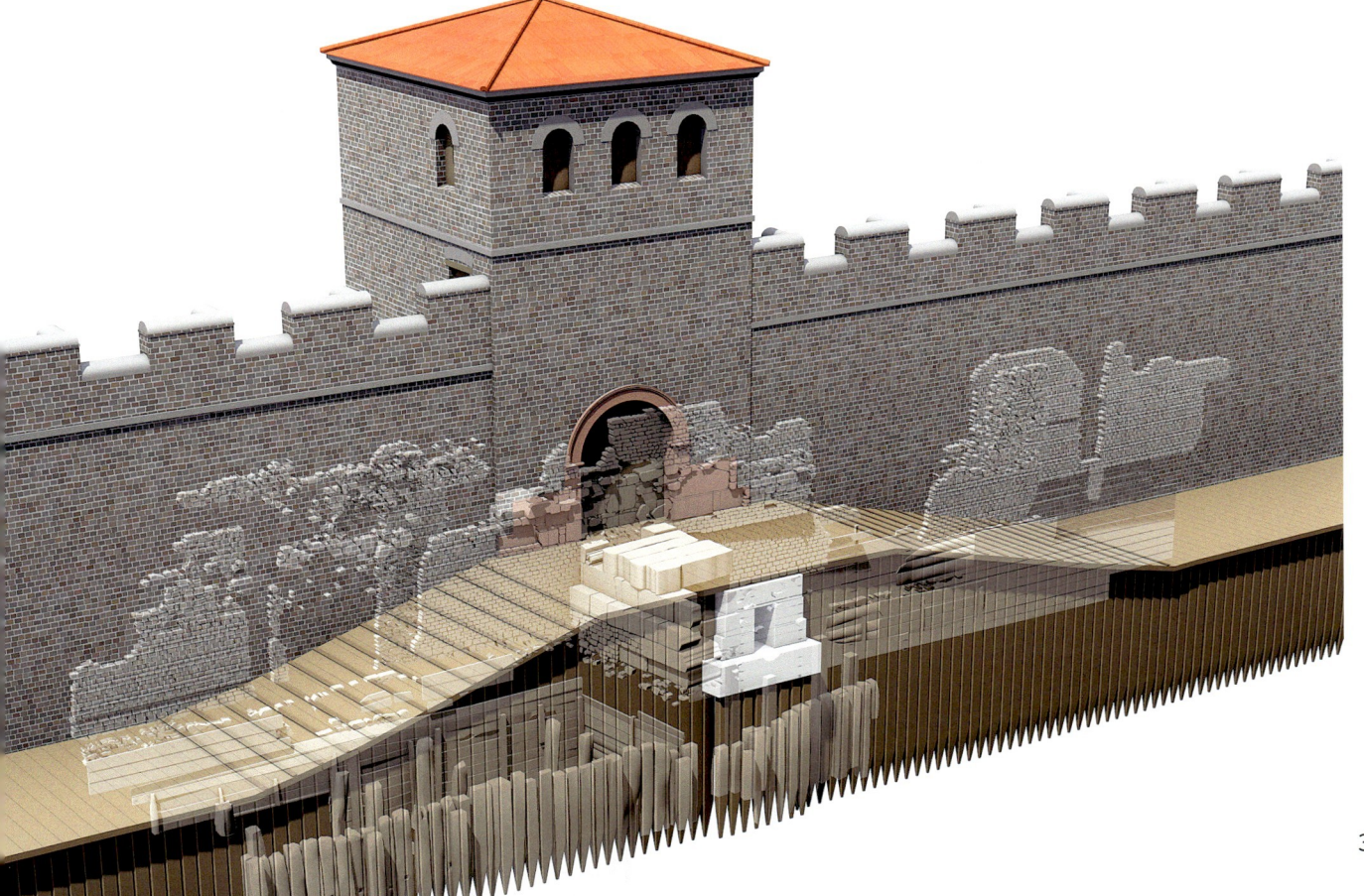

Abb. 24 Köln, Kurt-Hackenberg-Platz: Digitale 3D-Rekonstruktion der rheinseitigen römischen Stadtmauer mit Hafentor, Kanalauslass und hölzerner Spundwand, Ende 1. Jahrhundert n. Chr.

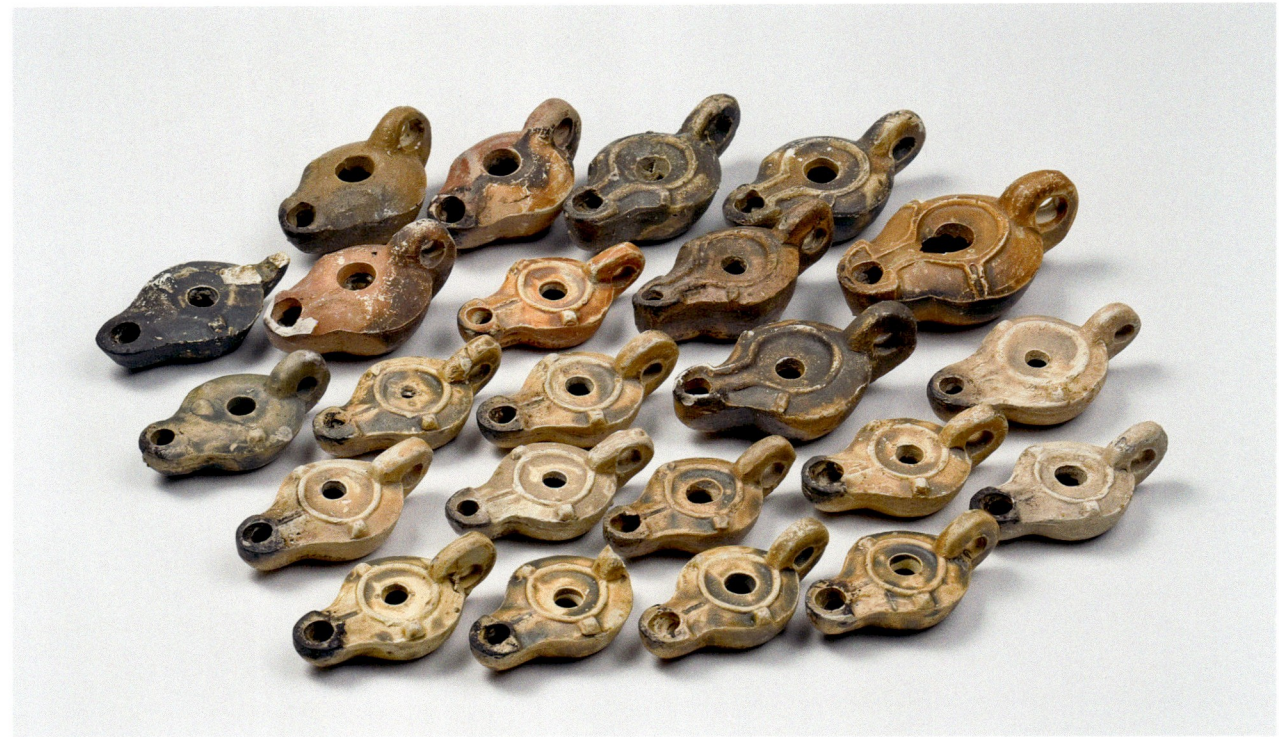

Abb. 25 Brandspuren an den 25 Firmalämpchen zeigen, dass es sich nicht um Neuware handelt. Sie lagen eng beieinander im Uferbereich der ehemaligen Rheinrinne. Womöglich gehen sie auf eine rituelle Deponierung zurück? 2. Jahrhundert n. Chr. Fundort: Köln, Kurt-Hackenberg-Platz.

Stadtleben in unruhigen Zeiten – Aufbruch ins Mittelalter

Mitte des 3. Jahrhunderts endete der Frieden am Niederrhein, da Franken den Rheinlimes wiederholt attackierten. Anfang des 4. Jahrhunderts ließ Konstantin (reg. 306–337) neue Festungen bauen. Bei seinen Planungen, die Grenze besser gegen Angriffe zu sichern, spielte Köln eine wichtige Rolle. Auf dem rechten Rheinufer wurde das 1,8 Hektar große Brückenkopfkastell *Divitia* (Deutz) errichtet und über eine feste Brücke mit dem Linksrheinischen verbunden. Etwa gleichzeitig mit dem Bau des Kastells sicherte man das linksrheinische Hafengelände mit Mauern, die von der Stadtmauer zum Rheinufer führten.[52]

Doch die Ruhe währte nur kurz. 355/56 n. Chr. besetzten Franken die Stadt. Erst nach zehn Monaten konnten die Eindringlinge vertrieben werden (Abb. 26).

Hundert Jahre später war es mit der römischen Herrschaft am Rhein vorbei. Köln wurde Zentralort der Rheinfranken, die im Großreich Chlodwigs aufgingen. Am Rheinufer entstand ein lebendiges Handwerker- und Händlerviertel. Köln blieb als Bischofssitz das urbane Zentrum der Region. Die frühmittelalterliche *Colonia* entwickelte sich rasch. Zu Zeiten Erzbischofs Hildebold – engster Vertrauter Karls des Großen – war die Stadt die größte Wirtschaftsmacht am Rhein. Das Rheinquartier platzte aus allen Nähten, jeder Quadratmeter war begehrt.[53] Auch das Gelände über der alten Rheinrinne, deren schwierige Bodenverhältnisse lange gemieden wurden, war nun dicht überbaut. Die Grundlagen für die wohlhabendste und bevölkerungsreichste Stadt im deutschsprachigen Mittelalter waren gelegt.

Der Nordosten der alten Römerstadt beherbergte die erzbischöfliche Immunität mit der Hohen Domkirche, den Bauten des Klerus und der erzbischöflichen Handwerker. Ihr zu Füßen lag der Rheinhafen, den der Kölner Historiograph Aegidius Gelenius (1595–1656) 1645 beschreibt:[54] „Hier liegt ein äußerst weitläufiges Ufergelände bis zur Rheinpforte hin, welches den Markthändlern alle Bequemlichkeit bietet. So ist es nicht verwunderlich, dass das Ufer von so vielen Schiffen belagert wird, dass man meinen könnte, es handele sich um eine Seestadt oder einen Hafen, und die Menge der Schiffsmasten den Augen einen dichten Wald vorzutäuschen scheint [...]". Diese Beschreibung könnte auch auf den römischen Rheinhafen übertragen werden (Abb. 27).

Abb. 26 Der 6,5 m x 7,4 m große Turm des Hafentors ist Teil der rheinseitigen römischen Stadtmauer. Unter der 2,7 m breiten Tordurchfahrt öffnete sich einer der großen Abwassersammler zum Rhein. Vermutlich Mitte des 4. Jahrhunderts n. Chr. wurde das Hafentor mit recyceltem Steinmaterial zugemauert. Fundort: Köln, Kurt-Hackenberg-Platz.

Abb. 27 Ausschnitt aus der Vogelschau des Arnold Mercator, 1570/71. Vor der Baustelle des gotischen Domes erkennt man zahllose Handelsschiffe auf dem Rhein.

1 Eck 2004, 211–272.
2 Eck 2004, 77–102; Fischer – Trier 2014, 58–97.
3 Hesberg 2002.
4 Bockius 2012; Berthold u. a. 2017, 139–141.
5 Fischer – Trier 2014, 80–81; Schaaff 2015, 201–211.
6 Höckmann 1998; Fischer – Trier 2014, 278–295.
7 Wagner 2017, 22–23.
8 Schmitz 2015.
9 Eck 2004, 127–177; Fischer – Trier 2014, 98–103.
10 Eck 2004, 178–210; Fischer – Trier 2014, 104–111.
11 Eck 2004, 311–314.
12 Schimmer 2013, 92.
13 Reuter 2008, 471.
14 Eck 2004, 433–436.
15 Galsterer – Galsterer 2010, 349–371; Fischer – Trier 2014, 230.
16 Eck 2004, 469–470.
17 Becker 2013, 30–31.
18 Kretzschmer 1983, 22–30; Höckmann 2007; Becker 2013, 30.
19 Kloft 2006, 55–79.
20 Kloft 2006, 57–58, 62.
21 Rothenhöfer 2014, 20.
22 Höckmann 2007.
23 Kloft 2006, 78.
24 Trier 2013.
25 Schuler 2005, 315–323; Berthold – Lobüscher – Reuter 2017, 71 ff.; Berthold u. a. 2017, 143–146.
26 Aten 2001, 654–656.
27 Fischer – Trier 2014, 228–253.
28 Berthold u. a. 2017, 142, 296–312.
29 Höpken 2011.
30 Dietmar – Trier 2006, 30–32; Hermanns – Höpken 2014.
31 Bockius 2012.
32 Berthold u. a. 2017, 201–202.
33 Tegtmeier 2016; Berthold u. a. 2017, 344–354.
34 Galsterer 2012.
35 Ehmig 2017.
36 Tegtmeier 2016, 120–154.
37 Berthold u. a. 2017, 232.
38 Thüry 2001, 36–39.
39 Ehmig 2007; Ehmig 2009.
40 Dozio 2011.
41 Fiedler 2012.
42 Meurers-Balke – Kaszab-Olschewski 2010, 56–156, bes. 90–108.
43 Berthold u. a. 2017, 359–378.
44 Eck 2004, 318, 428–429.
45 Martin-Kilcher 2005.
46 Eck 2004, 439–458; Naumann-Steckner 2016, 91–104.
47 Fischer – Trier 2014, 165–182; Schäfer 2015.
48 Eck 2004, 463–470; Fischer – Trier 2014, 164; Kennecke 2014; Schaaff 2015.
49 Rothenhöfer 2014, 14.
50 Schäfer 2014; Berthold u. a. 2017, 150–179, 184–201.
51 Berthold u. a. 2017, 189–194.
52 Fischer – Trier 2014, 330–363.
53 Fischer – Trier 2014, 364–373.
54 Jacobsen 2012, 36–37.

Ein römisches Binnenschiff im Experiment

Karl Hofmann-von Kap-herr, Christoph Schäfer

Nicht die schlanken, mit Ruderreihen versehenen Militärschiffe, die eher einfach gebauten und weit weniger ansehnlichen Plattbodenschiffe mit rampenartigem Bug und Heck bildeten das Rückgrat der römischen Präsenz an Rhein und seinen Nebenflüssen. Ohne sie hätten die gewaltigen Mengen an Baumaterial, die allein schon für den Ausbau des römischen Köln benötigt wurden, niemals die Metropole am Rhein erreicht. Hunderttausende Tonnen mussten aus den Steinbrüchen entlang von Mosel und Rhein herangeschafft werden, von den Überseetransporten hochwertigen Marmors aus dem Mittelmeerraum ganz zu schweigen.

All dies konnte nicht über Straßen geschehen, da ein Karren schon aufgrund seiner Konstruktion nur etwa eine Tonne an Ladung befördern konnte. Nach Auswertung der Schriftquellen zum Warentransport gelangt man für die römische Kaiserzeit zu folgender Kostenrelation von See-, Fluss- und Landtransport: 1 : 4,9 : 28–56. Der Transport auf den See- und Binnenwasserstraßen war also auch schon damals um ein Vielfaches günstiger als der Landweg. Nicht umsonst sind Überreste als „Prahme" klassifizierter Transportschiffe bei Grabungen in Köln, Xanten und insbesondere auch in den Niederlanden in großer Zahl zutage getreten. Neben Baustoffen wurden viele andere Güter, vor allem Nahrungsmittel über Tausende von Kilometern transportiert. Und das in großem Stil: Allein die an der Rheingrenze stationierten Legionen und Auxiliareinheiten entwickelten einen jährlichen Olivenölbedarf von etwa 23 000 Amphoren, jede gefüllt circa einhundert Kilogramm schwer. Dieses Öl kam zum allergrößten Teil aus der Baetica, dem heutigen Andalusien. Transportiert wurde es zum einen über die Rhone-

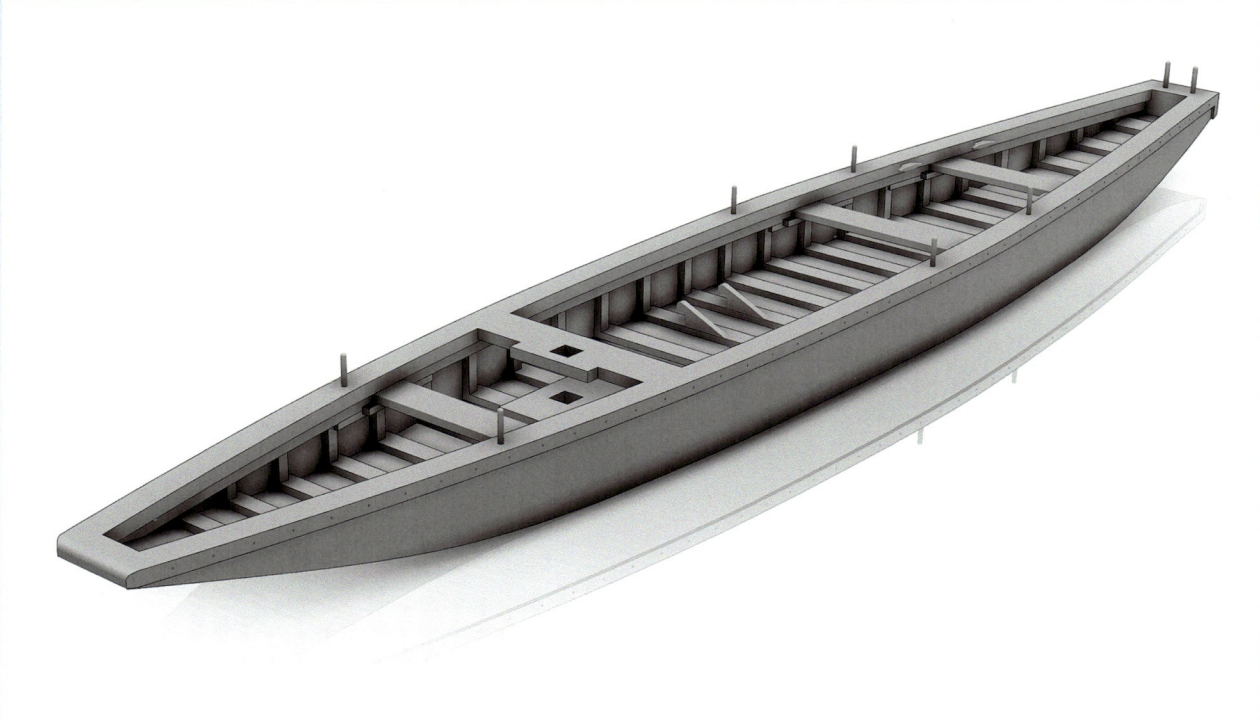

Abb. 1 3D-Modell des Schiffsrumpfs.

Saône-Mosel-Route und zum anderen über den Atlantik und dann mit Prahmen den Rhein hinauf.

Über Einsatz und Leistungsfähigkeit der Prahme, die überall im Imperium diesen gewaltigen, modern anmutenden Warenaustausch erst ermöglichten, war bisher viel zu wenig bekannt. Ronald Bockius, Leiter des Museums für Antike Schiffahrt in Mainz (RGZM), hat bereits die Eintauchtiefen und Ladekapazitäten verschieden großer Prahme berechnet. Er zeichnete auf Basis eines archäologischen Befundes aus Bevaix (Neuenburgersee) die Pläne für einen Prahmnachbau (Maßstab 1 : 2) durch die Berufsbildende Schule in Wittlich, der dann 2016 und 2017 auf der Mosel ausgiebigen wissenschaftlichen Tests unterzogen wurde. Die Experimente mit der zehn Meter langen und 1,70 Meter breiten fahrtüchtigen Rekonstruktion wurden von Historikern des Forschungsinstituts TRANSMARE der Universität Trier in enger Zusammenarbeit mit den Kollegen aus dem Bereich Maschinenbau der Hochschule Trier durchgeführt. Hierfür wurde der Prahm für die Testfahrten kalfatert und man erarbeitete ein umfangreiches Instrumentarium zum Erfassen der Kräfte, die bei den verschiedenen Antriebsarten auftreten. Diese Instrumente wurden dann mit einem nautischen Messsystem kombiniert, das ursprünglich für den America's Cup entwickelt worden war, und von zwei Astrophysikern der Universität Hamburg und des Massachusetts Institute of Technology (MIT) zusammen mit dem Fach Alte Geschichte der Universität Trier an die Bedürfnisse langsam fahrender antiker Wasserfahrzeuge angepasst werden konnte. Durch die Kombination der verschiedenen Messgeräte können „versetzungsfreie" Daten zur Leistungsfähigkeit speziell von Prahmen erhoben werden. Erst ein solches Instrumentarium, das die Versetzung durch Wind und Strom herausrechnen kann, ermöglicht valide Aussagen zur Fahrt des Schiffes in Relation zum „wahren Wind" und zu gegebenenfalls vorhandener Strömung.

Ende September 2016 wurde als erste Antriebsart das Treideln einer gründlichen Untersuchung unterzogen, denn stromaufwärts und bei fehlender Windunterstützung wurden römische Lastschiffe meist von Menschen an Seilen gezogen. Die

Abb. 2 Treidelversuche auf der Mosel.

Abb. 3 Beispiel für eine Auswertung von Treidelkraft und -seilwinkel.

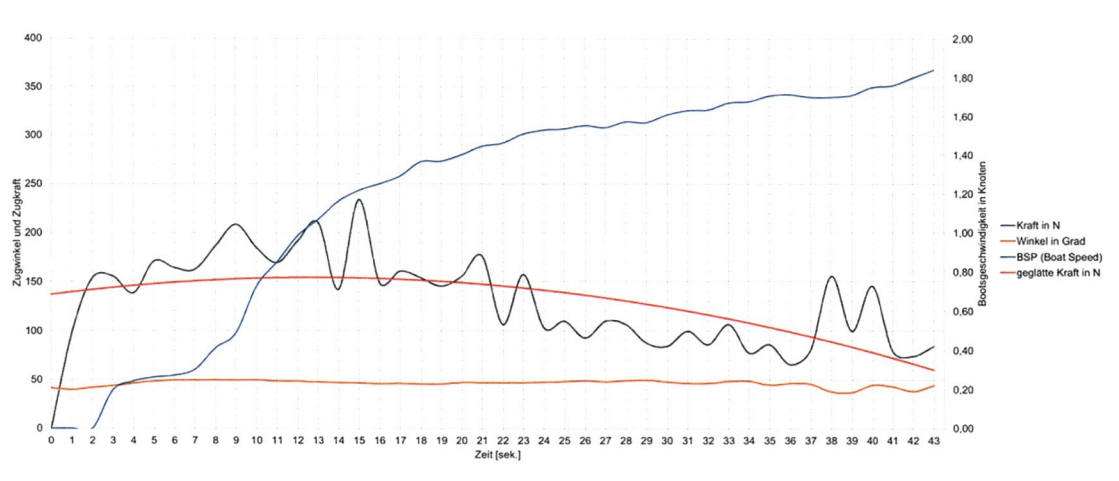

EUROPA VERNETZT

Zugkraft im Treidelseil und der Seilwinkel zur Schiffsmittellinie wurden messtechnisch ermittelt und aufgezeichnet, um daraus Rückschlüsse auf die optimale Seillänge und die Anforderungen an Größe und Leistungsfähigkeit der Treidelmannschaft zu ermöglichen. Dabei wurden die Daten gekoppelt mit den nautischen Informationen, die dreimal pro Sekunde von den Wertegebern (Windmesser, Log, GPS etc.) an einen zentralen Server weitergeleitet wurden.

Noch komplizierter gestaltete sich das Erfassen der Antriebskräfte beim Staken, das heißt beim Fortbewegen des Wasserfahrzeugs mit einer Stakstange durch Abstoßen vom Grund des Gewässers. Nach der Auswertung der aufgezeichneten Messdaten konnte gezeigt werden, dass beim Treideln eines Prahms bei kontinuierlichem Zug gerade einmal ein Drittel der Kraft benötigt wird, die notwendig ist, um den Prahm per Stake voranzubringen.

Als Hauptantriebsart für die römischen Lastkähne gilt zwar das Treideln. Auf einschlägigen Reliefs findet man aber immer wieder einen Mast oder zumindest einen Maststummel, an dem die Treidelseile festgeknüpft waren. Daher galt es, durch praktische Versuche auch die Eignung der Fahrzeuge für den Segelantrieb zu prüfen. Basierend auf den archäologischen Quellen und den Erfahrungen mit den Nachbauten römischer Militärschiffe wurde ein Rahsegelrigg mit einem 16 Quadratmeter großen Segel eingesetzt.

Erstaunlicherweise war sogar das Segeln mit halbem Wind problemlos möglich und auch die Abdrift war verhältnismäßig gering. Zurückzuführen ist dies auf die über die ganze Schiffslänge senkrecht abfallende Bordwand mit „scharfer Kante", die das Fahrzeug bei leichter Krängung mit der leeseitigen Rumpfkante wie ein Schwert im Wasser stabilisiert. Auch bei einer Windstärke von 4 Beaufort war der Prahm noch gut beherrschbar. Auf Raumschotkurs wurde sogar eine Spitzengeschwindigkeit von 5,7 Knoten gemessen.

Sowohl beim Treideln als auch beim Staken und insbesondere beim Segeln besaßen römische Prahme eine überraschend gute Leistungsfähigkeit. Daher müssen die bisher angenommenen Kostenrelationen beim Vergleich zum Landtransport erneut auf den Prüfstand gestellt werden. Die im Rahmen des Projekts entwickelten neuen Messmethoden lassen sich künftig auch auf ähnliche Rekonstruktionen aus der Antike, aber auch aus anderen Epochen anwenden.

Literatur
Bockius 2000
Duncan-Jones 1982
Hofmann von Kap-herr – Schäfer 2017
Schäfer 2016

Abb. 4 (linke Seite) Segelnder Prahm auf der Mosel.

MOBILITÄT

MOBIL DURCH DIE JAHRTAUSENDE

Es führte (k)ein Weg hinüber ...

Hölzerne Wege im Moor als Quellen der Siedlungs- und Verkehrsgeschichte

Andreas Bauerochse, Marion Heumüller

Mit dem Temperaturanstieg am Ende der letzten Eiszeit, vor etwa 12 000 Jahren, kehrte die Vegetation in die zuvor vergletscherten Gebiete Mittel- und Nordeuropas zurück. In Niederungen, Senken, entlang von Bächen und Flüssen und an den Ufern von Seen begannen sich von Grund- und Oberflächenwasser gespeiste Moore – sogenannte Niedermoore – zu bilden. Mit fortschreitender Erwärmung des Klimas setzte dann vor etwa 8000 bis 9000 Jahren die Bildung der ersten Hochmoore ein. Diese von Torfmoosen (*Sphagnen*) gebildeten Moore werden ausschließlich von Niederschlagswasser gespeist und sind daher außerordentlich nährstoffarm. Dementsprechend kleinwüchsig ist die Vegetation, die neben den Torfmoosen in erster Linie von Wollgräsern (*Eriophorum*), Zwergsträuchern wie Besenheide (*Calluna vulgaris*), Erika (*Erica tetralix*), Krähen-

linke Seite Moorweg PR 31 im Campemoor, Niedersachsen.

Abb. 1 Hochmoorlandschaft.

beere (*Empetrum nigrum*) oder Rosmarinheide (*Andromeda polyfolia*) und einigen wenigen Kräutern und Gräsern gebildet wird. Unabhängig von einer Wasserversorgung über Bäche und Flüsse dehnten sich die Hochmoore im nördlichen Mittel- und in Nordeuropa im Verlauf der nachfolgenden Jahrtausende großflächig aus und dominierten das Landschaftsbild (Abb. 1). Für die Menschen waren Moorgebiete vermutlich von großer Bedeutung, da sie mit ihrem Reichtum an Pflanzen und Wildtieren einen wichtigen Beitrag zur täglichen Versorgung lieferten.

Mit dem Abtauen der Gletscher ging auch ein Anstieg des Meeresspiegels einher und die damit verbundene Verlagerung der Küstenlinie der Nordsee nach Süden, bis in die Nähe ihres heutigen Verlaufes, ließ nicht nur den Grundwasserspiegel ansteigen, sondern auch das Klima im Nordwesten Deutschlands ozeanischer werden. Die Folge waren mildere Winter und höhere Niederschläge und damit ideale Voraussetzungen für die Entstehung und Ausdehnung der Moore.

Die ersten Wege

In Deutschland waren vor allem die nördlichen Landesteile betroffen und hier insbesondere der Nordwesten (Abb. 2). Während die Niedermoore auf die grundwasserbeeinflussten Niederungen beschränkt blieben, wurden durch die spätere Ausdehnung der Hochmoore Siedlungskammern zerschnitten und immer weitere Gebiete unbewohnbar. Und so muss wohl bereits der Bau der ersten Moorwege als Anpassung der Menschen an die sich ändernden Umweltverhältnisse und das Bestreben gesehen werden, den genutzten Siedlungsraum trotz der zunehmenden Versumpfung der Landschaft nicht aufgeben zu müssen. Später wurde die Anlage dieser

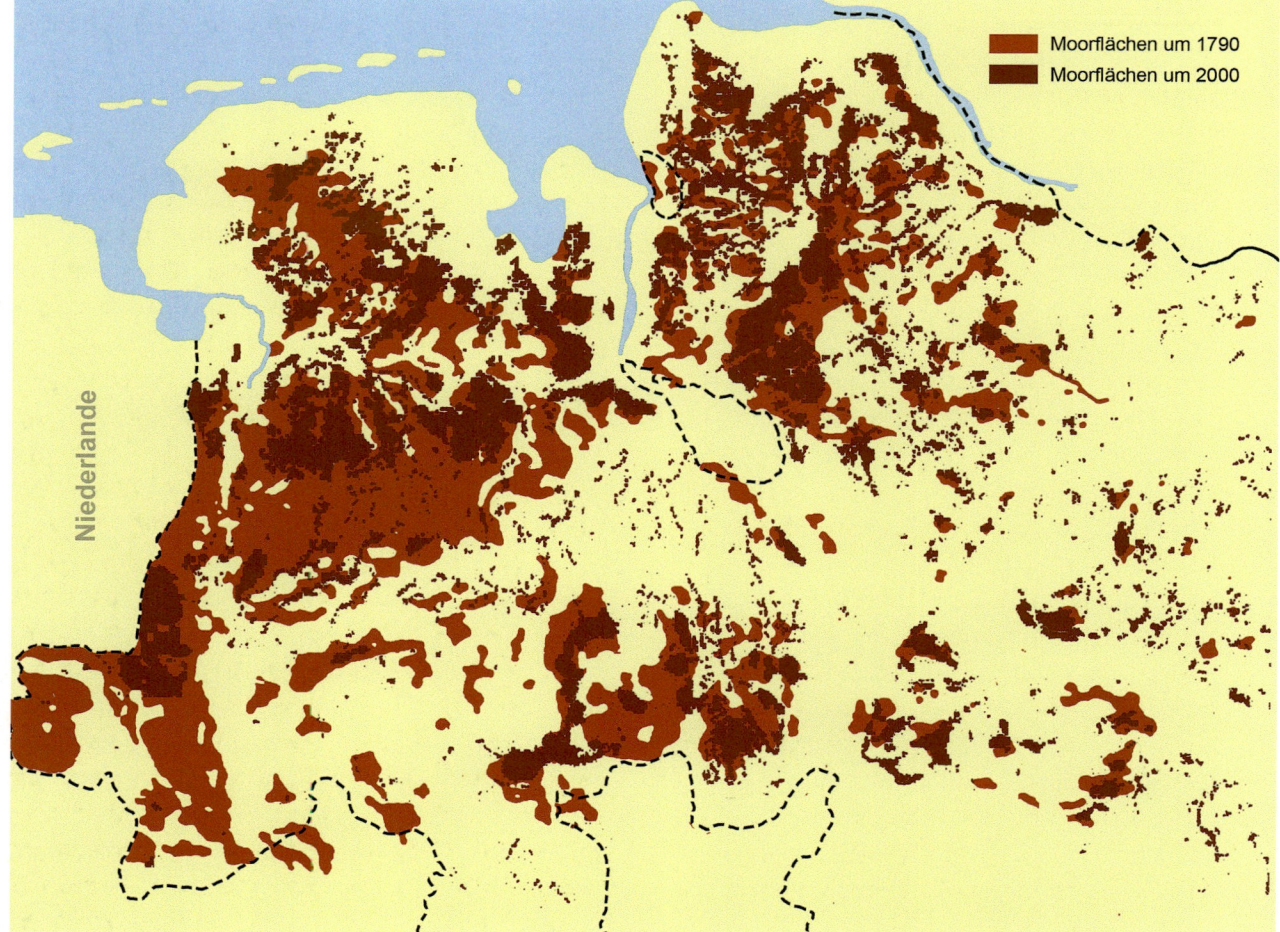

Abb. 2 Nach Ende der letzten Eiszeit dehnten sich im nördlichen Mittel- und in Nordeuropa großflächig Moore aus, die auch weite Teile Nordwestdeutschlands bedeckten. Die Karte zeigt die maximale Moorausdehnung im heutigen Niedersachsen in der Zeit des 18. Jahrhunderts und die davon heute noch erhaltenen Reste.

hölzernen Kunststraßen dann offenkundig wesentlicher Bestandteil einer jahrtausendelangen planmäßigen Erschließung der weitläufigen Moorgebiete.

Archäologen haben in den zurückliegenden Jahrzehnten Moorwege in vielen Regionen der Erde und in verschiedensten Ausführungen ausgegraben; von einfachen Lagen aus Reisig über Flechtwege, schmale Stege aus nebeneinander gelegten Ästen oder Stämmen und breite Wege mit einer Deckschicht aus Stammsegmenten bis hin zu aufwendigen Konstruktionen aus Spaltbohlen oder auf Pfählen gegründeten Brücken oder Stegen. Weganlagen von nur wenigen Metern bis mehreren Kilometern Länge erschlossen Moore, Niederungen, See- oder Flussufer. In den Torfen unter weitgehendem Sauerstoffabschluss konserviert sind sie über Tausende von Jahren erhalten geblieben und zeugen heute vom Leben und von der Mobilität der Menschen in früheren Epochen.

Wir kennen solche hölzernen Wege vor allem aus den ausgedehnten Moorgebieten Nordwesteuropas, insbesondere aus Nordwestdeutschland, dem Süden Großbritanniens und aus Irland.[1] Vergleichsweise wenig Wege sind dagegen aus den ehemals ebenfalls von ausgedehnten Mooren bedeckten Niederlanden und aus Skandinavien bekannt. Aber auch in den im Vergleich zum nördlichen Mitteleuropa wesentlich kleineren Mooren des Voralpenlands wurden hölzerne Wege angelegt. Zwar sind die Moore und Seeufer dort vor allem für ihre Pfahlbausiedlungen bekannt, nahezu jede dieser auf nassem Grund errichteten Siedlungen war aber mit Wegen oder Stegen mit dem Moor- oder Uferrand verbunden.[2] Allein aus Niedersachsen kennen wir heute über 500 jungsteinzeitliche bis neuzeitliche Moorwege. Darunter der Moorweg mit der Bezeichnung Pr 31, der bisher älteste weltweit bekannte. Er erschloss am Südrand des Nordwestdeutschen Tieflands, im unmittelbaren Vorfeld des Berg- und Hügellandes in der südwestlichen Dümmerniederung das Campemoor.[3]

Der Weg wurde in der Zeit um 4600 v. Chr., also vor über 6000 Jahren, angelegt. Für diesen Zeitraum belegen pollenanalytische Untersuchungen in dem Gebiet in einer Phase zunehmender Vernässung erste bäuerliche Aktivitäten. Vermutlich haben vermehrte Niederschläge und ein damit verbundener Seespiegelanstieg des nur wenige Kilometer östlich gelegenen Dümmers zu einer Ausdehnung der Niedermoore geführt.

Dendrochronologische Datierungen der Bauhölzer belegen zwischen 4614 und 4540 v. Chr. eine mindestens 70-jährige und damit über mehrere Generationen andauernde Bau- und Unterhaltungsphase. Die Konstruktion weist einen mehrschichtigen, bis zu fünf Meter breiten Aufbau auf. Teilweise von Birkenreisig unterlagert bestand der Unterbau aus mehreren in Laufrichtung verlegten Kiefern- und Birkenhölzern. Der Wegbelag wurde aus quer zur Laufrichtung aneinandergelegten Kiefernstämmen gebildet. In einem Abschnitt fand sich zudem ein am Rand in Laufrichtung aufliegendes Längsholz, das von kleinen, bis in den mineralischen Untergrund reichenden Pfählen durchbohrt war und so als eine Art Zangenkonstruktion der Fixierung des durch Überschwemmungen gefährdeten Weges diente. Diese Konstruktion, ebenso wie die breite Auslage des Weges spiegelt die Bemühungen seiner Erbauer wider, eine tragfähige und stabile Anlage über einen zunehmend nasser und instabiler werdenden Untergrund zu schaffen (Abb. 3). Die wenigen archäologischen Funde, die bei der Ausgrabung des Weges zutage traten, zeigen, dass es wohl Menschen der nach dem niederländischen Fundort benannten Swifterbant-Kultur waren, die den Weg

Abb. 3 Der weltweit älteste bisher bekannte Moorweg (Pr 31) befindet sich im Campemoor, wurde in der Zeit um 4650 v. Chr. erbaut und war bis zu 5 m breit.

angelegt hatten. Er gehört daher in die Phase des Übergangs von den Jägern und Sammlern zur sesshaften bäuerlichen Lebensweise.

Fast 2000 Jahre später, am Beginn des dritten vorchristlichen Jahrtausends, wurde an derselben Stelle im Campemoor der Moorweg Pr 32 angelegt (Abb. 4). Nach einer längeren Phase größerer Trockenheit, in deren Folge auf dem Moor ein Kiefernwald aufgewachsen war, führte ein erneuter klimatischer Umschwung zu einer deutlichen Vernässung. Ein Überqueren des Moores, das bis dahin vermutlich ohne weiteres möglich war, wurde nun zunehmend schwieriger. Und wie bereits fast 2000 Jahre zuvor begannen die Menschen 2900 v. Chr. damit, einen Weg über den zunehmend morastiger werdenden Grund zu bauen, für den sie die auf dem Moor wachsenden Kiefern verwendeten. Über zwanzig Jahre lang pflegten und unterhielten sie das Bauwerk und trotzten so den widrigen Bedingungen. 2879 v. Chr. haben dann wohl letztmalig Ausbesserungsarbeiten an dem Weg stattgefunden. Das zumindest legen die dendrochronologischen Datierungen nahe, denen zufolge keine jüngeren Hölzer verbaut worden sind. Offenbar wurde die Verbindung später nicht mehr benötigt, obwohl es aus heutiger Sicht den Anschein hat, als hätten sich die Rahmenbedingungen wieder verbessert. Denn um 2840 v. Chr. entstand auf dem Moor erneut ein Kiefernwald. Eine Entwicklung, die nur mit einem Absinken des Wasserspiegels zu erklären ist und für die es einer alljährlichen, über mehrere Monate andauernden weitgehenden Abtrocknung des Moores bedurfte. Allerdings war diese Phase nur von kurzer Dauer. Denn bereits nur etwa siebzig Jahre später wurde es wieder feuchter. Und diesmal änderten sich die Verhältnisse grundlegend. Das Klima muss deutlich ozeanischer geworden sein, die Niederschläge müssen sich gleichmäßiger über das Jahr verteilt haben, so dass Bedingungen entstanden, die das Aufkommen von Torfmoosen ermöglichten. Diese begannen sich deckenförmig auszudehnen und schnitten damit auch die Wurzeln der Bäume von der Sauerstoffzufuhr ab. Der Wald ertrank. Stubben und umgestürzte Bäume wurden zusammen mit dem Moorweg von den Torfmoosen überwachsen, verschwanden im Moor und sind so über Jahrtausende erhalten geblieben. Für die Menschen in der Region war mit dieser Entwicklung eine deutliche Zäsur verbunden. Denn mit der in den nachfolgenden Jahrhunderten stattfindenden großflächigen Ausdehnung des Hochmoors wurden sie endgültig aus weiten Teilen der Dümmerniederung an die Moorränder gedrängt. Danach hat es über 4000 Jahre gedauert, bevor dieser Teil des Naturraums durch Entwässerung und Meliorationsmaßnahmen erneut erschlossen wurde.

Abb. 4 Der Moorweg Pr 32 war durch einen auf dem Moor wachsenden Kiefernwald angelegt worden und wurde nach seiner Aufgabe von Bäumen bewachsen. Zusammen mit den Weg sind Baumstubben und Stämme dieses Waldes im Torf erhalten geblieben.

Nicht nur ein Fußweg

Dass bereits in früher Zeit erste Holzkarren über die holprigen Wege rumpelten, legen Bruchteile hölzerner Räder und Wagenachsen aus nördlicher gelegenen Moorgebieten nahe. Sie wurden bei Ausgrabungen der steinzeitlichen Wege Pr 7 im nördlichen Großen Moor, im Landkreis Diepholz, und Le 15, im Meerhusener Moor im Landkreis Aurich, gefunden und datieren in die Zeit zwischen 3000 und 2500 v. Chr. Ein verhältnismäßig vollständiges Rad stammt aus dem Teufelsmoor bei Gnarrenburg im Landkreis Rotenburg/Wümme

(Abb. 5). Die ersten Räder Nordeuropas waren – anders als die etwa gleichalten Räder aus den zirkumalpinen Pfahlbauten – alle einteilig und samt Buchse aus einem Stammabschnitt beziehungsweise einer Bohle herausgearbeitet worden. Sie sind nur wenige Jahrhunderte jünger als die weltweit ältesten Belege für Wagenverkehr aus dem Vorderen Orient.

In den 1880er-Jahren wurden im Vehnemoor bei Glum, im Landkreis Oldenburg, vier aus Erlenbohlen gefertigte Wagenräder entdeckt. Sie datieren in die erste Hälfte des 2. Jahrtausends v. Chr. und weisen gegenüber den steinzeitlichen Exemplaren klare technische Verbesserungen auf. Ihre Buchsen waren nun separat hergestellt, wofür man weicheres Birkenholz verwendet hatte. Damit waren leicht austauschbare Verschleißteile geschaffen, die Achse und Scheibenrad vor übermäßiger Abnutzung schonten (Abb. 6).[4]

Ausgefeilte Technik

Mit dem Moorweg Su 3 aus dem Darlaten-Moor, dem nordöstlichen Teil des Großen Moors bei Uchte im Landkreis Diepholz, gibt es in der Ausstellung ein Beispiel für einen Moorweg aus der Bronzezeit. Um 1700 v. Chr. erbaut, diente er als Verbindungsweg zwischen dem nördlichen Moorrand und einer inmitten des Moores sich erhebenden Mineralbodeninsel. Sein Verlauf ist über eine Länge von 260 Metern nachgewiesen. Wegen seiner Lage im Hochmoortorf ist der Weg ausgezeichnet konserviert. Auf eine in Laufrichtung verlegte zweizügige Unterkonstruktion waren als Lauffläche etwa zwei Meter lange, teilweise gespaltene Erlen- und Eichenstämme verlegt worden. Der ausgegrabene Abschnitt des Weges zeigt die große Sorgfalt, mit der die Erbauer vorgegangen sind. So weisen die verwendeten Stämme nicht nur einheitliche Längen (um 270 Zentimeter) und Durchmesser (um 20 Zentimeter) auf, auch die Äste waren nahezu ansatzfrei entfernt worden. Aufgrund seines ausgezeichneten Erhaltungszustands sind selbst die Bearbeitungsspuren der Fäll- und Zurichtungsarbeiten deutlich erkennbar.[5] Damit unterscheidet sich der Weg im Hinblick auf die handwerkliche Qualität deutlich von den beschriebenen Vorgängerkonstruktionen, die ausschließlich aus dünneren Stammsegmenten gefertigt waren, und nimmt gleichzeitig eine – konstruktive – Vermittlerstellung zu den nachfolgenden Bauwerken ein. Etwa ab der Mitte des 14. vorchristlichen Jahrtausends sind erstmals Bohlen als Belag für die Lauffläche nachgewiesen: Der „Bohlenweg" war entstanden. Er besaß eine im Vergleich zu seinen Vorgängerbauten wesentlich komfortablere Lauffläche. Gleichzeitig ließ sich dadurch der Baumbedarf reduzieren, da nun aus ei-

Abb. 5 Rad aus dem Teufelsmoor bei Gnarrenburg (Niedersachsen). Das einteilige Scheibenrad wurde samt Buchse aus der Spaltbohle eines mächtigen Eichenstamms herausgearbeitet.

Abb. 6 Die vier Scheibenräder von Glum (Niedersachsen) wurden zwischen 1880 und 1883 beim Torfstich etwa zwei Meter unter der damaligen Mooroberfläche entdeckt. Sie lagen nur wenige Meter voneinander entfernt.

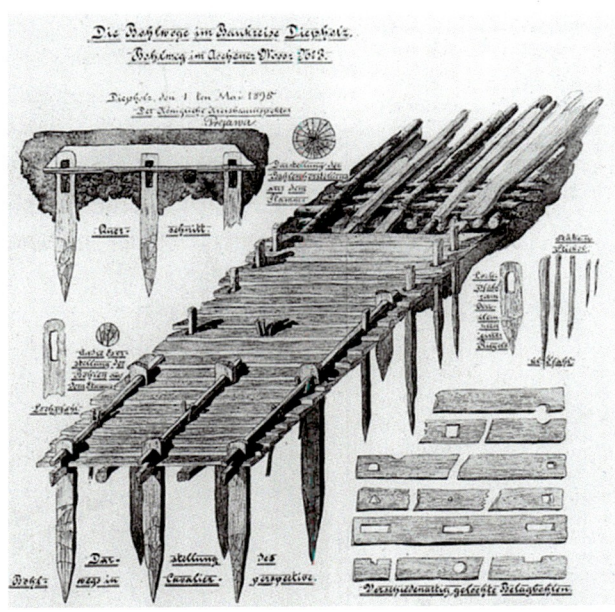

Abb. 7 Konstruktionsschema eines spätbronzezeitlichen Bohlenweges nach Hugo Prejawa: Als Pfeiler wurden zugespitzte Bohlen in den Untergrund getrieben, die am oberen Ende durchlocht waren. Durch dieses Öhr wurden zuunterst Längshölzer geschoben, dann die Bretter der Deckschicht aufgelegt und darüber weitere Längshölzer geführt. Die ganze Konstruktion wurde mittels dazwischen getriebener Keile gespannt (Zeichnung H. Prejawa).

Abb. 8 Die Oberfläche vieler Hochmoore besteht aus einem Komplex von Bulten, sich aus der Mooroberfläche über den Moorwasserspiegel erhebenden Buckeln, und den sie umgebenden Schlenken, kleine wassergefüllte Senken (Winteraspekt).

nem Stamm mehrere Bohlen gefertigt werden konnten, wozu nun auch Stämme mit unterschiedlichen Durchmessern verwendbar waren.

In der späten Bronzezeit erscheinen technisch ausgefeilte Bohlenkonstruktionen, die sich durch eine völlig neue, aufwendige Bautechnik auszeichnen und an die besonderen Verhältnisse der Hochmoore angepasst waren. Die Bohlen der Lauffläche wurden dabei streckenweise mittels senkrecht bis zu zwei Meter tief im Moor steckender, von Hugo Prejawa 1896 als „Lochbohlen" bezeichneter Pfähle und darin eingespannter Längshölzer zu einer zusammenhängenden, tragenden Fläche verbunden (Abb. 7). Eine ähnliche, einfachere Konstruktionsvariante bestand darin, die Bohlen an den Rändern zu lochen und mit langen Pflöcken im Torfkörper zu fixieren. So wurde eine deutliche Verbesserung der Lagestabilität der Wege auf der Mooroberfläche erreicht.[6]

Mit diesen Konstruktionen werden bautechnische Veränderungen fassbar, deren Entwicklungen in direktem Zusammenhang mit Veränderungen der Umweltsituation stehen. Denn mit der ausgehenden Bronzezeit hatte in Nordwestdeutschland eine zunehmende Ausdehnung der Hochmoore eingesetzt. Deren Oberfläche besteht aus einem System von Bulten und Schlenken (Abb. 8), die in ihrer Tragfähigkeit stark variierten und die Zugänglichkeit der Landschaft erschweren. Mit den an die veränderte Umweltsituation angepassten Konstruktionsweisen standen nun Mittel zur Verfügung, um auch nasse Moore überbrücken und den Landschaftsraum erschließen zu können. Heute kennen wir aus verschiedenen Mooren Wege von mehreren Kilometern, in Einzelfällen sogar bis zu 6,5 Kilometer Länge.

Einer dieser langen Wege ist der Moorweg Pr 6. Er überbrückte ehemals einen Teil des Großen Moors in der nördlichen Dümmerniederung und gehört zu den wenigen Wegen, die auch heute noch in größeren Abschnitten in der Landschaft erhalten sind (Abb. 9). In der Zeit um 50 v. Chr. erbaut, zählt er zu etwa zwanzig Moorwegen, die zwischen 3000 v. Chr. und dem 3. Jahrhundert n. Chr. in dem Gebiet angelegt wurden. Grund für diese auffällig hohe Moorwegdichte ist die geographische Situation. Mit einer s-förmig geschwungenen Form erstreckt sich das Große Moor in Nord-Süd-Richtung über annähernd fünfzig Kilometer Länge und ist damit einer der größten Moorkomplexe Deutschlands. Um einen von West nach Ost verlaufenden Übergang zu schaffen, wurden dort, wo das Moor mit nur etwa zwei Kilometern die geringste Breite aufweist, immer wieder Wege angelegt. Anders als deren Mehrzahl nimmt der Pr 6 allerdings einen gänzlich anderen Verlauf. Von einem von Osten weit in das Moor hineinreichenden halbinselartigen Mineralbodensporn führt er nicht auf kürzester Strecke über das Moor, sondern verläuft in südwestliche Richtung und erreicht nach etwa vier Kilometern den gegenüberliegenden Moorrand.

Abb. 9 Der Bohlenweg Pr 6 in der nördlichen Dümmerniederung erstreckt sich über eine Länge von etwa vier Kilometern. Oben links: Das Bild zeigt einen im Jahr 2011 ausgegrabenen etwa 20 m langen Abschnitt. Oben rechts: In Abhängigkeit der Festigkeit des Untergrundes bestand der Unterbau aus zwei- bis mehrreihigen in Laufrichtung verlegten Hölzern. Unten: Einige Hölzer der Lauffläche waren an den Rändern gelocht. Durch diese Löcher und zwischen den Bohlen waren Pflöcke in den Torf gesteckt, um den Weg auf der Mooroberfläche zu fixieren.

Charakteristisch für den aus Eichen, Erlen, Eschen, Birken und Ahorn gebauten Weg ist die über weite Strecken aufwendige Konstruktion: Für den Oberbau wurden gespaltene Hölzer und Bohlen verwendet, die zum Teil an den Rändern gelocht waren. Durch diese Löcher, wie auch zwischen den Bohlen, waren Pflöcke in den Torfkörper gesteckt. Die Unterkonstruktion bestand je nach Oberflächenbeschaffenheit des Moores aus drei- oder – in Abschnitten mit besonders instabiler Mooroberfläche – mehrreihigen in Laufrichtung verlegten Hölzern. Beides diente einer verbesserten Stabilität des Weges (Abb. 9).

Kleine Verbindungswege oder Teil eines weiträumigen Handelsnetzes?

Über die Deutung vor allem der ur- und frühgeschichtlichen Moorwege wird seit Jahrzehnten diskutiert.[7] So dienten sie sicherlich der Erschließung bestimmter Teile der Landschaft wie innerhalb der Moorkomplexe gelegener Mineralbodeninseln oder Seen. Sie überbrückten besonders nasse Moorrandbereiche und dienten der Überquerung von Moorengen. Aber es stellt sich auch die Frage, inwieweit sie Bestandteile von Wege- und Handelsnetzen waren. Sind sie im Zusammenhang mit den täglich anfallenden Transportaufgaben einer bäuerlichen Gemeinschaft zu sehen oder dienten sie dem Fernhandel, wie verschiedene Wissenschaftler vermuten? In jedem Fall war die hinter ihrer Erbauung stehende gesellschaftliche Leistung enorm. Bedenkt man, dass noch im Mittelalter der Bau von Straßen und deren Instandhaltung vielfach ein kaum zu bewältigendes Problem darstellte, ist die Leistung der frühgeschichtlichen Menschen kaum hoch genug einzuschätzen und bildet einen Beleg ausgeprägter soziokultureller Strukturen.

1 Brunning – McDermott 2013.
2 Heumüller 2016.
3 Bauerochse – Leuscher – Metzler 2012.
4 Burmeister 2004a.
5 Bauerochse u. a. 2018b.
6 Both – Fansa 2011.
7 Heumüller – Matthes 2018.

Das Mädchen aus dem Uchter Moor

Andreas Bauerochse

Als beim Torfabbau im Großen Moor bei Uchte im Landkreis Nienburg im Jahr 2000 die Reste einer weiblichen Leiche gefunden wurden, hielt man diese zunächst für das Opfer eines nicht aufgeklärten Gewaltverbrechens aus den 1960er-Jahren. Nachdem die polizeilichen Ermittlungen allerdings ins Leere gelaufen waren, wurde der Fall zunächst zur „ungeklärten Leichensache" erklärt. Als 2005 bei weiterem Torfabbau an derselben Stelle eine mumifizierte Hand im Moor gefunden wurde, geriet der Fall erneut in den Fokus der Ermittler – und diesmal unter Hinzuziehung der Archäologen vom Niedersächsischen Landesamt für Denkmalpflege in Hannover.

Nach einer gemeinsamen Inaugenscheinnahme der Fotos von der Leichenbergung im Jahr 2000 und einer Besichtigung des Fundortes schien dann ein prähistorischer Kontext des Fundes überaus wahrscheinlich. Radiokarbondaten, denen zufolge das Mädchen aus der vorrömischen Eisenzeit – der Zeit um 650 v. Chr. – stammt, bestätigten die Vermutung. Damit war in Norddeutschland nach über fünfzig Jahren wieder eine frühgeschichtliche Moorleiche gefunden worden, die seitdem die Wissenschaft beschäftigt. Ein Team aus Rechtsmedizinern und Medizinern, Anthropologen, Archäologen, Forensikern und Paläoökologen begann das Mädchen und sein Lebensumfeld zu untersuchen, ermittelte Krankheiten und Ernährungsgewohnheiten und rekonstruierte das damalige Landschaftsbild. Demnach lebte die zierliche, 17 bis 19 Jahre alte junge Frau in einer klimatisch eher feuchten Phase. Sie war Linkshänderin und hatte in ihrem kurzen Leben schon einige Hungerphasen durchlebt. Noch zu Lebzeiten verheilte Kopfwunden an der Stirn zeugen von mehrfachen Verletzungen, und Spuren auf der inneren Schädeloberfläche weisen auf eine nicht ganz ausgeheilte chronisch-entzündliche Hirnhauterkrankuung hin. Forensiker rekonstruierten auf der Grundlage computertomographischer Aufnahmen das Gesicht, so dass wir inzwischen eine konkrete Vorstellung nicht nur des Gesundheitszustandes, sondern auch des Aussehens der jungen Frau haben.

Wie sie zu Tode gekommen ist, bleibt aber weiterhin ein Rätsel. Ebenso ist ungeklärt, ob sie noch lebte oder bereits tot war, als sie ins Moor gelangte. Der Fundort inmitten des Moores, weit entfernt vom Moorrand lässt aber vermuten, dass sie dort unterwegs war, vielleicht auf dem Weg zu einer im Moor gelegenen Mineralbodeninsel. Ein beschwerlicher und auch gefährlicher Weg, denn die weichen Torfmoose ließen sie einsinken und Kolke und kleinere Tümpel erschwerten zusätzlich das Überqueren und wurden ihr möglicherweise zum Verhängnis.

Literatur
Bauerochse – Haßmann – Püschel 2008
Bauerochse u. a. 2018b

Abb. 1 Mumifizierte Hand der bei Torfabbauarbeiten im Großen Moor bei Uchte, Niedersachsen, gefundenen Moorleiche.

MOBILITÄT – MOBIL DURCH DIE JAHRTAUSENDE

Jungsteinzeitliche Radfunde von Olzreute

Renate Ebersbach

Im zirkumalpinen Bereich haben sich dank der guten Konservierung im dauerfeuchten Milieu der Feuchtbodensiedlungen bis heute über zwei Dutzend Holzräder und Achsen erhalten. Die ältesten datieren in das spätere 4. Jahrtausend, die meisten dann in die erste Hälfte des 3. Jahrtausends v. Chr.

Zu den wichtigsten Fundlandschaften früher Rad- und Achsfunde gehören das Federseebecken und die Moore und Kleinseen Oberschwabens (Baden-Württemberg). Südlich des Federsees verläuft die Wasserscheide zwischen Rhein und Donau. Mit einer kurzen Landpassage konnten Güter und Menschen auf dem Wasser von den Alpen über die Donau nach Osten reisen und umgekehrt. Möglicherweise haben die vielen Einbäume des Federsees und die fast ein Dutzend Radfunde aus den Siedlungen der Goldberg-III-Gruppe (ca. 2900–2800 v. Chr.) nicht nur mit lokalem Transport zu tun, sondern

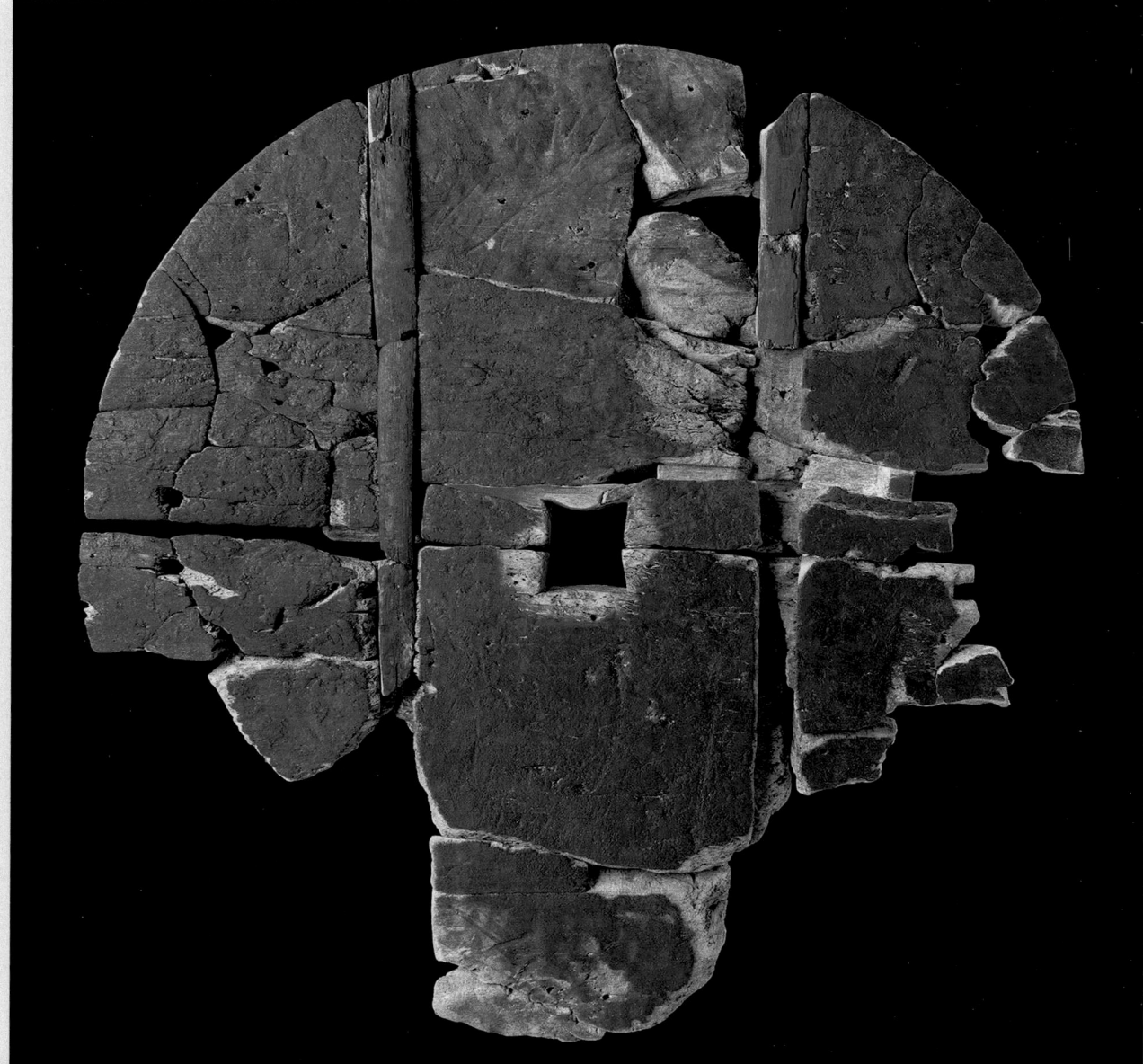

Abb. 1 Rad 3 aus dem Olzreuter Ried, Baden-Württemberg, mit dem quadratischen Achsloch.

mit dieser überregionalen Verkehrsverbindung.

Besonders bemerkenswert sind die Funde von Olzreute Enzisholz. Am Ufer dieses ehemaligen Kleinsees standen zwei oder drei Siedlungen nacheinander, die alle ins 29. Jahrhundert v. Chr. datieren. Neben großen Scheibenrädern wurden auch Miniaturräder und Achsenfragmente gefunden. Die drei großen Scheibenräder stammen von zwei unterschiedlichen Karren. Ein Exemplar mit einem Durchmesser von 58 Zentimetern wurde aus zwei Ahornbrettern gefertigt, die durch Einschubleisten zusammengehalten werden (Abb. 1). Die beiden anderen Räder gehören zu leichteren Karren und weisen technische Neuerungen auf: Das rechteckige Achsloch hat konvex ausbiegende Wandungen, die die Kraftübertragung und die Stabilität der Achse im Achsloch zusätzlich erhöhen. Zusätzlich wurde das gesamte Rad durch Feuereinwirkung mit einem dunklen Film überzogen, vermutlich zur Imprägnierung. An den gefundenen Achsfragmenten zeigen sich Abriebspuren des Wagenkastens. Sie passen vom Durchmesser zu den Achslöchern in den Rädern. Vollständige Stücke, an denen sich die Spurbreite ablesen ließe, sind aber nicht vorhanden.

Die bisher bekannten Nachweise früher Wagen, Karren und Räder zeigen zwei verschiedene Konstruktionsprinzipien: Bei einem runden Achsloch rotiert das Rad um die feststehende Achse, bei einem rechteckigen Achsloch ist das Rad fest mit der Achse verbunden, die unter dem Karren rotiert. Im zirkumalpinen Raum waren bisher aus der Steinzeit nur Radfunde mit rechteckigem Achsloch bekannt. Die Miniaturräder aus Olzreute zeigen aber, dass beide Prinzipien bekannt waren: Zwei der drei kleinen Rädchen haben ein rundes Achsloch, das dritte ein rechteckiges (Abb. 2). Ob tatsächlich auch Wagen mit rundem Achsloch im Einsatz waren, können nur weitere Neufunde belegen.

Literatur
Burmeister 2016
Köninger 2002

Abb. 2 Miniaturräder. Zwei davon mit rundem Achsloch, für die es rund um die Alpen bisher kein Äquivalent im Großen gibt.

MOBILITÄT – MOBIL DURCH DIE JAHRTAUSENDE

Wohin es die mitteleuropäischen Neandertaler zog, als es richtig kalt wurde

Michael Baales, Olaf Jöris

Die Neandertaler entwickelten sich über mehr als 500 000 Jahre. Über diesen langen Zeitraum passten sie sich optimal an ein Leben in Europa an. Sie waren mit der hiesigen Umwelt vertraut und kamen mit den unterschiedlichen klimatischen Gegebenheiten bestens zurecht. Neandertaler können daher als eine sehr erfolgreiche Menschenform bezeichnet werden – so das heute gängige Bild. Schließlich war es – und ist es – in Europa deutlich kälter und in vielen Regionen vielleicht auch unwirtlicher als in Afrika, wo sich der Mensch ursprünglich entwickelt hatte. Zudem wurde unser Kontinent durch den Einfluss markanter Klimawechsel geprägt: Recht kurze Warmzeiten mit nur wenig mehr als 10 000 Jahren Dauer, wie die heutige „Nacheiszeit", das sogenannte Holozän, unterbrachen lediglich die ungleich längeren, im Schnitt etwa 80 000–90 000 Jahre währenden Kaltzeiten, die über die letzte Jahrmillion unseren Kontinent zunehmend prägten.

Lange galt der Grundsatz, dass die Neandertaler speziell an die in den hohen geographischen Breiten Europas herrschende Kälte angepasst waren. Heute lässt sich diese „uralte" These jedoch kaum mehr aufrechterhalten. Zum einen sind Fundplätze des Neandertalers aus der Zeit des Mittelpaläolithikums (= Mittlere Altsteinzeit, vor ca. 300 000–45 000 Jahren) in Südeu-

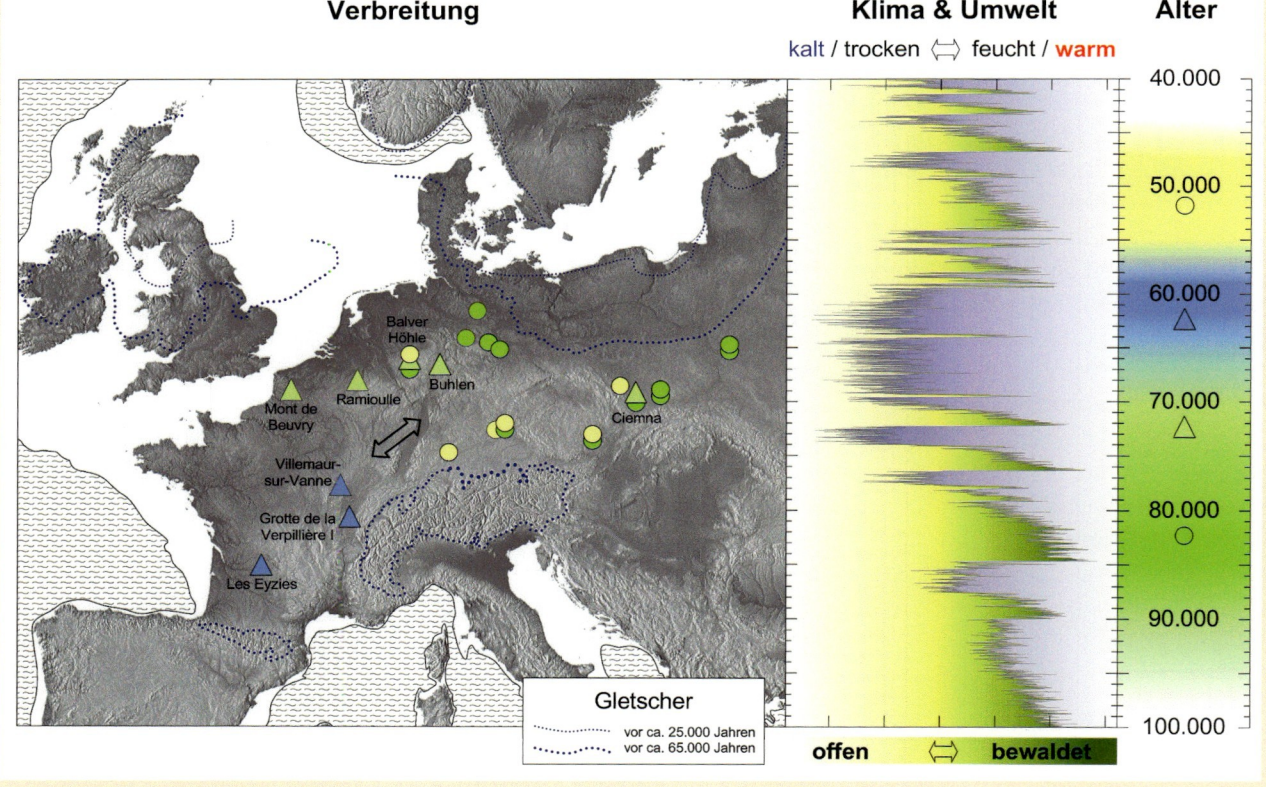

Abb. 1 Bedeutende Fundplätze des Späten Mittelpaläolithikums mit Keilmessern in Europa. Fundplätze mit Anwendung der speziellen „Pradnik-Methode" sind durch Dreiecke gekennzeichnet und namentlich hervorgehoben. Im rechten Bildteil ist das Alter der Fundplätze dem wechselhaften letzteiszeitlichen Klimagang im Zeitfenster vor rund 100 000–40 000 Jahren, der im grönländischen NGRIP-Eiskern hochauflösend dokumentiert ist, gegenübergestellt (vgl. Jöris 2004). Fundplätze unsicherer Datierung sind mit einem gepunkteten Rand dargestellt.

ropa deutlich häufiger als nördlich der Alpen, also in der Nordhälfte des Kontinents. Zum anderen lebten Neandertaler in Europa sowohl in Warm- wie auch in Kaltzeiten und kamen grundsätzlich mit unterschiedlichen Klimabedingungen zurecht. Zudem zeigen hochauflösende Klima- und Umweltdaten für diesen Zeitraum, dass Neandertaler die Nordhälfte Europas vornehmlich während warmklimatischer Phasen besiedelten – also während der Warmzeiten und auch der vergleichsweise kurzen, nur wenige Jahrhunderte bis Jahrtausende dauernden milderen Klimaabschnitte einer Kaltzeit, den Interstadialen. Dies zeigt sich besonders deutlich für den letzteiszeitlichen Klimazyklus (vgl. Abb. 1). Demnach war Mitteleuropa – nach heutigem Kenntnisstand – während der eiszeitlichen Maximalphasen, der Kältehöhepunkte, in denen nordische Inlandgletscher bis weit in das Nordeuropäische Tiefland vorstießen, unbesiedelt. Die letzte Kaltzeit zeichnet sich gleich durch zwei markante Kältehöhepunkte aus, die Mitteleuropa jeweils entvölkerten: die Zeit vor etwa 25 000 Jahren, in der anatomisch moderne Menschen, unsere direkten eiszeitlichen Vorfahren, Mitteleuropa mieden, und auch 40 000 Jahre früher, vor rund 65 000 Jahren, eine Zeit, aus der uns überzeugende Nachweise für die Anwesenheit der Neandertaler in Mitteleuropa nach wie vor fehlen. Es stellt sich somit die Frage, ob damals die Neandertaler hier im Norden ihres Verbreitungsgebietes regional ausstarben (wie viele Vertreter der mitteleuropäischen Fauna und Flora), oder ob sie nach Süden in eiszeitliche Rückzugsräume (Refugien) auswichen. Die für diesen Zeitraum vorliegenden Datierungen sind in der Regel kaum so genau, als dass sich diese Frage leicht beantworten ließe. Umso aussagekräftiger sind daher bestimmte, sehr speziell gearbeitete Steingeräte der Neandertaler, die vor, während und nach dem ersten letzteiszeitlichen Kältehöhepunkt vor etwa 65 000 Jahren innerhalb Europas unterschiedliche räumliche Verbreitung fanden: sogenannte Keilmesser (Abb. 2).

Keilmesser sind in mehrfacher Hinsicht interessant. Insbesondere unterscheiden sie sich von den meisten anderen neandertalerzeitlichen Steingeräten, die häufig eine sehr hohe morphologische Variabilität aufweisen. Keilmesser dagegen sind äußerst standardisierte Werkzeuge. Einer stumpfen, den Geräterücken bildenden Längskante liegt eine scharfe, schneidende Arbeitskante gegenüber, die am oberen Geräteende rasiermesserscharf und an der Basis leicht gezänt ist – perfekte Schneidewerkzeuge! Der aus dieser Grundgestalt resultie-

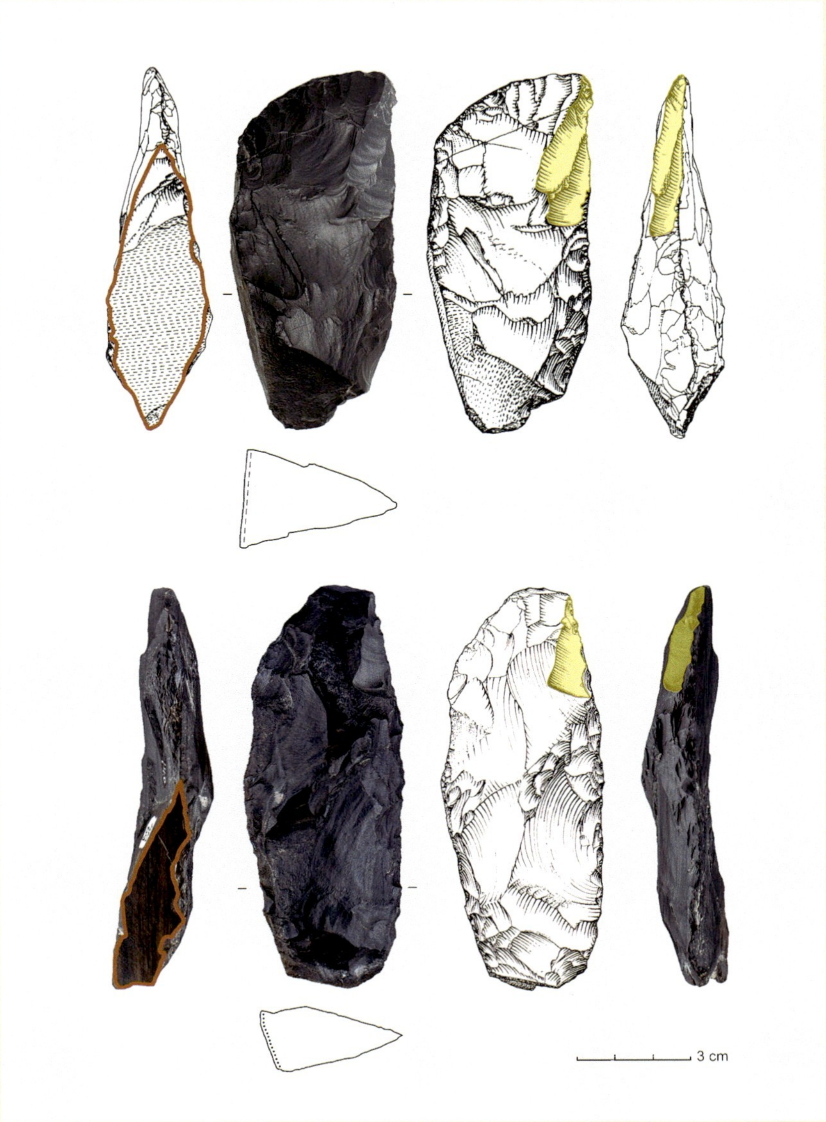

Abb. 2 Zwei typische Keilmesser aus dem nordhessischen Buhlen (oben) und der Balver Höhle im Sauerland (unten) von hoher typo-technologischer Ähnlichkeit. Dem Rücken, der größtenteils aus einer natürlichen Oberfläche des Gesteinsstückes besteht (farblich unterlegt), liegt die scharfe Schneide gegenüber, woraus ein dreieckiger bzw. „keilförmiger" Querschnitt resultiert. Die Schneidekante beider Keilmesser wurde durch aufwendig präparierte und sorgfältig abgetrennte Schärfungs- oder Schneidenschläge nachgeschärft bzw. aufgefrischt (gelblich unterlegt): die „Pradnik-Methode". Beide Keilmesser sind rechtsseitige Geräte, also von Rechtshändern hergestellt und wohl auch benutzt worden, gefertigt aus schwarzem Kieselschiefer.

rende Gerätequerschnitt ist – idealisiert betrachtet – dreieckig beziehungsweise keilförmig und führte zu der Bezeichnung „Keilmesser". In der Regel war der Geräterücken die Griffpartie (Abb. 2 und 3), wenngleich in Einzelfällen auch eine Schäftung zur besseren Handhabung möglich scheint.

Keilmesser waren so konzipiert, dass sie lange benutzt und wiederholt nachgeschärft werden konnten. Zusehends häufen sich auch Belege, dass ihre Form sogar speziell für Rechts- beziehungsweise Linkshänder angepasst wurde. Beides zusammengenommen stärkt die Argumente, dass die Werkzeuge individuell für ihre Benutzer ausgestaltet wurden. Keilmesser gelten daher auch als Indiz für das Entstehen von regionalen „Traditionen". In Mitteleuropa finden sich Keilmesser in der Zeit vor etwa 90 000– 65 000 Jahren, also sowohl vor als auch nach dem ersten Kältehöhepunkt der letzten Kaltzeit, doch sind sie aus den Jahrtausenden um den Kältehöhepunkt bislang nicht belegt. Wahrscheinlich war in Mitteleuropa die Umweltsituation für die Neandertaler vor rund 65 000 Jahren so prekär, dass sie die Region hatten verlassen müssen.

Eine Besonderheit mancher Keilmesser lässt uns diesen Prozess besser verstehen: Vor rund 70 000 Jahren wurden in Mitteleuropa Keilmesser auf eine ganz bestimmte Weise geschärft. Dazu wurde durch einen gezielten Schlag auf die Messerspitze ein dünner kantenparalleler Abschlag abgetrennt, der die durch die Nutzung stumpf gewordene Arbeitskante zurückverlagerte und so die Schneide nachschärfte. Diese nach einem südpolnischen Fluss zu Füßen der Ciemna-Höhle benannte „Pradnik-Methode" zeichnet sich durch eine ganze Reihe besonderer und teils recht aufwendiger Präparationsschritte aus. Die Kombination dieser Schärfungsmethode und ihrer Anwendung auf die Keilmesser ist derart spezifisch, dass sie kaum an verschiedenen Orten in Europa unabhängig voneinander und in etwa gleichzeitig erfunden worden sein kann.

Aus Mitteleuropa kennen wir heute eine Reihe solcher durch die Anwendung der „Pradnik-Methode" charakterisierte Keilmesser-Fundplätze. In Deutschland sind es vor allem die Balver Höhle in Westfalen und Buhlen in Nordhessen, in Polen ist es die Ciemna-Höhle, in Belgien die Grotte de Ramioulle und in Nordfrankreich die Fundstelle Mont de Beuvry. Die beachtliche Gleichartigkeit dieser Geräte und ihrer

Abb. 3 Handhabung eines rechtsseitigen Keilmessers aus Buhlen. Daumen bzw. Handballen liegen auf der flachen Geräteunterseite, über den Zeigefinger wird das Gerät gegebenenfalls mit Druckausübung geführt. Die übrigen Finger umfassen die gewölbte Geräteoberseite. So lässt sich sowohl schneiden als auch schaben. Zum Schnitzen wird umgegriffen: Dann liegt der Daumen auf dem Rücken (nach: Jöris – Uomini [im Druck]).

Abb. 4 Blick in den großen Eingangsraum der Balver Höhle im Sauerland (Westfalen); ein bedeutender Fundplatz der späten Neandertaler in Mitteleuropa.

Schärfungskonzepte an unterschiedlichen Fundplätzen belegt einen engen, überregionalen Austausch zwischen den späten Neandertalern in Mitteleuropa. Die bis heute vorliegenden Hinweise auf das Alter dieser Plätze deuten alle in die Zeit unmittelbar vor dem ersten Kältehöhepunkt.

Umso interessanter ist daher, dass auch aus der Südhälfte Frankreichs vermehrt Funde bekannt werden, die durch solch spezielle Keilmesser mit Anwendung der „Pradnik-Methode" charakterisiert sind. Sie müssen von Neandertalern hergestellt worden sein, deren Gerätekultur in der „Pradnik-Tradition" Mitteleuropas nach Art von Balve beziehungsweise Buhlen wurzelt. Doch sind die südfranzösischen Funde etwas jünger und werden grob in den ersten Kältehöhepunkt und die unmittelbar anschließende Phase einer leichten Wiedererwärmung datiert, also in das Zeitfenster vor etwa 65 000–55 000 Jahren. Offensichtlich sind Neandertalergruppen während des ersten Kältehöhepunktes nach Südwesten abgewandert – frühe Klimaflüchtlinge! Im Norden auszusterben wäre keine Alternative gewesen. In ihrer neuen „Heimat" nutzten sie weiterhin ihre mitteleuropäischen Gerätekonzepte und gaben manche Idee auch an ihre neuen Nachbarn weiter. Erst vor etwa 55 000–45 000 Jahren gibt es dann wieder Keilmesser-Fundplätze in Mitteleuropa – diesmal jedoch ohne Anwendung der „Pradnik-Methode". Mit der Zeit hatte sich offenbar auch die „Mode" geändert.

Literatur
Bourguignon 1992
Chmielewski 1969
Desbrosse – Kozłowski – Zuate y Zuber 1976
Frick – Floss 2017
Frick u. a. 2017
Hublin – Roebroeks 2009
Jöris 1992
Jöris 2001
Jöris 2004
Jöris 2012
Jöris – Uomini (im Druck)
Kindler 2012
Navarro u. a. 2004
Schunk – Jöris – Uomini 2017
Serangeli – Bolus 2008

Nacheinander, nebeneinander oder miteinander? Jäger-Sammler und Ackerbauern in der Blätterhöhle

Archäologische und naturwissenschaftliche Erkenntnisse zum spätpaläolithischen, mesolithischen und neolithischen Fundplatz in Hagen, Nordrhein-Westfalen

Jörg Orschiedt, Wolfgang Heuschen, Michael Baales,
Birgit Gehlen, Werner Schön, Joachim Burger

Die Blätterhöhle befindet sich am Südhang des Weißensteins, einem 189,4 Meter über NN hohen Kalkmassiv im Lennetal in Hagen/Westfalen. Der heutige Zugang zur Blätterhöhle liegt unmittelbar an der Mündung eines engen Seitentals der Lenne, einem Nebenfluss der Ruhr.

Bei Untersuchungen der Höhlenöffnung durch die Speläologen des Arbeitskreises Kluterthöhle im Jahr 2004 stellte sich heraus, dass es sich um einen größeren, vollständig mit Sediment verfüllten Höhlengang handelt (Abb. 1). Die Höhle wurde dabei über einen von Speläologen ausgeräumten Kriechgang erkundet und ihre zu diesem Zeitpunkt erschlossene Länge von etwas mehr als sechzig Metern vermessen und dokumentiert. Dabei stießen die Höhlenforscher auf zahlreiche tierische und menschliche Skelettreste.

Archäologische Untersuchungen in und vor der Höhle

Erste ¹⁴C-Untersuchungen, die im September 2004 an einem menschlichen Schädeldach eines etwa 35-jährigen Mannes und an einer ebenfalls menschlichen Rippe vorgenommen wurden, lieferten mit rund 8700 v. Chr. eine zunächst überraschende Datierung in das ältere Frühmesolithikum (= frühe Mittelsteinzeit). Weitere Datierungen an anderen menschlichen Überresten, beispielsweise dem Schädel einer jungen Frau, belegten einen weiteren, viel jüngeren, nämlich spätneolithischen Zeithorizont um 3600 v. Chr. Daraufhin wurde ein vom Frühjahr 2006 bis Herbst 2009 am Historischen Centrum Hagen angesiedeltes Forschungsprojekt ins Leben gerufen, dem sich ein mehrjähriges Forschungsprojekt am Institut für Ur- und Frühgeschichte der Universität zu Köln anschloss, um die Nutzung der Blätterhöhle zu erforschen.[1]

Bereits bei den ersten Grabungen stellte sich heraus, dass die oberen Bereiche der Höhlensedimente bis auf eine Tiefe von achtzig Zentimetern fast vollständig von grabenden Tieren gestört worden waren (Abb. 2). Die im Frühjahr 2004 beim Ausräumen des Kriechgangs entdeckten Funde stammten demzufolge überwiegend aus dieser gestörten Schicht. In diesen vor allem von Dachsen durchwühlten Sedimenten wurden bei den späteren Grabungen neben Silexartefakten, einigen neolithischen Keramikscherben und großen Holzkohlenstücken auch zahlreiche tierische und menschliche Skelettreste gefunden. In keinem Bereich der Höhle konnte bislang der Felsboden erreicht werden. Geophysikalische Untersuchungen und Bohrungen zeigten,

linke Seite Ein Schlupfloch in die „Unterwelt" bei Hagen. Der Einstieg zur Blätterhöhle führte 2004 zur Entdeckung von mittel- und jungsteinzeitlichen Menschenresten und war der Startschuss für über 10 Jahre Ausgrabungen.

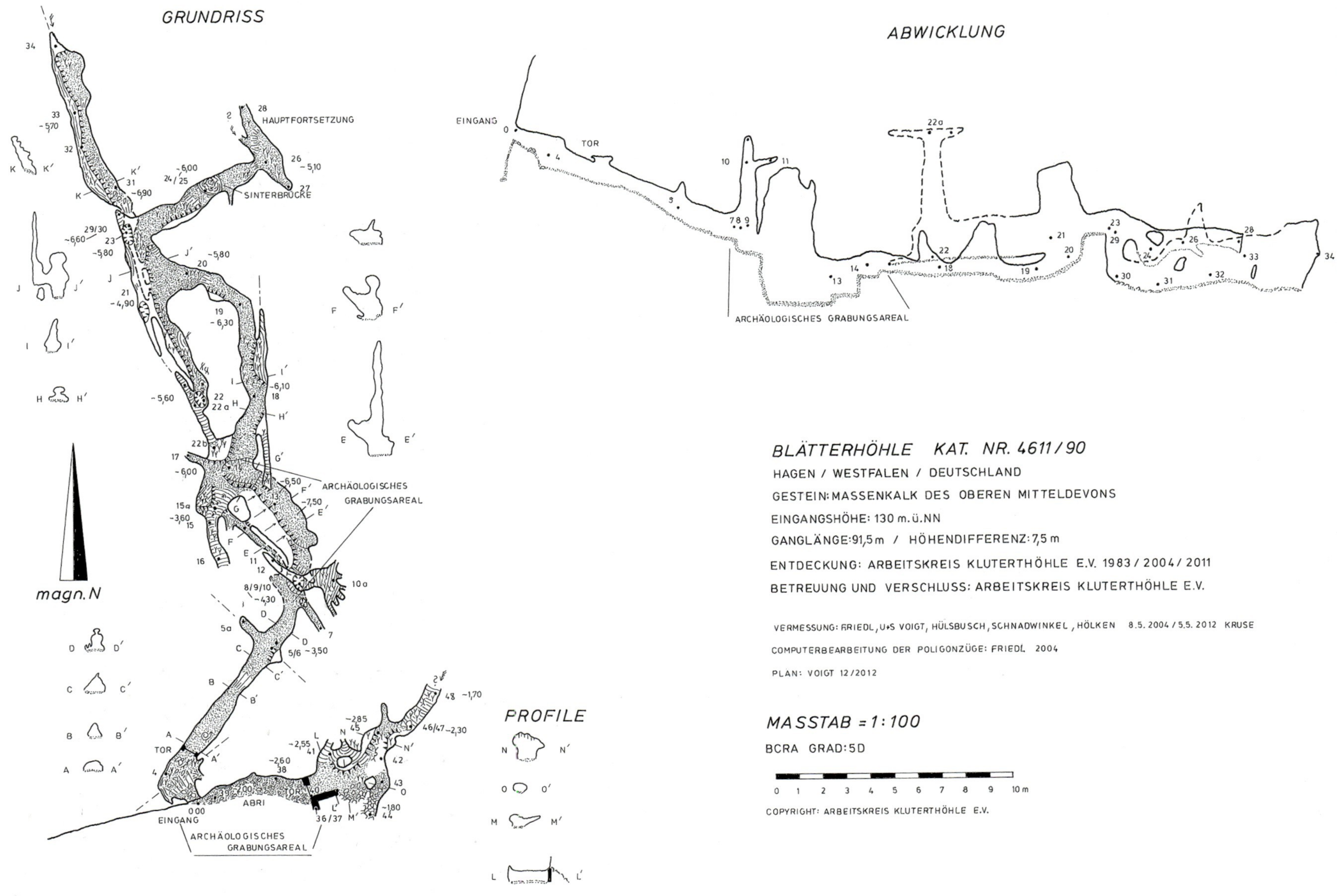

Abb. 1 Grundriss und Seitenansicht der Blätterhöhle, Stand 2012.

Abb. 2 Grabungssituation in der Blätterhöhle.

dass die Sedimentfüllung in der Höhle noch mindestens zwei Meter unter die derzeit aufgeschlossene Oberfläche reicht.

Im Innenraum der Höhle wurden im unmittelbaren Fundzusammenhang zu dem erwähnten menschlichen Schädeldach des etwa 35-jährigen Mannes (Abb. 3) und weiteren Menschenresten aus der frühen Mittelsteinzeit – unter anderem der bislang älteste Nachweis des anatomisch modernen Menschen in Westfalen – insgesamt drei Wildschweinschädel geborgen; hierbei handelt es sich um weitgehend vollständig erhaltene Oberschädel von ausgewachsenen männlichen Tieren.

Auffallend bei allen dreien ist das Fehlen der Eckzähne und der Unterkiefer, die auch bei den späteren Grabungen im Umfeld der Schädel nicht entdeckt werden konnten (Abb. 4). Die drei Schädel, die von besonders großen und kräftigen Ebern stammen, datieren nach ¹⁴C-Daten ebenfalls in das Frühmesolithikum (rund 8600–8300 v. Chr.). Die bisherigen Untersuchungen legen nahe, dass es sich bei dieser Fundsituation um die absichtliche Deponierung von menschlichen Skelettresten gemeinsam mit drei Wildschweinschädeln handelt. Die Blätterhöhle lieferte mit dieser Deponierung nicht nur für das Frühmesolithikum, sondern für den gesamten Zeitabschnitt der Mittelsteinzeit in Europa einen einzigartigen archäologischen Befund. Weiterhin wurden hier auch verschiedene Steinartefakte entdeckt, darunter mehrere Mikrolithen, also kleine geometrische Pfeilspitzen. Die bei bisherigen Grabungskampagnen im Innenraum der Höhle geborgenen Steinartefakte lassen sich typologisch in frühe bis späte Abschnitte der Mittelsteinzeit einordnen. Ein unmittelbarer Zusammenhang mit den menschlichen Resten ist nicht belegbar. Vermutlich sind die Stücke als Abfall während der Nutzung des Vorplatzes in die Höhle gelangt.

Abb. 3 Mesolithische Schädelkalotte aus der Blätterhöhle.

Abb. 4 Mesolithischer Wildschweinschädel in situ.

Abb. 5 Neolithischer Schädel einer jungen Frau.

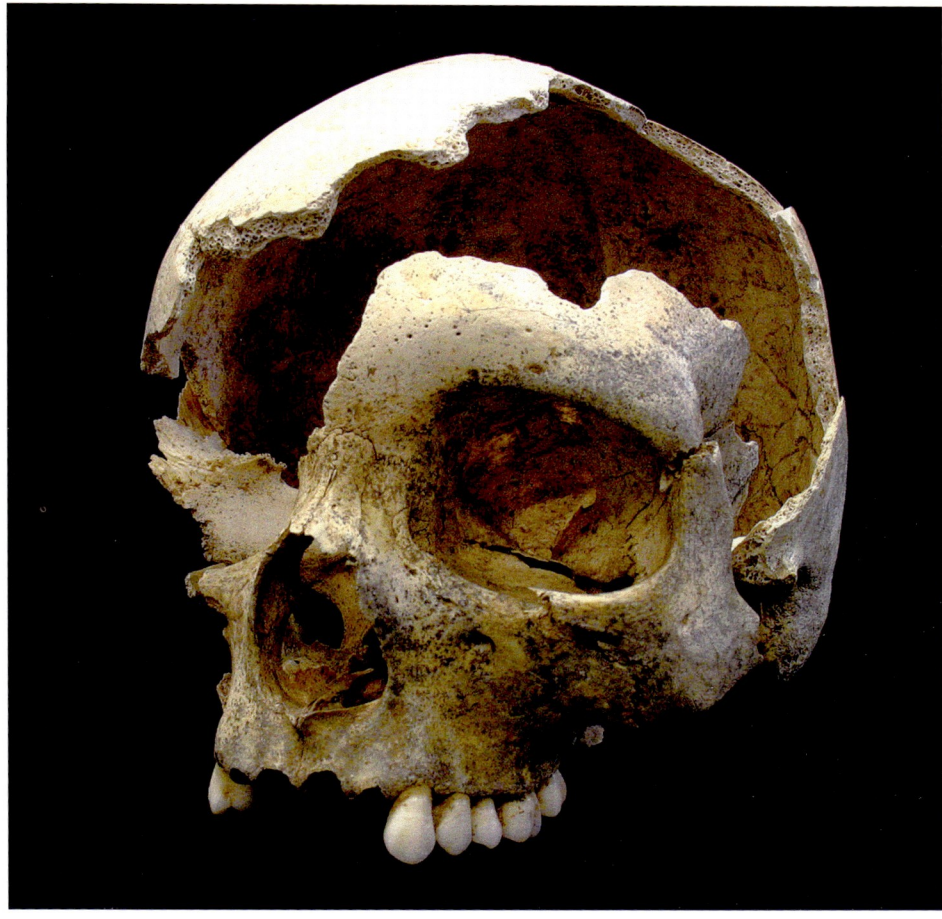

Neben den in die Mittelsteinzeit datierten Funden fanden sich auch deutlich jüngere menschliche Überreste, die überwiegend aus gestörten Sedimenten stammen. Alle bisherigen Untersuchungsergebnisse in der Höhle sprechen dafür, dass es sich um die durch Tierbauten verlagerten Relikte von Bestattungen handelt. Neben der ausgezeichneten Erhaltung überrascht die durch zahlreiche ^{14}C-Daten gestützte chronologische Einordnung der neolithischen Skelettreste: Sie reichen über einen Zeitraum von rund 3800 bis 2900 calBC. Für den in der Blätterhöhle über beinahe tausend Jahre gut belegten Zeitraum des neolithischen Fundhorizonts liegen in Südwestfalen kaum Erkenntnisse vor.[2] Die bisherigen Menschenreste aus dem späten Jung- und dem Spätneolithikum der Blätterhöhle gehören zu mindestens sechs Personen unterschiedlichen Alters und Geschlechts. Darunter befinden sich auch zahlreiche Überreste, die einem um 3600 v. Chr. datierten Skelett einer jungen Frau im Alter von 17 bis 20 Jahren zuzuordnen sind (Abb. 5).

Der Vorplatz der Blätterhöhle verfügt über viele Eigenschaften, die ihn zu einem für Jäger und Sammler günstigen Lagerplatz machen. Er liegt am Südhang des weithin sichtbaren Kalkmassivs Weißenstein. Vom Eingang eines Seitentales der Lenne an einer windgeschützten, nischenförmig eingezogenen Felswand mit dem Abri und dem Höhleneingang der Blätterhöhle führt das durch Terrassen abgestufte, in sich abgeschlossene Tal nach Westen auf eine Hochfläche.

Georadarmessungen auf dem Höhlenvorplatz haben ergeben, dass von der ursprünglichen Oberfläche bis in eine Tiefe von rund sieben Metern Sedimente vorhanden sind; erst dann wird anscheinend der felsige Grund erreicht. Mehr als vier Meter unter der derzeitigen Grabungsoberfläche, die sich bereits zwei bis drei Meter unterhalb des ursprünglichen Niveaus befindet, liegen noch Sedimentablagerungen vor.

Zu Beginn der archäologischen Untersuchungen wurde unmittelbar unterhalb der heutigen Oberfläche ein massiver Felsbrocken von über vier Metern Länge und mehreren Tonnen Gewicht freigelegt, der einen großen Teil des früheren Höhleneingangs blockierte. Dieser Block war Teil eines überhängenden Felsdaches, das sich ehemals über dem Vorplatz befunden hatte. Nach dessen Einsturz hatten sich die auf den Vorplatz gefallenen Reste und weitere große Trümmerstücke wie ein Korken vor den früheren Höhleneingang geschoben und den Innenraum verschlossen. Dieses Ereignis hinterließ ein einmaliges Bodenarchiv, das neben dem kalkhaltigen Erdreich auch für den ausgezeichneten Erhaltungszustand der steinzeitlichen Knochen und Fundschichten im Innenraum und auf dem Vorplatz der Höhle mitverantwortlich sein dürfte. Über den Zeitpunkt des Einsturzes können bisher nur Vermutungen angestellt werden. Allerdings lassen die Position der Trümmer direkt oberhalb eines spätmesolithischen Fundhorizontes sowie ähnliche Befunde in anderen untersuchten Höhlen in Mitteleuropa vermuten, dass das Felsdach im Verlauf des feuchtwarmen Klimaoptimums unserer Warmzeit, des Atlantikums, gegen 6500 v. Chr. auf den Vorplatz gestürzt war. Vermutlich führte dieses Ereignis auch zur Beendigung der Nutzung des Platzes durch die mittelsteinzeitlichen Jäger und Sammler. Im Neolithikum war die Blätterhöhle jedenfalls nur noch schwer zugänglich und entsprach annähernd ihrem heutigen Zustand.

Auf dem bisher untersuchten Teil des Vorplatzes konnten diverse aussagekräftige Befunde dokumentiert und zahlreiche Funde geborgen werden (Abb. 6). Zu den Befunden gehören mehrere mesolithische Feuerstellen in Form von Aschekonzentrationen. Im näheren Umfeld fanden sich Konzentrationen von Artefakten aus Feuer-

Abb. 6 Grabungssituation auf dem Vorplatz der Blätterhöhle.

stein und Kieselschiefer sowie ortsfremden Gesteinen, benutzte Flussgerölle und diverse Tierknochen. Letztere tragen teils Zerlegungsspuren und sind als Überreste von Beutetieren zu deuten. Die Feuerstellen waren die zentralen Aktivitätszonen der Menschen, an denen sich die Zubereitung von Nahrung, die Herstellung und Bearbeitung von Steinwerkzeugen und vor allem die Ausbesserung des Jagdequipments abgespielt haben. Ein ungewöhnlicher Fund auf dem Vorplatz war ein länglicher Sandstein mit einer mittigen flachen Längsrille. Bei diesem Stück handelt es sich um einen sogenannten Pfeilschaftglätter, der zum Entrinden und zum Überarbeiten von hölzernen Pfeilschäften oder für andere Schleifarbeiten diente (Abb. 7).

Eine Serie von ¹⁴C-Daten, die vor allem an Holzkohlen der Hasel aus den Fundschichten gemessen wurden, sowie typische Mikrolithen erschließen in höheren Schichten des Vorplatzes auch einen mittleren Abschnitt der Mittelsteinzeit zwischen etwa 7400 und 6700 v. Chr. In den obersten Sedimenten wurde darüber hinaus auch ein Fundhorizont aus dem Spätmesolithikum nach 6700 v. Chr. angetroffen. Demnach liegt auf dem Vorplatz der Blätterhöhle für Nordrhein-Westfalen die erste mehr oder weniger durchgängige mesolithische Stratigraphie beziehungsweise Besiedlungsabfolge der letzten Jäger und Sammler vor (Abb. 8).

Nach bisherigen Erkenntnissen wurde der Vorplatz der Blätterhöhle in mehreren Abschnitten der Mittelsteinzeit

Abb. 7 Pfeilschaftglätter, Länge: 9,2 cm.

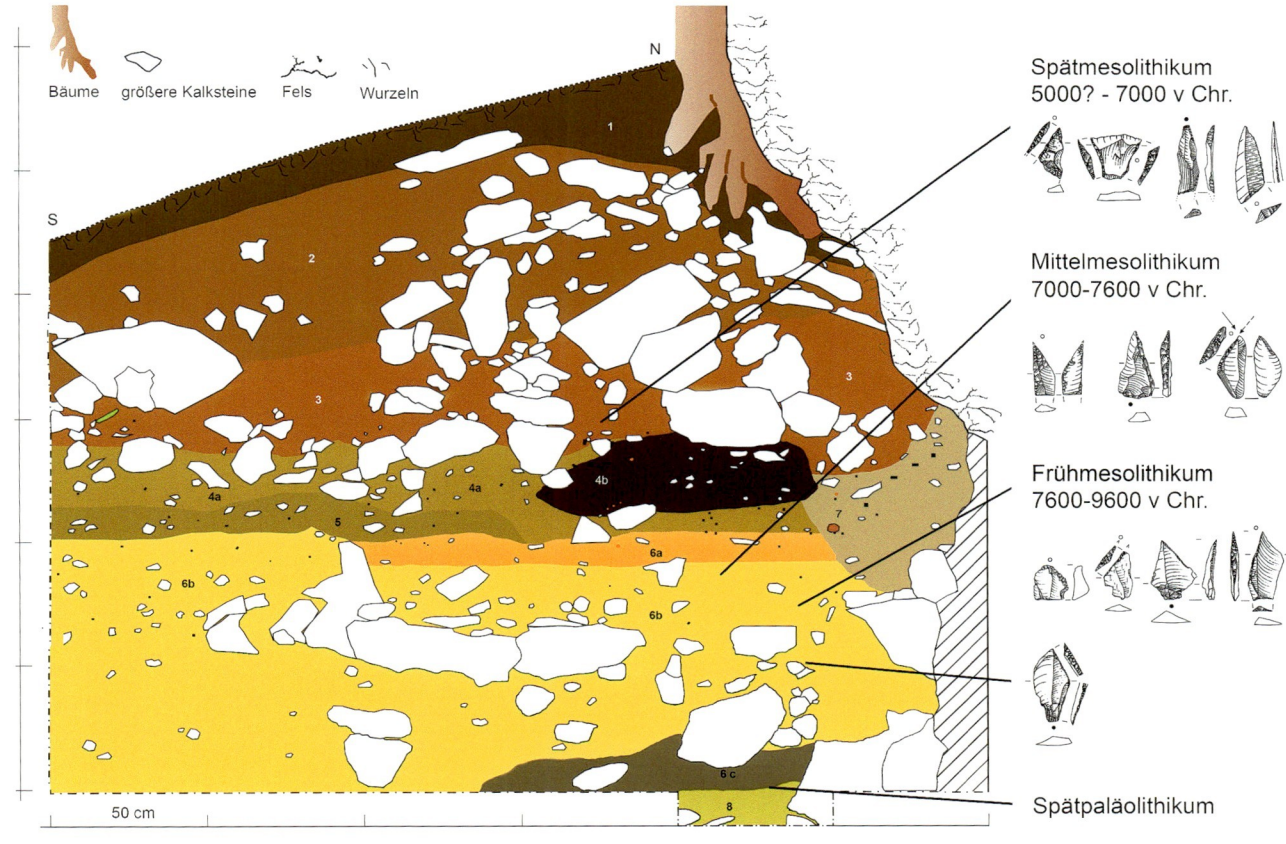

Abb. 8 Idealisierte Stratigraphie auf dem Vorplatz der Blätterhöhle mit typochronologischer Abfolge der Mikrolithen.

immer wieder als Lagerplatz genutzt. Der erst kürzlich erfasste Übergang vom Spätpaläolithikum zum Mesolithikum belegt zudem eine weiter in die letzte Kaltzeit zurückreichende Nutzungskontinuität des Platzes.[3] Diese Schichtenfolge in Kombination mit den mesolithischen und neolithischen Bestattungen macht ihn zu einem der bedeutendsten steinzeitlichen Fundplätze Mitteleuropas.

Paläogenetische Untersuchungen und Analyse stabiler Isotope

Mit dem Ziel, die genetische Herkunft und Binnenstruktur der Menschen aus der Blätterhöhle besser zu verstehen und dabei auch ihre Ernährungsgewohnheiten und Lebensumstände zu charakterisieren, wurden alte DNS (aDNS) und stabile Isotope dreier Elemente – Kohlenstoff, Stickstoff und Schwefel – aus den Skeletten isoliert und analysiert.[4]

Die ersten populationsgenetischen Untersuchungen legten nahe, dass die für das Paläolithikum und Mesolithikum typischen mitochondrialen U-Linien auch in allen mesolithischen Menschenresten der Blätterhöhle vorhanden waren.[5] Dagegen zeigen die insgesamt 18 neolithisch datierten Proben ein komplexeres Bild. Zwei Drittel der Proben enthalten die Haplogruppe U5, der Rest weist Haplogruppe H und in einem Fall T, F beziehungsweise R auf. Derartige Nicht-U-Linien wurden auch in neolithischen Bevölkerungen nachgewiesen.[6] Die neolithischen Individuen mit U-Linien datieren in der Blätterhöhle nicht signifikant anders als solche mit Nicht-U-Linien (3900–3300 v. Chr.), so dass folgende Erklärung nahelag: Während die mesolithische Bevölkerung der Blätterhöhle eine typische Jäger-Sammler-Population darstellt, weisen die neolithisch datierten Menschenreste auf Vermischung zwischen Jäger-Sammlern und eingewanderten Neolithikern mit prädominantem Jäger-Sammler-Anteil hin. Allerdings musste die genetische Datenlage im Anschluss an die unerwarteten Erkenntnisse, die sich aus der Analyse der Isotopendaten ergaben, neu gedeutet werden.

Die bereits ^{14}C-datierten und paläogenetisch untersuchten Skelettelemente wurden parallel für eine Analyse des Isotopenverhältnisses von Kohlenstoff (δ^{13}C), Stickstoff (δ^{15}N) und Schwefel (δ^{34}S) herangezogen. Ziel war die Rekonstruktion der Ernährung sowohl der mesolithischen als der neolithischen Individuen. Das Ergebnis ließ jedoch nicht zwei, sondern drei voneinander getrennte Gruppen erkennen, die sich signifikant unterschieden (Abb. 9). Mitglieder von Gruppe 1 fielen vor allem durch niedrige δ^{15}N-Werte auf und ließen sich allesamt in das frühe Mesolithikum zwischen 8750 und 8650 v. Chr. datieren. Dies kann plausibel durch eine stark proteinbasierte Ernährung aus landlebenden Tieren erklärt werden, was sich auch mit den Faunenresten aus der Höhle und vom Vorplatz (v. a. Reh, Wildschwein und Rothirsch) in Einklang bringen lässt und grundsätzlich nicht ungewöhnlich für mesolithische Menschen ist. Individuen aus Gruppe 2 datieren in das Spätneolithikum zwischen 3700 und 3300 v. Chr. Hier waren im Vergleich zu Gruppe 1 erhöhte δ^{15}N-Werte zu erkennen. Dies deutet ebenfalls auf eine signifikante Proteinzufuhr aus terrestrischen Herbivoren hin. Die höheren δ^{15}N-Werte (ca. 10 Promille) könnten durch eine Düngung der Weiden zu erklären sein, was wiederum nicht untypisch für diese Phase des Neolithikums ist.[7] Leider konnten bislang in der Fundstelle keine zeitgleichen domestizierten Faunenreste identifiziert werden. Was erstaunte, ist die Tatsache, dass eine dritte Gruppe, die chronologisch fast identisch mit Gruppe 2 ist (3900–3450 v. Chr.), sich hinsichtlich der stabilen Isotope von den übrigen Gruppen deutlich absetzt. Hier lagen die δ^{15}N- und die δ^{13}C-Werte deutlich höher, bei etwa zwölf und bis zu 18,5 Promille. Anders als bei den Gruppen 1 und 2 wies dieses Ergebnis auf eine Ernährung mit deutlichen Anteilen an Süßwasserfisch und vermutlich auch Wildtieren hin. Die δ^{34}S-Werte belegten zusätzlich die signifikante Rolle des Fischs. Bei der Analyse wurde auch deutlich, dass die bei dieser Gruppe gemessenen ^{14}C-Daten wegen des „Reservoir-Effektes" möglicherweise als zu alt erscheinen könnten.[8] Die Differenz des tatsächlichen zum gemessenen und kalibrierten Alter kann bis zu 400 Kalenderjahre betragen. Allerdings ist aufgrund von regionalen und zeitlich schwankenden Parametern sowie von fehlenden Vergleichswerten eine exakte Korrektur nicht möglich. Die Ernährungsunterschiede zwischen den beiden neolithischen Gruppen spiegeln sich auch in der Zusammensetzung der mitochondrialen Linien wider. Gruppe 2 weist eine Mischung aus H, U5 und anderen mitochondrialen Linien auf. In Gruppe 3 finden sich jedoch nur Linien der U5-Familie, ähnlich

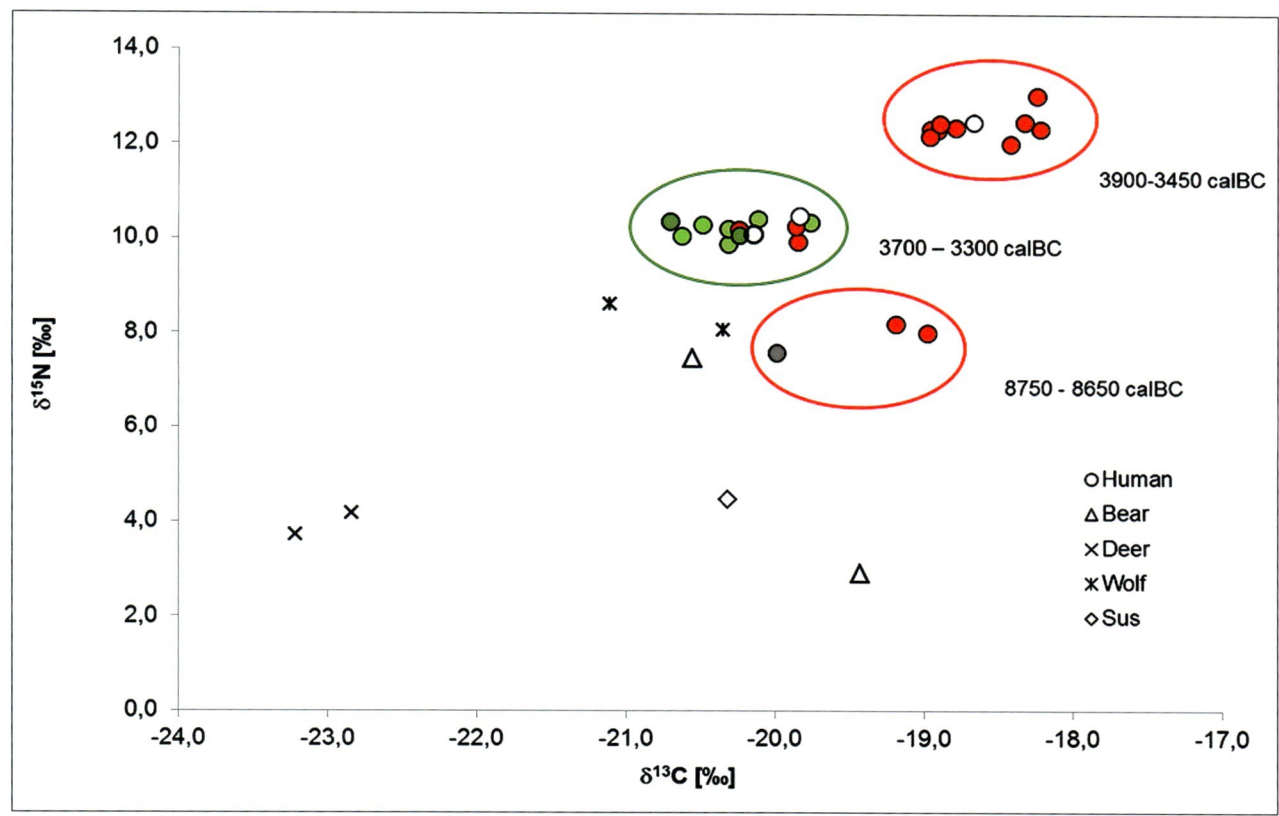

Abb. 9 Stabile Isotope δ¹³C und δ¹⁵N und Haplogruppen der untersuchten Skelettreste aus der Blätterhöhle. Punkte: menschliche Proben; andere Symbole: Fauna. Punkte in Rot: Haplogruppe U/U5; Punkte in Grün: Haplogruppe H; Punkte in Grau: keine aDNS erhalten.

wie sie in dieser Ausschließlichkeit bislang nur bei präneolithischen Jäger-Sammlern festgestellt wurden. Folglich handelt es sich um zwei sowohl hinsichtlich des Lebensstils als auch genetisch unterschiedliche Gruppen (Abb. 9).

Die kombinierten DNS- und Istopenanalysen von Gruppe 3 belegen demnach eine nicht neolithische Lebensweise mit mesolithischer Herkunft für das vierte vorchristliche Jahrtausend. Wegen der Deponierung der menschlichen Reste in derselben Höhle und den nahezu identischen ¹⁴C-Datierungen ist berechtigterweise von einem kulturellen Kontakt auszugehen. Dabei nutzten beide Gruppen offensichtlich die gleichen oder benachbarte Habitate, hielten aber dennoch grundsätzlich an ihrer eigenen Lebensweise fest.

Verschiedene ethnographische Studien von Jäger-Sammler-Gesellschaften, die mit sesshaften Populationen in Kontakt leben, belegen, dass in solchen Fällen regelmäßiger Kontakt durchaus üblich ist, wobei der Austausch von Gütern und Nahrungsmitteln im Vordergrund steht.[9] In diesen Fällen werden häufig Kohlenhydrate (von Ackerbauern) gegen Proteine (von Wildbeutern) getauscht, wie zahlreiche Beispiele von den Philippinen und aus Afrika zeigen.[10] Angesichts regelmäßiger ökonomischer Beziehungen gibt es meist kulturelle Normen, die eine Vermischung zwischen beiden Gruppen regulieren oder gar verhindern. Während Frauen aus Jäger-Sammler-Gemeinschaften unter bestimmten Umständen in sesshafte Gemeinschaften einheiraten und aufgenommen werden können, geschieht dies bei Männern wesentlich seltener. Dagegen scheinen sich Frauen aus sesshaften Populationen in der Regel nicht mobilen Gruppen anzuschließen und sehen dies als sozialen Abstieg an.[11]

Welche Mechanismen für die Vermischung beider Gruppen in der Blätterhöhle ursächlich gewesen sein konnten, verdeutlicht eine weiterführende Studie aus dem Jahr 2017.[12] Zuerst fiel in dieser paläogenomischen Studie auf, dass einige der ursprünglich untersuchten Individuen genetisch identisch waren, was nur durch die Analyse der mitochondrialen DNS (mtDNA) alleine nicht erkennbar war. Von vier zweifelsohne genomisch individualisierbaren Individuen waren drei gemäß Isotopenanalyse Ackerbauern, das vierte ein Jäger-Sammler-Fi-

Glossar Paläogenetik

alte DNS, aDNS:
Als alte DNS wird DNS aus historischen Überresten bezeichnet. Erbmolekül aus mehreren Hundert oder Tausend Jahre alten Funden, wie etwa Skeletten oder Haaren, ist in der Regel chemisch stark geschädigt, aber mit den Methoden der Paläogenetik immer noch analysierbar.

Mitochondriale Haplogruppen:
Neben dem Zellkern, in dem sich der größte Teil der Erbinformation findet, gibt es zusätzlich die mitochondriale DNS, die man von der Mutter erbt. Phylogenetisch (stammesgeschichtlich) nahverwandte Linien dieser mitochondrialen DNS werden als Haplogruppen bezeichnet.

Paläogenomik:
Das menschliche Genom besteht aus etwa 3,3 Milliarden Positionen (die mitochondriale DNS dagegen nur aus 17 000) und kann als Mosaik aus Erbinformationen zahlreicher Vorfahren eines Menschen gesehen werden. Seit wenigen Jahren ist es möglich, die Gesamtheit des Genoms aus archäologischen Skeletten zu isolieren und darzustellen. Hierdurch können komplexe Abstammungsverhältnisse und Demographien vergangener Bevölkerungen untersucht werden.

Isotopenanalyse:
Von vielen chemischen Elementen existieren unterschiedlich schwere Varianten, sogenannte Isotope. Das Verhältnis zweier Isotope eines Elements kann in der Natur variieren. So reichert sich zum Beispiel das schwerere Stickstoffisotop im Verhältnis zum leichteren entlang der Nahrungskette an (Beutegreifer weisen eine größere Menge des schwereren Isotops auf als ihre Beute). Untersucht man Isotopenverhältnisse aus menschlichen Knochen, kann man feststellen, was ein Mensch gegessen hat, da sich die Isotope der Nahrung in die Knochen einbauen.

Reservoir-Effekt:
Ist in der Nahrung eines Organismus alter Kohlenstoff erhalten, erscheint dieser Organismus aufgrund seiner „alten Nahrung" bei der ^{14}C-Messung älter als er tatsächlich ist. Häufig wird dieser Effekt bei fischhaltiger Nahrung beobachtet, da das Wasser wegen des darin gelösten „alten" Karbonats zuerst den Fisch und dann den Menschen, der diesen isst, isotopisch älter erscheinen lässt.

---

scher. Während die drei Ackerbauern etwas höher als erwartet genetisch Anteile von 40 bis 50 Prozent Jäger-Sammler-Herkunft besitzen, zeigte sich, dass auch das Jäger-Sammler-Fischer-Individuum Zeichen der Vermischung in sich trug. Unter der Voraussetzung, dass Mesolithiker und Neolithiker ursprünglich zwei genetisch vollständig getrennte Gruppen waren, zeigte dieses Individuum 73 Prozent der alten Jäger-Sammler-Signatur, aber immerhin 27 Prozent der Signale, die aller Wahrscheinlichkeit nach auf die aus der Ägäis eingewanderten (Früh-)Neolithiker zurückgehen.[13] Die Resultate aus dem Horizont des 4. Jahrtausends in der Blätterhöhle weisen also darauf hin, dass der Genfluss zwischen Ackerbauern und Jäger-Sammlern asymmetrisch verlief. Es finden sich in den drei ackerbäuerlich lebenden Individuen mehr Anteile von Wildbeutern als umgekehrt Gene von Farmern in dem Jäger-Sammler-Individuum. Methodenkritisch muss hinzugefügt werden, dass die komplexen demographischen und zeiträumlichen Prozesse, die über die Jahrtausende zu solchen Signaturen führen können, immer noch nicht untersucht wurden. Zukünftige demographische Modellierungen an Genomen aus dem 4. Jahrtausend werden uns die Genese dieser Signale besser verstehen lassen.

Ohne Zweifel dürften die Verbindungen und Heiratsbeziehungen zwischen Jäger-Sammlern und sesshaften Populationen als komplex und in den einzelnen Regionen als variabel angesehen werden. Die aktuellen paläogenetischen Analysen zeigen bereits jetzt, dass im europäischen Neolithikum eine Vermischung zwischen

Jäger-Sammlern und Ackerbauern stattgefunden hat, die sich nicht auf eine kurze Kontaktphase beschränkt hat, sondern vermutlich über Generationen und möglicherweise sogar mehrere Hundert Jahre andauerte.[14] Archäologisch lassen sich bislang nur Hinweise auf Kontakte von Jäger-Sammler- und sesshafter Lebensweise etwa für die nach dem niederländischen Fundort benannte Swifterbant-Kultur finden (ca. 5000 und 3400 v. Chr.). Neben den Datierungen sind es vor allem die Steingerätetypologie und das Auftreten spezifischer Werkzeugformen wie T-Äxte, die auch außerhalb des Verbreitungsgebietes Belege für Kontakte liefern.[15] Paläogenomische Analysen belegen jedoch eindeutig, dass nicht nur in Südwestfalen, sondern in mehreren europäischen Regionen (Deutschland, Spanien und Ungarn) Jäger-Sammler-Populationen länger überlebt haben als ursprünglich angenommen und dass es interkulturelle Kontakte mit den sesshaften Gemeinschaften gab. Die Blätterhöhle mag dabei einen Sonderfall oder das Resultat besonders intensiven Austauschs darstellen. Die Introgression von Wildbeuter-Genen in ackerbäuerliche Gemeinschaften ist inzwischen gut untersucht. Über den Einfluss der frühen Ackerbauern auf Jäger-Sammler-Populationen weiß man deutlich weniger. Mit den Fundplätzen Lepenski Vir (Serbien) und Ostdorf/Mecklenburg-Vorpommern finden sich immerhin noch zwei weitere Beispiele, die nahelegen, dass im neolithischen Europa auch Jäger-Sammler-Gemeinschaften attraktiv für das Einheiraten von Ackerbauern gewesen sein konnten.[16]

1 Orschiedt u. a. 2012; Heuschen – Baales – Orschiedt 2017; Heuschen – Baales – Orschiedt 2017; Orschiedt – Heuschen – Baales 2017.
2 Baales – Cichy – Schubert 2007.
3 Heuschen – Baales – Orschiedt 2017; Orschiedt – Heuschen – Baales 2017.
4 Bollongino u. a. 2013; Orschiedt u. a. 2014.
5 Bramanti u. a. 2009; Pinhasi u. a. 2012.
6 Bramanti u. a. 2009; Haak u. a. 2010.
7 Bogaard u. a. 2007.
8 Fischer u. a. 2007, 2142.
9 Peterson 1978; Headland – Reid 1991.
10 Eder 1988; Turnbull 1965.
11 Verdu u. a. 2013; Bentley – Layton – Tehrani 2009.
12 Lipson u. a. 2017.
13 Hofmanová 2016.
14 Lipson u. a. 2017.
15 Amkreutz 2013; Niekus 2009; Stapel 2014.
16 Hofmanová 2016; Bramanti u. a. 2009.

Als Europa (zu) Europa wurde.
Die großen Migrationen im Neolithikum

Detlef Gronenborn, Wolfgang Haak

Der Übergang von der aneignenden zur produzierenden Wirtschaft – oder vielleicht deutlicher: vom Sammeln und Jagen zum Ackerbau – ist weltweit eine der bedeutendsten Umbruchsperioden in der Menschheitsgeschichte. Es ist ein wirtschaftlicher und gesellschaftlicher Quantensprung: In den meisten Fällen ist mit dem Anbau von Nahrungspflanzen und der Zucht von Haustieren auch Sesshaftigkeit verbunden. Dies wie auch die nun stetiger und verlässlicher vorhandenen Nahrungsgrundlagen führen oftmals zu rascher Bevölkerungszunahme. Jene macht wiederum neue politische Organisationsformen und soziale Strukturen notwendig, Hierarchien und Eliten bilden sich heraus: Die Gesellschaften teilen sich auf in mächtige sowie wohlhabende und eben weniger erfolgreiche Individuen beziehungsweise Gruppen. Mehr Menschen und größere Gruppen erfordern zudem bessere Technologien, so entwickeln sich der Hausbau und Versorgungsstrukturen wie Brunnen. Aber auch die Ungleichheit wird manifestiert, kostbare und aufwendige Gegenstände werden hergestellt, erst aus Stein, später aus Gold und Kupfer. Größere Gruppen führen zu größeren Siedlungen und auch zu mehr Abgrenzung gegenüber anderen – Befestigungen entstehen. Durch die Zunahme der Bevölkerung kommt es nicht nur zu Konflikten, sondern auch immer wieder zur Verknappung von Ressourcen. Diesen Problemen suchte man durch Abwandern in neue Siedlungsgebiete zu entgehen. Somit ist die Periode des Neolithikums (Jungsteinzeit) auch mit großräumigen Expansions- oder Migrationsbewegungen verbunden.

Tatsächlich wird in jener Zeit die gesamte Bevölkerungsstruktur in Europa, und damit eben auch auf dem Gebiet des heutigen Deutschland, komplett umstrukturiert. Zwei große Migrationsbewegungen lassen sich unterscheiden: einmal die Ausbreitung letztlich aus dem Nahen Osten stammender Bevölkerungen, welche die Landwirtschaft nach Süd- und Mitteleuropa bringen und sich von dort samt der neuen Technologien weiter in den europäischen Norden verbreiten, und eine weitere große Migrationsbewegung aus den osteuropäischen Steppengebieten zum Ende des Neolithikums beziehungsweise am Übergang zur Bronzezeit.

Gegen Ende des 7. vorchristlichen Jahrtausends kommt es zu einer verstärkten Migration kleiner Bevölkerungsgruppen aus Westanatolien nach Griechenland und auf den Balkan (Abb. 1). Diese bringen ihre Haustiere und Nahrungspflanzen aus dem Nahen Osten mit und siedeln sich in für Landwirtschaft geeigneten Gegenden an. Rasch blühen die Siedlungen auf und die Gruppen ziehen weiter nach Norden in das Karpatenbecken und nach Bulgarien. Hierbei kommen sie immer wieder in Kontakt mit einheimischen Sammlern und Jägern mit ganz anderer genetischer Signatur. Aus diesen Gesellschaften stammende Gruppen breiten sich dann weiter nach Deutschland aus und etablieren sich hier als erste bäuerliche Siedler. Aufgrund der charakteristischen Verzierungsmuster

linke Seite Elektronringe, Armschutzplatte und Pfeilspitzen aus dem Grab von Apfelstädt

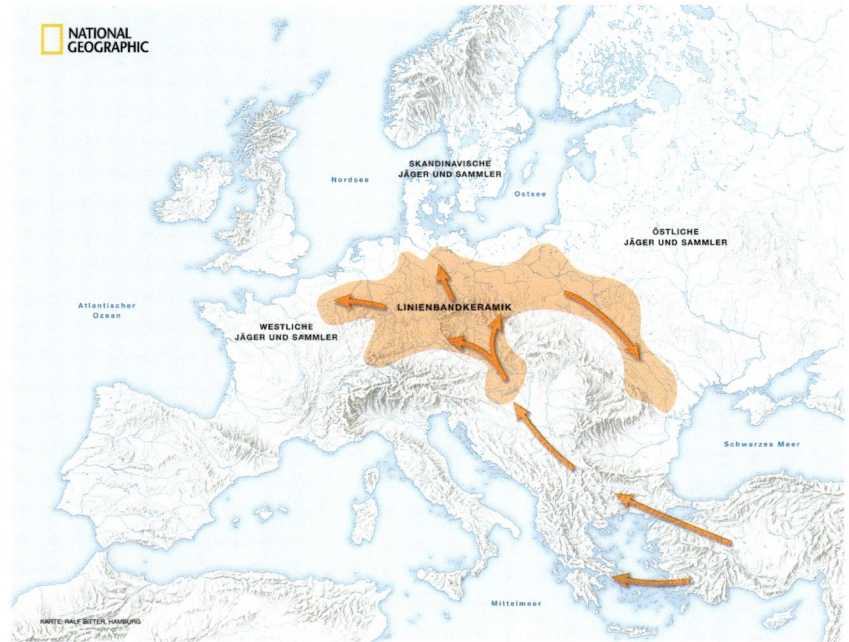
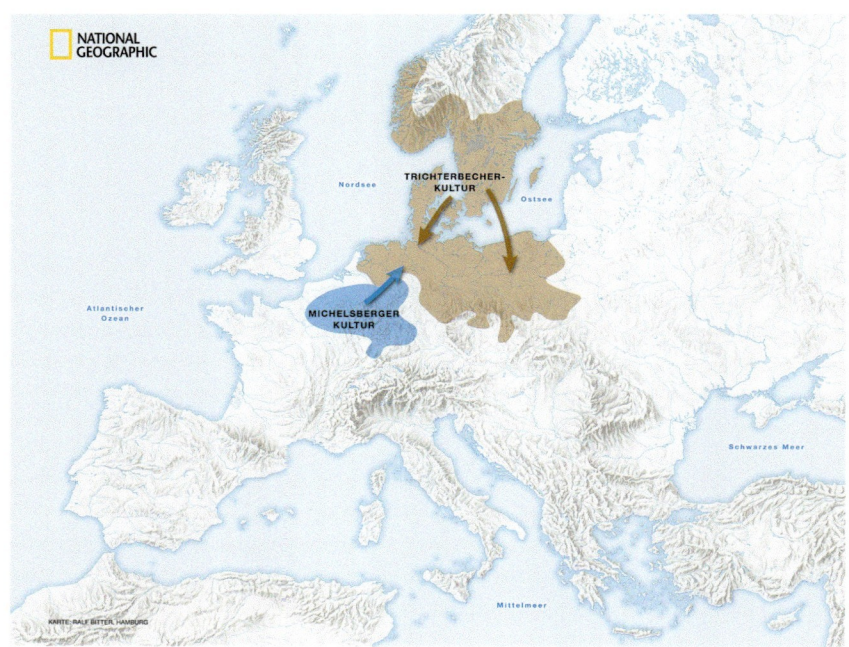
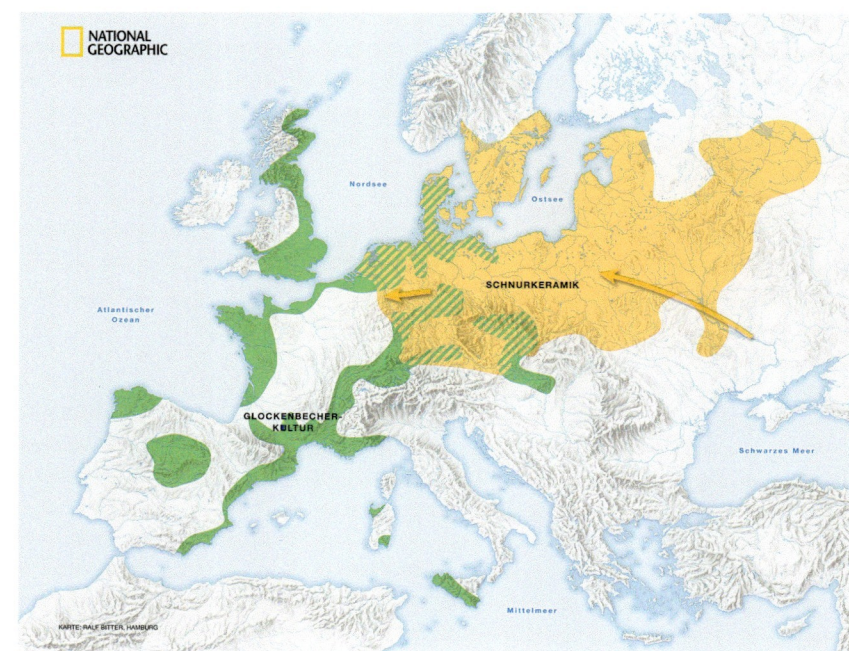

Abb. 1 Ausbreitung nach Europa durch die ersten Ackerbauern und Viehzüchter aus Vorderasien und Verdrängung der Jäger und Sammler in die Randregionen Europas (oben). Rückwanderung der ursprünglich nach Norden verdrängten Menschen in Form der Trichterbecherkultur (Mitte). Migration aus dem russischen Steppengebiet, Herausbildung der Schnurkeramischen Kultur und der Glockenbecherkultur im westlichen Europa (unten).

auf der Keramik werden sie als die Linienbandkeramische Kultur bezeichnet (LBK).

Die Migranten errichten Weiler und Dörfer auf ertragreichen Böden, wofür sie Rodungsinseln in die Urwälder schlagen. Sie bauen große, fast hallenartige, langgestreckte Häuser für sich und vielleicht auch ihr Vieh. Die Linienbandkeramische Kultur ist ein europäisches Phänomen, denn sie ist weit über Deutschland hinaus verbreitet, reicht vom Pariser Becken bis in die heutige Ukraine. Überall, wo die Böden gut sind, siedeln sich die frühen Bauern an. Kontakt zu den einheimischen Sammlern und Jägern gab es wenig, vielleicht etwas mehr zu Hirten im Westen Deutschlands, deren kultureller Hintergrund im Süden Frankreichs liegt. Diese werden nach einem Fundplatz in Nordfrankreich La Hoguette genannt.

Um 5000 v. Chr. bricht dann plötzlich im Westen das Siedlungsnetzwerk zusammen. Dieser Vorgang ist verbunden mit gewaltsamen Konflikten – es gibt Massengräber, in denen ganze Gemeinschaften bestattet sind. Eines liegt bei Kilianstädten in Hessen, in der östlichen Wetterau. Dort wurden auch Kinder erschlagen, denen man vor dem Tod die Schienbeine zertrümmert hatte, wohl um sie an der Flucht zu hindern. Gleichzeitig setzt bei Speyer und Worms ein neuer Keramikstil ein, die sogenannte Hinkelsteiner Gruppe. Nun kommen die Einflüsse aus Frankreich. Mit der Hinkelsteiner Gruppe beginnt das Mittelneolithikum. Im Grunde bleibt die Siedlungsweise in Weilern und Dörfern aber ähnlich wie vorher, allerdings sind die Gräber nun reicher ausgestattet. Auch gibt es zum ersten Mal in Europa herausragende Grabanlagen für einzelne Individuen, worin sich die Herausbildung einer Elite abzeichnet. In Deutschland sind sie bislang seltener und weisen keine reichen Beigaben auf, eine der frühesten stammt aus der Wetterau bei Friedberg. In dieser Zeit sind auf dem Gebiet des heutigen Deutschland zwei Einflusssphären erkennbar: Der Osten ist gekennzeichnet durch die Verbreitung schwerer Kupfergeräte, meist in Form von Beilen, im Westen kommen Beile aus Jadeit vor, der aus den Südalpen stammt.

Die mittelneolithischen Bauerngesellschaften existieren bis in die Zeit um 4400 v. Chr. Danach erreicht ein starker Einfluss aus dem Pariser Becken den Westen Deutschlands, in Form der Michelsberger Kultur. Ab jener Zeit

Abb. 2 Digitale Visualisierung der jungsteinzeitlichen Höhensiedlung auf dem Kapellenberg bei Hofheim/Ts. Dargestellt wird die Hauptbelegungszeit zwischen 3800 und 3600 v. Chr. Die Szene „spielt" im späten September, an einem sonnigen Vormittag mit leichter Bewölkung.

Abb. 3 Michelsberger Keramik vom Kapellenberg, Sammlung Kubon.

kommt es zu einer Integration der mesolithischen Urbevölkerung in die Bauerngesellschaften, die sich auch genetisch niederschlägt. Nun betreiben die Menschen eine eher agropastorale Wirtschaftsweise mit Rinderherden als Grundlage. Zwar wird weiterhin Ackerbau betrieben, wohl aber weniger intensiv als bisher. Die Folge ist eine volatilere Siedlungsweise: Weiler und Dörfer werden innerhalb eines oder nur weniger Jahrzehnte verlegt. Was diesem Bild jedoch nicht entspricht, sind gewaltige Befestigungsanlagen in Tälern oder befestigte Höhensiedlungen. Ein Beispiel hierfür ist der Kapellenberg im Taunus. Wirklich besiedelt scheinen diese Anlagen allerdings nur für einen kurzen Zeitraum gewesen zu sein, etwa zwischen 3800–3600 v. Chr. (Abb. 2 und 3). Danach finden sich in vielen Bereichen des südlichen Deutschland kaum noch Siedlungsspuren. Die Menschen haben sich auf kleine befestigte Hügelkuppen zurückgezogen oder siedeln in Feuchtgebieten entlang von Seen.

Jedoch blüht nun der Norden Deutschlands auf. Bereits nach 4200 v. Chr. hatten erste Siedler der Michelsberger Kultur Pioniersiedlungen im Münsterland, im Nordharzvorland und vielleicht gar an der Kieler Förde errichtet. Von diesen ging die Einführung der Landwirtschaft in den Norden aus. Hilfreich war hier vielleicht die neue Wirtschaftsweise, die auch auf schlechteren Böden genügend Ertrag versprach. Um 4000 v. Chr. ist dann das südliche Skandinavien erreicht. Diese Siedler tragen eine eindeutig südmitteleuropäische genetische Signatur und haben wohl einen Teil der einheimischen Sammler und Jäger assimiliert, andere weiter nach Norden und Osten verdrängt. Aus den südlichen und den einheimischen Einflüssen entsteht die sogenannte Trichterbecherkultur. Sehr bald entwickeln sich aus den zunächst nur für Einzelne oder wenige errichteten Steingräbern große Monumente für Viele, die sogenannten Megalithgräber, die auch heute noch das Landschaftsbild in Norddeutschland kennzeichnen (Abb. 4).

Ab 2900 v. Chr. kommt es dann noch einmal zu einer großen Einwanderungswelle aus den östlichen Steppengebieten Europas, die sich deutlich im Genom der spätsteinzeitlichen beziehungsweise frühbronzezeitli-

Abb. 4 Wenningstedt, Sylt. Das Großsteingrab Denghoog wurde zur Zeit der Trichterbecherkultur angelegt. Es wurde bereits im 19. Jh. untersucht und ist bis heute begehbar.

chen Europäer niedergeschlagen hat. Je nach Region wurden zwischen fünfzig und neunzig Prozent in der genetischen Signatur ausgetauscht. Archäologisch ist dies die Zeit der sogenannten Schnurkeramik. Typisch sind becherförmige Gefäße mit umlaufenden Verzierungen durch Schnurabdrücke. Siedlungen sind selten überliefert, häufig hingegen Grabhügel, in denen Männer mit Dolchen aus Kupfer, aber auch mit Streitäxten bestattet sind (Abb. 5). Die Schnurkeramische Kultur reicht etwa bis an den Rhein. Ab 2500 v. Chr. entwickelt sich das Glockenbecherphänomen heraus, möglicherweise aus einer kleinen Teilregion im südöstlichen Mitteleuropa, und trägt dann wesentlich zur weiteren Verbreitung des genetischen Steppeneinschlags nach Westen und Britannien bei. Auch hier sind Kriegergräber das vorherrschende archäologische Signal (Abb. 6).
Mit der großen Migrationswelle aus den Steppengebieten am Ende des Neolithikums ist die grobe Strukturierung der europäischen Bevölkerung im Wesentlichen abgeschlossen.

Abb. 5 Kriegergrab von Egeln, Sachsen-Anhalt. Die Hammerkopfnadel weist in den kaukasischen Raum, wo diese Nadel im 3. Jahrtausend v. Chr. verbreitet ist.

Abb. 6 Das Kriegergrab aus Apfelstädt, Thüringen mit seiner prunkvollen Ausstattung wurde 2005 entdeckt. Neben den Waffen beeindrucken die Lockenringe aus Elektron, einer Legierung aus Gold und Silber.

Literatur
Gronenborn – Strien 2014
Haak u. a. 2015
Jeunesse 2015
Lazardi u. a. 2014
Lipson u. a. 2017
Meyer u. a. 2015
Olalde u. a. 2018

MOBILITÄT – MOBIL DURCH DIE JAHRTAUSENDE

Brunnen gehören zur Kultur der Linienbandkeramik

Harald Stäuble

Seit den ersten modernen Ausgrabungen einiger jungsteinzeitlicher Brunnen in den 1990er-Jahren sind in den letzten Jahrzehnten viele hinzugekommen. Kannte man im gesamten europäischen Verbreitungsgebiet dieser Kultur zunächst nur ein halbes Dutzend derartiger linienbandkeramischer Befunde mit eindeutigen Charakteristika, wie das Vorhandensein einer Brunnengrube mit Holzschacht oder zumindest Spuren davon, so sind es derzeit je nach Strenge der Auswahlkriterien weit über drei Dutzend (Abb. 1), hiervon etwa 26 in Deutschland und wiederum rund die Hälfte davon in Sachsen. Damit sind Brunnen im Vergleich zu den zahlreichen Siedlungen und Hausgrundrissen dieser Kultur zwar immer noch selten, aber man kann zumindest behaupten: Brunnen gehören eindeutig zur Kultur der frühesten Ackerbauern und Viehzüchter!

Was aber macht diese Befunde so interessant, dass sie derart intensiv erforscht werden? Darauf gibt es viele Antworten. Zunächst ist es die Tatsache, dass man – mit einzelnen Ausnahmen – fast einhundert Forschungsjahre lang geglaubt hatte, die Siedler jener Zeit wären auf na-

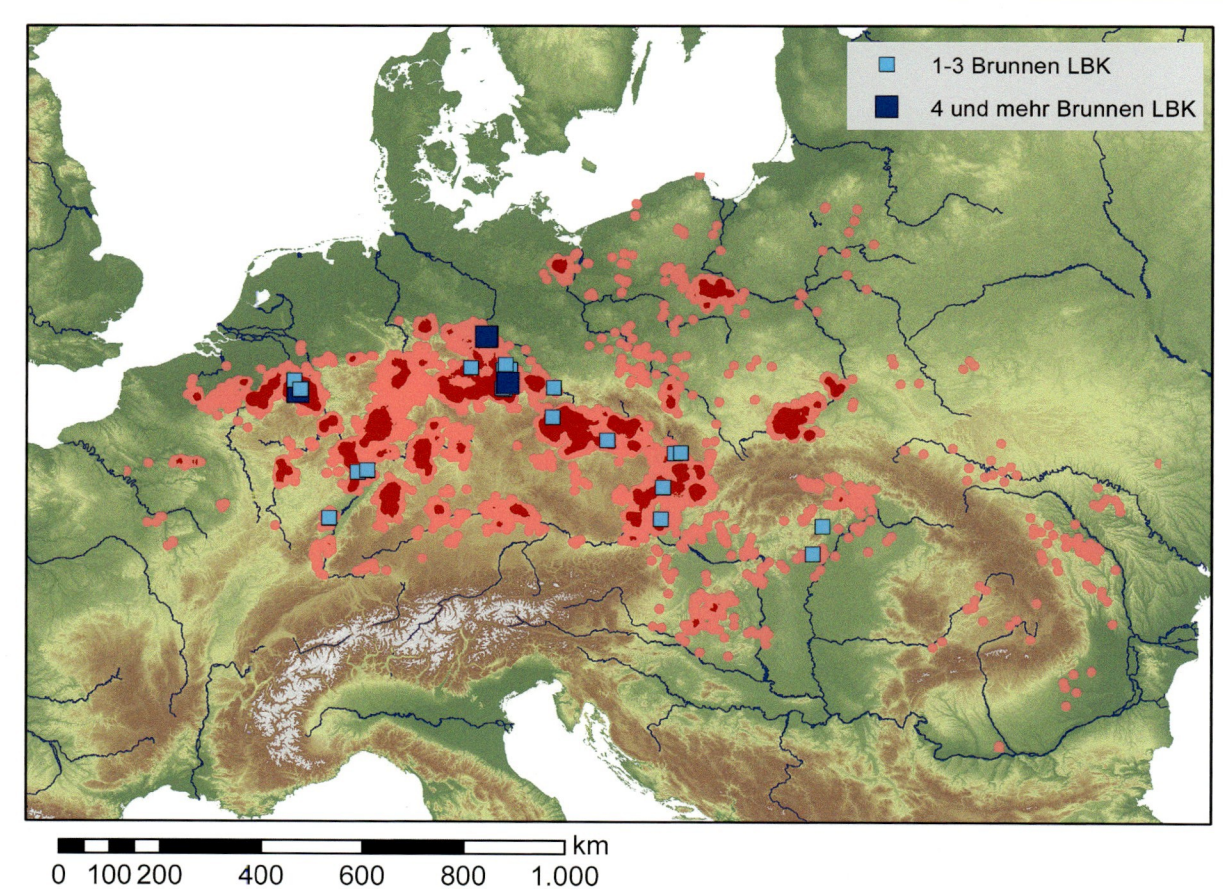

Abb. 1 Brunnenfunde mit Holzkästen, ausgehöhlten Baumstämmen und Flechtwerk innerhalb des Verbreitungsgebietes der jungsteinzeitlichen Kultur der Linienbandkeramik (ca. 5500–5000 v. Chr.).

Brunnen gehören zur Kultur der Linienbandkeramik

Abb. 2 Eines von mehreren vollständigen Schöpfgefäßen aus Rindenbast aus dem Brunnen von Altscherbitz (Lkr. Nordsachsen). Die bislang über ein Dutzend auch aus anderen Brunnen bekannten vergleichbaren Funde zeigen zwei Herstellungstypen und verschiedene Größen.

türliche Quellen und Fließgewässer angewiesen gewesen und hätten Siedlungen nur in deren Nähe errichtet. Hinzu kommt, dass man sich Brunnen aufgrund ihrer Seltenheit in den Siedlungen als kommunale Bauwerke vorzustellen hat. Dies erfordert auch ein Umdenken bezüglich der Siedlungsstruktur; denn während bislang eher von einer weilerartigen Ansammlung einzelner Gehöfte ausgegangen wurde, erkennt man nunmehr auch Siedlungen mit dorfplatzähnlichen Strukturen.

Was Brunnen jedoch vor allem zum besonderen Objekt wissenschaftlicher Begierde macht, sind die besonderen Erhaltungsbedingungen für Funde in ihren drei bis sechs Meter tiefen Gruben. Je nach Tiefe der wasserführenden Schichten hat man gelegentlich sogar Schächte bis zu 15 Meter ausgehoben. Damit sind sie deutlich tiefer als die sonstigen Pfosten- und Siedlungsgruben, so dass sich darin unter dauerhaft feuchten Bedingungen auch organische Materialien erhalten haben, die bislang für die Linienbandkeramik unbekannt waren. Dabei handelt es sich nicht nur um Artefakte, das heißt von Menschen hergestellte Objekte, sondern auch

um zahlreiche sogenannte Ökofakte. Diese sind zufällig während der Nutzung oder mit der Verfüllung der Schächte in die Brunnen hineingelangt. Sie spiegeln damit Landschaft und Umweltbedingungen im unmittelbaren Umfeld der Siedlung. Zwar gibt es auch außerhalb von Brunnen in größerer Zahl Relikte von Pflanzen und Tieren, da beispielsweise Samen, Getreidekörner und Holz im verkohlten Zustand sowie Knochen auch in üblichen Siedlungsbefunden vorkommen, aber das Spektrum der Funde hat sich durch die Brunnengrabungen nicht nur erhöht, son-

Abb. 3 Der seltene Fund eines „Kumpfes" aus dem Brunnen von Altscherbitz mit komplettem Pechüberzug, in das kleine, sägezahnartig ausgeschnittene Streifen aus Birkenrinde eingesetzt wurden. In das ehemals in zwei Hälften gebrochene und geflickte Gefäß war zudem eine typische Spirale eingeritzt, die namengebende Verzierung der Linienbandkeramik.

Abb. 4 Nicht alle Hölzer der bekannten Brunnenkästen waren derart sorgfältig ausgearbeitet und wiesen eine so fortschrittliche Technik der Nutzung eines Zapfenschlosses auf wie die unterste Balkenlage in Altscherbitz (Lkr. Nordsachsen).

dern auch qualitativ wesentlich verbessert.
Auch war aufgrund von zahllos bekannten Siedlungsplänen mit Befunden, die zu Hausgrundrissen rekonstruiert werden können, zwar bekannt, dass diese ersten sesshaften Ackerbauern und Viehzüchter in der zweiten Hälfte des 6. Jahrtausends v. Chr. die mit bis um die fünfzig Meter Länge größten Hausbauten der europäischen Vorgeschichte errichtet hatten und daher über herausragende architektonische Kenntnisse verfügt haben mussten. Zeugnis von den beeindruckenden Zimmermannsfähigkeiten geben jedoch erst die in den untersten Bereichen der Brunnengruben noch vorhandenen Bauhölzer (Abb. 4). Die meist in Blockbauweise zusammengefügten Spaltbohlen und Bretter weisen regelhaft Bearbeitungsspuren der vielfältigen Steinwerkzeugarten und -größen auf, die uns so zahlreich aus den Siedlungen bekannt sind. Sie bestätigen nicht nur die erwarteten hohen handwerklichen Fertigkeiten, die man auch zum Hausbau benötigte, sondern auch die Vermutungen, dass zumindest die großen Bauwerke hauptsächlich aus

Eichenholz errichtet wurden. Da die Bohlen aus Eichen hergestellt wurden, die meist über 100 und sogar über 200 Jahre alt waren, kann mithilfe dendrochronologischer Untersuchungen der Baumjahrringe zudem oftmals das kalendarische Schlagalter der Bäume bestimmt werden, manchmal sogar die Jahreszeit der Fällung. Dadurch können wir sehr genaue Aussagen zu Aktivitäten der Bandkeramiker machen, die bislang so nicht möglich waren. So erkennen wir, dass die Zimmerleute gelegentlich auch älteres Holz verwendeten, das sogar von anderen Bauwerken der Siedlung stammen muss. Eine Analyse aller gut erhaltenen Bauhölzer ermöglicht zudem Einblicke in die forstwirtschaftlichen Voraussetzungen. Detailuntersuchungen an den Hölzern, an deren Qualität oder etwa zum Schädlingsbefall erlauben zum Beispiel Aussagen zur Lagerung zu treffen. So müssen einige Spaltbohlen größerer Eichen vor dem Verbauen feucht gelagert worden sein, andere Brunnenkästen wurden scheinbar eher ad hoc aus ganzen oder bloß hälftig gespaltenen jungen Bäumen hergestellt. Zudem sind Bäume eine wichtige neue Quelle für Archäologen, denn die Jahrringe speichern klimatische Informationen und bilden daher ein bedeutendes Archiv für die Bedingungen und den Standort der Bäume in der damaligen Zeit.

Schließlich haben die Erhaltungsbedingungen in den Brunnen dazu geführt, dass wir sowohl eine große Anzahl neuer Objekte als auch bislang unbekannter Rohmaterialien kennenlernen durften, die im bandkeramischen Alltag offensichtlich regelhaft Verwendung fanden. Dazu gehören Bastschnüre unterschiedlicher Dicke und aus Rindenbast hergestellte taschen- oder beutelartige Behältnisse, die, an Schnüren aufgehängt, offensichtlich zur Wasserentnahme dienten (Abb. 2). Neben zerbrochenen Gefäßen, die mit Birkenpech, Holzauflagen und Schnüren wieder nutzbar gemacht worden waren (Abb. 3), wurden auch vollständige Keramikgefäße ergraben, die nicht unmittelbar mit dem Wasserschöpfen in Verbindung gebracht werden können. Diese Funde verdeutlichen, dass wir in Brunnenschächten neben nur zufällig hineingefallenen Objekten, beim Schöpfvorgang beschädigten Gefäßen oder sonstigem Abfall auch regelrechte Funddeponierungen antreffen. In diesem Sinne dürften Brunnen nicht ausschließlich funktional zur Deckung des alltäglichen Wasserbedarfs zu deuten sein, sondern darüber hinaus eine sicherlich auch nicht-profane Bedeutung für die Rituale in der Siedlung gehabt haben. Auf jeden Fall aber werden die linienbandkeramischen Brunnen und die in ihnen gemachten Funde unseren Wissensdurst noch über viele Jahre stillen können.

Literatur
Elburg 2010
Koschik 1998
Smolnik 2010
Stäuble 2002
Tegel u. a. 2012

Herxheim – Ort eines außergewöhnlichen Rituals mit weitgereisten Teilnehmern

Andrea Zeeb-Lanz

Worin liegt die Faszination der archäologischen Fundstätte von Herxheim, die im letzten Jahrzehnt auf internationalen Tagungen von Buffalo bis Lissabon und bei zahlreichen innerdeutschen Veranstaltungen die Fachwelt in Erstaunen versetzte und Anlass zu vielfältigen Spekulationen gab? Die Antwort auf diese Frage ist vielschichtig. Auf einen gemeinsamen Nenner gebracht lautet sie: Weil Herxheim in der europäischen Vorgeschichte bis heute einzigartig ist.[1]

Der jungsteinzeitliche Fundplatz am Ortsrand von Herxheim in der Südpfalz (Rheinland-Pfalz) wurde 1996 im Zuge von Rettungsgrabungen der Direktion Landesarchäologie Speyer der Generaldirektion Kulturelles Erbe Rheinland-Pfalz entdeckt. Auf dem Gelände des heutigen Gewerbegebietes „West I" der Gemeinde Herxheim erstreckte sich auf einer Fläche von etwa 4,5 Hektar das grabenumgebene Areal einer Siedlung der linearbandkeramischen Kultur (im Folgenden LBK) (Abb. 1). Die durch Erosion stark geschädigte und daher schlecht erhaltene Siedlung gab zu keinen großen Erwartungen an die Grabungsergebnisse Anlass. Die Lage sollte sich jedoch vollständig ändern, als die Ausgräber die Untersuchung des doppelten Grabens um die Siedlung in Angriff nahmen. Von 2005 bis 2008 wurde in einer – großenteils von der Gemeinde Herxheim finanzierten – Forschungsgrabung ein weiterer Teil der Gräben und des innen liegenden Siedlungsgeländes untersucht. Die Ergebnisse dieser Ausgrabungen waren Gegenstand eines zehnjährigen Forschungsprojektes, das von der Deutschen Forschungsgemeinschaft (DFG) mit namhaften Finanzmitteln gefördert wurde. Die Forschungen ergaben, dass diese Siedlung der frühesten Ackerbauern Mitteleuropas von etwa 5300 bis 4950 v. Chr. bestanden und ganz am Ende ihrer Existenz einen radikalen Funktionswandel zu einem zentralen Ritualort erfahren hatte.[2]

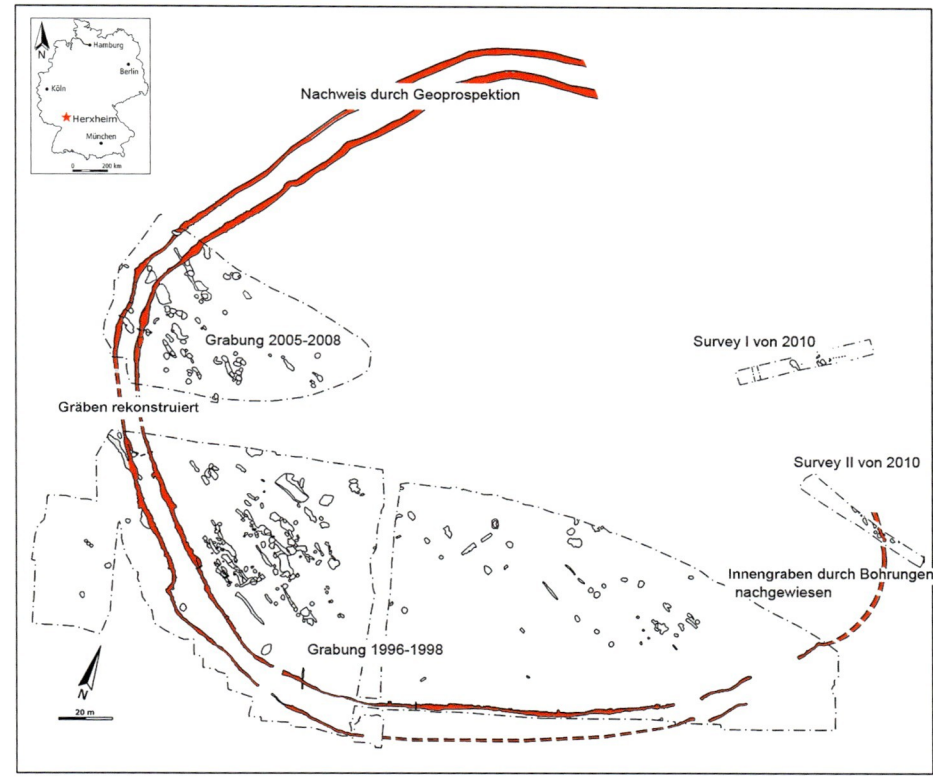

Abb. 1 Plan der ausgegrabenen und durch geophysikalische Prospektion nachgewiesenen Befunde der Siedlung mit doppeltem Graben.

linke Seite Detail aus Abb. 7a

Spektakuläre Funde in den Siedlungsgräben

In den v-förmigen, teils noch über drei Meter tiefen Gräben um die Siedlung, vornehmlich im inneren Grabenring, traten vollkommen ungewöhnliche Fundkonzentrationen zutage (Abb. 2). Sie setzen sich aus den in kleine Fragmente zerschlagenen Knochen menschlicher Individuen jeder Altersstufe zusammen, deren Schädel dagegen nicht einfach zerstört, sondern sorgfältig zu schalenartigen Schädelkalotten zugerichtet worden waren. Neben den Überresten Hunderter Menschen fand sich in den Fundkonzentrationen vielfältig verzierte, sehr qualitätvoll gearbeitete Keramik. Die Keramikgefäße waren, wie die geschliffenen Steinbeile und Silexgeräte aus hochwertigen Rohmaterialien, ebenfalls intentionell zerschlagen worden. Das gleiche Schicksal erlitten zahlreiche Mahlsteine, die man vor ihrer Zerstörung im Feuer mürbe gemacht hatte. Während sich an potentiellen Waffen nur eine verschwindend geringe Anzahl von Pfeilspitzen dokumentieren ließ, waren Knochengeräte in größerer Menge vorhanden. Schmuck aus Tierzähnen, Knochen und Kalkstein stellen ebenfalls Bestandteile der außergewöhnlichen Fundansammlungen dar.

Die menschlichen Individuen – Opfer eines Massakers oder rituelle Tötungen?

Die Anzahl der in den beiden Gräben sowie in wenigen Gruben im Siedlungsgelände gefundenen menschlichen Individuen lässt sich auf etwa 500 beziffern.[3] Bedenkt man, dass noch etwa ein Drittel der doppelten Grabenanlage im Herxheimer Boden verborgen liegt, so kann von einer Gesamtzahl von mehr als eintausend menschlichen Individuen ausgegangen werden, die hier in kurzer Zeit zu Tode kamen und kleinteilig zerstückelt wurden.

Es handelt sich dabei sowohl um alte als auch junge Menschen, um Frauen wie Männer. Exakte Individuenzahlen für die einzelnen Alters- und Geschlechtsgruppen können wegen der erheblichen Fragmentierung der Skelettreste – und des Fehlens vieler anatomischer Einzelteile – nicht angegeben werden. Aber es wird deutlich, dass wir es nicht mit einer normalen Sterbepopulation zu tun haben, wie sie uns etwa auf bandkeramischen Friedhöfen regelhaft begegnet, da frühadulte Individuen (ca. 20–30 Jahre) gegenüber spätadulten/frühmaturen (ca. 40–50 Jahre) deutlich überrepräsentiert sind. Die Individuen von Herxheim wurden also offenbar gezielt getötet. Man kann aus gutem Grund hier von Menschenopfern sprechen. Die Tötung von Menschen in großen Gruppen im Zusammenhang mit der systematischen, normierten und wiederkehrenden Behandlung der Ge-

Abb. 2 Große Fundkonzentration im inneren Graben.

opferten nach ihrem Tode sowie der ebenso genormten Zerstörung wertvoller Artefakte macht deutlich: Wir haben es in Herxheim mit einem ganz außergewöhnlichen Ritual zu tun, für das es in der europäischen Vorgeschichte bislang keinen Vergleich gibt.

Dank akribischer Untersuchungen der zuständigen Anthropologen können die Vorgänge, die in den massenhaften Ansammlungen menschlicher Skelettfragmente mündeten, nun genau nachvollzogen werden:[4] Die Opfer wurden intentionell getötet, wobei die Art der Tötung sich wegen der mehrheitlich sehr starken Fragmentierung an den Knochen nicht mehr ablesen lässt. B. Boulestin spricht sich nachdrücklich für ein darauf folgendes Garen der ganzen Körper an einem Spieß aus. Hierfür gibt es an den Langknochen an exponierten Stellen wie etwa Schienbeinen allerdings kaum Brandspuren als Belege. Mit Sicherheit wurden aber vollständige Köpfe der Opfer offenem Feuer ausgesetzt, wovon zahlreiche Fälle verbrannter Zähne, vor allem im Frontbereich des Gebisses, deutlich Zeugnis ablegen. Gekocht oder ungekocht, fest steht, dass man die Körper der Toten anschließend wie Schlachtvieh zerlegte: Die Extremitäten wurden vom Rumpf abgetrennt und die Wirbelsäule aus dem Rücken herausgelöst, wodurch sich dann der Torso leichter zerteilen ließ. Danach wurden die Skelettteile sorgfältig vom Fleisch befreit und sogar letzte Weichteile akribisch von den Knochen abgeschabt. Für diese Arbeitsgänge finden sich an den Knochen, namentlich den Gelenkenden und Ansatzstellen von Muskeln und Sehnen, mannigfache Belege in Form von Schnitt- und Schabespuren, die von scharfen Silexmessern stammen (Abb. 3). Zuletzt wurden die Knochen in kleine Fragmente zerschlagen; hier lässt sich bei den Langknochen eine Verbindung zwischen ihrer Größe und dem Grad der Zerschlagung feststellen: Je größer und damit markhaltiger die Knochen, desto stärker wurden sie zerkleinert.

Eine ganz spezielle Behandlung erfuhren die Schädel der Opfer. Der Unterkiefer wurde, wie zahlreiche kurze Schnitte an den Kieferästen belegen, vom Kopf separiert, indem man die Kaumuskeln an ihren Ansätzen abtrennte. Mit Schnitten in Kopflängsrichtung trennte man die Kopfhaut auf und zog sie vom Schädel ab, Augen und Zunge wurden herausgelöst sowie alle Gewebereste vom Schädel sorgfältig entfernt. Danach schlugen die Akteure des merkwürdigen Rituals mit gezielten Steinbeilschlägen den Gesichtsschädel und die Schädelbasis ab, so dass nur das Schädeldach in Form einer Schale, die sogenannte Schädelkalotte, übrig blieb (Abb. 4). Diese Kalotten dominieren die Kopfreste der Toten von Herxheim. Nur etwa ein Dutzend vollständig erhaltene Schädel konnte in den Ausgrabungen dokumentiert werden. Im Gegensatz zu den übrigen Skelettteilen, die regellos vermischt und vergesellschaftet mit Artefaktresten in Konzentrationen aufgefunden wurden, ließen sich für die Schädelkalotten in mehreren Fällen intentionelle Anordnungen in Form regelrechter Nester dokumentieren (Abb. 5). In Einzelfällen lagen derartige Nester auch aus vollständigen Schädeln vor. Ganz offenbar wurde dem Kopf der Opfer auch bei der letztendlichen Deponierung in den Grabenringen besondere Aufmerksamkeit gewidmet.

Abb. 4 Beispiel eines zu einer Kalotte zugerichteten menschlichen Schädels.

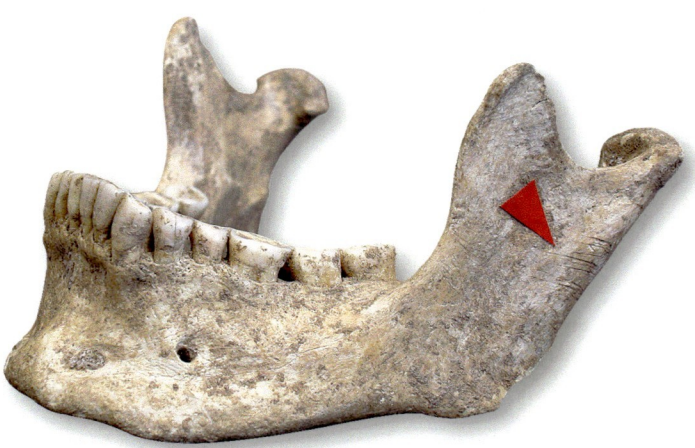

Abb. 3 Schnittspuren an einem menschlichen Kieferast.

Abb. 5 Intentionell angeordnetes „Nest" aus menschlichen Schädelkalotten in einer Fundkonzentration im Innengraben.

Abb. 6 Qualitätsvoll gearbeitete Flasche der jüngsten Bandkeramik mit Verzierung im Rhein-Main-Schraffurstil.

Zahl von Argumenten auf,[5] die sich sehr gut mit der Vorstellung von Kannibalismus als integrativem Bestandteil der rituellen Aktivitäten in Herxheim verbinden lassen. Dass es aber auch rein ideologisch-religiös-rituelle Gründe sein könnten, welche die Akteure in Herxheim zu der extremen Behandlung ihrer Opfer motivierten, ohne dass deren Fleisch zum Verzehr gedacht war, ist als weitere Hypothese nicht auszuschließen.[6]

Keramik aus weit entfernten Regionen

Die Tongefäße aus den Fundkonzentrationen mit zerschlagenen Menschenknochen zeichnen sich nicht nur durch ihre außerordentliche Qualität in Machart und Verzierung aus (Abb. 6), sondern stammen darüber hinaus aus vielen verschiedenen Siedlungsgegenden der Bandkeramik. Ab der jüngeren Phase dieser Kultur (ca. 5100 v. Chr.) lässt sich eine Regionalisierung der Verzierungsstile deutlich feststellen (Abb. 7). Während noch einhundert Jahre vorher über das großräumige Verbreitungsgebiet der LBK vom Pariser Becken bis in die Ukraine recht einheitliche Ornamente die feinkeramischen Gefäße zierten, setzen sich nun regionale Stilvarianten durch, die es ermöglichen, die Keramik bestimmten Gebieten zuzuweisen. In Herxheim liegt der außergewöhnliche Fall vor, dass Keramik der jüngsten LBK (ca. 5000–4950 v. Chr.) aus acht verschiedenen Stilregionen mit den Menschenknochen vergesellschaftet ist, wobei die am weitesten entfernt beheimatete Stilvariante der sogenannte Šárka-Stil der jüngsten Bandkeramik in Böhmen (ca. 400 Kilometer Luftlinie von Herxheim entfernt) ist. Dabei handelt es sich nicht nur um vereinzelte Gefäße der unterschiedlichen Stilrichtungen, die sich vielleicht noch mit der Zuwanderung einzelner Individuen („Heirats"-Beziehungen u. Ä.) erklären ließen, sondern um jeweils größere Gruppen von Gefäßen mit Verzierungsstilen, die weit über die Pfalz und angrenzende Gebiete hinausweisen. Archäometrische Analysen größerer Mengen „fremder" Keramik aus Herxheim konnten belegen, dass solche fremden verzierten Gefäße jeweils auch aus anderen Tonrohstoffen hergestellt wurden,[7] es sich also nicht etwa um in Herxheim oder dessen näherer Umgebung produzierte Nachahmungen auswärtiger Stilvarianten handelt.

Statistische Vergleiche der Menschenknochen mit anderen Fundstellen sowie die Interpretation der Manipulationsspuren haben B. Boulestin zu dem Schluss geführt, dass es sich dabei um die Überreste kannibalistischer Handlungen im Rahmen eines übergeordneten Zerstörungsrituals handeln müsse. Diese Hypothese ist nicht unangefochten, baut aber auf einer erheblichen

Steinartefakte – intentionell zerstört

Die gleiche Behandlung, die für menschliche Skelette und Keramik zu konstatieren ist, erfuhren auch Steinartefakte wie Felsgesteinbeile, Silexklingen und Mahlsteine. Steinbeile wurden teils mit großer Wucht mittig zerschmettert, Silexklingen aus wertvollen auswärtigen Rohmaterialien zu ausgesplitterten und damit unbrauchbaren Stücken reduziert. Sehr zahlreich ist die Menge an Mahlstein- und Sandsteinplattenresten. Besonders bei den Fragmenten Ersterer wird deutlich, dass hier voll funktionsfähige und nicht etwa aufgrund langer Nutzung dünn und unbrauchbar gewordene Exemplare dieses für jeden bandkeramischen Haushalt so grundlegend wichtigen – und damit wertvollen – Geräts intentionell zerstört wurden (Abb. 8).[8]

Eine besondere Auswahl an Tierknochen

Wenngleich es in den Konzentrationen, wie in normalen Abfallgruben, auch als Schlachtabfall zu interpretierende Tierknochen gibt, so ist doch die Auswahl an besonderen Knochen, die man gerade nicht im Schlachtabfall erwartet, sehr hoch und speziell. In auffallender Menge treten untere Extremitätenknochen von Rind, Auerochse, Schwein und Schaf im Bestand auf. Gleichfalls als besondere Fundkategorie zu nennen sind zahlreiche Bukranien (Stirnschädel mit Hörnern) von Rind und Ziege – eine Fundgruppe, die gemeinhin in den Bereich symbolträchtiger und ritueller Zusammenhänge gestellt wird.

Herxheim sticht darüber hinaus wegen seiner großen Anzahl von Hundeknochen aus den üblichen bandkeramischen Befunden hervor. Über zweihundert Fragmente, die zu mehr als zehn Individuen gehören, konnten in den Grabenringen geborgen werden. Diese Menge übersteigt alle bisher bekannten Siedlungsfunde von Hundeknochen bei weitem. Die Erhaltung der Knochen belegt eine Zerteilung der Hundekadaver in Viertel, was im Vergleich mit den übrigen Schlachtresten für eine spezielle Art des Verzehrs – vermutlich im Rahmen der Ritualhandlungen – spricht.[9]

Wer sind die Toten in den Grabenringen?

Sind schon die Behandlung der Toten, die weiträumige Herkunft der Keramik, die absichtliche Zerstörung wertvoller Objekte und die spezielle Auswahl an Tierknochen

Abb. 7a Gefäße mit Verzierung im Elster-Saale-Stil.

Abb. 7b Gefäße mit Verzierung im Pfälzer Stil.

Abb. 8 Gewaltsam zerschlagener Mahlstein (Unterlieger); die einzelnen Teile fanden sich in unterschiedlichen Fundkonzentrationen in der Grabenanlage.

Gründe genug, in Herxheim einen ganz besonderen Fundort zu sehen, der viele Fragen aufwirft, so stellen uns die naturwissenschaftlichen Analysen der zerstückelten Individuen vor weitere, momentan kaum lösbare Probleme.

Angesichts der mit den menschlichen Opfern vergesellschafteten Artefakte, die allesamt zum materiellen Inventar der linearbandkeramischen Kultur gehören, waren alle Bearbeiter anfangs davon ausgegangen, dass hier Bandkeramiker Angehörige ihrer eigenen Gemeinschaft, wenngleich vermutlich aus verschiedenen Lineages oder Untergruppen, geopfert und auf besondere Weise rituell zugerichtet hatten. Analysen des Strontium (Sr)-Gehaltes der Zähne[10] einer repräsentativen Auswahl von Individuen sollten Aufschluss darüber geben, ob hier Migranten aus den durch die Herxheimer Keramik angezeigten Regionen der LBK zu Tode gekommen waren, vielleicht von den Pfälzer/Herxheimer Bandkeramikern in bewaffneten Auseinandersetzungen besiegt und gefangen genommen. Zur großen Überraschung stellte sich jedoch heraus, dass zahlreiche der etwa achtzig untersuchten Individuen so hohe Strontium-Werte in ihrem ersten Backenzahn (M1; wird zwischen 0 und 2 Jahren Alter gebildet) aufwiesen, dass sie unzweifelhaft ihre frühe Kindheit in höheren Mittelgebirgslagen verbracht haben mussten. Einige von ihnen können aus Sandsteingegenden wie dem Pfälzer Wald stammen, der überwiegende Anteil jedoch muss in Gebirgslagen mit Granit- oder Gneissuntergrund (z. B. Schwarzwald, Vogesen, Taunus, Harz etc.) geboren worden sein.[11] Lediglich die Zähne der wenigen „normal", das heißt in seitlicher Hockerlage regelhaft Bestatteten aus Grabgruben an den Gräben oder im Innenareal (Abb. 9), die sicherlich aus den früheren Epochen der Siedlung stammen, wiesen die für Lößgegenden wie Herxheim zu erwartenden niedrigen Strontium-Werte auf. Die extrem hohen ^{87}Sr-/^{86}Sr-Verhältniszahlen der meisten Toten von Herxheim stellen uns vor ein Rätsel, denn die Träger der bandkeramischen Kultur sind europaweit dafür bekannt, dass sie höhere Mittelgebirgslagen als Siedlungsgrund gemieden und sich fast ausschließlich in den lößbedeckten Ebenen und leichten Hanglagen hügeliger Gebiete zur dauerhaften Besiedlung niedergelassen hatten. In höheren Mittelgebirgsregionen fehlt, wenn es sich nicht um meist ebenfalls lößbedeckte Hochebenen oder Hanglagen handelt, bislang jeder Nachweis einer dauerhaften Besiedlung durch Bandkeramiker. Da auch zusätzliche Beprobungen des dritten Backenzahns (M3, wird in der Jugend im Alter zwischen 7 und 15 Jahren gebildet) bei einigen der schon am M1 beprobten Individuen hohe Strontiumwerte ergaben, wird deutlich, dass es sich bei den Toten zum großen Teil um Menschen handelt, die ihre Kindheit und Jugend im Gebirge verbracht hatten. Erst einmal ist die Vorstellung naheliegend, dass sich die Akteure des außergewöhnlichen Menschenopferrituals in Herxheim als Zielgruppe letzte mesolithische Jäger- und Sammlergruppen ausgesucht hatten, die an

Abb. 9 In Hockerstellung beigesetztes Individuum, wohl aus einer der vor-ritualzeitlichen Siedlungsphasen.

den Rändern des bandkeramischen Siedlungsgebietes auch zur Zeit der jüngsten Bandkeramik noch existierten. Zumindest im näheren und weiteren Umfeld von Herxheim sind jedoch Zeugnisse spätmesolithischer Anwesenheit mehr als spärlich, und es ist nicht davon auszugehen, dass Jäger- und Sammlergruppen isoliert auf Mittelgebirgsinseln inmitten der bandkeramischen Besiedlungszone saßen.[12] Dennoch wären die letzten Wildbeuter eine einleuchtende Zielgruppe, mussten sie doch den eingewanderten Bandkeramikern als „anders", als „Fremde" und damit als potentielle Feinde erscheinen, die man – eher als Menschen der eigenen soziokulturellen Gruppe – als Opfer in einem Ritual töten, danach einer ganz speziellen Behandlung unterziehen und sie wohlmöglich sogar verspeisen konnte.

Von einer Reihe der Individuen mit hohen Strontiumwerten wurden Proben für die Bestimmung ihrer mitochondrialen DNS genommen. Die daraus ermittelten Haplo-Gruppen entsprechen denjenigen, die für bandkeramische Menschen üblich sind und die bei bisher allen genetischen Beprobungen auf Gräberfeldern dieser Kultur aufgefunden wurden.[13] Keines der beprobten Individuen wies die bekannten spätpaläolithischen/mesolithischen Gengruppen auf, die sich von denen der frühen Ackerbauern signifikant unterscheiden.[14] Damit sind die meisten Toten von Herxheim zwar offenbar genetisch Bandkeramiker oder zumindest mit diesen nahe verwandt, von ihrer Herkunft und Siedlungsweise ausgehend aber eine ganz andere Bevölkerungsgruppe, da ausweislich der Strontiumwerte diese Menschen in Regionen geboren wurden und aufwuchsen, in denen die Träger der bandkeramischen Kultur – nach allem, was wir archäologisch über diese wissen – nicht gesiedelt oder gelebt haben. Dieser Widerspruch ist zurzeit nicht befriedigend aufzulösen und fügt dem rätselhaften Fundort ein weiteres Fragezeichen hinzu.

Mobilität bei Geopferten und Opfernden

Anhand der Strontiumanalysen wird deutlich, dass die Opfer der Ritualhandlungen ganz offenbar keine homogene Gruppe darstellen, sondern aus unterschiedlichen Gebieten nach Herxheim gekommen waren. Die Umstände ihrer Wanderungen sind weitgehend ungeklärt, wenngleich zu vermuten ist, dass sie nicht freiwillig den

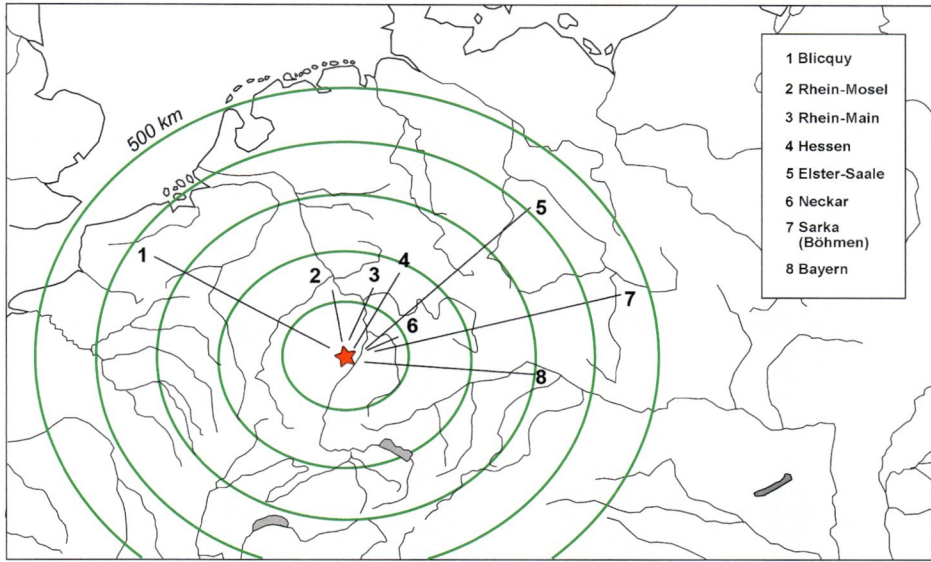

Abb. 10 Kartierung der Herkunftsgebiete der in verschiedenen Regionalstilen verzierten Keramik aus den Fundkonzentrationen.

Weg nach Herxheim und in den Tod angetreten hatten, sondern bei gezielten Überfällen in Gefangenschaft geraten waren. Die sehr heterogenen Strontiumwerte belegen eine Herkunft der Getöteten aus verschiedenen geologischen Formationen, wobei höhere Gebirgslagen dominieren.

Es ist einleuchtend, dass die bandkeramischen Siedler von Herxheim, einem eher kleinen Weiler (geschätzt etwa sechs bis acht Häuser pro Generation, also max. 60–80 Einwohner), viel zu wenige waren, um ein so aufwendiges und kräfteraubendes Ritual durchführen zu können. Die auswärtige Keramik bietet gute Hinweise darauf, dass wahrscheinlich Mitglieder anderer, teils weit entfernt siedelnder bandkeramischer Gruppen den Weg nach Herxheim angetreten hatten, um an diesem zentralen, besonderen Ort an den Ritualhandlungen teilzunehmen. Die zugereisten Ritualteilnehmer dürften besonders qualitätvolle Keramik mitgebracht haben, verziert in ihrem jeweiligen heimischen Regionalstil (Abb. 10). Damit zeigt sich der Fundplatz von Herxheim als Kumulationspunkt von Mobilität – sowohl der Akteure des Rituals als auch ihrer Opfer.

Die Bedeutung des Fundplatzes

Die Fundkonzentrationen in den Gräben von Herxheim stellen sich unzweifelhaft als die Überreste eines Rituals dar – die systematische, weitgehend normierte Zerstö-

> **Strontium-Isotopenanalyse – Was Zähne und Knochen verraten**
> Die Strontium-Isotopenanalyse ist seit vielen Jahren ein bewährtes und zuverlässiges archäometrisches Verfahren, um Herkunft und/oder Migration von prähistorischen Menschen zu ergründen. Gemessen wird bei dieser Methode das Verhältnis der Isotopen ^{87}Sr und ^{86}Sr. Der Mensch nimmt mit Nahrung und Wasser das Strontium seiner nächsten Umgebung auf und speichert das Erdalkalimetall in seinen Zähnen ohne spätere Änderungen seiner Konzentration. So ist nachweisbar, in welcher Gegend der Mensch seine Kindheit und Jugend verbrachte. Strontiumeinlagerungen in den Knochen geben hingegen Aufschluss über den Aufenthalt in der Zeit vor dem Tod, da das Strontium in den poröseren Knochen im Laufe des Lebens stetig erneuert wird. Gerade in der bandkeramischen Forschung wurde hierzu in den letzten Jahren intensiv und umfänglich gearbeitet.

rung von Menschen und Artefakten spricht diesbezüglich eine deutliche Sprache. Intentionelle Unbrauchbarmachung wertvoller Objekte kennen wir aus vielen prähistorischen Kulturen als Ausdruck kultischer oder religiöser Vorstellungen. Als besonders prominenter Beleg für Ritualhandlungen darf die Sonderbehandlung der Schädel (Zurichtung zu Kalotten) des Großteils der Getöteten bewertet werden.[15] Auch die Bukranien von Rindern und Ziegen untermauern den rituellen Charakter der hier vollzogenen Handlungen. Gewissermaßen als Leitmotiv zieht sich die Opferung beziehungsweise die Zerschlagung wertvoller Objekte durch das gesamte Szenario. Möglicherweise ist dies auch als eine Art Transformationsprozess in einen anderen „Aggregatzustand" anzusehen, der Menschen und Artefakte der profanen Sphäre entheben sollte. Noch nicht geklärt ist die zeitliche Dimension der Ritualhandlungen, doch belegen zahlreiche Anpassungen von Keramikfragmenten (Abb. 11), die aus teils weit voneinander entfernten Befunden innerhalb der Gräben stammen, dass viele der Fundkonzentrationen gleichzeitig angelegt worden sein müssen.[16] Andererseits zeigen einige übereinanderliegende Fundkonzentrationen, die durch schmale Erdbänder getrennt sind, dass es verschiedene Anlässe waren, bei denen hier Menschen und Material geopfert und dann in den Gräben deponiert wurden.[17] Doch stehen bislang keine absoluten Datierungsmöglichkeiten zur Verfügung, um die einzelnen Aktionen in eine zeitliche Abfolge zu bringen, da es sich dabei mit Sicherheit nur um Monate oder wenige Jahre handeln dürfte. Die ^{14}C-Methode ist hierfür leider viel zu ungenau.

Ob nun mit oder ohne Verspeisung des Fleisches der geopferten Menschen, ob nun einmal oder mehrfach durchgeführt – das Ritual von Herxheim zeigt sich als ein einzigartiges Geschehen, für das wir sowohl in der Epoche der Bandkeramik als auch in nachfolgenden vorgeschichtlichen Kulturen vergeblich nach Vergleichen suchen. Die Ritualaktivitäten in Herxheim werden durch die dazugehörige intentionell zerstörte Keramik in die jüngste Phase der Bandkeramik datiert. Somit hängt der Befund auch eng mit dem Verlöschen dieser mehr als 600 Jahre lang in Mitteleuropa vorherrschenden Großkultur zusammen. Für ihren westlichen Verbreitungsraum wird von vielen Seiten am Ende des 6./Anfang des 5. Jahrtausends v. Chr. ein relativ abruptes Ende konstatiert, wenngleich Anzeichen eines Niederganges bereits während der jüngeren Phase abzulesen sind.[18] Ob man tatsächlich von einer „Krise" am Ende der Bandkeramikkultur sprechen kann, die durch äußere Einflüsse (Klima, Überbevölkerung) oder eher kulturimmanente Faktoren bedingt war, wird immer noch diskutiert.[19] Die in Herxheim versammelten Menschen – Täter wie Opfer – kennzeichnet eine hohe Mobilität. Die Ritualteilnehmer, die vermutlich die prunkvolle Keramik mitbrachten, kamen aus teils weit auseinander liegenden und von Herxheim entfernten Siedlungsregionen der Bandkeramik. Ihre menschlichen Opfer sind anhand der Strontiumisotopie größtenteils in Gebirgsregionen zu verorten, die ebenfalls nicht in der Nähe des zentralen Ritualortes liegen. Bewegungen größerer Menschengruppen stellen damit möglicherweise einen weiteren Aspekt der Ursachen für das Ende der linearbandkeramischen Kultur dar. In der Klärung der noch immer nicht befriedigend beantworteten Frage nach den Gründen für das Erlöschen der westlichen Bandkeramikkultur nimmt der Ritualort von Herxheim eine Schlüsselstellung ein.[20]

Abb. 11 Teilstücke eines Keramikgefäßes hatten mitunter auch verschiedene Schicksale: Nach der Zerschlagung waren die hellorangen Scherben dieses Topfes in ein offenes Feuer geraten, was zu einer sekundären Verfärbung der Fragmente führte.

1 Zeeb-Lanz 2011; Zeeb-Lanz 2014; Zeeb-Lanz u. a. 2016.
2 Zeeb-Lanz 2016.
3 Zeeb-Lanz – Haack – Bauer 2013, 20.
4 Boulestin – Coupey 2015.
5 Boulestin u. a. 2009; Boulestin – Coupey 2015, bes. 119–124.
6 Zeeb-Lanz 2017, 115–116.
7 Mecking 2018 (in Vorb.).
8 Schimmelpfennig 2018 (in Vorb.).
9 Arbogast 2009; Arbogast 2018 (in Vorb.).
10 Siehe z. B. Knipper 2005; Price – Wahl – Bentley 2006; Bickle – Whittle 2013.
11 Turck 2018 (in Vorb.); Turck u. a. 2012.
12 Tillmann 1993; Löhr – Zeeb-Lanz 2012, 66–67.
13 Burger u. a. 2018 (in Vorb.); siehe z. B. auch Haak u. a. 2005; Szécsényi-Nagy u. a. 2014.
14 Bramanti u. a. 2009; Haak u. a. 2010.
15 Zeeb-Lanz 2011.
16 Denaire 2009; Denaire 2018 (in Vorb.).
17 Haack 2009; Haack 2016, 50–51, 114.
18 Spatz 1998; Farruggia 2002; Golitko – Keeley 2007.
19 Bickle – Whittle 2013, 399; Stäuble 2014.
20 Spatz 1998, 18; Zeeb-Lanz 2017, 118.

Strangers in a strange land –
Die fremden Damen von Petershagen-Ilse

Julia Hallenkamp-Lumpe, Sven Spiong

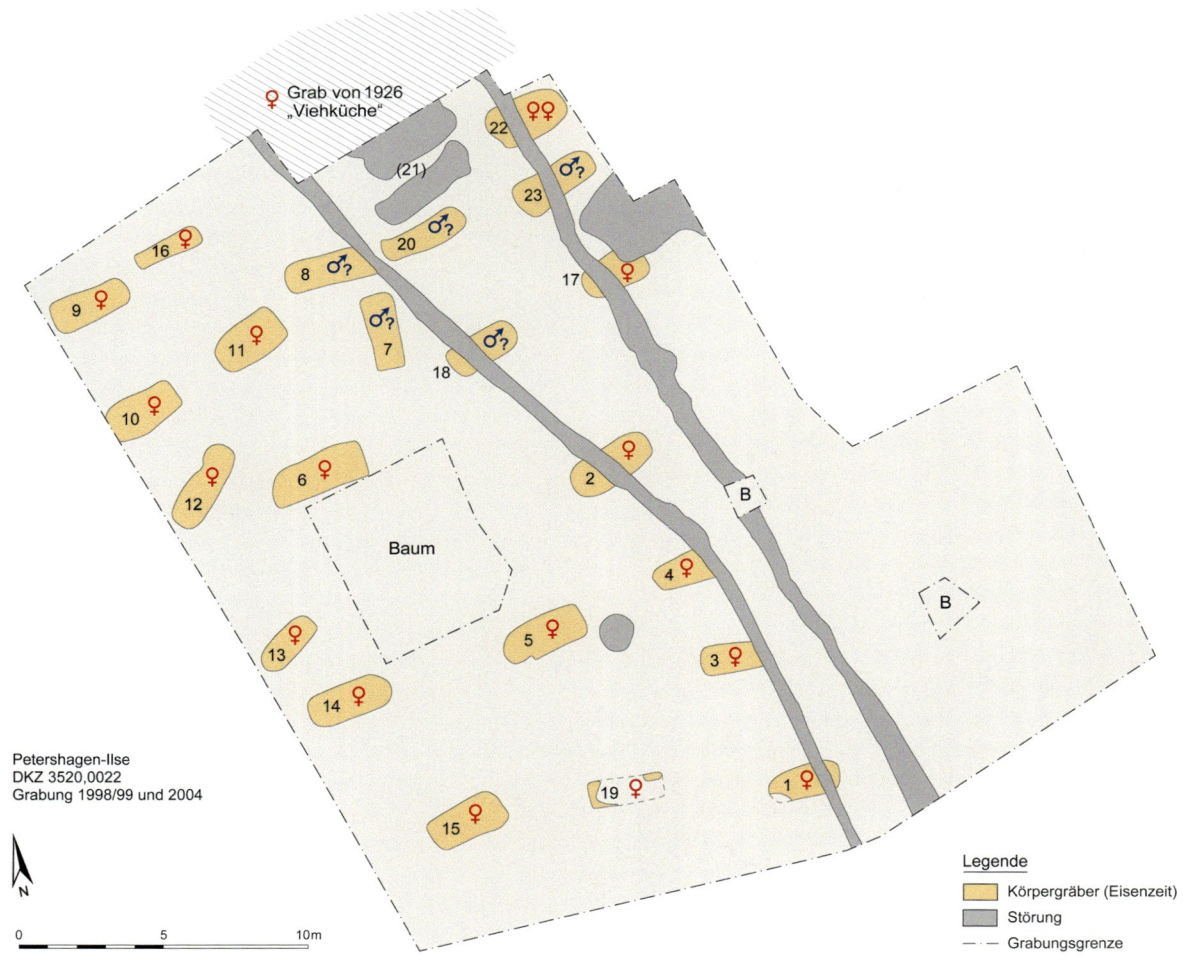

Abb. 1 Lageplan der ältereisenzeitlichen Körpergräber aus den Kampagnen 1998/99 und 2004; „Grab" 21 stellte sich erst im Nachhinein als Störung heraus.

1926 bargen die Besitzer eines Hofes in Petershagen-Ilse (Kreis Minden-Lübbecke, Nordrhein-Westfalen) bei Bauarbeiten vier Bronzeringe. Im Mindener Museum kam man zu einer eisenzeitlichen Datierung der Objekte, verwarf aber die Angabe der Finder, dass es Beigaben eines Körpergrabes gewesen seien, da in Westfalen für diese Zeit ausschließlich die Brandbestattung bekannt war. So galten die Funde lange als Teile eines Hortes.

Über siebzig Jahre später revidierte der erneute Zufallsfund eines Bronzeringfragmentes auf demselben Hof diese Einschätzung. Die Fundstelle wurde 1998 von der Außenstelle Bielefeld der LWL-Archäologie für Westfalen untersucht und erbrachte ein gestörtes Körpergrab. Bis 2004 wurden 23 Gräber von 24 Individuen aus der Zeit um 550 v. Chr. entdeckt. Obwohl sich die Skelette aufgrund der Bodenchemie weitgehend aufgelöst hatten, ließen Skelettschatten, Schädel- und Langknochenreste sowie die aufwendigen Bronzebeigaben 19 Körpergräber der späten Hallstattzeit erkennen; hinzu kamen fünf beigaben- und skelettfreie Gräber. Bis auf eines waren die in variierenden Abständen liegenden Gräber Ost-West gerichtet und unregelmäßig gereiht. Das Fehlen von Grabüberschneidungen spricht für oberirdische Grabkennzeichnungen und eine kurze Belegungszeit. Während die Ost- und die Westgrenze des Gräberfeldes erfasst wurden, kann es sich nach Norden und Süden noch weiter fortgesetzt haben (Abb. 1). Die 19 mit Beigaben bestatteten Individuen waren anthropologisch nicht bestimmbar, doch ihr Bronzeschmuck, zu dem regelhaft Arm- und Fußringe sowie Drahtringe oder -spiralen im Schläfenbereich gehörten, kennzeichnet sie als Frauen (Abb. 2). Die Kombination

Abb. 2 Grab 15. Das Skelett zeichnet sich fast nur noch als Schatten ab. Gut erhalten ist hingegen der Schmuck bestehend aus Arm- und Fußringen, einer Gewandnadel, Schläfenringen sowie einem nicht genauer bestimmbaren Anhänger.

dieser Beigaben mit der Körperbestattung hat Parallelen in Südwestdeutschland, im Elsass und in der Schweiz und beweist, dass die bestatteten Frauen in Westfalen fremd gewesen sein müssen (Abb. 3). Dies belegt auch ein Kleidungsmerkmal der „Damen von Ilse": Sie trugen eine mit kurzen Haarnadeln festgesteckte Kopfbedeckung, an der neben Schläfenringen und einfachen oder doppelten Bronzespiralen auch Bernstein- oder Glasperlen sowie Toilettebesteck befestigt sein konnten.

Genauer wurde die Herkunft der Frauen 2006 durch eine (Sauerstoff-)Strontium-Isotopenanalyse bestimmt, die noch an fünf Gräbern möglich war. Das Resultat: Die Toten aus den Gräbern 4, 14 und 16 zeigen eine Strontiumsignatur, die auf den Raum Südthüringen/Nordbayern verweist. Die Frauen in den Gräbern 5 und 11 haben dagegen eine lokale Strontiumsignatur. Das bedeutet, dass in Ilse eine erste Generation von eingewanderten Frauen sowie eine zweite Generation von vor Ort geborenen Frauen bestattet worden waren – beide jedoch im selben, hier fremden Körpergrabritus und mit demselben fremdländischen Schmuck. Diesen Habitus aus ihrer südlichen Heimat hatten die Mütter somit an ihre Töchter weitergegeben und erhielten so die eigene Tradition und Identität nach außen aufrecht. Das Beigabenensemble der Toten zeigt darüber hinaus, dass die Frauen

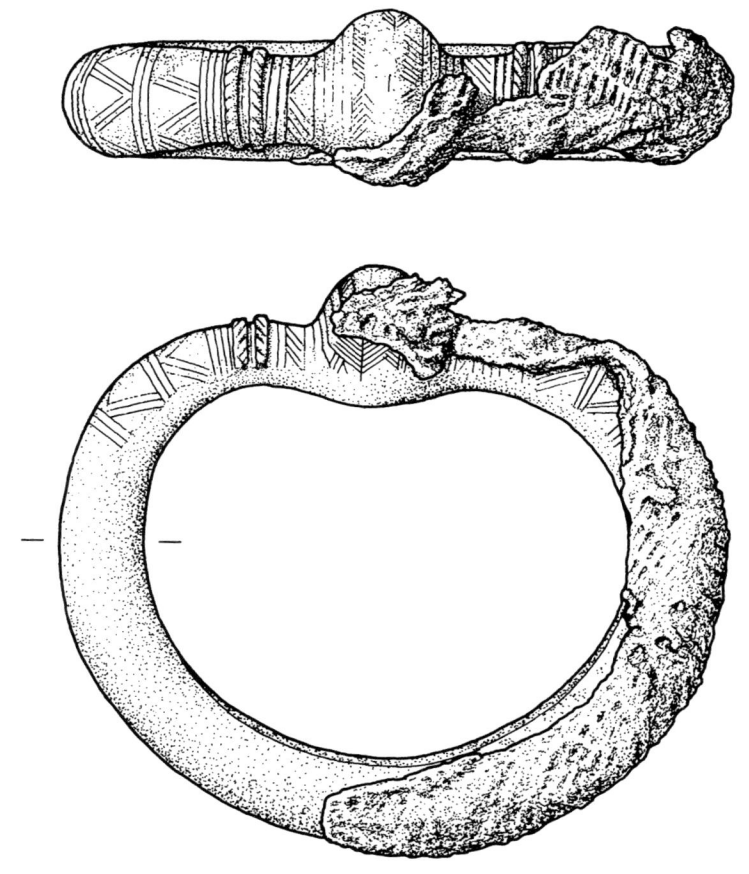

Abb. 3 Aus Grab 17 stammt dieser mit feinen Winkel- und Tannenzweigmustern verzierte Armring. Durch die Korrosion blieben an der Bronze Abdrücke von Textilien erhalten.

ihre Ausstattung durch Schmuck aus anderen Teilen Deutschlands und Europas ergänzten (Abb. 4); erste Forschungen hierzu legen Verbindungen nach Westniedersachsen, Südthüringen und Nordbayern sowie ins Baltikum nahe.

Entscheidend für den Zugang der Frauen zu einem großräumigen Bezugsnetz für begehrte Sachgüter ist die geographische Lage von Ilse im Einzugsgebiet der Fernhandelszone um Mittelweser und untere Aller, in der punktuell weitere Bronzeobjekte aus Südmitteleuropa zutage getreten sind. Über zwei Generationen waren hier die aus dem Süden stammenden Fernhändlerinnen Trägerinnen einer Basis-/Zwischenstation oder eines Umschlagplatzes an den Handelsrouten zwischen Süden und Norden.

Doch wo sind die Männer von Ilse? Das bisherige Fehlen von Gräbern oder Objekten, die eindeutig Männern zugeschrieben werden können, lässt ganz verschiedene Denkmodelle zu: Wenn die Männer in den Fernhandel eingebunden waren, könnten sie auf Reisen verstorben sein. Möglicherweise gab es in der Gemeinschaft auch geschlechterspezifische Grablegen und das Gräberfeld der Männer wurde nur noch nicht lokalisiert. Eine dritte Variante wäre, dass die Männer nach einheimischer Sitte brandbestattet wurden; hierzu würden zwei 2007 nur etwa 20–25 Meter westlich von den Körpergräbern entdeckte eisenzeitliche Urnengräber passen. Weitere Bestattungen könnten etwa Brandschüttungsgräber gewesen sein, die sich nicht erhalten haben oder noch nicht entdeckt wurden. Und natürlich lassen die fünf auffällig clusterartig angeordneten Grabgruben aufmerken, in denen weder Skelettreste oder -schatten noch Beigaben erhalten waren. Einerseits könnten hier Männer (oder aber auch sozial anders gestellte Frauen?) bestattet worden sein, deren Skelette sich vollkommen aufgelöst haben und deren Beigaben nur aus ebenfalls vollständig vergangenen organischen Substanzen bestanden hatten. Andererseits könnten die Frauen (und Mütter?) ihren in der Ferne gestorbenen Männern (und Söhnen?) Kenotaphe errichtet haben, die den abwesenden Toten einen Platz in der Gemeinschaft zuhause sicherten und den Hinterbliebenen einen Ort für Trauer und Erinnerung boten.

Die außergewöhnlichen Gräber von Petershagen-Ilse und ihre regionale wie überregionale Anbindung halten für die Zukunft noch viele Fragen bereit: Könnte trotz der schlechten Knochenerhaltung eine DNS-Extraktion gelingen und so die kleine Nekropole auf konkrete Verwandtschaftsbeziehungen überprüft werden? Deuten die nahe gelegenen Urnengräber an, dass die zugezogenen Fernhändlerinnen hier mit einheimischen Männern lebten, und wenn ja, wie kamen diese Verbindungen konkret zustande? Wo lag der zugehörige Wohnplatz? Eine aussichtsreiche Stelle mit Oberflächenfunden ältereisenzeitlicher Siedlungskeramik vom Nienburger Typ liegt etwa 850 Meter westlich des Gräberfeldes – und Gefäße dieses Typs traten auch als Grabkeramik in der Doppelbestattung in Ilse auf. Und wie genau wird sich der Herkunftsbereich der Frauen vor dem Hintergrund der Isotopenergebnisse durch eine weitere Erforschung ihrer Beigaben noch bestimmen lassen?

Deutlich wird: Die „Damen von Ilse" haben noch längst nicht alle ihre Geheimnisse preisgegeben.

Literatur

Bérenger 2000

Bérenger 2001

Bérenger 2015

Bérenger u. a. 2010

Abb. 4 (linke Seite) Überblick über den reichen, in Ostwestfalen teilweise fremden Schmuck der in Ilse bestatteten Frauen: Arm- und Fußringe, Nadeln, Doppelspiralscheiben, Schläfenringe, ein Gürtelring, Toilettebesteck und Perlen aus Glas und Bernstein.

Auf trockenem Fuß durch die Flussniederung. Die mittellatènezeitliche Brücke von Kirchhain-Niederwald, Kreis Marburg-Biedenkopf (Hessen)

Esther Lehnemann, Christa Meiborg

Wegebauliche Maßnahmen und besonders Brückenbauwerke aus vorgeschichtlicher Zeit haben nur in Ausnahmefällen überdauert. Daher stellte die Entdeckung einer in Teilen erhaltenen hölzernen Brücke in der Kiesgrube von Kirchhain-Niederwald (Mittelhessen) 2009 einen besonderen Glücksfall für die archäologische Forschung dar.

Von der Brücke konnten noch 63 Pfähle und 59 Pfahllöcher ergraben werden. Ursprünglich war sie mindestens 25 Meter lang, ihr Unterbau war bis zu 4,9 Meter breit, die Fahrbahn wohl zwischen 3,2 Meter und 4,3 Meter. Das Bauwerk war in der Art einer Jochpfahlbrücke errichtet worden. Diese Bauweise war spätestens seit der älteren Eisen-

zeit (ab ca. 800 v. Chr.) bekannt und weit verbreitet. Dabei bildet eine Reihe aus senkrechten Pfählen, die durch einen Holm miteinander verbunden werden, jeweils ein Joch. Der Abstand zum nächsten Joch wird mit einem sogenannten Streckbalken überbrückt. Auf diesem aus Holmen und Streckbalken gebildeten Rahmen wird der Fahr-

Abb. 1 Blick nach Nordwesten auf die Brückenfundstelle während der Ausgrabung 2009.

bahnuntergrund aufgebaut. Dieser besteht meist aus kleineren Stangenhölzern und einer Reisigschicht, die von einer Schüttung aus Kies und Erde überdeckt werden kann; auch eine Fahrbahn aus Brettern ist anzunehmen.

Zusammengehalten wurde die Konstruktion des Unterbaus, genauer die Joche und Holme, durch Holzverbindungen und vielleicht Umwicklungen mit Seilen oder Ruten. Streckbalken und Stangenhölzer waren nicht durch feste Verbindungen gesichert, das Eigengewicht des Oberbaus sorgte hier für ausreichende Stabilität. So konnte die Brücke im Falle eines Hochwassers schnell repariert oder bei feindlichen Angriffen gezielt unpassierbar gemacht werden. Eine Besonderheit stellen die schrägen Streben dar, die im mittleren Bereich das Bauwerk gegen den Wasserdruck und schwankende Bewegungen abstützten: Sie dürfen als technische Neuerung der Latènezeit (4.–1. Jahrhundert v. Chr.) gelten.

Dendrochronologische Untersuchungen ergaben einen Baubeginn der Brücke vermutlich im Jahr 269 v. Chr. Sie wurde rund hundert Jahre lang genutzt und in dieser Zeit mehrfach repariert. Während der jüngeren Eisenzeit führte sie über einen heute nicht mehr im Gelände sichtbaren Flusslauf, der sein Bett mehrfach verlagerte, und war auch für Wagen passierbar. Dicht neben dem Bauwerk befand sich eine seichte Stelle im Flussbett, die – so belegen es zahlreiche Trittspuren von Rindern und Pferden, die sich im weichen Untergrund abgedrückt haben – vor, aber auch während der Nutzungszeit der Brücke als Furt diente. Eine Schotterung aus Steinen und Scherben gewährleistete eine bessere Begehbarkeit in diesem Bereich.

Die Erbauung und Instandhaltung der Brücke als Teil eines regionalen Wegenetzes geht sicherlich nicht alleine auf die Initiative der Bewohner der nahen bäuerlichen Ansiedlung zurück. Vermutlich wurde der beträchtliche Aufwand zur Aufrechterhaltung der Infrastruktur eher von der lokalen Elite der in Sichtweite gelegenen Höhensiedlung auf der Amöneburg betrieben.

Literatur
Lehnemann u. a. 2017
Lehnemann – Urz – Meiborg 2017
Meiborg 2010
Meiborg 2012
Meiborg u. a. 2013

1 Lotpfahl
2 Schrägpfahlpaar
3 Strebepfahl
4 Strebe- und Prellpfahl
5 Querträger oder Holm
6 Längs- oder Streckbalken
7 Fahrbahnuntergrund aus Rundhölzern
8 Reisig / Kies-Erde-Schüttung
9 Fahrbahn aus Brettern

Abb. 2 Idealisierte Rekonstruktion einer Jochpfahlbrücke mit seitlichen Strebepfählen.

Abb. 3 Im festen Untergrund der eisenzeitlichen Oberfläche sind Trittspuren und die Wegeschotterung im Bereich der ehemaligen Furt neben der Brücke konserviert.

Vom Rhein bis an den Chaboras. Ein römischer Dolch in Syrien

Benjamin Wehry

Am westlichen Rand des parthischen Reiches – auch heute weit weg von Europa –, auf dem Gräberfeld der arsakidenzeitlichen Stadt *Magdala* (ca. 300 v. Chr. – 300 n. Chr.) am *Chaboras*, heute Habur, einem Nebenfluss des mittleren Euphrat, kam ein römischer Dolch aus Eisen mit Resten einer Holzscheide und einem durchbrochen gearbeiteten Scheidenblech zutage. Dieses Dolchscheidenblech weist ein für die Nordwestprovinzen des römischen Reiches charakteristisches Dekor auf, das bisher nur von Schwertscheidenblechen bekannt war und in dieser Kombination einzigartig ist. Scheidenbleche, meist aus Bronze, verklammerten die hölzernen Blätter der Vorder- und Rückseite von Dolch- und Schwertscheiden miteinander. In der augusteisch-tiberianischen Zeit (31 v. Chr. – 37 n. Chr.) zeigt eine Dekorgruppe der *Gladii* des Typs Mainz, die in dieser Art vor allem in Mainz/*Mogontiacum* (Rheinland-Pfalz) und in Windisch/*Vindonissa* (Kanton Aargau, Schweiz) konzentriert sind, eine Verzierung der Schwertscheiden in durchbrochener Arbeit, dem sogenannten *opus interrasile*-Dekor. Weitere Exemplare sind in den Niederlanden und in Nordrhein-Westfalen, in Ostengland, in Ostfrankreich, im Ostalpenraum und im westlichen Ungarn belegt.

Der Dolch mit Scheidenblech aus *Magdala*, heute Tell Schech Hamad (Provinz Deir ez-Zor) in Ostsyrien, lässt sich zwanglos mit diesen römischen *Gladii* und insbesondere den Schwertscheidendekoren des Typs Mainz vergleichen. Er stellt den östlichsten Fund dieser Dekorgruppe dar. So besitzt der Dolch aus *Magdala* eine kaum ausbauchende Klinge mit kräftiger Mittelrippe und vom Heft bis zur Spitze durchgehender Blutrinne, hier wie ein römischer *Gladius* sogar leicht verdickt, so dass sich ein rautenförmiger Querschnitt ergibt. Den Übergang zum Griff markiert ein plattenartiger Absatz, der einst den Abschluss eines Griffes aus organischem Material bildete. Erhalten sind noch die im Querschnitt rechteckige Griffangel, die sich zu einem nahezu quadratischen Querschnitt verjüngt und im Bereich des nicht erhaltenen Knaufes abgeplattet ist, sowie zwei zugehörige Ringe. Das Dolchscheidenblech ist in drei Dekorzonen gegliedert. Die etwa fünf mal fünf Zentimeter messende erste Dekorzone unterhalb des Scheidenmundes ist mit einem durchbrochen gearbeiteten, vierfachen Hakenkreuzmotiv verziert, an die sich eine schmale, nicht näher erkennbare Zwischenzone anschließt, um in die circa 6 mal 4,5 Zentimeter messende zweite Dekorzone mit flächig rhombenförmigen Aussparungen überzugehen. Die gesamte untere Hälfte des Scheidenbleches bildet auf einer Länge von etwa 16,5 Zentimetern die dritte Dekorzone, deren *opus interrasile* stärker beschädigt ist und lediglich ein mittig angelegtes Kreismotiv im zur Spitze hin verschmälerten Bereich erkennen lässt. Das Ortband bildet einen halbkugelförmigen Knopf aus und ist direkt mit den Ortbändern der römischen *Gladii* des Typs Mainz vergleichbar, bei denen sie seit augusteischer Zeit im gesamten 1. Jahrhundert üblich sind.

Dolch und Scheidenblech wurden in einem aus Lehmziegeln errichteten Grab aufgefunden, das zu dem größten Gräberfeld der arsakidischen Zeit gehört, das bisher im Vorderen Orient ausgegraben wurde, und sich unterhalb der Stadt *Magdala* entlang des Ufers des Habur/*Chaboras* erstreckte. Die Grablege dieses Lehmziegelgrabes (95/07) barg das partiell gestörte Skelett eines älteren Mannes. Als einzige Beigabe wurde der Dolch im Bereich des Rückens des Mannes niedergelegt. Das Scheidenblech, an dem (gefärbte?) Holzreste anhafteten, lag auf dem Dolch in situ und war mit Lederriemenresten umwickelt. Dies und die Tatsache, dass die Dolchspitze zum Schädel wies, lassen eine Bestattung mit gegürteter Waffe unwahrscheinlich erscheinen. Vielmehr wurde der Dolch als echte Beigabe während der Bestattung des Mannes ins Grab gelegt – nicht nur als ge-

schlechtsspezifisches Utensil, sondern möglicherweise als beredtes Attribut des Bestatteten.

Ein römischer Dolch mit ebenso charakteristischem wie fremdem Dekor war außerhalb des Römischen Reiches im Westteil des Partherreiches einzigartig – ein auffälliger Besitz, der am Habur/*Chaboras* weithin bekannt gewesen sein dürfte. Möglicherweise kam er als Beute oder Handelsgut nach Syrien. Wahrscheinlicher aber ist, dass der ältere Mann, der in der ersten Hälfte des 1. Jahrhunderts auf dem Gräberfeld von *Magdala* bestattet wurde, diese römische Waffe besaß, weil er als Auxiliarsoldat in römischen Diensten stand. Die Auxilia der römischen Armee rekrutierten sich aus Provinzialen ebenso wie aus Freiwilligen außerhalb des Römischen Reiches. In der Folge der römischen Niederlage bei Harran/*Karrhai* 53 v. Chr. wurde der mittlere Euphrat Grenzgebiet zwischen dem Parthischen und dem Römischen Reich sowie sicher auch Rekrutierungsregion für lokale Hilfstruppen. Im frühkaiserzeitlichen Mainz, dem römischen *Mogontiacum*, dem Herkunftsort des römischen Dolches von *Magdala*, ist bezeichnenderweise eine *Ala Parthorum et Araborum* belegt – eine Hilfstruppe zu Pferde, die sich, nach Auskunft einer Grabinschrift, aus Parthern und wohl auch anderen Männern aus Regionen östlich der römischen Reichsgrenze zusammensetzte. So ist also denkbar, dass sich der Mann aus *Magdala* in jungen Jahren als Rekrut einer Hilfstruppe aus Einheimischen anwerben ließ, mit der er als Auxiliarsoldat irgendwann während seiner Dienstzeit an den großen Truppenstandort *Mogontiacum* verlegt wurde, einem Legionslager am Grenzfluss *Rhenus* in den fernen, nassen und kalten Nordwestprovinzen des Römischen Reiches. Dort diente er möglicherweise in der Reitertruppe der Parther und Araber und war offenbar lange genug vor Ort, um sich einen Dolch mit Scheide und charakteristisch verziertem Scheidenblech nach römischen Vorlagen, wie sie in dieser Region für Schwertscheidenbleche üblich waren, individuell anfertigen zu lassen. Nach Ende seiner Dienstzeit als Auxiliar kehrte der Mann nach 25 Jahren an den *Chaboras* zurück nach *Magdala*, zusammen mit seiner exotischen Dienstwaffe, die an weit entfernte Regionen im Nordwesten Europas erinnerte. In der uralten mesopotamischen Tradition des Ortes wurde er mit diesem fremden römischen Dolch auf dem Gräberfeld unterhalb der Stadt *Magdala* bestattet.

Literatur
Künzl 1998
Künzl 2000
Wehry 2013

Abb. 1 Dolch und Scheidenblech von *Magdala*/Tell Schech Hamad (Replik).

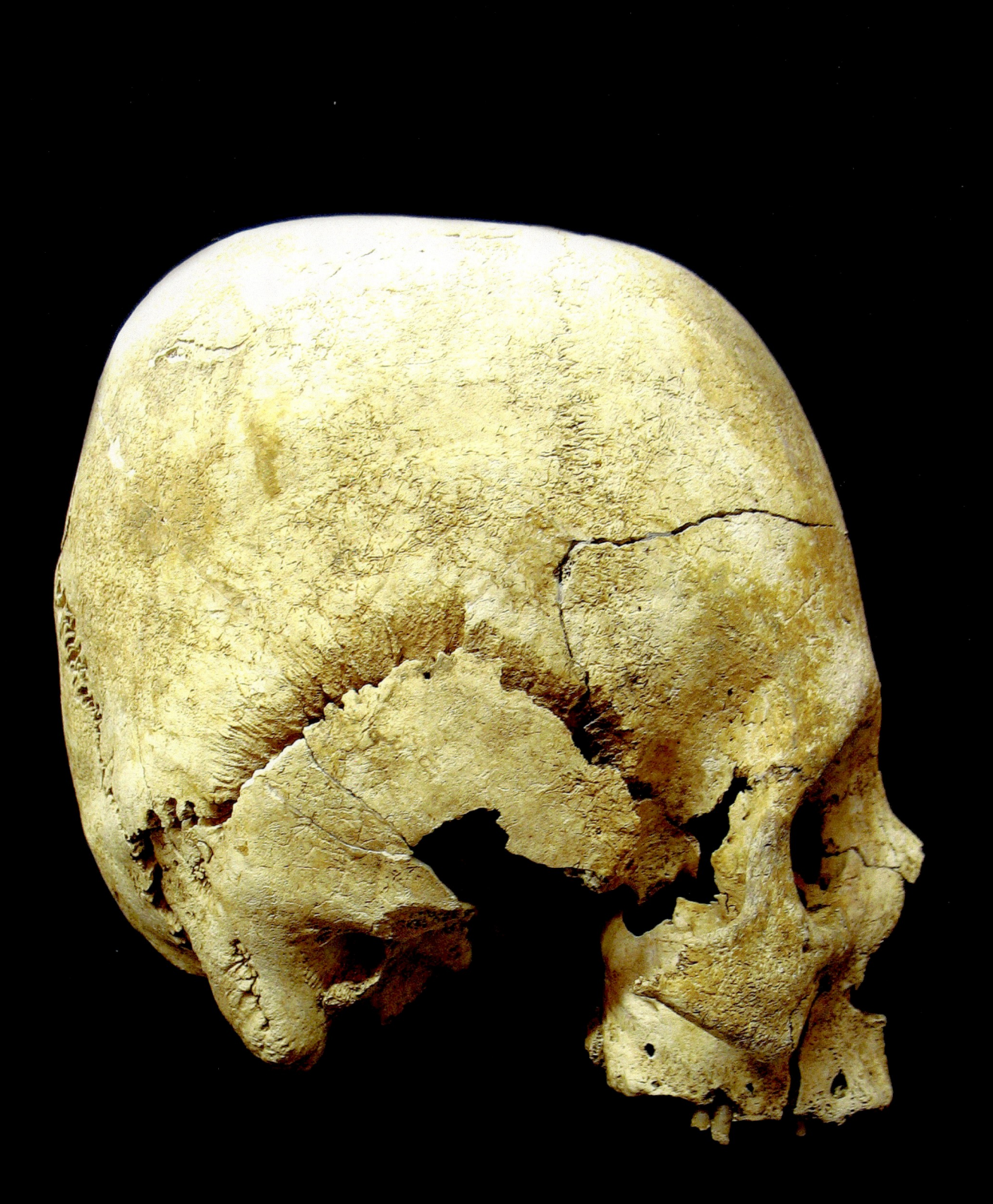

Fremd oder einheimisch? Migrationsereignisse in der Völkerwanderungszeit und ihre Nachweismöglichkeiten

Bernd Päffgen, Andreas Rott, Silvia Codreanu-Windauer, Michaela Harbeck

Eine Welt im Umbruch – das 5. Jahrhundert n. Chr.

Das 5. Jahrhundert steht mit der Völkerwanderung, dem Ende des Römischen Reiches und der Ausbildung neuer staatlicher Einheiten für die Zeit eines enormen Umbruchs, der sich in Europa, aber im Grunde auch in der gesamten Alten Welt vollzog. Unter dem Eindruck neuer Fragestellungen und Erkenntnisse aus Archäologie und Naturwissenschaften sind altbekannte Daten neu zu bewerten. Das Römische Reich, das sich 395 in einen West- und einen Ostteil spaltete, befand sich in einer tiefen Krise. Was waren die wichtigsten Ereignisse? Vandalen, Burgunder, Sueben und Alanen überquerten zum Jahreswechsel 406/07 den zugefrorenen Rhein bei Mainz und drangen in das römische Provinzgebiet ein. Die im Jahre 382 in der Provinz Mösien angesiedelten Westgoten hatten ihr Gebiet verlassen und eroberten unter König Alarich 410 sogar die Stadt Rom. Militärisch konnte das geschwächte Römerreich kaum gegen die Eindringlinge vorgehen. Eine neue Strategie war die Ansiedlung der Barbaren innerhalb des Reichsgebiets. So entstand beispielsweise 415/18 das erste Westgotenreich in Südfrankreich.

In den vierziger Jahren des 5. Jahrhunderts veränderte die Westexpansion der Hunnen die politische Konstellation grundlegend. Der Hunnenherrscher Attila (reg. 434–453) versuchte mit einer gigantischen Streitmacht aus Hunnen und anderen Reiternomaden, aber auch aus unterworfenen Germanen (Ostgoten, Gepiden u. a.) 451 Gallien zu erobern, erlitt aber eine Niederlage auf den Katalaunischen Feldern gegen die vom römischen Heermeister Aëtius angeführte Militärallianz. Der unterlegene Attila fiel 452 erst in Italien ein und zog sich dann nach Osten in die ungarische Tiefebene zurück, wo er unerwartet im Jahr 453 starb. Nun sah sich Aëtius nach zwanzigjähriger faktischer Herrschaft im Westreich als Sieger und versuchte, seinen Sohn als Nachfolger Kaiser Valentinians III. (reg. 425–455) durchzusetzen, wurde aber 454 ermordet. Der Kaiser wurde selbst nur etwa ein halbes Jahr später als Vergeltung dafür getötet. Mehr oder weniger chaotische Verhältnisse herrschten im weströmischen Reich, bis der Feldherr Odoaker, dessen Vater ein Thüringer und dessen Mutter eine Skirin gewesen sein soll, 476 den letzten und keineswegs unumstrittenen Kaiser im Westreich, Romulus Augustulus, absetzte und sich selbst zum König von Italien erklärte. Gleichzeitig bildeten sich verschiedene fränkische Kleinreiche in Nordgallien und am Rhein heraus, wobei sich König Chlodwig in der Folgezeit gewaltsam als Alleinherrscher bei den Franken durchsetzte. Außer dem Reich des Odoaker existierten auf ehemals reichsrömischem Boden die Königreiche der Westgoten in Südfrankreich und in Spanien, der Franken in Nordgallien, der Burgunder in der Schweiz und in Südostfrankreich, der Sueben in Portugal und in Teilen von Spanien sowie der Vandalen in Nordafrika.

linke Seite Artifiziell deformierter Schädel aus dem Gräberfeld von Burgweinting, Bayern.

Im Auftrag des oströmischen Kaisers zog der Ostgotenkönig Theoderich 489 nach Italien, besiegte in einem Krieg bis 493 Odoaker und übernahm die Residenz in Ravenna. Die Schwächung des Ostgotenreichs nach Theoderichs Tod und der ostgotisch-byzantinische Krieg führten dann zu neuerlichen Veränderungen, von denen die Franken profitierten. Diese konnten 536/37 die bislang unter ostgotischer Herrschaft stehenden Provinzen Noricum und Rätien an sich bringen. Mehr oder weniger gleichzeitig werden in diesem Raum erstmals die Bajuwaren greifbar.

Wie sind diese – hier freilich nur grob skizzierten – Ereignisse der Völkerwanderungszeit nun angesichts neuer archäologischer Funde und naturwissenschaftlicher Erkenntnisse zu bewerten? Stimmt die historische Überlieferung überhaupt? Geht die historische Forschung zu leicht dem Narrativ der Zeit der Völkerwanderung auf den Leim? Tradiert man nationalistische Geschichtsschau des 19. Jahrhunderts? Hier gibt es eine große Forschungsaufgabe, die nur im Dialog zwischen Historikern, Archäologen und Naturwissenschaftlern, wie Anthropologen, Neues bringen kann. Dies soll an einem interessanten Phänomen dieser Zeitstellung deutlich gemacht werden: dem Auftauchen von künstlich deformierten Schädeln in Grabfunden Zentraleuropas im 5. und 6. Jahrhundert.

Der Brauch der künstlichen Schädeldeformation

Die beabsichtigte künstliche Kopfformung ist ein universelles Phänomen, das in einer Vielzahl von Kulturen auf jedem bewohnten Kontinent irgendwann einmal in dessen Geschichte aufgetaucht ist. Der Schädel wird dafür von den Eltern im Kleinkindalter durch andauernde Druckausübung mechanisch verformt. Hier kommen unterschiedliche Techniken zur Anwendung. Aus moderneren Zeiten sind beispielsweise die Mangbetu in Zentralkongo für ihre künstlich verlängerten Schädel bekannt (Abb. 1).

Die Motive für eine artifizielle Schädeldeformation in rezenten und in vergangenen Gesellschaften stehen mit dem Wunsch der Sichtbarmachung einer Andersartigkeit in Zusammenhang, der sozial, religiös oder auch ethnisch begründet sein kann. In Mitteleuropa fand die Schädeldeformation zu Zeiten der Völkerwanderung Verbreitung, wie sich aus entsprechenden Grabfunden ergibt. Seit langem wird zwischen dem Auftreten von Menschen mit künstlich deformierten Schädeln um das 5. Jahrhundert in Mitteleuropa und der etwa zeitgleich historisch überlieferten Expansion des Hunnenreiches ein Zusammenhang gesehen. So nimmt man zumeist an, dass die Hunnen selbst dieses Brauchtum pflegten und es mit nach Europa brachten beziehungsweise dass assoziierte Reiternomaden oder ostgermanische Verbündete für die Verbreitung sorgten.[1]

Anhaltspunkte für einen Ursprung dieser Sitte östlich und weit entfernt von Europa gibt es einige: Kartiert man die frühen Nachweise für künstliche Schädeldeformationen, erkennt man, dass sich die ältesten im asiatischen Raum finden (Abb. 2). In diesem Zusammenhang wird immer wieder die im 1. Jahrhundert v. Chr. einsetzende Grabhügelgruppe am Fluss Kenkol im Hochgebirge Tienschan in Kirgistan genannt. Dort kommen in den hölzernen Grabkammern und Grabgruben Skelette mit deformierten Schädeln zusammen mit dem charakteristischen Fundgut der Reiternomaden, wie Reflexbögen und Bronzespiegel, aber auch Seidentextilien und anderen prestigeträchtigen Importen aus dem chinesischen Reich, vor. Etwa ein- bis zweihundert Jahre später erreicht die Sitte reiternomadische Gemeinschaften, die in Osteuropa nördlich vom Schwarzen Meer an Don und Wolga siedelten. Später findet man diese auch bei den reiternomadisch lebenden Sarmaten und Alanen, die diese Sitte im 3. und 4. Jahrhundert wohl bis nach Rumänien und Ungarn bringen. Anschließend folgt die mit der Ausbreitung der Schädeldeformation in Zusammenhang gebrachte hunnische Westexpansion im 5. Jahrhundert.

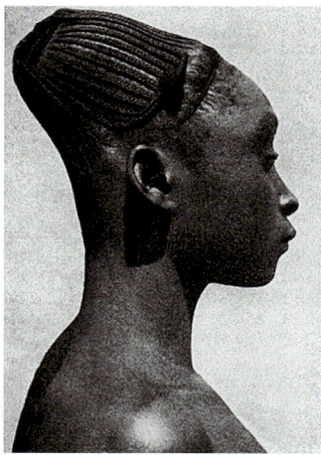
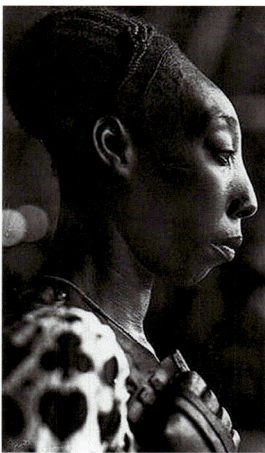

Abb. 1 Eine Angehörige der Mangbetu, die den Kopf ihres Kindes mit Bandagen umwickelt, um eine künstliche Deformation zu erzeugen. Die Frau selbst weist ebenfalls einen künstlich deformierten Kopf auf, dessen Form durch die besondere Haartracht zusätzlich betont wird. Die Abbildung wurde ursprünglich 1966 in L. Cotlow, In search of the primitive (zw. S. 231 und S. 232), veröffentlicht.

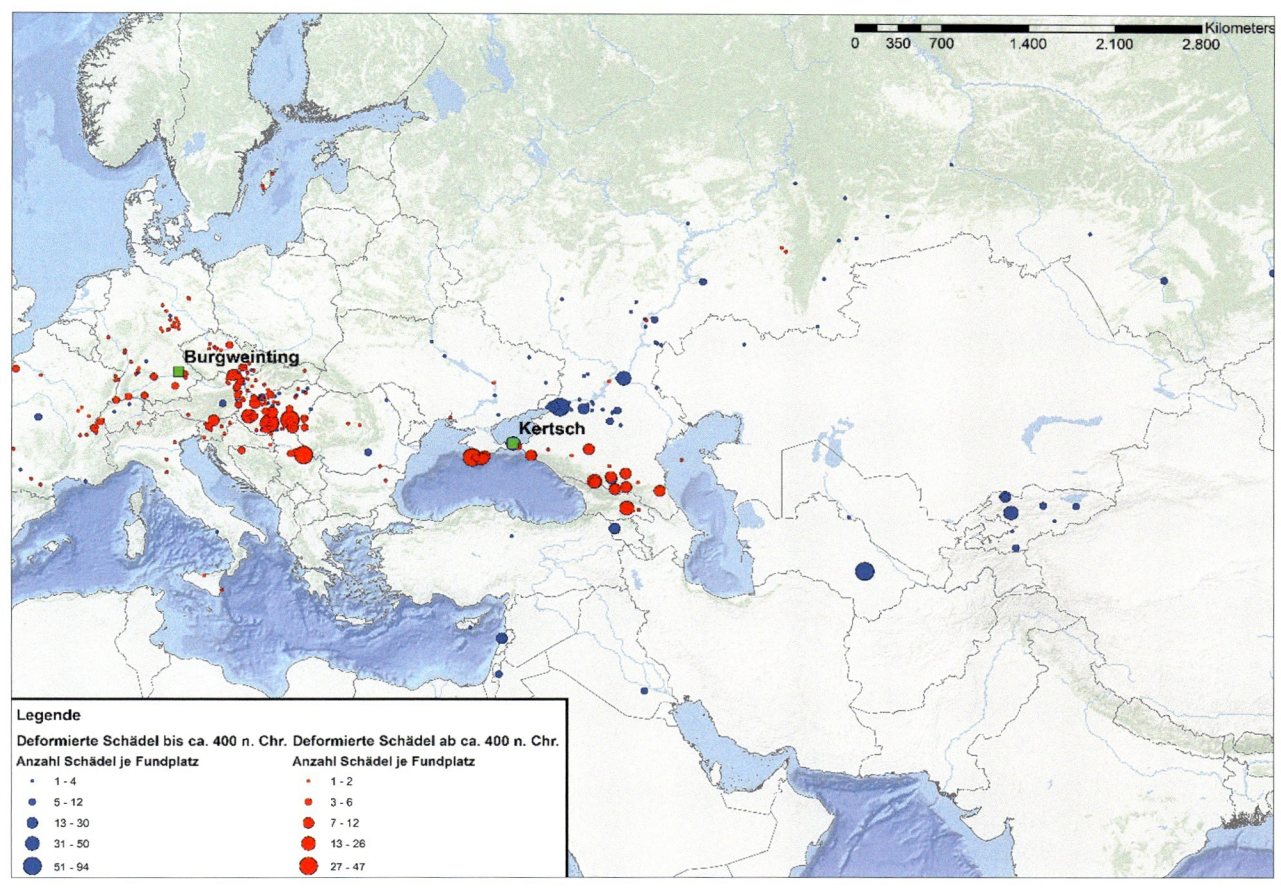

Abb. 2 Auftreten künstlich deformierter Schädel in Eurasien (für Quellen siehe Veeramah u. a. 2018 Supplement)

Beim römisch-gotischen Geschichtsschreiber Jordanes hieß es im 6. Jahrhundert aus der Rückschau, dass die Hunnen ein schrecklich schwärzliches Aussehen hätten und ihr Gesicht unförmig sei. Gegen ihre eigenen Kinder seien sie schon bald nach der Geburt grausam – dies könnte ein freilich versteckter Hinweis auf die Schädeldeformation sein, die aber nicht als solche im Zusammenhang mit Hunnen der Attilazeit in Schriftquellen genannt wird. Weitere Hinweise auf Schädeldeformationen bei den Hunnen könnten Münzprägungen geben, die allerdings asiatische Hunnenkönige mit Herrschaftsbereichen am Rande des Sassanidenreichs zeigen (Abb. 3).

Nach 400 und im Laufe des 5. Jahrhunderts erscheinen jedenfalls Menschen mit intentionell deformierten Schädeln auch in Mitteleuropa (Abb. 2). Hier lässt sich jedoch eine Auffälligkeit im Vergleich zu Osteuropa und Asien feststellen: Während dort sowohl Frauen als auch Männer mit künstlich deformierten Schädeln gefunden werden konnten, waren in Mitteleuropa regelhaft Frauen Träger dieser Körpermodifikation. Für Bayern darf man nach neuesten Erkenntnissen sogar davon ausgehen, dass um diese Zeit ausschließlich Frauen künstlich deformierte Schädel aufwiesen. Für diese Region liegen diesbezüglich Neuuntersuchungen von Trautmann u. a. (2017) vor, die zugleich auch auf ein Hauptproblem der Erforschung des Phänomens hindeuten: Die Einordnung eines Schädels als „künstlich deformiert". Übergänge zwischen einem „normalen" und einem „künstlich deformierten" Schädel sind immer fließend, so dass es zwangsläufig Schädel geben wird, deren Status fraglich bleiben muss. Dementsprechend besteht Uneinigkeit über die Einordnung einzelner Schädel selbst unter Fachleuten. Verformungen durch Erddruck sowie extreme Ausprägungen der natürlichen Variation können zudem zu Fehleinschätzungen führen, so dass eine Einordnung eher vorsichtig erfolgen sollte. Diese Aspekte sollten auch bei der Betrachtung der hier gezeigten Verbreitungskarte (Abb. 2) berücksichtigt werden. Der

Abb. 3 Silberdrachme des Königs Khingala, der von etwa 430/40 bis 495 das Hunnenreich der Alchon zwischen Nordafghanistan und Kaschmir beherrschte.

Trotz dieser unglücklichen Ausgangslage ist die schon erwähnte Annahme, dass tatsächlich überwiegend Frauen in Mitteleuropa mit dieser Körpermodifikation anzutreffen sind, wohl valide. Hinzu kommt, dass es hier bisher keine Nachweise für künstlich deformierte Schädel bei Kindern gibt. Eine häufige These ist daher, dass es sich bei diesen Frauen mit deformierten Schädeln um Zuwanderinnen aus östlicheren Gebieten gehandelt haben könnte.[3]

Ein Fund von der Krim und eine Dame aus Bayern

Großteil der dort aufgeführten augenscheinlich deformierten Schädel ist zumeist, wenn überhaupt, nur in Vorberichten beschrieben, lediglich grob datiert und kaum modern ausgewertet. Die Verbreitungsgeschichte deformierter Schädel in Asien und Europa bedürfte daher eigentlich einer umfassenden Neuuntersuchung.[2]

Zur Zeit der hunnischen Herrschaft auf der Krim verstarb im späten 4. Jahrhundert oder um 400 ein Mann mit künstlich deformiertem Schädel, der in einer Grabkammer am Mithridates-Berg in Kertsch beigesetzt wurde. In der gleichen Grabkammer fand man ein kostbares Golddiadem, das als weibliches Prestigegut der Hunnenzeit eingeordnet werden kann (Abb. 4). Das heutige Kertsch auf der Halbinsel Krim gehörte bis zur Mitte des 4. Jahrhunderts dem Bosporanischen Reich an. Für das Verständnis der Situation auf der Krim ab der Mitte des 4. Jahrhunderts zeigen die historischen

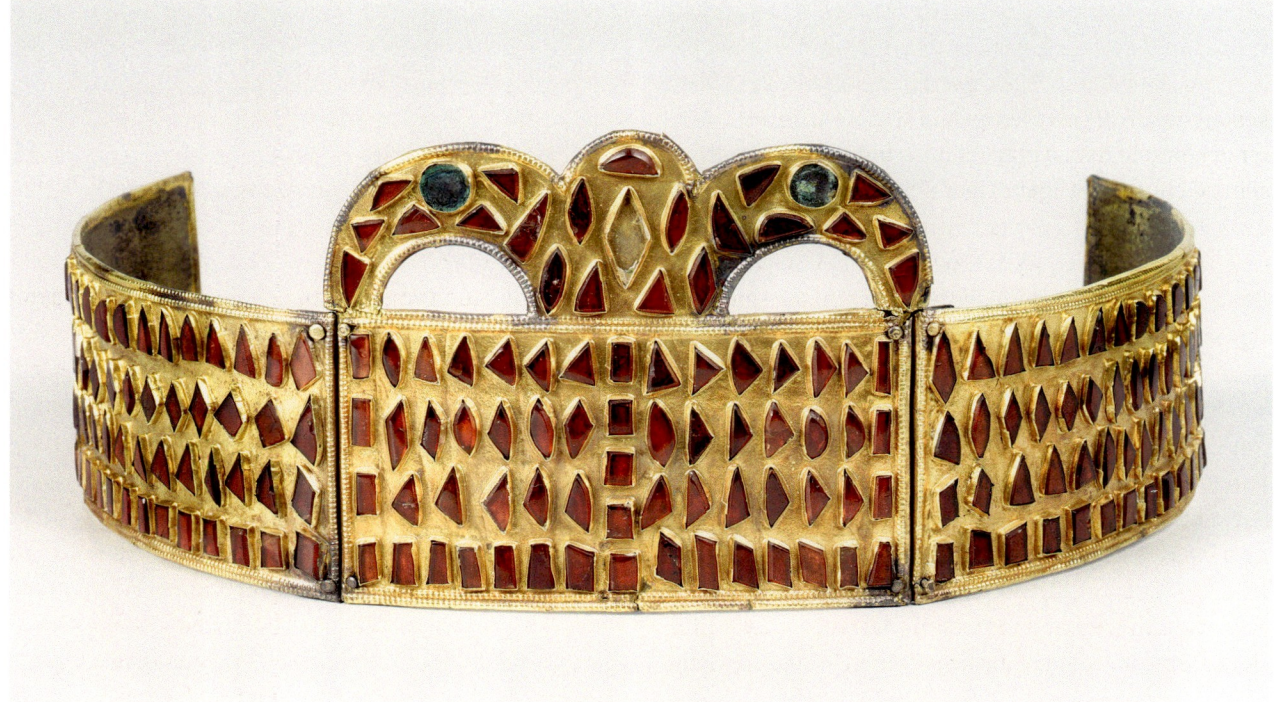

Abb. 4 Das im Römisch-Germanischen Museum Köln verwahrte Diadem, um 400 entstanden, wurde Ende des 19. Jahrhunderts zusammen mit dem Männerschädel in einer Grabkammer am Mithridates-Berg bei Kertsch aufgefunden.

Quellen eine entscheidende Neuordnung des Raums an. Die Küstenzone des nördlichen Schwarzmeergebiets kontrollierte das schwächer werdende christlich geprägte Bosporanische Reich unter seinem letzten König Rheskouporis V. (reg. 324/25–341/43). Nordöstlich des Schwarzen Meers erstreckte sich das Reich der reiternomadischen Alanen. In der Mitte des 4. Jahrhunderts übernahmen die mit den Alanen konkurrierenden Goten schließlich die Herrschaft in den Städten des früheren Bosporanischen Reichs, besiedelten die Krim und wurden dort mehrheitlich Christen. Sie unterstanden mit den übrigen Krimchristen als eine Eparchie dem Patriarchen von Konstantinopel. Das Machtgefüge änderte sich, als die Hunnen sich um 370 unter König Balamir das Alanenreich einverleibten. Wie stark sich die Schwarzmeer-Goten den Hunnen gegenüber akkulturierten, bleibt ungewiss. Ein Teil war jedenfalls christlich und stadtsässig geprägt.

Wer war der wohl um 400 verstorbene Mann mit dem auffallenden Schädel, der in einer persönlichen Beziehung zu der in der Grabkammer mitbestatteten Diademträgerin gestanden haben wird? Die Dame dürfte nach den Untersuchungen von Michael Schmauder als Hunnin zu charakterisieren sein. Der in ihrer Nähe bestattete Mann mit dem deformierten Schädel hatte – soweit die Untersuchung der Grabkammer richtig überliefert ist – keine Beigaben. Er kann ein hochrangiger Hunne gewesen sein, der aus dem ersten Herkunftsraum in Turkestan gebürtig gewesen sein und in Kertsch als Eroberer geherrscht haben mag. Ebenso möglich ist aber auch seine Geburt als Angehöriger der Führungsschicht aus dem Herkunftsgebiet der europäischen Hunnen nördlich des Schwarzen Meers zwischen Don und Wolga. Dort ist aber auch mit Alanen zu rechnen, die sich in ihren Sitten an die Hunnen anglichen. Schließlich kann es sich um einen Angehörigen einer schon länger nah am Schwarzen Meer ansässigen, also indigenen Familie mit elitärem reiternomadischem Hintergrund gehandelt haben, die man sarmatisch nennen könnte. Nicht auszuschließen wäre auch, dass eine in der heutigen Ukraine oder in Rumänien lebende vornehme gotische Familie in der Mitte des 4. Jahrhunderts den nördlich des Schwarzen Meers immer wichtiger werdenden Reiternomaden zum Bündnisausdruck einen Sprössling übereignet hatte.

Abb. 5 Burgweinting, Grab 10254, eine provinzialrömische Peltafibel mit latènoider Ornamentik.

Als Beispiel für einen deformierten Schädel aus Mitteleuropa sei hier derjenige einer matur verstorbenen Frau aufgeführt, die auf einem kleinen Gräberfeld in Burgweinting (Nordwest II, 15 Individuen) nahe Regensburg 2008/09 entdeckt wurde. Das Gräberfeld kann archäologisch zwischen das mittlere Drittel des 5. Jahrhunderts und das frühe 6. Jahrhundert datiert werden. Die Frau war wahrscheinlich in einem Baumsarg beigesetzt worden. Unter der rechten Hand fand sich eine ursprünglich versilberte Peltafibel (Abb. 5). Hierbei handelt es sich um ein römisches Altstück. Aus ihrer Lage ist zu schließen, dass sie wohl als Talisman an einem Beutel am Gürtel verwahrt war.

Fremd oder einheimisch?
Was können die Naturwissenschaften beitragen?

In der modernen Anthropologie kommen naturwissenschaftliche Methoden zum Einsatz, die gegebenenfalls Aufschluss über das Migrationsverhalten von Einzelpersonen oder auch von ganzen Gruppen geben können.[4] Da die Anthropologie auf der Analyse menschlicher Skelettfunde basiert, bietet sie einen eigenen und nicht durch kulturelle Aspekte überlagerten Zugang zur individuellen Vergangenheit eines Menschen.

Isotopenanalysen
Geht es um die Frage nach Einwanderung, gilt meist die Isotopenanalyse des Elements Strontium als Methode der Wahl. Sie ermöglicht allerdings nur unter bestimmten Umständen die Identifizierung von ortsfremden, also eingewanderten Menschen und basiert auf recht

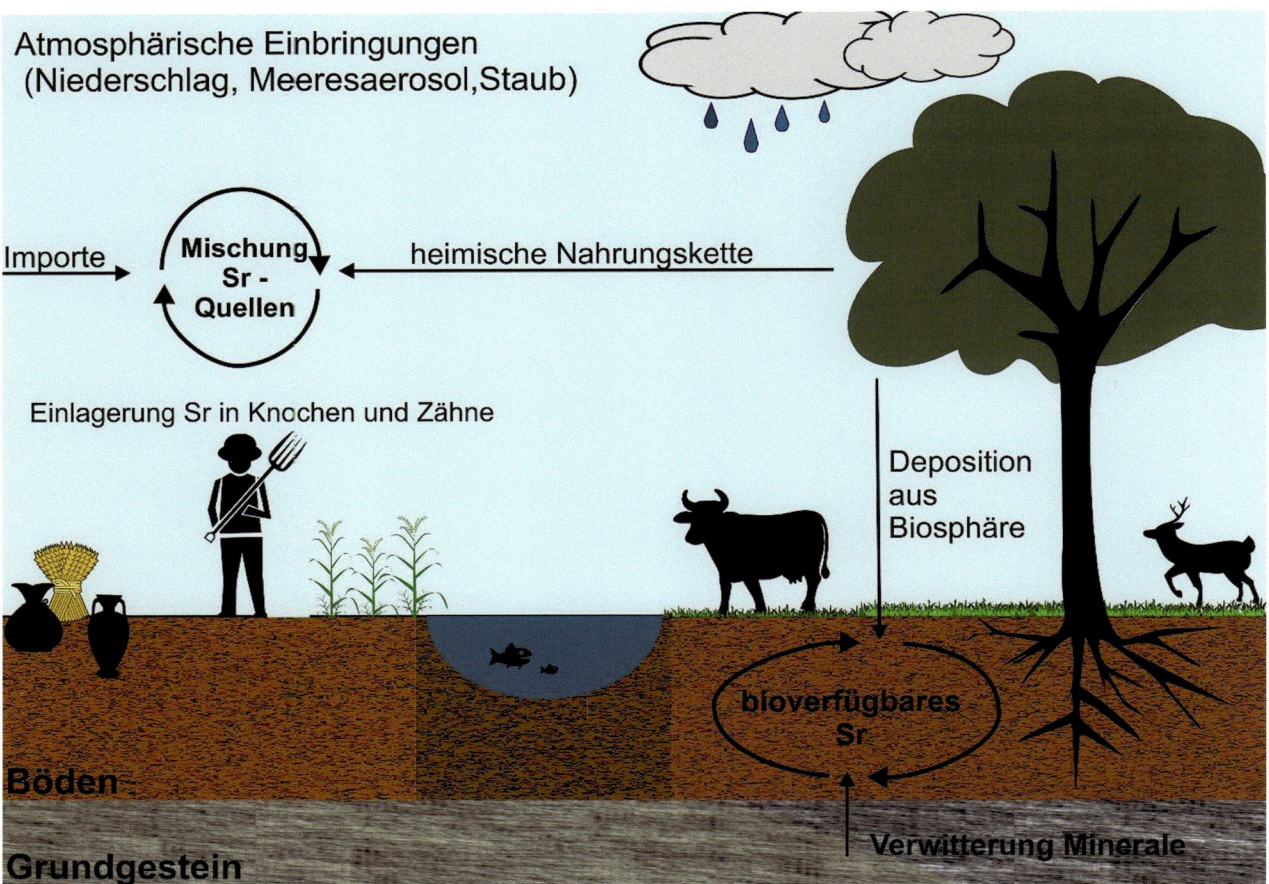

Abb. 6 Strontium-Kreislauf. Das sogenannte bioverfügbare Strontium (Sr) ist eine Mischung aus Sr, das durch die Verwitterung des Grundgesteins in die Böden gelangt, und demjenigen, das aus der Biosphäre (Pflanzen, Tiere, Niederschlag) wieder in die Böden gelangt. Dieses bioverfügbare Sr gelangt aus den Böden über die Pflanzen wieder in die heimische Nahrungskette und damit auch in die Nahrung des Menschen. Allerdings verwittern verschiedene Bestandteile des geologischen Untergrundes unterschiedlich schnell, wodurch sich das bioverfügbare Sr-Isotopenverhältnis im Boden von dem des Grundgesteins unterscheiden kann. Hinzu kommt, dass das Sr-Isotopensignal im Skelett auch durch atmosphärische Sr-Einträge oder importierte Nahrung beeinflusst wird.

einfachen Grundüberlegungen, die allerdings durch eine Reihe von Faktoren verkompliziert werden können (s. Abb. 6).

Die Komplexität und die Schwierigkeiten einer solchen Isotopenanalyse seien an dem Gräberfeld von Burgweinting Nordwest II dargestellt (Abb. 7), in dem die Dame mit dem deformierten Schädel gefunden wurde. Als erste Hinweise auf die lokale Isotopie kann man sich die örtliche Geologie vor Augen führen. Hier, südlich der Donau, stehen kalkhaltige Lößböden an, bei denen häufig Strontiumwerte bis maximal 0,71 angenommen werden. Wie in der Abbildung zu sehen, liegen die meisten aus Zahnschmelz gemessenen Werte der Individuen aus Burgweinting über diesem Wert. Das Signal im Zahnschmelz wird in der Kindheit angelegt und dort konserviert. Für den recht hohen Wert kann es zwei Ursachen geben: Zum einen könnten alle diese Individuen in die Region eingewandert sein, zum anderen könnte das als lokal anzunehmende Strontiumisotopensignal in dieser Population durch einen der in Abbildung 6 dargestellten Einflussfaktoren erhöht sein.

Um weitere Hinweise auf den lokalen Bereich zu bekommen, wurden Strontiumisotopien aus Knochen gemessen, die eigentlich das Signal der letzten Lebensjahre vor dem Tod widerspiegeln. Diese Werte liegen deutlich unterhalb derjenigen des Hauptteils der Population, was für die Einwanderungsthese sprechen würde. Eine endgültige Lösung bieten diese Analysen aber nicht, denn Knochen ist sehr anfällig für Kontaminationen, so dass zumeist davon ausgegangen wird, dass es sich bei den im Knochen gemessenen Signalen um Bodenwerte handelt.

Daher wurde zusätzlich der Isotopenwert aus dem Zahnschmelz eines Schweinezahnes, der ebenfalls in Burgweinting gefunden wurde, bestimmt, der wiederum im

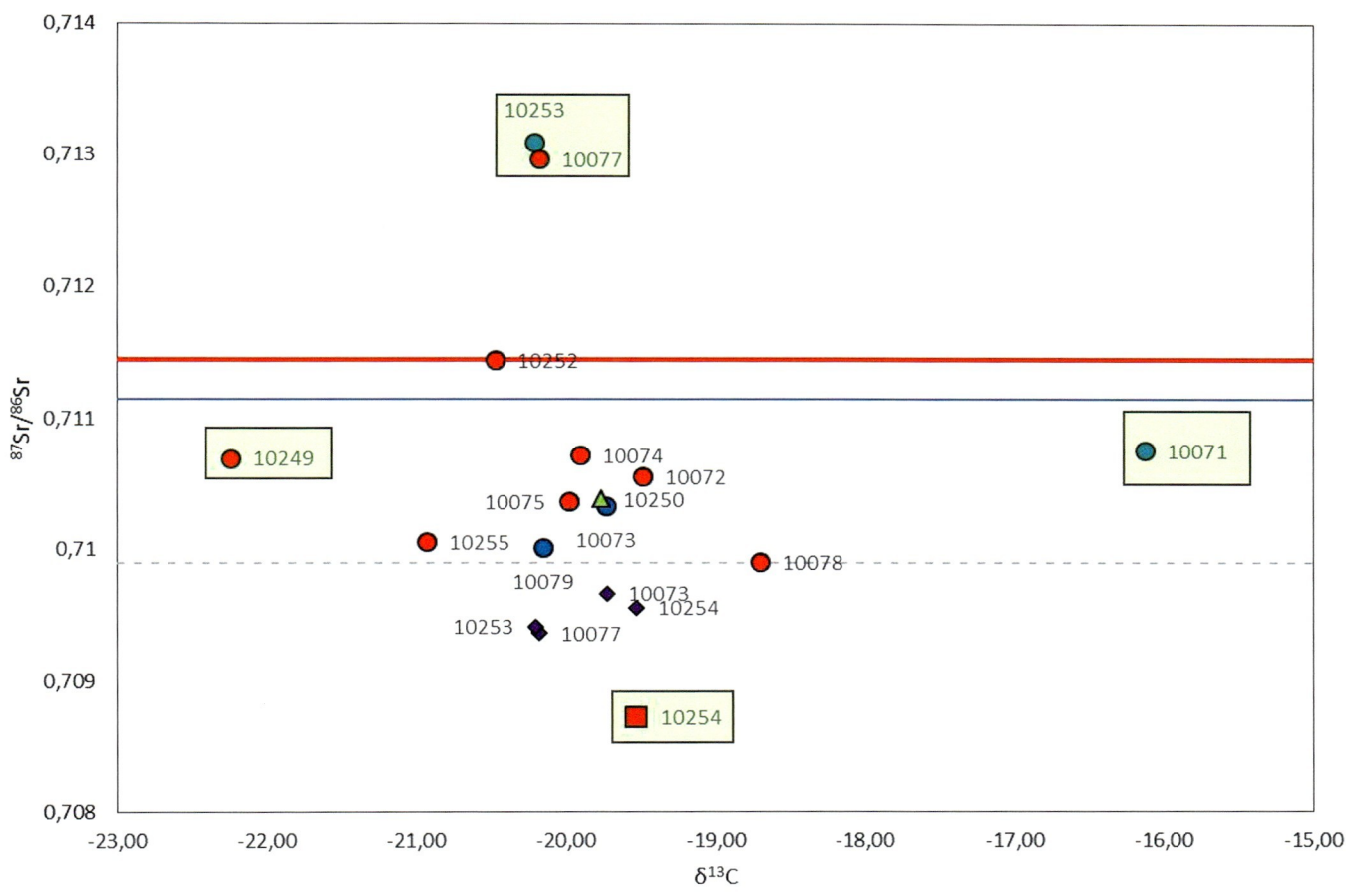

Abb. 7 Isotopenanalyse von Burgweinting Nordwest II. Die Abbildung zeigt die gemessenen $^{87}Sr/^{86}Sr$-Werte. Zahnschmelzproben sind folgendermaßen symbolisiert: rote Kreise für Frauen, blaue Kreise für Männer, grünes Dreieck für ein Kind und ein rotes Rechteck für die Dame mit dem künstlich deformierten Schädel. Knochenproben sind mit violetten Rauten dargestellt. Alle Werte sind gegen die $\delta^{13}C$-Werte aus Knochenproben der jeweiligen Bestatteten aufgetragen. Die rote Linie kennzeichnet den $^{87}Sr/^{86}Sr$-Wert, der die obere Grenze der Variation der Hauptgruppe darstellt. Die blaue Linie markiert den $^{87}Sr/^{86}Sr$-Wert eines Schweinezahns aus Burgweinting. Die graue gestrichelte Linie zeigt die untere Grenze der Variabilität der Hauptgruppe. Die Individuen, die durch grüne Rechtecke markiert sind, unterscheiden sich in jedem Fall vom Hauptteil der restlichen Bestatteten (Daten aus Codreanu-Windauer – Harbeck 2016).

gleichen Bereich wie auch der Hauptteil der menschlichen Zahnschmelzproben liegt. Allerdings – und das ist problematisch – kann man davon ausgehen, dass Schweine zu allen Zeiten auch oft gehandelt wurden und so ebenfalls „migriert" sein könnten. Es kann somit nicht mit Sicherheit davon ausgegangen werden, dass der Wert aus dem Zahnschmelz des Schweines den lokalen Isotopenwert widerspiegelt. Der Fall Burgweinting macht also die Schwierigkeiten der Methode, die hauptsächlich in der Bestimmung der „lokalen Signatur" liegen, recht deutlich.

Trotz dieser momentan nicht lösbaren Unsicherheiten können allerdings die Bestatteten mit den Grabnummern 10253 und 10077 eindeutig als „fremd" bestimmt werden. Ihr Isotopenwert liegt nicht nur deutlich über dem möglicherweise als lokal anzunehmenden Bereich, sondern auch markant über den Werten der übrigen Bestatteten. Diese Individuen wären jedoch nicht als

„fremd" erkannt worden, hätte man sich nicht der Strontiumisotopenanalyse bedient. Die Methode kann also auch unter schwiergen Umständen durchaus entscheidend zum Erkenntnisgewinn beitragen. Für die Dame mit dem künstlich deformierten Schädel lässt sich hingegen anhand der Strontiumisotopenwerte keine klare Aussage formulieren. Zwar weist sie einen deutlich niedrigeren Wert auf als alle übrigen Bestatteten, aber dieser ist immer noch im Erwartungsbereich für die Region, in der das Gräberfeld liegt. Dies bedeutet aber nicht, dass man im Umkehrschluss davon ausgehen kann, dass diese Frau lokal war und nicht eingewandert ist. Die Strontiumisotopenwerte der meisten Regionen dieser Erde sind alles andere als einzigartig. Dementsprechend können sich unter Menschen mit einem vermeintlich lokalen Signal durchaus Einwanderer aus einer Region mit einem ähnlichen Strontiumisotopenverhältnis befinden.[5]

Abb. 8 (rechte Seite) Hauptkomponentenanalyse der DNS-Ergebnisse zu deformierten Schädeln aus Bayern (verändert nach Veeramah u. a. 2018). Die modernen Vergleichsdaten spiegeln die Europakarte wider. Jeder farbige Punkt entspricht dabei einem Individuum, die Farbgebung korreliert mit der Nationalität. Einige Beispiele: ES (Spanien, dunkelblau) und PT (Portugal, grün) liegen beide mittig am linken Rand der Abbildung, während Italien (IT, hellblau) sich „östlich" davon mittig im unteren Bereich befindet, noch weiter „östlich" sind Griechenland (GR, helleres Blau) und die Türkei (TR, hellgrün). Deutschland (DE, gelb) ist analog zur Europakarte oben mittig zu finden. Die in der Studie untersuchten historischen Proben sind durch ♀ für weibliche Individuen und ♂ für männliche Individuen gekennzeichnet, blaue Färbung steht dabei für Individuen ohne Schädeldeformation, grüne für Individuen mit nicht eindeutig einzuordnenden Schädelformen, rote für Individuen mit eindeutig künstlich deformierten Schädeln. Zudem sind Vergleichsproben aus nicht-bayerischen Fundplätzen eingezeichnet: PR zeigt Proben aus Pokrowka in Südrussland, VIM einen künstlich deformierten Schädel aus Viminacium in Serbien, KER den künstlich deformierten Schädel aus Kertsch und FN ein Individuum aus dem spätrömischen Gräberfeld von Freiham-Nord in München. Die beiden hier ausführlich behandelten Individuen aus Burgweinting und Kertsch sind in der Abbildung durch rote Kreise und zusätzliche Beschriftung deutlich hervorgehoben.

Zusätzlich zur Strontiumisotopenanalyse besteht die Möglichkeit, weitere Isotopensysteme wie das des Sauerstoffs, des Bleis oder auch von Stickstoff und Kohlenstoff am Skelett zu untersuchen. In Abbildung 7 wurden zusätzlich zu den Strontium- die Kohlenstoffisotopenwerte aus Knochenkollagen eingetragen. Kohlenstoffisotopenwerte können Hinweise auf die Ernährung der Individuen und so bei starken Abweichungen gegebenenfalls auch auf Migranten geben (wie z. B. für die Individuen mit den Grabnummern 10071 und 10249 in Abb. 7). Zu bedenken ist allerdings, dass es auch bei der Hinzuziehung weiterer Systeme niemals mit letzter Sicherheit möglich sein wird, Migrationsereignisse für einzelne Individuen auszuschließen oder Herkunftsregionen festzulegen, diese können damit nur wahrscheinlicher gemacht werden.

Paläogenetik

Während Isotopenanalysen also in einem gewissen Rahmen Aussagen zur geologischen beziehungsweise ökologischen Herkunft eines Individuums zulassen, zielen molekulargenetische Analysen auf die genetische Abstammung sowie die genetische Vielfalt einer Bevölkerung. Lange Zeit war die nur mütterlich vererbte mitochondriale DNS die am meisten genutzte Quelle für eine solche Analyse, da diese in alten Skelettfunden zumeist noch wesentlich besser erhalten ist als die DNS des Zellkerns, die von beiden Eltern stammt. Erst in den letzten Jahren ist es durch enorme technologische Fortschritte im Bereich der DNS-Analytik möglich geworden, weit umfassendere Datensätze auch aus der DNS des Zellkerns zu produzieren. Mithilfe des sogenannten *Next Generation Sequencing* können nun mehrere Millionen Merkmale des Erbguts eines Menschen beziehungsweise seiner Überreste gleichzeitig untersucht werden.

Es ist so nun auch bei Skelettmaterial möglich, mittels „neutraler Marker" Hinweise auf die geographische(n) Herkunftsregion(en) eines Individuums zu erhalten. Menschen unterscheiden sich in der regionalen Verteilung und Zusammensetzung dieser Marker weltweit. So sind sich Personen, die auch räumlich nahe beieinander leben, genetisch häufig ähnlicher als Personen, die weiter entfernt voneinander leben – weil die Wahrscheinlichkeit größer ist, dass sich Personen, die in einem bestimmten Gebiet leben und häufig auch eine Kultur und Sprache teilen, eher miteinander fortpflanzen als mit Personen, die weiter entfernt leben und womöglich eine andere Sprache sprechen et cetera.

So kann man auch zeigen, dass die genetischen Daten von modernen Europäern, wenn man sie nach einem speziellen Analyseverfahren (sogenannte Hauptkomponentenanalyse) gegeneinander aufträgt, im Wesentlichen die Geographie Europas widerspiegeln (Abb. 8). Diesen Umstand kann man sich zunutze machen, will man anhand der genetischen Marker eine wahrscheinliche geographische Herkunftspopulation für Individuen bestimmen.

Unlängst wurde von Veeramah u. a. (2018) eine Reihe von Individuen mit deformierten Schädeln, die um 500 datieren, erstmalig eingehend mittels dieser Marker genetisch analysiert. Teil dieser Untersuchung war auch die Burgweintinger Dame. Von ihr war in vorherigen Untersuchungen schon die mitochondriale DNS analysiert worden – mit erstaunlichem Ergebnis: Der mitochondriale DNS-Typ dieser Frau ist heute nur noch in Asien zu finden. Betrachtete man also nur dieses Bruchstück der DNS, läge es nahe anzunehmen, dass die Frau aus dem asiatischen Raum stammt. Die neuen Analysen zeigen allerdings deutlich, dass dies ein Fehlschluss gewesen wäre: Untersucht man auch die wesentlich aussagekräftigeren Merkmale der Kern-DNS des Individuums, stellt man fest, dass die Dame aus Burgweinting eher genetische Ähnlichkeiten zu Bewohnern des heutigen Südeuropas aufweist als zu asiatischen Populationen (Abb. 8).

Dieser scheinbare Widerspruch lässt sich durch die Art der Vererbung der verschiedenen untersuchten Marker erklären. Die mitochondriale DNS wird ausschließlich entlang einer mütterlichen Linie von Generation zu Generation vererbt. Das wiederum bedeutet, dass man mit diesem Marker – in Abhängigkeit davon, wie viele Generationen man zurückgeht – die genetische Herkunft anhand nur einer Ahnenlinie von mehreren Hundert oder gar Tausenden Vorfahren betrachtet. Im Gegensatz dazu spiegeln die neutralen Marker, die im *Next Generation Sequencing*-Verfahren untersucht werden, eine Mischung der genetischen Vielfalt aller Vorfahren eines Individuums wider. Man erkennt an diesem Beispiel gut, dass Analysen die ausschließlich auf mitochondrialer DNS beruhen, kritisch zu bewerten sind.

Der Mann mit Schädeldeformation aus Kertsch zeigt genetisch eine starke Ähnlichkeit mit heutigen Bewohnern der südlichen Türkei beziehungsweise des Mittelmeerraums (Abb. 8). Was genau bedeutet das aber? Um dies zu beurteilen, muss man berücksichtigen, dass solche Ähnlichkeiten mithilfe von Referenzdatenbanken, bestehend aus genetischen Profilen von Menschen unterschiedlicher Regionen, ermittelt werden. Im Falle des Mannes aus Kertsch heißt dieses Ergebnis also nicht, dass er zwingend türkischer Herkunft ist, sondern nur, dass er den aus der Türkei stammenden Referenzdaten in der Datenbank am ähnlichsten ist. Da die Analyseprogramme nur aus den Individuen oder Populationen wählen können, die man als Referenzen zur Verfügung stellt, hängt die Aussagekraft und geographische Auflösung solcher Analysen sehr stark von den ausgesuchten Referenzen ab. Es kann also durchaus sein, dass der Mann einer anderen Population ähnlicher wäre, die allerdings momentan noch nicht so gut genetisch charakterisiert ist. Derzeit laufen international diverse Projekte, die eine Erfassung der weltweiten Variabilität anstreben und damit möglichst viele geographische Regionen abbilden wollen, so dass die Aussagekraft solcher Modelle zukünftig sicherlich zunehmend besser werden wird. Das zweite Problem bei dieser Art der Analyse hängt mit dem Alter der untersuchten Proben zusammen. Für alle Modelle werden historische Individuen mit der modernen Verteilung der genetischen Variabilität verglichen. Dabei kann jedoch nicht mit Sicherheit angenommen werden, dass diese Verteilung über die Jahrhunderte oder gar Jahrtausende konstant geblieben ist. Eine geographische Zuordnung historischer Proben muss daher immer in dem Bewusstsein vorgenommen werden, dass es hier eventuell Verschiebungen im Verlauf der Geschichte gegeben haben könnte.

Auch dies wird sich gewiss in Zukunft verbessern, weil zunehmend mehr genetische Daten historischer Individuen zur Verfügung stehen, aus denen auch historische Referenzdatenbänke erstellt werden können. Im Falle des Kertscher Schädels muss man berücksichtigen, dass auch die heutigen Türken genetisch eine Mischung aus asiatischen und südeuropäischen Anteilen sind. Insofern könnte die Krim populationsgeschichtlich ähnlichen Einflüssen unterlegen haben wie die heutige Türkei.

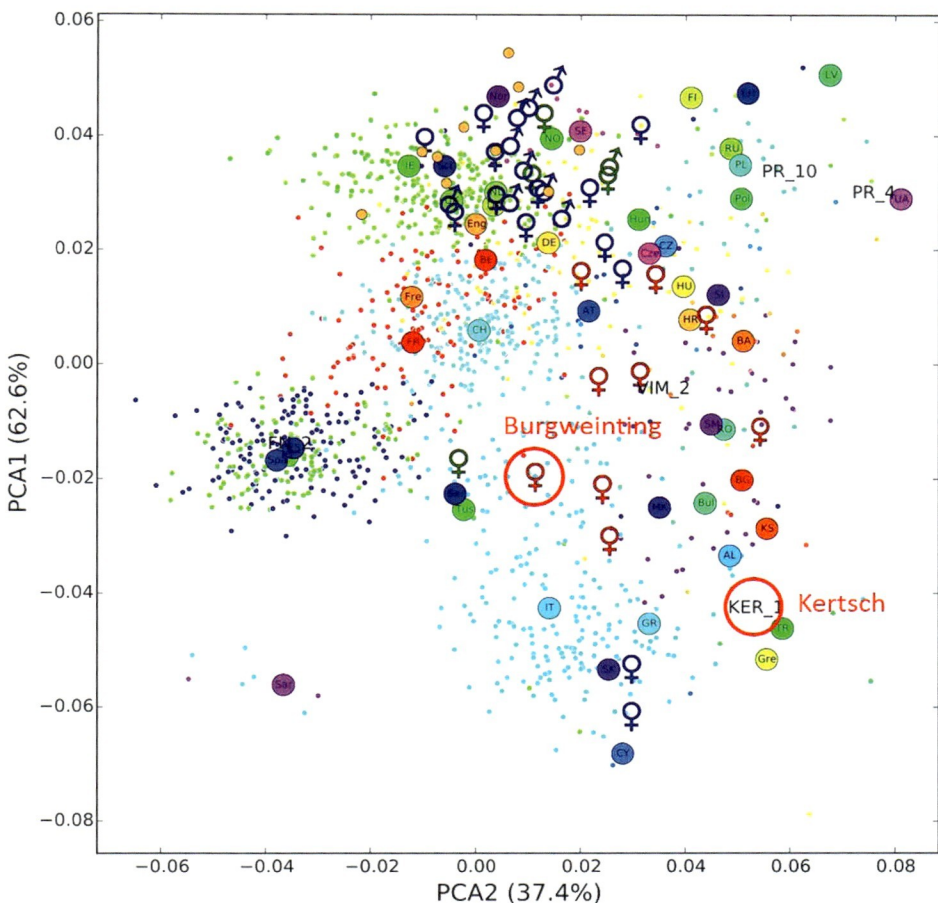

Vom Einzelfall zur Rekonstruktion der Vergangenheit

Neben der Frage nach fremd oder einheimisch können anthropologische Analysen noch eine Vielzahl weiterer Informationen über verstorbene Individuen liefern (Abb. 9). Die Stärke von naturwissenschaftlichen Analysen in archäologischen/historischen Kontexten liegt allerdings weniger in der Beleuchtung des Einzelfalls, als vielmehr in ihrer Anwendung auf gut formulierte Fragestellungen unter Berücksichtigung einer möglichst großen Anzahl von Individuen. So konnte durch die genetische Analyse von 41 Individuen überwiegend aus dem bayerischen Raum um 500 das Rätsel um die Herkunft der dort gefundenen Frauen mit den deformierten Schädeln ein Stück weit geklärt werden. Während die untersuchten Männer und die überwiegende Anzahl der Frauen ohne Schädeldeformation zumeist eine gemeinsame genetische Abstammung aufwiesen, die den heutigen modernen Nord- und Zentraleuropäern am ähnlichsten ist, unterscheiden sich alle Frauen mit deformierten Schädeln hiervon deutlich (Abb. 8). Sie zeigen nicht nur eine größere genetische Heterogenität, sondern ihre DNS verweist zudem klar auf eine abweichende genetische Herkunft, die eher im südlichen beziehungsweise südöstlichen Europa zu suchen ist. Damit stützen also diese paläogenetischen Untersuchungen auf bemerkenswert eindeutige Weise die aufgestellte Hypothese, dass es sich bei den Frauen mit deformierten Schädeln in Bayern um Zuwanderinnen aus (süd-)östlicheren Gebieten gehandelt hat.

Doch waren sie nun auch tatsächlich Hunninnen? Zunächst ist da wohl der Begriff „Hunnen" zu reflektieren, wie er – letztlich aus der Perspektive des Römischen Reiches – in den wenigen mehr oder weniger zeitgenössischen Schriftquellen gebraucht wird. Unter der Bezeichnung „Hunnen" wurden Menschen sehr unterschiedlicher (genetischer) Herkunft verstanden. Wesentlich für den Zusammenhalt der Hunnen waren statt gemeinsamer genetischer Herkunft wohl eine aus den zentralasiatischen Herkunftsgebieten mitgebrachte, heute nicht mehr existierende Turksprache, ein reiternomadisch geprägter Kulturkern, religiöser Schamanismus und ein bedingungsloses, sakral verankertes Führungsprinzip, das auf militärischen Erfolgen, Unterwerfung, Wertakkumulation und Gabentausch basierte. Die hunnische Herrschaftsausübung funktionierte nicht wie im Römischen Reich über eine nach Provinzen geordnete territoriale Administration, sondern gründete auf direkter

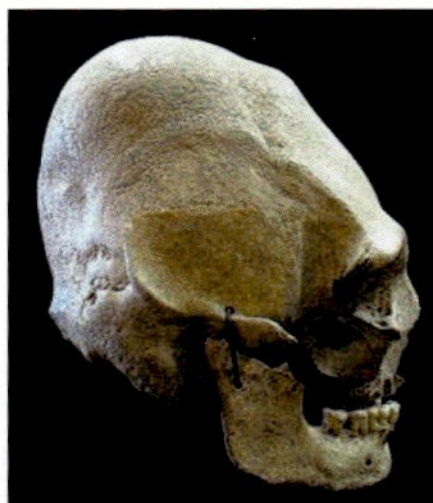

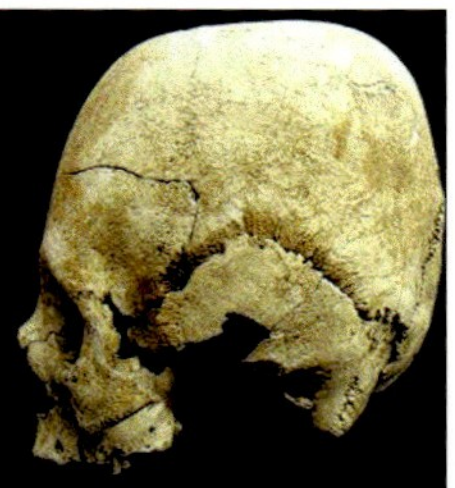

Kertsch	Merkmal	Burgweinting
256–401 nach Christus	¹⁴C - Datierung	388–532 nach Christus
um 400 nach Christus	**Archäologische Datierung**	ca. 450–500 nach Christus
männlich	**Geschlecht**	weiblich
matur	**Sterbealter**	spätadult bis matur
braun	**Augenfarbe**	braun
dunkleres Braun	**Haarfarbe**	helleres Braun
in der Variationsbreite heutiger Europäer, wahrscheinlich dunklere Ausprägung	**Hautfarbe**	in der Variationsbreite heutiger Europäer, wahrscheinlich hellere Ausprägung
Schädeldeformation, nur Schädel überliefert, Verlust zahlreicher Zähne schon zu Lebzeiten	**Morphologischer Befund allgemein**	Schädeldeformation, arthrotisch veränderte Wirbelsäule, relativ viel Kariesbildung
nicht möglich	**Verdau von Milchzucker im Erwachsenenalter**	möglich
wie heutige Europäer	**Fähigkeit zum Alkoholabbau**	wie heutige Europäer
genauso wie der heutige europäische Durchschnitt	**Genetisches Diabetesrisiko**	etwas höher als der heutige europäische Durchschnitt

Abb. 9 Informationen aus verschiedenen naturwissenschaftlichen Analyseverfahren über die Individuen. Anthropologisch-morphologische Analysen sind Grundlage jeglicher Studie von Skelettmaterial (grün hinterlegt), DNS-Analysen vermögen ebenfalls Aussagen zum Erscheinungsbild zu treffen (lila hinterlegt) (Daten aus: Veeramah u. a. 2018).

Herrschaft über Personengruppen, deren wichtigste Anführer sich zeitweise am Hofe Attilas aufhielten. Insofern waren „die Hunnen" im späten 4. und im 5. Jahrhundert sicher kein geschlossener, sondern ein offener Personenverband mit einem definierenden Kernbestand. Im Erfolgsfall versprach die Zugehörigkeit zur Gruppe der Hunnen Macht, Wohlstand und Ansehen. Die prestigeträchtige Zeit Attilas bewirkte eine Übernahme reiternomadischer Sitten bis hin zur Akkulturation.

Diese Ausführungen zeigen, dass die weiblichen Grabfunde mit künstlich deformierten Schädeln in Zentraleuropa im Einzelfall nicht zwingend als „hunnische Frauen" gedeutet werden können. Ihre archäologisch fassbaren Grab- und Beigabensitten sind sehr unterschiedlich. Ebenso überrascht die genetische Vielfalt der nach Bayern eingewanderten Frauen mit Schädeldeformation (Abb. 8). Dies könnte damit erklärt werden, dass sie entweder aus sehr verschiedenen Populationen unterschiedlicher Regionen stammen oder nur aus einer südosteuropäischen Population, die allerdings selbst wiederum aus einem langetablierten Gemisch aus Individuen der unterschiedlichsten Regionen besteht.[6]

---

1   Z. B. Werner 1956.
2   Leider sind allerdings viele Funde auch verschollen und somit für eine Neubegutachtung nicht mehr verfügbar.
3   Schröter 1988; Hakenbeck 2009.
4   Viele der neuen anthropologischen, hier vorgestellten Erkenntnisse zu den artifiziell deformierten Schädeln wurden im Rahmen des Projektes „Deformierte Schädel – Spuren weiblicher Mobilität und multikultureller Gemeinschaften am Anfang Europas?" gewonnen, das dankenswerterweise von der VolkswagenStiftung gefördert wurde und folgende Projektpartner umfasste: Staatssammlung für Anthropologie und Paläoanatomie München (M. Harbeck), Archäologische Staatssammlung München (B. Haas-Gebhard), Arbeitsgruppe Paläogenetik der Universität Mainz (J. Burger) und Historisches Museum der Stadt Regensburg (A. Boos).
5   Ein weit verbreitetes Beispiel hierfür ist die Bestattung 513 aus dem Gräberfeld Altenerding/Klettham. Hierbei handelt es sich um eine Frau mit künstlich deformiertem Schädel, die Isotopenverhältnisse im lokalen Bereich aufwies und daher in unzulässiger Weise als eine genuine Altenerdingerin angesprochen wurde (Schweissing – Grupe 2000).
6   Veeramah u. a. 2018.

MOBILITÄT – MOBIL DURCH DIE JAHRTAUSENDE

Die spätantike Grabgruppe im Kletthamer Feld

Bernd Päffgen, Michaela Harbeck, Harald Krause

Bauarbeiten im Bereich des Gewerbegebiets Erding-West (Bayern) führten 2006 zur archäologischen Untersuchung einer vom ausgehenden 1. bis in das 3. Jahrhundert n. Chr. bewirtschafteten Villa Rustica mit einer jüngeren Grabgruppe. 13 Körpergräber lassen sich von der Mitte des 4. Jahrhunderts bis in das frühere 5. Jahrhundert datieren. Der landwirtschaftliche Gutsbetrieb dürfte in der Spätantike aufgegeben worden oder sehr stark umstrukturiert gewesen sein. Die dort ansässige Gruppe übte wohl eher eine Kontrollfunktion im Gebiet an der Sempt aus. Überraschend ist die geringe Entfernung zum benachbarten frühmittelalterlichen Reihengräberfeld von Altenerding/Klettham, dessen Belegung um die Mitte des 5. Jahrhunderts einsetzt. Im Grab 1703 war ein adult verstorbener Mann bestattet, an dessen rechtem Unterschenkel eine bronzene Zwiebelknopffibel lag (Abb. 3). Solche Fibeln wurden am Mantel als zivile oder militärische Amtsabzeichen getragen. In der kleinen Grabgruppe, die sich durch einen Männerüberschuss auszeichnet, dürfte der Fibelträger eine besondere Stellung innegehabt haben. Drei Frauengräber fallen durch reiche Beigaben, unter anderem sogar goldenen Schmuck, auf.

Die adulte Frau in Grab 1663 trug an jedem Handgelenk Armreife aus Bronze. An der linken Hand befand sich ein rundstabiger Armreif, an der rechten ein Reif aus mehrfach tordierten Bronzedrähten mit aufgeschobenen Manschetten zur Sicherung der Enden. Solche Armringe wurden besonders im mittleren

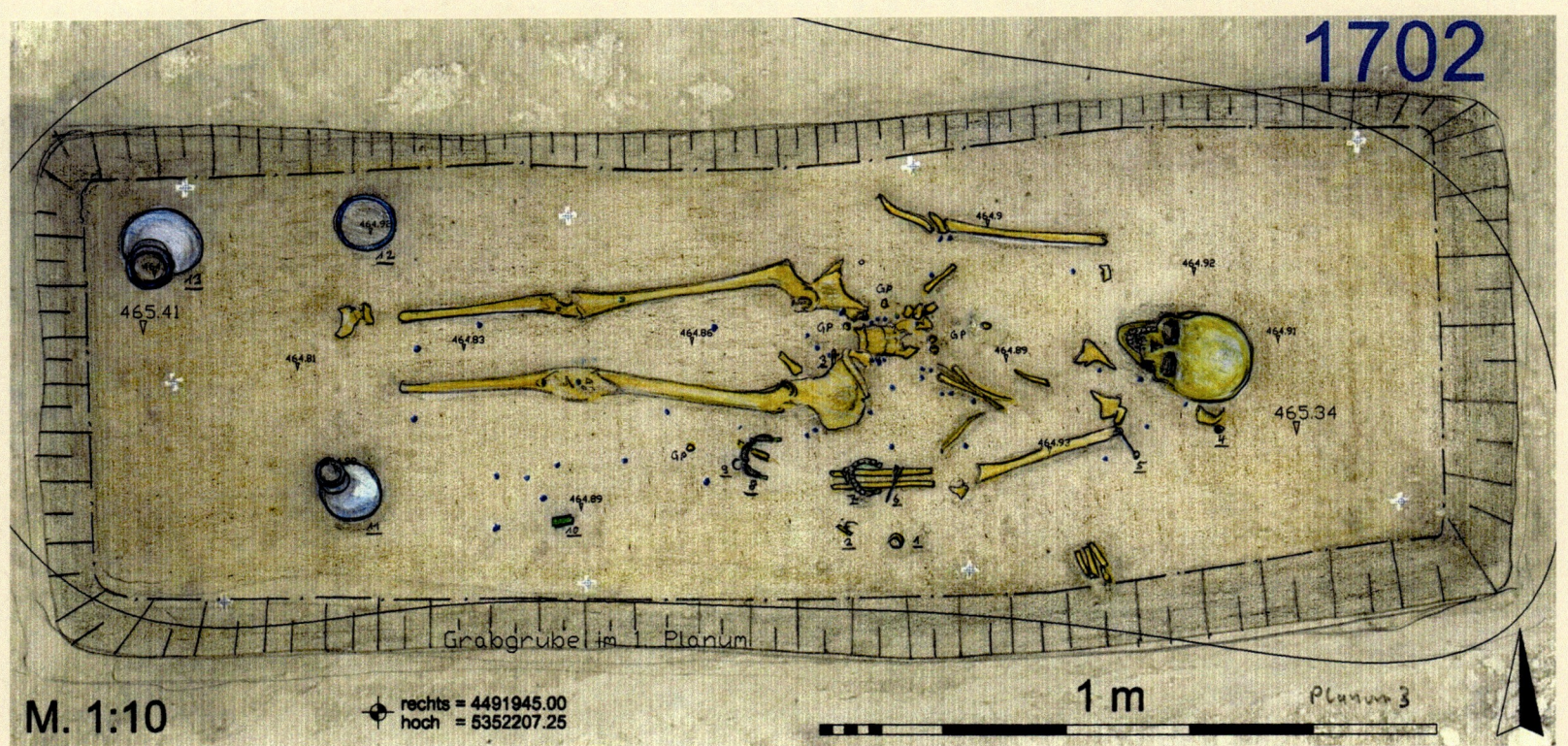

Abb. 1 Frauengrab Befund 1702 im handgezeichneten maßstabsgetreuen Grabplan.

und im letzten Drittel des 4. Jahrhunderts getragen. Der Oberkörper der Bestatteten war gestört. Von der Halskette waren nur noch der bronzene Verschluss unter dem Schädel sowie einige verlagerte blaue Polyederperlen vorhanden. Bei einem verlagerten Handknochen wurde ein bronzener Fingerring gefunden. Ein gläserner sowie ein tönerner Schwarzglanzton-Becher waren im Fußbereich abgestellt.

Grab 1700 barg eine spätmatur bis frühsenil verstorbene Frau, die eine mit einem Lunula-Anhänger aus Gold versehene Halskette aus blauen Glasperlen und zwei Silberblechperlen, ein Armband mit größeren blauen Glasperlen und einen facettierten goldenen Fingerring trug. Bei den Füßen hatte man der Toten drei tönerne Gefäße beigegeben.

In Grab 1702 war eine adulte Frau beigesetzt, die drei wohl mit Trank gefüllte Glasgefäße mit in das Grab bekommen hatte (Abb. 1). Sie trug eine Halskette aus Glas- und Goldperlen sowie zwei Armbänder mit polyedrischen gerippten blauen Glas- oder Gagatperlen (Abb. 2). Auffallend ist die Fibel mit zwei vollplastisch gearbeiteten Tauben. Hinzu kommen zwei silberne Haarnadeln, von denen eine ein handförmiges Ende aufweist. Auch diese Tote trug Goldschmuck: einen zwölffach facettierten Fingerring sowie ein Ohrringpaar.

Umfangreiche naturwissenschaftliche Untersuchungen an der Münchner Universität erbrachten weiterführende Ergebnisse. Die in Grab 1721 bestattete Frau dürfte aufgrund ihrer Kohlenstoffisotopien nicht in Bayern, sondern in einem klimatisch wärmeren Habitat wohl am Mittelmeer aufgewachsen sein. Ortsfremd in Erding war eventuell auch der Mann in Grab 1665, wie sich aus der Strontiumisotopensignatur ergibt. Die übrigen Bestatteten könnten nach den Untersuchungen am in der Kindheit mineralisierten Zahnschmelz in Südbayern geboren worden sein.

Eine einzige Großfamilie, wie man sie für einen spätrömischen Villenbetrieb annehmen würde, kann ausgeschlossen werden. Vereinzelt lassen sich jedoch familiäre Beziehungen nachweisen. Der den Strontiumanalysen zufolge möglicherweise ortsfremde Mann hatte einen in Südbayern aufgewachsenen jüngeren Bruder in Grab 1772. Zwei weitere Brüder waren in der Grabgruppe nachweisbar (Gräber 1664 und 1704). Die mit Beigaben bestattete Frau aus Grab 1663 könnte deren Mutter gewesen sein. Zu den beigabenlosen Männern könnten aufgrund der räumlichen Nachbarschaft dann die in den Gräbern 1700 und 1702 reich bestatteten Frauen als Ehepartner gehört haben.

Literatur
Sofeso u. a. 2012

Abb. 2 Schmuckperlen aus Frauengrab Befund 1702 (rechts: Halskette, links: Armband).

Abb. 3 Die bronzene Zwiebelknopffibel aus dem Männergrab Befund 1703 weist den hier Bestatteten als einen militärischen oder zivilen Funktionsträger aus.

Die „Prinzessin von Profen". Eine quadische Königstochter besiegelt in der Ferne die germanische Bündnispolitik

Harald Meller, Ralf Schwarz

Unter den fast 600 germanischen Urnengräbern, die 2007 im Braunkohletagebau in Profen im südlichen Sachsen-Anhalt geborgen wurden, fand sich auch eines der reichsten Frauengräber der Römischen Kaiserzeit im freien Germanien.

Die Tote trat offenbar umgeben von mehreren römischen Silber- und Bronzegefäßen und auf ein Bärenfell gebettet ihre letzte Reise an. Der Leichenbrand der 30- bis 40-jährigen Frau und die durch das Feuer zerstörten Gefäßfragmente sowie die ebenfalls verbrannte norisch-pannonische Gürteltracht wurden anschließend in einen bronzenen römischen Weinmischkessel mit palmettenförmigen Henkelattaschen gefüllt (Abb. 1a–b). Abgesehen vom Gürtel wurden der Verstorbenen die übrige Trachtausstattung, darunter goldene Halsketten, Armspangen und Fibeln, sowie ein prachtvoller Knochenkamm vor der Einäscherung abgenommen und blieben daher unversehrt. Die beiden feingliedrigen römischen Fuchsschwanzketten mit Anhängern in Form von granulierten Berlocken (Abb. 2) stellen handwerklich herausragende Geschmeide dar. Sie waren ursprünglich mittels zweier goldener Ringe an den beiden Goldfibeln befestigt und wurden eigens für die Deponierung in der Urne sorgfältig geschlossen. Fast alle Schmuckgegenstände des Profener Grabes wurden für spätere germanische Goldschmiedearbeiten stilprägend.

Neben dem besonders hohen Gesamtgewicht des Goldschmuckes von immerhin 394,04 Gramm gibt es weitere Hinweise auf den außergewöhnlichen Status der Verstorbenen. Außer eindeutig römischen Importerzeugnissen sind noch andere Beigaben der Frau aus Profen ganz untypisch für die auf dem Gräberfeld bestatteten elbgermanischen Hermunduren. Insbesondere die Goldfibeln weisen auf die Herkunft der Verstorbenen aus dem vom germanischen Stamm der Quaden besiedelten mittleren Donaugebiet in der Südwestslowakei hin (Abb. 3). Es liegt nahe, dass es sich dabei um Auftragsarbeiten –

Abb. 1a, b Die kostbaren römischen Silber- und Bronzegefäße sowie der norisch-pannonische Gürtel wurden bei der Einäscherung der hochadligen Frau aus Profen mit auf den Scheiterhaufen gelegt. Die Mehrheit der kostbaren Trachtaccessoires hingegen wurde erst danach sorgsam auf dem Leichenbrand in der bronzenen Urne deponiert. Dass die Goldbeigaben nicht weit vom Scheiterhaufen entfernt lagen, zeigen Spritzer flüssigen Silbers auf den Armreifen, das vermutlich von den verbrannten Silbergefäßen stammt.

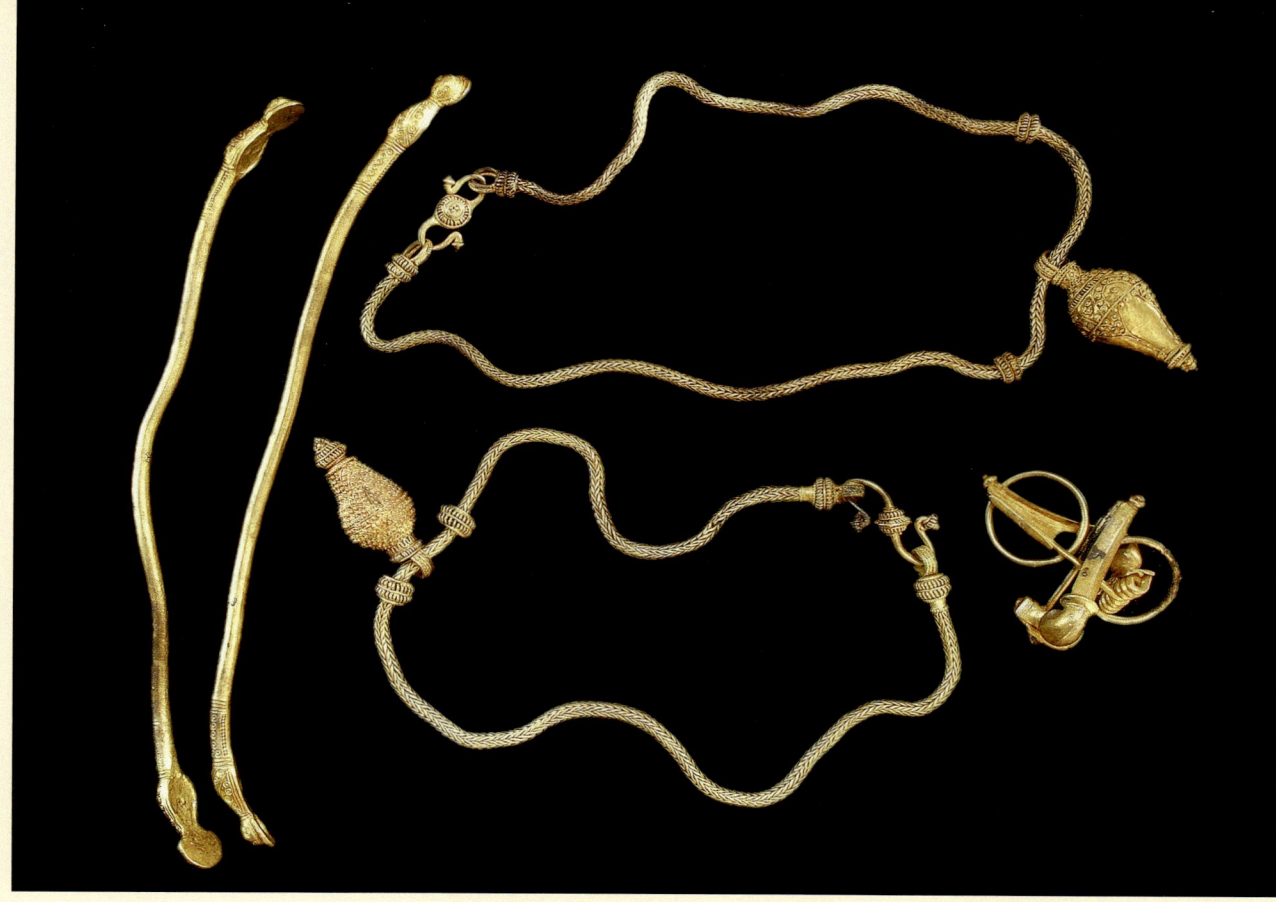

Abb. 2 Goldene Trachtaccessoires der adligen Quadin aus Profen, bestehend aus zwei römischen Fuchsschwanzketten mit germanischen Berlock-Anhängern und Schließhaken. Die goldenen Armreife und Fibeln sind norisch-pannonische Arbeiten nach germanischem Geschmack.

Abb. 3 Verbreitung der germanischen Stämme der Hermunduren (grün) und Quaden (rot) zwischen 15 und 110 n. Chr.

wahrscheinlich aus einer Goldschmiedewerkstatt in Carnuntum bei Wien – für den quadischen Königshof handelt, der bei Zohor an der March vermutet wird.

Die Zusammensetzung der Goldschmuckausstattung lässt sich in Anbetracht des für die Herstellung notwendigen Vermögens an römischen Goldmünzen nur als die Mitgift einer Angehörigen des quadischen Hochadels interpretieren. Indem nun die Fibeln eine Datierung des Grabes in die Jahre zwischen 40 und 65, vermutlich sogar noch präziser in claudische Zeit (41–54) ermöglichen, fällt die „Prinzessin aus Profen" zeitlich in eine Episode intensiver hermundurisch-quadischer Beziehungen. Im Jahr 50 gewährte der in Mitteldeutschland ansässige Hermundurenfürst Vibilius den quadischen Prinzen Vangio und Sido militärische Unterstützung, um deren Onkel Vannius zu stürzen, den die Römer 19 n. Chr. als Klientkönig der Quaden eingesetzt hatten. Dieses Ereignis zeigt, dass nicht nur bei Invasionen in das Römische Reich Bündnisse geschmiedet wurden, sondern dass es auch bei innergermanischen Konflikten Koalitionen auf germanischer Seite gab. Üblicherweise wurden diese Koalitionen durch Gesandtschaften und Heiratsbündnisse bekräftigt. Dies dürfte auch der Grund gewesen sein, weshalb eine quadische Prinzessin sich auf den Weg nach Norden zu einem 600 Kilometer entfernten hermundurischen Königshof begab. Offenbar trat sie die Reise jedoch nicht allein an. Ein bronzenes Fibelpaar in der Urne bezeugt die Anwesenheit einer weiteren fremden Frau. Die Prinzessin und ihre Begleiterin blieben danach bis zu ihrem Lebensende bei den Hermunduren, denn hier, fernab der Heimat, fanden sie gemeinsam ihre letzte Ruhestätte.

Literatur
Meller 2011
Meller – Maraszek – Dozio 2011
Muhl – Schwarz 2018

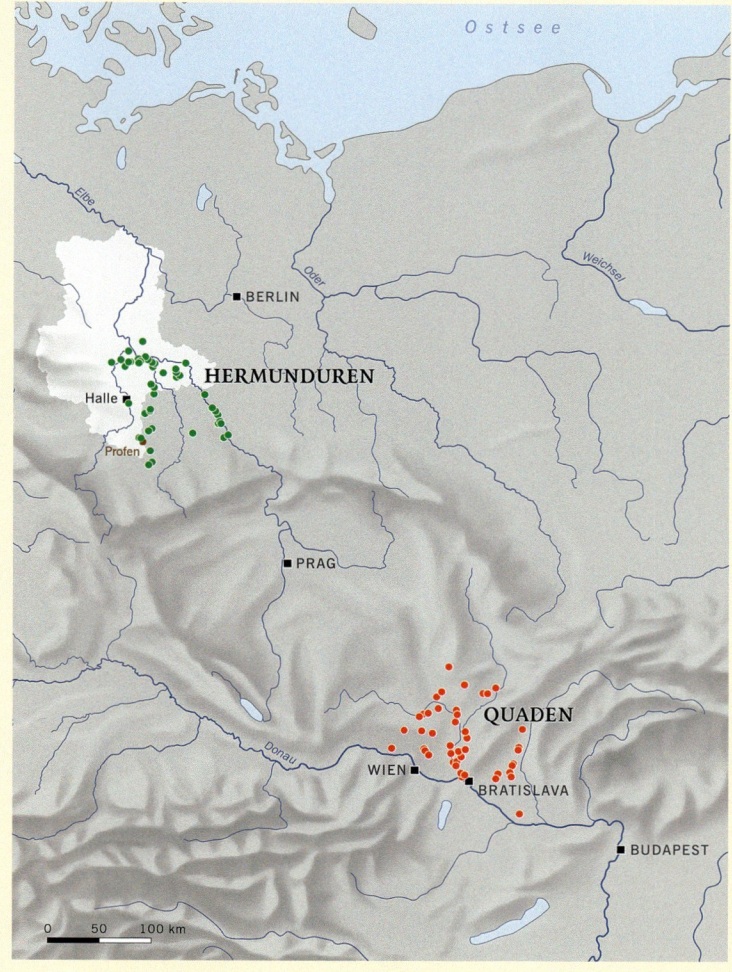

Mobilität im frühen und hohen Mittelalter

Thomas Wetzstein

Mit Mobilität wird für das Mittelalter ein Phänomen bezeichnet, das sich aufgrund grundsätzlich anderer Voraussetzungen maßgeblich von derjenigen moderner Industriegesellschaften unterscheidet. Bei aller Dynamik, die es gerade im Bereich der mittelalterlichen Mobilitätsgeschichte zu berücksichtigen gilt, bleibt Mobilität dabei während des gesamten Mittelalters doch zahlreichen sich nur gering verändernden Bedingungen unterworfen.

So bleibt die Maximalentfernung, die ein Mensch während eines Tages zurücklegen konnte, im Verlauf der ganzen Epoche bei Fortbewegung über Land an das Pferd als schnellstes Reittier gebunden. Sie konnte bei der Möglichkeit eines Pferdewechsels immerhin knapp einhundert Kilometer betragen. Bei der Benutzung eines Schiffes, das unter optimalen Bedingungen auch die Fahrt bei Nacht zuließ, konnten bis zu 150 Kilometer, bei gutem Wind auf hoher See gar 200 Kilometer erreicht werden. Tatsächlich waren die Tagesleistungen jedoch meist geringer: Reiter brachten es in Abhängigkeit von den Bedingungen auf Distanzen zwischen vierzig und siebzig Kilometer an einem Reisetag, doch für größere Gruppen – etwa einen Prälaten oder einen König mit Gefolge – waren solche Tagesstrecken in der Regel unerreichbar. Die meisten Menschen legten in ihrem Leben allerdings nur geringe Entfernungen zurück und waren zu Fuß und in vertrautem Gelände unterwegs, was ihnen bei guten Verhältnissen mit der Möglichkeit der Rückkehr am selben Tag und ohne auswärtige Übernachtung einen Mobilitätsradius von höchstens zwanzig Kilometern ermöglichte.

Unverändert war auch das Verlassen von Siedlungen mit Risiken verknüpft, von denen die Quellen häufig berichten. Verirren in einem undurchdringlichen Wald – eine in Zeiten, die zur Orientierung in unbekanntem Gelände ortskundige Führer, aber keine Karten oder praktisch ausgerichtete Wegbeschreibungen zu bieten hatten, jedem Zeitgenossen bekannte Gefahr – konnte tödlich enden, Überfälle durch Menschen oder Wildtiere waren nicht weniger gefürchtet, und auch in der Natur selbst lauerten für einen Fußgänger auf unbefestigten Wegen zahlreiche Gefahren, die durch Blitzschlag, herabstürzende Äste oder falsche Tritte rasch lebensbedrohlich werden konnten. Schon aufgrund dieser Risiken ließ kaum jemand aus freien Stücken sein sicheres Zuhause ohne triftigen Grund hinter sich, und so war Reisen um des Reisens willen den meisten Menschen dieser Epoche fremd.

Verstehen wir unter Mobilität geographische und somit horizontale Mobilität, so sehen wir uns daher einem Phänomen gegenüber, das meist mit spezifischen Motiven verknüpft war. Schränken wir dabei – auch in Orientierung an modernen Formen der Mobilität – diesen Terminus noch weiter auf temporäre Ortsveränderungen ein und schließen damit langfristige Migrationsbewegungen ebenso aus wie Vertreibung, Versklavung, Heiratsbeziehungen, Adoptionen oder Geiselstellung, aber auch Sonderformen ökonomisch motivierter Mobilität wie Söldnerwesen, Almwirtschaft oder Transhumanz und scheiden wir auch den Fall der Kriegs- und Beutezüge aus, so bleiben bei einem Versuch, Mobilität zu klassifizieren, folgende Formen übrig: Mobilität, die

linke Seite Detail aus Abb. 6.

MOBILITÄT – MOBIL DURCH DIE JAHRTAUSENDE

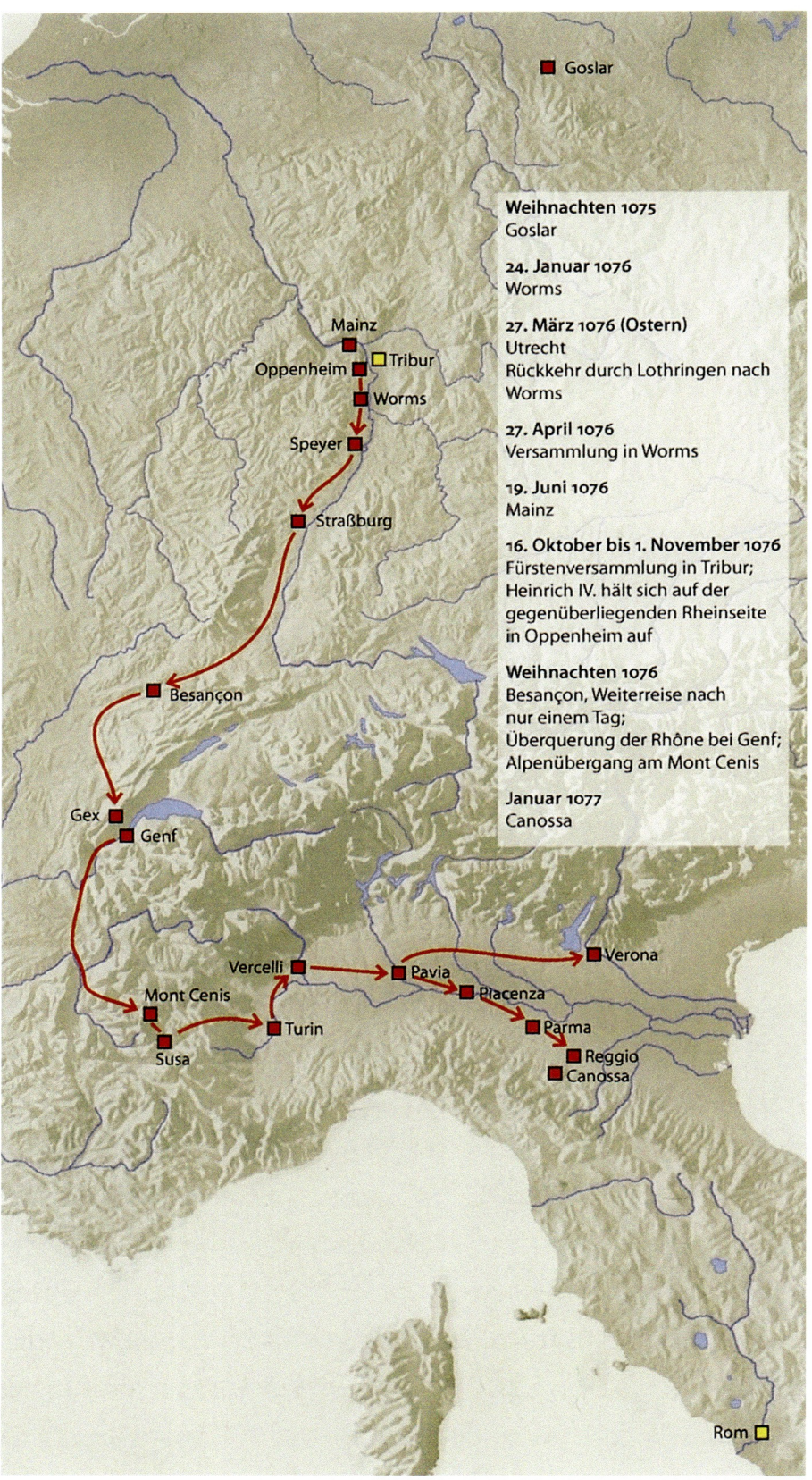

Weihnachten 1075
Goslar

24. Januar 1076
Worms

27. März 1076 (Ostern)
Utrecht
Rückkehr durch Lothringen nach Worms

27. April 1076
Versammlung in Worms

19. Juni 1076
Mainz

16. Oktober bis 1. November 1076
Fürstenversammlung in Tribur; Heinrich IV. hält sich auf der gegenüberliegenden Rheinseite in Oppenheim auf

Weihnachten 1076
Besançon, Weiterreise nach nur einem Tag; Überquerung der Rhône bei Genf; Alpenübergang am Mont Cenis

Januar 1077
Canossa

wirtschaftliche Motive besaß, jene, die mit den spezifisch mittelalterlichen Formen von Verwaltung und Herrschaft in Zusammenhang stand, oder aber Mobilität, die religiös motiviert war. Dabei kommt es durchaus zu Überschneidungen, die in extremen Fällen alle drei Formen gleichzeitig nachweisbar machen, etwa beim keineswegs konstruierten Fall eines Bischofs, der den außerhalb seiner Diözese gelegenen Fernbesitz seines Bistums aufsuchte.

Nicht alle Formen von Mobilität sind dabei gleich gut fassbar, und so ist es sinnvoll, die Typologisierungsansätze mit der Überlieferungslage in Verbindung zu bringen. Die erst seit dem 12. Jahrhundert allmählich schriftkundigen Kaufleute haben etwa bis weit in jenes Jahrhundert kaum eigene schriftliche Quellen hinterlassen. Das Testament eines flämischen Tuchhändlers, der im Jahre 1009 in Barcelona verfügte, seine mitgeführten zwölf Ballen Tuch seien zum Heil seiner Seele an die Armen zu verteilen, ist daher ein frühes, aber nicht eigenhändiges schriftliches Zeugnis für die Handelskontakte zwischen Flandern und Katalonien. Die Wege der Kaufleute lassen sich hingegen häufig nur über eindeutig der Handelstätigkeit zuzuordnende Bodenfunde nachweisen, etwa durch Klappwagen an der Nord- und Ostseeküste, durch Münzen oder Schiffswracks, in denen gelegentlich sogar noch die Ladung enthalten ist, aber auch durch die Reste von Kaufmannssiedlungen oder von Einrichtungen des Fernhandels wie etwa die seit dem 11. Jahrhundert belegten Kaufhäuser (*fondachi*) in den christlichen Küstenstädten des Mittelmeerraums.

Etwas besser steht es um die administrative Mobilität. Seit der Ablösung der Residenzherrschaft durch das Reisekönigtum der Karolingerzeit haben wir uns die Herrscher des Mittelalters in ihrer Mehrzahl als ständig mit einem Tross umherziehende Nomaden vorzustellen, die erst nach und nach und mit großen geographischen Unterschieden, seit dem 12. Jahrhundert etwa zunächst im normannischen England und im französischen Königreich, allmählich zur Sesshaftigkeit und damit zur Residenzherrschaft zurückfanden. Der umherziehende, nicht selten Hundertschaften umfassende Hof wurde so aus den Einkünften des Königsguts und den Unterhaltsansprüchen des Herrschers gegenüber seinen Untertanen versorgt, vor allem aber diente die physische Anwesenheit des von großem Gefolge begleiteten Königs der Sicherung seiner stets fragilen Herrschaft. Die Reisewe-

Mobilität im frühen und hohen Mittelalter

Abb. 2 (links) Itinerar Heinrich IV. in den Jahren 1076/1077.

Abb. 1 Herrscheritinerar Karls des Großen (ohne die östl. Aufenthaltsorte Kaumberg, an der Raabmündung und Steinmanger).

ge der Könige rekonstruiert seit fast zwei Jahrhunderten eine methodisch stetig verfeinerte Itinerarforschung (Abb. 1 und 2), vorwiegend auf der Grundlage der mit Ort und Datum versehenen Urkunden der Herrscher. Die zeitweiligen Aufenthaltsorte der mittelalterlichen Herrscher haben seit der Karolingerzeit in den Pfalzen auch bauliche Zeugnisse hinterlassen, die zunehmend das Interesse der Forschung auf sich ziehen. Könige gehörten jedoch auch zu jener privilegierten Schicht, denen die Aussendung von Beauftragten und Boten möglich war. Seien es die *missi* der Karolinger oder einfache Überbringer der nur teilweise oder überhaupt nicht schriftlich fixierten Botschaften des Königs an Adlige, Bischöfe, Klöster oder Städte – die Kosten dieses an Mobilität geknüpften Kommunikationsmediums waren erheblich und wurden häufig über ein System von räumlichen Stützpunkten abgedeckt.

Den wohl umfassendsten Niederschlag in schriftlichen Quellen fanden schließlich aufgrund des ununterbrochenen Schriftgebrauchs im Christentum Formen religiöser Mobilität. So unterrichten uns erzählende und briefliche Quellen über die christlichen Missionare des Frühmittelalters, die im irischen und angelsächsischen Bereich Heimatlosigkeit als besondere Form der Askese praktizierten und auf dem Kontinent umherziehend die Heilsbotschaft verkündeten. Eigentlich sahen rechtliche und religiöse Vorschriften vor, dass Weltkleriker und Mönche die ihnen zugewiesenen Orte nicht verließen. Verschiedenste Gründe führten jedoch in der Praxis dazu, dass wir in den mittelalterlichen Klerikern eine im Vergleich zur übrigen Bevölkerung bemerkenswert mobile Elite zu sehen haben, und nicht zufällig verdanken wir gerade ihnen daher eine nicht unbeträchtliche Zahl von gelegentlich in Briefform erhaltenen Reiseberichten. Weil jedoch klerikale Mobilität in der hierarchisch verfassten lateinischen Christenheit eine Ausnahme darstellen sollte, war sie an schriftliche Genehmigungen des jeweiligen Oberen gebunden, die sich, zwar selten im ursprünglichen Original, dafür aber durchaus als Teil von Briefsammlungen oder in Formelbüchern, erhalten haben. Auch die Mobilität der kirchlichen Amtsträger selbst hat zumindest gelegentlich schriftliche Spuren hinterlassen: Wo die Bischöfe herstammten, die eine Synode besuchten, ist häufig den Synodalakten zu entnehmen, und der Besuch eines königlichen Hoftags lässt sich vielfach den Zeugenlisten der bei diesem Anlass ergangenen Urkunden entnehmen. Aus den Jahren 1203 und 1204 sind uns gar die Reiseabrechnungen des Regensburger Bischofs Wolfger von Erla überliefert, die uns in großer Plastizität die Bedingungen und die großen Kosten statuskonformen Reisens vor Augen führen. Bereiste ein Bischof im Rahmen einer Visitation seine Diözese, so haben sich gelegentlich Visitationsakten erhalten. Die seit der Kirchenreform immer häufigeren Reisen der Bischöfe zum Papst oder zu einem von diesem einberufenen Konzil gehören seit der Mitte des 11. Jahrhunderts ebenfalls zum Spektrum klerikaler Mobilität. Sie sind über Briefe, Urkunden und erzählende Quellen – nicht zuletzt dank der insgesamt wachsenden Schriftlichkeit – einigermaßen gut dokumentiert. Die Kirchenreform brachte es mit sich, dass sich auch das Verhältnis der Päpste zum Raum der Christenheit grundlegend wandelte und sie, wohl in Anlehnung an die bischöfliche Visitation, den als ihren Sprengel betrachteten *orbis* der lateinischen Christenheit für einige Jahrzehnte zunächst selbst bereisten und anschließend, vermehrt seit dem 12. Jahrhundert, Legaten mit dieser Aufgabe betrauten. Die neuartigen Papstreisen, die durch das heutige Italien ins heutige Frankreich und ins Heilige Römische Reich führten, wurden von Zeitgenossen mit großer Aufmerksamkeit bedacht und sind damit außer in den Papsturkunden auch in erzählenden Quellen nachvollziehbar. Auch die Legaten haben Urkunden ausgestellt, aber bereits ihre Tätigkeit auf der Grundlage eines immer häufiger schriftlich abgefassten Mandats mit der genauen Angabe ihres Legationsgebiets ausgeübt. Auch dem klösterlichen Bereich verdanken wir mobilitätsgeschichtlich relevante schriftliche Informationen. Sie belegen schon früh Bibliotheksreisen oder stehen mit dem Tausch oder der Ausleihe von Büchern in Zusammenhang und sind in Briefsammlungen seit der Karolingerzeit überliefert. Ein eindrückliches schriftliches Zeugnis monastischer Mobilität sind die Totenroteln. Sie gehören in den Bereich der klösterlichen Gedenküberlieferung und gelangten wohl durch die Mission des Bonifatius während des 8. Jahrhunderts auf den Kontinent, wo sie ab der Mitte des 11. Jahrhunderts dann in größerer Zahl nachweisbar sind. Nach dem Tod eines bedeutenden Mitglieds bat der Konvent andere Klöster um das fürbittende Gebet für den Verstorbenen, indem er einen Rotelboten mit einer entsprechenden kurzen Notiz aussandte. Die vom Boten besuchten Klöster, die in Einzelfällen die Hundert weit überschreiten konnten, zeichneten ihrerseits den Empfang unter Anfügung eines kurzen eigenen Kommentars ab. Diese Einträge ließen die Rotuli, die aus aneinandergefügten Pergamentblättern bestanden, gelegentlich bis zu einer Länge von dreißig Metern anwachsen. Sie lassen es zu, den Weg des Rotelboten genau zu rekonstruieren. Gelegentlich folgten deren Routen offensichtlich gängigen Handelswegen, manches Mal aber lässt sich keine plausible Erklärung für die Abfolge der Klöster finden. Die Totenrotel für den Stifter Wifred von Cerdaña legte nach seinem Tod im Kloster Saint-Martin du Canigou zwischen März und Dezember 1051 nicht weniger als 3800 Kilometer zurück und führte über Tours und Paris bis nach Maastricht und Aachen (Abb. 3).

Eine gänzlich neue Bedeutung erhielt Mobilität schließlich für den ersten mittelalterlichen Orden: Die Zisterzienser sahen sich zur Wahrung ihrer spezifischen Identität, die sich auf die als einzig richtig verstandene Auslegung der Benediktsregel gründete, auf diesbezügliche absolute Einheitlichkeit angewiesen. Dies sollte seit der blitzartigen Ausbreitung des Zisterzienserordens, der wenige Jahrzehnte nach seiner Gründung um die Mitte des 12. Jahrhunderts bereits in ganz Lateineuropa vertreten war, durch ein jährliches Generalkapitel aller Äbte im burgundischen Cîteaux wie auch durch die Visitation aller von einem der fünf Mutterklöster begründeten Filialklöster durch den Abt des Gründungsklosters bewerkstelligt werden. Permanente Mobilität der Äbte wurde somit zum Markenzeichen gerade jenes Ordens, welcher der Benediktsregel mit ihrer Forderung der *stabilitas loci* zu neuer Geltung verhelfen wollte. Dabei spielte die Verteilung der Zisterzienserkonvente über die lateinische Christenheit eine nicht unerhebliche Rolle, ermöglichte dieses enge Netz von Stationen den reisenden Zisterziensern doch gute Orientierung, vor allem aber eine erhebliche Senkung der Reisekosten. Während allerdings die anfangs freilich äußerst knappen Protokolle der Generalkapitel seit 1136 erhalten sind und gelegentlich die immensen praktischen Probleme einer solch exzessiven institutionalisierten Mobilität erkennen lassen, ist die ursprünglich schriftlich protokollierte intensive Visitationspraxis im Zisterzienserorden bis ins späte Mittelalter weitgehend verloren. Meist mittelbare schriftliche Zeugnisse hat hingegen eine weitere Form religiöser Mobilität hinterlassen, die im Gegensatz zu den bisher erwähnten Gruppen auch Laien erfasste: das Pilgern, die auch als „Sakralmobilität" bezeichnete Bewegung zum Grab eines Heiligen. Dabei lässt sich im Verlauf des Mittelalters eine deutliche Ausdifferenzierung des Pilgerwesens erkennen: Waren es in der Spätantike neben Jerusalem als Kreuzigungsort Jesu wenige Grabstätten bedeutender Heiliger wie die römischen Märtyrergräber oder das Martinsgrab in Tours, die von den Pilgern aufgesucht wurden, ermöglichte die einstmals wenig praktizierte Teilung von Körperreliquien eine Vervielfältigung der Pilgerziele bis hin zu regionalen und lokalen Heiligenkulten. Allein der Niederschlag dieser Formen von Mobilität in schriftlichen Quellen ist beträchtlich: Hagiographische Quellen wie Mirakelsammlungen berichten von der Herkunft der Pilger, die dem Heiligen eine

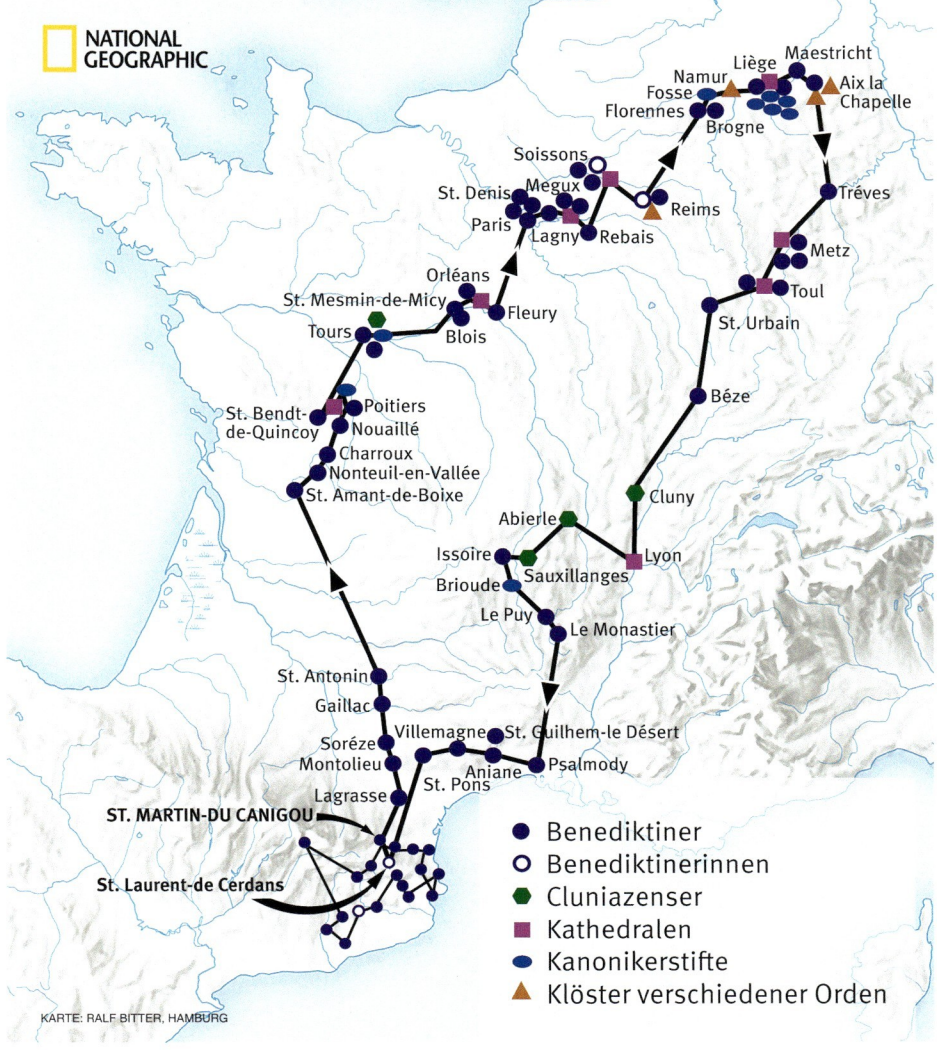

Abb. 3 Karte Totenrotel für den Stifter Wifred (nach Dufour 1977)

MOBILITÄT – MOBIL DURCH DIE JAHRTAUSENDE

Abb. 4 Zeichnerische Rekonstruktion eines Pilgers mit den angesteckten Pilgerzeichen (V. Burmeister)

wundersame Heilung oder göttliche Hilfe zuschrieben, Urkunden belegen die Verhängung von Strafpilgerfahrten durch geistliche und später auch durch weltliche Autoritäten, und auch Testamente führen nicht selten Pilgerziele auf, zu denen sich ein Gläubiger ohne Gewissheit der sicheren Rückkehr begeben wollte. Seit dem 11. Jahrhundert verfügen wir auch über Pilgerzeichen (Abb. 4) und damit über eine nichtschriftliche Quelle, aus der sich über die Fundorte die einstige Ausstrahlung der heiligen Gräber rekonstruieren lässt. Pilger hefteten sich die am Zielort erworbenen Abzeichen an ihre Kleidung und ließen sich häufig mit ihnen bestatten. Ungefähr 6500 dieser Pilgerzeichen – neben den berühmten Jakobsmuscheln einige Zentimeter große flache Abzeichen aus Metall, meist mit dem Bild des Heiligen – sind mittlerweile bekannt und belegen nicht weniger als 45 europäische Pilgerorte der Zeit zwischen dem 11. und dem 14. Jahrhundert.

Auch im Mittelalter war Mobilität an bestimmte infrastrukturelle Voraussetzungen gebunden, von denen einige bereits deswegen zur Sprache kamen, weil sie Bedürfnissen einer bestimmten Form von Mobilität zugeordnet werden können. Es gibt jedoch auch Einrichtungen der Infrastruktur, die allen Personen zugutekamen, die unterwegs waren. Verbinden wir diese Zeugnisse mit den schriftlichen Quellen, so ergibt sich im 11. Jahrhundert ein einschneidender Wendepunkt der Mobilitätsgeschichte des lateinischen Mittelalters. Beginnen wir zunächst mit dem Zeitraum zwischen 500 und 1100 und mit Straßen und Wegen, die neben dem Befahren von Gewässern das historisch wohl langlebigste Transportsystem darstellen. In den romanisierten Regionen Lateineuropas konnte dabei auf das Fernstraßennetz des römischen Kaiserreichs zurückgegriffen werden, dessen Nutzbarkeit in mittelalterlicher Zeit allerdings nach wie vor Gegenstand lebhafter Diskussionen ist. Jüngere Forschungen lassen jedoch vermuten, dass das Wegesystem des römischen Imperiums wesentlich stärker intakt blieb, als dies die ältere, auf das Schwinden übergreifender staatlicher Strukturen als elementare Voraussetzung für den Unterhalt dieser Straßen fixierte Forschung vermuten ließ. Dies hängt neben einem stetig wachsenden Interesse an den materiellen Bedingungen mittelalterlicher Herrschaft auch mit der zunehmend akzeptierten Annahme zusammen, dass wir uns zumindest außerhalb der Städte Römerstraßen keineswegs als mit

großen Quadern gepflastert und damit im Unterhalt sehr aufwendig, sondern mit einem wesentlich leichter auszubessernden Kiesbelag vorzustellen haben. Daher können wir heute von einem Fortleben eines großen Teils der römischen Straßen zumindest hinsichtlich der Wegführung ausgehen. Die Quellen der Karolingerzeit lassen jedoch auch jenseits der Grenzen des einstigen Römischen Reiches Straßen und Wege deutlich hervortreten, die allerdings in ihrer Mehrzahl wohl überhaupt keinen Straßenbelag aufwiesen, sondern allenfalls in Feuchtbereichen als Bohlenweg gestaltet waren und vorwiegend der Verbindung einzelner Siedlungen dienten. Über weite Strecken wohl von ähnlicher Gestalt, aber

auch den Reisen des Königs von Königshof zu Königshof dienen, treten in normativen Texten vor allem im Reich die Königswege (via regiae) als Rückgrat der mittelalterlichen Königsherrschaft hervor. Viele dieser Wege sind mittlerweile durch die Itinerarforschung, einige auch durch Grabungsergebnisse gut belegt. Der bis in die Eroberung Sachsens durch Karl den Großen zurückreichende westfälische Hellweg, der als mittelalterlicher niederdeutscher Quellenterminus zunächst lediglich einen von Bewuchs freigehaltenen Weg bezeichnet, ist dabei sicher der berühmteste. Auf ihm zogen die deutschen Herrscher mit ihrem Gefolge bis zum Ende der Salierzeit vom Niederrhein bis ins mittelalterliche Sachsen. Im Gesamtbild ergibt sich so ein in Teilen erschließbares, vielfach jedoch nur vorauszusetzendes Netz miteinander verbundener Fernstraßen und Fernwege unterschiedlicher Beschaffenheit, das seit dem Ende des Frühmittelalters auch jenseits der nachhaltig romanisierten Zonen ganz Europa bis weit in den Norden und Osten überspannte und trotz aller Verschiedenheit von moderner Trassenführung weder durch natürliche noch durch sprachliche oder religiöse Grenzen durchtrennt wurde. Nur fragmentarisch – etwa in der bis ins 9. Jahrhundert teilweise nachweisbaren Unterhaltspflicht für Königsboten oder in einzelnen Termini wie *tractoria* – blieb hingegen bis ins Frühmittelalter die römische Staatspost erhalten. Mit dem Ende dieses *cursus publicus* und dem Untergang der Stationen entlang der Staatsstraßen verlor das lateinische Mittelalter auch bis ins 14. Jahrhundert das leistungsfähige und schnelle Stafettensystem in der Nachrichtenübermittlung. Boten durchmaßen im Mittelalter den Raum daher stets untrennbar mit ihrer Botschaft verbunden, weshalb der Nachrichtenverkehr zumeist mündliche und schriftliche Elemente mischte.

Neben Straßen hatten, in besonderer Weise für den Transport von Waren, Gewässer einen wesentlichen Anteil an der Mobilität des Mittelalters: Flüsse wurden dabei ebenso genutzt wie die Küstengewässer, während das offene Meer außer von wagemutigen und beutehungrigen Seefahrern aus Skandinavien in der Regel gemieden wurde, bis Kompass und Heckruder seit dem 13. Jahrhundert auch Mittelmeerdurchquerungen ermöglichten. Der Landtransport von Waren vollzog sich zumeist über zweirädrige Ochsenkarren. Diese nutzten nicht nur Händler, sondern auch große Grundherrschaften, die vor allem im klösterlichen Bereich seit einigen Jahrzehnten zunehmend in ihrer Bedeutung für regionale und überregionale Märkte wahrgenommen werden. Große klösterliche Grundherrschaften, die bis zu 2000 über Hunderte von Kilometern entfernte Höfe besitzen konnten, griffen zum Transport der ihnen zustehenden Agrarprodukte auf die Dienstpflichten ihrer Grundholde zurück, deren umfangreiche Transportleistungen (Spanndienste) mit Ochsenkarren aus den klösterlichen Besitzverzeichnissen erschließbar sind. Zudem hat sich die Forschung vor einiger Zeit vom Bild der nach Autarkie strebenden Grundherrschaften weitgehend verabschiedet, denn wir wissen heute, dass auch schon im Frühmittelalter wesentliche Teile der Erträge großer Grundherrschaften keineswegs allein zu deren Selbstversorgung dienten, sondern auch auf Märkten verkauft oder getauscht wurden – und damit häufig über noch weitere Wege verbracht werden mussten. In karolingischer Zeit standen etwa dem Kloster Fulda von seinen Höfen in Friesland jährlich 855 Mäntel zu, und dabei handelt es sich fraglos um Güter, die für den Fernhandel gedacht waren.

Wie angedeutet, ändern sich die Verhältnisse in der Mobilitätsgeschichte Lateineuropas um 1100 grundlegend. Dieser einschneidende Wandel steht im Zusammenhang mit tiefgreifenden und dynamischen Veränderungsprozessen, welche die wirtschaftlichen Grundlagen und die Bevölkerungszahl in jener Zeit nachhaltig veränderten. Erst seit jüngster Zeit sieht die Forschung hier einen Zusammenhang mit einer langfristigen klimatischen Erwärmung um weniger als zwei Grad, die durch eine Steigerung der Agrarerträge zunehmend die Erwirtschaftung von Agrarüberschüssen und damit die Freistellung von Arbeitskräftepotential für Tätigkeiten außerhalb der Nahrungsmittelproduktion ermöglichte. Diese Entwicklung fand ihren Niederschlag auch in einer deutlichen Zunahme der Mobilität, die wir indirekt über zahlreiche Indikatoren nachweisen können: Eine Vielzahl erstmals wieder in Stein gemauerter Brücken (beispielsweise Dinant 1080, Würzburg 1133, Passau 1143, Regensburg 1146, London 1176) erleichterte nun das Fortkommen und ersetzte Furten, Fähren und Stege. Aufgrund ihrer besonderen Rechts- und Finanzierungsform und der häufigen Verbindung mit einer Stiftung ist die Vervielfachung der Brücken sowohl archäologisch wie auch in unseren Schriftquellen gut fassbar. Gleichzeitig rückte auch die Straße erstmals wieder in den Fokus der Herrscher, die nicht nur zahlreiche Regelungen bezüglich Unterhalt und Finanzierung erließen, sondern nun den anwachsenden Verkehr auf den Straßen auch für Einnahmen nutzten, indem sie im Verlauf des 12. Jahrhunderts überall in Europa auf bestimmten Straßen, zu deren Benutzung die Reisenden wegen eines Geleitzwangs verpflichtet waren und auf denen ihnen eigentlich Geleitschutz zustand, erstmals einen Geleitzoll erhoben. Es ist vor dem Hintergrund dieser Indikatoren kaum erstaunlich, dass auch die archaische unentgeltliche Gastfreundschaft zur gleichen Zeit für eine immer größere Zahl Reisender durch Vorformen der späteren kommerziellen Gastlichkeit abgelöst wurde. Dem Transport von Waren über Land kam nun auch deshalb eine erhöhte Bedeutung zu, weil die neuen technischen Möglichkeiten des Kummets die Antriebskraft der Pferde verfünffachte und mit Ortscheit und Zweispänner deren Einsatz nicht nur, wie bisher, als Tragtiere, sondern auch als Zugtiere sinnvoll machte. Auf den Straßen, wo bisher fast ausschließlich hochwertige und leicht tragbare Güter transportiert wurden, waren nun auch immer wieder schwerere Lasten anzutreffen, die etwa im Bauboom des Hochmittelalters mit seinen steinernen Sakralbauten befördert werden mussten. Fortan konnten Pferde, auch dank der stärker verbreiteten Hufeisen, statt langsamer Ochsen als Zugtiere eingesetzt werden, deren Bedeutung bis zu ihrer Ablösung durch brennstoffgetriebene Zugmaschinen im 18. Jahrhundert ständig wachsen sollte.

Doch auf den Straßen des Hochmittelalters fuhren nicht nur immer mehr Pferdefuhrwerke, die nun häufig vierrädrig waren und mehr Güter transportieren konnten. Auch eine immer größere Zahl von Wallfahrern machte sich auf den Weg zu Fernpilgerzielen wie dem Jakobsgrab in Galizien, dem Grab des Erzengels Michael auf dem apulischen Monte Gargano, den Heiligen Stätten in Jerusalem oder den Apostelgräbern in Rom. Ablesbar ist diese Entwicklung etwa an einer Zunahme von Infrastruktureinrichtungen, die wegen ihrer Lage mit Wallfahrtszielen in Zusammenhang zu bringen sind und in Form von Wegen, Brücken, Hospizen, Begräbnisstätten oder gar Siedlungen teilweise noch immer sichtbar sind. Der Pilgerweg nach Santiago ist darüber hinaus, vor allem in Nordspanien und Südwestfrankreich, durch eine große Zahl häufig hochwertiger Bauwerke der Sakralarchitektur noch heute gut erkennbar. Parallel dazu häufen sich Schutzbestimmungen, durch die weltliche Herrscher und geistliche Autoritäten den Pilgerverkehr, häufig nicht ohne das Ziel der Förderung eines spezifischen Wallfahrtsortes, begünstigten.

Auch auf dem Wasser gerieten die Dinge zunehmend in Bewegung: Als Indikator eines zwischen dem beginnenden 9. und dem frühen 12. Jahrhundert gewachsenen Fernhandelsvolumens mag dabei gelten, dass die Transportkapazitäten der Schiffe stetig anwuchsen: Lag das Maximum um 800 noch bei 15 Tonnen, konnte ein Schiff zwei Jahrhunderte später 25 Tonnen transportieren und um 1100 bereits eine Ladung mit einem Gesamtgewicht von vierzig Tonnen aufnehmen. Schon anhand dieser Entwicklung lässt sich die „*commercial revolution*" (Lopez 1977) des Mittelalters gut ablesen. Erste Kanalprojekte, die nicht für die Wasserversorgung oder den Betrieb von Mühlen, sondern als Schifffahrtskanäle konzipiert waren, datieren nach dem Abbruch des von Karl dem Großen zur Verbindung von Rhein und Donau 793 begonnenen Karlsgrabenprojekts aus dem Beginn des 12. Jahrhunderts (Abb. 5 und 6), so etwa um 1100 im flämischen Douai, einem Zentrum der blühenden Tuchherstellung. Das Mittelalter erscheint somit in der jüngeren Forschung als eine dynamische Epoche voller Bewegung. Bei genauerem Hinsehen zeigt sich allerdings, dass durch eine Veränderung der Rahmenbedingungen erst seit dem 11. Jahrhundert allmählich auch neuen sozialen Gruppen eine persönliche Erfahrung der weiten Räume Lateineuropas möglich wurde. Sie gehörten nicht mehr ausschließlich zu jener schmalen Elite, die vormals aufgrund ihrer Stellung oder in Erwartung von Handelsgewinnen als Einzige die Mobilitätskosten bewältigen konnte. Eine immer dichtere räumliche Vernetzung der gewachsenen Zahl von Menschen, die Akkumulation von Agrarüberschüssen und die Möglichkeit ihrer Mobilisierung durch das Aufkommen der Geldwirtschaft ließ den Verkehr auf Europas Wegen, Straßen und Gewässern deutlich ansteigen. Der lebenslange Mobilitätsradius des größten Teils der Bevölkerung blieb jedoch noch für Jahrhunderte auf wenige Dutzend Kilometer beschränkt, und selbst einem vielgereisten päpstlichen Legaten des 12. Jahrhunderts wären die Mobilitätsansprüche unserer Tage wohl gänzlich unvorstellbar gewesen.

Abb. 5 Flechtwerkmatte aus Weißenburg-Emetzheim, Bayern, die als Hilfsmittel beim Anlegen des Karlsgrabens genutzt und wohl vergessen wurde.

Abb. 6 Der Bau des Karlsgrabens zwischen der Schwäbischen Rezat und der Altmühl aus der „Chronik der Bischöfe von Würzburg" von Lorenz Frieds (16. Jahrhundert).

Weiterführende Literatur

Bill – Roesdahl 2007
Bosl 1972
Boyer 1968
Brühl 1968
Condorelli 1995
Depreux 1994
Dufour 1997
Ehlers 2002
Ehlers 2014
Fichtenau 1986
Fonseca 1999
Fossier 1982
Haasis-Berner 2003
Heger 1970
Herbers 2007
Hirschmann 2001
Johrendt 2001
Leighton 1972
Lopez 1977
Maschke 1977
Müller-Mertens 1980
Ohler 2004
Peyer 1982
Rathmann 2002
Reuter 1996
Rösener 2010
Schmugge 1991
Schneidmüller 1989
Schwinges 2007
Scior 2009
Steuer 1999a
Steuer 2002
Stopford 2014
Szabó 1994
Szabó 1995
Szabó 2014
Thoma 1999
Webb 1999
Wetzstein 2008
Wetzstein 2013
Wolff 1963
Wood 2001

MOBILITÄT – MOBIL DURCH DIE JAHRTAUSENDE

Von Mainz über Naumburg nach Meißen und zurück. Der Weg des Naumburger Meisters durch Europa

Benjamin Wehry

Ein namentlich unbekannter Bildhauer und Architekt leitete im 13. Jahrhundert eine Bauhütte, die sakrale Architekturensembles und Skulpturen von einzigartiger Schönheit und Innovation schuf, wie man sie vorher in Deutschland noch nie gesehen hatte. Seine Werke ermöglichen es, die Wanderbewegungen dieses Baumeisters und seiner Bauhütte von Frankreich über Mainz, Naumburg und Meißen zurück nach Westeuropa zu verfolgen und die europäische Dimension seiner Tätigkeit zu erfassen.

Der nach dem Westchor und den berühmten Stifterfiguren des Naumburger Domes als Naumburger Meister bezeichnete Bauhüttenleiter ist einer der herausragenden Werkmeister der Hochgotik. Skulpturen gerieten unter seiner Hand zu individuellen Abbildern voller Natürlichkeit, Naturnähe und Emotion. Meisterhaft fügte er Skulptur und Architektur zu einem Gesamtensemble zusammen, das handwerklich und gestalterisch, aber auch in seinen theologischen und politischen Aussagen bis ins Detail durchdacht war. So vereinigte der Naumburger Meister die *fabrica*, das Handwerk des Steinmetzen und Bildhauers, ideal mit der *ratiocinatio*, der schöpferischen Befähigung zur Ausführung.

Als Bildhauerarchitekt ist er zuerst in der alten Bischofsstadt Mainz fassbar. Auftraggeber war hier das mächtige Domkapitel unter dem Mainzer Erzbischof Siegfried III. von Eppstein. Der Naumburger Meister schuf in den Jahren vor der Weihe des neuen Mainzer Domes 1239 einen Westlettner, eine Abgrenzung des Westchores in Form einer gewölbten Halle mit Chorschranken im Norden und Süden, säulengetragen und geschmückt mit qualitätsvollen, floral ausgestalteten Blattkapitellen, die zu einem seiner gestalterischen Hauptmotive werden sollten. Über dem Eingang in der Mitte des Lettners thronte Christus als Weltenrichter beim Jüngsten Gericht, flankiert von Verdammten und Erlösten, deren Gemütszustände so innovativ und naturgetreu an-

Abb. 1 Blattkapitell vom Westlettner im Naumburger Dom.

rührend in Stein verewigt wurden, dass sie ohne Voraussetzungen und Vorbilder aus Frankreich nicht denkbar sind. Wahrscheinlich ist, dass der Naumburger Meister die Skulptur und die Architektur der Kathedrale von Reims, der Burganlage von Coucy und der Kathedrale Notre-Dame von Noyon gut kannte, möglicherweise als Lehrling und Geselle partiell an deren Ausschmückung beteiligt war und diese Kenntnis mit nach Mainz brachte. Wohl auf Empfehlung des Mainzer Erzbischofs holte der Naumburger Bischof Dietrich II. von Wettin die Bauhütte des Meisters in die Domstadt an der Saale und beauftragte sie mit der Errichtung des Westchores. Wahrscheinlich folgten viele Handwerker, die in der Mainzer Bauhütte des Naumburger Meisters gearbeitet hatten, dem Ruf nach Naumburg. Das Architekturensemble des Naumburger Westchores besteht, wie die Choranlage im Mainzer Dom, aus einem durch einen Lettner abgetrennten Sakralraum, der hier dem Gedenken an die Domstifter gewidmet war. Zwölf Stifterfiguren sind in die Stützpfeiler integriert, fast lebensgroß halten sie mit individueller Mimik und Gestik wohlkalkulierten Blickkontakt untereinander. Der Lettner mit der Darstellung der Passion Christi ist wiederum säulengeschmückt mit Blattkapitellen, die genau beobachtete, botanisch korrekt wiedergegebene Blattmotive mit extremen Unterschneidungen zeigen, wie sie bereits in Mainz zu sehen waren.

Nach Abschluss der Arbeiten am Naumburger Dom 1249 zog der Naumburger Meister weiter nach Meißen. Aus den bereits aus Naumburg bekannten Steinmetzzeichen am Ostchor des Meißner Doms ist zu schließen, dass sich die gesamte Bauhütte als Zusammenschluss spezialisierter Handwerker auf die Wanderschaft begab, um den Meißner Dom zu erneuern und durch einen neuen längeren Ostchor zu erweitern. Hier wurden, vergleichbar zum Naumburger Westchor, fast lebensgroße Figuren der Patrone St. Johannes Evangelist und St. Donatus denen des Gründerpaars des Bistums Meißen, Kaiser Otto I. und seiner Gemahlin Adelheid, gegenübergestellt. Für die naturalistischen Blattkapitelle, signifikantes Stilmerkmal des Naumburger Meisters an allen Schaffensorten der Bauhütte, nutzte man in Meißen inhomogeneren Sandstein, der andere Bearbeitungstechniken erforderte als der feine Kalkstein in Naumburg, so dass Blätter und Blüten der Kapitelle in Meißen weniger konturiert und stärker mit dem Korpus verhaftet erscheinen. Dies schränkt die Naturnähe und Ausdruckskraft des Dargestellten jedoch in keiner Weise ein, eine Tatsache, die auf die Fähigkeit des Naumburger Meisters verweist, Technik und Gestaltung an die vorhandenen Gegebenheiten anzupassen und eine konstante Qualität hervorzubringen. Ab 1268 ist der Ostchor des Meißner Doms in liturgischer Nutzung, die wesentlichen Arbeiten sind abgeschlossen.

Die Spur des Naumburger Meisters und seiner Bauhütte verliert sich seitdem wieder im Dunkel der Geschichte. Auf die auffälligen Ähnlichkeiten der Stifterfiguren des Naumburger Domes und der Figuren der Patrone und Gründer im Meißner Dom mit den ebenso naturnah und ausdrucksstark gestalteten Figuren der Könige im Kreuzgang der Kathedrale von Burgos (Reg. Kastilien und León) in Nordspanien wurde allerdings schon früh verwiesen. Nicht ausgeschlossen ist daher eine weitere Wanderung der Bauhütte zurück nach Westen. Vielleicht finden sich ihre Steinmetzzeichen, einige unverwechselbar herzförmig, halbmondförmig, fußförmig, als Doppel-V oder Doppel-H oder widderhornartig, die von den Dombaustellen in Naumburg und Meißen bekannt sind, auch in der Kathedrale zu Burgos.

Abb. 2 Blattkapitell aus dem Mainzer Dom.

Literatur
Naumburger Meister, Kurzführer
Krohm – Kunde 2011/12

MOBILITÄT – MOBIL DURCH DIE JAHRTAUSENDE

Schreibzeug – Ausweis – Werkzeug

Markus Marquart

Früher kaum beachtet, sind mittlerweile über fünfzig besonders dekorierte Schreibgriffel aus Bronze bekannt. Mit unterschiedlichen Glättköpfen – in Form einer Schaufel oder eines Querbalkens – ausgestattet, ziert ein wechselseitig eingeschnittener Quader den Hals der Schreibgeräte, so dass ein S beziehungsweise ein Z zu erkennen ist. Diese besonders verzierten Schreibgriffel finden sich von den Alpen bis ins Baltikum immer auf den herausragenden Baustellen des 12. und 13. Jahrhunderts: dort, wo im Auftrag des Klerus große Klöster, Kirchen und Dome entstanden. Dabei dienten die Schreibgriffel offenbar zu mehr als nur zum Schreiben auf wachsbeschichteten Holztafeln. Sie scheinen auch ein „Markenzeichen" gewesen zu sein, der persönliche Ausweis der Qualifikation für Baumeister, Steinmetzen, Architekten, dass sie das Gewerk, für das sie verpflichtet worden waren, auch ausführen konnten.

Wo die Werkmeister ihre Ausbildung erhielten, wissen wir nicht, doch einige Details weisen auf das Kloster von San Zeno in Verona hin, damals berühmt für Architektur und Handwerkskunst. Wohl einem heutigen internationalen Bauunternehmen ähnlich folgten jede Saison die Bautrupps den Aufträgen der Äbte und Bischöfe, besonders nördlich der Alpen. Gelegentlich werden italische Bauleute in Quellen erwähnt. Rund zwanzig Mal werden sie als *magistri comachini* für bedeutende Baustellen genannt, meist ohne weitere Spuren hinterlassen zu haben. Nur selten stimmen archivalische Überlieferung und archäologischer Bodenfund überein, wie in Basel, Regensburg, Mainz, Speyer oder Bremen. In einer kleinen Ledertasche trug jeder der *magistri comachini* es am Gürtel mit sich: sein Schreibzeug. Dazu gehörte eine zusammenklappbare Tafel mit wachsbeschichteten Schreibflächen und ein Schreibgriffel aus Bronze. Mit dem spitzen Ende des Griffels konnte man auf der Wachsschreibtafel Notizen aufzeichnen, mit dem Glättkopf das Wachs wieder glattstreichen und damit das Geschriebene löschen. Der Griffel konnte aber auch als eine Art Bleistift dienen, zum Anzeichnen von Formen und Maßen auf Stein und Holz auf der Baustelle. War er dann zu stark abgenutzt, auf der Baustelle verloren gegangen oder vom Gerüst gefallen, musste die eigene Bronzegießerei einen neuen herstellen.

Griffel zum Schreiben auf Wachstafeln fanden auch später noch Verwendung, zum Teil bis in die Neuzeit. Als „Markenzeichen" scheinen die besonders verzierten Griffel mit dem S-Z-Ornament zu Beginn des 14. Jahrhunderts ihre Bedeutung verloren zu haben. Vielleicht hat das zu dieser Zeit aufkommende Papier ihre Ausweisfunktion schließlich ersetzt durch „Brief und Siegel".

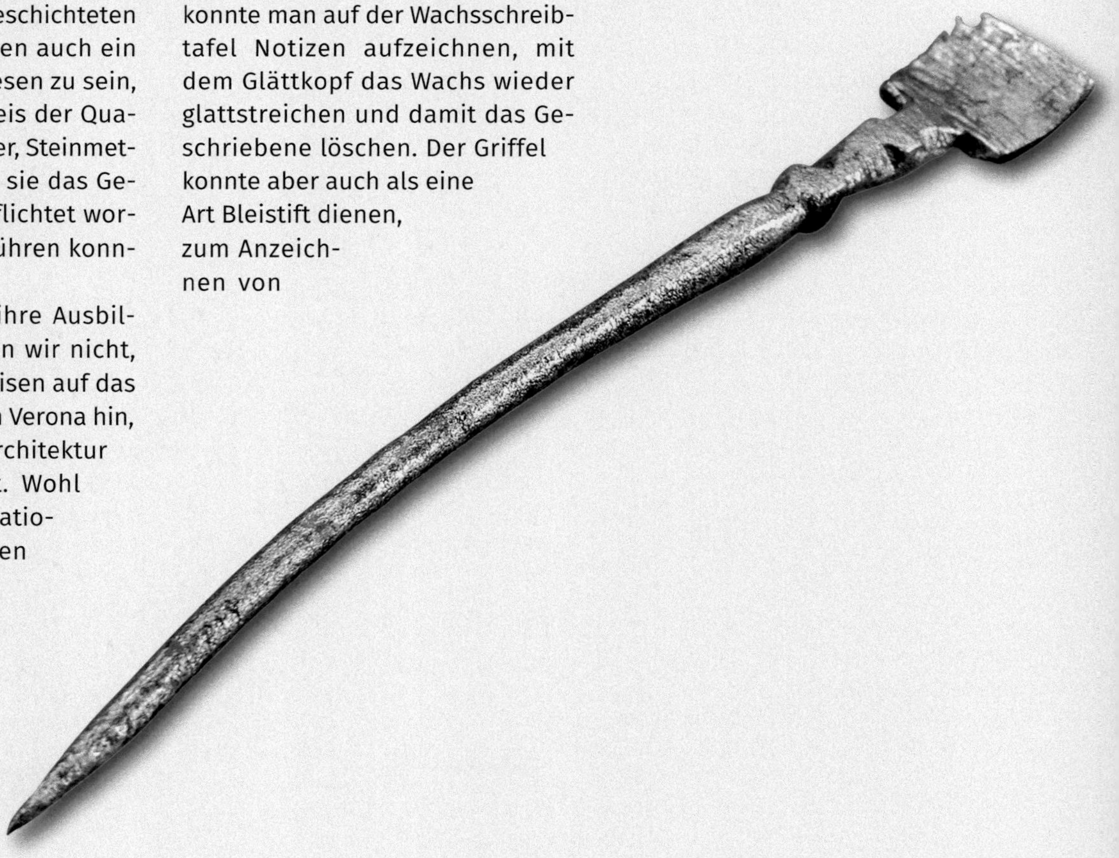

Abb. 1 Stade. SZ-Griffel, Grabungsfund aus dem Hafen. Unterhalb des Glättkopfes ist auf dem Schaft das „S" erkennbar.

Schreibzeug – Ausweis – Werkzeug

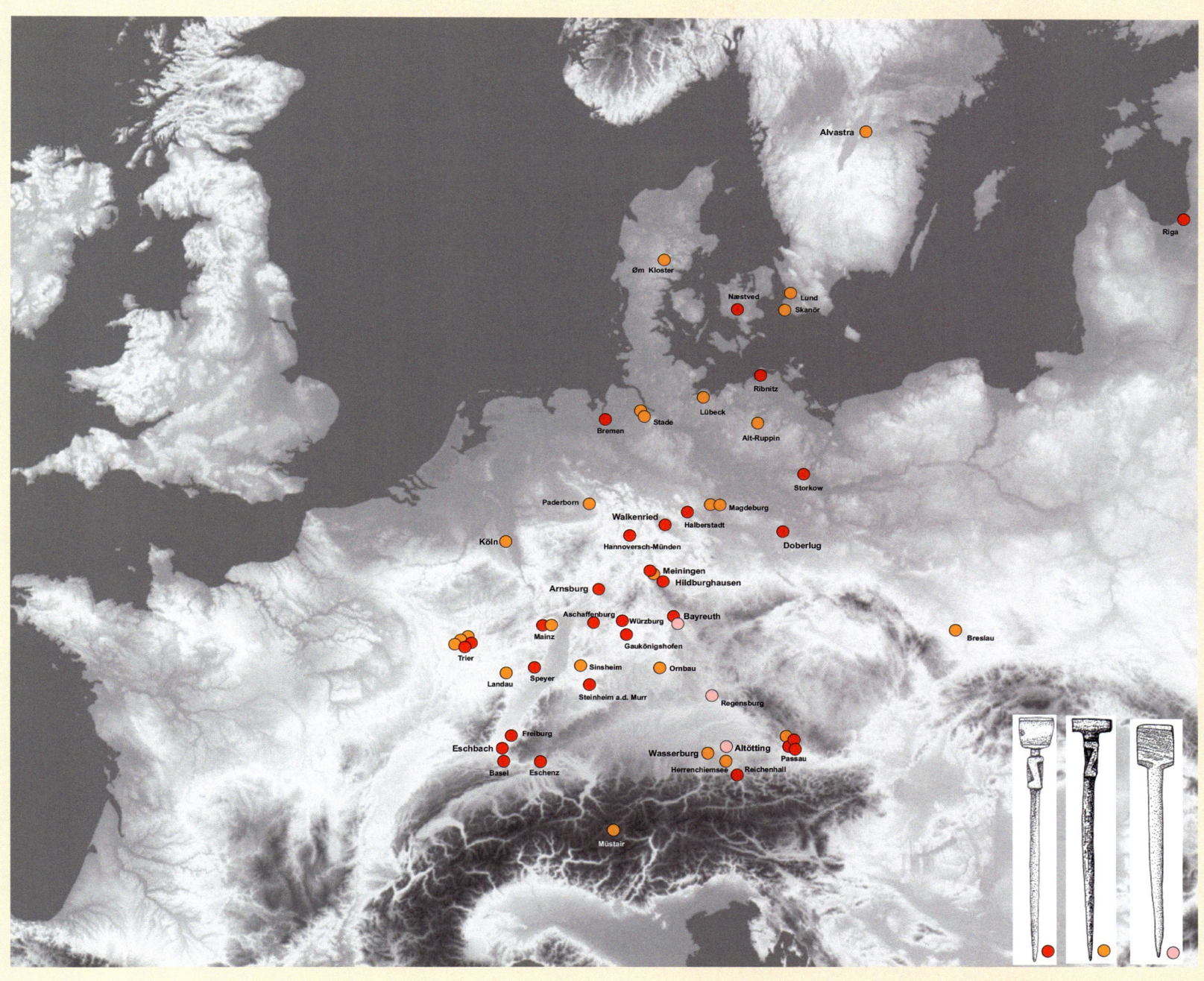

Abb. 2 Verbreitung der Schreibgriffel mit SZ-förmiger Schaftdekoration.

Literatur
Gnaedig – Marquart 2012
Marquart 2013

Religiös bewegt: Pilger in Antike und Mittelalter

Martin Grünewald, Andreas Haasis-Berner

In den letzten Jahren erfreut sich Pilgern wieder größeren Interesses und wird in der Wissenschaft verstärkt erforscht.[1] Letzteres gilt auch für die Antike und das Mittelalter nördlich der Alpen.[2] Pilgern wird als zielgerichtete Reise zu einem sakralen Ort verstanden. Die Motive für eine Wallfahrt sind so vielfältig wie die Menschen, die sie unternehmen, und wohl nur selten brachen Pilger aus nur einem Grund auf. Die religiöse Motivation für eine Wallfahrt konnte die Bitte um etwas sein, wie zum Beispiel Genesung oder die Erfüllung eines Kinderwunsches, aber auch der Dank für die Errettung aus einer Notlage. In der Antike pilgerte man zu Orten des persönlichen Heils und zu Stätten des Kaiserkultes. Ersteres konnte, insbesondere bei Pilgerreisen zu Quellheiligtümern, mit Aspekten eines Kuraufenthaltes verschränkt sein. Zu Stätten des Kaiserkultes reiste man auch aus Gründen der soziopolitischen Teilhabe. Die spätere christliche Wallfahrt war auch mit der Bitte um die Vergebung von Sündenstrafen verknüpft und ist auf das Engste mit dem Ablass verbunden.[3] Denn in der christlichen Frühzeit waren der Aufenthalt in der Fremde und der Besuch von heiligen Stätten die Voraussetzung für die Wiederaufnahme des Sünders in die Gemeinschaft der Gläubigen. Die Höhe des dort zu erwerbenden Ablasses war in vielen Fällen ausschlaggebend für die Attraktivität eines Wallfahrtsortes. Die zahlreichen sozialen Angebote, wie kostenfreie Übernachtungen und Verpflegung in Hospizen, lockte auch Personen auf die Straßen, bei denen die religiösen Gründe nicht im Vordergrund standen.

Pilgern während der römischen Kaiserzeit

Römisches Reich und Barbaricum – zwei sehr unterschiedliche kulturelle und religiöse Einflussbereiche – grenzten auf dem Gebiet des heutigen Deutschlands zur Römerzeit aneinander. Der Begriff Barbaricum wird hier in Anlehnung an die römische Vorstellung gewählt, dass nordöstlich der Reichsgrenze nur Barbaren wohnten. Dort sind Heiligtümer mit einem großen Einzugsgebiet bekannt, darunter das Quellheiligtum von Pyrmont und die Mooropferplätze von Łubiana (Polen) sowie Thorsberg (Kreis Schleswig-Flensburg;). Pyrmont ist aufgrund der zahlreichen Funde und der teils fernen Herkunft der Opfergaben eine zentrale Funktion für das westliche Germanien zuzuschreiben. Zu den dort üblichen Kultveranstaltungen mussten teilweise beträchtliche Entfernungen zurückgelegt werden.[4] Auch auf römischer Seite wurden mitunter weite Strecken in Kauf genommen, um zum Ort der Verehrung zu gelangen. Wichtige bauliche Bestandteile der dortigen paganen Pilgerheiligtümer waren hier neben den Tempeln die großen Versammlungsplätze, ferner Theater, Herbergen und häufig Thermen.

Bei dem antiken Pilgern zu Stätten des Kaiserkultes ist das Ziel der Reisenden ein Ort, an dem der politisch und religiös motivierte Kult Ausdruck in der Verehrung des Kaisers sowie der wichtigsten römischen Götter findet. Bei Pilgerreisen zu den zentralen Verehrungsstätten in den Provinzen, wie dem sogenannten Provinziallandtag, handelt es sich um eine aus dem Osten des Römischen Reiches übernommene Form der Verehrung, bei der kein

linke Seite Mittelalterliches Pilgerzeichen aus einer Blei-Zinn-Legierung mit Darstellung eines Heiligen Bischofs, ausgegraben in Hamburg-Harburg

Abb. 2 (rechte Seite links) Verehrende in Reisekleidung: Terrakotta mit Pilgergruppe aus dem Brandgrab von Mülheim-Kärlich Nordrhein-Westfalen.

Einfluss älterer einheimischer Traditionen feststellbar ist. Provinziallandtage in den gallischen und den germanischen Provinzen weisen einen religiösen Grundcharakter auf und dienen zugleich als politisches Instrument Roms und des Kaisers im Sinn einer Mittlerinstanz sowie als Möglichkeit der Provinzbewohner mit Rom und seinen Bevollmächtigten in Verbindung zu treten. Der religiöse Charakter drückt sich in Opfergaben der Kultgemeinschaft aus, die aus abgeordneten Vertretern der Städte beziehungsweise der Stämme und Gemeinden besteht. In den Provinzhauptstädten Kempten, Köln, Lyon und Mainz ist ein früher Ausbau und eine große Bedeutung des Kaiserkultes gut fassbar.

So fand in Mainz provinzübergreifend eine jährliche Versammlung mit Delegationen aus allen gallischen und germanischen Gebietskörperschaften zu Ehren des Drusus, des Stiefsohnes von Kaiser Augustus, statt. Dies wertete die neu gegründete Stadt zu einem „politischen Wallfahrtszentrum" auf. Monumentale architektonische Zeugnisse sind bis heute der mit dem Leergrab des Drusus identifizierte Eichelstein sowie das mit diesem parallel auf eine gemeinsame Achse ausgerichtete römische Theater. Hinzu kommt vermutlich ein großer Tempel des Augustus. Dieses bauliche Ensemble stand in einem großen Kaiserkultbezirk (Abb. 1).[5]

Im Zusammenhang mit überregionalen kultischen Veranstaltungen in der Provinzhauptstadt Niedergermaniens, Köln, sind religiöse Souvenirs greifbar. Ihre Verbreitung belegt eine Bedeutung verschiedener Feiertage über diese römische Provinz hinaus. Tagesdatierte Kölner Terrakotten weisen auf politisch und kultisch motivierte Veranstaltungen in einem festgelegten Festtagszyklus in Köln beziehungsweise Niedergermanien, wie etwa die für den ersten September angenommene Gründung des Kölner Kapitolstempels.[6] Die bedarfsorientierte massenhafte Herstellung dieser Andenken mit Modeln und die weite Verbreitung bis nach Obergermanien und an den Mündungsbereich der Maas lässt auf zahlreiche Teilnehmer schließen, die über weite Strecken zu

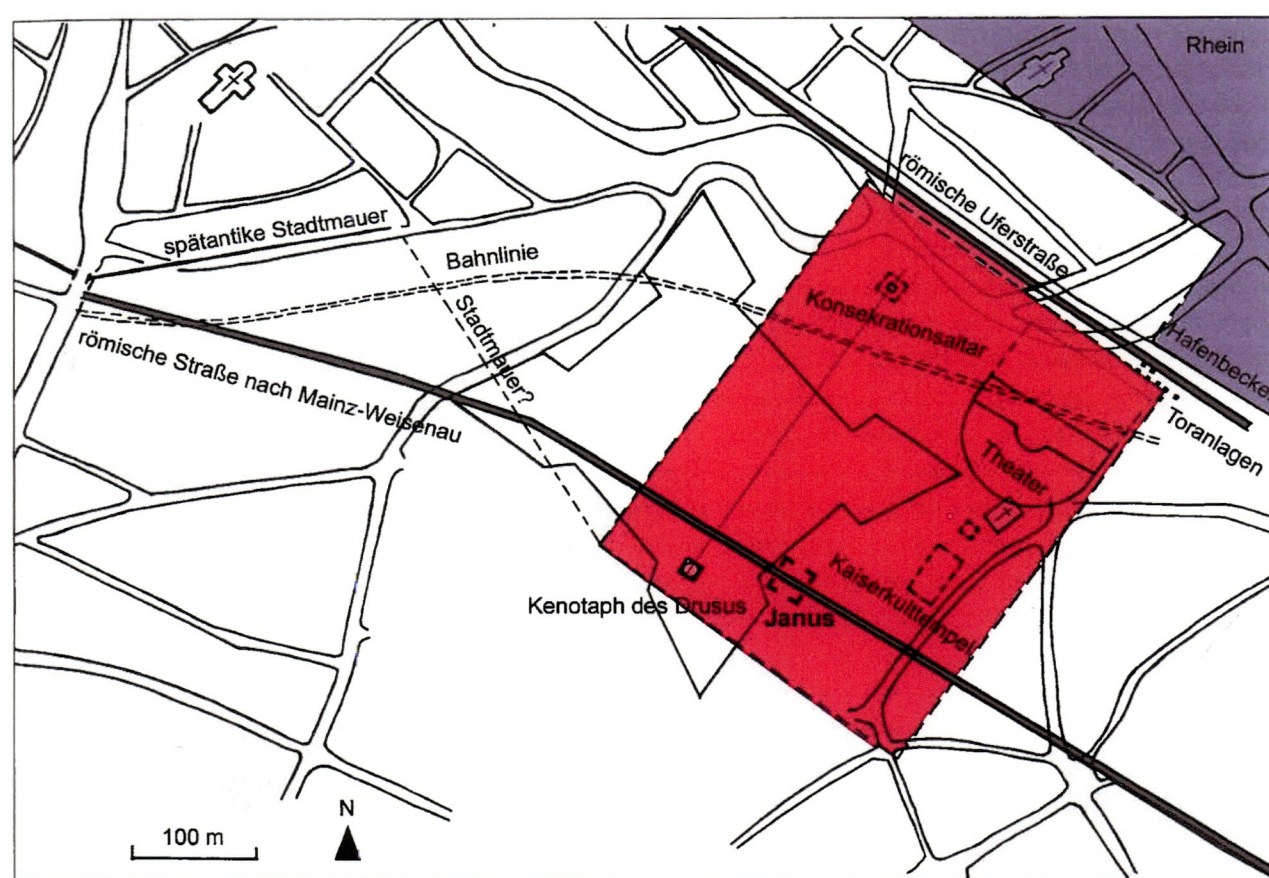

Abb. 1 Plan des vermuteten römischen Kaiserkultbezirks von Mainz.

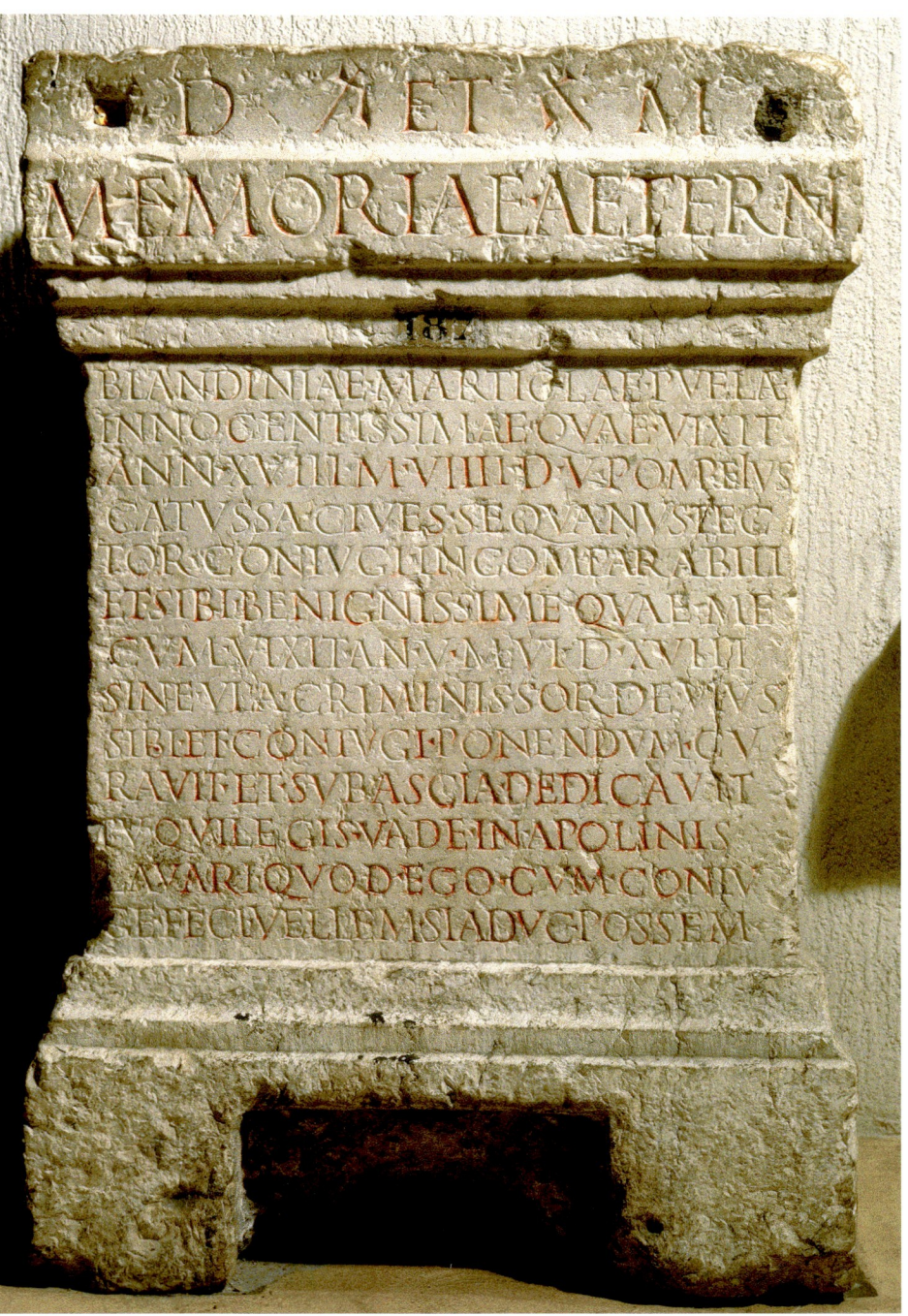

den zentralen politisch-religiösen Kultveranstaltungen pilgerten.

Auch ein Grabfund aus Mülheim-Kärlich könnte einen solchen Hinweis auf Pilger geben (Abb. 2). Die Terrakotta zeigt einen Mann, begleitet von zwei Frauen, sowie in der vorderen Reihe zwei Kinder. Alle tragen einen Kapuzenmantel. Das Kärlicher Exemplar des 2. Jahrhunderts stammt, wie die oben genannten Terrakotten, aus einer Kölner Werkstatt. Unter den fünf bekannten Vergleichsstücken zu diesem Fund[7] fand sich eine Terrakotta als Weihegabe im römischen Heiligtum von Thun-Allmendingen.[8] Die dargestellte Variante des Kapuzenmantels in Form von langen Capes mit einem halbkreisförmigen Schnitt[9] bei den Terrakotten aus Thun-Allmendingen und denjenigen aus Mülheim-Kärlich ist generell typisch für die Pilgerdarstellungen aus Holz, wie sie sich in den französischen Heiligtümern an den Seine-Quellen und in Chamalières erhalten haben. Diese Art der Kapuzenmäntel scheint eher eine funktionale und einfache Reisebekleidung gewesen zu sein, die geradezu zum Erkennungszeichen vieler Pilgernder wurde. Eine Deutung der Terrakotta als pilgernde Familie erscheint somit wahrscheinlich, zumal diese einfache Kapuzenmantelvariante in anderen Kontexten selten als darstellenswert empfunden wurde. Der Wunsch, sich in dieser Reisebekleidung zu zeigen, korrespondiert möglicherweise mit einem Ideal der Armut während der Pilgerschaft, die für die spätere christliche Zeit deutlich besser überliefert ist.

Die Reise zu Quellheiligtümern mit assoziierten Heilthermen ist im Mittelmeerraum in der Antike,[10] aber auch im römischen Deutschland durch bekannte Grund-

Abb. 3 Grabinschrift der *Blandina Martiola*. Ihr Ehemann bedauert, dass er nicht mehr mit ihr, dem unschuldigen Mädchen, bei *Apollo* baden kann – *in Apol(l)inis / lavari.*

Abb. 4 Die *Tabula Peutingeriana* mit einem Ausschnitt aus Segment 3. Am oberen Rand der Karte sind das Legionslager Bonn und bedeutende Städte wie Xanten und Köln durch zwei zusammenhängende Häuschen dargestellt. Die Heilbäder sind hingegen deutlich größer symbolisiert. In diesem Bildausschnitt finden sich von links nach rechts: *Aquis Bormonis, Aquis Nisincii, Aquis Segeste, Andesina, Aquis Sestis.*

risse wie Pilgerherbergen, Inschriften sowie Funde fassbar. Quellen, insbesondere von bedeutenden Flüssen sowie starke oder warme Quellen, betrachtete man, ähnlich wie Bäume, Höhlen und Flüsse, als heilig. Die enge räumliche Verbindung von Thermalbädern mit den großen Heiligtümern spricht für eine Durchdringung mit religiösen Motiven. Augenscheinlich wird diese starke Assoziation beispielsweise an der Grabinschrift der Blandina Martiola, in der ihr Ehemann bedauert, dass er nicht mehr mit ihr bei Apollo baden könne (Abb. 3). Die Weihealtäre als häufig einzig fassbare individuelle Willensbekundung sind eindeutig religiös motiviert. Die Durchdringung von Heilung im Sinn eines Kuraufenthaltes und religiöser Kultausübung äußert sich deutlich in den Weiheinschriften, die im Rahmen von Gelübden gesetzt wurden. Unter diesen stehen mengenmäßig jene an erster Stelle, die im Zuge von Genesungswünschen oder als Dank für die Heilung angefertigt wurden. Im römischen Deutschland wurden in diesen Quellheiligtümern unter anderen Götter wie Apollo und Sirona sowie diverse Nymphen verehrt. In unmittelbarer Nachbarschaft zu diesen – sonst häufig isoliert stehenden – Heiligtümern befanden sich nicht selten Pilgerherbergen, in denen ein Heilschlaf abgehalten werden konnte.

Heiligtümer mit Heilquellen weisen teilweise ein größeres Einzugsgebiet auf: Das Phänomen des Pilgerns

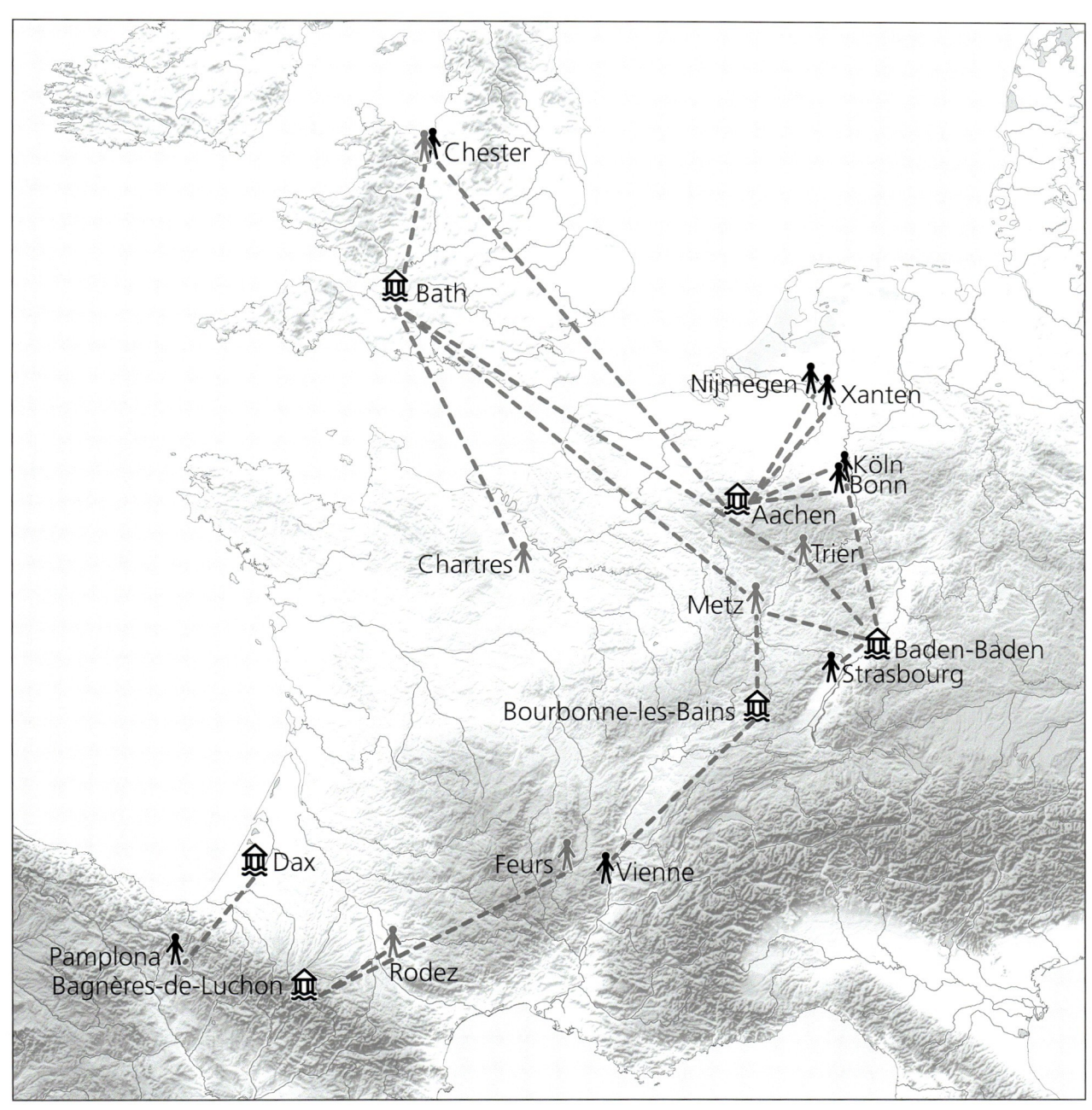

Abb. 5 Beispiele von Reisen zu Orten mit (Heil-)Quellen und Heiligtümern auf der Basis ausgewählter Inschriften. Der Herkunftsort (schwarzes Strichmännchen) und die Herkunftsregion (graues Strichmännchen) des Weihenden wird als wahrscheinlicher Beginn der Reise angenommen, der Fundort der Inschrift als Ziel.

existierte demnach in der paganen, das heißt heidnischen Antike auch nördlich der Alpen. Eine Mobilität mit etwa einhundert Kilometer langen Reisen zu Heilthermen kann mehrfach angenommen werden. Ein wichtiger Hinweis dazu findet sich auf der „*Tabula Peutingeriana*". Die Darstellung ist eine mittelalterliche Kopie einer Straßenkarte des gesamten Römischen Reiches aus der Zeit um 300, die auf älteren Vorläufern basiert. Auf der Karte sind die Heilbäder (Abb. 4) durch einen rechteckigen Bau mit einem häufig charakteristisch blauen Innenhof stärker hervorgehoben als größere Städte oder Legionslager. Allein dies unterstreicht, dass ein Besuch der Quellen bei Fernreisen für die Nutzer dieser Karte wichtig gewesen sein muss. Im Bereich von Germanien weist beispielsweise *Praetorium Agrippinae* (Valkenburg, Provinz Limburg, Niederlande) dieses Symbol auf, ein noch heute wichtiges Thermalbad. Über die Nennungen auf der Peutingerkarte hinausgehend gibt es nördlich der Alpen weitere bedeutende Heiligtümer bei Thermalbädern. Ein wichtiges Indiz für auch religiös motivierte längere Reisen zu diesen Orten geben hierbei Weihungen von Personen mit einer entfernteren Herkunft (Abb. 5). Beispielhaft lässt sich dies am antiken Aachen (*Aquae Granni*) zeigen. Dort sind aus römischer Zeit ein sakraler Bezirk mit Tempeln zwischen zwei großen Heilbädern sowie Pilgerherbergen und heiße Quellen archäologisch belegt. Nicht nur aus den nahen Legionslagern von Bonn und Köln, sondern auch aus Xanten (über 100 km Entfernung), Nimwegen (Niederlande, über 130 km) und Chester (Großbritannien, über 770 km)[11] stammten die Aachener Kurgäste beziehungsweise Pilger.

Gibt es eine Kontinuität des Pilgerns von der paganen Antike zum christlichen Mittelalter?

Die Frage einer kontinuierlichen Fortentwicklung des paganen zum christlichen Pilgerwesen wurde vonseiten der Archäologie nur selten gestellt und eher verneint. Prinzipiell gibt es eigene christliche Deutungen zur Sakralität von Thermalquellen, die an antike Vorstellungen anknüpfen oder diese umdeuten, wie es am Beispiel Aachen nachvollziehbar ist.[12] Zunächst liegt dort eine bemerkenswerte Siedlungskontinuität von der Antike bis in die Gegenwart vor, die auch während der Übergangszeit Fernkontakte aufweist. In Aachen stehen die ältesten gesicherten Befunde der frühen römischen Kaiserzeit, der Spätantike und der Merowingerzeit in engem Bezug zu den heißen Quellen und deren römische Erschließung. Somit ist einer der wichtigsten Gründe für die Siedlungskontinuität in der ungebrochenen Attraktivität der Quellen zu suchen. Aufgrund der fortwährenden Besiedlung ist daher ein kontinuierlicher Besuch von Pilgern im oben genannten Sinn anzunehmen. Die Bedeutung Aachens wegen der heißen Quellen wird auch in frühen mittelalterlichen Überlieferungen greifbar: Laut der von Einhard verfassten Vita Karls des Großen lud der Kaiser nicht nur Adlige und seine Familie, sondern bis zu einhundert Personen ein, mit ihm in den heißen Quellen Aachens zu baden. Bereits für die vorhergehende Zeit unter Pippin (765/76) ist der dortige Badebetrieb überliefert.[13] Dass der Ausbau der Aachener Pfalz in eine Zeit fällt, in der Karl der Große seine Altersleiden in Aachen pflegte, wundert also nicht. Gerade in Phasen des Alters und des möglichen Siechtums wird die Suche nach – auch körperlichem – Heil wichtiger. Die – wahrscheinlich aus allen Bereichen des fränkischen Reiches anreisende – damalige Elite partizipierte durch das gemeinsame Bad mit Karl dem Großen auf einer politischen, aber zudem auf einer am persönlichen Heil orientierten Ebene. Aachen ist bezeichnenderweise einer der wichtigsten mittelalterlichen Wallfahrtsorte Deutschlands. So können ihm unmittelbar nach Santiago de Compostela bis zur Mitte des 14. Jahrhunderts die meisten Pilgerzeichen eines Wallfahrtsortes zugeordnet werden (Abb. 6).[14] Karls Wahl des Ortes steht vermutlich auch in engem Kontext mit dem seit paganer Zeit bestehenden Pilgertum der Bevölkerung zu diesem Ort. Nicht ohne Grund wurde um 600 n. Chr. sowie im fortgeschritteneren Mittelalter immer wieder bemängelt, dass es Leute gebe, die statt bei Gott bei Quellen Rat suchten.[15] Die Errichtung der christlichen Sakralbauten Aachens knüpft an diese weiterhin gepflegten Traditionen räumlich an und deutet sie christlich um. Die mögliche Verortung der *cappa* des Heiligen Martin durch Pippin den Jüngeren[16] und die nach lokaler Tradition 799 n. Chr. erfolgte große Reliquienschenkung an Karl den Großen kann durch die Karolinger in Aachen platziert worden sein, um die bis zu diesem Zeitpunkt in antiker Tradition zu den Thermalquellen Pilgernden einem neuen, christlichen Ziel zuzuführen. Diese exemplarische Umdeutung paganer Traditionen im christlichen Sinn entfaltet bis heute eine kontinuierliche Wirkmacht innerhalb des europäischen Pilgerns. Die in mehreren Fällen bruchlose Attraktivität der römischen Heilbäder geht wahrscheinlich mindestens in Einzelfällen einher mit einer Fortsetzung der Heilssuche an diesen Orten, auch wenn vor dem späten Mittelalter noch keine Massenwallfahrt belegt werden kann.

Über christliche Pilgerreisen im engeren Sinn haben wir aus dieser Zeit ausschließlich dank Schriften von Geistlichen und Adeligen über ihre Wallfahrten ins Heilige Land oder nach Rom Kenntnis. Die Individualität der Wallfahrten im frühen Mittelalter, die im Vergleich zum Hoch- und Spätmittelalter deutlich geringere Zahl an Pilgern sowie die Tatsache, dass Wallfahrtsandenken vor allem aus vergänglichen Materialien (Palmblätter aus Jerusalem, Öl, Erde, Textilien) bestanden, bringen es mit sich, dass sich solche Souvenirs der archäologischen Überlieferung weitgehend entziehen. Aus diesem Grund gibt es bis zur Jahrtausendwende kaum einen archäologischen Zugang zu den Themen christliche Pilger und Wallfahrt. Die geringere Anzahl an Belegen ist nicht nur der Quellenlage und der geringeren Bevölkerungszahl geschuldet, sondern vor allem der bis zu diesem Zeitpunkt noch nicht vollständig erfolgten Christianisierung Europas. Aus diesen Gründen waren die Pilgerfahrten bis zur Jahrtausendwende eher individuell und auf weit entfernte Orte wie Jerusalem und Rom, die Hauptorte des Christentums, ausgerichtet.[17] Ein Massenphänomen waren diese Reisen noch nicht.

1000–1350: Massenwallfahrten und Europäisierung der Wallfahrt

Die Bevölkerung Europas wuchs ab etwa 600 n. Chr. stetig. Mit dem Ende der Wikingereinfälle im Norden von Frankreich und im Deutschen Reich sowie mit der Beendigung der Ungarneinfälle im Osten des Deutschen Reiches und der Einfälle aus dem maurischen Süden in Spanien kehrte eine gewisse Ruhe ein, die sich insbesondere ab dem 11. Jahrhundert auch in verbesserter Infrastruktur niederschlug. Hier gab es Wechselwirkungen zwischen dem Anwachsen der Bevölkerung, einer gesteigerten Mobilität, einem vermehrten Warenaustausch und dem Bau von Straßen, Brücken, Hospizen, Alpenpässen und so weiter. Die wirtschaftlich motivierten Fahrten von Kaufleuten waren selbstverständlich häufig auch mit religiösen Handlungen verbunden. In den Schriftquellen wird deutlich, dass etwa ab der Jahrtausendwende der Begriff *peregrinus* (lat. für „Fremder") zunehmend auf den aus religiösen Gründen Reisenden angewandt wurde.[18]
Parallel dazu verändern sich auch die Bußpraxis und die Handhabung des Ablasses. Immer mehr Strafwallfahrten werden im Laufe dieser Jahrhunderte verhängt. Ein weiterer Aspekt ist in der zunehmenden Verstädterung zu sehen. Viele Wallfahrtsorte, die sich erst im Verlauf dieses Zeitabschnittes nachweisen lassen, befinden sich in Städten. Häufig ist eine Konkurrenz zwischen den Städten um den wirkmächtigeren Heiligen sowie um die stärkeren Reliquien zu erkennen. Hier sollten auch Mirakelbücher helfen, in denen die von den jeweiligen Heiligen vollbrachten Wunder festgehalten und – besonders am Ausgang des Mittelalters – in gedruckter Form verbreitet wurden. Eines der berühmtesten Bücher ist der „Liber Sancti Jacobi", in dem die Pilgerwege von Frankreich nach Santiago de Compostela beschrieben werden.[19] Die Attraktion des oder der Heiligen steht in direktem Zusammenhang mit dem Einflussbereich und der Anzahl der Pilger bei den Hauptfesten. Und selbstverständlich schlug sich die Anzahl der Gläubigen auch in der Höhe der Spenden nieder. Somit war vonseiten der Verantwortlichen eine Interessensvermengung von religiösen und ökonomischen Gründen nahezu unvermeidlich. Mit dem Anstieg der religiösen Möglichkeiten musste fast schon zwangsläufig auch die Bandbreite der Zusatzangebote erweitert werden. Bei den zahlreichen Messen und Prozessionen konnte man nun die Reliquien zu bestimmten Zeiten auch berühren oder Objekte erwerben, die mit dem Heiligen in Berührung gekommen waren, ferner waren Bildträger aus Metall erhältlich oder ortstypische Andenken, die den Besuch belegten. Für derartige Aspekte gibt es natürlich schon in den vorangegangenen Jahrhunderten Beispiele. Was sich ändert, ist die Vielfalt und die Menge der Angebote sowie die zusätzliche Herstellung von Souvenirs aus unvergänglichen Materialien, wie Blei-Zinn-Güsse. Gerade die ortstypischen Andenken, etwa Jakobsmuscheln und Pilgerzeichen aus Metall,[20] beinhalten noch einen weiteren, neuen Aspekt: Sie wurden nun außen gut sichtbar auf die Pilgertasche, die Kleidung oder den Hut aufgenäht und kennzeichneten den Pilger damit schon von weitem. So entwickeln sie sich zum Erkennungsmerkmal der Pilger schlechthin. Die ältesten sicher datierten Jakobsmu-

Abb. 6 Ein sogenanntes Aachhorn aus Keramik aus dem Familienbesitz Martin Luthers, Lutherhaus Mansfeld, Sachsen-Anhalt.

MOBILITÄT – MOBIL DURCH DIE JAHRTAUSENDE

scheln stammen aus dem frühen 11. Jahrhundert. Sie sind jedoch im Vergleich zu denjenigen der folgenden Jahrhunderte nur gering vertreten. Der Großteil der Jakobsmuscheln kommt aus Befundzusammenhängen des 13. und frühen 14. Jahrhunderts. In dieser Zeit sind demnach die meisten Menschen nach Santiago gepilgert. Die Herstellung der Pilgerzeichen aus Metall beginnt in der zweiten Hälfte des 12. Jahrhunderts und erfasst im 13. Jahrhundert den überwiegenden Teil der bekannten Wallfahrtsorte. Formal können die Zeichen in zwei Typen unterschieden werden: Flachgüsse und Gittergüsse, welche die Ersteren ab dem 14. Jahrhundert ablösen.

Das Pilgerwesen dieser Zeit zielt überwiegend auf die Wallfahrtsorte im Süden und im Westen Europas. Santiago, Rocamadour und Rom gehören zu den beliebtesten Zielen. An diesen Orten werden die frühesten Pilgerzeichen aus Metall ausgegeben, die ersten massenhaft produzierten Bildmedien Europas.[21] Ihr Erwerb bewies die Anwesenheit des Pilgers an diesem Ort – wohl aus ähnlicher Motivation wie heutzutage Selfies geschossen werden. Die Ausrichtung der Pilgerströme nach Süden und Südwesten wird am Beispiel der zahlreich aufgefundenen französischen Pilgerzeichen deutlich, unter denen keine aus den Gebieten des Deutschen Reiches vorkommen.[22] Das soll nicht bedeuten, dass andere Orte nicht auch aus religiösen Gründen besucht wurden, doch handelt es sich hier dann um eine allgemeinere Devotion, die nicht mit den Fernwallfahrten zu vergleichen ist. Die Regionalisierung des Wallfahrtswesens ist eine Erscheinung des Spätmittelalters.

Ab dem späten 12. Jahrhundert lassen sich auch auf dem Boden des Deutschen Reiches Wallfahrtsorte nachweisen. Köln wird durch die Überführung der aus Mailand entwendeten Gebeine der Heiligen Drei Könige zu einem reichspolitisch wichtigen Wallfahrtsort, etwas später folgt Aachen. Ab dem 13. Jahrhundert kommen im Raum zwischen Maas und Rhein weitere bedeutende Orte hinzu.

1350–1500: Krisen und Regionalisierung der Wallfahrt

Am Ende des Mittelalters nimmt die kirchliche Kritik an den Auswüchsen des Pilgerwesens immer mehr zu. Gleichzeitig führen Kriege phasenweise zu massiven Einschränkungen des Pilgerwesens. Die Praxis vieler Städte, Straftäter auf eine Wallfahrt zu schicken, brachte die Pilger insgesamt in Misskredit, da man kaum unterscheiden konnte, wer aus religiösen und wer aus juristischen Gründen unterwegs war. Ferner war es in zahlreichen Städten auch beliebt, mit einem Teil einer Erbschaft Pilger zu bezahlen, die anstatt des Erben an den vorgegebenen Wallfahrtsorten für das Seelenheil des oder der Verstorbenen beten sollten. Diese „Berufspilger" waren demnach aus finanziellen und nicht aus religiösen Gründen unterwegs.[23] Darüber hinaus störten sich die Herkunftsländer der Pilger daran, dass diese

Abb. 7 Verschiedene nur wenige Zentimeter große Pilgerzeichen aus Hamburg zeigen Stellenwert von Religion und Glauben in der Stadt und belegen gleichzeitig Harburgs Bedeutung als Transitort für Pilger im 15. und 16. Jahrhundert. Vier Funde der Ausgrabung in der Schloßstraße, Hamburg-Harburg (von links nach rechts): Pilgerzeichen aus Bremen, Wilsnack und Sternberg. Das Zeichen ganz rechts könnte von Sint Anna ter Muiden (Niederlande) stammen.

das Geld aus dem Land trugen und andere Orte reich machten. Dies führte zur Entstehung von Wallfahrtsorten entlang oder auch abseits der bekannten Pilgerrouten auf Veranlassung und unter Förderung von Bischöfen, Äbten oder Landesherren. Erst dann lassen sich auch Wallfahrtsorte östlich des Rheins nachweisen. Die mit dem Wallfahrtswesen verbundenen Stiftungen – kostenlose Übernachtung, Speisung, Kleidung – zogen zahlreiche Arme und Bedürftige an, die daran partizipieren wollten. Im 15. und frühen 16. Jahrhundert kam es mit der massenhaften Entstehung von Wallfahrtsorten und der Möglichkeit, dort Ablässe in astronomischer Höhe zu erwerben, zu einer Regionalisierung bei gleichzeitigem Rückgang an Fernwallfahrten.[24] Die mit der Wallfahrt verbundenen Missstände bildeten bekanntlich die Grundlage von Luthers Kritik am Ablasswesen. Er war damit nicht der erste, aber in Verbindung mit seiner Schreibfreudigkeit und dem Druckereiwesen der wirkmächtigste Kritiker. Zudem trafen seine Schriften und Gedanken auf eine empfängliche Bevölkerung, da schon vor der Einführung der Reformation in vielen Gebieten ein deutlicher Rückgang an Spenden und Stiftungen zu verzeichnen war, was auf eine verbreitete kritische Einstellung zum Ablasswesen schließen lässt. Mit der Ausbreitung der Reformation werden in den protestantischen Gebieten schließlich Wallfahrten verboten und Wallfahrtsorte geschlossen. Die Ausrichtung des Wallfahrtswesens auf das südliche und südwestliche Europa wird auch durch die jüngeren Gegenbewegungen in ihrem Umfang und in ihren Erscheinungsformen nicht wieder erreicht. Das Zeitalter der religiösen Mobilität ist vorbei. Das Pilgerwesen als Massenphänomen und Teil einer ganz Europa erfassenden Mobilität verschwindet.

1 Für Hilfe bedanken wir uns bei Despoina Ariantzi, Ina Eichner, Julius Grünewald, Sebastian Ristow, Markus Scholz und Astrid Urbank. Die Untersuchungen zum antiken Bereich unter dem Titel „Die Wurzeln des Pilgerwesens im Nordwesten des Römischen Reiches (Teil 1)" sind ein Beitrag der Abteilung Römerzeit des RGZM des von der Leibniz-Gemeinschaft finanzierten Projekts „Für Seelenheil und Lebensglück: Studien zum byzantinischen Pilgerwesen und seinen Wurzeln". Dieses Projekt wird am RGZM als Teil des Forschungsfelds 3 „Kulturelle und soziale Praktiken" sowie des Leibniz WissenschaftsCampus Mainz „Byzanz zwischen Orient und Okzident" durchgeführt.
2 Kristensen – Friese 2017; Kiernan 2012; Grünewald 2017; Ariantzi – Eichner 2018. Für die Nachantike vgl. die Reihe „Europäische Wallfahrtsstudien".
3 Paulus 1922–1923.
4 Zur Herkunft der Thorsberger Objekte Blankenfeldt 2015, 278–291, und Matešić 2015, 274.
5 Frenz 1992, 30–31 und 35–36; Ertel 2015, 3–13.
6 Höpken 2004.
7 Krier 2016.
8 Martin-Kilcher – Schatzmann 2009, 102–103 Taf. 8.
9 Zerres 2017, 28–30.
10 Grünewald 2017 mit weiterer Literatur.
11 Schaub 2013a, 161–180; Schaub 2013b, 263.
12 Grünewald 2018 mit weiterer Literatur.
13 Schaub 2013a, 12; Pohle 2015, 108–109, 398–417 und 487; Ristow 2016, 1794.
14 Haasis-Berner 2002a, 72–77.
15 Spickermann 2003, 498–503.
16 Ristow 2016, 1798–1799.
17 De Waal 1900.
18 Schmugge 1979.
19 Herbers 1984.
20 Köster 1983; Anderson 1989; Bruna 1996; Spencer 1998; Haasis-Berner 2002b; Haasis-Berner 2003; Haasis-Berner 2006.
21 Kühne 2008.
22 Bruna 1996.
23 Ohler 1983.
24 Kühne – Ziesack 2005.

MOBILITÄT – MOBIL DURCH DIE JAHRTAUSENDE

Nach dem Tod noch unterwegs: eine Organseparatbestattung

Michael Malliaris

Abb. 1 Blick aus Grabkammer 11 vom Friedhof des alten Berliner Doms nach Osten, heute unter dem Schlossplatz in Berlin-Mitte. Am unteren Bildrand liegt die in einer Pflasterlücke der Grabkammer vergrabene Bleitonne mit der Organseparatbestattung.

Unter dem Pflaster des wiederhergestellten Schlossplatzes am Berliner Humboldt Forum ruhen die Fundamente einer um 1300 erbauten Klosterkirche. Zu ihr gehörte vierhundert Jahre lang auch ein Friedhof. Im Mittelalter diente das in der Berliner Schwesterstadt Cölln gelegene Gotteshaus dem Bettelorden der Dominikaner. 1536 wurde die Hallenkirche zum Dom mit Hohenzollerngrabstätte umgestaltet. Sein zwischen Schloss und Kirche gelegener Friedhof erhielt im 17. Jahrhundert mehrere Grabbauten und Grabkammern. In ihnen waren bis zur Schließung des Friedhofs im Jahr 1716 Angehörige des reformierten Bekenntnisses begraben worden.

Die bei den Ausgrabungen am Schlossplatz im Jahr 2009 freigelegte Grabkammer 11 auf dem sogenannten Kleinen Kirchhof des Doms wies eine besondere Anomalie auf. In ihrer Nordecke war nämlich ein Teil des Ziegelfußbodens noch vor der Verschüttung aufgenommen worden (Abb. 1). An dieser Stelle trat eine 45 Zentimeter hohe verlötete Bleitonne zutage, die genau in der Pflasterlücke vergraben worden war. Darin stak ein mit Strohhalmen gepolstertes, in einer stark bleihaltigen Flüssigkeit eingelegtes Holzfass (Abb. 2). Das handelsübliche, mit einem Seil am oberen Rand sekundär verschnürte Fass enthielt die gut konservierten inneren Organe eines erwachsenen Menschen. Neben der Bleitonne hoben sich im hellen Sand die Reste eines weiteren vergangenen Holzfasses ab, das vermutlich ebenfalls eine Organseparatbestattung enthalten hatte.

Die Särge oder Sarkophage mit „regulären" Bestattungen der im 17. Jahrhundert errichteten Grabkammer 11 sind vor der Schließung des Friedhofs abtransportiert worden. Es ist gut möglich, dass bei dieser Gelegenheit die Bleitonne mit den sterblichen Überresten unter die Erde kam. Im Barock erfolgte die Entnahme von inneren Organen nach dem Tod nur selten, ist aber mehrfach überliefert. Ein bekanntes Beispiel dafür bietet die vornehme „Herzlgruft" der Wiener Augustinerkirche. Für einen derartigen Brauch gibt es im Berliner Raum keine Parallele.

Die Identifikation der Cöllner Sonderbestattung in der Bleitonne ist bislang nicht gelungen. Daher ist ihr Anlass nicht sicher bestimmbar. Als eine plausible Erklärung kann jedoch der Tod dieser Person fern von ihrem gewünschten Begräbnisort in Cölln vermutet werden. Die Aufbahrung des Leichnams über einen längeren Zeitraum sowie sein Transport auch über große Entfernungen waren auf diese Weise mit geringerem Aufwand realisierbar.

Literatur
Malliaris 2011
Malliaris 2015
Malliaris 2018

Abb. 2 Das am oberen Rand sekundär mit einem einfachen Seil verschnürte Holzfass enthielt die inneren Organe eines erwachsenen Menschen. Die untere Schnur ist modern. Arbeitsfoto nach Entnahme aus der Bleitonne.

AUS
TAUSCH

WAREN UND WEGE

Manus manum lavat – Tausch im Neolithikum

Michael M. Rind

Der Austausch von Waren ist ein weltweit verbreitetes Phänomen seit dem Beginn der Kulturgeschichte der Menschheit. Zu den am häufigsten getauschten Waren zählen Nahrungsmittel, Rohstoffe, Werkzeuge, Waffen und Schmuck, die sich mitunter fernab ihrer Herstellungsorte finden. Ganz offensichtlich wurden einzelne Waren und Warengruppen bereits im Neolithikum, der Jungsteinzeit, weit über ihren Ursprungsort hinaus transportiert. Aufgrund der Erhaltungsbedingungen sind es für den Archäologen heute vor allem Stein und frühes Metall, aber auch Muscheln und im Einzelfall Bernstein, anhand derer sich der erste Güterverkehr nachweisen lässt. Aber nicht jeder Austausch von Waren bedeutet zugleich auch Handel, denn dieser beinhaltet den planmäßigen Tausch wirtschaftlicher Güter, der auf Gegenseitigkeit (Reziprozität) beruht. Handel zwischen Produktion und Verbrauch ist eine routinisierte, formalisierte und rationalisierte Form des ökonomischen Warentauschs. Voraussetzungen sind Warenproduktion, professionelle Händler, eine entwickelte Handelsführung, Preisfindung und ein System von Märkten.[1] Eine wichtige Grundlage für Handel ist ein festgesetzter Wert der Handelsware für Verbreiter und Empfänger, die sogenannte Konvertierbarkeit der Tauschmittel. Bei kommerziellem Handel müssen die Tauschpartner in der Lage sein, die Werte von Gaben und Gegengaben miteinander vergleichen zu können. Sowohl Lokal- als auch Fernhandel setzen Umschlagplätze, Märkte und Händler voraus. Es ist vor allem der Fernhandel, der einen spezialisierten Berufsstand erwarten lässt. Für vorgeschichtliche Zeit ist keine Institutionalisierung und berufsmäßige Organisation des Handels nachweisbar oder zu erwarten.[2] Handel ließe sich mit Abstrichen höchstens als routinisierte Form des ökonomischen Warentausches mit fließenden Grenzen sehen. Es wird vor allem die Weitergabe von Hand zu Hand als Tausch oder durch Geschenke, Raubgut und Tribute gewesen sein, die der Verbreitung von Gütern zugrunde lag.

Woher – wohin: Austauschräume

Fragen zum Warentausch im Neolithikum lassen sich besonders gut am Beispiel des beliebtesten Rohmaterials zur Herstellung schneidender Werkzeuge aufzeigen: Feuerstein und Hornstein. Das extrem harte, aus Siliziumdioxid bestehende Kieselgestein wird zu Recht auch als „Stahl der Steinzeit" bezeichnet. In zahlreichen Bergwerken wurden Feuer- und Hornstein oft untertägig in großem Stil abgebaut (Abb. 1).[3]

Ob die Verbreitung von Artefakten aus unterschiedlichen Feuer- beziehungsweise Hornsteinvarietäten auf Handels- oder Tauschsystemen beruht, wurde in verschiedenen Studien untersucht.[4] Möglich sind folgende Weitergabemechanismen: Weitergabe von Hand zu Hand (sogenannter verketteter Handel), Redistribution, bei der Güter zunächst zentral gesammelt und dann weitergeleitet werden, sowie Ferntransport. In diesem Modell gibt es auch zielgerichteten Tausch.[5] Dabei wird eine Autorität als zentrale Organisation vorausgesetzt, die Tauschgüter verteilt, wobei eine vertikale Schichtung der Gesellschaft angenommen wird, was aber für die Li-

linke Seite Feuersteinbergbau: Halbfabrikate und Fragmente vom Lousberg in Aachen, Nordrhein-Westfalen.

AUSTAUSCH – WAREN UND WEGE

Abb. 1 Feuer- und Hornsteinbergwerke in Deutschland und in angrenzenden Ländern.

nienbandkeramik-Kultur noch nicht zutreffen dürfte. Die zunehmende Entfernung von der Rohstoffquelle spielte für regelmäßigen Abbau eine große Rolle. Einfacher Tausch mit einem ausgeglichenen Verhältnis von Geben und Nehmen ist als Basis für die heute erkennbare Verbreitung von Hornstein denkbar. Der Anteil eines bestimmten Rohmaterials am Gesamtspektrum einer Siedlung sollte mit zunehmender Entfernung von der Abbaustelle in Form einer konvexen Kurve abnehmen, was einer großen Anzahl von Weitergabeschritten entspräche.[6]

Die Weitergabe von Artefakten im Neolithikum könnte auf dreierlei Wegen erfolgt sein:[7] ohne Erwartung einer direkten Gegengabe, das heißt durch allgemeine Reziprozität, in einem ausgeglichenen Verhältnis zwischen Geben und Nehmen – also letztlich durch Tausch ohne Gewinnabsicht – oder durch gewinnorientierten Handel. Aus der Völkerkunde sind alle Übergangsformen zwischen diesen Zuständen belegt. In der ethnologischen Forschung wird der Begriff „Handel" als Warentausch gesehen, der auf einer Warenproduktion basiert.[8] Tausch im Sinne von „*do ut des*" („Ich gebe, damit Du gibst") oder „*manus manum lavat*" („Eine Hand wäscht die andere") beinhaltet ein reziprokes Verhältnis des Gebens und der Vergleichbarkeit.

Die Untersuchung von Austauschsystemen linienbandkeramischer Silexartefakte belegt, dass mit zunehmender Entfernung von den Gewinnungsstellen der Rohmaterialien der Anteil von Fertigprodukten zu- und derjenige von Herstellungsabfällen abnimmt. Auch die Größe von Kernen, Klingen und „Abnutzungsgeräten" wird offensichtlich immer geringer.[9] Dies spricht für Austauschmechanismen, bei denen viele Endabnehmer an der Produktion und den Weitergabeprozessen beteiligt waren, was eine geringe Arbeitsteilung nahelegt. Bei kleinräumiger Betrachtungsweise stellt sich jedoch heraus, dass nicht alle Siedlungen gleichermaßen in das Weitergabenetzwerk eingebunden waren. Es kann mit einer Weitergabe bei gelegentlichen Besuchen von Verwandten oder Tauschpartnern gerechnet werden. Als Belege für derartigen Tausch können etwa Pfeilspitzen in Siedlungen des Merzbachtals gelten,[10] die sich in Form, Rohmaterial und Herstellungstechnik von den einheimischen Stücken deutlich unterscheiden, denn es wäre unwirtschaftlich, sich Silex aus weiter entfernten Quellen zu besorgen.

Für den in der Linienbandkeramik-Kultur Westdeutschlands dominierenden Rijckholt-Feuerstein kann ebenfalls nur eine Weitergabe von Hand zu Hand belegt werden. Diese steht in Abhängigkeit von der Entfernung zur Rohmateriallagerstätte. Im Nahbereich werden Rohstücke und Kerne, im konzentrischen Ring um dieses Gebiet Halbfabrikate, weiter entfernt Fertigprodukte weitergegeben.

Die Verteilungen unterschiedlicher neolithischer Silexrohmaterialien wurden seit den 1970er-Jahren beispielhaft in Bayern[11] unter anderem anhand der Weitergabe von Plattenhornstein im Alt- und Mittelneolithikum untersucht.[12] Alle Argumente sprechen gegen die Weitergabe von Silexartefakten durch Händler. Auffällig sind Grenzen von Interaktionsbereichen im Rheinland,[13] in Südostpolen und in Bayern,[14] die nicht mit naturräumlichen Grenzen korrespondieren. Die Ursachen dafür könnten in politischen Zusammenschlüssen auf Stammesniveau oder in Zugangsbeschränkungen zu Rohstoffquellen liegen.

Austauschwaren

Der Abbau des an die natürlichen Vorkommen gebundenen Rohstoffes Feuer- respektive Hornstein geschah in Bergwerken unterschiedlicher Größenordnungen. Eines der größten Feuersteinbergwerke Mitteleuropas ist seit den 1980er-Jahren in Abensberg-Arnhofen (Landkreis Kelheim, Niederbayern) bekannt.[15] Zahlreiche Ausgrabungen belegen eine Nutzung der dortigen untertägigen Duckelbaue von der Linienbandkeramik bis zur Chamer Gruppe, also über einen Zeitraum von weit über 3000 Jahren.[16] Hochgerechnet werden mehr als 100 000 Schächte vermutet,[17] über 650 davon konnten ergraben werden.

Charakteristisch für den Hornstein aus Abensberg-Arnhofen sind dünne, abwechselnd hell und dunkel gebänderte Platten (Abb. 2). Dadurch ist das niederbayerische Rohmaterial gut von anderen Silexvarietäten zu unterscheiden. Die leichte Erkennbarkeit könnte als charakteristisches Gütesiegel des qualitativ hochwertigen Rohstoffes auch für die weite Verbreitung vom Alt- bis zum Endneolithikum mitverantwortlich sein. Die Verteilung von Artefakten aus gebändertem Plattenhornstein Arnhofener Provenienz reicht in alle Richtungen bis in

Abb. 2 Gebänderter Plattenhornstein aus Abensberg-Arnhofen, Nordrhein-Westfalen.

400 Kilometer Entfernung zur Abbaustelle (Abb. 3).[18] Südlich des Alpenkamms kommen hingegen nur ganz vereinzelt Artefakte aus diesem Gestein vor.[19] Werkzeuge und Abschläge dieses charakteristischen Hornsteins finden sich in Fundstellen an Mittelelbe und Saale, im Rhein-Main-Gebiet, in der Schweiz,[20] besonders zahlreich auch in Böhmen sowie weiter donauabwärts in Gräbern und Siedlungen in Österreich.[21]

Seit dem Beginn der Neolithforschung in Bayern standen Fragen nach der Verbreitung des gebänderten Arnhofener Plattenhornsteins im Fokus des Interesses.[22] Für die am Abensberg-Arnhofener Tiefbau beteiligten neolithischen Gesellschaften sind subsistenzwirtschaftliche Grundlagen vorauszusetzen.[23] Die Produktion von Steinwerkzeugen oder Teilen derselben erfolgte zur Selbstversorgung, ohne dabei Überschüsse zu erwirtschaften, denn der profitlose reine Gebrauchswert der Güter stand im Vordergrund.

Plattiges Rohmaterial erfordert verhältnismäßig wenig Präparationsaufwand, man benötigt deshalb auch weniger Geschick bei der Herstellung langschmaler Klingen.[24] Andererseits bedingten die unregelmäßiger gestalteten Fladen und Knollen den gleichen Präparationsaufwand und damit verbundene Kenntnisse der Schlagtechniken wie andere Silexrohmaterialien. Bei der Klingenproduktion aus plattigem Material entsteht jedoch viel weniger Herstellungsabfall als bei knollen- oder fladenförmigen Rohstücken. Dies bedeutet auch, dass bei der Weitergabe von Klingen statt von Kernen nur unwesentlich am Transportgewicht eingespart werden kann.

Weitere Feuersteinbergwerke sind in Deutschland an mehreren Stellen nachgewiesen, so in Aachen, Artern, Baiersdorf, Flintsbach-Hardt, Kleinkems, Lengfeld und im Schernfelder Forst.[25] An mindestens 45 weiteren Fundorten sind Abbaustellen zu vermuten.[26] Am Aachener Lousberg ist ein Tagebau mit terrassenartig abgetreppten Abbauwänden belegt, noch heute sind die Pingen im Gelände erkennbar.[27] Der Lousberg-Feuerstein hat eine schokoladenbraune bis braunviolette Farbe und wurde am Ort ausschließlich zu Halbfabrikaten von Beilklingen verarbeitet (Abb. 4). Der bergmännische Abbau

Manus manum lavat – Tausch im Neolithikum

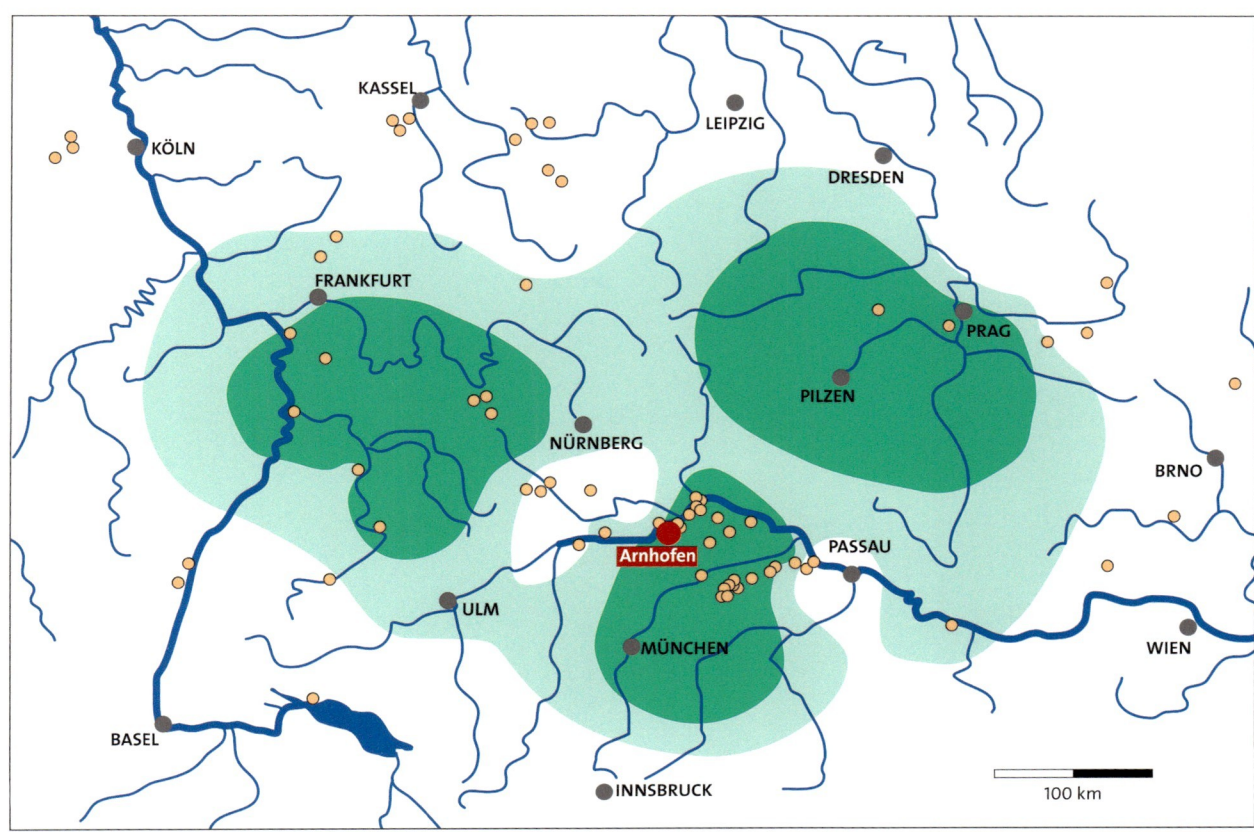

Abb. 3 Vereinfacht dargestellte Verbreitung des gebänderten Plattenhornsteins.

Abb. 4 Beilklinge aus Lousberg-Feuerstein, gefunden in Niederzier bei Düren, Nordrhein-Westfalen.

wird in die Michelsberger beziehungsweise Wartberger und Seine-Oise-Marne-Kultur und damit in das 4. Jahrtausend v. Chr. datiert.

Feuerstein- oder Hornsteinhandel ist für das Neolithikum nicht anzunehmen, auch die Gewinnung von Hornstein in Abensberg-Arnhofen ist vermutlich nicht durch Spezialisten und seine Weitergabe nicht durch „gewinnorientierten Handel" erfolgt. Silexrohstoffe waren in manchen Regionen nicht knapp genug und der Bedarf daran an weit von den Rohstoffquellen entfernten Orten war nicht groß genug. Da die Artefaktproduktion nicht in der Hand von Spezialisten lag, die darauf angewiesen waren, einen Teil ihres Lebensunterhaltes mit dieser Arbeit zu bestreiten, dürfte die Distribution der Erzeugnisse unproblematisch gewesen sein. Zudem war der Bedarf an Werkzeugen pro Familie und Jahr gering. Der Jahresbedarf einer linienbandkeramischen Siedlung von etwa vierzig Feuersteinklingen lässt sich mit zwei Stunden Arbeitszeit für die Werkzeugherstellung abdecken.[28] Gegen eine Spezialisierung

AUSTAUSCH – WAREN UND WEGE

sowohl im Bergbau als auch bei der Werkzeugfertigung sprechen nach Roth Argumente, die sich am Verbrauch des Rohstoffes orientieren. Ein neolithischer Steinschläger könnte bei einer Arbeitszeit von sechzig Wochenstunden pro Jahr die Werkzeugproduktion für etwa 1500 Haushalte gewährleisten. Anders ausgedrückt würden 15 bis 18 Vollzeitspezialisten ausreichen, um die neolithischen Siedlungen einer Zeitspanne in ganz Mitteleuropa zu versorgen.[29]

Spezialisierung ist nur für wenige kompliziert herzustellende Artefakttypen anzunehmen, beispielsweise für die Pfeilherstellung. Diese war nach Forschungen der Ethnologie meist Aufgabe von Teilzeitspezialisten.[30] Das zeigt sich auch im Tauschwert: Zehn Pfeile können den Wert eines Pferdes haben. Darauf deuten auch prähistorische Grabfunde, denn nur wenige Grabinventare enthalten mehr als zehn Pfeile (z. B. Niedermerz 3 und Elsloo). Dabei bleibt unklar, ob es sich bei diesen Toten um erfolgreiche Jäger oder um Produzenten von Pfeilen respektive Pfeilspitzen gehandelt hat. Für die Siedlung von Hornstaad erwägt Hoffstadt eine intensive Pfeilspitzenproduktion durch Spezialisten;[31] auch eine Überschussproduktion etwa für exportierte Perlencolliers könnte auf Spezialisten hindeuten.

Abb. 5 Verbreitung von Jadeitbeilklingen (nach Bérenger 2015, 215); grün: Jadeitbeile, rot: Kupfergeräte, gelb: Goldobjekte.

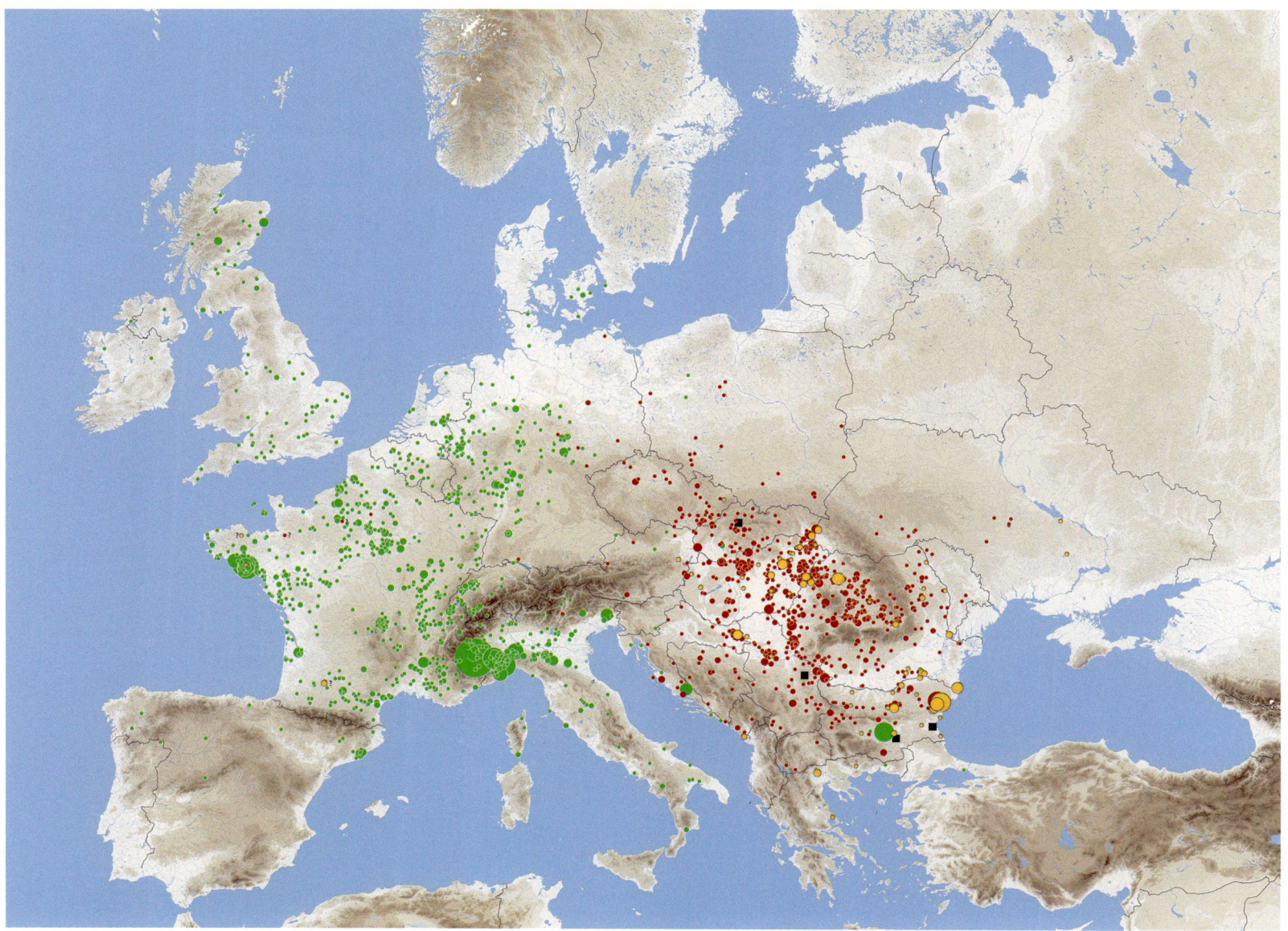

Luxus, Prestige, Status

Prähistorische Tauschobjekte müssen nicht zwangsläufig Prestigeobjekte gewesen sein. Hier kommen auch Waffen wie Bogen und Pfeile oder einfache Arbeitsgeräte infrage. Zu den Prestigeobjekten gehörten aber mit Sicherheit Jadeitbeile. Die enorme Verbreitung von Jadeitbeilen oder -beilklingen in Mitteleuropa belegt zum ersten Mal während des Neolithikums einen Warentausch über mehr als eintausend Kilometer Entfernung (Abb. 5).[32] Es handelt sich um sorgfältig geschliffene und polierte Luxusgüter aus Halbedelstein, von denen bisher fast zweitausend Exemplare gefunden worden sind. Das Rohmaterial stammt aus den italienischen Westalpen vom Monte Viso sowie aus dem Piemont südwestlich von Turin und aus dem ligurischen Massiv von Beigua westlich von Genua. Die Fundstücke konzentrieren sich am Golf von Morbihan in der Südbretagne, wo sich die Machtsymbole im 5. Jahrtausend v. Chr. großer Beliebtheit erfreuten. Auf dem Weg von den Rohmateriallagerstätten zum Bestimmungsort sind die Beilklingen mehrfach überarbeitet worden, bis sowohl die Form als auch die Oberflächengestaltung den jeweiligen Ansprüchen genügte (Abb. 6). Ob sich hinter dem extrem weiträumigen Auftreten der neolithischen Prestigeobjekte aus hochfein poliertem Felsgestein erstmals reine Mobilität, ein frühes Handels- oder ein einfaches Tauschsystem verbirgt, lässt sich bisher nicht klären.

Die auffällige Verbreitung von Schmuckstücken aus der Stachelauster (*Spondylus senegalensis*) in linienbandkeramischen Gräbern an Rhein und Donau führte schon vor über einhundert Jahren mit der Vorlage des Bernburger Depotfundes durch R. Virchow[33] dazu, hierin besondere Ferntauschbeziehungen zu sehen. Festzuhalten bleibt, dass Spondylusartefakte wohl Statusgüter sein dürften. Aus einem Gräberfeld in Aiterhofen-Ödmühle, Landkreis Straubing-Bogen, stammen etliche Spondylusschmuckstücke in Form von Armringen, Perlen und Gürtelschließen (Abb. 7).[34] Das linienbandkeramische Gräberfeld enthielt 159 Körper- und 69 Brandgräber. Die Gräberfelder aus den ältesten agrarischen Gesellschaften Mitteleuropas erlauben nicht zuletzt durch die Beigaben- und Trachtsitte zahlreiche Einblicke in die Geschlechterrollen und die soziale Stellung von Mann und Frau; der Spondylusschmuck spielt dabei eine wichtige Rolle.

Abb. 6 Jadeitbeilklingen aus Höxter und Borgholz, Nordrhein-Westfalen.

Das in der Jungsteinzeit neu aufkommende Metall Kupfer führte wohl erstmals zu einer handwerklichen Spezialisierung bei der Gewinnung und der Weiterverarbeitung zu Werkzeugen und Schmuck. Das Kupfererz wurde – wie auch Feuerstein – bergmännisch abgebaut.[35] Zu den ältesten Kupferfunden zählen anatolische Perlen aus den präkeramischen Siedlungen von Çayönü Tepesi, Aşıklı Höyuk und Çatal Höyuk,[36] die aus gediegenem Kupfer hergestellt wurden. Seit dem 5. Jahrtausend kommen erste Kupferartefakte nördlich der Alpen vor. Ihre Distribution setzt keinen regulären Handel voraus. Aus Kupfer wurden Schmuckstücke wie zu Ohrringen oder Spiralrollen verarbeitete feine Blechstreifen in Kollektivgräbern oder Arbeitsgeräte wie etwa Beil- oder Axtklingen hergestellt. Imitationen von Gussnähten an

AUSTAUSCH – WAREN UND WEGE

Abb. 7 Rekonstruktion einer Spondylus-Gürtelschnalle, basierend auf dem Original aus Grab 10, Aiterhofen, Bayern.

Abb. 8 Werl, Nordrhein-Westfalen, Steinaxt mit „Gussnaht".

Steinartefakte zeugen von der Beliebtheit der frühesten Werkzeuge aus Buntmetall und finden sich auf Steingeräten in spät- und endneolithischen Kulturen, so auf Fischschwanzdolchen aus nordischem Feuerstein oder Axtklingen aus Felsgestein (Abb. 8).[37] Da diese frühen Kupfer- und Bronzewerkzeuge in der Regel recycelt worden sind, gibt es dank dieser typologischen Rudimente zumindest indirekte Belege für deren Existenz.

Zu den ältesten Kupferäxten zählen kreuzschneidige Fundstücke aus Karow (Jerichower Land), Auleben (Heringen/Helme, Kreis Nordhausen), Steinhagen (Kreis Vorpommern-Rügen) und Plauen (Vogtlandkreis) (Abb. 9). Große, massive Flachbeile aus karpatenländischem Reinkupfer oder Arsen-Antimon-Silberkupfer stammen aus Kleinheringen-Rödlingen, Goldschau und Bad Bibra (Burgenlandkreis) sowie aus Bülow (Kreis Güstrow) und Kirch Jesar (Kreis Ludwigslust-Parchim).

Es zeigt sich, dass die zeitgleich als wertvolle Prestigegüter gehandelten Jadeitbeile und kreuzschneidigen Kupferäxte einen klar getrennten Austauschraum bedienten, deren Grenze mitten durch Europa verlief.

Auch Gold übte auf die Menschen schon immer eine besondere Faszination aus. Gewinnung und Verarbeitung des seltenen und daher wertvollen Rohmaterials erforderten spezielles Wissen. Der älteste Goldarmring der Jungsteinzeit in Deutschland stammt aus Schwesing (Kreis Nordfriesland) (Abb. 10). Der Fund lag in einer Grube der Trichterbecherkultur unter dem Kammerboden eines nicht megalithischen Steinrahmengrabes aus dem 4. Jahrtausend (ca. 3600–3300 v. Chr.).[38]

Etwas später, um die Mitte des 3. Jahrtausends v. Chr., tauchen vorrangig im Bereich der Glockenbecherkultur verstärkt Goldfunde auf, häufig handelt es sich um Haarschmuck aus kleinen Goldringen.[39] Mit dem verstärkten Warenverkehr und Rohstoffaustausch kommt auch das Gold in zunehmendem Maß nach Mitteleuropa und verweist damit auf die dichte Verbindung von Handel, Macht und Reichtum, die sich in der Bronzezeit so deutlich zeigt.

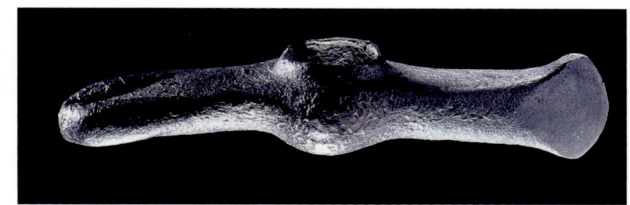

Abb. 9 Kupferaxt aus Auleben, Thüringen.

Abb. 10 Goldarmring aus Schwesing, Kreis Nordfriesland.

1 K. Hesse 1995, 31–38, bes. 33.
2 Hänsel 1995, 19.
3 Weisgerber 1993; Weisgerber 1999; Müller 2017, 94–99.
4 Renfrew 1972, 339–361; Renfrew 1977; 83–88; Pittioni 1985; Zimmermann 1995; Binsteiner 2005; Roth 2008; Matzerath – Schyle 2015.
5 Renfrew 1972 und 1977.
6 Zimmermann 1995, 81, 91 und 106.
7 Sahlins 1972, 185–230.
8 Vgl. dazu Hänsel 1995, 13.
9 Zimmermann 1995, 49–60 und 106.
10 Zimmermann 1977, Abb. 39.
11 de Grooth 1994; Schötz 1988, 1–15; vgl. Roth 2008, 689; Davis 1975; Grillo 1997.
12 Roth 2008, Band III und IV.
13 Zimmermann 1995, 61–108.
14 Schötz 1988, 3 mit Abb. 2.
15 Engelhardt 1983; Engelhardt – Binsteiner 1988; Binsteiner – Riederer – Engelhardt 1990; Rind – Roth 2007; zuletzt Rind 2014.
16 Rind 2012.
17 Roth 2008, 329.
18 Davis 1975, Abb. 1; Willms 1982, 91–100, bes. Abb. 43; Weisgerber 1993, 32; zuletzt Zimmermann 1995, Abb. 10; Roth 2008, 649, 667, 724, 759, 830 und 953.
19 Schäfer 1998, 470–472; Kompatscher 2011, 208; Schäfer 2011, 317; Bertola – Schäfer 2011.
20 Davis 1975, 72–78; Binsteiner – Riederer – Engelhardt 1990, Abb. 26.
21 Davis 1975, 88–89; Grillo 1997, 159–162; Binsteiner 2005, 128 mit Tab. 68; Roth 2008, 636 mit Abb. 4,3.
22 Gabriel 1974; Davis 1975; de Grooth 1991; de Grooth 1994; Grillo 1997; Roth 2008.
23 Lüning 1997.
24 Davis 1975, 23–25; später hat Binsteiner das als „Abensberger Methode" bezeichnet: Binsteiner 1988.
25 Weisgerber 1999, 444–456.
26 Matzerath – Schyle 2015, 204–205.
27 Weiner 1998; Schyle 2010.
28 Zimmermann 1995, 82 und 89; Roth 2008, 600.
29 Roth 2008, 600-601.
30 Arnold 1985.
31 Hoffstadt 2005, 192–195.
32 Bérenger 2015, 212–219.
33 Willms 1985, 331–333 mit Anm. 1 und Abb. 1.
34 Nieszery 1995; Falkenstein 2008.
35 O'Brien 2015.
36 Birch – Rehren – Pernicka 2013.
37 Gleser 2015, 251–259.
38 Müller 2017, 98.
39 H. Meller 2014, 611–716.

AUSTAUSCH – WAREN UND WEGE

Der neolithische Feuersteinabbau bei Artern (Thüringen)

Mario Küßner

In urgeschichtlicher Zeit wurde in Mitteldeutschland überwiegend Feuerstein als Material für die Herstellung geschlagener Steinartefakte genutzt. Bis auf wenige und zeitlich junge Ausnahmen stammt das Rohmaterial aber nicht aus den Primärlagerstätten der vor allem kreidezeitlichen Ablagerungen im südlichen Baltikum, sondern aus sekundären Residuallagerstätten. Die kaltzeitlichen Gletschervorstöße nach Mitteleuropa führten zur Aufarbeitung und zum Transport von Feuersteinknollen sowie schließlich beim Abschmelzen der Inlandeismassen zu deren Ablagerungen in Moränen. Zu allen infrage kommenden Zeiten wurde Feuerstein obertägig aufgesammelt und genutzt. Vermutlich noch am Ende des Paläolithikums tritt jedoch auch in Mitteldeutschland die gezielte und wiederholte Nutzung einzelner Plätze, kombiniert mit der Anlage von Abbauen in Form von flachen Gruben und im Verlaufe des Neolithikums auch von Pingen und Schächten, hinzu.[1]

Im Jahr 2015 wurde östlich des Kyffhäusers ein solches Abbaufeld entdeckt.[2] Es befindet sich auf einem isolierten elsterkaltzeitlichen Grundmoränenrest am Fuß des aus Buntsandstein bestehenden Arterner Weinberges. Der Bergbau hatte in den Moränenrest eingelagerte Feuersteinknollen verschiedener Abmessungen und unterschiedlicher Qualität zum Ziel. Die Gesamtzahl der dokumentierten, mit dem Abbau zu verbindenden Befunde beläuft sich auf 531 auf einer bisher erfassten Fläche von etwa 6500 Quadratmetern (Abb. 1). Da die Nordgrenze nicht erreicht ist, waren ursprünglich wohl wesentlich mehr Abbaustellen aufgefahren worden.

Stratigraphische Beobachtungen ergeben ein recht klares Bild der zeitlichen Einordnung. Dies sind die Eintiefung eines Grabes der Baalberger Kultur der ersten Hälfte des 4. Jahrtausends v. Chr. in einen frühen Abbau und verfüllte Gruben schneidende Gräber der Schnurkeramik aus der Mitte des 3. Jahrtausends v. Chr. Außerdem konnten organische Reste, die mit dem Abbau im Zusammenhang standen, radiometrisch datiert werden. Danach wurde Feuerstein hauptsächlich zwischen dem 38. und 32. Jahrhundert v. Chr. gefördert.

Die Gewinnung setzte am Hangfuß in Bereichen ein, wo Feuersteinknollen bei Flutereignissen freigespült worden waren. Hier begannen vermutlich kleine Gruppen von „Bergleuten" flache Gruben anzulegen. Auf der Suche nach dem begehrten Material sind flache Abbaue dann immer weiter hangaufwärts aufgeschlossen worden. Teilweise ist dazu vom Weinberg stammender und am Hang als Schuttfächer abgelagerter Buntsandstein durchteuft worden, der sich auch in den Verfüllungen findet. Dies lässt auf ein gewisses Maß an Planung schließen, musste doch erkennbar taubes Material in immer größeren Mengen versetzt werden, um den Moränenkörper zu erreichen.

In einer zweiten Abbauphase wurden die flachen und oft ausgedehnten Gruben von tieferen Kuhlen und Pingen abgelöst. Dabei wurden Erstere

Abb. 1 Plan des Abbaufeldes bei Artern.

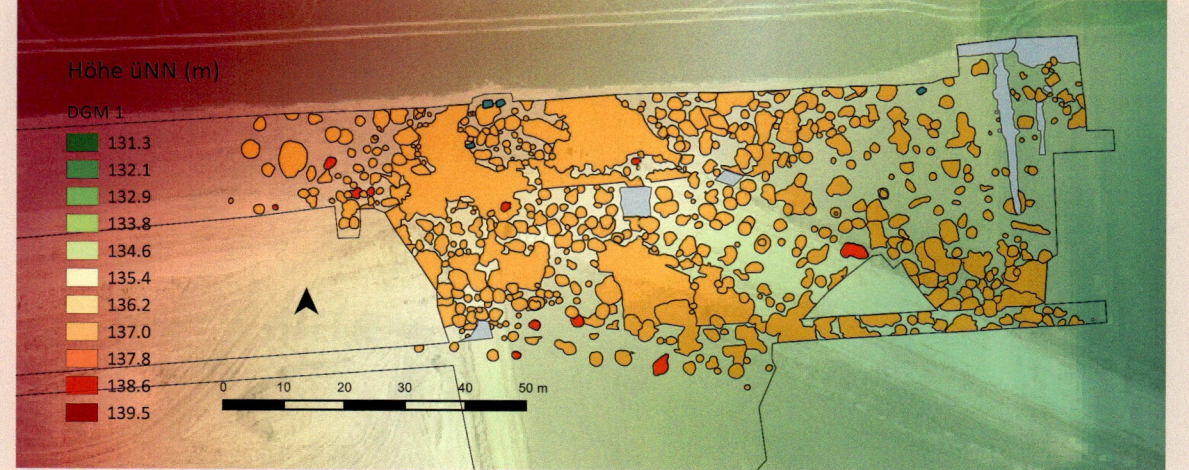

oftmals durchteuft. Gleiches gilt für regelrechte Schächte mit einer Tiefe von teilweise mehr als fünf Metern unter der damaligen Geländeoberfläche und einem kleinsten Durchmesser von unter einem Meter in Sohlnähe. Der geringe Durchmesser gerade der tiefen Schächte erklärt sich mit der dadurch ohne zusätzlichen Verbau gegebenen Stabilität. Der Abbau richtete sich nach der Beschaffenheit des Moränenkörpers: In tonigen Bereichen wurden die Schächte angelegt, in den sandigen, weniger stabilen Zonen – in einem Falle ist ein Sandeinbruch dokumentiert – die Kuhlen und Pingen. Schließlich spielten sicherlich auch die Dichte und die Qualität der Feuersteinknollen eine Rolle. Während die flachen ausgedehnten Gruben keine intentionelle Verfüllung erkennen lassen – möglicherweise wurde aber der Versatz innerhalb der Gruben wieder eingebaut –, wurden die tieferen Eingriffe zeitnah wieder verfüllt. Dies geschah mit dem Abraum eines danach aufgeschlossenen Abbaus und diente der Stabilisierung und damit der Erhöhung der Standfestigkeit aktiver Gewinnungsstätten.

Da die ehemalige Oberfläche erosiv abgetragen und teilweise durch Material vom Oberhang ersetzt worden ist, fehlen Hinweise auf die obertägig ausgeführten Tätigkeiten weitgehend. In der Verfüllung eines Schachtes fanden sich allerdings nahe beieinander fast 900 kantenscharfe Feuersteinartefakte, darunter Kerne, unförmige Klingen und Abschläge verschiedener Art. Hierbei handelt es sich um Reste eines Schlagplatzes, die mit eingefüllt wurden. Die Kerne und Präparationsartefakte sowie verworfenen Klingen sind typische Reste bei der zielgerichteten Herstellung von Klingen. Größe und Bearbeitungsmerkmale weisen darauf hin, dass mit dem Rohmaterial trotz der lokalen Verfügbarkeit sorgsam umgegangen und eine hohe Effektivität bei der Klingenherstellung erreicht wurde. Besonders bemerkenswert ist das Vorliegen zahlreicher menschlicher Skelette am Abbauplatz. Bisher elf Individuen sind zeitlich und teilweise auch direkt mit dem Bergbau zu verbinden. Neben einer isolierten Schädelkalotte im Zentrum eines Schachtes, die vermutlich aus einem beim Abbau zerstörten Grab stammt (Abb. 2), liegen Teilskelette und acht zumindest annähernd vollständige Skelette vor, die in verschiedenen Tiefen innerhalb der Kuhlen, Pingen und Schächte aufgefunden wurden und eine ganz unterschiedliche Einbettungsgeschichte haben. Einige Individuen wurden mit stark angewinkelten Gliedmaßen in einer Haltung angetroffen, die an die Niederlegung verschnürter Leichenbündel denken lässt. Bei einem Mann inmitten von größeren Geschieben fand sich in Handreichweite eine Geweihhacke, die als Gezähe (Abbauwerkzeug) gedient hatte. Die Lage des Individuums lässt – wie auch bei einem Skelett aus einem anderen Befund – eine Interpretation als Opfer eines Unfalls oder einer Gewalttat wahrscheinlich erscheinen. Bei zwei anderen Toten fanden sich Rinderschulterblätter, die als Hilfsmittel zum Häufeln lockeren Materials dienten. Ein Schacht enthielt in der Nähe der Sohle, mehrere Meter unter der alten Oberfläche dicht nebeneinander und regelrecht in den Schacht gezwängt die Überreste einer Frau und eines Mannes. Während die Frau in Seitenlage mit zum Gesicht erhobenen Händen und angewinkelten Beinen an die Wandung gedrückt war, kam der Mann in Rückenlage mit in den Knien gewinkelten und gespreizten Beinen sowie perimortal zertrümmerter linker Schläfe im Schacht zu liegen. Das Abbaufeld bei Artern ist Teil des sich abzeichnenden Montanreviers „Saale-Unstrut". Neben begrenzten Importen begehrter Materialien, wie des Baiersdorfer Plattensilex, der zum Beispiel in Form von einteiligen Sicheln importiert worden war, bestand auch im mitteldeutschen Jungneolithikum hoher Bedarf an Feuerstein und besonders an Klingen für die verschiedensten Verwendungen. Die Ausbeutung der regional verfügbaren Ressourcen – Residuallagerstätten baltischen Feuersteins – war die Antwort darauf und gleichzeitig eine Besonderheit gegenüber den Regionen, in denen Primärlagerstätten abgebaut wurden.

Abb. 2 Schacht mit menschlicher Schädelkalotte.

1 Wechler – Wetzel 1987.
2 Küßner – Schwerdtfeger – Nováček 2018.

Schatzfunde aus der Bronzezeit – Indizien für ein weitgespanntes Wirtschafts- und Wertesystem

Henning Haßmann

Hortfunde – Herausforderung für die Bodendenkmalpflege, Chance für die Forschung

Schätze üben einen besonderen Reiz auf die Menschen aus, denn mit ihnen sind Sehnsüchte nach Glück, Rätsel, Abenteuer und Reichtum verknüpft. Auch die Archäologie ist in besonderem Maße davon fasziniert, denn solche Funde sind wahre Schätze für die Wissenschaft. Wie in einem Brennglas zeigen sich darin globale Phänomene des Austauschs von Waren und Ideen und sie sagen viel über die Kultur der Menschen aus, die sie niedergelegt haben. Schatz-, Hort- und Depotfunde sind Synonyme für die gleichzeitige Niederlegung einer bewussten Auswahl von Objekten, die weder Grab- noch Siedlungsfunde sind – wobei die Begriffe angesichts der Analyse komplexer archäologischer Landschaften mehr und mehr verschwimmen. Sie werden als Hausschatz, Händler- oder Gießerdepot, Versteck in Kriegszeiten, Opfer-, Weihegabe oder Selbstausstattung für das Jenseits, Rechtsbrauch oder magische Grenzmarkierung interpretiert. Über Jahrzehnte bestand ein Konsens darüber, dass solche intentionellen Vergrabungen am ehesten als sichere Verstecke wertvoller Habe in Krisenzeiten angelegt worden sind und sich bis heute erhalten haben, weil die Menschen mit dem Wissen um den Vergrabungsort nicht mehr dazu kamen, die Schätze zu bergen.

Diese Deutung trifft für bestimmte Horte sicherlich zu, insbesondere, was das Mittelalter und die Neuzeit anbelangt. Sieht man sich aber die Zusammensetzung der Horte und ihre Lage vor allem im Vergleich zu anderen Schatzfunden an, so wird deutlich, dass hinter der Vergrabung mehr steckt als die Sicherung persönlichen Besitzes. Bemerkenswert ist, dass die vereinzelt schon in der Jungsteinzeit erkennbare Hortfundsitte in der gesamten Bronze- bis zur frühen Eisenzeit über einen Zeitraum von etwa 1500 Jahren praktiziert wurde, um dann (zunächst) nahezu komplett abzubrechen. Die Horte wurden gerne an alten Fernwegen, oft in keramischen oder organischen Behältnissen und nicht selten an heute noch erkennbar bemerkenswerten Plätzen niedergelegt; in Flüssen, Mooren und an Felsformationen, aber auch in Siedlungen oder auf offenbar freier Flur. Es gibt Gebiete ohne Horte und solche mit hoher Hortdichte.

Bei aller Vielschichtigkeit in der Zusammensetzung, der Lage und der Art der Vergrabung haben sie eines gemeinsam: Sie stellen auf die damalige Zeit bezogen oft einen unermesslichen Wert dar, den eine einzelne Person sicherlich nicht hätte anhäufen können. Ihre Menge, die Art der Zusammensetzung, das Vorhandensein und das Fehlen bestimmter Artefakttypen sowie deren Kombination folgt einem System, das am ehesten mit sakralen Bräuchen erklärbar ist. Besonders häufig finden sich in der Bronzezeit Ösenringe, Spangenbarren, Beile und Sicheln, aber auch Schwerter und Lanzenspitzen aus Buntmetall. Manche Horte beinhalten viele Hundert Objekte mit einem Gesamtgewicht von manchmal über einhundert Kilogramm. Wie beispielhafte Zahlen aus Niedersachsen zeigen, wurde ein Drittel der etwa 180 bronzezeitlichen Hortfunde im 19. Jahrhundert entdeckt und die Hälfte bis in die 50er-Jahre des 20. Jahrhunderts. Ihre durch den Umbau

linke Seite Die Kupferbarren vom Hortfund von Oberding (Bayern) in einer Detailaufnahme.

der Landschaft, den Wegebau, die Verkoppelung der Felder und die Ausdehnung der Siedlungsräume begünstigte Auffindung ist zumeist bei Bodeneingriffen gelungen, in denen die Menschen noch ganz dicht über beziehungsweise in der Erde gearbeitet haben – bei Landwirtschaft, Rodung, Torfabbau und Sandstich mit Schaufeln, Spaten und Hacken. Zumeist wurden die Funde von Bauern und Arbeitern eingesammelt und abgegeben, selten sind die Fundumstände genauer dokumentiert. Mit der Industrialisierung der Landwirtschaft und dem Maschineneinsatz beim Rohstoffabbau und bei der Baugebietserschließung ist die Auffindungswahrscheinlichkeit dramatisch gesunken. Bemerkenswerterweise hat sich der Trend inzwischen umgekehrt und die Zahl der neuentdeckten Hortfunde ist wieder angestiegen. Das liegt daran, dass durch die Einführung des Verursacherprinzips in den letzten Jahren viel mehr Baumaßnahmen archäologisch begleitet werden und so täglich neue Fundstellen erkannt und dokumentiert werden können. Vor allem aber führt der verstärkte Einsatz von Metalldetektoren in der professionellen Prospektion und durch Privatleute seit etwa zwanzig Jahren zur Entdeckung vieler Metallfunde – auch Horte. Seitdem die Bodendenkmalpflege eine enge Zusammenarbeit mit geschulten Sondengängern praktiziert, ist wieder ein Anstieg bei der Auffindung von Hortfunden zu verzeichnen. Die in den letzten Jahren neu entdeckten Hortfunde haben die Erforschung dieser spannenden und ergiebigen Quellengattung wieder in den Fokus der Forschung gerückt. Dabei zeigen die professionell geborgenen Horte, dass eine gute Dokumentation dieser Quellengattung einen enormen Erkenntnisgewinn gegenüber der früheren Beschreibung der Summe von Einzelartefakten mit sich bringt. Das wird besonders deutlich beim Einsatz industrieller Computertomographie des den Hort umgebenden Sedimentblocks. Von großem Gewinn ist die enge Zusammenarbeit mit diversen Nachbardisziplinen der Archäologie wie etwa der Bodenkunde, der Paläobotanik und vor allem der Archäometallurgie, die durch chemische Analysen Hinweise auf Provenienz und Herstellung der Metallartefakte geben kann.

Der Fortschritt auf dem Gebiet der Hortfundforschung liegt aber nicht nur in einer besseren Untersuchung der Hortfunde selbst und dem Ort der Niederlegung sowie seiner historischen Topographie, sondern in der großmaßstäbigen Analyse aller Hortfunde im diachronen Vergleich. Erst durch das Herauszoomen und den Vergleich des Hortfundphänomens in einer europäischen und zum Teil sogar außereuropäischen Perspektive zeigt sich ein prähistorisches Muster kultureller Gemeinsamkeiten und Unterschiede. Es bildet sich ein System von Kommunikation und Austausch von Wissen und Waren über Hunderte und Tausende von Kilometern ab. Im Folgenden sollen drei aktuelle, besonders gut dokumentierte Hortfunde vorgestellt werden – stellvertretend für Hunderte solcher Depots ganz ähnlicher Art.[1]

Kupferbarren bündelweise – der Spangenbarrenhort von Oberding

Bei der archäologischen Voruntersuchung im Zuge eines Neubaus in fundreichem Altsiedelland entdeckte das Grabungsteam 2014 im bayerischen Oberding, Landkreis Erding, ein Depot mit Hunderten Spangenbarren aus Kupfer und einem Gesamtgewicht von 82 Kilogramm.[2] Der in einer höhlenartigen Nische am Rand einer Abfallgrube niedergelegte Schatzfund wurde in zwei Sedimentblöcken geborgen, von denen einer unter Laborbedingungen freigelegt wurde, der andere als Forschungsreserve für spätere Zeiten als Block belassen wurde. Der Inhalt des zweiten Blockes konnte jedoch computertomographisch nicht-invasiv und dennoch detailliert untersucht werden. Die insgesamt 796 langgestreckten, an den Enden gekrümmten Spangenbarren von etwa dreißig Zentimetern Länge waren in der ausgehenden Frühbronzezeit (1750–1650 v. Chr.) in offenem Herdguss hergestellt worden. Die Metallanalysen zeigen, dass die Hälfte der Barren aus einem fast reinen Kupfer, vermutlich aus ostalpinen Kupferlagerstätten im Salzburger Land, stammt. Die andere Hälfte der Objekte wurde aus Fahlerzkupfer gegossen. Diese Zusammensetzung ist charakteristisch für Vorkommen in der Slowakei und im österreichischen Inntal. Damit wird ein komplexer Austausch über weite Distanzen sichtbar. Die Tatsache, dass bislang kein Nachweis für den Guss solcher Barren in den Abbaugebieten gefunden wurde, wirft Fragen zur Organisation des Austausches auf. Bemerkenswert ist, dass fast alle Barren mit Bast zu Zehnerbündeln zusammengeschnürt waren. Diese Organikreste haben sich durch die Metallkorrosion so gut erhalten, dass drei unterschiedliche Schnürungsvarianten der

Abb. 1 Spangenbarrenhort von Oberding, Landkreis Erding. Das frühbronzezeitliche Depot enthielt 796 Barren, von denen fast alle zu Zehnerbündeln zusammengeschnürt worden waren. Hier eine Auswahl mit rekonstruierter Schnürung.

Zehner-Bündel rekonstruiert werden können (Abb. 1). Die Bündel waren in acht Gruppen effizient neben- und übereinander gestapelt worden: Es fanden sich 71 Zehnerbündel, zwei Zwölferbündel und je ein Achter- und Elferbündel; 41 Barren konnten keinen Bündeln zugewiesen werden. An der Anordnung der Barren fällt die Zahl 10 und ihr Vielfaches auf. Es scheint gewollt, dass etwa einhundert Gramm schwere Barren als Zehnerbündel etwa ein Kilogramm wiegen. Das spricht für die Anwendung des Dezimalsystems. Die Zahl 10 spielt auch bei dem norddeutschen Goldhort von Gessel eine wichtige Rolle.

Ein Schatz in der Pipelinetrasse – der Goldhort von Gessel

Bei den systematischen archäologischen Untersuchungen des niedersächsischen Bauabschnitts der Nordeuropäischen Erdgasleitung wurde 2011 in Gessel bei Syke, Landkreis Diepholz, auf einer hochrangigen Verdachtsfläche einer der größten prähistorischen Goldhorte Mitteleuropas entdeckt und im Sedimentblock geborgen.[3] Während die meisten Edelmetall-Depotfunde unzureichend oder undokumentiert als Zufallsfunde auf uns gekommen sind, konnte dieser ungestörte, geschlossene Befund umfassend untersucht werden. Der Schatz setzt sich aus insgesamt 117 Goldobjekten mit einem Gesamtgewicht von etwa 1,7 Kilogramm zusammen, die in einer sehr kompakten und platzsparenden Anordnung übereinander gestapelt, ineinander verzahnt, umlegt und verschachtelt niedergelegt wurden (Abb. 2).

Dank der bereits vor der Freilegung des Fundensembles angefertigten Linearbeschleuniger-Computertomographie wurden Struktur und Anordnung des Ensembles bereits vor der Freilegung in der Restaurierungswerkstatt präzise dokumentiert (Abb. 3). Die kompakte, tropfenförmige Anordnung spricht dafür, dass der Schatz in ein geschmeidiges Behältnis aus organischem Material – vermutlich Textil oder Leder – eingeschlagen war. Wahrscheinlich wurden die Objekte auf einem flach ausgelegten, später oben zusammengebundenen Tuch arrangiert und dann sorgfältig in eine kleine, umgehend mit dem

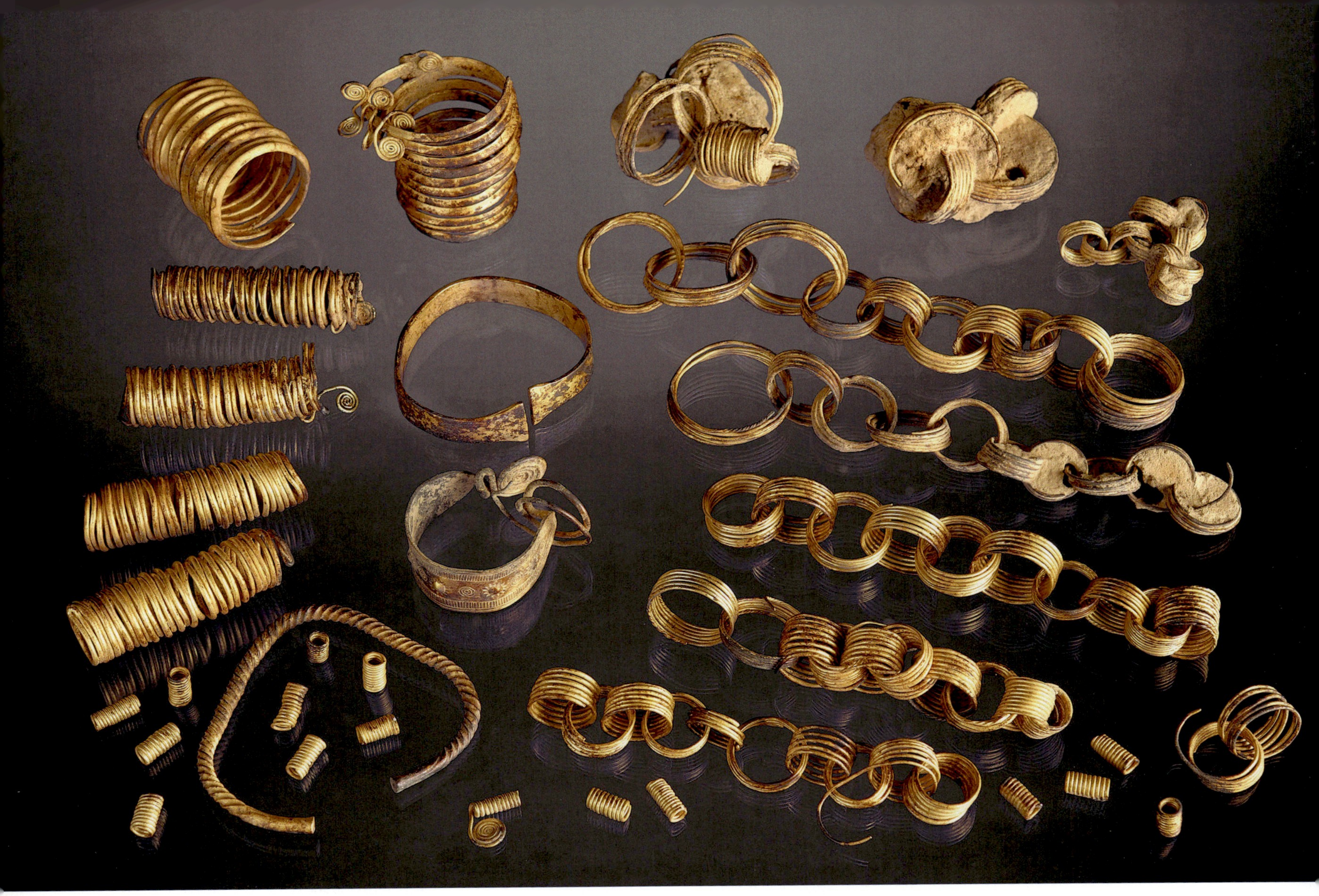

Abb. 2 Die 117 Objekte des Goldschatzes von Gessel, Stadt Syke, Landkreis Diepholz, nach der Freilegung. Auffällig die acht aus Goldspiralen gebildeten Zehnerketten.

Abb. 3 Detailliertes Bild des noch im Erdblock verborgenen Fundkomplexes (am Computer eingefärbte Darstellung).

entnommenen Bodenmaterial wieder verfüllte Grube niedergelegt. Es war eine sehr kleine, nicht weiter ausgesteifte oder sonst gesicherte Grube von höchstens fünfzig Zentimeter Tiefe unter der damaligen Geländeoberfläche. An der flachen Sohle fanden sich insgesamt 18 kompakt gewickelte kleine Spiralröllchen, die wohl zu einer Kette auf ein Band gezogen waren. Dann wurden nebeneinander senkrecht zwei gleichartig große Armspiralen aufgestellt, in die je eine schmalere Lockenspirale aus doppelt gewickeltem Draht eingesetzt war. Zwischen den beiden großen Spiralen standen senkrecht zwei weitere Lockenspiralen. Um diesen Kern aus zwei großen Arm- und vier schmalen Lockenspiralen sind halbkreisförmig auf einer Seite über- und ineinander acht Ketten von je zehn girlandenartig ineinander gedrehten Drahtspiralen gelegt worden (Abb. 4), die sich zum Teil mit dem auf diesem Gewirr von Ringen platzierten bandförmigen Armreif überlagern. Zwei weitere Spiralen bilden eine Zweierkette. Auf diese Gruppierung von Ringen ist ein tordierter Armreif gelegt worden. Zuoberst lag eine einzelne große zusammengebogene Fibel. Ganz oben auf diesem Knäuel befand sich ein einzelnes Spiralröllchen mit angesetzter Spirale. Etwa in gleicher Höhe fand sich in waagerechter Anordnung ein Bündel aus sechs Bronzenadeln.

Die Fibel aus massivem Gold hat einen gedrungenen, weidenblattförmigen Bügel, der an beiden Enden in eine flächige Spirale ausläuft. Das eine Ende bildete mit einer zusätzlichen u-förmigen Windung den Nadelhalter. Die Nadel wurde vor der Niederlegung entfernt, wofür die Spiralwicklung aufgebogen wurde. Der Bügel wurde rundlich zusammengebogen. Auf der Bügelplatte sind in einer Reihe insgesamt elf runde Verzierungen angebracht. In alternierender Abfolge wechseln sich sechs kreisaugenförmige Einstempelungen und jeweils drei konzentrische Ringe mit fünf kleinen erhabenen Rundbuckeln ab, die von strahlenförmig angeordneten Dreieckpunzen umrandet sind. Die Leiterbandverzierung mit insgesamt 254 senkrechten parallelen „Leitersprossen" wurde zumeist mit einem leicht versetzten Doppelschlag eingepunzt, ehe die kantenparallelen Bänder beziehungsweise Rillen eingraviert wurden. Die von der Nadel befreite Fibel hat ein Gewicht von 46 Gramm und eine Gesamtlänge von 16 Zentimeter mit der größten Bügelbreite von 2 Zentimetern (Abb. 5).

Mit einem tordierten und einem bandförmigen Exemplar sind zwei unterschiedliche Armringe niedergelegt worden. Der tordierte, einst sicherlich runde Armring ist zu einer abgerundet dreieckigen Form verbogen worden. Der unverzierte bandförmige Armreif ist vermutlich als Halbfabrikat – wohl für ein Armband mit gegenständigen Endspiralen – zu deuten.

Die Abmessung und die Formgebung der beiden zentral aufgestellten großen Armspiralen legen nahe, dass sie zu einem Paar gehören. Die vier annähernd gleichartig

Abb. 4 Ein im Rapid-Prototyping-Verfahren generiertes exaktes Kunststoffmodell im Maßstab 1 : 1 auf Grundlage der vor der Freilegung durch Computertomographie gewonnenen 3D-Daten des Ensembles. Das Modell dokumentiert die Lage der Objekte und erleichtert die Freilegung in der Restaurierungswerkstatt.

Abb. 5 Die Fibel im Zustand der Niederlegung und in rekonstruierter Form mit frei ergänzter Nadel.

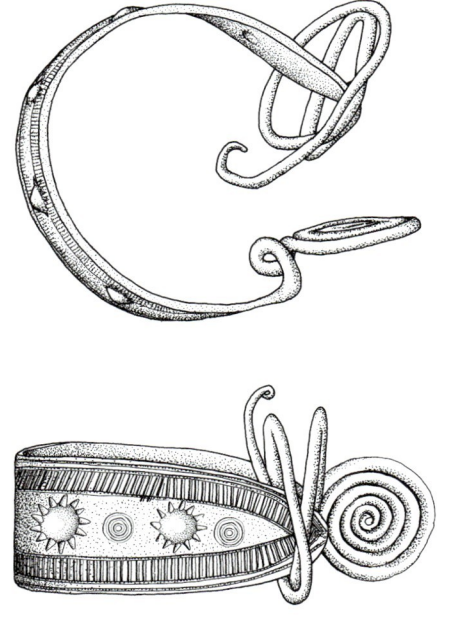
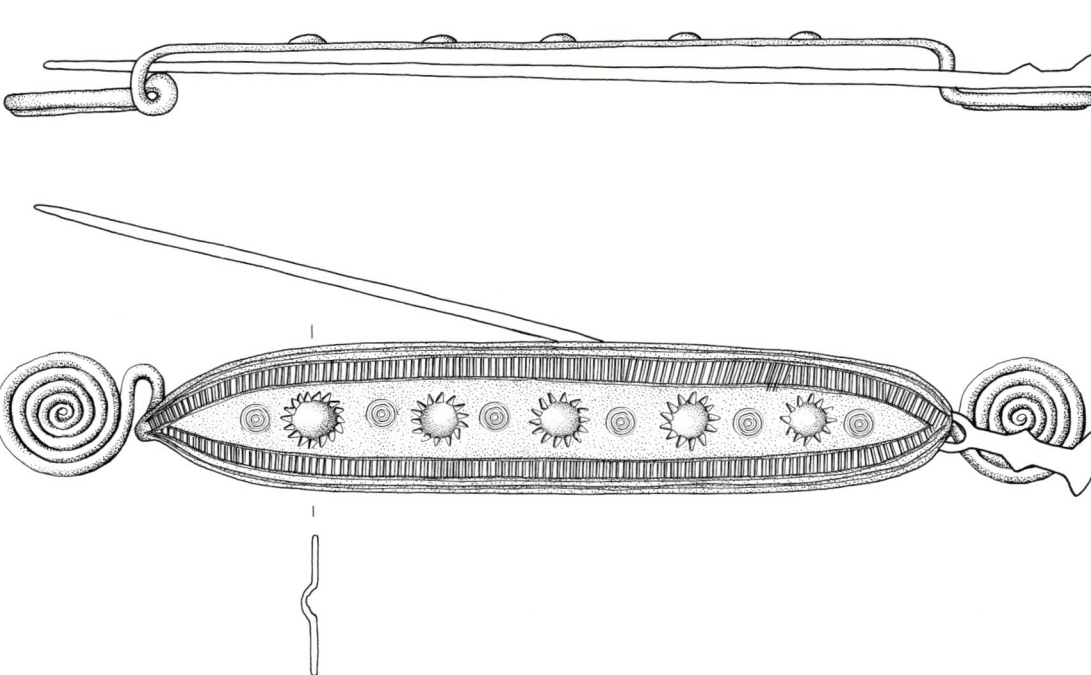

0　　　　　5 cm

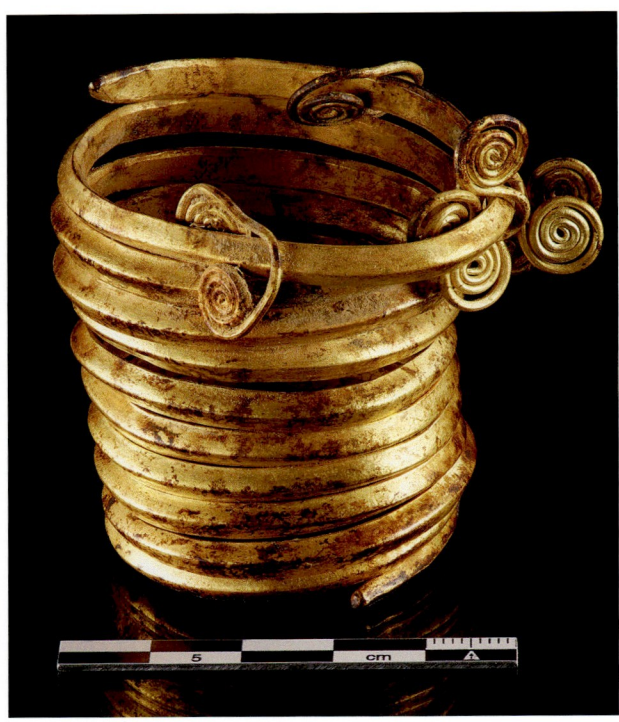

Abb. 6 Kleine Brillenspiralen sind sorgfältig auf eine Armspirale aufgezogen worden.

großen Noppenspiralen waren aus Endlosdraht hergestellt worden.

Die sieben kleinen Brillenspiralen des Hortes (die ersten dieser Art aus Gold nördlich der Alpen aufgefundenen) sind in Drahtdurchmesser, Breite und Höhe ebenfalls sehr einheitlich. Sie sind sorgfältig auf zwei Locken- und eine Armspirale aufgezogen worden (Abb. 6).

Die Gewichte der acht aus jeweils zehn Spiralen gebildeten „Girlandenketten" schwanken stark zwischen 39 und 165 Gramm. Die Längen variieren ebenfalls sehr stark zwischen 11 und 24 Zentimetern. Weder bei den Gesamtgewichten und Gesamtlängen noch bei den einzelnen Spiralen kann eine Normierung festgestellt werden. Die kürzeste Drahtlänge eines Ringes beträgt 16 Zentimeter, die längste an einem doppelt gelegten Draht weist 72 Zentimeter auf. Der Drahtdurchmesser liegt zwischen 0,08 und 0,35 Millimeter. Das Gesamtgewicht aller 82 Spiraldrähte an den neun Ketten beträgt 795 Gramm, ihre Gesamtlänge beträgt 35 Meter.

Abb. 7 Bei vielen der miteinander girlandenartig zu Ketten verdrehten Drahtspiralen sind die Enden tordiert.

Es zeichnen sich keine eindeutigen Gruppierungen ab. Bei der Gesamtbetrachtung der 82 Spiralen fällt aber auf, dass 32 Spiralen ohne Abnutzungsspuren nahezu „fabrikneu" erscheinen. Sie sind sehr sorgfältig gewickelt und in sich kaum verschoben. Zwei Ketten bestehen nur aus solchen „neuen" Spiralen. 13 Kettenglieder sind gegen den Uhrzeigersinn gedreht. Durch die Linkshändigkeit der Herstellung lässt sich im geschlossenen Gesseler Material eventuell ein einzelner Handwerker bestimmen.
Bei 21 Drahtspiralen sind die Enden tordiert (Abb. 7). Hatte diese Torsion ausschließlich einen dekorativen Charakter oder sollte eine Art Herstellergarantie für die Vollständigkeit und den hohen Feingehalt des Goldes gegeben werden? Die noch ausstehende Analyse der Gebrauchsspuren und der Spuren an den Enden der Drähte könnte nachweisen, dass von den unregelmäßiger gewickelten Spiralen Stücke zur Verarbeitung oder für den Handel abgeschnitten worden sind.

Direkt oberhalb des Goldes, eindeutig zum Depot gehörig, lagen sechs bronzene Nadeln, zum Teil mit Gruppen spiralartig mitgegossener Vertiefungen (Abb. 8). Die Nadeln waren mit einem etwa sechs Millimeter breiten Band aus Leinen eng umwickelt. Die aus den Flachsresten gewonnenen ¹⁴C-Proben bestätigen die typologische Datierung dieses prähistorischen Edelmetallhortes in die frühe bis mittlere Bronzezeit (Ende des 14. Jahrhunderts v. Chr.).

Die ersten metallurgischen Analysen lieferten Hinweise darauf, dass ein Teil des Materials aus Südosteuropa, einige Objekte sogar aus Zentralasien stammen könnten.[4] Fernkontakte in diesen Dimensionen rücken neuerdings immer deutlicher in den Fokus, auch durch die Untersuchung bronzezeitlicher Kleinfunde zwischen dem Industal, dem Vorderen Orient und Europa.[5]

Verborgen hoch über der Oder – Die 102 Beile von Lebus

Bei der archäologischen Begleitung einer Baumaßnahme am Burgberg von Lebus, Landkreis Märkisch-Oderland, wurde der bislang größte spätbronzezeitliche Hortfund Brandenburgs entdeckt.[6] Der Befund war durch die Bauarbeiten bereits gestört. Dank der akribischen Nachuntersuchung lässt sich jedoch sagen, dass die 102 Beile, zwei Ringe sowie ein Schwertfragment und der Rest eines Gussvorganges zumindest zum Teil in einem Keramikgefäß niedergelegt worden waren. Die deponierten Bronzen haben ein Gesamtgewicht von fast 23 Kilogramm (Abb. 9).

Unter den vielfältig vertretenen 85 Tüllenbeilen sind etwa die Hälfte einheimische Formen vom Lausitzer Typ. Daneben fällt eine Fülle von in dieser Gegend fremdartig wirkenden Beilen auf. Dazu gehören Stücke mit plastischen Randleisten, taschenförmigem Tüllenbauch und abgesetztem Schneidenteil, deren Verbreitungsschwerpunkt im mittleren Donaugebiet liegt. Einige unverzierte Beile weisen auf Kontakte in das Gebiet beidseitig des Ärmelkanals hin. Unter den 17 Lappenbeilen finden sich einige im Oderraum sehr seltene, oberständige Lappenbeile mit Öse, die typisch sind für die süddeutsche Urnenfelderzeit im 9. vorchristlichen Jahrhundert. Dazu gehört ein in der späten Bronzezeit äußerst seltenes, besonders schweres Stück mit Schulterbildung und deutlich verbreiterter Schneide, für das sich gelegentlich Parallelen im bayerischen und österreichischen Voralpenland sowie vor allem in den Alpen und in Oberitalien finden. Das Fragment eines absichtlich zerstörten Vollgriffschwertes kann den Typen Auvernier, Hostomice oder Stölln zugeordnet werden und ist damit der erste Beleg des vermutlich aus dem Süden importierten Typs in einem Hort des Oderraums. Schwerter dieser Art finden sich aber auch von Ostfrankreich über Skandinavien bis Westpolen. Die beiden massiven rundstabigen Ringe sind in der ganzen Bronzezeit vor allem aus dem südlichen Ostseeraum bekannt.

Der hoch über der Oder liegende Burgberg von Lebus war sicherlich ein Zentralort in der spätbronzezeitlichen Siedlungslandschaft an diesem wichtigen Norden und Süden verbindenden Fluss. Die Stücke aus dem Hort lassen erkennen, wie weit die Fernkontakte der Lausitzer Kultur in der Zeit zwischen 900 und 800 v. Chr. reichten.

Abb. 8 Die sechs mit bestens erhaltenem Leinenband zu einem Bündel verschnürten Bronzenadeln lagen oberhalb des Goldschatzes von Gessel.

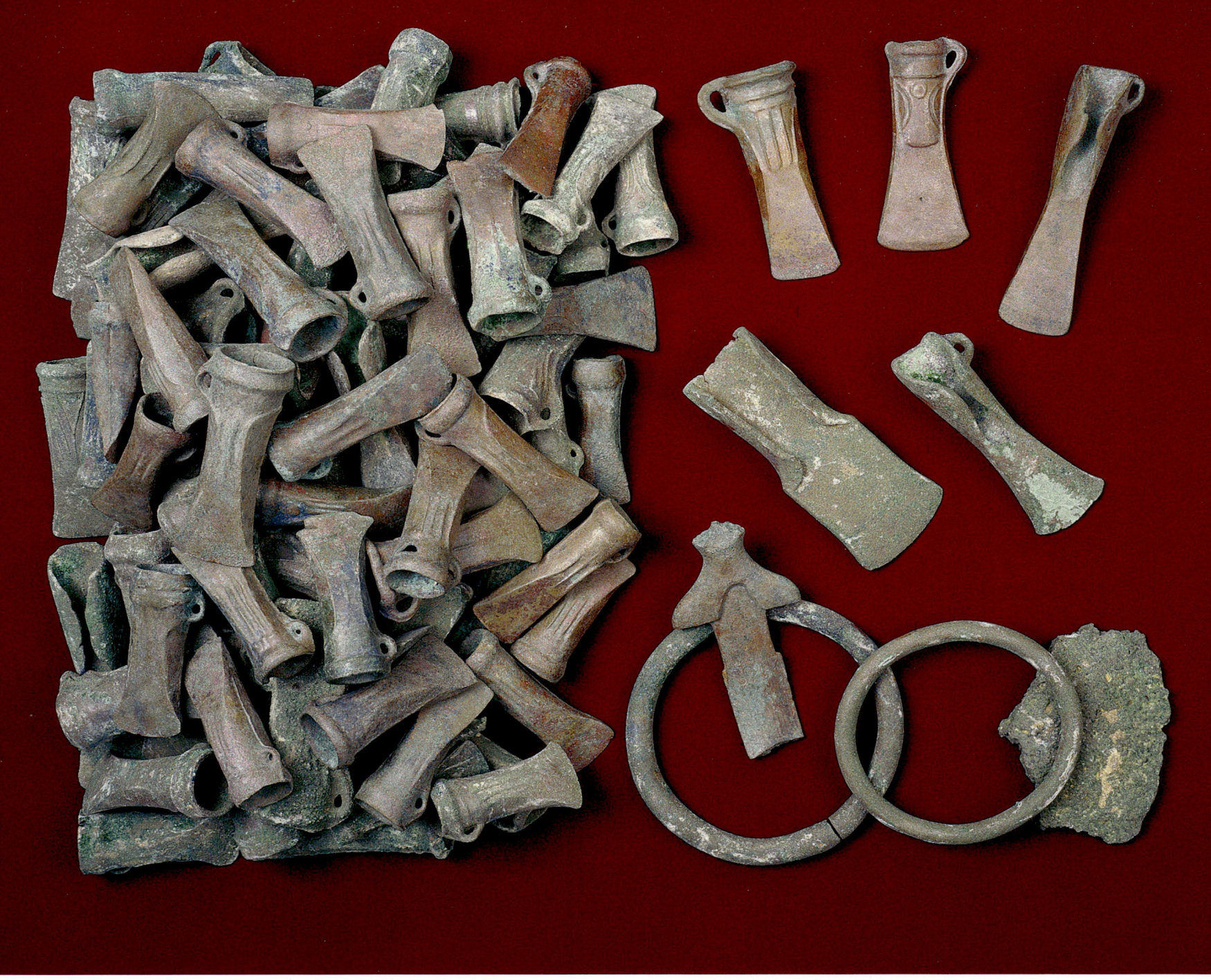

Abb. 9 Der Bronzehort von Lebus, Lkr. Märkisch-Oderland, enthielt 102 Beile, zwei Ringe sowie ein Schwertfragment und den Rest eines Gusskuchens.

Bronzezeitlicher „Währungsstandard?"

Der Kupferhort von Oberding, der Goldschatz von Gessel und das Bronzedepot von Lebus stehen stellvertretend für eine große Zahl vergleichbarer Hortfunde in ganz Europa. Es stellt sich die Frage nach der Bedeutung der Niederlegungen. Für alle drei Funde kann eine Grabausstattung ausgeschlossen werden und auch die vor einigen Jahrzehnten populäre, heute jedoch grundsätzlich umstrittene Deutung als vorsorgliche Selbstausstattung Lebender für das Fortleben im Totenreich ist wegen des Umfangs, des enormen Wertes und der Zusammensetzung unwahrscheinlich. Auffällig ist, dass die Horte als „sortenreine" Metalldepots angelegt worden sind und aus „fabrikfrischen", wie auch stark abgenutzten Stücken bestehen. Die formenkundliche Analyse gibt bereits einen Hinweis darauf, dass die Objekte große Entfernungen aus ihrem kulturellen Hauptverbreitungsgebiet zurückgelegt haben. Die Archäometallurgie kann nun nicht nur Lagerstätten identifizieren und damit naturwissenschaftliche Hinweise auf Hunderte oder gar Tausende Kilometer entfernte Rohstoffquellen geben, sie kann auch verblüffende Zusammenhänge innerhalb des Hortes aufzeigen; etwa, dass sich stark ähnelnde Materialien aus unterschiedlichen Rohstoffquellen gespeist wurden. So finden sich in Oberding Barren beider Metallsorten in allen Bündeln. Sicherlich sind diese Barren außerhalb des Abbaugebietes geschmolzen und konfektioniert worden. Ein ähnliches Bild zeigt sich in Lebus: Verschiedene Metalle wurden in derselben Gussform verarbeitet.

Im Gesseler Hort finden sich mit dem Armring zumindest ein Halbfertigprodukt, eine durch Entfernen der Nadel und das Auf- beziehungsweise Zusammenbiegen des Bügels unbrauchbar gemachte Fibel, ein deformierter Armring sowie vermutlich unvollständig überlieferter Kettenschmuck mit deutlichen Abnutzungsspuren. Die acht Ketten aus je zehn Golddrahtspiralen dienten sicherlich nicht als Schmuck. Sie bilden wie die Zehnerbündel der Kupferbarren handliche Gebinde und sind hervorragend dazu geeignet, für eine Weiterverarbeitung portioniert zu werden. Besonders deutlich wird die Bedeutung des konfektionierten Rohstoffes in dem Spangenhort.

Spangenbarren gelten als bronzezeitliche Tauschgrundlage, sie sind genormte Rohmaterialstücke für die Weiterverarbeitung durch Bronzeschmiede beziehungsweise -gießer, zum Beispiel zur Herstellung von Waffen, Schmuck und Gerät. Das gleiche gilt für den Goldschatz und ist auch naheliegend für den Bronzehort von Lebus. Die Horte lassen Rückschlüsse auf früheste Austausch-, ja sogar Währungssysteme zu. Trotz des schwankenden Gewichtes sind die Zehnerbündel aus Oberding und Gessel Indizien für ein standardisiertes Tauschwesen im Gebiet des heutigen Europa und sogar darüber hinaus. Einige Typen in den bronzezeitlichen Metallhorten sind derartig normiert, dass man an einen frühen „Währungsstandard", an prämonetäre Zahlungsmittel denken möchte.[7]

Persönliches Versteck oder kollektive Inszenierung?

Die offensichtlich aufgrund ihres Materialwertes zusammengestellten Objekte könnten dazu verleiten, der in der Vergangenheit oft vorgenommenen Interpretation eines Händler- oder Schmiededepots zu folgen. Allein der unvorstellbare Wert der Objekte, das erkennbare System der Zusammenstellung und die oft besondere Wahl des Ortes sprechen eher dafür, dass die Niederlegung sakralen, machtpolitischen und ökonomischen Vorgaben folgt.

Abb. 10 Eingeschlagene, gepunzte und gravierte Verzierungen an der Bügelplatte der Fibel von Gessel.

Herauszustellen ist die besondere Bedeutung der neuen Metalle für die Bronzezeit. Die unterschiedliche und begrenzte Verteilung von Gold sowie Kupfer und Zinn für die Rezeptur der Bronze aus sich zum Teil gegenseitig ausschließenden Lagerstätten verlangte seit dem Beginn der Serienproduktion ein Austauschsystem von Werten und Gegenwerten über mitunter enorme Strecken, die je nach Handelsgut völlig unterschiedlich sein konnten, jedoch einem paneuropäischen Netzwerk folgten. Dies bedurfte verkehrstechnischer Infrastruktur und der Ausbildung politischer Systeme, die die Aufrechterhaltung des Warenflusses garantieren konnten. Die Entstehung einer im archäologischen Befund erkennbaren kriegerischen Elite ist eine logische Folge der Differenzierung von Individuen, Gesellschaften und Territorien in Besitzende und Nichtbesitzende. Dass die Herausbildung von Eliten in der Regel mit sozialer Abgrenzung und aufgrund der Befreiung von der Notwendigkeit zu individueller Nahrungsproduktion mit Pflege von Status und Fernbeziehungen verbunden wird, ist spätestens ab der mittleren Bronzezeit an einer gemeinsamen Symbol- und Vorstellungswelt der Eliten des alten Europa festzustellen. Horte spielen in diesem System der (Selbst-)Vergewisserung offensichtlich eine zentrale Rolle.

Die Sonnen- und Kreisaugensymbole auf der Gesseler Fibel stehen hier in einem weit gespannten Sinnzusammenhang (Abb. 10). Abgesehen von wenigen ergänzend heranziehbaren schriftlichen oder bildlichen Quellen

AUSTAUSCH – WAREN UND WEGE

Abb. 11 Die zwischen 1975 und 2010 in Bayern entdeckten Brotlaibidole aus Freising, Wettenburg, Thurasdorf, Mintraching, Riekofen und Sallach.

aus dem Mittelmeerraum und vorderen Orient kann dieses spannende Thema nur mittels schriftloser Quellen – Artefakte und Befunde – beleuchtet werden.

Rätselhafte Tonobjekte

Dabei könnte es sein, dass die bronzezeitlichen Europäer viel komplexer kommuniziert haben, als man auf den ersten Blick meinen könnte. So finden sich Verzierungen und Zeichen auf Keramik- und Metallobjekten, die nicht nur als Ornamente, sondern auch als komplexe Bildsprache verstanden werden. Sind etwa in den bronzezeitlichen Goldkegeln und -gefäßen geheime Botschaften chiffriert? Auf einigen Spangenbarren aus Oberding finden finden sich beispielsweise winzige Kerben, die möglicherweise als Händlermarken zu deuten sind.

In diesem Zusammenhang rücken die zumeist in frühbronzezeitlichen Siedlungen gefundenen sogenannten Brotlaibidole in den Fokus.[8] Diese kleinen, häufig an Minibrote erinnernden länglichen Tontäfelchen mit deutlich unter zehn Zentimetern Länge weisen Zeichen auf, die oft an Linien orientiert in den weichen Ton gedrückt wurden. Bekannte Objekte fanden sich in Bodman-Schachen, Kreis Konstanz, in der Nähe des Klosters Weltenburg bei Kelheim, in Mangolding, Kreis Regensburg, und auf dem Freisinger Domberg (Abb. 11).

Dabei scheint es sich nicht um Verzierungen oder zufällige Anordnungen zu handeln, sondern um ein gewolltes System reduzierter Zeichencodes. Die Zeichen sind jedoch so unterschiedlich, dass eine einheitliche Funktion nicht gesichert ist. Diese Objekte kommen in einem Gebiet vor, das sich auf etwa 1500 Kilometer von Zentralpolen bis Korsika und in der gleichen Ausdehnung von Bulgarien bis ins Mittelrheingebiet erstreckt. Ihr Verbreitungsschwerpunkt liegt in Norditalien und an der mittleren und unteren Donau. Inzwischen sind viele dieser mysteriösen Objekte auch in Süd- und Mitteldeutschland gefunden worden, insbesondere in Bayern und im südlichen Baden-Württemberg. Alle Stücke wurden an alten Fernwegen entdeckt. Handelt es sich um Liefer- oder Warenbegleitscheine, Eigentumsmarken oder übermittelte Nachrichten? Bemerkenswert ist, dass viele wohl aus lokalem Ton vor Ort hergestellt wurden. Ihre Verbreitung in Europa und die erkennbaren Gemeinsamkeiten weisen in jedem Fall auf ein europäisches Kommunikationsnetz hin. Wahrscheinlich sind diese Stücke von ähnlichen Objekten im östlichen Mittelmeerraum beeinflusst, wo es zu der Zeit bereits eine Schriftsprache gab.

Die vielen Ausgrabungen und Prospektionen werden noch viele neue Hortfunde aufdecken, die bei guter Dokumentation eine Fülle weiterer Antworten und noch mehr Fragen aufwerfen werden. Man darf gespannt sein.

1 Hansen – Neumann – Vachta 2012.
2 Erding 2017.
3 Haßmann – Neumann – Vachta 2012 und Haßmann u. a. 2014.
4 Lehmann – Fellenger – Vogt 2014.
5 Rahmstorf 2016.
6 Schopper 2004.
7 Rahmstorf 2016.
8 David 2016; Köninger 2016.

Europas größter Spangenbarrenhort: Der frühbronzezeitliche Kupferschatz von Oberding

Harald Krause, Sabrina Kutscher, Carola Metzner-Nebelsick, Ernst Pernicka, Björn Seewald, Jörg Stolz

Der Spangenbarrenhort von Oberding im Landkreis Erding (Oberbayern) ist eine der wenigen frühbronzezeitlichen Metalldeponierungen Süddeutschlands, die im Rahmen einer regulären bauvorgreifenden archäologischen Ausgrabung dokumentiert werden konnte. Zwei Blockbergungen lieferten eine Fülle an Informationen zum Niederlegungsgeschehen.

Spangenbarren, die typologischen Nachfolger von Ösenringbarren, sind für die jüngere Frühbronzezeit nördlich der Alpen charakteristisch. Diese Barrenform findet sich meist in großer Stückzahl in Deponierungen, gefertigt aus dem bedeutendsten Rohstoff der frühen Bronzezeit: Kupfer. Ab etwa 2200 v. Chr. wurde es in verschiedenen Regionen abgebaut sowie verhandelt und diente als wichtigster Bestandteil für die Herstellung von Bronze.

Im April 2014 wurde der Hort im fruchtbaren Lößboden im Kontext von vier Keramik und Tierknochen führenden Grubenbefunden entdeckt. Das Metalldepot war am Rande der fundreichsten Abfallgrube in einer separaten, unterirdischen Nische angelegt worden. Die Abfallgrube war zu diesem Zeitpunkt bereits mindestens zur Hälfte verfüllt. Vor der seitlich in den Löß gegrabenen Hortnische lag ein vollständig erhaltenes Großgefäß (Abb. 4). Das bei der Auffindung zerdrückte Gefäß stand dort einst mit der Mündung nach unten. Denkbar ist seine Funktion als eine Art „Kapselverschluss" des Nischeneingangs.

Mit 796 Kupferbarren ist der Oberdinger Hort der bislang umfangreichste Fundkomplex seiner Gattung. Die langgestreckten und nur an den Enden gekrümmten Barren lassen sich dem in die ausgehende Frühbronzezeit datierbaren Typ Bermatingen zuweisen (1650/1600 v. Chr.). Die Spangenbarren wurden im offenen Herdguss hergestellt. Äußere Merkmale sowie Gefügeuntersuchungen belegen eindeutig, dass die langgestreckte C-Form allein durch den Guss herzustellen war. Experimente zeigen, dass die Form während des Gussvorgangs bewegt beziehungsweise geschwenkt werden musste.

Reste von Baumbast sowie CT-Aufnahmen belegen eindrucksvoll, dass die Spangenbarren einst jeweils zu Zehnerbündeln geschnürt waren. Diese waren dann in acht größeren, „handlichen" Gruppen sorgfältig nacheinander und ähnlich orientiert auf- und nebeneinander gestapelt in die Nische abgelegt worden (Abb. 2). Vier Bündelgruppen umfassen zehn Zehnerbündel, also jeweils exakt einhundert Barren. Eine weitere Gruppe enthielt acht Zehnerbündel. Lediglich drei Bündelgruppen fallen mit ungleichmäßiger Barrenanzahl (54, 119 und 141 Stück) aus dem Rahmen. Sie setzen sich ebenfalls hauptsächlich aus Zehnerbündeln zusammen. Die Bündelgruppen mit 54 und 119 Barren wurden zuerst in der Hortnische abgelegt, die mit 141 Barren später. Um einen Teil der originalen Niederlegungssituation für künftige Forschungen zu erhalten, wurden die beiden untersten Gruppen nur partiell freigelegt, im Erdblock belassen

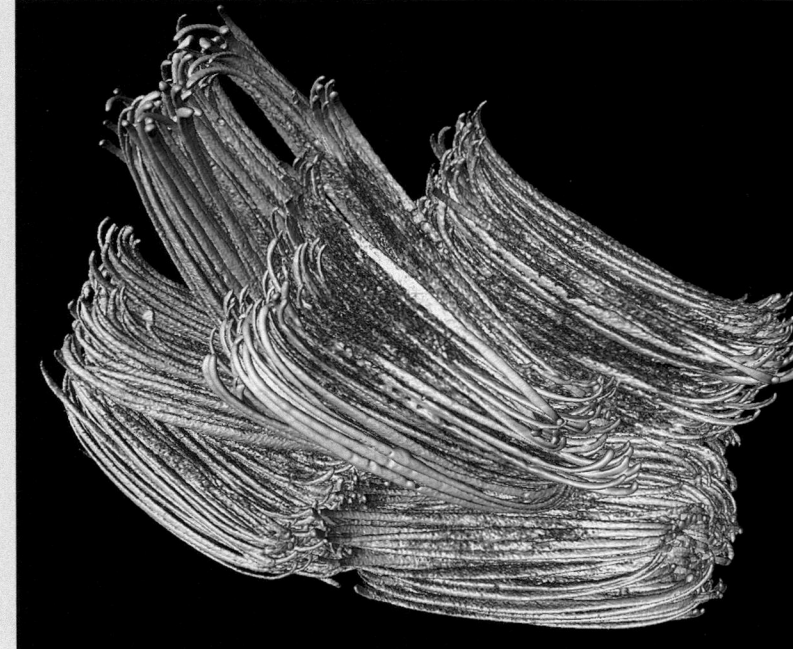

Abb. 1 3D-Rendering der großen Blockbergung in der Vertikalaufsicht. Lage und Form jedes einzelnen Spangenbarrens sind deutlich erkennbar. Die Befundsituation der Deponierung wurde durch CT-Aufnahmen bereits vor der Freilegung hervorragend dokumentiert.

AUSTAUSCH – WAREN UND WEGE

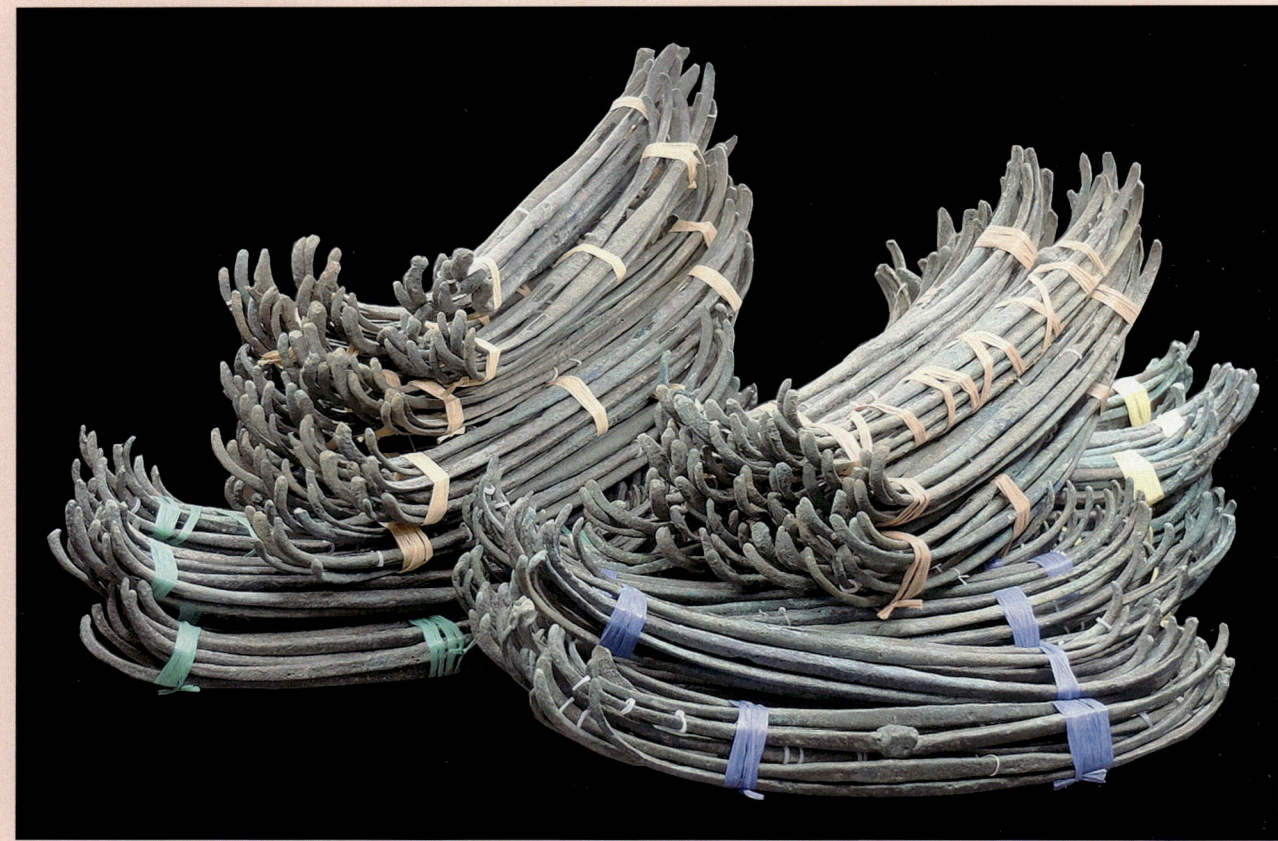

Abb. 2 560 Spangenbarren in der Dauerausstellung Archäologie im Museum Erding. Der Großteil der freigelegten Barren konnte durch rekonstruierte Baumbastbündelungen in Zehnerbündeln präsentiert werden. Die unterschiedlichen Farben markieren die Bündelgruppen.

Abb. 3 Organische Reste auf den Spangenbarren konnten als Baumbast identifiziert werden. Sie haben sich im Kontakt mit der Kupferkorrosion erhalten und belegen eindrucksvoll das System der Zehnerbündel.

und im Museum Erding als Gesamtfundkomplex ausgestellt.

Im Mittel wiegen die Barren 103 Gramm, das Spektrum reicht von 76,1 bis 161,1 Gramm. Gewichtsklassen zwischen 90 und 99 Gramm (219 Barren) sowie 100 und 109 Gramm (176 Barren) dominieren. Das Gesamtgewicht des Kupferhorts beläuft sich auf knapp 82 Kilogramm. Sowohl hinsichtlich Gewicht (100 g ± 10–20 g) als auch Länge (30 cm ± 2–4 cm) scheint man sich bemüht zu haben, „normierte" Barren herzustellen. Bemerkenswert ist ferner, dass anscheinend das Gesamtgewicht der Zehnerbündel eine gewisse Rolle spielte. Offensichtlich wurden bewusst leichtere und schwerere Barren zusammengeschnürt, um ein Kilogramm zu erreichen (Abb. 3). Der Oberdinger Fundkomplex gilt damit als einer der frühesten Belege für das Dezimalsystem überhaupt. Schließlich dienten die Angüsse (sogenannte Manschetten) der Oberdinger Barren nicht als Gewichtsausgleich, sondern zum Flicken antiker Brüche. Daraus folgt, dass offenbar die Vollständigkeit der Barren im Vordergrund stand – und nicht deren Einzelgewicht. Dies war bei acht sekundär angebrachten Angüssen der Fall. Bei nur wenige Millimeter großen Kerben, die sich lediglich auf fünf Barren fanden, könnte es sich um Herkunfts- oder Händlermarken handeln.

Die Kupferzusammensetzung konnte mittels zerstörungsfreier Röntgenfluoreszenzanalyse ermittelt werden. Knapp die Hälfte der Barren besteht aus Kupfer mit Arsen und Nickel als wichtigsten Nebenelementen, das auch aufgrund von Bleiisotopenanalysen dem bronzezeitlichen Bergbaurevier vom Mitterberg im Salzburger Land zugewiesen werden kann. Für Spangenbarren unerwartet besteht der Rest aus einem sogenannten Fahlerzkupfer, das durch hohe Gehalte an Antimon und Silber gekennzeichnet ist. Dieses stammt wohl mehrheitlich aus dem Slowakischen Erzgebirge, aber auch das Inntal rund um Brixlegg kommt für einen kleinen Teil infrage. Barren beider Kupfersorten kommen in sämtlichen Zehnerbündeln unterschiedlich gemischt vor.

Die Abfallgruben neben dem Hortfund repräsentieren möglicherweise den Ausschnitt einer zeitgleichen Siedlung. Sowohl das Großgefäß als auch weitere Keramikfunde belegen neben lokalen Formen mehrheitlich Kulturkontakte in Richtung Osten (Österreich, Slowakei). Botanische Reste erlauben es, eine für Siedlung, Ackerbau und Viehhaltung geöffnete Kulturlandschaft mit Heckensäumen in Waldrandnähe zu rekonstruieren. Nachweislich wurden die Getreidesorten Gerste, Emmer, Dinkel und Einkorn angebaut. Rind, Schaf, Ziege, Schwein sowie Hund wurden als Nutz- beziehungsweise Haustiere gehalten.

Welche Absicht mit der Niederlegung der 796 Spangenbarren verbunden war und warum sie nicht wieder geborgen wurden, wird wohl nie abschließend geklärt werden können. Aktuell werden in der Wissenschaft für die Niederlegung von Barrenhorten sakral-religiöse und profan-handwerkliche Argumente konträr diskutiert. Auf jeden Fall liefert der Hort von Oberding mit seiner enormen Informationsfülle handfeste Belege für einen regen mitteleuropäischen Gütertausch – bei dem die Spangenbarren durchaus als eine Art prämonetäres Zahlungsmittel gedient haben könnten.

Literatur
Erding 2017

Abb. 4 Das 33 cm hohe, nahezu vollständig rekonstruierte Großgefäß befand sich unmittelbar vor der Hortnische. Form und Verzierung datieren es in die ausgehende Frühbronzezeit (1750/1600 v. Chr.).

Austausch in der Eisenzeit. Produktion und Distribution im „keltischen" Mitteleuropa

Thomas Stöllner

Mitteleuropa durchlief im ersten Jahrtausend v. Chr. wirtschaftliche und gesellschaftliche Transformationen, die sich erheblich auf den Umgang mit und die Produktion von Grundrohstoffen auswirkten. Die Subsistenzsicherung der zahlenmäßig teilweise enormen Bevölkerungen bildete selbstverständlich das wirtschaftliche Rückgrat der spätbronzezeitlichen bis späteisenzeitlichen Gesellschaften in den Regionen zwischen den Alpen und der nördlichen Mittelgebirgsschwelle. Doch ist es bisweilen schwierig, ein Verständnis für wirtschaftliche Gesamtsysteme zu entwickeln, denn ihre Rekonstruktion erfordert den Einblick in ganz verschiedene Quellen, die unterschiedliche soziale Bedürfnisebenen einzelner gesellschaftlicher Gruppen ebenso einzuschließen hätten wie eine mitunter sperrige Rekonstruktion von quantitativen und qualitativen Faktoren der Güterproduktion und des Gütertausches.[1] Darüber hinaus gilt es, Wertäquivalente zu beurteilen, die als Substitute für den Naturaltausch während dieser Zeit verstärkt in den Mittelpunkt rücken, jedoch ohne andere Formen des Austausches (Gabentausch bis Tauschhandel) völlig zu verdrängen. Schließlich müssen wir bedenken, dass die gesellschaftlichen Veränderungen, die mit teilweise erheblichem Bevölkerungswachstum gekoppelt zu sein scheinen, auch verstärkte Nachfrage nach Gütern aller Art nach sich zogen. Dadurch waren offenbar technische Innovationen besonders begünstigt – insbesondere in einer Zeit, in der mit den Gesellschaften des Mittelmeerraums benachbarte wirtschaftliche und gesellschaftliche Zustände etabliert wurden, in denen planerisches wirtschaftliches Handeln für breitere Gesellschaftsgruppen in den Stadtkulturen und frühen Territorialstaaten schrittweise an Bedeutung gewann.

Agrargüterproduktion

Schon in der späten Urnenfelderzeit hat sich in Teillandschaften eine leistungsfähige Landwirtschaft bis in Grenzräume (obere Mittelgebirgslagen, alpine Hochlagen) etablieren können. An den Seeufern entstanden größere Siedlungsagglomerationen, die – wie archäobotanische Untersuchungen zeigen konnten –[2] über ein Hinterland verfügten, das Lebensmittelproduktion und Holzzulieferung (Bau- und Brennholz) sicherstellte.[3] Im Umfeld zentraler Siedlungen lassen sich zudem komplexe Fruchtwechselsysteme mit Sommer- und Wintergetreiden erschließen (vor allem Dinkel, Rispenhirse, Einkorn und Gerste). Hülsenfrüchte (Linse, Linsenwicke, Erbse, Saubohne) spielen als Eiweißlieferanten eine große Rolle. Entscheidend sind offensichtlich die klimatischen Verhältnisse der Siedlungskammer: In den höhergelegenen alpinen Siedlungen dominiert die robuste Gerste, in besseren Lagen – wie die Befunde aus dem Vintschgau (Südtirol) zeigen – auch Rispenhirse, Dinkel und Nacktweizen.[4] Stallhaltung ist nicht belegt; diese wird erst für die jüngere Eisenzeit durch die Heumahd, Stallmistfunde und größere stallartige Gebäude indirekt fassbar.[5] In der Späteisenzeit muss die Vorratshaltung und rationale Verarbeitung von Subsistenzgü-

linke Seite Experimenteller Verhüttungsversuch mit Siegerländer Eisenerz im Siegerländer Rennofentyp im Freilichmuseum Hagen aus dem Jahr 2017.

AUSTAUSCH – WAREN UND WEGE

tern noch zugenommen haben, wenn man die zahlenmäßig bedeutenden Bevölkerungen in den *oppida* berücksichtigt. Dafür sprechen auch die zahlreichen großen Depotfunde mit landwirtschaftlichen Geräten. Allein die durch mediterrane Kontakte eingeführte Drehmühle lässt die schnelle und effiziente Verarbeitung von Getreiden im Haushalt zu.[6] Zentrale Mühlen existierten nach derzeitiger Kenntnislage nicht.

Dass durch die Viehzucht auch höhere Lagen und sekundäre Landschafträume in den Alpen und den Mittelgebirgen erschlossen wurden, ergibt sich zuvorderst durch den Siedelgang: Von verschiedenen hochliegen-

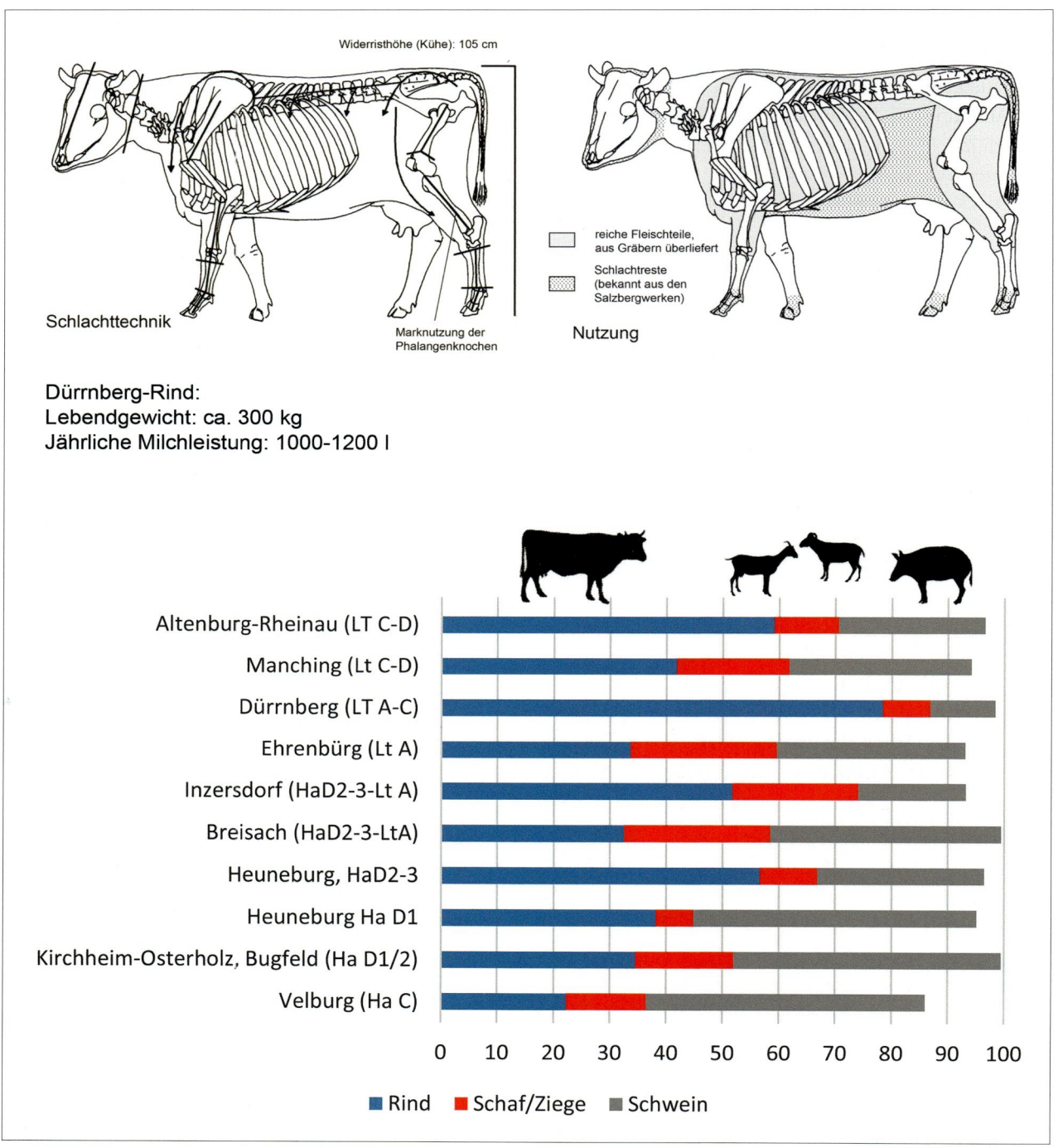

Abb. 1 Haustiernutzung in der Hallstatt- und Latènezeit. Oben: Nutzung des „Dürrnberg-Rindes"; unten Übersicht über einige ausgewählte archäozoologische Komplexe und ihren prozentualen Anteil von Rind, Schwein und Schaf/Ziege.

den Almgebieten in Südtirol und am Dachsteinplateau gibt es mittlerweile deutliche Belege für eine Hochweidenutzung. Was in der späten Bronzezeit begann, wurde in der mittleren Eisenzeit verstärkt ausgebaut.[7]

Hat man aber noch während der späten Urnenfelderzeit den Eindruck, dass leistungsfähige Agrarproduktionen mindestens in der Lage waren, größere Siedlungskonzentrationen zu versorgen, und es Ansätze für eine stärkere Arbeitsteilung (Konsumenten-/Produzenten-Siedlungen) gegeben hat, so könnte sich dieses Bild zur älteren Hallstattzeit hin wenigstens kurzfristig geändert haben. Allerdings ist die Forschungslage für das 8. und das 7. Jahrhundert v. Chr. dazu nicht ausreichend. Eine kürzlich untersuchte gehöftartige Siedlung von Velburg (Bayern) lässt deutlich erkennen, dass auch die ländlich strukturierte Besiedlung der älteren Hallstattzeit Überschüsse von Schweinefleisch produzierte, die entweder exportiert oder für bestimmte Zwecke (Grabbrauchtum, *Feasting*) vorgehalten wurden.[8] Für Rinder ist eher eine gemischte Nutzung, also Arbeits- und Milchnutzung wie auch Fleischnutzung, wahrscheinlich. In manchen Fällen kann stärkere Zulieferung von Rindern aus landwirtschaftlichen Umfeldern belegt werden. Dies scheint in der späteren Hallstattzeit noch zuzunehmen und löst damit das eher stationäre Schwein als wichtigste tierische Ressource sukzessive ab.[9] Nicht nur Salzproduzenten wie der Dürrnberg zeigen, dass ab der Frühlatènezeit vielleicht sogar ganze Rinderherden unterwegs waren und diese an zentralen Orten geschlachtet, verarbeitet, vielleicht konserviert (wie am Dürrnberg mit Salz) und dann als Lebensmittel weiter genutzt wurden (Abb. 1).[10] Schwieriger ist der Nachweis für den Transport zentraler Getreidesorten wie Spelzgerste, Emmer und Hirse, des widerstandsfähigeren Dinkels oder auch der nicht minder wichtigen Hülsenfrüchte und Ölpflanzen.[11] Nur selten lässt sich durch Standortbedingungen nachweisen, aber eben auch durch den Befund gut gereinigten, gedroschenen Getreides, dass solche Grundversorgung durch Austausch von außen gesichert wurde: Für hoch spezialisierte Siedlungen wie den Dürrnberg und Bad Nauheim, aber auch für Zentralorte wie die Heuneburg lässt sich das vermuten, doch kann vielfach eine Zulieferung aus dem regionalen Umfeld angenommen werden. Für die Spätlatènezeit argumentieren A. Danielisová und M. Hajnalová[12] für das *oppidum* Staré Hradisko für eine Reihe versorgender agrarischer Siedlungen im Umfeld. Inwieweit sich das Bezugsfeld für eine Lebensmittelgrundversorgung spätestens im 6. Jahrhundert v. Chr. überregional ausgeweitet hat, lässt sich einstweilen nur schwer bestimmen: Selbst einzelne fremde, nicht endemische Lebensmittelnachweise wie Wein, Olivenöl oder Gewürze (Koriander, Anis) und Feige geben nur einen schwachen Hinweis.[13] Die Zahl der etwa im Westhallstattgebiet verteilten und möglicherweise nur der Oberschicht zugutegekommenen Amphoren mit exotischen Lebensmitteln dürfte gering sein. Manches, wie das Haushuhn, wurde in dieser Zeit heimisch, doch lässt sich aus seiner zwar stetigen, aber insgesamt geringen Anzahl keine spezifische „elitäre" Speise ableiten, selbst wenn sogenannte frühkeltische Zentralorte solche Funde regelhaft aufweisen. Wir können vermuten, dass der mit Geschenken und einzelnen Transaktionen in Gang gekommene Austausch mit dem Mittelmeerraum auch „unsichtbare" Güter einschloss und entsprechende Gegengaben seitens der mitteleuropäischen Gesellschaften erforderte.[14] Neben mineralischen müssen organische Rohstoffe eine bedeutende Rolle gespielt haben. Das wissen wir aus den Überlieferungen der antiken Ethnographie und Geographie eines Strabo (IV,3,2, 191, 196, 199 f., 202), eines Diodor und eines Polybios, die für den Handel mit „barbarischen" Randvölkern Produkte der Metallgewinnung (Zinn, Eisen, Gold), des Waldes (Holz, Harz, Kienholz, Pech, Wachs, Honig), dazu Vieh, Käse, Felle, gesalzenes Fleisch (das gesalzene Schweinefleisch der Sequani), Bernstein, Heilmittel und auch Sklaven anführen.[15]

Handwerksproduktion und Austausch

Ein Aspekt, der immer wieder mit dem 1. Jahrtausend v. Chr. verbunden wird, ist die Entwicklung leistungsfähiger handwerklicher Produktionen, die nach allgemeiner Lesart in einem arbeits- und wirtschaftsteiligen System zu Handel- und Austauschsystemen geführt hat. Dabei ist zu beachten, dass viele handwerkliche Produkte archäologisch gar nicht überliefert sind. Allen voran ist etwa an Textilien zu denken, die vielleicht schon in der mittleren Eisenzeit in größerem Umfang getauscht wurden.[16] Muss man für die frühe Eisenzeit noch an eine gleichwohl spezialisierte Herstellung im Hauswerk denken, mag sich das spätestens im 5. Jahrhundert v. Chr. geändert haben, als sich mit der Herstellung von feinen Leinengeweben in Horizontalwebstühlen eine qualitative

AUSTAUSCH – WAREN UND WEGE

Abb. 3 (rechte Seite) Metallerzbergbau in der Urgeschichte Mitteleuropas (spätes 2.–1. Jahrtausend v. Chr.). 1 Graubünden, 2 Valcamonica, 3 östliches Trentino, 4 Schwaz-Brixlegg, 5 Kitzbühl, 6 Viehhofen/Leogang/Saalfelden, 7 Mitterberg/Pongau, 8 Obersteiermark, 9 Schneeberg/Rax/Gloggnitz, 10 Orlagau, 11 Vogtland/Plauen/Johanngeorgenberg (Sn), 12 Loděnice, 13 Oberpullendorf/Mittelburgenland, 14 Bad Wimsbach/Waschenberg, 15 Dolenjske Toplice, 16 Kelheim, 17 Ingolstadt/Manching, 18 Rothal, 19 Markgräflerland, 20 Jura central (CH), 22 Neuenbürg, 23 Hillesheim, 24 Wetzlar/Lahntal, 25 Siegerland, 26 Hamburg-Duvenstedt, 27 Rullstorf, 28 Titelberg (Lux), 29 Hillerup (Fünen), 30 Špania Dolina, 31 Hetzdorf, 32 Walterdorf, 33 Podbořany, 34 Chýně

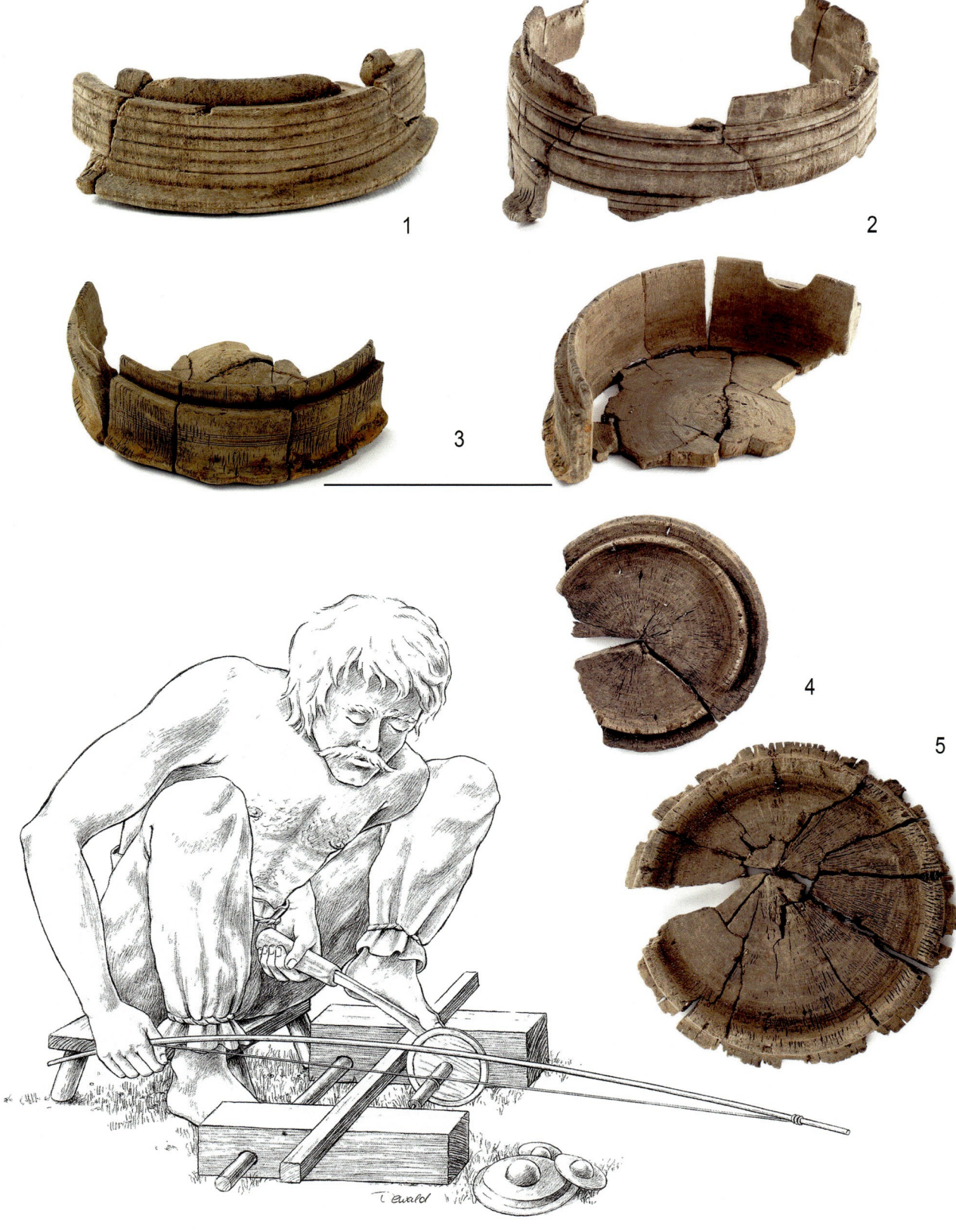

Abb. 2 Funde aus der Drechslerei in Haus 5a und aus anderen Kontexten der Grabung 1988/89 im Ramsautal, verschiedene Maßstäbe und Rekonstruktion einer eisenzeitlichen Drechselbank, nach T. Ewald.

und auch quantitative Fortentwicklung andeutet. Marktorte wie der Dürrnberg mögen hier zu Zentren der Herstellung geworden sein.[17] Die handwerkliche Spezialisierung muss aber keineswegs an Manufakturen denken lassen, denn nach wie vor sind solche Spezialisierungen in gemischten Handwerksarealen und Haushalten zu greifen. Metall-, Keramik-, Holz- und Textilaktivitäten liegen in Siedlungen wie Sopron-Krautacker, dem Dürrnberg oder der Heuneburg eher in handwerklich geprägten Arealen denn in regelrecht spezialisierten Vierteln.[18] Dies änderte sich vermutlich erst in der späten Latènezeit. Am besten ist die Frage nach der Intensität von handwerklichen Aktivitäten mit den Relikten des Metall- und des Keramikhandwerks zu beantworten. Hier deutet sich eine Konzentration in bestimmten Arealen an, was auf den Betrieb von feuergefährlichen Installationen hinweist.[19] Dabei ist eine Konzentration von handwerklichen Aktivitäten vor allem in latènezeitlichen Gehöften, Dörfern oder Großsiedlungen sowie in den *oppida* durchaus auffällig, was besonders am Ende der Latènezeit auf über den Eigenbedarf oder das direkte Umfeld hinausgehende Produktionen deutet.[20] Einen Umschwung könnten dabei die schnelldrehende Töpferscheibe und die Drehbank bewirkt haben (Abb. 2). Werden auch die ersten scheibengedrehten Gefäße am Ende der Hallstattzeit erst in einem spezifischen sozialen Milieu, etwa im Umfeld von Zentralorten (den sogenannten Fürstensitzen) greifbar, so verbreitet sich schon ein bis zwei Generationen später die Technik in das weitere Umfeld.[21] Anhand scheibengedrehter Waren kann nun erstmals auch ein Handel mit keramischen Fertigprodukten diskutiert werden. Allerdings gibt es wie im Metallhandwerk nach wie vor Hinweise auf mobile Handwerker, die mit teils mitgebrachten Rohstoffen direkt vor Ort produzierten.[22] Auch sprechen isolierte Schmiedebefunde für abseits durch semimobile Handwerker angelegte Werkstätten, in denen für eine gewisse Zeit und für einen bestimmten Abnehmerkreis aus dem Umfeld produziert wurde, ehe sie weiterzogen.[23] Diese Art der Versorgung mit spezialisierten handwerklichen Produkten war wahrscheinlich schon in der älteren Hallstattzeit die Regel, betrachtet man überregional verteilte Metallprodukte einerseits und die durchaus regionalen und lokalen Keramikstile andererseits. Mit der späten Hallstatt- und der nachfolgenden Frühlatènezeit dürften sich die Verhältnisse in weiten Teilen Süddeutschlands insofern geändert haben, als nun mit neu-

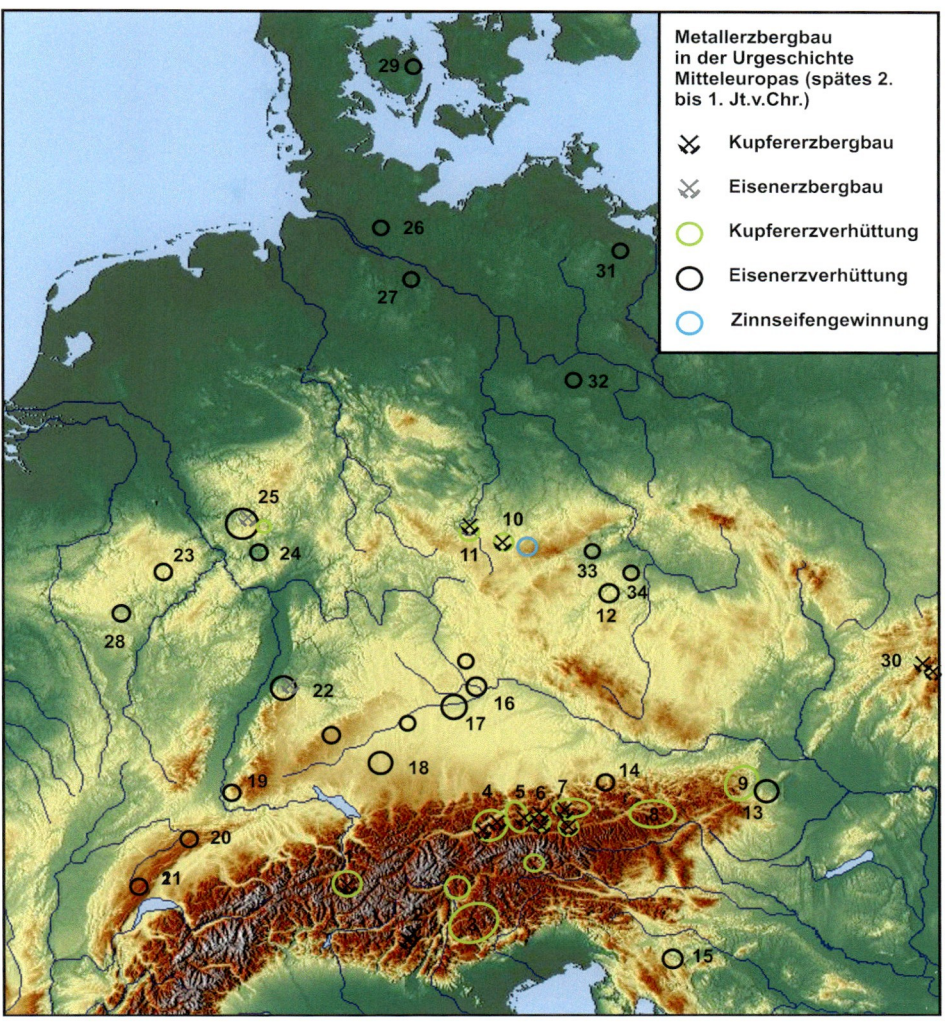

en handwerklichen Innovationen[24] auch handwerkliche Zentren entstanden, die nunmehr ganze Umfelder versorgt haben (siehe oben). Dies spricht zumindest für stationäres, spezialisiertes Handwerk, das insgesamt leichter zu kontrollieren war. Doch ist über den sozialen Status der Handwerker nur wenig auszusagen: Die Gerätebeigabe in reichen hallstatt- und frühlatènezeitlichen Gräbern lässt immerhin erahnen, dass Handwerk rituell in soziale Ordnungssysteme einbezogen wurde und eine wie auch immer geartete Beziehung zu den Eliten bestand.[25] Eine kommerziell gesteuerte Ablösung aus diesen Bezugssystemen ist wenigstens bis in die jüngere Latènezeit kaum anzunehmen. Auch Depotfunde mit Handwerksgerät können in einen solchen Kontext gestellt werden. In dieser Zeit lassen teils umfangreiche Bevölkerungen einen höheren Bedarf an handwerklichen Produkten erwarten. Zentrale Höhensiedlungen und Orte nehmen hier wohl eine wichtige Distributionsfunktion ein (Abb. 6). Auch andere Produktionen zeigen dies ein-

AUSTAUSCH – WAREN UND WEGE

drücklich, so etwa die von ganzen Gemeinschaften betriebene Herstellung von Sapropelitarmreifen, wie sie in Mittelböhmen dokumentiert ist.[26] Hier wird erstmals größere serielle Produktion greifbar, die sich auch überregional niederschlägt. Ähnliches kann für Münzprägungen[27] oder die Herstellung von gläsernen Armringen und Ringperlen oder Bernsteinschmuck herausgearbeitet werden.[28] Betrachtet man beispielsweise Manching oder Staré Hradisko, so wird offenbar, dass bei einzelnen Produktionen eine Bindung an die großen Gehöfte im Innenraum der *oppida* bestand. Dies mag andeuten, dass zumindest einzelne Gewerke unter Kontrolle der spätlatènezeitlichen Adeligen und *equites* stand. Vor allem in Gallien berichtet Cäsar von erheblichen Klientelzahlen, die an politisch bedeutsame Personen wie den Häduer Dumnorix oder den Helvetier Orgetorix gebunden waren.

Von Kupfer, Eisen und Salz: Primärproduktion von Rohstoffen

Eisen, Salz und die Buntmetalle zählen wie Graphit und Gold zu jenen Rohstoffen, die während des 1. Jahrtausends v. Chr. in Zentraleuropa gewonnen und verhandelt wurden (Abb. 3). Lange Zeit waren aber Massengüter wie Salz und Eisen in der Forschung nicht in dieser Hinsicht betrachtet worden, was beim Salz in der fehlenden Erhaltung des Handelsgutes begründet liegt.[29] Beim Eisen wurden zuletzt bestimmte methodische Entwicklungen mit der Messung von Spurenelementen sowie von Blei- und Osmiumisotopen eingeleitet,[30] die eine Provenienzdiskussion zumindest von solchem Eisen erlauben, das aus primären Ganglagerstätten gewonnen wurde (Nordschwarzwald, Siegerland). Vor allem in der zweiten Hälfte des 1. Jahrtausends v. Chr. entstehen nun in sich geschlossene Erzeugerregionen, wie wir sie zuvor vor allem aus den Alpen kannten. Am besten erforscht sind mittlerweile das Siegerland und die Region Nordschwarzwald (Abb. 4). An diesen Beispielen werden durchaus strukturelle, logistische und technologische Gemeinsamkeiten deutlich: An den zumeist bei den Lagerstätten und in Wassernähe angelegten Verhüttungsplätzen wurden zwar die ersten Luppenreinigungsprozesse („Ausheizen") durchgeführt, doch bedurfte es Siedlungs- und Schmiedestellen im Nahbereich, um die weiteren Verarbeitungsschritte bis hin zur Herstellung von Halbzeugen und Barren durchzuführen. Häufig sind zentrale Wohnpodien angeschlossen. In welcher Art der sozialen und wirtschaftlichen Abhängigkeit die Berg- und Hüttenleute zu Höhensiedlungen und agrarischen Gehöften standen, ist bislang nicht eindeutig zu bestimmen. Mittlerweile lässt sich das Siegerland als Montanlandschaft beschreiben, die in enger Abstimmung mit den Liefergebieten in den Mittelgebirgsumfeldern und in der hessischen Senke produziert hat.[31] Diese Strukturen gab es auch im Imperium Romanum, etwa in Noricum oder Gallien.[32] Auch die Gewinnung von Buntmetallen war lange Zeit nur am Rande beachtet worden, kann heute aber recht sicher für die Ostalpen und auch für Thüringen angenommen werden. Gerade am Beginn der Eisenzeit muss die aus der Spätbronzezeit tradierte Kupfergewinnung noch eine bedeutende Rolle gespielt haben, wie neuerdings Produktionsensemble- und Provenienzdaten belegen.[33]

Viel schwieriger steht es hingegen um die Klärung der Frage zu den Edelmetallen, die zuletzt in groß angelegten Projekten vor allem in Süddeutschland[34] und in Frankreich[35] untersucht wurden. Nicht außer Acht zu lassen ist daneben der Zustrom von mediterranem Münzmetall im Zuge der weitausgreifenden Söldner- und Raubtätigkeit keltischer Kriegergruppen vom 4. bis zum 2. Jahrhundert v. Chr.

Neben den verschiedenen Metallen ist es während des 1. Jahrhunderts v. Chr. insgesamt zu einer Ausweitung

Abb. 4 Grabung 2000, Rennofen der mittleren Latènezeit mit verschließbarer Düse am oberen Ofenrand.

unterschiedlich genutzter Rohstoffe gekommen: So wurden die fossilen Schmucksteine Gagat und Sapropelit aus Lagerstätten Galliens, Südwestdeutschlands und Mittelböhmens in großem Umfang genutzt.[36] Nicht weniger wichtig war in der Eisenzeit Bernstein, der nach älteren und auch neueren Untersuchungen (in der Infrarotspektroskopie) zumeist die typische Succinitschulter zeigt und damit höchstwahrscheinlich baltischer Herkunft sein dürfte.[37] Sicher aus Lagerstätten in Mitteleuropa stammt hingegen der Graphitton, der zwar seit der jüngeren Bronzezeit als Magerungsmittel verwendet wird, dem aber spätestens seit dem 5. Jahrhundert n. Chr. große Bedeutung für technische Keramik und Kochtöpfe zukommt. Schon die älteren Zusammenstellungen zeigen, dass die Lagerstätten um Passau (Kumpfmühl) sowie jene in Niederösterreich und Südböhmen eine wichtige Rolle gespielt haben.[38]

Eine Sonderrolle nimmt das Salz ein: Aus der Eisenzeit ist neben der marinen[39] Salzgewinnung vor allem diejenige aus den Solequellen und aus primären Steinsalzlagerstätten überliefert.[40] Salzarme Regionen und Salzkammern stehen dabei in einer engen Wechselbeziehung (Abb. 5). Die ostalpinen Salzlagerstätten stellen in vielerlei Hinsicht einen Sonderfall dar, weil sie vergleichsweise oberflächennah unter Tage abbaubar sind.[41] In einer Phase gestiegener Bergbaukenntnisse spätestens ab dem 14./13. Jahrhundert v. Chr. wurde eine Erschließung der untertägigen Salzlagerstätten bewältigt.[42] Im späten 9. oder im frühen 8. Jahrhundert v. Chr. wurde der Steinsalzbergbau in Hallstatt in einen später groß gewordenen Abbaubereich hinein entwickelt, die sogenannte Ostgruppe. Es handelt sich dabei um einen „Filetbergbau" (Abb. 6): Nur das beste Salz wurde gefördert und wahrscheinlich in Form von großen Platten in den Handel gebracht.[43] Erst ab dem frühen 6. Jahrhundert v. Chr. wurde auch auf einem anderen Salzberg, dem Dürrnberg bei Hallein, ein untertägiger Salzbergbau eröffnet und in wirtschaftlicher Hinsicht noch gesteigert.[44] Die Erzeugnisse entsprächen damit den heute noch von den Tuareg verhandelten Salzplatten aus Mali und wären vielleicht wie die äthiopischen „Amoli" als eine Art Salzgeld aufzufassen.[45]
Die Siedesalzproduktion der Mittelgebirgslandschaften zwischen Ostfrankreich und Kleinpolen ist heute an mehreren Fundorten einigermaßen verlässlich untersucht (Seille-Tal, Bad Nauheim). Während der Eisenzeit

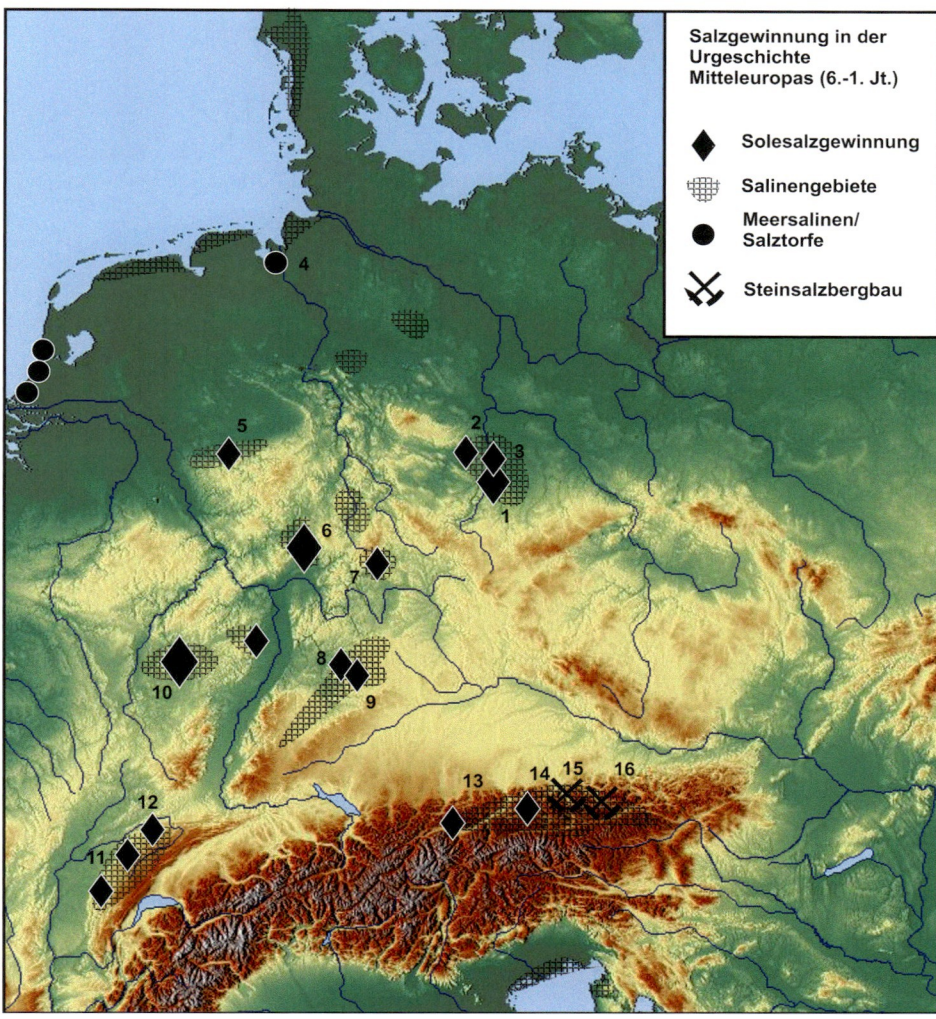

sind regelrechte Salzlandschaften wie das Saalegebiet[46] oder Württemberg[47] abzugrenzen. Die regionale Verbreitung von Briquetage ist Indiz für kleinräumige Siederei an vielen Stellen; nur wenige ragen hervor wie das Umfeld von Halle.[48] Die unglaubliche Menge der Briquetagefunde sorgte schon um die Wende vom 19. zum 20. Jahrhundert für eine intensive Diskussion über ähnliche Plätze.[49] Die Befunde zwischen Salonnes, Burthécourt und Marsal (Becken des Saulnois) belegen eine Nutzung zwischen ausgehender Bronzezeit und später Hallstattzeit und dann wieder in der mittleren und späten Latènezeit.[50] Für die jüngere Latènezeit sind das hessische Bad Nauheim[51] sowie die ebenfalls schon seit der Frühlatènezeit betriebene Saline von Schwäbisch Hall zu nennen,[52] von der vor allem ein Solbrunnen mit Rinnwerken und diversen Holztrögen bekannt geworden ist. In Bad Nauheim ist der technische Ablauf der Salzproduktion im Wesentlichen nachzuvollziehen: Nach Fassung der oberflächig austretenden Solen (Rinnwerke)

Abb. 5 Die wichtigsten Salzgewinnungsorte der vorrömischen Eisenzeit in Europa im Überblick.
1 Halle, 2 Dölauer Heide, 3 Bad Frankenhausen, 4 Erdeborn, 5 Wesewrmündung, 6 Werl, 7 Bad Nauheim, 8 Heilbronner Raum, 9 Schwäbisch Hall, 10 Seille, 11 Franche Comté, 12 Salins, 13 Hall/Tirol, 14 Unken, 15 Hallein/Bad Dürrnberg, 16 Hallstatt

Nauheim ist die Fortentwicklung der Salinentechnik in einem überregional bedeutsamen Produktionszentrum mit vor Ort angesiedelten weiteren Sekundärgewerben (Glas-, Töpferhandwerk, Münzprägung u. a.) erkennbar.

Weitere Rohstoffe mit überregionaler Verbreitung sind Reibsteine und Drehmühlen. Besonders bekannt sind hier die aus Mayener Basaltlava hergestellten Napoleonshüte (Abb. 7) und Drehmühlen, die seit der späten Hallstattzeit im gesamten Mittelrheingebiet bis an den Niederrhein verteilt wurden:[54] Ein Schwerpunkt ist in der Hallstattzeit und besonders in der Latènezeit zu verzeichnen. Neben Hartbasalthämmern wurden im Verlauf der jüngeren Eisenzeit auch eiserne Werkzeuge verwendet, die ein zielgerichtetes Zuschlagen der Produkte erlaubten. Auch in anderen Gebieten ist Steinbruchgewinnung für Drehmühlen nachgewiesen. Zu nennen ist das Gebiet von Lovosice (Lobositz) in Nordwestböhmen (Reibsteine und Drehmühlen aus dem lokalen Quarzporphyr).[55] Der hier gewonnene Stein hat eine Verbreitung entlang der Elbe bis nach Mittelböhmen, egeraufwärts nach Westböhmen sowie nach Norden erfahren.

Abb. 6 Salzplattenabbau in Hallein-Dürrnberg (oben: Fundstelle Obersteinberg, Steinsalzplatte an der Firste) und in Hallstatt (unten: Fundstelle Katharina-von-Edlersberg-Werk, nach Barth).

wurden diese in großen Becken einer Kaltgradierung unterzogen, ehe sie in langestreckten Öfen mit ausgefeilter Heiztechnologie köchelnd versotten wurden. Eine weitere Warmgradierung dürfte mit der Abwärme der Öfen in großen Vorratsgefäßen vorgenommen worden sein. Neue Befunde der Jahre 2000–2001 haben erstaunliche Einblicke in die Großflächigkeit der Siederei mit zugehörigen Solebrunnen, Gradierbecken und eigenartigen, noch nicht gedeuteten Steinpflastern erbracht.[53] In Bad

Gesellschaftliche Transformationen und wirtschaftliche Handlungsvielfalt

Hat die intensive Auseinandersetzung mit den mediterranen Gesellschaften auch die wirtschaftliche und gesellschaftliche Handlungsvielfalt in den Räumen nördlich der Alpen beeinflusst? Dabei gilt es nicht nur die Frage nach einer intensiveren, über den eigenen Bedarf hinausgehenden Produktion von Grundrohstoffen und Gütern zu untersuchen, sondern auch, inwieweit Gesellschaften und die sie bestimmenden Akteure in die territoriale Steuerung von Prozessen wie der Rohstoffproduktion eingriffen oder Agrarprozesse gezielter steuerten. Betrachten wir die in der mittleren und späten Urnenfelderzeit, in der späten Hallstatt- und Frühlatènezeit und schließlich am Ende der Latènezeit feststellbaren siedlungsdynamischen Konzentrationen auf zentrale Orte (Höhensiedlungen, Großsiedlungen, *oppida*), so kann an solchen Steuerungen nicht gezweifelt werden.[56] In den Schriften Cäsars etwa treten die Stämme und ihre Stammesverfassungen wie auch einzelne Adelige oder Könige als handelnde Gruppen deutlich in Erscheinung. G. Dobesch[57] hatte sich

Abb. 7 Keltische Schiebemühlen, sogenannte Napoleonshüte, Baden-Württemberg.

schon vor langem auch für eine Gruppe von gallischen *mercatores* ausgesprochen, die zusätzlich als Akteure zumindest indirekt in den Quellen fassbar werden.

In einzelnen zentraleren Siedlungsräumen und Besiedlungszentren (z. B. an der oberen Donau um die Heuneburg im 6. und frühen 5. Jahrhundert v. Chr., am Dürrnberg bei Hallein oder im Siedlungszentrum von Manching) bildeten sich zwar größere Agglomerationen. Dennoch dürften sich diese Siedlungsdichten häufig prekär ausgewirkt haben, wenn durch gesellschaftliche „Katastrophen" (wie Krieg, Wanderung und Ernteausfall) Bevölkerungszahlen zurückgingen und damit eine bestimmte wirtschaftliche Stabilität in einem Kultur- und Siedlungsraum gefährdet scheinen. A. Zimmermann u. a.[58] haben auf Basis einer Modellierungslandschaft in den Niederrheinischen Braunkohlerevieren mit einer ländlichen Populationsdichte von 0,6 bis 1,8 Personen pro Quadratkilometer gerechnet. Jüngste Bilanzierungen lassen indes für einzelne zentrale Agrarräume des Westhallstattraumes höhere Zahlen erwarten.[59] Dies lässt erkennen, dass Gehöfte oder Dörfer keineswegs immer gesichert waren, wenn Arbeitskräfte für die Landwirtschaft ausfielen.

Nachhaltiges Wirtschaften war also durchaus bedroht.[60] Die längerfristige Konservierung von Lebensmitteln (etwa mit Kochsalz) muss eine wichtige Voraussetzung gewesen sein, die Ernährungsgrundlage für größere Bevölkerungen sicherzustellen. Diese wiederum waren Basis für längerfristige und stabile wirtschaftliche Handlungen, Strategien und Planungen, wie sie etwa bei der Gründung zentraler Höhensiedlungen, beim Betrieb spezialisierter Gewerberegionen in peripheren Landschaften und auch später für die *oppida* notwendig waren.

1 Siehe etwa Knopf 2014; Knopf 2017.
2 Zug-Sumpf, Zürich, Uerschhausen u. a.
3 Zusammengefasst: Primas 2004, z. B. zur Höhensiedlung Stillfried: Kohler-Schneider 2001.
4 Schmidl – Oeggl 2007.
5 Sievers 2002.
6 Wefers 2012a; Hornung 2014.
7 Zusammenfassend Gleirscher 2010.
8 Senczek 2017.
9 Heuneburg, Osterholz u. a.: zusammenfassend Biel– Stephan – Schatz 2006; Fischer u. a. 2010, Abb. 2,2
10 Pucher 1999; Pucher 2010.
11 Boenke 2005a; 2005b; Fischer u. a. 2010; Kreuz 2004.
12 2014, 407–429.
13 Kreuz – Friedrich 2014.
14 Stöllner 2004.
15 Timpe 1985, 258–284 bes. 277 ff.; Dobesch 2002.
16 Grömer 2010.
17 Stöllner 2005.
18 Dobiat – Sievers – Stöllner 2002; Drescher 1995; Zeiler u. a. 2009; Zeiler 2011.
19 S. Sievers, M. Leicht in: Dobiat – Sievers – Stöllner 2002.
20 Wieland 1999; Sievers 2002; Hornung 2014.
21 Balzer 2015.
22 Z. B. durch Stempelgleichheit an Stempelkeramik zu erschließen: Zeiler u. a. 2009.
23 Vgl. etwa Atzbach oder Sevaz-Tudinges: Mauvilly u. a. 1998; Schäfer – Stöllner 2001.
24 Im Metallhandwerk z. B. Drescher 1995; Modarressi-Tehrani 2009.
25 Stöllner 2007a.
26 Venclová 2001.
27 Z. B. Schulze-Forster 2015.
28 Z. B. Gebhard 1989; Čižmařová 1996, 173–182.
29 Z. B. Stöllner 2002a.

30 Z. B. Schwab u. a. 2006.
31 Stöllner – Zeiler 2014; Zeiler 2013; Menic 2016.
32 Cech 2008; Domergue – Leroy 2000.
33 Lutz – Schwab 2015.
34 Morteani/Northover 1995; Lehrberger u. a. 1997 jetzt neu: Hansen L. 2010.
35 Limousin: Cauuet 2004.
36 Venclová 2001; Stöllner 2004; Baron 2009.
37 Beck – Bouzek 1993; Stöllner 2003, 142; Stahl 2006a.
38 Kappel 1969; Waldhauser 1992; von Carnap-Bornheim 1998; Lehrberger – Duschl – Wimmer 2011.
39 Weller 2002.
40 Saile 2001.
41 Schauberger 1986; Scherreiks 1995.
42 Kern u. a. 2008.
43 Riehm 1965; Barth 1976; Kern u. a. 2008, 87 ff.
44 Stöllner 2002b; 2003; 2007b; Stöllner – Schwab 2009.
45 Barth 1857; Pankhurst 1962.
46 Matthias 1961.
47 Hees 2002.
48 Müller 1994, 413–443; Kossack 1994, 592 ff.
49 Z. B. an der Seille, z. B. Keune 1901.
50 Olivier – Kovacik 2006; Olivier u. a. 2010.
51 Kull 2003.
52 Hees 2002.
53 Kull 2003, 34 ff.
54 Joachim 1985; Mangartz 2006; 2008; Wefers 2006; 2012.
55 Waldhauser 1981; Salač 2002, bes. 39 ff.; Wefers 2012.
56 Venclová 2002; Knopf 2014; 2017.
57 Dobesch 2002.
58 Zimmermann – Hilpert – Wendt 2009.
59 Fischer u. a. 2010.
60 Siehe auch Danielisova – Fernandez Götz 2015.

Quellsalzgewinnung in Bad Nauheim

Katharina von Kurzynski

Bad Nauheim liegt in der fruchtbaren Landschaft der Wetterau, etwa dreißig Kilometer nördlich von Frankfurt am Flüsschen Usa in Hessen. Salzhaltige Quellen prägen den Charakter des Ortes. Sie wurden trotz ihres niedrigen Salzgehaltes von nur 2–4 Prozent spätestens seit der Mittellatènezeit zur Salzproduktion genutzt, ab dem 19. Jahrhundert dann zu therapeutischen Zwecken. Systematische archäologische Beobachtungen und Ausgrabungen in Bad Nauheim wurden seit den 1950er-Jahren unternommen. In den ausgedehnten Produktionsarealen an der Usa haben die keltischen Salzsieder nachweislich etwa ab der Mitte des 3. Jahrhunderts v. Chr. Salz produziert. Zu den technisch ausgefeilten Produktionsstätten gehörten verschiedene Einrichtungen. Solebecken, Wasserleitungen, Kanäle, Öfen, Pflasterungen, Holztröge und -gefäße, Werkzeuge, Überreste von Zäunen und einzelnen Gebäuden sowie Unmengen von technischer Keramik lassen das Bild von überaus betriebsamen und effektiven Produktionseinrichtungen entstehen und eine intentionelle Planung der gesamten Anlage erkennen. Durch die feuchte Umgebung im Bereich der Usa-Aue blieben unter anderem erstaunlich viele hölzerne Bestandteile dieser Produktionsanlagen erhalten. Auch Siedlungsreste und Begräbnisstätten der keltischen Bewohner konnten archäologisch nachgewiesen werden.

Die Salzproduktion fand in Öfen statt, die leicht in den Boden ein-

Abb. 1 Rekonstruktion eines Salzsiedeofens.

Abb. 2 Tonstützen aus dem Innenraum von Salzsiedeöfen.

getieft waren und aus einer mit Lehm bestrichenen Flechtwerkskonstruktion bestanden (Abb. 1); sie wurden von außen befeuert. Im Inneren standen Tonstützen (Abb. 2), auf die – oft mit einem Lehmbatzen fixiert – die eigentlichen Siedegefäße unterschiedlicher Form gestellt wurden (Abb. 3). War der untere Ofenraum heiß genug, wurden die Siedegefäße mit Sole gefüllt, das Wasser verdampfte – und nach mehrmaliger Wiederholung dieses Prozesses blieb das relativ fest verbackene Salz im Gefäß zurück. Um es weiterverarbeiten beziehungsweise verhandeln zu können, musste das Siedegefäß zerschlagen werden – dies erklärt die großen Mengen von Scherben solcher Gefäße, die bei den Ausgrabungen gefunden wurden. Diese Produktionsmethode war allerdings energieintensiv – es wurden große Mengen an Holz zur Befeuerung der Öfen benötigt.

Dass die Kelten daneben auch eine energiesparende, allerdings witterungsabhängige Methode der Salzproduktion entwickelt haben könnten, deutet eine andere Gruppe von in stattlicher Anzahl ausgegrabenen Befunden an: mit Schottersteinen gepflasterte, meist quadratische Flächen von zwei bis vier Metern Seitenlänge, oft in Reihen nebeneinander gesetzt. Zur Mitte hin waren diese in ein wasserundurchlässiges Aschebett gesetzten Pflasterflächen leicht abgesenkt (Abb. 4). Oft umgab ein kleiner Wall aus Asche und Lehm die Anlagen, manchmal auch eine Konstruktion aus Hölzern oder ein Flechtwerkzaun. An einigen Stellen befanden sich Holzkästen am Rand der Flächen, die der geregelten Einleitung von Sole gedient haben könnten. Eine mögliche Erklärung dieser auffälligen (technischen) Anlagen: Sole wurde gezielt auf die Steinpflaster geleitet. Durch Sonneneinstrahlung und Wind verdunstete das in der Sole enthaltene Wasser – zurück blieben die Salzkristalle auf den Pflastersteinen. Diese konnten dann – vielleicht mit Bürsten oder anderen Gerätschaften – zusammengekehrt und weiterverarbeitet werden.

Eine systematische wissenschaftliche Bearbeitung sämtlicher Ausgrabungen, Funde und Befunde aus der fast siebzigjährigen archäologischen Forschungstätigkeit in Bad Nauheim steht allerdings noch aus. Tausende von Kartons mit Fundstücken sowie mehr als 3000 Holzobjekte zeugen von der Bedeutung dieses Salzproduktionsortes. Zurzeit werden sie sämtlich wissenschaftlich neu erfasst – die primäre Grundlage für weitere Bearbeitungen und auswertende Analysen. Dass noch vielfältige neue Erkenntnisse zur Salzproduktion, aber auch zum Leben der keltischen Salzsieder in Bad Nauheim gewonnen werden könnten, steht außer Frage.

Abb. 3 Siedegefäße.

Abb. 4 Steinpflaster.

Literatur
Hansen L. 2014
Hansen L. 2016
LfDH – hessenARCHÄOLOGIE 2003

Römisches im rechtsrheinischen Germanien. Warenaustausch an der Grenze des Imperiums

Hans-Jörg Karlsen

„Usere unmittelbaren Grenznachbarn wissen jedoch infolge der Handelsbeziehungen Gold und Silber zu schätzen, erkennen manche Ausprägungen unseres Geldes an und bevorzugen sie; die im Inneren des Landes Wohnenden treiben in einfacher und altertümlicher Weise Tauschhandel."
(Tacitus, „Germania", Kap. 5)

Unter den römischen Funden jenseits der Reichsgrenzen sind es vor allem die exklusiven Objekte, die Aufmerksamkeit erregen. Meist treten sie uns in reich ausgestatteten Gräbern entgegen, die mit Verstorbenen der germanischen Elite in Verbindung gebracht werden können. Römische Gefäße aus Silber und Buntmetall, aber auch aus Glas zählten zu diesen begehrten Produkten, denen offensichtlich ein hoher Prestigewert beigemessen wurde. Es erscheint plausibel, viele dieser Stücke als diplomatische Geschenke und damit als Versuch Roms zu verstehen, außenpolitisch auf die benachbarten germanischen Stämme einzuwirken. Vor allem die zeitliche Koinzidenz des Zustroms von römischen Objekten mit akuten Krisenzeiten des Imperiums spricht für eine derartige Interpretation.[1]

Ob neben diesem Erklärungsmodell auch Handelsbeziehungen als Hintergrund für das Auftreten römischer Objekte im Barbaricum zu erwägen sind und ob es überhaupt römische Händler gegeben hat, die mit germanischen Stämmen Handel trieben, wird in der Wissenschaft sehr unterschiedlich beurteilt.[2] Antike Schriftquellen berichten mehrfach von Kaufleuten auf germanischem Gebiet,[3] bestimmten Stämmen soll zudem Zugang zu Märkten in den römischen Provinzen gewährt worden sein.[4] Die archäologischen Quellen zu dieser Thematik bedürfen einer eingehenden Analyse, je nach Objektart sowie regional und zeitlich differierenden Fundniederschlägen gestatten sie unterschiedliche Interpretationsansätze. Grundsätzlich schwierig zu beantworten bleibt außerdem die Frage, welche Gegengaben von germanischer Seite hätten angeboten werden können. Die in den Schriftquellen erwähnten „Exportschlager" wie Felle, Gänsefedern oder Frauenhaar entziehen sich eines archäologischen Nachweises vollständig.

Für die Beurteilung eines Warenverkehrs aus den römischen Provinzen nach Germanien sind vor allem diejenigen Objekte von Interesse, die deutlich unterhalb der oben angesprochenen Ebene von Prestigegütern rangieren und eher in die Kategorie von Gebrauchsgütern fallen. Besonders in der Region zwischen Rhein und Weser lassen sich diverse Fundkategorien fassen, denen sicherlich nicht der Charakter wertvoller Exotika zukommt, sondern die vielmehr als Ausdruck von römisch-germanischen Handelskontakten zu verstehen sind. Im westfälischen Raum treten mit den Fundplätzen von Castrop-Rauxel (Fundstellen Ickern und Erin) sowie Borken-West Plätze hervor, an denen viele römische Objekte zutage gefördert werden konnten. Der Charakter der Plätze ist dabei aber durchaus unterschiedlich.

In Ickern konnte eine wohl nur aus zwei oder drei Gehöften bestehende Ansiedlung des 1. bis 4. Jahrhunderts

linke Seite Zusammenstellung verschiedener römischer Lesefunde aus dem germanischen Wirtschaftsraum.

freigelegt werden.⁵ Wohnstallhäuser und Speicherbauten spiegeln die auf Ackerbau und Viehzucht basierende Wirtschaftsgrundlage wider. Dennoch hatten ihre Bewohner offensichtlich Zugang zu diversen Fremdgütern, wie unter anderem zahlreiche Fragmente von Terra sigillata, Amphoren, barbotineverzierter Spruchbecherkeramik und weiterer provinzialrömischer Drehscheibenware anzeigen.⁶ Ebenso waren Bronzegefäße provinzialrömischer Herkunft in Verwendung: Mehrere Siebe und das Fragment eines Halbdeckelgefäßes beziehungsweise Ausgussbeckens (Eggers Typ 90) deuten auf römische Einflüsse bei den Trinksitten hin. Möglicherweise waren damit auch der Konsum und der Import von Wein verbunden,⁷ doch dies muss vorerst offenbleiben.

Dass die Siedlung in einen weiträumigen Warenaustausch integriert war, zeigt nicht zuletzt der deutliche Anteil an Drehscheibenware germanischer Herstellung an (Abb. 1). Bei dieser sogenannten germanischen Nigra ist von mehreren rechtsrheinisch gelegenen Töpfereien auszugehen. In ihr spiegeln sich daher eher innergermanische Distributionsprozesse wider. Dennoch ist die Anlehnung an römische Typen und Verzierungen unverkennbar und belegt eine Vertrautheit mit dem römischen Formenrepertoire, das nachgeahmt wurde. Technologisch lässt sich mit der Verwendung der schnelldrehenden Töpferscheibe zudem ein Ideentransfer greifen.⁸

Die Verarbeitung des Getreides erfolgte in Ickern mit römischen Mahlsteinen aus Basaltlava. Dies ist nicht außergewöhnlich: Römische Handmühlen waren auch außerhalb der Reichsgrenzen, im Nordwesten Germaniens, sehr beliebt und weit verbreitet. Sie stammen aus dem in der Eifel gelegenen Abbaurevier und wurden per Schiff zu den Absatzmärkten in den Rheinprovinzen bis nach Britannien transportiert.⁹ Ihre Fundverteilung in den germanischen Siedlungsräumen entlang der Flusssysteme und der südlichen Nordseeküste weist darauf hin, dass auch hier die Wasserwege die entscheidende Rolle bei der Distribution spielten.¹⁰

Abb. 1 Drehscheibenkeramik aus Kamen-Methler, Nordrhein-Westfalen.

Abb. 2 Bruchstück eines bronzenen Zierblechs mit Ritzverzierung zweier Pfauen, Castrop-Rauxel, Nordrhein-Westfalen

Unter dem Siedlungsabfall, der sich besonders im angrenzenden Flussbett abgelagert hatte, befindet sich auch eine Emailfibel. In den Jahrzehnten um 200 n. Chr. in Werkstätten der römischen Provinzen produziert, fanden diese auffälligen polychromen Gewandschließen auch schnell in Germanien Verbreitung.[11] Sie ergänzten beziehungsweise ersetzten damit partiell das einheimische Fibelspektrum. Auch bei dieser Objektgruppe – letztlich Massenware – wird man sicherlich nicht an diplomatische Geschenke denken wollen. Vielmehr werden diese offenbar sehr beliebten neumodischen Gewandspangen auf anderem Weg zu den Bewohnern der ländlichen, aber durchaus Wohlstand anzeigenden Siedlung von Ickern gelangt sein.

Mit der nur wenige Kilometer von Ickern entfernten Fundstelle von Erin tritt dagegen ein ganz anderer Gesamtkomplex entgegen. Auch wenn bislang eine umfassende Auswertung fehlt, lassen die publizierten Befunde und das Fundmaterial dennoch eine Interpretation als Handels- und Opferplatz zu. So zeichnet sich der Fundplatz durch diverse rituelle Niederlegungen ganzer Tiere (Hunde, Rind), von Pferde- und Rinderschädeln sowie Teilskeletten aus.[12] Die Konzentration einer Vielzahl derartiger Opfer im unmittelbaren Zusammenhang mit dem Handelsplatz unterstreicht die herausragende Bedeutung dieses Ortes.

Zeugnis vom Warenaustausch legen mehr als 200 römische Münzen und auffallend viele Eisen- und Buntmetallbruchstücke ab (Abb. 2).[13] Hier, in den nicht weit von der römischen Provinz entfernten Siedlungsgebieten, spielte wahrscheinlich auch Geldwirtschaft eine gewisse Rolle. Den Silbermünzen wird dagegen keine Geldfunktion zugekommen sein, sie stellten vielmehr die wichtigste Rohstoffquelle für die Fertigung exklusiver eigener Objekte aus dem begehrtem Edelmetall dar. Metallhandel war wohl überhaupt von großer Bedeutung auf derartigen Märkten. Das in Erin fassbare Recycling von römischem Altmetall hatte einen ganz entscheidenden Anteil an den innergermanischen Austauschsystemen,[14] womöglich existierte sogar ein regelrechter Schrotthandel mit der römischen Provinz.[15] Mit Erin vergleichbare Warenumschlagplätze sind bislang sehr selten. Am besten lässt sich ein solcher derzeit mit der als Ufermarkt gedeuteten Fundstelle von Elsfleth-Hogenkamp, am Zusammenfluss von Hunte und Weser, fassen. Rund 700 Metallfunde, von der ausgehenden Vorrömischen Eisenzeit bis in das 6. Jahrhundert n. Chr., belegen dort eine kontinuierliche Nutzung des Geländes. Ein nicht unbeträchtlicher Teil des Metallschrotts steht hier mit der Tä-

Abb. 3 Metallfunde aus Borken-West, Nordrhein-Westfalen: Fibel, Pferdegeschirr, Pinzette, Rasiermesser und Nadel.

tigkeit eines Buntmetallschmieds in Verbindung, das heißt, Bronze und andere Kupferlegierungen wurden vor Ort eingeschmolzen, darunter auch die frühen römischen Münzprägungen. Der sich über große Bereiche des Platzes erstreckende Fundschleier an jüngeren Münzen des 2. bis 4. Jahrhunderts spricht dagegen dafür, diese als Niederschlag des Tauschhandels oder auch als Zahlungsmittel zu sehen.[16]

Im Kontext eines Platzes wie Erin ist aber ebenso die Bedeutung der diversen Glasscherben[17] zu diskutieren. Da sich in dem flächigen Fundhorizont keine Siedlungstätigkeit, sondern primär Aktivitäten des Warenumschlags widerspiegeln, könnten die Scherben römischer Glasgefäße durchaus als Handelsgut angesprochen werden. Das Einschmelzen römischen Glases ist im westfälischen Raum bezeugt,[18] denn das Recycling dieses Werkstoffs spielte für die einheimische Glasperlenproduktion die entscheidende Rolle. Zweifelsohne gelangten auch vollständige Gefäße ins Barbaricum und fanden, wie im Römischen, als Trinkgefäße Verwendung. Darauf deutet die nicht unbeträchtliche Zahl an Glasscherben aus einigen reichsnahen Siedlungskontexten hin.[19] In der ländlichen Siedlung von Bielefeld-Sieker[20] ist ein umfangreicher Bestand an römischen Glasgefäßen sowohl

Abb. 4 Teile von bronzenen Inschriftenplatten aus Borken-West, Nordrhein-Westfalen.

durch entsprechende Siedlungsabfälle als auch durch deren Beigabe in der zugehörigen Nekropole bekannt.²¹ Sie zeigen deutlich an, dass römische Hohlgläser in größerer Anzahl im Raum zwischen Rhein und Weser kursierten und relativ leicht zu beschaffen waren.

Die Bedeutung des Altmetallhandels tritt auf dem Fundplatz von Borken-West besonders signifikant hervor. Viele der insgesamt mehrere Hundert Objekte umfassenden Bronzefunde waren bereits antik verbogen, zerbrochen oder stellen Fragmente römischer Gefäße oder Möbelstücke dar (Abb. 3 und 4). Hinzu kommen aber mit Schmelzresten, Gusstropfen und kleinen Feuerstellen – wohl Schmelzöfen – auch Überreste der Buntmetallverarbeitung, die damit nicht nur Recycling, sondern auch Weiterverarbeitung vor Ort anzeigen. Das Buntmetallhandwerk scheint hier in eine Siedlung eingebunden gewesen zu sein, wie diverse Befunde von Brunnen, Pfostenlöchern und Siedlungsgruben, aber auch die umfangreicheren Knochenabfälle anzeigen.²²

Die mit Inschriften versehenen, aus verschiedenen Befundkontexten geborgenen Fragmente von Bronzeplatten dürften dabei ebenfalls als Recyclingmaterial ihren Weg aus den Provinzen nach Borken gefunden haben.

Dafür sprechen sowohl ihre kleinteilige Zerstückelung als auch der Nachweis, dass die meisten Fragmente ursprünglich nicht zusammengehörten.[23]

Auf regelmäßige Handelskontakte der Bewohner mit der nur rund dreißig Kilometer entfernten Provinz *Germania inferior* deuten neben dem Fundniederschlag an Metallschrott und den Scherben römischer Drehscheibenware vor allem die Münzen, die den zeitlichen Schwerpunkt des Bestehens der Siedlung vom 2. bis 4. Jahrhundert vollständig abdecken. Die überwiegend kleinen Nominale belegen, dass hier Kleingeld im Umlauf war und sich der Geldverkehr offenbar nicht vom nahe gelegenen Reichsgebiet unterschied.[24]

Dass im näheren Umfeld dieser Handwerkersiedlung auch ein Marktplatz existierte, könnten die zahlreichen, verstreut entdeckten Metallfunde in einem etwa einen Kilometer entfernt liegenden Areal anzeigen.[25] Ausgeprägte Strukturen von Gehöften scheinen hier zu fehlen, vielmehr ging der Metallschrott – darunter wiederum viele römische Objekte – wohl im Zuge von Handelsgeschäften verloren.

Die Beispiele illustrieren differenzierte Siedlungsstrukturen für den Raum zwischen Rhein und Weser, die auf unterschiedliche Weise in einen Warenverkehr und ein System eingebunden waren, das sowohl auf innergermanischem Austausch als auch auf einem regelmäßigen Zustrom römischer Waren basierte. Auch Bewohner ländlicher Siedlungen partizipierten daran.

Die Austauschbeziehungen zwischen den Germanen und den römischen Provinzen waren wahrscheinlich vielfältig. Nicht alle sind in gleicher Weise greifbar. Neben Subsidien, Gastgeschenken, persönlichen Gegenständen rückkehrender Söldner oder Plünderungsgut als Erklärungsmodelle für das Auftreten von Importen in germanischen Fundkontexten sollte den unterschiedlichsten Formen eines Warenaustauschs eine nicht zu geringe Bedeutung beigemessen werden.[26] Der Aspekt der „kulturellen Aneignung" fremder Gegenstände[27] wird dabei im Verlauf der ersten vier nachchristlichen Jahrhunderte zudem durchaus unterschiedlich und regional differenziert zu bewerten sein.

Die Vielfalt und Dynamik von Austauschprozessen lässt sich beispielhaft an den Verhältnissen in Nordamerika studieren, wo die Handelskontakte zwischen indigenen Gruppen und europäischen Handelsposten verschiedene Interaktionsformen und Akteure hervorbrachten – und dies auf beiden Seiten sowie in den frühen Phasen ohne dominante Position der Kolonisten. Im Pelzhandel spielten auf europäischer Seite die Trapper die entscheidende Rolle.[28] Sie befriedigten die enorme Nachfrage des europäischen Marktes nach Biberfell durch das Fallenstellen in den indianischen Siedlungsgebieten. Sie waren die Ersten, die über persönliche Kontakte zu den Stämmen verfügten – und mit diesen handelten. Die Indianer lieferten ihnen ebenfalls Biberfelle, ein Netzwerk entstand. Mit sinkenden Biberpopulationen und einer immer weiter in das Landesinnere vorangetriebenen Jagd vergrößerten sich schließlich die Distanzen zu den Handelsstationen, an denen die Trapper die Felle ablieferten. In der Folge entstanden temporäre Märkte, die den Trappern quasi hinterherzogen und auf denen diese sich mit dem Notwendigen für ihre lange Abwesenheit in der Wildnis versorgen konnten.

Auf Seiten der indigenen Bevölkerung konnten im Zusammenhang mit dem Warenaustausch noch deutlich komplexere sozioökonomische Systeme entstehen. Entscheidend waren vor allem die Mittelsmänner, die mit den Europäern in Kontakt traten und den Handel maßgeblich steuerten.[29] Die Huronen als unmittelbare Nachbarn der Franzosen kontrollierten zudem sämtliche Handelswege in das Landesinnere und bestimmten – als aufgrund der fast vollständigen Ausrottung Biberfell bei ihnen selbst nicht mehr verfügbar war – den Warenverkehr zwischen den französischen Kolonien und den jenseits der Huronen siedelnden Stämmen. Dabei tauschten sie selbst beispielsweise Lebensmittel gegen Tierfelle ein und schafften damit ein Abhängigkeitsverhältnis unter den indigenen Stämmen.[30] In dieser Phase traten die einheimischen Mittelsmänner den Europäern auf Augenhöhe entgegen. An europäischen Waren kamen vor allem Gewehre und Werkzeuge, aber auch Mehl, Nähnadeln, Angelhaken, Bekleidung, Messer, Kessel, Äxte, Flintensteine und Munition sowie Nahrungsmittel zu den Stämmen.[31] Archäologisch lässt sich auch dieser Handel nur lückenhaft erschließen. Festzustellen ist dabei eine Selektion von Waren, die ohne größeren gesellschaftlichen Dissens in das einheimische Milieu aufgenommen werden konnten, also ohne Aufgabe der grundsätzlichen Lebensgewohnheiten zu integrieren waren. Hier werden deutliche Parallelen zum westgermanischen Bereich greifbar, in den ebenfalls nur eine sehr begrenzte Auswahl an Objekten der römischen Lebenswelt Eingang fand.

Das „Modell des Trappers" als Bezugsquelle derartiger Waren ist vielleicht auch auf eine spezielle Gruppe römischer Händler anwendbar. Zu Recht wurde auf das Fehlen von epigraphischen Quellen zu römischen Kaufleuten verwiesen, die sich – im Gegensatz zu entsprechenden Belegen für Gallien – auf den germanischen Raum beziehen ließen.[32] Womöglich waren die *negotiatores* gar nicht als professionelle Geschäftsleute und Fernhändler in einen direkten Handel mit den germanischen Stämmen involviert,[33] sondern bezogen vielmehr ihre Waren von erfahrenen, ortskundigen und auf sich gestellten Kleinhändlern.

Tacitus lag mit seiner eingangs zitierten Beschreibung verschiedener Wirtschaftsräume in Germanien wohl nicht falsch – direkte Handelskontakte und römische Händler waren nur in den reichsnahen Siedlungsgebieten präsent. Die hier lebenden Stämme werden maßgeblich die Weitergabe in die weiter entfernt liegenden Regionen kontrolliert haben, in denen dann römische Objekte vielfach zu Prestigegütern aufgewertet wurden.

1 Erdrich 2001a.
2 Erdrich 2001b; zusammenfassend Grünert 1983; Steuer 1999, hier 536 ff.
3 Caes. Gall. 4,2–3; Tac. ann. 2, 62, 3; Plin. nat. 37,45.
4 Tac. Germ. 41; Cass. Dio 71,15.
5 Pape – Speckmann 2010.
6 Speckmann – Pape 2009; Speckmann – Pape 2010.
7 Pape – Speckmann 2010, 119.
8 Hegewisch 2013; Agricola – Hahn – Helfert 2012.
9 Mangartz 2008.
10 Bischop 2001, 96 ff. Abb. 71; Mückenberger 2013, 192–194.
11 Vgl. Voß 2007, 10 Abb. 13; siehe z. B. auch Gaffrey – Remme 2000, 337; Berke – Stapel 2005, 459.
12 Dickmann 1997, 56–57; 60–63.
13 Dickmann 1995; Dickmann 1997, 40–41; 44–47; 67.
14 Zu Altmetall in Siedlungen siehe Voß 2007, 9 Abb. 9; Voß 2013, 204 Abb. 7.
15 Vgl. Baumeister 2004, 94–101.
16 Mückenberger 2013, insb. 80–103; 156–168.
17 Dickmann 1997, 52–53; CRFB 2009 [Katalog: XI-06-1].
18 Vogt 2002.
19 Z. B. Westick: CRFB 2009 [Katalog: IX-12-5].
20 Doms 1990.
21 CRFB 2009 [Katalog X-01-1].
22 Gaffrey – Remme 2000.
23 Wiegels 2012.
24 Ilisch 2000.
25 Dickmann 2005.
26 Vgl. dagegen Erdrich 2001b.
27 Schreiber 2013.
28 Wood 1990, 3–4; Buckley 2005, 85 ff.
29 Tanner 1965, 37 ff.; Kardulias 1990, 40–44; Edwards 2009, 51.
30 Edwards 2009, 55–56.
31 Edwards 2009, 54–55; siehe auch Wood 1990, 5–6.
32 Erdrich 2001a, 24–25.
33 Vgl. Kunow 1980.

Kleine Geschenke erhalten die Freundschaft – Austausch unter Eliten

Dirk Krausse, Jonathan Scheschkewitz

Der Austausch von Geschenken beschränkt sich in unserer heutigen Gesellschaft vornehmlich auf den privaten Bereich, etwa bei Festlichkeiten und Feiern. In vormodernen Kulturen kam dem Geschenkaustausch dagegen eine zentrale und für das soziale Miteinander viel wesentlichere Bedeutung zu. Auch in den antiken Kulturen Vorderasiens und des Mittelmeerraums spielten Geschenke eine wichtige Rolle, vor allem bei der Knüpfung, Gestaltung und Aufrechterhaltung sozialer Beziehungen zwischen den gesellschaftlichen Eliten. So finden sich in der altgriechischen Literatur von Homer bis Herodot zahlreiche Belege für die Bedeutung von kostbaren Geschenken oder Gastgeschenken, die auch zur Besiegelung von Freundschaften und Bündnispakten zwischen Adelsgeschlechtern dienten. Diese in den antiken Schriftquellen oftmals als *keimelia* (davon leitet sich das Wort „Zimelien" ab) bezeichneten Gaben wurden sorgfältig aufbewahrt und dienten als materielles Zeugnis der geschlossenen Pakte.[1] In der griechischen Antike wurden als Gastgeschenke häufig kostbare Metallobjekte, etwa Gefäße aus Edelmetall oder Bronze, ausgetauscht.

Metallgefäße spielten offensichtlich auch als diplomatische Geschenke zwischen Staaten beziehungsweise Stämmen in der Antike eine wichtige Rolle. So berichtet Herodot (Historien I 70), dass die Spartaner einen Riesenkessel als Geschenk für den um die Mitte des 6. Jahrhunderts v. Chr. regierenden Lyderkönig Kroisos herstellen ließen. Der Austausch von „Staatsgeschenken" diente auch in der römischen Antike zur Knüpfung und Festigung politischer Beziehungen über große Distanzen hinweg. So wurden in Rom Gesandte weit entfernt lebender Völker, etwa aus Afrika, den eurasischen Steppengebieten, Indien und sogar China, mit entsprechenden Geschenken empfangen.[2]

Es ist anzunehmen, dass es ähnliche Sitten und Vorgänge auch im prähistorischen Mitteleuropa, zumindest in der Bronze- und Eisenzeit, gegeben hat. So wird beispielsweise das Vorkommen von Prestigegütern, wie Metallgefäßen oder Prunkwaffen, in den bronzezeitlichen Horten und Gräbern nicht als Niederschlag eines primär ökonomisch motivierten Handels, sondern als Ergebnis vieler verschiedener Einzelaktionen der politischen Allianzbildung gedeutet.[3] Die mitteleuropäischen Eliten pflegten spätestens seit der Jüngeren Bronzezeit respektive Urnenfelderzeit Beziehungen auch über weite Entfernungen hinweg. Dies zeigen etwa die Grabbeigaben des berühmten „Königsgrabes" von Seddin, das im 9. oder 8. Jahrhundert v. Chr. angelegt wurde (Abb. 1). Während einige der Beigaben, besonders die Bronzeblechamphore, den Austausch in südliche Richtung bis Mittelitalien belegen, lassen andere Objekte keinen Zweifel an den intensiven Kontakten dieses wahrlich herrschaftlich bestatteten Mannes nach Jütland und Fünen.

Das reich mit Waffen, Keramik und Schmuck ausgestattete Grab von Wulfen (Kreis Anhalt-Bitterfeld), das bereits 1692 ausgegraben, aber erst jüngst detailliert untersucht wurde,[4] spiegelt ebenfalls weiträumige soziale Beziehungen zwischen dem Saalemündungsgebiet, dem

linke Seite Detail eines reich verzierten Ohr- oder Schläfenrings aus Gold aus einem 2010 bei der Heuneburg an der oberen Donau entdeckten frühkeltischen Frauengrab des frühen 6. Jahrhunderts v. Chr.

AUSTAUSCH – WAREN UND WEGE

Abb. 1 Die reichen Beigaben des „Königsgrabes" von Seddin, Brandenburg, spiegeln weiträumige Beziehungen der gesellschaftlichen Eliten zwischen Italien und Skandinavien wider.

Lausitzer Kulturgebiet und bronzezeitlichen Gruppen in Oberbayern wider: Während die Verzierung der Keramik und die bronzenen Vogelfußanhänger typisch für die Lausitzer Kultur sind, weist das Trachtzubehör in die südbayerische Urnenfelderkultur. Grabarchitektur und Machart der Keramikgefäße sind dagegen typisch für die Saalemündungsgruppe der Jüngeren Bronzezeit. Bilaterale Bündnisse zwischen Mitgliedern von Eliten zeichnen sich somit bereits für die Bronzezeit deutlich und über weite Entfernungen ab. Diplomatische Gaben beziehungsweise „Staatsgeschenke"[5] lassen sich dagegen erst für die Eisenzeit mit einiger Wahrscheinlichkeit nachweisen. Um eine solche Gabe handelt es sich offensichtlich bei dem berühmten Bronzekrater von Vix (Dep. Côte-d'Or, Burgund), dem mit einem Fassungsvermögen von etwa 1100 Litern und einer Höhe von etwa 1,64 Metern größten erhaltenen Metallgefäß der gesamten Antike (Abb. 2). Der Fund erinnert an den von Herodot erwähnten Riesenkessel für Kroisos. Der Krater von Vix wurde um 530 v. Chr. wahrscheinlich in Süditalien hergestellt und gelangte zweifellos über die griechische Kolonie Massalia (Marseille) über Rhone und Saône bis zu seinem Fundort an der oberen Seine.[6] Dort beherrschte der monumentale frühkeltische Fürstensitz des Mont Lassois die besonders für den kontinentalen Zinnhandel wichtige Verkehrsverbindung zwischen den Britischen Inseln und dem nordwestlichen Mittelmeer. Da entsprechende riesige Metallgefäße extrem selten und überhaupt nicht im Handel erhältlich waren, kann es sich eigentlich nur um eine Spezialanfertigung handeln, die von einer griechischen Polis oder Kolonie in Auftrag gegeben wurde, um ein politisches Bündnis mit den durchaus mächtigen frühkeltischen Nachbarn im Norden zu besiegeln.[7] Als diplomatische Geschenke kann man auch andere Großbronzen aus frühkeltischen Prunkgräbern deuten, etwa den Löwenkessel von Hochdorf,[8] den Neufund eines Kessels aus Lavau,[9] die Bronzeamphore von Schwarzenbach[10] oder die Stabdreifüße und Kesseluntersätze aus den Gräbern von Bad Dürkheim[11] sowie aus dem Umfeld des Hohenaspergs[12] und des Mont Lassois[13]. Allerdings stellt sich in diesem Zusammenhang grundsätzlich die Frage, warum diese handfesten Zeugnisse von Bündnissen und Verträgen schon nach wenigen Jahren oder Jahrzehnten in den Gräbern deponiert und damit ihrer diesseitigen politischen Wirkung doch offensichtlich beraubt wurden.

Abb. 2 Der Bronzekrater von Vix (Burgund), das größte erhaltene Metallgefäß der Antike, gilt als diplomatisches Geschenk.

Bei anderen importierten Prestigegütern, etwa bei den in größerer Zahl nördlich der Alpen gefundenen etruskischen Bronzeschnabelkannen oder den ebenfalls recht häufigen Perlrandschalen, lässt sich zumeist nicht entscheiden, ob sie ihren Weg in die Gebiete nördlich der Alpen als Geschenke, als Handelsware oder gar als Beute fanden. Wie die antike Überlieferung lehrt, können auch bei Kriegs- oder Raubzügen erbeutete Luxusgüter sekundär als *keimelia* weitergegeben worden sein.[14] Die kriegerische und gegebenenfalls heroenhaft ausgeschmückte „Biographie" betreffender Objekte machte sie als Geschenke sogar besonders attraktiv.

Seit dem 7. Jahrhundert v. Chr. begann sich das subkontinentale Austauschsystem zwischen den Eliten offensichtlich zu verändern, bedingt einerseits dadurch, dass die Bronze als Werkstoff für Werkzeuge und Waffen zunehmend vom Eisen verdrängt wurde, andererseits durch die Etablierung von „Hochkulturen" in Italien und Südfrankreich. Da Eisen – anders als Kupfer und Zinn – nahezu in allen Regionen als Rohstoff vorhanden ist, wurde man vielerorts hinsichtlich der Metallversorgung unabhängiger vom Fernhandel. Gleichzeitig nahm der kulturelle Ferneinfluss der mediterranen Kulturen auf den Raum nördlich der Alpen zu. So lässt sich für das 6. und 5. Jahrhundert v. Chr. erstmals ein regelrechter Import von etruskischen und griechischen Gefäßen, aber auch von Wein in die frühkeltischen Zentren

AUSTAUSCH – WAREN UND WEGE

Abb. 3 Goldplattierte Bronzefibeln und Goldanhänger (wahrscheinlich von Kopfschmuck) aus dem Grab eines Mädchens, das im Alter von etwa drei Jahren verstarb und nahe der Heuneburg, Baden-Württemberg an der oberen Donau bestattet wurde.

Abb. 4 (unten) Goldschmuck aus dem „Fürstinnengrab" vom Bettelbühl. Die filigran verzierten Goldkugeln (links) und der Bandohrring (rechts) erinnern an etruskische Goldschmiedearbeiten, es handelt sich aber um einheimische Produkte, die auf der Heuneburg hergestellt wurden.

zwischen Burgund im Westen und Württemberg im Osten archäologisch fassen. Vor dem Hintergrund der großen Zahl etruskischer Bronzeschalen und Bronzekannen aus Gräbern Südwestdeutschlands, der Schweiz und Ostfrankreichs hat es den Anschein, dass es sich bei diesen Importen nicht um Geschenke handelte, sondern um Produkte eines primär ökonomisch motivierten Handels. Wie komplex die Austauschsysteme aber tatsächlich organisiert waren, zeigt die Beobachtung, dass die mediterranen Bronzegefäßformen nördlich der Alpen adaptiert, von spezialisierten Handwerkern in den frühkeltischen Zentren weiterentwickelt und vor Ort produziert wurden. So treten neben den importierten Schalen und Kannen bald einheimische Umsetzungen auf, die die etruskischen Originale in Größe, Qualität und Prunk deutlich übertreffen.[15] Das Beispiel der keltischen Schnabel- und Röhrenkannen zeigt, dass diese Prunkgefäße nördlich der Alpen hochrangigen Adeligen dann wiederum als Prestigeobjekte und den einheimischen Eliten eventuell als Gabe und Gegengabe dienten.[16]

Wie schwierig die archäologische Unterscheidung zwischen mediterranem Import und einheimischer Umsetzung einerseits und zwischen Handelsgut, Geschenken und individueller Auftragsarbeit andererseits ist, führen die laufenden Untersuchungen der Goldfunde aus zwei Gräbern der Bettelbühlnekropole unweit der Heuneburg an der oberen Donau vor Augen.[17] Nur durch glückliche Umstände – den Fund von Werkstattresten aus einem Grubenhaus – konnten die an etruskische Arbeiten erinnernden filigranverzierten Goldobjekte aus dem Grab eines dreijährigen Mädchens[18] (Abb. 3) und einer erwachsenen Frau (Abb. 4) als einheimische Produkte, die auf der Heuneburg angefertigt worden sind, identifiziert werden. Zudem erbrachten die archäologischen Untersuchungen, dass die Gewandspangen des kleinen Mädchens und der Frau in einer Werkstatt, wahrscheinlich von demselben Meister, hergestellt worden waren. Ganz offensichtlich handelt es sich um „Maßanfertigungen" für diese beiden weiblichen Mitglieder der Elite: Alle vier Spangen sind zwar identisch verziert, aber die Fibeln des kleinen Mädchens sind mit einer Länge von nur etwa vier Zentimetern und ihrer gedrungenen Form den Körperproportionen ihrer Besitzerin angepasst, während die 11,4 Zentimeter langen Fibeln der vornehmen Dame, bei der es sich um eine nahe Verwandte, vielleicht die Mutter des Kindes, gehandelt haben könnte, der Körpergröße einer erwachsenen Frau entsprechen. Mit den Goldfunden vom Bettelbühl haben wir somit keineswegs Handelsware und auch keine Gastgeschenke vor uns, sondern ganz offensichtlich Auftragsarbeiten, die speziell für diese beiden weiblichen Mitglieder der lokalen

Abb. 5 Bernsteinschmuck aus dem „Fürstinnengrab" vom Bettelbühl. Die Bernsteinfibeln (oben in situ) belegen enge Kontakte nach Italien oder ins Südostalpengebiet.

AUSTAUSCH – WAREN UND WEGE

Abb. 6 Im Grab der „Keltenfürstin vom Bettelbühl" fand sich ein bisher singuläres Objekt: der bronzene Stirnpanzer eines Pferdes, der wahrscheinlich auf vorderasiatische oder reiternomadische Einflüsse zurückgeht.

Elite auf der Heuneburg angefertigt wurden (Abb. 5). Die Frau trug neben den Goldfibeln zudem fünf Bernsteinfibeln, die bisher nördlich der Alpen singulär sind. Entsprechende Gewandspangen waren aber während des späten 7. und frühen 6. Jahrhunderts v. Chr. typisch für die Tracht vornehmer Damen in Italien und Slowenien. Ganz einzigartig ist ein Pferdestirnpanzer aus Bronze, der – wie das Ziermuster nahelegt – ebenfalls auf der Heuneburg hergestellt worden sein dürfte (Abb. 6). Eventuell standen bei dieser „Kreation" vorderasiatische oder phönizisch-punische Vorbilder Pate. An den Armen trug die Dame Ringe aus speziellem Ölschiefergestein, das als Rohstoff aus Südengland importiert und auf der Heuneburg verarbeitet wurde.[19]

Die „Fürstin vom Bettelbühl" wurde, wie dendrochronologische Untersuchungen eindeutig belegen, im Herbst des Jahres 583 v. Chr. bestattet und damit in einer Zeit, als der Burgberg der Heuneburg durch eine repräsentative Mauer aus luftgetrockneten und weiß verputzten Lehmziegeln mit zahlreichen Türmen geschützt wurde.[20] Diese Architektur ist zweifellos das Werk eines Baumeisters, der sein Handwerk im Mittelmeerraum erlernt hatte. Die Neufunde vom Bettelbühl führen anschaulich vor Augen, dass es daneben weitere Handwerker und Künstler auf der Heuneburg gab, die mit zeitgenössischen mediterranen Techniken und Moden vertraut waren und als Vermittler und Träger des Wissens- und Technologietransfers fungierten.

Durch archäologische Neuentdeckungen, wie Bettelbühl oder Ilmendorf in Oberbayern, zeichnet sich inzwischen immer deutlicher ab, dass die weiblichen Mitglieder führender Familien schon ab dem 6. vorchristlichen Jahrhundert eine zunehmend prominente Rolle in den frühkeltischen Gesellschaften nördlich und nordwestlich der Alpen spielten.[21] Das Grab von Ilmendorf ist etwas jünger als das Fürstinnengrab vom Bettelbühl und nicht ganz so prunkvoll ausgestattet, gehört aber mit seinen hochwertigen Gold-, Glas- und Bernsteinfunden zu den reichsten eisenzeitlichen Gräbern Bayerns (Abb. 7).[22]

Im Laufe des 5. Jahrhunderts v. Chr. intensivierten die frühkeltischen Eliten ihre Kontakte untereinander und in den mediterranen Süden offensichtlich nochmals. In dieser Situation entwickelte sich die keltische Kunst. Zu den Prestigegütern und Statussymbolen der Elitegräber gehören zweirädrige Wagen, Bronzegefäße, Trinkhörner, Gold- und Bronzeschmuck und (bei den Männern) zum Teil prunkvolle Waffen. Erst im 4. Jahrhundert v. Chr. änderten sich die Verhältnisse offensichtlich im Zusammenhang mit den historisch belegten keltischen Wanderungen grundsätzlich: Die meisten Zentralorte wurden aufgegeben und auch die Sitte der Elite, für ihre Toten prunkvolle Gräber zu errichten, kam nördlich der Alpen weitestgehend zum Erliegen.[23]

Abb. 7 Seit dem 6. Jahrhundert v. Chr. treten nördlich der Alpen sehr reiche Frauengräber in Erscheinung, die für eine besondere Stellung der Frau in den ältereisenzeitlichen bzw. frühkeltischen Gesellschaften sprechen. Die Ausstattung der „Dame von Ilmendorf" ist bisher für Südbayern einzigartig und belegt die weiträumige Vernetzung der sozialen Eliten im 6. Jahrhundert v. Chr.

Abb. 8 Grabbeigaben aus einem überdurchschnittlich reich ausgestatteten spätkeltischen Grab von Hasborn im Saarland.

Erst im 2. und 1. Jahrhundert v. Chr. entstehen in Mitteleuropa mit den spätkeltischen Oppida neue Machtzentren. Während aus Bayern und Baden-Württemberg kaum Bestattungen dieser Epoche bekannt sind, liegen aus Rheinland-Pfalz und dem Saarland (Abb. 8) zahlreiche entsprechende Gräber vor. Ab diesem Zeitraum kann für unseren Raum von einer Münzgeldwirtschaft und von einem auf Märkten und Geld basierenden Wirtschaftssystem ausgegangen werden. Von dieser Entwicklung blieben jedoch die nördliche Mittelgebirgszone und die norddeutsche Tiefebene sowie Skandinavien ausgespart.[24] Die spätkeltischen Eliten der Oppidazivilisation unterhielten zwar politische und wirtschaftliche Kontakte zu den nördlich benachbarten (zumindest überwiegend germanischen) Ethnien, im Norden kam es jedoch nicht zur Entstehung einer Münz- und Marktwirtschaft. Keltische „Importfunde" im germanischen Gebiet, wie etwa der berühmte Silberkessel von Gundestrup[25] oder die ebenfalls aus dem keltischen Kunsthandwerk stammenden Kessel aus dem Wagengrab von Husby[26] nahe Flensburg oder von Braa[27] bei Horsens, könnten entweder als Beutegut oder, was wahrscheinlicher ist, als diplomatische Geschenke an ihre Fundorte gelangt sein. Nach der römischen Eroberung Galliens und Teilen Germaniens übernimmt das Imperium Romanum in den Jahrhunderten um Christi Geburt die Mittlerrolle in den Norden.

Geschenke als Mittel römischer Diplomatie

Auch in der römischen Kaiserzeit sind vor allem aus den Gräbern reiche Fundensembles bekannt, die nicht nur einen Eindruck von dem weitreichenden Warenfluss vermitteln, sondern auch Ausdruck einer korrespondierenden Elite sind. In der älteren römischen Kaiserzeit Nord- und Mitteleuropas lässt sich dies besonders bei prunkvoll ausgestatteten Gräbern erkennen, die je nach Bestattungssitte als Brandgräber unter der eponymen Bezeichnung „Fürstengräber vom Typ Hagenow" oder als Körpergräber unter „Fürstengräber des Typs Lübsow" zusammengefasst werden. Zu den vielfältigen hochwertigen Beigaben mitunter aus Edelmetall zählen auch qualitätsvolle Funde römischer Provenienz, die Ausdruck eines gesteigerten Repräsentationsbedürfnisses der Eliten sind.

Die Bestattungsformen, aber auch die Verbreitungsmuster einzelner Beigaben lassen dabei enge Beziehungen zwischen diesen Eliten unterschiedlicher Regionen erkennen. Gleichzeitig wird durch den Vergleich mit anderen Grabausstattungen deutlich, dass der Zugang zu Edelmetall und römischen Metallgefäßen oder Gläsern weitgehend auf einen kleinen Teil der Gesellschaft beschränkt war.[28] In der Vergangenheit wurde dies auf einen vermutlich herrschaftlich organisierten römisch-germanischen Warenaustausch in den Händen römischer Händlerkonsortien zurückgeführt. Es zeigt sich jedoch, dass die römischen Funde in mehreren Schüben zu den Germanen gelangten, die in Qualität und Quantität zu unterscheiden sind. Dies ist wohl vor dem Hintergrund diplomatischer Kontakte und vertraglich geregelter Beziehungen des Imperiums mit germanischen Stammesführern zu sehen.[29] In deren Zuge wurden wiederholt kostbare Geschenke und Geldzuweisungen vom Römischen Reich überreicht oder auch Auszeichnungen und Ehrentitel verliehen. So berichtet uns Tacitus in der „Germania", dass „man [...] silberne Gefässe bei ihnen [den Germanen] sehen [kann], Geschenke des Auslands an ihre Gesandten und Fürsten, [...]".[30] Die römischen Diplomaten nutzten hierbei geschickt das germanische Gesellschaftssystem, um einseitige Abhängigkeitsverhältnisse zu schaffen. Während das Imperium keinerlei Verpflichtungen übernahm, erlaubten die Geschenke und Ehrungen dem germanischen Fürsten seine eigene Stellung innerhalb des Stammes auszubauen. Die römischen Zuwendungen steigerten sein Ansehen und sie gaben ihm die Möglichkeit, seine Gefolgschaft durch entsprechende Geschenke zu vergrößern oder enger an sich zu binden. Um diesen Status aufrechtzuerhalten, wird es weiterer und zunehmender Zuwendungen Roms bedurft haben, die es dem Imperium wiederum erlaubten, Einfluss auf die germanische Politik zu nehmen. Dieser Zufluss römischer Importe ist es – so die These –, der letztlich seinen Niederschlag in Gräbern gefunden hat.[31]

Austausch unter Eliten

In der jüngeren römischen Kaiserzeit findet sich in der zweiten Hälfte des 3. Jahrhunderts n. Chr. ebenfalls eine Gruppe von „Fürstengräbern", die sich aufgrund ihrer prunkvollen Ausstattung als Bestattungen einer Elite zu erkennen geben und als „Hassleben-Leuna-Gruppe" zusammengefasst werden. Hierzu zählen die beiden Holzkammergräber von Neudorf-Bornstein (Kreis Rendsburg-Eckernförde), die zwischen 1967 und 1969 untersucht wurden (Abb. 9). Die Bestatteten pflegten weitreichende innergermanische Beziehungen, besaßen aber auch Kontakte zum Römischen Reich, wie anhand des Fundmaterials deutlich wird. Die Ausstattung mit Edelmetall wie den goldenen Halsringen aus Grab 4 und 7 sowie dem goldenen Fingerring aus Grab 4 sind geradezu kennzeichnend für diese Prunkgräber.[32] Die Herkunft des Reichtums und der römischen Importe wird unterschiedlich interpretiert.

Die Bestattungen fallen in eine Zeit, die von germanischen Raubzügen in das Römische Reich geprägt war, die Grundlage dieses Reichtums gewesen sein können. Bei Neupotz wurden im Rhein beim Kiesabbau Hunderte Bronzegefäße von annährend 200 Kilogramm sowie eiserne Geräte und Werkzeuge von beinahe 500 Kilogramm geborgen. Der Fund ist sicherlich als Beutegut germanischer Krieger zu interpretieren, das auf dem Rückweg über den Rhein verloren gegangen ist.[33] Ähnliches ist beim Hortfund von Hagenbach zu vermuten, der unter anderem silberne Votivbleche aus einem Tempel in Aquitanien enthielt. Dies zeigt, wie tief die germanischen Truppen in das Römische Reich vorgedrungen sind.[34] Beute ist damit nachweislich ein Faktor, der zur Verteilung römischer Gebrauchsgegenstände im Barbaricum geführt haben und auch eine Quelle für Edelmetall gewesen sein wird.[35] Andere Details lassen jedoch erkennen, dass noch weitere Bezugsquellen existiert haben müssen.

Germanen im römischen Dienst

Das äußert sich vor allem im kulturellen Einfluss des Römischen Reiches, der besonders in den Gräbern der Elite zum Ausdruck kommt. Tatsächlich lassen sich in Neudorf-Bornstein (Grab 3 und 7) in der Gestaltung der Gürtelgarnituren Anlehnungen an Vorbilder römischer Offiziere erkennen. Allgemein deuten Trinkservices die Übernahme römischer Sitten auf der Ebene der Oberschicht an. Ferner können Stoffe, die mit Goldbrokat

verziert waren, sowie mit Krapp gefärbte Textilien, wie sie in Neudorf-Bornstein gefunden wurden, zwar grundsätzlich auch Beutestücke sein, sie zeugen aber eher von Kontakten mit dem Imperium abseits kriegerischer Konfrontationen.[36]

Einen wichtigen Aspekt bei diesem Kulturtransfer wird der Militärdienst germanischer Gefolgschaften in römischem Dienst dargestellt haben. Hierbei lernten die Germanen nicht nur die römische Lebensweise kennen, sondern es wurden auch entsprechende Zahlungen an die Gefolgsherren geleistet. Besonders unter den Kaisern des „Gallischen Sonderreiches" (260–274) nahmen Anwerbungen germanischer Söldner für das römische Heer zu. So werden die reichen Beigaben der Gräber aus der „Hassleben-Leuna-Gruppe", die auch Goldmünzen des „Gallischen Sonderreiches" beinhalten, mit entsprechenden Zahlungen in Verbindung gebracht.[37] Neben diesen Soldzahlungen für geleistete Militärdienste müssen aber auch Tributzahlungen des Römischen Reiches an entsprechende Stammesführer in Erwägung gezogen werden, die im Austausch für Friedensgarantien, aber auch für ganz bestimmte Bündnisleistungen wie Waffenhilfen, Verteidigungsaufgaben oder Bereitschaftsdienste gezahlt wurden. Um die Freiwilligkeit dieser Leistungen zu kennzeichnen, waren diese jedoch nicht Gegenstand des Vertrages, sondern wurden als Geschenke gegeben.[38]

Schätze aus dem Boden

In diesem Kontext ist auch der Schatzfund von Rülzheim zu sehen, der 2013 durch einen Raubgräber in einem Waldstück geborgen wurde (Abb. 10). Die Fundstelle befindet sich nur etwa einhundert Meter Luftlinie von einer bedeutenden römischen Straßenverbindung entfernt, nahe der römischen Brücke über den Rhein. Der außergewöhnliche Fundkomplex besteht unter anderem aus einer Reihe hochkarätiger Objekte römischer Provenienz, die deutliche Spuren antiker Zerstörung aufweisen. Hierzu zählt die zerdrückte aus Bronze- und Silberblech gefertigte und ganzflächig verzierte Rückseite eines Spiegels sowie eine massive 3088 Gramm schwere Silberplatte mit einem feuervergoldeten Medaillon in der Mitte. Die Platte war zum Zeitpunkt der Niederlegung bereits in drei Teile zerhackt. Auch das bislang einzigartige Exemplar eines teilvergoldeten und mit Silberfolie überzogenen Faltstuhls war bewusst in seine Ein-

Abb. 9 Beigaben aus dem Fürstengrab Grab 7 aus Neudorf-Bornstein, Kreis Rendsburg-Eckernförde, Schleswig-Holstein.

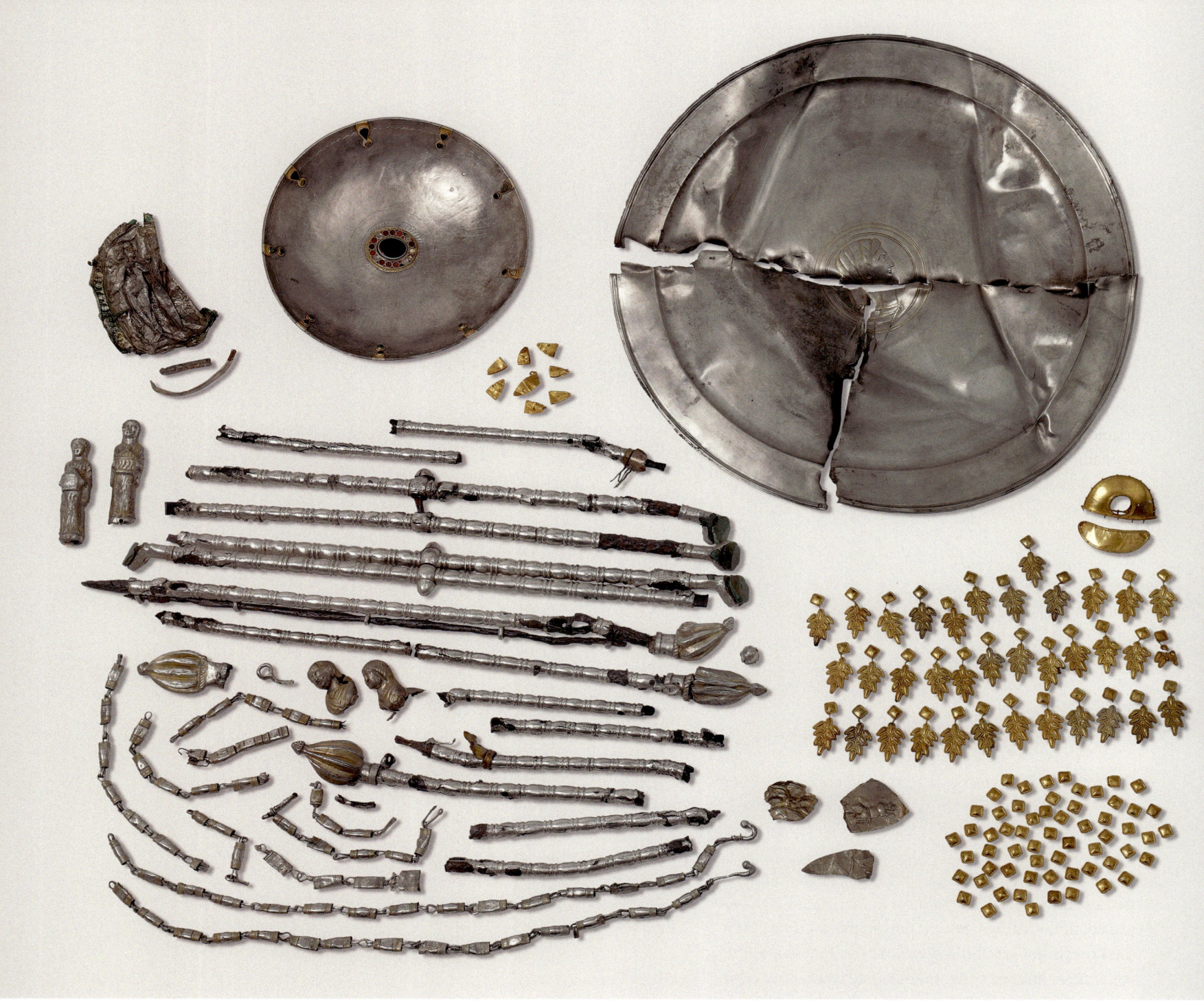

Abb. 10 Der sogenannte Barbarenschatz von Rülzheim, Kreis Germersheim, in der Pfalz.

zelteile zerlegt worden. Ursprünglich besaß der Stuhl eine von Ketten gehaltene klappbare Rückenlehne, Armlehnen und reiche figürliche Verzierung (Abb. 11). Bildliche Darstellungen legen nahe, solche Stühle als Sitzmöbel der gesellschaftlichen Eliten im Imperium Romanum anzusprechen.[39]

In einem anderen Kontext sind insgesamt 94 goldene Appliken zu sehen, die ehemals Bestandteil eines Prunkgewandes gewesen sein könnten und ähnlich auch aus anderen völkerwanderungszeitlichen Fundzusammenhängen bekannt sind. Auch ein Silberblechfragment mit einer stilisierten Löwendarstellung sowie zwei Goldbeschläge weisen aufgrund der Verbreitung ähnlicher Funde auf eine „barbarische" Herstellung hin. Hervorzuheben ist ferner eine Silberschale mit goldenen Zierklammern am Rand, in deren Mitte ein Goldmedaillon angebracht ist. Vergleichsobjekte hierzu finden sich in pannonisch-siebenbürgischen Fundzusammenhängen. Bemerkenswert ist das zentrale Goldmedaillon, das als eine umgearbeitete römische Scheibenfibel interpretiert wird, wie man sie von Kaiserdarstellungen kennt (Abb. 12).[40] Der Gesamtfund lässt eine Niederlegung im zweiten Viertel des 5. Jahrhunderts n. Chr. vermuten. Die Niederlegung fällt somit in eine Zeit, in der die oströmischen Herrscher den Hunnen Tribut zahlten, um unkalkulierbare militärische Konflikte zu vermeiden. Gleichzeitig sind intensive diplomatische Kontakte und militärische Auseinandersetzungen zwischen dem Imperium und den Hunnen überliefert.[41] In diesem historischen Umfeld ist der Schatzfund zu sehen. Vermutlich steht er mit einer hochgestellten Persönlichkeit im Zusammenhang, die enge kulturelle Verbindungen zum pannonisch-nordpontischen beziehungsweise steppennomadischen Raum besaß. Der Grund der Deponierung wird auch wegen der unklaren Fundzusammenhänge nicht eindeutig zu klären sein. Erste Interpretationen der Objektzusammensetzung führen zu der Annahme, den Besitzer im direkten Umfeld des hunnischen Herrschers zu suchen. Tatsächlich sind die Prunkobjekte kaum als Handelsware oder auch Beute vorstellbar. Vielmehr drängt sich eine Erklärung als Gastgeschenke oder Würdigung respektive Belobigung durch den Herrscher auf.[42]

Goldene Rangabzeichen

Auch unter den Bestattungen der Merowingerzeit finden sich in den reich ausgestatteten Gräbern einzelne Beigaben, die als Spitzenprodukte höchst qualifizierter Handwerker oder Raritäten aus fremden Ländern deutlich aus dem üblichen Rahmen fallen. Für solche Luxusgüter wird ein Erwerb im Tauschhandel oder als Beutegut ebenfalls infrage gestellt und stattdessen vermutet, dass diese als Geschenk oder im Zuge der Verleihung von Auszeichnungen oder (Ehren-)Titeln überreicht wor-

den sind.[43] Zu den bekanntesten Beispielen zählen einige der Beigaben aus dem 1653 in Tournai entdeckten Grab des Frankenkönigs Childerich (gest. 482). Unter den bemerkenswerten Objekten befanden sich vermutlich Goldfäden, die als Hinweis auf golddurchwirkte Textilien verstanden werden können, sowie eine goldene Zwiebelknopffibel mit Schraubgewinde, bei der es sich um eine oströmische Arbeit aus Konstantinopel handeln wird. Beide sind wohl Teil einer zeremoniellen Kleidung, die der König vom Römischen Reich zur Ernennung als (Honorar-)Konsul verliehen bekommen hat, wie es für seinen Sohn Chlodwig durch Gregor von Tours 508 überliefert ist.[44]

Abb. 11 Rekonstruktionsvorschlag für den Faltstuhl von Rülzheim.

Abb. 12 Silberschale mit eingearbeiteter „Kaiserfibel" aus Rülzheim.

AUSTAUSCH – WAREN UND WEGE

In diesem Zusammenhang kommt im innergermanischen Austausch herausragend gearbeiteten Schwertern oder Helmen eine besondere Bedeutung zu. Sie stammen beispielsweise in Form von Prunkschwertern wie Goldgriffspathas oder Ringschwertern sowie Spangen- und Lamellenhelmen aus Grablegen eines sicherlich ranghohen Personenkreises. So fanden sich in der 1911 freigelegten Bestattung des „Fürsten" aus Gültlingen neben anderen Beigaben sowohl ein Spangenhelm als auch eine Goldgriffspatha. Aus historischen Quellen wie dem epischen Heldengedicht „Beowulf" ist überliefert, dass die Ausstattung eines Kriegers in Form eines Schwertes oder einer Rüstung als Geschenk überreicht werden konnte und damit bei der Festigung eines Gefolgschaftsverhältnisses eine wichtige Rolle spielte.[45] Ebenso bedeutsam war Edelmetall in Form von Schmuck, der vielfach aus archäologischen Hort- und Grabfunden seit der römischen Kaiserzeit archäologisch belegt ist. Besonders Hals- und Armringe dienten als Auszeichnung und gleichzeitig als Bezahlung. So erzählt das Hildebrandslied aus dem 7. Jahrhundert n. Chr. in einer süddeutschen Fassung der Zeit um 770/790: „Da wand er vom Arme gewundene Ringe / aus Kaisergoldwerk, das ihm der König gegeben, / der Hunnen Herrscher: ‚Das geb ich aus Huld dir nun'".[46] Dies waren somit sicherlich Statussymbole, die als Rechts- oder Rangzeichen von Amtsträgern oder verdienten Gefolgsleuten zu interpretieren sind.[47]

Handelsware, Beute oder Geschenk

Zunehmend unsicher wird die Interpretation bei Beigaben, die zwar noch als selten und wertvoll eingestuft werden können, aber nicht mehr vergleichbar exzeptionell sind. Bei der Vermittlung solcher Gegenstände wird auch der Fernhandel eine Rolle gespielt haben, den die schriftliche Überlieferung für das westliche Merowingerreich durchaus kennt und der auch für andere Regionen anzunehmen ist. So findet sich in merowingerzeitlichen Bestattungen vereinzelt gegossenes Bronzegeschirr wie in Remseck-Pattonville, das sich deutlich von den einheimischen, aus dünnem Blech getriebenen Produkten unterscheidet (Abb. 13). Für dieses wird eine Herkunft aus dem östlichen Mittelmeerraum angenommen, von wo es über den Fernhandel in den Norden gelangte. Die Verbreitung im Umfeld der wichtigen Wasserstraßen stützt diese Annahme, konzentrieren sich die Funde doch von der Alamannia rheinabwärts bis nach Südengland.[48] Durch Fernhändler oder durch den persönlichen Erwerb in der Fremde könnte auch eine byzantinische bronzene Öllampe in den Besitz des Herrn von Boilstädt gelangt sein, dessen Holzkammergrab 2013 in Gotha entdeckt wurde (siehe auch Beitrag Tannhäuser).[49]

In den letzten Jahren wurden immer wieder Bestattungen freigelegt, die aufgrund ihrer Grabausstattung eine Zugehörigkeit zur sozialen Oberschicht erkennen lassen. In Bergkamen/Westfalen stieß man 2011 bei einer archäologischen Baggersondage auf ein merowingerzeitliches Kammergrab. Darin befand sich die Beisetzung eines ungewöhnlich ausgestatteten Mannes aus dem 7. Jahrhundert n. Chr. Unter den Funden ist eine vielteilige Gürtelgarnitur vom sogenannten Typ Civezzano, wie sie nördlich der Mittelgebirgszone nur äußerst selten vertreten ist (Abb. 14).

Es handelt sich um einzelne, aufwendig verzierte Eisenbeschläge, die auf dem Ledergürtel befestigt wurden. Vergleichbare Gürtel sind vor allem aus dem süddeutschen und Schweizer Raum sowie südlich der Alpen bekannt. Auch wenn nur vermutet werden kann, wie die Gürtelgarnitur in den Besitz des Verstorbenen gekommen ist, ob durch Handel, für geleisteten Kriegsdienst oder als Geschenk, so ist die kulturelle Verbindung in den Süden unzweifelhaft.[50] In eine andere Region weist

Abb. 13 Unter dem importierten gegossenen Bronzegeschirr stellt der Fund aus Remseck-Pattonville, Kreis Ludwigsburg, eine Seltenheit dar. Neben der Schale mit durchbrochenem Standfuß fand sich eine bauchige Kanne mit Standfüßen und Ausgusstülle in „Teekannenform".

die Beigabe von drei Schildbuckeln. Dies entspricht einer zu dieser Zeit vor allem in Mittelschweden üblichen Sitte.[51] Somit lässt sich vermuten, dass es sich bei dem Mann um einen Krieger handelte, der zu Lebzeiten kulturelle Einflüsse in verschiedenen Regionen Europas kennengelernt hat. Ein Aspekt, der scheinbar auch den Hinterbliebenen wichtig war, da sie dies im Rahmen der Bestattungszeremonie deutlich gemacht haben.

Es zeigt sich, dass viele der exklusivsten Fundstücke aus Gräbern oder Horten vermutlich als diplomatische Geschenke zur jeweils herrschenden Elite gelangt und so in deren Vermögen übergegangen sind. Diese konnte die Gegenstände dann als eigene politisch motivierte Geschenke an andere Herrscher oder an verdiente Gefolgsleute nutzen, um das persönliche Ansehen zu steigern. Mit abnehmender Exklusivität wird die Form des Warenaustausches jedoch immer ungewisser und neben Handel, Beute und persönlichem Erwerb in der Fremde erweitern sich zunehmend die Möglichkeiten des Güterverkehrs.

Abb. 14 Beschläge und Schnallen der Gürtelgarnitur vom Typ Civezzano aus dem Holzkammergrab von Bergkamen, Kreis Unna, Nordrhein-Westfalen. Für die Verzierung wurden Silber- und Buntmetalldrähte in lineare Vertiefungen des Trägermaterials eingeschlagen und so verschiedenfarbige Muster in Form von abstrahierten Tiermotiven hergestellt.

1 Fischer 1973; Guggisberg 2004.
2 Kehne 1998.
3 Hansen S. 1995.
4 Wehry 2016.
5 Zürn 1970, 119.
6 Rolley 2003.
7 Rolley 2003; Fischer 1973.
8 Bieg 2002; Gauer 1991.
9 Dubuis – Garcia – Millet 2015.
10 Haffner 1976, 45; Peltz 2004.
11 Bardelli 2017.
12 Zürn 1970; vgl. auch Krausse 1996 mit Abb. 217.
13 Chaume 2001, 201 ff.
14 Fischer 1973.
15 Krausse 1996, 316 ff.
16 Kimmig 1988.
17 Krausse u. a. 2017; Krausse – Ebinger-Rist 2018.
18 Kurz – Wahl 2006.
19 Gassmann – Ligouis 2016.
20 Krausse u. a. 2016; Krausse u. a. 2017.
21 Metzner-Nebelsick 2009; 2010.
22 Claßen – Gebhard – Wiedmannn 2010.
23 Krausse 2008; Krausse 2010.
24 Zusammenfassend Steuer 1999.
25 Hachmann 1990.
26 Raddatz 1967.
27 Klindt-Jensen 1953.
28 Vgl. Schuster 2010, 292–319.
29 Kehne 1998.
30 Tacitus, Germania 5: „*est videre apud illos argentea vasa legatis et principibus eorum muneri data, non in alia vilitate quam quae humo finguritur*" (Bacmeister 1868, 72).
31 Erdrich 2000a; Kehne 1998; Steuer 1998a.
32 Abegg-Wigg 2008; Gebühr 1998.
33 Künzl 2002.
34 Petrovszky 2006.
35 Vgl. zusammenfassend Capelle 1973.
36 Abegg-Wigg 2008, 287–288.
37 Schmidts 2000.
38 Wolters 2007, 234–237; Erdrich 2000b.
39 Himmelmann 2015, bes. 167–168; Himmelmann – Petrovszky 2017a; Himmelmann – Petrovszky 2017b.
40 Himmelmann – Petrovszky 2017a; Himmelmann – Petrovszky 2017b.
41 Himmelmann 2015, 172.
42 Himmelmann – Petrovszky 2017b.
43 Steuer 1998b, 171.
44 Quast 2015, 167; Schmauder 2002, 76–80.
45 Bazelmans 1998, 469; Steuer 1998a, 550; Steuer 1998c.
46 Hardt 2004, 69–96; Steuer 1997b, 391; Übersetzung nach Koch 1976, 97.
47 Steuer 1997a, bes. 159–160.
48 Bofinger – Sikora 2008; Steuer 1997b, 396–401.
49 Medieninformation 2016.
50 Koch 1997; Steuer 1997, 391–392.
51 Ankner-Dörr – Cichy – Sander 2012; Cichy – Aeissen 2011.

AUSTAUSCH – WAREN UND WEGE

Neuer Blick auf alte Funde. Eine reiche Trachtausstattung mit Verbindungen quer durch Deutschland

Benjamin Wehry

Am 10. Dezember des Jahres 1692 sollte ein uralter Grabhügel nahe dem Dorf Wulfen im Fürstentum Anhalt-Köthen eingeebnet werden, um darauf eine Windmühle zu errichten. Die Leitung dieser Planierungsarbeiten hatte der zuständige fürstlich-köthensche Amtmann Andreas Müller inne, der den Grabhügel aufgraben ließ und dazu einen Arbeitsbericht verfasste. Aufgrund dieses Augenzeugenberichtes beschrieb der Numismatiker und Sammler Johann Christoph Olearius (1668–1747) detailliert, dass man im Inneren des Grabhügels auf eine massive Steinpackung gestoßen war, die ein gut erhaltenes Kammergrab aus fingerdicken Holzbohlen umgab. Nachdem eine große Steinplatte, die die Grabkammer überdeckte, abgenommen worden war, kam das ungestörte Inventar ans Tageslicht: Zwei Gefäßpaare waren im Geviert in der rechteckigen Grabkammer aufgestellt. Im Westen standen zwei Leichenbrandgefäße gleicher Form, Größe und Machart nebeneinander, zwei sogenannte Terrinen mit geschweiftem Hals und waagerecht ausgelegtem Rand, die sich in ihrer gefäßbeherrschenden plastischen Verzierung jedoch eklatant unterschieden, also nicht als typologisch gleichförmiges Gefäßpaar im Sinn einer speziellen Grabkeramik hergestellt wurden. Die eine Terrine zeigt eine plastische Rippenverzierung auf der Schulter, die andere dagegen eine sogenannte Zonenbuckelverzierung aus konzentrisch angeordneten Halbkreisriefen. Beide Gefäße enthielten Leichenbrand, der nicht überliefert ist. Zu den Gefäen im Osten bemerkte Olearius in seinem Ausgrabungsbericht lediglich, dass sie kleiner als die Terrinen waren. Form, Verzierung und Inhalt dieser Beigefäße sind nicht bekannt. Zwischen den Beigefäßen lag eine Waffenausstattung, die aus einem Schwert und drei Lanzenspitzen bestand. Der Beschreibung nach waren die Schwertspitze und die große Lanzenspitze nach

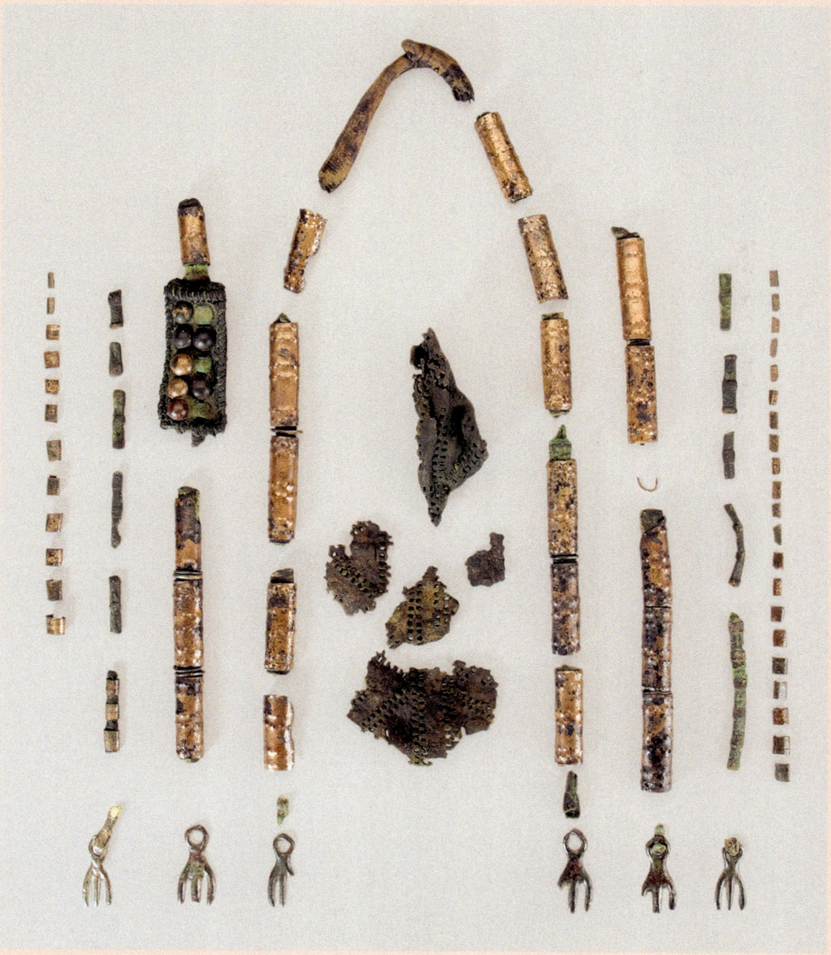

Abb. 1 Die Bronzen der Trachtausstattung aus dem Grabkomplex von Wulfen (Sachsen-Anhalt).

Osten, die beiden kleinen Lanzenspitzen nach Westen gerichtet und, wie die Gefäße, der Größe nach angeordnet. Unmittelbar neben der Waffenausstattung fanden sich zahlreiche kleinteilige Bronzeapplikationen mit gut erhaltenem Riemenwerk und drei große Zierscheiben. Olearius berichtet weiter, dass er eine der Wulfener Terrinen sowie einige Bronzen als Geschenk vom anhaltisch-köthenschen Kanzler Johann Heinrich von Timaeus (1644–1707) überreicht bekam, in dessen Obhut die Funde aus dem Wulfener Holzkammergrab überstellt wurden. Drei seiner Funde – die rippenverzierte Terrine, einen Bronzeanhänger in Form eines Vogelfußes und eine der bronzenen Zierscheiben – bildete Olearius in der Publikation des Ausgrabungsberichtes 1701 ab. Aufgrund dieser Publikation gilt die Auffindung des Holzkammergrabes von Wulfen als die älteste dokumentierte archäologische Ausgrabung in Anhalt. Die Anlage des Grabkomplexes von Wulfen, heute zur Gemeinde Osternienburger Land, Kreis Anhalt-Bitterfeld in Sachsen-Anhalt gehörig, mit Grabhügel, Steinpackung und Holzkammer sowie die Fundausstattung und ihre Zusammensetzung hat direkte Vergleiche in der näheren Umgebung. Charakteristisch im Mündungsgebiet der Saale sind Hügelgräber, zuweilen mit Nachbestattung, und Flachgräber, die Steinkisten oder einen steinumpackten Holzkammereinbau aufweisen. Leichenbrandgefäße hatten vielfach die Form der Terrinen mit geschweiftem Hals und waagerecht ausgelegtem Rand, die auch für die Wulfener Leichenbrandgefäße beschrieben wurde. Ebenfalls typisch ist die Zonenbuckelverzierung dieser Terrinen sowie eine tiefschwarze Keramikfarbe und eine glänzende, polierte Gefäßoberfläche, zwei Merkmale, die zusammen mit einem scharfkantigen Gefäßprofil Bronzegefäße zu imitieren scheinen. Tatsächlich gehörten Bronzegefäße vielfach zur reichen Bronzeausstattung dieser Gräbergruppe, die außerdem häufig eine umfangreiche Trachtausstattung aus Zierscheiben verschiedener Größen und Bronzebuckelapplikationen zusammen mit einer Vielzahl von Spiral- und Bronzeblechröllchen umfasste. Auch die Waffenbeigabe wurde nicht selten geübt und entspricht in Anzahl und Zusammensetzung dem Wulfener Waffenensemble. Die Funde und Befunde von Wulfen können zwanglos der jungbronzezeitlichen Saalemündungsgruppe zugeordnet werden und datieren in das 12. Jahrhundert v. Chr.

Obwohl weitgehende Übereinstimmungen in den Grabsitten einer Kulturgruppe zu erwarten sind, überrascht das Vorkommen zweier Trachtteile in der Steinkiste 11 des Hügels 2 von Osternienburg, Kreis Anhalt-Bitterfeld, die ausgerechnet den beiden Fremdformen aus dem Grabkomplex von Wulfen entsprechen. Sogenannte Vogelfußanhänger aus Bronze weisen Fundparallelen im Gebiet der Lausitzer Kultur auf, meist als Lesefunde in unklarem Fundzusammenhang. Gemeinsam mit den Terrinen, die eine typische Gefäßform der Lausitzer Kultur darstellen, und der originär aus den umrillten Hofbuckeln der spätmittelbronzezeitlichen Lausitzer Kultur entwickelten Zonenbuckelverzierung offenbaren sie Austauschbeziehungen elbeaufwärts bis zur Oder und darüber hinaus. Auch ein Lederstück mit der Applikation kleiner Bronzebuckel entspricht in Art und Befestigungsweise bis ins Detail einem rechteckigen, bronzedrahtumrahmten Lederriemenab-

Abb. 2 Bronzeapplikationen des Riemenwerkes der Trachtausstattung.

schnitt mit ursprünglich fünf paarweise angeordneten Bronzebuckeln aus dem Wulfener Grab, das zum Riemenwerk der Trachtausstattung gehörte. Eine in Form und Verzierung ähnliche rechteckige Bronzeapplikation mit Buckelpaaren, möglicherweise der Beschlag eines Gürtels, ist aus dem Hügelgrab 1 der Gräbergruppe von Untersöchering, Kreis Weilheim-Schongau in Bayern bekannt. Zudem entsprechen weitere Trachtteile aus den Hügelgräbern der Gruppe von Riegsee, Kreis Garmisch-Partenkirchen, dem kleinteiligen Trachtzubehör aus dem Grabkomplex von Wulfen.

Der Grabkomplex von Wulfen gehört demnach zu einer reich ausgestatteten Gruppe von Hügel- und Flachgräbern im Gebiet der Saalemündung, die durch die Beigabe sowohl einer Waffenausstattung als auch eines besonderen Trachtzubehörs aus Gehängen von Lederriemen mit kleinteiligen Bronzeapplikationen gekennzeichnet ist. Einzelne Bronzeformen aus der Lausitzer Kultur sowie Ähnlichkeiten in der Trachtausstattung der südbayerischen Urnenfelderkultur lassen Verbindungen auf einer persönlichen, möglicherweise elitären Ebene nach Osten und Süden vermuten.

Literatur
Neubert – Wiermann 2014
Olearius 1701
Wehry 2016

Die Leier von Trossingen – Austausch auf höchstem Niveau

Barbara Theune-Großkopf

Die außergewöhnlich gut erhaltene Leier von Trossingen entstammt dem Grab eines Mannes, der sich durch seine Reit-und Waffenausrüstung, kostbare Kleidung sowie seine reiche Möbel- und Gefäßausstattung als Angehöriger einer Kriegerelite zu erkennen gibt. Die Bindung von Leier und Leierspiel an den gehobenen Lebensstil der germanischen Kriegerelite lässt sich sowohl durch die entsprechenden Grabfunde als auch durch Schriftquellen belegen. Nach diesen ist das Gastmahl – auch Saaljubel (altenglisch: *dream*) genannt – der höchste Ausdruck des Gefolgschaftslebens im Frieden. Zu diesem gehörte auch der Vortrag von Lob-, Preis- und Heldenliedern. In einer noch primär schriftlosen Kultur hatte dies zum einen eine identitätsstiftende Komponente und diente zum anderen der Weitergabe von Informationen. Schon die römischen Schriftsteller, Tacitus im 1. Jahrhundert und Ammianus Marcellinus im 4. Jahrhundert, berichten von germanischen „Heldengesängen". Die Wurzeln mittelalterlicher Epen wie des Nibelungen- und des Hildebrandlieds reichen ins 4. bis 6. Jahrhundert zurück. Sie konnten von adeligen Gefolgschaftssängern oder von den Gastgebern selbst – ob nun adeliger Herr oder König – vorgetragen werden. Die adelige Kriegergesellschaft verherrlichte sich hier selbst und ihre Vorfahren. Die Szene auf der Vorderseite der Trossinger Leier mit zwei Gruppen bewaffneter Krieger, deren vorderste jeweils eine Standarte umfassen, führt uns diesen Kreis auch bildlich vor Augen. Ob es sich nun um eine profane oder eine mythologische Schwurszene handelt – wie Speidel glaubt, der hier den Friedensvertrag zwischen Wanen und Asen dargestellt sieht, an dessen Ende auch die göttliche Gabe des Dichtermets steht – ist letztlich nicht zu entscheiden. Ihr Inhalt wird in ihrem ursprünglichen Um-

Abb. 1 Die Vorderseite der Leier aus Grab 58 von Trossingen, Schwarzwald-Baar-Kreis. Sie ist vollständig erhalten mit Wirbeln und Leiersteg. Lediglich die Saiten fehlen. Die eingeschnittenen Verzierungen waren ursprünglich mit Holzkohle ausgerieben und hoben sich deutlich vor dem Hintergrund des hellen Ahornholzes ab.

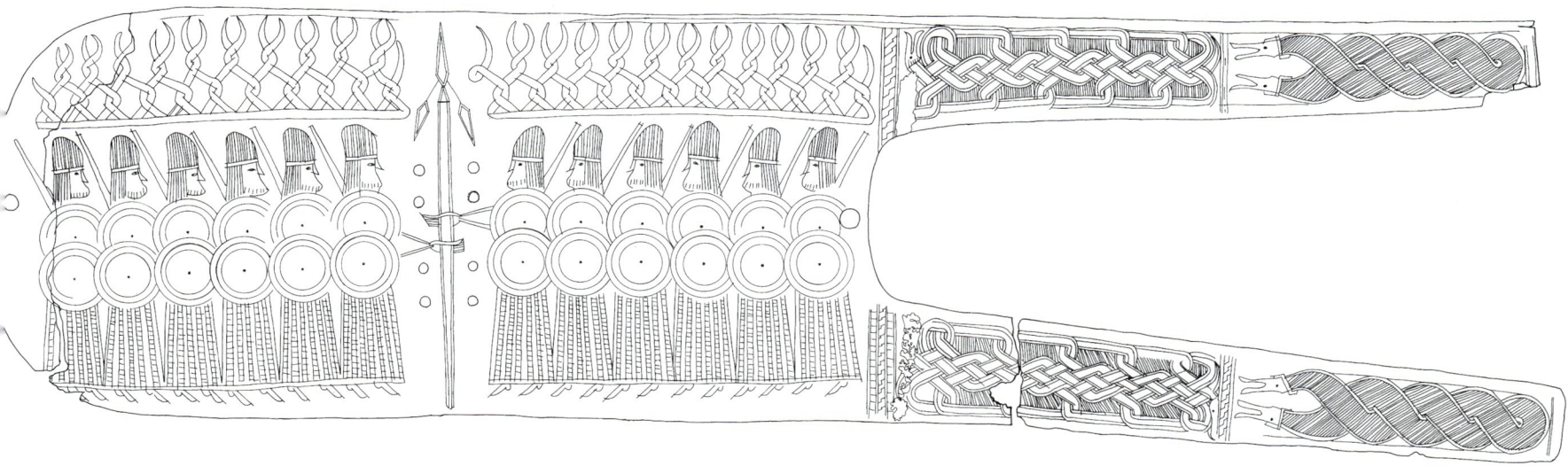

feld jedoch jedem verständlich gewesen sein.

Den in Grab 58 von Trossingen in der zweiten Hälfte des 6. Jahrhunderts bestatteten Mann dürfen wir uns wohl kaum als abhängigen, fahrenden Sänger vorstellen. Für eine Zugehörigkeit zur lokalen Bevölkerung sprechen unter anderem die Ergebnisse einer Strontiumisotopenanalyse. Seine Grabausstattung kennzeichnet ihn als Hof- und Gefolgschaftsherrn. Die Abnutzungs- und Gebrauchspuren des Instruments machen es zudem wahrscheinlich, dass er selbst von seinem repräsentativen Sitz als Hausherr an der Festtafel seine Gäste auf der Leier spielend unterhielt. Vieles spricht dafür, dass die Leier als Luxusobjekt nicht in der ländlich geprägten Alamannia, sondern in einem städtischen Umfeld in der Francia, wo es sowohl weltliche wie kirchliche Auftraggeber gab, hergestellt wurde. Ob sie dort vom Trossinger Herrn erworben wurde oder er sie als Geschenk erhielt, wissen wir nicht. Sie zeugt aber von der großen Mobilität von Menschen und Waren im Frühmittelalter.

Literatur
Speidel 2015
Theune-Großkopf 2010
Theune-Großkopf 2012

Abb. 2 Die Verzierung der Resonanzdecke zeigt zwei Gruppen aus je sechs Kriegern mit gesenkten Lanzen und je zwei Schilden, in der Mitte eine Lanzenstandarte. Die Jocharme sind mit Flechtbändern im germanischen Tierstil II verziert.

Abb. 3 Lebensbild. So könnte der Trossinger Herr beim Gastmahl seine Leier gespielt haben.

Die Lämmer von Pförring – ein Zeichen frühen Christentums?

Hubert Fehr

Reich ausgestattete Kammergräber der späten römischen Kaiserzeit finden sich in den Gebieten jenseits der Grenzen des spätantiken Imperiums nur selten. Dennoch besitzen sie eine besondere Bedeutung für die archäologische Forschung, da sie wertvolle Einblicke in den kulturellen Habitus der Eliten des kaiserzeitlichen Barbaricum erlauben. Meist handelt es sich um Einzelgräber oder sehr kleine Grabgruppen, weshalb sie fast immer zufällig zutage treten. Umso bemerkenswerter ist die Entdeckung eines reich ausgestatteten Grabs dieses Typs im Jahr 2016 in Pförring (Landkreis Eichstätt, Bayern) bei einer Baumaßnahme (Abb. 1).

Der Fundort liegt etwa 25 Kilometer östlich von Ingolstadt, unmittelbar am Nordrand der Donauaue – und somit buchstäblich in Sichtweite der spätrömischen Reichsgrenze. Das Grab war ungestört und konnte während einer rund sechswöchigen Grabung sorgfältig dokumentiert werden. Nach gegenwärtigem Kenntnisstand datiert es in die erste Hälfte des 5. Jahrhunderts. Die Grabkammer maß etwa drei mal drei Meter. Sie war aus Holzbohlen gezimmert und ruhte auf mächtigen hölzernen Eckpfosten. Ganz an die westliche Wand der Kammer gerückt und mit dem Kopf nach Norden weisend, hatte man eine junge Frau auf einem Bett oder Kasten beigesetzt. Neben ihr standen eine große hölzerne Truhe sowie eine Speisegabe. Weitere Teile der Grabausstattung befanden sich unter dem hölzernen Zwischenboden der Grabkammer: ein Glasbecher, sechs freihändig geformte Keramikgefäße, ein kleines geschnitztes Holzkästchen mit bronzenen Eckbeschlägen, ein Kamm sowie ein eisernes Webschwert. Alle anderen Objekte lagen unmittelbar am Körper der Toten. Neben einem goldenen Ring am Finger der Frau sind zunächst zwei umfangreiche Perlenketten hervorzuheben: Ein Collier aus kleinen rosa Perlen, vermutlich aus Koralle, lag in mehreren Strängen um den Hals. Ein zweites umfangreiches Perlengehänge bestand aus farbigen Glas- und großen Bernsteinperlen. Diese Kette war an zwei einfachen Bronzefibeln befestigt, die sich etwa auf Höhe der Schlüsselbeine befanden, und reichte bis zum Becken herab. An der linken Hüfte fand sich ein sogenanntes Gürtelgehänge, das zahlreiche Gegenstände mit amulettartigem Charakter umfasst: unter anderem das Gehäuse einer Meeresschnecke aus dem Roten Meer, drei durchlochte römische Münzen aus der Mitte des 4. Jahrhunderts, eine römische Riemenzunge aus der mittleren Kaiserzeit, ein Paar Hakenschlüssel aus Bronze, zwei mit Bronzebändern gefasste Nüsse sowie ein Holzkästchen. Zwei Ausstattungselemente heben das Grab von Pförring unter den bisher bekannten spätantiken Kammergräbern des süddeutschen Raums hervor: einerseits die etwa vierzig

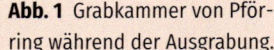

Abb. 1 Grabkammer von Pförring während der Ausgrabung.

Die Lämmer von Pförring – ein Zeichen frühen Christentums?

kleinen pyramidenförmigen Beschläge aus vergoldetem Silberblech, die rechts neben dem Kopf der Toten gefunden wurden. Zu diesen Stücken gibt es eine kleine Zahl von Parallelen, die alle aus reichen Fundkomplexen der Völkerwanderungszeit stammen: Karthago/Koudiat-Zâteur (Tunesien), Mérida (Spanien), Rülzheim (Rheinland-Pfalz), Untersiebenbrunn (Niederösterreich), Bakodpuszta und Szeged-Nagyszéksós (beide Ungarn). Andererseits sind 16 figürliche Beschläge in Form zurückblickender Tiere hervorzuheben, die ebenfalls aus dünnem vergoldetem Silberblech hergestellt waren. Alle Stücke waren gelocht und ursprünglich auf einem Träger aus organischem Material befestigt, wahrscheinlich aus Textil (Abb. 2). Die pyramidalen Beschläge dienten dabei als Randbesatz eines Kleidungsstücks. Die figürlichen Beschläge waren in zwei Reihen übereinander angebracht und wurden an einer Art Stirnband getragen.

Die pyramidenförmigen Beschläge und die figürlichen Beschläge entsprechen einander hinsichtlich Material und Pressblechtechnik – sehr wahrscheinlich stammen sie aus derselben Werkstatt. Stilistisch und funktional verweisen die Pyramiden in den Kontext goldverzierter Prunktextilien aus dem Mittelmeerraum. Zu den figürlichen Beschlägen sind bislang keine unmittelbaren Parallelen bekannt. Eine Interpretation kann sich deshalb nur auf ikonographische Indizien stützen. Dargestellt sind mit hoher Wahrscheinlichkeit Schafe oder Lämmer (Abb. 3). Dieses Motiv ist unter den insgesamt wenigen figürlichen Darstellungen der späten Kaiser- respektive Völkerwanderungszeit im europäischen Barbaricum unbekannt. Besonders häufig finden sich Darstellungen von Schafen und Lämmern dagegen in der frühen christlichen Kunst, vor allem in der Italiens. Hintergrund sind einerseits Darstellungen des „Lamm Gottes", andererseits von Christus als „gutem Hirten". Wie fast alle Elemente der frühen christlichen Kunst fußen diese Darstellungen jedoch auf älteren Vorbildern der römischen Antike, in der sowohl Hirtendarstellungen als auch Lämmerherden vergleichsweise geläufig waren. Entsprechende Motive sind somit keineswegs per se christlich.

Die Zahl profaner Schaf- und Lammdarstellungen nimmt jedoch bereits in der Mitte des 4. Jahrhunderts deutlich ab. Im 5. Jahrhundert kommen sie fast ausschließlich in christlichem Kontext vor: auf Mosaiken in Kirchen, auf christlichen Sarkophagen sowie in der Katakombenmalerei. Zudem entsprechen die figürlichen Pressbleche von Pförring den typischen Merkmalen christlicher Lammdarstellungen, wie sie sich während des 4. und 5. Jahrhunderts herausgebildet haben: Die Tiere haben keine Hörner, einen langen Schwanz und ihr Fell ist betont nicht-naturalistisch wiedergegeben. Ebenfalls in der frühen christlichen Kunst beheimatet ist die Reihung von Schaf- und Lammdarstellungen, die ikonographisch auf das verlorene Apsismosaik der Kirche Alt-Sankt Peter in Rom zurückzuführen sind.

Die auffällig demonstrative Trageweise der Lämmer-Beschläge in zwei Reihen auf der Stirn der Toten wirft schließlich die Frage auf, ob im Falle von Pförring nicht sogar ein christlicher Glaube der Toten oder der sie bestattenden Angehörigen zum Ausdruck gebracht werden sollte – mit Gewissheit zu beantworten ist diese Frage jedoch nicht.

Abb. 2 Pyramidale Beschläge dienten als Besatz eines Textils.

Abb. 3 Figürliche Beschläge aus dem Kopfbereich der Toten.

Europäische Kontakte nach Ost und West?
Der Herr von Boilstädt

Christian Tannhäuser

Abb. 1 Das Skelett rollte während des Zersetzungsprozesses in Bauchlage und überdeckte einen Teil der Beigaben.

Böden von hervorragender landwirtschaftlicher Güte, günstige klimatische Bedingungen im Lee des Thüringer Waldes und die strategische Lage an der Kreuzung verschiedener Fernhandelsrouten machten das Gothaer Land seit der Jungsteinzeit zum begehrten Siedlungsgebiet. Durch das Zusammenspiel dieser Faktoren entstanden „Siedlungszwangspunkte",[1] Plätze, die im Laufe der Jahrhunderte immer wieder aufgesucht wurden.

2013 wurde beim Bau einer Ortsumfahrung südwestlich von Gotha ein mehrperiodiger Bestattungsplatz entdeckt. Auf dem Hammelhög, einer kleinen Anhöhe unweit des Gothaer Ortsteils Boilstädt, traten eine Gruppe von sechs schnurkeramischen Gräbern, ein spätbronzezeitlicher Grabhügel und 44 Grablegen der späten Merowingerzeit zutage. Dabei nahmen die Gräber der einzelnen Epochen Bezug aufeinander. Die Zentralbestattung des bronzezeitlichen Grabhügels wurde unmittelbar an einer Grablege der Schnurkeramik angelegt und schneidet deren Grabgrube. Etwa in der Mitte dieses Hügels wurde in der späten Merowingerzeit ein junger Mann beerdigt. Der Platz wurde nicht zufällig als Begräbnisstätte gewählt. Vermutlich prädestinierte ihn seine Lage nahe der von Süden nach Norden verlaufenden Route über den Oberhofer Sattel, eine der ältesten bekannten Querungen des Thüringer Waldes.

Zu Beginn der jüngeren Merowingerzeit, im 6. und 7. Jahrhundert, beerdigte eine kleine Dorfgemeinschaft ihre Toten auf dem Hammelhög. Eine der Grablegen hob sich nicht nur im Grabbau, sondern auch durch die Qualität der Beigaben von den übrigen Bestattungen ab. Sie datiert in die Zeit kurz vor 600.

Der Tote, ein im Alter zwischen 30 und 35 Jahren verstorbener kräftig gebauter Mann, war in einer etwa drei Meter langen und 1,25 Meter breiten Kammer beigesetzt worden, die vermutlich mit Laub oder Reisig ausgestreut und mit einer Balkendecke verschlossen war. Über der Kammer, die mehr als zwei Meter unter das Geländeniveau eingetieft worden war, wurde ein Hügel von neun bis zwölf Metern Durchmesser aufgeschüttet. Am Fuße dieses Hügels waren in einer separaten Grube ein dekapitiertes Pferd und ein Hund niedergelegt worden.

Man bettete den Verstorbenen in gestreckter Rückenlage mit dem Kopf im Westen auf ein hölzernes Möbel. Während des Dekompositionsprozesses brach das Möbelstück zusammen, so dass der Leichnam über die linke Körperseite an die nördliche Grabwand rollte und dort auf dem Bauch zu liegen kam. So wurden einige Beigaben unter das Skelett verlagert. Einen vagen Hinweis auf die Kleidung des Toten geben wenige Accessoires, wie zwei kleine eiserne Schnallen mit Buntmetallbeschlägen, die von einer Wadenbindegarnitur oder von

Europäische Kontakte nach Ost und West? Der Herr von Boilstädt

Schuhen stammen, sowie durch Korrosion an den Beigaben konservierte Textilreste. Um die Hüfte trug der Mann einen Leibgurt, an dem ein Kurzsax hing, dessen Griff ein Buntmetallniet schmückte. Rechts an diesem Gürtel trug der Verstorbene einen Beutel, der eine Reihe von Gegenständen barg. Neben einer Glasperlenkette und einem latènezeitlichen Armring, dem der Mann vermutlich wegen seiner blauen Farbe apotropäische Wirkung beigemessen hatte, enthielt er zwei kleine Fensterglasfragmente. Obwohl die Bedeutung der einzelnen Stücke nicht mehr nachvollziehbar ist, scheinen sie für den Verstorbenen doch von persönlicher Wert gewesen zu sein.

Neben dem Sax gehörten auch eine Spatha mit damaszierter Klinge, ein Ango, eine Lanze und ein Schild zur Waffenausstattung des Verstorbenen. Ein mit zahlreichen Silbernieten verziertes Zaumzeug stellt die Verbindung zu dem am Fuß des Grabhügels bestatteten Pferd her und weist den Toten als Reiterkrieger aus. Eine goldene Münze, ein vor 580 im Westgotenreich auf der Iberischen Halbinsel geprägter Tremissis, war ihm als Obolus für die Reise ins Jenseits in den Mund gelegt worden.

Die vollständige Waffenausrüstung, die im Mund des Toten deponierte Münze und zahlreiche Speisebeigaben, von denen Schaf- und Schweineknochen, Schalen von Hühnereiern sowie Reste eines Fisches erhalten sind, deuten auf eine heidnische Vorstellungswelt innerhalb der bestattenden Gemeinschaft. Im Kontrast dazu steht ein Objekt, das sich am Kopfende des Grabes fand: eine bronzene Öllampe mit einem kreuzförmigen Griff, der von einem plastisch gearbeiteten Vogel bekrönt ist. Sie war möglicherweise als Grablicht an der Kammerwand aufgehängt worden. Lampen dieser Art kommen aus dem koptischen Kulturkreis. Das Boilstädter Exemplar entstammt wahrscheinlich einer byzantinischen Werkstatt des 6./7. Jahrhunderts.

Die Öllampe ist nicht nur ihrer Provenienz wegen ein außergewöhnlicher Fund, auch ihre Symbolik unterscheidet sie grundlegend vom Rest der Grabbeigaben. Sowohl das am Griff erscheinende Kreuz als auch das im Grab brennende Licht gehören in den Kontext christlicher Glaubensvorstellung. Dieser Synkretismus ist nicht ungewöhnlich für die Zeit, in der sich das Christentum in Mitteleuropa verbreitete. Vermutlich verstand sich der auf dem Gräberfeld bei Boilstädt bestattete Mann als Christ.

Wo und auf welche Weise Goldmünze und Öllämpchen in seinen Besitz kamen, lässt sich nicht mehr nachvollziehen. Wahrscheinlich brachte er die Stücke von seinen Reisen mit. Er gehörte zu einer elitären Schicht von Kriegern, die im Europa der sich etablierenden Königreiche unterwegs war, um Gefolgschaft zu leisten und damit politischen Verpflichtungen nachzukommen, aber auch um persönliches Ansehen und materiellen Reichtum zu gewinnen. Teil seines Selbstverständnisses war es, diese Errungenschaften auch in der jenseitigen Welt zur Schau zu tragen.

Literatur
Müller 1980

Abb. 2 Der goldene Tremissis wurde vor dem Jahr 580 im Westgotenreich auf der Iberischen Halbinsel geprägt.

Abb. 3 Der als Kreuz gearbeitete Griff der bronzenen Hängelampe wird von einem Vogel bekrönt.

AUSTAUSCH – WAREN UND WEGE

Fernhandelsgut aus Asien – Schmuck in Europa

Elke Nieveler

Der häufigste Schmuckstein im Frühmittelalter ist der rot leuchtende Granat, zumeist anzutreffen als Almandin, ein Eisen-Aluminium-Granat. Dieser fand sowohl beim Frauenschmuck als auch bei der Verzierung von Waffen vielseitige Verwendung: am meisten als sogenanntes Zellwerk (Cloisonné), das heißt als flächendeckende Einlage zwischen goldenen oder vergoldeten silbernen Stegen, oder aber einzeln in goldenen Fassungen. Die Qualität der Goldschmiedearbeiten wie der Steine ist dabei sehr unterschiedlich. Der beliebte und zahlreich verarbeitete Schmuckstein kam aus Lagerstätten in Indien, Sri Lanka und Böhmen. Als Fernhandelsprodukt bietet er die Möglichkeit, wirtschaftshistorischen Fragestellungen und solchen zu wirtschaftlichem und technologischem Austausch, zu Verkehrswegen sowie sozialen Verbindungen nachzugehen. Untersuchungsmethoden wie die Röntgenfluoreszenzanalyse (RFA) sowie Analysen durch erfahrene Mineralogen haben es in den letzten Jahren ermöglicht, geochemische Fingerabdrücke der Lagerstätten zu erstellen und so die Herkunft der Steine zerstörungsfrei zu bestimmen. Diese Möglichkeit wurde für das Rheinland erstmals an Funden aus dem reich ausgestatteten Grab des sogenannten Herrn von Morken und dem dortigen Ortsgräberfeld zu sozialen Vergleichen in der Merowingerzeit genutzt. Ergebnis dieser Analysen am RGZM war, dass die Steine der qualitätsvollsten Goldschmiedearbeiten aus den reichsten Gräbern eine vollkommen andere chemische Zusammensetzung aufwiesen als die übrigen Stücke. Während Letztere ohne Ausnahme aus den bereits bekannten Lagerstätten in Indien, Sri Lanka und Böhmen stammten, gehörten die Almandine der reichsten Gräber zu einer Granatgruppe, die bisher im frühen Mittelalter weder nachgewiesen noch lokalisiert werden konnte. Es stellte sich die Frage, ob dieses Ergebnis zufällig an diesem einen Fundplatz zustande gekommen ist oder auf andere Phänomene wie soziale Verbindungen, persönlichen Reichtum oder verkehrsgeographische Aspekte zurückzuführen ist. Um diesen Fragen nachzugehen, nahm das LVR-LandesMuseum Bonn die Möglichkeit wahr, sich seit Januar 2014 als selbständiger Kooperationspartner an dem durch das Bundesministerium für Bildung und Forschung finanzierten Projekt „Weltweites Zellwerk" im Rahmen des Förderprogramms „Die Sprache der Objekte – materielle Kultur im Kontext gesellschaftlicher Entwicklungen" zu beteiligen. Es handelt sich dabei um ein interdisziplinäres europäisches Verbundprojekt mit dem Römisch-Germanischen Museum in Mainz (RGZM) als Hauptantragsteller und Initiator. Aufgrund der hohen Funddichte und des Aufarbeitungs- wie Publikationsstandes bot sich das Rheinland als Modellregion zur Untersuchung von Art und Entwicklung der Granatverzierung, der Verbindung von Goldschmiedetechnologie, Herkunft und Verarbeitung der Steine sowie deren Verbreitung und sozialer Bedeutung in zeitlicher Tiefe im 6. und 7. Jahrhundert n. Chr. an. An einer repräsentativen Anzahl von Fundstücken wurden Merkmale zur goldschmiedetechnischen Verarbeitung sowie zu Form und Bearbeitung der Steine vorgenommen. Vor allem jedoch erfolgten weit über eintausend RFA-Messungen und Herkunftsbestimmungen der Steine am RGZM.

Die Analyse machte ersichtlich, dass im nördlichen Rheinland Herkunft, Menge und vor allem Qualität der granatverzierten Objekte deutlichen zeitlichen wie sozialen Schwankungen unterliegen und die Schmuckstücke Werkstätten mit verschiedenen Verarbeitungstraditionen zugeschrieben werden müssen. Während granatverzierte Objekte aus Männergräbern meist als qualitätsvolle Einzelstücke anzusehen sind, die im Fundgut zahlenmäßig unterrepräsentiert sind und auf Gräber der höchsten Ausstattungs-

Fernhandelsgut aus Asien – Schmuck in Europa

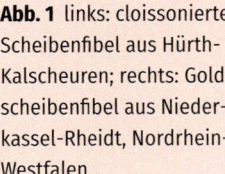

stufen beschränkt bleiben, zeigen sich im zeitlichen Verlauf deutliche Unterschiede beim Frauenschmuck. Die große Menge des granatverzierten Schmucks bleibt auf die Frauengräber der ersten beiden Drittel des 6. Jahrhunderts n. Chr. beschränkt, wobei einzelne, meist singulär in besonderer Technik hergestellte Stücke „Trendsetter" für eine größere Menge einfacher hergestellter Exemplare wurden.

Die Herkunftsgebiete der im Rheinland nachgewiesenen Steine des frühen 6. Jahrhunderts n. Chr. stimmen mit denen aus dem Pariser Becken überein. Die Anteile aus den verschiedenen Herkunftsgebieten sind in beiden Regionen für das 6. Jahrhundert n. Chr. annähernd gleich und unterliegen auch denselben Schwankungen. Das überrascht, war doch das Rheinland zu dieser Zeit eher Peripherie, das Pariser Becken hingegen Zentrum des Frankenreiches. Diese Übereinstimmungen könnten als Anzeichen für eine zentralisierte Versorgung mit Steinen oder Erzeugnissen mit Steineinlagen sprechen. Dabei waren zunächst im 6. Jahrhundert gute Steinqualitäten auch für Frauen einer „Mittelschicht" verfügbar und sind nicht auf höchste Ausstattungsstufen beschränkt.

Die Verhältnisse ändern sich deutlich im Verlauf der zweiten Hälfte des 6. Jahrhunderts n. Chr. Granate treten in geringerer Zahl und konzentriert in einzelnen, hoch qualitätsvollen Scheibenfibeln auf. Die zeitlich am Ende des 6. Jahrhunderts und im 7. Jahrhundert n. Chr. vorkommenden Filigran- und Goldscheibenfibeln vermitteln das Bild einer neuen Blütezeit des Schmucks. Granate wurden aber nur noch selten, überwiegend in einzelnen Fassungen und nur in Ausnahmefällen in Cloisonnétechnik verwendet, wie es die Fibel aus Niederkassel-Rheidt zeigt. Manche kostbaren Schmuckstücke, wie die Anhänger aus Wesel-Bislich, waren nie mit Einlagen versehen worden. Die Verarbeitungsqualität, vor allem der Formschliff der Steine und die Zurichtung der Fassungen, sowie die Menge und die Verarbeitung der Edelmetalle ist deutlich geringer, ebenso die Zahl der Fibeln an sich, die auf höchste Ausstattungsstufen beschränkt bleiben. Zum Ende des 7. Jahrhunderts n. Chr. engt sich der Personenkreis, der zum Beispiel über Kreuzfibeln aus Goldblech mit Granaten statt der gegossenen Fibeln verfügt, noch stärker ein. Die Fundorte dieser wenigen Stücke weisen darauf hin, dass diese Personen anscheinend nur noch im Bereich städtischer und religiöser Zentren zu suchen sind.

Die Koinzidenz der Verknappung der Granate und der Qualitätsverlust bei den Goldschmiedearbeiten und der Steinverarbeitung geht daher seit dem späten 6. Jahrhundert n. Chr. mit einer stärkeren Konzentration der wirtschaftlichen Ressourcen auf einen Personenkreis einher, dessen Grabausstattungen zu den reichsten ihrer Zeit gerechnet werden können. Als Diskussionsgrundlage und als Ansatz für weitere Forschungen mag man daher die Abnahme granatverzierten Schmucks nicht nur im Zusammenhang mit einer Störung der Handelsrouten im Mittelmeer, sondern mit einer strukturellen wirtschaftlichen und/ oder sozialen Veränderung im Frankenreich sehen.

Literatur
Jordan 2015
Nieveler 2014

Abb. 1 links: cloisonierte Scheibenfibel aus Hürth-Kalscheuren; rechts: Goldscheibenfibel aus Niederkassel-Rheidt, Nordrhein-Westfalen.

AUSTAUSCH – WAREN UND WEGE

Neue Fragen an alte Funde. Das Grab des Herrn von Morken und das Gräberfeld Bedburg-Königshoven (FR 50)

Elke Nieveler

Abb. 1 Der feuervergoldete Spangenhelm des Herrn von Morken.

1955 wurde auf dem Kirchberg in Morken ein außergewöhnlich reich ausgestattetes Grab entdeckt und untersucht: Hier wurde um 600 n. Chr. der sogenannte Herr von Morken bestattet. Der Separatfriedhof einer sozial herausgehobenen Schicht, auf dem sich mindestens 23 weitere Gräber befanden, ist seitdem auch immer wieder Gegenstand zahlreicher Fachdiskussionen, insbesondere zur Entstehung des Adels in der Merowingerzeit. Durch die etwa dreißig Jahre später im Rahmen weiter fortschreitender Braunkohleabgrabungen erfolgte Entdeckung des Gräberfeldes mit 480 Gräbern der zugehörigen Ortsbevölkerung circa 450 Meter südwestlich des Kirchberges eröffneten sich neue, umfassende Möglichkeiten, dieser Frage nochmals nachzugehen.

Der Vergleich beider Fundstellen zielt darauf ab, wirtschaftliche sowie material- und herstellungstechnische Aspekte und deren Einfluss auf die soziale Entwicklung der Bevölkerung herauszustellen. Dabei spielen vor allem Fragen nach Herkunft der Artefakte und Rohstoffe, aber auch die Verarbeitungsqualität einzelner Fundgattungen eine Rolle. Zu diesem Zweck wurde ein multidisziplinäres Team gebildet, das zusätzlich zur antiquarisch-ar-

chäologischen Bewertung naturwissenschaftliche Untersuchungen vornahm und auswertete.
Für den feuervergoldeten Spangenhelm (Abb. 1) wurde aufgrund der Ornamentik die gleiche Werkstatt wie für den Helm aus Krefeld-Gellep angenommen. Wahrscheinlich handelt es sich um byzantinische Offiziershelme. Die Analysedaten der Kupferlegierung beider Helme widersprechen dem nicht grundsätzlich. Die Werte könnten auf Lagerstätten im östlichen Mittelmeerraum hindeuten, was die byzantinische Herkunft und zumindest die Idee der zentralen Verteilung der Rohstoffe, wenn nicht gar der Helme selbst, unterstützen würde.
Die Untersuchung der Textilreste zeigte, dass sich diejenigen aus dem Grab des Herrn von Morken von der großen Zahl der im Gräberfeld dokumentierten Reste in Material, Farbigkeit und Webart unterscheiden. Auch die kostbare Gürtelschnalle wurde untersucht (und die dort verwendeten Almandine einer energiedispersiven Röntgenfluoreszenzanalyse unterzogen. Während die meisten Almandine am RGZM aus dem Ortsgräberfeld den bekannten Granatlagerstätten in Indien und Sri Lanka zugewiesen werden konnten, zeigten die Einlagen in der überaus qualitätsvollen Schnalle aus Morken (Abb. 2) und der kostbarsten Fibel des Ortsgräberfeldes, der Filigranscheibenfibel aus Grab 52, Charakteristika derselben, aber bis dahin unbekannten Lagerstätte. Die Einlagen beider Stücke gehörten möglicherweise zur gleichen Handelscharge.
Wie allgemein in den Lößbörden ist die Skeletterhaltung auch in Morken/Königshoven gering. Isotopenanalysen an den Skelettresten wiesen nach, dass sich die besondere soziale Position des Herrn von Morken auch in seinen Ernährungsgewohnheiten widerspiegelt, da er im Gegensatz zur übrigen Bevölkerung meist höherwertiges tierisches Ei-weiß zu sich nahm. Auffallend ist seine außerordentliche Zahngesundheit. Eine vollständig abgeheilte Verletzung durch scharfe Gewalt, wahrscheinlich einen Schwertstreich, zeigt sich noch auf der Stirn. Diese Verletzung lag zum Todeszeitpunkt bereits um viele Jahre zurück und war nicht todesursächlich, was auf eine gute Konstitution und Wundversorgung hindeutet. DNA-Untersuchungen am Institut für Paläoanthropologie der Universität München konnten keine Verwandtschaftsbeziehungen zu den Bestatteten im Ort nachweisen. Die Frage, ob der Herr von Morken aus dem Dorf stammte und seine Familie dort längere Zeit bereits ansässig war, bevor sie den separaten Bestattungsplatz auf dem Kirchberg anlegte, ist wegen der geringen Vergleichsmöglichkeiten nicht abschließend zu beantworten.

Abb. 2 Gürtelschnalle. Die Grabausstattung lässt auf weitreichende Verbindungen von Skandinavien bis Südeuropa schließen.

Literatur
Nieveler 2015

Handel und Rohstofftransfer nach Skandinavien und ins Ostseegebiet. Haithabu/Schleswig und der Kontinent im 11. Jahrhundert*

Volker Hilberg

Zwischen 1112 und 1120 handelte der Schleswiger Bürger Aloicus, sicherlich ein Fernhandelskaufmann, mit Zobelfellen im südfranzösischen Saint-Gilles-du-Gard,[1] das als Wallfahrtsstätte mit einem bedeutenden Jahrmarkt auch über eine günstige Verkehrslage im Mündungsdelta der Rhone als Umschlagplatz vom See- zum Fluss- und Landverkehr verfügte (Abb. 1). Von hier erfolgte die Anbindung an den Handel im westlichen Mittelmeerraum bis in die Levante. Darüber hinaus lag es an der Grenze Frankreichs zur Provence, die zum Königreich Burgund und somit seit 1032 zum ostfränkisch-deutschen Reich der salischen und staufischen Könige und Kaiser gehörte.[2] Schleswig hingegen befand sich im südlichen Grenzgebiet Dänemarks zum Herzogtum Sachsen an der schmalsten Stelle der Jütländischen Halbinsel und verband die Welt Skandinaviens und der Ostsee mit dem lateinischen Kontinent. Hier war zudem der Transfer zwischen Nord- und Ostsee über eine nur etwa 17 Kilometer lange Landbrücke möglich. Zobelfelle wurden aus der eurasiatischen Taiga bezogen, also aus jenen borealen Nadelwäldern, die sich einst von Norwegen über das Ostseegebiet bis ins östliche Sibirien erstreckten. Somit verband der Schleswiger Aloicus im frühen 12. Jahrhundert zwei völlig unterschiedliche Natur- und Kulturräume. Durch eine neunzigtägige Landreise wurde diese circa 1250 Kilometer Luftlinie betragende Distanz zwischen Schleswig und Saint-Gilles überwunden, so berichten die entsprechenden „Miracula"

über die Reise des Krüppels Ascot, der im Haus des Aloicus lebte und von diesem zur Heilung von seinen Leiden und Gebrechen an das Grab des Heiligen Ägidius nach Saint-Gilles geschickt wurde.

Die durch die Christianisierung erfolgte Einbeziehung Skandinaviens in die Staatenwelt der christlichen Königreiche Europas seit dem ausgehenden 10. Jahrhundert führte zu einer beiderseitigen umfangreichen Erweiterung der Kommunikationsnetzwerke, in denen sich die Reisenden und Seefahrer nun bewegten. In der Wikingerzeit gehörten der Nordatlantik, die Nordsee und die Ostsee mit den anschließenden Flusssystemen im altrussischen Bereich zum gewohnten Aktionsradius der Skandinavier. Im 11. und 12. Jahrhundert erweiterten sich diese Reisen dann wie die Beispiele von Aloicus und Ascot eindrucksvoll zeigen, wobei jedoch oftmals die Motivationen für Reisen sowie die benutzten Wege und manchmal sogar die genauen Ziele in den schriftlichen Quellen nur unzulänglich überliefert werden. Neben der Teilnahme an Kriegszügen waren es vor allem Pilgerreisen, oftmals verbunden mit Handelsfahrten, die die Menschen in die Ferne lockten.[3]

Aufgrund ihrer geostrategisch bevorzugten Lage spielte die Hafenstadt Haithabu, spätestens seit 1066 vom zwei Kilometer nördlich gelegenen Schleswig als Nachfolgesiedlung abgelöst, durchgängig vom frühen 9. bis zum mittleren 13. Jahrhundert eine bedeutende Rolle in diesen sich verändernden und erweiternden Handelsnetz-

linke Seite Detail aus Abb. 11

AUSTAUSCH – WAREN UND WEGE

Abb. 1 Handels- und Kommunikationswege in Europa vom 10. bis zum 12. Jahrhundert.

Abb. 2 (rechte Seite) Haithabu und Schleswig mit Grabungsflächen.

werken der Vorhansezeit. Die zeitgenössische Überlieferung berichtet, dass ein und derselbe Ort von den Skandinaviern *Haiðabýr* und von den Franken beziehungsweise Deutschen *Sliaswich* genannt wurde. Mit der ersten Einrichtung eines Bistums im Jahr 948 setzte sich schließlich allmählich der Name Schleswig durch.[4]

Wie kaum ein anderer frühstädtischer Platz im frühmittelalterlichen Europa wird die zentrale Bedeutung Haithabus/Schleswigs zudem durch die Funktion als ausgesprochener Knotenpunkt zwischen Nord- und Ostsee einerseits und zwischen Skandinavien und dem Kontinent andererseits erkennbar (Abb. 1).[5] Durch diese bevorzugte geostrategische Lage erklärt sich auch das karolingische und ottonische Interesse an Haithabu und der Schleswiger Landenge. Über diese Nahtstelle entstand ein Zugang zur Ostsee und somit auch eine Anbindung an die Handelsnetzwerke und ihre Warenströme (vor allem an Silber) nach beziehungsweise von Osten.[6]

Am innersten Ende der Schlei (Abb. 2) liegt am Südufer am Haddebyer Noor ein Siedlungsareal, das einen günstigen Zugang zum Wasser hat und durch eine 26 Meter über den Meeresspiegel aufragende Erhebung, die sogenannte Hochburg, geschützt wird. Es ist sowohl von Westen auf dem Landweg als auch von Osten auf dem Wasserweg der Schlei erreichbar. Spätestens seit dem mittleren 10. Jahrhundert umfasst ein etwa 1,3 Kilometer langer halbkreisförmig gebogener Wall ein annähernd 25,5 Hektar großes Gelände, das erstmals 1897 aufgrund der in der näheren Umgebung gefundenen Runensteine als Haithabu identifiziert und daraufhin in den kommenden Jahrzehnten umfangreich ausgegraben wurde.[7] Da das gesamte Areal seit dem Ende der Wikingerzeit nicht mehr besiedelt wird, bietet es hervorragende Möglichkeiten für archäologische Ausgrabungen und Prospektionen. Die Siedlungs- und Grabbefunde haben sich sehr gut bewahrt und zeichnen sich in Ufernähe durch eine organische Erhaltung in stratifizierten Schichten besonders aus. Direkt am Nordufer der Schlei liegt gegenüber von Haithabu eine circa zwölf Hektar große Halbinsel, die zu Land nur von Norden zu erreichen und auf drei Seiten von Wasser umgeben und dadurch geschützt ist. Hier entwickelte sich seit der Mitte des 11. Jahrhunderts die Stadt Schleswig, wo vor allem in den 1970er- und 1980er-Jahren umfangreiche stadtarchäologische Untersuchungen durchgeführt werden konnten.[8] Beide Orte gehören wegen ihrer überaus reichen archäologischen, aber auch historischen Überlieferung zu den wichtigsten früh- und hochmittelalterlichen Plätzen Deutschlands und Nordwesteuropas.

Haithabus Funktion als Handelsplatz entwickelte sich im frühen 9. Jahrhundert, in den 880er-Jahren kam es zu einem umfangreichen Bauboom im Hafen, große hölzerne Schiffbrücken entstanden, die als Anlegeplatz für Schiffe und zugleich als Marktplatz fungierten.[9] Zu dieser Zeit war Haithabu eine Drehscheibe internationalen Ranges im überregionalen Handelsnetzwerk mit Fernhandelsgütern und ein innovatives Handwerkszentrum, an dem man alle möglichen Gegenstände und Rohstoffe aus aller Herren Länder erwerben konnte.[10] Mit dem Ausgreifen skandinavischer Aktivitäten im sich daraufhin ausbildenden altrussischen Gebiet verstärkten sich seit dem späten 9. Jahrhundert die nunmehr auch Südskandinavien über die Ostsee von Osten erreichenden Einflüsse aus dem zentralasiatischen islamischen Raum. Dieser weitgehend auf Pelzen und Sklaven beruhende Handel mit dem Kalifat intensivierte sich in der Folgezeit, für den Zahlungsverkehr wurde ein auf der Verwendung von Feinwaagen und genormten Gewichtssätzen beruhendes System der Gewichtsgeldwirtschaft übernommen und riesige Mengen an islamischen Silbermünzen erreichten das Ostseegebiet.[11] Seit den 930er-Jahren geriet das süddänische Grenzgebiet mit Haithabu aber zusehends in das Blickfeld der sächsischen Könige aus dem liudolfingisch-ottonischen Haus, auch wenn der genaue Verlauf aufgrund der spärlichen historischen Überlieferung nicht mehr verlässlich rekonstruiert werden kann.[12] Durch diesen vom Ottonenreich ausgehenden Druck, aber auch durch die hierdurch verbundene Beeinflussung des nördlichen Nachbarn kam es nicht nur zu Formen tributärer Abhängigkeiten oder zur Einrichtung der ersten dänischen Bistümer im Jahr 948 in *Sliaswich*, Ribe und Aarhus, sondern auch zur allmählichen „Staatsbildung" in Dänemark unter Führung der Jellingdynastie.[13] Dass auch Haithabu in die Veränderungen und Umwälzungen in der zweiten Hälfte des 10. Jahrhunderts hineingezogen wurde, ist durch zwei Runensteine belegt, die zum Gedenken an hochrangige Gefolgschaftskrieger König Sven Gabelbarts (reg. 987–1014), die ihr Leben bei Kämpfen um Haithabu gelassen hatten, in der unmittelbaren Umgebung gesetzt wurden.[14] Der archäologische Befund schien einen Niedergang Haithabus um das Jahr 1000 lange Zeit zu bestätigen:[15] Scheinbar fehlten sichere Belege für Baustrukturen des 11. Jahrhunderts, die eigene Münzprägung endete in den 980er-Jahren und auch der spätwikingerzeitliche Fundniederschlag schien nur noch sehr dünn und gering vorhanden zu sein. Durch die Feldforschungen der letzten Jahre hat sich dieses Bild aber grundlegend geändert. Mit systematischen Metalldetektorbegehungen ist es erstmals gelungen, Funde der späten Wikingerzeit in größerer Anzahl zu dokumentieren (Abb. 3). Besonders die zahlreichen Fundmünzen (Abb. 4), die erst nach 983 geprägt wurden, und die umfangreiche Anzahl normierter Gewichte des 11. Jahrhunderts (Abb. 5) verweisen darauf, dass Haithabu seine Fernhandelsfunktion nicht verloren haben kann und weiterhin als Handels- und Produktionszentrum bis in die Mitte des 11. Jahrhunderts

Abb. 3 Reitzubehör des späten 10. und 11. Jahrhunderts aus Haithabu. Der Beschlag oben rechts stammt aus Schleswig – Hafengang LA 153.

Abb. 4 Haithabu, Fundmünzen des späten 10. bis mittleren 11. Jahrhunderts: Neben angelsächsischen Pennies (li.) und dänischen Prägungen (re.) dominieren Denare aus sächsischen und niederlothringischen Münzstätten den Geldumlauf.

Abb. 5 Mit Messing ummantelte Kugelzonengewichte des 11. Jahrhunderts wurden in größerer Menge in Haithabu, aber auch noch in Schleswig, mit kleinen Klappwaagen verwendet. Für größere Gewichtseinheiten nahm man Bleigewichte.

Bestand hatte. Für eine angenommene Siedlungsverlagerung auf das Nordufer bereits in der ersten Hälfte des 11. Jahrhunderts fehlt jedoch bislang jeglicher archäologischer Fundniederschlag in Schleswig. Die Auswertung der Schleswiger Hafengrabungen hat zudem erbracht, dass die ältesten bislang bekannten Hafenstrukturen im Jahr 1075 angelegt wurden.[16]

Da in der Wikingerzeit außer Eisen keine größeren eigenen metallischen Ressourcen in Skandinavien genutzt werden konnten, war man bei der Versorgung mit Silber – auf dem die Wirtschaft beruhte – ganz auf die Beschaffung von Außen angewiesen. Diese Rohstoffversorgung wurde gewährleistet durch Raub und Tributzahlungen einerseits und durch Handel andererseits.[17] Im 8. und 9. Jahrhundert kam das Silber überwiegend aus dem karolingischen Frankenreich, im Laufe des 9. Jahrhunderts nahm der Silberzustrom in Form von islamischen Dirham immer weiter zu.[18] Das meiste im 10. Jahrhundert in Skandinavien zirkulierende Silber dürfte von eingeschmolzenen Dirham stammen.[19] Naturwissenschaftliche Untersuchungen ottonischer Münzen des Kontinents – vor allem der beiden wichtigsten Geprägegruppen der sogenannten Sachsenpfennige und der Otto-Adelheid-Pfennige[20] – zeigten, dass islamisches Silber auch für diese Münzprägungen verwendet wurde.[21] Anscheinend konnten die Importe von Münzmetallen aus dem islamischen Kalifat den Bedarf an Silber in Mitteleuropa jedoch nicht decken und es begann eine (Wieder-)Erschließung von Lagerstätten; die schriftliche Überlieferung hierzu setzt in der zweiten Hälfte des 10. Jahrhunderts ein.[22] Dieses System der massenhaften Einfuhr von Silber aus dem islamischen Zentralasien erfuhr einen deutlichen Rückgang in den letzten Jahrzehnten des 10. Jahrhunderts, wie es in der sich ändernden Zusammensetzung von Schatzfunden im Ostseegebiet einen dramatischen Ausdruck findet.[23] Die seit den

Abb. 6 Noch in der Spätphase Haithabus existieren Fernkontakte nach Osten, etwa belegt durch finno-ugrische Stierkopfanhänger des 11. Jahrhunderts. Die Gussform (li.) wurde 2003 bei Detektorbegehungen im Siedlungsareal gefunden. Der silberne Anhänger (re.), der sogar aus dieser Gussform stammen dürfte, wurde bereits 1979 im Hafen entdeckt.

Abb. 7 Schleswig – Hafengang LA 153. Vollplastische Holzskulptur mit Brandspuren im unteren Bereich, H. ca. 18 cm. Wegen enger Parallelen zu Stücken aus Novgorod und Staraja Ladoga könnte es sich um einen heidnischen Hausgeist handeln, der die engen Beziehungen zwischen den russischen Städten und Schleswig zu dieser Zeit illustriert. Die Skulptur wurde um 1100 im Hafen von Schleswig entsorgt.

970er-Jahren deponierten Schatzfunde wurden nun dominiert von westeuropäischen Denaren und der Beginn des massiven Zustroms von Silber aus dem ostfränkisch-deutschen Ottonenreich und aus dem spätsächsischen England wird ebenfalls in diese Zeit gesetzt.[24] Mit der Ausmünzung der Otto-Adelheid-Pfennige nach 983[25] strömen diese Münzen in großen Zahlen nach Skandinavien und nach Haithabu. Neben den Otto-Adelheid-Pfennigen und anderen sächsischen Geprägegruppen laufen in der ersten Hälfte des 11. Jahrhunderts vor allem Kölner „S COLONIA"-Denare und ihre Nachprägungen sowie Denare aus anderen niederlothringischen Münzstätten in Haithabu um (Abb. 4). Sie verweisen auf die über die Metropole Köln laufenden Wirtschaftsbeziehungen des rheinischen Raumes nach Südskandinavien. Interessanterweise treten hingegen späte angelsächsische Münzen stark in den Hintergrund, obwohl aus England seit den 990er-Jahren riesige Mengen an Silber und Münzen an die nun fast jedes Jahr das Land verwüstenden Skandinavier, insbesondere Dänen, gezahlt wurden. Im Jahr 1013 eroberte Sven Gabelbart schließlich England – sein Sohn Knut (reg. 1016/19–1035) und dessen Sohn Hardeknut (reg. 1035–1042) sollten bis zum Jahr 1042 über England und Dänemark herrschen.[26] Aber auch die wirtschaftlichen (Abb. 6) und kulturellen (Abb. 7) Beziehungen in die verschiedensten Gebiete der Ostseeregion lassen sich im 11. Jahrhundert sowohl für Haithabu als auch für Schleswig nachweisen.

Genauso wie die Münzen des 11. Jahrhunderts über das gesamte Siedlungsareal von Haithabu verteilt sind, so verweisen auch die ebenfalls weiträumig vorkommenden standardisierten Gewichte auf eine weitergehende Handelsfunktion. Diese späten Kugelzonengewichte (Abb. 5 links) zeigen eindrücklich, dass auch im 11. Jahrhundert vor Ort Handelstransaktionen in großem Umfang vorgenommen wurden. Die jüngsten Bauaktivitäten in Haithabus Hafen liegen im frühen 11. Jahrhundert mit einem nur relativ zu ermittelnden Zeitansatz nach „um 990 bis 1010".[27] Im Hafen versank zudem das bislang größte Handelsschiff der Wikingerzeit überhaupt, ein nach 1023 gebautes Lastschiff (Abb. 8), das mit einer errechneten Wasserverdrängung von 75 Tonnen eine Ladekapazität von etwa sechzig Tonnen erreicht haben dürfte.[28] Die Transitfunktion Haithabus, seine überragende Stellung im Warenverkehr zwischen Nord- und Ostsee beziehungsweise Skandinavien und dem mitteleuropäischen Kontinent, dürfte nach seiner planvollen Verlegung während der Regierungszeit König Sven Estridsens (reg. 1047–1076), die um 1066 erfolgt sein dürfte, von dessen Nachfolger Schleswig ohne größere Unterbrechung fortgeführt worden sein.[29] Spätestens seit den späten 1080er-/frühen 1090er-Jahren verfügte Schleswig über einen boomenden Hafen, der dicht bebaut war und ebenso wie die älteren Hafenanlagen in Haithabu als

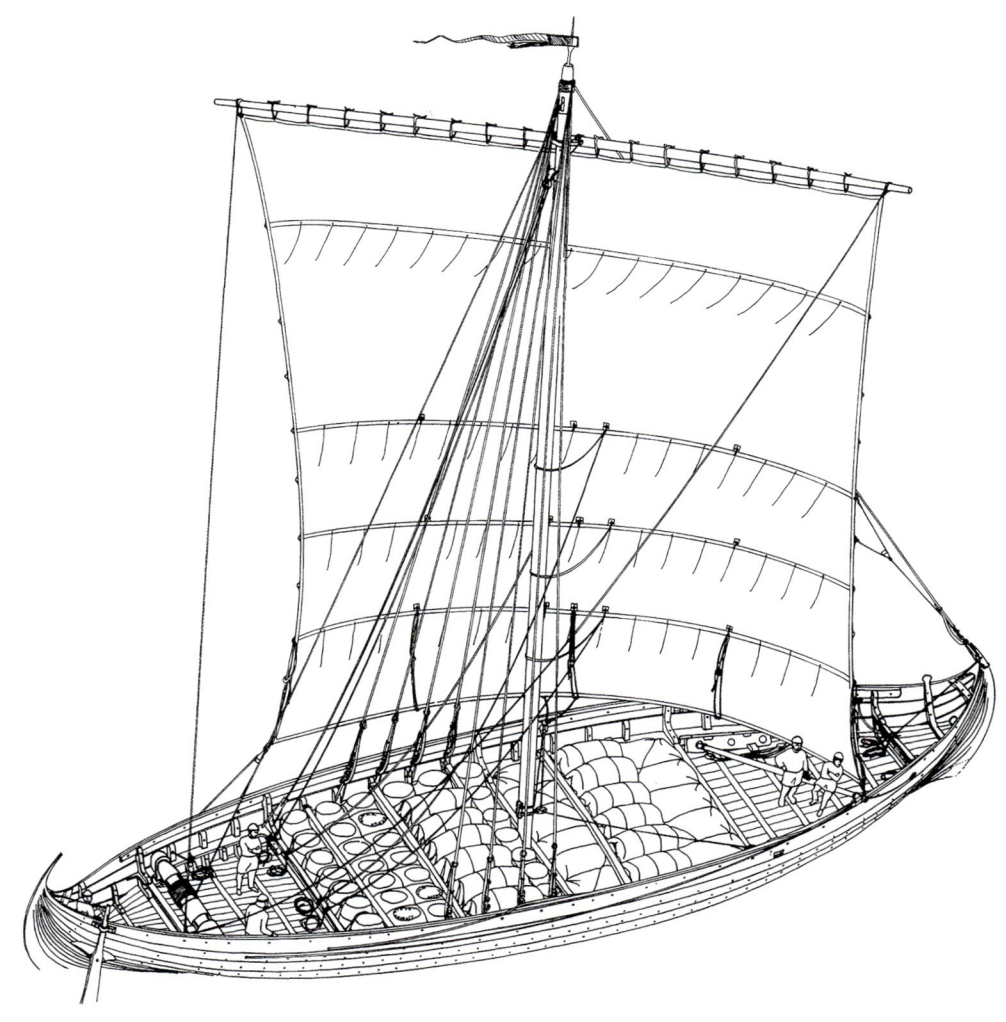

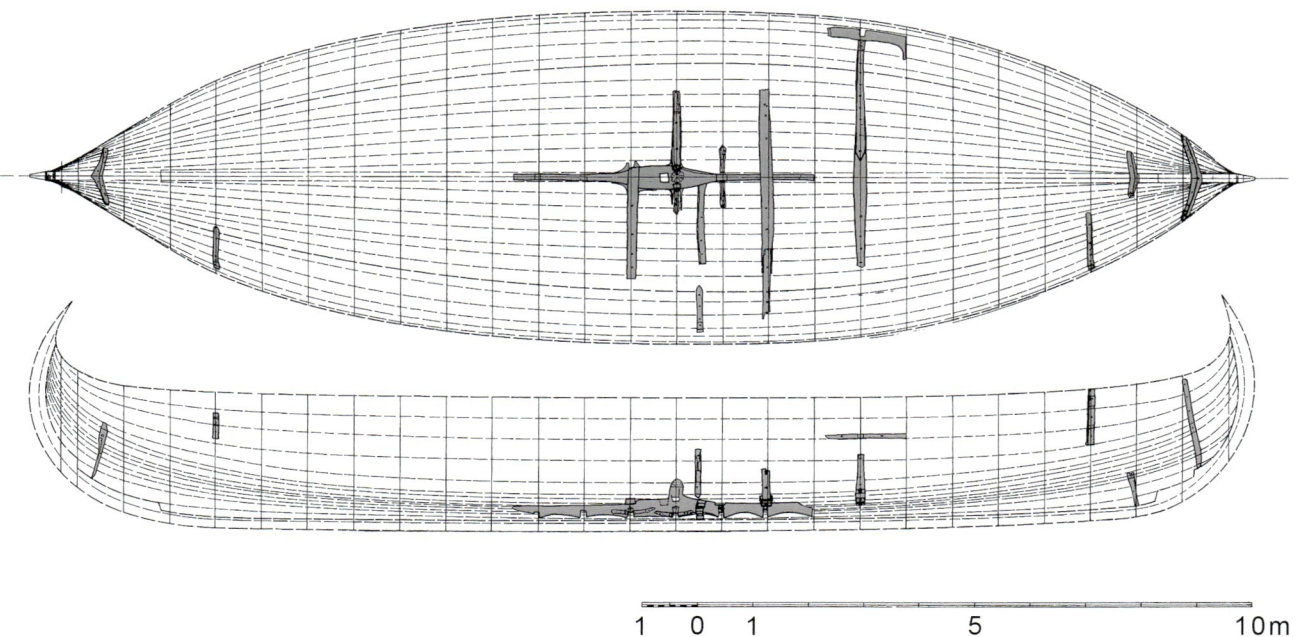

Abb. 8 Haithabu, Rekonstruktion von Wrack 3 und bislang geborgene Holzteile. Es handelt sich um ein annähernd 22 m langes Handelsschiff, das nach 1023 gebaut wurde.

Marktplatz diente.³⁰ Dem dänischen König als Stadtherrn gelang es zur selben Zeit eine eigene Münzprägung zu etablieren, die als Zahlungsmittel im Warenverkehr und für Abgaben Verwendung fanden (Abb. 9).³¹ Seiner langjährigen Machtbasis England entzogen war der Zeitraum der 1040er-Jahre bis 1060er-Jahre für Dänemark eine Zeit der politischen Krisen und militärischen Auseinandersetzungen – geprägt durch Überfälle von slawischen Angreifern oder jahrelange Konflikte mit ausländischen Thronprätendenten wie den Norwegern Magnus und Harald Hardråde. Das Handelszentrum Haithabu/Schleswig wurde 1050 und 1066 verwüstet. Auch die wirtschaftliche Entwicklung scheint durch die Unruhezeiten beeinträchtigt worden zu sein, ablesbar etwa an einem deutlichen Rückgang des Feinsilbergehalts in der Münzprägung.³² Bezeichnenderweise wird Edelmetallschmuck im Verlauf des 11. Jahrhunderts immer seltener und exklusiver. Der Metallguss ist im frühen Schleswig durch die Ausgrabung Hafengang 11 im Jahr 2007 besonders gut beurteilbar (Abb. 10). Ein großes Repertoire an unterschiedlichsten Formen ist belegt – Fibeln, Zierperlen, Ohrringe, Messerscheidenbeschläge. Auch wenn etwa bei Scheibenfibeln mit Plateauscheiben- und Buckeltypen ein nahezu traditioneller Formenbestand weiterhin hergestellt wird, so ist ihre Verzierung mit Christusdarstellungen (Abb. 11) ein absolutes Novum des ausgehenden 11. Jahrhunderts. Die meisten dieser Schmuckstücke sind darüber hinaus aus einer leicht zu verarbeitenden und günstig zu erwerbenden Legierung aus Zinn oder Blei-Zinn hergestellt – sie bestehen kaum noch aus Silber, auch wenn sie beim Betrachten wie Silber erscheinen.

Dem Import von Metallen über Haithabu/Schleswig nach Skandinavien und ins Ostseegebiet kam zu dieser Zeit eine besonders wichtige Rolle zu, da man auf ihre Einfuhr angewiesen war.³³ Die nächsten von Südskan-

Abb. 9 Schleswig – Hafengang LA 153. Vor einer ergrabenen Hafenanlage fand sich dieser aus 22 Münzen bestehende Schatzfund, der als Barschaft zwischen 1089 und 1098 im Hafen verloren ging. Bei den Münzen handelt sich um Imitationen älterer angelsächsischer Vorlagen, die von dem dänischen König Knut dem Heiligen mit geringeren Feingehalten in den 1080er-Jahren vermutlich in Schleswig geprägt wurden.

dinavien aus erreichbaren Erzvorkommen, die nicht aus Raseneisenerzen bestehen, liegen am Nordrand der deutschen Mittelgebirge und erstrecken sich über das Rheinische Schiefergebirge von den Ardennen bis ins Sauerland und weiter bis zum Harz (Abb. 12).[34] Ein Handel mit diesen Gebieten ermöglichte den Zugang zu Silber und Gebrauchsmetallen wie Messing, Bronze und anderen Kupferlegierungen sowie Blei. Im Verlauf des 10. Jahrhunderts entwickelt sich der Harz zu einem zentralen Herrschafts- und eben auch Wirtschaftsraum des ottonischen Königshauses, der nur etwa 300 Kilometer Luftlinie südlich von Haithabu und Schleswig und der Südgrenze Dänemarks entfernt liegt. Zu Land, etwa auf dem im Hochmittelalter belegten *Leiðarvísir*, der in Harznähe über Gandersheim und Hildesheim führte,[35] aber auch zu Wasser über die Elbe ab Magdeburg war Dänemark innerhalb einer Reisedauer von fünf bis sieben Tagen bequem zu erreichen.[36] Dem südlichen Grenzland von Dänemark, der „Schleswiger Mark" des 10. und 11. Jahrhunderts mit ihrem Hauptort, dem Umschlags- und Handwerkszentrum von Haithabu/Schleswig, kam bei diesen Handelsbeziehungen auch weiterhin eine be-

Abb. 10 Schleswig – Hafengang LA 153. Der Metallguss des späten 11. Jahrhunderts lässt sich gut durch Schmelz- und Blechreste, Gussformen und Fertigprodukte fassen. Bevorzugt wurden Zinn oder Blei-Zinn-Legierungen verarbeitet.

Abb. 11 Schleswig – Hafengang 11, LA 153. Im ausgehenden 11. Jahrhundert wurden runde Buckel- oder Plateauscheibenfibeln aus Zinn hergestellt, die mit der Darstellung Jesu Christi eindeutig in einem christlichen Kontext stehen.

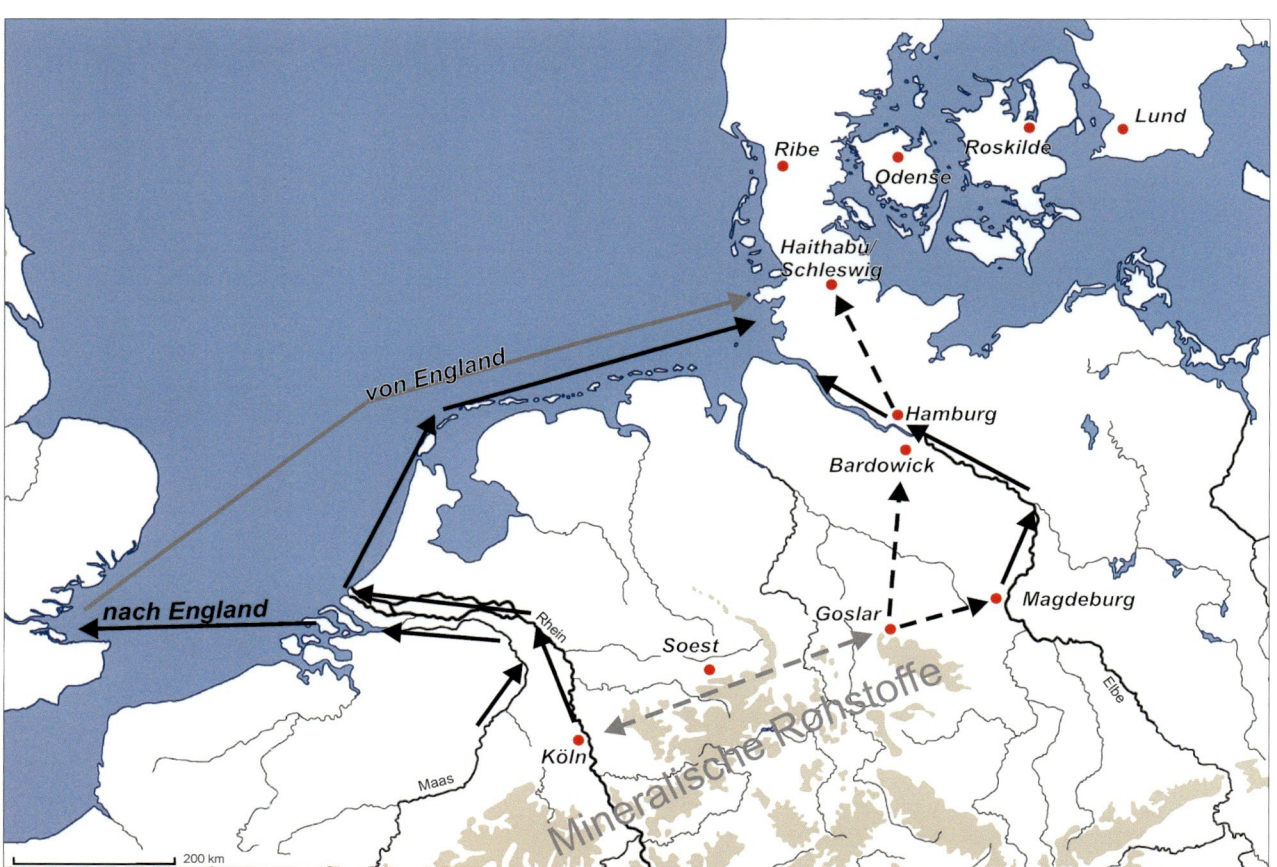

Abb. 12 Seit dem späten 10. Jahrhundert gelangten zunehmend mineralische Rohstoffe aus den deutschen Mittelgebirgen auf verschiedenen Wegen über Land und zu Wasser in das Umschlags- und Handelszentrum Haithabu/Schleswig.

sondere Rolle durch den günstigen Zugang nach Skandinavien und in das Ostseegebiet zu. Zum ersten Mal naturwissenschaftlich belegt kann nun gezeigt werden, wie seit der Mitte des 10. Jahrhunderts Silber aus mitteleuropäischen Lagerstätten wie dem Harz in Haithabu zirkulierte und ab etwa 1015 das mittelasiatische Silber weitgehend verdrängte.[37] Bei den unterschiedlichsten Objekten aus Buntmetall- und Messinglegierungen des 10. bis 12. Jahrhunderts lässt sich eine Vorliebe für bestimmte Legierungen nachweisen, wobei die älteren Funde aus Haithabu von den jüngeren Buntmetalllegierungen aus Schleswig deutlich unterschieden werden können.[38] Durch archäometrische Untersuchungen werden die bereits archäologisch-numismatisch angezeigten Verbindungen zwischen Haithabu und dem Harzgebiet beziehungsweise dem von Köln aus dominierten Rheinland in ottonisch-salischer Zeit fassbar, auf eine deutlich erweiterte Materialbasis gestellt und durch die Berücksichtigung der Funde aus dem frühen Schleswig bis in das 13. Jahrhundert hinein weiter verfolgbar.

---

* Dieser Beitrag beruht auf den Ergebnissen des von 2012 bis 2015 von der VolkswagenStiftung in Hannover finanzierten Forschungsprojektes „Zwischen Wikingern und Hanse. Kontinuität und Wandel des zentralen Umschlagplatzes Haithabu/Schleswig im 11. Jahrhundert".

1 Assmann 1954; Köster 1983, 89–98.
2 Poly 1976, 226–232; 243–249; Rossiaud 2007, 69.
3 Zu den Motivationen von Reisen, ihren Zielen und Wegen vgl. Waßenhoven 2006, bes. 67–104. – Weder Aloicus noch Ascot sind in Waßenhovens Prosopographie zu finden, aufgrund der Namen dürften sie deutscher (Aloicus) beziehungsweise englischer (Ascot) Herkunft sein.
4 Fried (im Druck).
5 Hilberg – Kalmring 2014.
6 Zuletzt Hilberg 2014, 183–188.
7 von Carnap – Hilberg – Schultze 2014.
8 Einen kurzen, aber umfassenden Überblick bietet Vogel 1989; das hinter den Ausgrabungen stehende Forschungsprogramm erläutert Vogel 1983.
9 Kalmring 2010.
10 Hilberg – Kalmring 2014.
11 Zuletzt Steuer 2014.
12 Zuletzt Hilberg 2017, 257 mit weiterführender Literatur.
13 Bagge 2009, bes. 148.
14 Zuletzt Hilberg 2016, 63 Abb. 1.
15 Jankuhn 1986, 184 f., 222 223.; Radtke 2009, 151–157.
16 Rösch 2018, 333.
17 Zu diesen Mechanismen vgl. Coupland 1999; Reuter 1985; Williams 2011.
18 Hilberg 2014.
19 Hårdh 2002, 184.
20 Kluge 2001; Kluge 2005.
21 Steuer – Stern – Goldenberg 2002, 146–154; Steuer 2004, 131–133.
22 Bartels 1996, 235 236.
23 Leimus 2007.
24 Hatz 1974, 47–51; Jonsson 1990; Metcalf 1998; Moesgaard 2006; Leimus 2007.
25 Ilisch 2013.
26 Keynes 2000, 83–92.
27 Kalmring 2010, 237–239, 242 243, 454 Abb. 324.
28 Kalmring 2010, 122–125; Englert 2015, 60 Abb. 4.8.
29 Zum Verhältnis und zum Übergang von Haithabu nach Schleswig zuletzt Gelting 2016, 199 200, 215 216; Müller 2016.
30 Rösch 2017; 2018.
31 Moesgaard – Hilberg – Schimmer 2016; Moesgaard – Hilberg – Schimmer 2017.
32 Merkel 2016, 110–114, durch das Hinzulegieren von Messing wird der Silberfeingehalt gesenkt.
33 Zuletzt Hilberg 2017, 261–264.
34 Joris 1993; Maus 1993; Lammers 2009, 74 75.
35 Waßenhoven 2006, 74–91, Abb. 3.1.
36 Carver 1990 mit Abb. 15.3 legt pro Tag für Landreisen eine Reisegeschwindigkeit von 15 Meilen (à 1,609 km) zu Fuß und für Seereisen von 82 Seemeilen (à 1,852 km) zugrunde. Eine sicherere Reise mit Begleitern scheint dabei wichtiger gewesen zu sein als den kürzesten oder besten Weg zu nehmen; vgl. Waßenhoven 2006, 88.
37 Merkel 2016, 106–110, 117–118.
38 Merkel (im Druck).

Das Gründungsviertel von Lübeck. Veränderungen in den Handelsströmen und in den urbanen Strukturen

Dirk Rieger, Carsten Jahnke

Der Handel in Europa nahm seit dem 9. Jahrhundert immer mehr Fahrt auf. Vor allem der Seehandel verband weit entfernte Teile Europas. Gleichzeitig schuf die Christianisierung Europas neue Märkte für Wachs und für Fastenspeisen wie Fisch. Wachs wurde vor allem in den weiten Wäldern Russlands produziert, ein Gebiet, aus dem auch die begehrten Pelze stammten, und Fisch gab es in großer Menge im Ostseeraum. Für die Kaufleute Westfalens, aber auch des Nordseeraumes war Russland mental nicht weit entfernt. Allerdings war bis ins 19. Jahrhundert eine Umsegelung Jütlands äußerst gefährlich, da starke Westwinde die Schiffe häufig auf die Sandbänke von Skagen trieben. Die Kaufleute bevorzugten daher andere Routen. An der schmalsten Stelle Jütlands reicht das Gewässersystem von Eider und Treene von Westen bis weit ins Binnenland hinein, gleichzeitig schneidet die Schlei von Osten her ebenfalls weit ins Land. Dazwischen liegt eine nur 15 Kilometer breite Landenge, die relativ leicht zu überwinden ist (Abb. 1). Es ist daher nicht überraschend, dass schon seit dem 8. Jahrhundert Kaufleute diesen Weg nutzten, um Nord- und Ostseeroute miteinander zu verbinden. Vom 8. Jahrhundert bis etwa 1066 war Haithabu der zentrale Umschlagplatz auf der Südseite der Schlei. Aber nach der fast vollständigen Zerstörung dieser Siedlung im Jahr 1066 wurde sie auf die Nordseite der Schlei verlegt, wobei sich der deutsche Name Schleswig durchsetzte.

Die Stadt Schleswig nahm vom ausgehenden 11. Jahrhundert bis etwa 1275 eine zentrale Stellung im Handel zwi-

Abb. 1 Wegeverhältnisse auf der jütischen Halbinsel.

schen Ost- und Westeuropa ein. Einerseits reichten die Handelsverbindungen der Schleswiger Kaufleute selbst von Novgorod und Gotland über Soest, Köln, Tiel, Utrecht, Stavoren und London bis Furnes, St. Omer, Valennciennes und St. Gilles.[1] Andererseits aber – und das war bedeutungsvoller – reisten deutsche Kaufleute über Schleswig in den Ostseeraum, um Fisch, Wachs und Pelze zu erwerben. Der wichtigste Beleg für einen eingespielten Handel der deutschen Kaufleute mit dem Osten findet sich dabei in den Rechtssätzen der kleinen sauerländischen Stadt Medebach, die 1165 das Soester Recht verliehen bekam.[2]

linke Seite Bügeltasche aus Seide

AUSTAUSCH – WAREN UND WEGE

An beiden Seiten der Transitroute entstanden bis zum 13. Jahrhundert Hafenanlagen. So wurden bis 1200, wie später in Stade und Hamburg, in Hollingstedt die Hafenflächen an der Treene künstlich erhöht, um sichere Lagerflächen zu schaffen und das Anlegen der Schiffe zu erleichtern.[3] Allerdings blieb der letzte Stadtgründungsimpuls hier aus. Gleichzeitig wurden der Hafen und die Stadtstrukturen in Schleswig bis 1200 wesentlich ausgebaut (Abb. 2).[4] Am Hafen entstand neben „privaten" Anlegeflächen auch eine separate „Handelsfläche"[5], und Anfang des 13. Jahrhunderts erhielt die Stadt einen rechteckigen Markt mit Rat- und Gildehaus, für den eigens die Stadtkirche St. Trinitatis verlegt und einige Häuser abgerissen werden mussten.[6] In der Nähe des Marktes, wahrscheinlich mit eigener Schifflände ausgestattet, befand sich eine der bedeutendsten dänischen Königspfalzen, in der 1218 einer der wichtigsten Hoftage der dänischen Geschichte abgehalten wurde,[7] sowie die doppeltürmige Domkirche des Schleswiger Bischofes. Bis zur Mitte des 13. Jahrhunderts erlebte die Stadt an der Schlei eine wirtschaftliche Blüte, gefördert durch eine langanhaltende Friedensperiode.

Im Vergleich zu Schleswig nahmen sich die Anfänge der Stadt Lübeck bescheiden aus. Die in der Mitte des 12. Jahrhunderts neu angelegte Siedlung zwischen Trave und Wakenitz war zu Beginn vor allem als Transithafen zwischen Sachsen und dem Ostseeraum, besonders zwischen Lüneburg und den dänischen Heringsmärkten

Abb. 2 Schleswig um 1100.

gedacht.⁸ So orientiert sich beispielsweise die Stadtanlage mit ihrer Hauptachse von Süden nach Norden, vom Mühlen- zum Burgtor (Abb. 3), und die ersten Siedler waren zumeist Kaufleute aus dem sächsischen Bardowick.⁹ Daraus lässt sich ableiten, dass sich der ehemalige Grenzhandel zwischen Sachsen und dem Slawenland, das heißt zwischen den Lüneburger Salzquellen und den Fischfanggebieten des Ostseeraumes, der seit Karl dem Großen in Bardowick abgewickelt worden war, nun direkt ans Meer verlagert hatte. Die Ausrichtung des lübischen Handels ins südliche Binnenland lässt sich dabei archäologisch wie auch historisch relativ gut belegen.¹⁰ So zeigt die Auswertung der Schleswiger Keramik, dass es „auch im 13. Jahrhundert noch eine Phase gegeben haben [muss], in der ein überregionaler Verkehr eher Schleswig als Lübeck erreichte".¹¹

Die neue Siedlung profitierte aber nicht nur vom Zuzug sächsischer Kaufleute, sondern vor allem auch davon, dass zahlreiche Ministerialen aus dem Altsiedelland an die Trave zogen und zu Kaufleuten wurden.¹² Das brachte neues Kapital, aber auch Lebens- und Bauformen der Ministerialität in die neue Stadt. In Lübeck kam es am Ende des 12. Jahrhunderts zu einer fruchtbaren Zusammenarbeit zwischen den alteingesessenen Kaufleuten und den neuen Adelskaufleuten – eine Zusammenarbeit, die ihren Niederschlag ebenso in den städtischen Bauformen¹³ wie im Benehmen und in den Auffassungen der Neubürger fand, wie der Dominustitel der bürgerlichen Ratsherren sowie Turnierordnungen¹⁴ und -friese in den städtischen Häusern der Zeit verdeutlichen.¹⁵

Der Zuzug dieser beiden Gruppen scheint zu einer Verstetigung und späteren „Versteinerung" der Lübecker Siedlung geführt zu haben. Diese Entwicklung des lübischen Handels in Nord-Süd-Richtung hatte selbstverständlich auch eine Veränderung des Schleswiger Handels zur Folge. Allerdings ist es sehr zweifelhaft, ob damit ein wirtschaftlicher Abstieg der Schleistadt einhergegangen ist, zu verschieden war das jeweilige Klientel an Kaufleuten. Schleswig lebte vom Handel mit den Fluss- und Seestädten, von Köln, Soest, Medebach und Bremen, Lübeck hingegen vom Handel mit dem Binnenland in Sachsen und Westfalen. Diese binnenländischen Kaufleute werden natürlich in Schleswig weggefallen sein. Eine wirkliche Krise konnte das allerdings nicht bedeuten, da Lübeck für Kölner, Soester oder Bremer Kaufleute keine ernsthafte Alternative darstellte.¹⁶

Eine wirkliche Veränderung trat erst in den 1230er-/40er-Jahren ein, als Lübeck ernsthaft begann, eine Handelsroute an die westliche Elbe, das heißt nach Hamburg aufzubauen. Die Verbindung zwischen der Trave- und der Elbestadt entwickelte sich erst spät und ganz offensichtlich auf Grundlage einer in diesem Gebiet von 1201 bis 1227 anhaltenden Friedensperiode, in der die Befahrung der siebzig Kilometer langen Transitroute gefahrlos möglich wurde. Greifbar wird die Entwicklung allerdings nur durch verschiedene Schlaglichter, die die Entwicklung aber recht anschaulich beleuchten. So ist zum

Abb. 3 Wegeverhältnisse im frühen Lübeck mit der Nord-Süd-Verbindung zwischen Burgtor und Mühlentor. Das Gründungsviertel ist rot markiert, die archäologischen Grabungen von 2009 bis 2016 orange.

AUSTAUSCH – WAREN UND WEGE

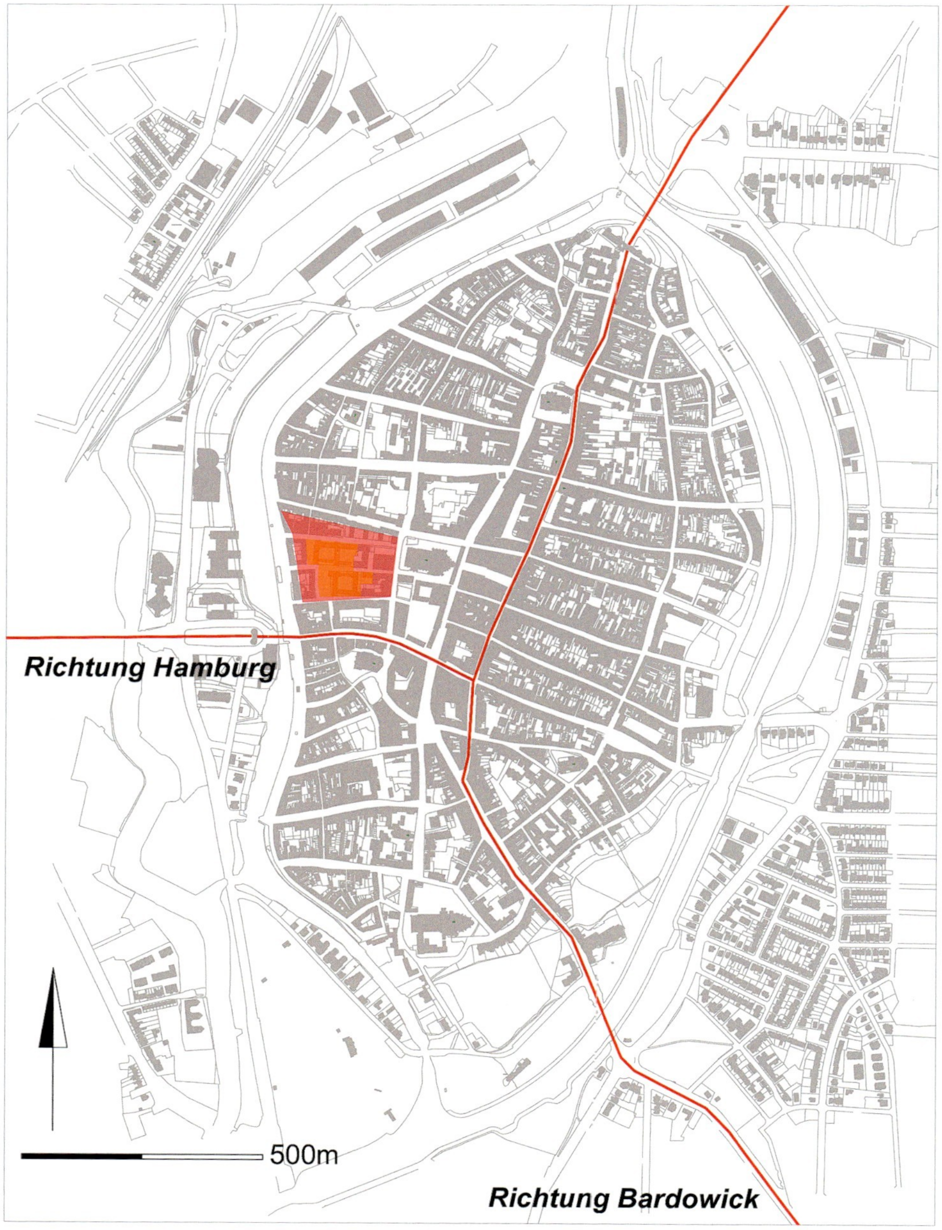

Abb. 4 Wegeverhältnisse in Lübeck nach 1216 mit der Einbindung des Weges nahe Hamburg über das Holstentor und die Holstenstraße. Das Gründungsviertel ist rot markiert, die archäologischen Grabungen von 2009 bis 2016 orange.

Beispiel bezeichnend, dass der frühe Stadtgrundriss Lübecks nur eine Nord-Süd-Achse, aber keinen Anschluss an eine mögliche Westroute vorsah. Der Übergang nach Westen, also in Richtung Oldesloe und Hamburg, erfolgte damals über die Altefähre im Norden der Stadt.[17] Das änderte sich erst um 1216 (aber noch vor der Ummauerung der Stadt) mit der Errichtung der Holstenbrücke,[18] die eine feste Anbindung an die Route nach Hamburg darstellte, gleichzeitig aber das Gebiet des Lübecker Hafens wesentlich einschränkte (Abb. 4). Zu dieser Zeit muss das Verkehrs- und Handelsaufkommen nach Westen so gestiegen sein, dass der Nutzen einer festen Brücke eine Reduzierung der Hafenfläche aufwog. Diese Änderung im Verkehrsstrom wird dann 1226 deutlich, als die Stadt ein neues Privileg fälschte und dem Kaiser vorlegte. Nicht nur war nun jeglicher Hinweis auf den Weg nach Bardowick verschwunden, die Lübecker ließen sich eine Zollfreiheit in Oldesloe bescheinigen und vom Kaiser versichern, dass „sich kein Fürst, Herr und Edelmann der umliegenden Gebiete erdreisten [solle], zu verhindern, daß das Notwendige von überallher in die Stadt Lübeck gebracht werde", wobei jetzt Hamburg explizit erwähnt wird.[19] Daran kann man den Richtungswechsel der lübischen Handelspolitik relativ eindeutig festmachen, wobei der Ausbau der „Hamburgischen Straße" erst 1241 abgeschlossen war.[20] Parallel zu dieser Entwicklung ist eine Tendenz feststellbar, dass Lübeck und Hamburg gleichzeitig oder kurz hintereinander Privilegien im Ausland erwarben.[21] Für dieses gesteigerte Westinteresse spricht ebenfalls, dass nach 1226 eine verstärkte Privilegierung Lübecks im Westen des Reiches einsetzte.[22]

Warum aber sollten die deutschen Kaufleute nun die wesentlich längere (und damit teurere) Route zwischen Hamburg und Lübeck anstelle des bewährten und kurzen Weges zwischen Hollingstedt und Schleswig wählen? Die Ursachen für eine solche Entwicklung waren sicherlich vielfältig. Wesentliche Elemente dürften aber die architektonische „Stadtwerdung" Hamburgs wie Lübecks und die damit verbundenen rechtlichen, aber auch baulichen Vorteile gewesen sein. An beiden Enden dieser Route hatten sich bis zur Mitte des 13. Jahrhunderts komfortable urbane Zentren gebildet, die ihre Bauformen auf die Bedürfnisse des Handels ausgerichtet hatten.[23] Diese Entwicklung war in Hollingstedt ausgeblieben und konnte auch in Schleswig bisher nicht nachgewiesen werden. Zudem hatten sich die Rechtssätze Hamburgs und Lübecks angeglichen. Die Kaufleute, die über Hamburg und Lübeck handelten, taten das in gewohnter Rechtsumgebung unter den Prämissen der neugeschaffenen städtischen Gerichtsbarkeit. Gleichzeitig hatten sich durch die neuen Stadtgründungen entlang der Ostseeküste die Handels- und Verkehrsströme weiter nach Süden verlagert, so dass Schleswig nunmehr an den nördlichen Rand der Verkehrsachse gerückt war.

Schleswig/Hollingstedt und Lübeck/Hamburg standen seit Beginn des 13. Jahrhunderts in immer größer werdender Konkurrenz, die sich nach 1241 zugunsten Lübecks entschied. Nach 1240/50 kann von einer Dominanz Lübecks und der anderen neuen Städte entlang der Ostseeküste gesprochen werden. Allerdings bedeutete diese Dominanz keine Monopolstellung im Ostseeraum. Schleswig im Verbund mit Flensburg und anderen Städten versuchte noch im dritten Viertel des 13. Jahrhunderts, durch Privilegien und den Zusammenschluss seiner Kaufleute der Konkurrenz Einhalt zu gebieten.[24] Auch verlor die Stadt Schleswig ihre Funktion als Transithafen nicht völlig. So baten noch 1265[25] und 1284[26] bremische Kaufleute vor Ort um Geleit und Schutz durch den Landesherrn, da sie „*ad civitatem nostram Sleswik vel ad alias quascumque partes ductus nostri cum mercibus suis pacifice venire voluerint*" („in unsere Stadt Schleswig oder in andere Teile unseres Herzogtums mit ihren Handelswaren in Frieden ziehen wollen") oder „*ad civitatem Slæswik veniendi vel recedendi*" („in die Stadt Schleswig kommen und gehen wollen"). Doch war das nur noch eine schwache Reminiszenz an einstige Größe.

Der Konkurrenzkampf zwischen Schleswig und Lübeck war spätestens zur Mitte des 13. Jahrhunderts durch eine Reihe von Faktoren zugunsten Lübecks entschieden worden. Neben den rechtlichen und finanziellen Vorteilen, die die Stadt zu bieten hatte, gehörten hierzu vor allem die neuen, auf die Bedürfnisse der Kaufleute abgestimmten Bauformen. Diese können im Gründungsviertel nachgewiesen werden, das mittlerweile zu den archäologisch am besten untersuchten Stadtquartieren Nordeuropas gehört. Hier fanden bereits in den Jahren 1985–1990 großflächige Ausgrabungen zwischen Fisch-, Alfstraße und Schüsselbuden statt, die zusammen mit den archäologischen Ergebnissen aus dem Lübecker Hafengebiet viele wichtige Erkenntnissen zum mittelalterlichen Lübeck lieferten (Abb. 5).[27] Die jüngsten Großgrabungen, die zwischen 2009 und 2016 auf den direkt anschließenden Parzellen zwischen der Braunstraße und der Alfstraße durchgeführt wurden, erbrachten darüber hinaus zahlreiche weitere Daten, die ein noch detaillierteres Bild des mittelalterlichen Gründungsviertels, des archäologisch ältesten Quartiers der Hansestadt, entstehen lassen.[28] Der hier ergrabene urbane Raum unterscheidet sich vor allem zu Beginn der Stadtentwicklung hinsichtlich Organisation und Struktur deutlich

Abb. 5 Plan der Abschnitte der Großgrabung im Gründungsviertel zwischen Marienkirche und Trave.

von Schleswig. Das zwischen der Trave im Westen und dem Markt im Osten gelegene Viertel zeichnet sich seit der Stadtwerdung um das Jahr 1143 durch ein geplantes und vollkommen durchstrukturiertes System aus öffentlichen Räumen aus, die von einem Netz rechtwinklig angelegter Straßen gebildet werden. Von der bereits angesprochenen Nord-Süd-Achse gingen die Hafenstegstraßen vom Scheitel der Halbinsel ab, dort, wo sich auch der Markt befindet, hinunter zum Hafen an der Trave. Die darin entstandenen Blöcke wurden in Parzellen aufgeteilt, die mancherorts seit über 850 Jahren Bestand haben.[29] Innerhalb dieser stadtplanerischen Gesamtanlage folgten auch die einzelnen Grundstücke einem vor allem am Handel ausgerichteten Schema. Ebenerdige, mit einer Grundfläche von bis zu 180 Quadratmetern riesige Gebäude bildeten im späten 12. Jahrhundert die Haupthäuser der Lübecker Kaufmänner, an die – entweder angefügt oder integriert – ein weiträumiger Holzkeller angeschlossen war. Die Bauten waren aus Schwellen und Ständern konstruiert und stellenweise vollständig bis zu einer Höhe von rund 2,5 Metern erhalten (Abb. 6). Die Holzkeller mit teilweise über fünfzig Quadratmetern Grundfläche bestehen aus bis zu vierzig Zentimetern im Querschnitt messenden Eichenholz-

Abb. 6 Dieser über 50 m² große Holzkeller war selbst nach über 800 Jahren noch nahezu vollständig erhalten.

Abb. 7 Die Konstruktion der Holzkeller war ebenso simpel wie effektiv und beruht auf einem „Stecksystem".

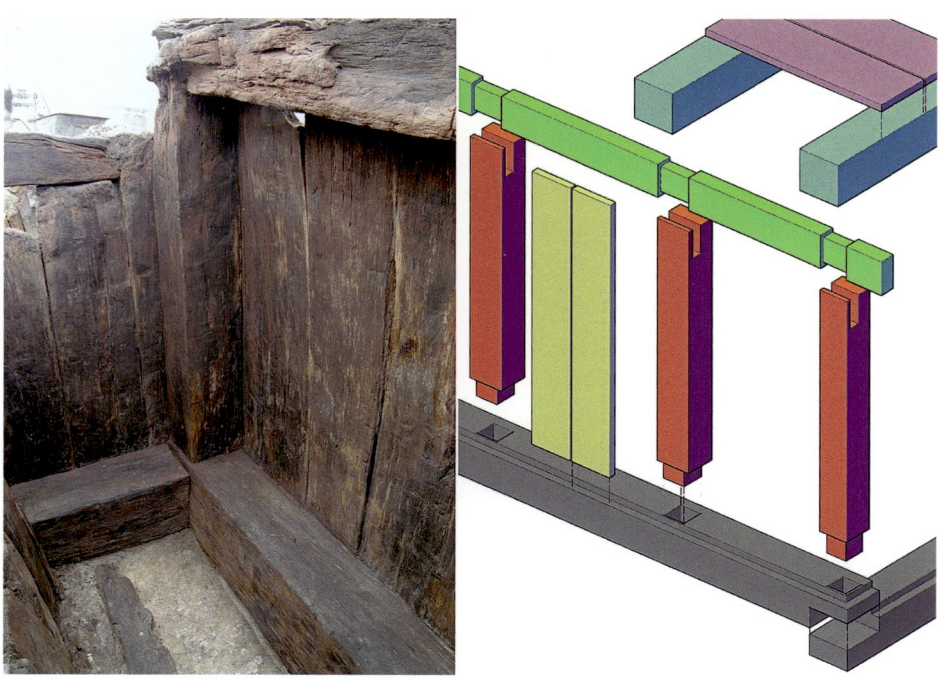

schwellen, in die die einzelnen schweren Wandständer eingezapft sind. Die im Durchschnitt über fünf Zentimeter starken Wandbohlen stehen auf einem Kantenfalz und werden durch den Druck der Baugrubenverfüllung in Position gehalten. Die Deckenbalken liegen auf den Ständerköpfen auf, die an den Längsseiten durch eingelassene Rähmbalken verbunden werden (Abb. 7).[30] Es handelt sich folglich um ein standardisiertes Stecksystem, bei dem auf Nägel oder Dübel vollständig verzichtet wurde. Dank dieser Vereinheitlichung waren die benötigten Bauhölzer schnell und in großen Stückzahlen herzustellen und wurden, je nach Wunsch und Budget, in der georderten Zahl an die Bauherren geliefert. So konnten die Holzkeller in jeglicher Größe innerhalb kurzer Zeit und sehr effizient auf den Parzellen errichtet werden – ebenso wie die darüber erbauten enormen Gebäude. Diese ließen sich aufgrund vielerorts bei den Grabungen geborgener Ständer- und Schwellenreste als bis zu zweistöckige Geschossbauten mit rund vier Meter hoher Diele rekonstruieren, die als reine Fachwerkkonstruktionen ebenfalls einem schnell aufzubauenden Standardtypus entsprachen. Die Traufhöhe betrug bei einem der Gebäude sogar sieben Meter, während die durchgängigen massiven und rund 30 x 30 Zentimeter im Querschnitt messenden Ständer das steile und hohe Dach zu tragen hatten. Diese riesigen Gebäude waren auf eine möglichst große Lagerfläche für die massenweise anfallenden Handelsgüter hin konzipiert (Abb. 8).

Abb. 9 Solche Ofenkeramiken gehörten zu frühen Kachelöfen, die bereits für das 12. Jahrhundert als typisch im Gründungsviertel angesehen werden können.

Unter dem bereits erwähnten hohen Dach wurde beispielsweise vor allem Korn gelagert, das sich ebenfalls im archäologischen Fundgut erhalten hat. Der Dachstuhl wurde durch eine harte Deckung in Form von länglichen Ziegeln geschützt. Die im Gründungsviertel gefundenen Ziegel sind für Lübeck die bislang ältesten Nachweise im bürgerlichen Hausbau und veranschaulichen eindrucksvoll den hohen Wohnstandard der Kaufleute.³¹ Ebenfalls zum Standard gehörten wohl in fast jedem Haus Kachelöfen (Abb. 9). Ofenkacheln und Reste von Ofenwandungen dieser von einem separaten Raum zu befeuernden Anlagen fanden sich auf nahezu jedem Grundstück des Gründungsviertels und belegen die Vielzahl an diesen rauchfreien Heizanlagen. Interessanterweise handelt es sich bei den geborgenen Ofenkeramiken durchweg um eine frühe Form einfacher Becherkacheln mit runder Mündung, die sowohl in Form und Haptik als auch in Technologie Funden aus Westfalen und Niedersachsen gleicht. Hierin könnte man auch eine Verbindung zu einer der Herkunftsregionen der Siedler und Kaufleute suchen, die ihre gewohnten städtischen Annehmlichkeiten mit an die Ostsee brachten.³² Eine weitere standardisierte Errungenschaft des verdichteten urbanen Lebens waren ausgereifte Infrastrukturen zur Ver- und Entsorgung, die in einem großen gemeinschaftlichen Miteinander essentiell sind. Neben Brunnenanlagen für die Brauch- und Nutzwassergewinnung wurden bei Grabungen vor allem diverse Drainagegräben um die Gebäude des 12. Jahrhunderts im Lübecker Gründungsviertel entdeckt, in die das von den Dächern der umliegenden Gebäude ablaufende Regenwasser zum Versickern abgeleitet worden war. Auf den Grundstü-

Abb. 8 Rekonstruktionsversuch des Gebäudes als zweigeschossiger Fachwerkbau über dem Holzkeller.

cken standen nicht nur die großen Hauptgebäude mit den schweren Holzkellern, sondern auch Nebengebäude, in denen gewirtschaftet (z. B. gebacken) und gearbeitet wurde oder die zur Abfallentsorgung dienten. Erstmals konnte in Lübeck ein nahezu vollständiges Toilettenhaus oberhalb einer Kloakenanlage ergraben werden, das – standardisiert – am Ende des Grundstücks lag, möglichst weit weg vom Wohn- und Lagerraum (Abb. 10). Der konstruktive Aufbau des Befundes entspricht ebenfalls einer vereinheitlichten Bauweise aus Schwellbohlen und Ständern und ist handwerklich gut gearbeitet, erkennbar am intakten Toilettenkasten mit „Doppelsitz".[33] Ein höchst interessantes wie seltenes Detail lässt sich in dem kleinen vorgelagerten Holzblock erkennen: Er ist als Tritt für Kinder zu interpretieren, die so ebenfalls den Toilettensitz erreichen konnten.

Abgesehen von den Gebäuden oder verschiedenen Schichten auf den ehemaligen Höfen der Kaufleute sind es vor allem die Kloaken, in denen sich stellenweise große Mengen an Gegenständen des alltäglichen Lebens finden. Sie lassen den Handel mit Dingen für den persönlichen Bedarf erkennen. Es sind hier unter anderem Knochenkämme, Kleidungsaccessoires, Glas- und Keramikprodukte zu nennen. Handelswaren wie Salz, Wachs, Pelz und auch die bekanntlich riesigen Mengen an Heringen sind vor allem schriftlichen Quellen zu entnehmen, da sie ihrer Vergänglichkeit wegen nur sehr schwer archäologisch nachweisbar sind.

Seit den Grabungen der 1980er-Jahre waren solch große Hauskomplexe bekannt, doch konnten die neuen Grabungen die Erkenntnisse qualitativ und quantitativ bedeutend ergänzen und vor allem durch den archäologischen Nachweis der Kombination von Holz- und Backsteinbauelementen entscheidend erweitern. Der Beleg für den so lange gesuchten „Missing Link", der die Lücke zwischen reinem Holzbau des 12. Jahrhunderts und reinem Backsteinbau des späten 13. Jahrhunderts schloss, gelang unter anderem durch den Nachweis von massiven Kellerzugängen aus Feld-, Kalk- und Backsteinen, die teilweise sogar mit Gewölbeansatz die Verbindung zu

Abb. 10 Ein in seinen Grundzügen vollständiges Toilettenhaus mit Fußboden, Wandaufbau und dem Toilettenkasten mit „Doppelsitz".

den ebenerdigen Hauptgeschossen herstellten. Überraschend war damit der Beleg für eine frühe Verwendung von Backstein im profanen Bauwesen des späten 12. Jahrhunderts in Lübeck für eine Zeit erbracht, in der die Nutzung dieses Werkstoffes bisher nur für herrschaftliche oder sakrale Gebäude nachgewiesen war.[34] Ein weiterer, überaus herrschaftlich anmutender Komplex, dem durchaus eine repräsentative Funktion zugesprochen werden darf, fand sich in bester Lage nahe dem Hafen. Erhalten waren noch die rund einen Meter breiten und über eineinhalb Meter tiefen Feldsteinfundamente der rund neun mal neun Meter messenden Umfassungsmauern sowie mittig ein Punktfundament, möglicherweise für einen Gewölbepfeiler (Abb. 11). Es handelt sich dabei um die Reste eines Steinwerkes der ersten Hälfte des 13. Jahrhunderts, wie es vor allem von der Oberschicht Westfalens und Niedersachsens gebaut wurde.[35] Die massive Fundamentierung lässt auch aufgrund von Mörtelspuren des aufgehenden Backsteinmauerwerks auf eine Wandungsstärke von 75 oder 90 Zentimetern und somit auf eine Mehrgeschossigkeit schließen. Noch prominentere und größere Gebäude sind in Form von Saalgeschossbauten aus dem frühen 13. Jahrhundert bekannt und sogar im Baubestand Lübecks erhalten (Abb. 12). Sie verdeutlichen neben dem anzunehmenden Wunsch nach Übernahme des adeligen Wohnstiles vor allem den zunehmenden Warenhandel mit wachsendem Platzbedarf.[36]

Im Laufe des 13. Jahrhunderts, mit der Etablierung, dem Ausbau und dem stetigen Wachstum des hansischen Handels, wurden die Schiffe und damit deren Ladekapazitäten immer größer. Waren in den Anfangszeiten der Stadt Lübeck vor allem noch skandinavische Schiffstypen in Klinkerbauweise in Nutzung, sind es im späten Mittelalter die großen, schwereren Handelschiffe. Diese „Containerschiffe" des Mittelalters waren unter anderem mit großen Transportfässern beladen, in denen sich allerhand Waren verstauen ließen (Abb. 13). Als Belege der Handelswaren fanden sich in den Kloaken neben Fassdeckeln mit Besitzermarken auch Tuchplomben und Reste von feinem Stoff – ein Luxusprodukt, das beispielsweise aus England und Flandern importiert wurde. Griffel und Wachstafelbücher verweisen auf die penibel niedergeschriebenen Wareneingänge und -ausgänge der Kaufleute, die in Lübeck zudem ein besonderes Recht besaßen: den Handel mit Bernstein, den im 14. Jahrhundert außer Lübeck nur Lemberg und Brügge ausüben durften.[37] Mehrere Dutzend Bernsteinfunde aus der Mitte des 14. Jahrhunderts ließen sich sogar mit einer historischen Person in Verbindung bringen. Nach Analyse der schriftlichen Quellen stammten sie von einem Johan Paternostermaker, dessen handwerkliche Abfälle sich in einer tiefen Backsteinkloake fanden. Zu den Funden zählen neben qualitätsvollen Keramik- und Glasgefäßen in großer Zahl auch Bernsteinperlen, die der Handwer-

Abb. 11 Die Fundamentmauern des turmartigen Gebäudes vom Beginn des 13. Jahrhunderts umfassten eine Grundfläche von über 80 m².

Abb. 12 Das Saalgeschosshaus Alfstraße 38 zählt noch heute zu einem der größten und nahezu komplett erhaltenen Backsteingebäude des frühen 13. Jahrhunderts.

AUSTAUSCH – WAREN UND WEGE

Abb. 13 Teile von großen, schweren Koggen und Prahmen fanden sich auch in den Ausgrabungen um den Lübecker Hafen und im Gründungsviertel. Dazu zählen auch ein Steven, ein Spant und diverse Koggennägel, mit denen die Planken und die Kalfaterung (Dichtmasse) zusammengehalten wurden.

Abb. 14 Die Abfälle des Paternostermachers bestehen aus bereits durchbohrten gebrochenen oder nicht fertig bearbeiteten Bernsteinperlen.

ker bei der Herstellung von Rosenkränzen (Paternoster) verarbeitet hatte (Abb. 14). Der von den baltischen Stränden der Ostsee stammende Bernstein wurde vom Deutschen Orden an sogenannte Lieger verkauft, die das Rohmaterial an die Paternostermacher veräußerten.[38]

Die zu Reichtum gekommenen Kaufleute des 14. Jahrhunderts residierten jedoch nicht mehr in Holzgebäuden oder Steinwerken, sondern in repräsentativen Neubauten, die vollständig aus Backstein errichtet wurden – die Dielenhäuser, die vielerorts in Lübeck noch heute das Stadtbild prägen. Diese vornehmlich mit der Giebelseite zur Straße ausgerichteten Backsteingebäude traten ab der Mitte des 13. Jahrhunderts in Erscheinung und besaßen bereits damals massive, durchgebundene Mauerwerke bis zu einem Meter Stärke.[39] Die archäologisch freigelegten Kellergrundrisse weisen dabei Grundflächen von bis zu 230 Quadratmetern auf und waren entweder mit Balkendecken oder mit großen Kreuzgewölben ausgestattet, die als Lager-, aber auch als Verkaufsfläche fungierten (Abb. 15). All diese Großarchitekturen nahmen die gesamte Grundstücksbreite ein, so dass sie eine geschlossene Straßenflucht bildeten.[40] Dies muss für den mittelalterlichen Menschen, der bis dato hauptsächlich Holzgebäude gekannt hatte, ein äußerst imposanter Eindruck gewesen sein und lässt das Repräsentationsbedürfnis wie auch die finanziellen Möglichkeiten der lübischen Kaufmänner dieser Zeit erahnen. Die Gebäude gelten darüber hinaus auch heute noch als ein verbindendes und typisches Merkmal des gesamten Hanseraumes. Wegen ihrer ebenfalls standardisierten Bauweise wurden sie schon von der älteren Bauforschung als charakteristisches Patrizierhaus par excellence deklariert.

Auch in der Ausstattung waren diese Häuser dem Zeitgeschmack und dem großen Geldbeutel der Kaufleute angepasst. Verschiedene architektonische Elemente wie glasierte Dachziegel, aber vor allem Säulchen und Kapitälchen von bi- oder triforienartigen, also zwei- oder

Abb. 15 Freigelegte Keller von Dielenhäusern im Lübecker Gründungsviertel lassen die imposante Größe der Gebäude des späten 13. Jahrhunderts erahnen.

dreifach durch eine Mittelsäule gekuppelten romanischen Fenstern zeigen den hohen Grad an Gestaltungswillen, der sich mancherorts sogar bis in die jüngste Zeit erhalten hat (Abb. 16). Aber nicht nur eine entsprechende – oder besser gesagt: ansprechende – Fassade war dem mittelalterlichen Bewohner im Gründungsviertel wichtig, sondern auch eine möglichst stilvolle Atmosphäre im Inneren. Diese kann archäologisch vor allem durch die baulichen Reste von Warmluftheizungen in einigen Häusern nachgewiesen werden. Solche Heizanlagen waren in Lübeck bisher aus Klöstern und anderen Profanbauten bekannt, sind aber auch Bestandteil mancher Dielenhäuser. Die Bauweise aus einem großen, schweren Backsteinkorpus mit eingeschlossenem Heizkanal und Bogenansätzen, auf denen eine Steinspeicherpackung – ähnlich wie in einer Sauna – auflag, ermöglichte die rauchfreie Erwärmung des darüber liegenden Raumes. Zuerst wurden durch ein Feuer im Heizkanal die Speichersteine auf den Backsteinbögen erhitzt. Nach

Abb. 16 Einige Fenstersäulen und -kapitälchen des 13. Jahrhunderts ähneln denen, die an der Rückseite mancher Häuser bis in das 20. Jahrhundert hinein erhalten waren.

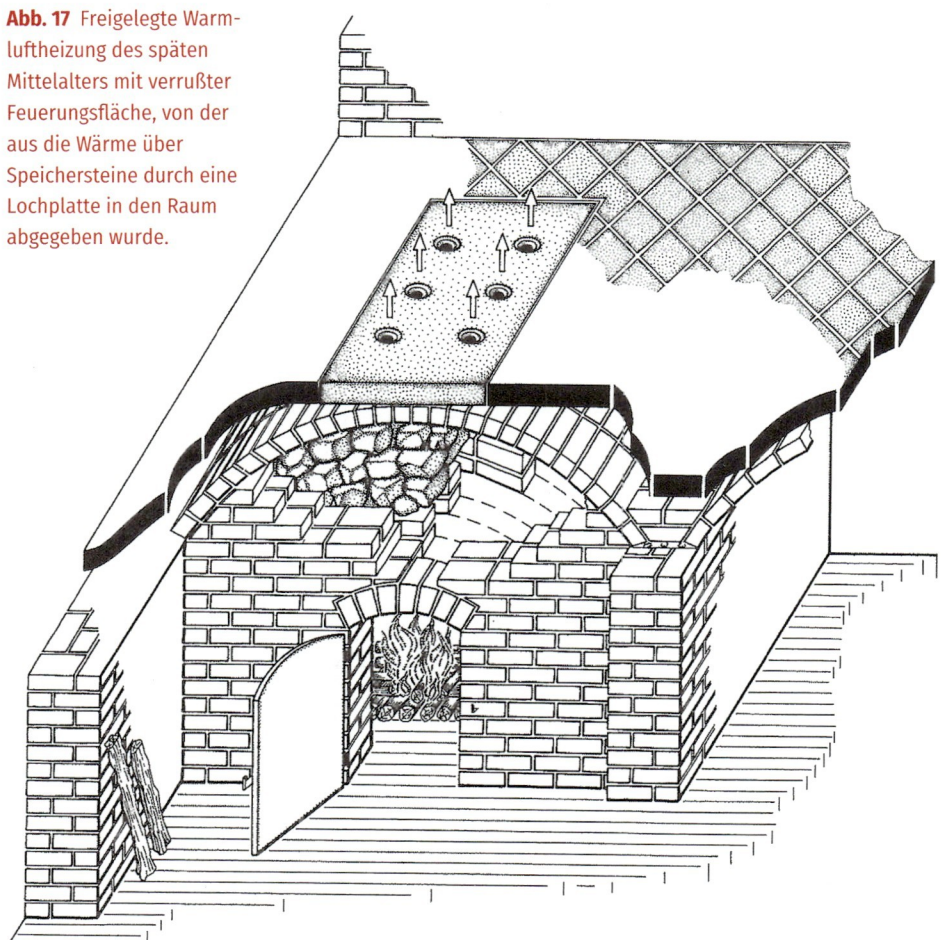

Abb. 17 Freigelegte Warmluftheizung des späten Mittelalters mit verrußter Feuerungsfläche, von der aus die Wärme über Speichersteine durch eine Lochplatte in den Raum abgegeben wurde.

Ausräumen der Glut strömte die warme Luft von den Steinen über Kanäle durch Bodenplatten in den zu erwärmenden Raum. Die Bodenplatten waren mit Löchern versehen, die nach Bedarf mit „Stöpseln" geöffnet oder verschlossen werden konnten. Auf diese Weise ließ sich etwa die besonders prächtige Dornse des Kaufmanns, die auch als Schreibstube fungierte, beheizen (Abb. 17). Seinen Erfolg verdankte der Lübecker Kaufmann neben seinem persönlichen Geschick und Engagement auch den hier beschriebenen Standardisierungen der Architekturformen sowie Bauweisen und den geschaffenen Infrastrukturen. Die weite Verbreitung der auf Langzeitlagerung und Großhandel ausgelegten Architekturen in Lübeck und in den neu gegründeten Handelsstädten entlang der Ostsee kann als früheuropäischer Globalisierungsfaktor angesehen werden. Dabei hielten der technische Fortschritt und die neu eingeführten Technologien, wie zum Beispiel die Backsteinherstellung, über die Transport- und Handelswege zu Land, aber vor allem auch zu Wasser in den hier behandelten Zeiträumen europaweit Einzug in eine vernetzte Welt und ermöglichten so eine wirtschaftliche und politische Kommunikation, von der Europa noch heute profitiert.

1 Radtke 1983, 17.
2 Cordes 1998, 58–59.
3 Brandt 1997/98, hier 306; Brandt 2002; Erlenkeuser 2002, 107–115. Siehe allg. Brandt 2012.
4 Rösch 2015; Vogel 1999, 195.
5 Rösch 2015.
6 Lüdtke 1997, 72.
7 Villads Jensen 2004, 220–225.
8 Jahnke 2008, 156–158.
9 Jordan 1978, 80–83.
10 Jahnke 2008, 156–157.
11 Lüdtke 1985, 130.
12 Jäschke 2017; Jahnke 2008, 159–161; Trüper 2000, 520–529; Bünz 1995.
13 Brockow 1993, 52, 76 und 92–93; Schirok 1993, 269–288; Brockow – Eickhölter – Gramatzki 1993, Kat.-Nr. 118, 490 ff.; Fehring 1989.
14 Urkundenbuch der Stadt Lübeck, Vol. I, Nr. 47, 58. Siehe auch Zotz 1986, 466. Detmar-Chronik für 1261, 1884, Nr. 308, 102–103.
15 Brockow 2002, 74–76.
16 Jahnke 2006, 251–268.
17 Ich danke Dr. Rolf Hammel-Kiesow für diesen Hinweis.
18 Schleswig-Holsteinisches UB I, Nr. 319, 146.
19 Graßmann 1976, 18.
20 Jahnke 2008, 167–170.
21 Jenks 1995, 509–510.
22 Jenks 1995, 512–514.
23 Siehe hierzu Lüdecke 1999, 102–107.
24 Jahnke 2006.
25 Diplomatarium Danicum II.1, Nr. 490, 325. Bremer UB I, Nr. 320, 358–359.
26 Diplomatarium Danicum II.3, Nr. 100, 93. Bremer UB I, Nr. 419, 451.
27 Schneider 2008; Legant 2010; Legant 2015; Gläser 1985; Schalies 1992; Schalies 2014.
28 Rieger 2017; Rieger 2018a.
29 Rieger 2018b.
30 Rieger 2017, 211 ff.; Rieger 2018a.
31 Radis 2018; Rieger 2018a.
32 Falk 2011, 64.
33 Harder 2014, 115 ff.; Harder 2018.
34 Radis 2014, 145; Rieger 2014, 45 ff.; Stammwitz 2014, 183 ff.
35 Vgl. u. a. die Beiträge des Steinwerke Kolloquiums, hrsg. von Michael James Hurst (Hurst 2008).
36 Rieger 2014, 42.
37 Renken 1937, 42 ff.
38 Renken 1937, 35–47; Mührenberg 2001, 124–125; Mührenberg 2006, 258–259; Jahnke 2015, 207–211.
39 Rieger 2014, 43 ff.; Stammwitz 2014, 184 ff.; Radis 2018.
40 Radis 2018.

AUSTAUSCH – WAREN UND WEGE

Messestadt Leipzig

Thomas Westphalen

Abb. 1 Die archäologischen Hinterlassenschaften des mittelalterlichen Marktplatzes beschränken sich auf festgetretene Steinschüttungen.

Die erste Erwähnung Leipzigs verdanken wir dem Merseburger Bischof Thietmar, der berichtet, dass am 20. Dezember 1015 der Meißner Bischof in Leipzig „Christus seine treue Seele zurückgab". Bereits zu diesem Zeitpunkt muss Leipzig zentralörtliche Funktionen wahrgenommen haben, die sich zumindest in der Anbindung an überregionale Verkehrswege und in einer mehrteiligen Befestigung niederschlugen. Im beginnenden 12. Jahrhundert lassen sich erste Hinweise auf einen tiefgreifenden Strukturwandel festmachen. Die *„urbs Libzi"* des Thietmar wurde aufgegeben und zum Teil neu parzelliert. Vor allem aber wurde die Fläche des Stadtgebietes neu abgesteckt: Anstelle der circa vier Hektar der *„urbs Libzi"* umschloss die hochmittelalterliche Stadtmauer Leipzigs einen Grundriss von über fünfzig Hektar. Mit dem 1156/70 von Markgraf Otto dem Reichen ausgestellten Stadtrechtsprivileg, auch Stadtbrief genannt, lässt sich dieser damals noch nicht abgeschlossene Prozess erstmals für Leipzig schriftlich fassen. Mit der Festlegung eines Weichbildes von einer Meile und der Bestätigung von Marktrechten regelte der Markgraf von Meißen auch die Grundlagen des Nah- und des Fernhandels Leipzigs. Der Handel prägte über die Jahrhunderte das Stadtbild. Das Zentrum bildete der annähernd rechteckige, etwa 7000 Quadratmeter einnehmende Markt, der den Überlieferungen, Darstellungen und archäologischen Befunden zufolge von Rathaus und Bürgerhäusern gesäumt war. Die beiden Stadtkirchen und Klöster befanden sich an den Rändern nahe der Ummauerung. Neben der landesherrschaftlichen Förderung war es vor allem die zentrale Lage innerhalb der aufstrebenden Mark Meißen, die Leipzig im Spätmittelalter zum dominierenden Handelsort der damaligen Boomregion machte. Die von Kaiser Maximilian I. erlassenen Stapelprivilegien von 1497/1507 sicherten der Stadt das Handelsmonopol. Im Umkreis von 15 Postmeilen, also etwa 115 Kilometern, durften zu Zeiten der drei Leipziger Großen Jahrmärkte, dem Oster-, dem Michaelis- und dem Neujahrsmarkt, keine anderen Märkte abgehalten werden, auch die Zwischenlagerung von Gütern war außerhalb Leipzigs verboten. Damit avancierte die Stadt zum größten deutschen Handelsplatz für den Güteraustausch zwischen West- und Osteuropa. Diese Rolle nahm sie bis 1989 ein, wobei sich die Handelsabläufe nach und nach deutlich änderten. 1894 vollzog sich der Wechsel von der Waren- zur Mustermesse. Das MM war bis 1989 das Symbol für den globalen Ost-West-Handel.

Verglichen mit der Bedeutung Leipzigs als Handelsmetropole sind die archäologisch fassbaren Hinweise vergleichsweise spärlich. Dies ist vor allem dem Strukturwandel im späten 19./frühen 20. Jahrhundert geschuldet, als im Zuge des Wandels von der Waren- zur Mustermesse die großen, heute noch stadtbildprägenden Messepaläste

gesteckt wurde, das heißt, es fanden sich keine Hinweise auf eine vorangegangene mittelalterliche Bebauung. Wohl hatte man die Oberfläche planiert und Erd- und Steinaufschüttungen im 13./14. Jahrhundert befestigt. Steinsetzungen deuten auf Fassauflagen oder Fundamente von Buden, die während der Marktzeiten zu Hunderten nicht nur auf dem Marktplatz errichtet wurden. Auch wenn die erhaltenen mittelalterlichen Flächen kleinteilig waren, vermitteln sie doch einen Eindruck vom Marktgeschehen. Menschen und Pferde bevölkerten den Platz, dessen hygienische Verhältnisse nach heutigem Verständnis katastrophal gewesen sein dürften. Trotz der Steinschüttungen war die Oberfläche bei Regen mehr oder weniger unpassierbar, Ausdünstungen und Rauch verpesteten die Luft. Hier wurden Waren aller Art nicht nur umgeschlagen, sondern auch hergestellt und portioniert, wie Schlachtabfälle und Schlacken zeigen. Verhandelt wurden sowohl Fertigprodukte als auch Rohstoffe, Qualitätsvolles, Recyclingware oder Massenprodukte, Heimisches ebenso wie Importware.

Auch in der Umgebung des Marktes fanden sich vielfältige Hinweise auf den Marktbetrieb. Auffälligstes Merkmal sind die Mistschichten, die auf vielen Grundstücken der Leipziger Innenstadt festgestellt wurden und die auf die Aufstellung von zahlreichen Pferden deuten. Sie bestehen aus etlichen Lagen plattgedrückter Getreidehalme, verunreinigt mit Fliegenpuparien und Tierhaaren, sowie aus Haus- und Handwerksabfällen. Nagerkot zeigt, dass dieses Milieu für andere Säugetiere zuträglich war.

errichtet wurden. Die kleinteilige, partiell noch in das Spätmittelalter zurückgehende Bebauung der Innenstadt wurde innerhalb kurzer Zeit größtenteils abgerissen. Die Beobachtungen interessierter Leipziger Bürger waren damals bereits auch auf Zeugnisse mittelalterlichen Handels gerichtet. So ist die stadtarchäologische Sammlung des Leipziger Stadtgeschichtlichen Museums durch gezielten Ankauf von Gegenständen entstanden, die Arbeiter bei den Ausschachtungen der großen Baugruben auflasen. Auch die Fläche des historischen Marktes wurde in das Messegeschehen einbezogen, als 1924 die Schachtarbeiten für das Untergrundmesshaus, das erste unterirdische Ausstellungsgebäude der Welt, begannen. Während dieses Großprojekt abgesehen von wenigen Fotos nicht dokumentiert wurde, bot der 2004 begonnene Bau des City-Tunnels Leipzig Gelegenheit, die Marktflächen, die nicht von der Untergrundmesshalle erfasst worden waren, archäologisch zu untersuchen. Es zeigte sich, dass der Markt „auf wilder Wurzel" ab-

Literatur
Bünz 2015
Küas 1976
Rodekamp-Smolnik 2015

Abb. 2 (links) Der Gürtelbeschlag mit einer Harpyie aus Limoges ist ein Hinweis auf die internationalen Beziehungen Leipzigs um 1300.

Abb. 3 (oben) Obwohl Leipzig bereits im späten 13. Jahrhundert eine Münzstätte hatte, sind mittelalterliche Münzen aus dem Stadtgebiet selten. Ungewöhnlich ist die Brakteatendose mit drei im frühen 14. Jahrhundert geprägten Brakteaten.

Abb. 4 Die im 17. Jahrhundert unter Befestigungswerken verschüttete Bettelgasse ist ein Beispiel für den frühneuzeitlichen Straßenbau in Leipzig.

Eis, Fett und Schinderei. Bremer Walfang zwischen Spitzbergen und Grönland im 17. und 18. Jahrhundert

Dieter Bischop

„Es ist der Elephant das größte Thier auf Erden. Solt aber dieses Thier mit ihm gewogen werden, So würden jener Zehn kaum halten gleichen Stand, Vor diesem Ungeheuer vergeht der Elephant. [...] Oh Ehren wehrtes Thier! Das würdig ist zu fangen! Dem lauter Fett und Schmalz an allen Gliedern hangen!"[1]

So beschreibt ein Bremer Gedicht aus dem Jahr 1702 den Wal als ausgesprochen großes Tier mit sehr viel wertvollem Fett.

Die Jagd auf den begehrten Tran bewegte verschiedene Nationen rund um die Nordsee gleichermaßen dazu, die beschwerliche und gefährliche Fahrt durch die Eismassen um Spitzbergen und Grönland anzutreten.

Neben den üblichen Gefahren der Seefahrt wie Stürmen und Riffen oder Erkrankungen an Skorbut und Krätze waren die Walfänger auch den politischen Gezeiten ausgesetzt, die immer wieder Krieg, Seeblockaden und Steuererhöhungen für den Walfang mit sich brachten.[2] Schwankende Fangquoten, Seeräuberei und die fehlende Garantie auf Rückkehr aus den Jagdgebieten im Eis machten den Walfang zu einem risikoreichen Abenteuer.[3] Die besonders widrigen Wetterverhältnisse und Temperaturen sowie die gefährlichen Manöver bei der Waljagd, die zumeist nicht vom Hauptschiff, sondern von Ruderbooten aus durchgeführt wurde, waren lebensgefährlich. Aber auch Krankheiten und Unfälle waren an der Tagesordnung. Frühe Erlebnisberichte solcher Waljagdfahrten sind bereits aus dem 17. Jahrhundert überliefert, so jener von der Reise des Hamburgers Frederick Martens im Jahre 1671.[4] Ein Klassiker der Weltliteratur ist der 1851 veröffentlichte Roman „Moby Dick" des Schriftstellers Herman Melville (1819–1891), der selbst auf Walfangjagd war. Darin wird die brutale Welt des Walfangs im 18. und 19. Jahrhundert sehr deutlich, wobei der Untergang des Walfängerschiffes auf einer wirklichen Begebenheit basiert, wenn auch unter anderen Umständen.

Das Tagebuch des Christian Bullen von 1667, das im „Grönländisch' Journal" 1677 in Bremen abgedruckt wurde, schildert die alltäglichen Gefahren und tödlichen Krankheiten, aber auch das oft vergebliche Hoffen auf Walsichtung und -fang sehr eindrücklich (Abb. 1). So heißt es auf Seite 3:

„Den 12. Dito [Mai] wurd einer von unsern Volk krank mit Namen Hans von Blankenese.
Den 13. Dito war er todkrank und lag ohne Verstand.
Den 14. Dito brach unsere große Mastreh mitten entzwei und zerriß das große Marsiegel. [...]
Den 16. Dito besserte sich das Wetter/ wir legten die Siegel wieder an. Unser Kranke lag ohn Verstandt/ und redete unverständig/ Nachmittag wurd er verständlich/ der Commandeur kam bei ihm/ dem er die Hand gebend/ gute Nacht sagte/ welcher ihm belobte/ daß er seinen Körper nicht wolle über Borde werffen/ sondern am Land begraben/ wann uns Gott daran helffen wurde. Die erste Wacht des Nachts umb 11. Uhr entschlieff unser Kranker und wir kleideten ihn."

linke Seite Walfang im Eismeer (1776).

Abb. 1 Christian Bullen, Eines Seefahrenden Journal oder Tages Register, Bremen 1677, 2. Auflage.

Abb. 2 Ausschlachtung des Wales direkt nach dem Fang, Darstellung aus dem Journal von Christian Bullen 1677.

Holländer, Engländer, Franzosen, Dänen und Hanseaten waren im 17. und 18. Jahrhundert mit wenigen Ausnahmen gleichzeitig auf Waljagd zwischen Spitzbergen und Grönland, was eine große Konkurrenz für die Bremer Walfänger bedeutete.[5] Auch im Tagebuch des Christian Bullen wird dies deutlich: „Ein Franzman winkete uns mit 7. Zeichen/ anzudeuten/ so viel Fisch hätte er; Unsere Officire zeigten ihm wieder mehr als wir hatten."[6] Hinzu kamen die Seeräuber, die immer wieder Schiffe aufbrachten.[7] Zwischen 1653 und 1790 wurden 1100 bis 1300 Wale von Bremer Walfängern erlegt.[8] 1693 fuhren sechs Bremer Schiffe auf Grönlandfahrt, drei kamen leer zurück, die drei anderen fingen insgesamt sechs Wale. 1705 brachten 19 Schiffe 149 Wale zurück nach Bremen – ein einmaliges Ereignis.[9] Die meisten Bremer Schiffe dürften in den Gewässern um Spitzbergen gejagt haben; erst für 1725 liegt ein Hinweis dafür vor, dass zwei in der Davisstraße südwestlich Grönlands waren.[10] Der Walfang wurde generell schonungslos und unter starkem Zeitdruck betrieben, die Walpopulation sank schnell und die Tiere zogen sich bereits Mitte des 17. Jahrhunderts aus den seichten Küstenregionen zurück.[11] Die Walfänger sahen sich daher gezwungen, immer weiter auf das offene Meer hinauszufahren, und die Fahrten waren vor allem eines: verlustreich. Von 1831 bis 1840 verließ kein einziges Bremer Walfangschiff mehr den städtischen Hafen, von 1844 bis 1847 fuhren dann noch vier Schiffe pro Jahr aus, doch der wirtschaftliche Erfolg war so gering, dass 1872 mit der *Hudson* das letzte Walfangschiff Kurs auf die arktischen Gewässer nahm.

Obwohl es wegen der Risiken manchmal zu Problemen bei der Mannschaftswerbung kam, liefen dennoch ab 1653 regelmäßig und in steigender Anzahl Schiffe aus Bremer Häfen aus, um die begehrten Tiere aufzuspüren und zu schlachten (Abb. 2).[12] Zunächst hatten Holländer, Engländer, Franzosen und Dänen in den Buchten Spitzbergens und Grönlands, in denen sich Walpopulationen vermehrt aufhielten, gejagt. Unweit am Ufer wurde dann der Tran in eigens dorthin transportierten Brennereien gekocht und in provisorisch errichteten Packhäusern zwischengelagert. Wegen schneller Überjagung infolge des blutigen Massenschlachtens in den Buchten nahm die „goldene Zeit der Baienfischerei" nach 1630 langsam ein Ende. Allein die ersten Hamburger Walfänger erlebten noch diese Epoche der überreichen Fänge, in der man Wale „in Menge und Überfluß" in den Baien (d. h. Buchten) erlegen und die an Land geschleppten Tiere dann „abspecken" konnte, um das Fett in Metallkesseln auszubrennen. Die *Ulfeld-Bay* an der Halbinsel Hoelhalvøya im Nordwesten Spitzbergens wurde auch Hamburger Bai oder *Hamburgbukta* genannt.[13]

Die ersten um die Mitte des 17. Jahrhunderts am Walfang beteiligten Bremer Schiffe erfuhren diesen „bequemen" Walfang schon nicht mehr. Sie mussten auf die hohe See hinaus und begannen, wie nun allgemein üblich, den nach Bremen transportierten zerstückelten Walspeck im Heimathafen zu Tran auszukochen.[14] Dieser gilt als erster in größeren Mengen verfügbarer flüssiger Brennstoff und wurde noch bis zum Anfang des 20. Jahrhunderts beispielsweise als Lampenöl genutzt. Wegen seines penetranten Gestanks und zur Verringerung der Brandgefahr – in Hamburg waren 1675 drei Packhäuser mit Tran abgebrannt –, verlegte man auch in Bremen die Tranverarbeitung in die Außenbezirke.[15] So wurde eine Transiederei in der Stephanivorstadt gegründet. Das genaue Datum ist nicht bekannt, eine erste Erwähnung ist für das Jahr 1752 in den „Aufzeichnungen über die nach Grönland ausgehenden Schiffe" verzeichnet, als das Walfängerschiff *Wapen von Bremen* „bei der Tranbrennerei" vom Stapel lief.[16] In der Hansestadt Bremen selbst hatten nur wenige Bürger eine genaue Vorstellung vom Aussehen der größten Tiere des Planeten. Auf in Bremen gefundenen, zumeist aus den Niederlanden eingehandelten Fayencefliesen oder Tonpfeifen (Abb. 3 und 4) findet sich das alttestamentliche Motiv des Jonas, den der Wal ausspeit, wobei das Tier darauf eher wie ein Ungeheuer oder eine Schlange dargestellt ist. Doch 1669 bot sich den Bremern die Gelegenheit, einen echten Wal zu sehen. Am 8. Mai des Jahres verirrte sich ein sechzig Kilometer weit in die Wesermündung hineingeschwommener Zwergwal bis in die Lesum. Dort wurde er beschossen, totgeschlagen und mit einem Prahm bis in die Stadt geschifft, wo man ihn offen zur Schau stellte. Der Bremer Rat gab Franz Wulfhagen (1624–1670) den Auftrag, ein monumentales Bild des Tieres für das Rathaus zu malen (Abb. 5).[17] Der Wal wurde zerstückelt, sein Fett zu mehreren Tonnen Tran gebrannt. Das Skelett wurde jedoch sorgfältig wieder zusammengesetzt und neben dem Gemälde als erstes montiertes Walskelett präsentiert.[18] Ein Kronleuchter aus Walkieferknochen hängt noch heute im Bremer Rathaus. Derartige Walstrandungen wurden als besondere Ereignisse bis zum 19. Jahrhundert immer wieder bildlich dargestellt.

Erlegt wurde fast ausschließlich der Grönländische Bartenwal, also der „gemeine" Wal.[19] Diese Walart bot aufgrund ihrer Größe von 15 bis 18 Metern Länge besonders viel Fett und wurde deswegen auch als „richtiger" Wal bezeichnet. Um auch den letzten Tropfen des kostbaren Tranes zu gewinnen, hängten die Walfänger die Knochen des erlegten Tieres an einen Mast, damit das Öl in darunter stehende Eimer austropfen konnte.[20] Aber nicht nur das Walfett war eine begehrte Ware. Auch die Walknochen, vor allem das „Fischbein", wurden als sehr nützlich geschätzt. Unter diesem Begriff waren besonders die Barten bekannt, die vom Oberkiefer eines Bartenwals anstelle von Zähnen herabhängenden Hornplatten. Mit diesen meist fein gefiederten Barten filtern Wale Plankton wie zum Beispiel Krill aus dem Meerwasser. Wegen ihrer relativen Dehnbarkeit wurden sie bis in das frühe 20. Jahrhundert unter anderem als Formgeber für Korsetts oder für Schirme verwendet. Ebenso wurde das übrige Knochenmaterial in den Heimathafen gebracht, wo es einer vielfachen Nutzung zugeführt wurde. Die relativ witterungsbeständigen Knochen konnten als Stra-

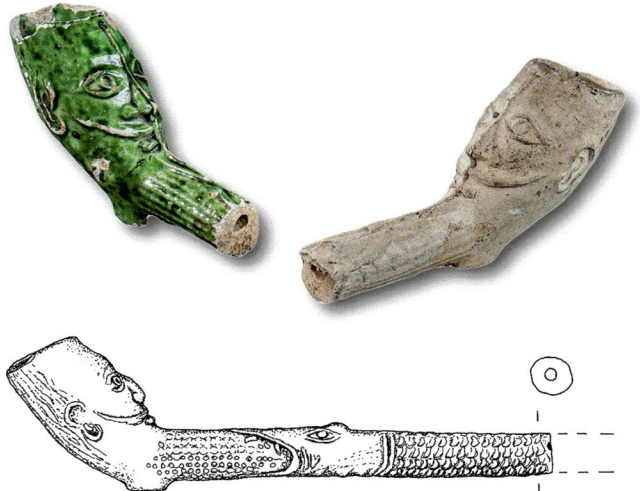

Abb. 4a, b Fragmente von in Bremen gefundenen z. T. grünglasierten „Jonaspfeifen" aus dem 2. Viertel des 17. Jahrhunderts (a). Der den Jonas ausspeiende Wal erinnert eher an einen Drachen oder eine Schlange (b).

Abb. 3 Blauglasierte niederländische Fliese mit alttestamentlichem Motiv „Jonas und der Wal" aus der Grabung „Radio Bremen" (18. Jahrhundert).

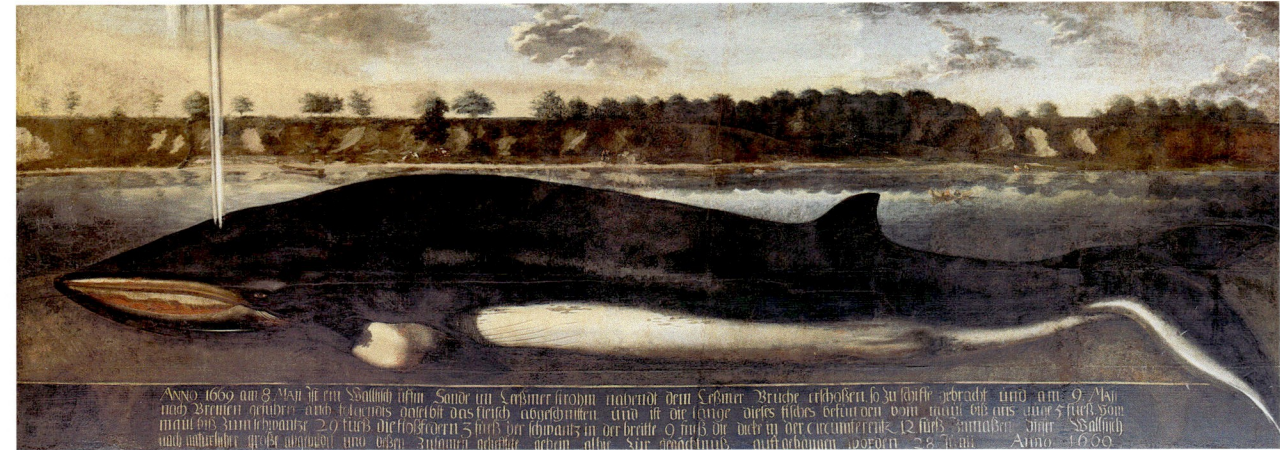

Abb. 5 Franz Wulfhagen, Ölgemälde im Bremer Rathaus mit Darstellung des 1669 in die Lesum verirrten und getöteten Wals, 1669.

Abb. 6 Bremen, Teerhof. Kugelgelenk eines Nordkapers. Ende 17. Jahrhundert

ßen- oder Wegbegrenzung dienen, um die Fahrbahn gegen den Fußgängerweg abzugrenzen. Neben reinem Schutzbedürfnis waren dabei auch dekorative Gründe ausschlaggebend. Von solchen Begrenzungen lassen sich in Bremen noch elf Stellen mit mindestens 57 „Pfeilern" nachweisen. Heutzutage sind nur noch drei vorhanden und nur einer davon in situ. Diese Pfostenreihen aus Walknochen befanden sich an markanten Orten, wie etwa bei der Domsheide, einem südlich des Domes und nahe dem historischen Markt gelegenen zentralen Platz. Weitere Walknochenreihen gab es bei den Wallanlagen und als Uferbegrenzung am Stephanitorsbollwerk. Diese ungewöhnlichen Begrenzungen waren für die Menschen im 18. und 19. Jahrhundert so alltäglich, dass sie nicht gesondert erwähnt oder aufgezeichnet wurden.[21] Walknochen wurden auch als Ersatz für Fundamentbohlen unter Scheunen genutzt, wie mehrfach in Bremen-Lesum überliefert. Die Bewohner der zugehörigen Hofstellen waren nahezu immer Familien von Walfangschiffskapitänen des 18. und 19. Jahrhunderts, denen Walknochen als Baumaterial relativ leicht verfügbar war. Wegen ihrer natürlichen Form boten sich große Walkieferknochen als Dachgerüstelemente für die in Nordwesteuropa und besonders in England verbreiteten *cruck houses* an.[22]

In Norddeutschland war eine Nutzung von Walkieferknochenbögen beim Hausbau nicht geläufig. Dort stellte man sie wie in Bremen vom 18. bis zum beginnenden 20. Jahrhundert an repräsentativer Stelle auf. Die Personen aus dem Walfängermilieu, wie Kapitäne, Schiffsbesitzer und auch Händler, wiesen durch diese eindrucksvollen Symbole mit Stolz auf ihren Beruf und Wohlstand hin.[23] In Bremen lassen sich historisch 16 Bögen nachweisen, von denen noch sechs existieren. Einer wurde durch eine Bronzenachbildung ersetzt und ein weiterer ist derzeit in einem Warenhaus gelagert. Die meisten dieser Objekte finden sich in Bremen-Vegesack, wo der Haupthafen für den Bremer Walfang war, weitere bei den Firmensitzen der wohlhabenderen Händler.

Walknochen wurden gerne auch als Schilder für Gasthäuser oder Läden verwendet. Der Schildermaler nutzte als Bildgrund vorwiegend die breiten Flächen der Walschulterblätter. Ein Beispiel dafür bietet das Ladenschild einer Brennerei aus dem Jahre 1745. Zu einer frühen Walfangexpedition dürfte ein Knochenfund gehören, der 2007 in einem Pipe genannten, bis etwa 1714 verfüllten Verbindungsarm der Großen und der Kleinen Weser auf dem Bremer Teerhof geborgen wurde. Es handelt sich um ein Kugelgelenk, genauer den linken Humeruskopf eines Nordkapers (Abb. 6). Das Gelenk weist eindeutige Hack- und Hiebspuren auf, die vom Zerstückeln des Tieres mit einem Beil oder einer Axt stammen dürften. Der Knochen des fast ausgewachsenen Wales wurde einst wahrscheinlich einfach im Fluss entsorgt.[24] Nordkaper sind mehrfach im 1677 gedruckten Tagebuch des Christian Bullen erwähnt.

Die Familien der Walfänger waren bei Abwesenheit der Familienoberhäupter auf sich allein gestellt. Die Frauen kümmerten sich um Familie, Haus und Hof, bestellten Felder, versorgten Vieh. Bisweilen regierten sie sogar in Abwesenheit ihrer Männer: „So kam es, dass im 17. und zu Anfang des 18. Jahrhunderts das Sommer- oder Petri-Pauli-Thing am 29. Juni auch Weiberthing genannt wurde."[25]

Walrossjagd

Die Küsten vor Spitzbergen und das Europäische Nordmeer mit ihren in der frühen Neuzeit enorm großen Beständen an Walen und Robben waren nicht nur bevorzugte Regionen für den Walfang: Bei Grönlandfahrten wurde regelmäßig auch Walrossfang betrieben, wobei jeweils bis zu 500 Tiere getötet wurden.[26] Walrosse wurden nicht wegen ihres Fleisches oder ihres Tranes bejagt, sondern wegen des Elfenbeins ihrer Stoßzähne, das qualitativ nur hinter dem von Elefanten zurücksteht, weshalb die Grönlandfahrer stets nur die Walrossköpfe mitnahmen.[27] Die indigenen Bewohner hingegen, die seit jeher das äußerst wehrhafte Walross jagten, verwerteten das ganze erlegte Tier: das Fleisch (mit Gedärmen und Innereien) samt Flossen als Nahrung, den Tran als Heizmaterial, die Haut, Magenhaut, Knochen und Stoßzähne als Baumaterial für Häuser oder Boote sowie für Kleidung. Schon für die Wikingerzeit sind im Südwesten von Island oder in der Diskobucht der mittleren Westküste Grönlands temporäre Siedlungen nachgewiesen, die durch Knochen- beziehungsweise Stoßzahnfunde Hinweise auf frühe zumindest zum Teil auf den europäischen Markt ausgerichtete Walrossjagd liefern.[28] Kämme und Griffe aus Walrosselfenbein sind für das 10. bis 11. Jahrhundert etwa aus Soest bezeugt.[29] Im 16. und 17. Jahrhundert wurden jährlich mehrere Tausend Walrosse erlegt. Beliebt war Walrosszahn als Rohmaterial beispielsweise für Essbesteck. Bei Baumaßnahmen in der Bremer Überseestadt kam aus sekundär gelagertem Erdreich ein besonderer, wohl aus Walrosszahn gearbeiteter Knochengriff zutage. Es handelt sich um einen figürlich geschnitzten, von einem Löwen bekrönten Griff eines Messers oder Werkzeuges, in dem noch der Rest des eisernen Dornes steckt (Abb. 7). Die drei frontal dargestellten Personifikationen der göttlichen Tugenden stehen umlaufend nebeneinander. Die Dreiheit aus Glaube, Liebe und Hoffnung stammt ursprünglich aus der Bibel (1. Korinther 13,13). Die Liebe (*Caritas*) ist personifiziert durch eine Frau mit einem Kind auf dem Arm, die Hoffnung (*Spes*) hält einen Anker. Statt des Glaubens (*Fides*), der üblicherweise durch eine Frau mit Kreuz oder Buch symbolisiert wird, hält die dritte Frau hier eine Waage, wohl die Gerechtigkeit (*Iustitia*) darstellend. Sehr ähnliche Griffe zeigen Essbesteck im Altonaer Museum (datiert 1779) und ein Werkzeug im Bremer Museum Schloss Schönebeck.[30] Noch heute lassen sich Matrosen die Symbole Kreuz (Glaube), Herz (Liebe) und Anker (Hoffnung) auf den Körper tätowieren, im Glauben, sich so vor den Gefahren der Seefahrt schützen zu können. Ob der Schnitzer, der statt Kreuz eine Waage wählte, damit vielleicht das unwägbare Schicksal der Seefahrer darstellen wollte?

Abb. 7 Bremen, Überseestadt. Messergriff aus Walrosszahn mit Darstellung der Gerechtigkeit, 18. Jahrhundert, Dm. ca. 4 cm.

1 Oesau 1937, 27, 258.
2 Oesau 1955, 80.
3 Meyer 1965, 236.
4 White 1855, 17–174; Bullen 1677.
5 Oesau 1955, 80.
6 Bullen 1677, 16.
7 Meyer 1965, 236.
8 Küchelmann 2011, 210.
9 Meyer 1965, 243.
10 Meyer 1965, 247.
11 Küchelmann 2011, 210.
12 Meyer 1965, 230.
13 Oesau 1955, 19.
14 Meyer 1965, 269.
15 Münzing 1987, 65.
16 Meyer 1965, 269-270.
17 Koster – Müller 2004, 278–282.
18 Redman 2009, 45.
19 Meyer 1965, 225
20 Küchelmann 2011, 219.
21 Küchelmann 2011, 217.
22 Küchelmann 2011, 215.
23 Küchelmann 2011, 215.
24 Küchelmann 2008, 125–140.
25 Oesau 1937, 228.
26 Oesau 1955, 19.
27 White 1855, 90.
28 Frei u. a. 2015.
29 Doll 2007, 194–196.
30 Münzing 1987, 103, Kat.-Nr. 91.

AUSTAUSCH – WAREN UND WEGE

Von weit her – Zeugnisse des Seehandels

Elke Först

In den vergangenen Jahren konnte bei Ausgrabungen im Hamburger Stadtgebiet umfangreiches keramisches Fundmaterial aus dem 17. und 18. Jahrhundert geborgen werden. Unter der Masse lokal hergestellter Erzeugnisse befindet sich eine Vielzahl von Importen, die einerseits über den Seehandel nach Hamburg gelangten, andererseits auf Migranten zurückgehen, die sich in Hamburg dauerhaft niedergelassen haben.

Dank des mächtigen, in den Jahren von 1616 bis 1628 errichteten Festungsringes aus Wällen, Bastionen und Gräben blieb Hamburg von den Kampfhandlungen des Dreißigjährigen Krieges (1618–1648) verschont und erlebte durch den ungestört florierenden Seehandel einen enormen wirtschaftlichen Aufschwung. Hamburg zog als sichere internationale Hafenstadt in dieser Zeit viele niederländische Kaufleute und Handwerker an, die als Glaubens- und Wirtschaftsflüchtlinge aus den spanisch besetzten Provinzen der südlichen Niederlande in die Stadt kamen und nach kurzer Zeit eingebürgert wurden. Ein Großteil der Neubürger mit familiären Verbindungen in die alte Heimat siedelte sich in der Vorstadt St. Annen auf Grundstücken beiderseits des Kanals Holländischer Brook im heutigen östlichen Teil der Speicherstadt an.

Die ersten Glaubensflüchtlinge, die in Hamburg um 1590 als Neuchristen Schutz vor der Verfolgung durch die spanische Obrigkeit suchten, waren zwangsgetaufte portugiesische Juden (Sefarden). Auch sie waren Kaufleute und verfügten durch bestehende Familienbande über weitreichende Fernhandelsbeziehungen bis in die alte Heimat und nach Übersee.

Die im archäologischen Fundgut greifbaren Importe spiegeln schlaglichtartig die internationalen Handelsbeziehungen wider. Die Masse der im Seehandel umgeschlagenen Waren wie etwa Gewürze, Südfrüchte, Öl, Salz, Rohrzucker, Wein, Getreide, Pelze oder Tabak waren Verbrauchsgüter und sind von daher archäologisch nicht oder nur schwer nachzuweisen. Überliefert sind die Handelsgüter in den Schifferbüchern von 1590 bis 1647. An erster Stelle der Handelsbeziehungen stand die iberische Halbinsel, gefolgt von Frankreich, der deutsch-polnischen Ostseeküste, England, Italien, den spanischen Niederlanden, Norwegen, Schweden, Russland, Westindien und den baltischen Ländern. Angelaufen wurden unter anderen die Hafenstädte Lissabon, Cádiz, Malaga, Bordeaux, Marseille, Danzig, London, Ostende, Genua, Venedig, Bergen, Stockholm, Archangelsk, Barbados und Riga.

Zu den greifbaren Zeugnissen des Iberienhandels zählen die Funde aus dem Schiffswrack von Wittenbergen, die 1976 bei Baggerarbeiten aus der Elbe gehoben worden sind. Die Ladung des um 1600 gesunkenen Schiffes bestand aus Kupferbarren mit zum Teil eingestempelten Wappen der ehemaligen ungarischen Kammer der Kupfermine Neusohl (Banská Bystrica) in der heutigen Slowakei und des in Augsburg ansässigen Bankhauses Paller, das ab 1569 den Neusohler Kupferkauf betrieb (Abb. 1). Darüber hinaus gehörten Messer und Messingschalen aus süddeutscher Produktion sowie nach den geborgenen Bleiplomben Textilien aus Amsterdam und Leiden zur Ladung. Als Schmuggelgut waren Hakenbüchsen und Musketen an Bord, die offenbar für Cádiz bestimmt waren, um die Spanier im Krieg gegen die aufständischen Niederländer mit Waffen zu versorgen.

In den Listen der Schifferbücher sind Angaben zu importiertem Keramikgeschirr sehr selten. In der Regel war dieses als Beiladung an Bord und wurde wohl aufgrund der geringen Mengen im Verhältnis zu den

Abb. 1 Kupferbarren aus dem 17. Jahrhundert aus dem Schiffswrack von Wittenbergen.

Von weit her – Zeugnisse des Seehandels

anderen Waren nicht gesondert gelistet. An Importen nachweisbar sind chinesisches Porzellan, portugiesische und italienische Fayencen, Lüsterkeramik, Mérida-Ware, niederländische Majoliken und Delfter Fayencen. Die im archäologischen Fundmaterial vorhandenen Bruchstücke rotirdenen Kochgeschirrs niederländischer Provenienz wurden nicht importiert, sondern gehörten zum mitgebrachten Hausstand niederländischer Immigranten. Das gleiche gilt für die zahlreich gefundenen iberischen Ölamphoren, sogenannte *Olive jars*, die als Transportbehälter von Öl, Oliven und so weiter gedient haben (Abb. 2).

Zu den frühen Importen chinesischen Porzellans zählt die hier gezeigte Schale des sogenannten Kraak-Porzellans (Abb. 3) mit fliegenden Pferden am Außenrand, die der Shou-fu-Marke am Schüsselboden zufolge in der Zeit von 1585 bis 1600 im Produktionsort Jingdezhen in der Provinz Jiangxi gefertigt wurde. Ein Großteil des Kraak-Porzellans wurde von den Portugiesen in Lissabon umgeschlagen. Infolge der starken Nachfrage nach diesem Luxusgut begannen die Portugiesen mit der Produktion von blauweißem Fayencegeschirr, das in seiner Qualität das chinesische Porzellan vortrefflich nachahmte. Der Handel mit diesen Fayencen lag größtenteils in den Händen der in Hamburg als Kaufleute tätigen portugiesischen Juden. Sie nahmen die Bestellungen der bei Hamburger Bürgern beliebten Ware entgegen und beauftragten ihre Produktion. Portugiesische Fayencen sind in allen neuzeitlichen Fundkomplexen der Hamburger Innenstadt nachweisbar.

Niederländische Majoliken sind ebenso zahlreich vorhanden und lassen bei den Stücken mit Blauweißdekor die Übernahme chinesischer Stilelemente und -motive erkennen, die zum Teil mit holländischen Landschaftsmotiven kombiniert worden sind. In der zweiten Hälfte des 17. Jahrhunderts setzte in Delft die Produktion zinnglasierter Fayencen ein. Zu diesen gehören die ganz im chinesischen Stil verzierten Buckelschalen aus der Kloake eines nach Hamburg-Harburg eingewanderten niederländischen Kaufmanns.

Literatur
Först 2011
Martens 2012
Westermann 2001

Abb. 2 (oben) Ölamphore aus dem 16.–17. Jahrhundert.

Abb. 3 (links) Kraak-Porzellan, Ende 16. Jahrhundert.

Warenetiketten für exotische Genüsse

Lothar Schwinden

Abb. 1 Warenetikett für Pfeffer – piper (Zeile 1) mit Prüfzeichen (Zeile 2).

Abb. 2 Abformung von Spargel als bronzene Messergriffe aus Trier und Umgebung.

Unscheinbar – und doch aufregend in ihren Inhalten und Aussagen: kleine römerzeitliche Bleibleche des 2. und 3. Jahrhunderts mit eingeritzten Notizen als Etiketten an Waren. Sie verraten Lebensgewohnheiten, enorm weitreichende Handelsbeziehungen bis in den fernen Osten und sprachliche Eigentümlichkeiten.

Diese Kleinobjekte führen näher an den Menschen heran als monumentale Denkmäler. Nur für den Augenblick bestimmt waren die Notizen, eingeritzt in Bleibleche und im Metall als glänzende Schrift vorübergehend für etwa 14 Tage zu lesen. Hier sind Waren aus Indien belegt, die wir bislang nur aus literarischer Überlieferung kannten und für die damit erstmals archäologische Nachweise vorliegen. Pfeffer und Zimt (*piper* und *cinnamum*) gehören zu den sprichwörtlichen Kostbarkeiten des fernen Orients (Abb. 1). Narde (*nardus*) hat nach dem Neuen Testament als Parfümöl zur Salbung Jesu Berühmtheit erlangt, nicht zuletzt auch, da die Kritiker wegen ihres hohen Wertes den Akt als Verschwendung brandmarken wollten. Geradezu aktuelle Brisanz gewinnen Befürchtungen des Kaisers Tiberius und des Plinius im 1. Jahrhundert, wenn wegen zu hoher Luxusimporte die Handelsbilanz leide und römische „Gelder zu den entlegensten und gar feindlichen Völkern getragen werden".

Seit dem 1. Jahrhundert n. Chr. sind Waren über weite Seewege von den westindischen Handelsplätzen durch das Arabische und das Rote Meer zum Umschlagplatz Alexandria gelangt. Auf älteren Landwegen für Karawanen waren zuvor schon Waren nach Palmyra als Kopfstation und weiter über die Zollhäfen Smyrna und Ephesos an die kleinasiatischen, heute türkischen Mittelmeerhäfen zur weiteren Verteilung über das westliche Imperium gekommen. Seltene Zollplomben mit eingepressten griechischen Stationsnamen „ΕΦΕ/CI" und „CMY/PNA" sind im Bereich des Trierer Hafens gefunden worden. Spargel als Gemüse und auch Vögel sind Güter lokaler Herkunft. Des Plinius Beobachtung („Naturgeschichte" 19,145) aus dem 1. Jahrhundert für reiche Vorkommen von Spargel am Mittel- und Oberrhein bestätigen Etiketten für *asparagus*. Und die ehemalige Gestalt des Spargels ist durch bronzene Messergriffe überliefert, für die von frischen Spargelstangen vor fast 2000 Jahren die Formen abgenommen wurden für den Abguss individueller Besteckzier (Abb. 2). Dass Spatzen oder Sperlinge – auf den Etiketten als *passeri* bezeichnet statt sprachlich richtig als *passeres* – und Raben (*coraces*) zum römischen Speiseplan gehörten, verwundert uns heute mehr als unsere Vorfahren vor zwei Jahrhunderten. Heinrich Heine und Alexandre Dumas haben ihre Erfahrungen im Verzehr von Raben literarisch verarbeitet. Spatzen waren römerzeitlich der wohlfeilste Kleinvogel.

Literatur
Faust – Hoss 2011
Frei-Stolba 2011
Schwinden 2018a
Schwinden 2018b

Der Tuchplombenfund vom Bremer Teerhof

Dieter Bischop

Archäologisch begleitete tiefgreifende Baumaßnahmen auf der Weserinsel „Teerhof", die der Bremer Altstadt vorgelagert ist und seit dem Spätmittelalter Werft- und Lagerstandort unter anderem für Holz und Stein war, brachten im Jahre 2007 zahlreiche Funde aus einer bis etwa 1714 verlandeten Verbindung zwischen großer und kleiner Weser, der sogenannten Pipe, zutage. Vor einer um 1647 errichteten sandsteinernen Kaimauer der verfüllten Pipe fanden sich über 190 Tuchplomben aus der zweiten Hälfte des 17. bis zum Anfang des 18. Jahrhunderts – der bisher größte archäologische Fundkomplex dieser Epoche in Deutschland überhaupt.

Schon seit dem 13. Jahrhundert wurden die zu Ballen gebundenen und nach Ellen messenden Stoffbahnen durch die Gildemeister der jeweiligen Weberzunft mit Scheibenstiftplomben aus Blei und mittels Plombierzangen versiegelt. So garantierte man in den verschiedenen Produktionsorten die festgelegte Qualität aufwendig gewebter und gefärbter Stoffe. Auf den meist zwei bis drei Zentimeter breiten Bleiplomben sind die Hausmarken der Handelshäuser oder Tuchmacher beziehungsweise die Wappen der für die Qualität bürgenden Städte oder Länder eingeprägt (Abb. 1 und 2). Die am Teerhof, wohl dem Umschlagplatz der Textilien, abgenommenen und im Fluss entsorgten Tuchplomben geben somit ein deutliches Zeugnis von den Wirtschaftswegen des Bremer Tuchhandels in der frühen Neuzeit.

Die Tuchplomben vom Teerhof belegen den Handel mit Tuchmanufakturen aus Hamburg, dem westfälischen Warendorf, aus Kurbrandenburg oder Preußen und Sachsen. Einige stammen aus niederländischen Städten wie Amsterdam oder Leiden sowie aus dem belgischen Gent, relativ viele aus England, so aus den Grafschaften Somerset und Essex, hier vor allem aus Colchester, oder aus Exeter. Sie bezeugen für das beginnende 18. Jahrhundert einen florierenden Tuchhandel mit England, der die alten Konkurrenten Holland und Flandern verdrängt zu haben scheint. Die jüngsten Stücke des Fundkomplexes zeigen das Abbild der von 1702 bis 1714 regierenden Königin Anne.

Ein Großteil der Plomben stammt jedoch aus Bremen. Auch sie beweisen zum Teil einen umfangreicheren Zwischenhandel mit kostbaren Stoffen. Eine Färberplombe mit Bremer Schlüssel im bekrönten Wappenschild und der Jahreszahl „1575" sowie dem Schriftzug „BREMER DVBBELT STAEL" zeigt etwa, dass sich diese Tuchplombe an einem englischen Wolltuch befand, das nach den Vorschriften und Farbmustern von 1575 in Bremen mit Waid blau gefärbt worden war. Das Hansekontor am Nordufer der Themse in London wurde Stalhof genannt. Dort kontrollierten und besteuerten königliche Beamte die Tuche.

Literatur
Hittinger 2008

Abb. 1 Tuchplomben vom Bremer Teerhof.

Abb. 2 Reste von Tuch mit zwei Plomben.

Aus der Erde – in die Erde. Silber im Mittelalter

Ivonne Burghardt, Christiane Hemker, Gabriele Wagner, Joanna Wojnicz

Hacksilberhorte im Früh- und Hochmittelalter

Bevor sich im Laufe des 10. Jahrhunderts das Herzogtum Sachsen zur größten Produktionsstätte von Münzen im ostfränkisch-deutschen Reich entwickelte, waren im westslawischen Raum im Früh- und Hochmittelalter keine Silbervorkommen bekannt, so dass das Silberdefizit auf eine andere Weise ausgeglichen werden musste. Seit dem 9. Jahrhundert deckte man den Edelmetallbedarf mit arabischen Dirham – Münzen, die unter anderem in Bagdad, Samarkand, Taschkent oder Buchara geprägt wurden. Als Gegenleistung für das Silber gingen in der Region produzierte Handelswaren, wie Honig oder Wachs und sogar Pelze, in den islamischen Raum. Die große Zahl der Hortfunde sowie zahlreiche Einzelfunde von Silbermünzen belegt, dass das Edelmetall in der Zeit vom 9. Jahrhundert bis zur Mitte des 12. Jahrhunderts besonders in Skandinavien, Osteuropa, aber auch in Mitteldeutschland weit verbreitetes Zahlungsmittel sowie unter anderem für die Schmuckherstellung begehrt war.[1] Die Hacksilberfunde, die neben vollständigen überwiegend aus zerhackten Münzen sowie Schmuckfragmenten bestehen, belegen deren Verwendung im Rahmen der Gewichtsgeldwirtschaft (Abb. 1). Das bedeutet, dass beim Geldverkehr nicht die Münze mit ihrem Nominal das Wertäquivalent für bestimmte Waren war, sondern allein das Silbergewicht der nach Bedarf entsprechend zerteilten silbernen Objekte. Hinter den letztlich verborgenen Silberhorten steht ein langfristiger Prozess des Sammelns. Die Gründe für das Anlegen und die Verbergung der Hacksilberdepots werden von Forschern sehr unterschiedlich gedeutet.[2]

Der Hacksilberfund von Cortnitz

Im Jahr 2005 wurde bei Cortnitz (Landkreis Bautzen) ein großer Hacksilberhort entdeckt, wohl der zurzeit jüngste Nachweis eines sogenannten Hacksilberhortes im Freistaat Sachsen. Der Fundort befand sich in der Oberlausitz, nicht weit entfernt von Bautzen und Weißenberg, etwa 300 Meter nordnordöstlich des Dorfes Cortnitz (Abb. 2). Die einzelnen Schmuckfragmente sowie Münzen wurden zufällig auf einem Acker entdeckt, der bereits seit einigen Jahren aus der intensiven Bewirtschaftung herausgenommen war.[3] Unmittelbar danach eingeleitete archäologische Untersuchungen konnten

linke Seite Montanarchäologische Untersuchung eines Silberwerks aus der Zeit um 1200 in Dippoldiswalde

Abb. 1 Hortfund von Cortnitz, Sachsen.

Abb. 2 Das Dorf Cortnitz und die angrenzende Ackerflur mit der Fundstelle des Silberhortes.

feststellen, dass sämtliche silberne Gegenstände in der Ackerschicht verstreut waren, so dass sich der ursprüngliche Ort der Deponierung des Schatzes nicht mehr ermitteln ließ. Mit einem Gewicht von fast 900 Gramm ist der Hacksilberfund von Cortnitz der bislang größte und schwerste auf dem Gebiet des heutigen Sachsen. Ähnliche Silberfunde aus dem ostmitteleuropäischen Raum, deren Gewicht zwischen wenigen Gramm und mehreren Kilo Silber beträgt, bilden wahrscheinlich nur einen geringen Teil des sich einst im Umlauf befindlichen und zugleich auffälligsten Handelsgutes des Früh- und Hochmittelalters ab.

Der Hortfund von Cortnitz ist ein typisches Beispiel für einen hochmittelalterlichen Hacksilberfund aus der ersten Hälfte des 11. Jahrhunderts. Derartige Funde bestehen in dieser Phase in der Regel aus Silberobjekten wie arabischen und europäischen Münzen, Schmuck und Barren, die sowohl vollständig als auch zerhackt sein können. In ihrer Zusammensetzung erfuhren Hortfunde im Laufe der Zeit auch wesentliche Veränderungen. So nahm um das Jahr 1000 der Zufluss islamischer Dirham ab. An die Stelle der bisherigen islamischen Prägungen traten Münzen aus den Münzstätten des ostfränkisch-deutschen Reiches.[4] Der Münzhort von Cortnitz beinhaltet über 1350 numismatische Objekte, die aus arabischen und europäischen Münzprägestätten wie England, Dänemark, Sachsen, Böhmen, Italien, Byzanz, aus dem Zweistromland und dem Nordwesten Afghanistans stammen (Abb. 3). Die jüngste Münze ist ein Denar Břetislavs I. (ca. 1002/1005–1055, seit 1034 Herzog von Böhmen). Sie wurde vermutlich in der Münzstätte Olmütz (Olomouc) frühestens 1018/21 geprägt und bildet damit den Terminus post quem des Hortfundes.[5]

Der Cortnitzer Hortfund besteht nicht nur aus Münzen, sondern umfasst noch weitere Silberobjekte. Neben sechs Teilstücken von Silberbarren lassen sich 161 Fragmente als Schmuckstücke identifizieren, darunter vor allem Perlen, Ohrringe, Halsringteile, Kaptorgen (Blechbehältnisse) sowie Anhängerbruchstücke. Die wissenschaftliche Bearbeitung des Fundes widmete sich zum Teil auch der Rekonstruktion der zur Herstellung des Schmuckes angewendeten Silberschmiedetechniken.[6] Sie umfasste vor allem Untersuchungen der Bearbeitungsspuren und der Techniken, die eventuell

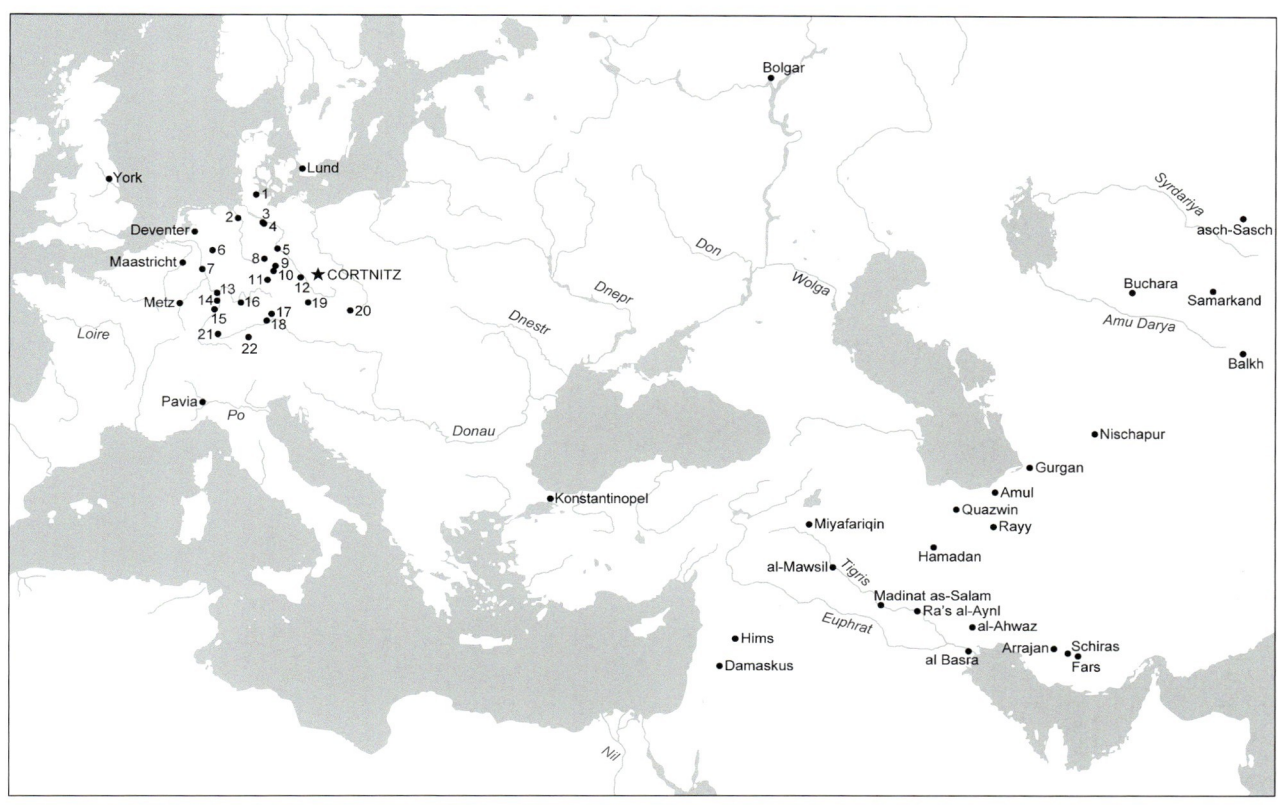

Abb. 3 Herkunftsorte der Prägungen vom Cortnitzer Hortfund.

Rückschlüsse auf die Lokalisierung möglicher Werkstätten oder Werkstattkreise zulassen, sowie der qualitativen Unterschiede in der handwerklichen Ausführung und zu möglichen Aussagen über die Herstellungsprozesse.

Der Großteil der Perlen aus dem Cortnitzer Hortfund ist mit der Granulationstechnik dekoriert. Darunter versteht man die Verzierung von Edelmetalloberflächen mit winzigen Kugeln (Granalien) aus dem gleichen Metall. Fixiert werden die Granalien mit Reaktionslot, einer mineralischen Kupferverbindung, die beim Erhitzen zu Kupfer reduziert wird. Während diese Lötmethode heute ausschließlich bei Granulationsarbeiten angewendet wird, war sie im Hochmittelalter der Regelfall.[7] Nur für besonders beanspruchte Teile oder zur Spaltüberbrückung kam legiertes Lot zur Verwendung.[8]

Im Wesentlichen musste der Handwerker dazu folgende Fertigkeiten besitzen:

– Die Herstellung möglichst gleich großer, wirklich runder Kugeln. Dazu werden Metallschnipsel in Holzkohlepulver gestreut und bis zur Schmelztemperatur erhitzt. Wegen der hohen Oberflächenspannung zieht sich die Schmelze zu einer perfekten Kugel zusammen.[9]

– Die chemischen Kenntnisse zur Herstellung von Klebstoff und Reaktionslot. Als Klebstoffe dienten unter anderem Tragant, aus Quittenkernen gewonnenes Harz, Weizenmehlkleister oder tierische Leime.[10] Den Grundstoff für das Reaktionslot konnten Malachit, Azurit oder künstlich erzeugter Grünspan liefern.[11]

– Das Wissen um die optimale Löttemperatur und deren gleichmäßige Steuerung. Der Temperaturkorridor ist, je nach verwendeter Edelmetalllegierung, sehr eng und umfasst gerade einmal etwa 100 °C. Immer wieder ist an den Objekten zu erkennen, dass sie beim Löten zu heiß wurden und leicht angeschmolzen sind. Werden sie aber nicht hoch genug erhitzt, erfolgt keine dauerhafte Verbindung der Kugeln mit dem Untergrund. Dabei sind die technischen Möglichkeiten der mittelalterlichen Werkstätten zu berücksichtigen, die dafür nur Holzkohlefeuer und gegebenenfalls noch mundgeblasene Lötrohre zur Verfügung hatten.[12]

Abb. 4 Perle (CTT-01/202). Abgezwicktes Ende eines Drahtringes.

Abb. 5 Ohrring (CTT-01/195). In der Mitte des Bügels Übergangsstelle vom gezogenen zum dünner geschmiedeten Draht.

Abb. 6 (kleines Bild) Nahaufnahme der Übergangsstelle am Ohrring.

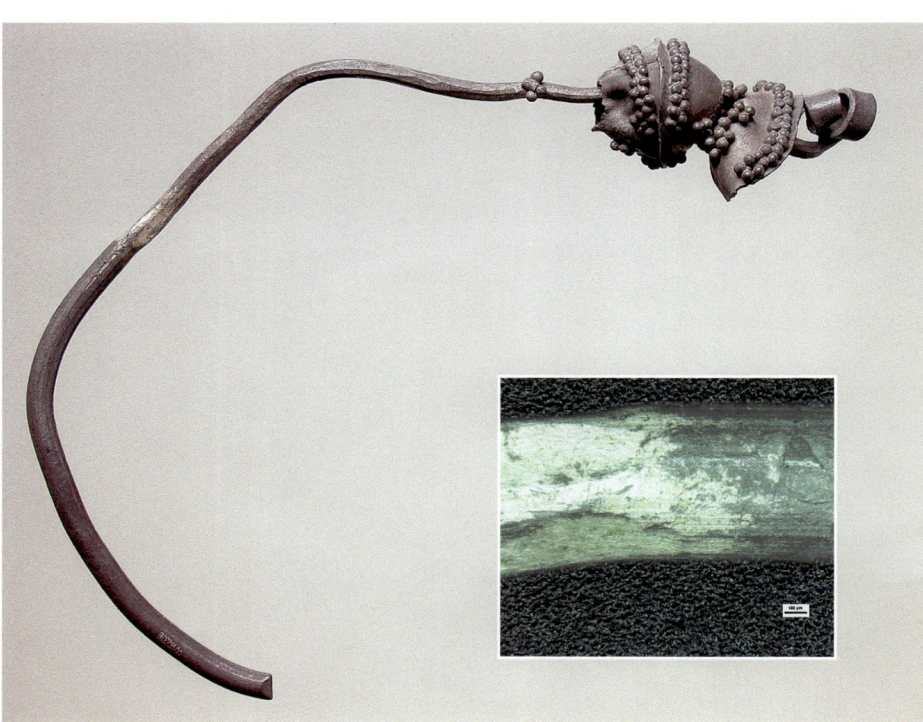

— Das Aufbringen der Kügelchen verlangt zwar eine ruhige Hand, ist aber eher eine Geduldsarbeit. Hier sind auch bei den bisher untersuchten Objekten die auffälligsten Unterschiede zu erkennen. Bei einigen sind die Muster sehr sorgfältig und sauber gesetzt, bei anderen sichtlich flüchtig, geradezu schlampig.

Die weitere Untersuchung der Herstellungsspuren an den Schmuckstücken erbrachte ebenfalls spannende Befunde. Jedes Werkzeug hinterlässt aufgrund seiner spezifischen Geometrie charakteristische Spuren auf der bearbeiteten Metalloberfläche. Diese können daher Auskunft über das zur Herstellung verwendete Instrumentarium geben.

Während Blechscheren bereits bei den Römern in Gebrauch waren und auch in der „Schedula diversarum artium" des Theophilus Presbyter unter den Zangen (3. Buch, VII) aufgeführt sind,[13] ist die Entstehungszeit von Kneifzangen angesichts fehlender Quellen unbekannt. Der früheste gesicherte archäologische Nachweis dafür stammt aus dem 12. Jahrhundert.[14] Die Arbeitsspuren besonders an den Cortnitzer Drähten (Abb. 4) belegen jedoch den offensichtlich selbstverständlichen Gebrauch von Kneifzangen und erlauben den Schluss, dass diese bereits erheblich früher entwickelt worden sein müssen als bisher nachzuweisen war. An einigen Blechkanten sind dagegen deutlich die Schnitte von Blechscheren zu erkennen.

Über die Herstellung des Bleches für die Perlhohlkörper kann keine Aussage gemacht werden. Für einen Edelmetallschmied ist es unproblematisch, weiches Silber zu einem 0,2 Millimeter starken Blech auszuschmieden. Aber eventuelle Herstellungsspuren werden durch die Weiterverarbeitung und die mehrmaligen Glühphasen völlig verwischt. Um die beiden Hohlformen für die doppelpyramidenförmigen Perlen herzustellen, wurden die dünnen Blechstücke in eine entsprechend geformte Vertiefung gedrückt und dabei an den Seitenflächen regellos gefaltet. Bei Vergleichsfunden aus Oberwellenborn in Thüringen wurden die Pyramiden bei der Herstellung dieser Perlenform dagegen aus Blechstreifen gewickelt, so dass die Flächen glatt blieben.[15]

An mehreren Drähten sind eindeutige Spuren eines Zieheisens nachzuweisen (Abb. 5 und 6). Sie sind für dieses Werkzeug kennzeichnend und unterscheiden sich deutlich von Spuren, die beim Rollen runder Drähte aus dünnen Blechstreifen entstehen. Das früheste nachgewiesene Zieheisen stammt aus Staraja Ladoga vom Ende des 8. Jahrhunderts.[16]

Der Vergleich der Objekte aus dem Hacksilberfund von Cortnitz mit den Inventaren von 14 Schatzfunden des Archäologischen Museums in Posen (Muzeum Archeologiczne w Poznaniu), Beständen des Nationalmuseums Krakau (Muzeum Narodowe w Krakowie) sowie den Funden aus Thüringen bringt deutliche Gemeinsamkeiten und Unterschiede in der Herstellungstechnik zutage.

Während die polnischen Funde ähnlich oder gar fast identisch erscheinen, weicht die Produktionsmethode der pyramidenförmigen Perlen bei den Vergleichsfunden aus Thüringen stark von derjenigen der Cortnitzer Stücke ab. Das äußere Erscheinungsbild des fertigen Objektes, das in der Regel zur Typisierung herangezogen wird, stimmt dagegen fast überein.

Deutlich zeigt sich, dass es sich bei den Edelmetallschmieden um routinierte Handwerker handelte, die das technische Repertoire ihrer Zeit beherrschten. Insgesamt bieten die bisher untersuchten Stücke in Bezug auf ihr technisches Niveau also ein recht einheitliches Bild, das eine Herstellung in regionalen Werkstattzentren wahrscheinlich macht.

Die Begutachtung der Abnutzungsspuren ergab eine große Bandbreite. Einige Perlen zeigen alle Indizien langen, intensiven Tragens. Bei manchen Stücken sind die Granalien bis auf die Hälfte der ursprünglichen Materialstärke abgescheuert, so dass sie nur noch als Halbkugeln vorhanden sind. Auf der anderen Seite gibt es auch einige augenscheinlich ungetragene Schmuckstücke. Der Hort umfasste also keineswegs nur alte, durch langes Tragen unansehnlich gewordene Stücke, sondern auch so gut wie neuwertige.

Silberbergbau im Hoch- und Spätmittelalter

Primär das rasche wirtschaftliche Wachstum und der damit unmittelbar im Zusammenhang stehende lebhafter werdende überregionale Handel bedingten im 13. Jahrhundert eine zunehmende Monetarisierung.[17] Da im Mittelalter der Wert einer Münze ihrem Edelmetallgehalt entsprach, stieg durch den höheren Bedarf an Münzen auch die Nachfrage nach Edelmetallen. Ab dem 12. Jahrhundert wurden wiederholt reiche Silbererzvorkommen in Mitteleuropa entdeckt. Überregionale Bedeutung erlangten die Bergbaureviere bei Freiberg im Erzgebirge, am Rammelsberg (bei Goslar), im Schwarzwald (Abb. 7), bei Trient, beim mährischen Iglau (Jihlava) und im böhmischen Kuttenberg (Kutná Hora).[18] Wegen Zu- und Abwanderung von Arbeitern, technischen Sachverständigen und Unternehmern kam es zwischen diesen Montanrevieren zu einem regen Austausch von technischem Wissen, aber auch kulturellen Anschauungen.

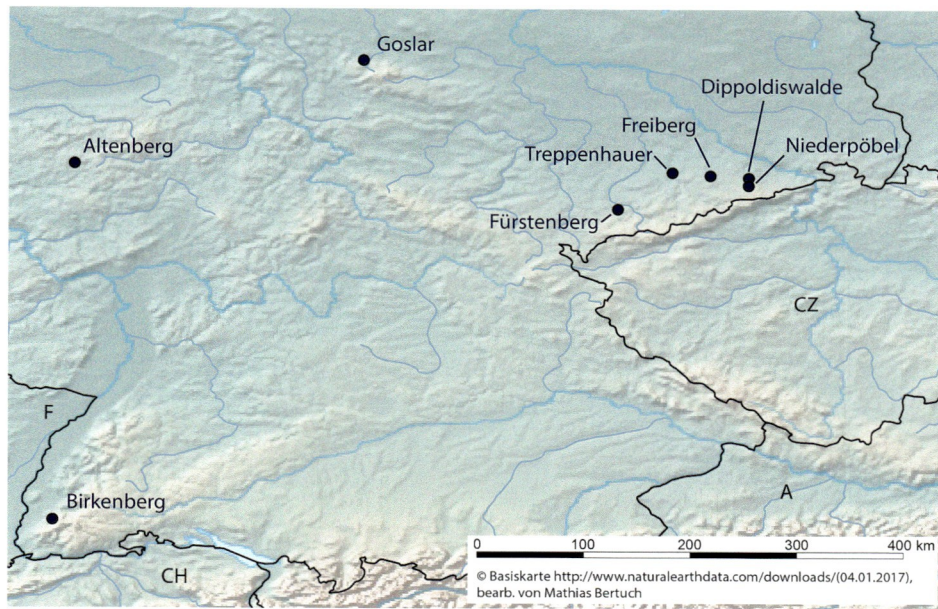

Abb. 7 Lage der im Text erwähnten mittelalterlichen Bergbaureviere und -städte in Deutschland.

War ein Landesherr in der glücklichen Lage über reiche Edelmetallvorkommen zu verfügen, konnte er nach dem Münz- und dem Bergregal daraus größten wirtschaftlichen Nutzen ziehen. Das Münzregal ist das Recht, die Währung, die Zählweise und den Edelmetallgehalt der Münzen festzulegen; das Bergregal sicherte dem Herrscher oder regierenden Landesherrn das Vorkaufsrecht an allen Edelmetallen, die in seinem Territorium gefördert wurden. Wenn sich die Kassen des Regalherrn leerten, konnte dieser das Edelmetall unter seinem üblichen Marktwert ankaufen, die Münzen jedoch mit einem immer geringer werdenden Edelmetallgehalt ausprägen lassen (Abb. 8). Die Differenz war sein Gewinn. Dies nannte man Schlagschatz.

Das 14. Jahrhundert gilt als eine von Krisen geprägte Epoche,[19] und die Forschung erklärte damit auch den wesentlichen Rückgang der Bergbauaktivitäten in allen mitteleuropäischen Revieren. Exemplarisch sei auf die Klimaverschlechterung in den ersten Jahrzehn-

Abb. 8 Brakteat Burggraf Heinrichs II. (1188–1224) oder Ottos I. (1225–1240) von Dohna.

ten des 14. Jahrhunderts,[20] den Beginn des Hundertjährigen Krieges oder die Pestepidemien, die Mitteleuropa ab den 1350er-Jahren wiederholt erreichten, hingewiesen. Wenngleich ein direkter Zusammenhang des montanwirtschaftlichen Rückgangs für den Freiberger Bergbau mit diesen Ereignissen nicht nachgewiesen werden konnte,[21] reagierten die Landesherren hier, wie auch fast alle anderen Münzherren, auf die wirtschaftlich angespannte Lage, indem sie immer schlechtere Münzen prägen ließen. Dabei wurde der Edelmetallgehalt der einzelnen Münzen verringert und zudem aus der gleichen Edelmetallmenge eine höhere Anzahl geprägt. Infolgedessen begann die Bevölkerung damit, die alten hochwertigen Münzen zu horten. Und so fand das Silber in Form von Münzen teilweise wieder den Weg zurück unter die Erde.

Mittelalterlicher Bergbau im Kontext archäologischer Forschung

Seit vielen Jahrzehnten werden in den oben genannten mittelalterlichen Bergbaurevieren montanarchäologische Forschungen (Abb. 9) durch die jeweils zuständigen Landesämter und Universitäten durchgeführt. Für den Harz kann bereits sehr früh von einem kontinuierlichen bergbaulichen Abbau von Silber, Kupfer und Blei ausgegangen werden. Der Oberharz lieferte vor allem Silber und Blei, der Rammelsberg bei Goslar insbesondere Kupfer, nach jüngsten Studien seit dem 12. Jahrhundert auch Blei.[22] Die Arbeitsstelle Montanarchäologie in Goslar untersucht seit einigen Jahren Bergbaurelikte des 12./13. Jahrhunderts im Bereich eines Erzlagers am Rammelsberg. Auch der Schwarzwald war im Mittelalter

Abb. 9 Dokumentationsarbeit in einem mittelalterlichen Bergwerk.

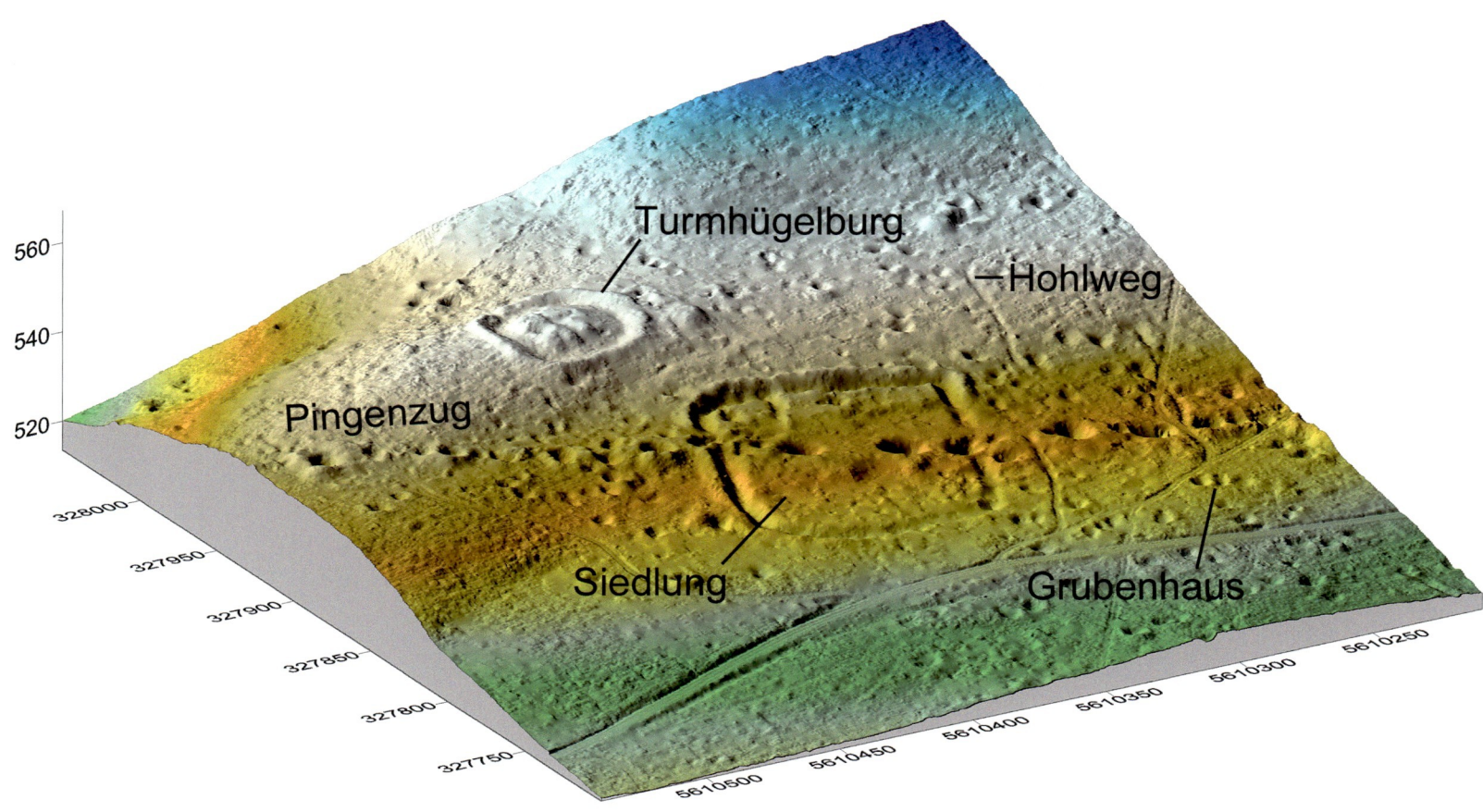

Abb. 10 Im digitalen Geländemodell der heute im Wald liegenden wüsten Bergstadt Fürstenberg (13./14. Jahrhundert) bei Kirchberg im westlichen Erzgebirge sind die rechteckige Wallgraben-Anlage, die oberhalb liegende Turmhügelburg sowie die an den Hohlwegen aufgereihten Grubenhäuser zu erkennen. Die Siedlung wird von einem jüngeren Pingenzug durchschlagen. Es lag im Interesse jedes Grundherrn, den gewinnbringenden Silberbergbau zu schützen und zu kontrollieren.

ein bedeutendes Silberrevier. Hier sei für das 11./12. Jahrhundert Birkenberg bei St. Ulrich/Bollschweil genannt, in dem neben Bergwerken, Halden, einem Verhüttungsplatz und einer Schmiede auch die Ruine der das Revier schützenden Birchiburg untersucht wurde.[23] Ebenso waren das Bergische Land und das Siegerland im Mittelalter wichtige Reviere der Silbergewinnung. Vor allem die Untersuchungen der Bergbausiedlung vom Altenberg bei Müsen im Siegerland aus dem 13./14. Jahrhundert ist von montanarchäologischer Bedeutung,[24] da die Siedlungs- und Bergbaurelikte als Zeugnisse bergmännischer Arbeits- und Lebenswirklichkeit strukturelle Parallelen zu vielen anderen Bergbausiedlungen im Reichsland aufweisen.

Mit der Entdeckung reicher Silbererzvorkommen um 1170 beim späteren Freiberg im Erzgebirge entwickelte sich das Gebiet zu einem der bedeutendsten Bergbaureviere Europas. Damit begann das sogenannte Erste Berggeschrey, das sich schnell auf weitere Reviere im Erzgebirge ausbreitete. Die sächsische Montanarchäologie begann in den 1970-/80er-Jahren mit den Untersuchungen Wolfgang Schwabenickys in Bergbausiedlungen, die ab dem späten 14. Jahrhundert wüst gefallen waren. Herausragend sind seine Arbeiten über die Bergstadt Bleiberg auf dem Hügel des Treppenhauers bei Sachsenburg.[25] In der mit Wall und Graben befestigten Bergbausiedlung lebten im 13./14. Jahrhundert mehrere Hundert Menschen. Der Platz in der Siedlung war knapp, so dass Wohn- und Produktionsstätten, wie beispielsweise Pochplätze, Erzmühlen oder Probieröfen, unmittelbar bei den Bergwerken angelegt wurden. Archäologisch sind hier neben Bergleuten und Erz-Aufbereitern auch Schmiede, Gelbgießer, Töpfer und Händler nachgewiesen, während in anderen Bergbausiedlungen Fleischer, Bäcker und Schuster urkundlich belegt sind (Abb. 10). Die Rolle des Bergbaus bei der Besiedlung des Erzgebirges während des hohen Mittelalters steht im Fokus des Forschungsschwerpunktes ArchaeoMontan beim Landesamt für Archäologie Sachsen.[26] ArchaeoMontan arbeitet daher mit breit aufgestellten methodi-

AUSTAUSCH – WAREN UND WEGE

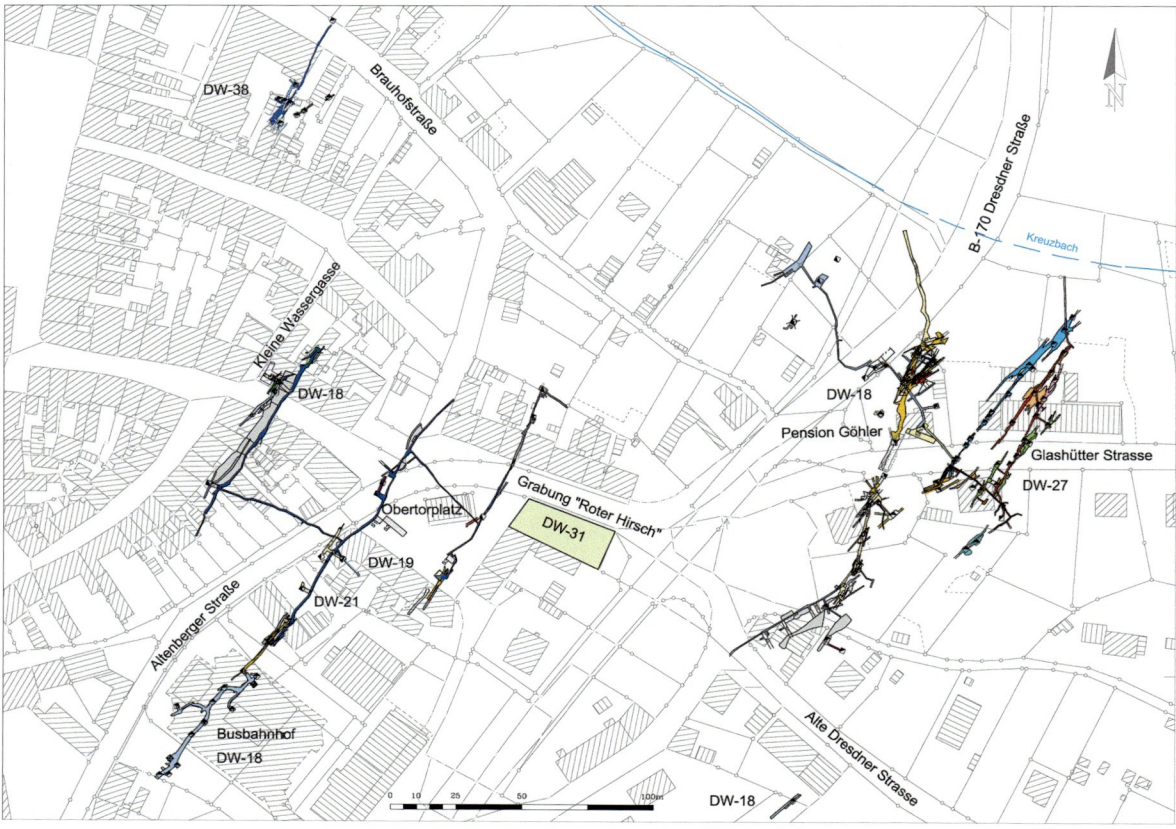

Abb. 11 Die mittelalterlichen Bergwerke beginnen meist fünf bis acht Meter unterhalb der Häuser und Straßen von Dippoldiswalde und reichen derzeit bis in 25 m Tiefe. Sie folgen den von Südwesten nach Nordosten verlaufenden Erzgängen, die mit Querschlägen verbunden sind. Die bis an die Oberfläche reichenden Schächte verursachen Schäden an den Häusern und gefährliche Tagesbrüche, die durch das Sächsische Oberbergamt in Zusammenarbeit mit dem Landesamt für Archäologie Sachsen untersucht werden müssen.

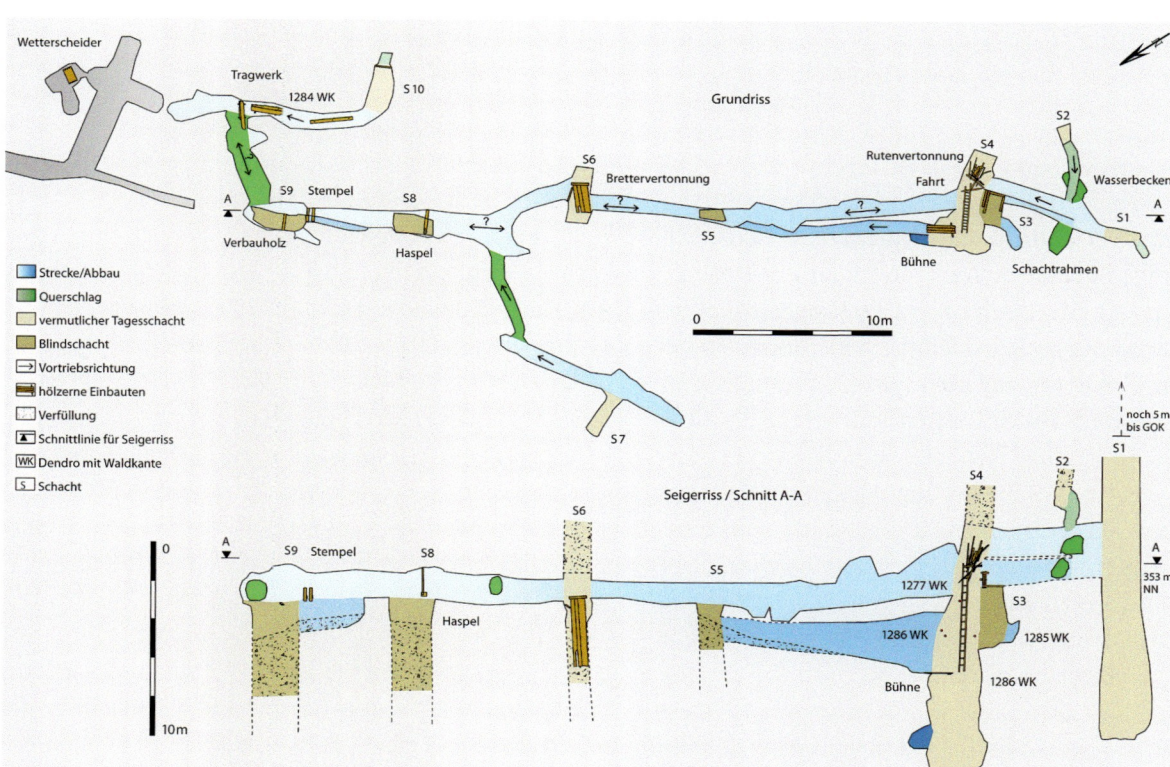

Abb. 12 Unter dem Busbahnhof von Dippoldiswalde erstreckte sich dieses Bergwerk, in dem sich zahlreiche meist hölzerne Einbauten in situ erhalten hatten. Dendrochronologisch kann der Bergbau hier in die Zeit um 1285 datiert werden.

schen Ansätzen grenzübergreifend mit Partnern im böhmischen Teil des Erzgebirges zusammen.[27] Zurück geht dies auf eine der wichtigsten montanarchäologischen Entdeckungen der letzten Jahrzehnte. Angemerkt sei, dass technische oder betriebsorganisatorische Aspekte sowie Berichte bezüglich der eigentlichen Arbeitsvorgänge und Verhältnisse in den Bergwerken und den Bergbausiedlungen in mittelalterlichen Schriftquellen kaum Berücksichtigung fanden. Diese und weitere bisherige Forschungslücken werden mit den Ergebnissen der montanarchäologischen Untersuchungen in neu entdeckten mittelalterlichen Bergwerken in Sachsen mehr und mehr geschlossen. Im Spätherbst des Jahres 2008 konnten in Dippoldiswalde im Osterzgebirge außergewöhnlich gut erhaltene mittelalterliche Silberbergwerke des 12./13. Jahrhunderts archäologisch erschlossen werden (Abb. 11). Nur kurze Zeit später wurden wenige Kilometer entfernt bei Niederpöbel/Schmiedeberg

Abb. 13 Zusammenstellung von bergmännischen Gerätschaften.

Abb. 14 Die Collage von Szenen aus dem rund 300 Jahre jüngeren Kuttenberger Gradual kann einen guten Eindruck vom untertägigen Bergwerksbetrieb im Mittelalter vermitteln.

Abb. 15 Blick in einen Tagesschacht während der Freilegung. In monatelanger, mühevoller Arbeit mit Schlägel und Eisen wurden solche quadratischen bis rechteckigen Schächte von der Tagesoberfläche direkt auf den Erzgang abgeteuft.

weitere mittelalterliche Bergwerke entdeckt. Durch die seitdem kontinuierlich laufenden Untersuchungen ist es nun zum ersten Mal in der europäischen Montanarchäologie möglich, einen umfassenden Einblick in die untertägige Welt des mittelalterlichen Bergbaus zu erhalten (Abb. 12). Als vielversprechend erwies sich neben archäologischer Einordnung und naturwissenschaftlichen Analysen ein Vergleich der weit über eintausend Funde (Abb. 13) und Befunde aus den vor 800 Jahren verlassenen Bergwerken mit bildlichen Darstellungen bergbaurelevanter Inhalte der Zeit um 1500 aus dem böhmischen Kuttenberg (Abb. 14). Neben einer jahrhundertelangen und sich nur wenig verändernden technischen Tradierung zeigen sich teils erstaunliche Übereinstimmungen in der praktischen Umsetzung von Betrieb und Anlage sächsischer und böhmischer Bergwerke. Hier unterscheiden sich die unter Tage verwendeten Geräte, Werkzeuge und Installationen, die Kleidung der Bergleute oder die Morphologie der Abbaustrecken und Schächte kaum. Da die dargestellten Arbeitsszenen unter Tage durch Befunde und Funde aus Dippoldiswalde und Niederpöbel archäologisch belegt sind, können sie für eine genauere Differenzierung der Arbeiten in einem mittelalterlichen Bergwerk herangezogen werden. Hierzu zählen die vertikale (Abb. 15) und die horizontale Befahrung mittels Fahrt und Tragwerk, der Abbau des erzhaltigen Gesteins mit Schlägel und Eisen durch den Hauer, das Zusammenklauben des Erzes mit Kratze und Schaufel, das Auslesen auf dem Pochstein, der Transport mittels Erzmulden zum Füllort durch Bergknechte sowie die För-

Abb. 16 Die oftmals hohen und schmalen Abbaustrecken folgen ausschließlich dem natürlichen Verlauf und der Lage des Erzgangs und bilden seine natürliche Morphologie ab. Wo eine Haspel (Seilwinde) über einem Schacht aufgebaut werden musste, wurde die Strecke aufgeweitet, um Arbeitsraum zu schaffen. Hier haben sich die Unterzüge (Pfuhlbäume) mit den Zapflöchern für die Haspelstützen sowie das Trittbrett für den Haspelknecht erhalten.

derung aus dem Bergwerk durch Haspelknechte über Rutschen, Fahrten und Haspeln (Abb. 16). Andere technische Einbauten dienten der Bewetterung der Bergwerke, das heißt der Zu- und Abführung von Frisch- und Brauchluft, sowie der Trockenhaltung mithilfe hölzerner Rinnenleitungen und komplexer Stollensysteme (Abb. 17). Die Untersuchungen in den mittelalterlichen Bergwerken von Dippoldiswalde und Niederpöbel haben auch ergeben, dass diese sich in ihrer Form und Anlage, ihrer chronologischen Einordnung, in der Abfolge ihrer Betriebsstadien sowie dem Einsatz oder Nichteinsatz von technischen Einbauten und Gerätschaften teilweise deutlich voneinander unterscheiden. Alles weist darauf hin, dass, während in Dippoldiswalde die Gewinnung und Förderung von Silbererzen in vollen Zügen vonstattenging, solche und möglicherweise andere Erze auch in Niederpöbel gesucht, jedoch nicht gefunden wurden. Zumindest in den dort bislang untersuchten Grubengebäuden schien den Bergleuten vor rund 800 Jahren das Fundglück nicht hold gewesen zu sein.[28]

Abb. 17 Blick in eine Haspelkammer von der rechts und links Querschläge abgehen. Im Vordergrund Relikte des Pfuhlbaums. Dahinter in der Abbaustrecke liegen Bretter einer Fahrdielung, um sich trockenen Fußes im Bergwerk zu bewegen. Die aus dem linken Querschlag ragende Rinne ist Teil eines weitverzweigten Systems, das mehrere Bergwerke entwässerte.

1 Brather 2008, 223.
2 Kóčka-Krenz 2000, 203; Brather 2008, 225–226.
3 Friedland – Hollstein 2008, 211.
4 Friedland – Hollstein 2008, 224, und Brather 2008, 223–237.
5 Friedland – Hollstein 2008, 224.
6 Wagner – Wojnicz 2015.
7 Brepohl 1999, 127.
8 Brepohl 1999, 82.
9 Wolters 1986, 46.
10 Wolters 1986, 48.
11 Wolters 1986, 57–58.
12 Brepohl 1999, 129.
13 Brepohl 1999, 44.
14 Heindel 2007, 426.
15 Spazier – Seidl – Schenk 2014/15, 186.
16 Armbruster 2011, 207f.
17 Spufford 1993, 240–263.
18 Einen Überblick zur Entwicklung vgl. Tenfelde – Bartels – Slotta 2012.
19 Dirlmeier – Fouquet – Fuhrmann 2003.
20 Glaser 2001.
21 Burghardt 2018.
22 Bartels – Hemker 2013, 22.
23 Fröhlich – Steuer – Zettler 1999.
24 Dahm – Lobbedey – Weisgerber 1998.
25 Schwabenicky 2009, 21–171.
26 Das Projekt ArchaeoMontan wird finanziell unterstützt vom Europäischen Fonds für regionale Entwicklung im Rahmen des Kooperationsprogramms zur Förderung der grenzübergreifenden Zusammenarbeit zwischen dem Freistaat Sachsen und der Tschechischen Republik 2014–2020.
27 Hemker 2014.
28 Schröder 2015.

Kostbarer Schmuck vom Marktplatz.
Der Schatzfund von Fürstenberg an der Havel

Stefan Krabath

Bei einer stadtarchäologischen Untersuchung in Fürstenberg an der Havel konnte auf dem ehemaligen Marktplatz in einer humosen Schicht direkt über dem Pflaster ein bedeutender Goldschatz geborgen werden. Das Ensemble von Münzen und Schmuckstücken war während des Dreißigjährigen Krieges (1618–1648) in einem Leder- oder Textilbeutel versteckt worden. Leider ist über den ehemaligen Besitzer nichts bekannt.

Die 18 Goldmünzen, die eine Niederlegung in der Zeit nach 1633 wahrscheinlich machen, werfen ein Licht auf die wirtschaftlichen Bezüge Fürstenbergs in der Zeit um 1600: Zu den Prägestätten gehören Friesland, Geldern, Zwolle, Stettin/Szczecin (Pommern) und Venedig. Hervorzuheben sind Münzen aus dem Osmanischen Reich. Zusammen mit den Geldstücken wurden kostbare Schmuckstücke verborgen, die in vergleichbaren Formen besonders auf Werken der Malerei oder als Totenschmuck in Bestattungen bekannt sind.

Ein Teil der Münzen wurde zuletzt nicht als Zahlungsmittel, sondern als Schmuck verwendet. Die Gepräge waren gerollt, so dass sie wie Perlen auf eine Kette gezogen werden konnten, oder eine kleine Öse am Rand gestattete das Tragen als Anhänger. Gerollte Edelmetallmünzen werden seit der Renaissance gern an Ketten getragen, wie auf zahlreichen Porträts der Zeit zu sehen ist. Von einer derartigen Kette war im Schatzfund lediglich ein einzelnes Glied erhalten. Solche Schmuckstücke besaßen Längen von bis zu mehreren Metern und wurden als höchst repräsentativer Schmuck von Männern und Frauen in zahlreichen Windungen um den Hals getragen. In diesen Kontext reihen sich auch die hervorragend erhaltenen Fingerringe ein. Hervorzuheben ist ein sogenannter Puzzlering, der aus sechs zusammenhängenden Einzelelementen besteht, die mit etwas Geschick als Geduldspiel zu einer geschlossenen Ringschiene zusammengesetzt werden konnten. In zeitgenössischen Quellen wird überliefert, dass ein herabhängendes Einzelelement dieser Ringform als Merkzeichen Verwendung fand. Besonders kostbar wurde ein weiterer Ring mit Ornamenten aus Niello dekoriert. Ein dritter Fingerring zeigt das Motiv der „Handtreue" als Ringkopf: Zu erkennen sind zwei sich greifende Hände, wie sie bei der Gestaltung von Trauringen vom 13. bis zum 19. Jahrhundert häufig Verwendung fanden.

Insgesamt haben wir in Fürstenberg ein selten überliefertes Schmuckensemble vor uns, das von vermögenden Bürgern oder Adeligen in der Zeit um 1600 getragen und in den Wirren des Dreißigjährigen Krieges verborgen wurde. Die archäologischen Funde gestatten dadurch einen Blick in die Lebenswirklichkeit der Menschen in einer Zeit, aus der kaum schriftliche Quellen zur Stadtgeschichte überliefert sind.

Literatur
Krabath – Poremba – Schauer 2012

Abb. 1 Sechs kostbare Schmuckstücke, darunter ein Trauring, ein Fingerring mit Emaildekor und ein Spiralfingerring im Goldschatz von Fürstenberg/Havel. Auch die gerollten Rosenobel dienten als Schmuck.

KONFLIKT

MITEINANDER GEGENEINANDER

Die Schlacht im Tollensetal und ihre Bedeutung für die Geschichte des Krieges

Detlef Jantzen, Thomas Terberger

Krieg und Gewalt gehören zu den scheinbar unvermeidlichen Begleiterscheinungen menschlichen Zusammenlebens. Man kann sie offenbar über längere Perioden zurückdrängen oder auch ganz vermeiden, indem man Regeln definiert und durchsetzt, die eine friedliche Lösung von Konflikten fördern und die Anwendung von Gewalt sanktionieren. Als latente Möglichkeit bleiben Krieg und Gewalt allerdings immer präsent. Während die Gewalt jedoch nach gängiger Auffassung dem Menschen immanent ist, wird der Krieg als eine entwickelte Form der Gewalt verstanden, die erst im Verlauf der Menschheitsgeschichte möglich wurde, weil sie einen bestimmten Organisationsgrad menschlicher Gesellschaften, militärisches Wissen und die Verfügbarkeit von Ressourcen voraussetzt. Die Antwort auf die Frage, seit wann es Krieg gibt, hängt davon ab, wie man ihn definiert.[1] Typische Definitionsmerkmale sind das Maß der Organisation, die Zahl der Teilnehmer und die Frequenz der Gewalt.

Der Begriff „Krieg" ist seit über 3000 Jahren bekannt. Der vielfachen Erwähnung von Kriegen und der angeregten Diskussion über die Natur des Krieges in antiken Schriftquellen[2] steht aber nur eine kleine Zahl archäologischer Fundstellen gegenüber, die tatsächlich als Überreste eines prähistorischen Gewaltkonfliktes verstanden werden können.

Die Fundstellen im Tollensetal und ihre Erforschung

Mit einer Opferzahl von mindestens 133 überwiegend jungen Männern (111 aus den bislang ausgegrabenen Flächen, 22 weitere aus dem Flusslauf, Stand 2016) sind die archäologischen Fundstellen im Tollensetal bei Altentreptow (Landkreis Mecklenburgische Seenplatte, Mecklenburg-Vorpommern) im bronzezeitlichen Europa bislang einzigartig (Abb. linke Seite). Die bisherigen Forschungen deuten darauf hin, dass hier erstmals ein urgeschichtlicher Konflikt physisch nachweisbar ist, der als Krieg angesprochen werden kann.

Die Entdeckung der Fundstellen geht auf den ehrenamtlichen Bodendenkmalpfleger Ronald Borgwardt zurück, der 1996 einen menschlichen Oberarmknochen mit darin steckender Pfeilspitze aus Feuerstein sowie eine hölzerne, etwa siebzig Zentimeter lange Keule aus dem Ufer der Tollense barg. Mit diesen Funden erhielten die Menschenknochen, die gelegentlich zuvor schon im Flusstal entdeckt worden waren, einen vorläufigen chronologischen und inhaltlichen Kontext. Erste, noch im selben Jahr durchgeführte Sondagen zeigten, dass sich vom Ufer aus eine kompakte Fundschicht mit Menschen- und Tierknochen landeinwärts erstreckt, bedeckt von etwa 1,0 bis 1,2 Meter Torf (Abb. 1). Die Erhaltungsbedingungen waren, bedingt durch den hohen Wasserstand im Tal, offensichtlich exzellent. Die Fundstelle wurde zunächst mit Geotextil gegen weitere Erosion geschützt.[3]

linke Seite Spuren eines bronzezeitlichen Krieges: Dicht an dicht liegen die Knochen junger Männer unter der Torfschicht im Tollensetal.

Abb. 1 1996 fanden die ersten Grabungen im Tollensetal statt. Am Fundplatz Weltzin 20 zeigte sich, dass unter dem Torf eine ausgedehnte Fundschicht mit zahlreichen Menschen- und Tierknochen liegt.

Abb. 2 Ab 2010 wurden die Grabungen auf größeren Flächen fortgesetzt. Weltzin 20, Grabung 2012.

Von 2010 bis 2016 war das Tollensetal Gegenstand eines von der Deutschen Forschungsgemeinschaft finanzierten Projektes, dessen Ergebnisse alle Erwartungen übertrafen. Durch zahlreiche Sondagen, Begehungen und Unterwasserprospektionen steht inzwischen fest, dass sich die Überreste des Gewaltkonfliktes aus der Zeit um 1300 v. Chr. über einen mehr als 2,5 Kilometer langen Abschnitt des Tales verfolgen lassen.[4] Die Fundstellen werden flussaufwärts von einer um 1900 v. Chr. errichteten und 600 Jahre später noch vorhandenen und genutzten Wegetrasse begrenzt, die die beiden Talhänge in Form eines Holz-Erde-Dammes, der an manchen Stellen zusätzlich mit Steinen befestigt war, miteinander verband.[5]

Grabungsflächen wurden an drei Stellen geöffnet: Rund 400 Quadratmeter an der Fundstelle Weltzin 20, an der die Fundschicht auf der bronzezeitlichen Oberfläche liegt (Abb. 2), rund 55 Quadratmeter im Bereich der Fundstelle Weltzin 32, an der sich die Fundschicht im bronzezeitlichen Flussbett befindet, und zwei kleine Grabungsflächen von zusammen rund vierzig Quadratmetern im Bereich der Wegetrasse (Abb. 3).[6] Es versteht sich von selbst, dass diese Flächen nur einen geringen Prozentsatz der Gesamtfläche ausmachen. Zusammen mit den Sondagen, Begehungen, Tauchprospektionen, geologischen Bohrungen und anderen naturwissenschaftlichen Untersuchungen haben sie gleichwohl eine Fülle von Informationen über den bronzezeitlichen Gewaltkonflikt und den Zustand des Tales in dieser Zeit geliefert.

Das Flusstal war in der Zeit um 1300 v. Chr. von einer weitgehend offenen Vegetation geprägt, dominiert von Schilf, Gräsern und anderen wasserliebenden Pflanzen. Die Tollense war ein eher flaches Gewässer, umgeben von ausgedehnten Flachwasserbereichen. Ihre Mäander entsprachen bereits weitgehend dem heutigen Verlauf.[7] Die Hänge und auch die angrenzenden Hochflächen waren von lichten Wäldern bestanden. Die schweren Böden der Hochflächen wurden hingegen durch kleine Offenflächen aufgelockert, auf denen Ackerbau und Viehzucht betrieben wurde (Abb. 4).[8]

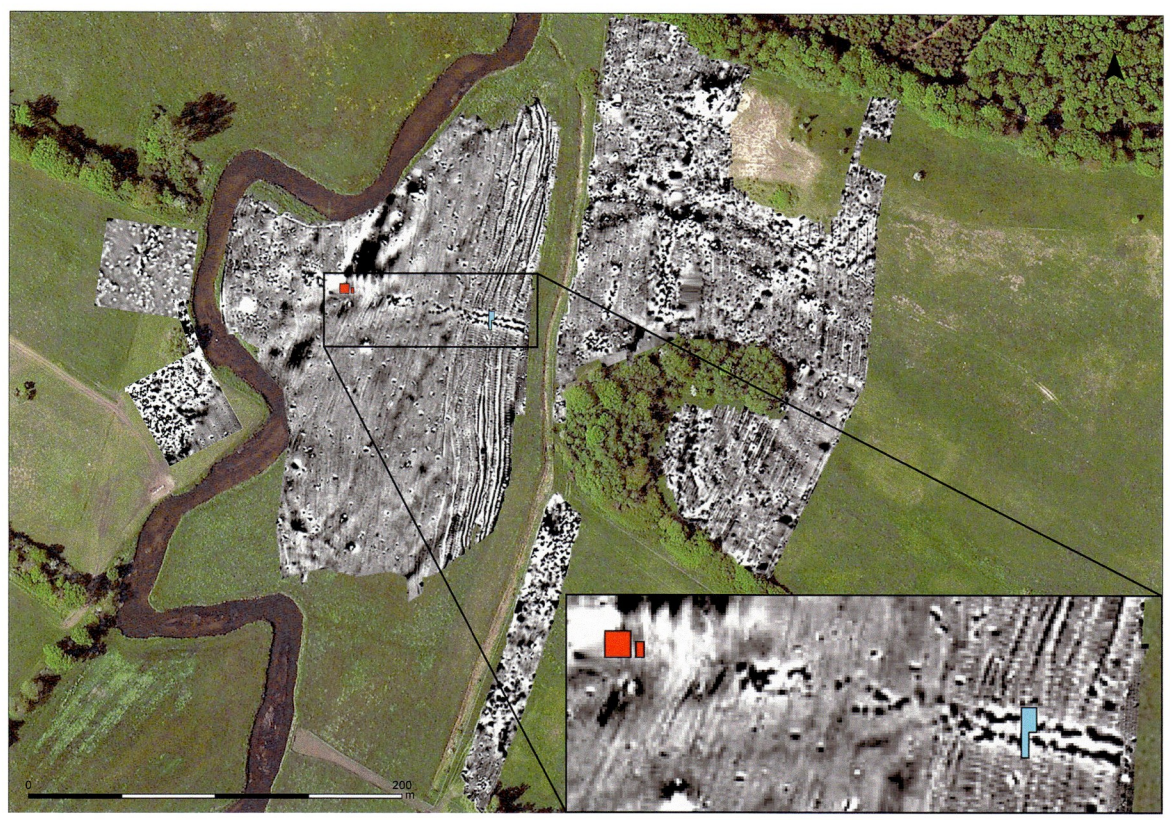

Abb. 3 Die bronzezeitliche Wegetrasse führte durch die Talaue. Sie wurde zunächst geophysikalisch untersucht und anschließend an zwei Stellen freigelegt. Die Grabungsfläche 2013 ist blau markiert, diejenige von 2014 rot.

Abb. 4 Tollensetal, Blick nach Norden (flussabwärts). Rekonstruktion des bronzezeitlichen Landschaftsbildes.

Das Umfeld

Trotz ihrer aus heutiger Sicht geringen Dimensionen spielte die Tollense eine wichtige Rolle als Handelsweg in Nord-Süd-Richtung und umgekehrt. Über die Peene vermittelt sie den direkten Zugang zur Ostsee. In Richtung Süden stellt sie über den Tollensesee und eine kurze Landbrücke die Verbindung zur Quelle der Havel und damit die Anbindung an das mittel- und osteuropäische Flussnetz her. Die gut ausgebaute und über Jahrhunderte instand gehaltene Wegetrasse, die die Tollense im Bereich Weltzin/Kessin quert, zeigt an, dass außerdem ein etabliertes Landwegenetz existierte.

Die regionale Siedlungsstruktur liegt bislang noch weitgehend im Dunklen. Siedlungen aus der Zeit um 1300 v. Chr. sind in der näheren und weiteren Umgebung des Tollensetales bislang nicht bekannt. Das lässt sich ohne Zweifel auf die archäologischen Quellen zurückführen, denn weder die Flintartefakte noch die Keramik dieser Zeit sind so charakteristisch, dass sie eine eindeutige chronologische Zuweisung erlauben. Unter den zahlreichen Fundstellen mit Flintartefakten und Keramikbruchstücken, die durch die Feldbegehungen ehrenamtlicher Bodendenkmalpfleger bekannt geworden sind, mögen sich also durchaus auch Siedlungen der älteren Bronzezeit verbergen. Ohne aufwendige Zusatzuntersuchungen ist diese begründete Vermutung aber nicht zu verifizieren. Die Zahl der Hügelgräber ist in der Umgebung des Tollensetales eher gering, aber auch hier gilt ein quellenkritischer Vorbehalt, denn die fruchtbaren Böden beiderseits des Tales werden seit Jahrhunderten intensiv ackerbaulich genutzt, so dass von einer hohen Verlustrate auszugehen ist. Andererseits ist die Zeitspanne, in der Hügelgräber angelegt wurden, so groß, dass auch eine Prüfung, welche der noch vorhandenen Hügelgräber aus diesem Zeitraum stammen, nur durch aufwendige zusätzliche Untersuchungen möglich wäre.[9]

Im überregionalen Vergleich der Grabbeigaben und Trachtenensembles ist bemerkenswert, dass die Region südlich der Ostsee in der älteren Bronzezeit offenbar durch ein besonders hohes Maß an sozialer Differenzierung geprägt war.[10] Es liegt nahe, dieses Phänomen damit zu erklären, dass eine Oberschicht („Elite") wegen ihrer Beteiligung am (Fern-)Handel und/oder durch die Kontrolle der Verkehrswege über besondere Macht und einen privilegierten Zugang zu Ressourcen verfügte. Wie genau diese „Elite" organisiert war und ob andere Gruppen der Bevölkerung von ihr abhängig waren, ist weitgehend spekulativ. Sie scheint jedoch über hinreichend Macht verfügt zu haben, um Bauwerke wie die Wegetrasse über das Tollensetal errichten zu lassen und diese auch über sehr lange Zeiträume instand zu halten.[11]

Der Konflikt und seine Beteiligten

In diesem Umfeld kam es offenbar in der Zeit um 1300 v. Chr. im Tollensetal zu einem Gewaltkonflikt von beachtlicher Dimension. Vorsichtige Hochrechnungen lassen erahnen, dass daran mehrere Hundert, wenn nicht gar Tausende überwiegend junge Männer beteiligt gewesen sind. Die Zahl von mindestens 111 Toten, bezogen auf bislang 455 Quadratmeter Grabungsfläche, zeigt nur einen kleinen Ausschnitt des Gesamtgeschehens. Die tatsächliche Opferzahl dürfte um ein Vielfaches höher zu veranschlagen sein. Nimmt man optimistisch an, dass mit den 455 Quadratmetern Grabungsfläche 25 Prozent des Gesamtgeschehens erschlossen wurden, ergibt sich eine Mindestopferzahl von 444. Dieser muss eine unbekannte Zahl nicht getöteter Konfliktteilnehmer hinzugerechnet werden. Eine Gesamtteilnehmerzahl von 2000 Männern erscheint vor diesem Hintergrund nicht unrealistisch, auch höhere Zahlen sind denkbar.[12]

In einer wahrscheinlich sehr dünn besiedelten Landschaft lassen sich Gruppen dieser Größe und Zusammensetzung nicht ohne weiteres mobilisieren. Besonderes Interesse gilt deshalb der Frage, aus welcher Region die Getöteten stammen. Analysen der Strontium-Isotopen haben zwar keine eindeutige regionale Verortung einzelner Individuen ermöglicht, aber alles deutet gegenwärtig darauf hin, dass es sich um eine inhomogen zusammengesetzte Gruppe handelte. Ihre Angehörigen können teils lokaler Herkunft sein, zum überwiegenden Teil jedoch scheinen sie aus verschiedenen Regionen sehr unterschiedlicher naturräumlicher Prägung zu stammen.[13] Dieser Befund widerspricht allen allzu einfachen Interpretationen („Einheimische vs. Einwanderer") und wirft die Frage auf, mit wem wir es bei den Getöteten überhaupt zu tun haben.

Bislang gibt es keine sicheren Hinweise darauf, dass sich auch Frauen unter den Getöteten befinden. Das ist bei einer Mindestindividuenzahl von über 130 durchaus bemerkenswert und von statistischer Bedeutung. Die Altersverteilung zeigt einen deutlichen Schwerpunkt in der Altersgruppe von 20 bis 29 Jahren. Wenige Individuen waren jünger oder auch älter. Ihr allgemeiner Gesundheitszustand war durchweg gut. Abgesehen von alterstypischen Degenerationserscheinungen (Arthrose) am Skelett und kariösen Infektionen fallen vor allem verheilte Altverletzungen auf. In der Regel sind dies unspezifische Knochenbrüche. In einigen Fällen handelt es sich jedoch um Stichverletzungen im Beckenbereich, die von Projektilen herrühren können, und um Keulenschläge gegen den Kopf (Abb. 5).[14] Einige der 133 Getöteten waren also bereits früher mit Nahkampfwaffen angegriffen worden und/oder hatten einen Beschuss mit Pfeilen erlebt. Sie könnten also durchaus schon früher an Gewaltkonflikten teilgenommen haben, obwohl auch Überfälle oder Jagdunfälle nicht ganz auszuschließen sind.

Die Getöteten waren gut ernährt und zeigten bei einer durchschnittlichen Körpergröße von 1,66 Meter und einem mittleren Gewicht von 67 Kilogramm kaum Mangelerscheinungen. Mehrere Individuen weisen hohe ^{13}C-Werte auf, die auf den Konsum von Hirse schließen lassen – einer schon damals auch im südlichen Ostseeraum angebauten sehr mineralstoffreichen Kulturpflanze. Ihrem Knochenbau nach zu urteilen waren die Männer muskulös und gut trainiert. Ein Vergleich von Größe und Robustizität der Oberarme zeigt eindeutig die Bevorzugung der rechten Seite. Belastungsmarker und Degenerationserscheinungen finden sich eher in den unteren Körperpartien und am Rücken. Vermutlich sind die Getöteten also viel gelaufen und haben Lasten getragen. Etliche Individuen weisen Hockerfacetten auf, haben also in ihrem Leben viel Zeit in hockender Stellung verbracht. In mehreren Fällen kommen erstaunlicherweise auch sogenannte Reiterfacetten vor. Diese Menschen können also schon regelmäßig geritten sein; allerdings entstehen solche Facetten auch bei anderen Tätigkeiten.

Leider kennen wir keine zeitgleichen Bevölkerungsgruppen, mit denen wir die Individuen aus dem Tollensetal vergleichen könnten. Nirgendwo sonst ist bislang eine ähnlich große Knochenserie aus der Zeit um 1300 v. Chr. in vergleichbar gutem Erhaltungszustand ausgegraben worden. Wir wissen also nicht, wie verbreitet Hocker- oder Reiterfacetten in der älteren Bronzezeit in Europa waren, ob die Getöteten aus dem Tollensetal besonders groß oder klein waren und ob ihr Gesundheitszustand eher durchschnittlich oder außergewöhnlich gut war. Wir können nur feststellen, dass die hier getöteten Individuen keinen zufälligen Ausschnitt einer Bevölkerung darstellen, weil Frauen fehlen und bestimmte Altersgruppen unterrepräsentiert sind, und dass sie über Eigenschaften verfügten, die sie für den Kampf sehr geeignet machten.[15]

In welcher Rolle die Getöteten in den Kampf gegangen sind, entzieht sich unserer Kenntnis. Wir wissen streng genommen nicht einmal, ob sie bewaffnet waren. Auch wenn im Tollensetal eine Reihe von Waffen gefunden wurde, so lässt sich doch keine davon sicher einem bestimmten Toten zuordnen, weil die Waffen zum Großteil aus dem Fluss geborgen wurden. Bei den wenigen Ausnahmen, die aus der Fundschicht auf der bronzezeitlichen Oberfläche stammen, handelt es sich durchweg um Projektile, die in den Körpern der Getöteten steckten

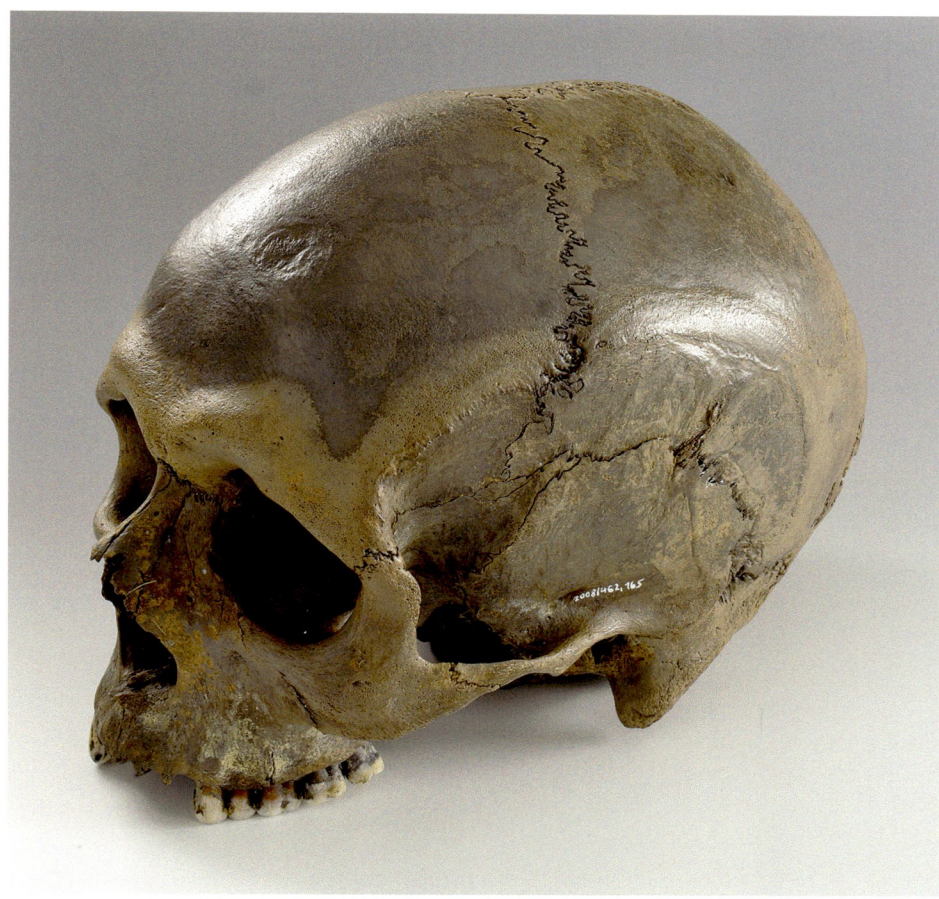

Abb. 5 Schädel eines Mannes vom Fundplatz Weltzin 32 mit verheilter Verletzung im Stirnbereich. Ursache der Fraktur war offenbar ein Schlag mit einer Keule.

KONFLIKT – MITEINANDER GEGENEINANDER

Abb. 6 Ausschnitt aus der Fundschicht am Fundplatz Weltzin 20. Vor den Knochen steckt eine Pfeilspitze aus Feuerstein im Boden.

(Abb. 6). Abgesehen davon ist die Fundschicht auf der bronzezeitlichen Oberfläche so gut wie metallfrei, was zum Beispiel durch eine religiös oder profan motivierte Plünderung erklärt werden kann. Vielleicht handelt es sich bei den Waffen aus dem Fluss um genau diejenigen, die den Getöteten abgenommen worden waren, um sie als eine Art Waffenopfer zu versenken.[16] Ähnliche Handlungen kennen wir aus jüngerer Zeit von den skandinavischen Mooropferplätzen, in denen ganze Heeresausrüstungen versenkt worden sind (siehe auch Beitrag Carnap-Bornheim).

Möglicherweise handelt es sich bei den Getöteten aus dem Tollensetal sowohl um Angreifer als auch um Angegriffene. Das könnte insbesondere für die Individuen gelten, die aus dem Flussbett geborgen wurden. Während es für die Sieger ohne weiteres möglich war, ihre auf der bronzezeitlichen Oberfläche liegenden Toten zu bergen und an anderer Stelle ordentlich zu bestatten, war dies bei denjenigen, die in den Fluss gestürzt und auf den Grund gesunken waren, nicht möglich. Die Toten aus der Grabungsfläche im bronzezeitlichen Flussbett (Weltzin Fpl. 32) zeigen jedoch gegenüber denjenigen aus der Grabungsfläche auf der bronzezeitlichen Oberfläche keine signifikanten Abweichungen – weder in ihren körperlichen Eigenschaften noch in ihrem Verletzungsspektrum.

Die Folgen des Kampfes

Bezogen auf die Grabungsfläche an der Fundstelle Weltzin 20 sind für eine Mindestzahl von 83 Individuen inzwischen 79 Verletzungen an Knochen nachgewiesen (Stand 2016). Auf wie viele Personen sich diese Verletzungen verteilen, lässt sich nicht sicher angeben, da die Knochen nicht im anatomischen Verband, sondern in mehr oder weniger ungeordneter Streuung auf der bronzezeitlichen Oberfläche lagen. Es ist bislang nur in einer begrenzten Zahl von Fällen gelungen, aus dieser Knochenstreuung Teil- oder annähernd vollständige Skelette zusammenzusetzen. Nur bei diesen lässt sich mit Gewissheit feststellen, wie viele Verletzungen das betreffende Individuum erlitten hatte. Beispielsweise zeigt das fast vollständige Skelett eines etwa 45 bis 55 Jahre alten Mannes zwei unverheilte Verletzungen.

Das Spektrum der Waffen, die für die Verletzungen am Skelett ursächlich waren, ist durchaus vielfältig. Dominierend sind Stich- und Schnittverletzungen. Sie können sowohl durch Fernwaffen wie Pfeile oder Lanzenspitzen als auch durch Nahkampfwaffen wie Dolche oder Messer verursacht worden sein. In einigen Fällen ist die Identifizierung einfach, weil die Projektile noch im Knochen stecken (Abb. 7), aber auch die Detailanalyse der Verletzungsspuren erlaubt in etlichen Fällen eine sichere Bestimmung des jeweiligen Projektiltyps. So lässt sich feststellen, dass ungefähr die Hälfte der insgesamt rund fünfzig Stich- und Schnittverletzungen auf Pfeilspitzen zurückzuführen sind. Deutlich geringer sind die Zahlen der durch Schläge mit einer Keule verursachten Schädelfrakturen und der durch Schwerter beigebrachten Hiebverletzungen. Diese beiden Verletzungsarten spiegeln ein typisches Nahkampfgeschehen. Innerhalb der bislang untersuchten Ausschnitte der Fundschicht zeigen sich keine unmittelbar auffälligen Schwerpunkte bestimmter Verletzungsarten.

Die inzwischen zahlreichen nachgewiesenen Verletzungen genügen jedoch nicht, um den Tod aller bislang geborgenen Individuen zu erklären, zumal viele der Verletzungen nicht unmittelbar tödlich waren und auch mit Mehrfachverletzungen zu rechnen ist. Allerdings hinterlässt längst nicht jede Verletzung Spuren am Skelett. Den nachgewiesenen Verletzungen muss also eine mindestens genau so große Zahl von solchen hinzugerechnet werden, die keine Spuren am Skelett hinterlassen

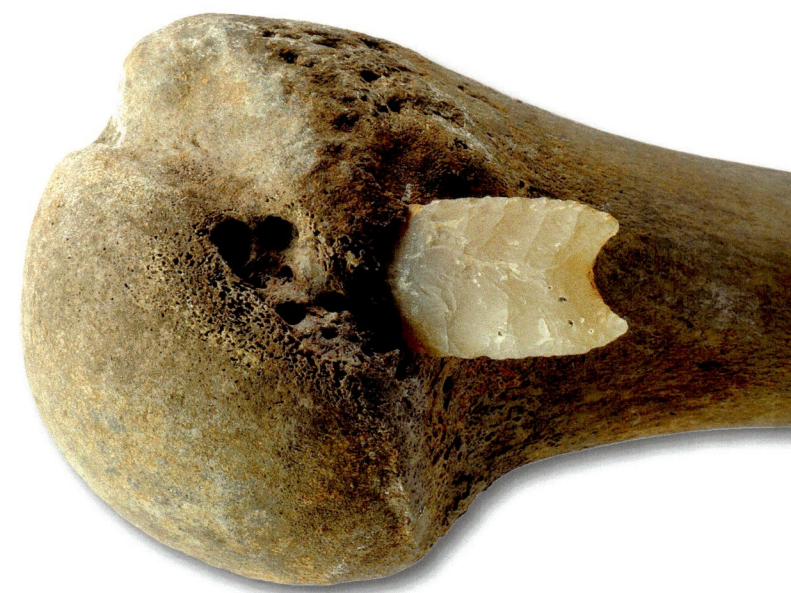

Abb. 7a Schädel eines Mannes vom Fundplatz Weltzin 20. Eine bronzene Pfeilspitze ist mit großer Wucht in den Hinterkopf eingedrungen.

Abb. 7b Oberarmknochen mit darin steckender Pfeilspitze aus Feuerstein vom Fundplatz Weltzin 20.

haben.[17] Unter dieser Voraussetzung ist es durchaus plausibel, dass alle nachgewiesenen Individuen an Ort und Stelle getötet wurden.

Die im Tal gefundenen Waffen entsprechen exakt dem Spektrum der Verletzungen. Aus dem Flusslauf und den Grabungsflächen stammen über fünfzig bronzene Tüllenpfeilspitzen und mehr als zehn Pfeilspitzen aus Feuerstein. Lanzenspitzen, Dolchklingen, Messer, Schwerter und drei hölzerne Keulen wurden aus den Sedimenten des Flusses und an dessen westlichem Ufer geborgen.[18] Im Tollensetal starben offenbar auch mindestens fünf Pferde. Ihre Überreste wurden zwischen den Menschenknochen an der Fundstelle Weltzin 20 freigelegt. Leider lassen ihre Skelette weder die Todesursache erkennen noch zeigen sie charakteristische Belastungsmuster. Es ist also bislang nicht zu entscheiden, ob sie als Reit-, Pack- oder Zugtiere genutzt wurden oder ob sie als „Handelsware" zu betrachten sind.[19] Die an den menschlichen Skelettresten beobachteten Reiterfacetten zeigen aber, dass eine Nutzung des Pferdes als Reittier in der älteren Bronzezeit in Betracht zu ziehen ist.

Dauer und Szenario des Konfliktes

Die Einheitlichkeit der Fundschicht, die Gleichartigkeit des Verletzungsspektrums und die naturwissenschaftlichen Datierungen sprechen dafür, dass die Ereignisse im Tollensetal in einem kurzen Zeitraum stattfanden. Eine umfangreiche Serie von ^{14}C-Datierungen zeigt einen deutlichen Schwerpunkt in der Zeit zwischen 1300 und 1250 v. Chr., wobei einzelne „Ausreißer" auch frühere Datierungen geliefert haben. Das betrifft sowohl Menschenknochen als auch eine der Holzkeulen und hölzerne Schaftreste in den Tüllen der Bronzepfeilspitzen. Bei den Menschenknochen können die Abweichungen mit dem Reservoir-Effekt erklärt werden, der durch die Aufnahme bestimmter Nahrungsmittel wie Fisch entsteht. Für die Holzkeule und die Pfeilschäfte wurde Kernholz verwendet, das naturgemäß älter datiert als der Zeitpunkt der Holzverarbeitung. Nach gegenwärtigem Forschungsstand spricht deshalb nichts dagegen, die Fundstellen im Tollensetal als Zeugnisse eines großen Gewaltkonfliktes von kurzer Dauer zu interpretieren.[20]

Das Kampfszenario lässt sich anhand der bislang durchgeführten Untersuchungen recht detailliert beschreiben. Die Kernzone des Geschehens erstreckt sich von der Wegetrasse etwa einen Kilometer flussabwärts und konzentriert sich auf die in der Zeit um 1300 v. Chr. vergleichsweise feste Talaue westlich der Tollense. In dieser Kernzone kamen Fern- und Nahkampfwaffen zum Einsatz. Der Bezug zur Wegetrasse dürfte kein Zufall sein: Der Knotenpunkt zwischen Wasser- und Landweg besaß ohne Zweifel strategische Bedeutung, da er eine Bündelung des Landverkehrs erzwang und auch die Kontrolle des Verkehrs auf dem Fluss ermöglichte. Vielleicht ging es in

KONFLIKT – MITEINANDER GEGENEINANDER

dem Konflikt darum, die Macht über diesen Ort zu erlangen. Vielleicht wurde der Ort aber auch nur gewählt, weil er sich als verkehrsgeographischer Zwangspunkt besonders gut für einen Angriff auf eine Gruppe eignete. In jedem Fall blieben am Ende des Kampfgeschehens zahlreiche Tote im Tal zurück – und zwar sowohl in der feuchten Talaue westlich des Flusses als auch im Fluss selbst.

Nach dem Konflikt

Diese Situation war jedoch keineswegs statisch, sondern unterlag in der Folgezeit verschiedenen Aktivitäten und Veränderungen. Bereits kurze Zeit nach dem Ende des Kampfgeschehens muss das Schlachtfeld geplündert worden sein. Es kann vorausgesetzt werden, dass die getöteten Männer anfangs zumindest noch einzelne bronzene Trachtbestandteile, Gebrauchsgegenstände oder Waffen bei sich hatten. Die in der westlichen Talaue liegenden Toten sind offenbar aller Metallgegenstände beraubt worden. Lediglich ein Ring aus dünnem Bronzeblech und einige in den Körpern der Toten steckende Pfeilspitzen blieben zurück.[21] Daraus lässt sich schlussfolgern, dass die Plünderung zu einem Zeitpunkt geschah, als die Toten noch nicht skelettiert waren. Etwas später, möglicherweise zu einem Zeitpunkt, als der Zerfall der Leichen in einzelne Körperpartien bereits eingesetzt hatte, scheinen die Überreste der Toten dann in Haufen zusammengetragen worden zu sein.[22] Dafür spricht, dass die Knochen in der Fundschicht in räumlich abgegrenzten „Clustern" angetroffen wurden, die jeweils die mehr oder weniger vollständigen Überreste mehrerer Individuen enthalten. Die Kadaver der Pferde wurden in gleicher Weise behandelt. Womöglich wurden die Knochenanhäufungen mit Erde bedeckt, denn an den Knochen finden sich kaum Fraßspuren von Tieren.

Zu den Handlungen nach dem Ende des Kampfgeschehens mag auch die Niederlegung von Metallgegenständen im Fluss gehört haben. Möglicherweise war schon mit den geplünderten Metallgegenständen (s. o.) so verfahren worden. Eventuell wurden aber auch längere Zeit nach dem Kampf noch Metallgegenstände im Fluss deponiert. Das Flusstal als „Ort des Schreckens" konnte zweifellos als besonders geeignetes Umfeld für religiös motivierte Opferungen erscheinen. In diesem Kontext sind vielleicht die Fundensembles von Golchen 18 (Klinge eines Kurzschwerts, zwei Absatzbeile, Knopfsichel, Punze, zwei Tüllenhämmer, Steckamboss, Gusszapfen, Ösenknopf, Bronzestab)[23], Kessin 12/Weltzin 13 (Absatzbeil, Gefäß, Treibamboss, Plattenfibel, Messer, Halbfabrikate von Armringen, Fragmente von weiteren Gegenständen, u. a. Schwert und Knopfsichel)[24] und Wodarg 3 (Schwert, Armring, zwei Knopfsicheln, Tutulus, vgl. Abb. 8) zu sehen. Für diese Fundensembles ist aber auch nicht auszuschließen, dass sie mit den Getöteten in den Fluss gefallen oder nach deren Plünderung versenkt worden waren. In diesen Fällen würden sie eine zusätzliche hochinteressante Information über die Getöteten liefern, weil sie deren ursprünglichem Besitz zugerechnet werden könnten.

Abb. 8 Fundensemble aus der Tollense vom Fundplatz Wodarg 3: Schwert, Armring, Knopfsichel und Tutulus lagen dicht beieinander.

Wer starb im Tollensetal?

Bereits die Vergesellschaftung von Menschenknochen und Metallgegenständen an der Fundstelle im bronzezeitlichen Flussbett (Weltzin 32) ließ vermuten, dass die Getöteten nicht nur Trachtbestandteile, sondern auch Handelsgüter und weitere Metallgegenstände bei sich hatten.[25] Als Handelsgüter sind vor allem die Zinnringe aus der Untersuchung an der Fundstelle Weltzin 32 anzusprechen (Abb. 9).[26] Sie zeigen außerdem einen klaren Bezug zur Metallverarbeitung, ähnlich wie die Fundensembles von Golchen und Kessin und einige weitere Fundstücke aus der Tollense. Könnte es also sein, dass sich unter den Getöteten mehrere Männer befanden, die Metall verarbeiteten? Die außergewöhnliche Häufung von Funden mit Bezug zur Metallverarbeitung im Bereich des Kampfgeschehens legt diese Möglichkeit zumindest nahe.

Ein weiterer interessanter Aspekt ist die Vergesellschaftung von Menschenknochen und einem goldenen Spiralring, ebenfalls an der Fundstelle im bronzezeitlichen Flussbett (Weltzin 32). Aus dem Bereich des Kampfgeschehens im Tollensetal und etwa einen Kilometer nördlich davon stammen noch drei weitere solcher Goldringe (Abb. 10), geborgen aus ausgebaggerten Flusssedimenten.[27] Vergleichbare Goldringe gehören zum typischen Inventar besonders reich ausgestatteter Männer- und Frauengräber der älteren Bronzezeit.[28] Die Rolle des Goldes als Zeichen der Macht und der Zugehörigkeit zu einer gesellschaftlichen Oberschicht („Elite") ist offenbar

Abb. 9 Gewundene Ringe aus Zinn, Durchmesser etwa 26–27 bzw. 30–32 mm vom Fundplatz Weltzin 32.

Abb. 10 Drei Goldspiralringe aus dem Tollensetal.

fester Bestandteil der bronzezeitlichen Vorstellungswelt. Die Häufung goldener Spiralringe im Tollensetal wirft die Frage auf, ob Angehörige der „Elite" am Kampfgeschehen beteiligt waren und wenn ja, in welcher Rolle. In jedem Fall kann man konstatieren, dass es offenbar einen Bezug zwischen der mächtigen „Elite" und dem Kampfgeschehen im Tollensetal gibt.

Auch wenn in den letzten Jahren umfassende interdisziplinäre Anstrengungen unternommen worden sind, um die Fundstellen im Tollensetal zu erforschen und die ihnen zugrunde liegenden Ereignisse aufzuklären, geben die am Konflikt beteiligten Menschen(gruppen) noch eine Reihe von Rätseln auf. Gleiches gilt für die gesellschaftlichen, wirtschaftlichen und politischen Strukturen, die den Rahmen des Geschehens bildeten. Ganz sicher vermitteln die Fundstellen im Tollensetal aber einen bislang einzigartigen Einblick in die Geschichte des Krieges.

So fern und doch so nah

Auf der Suche nach annähernd zeitgleichen Konflikten, die einen Vergleich mit den Ereignissen im Tollensetal ermöglichen, muss man den Blick bis ans östliche Mittelmeer schweifen lassen. 1274 v. Chr. kämpfte eine Armee des hethitischen Königs Muwatalli II. gegen eine Armee des ägyptischen Pharaos Ramses II. um den Grenzort Kadesch im heutigen Syrien, der an einem Flussübergang lag. Über die Schlacht von Kadesch sind wir durch Schrift- und Bildquellen recht gut informiert. Daraus lässt sich ableiten, dass diese Armeen aus mehreren Zehntausend Männer starken, bestens organisierten und trainierten, nach Kampfeinheiten untergliederten Verbänden bestanden, die über eine differenzierte Waffenausrüstung, Schutzkleidung und Streitwagen verfügten. Den Oberbefehl führte der jeweilige Zentralherrscher selbst, der sowohl über die nötige Macht als auch über das Einzugsgebiet verfügte, um eine große Zahl von Männern seinem Befehl zu unterstellen und ihre Versorgung, Ausbildung und Ausrüstung sicherzustellen.[29]

So wenig die Schlacht von Kadesch und der Konflikt im Tollensetal im Detail vergleichbar sind, liefern die Beschreibungen der Erstgenannten doch zwei Erkenntnisse: Zum einen zeigen sie, dass in der Welt des 13. Jahrhunderts v. Chr. die Machtstrukturen und Organisationsmodelle für einen Krieg grundsätzlich vorhanden waren. Angesichts der weitgespannten Handelsbeziehungen, die vom Mittelmeer bis an die südliche Ostsee-

Abb. 11 Der bronzene Mündungsbeschlag des im 19. Jahrhundert gefundenen „Horns von Wismar" ist reich verziert. Dieser Ausschnitt zeigt rechts und links jeweils eine Darstellung eines Kriegers mit Schild und Lanze, dazwischen ein Schiff.

küste und weiter bis in den Norden reichten, erscheint es nicht ausgeschlossen, dass auch dieses Wissen über solche Entfernungen ausgetauscht werden konnte.[30] Zum anderen bestätigen sie, dass Kriegshandlungen mit mehreren Tausend Teilnehmern, wie wir sie im Tollensetal annehmen können, ein hohes Maß an Organisation und Macht voraussetzen. Wir dürfen und müssen also unterstellen, dass es auch an der südlichen Ostseeküste solche Machtstrukturen gab, auch wenn wir sie erst zu geringen Teilen verstehen.

Kein friedliches Zeitalter

Dass auch den Menschen an der südlichen Ostseeküste Krieg und Konflikt nicht fremd waren, zeigen die Darstellungen auf dem Mündungsbeschlag des älterbronzezeitlichen „Horns von Wismar":[31] Sie umfassen nicht nur mehrere Schiffe, sondern auch zwei mit Lanze und Schild ausgerüstete Krieger (Abb. 11). Vielleicht müssen wir uns das 13. Jahrhundert v. Chr. als eine Zeit vorstellen, die weit stärker von Konflikten geprägt war, als es bislang den Anschein hatte. Die tiefgreifenden Umbrüche, die sich damals in großen Teilen Europas im Wandel der Bestattungssitten und im Rückgang des Warenaustausches – ablesbar vor allem an der Verknappung der Bronze im Norden – äußern, können als weiteres Indiz für diese Annahme verstanden werden. Der Gewaltkonflikt im Tollensetal mag in dieser Zeit nur einer von vielen gewesen sein. Seine Spuren blieben erhalten, weil er in einem Flusstal stattfand und das Moorwachstum schnell genug einsetzte, um die organischen Materialien bis in unsere Zeit zu konservieren. Andere Konflikte, die auf trockenem Boden ausgetragen wurden, sind als archäologische Überlieferung verloren oder kaum noch identifizierbar. In jedem Fall müssen wir feststellen, dass die Geschichte des Krieges mindestens bis in die ältere Bronzezeit zurückreicht.

1 Meller 2015, 19 ff.
2 Eich 2015, 11.
3 Jantzen 2014.
4 Jantzen – Terberger 2016.
5 Lidke – Terberger – Jantzen 2015, 340; Jantzen u. a. 2017.
6 Jantzen u. a. 2017, 24 ff.
7 Lorenz u. a. 2014, 37 ff.
8 Lorenz u. a. 2014, 46 ff.
9 Dombrowsky 2014, 133.
10 Schmidt 1997; Schmidt 2004; Endrigkeit 2014.
11 Jantzen u. a. 2017.
12 Lidke – Terberger – Jantzen 2015, 343; Terberger u. a. 2018.
13 Price u. a. 2017.
14 Brinker u. a. 2015, 349.
15 Brinker u. a. 2015, 34; Lidke – Terberger – Jantzen 2015, 343.
16 Lidke – Terberger – Jantzen 2015, 345.
17 Brinker u. a. 2015, 350.
18 Jantzen – Terberger 2016; Dombrowsky 2014; Dombrowsky 2017; Klooß – Lidke 2014.
19 Lidke – Terberger – Jantzen 2015, 343.
20 Terberger – Heinemeier 2014; Lidke – Terberger – Jantzen 2015, 342; Jantzen – Terberger 2016; Terberger u. a. 2018.
21 Lidke – Terberger – Jantzen 2015, 342.
22 Lidke – Terberger – Jantzen 2015, 344–345.
23 Schmidt 2014.
24 Jantzen u. a. 2017, 17 Abb. 4.
25 Krüger – Nagel – Nagel 2014, 68 ff.
26 Krüger u. a. 2012.
27 Lidke – Terberger – Jantzen 2015, 345.
28 Schmidt 1997.
29 Köpp-Junk 2015.
30 Hansen S. 2015, 208–209.
31 Kaul 2015.

Eingefrorene Zeit. Das Harzhorn-Ereignis – Archäologie einer römisch-germanischen Konfrontation 235 n. Chr.

Michael Geschwinde, Petra Lönne, Michael Meyer

Von den großen militärischen Zusammenstößen der Antike[1] sind so gut wie keine archäologisch nachweisbaren Spuren erhalten geblieben.[2] Ursache dafür ist, dass die antiken Heerführer für die Aufstellung ihrer Infanterieformationen und die weiträumigen Bewegungen der Kavallerie freie Flächen bevorzugten, in der Regel die weiten landwirtschaftlich genutzten Ebenen.[3] Diese wurden nach den Kämpfen wieder bestellt, wobei verlorene Waffen und Ausrüstungsteile gefunden und geborgen wurden, bis schließlich der Pflug im Laufe der Jahrhunderte die letzten Relikte unwiederbringlich zerstörte. Gelegentlich sind, wie in Marathon, Grabmonumente der Sieger erhalten, manchmal, wie der makedonische Löwe in Chaeroneia oder das *Tropaeum Traiani* in Adamklissi (Rumänien), von diesen errichtete Denkmäler. Teilweise sich über Jahre hinziehende Belagerungen, wie jene von Alesia oder Masada, bilden eine Ausnahme und haben bisweilen weiträumig Spuren von Schanzen, Gräben, Lagern oder Rampen hinterlassen.

Die Chance, die Aktionen einer antiken Armee im offenen Gefecht archäologisch nachweisen zu können,[4] besteht eigentlich nur dann, wenn der Feind oder die Umstände diese zwangen, sich in einem ungünstigen und entlegenen Terrain zum Kampf zu stellen. Paradebeispiel hierfür ist die Varusschlacht 9 n. Chr., deren umfangreiche Überreste bei Kalkriese in der Nähe von Osnabrück erforscht werden.[5] Im Jahr 251 wurde der römische Kaiser Decius bei Abritus (jetzt Rasgrad im heutigen Bulgarien) von den Goten in ein unwegsames Sumpfgebiet gelockt und verlor bei der anschließenden Schlacht Armee und Leben.[6] Leider sind in Abritus viele Waffen und Ausrüstungsteile von modernen illegalen Plünderern geborgen worden[7] und es gibt bisher keine großflächigen archäologischen Prospektionen. Auf dem Döttenbichl bei Oberammergau im Allgäu wurden bei systematischen Untersuchungen die Spuren der Erstürmung eines indigenen Heiligtums durch römische Legionäre im Zusammenhang mit dem Alpenfeldzug 15 v. Chr. nachgewiesen.[8]

Eine besondere Qualität hinsichtlich ihrer Aussagekraft und Anschaulichkeit besitzen die Funde, die seit ihrer Entdeckung 2008 am Harzhorn bei Northeim (Südniedersachsen) dokumentiert wurden. Über tausend Funde in zwei mehrere Quadratkilometer großen Waldgebieten halten die dramatische Geschichte eines germanischen Überfalls auf eine römische Marschkolonne fest. Es handelt sich also auch dabei um keine offene Feldschlacht, sondern militärisch gesprochen um ein „Gefecht". Um eine möglichst objektive und nicht durch Begrifflichkeiten bereits vorbestimmte Diskussion zu führen, ist es sinnvoll, mit dem neutralen Begriff „Harzhorn-Ereignis" zu operieren. Am Beginn der Entdeckung standen einige verrostete Eisengegenstände, die zwei Sondengänger der Kreisarchäologin in Northeim übergeben hatten.[9]

linke Seite Ensemble römischer Geschossbolzen der Katapultgeschütze.

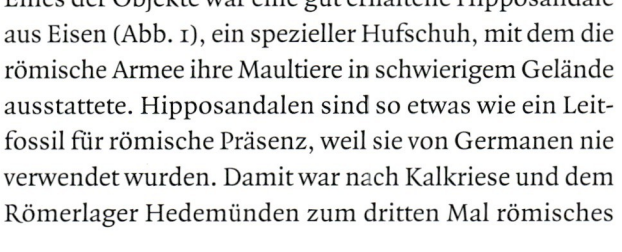

Abb. 1 Römische Hipposandale aus Eisen.

Abb. 2 Römisches *Pilum* der Infanterie mit verbogener Klinge.

Eines der Objekte war eine gut erhaltene Hipposandale aus Eisen (Abb. 1), ein spezieller Hufschuh, mit dem die römische Armee ihre Maultiere in schwierigem Gelände ausstattete. Hipposandalen sind so etwas wie ein Leitfossil für römische Präsenz, weil sie von Germanen nie verwendet wurden. Damit war nach Kalkriese und dem Römerlager Hedemünden zum dritten Mal römisches Militär in Norddeutschland archäologisch direkt belegt.

Die systematischen Prospektionen der folgenden Jahre führten nach detaillierter In-situ-Dokumentation zur Bergung umfangreichen Fundmaterials.[10] Vorwiegend handelt es sich um römische Waffen, darunter viele mit Spuren von Beschädigungen im Kampf. So sind die Klingen zweier römischer *Pila* (Wurfspieße) verbogen (Abb. 2), was ihren Einsatz in der von Cäsar beschriebenen Weise bestätigt: Die an schweren Holzschäften montierten *Pila* wurden unmittelbar vor dem Beginn des Nahkampfes von den Legionären auf die Schilde ihrer Gegner geschleudert, in denen sie steckenblieben. Die Klingen, die bis auf die Spitzen aus weichem, ungehärtetem Eisen bestanden, verbogen sich und waren nicht mehr herauszuziehen. Da der Schild mit dem darin steckenden schweren *Pilum* nicht mehr geführt werden konnte, blieb seinem Träger nichts anderes übrig, als sich dessen zu entledigen, so dass er im entscheidenden Augenblick des Nahkampfes seinem Gegner schutzlos gegenüberstand. Ebenso eindrücklich sind zerbrochene oder verbogene Lanzenspitzen (Abb. 3) und die beschädigten Projektile der römischen Katapultgeschütze, wie auch Teile eines Kettenhemdes (Abb. 4).

Zum Fundmaterial gehören auch Gegenstände, die nicht den Kämpfern zuzuordnen sind, sondern dem Tross, der die römische Armee bei einem Feldzug begleitete. Darunter befinden sich weitere Hipposandalen, Teile von Maultierschirrungen, Wagenteile, Werkzeuge bis hin zu den Geräten einer Feldschmiede und einer Schusterwerkstatt sowie ganz alltägliche Ausrüstungsteile römischen Militärs wie der Mitnehmer einer Getreidemühle, zwei Stechzirkel oder der Deckel eines Tintenfässchens. Diese Funde weisen darauf hin, dass der römische Tross im Mittelpunkt der Kampfhandlungen stand und starke Verluste erlitt.

Nachdem es gelungen war, die Funde am Harzhorn als Überreste eines Kampfgeschehens zwischen Römern und Germanen zu identifizieren, stellte sich die Frage nach ihrer Datierung. Von Anfang an war der Eindruck entstanden, dass es sich bei den römischen Militaria eher um solche des 2. und 3. Jahrhunderts handelt. Zum Glück wurde das präzisiert durch eine Serie von Münzen, von denen die meisten dicht beieinander gefunden wurden und ursprünglich zu einer geschlossenen Barschaft gehört haben müssen. Die Prägedaten setzen ein bei Commodus 180 n. Chr., während die bisher spätesten Münzen Prägungen des Severus Alexander zwischen 225 und 228 sind (Abb. 5). Damit wäre 228 das früheste mögliche Datum für das Harzhorn-Ereignis. Gleichzeitig spricht das Fehlen von Prägungen Kaiser Gordians III. dafür, dass die Barschaft vor seinem Regierungsantritt 238 zusammengetragen und vielleicht auch in den Boden gelangt ist.[11] Wegen der grassierenden Inflation wurden in jenen Jahren die höherwertigen Gepräge schnell aus dem Umlauf genommen, eingeschmolzen und durch aktuelle ersetzt.

Römische Feldzüge in das Innere Germaniens (*expeditio germanica*) werden in den antiken Quellen des 2. und 3. Jahrhunderts wiederholt erwähnt, aber die Forschung hat ihnen bisher wenig Aufmerksamkeit geschenkt. Das

Abb. 3 Verschiedene Typen von Speer- und Lanzenspitzen, die teilweise Beschädigungen aufweisen.

Abb. 4 Kettenhemdfragment.

Abb. 5 Denare der severischen Kaiserdynastie, die besonders bedeutend für die chronologische Einordnung des Harzhorn-Ereignisses sind.

KONFLIKT – MITEINANDER GEGENEINANDER

Bild der Varus-Niederlage und einer *germania libera* seit der Abberufung des Germanicus 16 n. Chr. mit den offensichtlichen Bezügen zur jüngeren und jüngsten Geschichte gehört zu den großen Meistererzählungen deutscher Geschichtsschreibung des 19. und 20. Jahrhunderts. Vergleichsweise gut ist die Quellenlage für die militärischen Operationen Marc Aurels im Bereich der mittleren Donau während der Markomannenkriege 166–180. Im Jahr 213 n. Chr. operierte Caracalla mit seiner Armee nördlich der oberen Donau – möglicherweise handelte es sich dabei um mehr als ein reines Prestigeunternehmen,[12] das dem Kaiser den begehrten Titel eines *germanicus maximus* verschaffen sollte. Für 231 ist eine militärische Aktion der in Bonn stationierten Legion I *Minervia* über den Rhein nach Germanien durch einen Gedenkstein dokumentiert, der in deren Standlager in Bonn-Beuel gefunden wurde.[13] Vier Jahre später kam es dann zu einer größeren militärischen Aktion, als von Mainz aus Kaiser Maximinus Thrax mit seinem Heer tief ins Innere Germaniens vorstieß und dort massive Verheerungen anrichtete; eine Reaktion auf den germanischen Vorstoß 233 über den Rhein bis ins Elsass. Da Maximinus Thrax 236 n. Chr. weitere Offensiven in Pannonien unternahm,[14] sind in den Jahren danach keine militärischen Aktionen römischer Truppen in Germanien zu erwarten. Interessanterweise sprechen die antiken Quellen davon, dass 235 das römische Heer bis zu 500 Meilen ins Feindesland vorgerückt sei, was von Straßburg aus gemessen bis ins heutige Norddeutschland wäre. Diese Angabe erschien aber dem Philologen Claude de Saumaise 1620 so unwahrscheinlich, dass er sie in der ersten gedruckten Ausgabe der „Historia Augusta" in die ihm

Abb. 6 Blick von Süden auf das Harzhorn (links).

plausiblere Angabe 30–50 Meilen änderte, die von da an das Geschichtsbild bestimmte.[15] Die Funde am Harzhorn zeigen jedoch, dass die ursprüngliche Angabe korrekt ist und noch im 3. Jahrhundert römische Heere weit im Inneren Germaniens operierten.

Welchen Sinn hatte eine solche römische *expedito germanica* im 3. Jahrhundert nach Christus? Dass es nicht um die Eroberung neuer Provinzen ging, zeigt der Verlauf des Feldzuges ebenso wie die Tatsache, dass das vergleichsweise arme Germanien für Rom nur geringe wirtschaftliche Attraktivität besaß. Das Imperium bestand zu dieser Zeit fast noch in den Grenzen seiner größten Ausdehnung unter Kaiser Trajan 115–117 und damit mit maximal überdehnten Frontlinien, die von einer vergleichsweise kleinen Berufsarmee verteidigt wurden. Angesichts der latenten Bedrohungen an den chronischen Konfliktgrenzen in Nordafrika, in Syrien, an der Donau und am Rhein musste Rom sich darauf beschränken, kurzfristig seine militärischen Ressourcen am jeweiligen Brennpunkt zu konzentrieren und hier die militärische Gefährdung möglichst nachhaltig durch einen Schlag tief ins Hinterland des Gegners zu beseitigen. Es entsteht der Eindruck, dass solche Maßnahmen ungefähr alle 25 Jahre erforderlich wurden, gerade so, als ob jeder neuen Generation feindlicher Krieger das militärische Potenzial des Imperiums hätte verdeutlicht werden müssen.[16]

Vermutlich gibt es römische Quellen, die sich auf den Feldzug des Jahres 235 beziehen. Es existieren aber keine Hinweise, die auch nur im Entferntesten auf das Harzhorn-Ereignis bezogen werden können. Hier ist die Archäologie ganz auf sich gestellt. Kann Archäologie Geschichte schreiben?

Relativ eindeutig ist am Harzhorn die militärische Ausgangssituation.[17] Geographisch und topographisch handelt es sich um eine Engstelle am Westrand des Harzes, wo zwischen dem Westerhöfer Wald und der sich kilometerweit nach Westen ziehenden Schichtstufe des Vogelberges nur ein schmaler und auf der Ostseite staunasser Pass einen Weg von Norden nach Süden und umgekehrt bildet (Abb. 6). Noch heute wird er passiert von der BAB 7, der B 3, der 1780 gebauten Chaussee von Göttingen nach Braunschweig und zahlreichen mittelalterlichen Hohlwegen auf einem nur 300 Meter breiten Korridor. Einen Kilometer weiter südlich wiederholt sich die Situation am Fuß des Kahlberges. Tiefe Erosionsrinnen, die von Westen zur Niederung streichen, schränken das Gelände für Marschbewegungen großer Verbände mit Tross stark ein. Kurz: eine für germanische Krieger sehr verlockende Ausgangslage, um eine römische Armee in ihrer verletzlichsten Formation – auf dem Marsch – zu attackieren.

Abb. 7 Römischer Jochaufsatz, der als Zügelführung diente.

Tatsächlich lassen sich viele Funde dem römischen Tross zuordnen, der, offenbar beim Überschreiten einer besonders kritischen Wegstrecke, vehement attackiert wurde.[18] Die oft paarweise gefundenen Achsnägel weisen auf zweirädrige Karren hin, die Maultierschirrungen auf die zugehörigen Zugtiere (Abb. 7). Die germanischen Angreifer gewannen zumindest kurzzeitig die Oberhand und begannen, die erstürmten Trosskarren vom Gefechtsfeld zu ziehen und zu plündern. Beladen mit Beute zogen sich einzelne Angreifer zurück nach Westen – zu früh, denn im Gegenangriff der längst nicht geschlagenen Römer gingen viele Beutestücke wieder verloren. Die Kartierung (Abb. 8) zeigt das nachdrücklich: Von den am Hauptkamm konzentrierten Resten der römischen Trosskarren führt eine Spur von Plündergut nach Westen in die unwegsamen Bereiche des Vogelberges.

KONFLIKT – MITEINANDER GEGENEINANDER

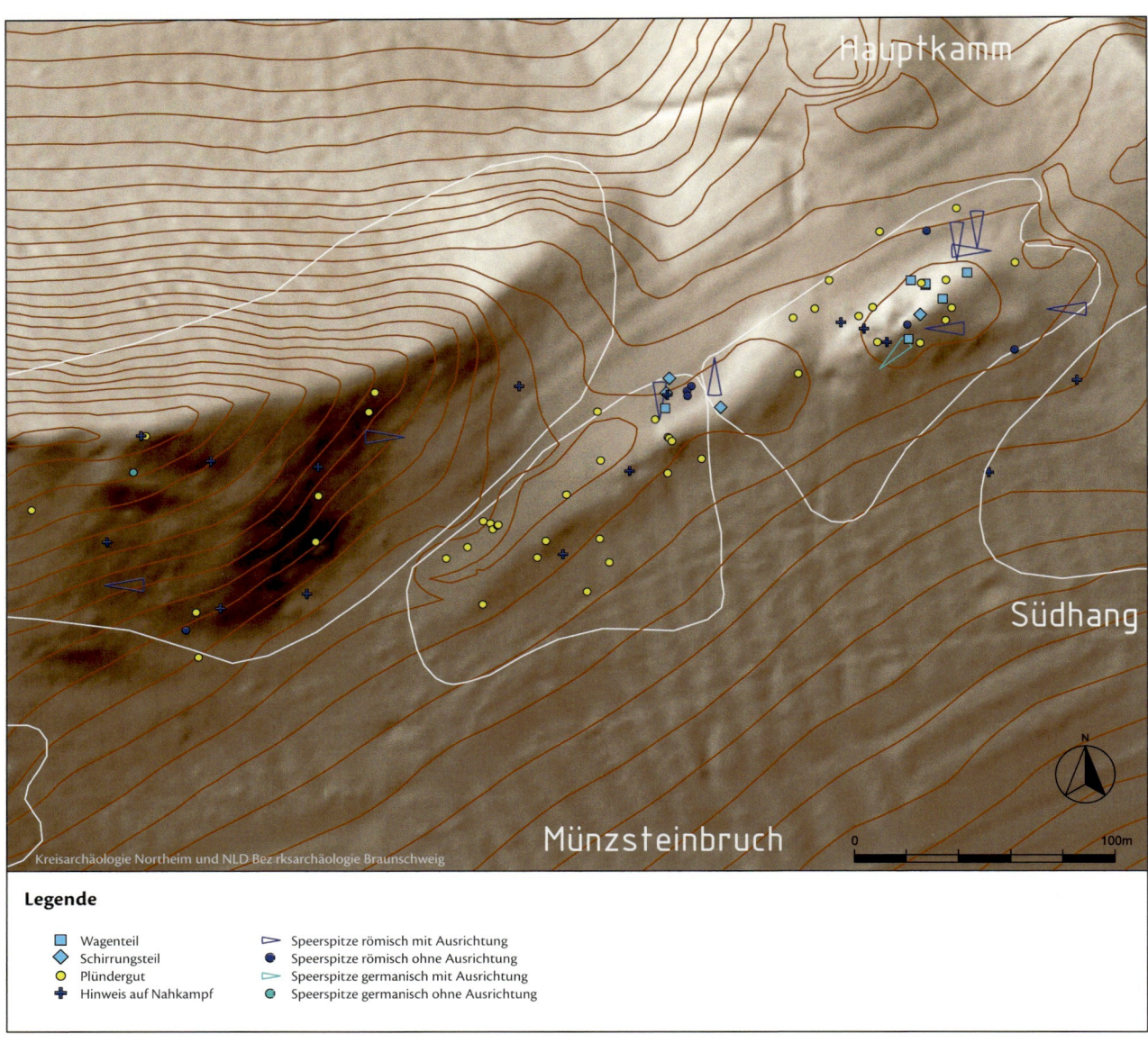

Abb. 8 Hauptkamm. Kartierung der Projektile mit Angabe der Schießrichtung.

Legende
- Wagenteil
- Schirrungsteil
- Plündergut
- Hinweis auf Nahkampf
- Speerspitze römisch mit Ausrichtung
- Speerspitze römisch ohne Ausrichtung
- Speerspitze germanisch mit Ausrichtung
- Speerspitze germanisch ohne Ausrichtung

Geradezu kurios sind die Reste eines Trosskarrens am steilen Nordhang des Harzhorns.[19] Vermutlich ging ein Maultiergespann in Panik durch und rutschte unkontrolliert über die Hangkante. Über siebzig Meter erstrecken sich am Steilhang seine Spuren: Am weitesten unten liegen die zur Maultierschirrung gehörenden Stücke, weiter oben Wagenbeschläge und Reste der Ladung. Das Ganze ähnelt dem Bild eines modernen Verkehrsunfalls, wenn ein Fahrzeug von der Fahrbahn abkommt, die Leitplanke durchbricht und im Graben zum Stehen kommt. Seltsam ist eine Spur von Schuhnägeln, die vom Tal aus zu den Wagenresten führt und vielleicht andeutet, wie hier die Ladungsreste geborgen wurden. Allerdings sind die mehr als 2000 am Harzhorn gefundenen Schuhnägel eine schwer zu wertende Quelle.[20] Genagelte Schuhe waren typisch für die römische Armee, wurden aber auch in der frühen Neuzeit häufig getragen. Am Harzhorn ist die Möglichkeit einzukalkulieren, dass die Schuhnägel oder Teile davon auch von den Arbeitern der Mergelgruben im 18. Jahrhundert stammen. Seltsam bleibt allerdings, dass Schuhnägel überall dort gefunden wurden, wo auch römische Funde auftraten, während sie an anderen Stellen ausblieben. Dennoch bleiben die Schuhnägel eine problematische Quelle, trotz der verlockenden

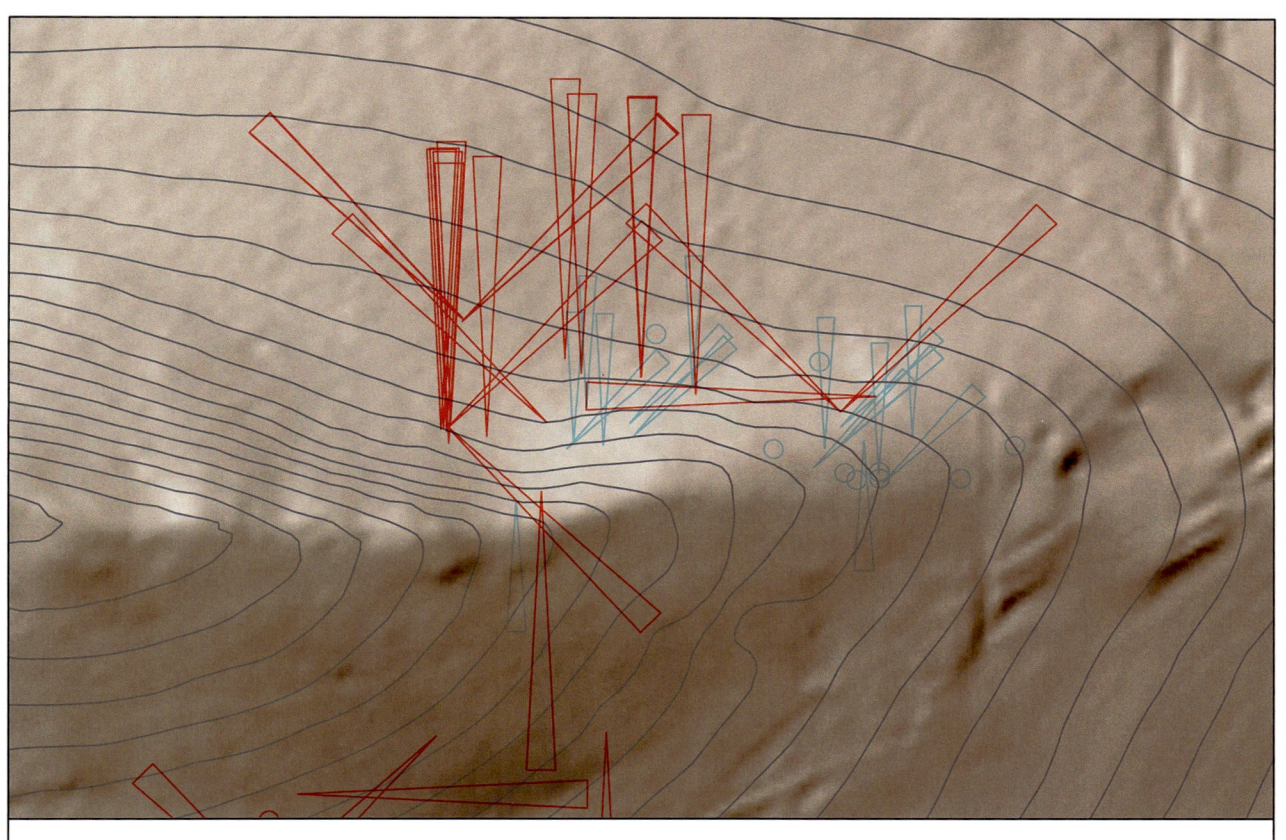

Abb. 9 Hotspot 2 (Passbereich). Kartierung der Projektile mit Angabe der Schießrichtung.

Perspektive, über eine „Spur der Schuhnägel" die Marschbewegungen der römischen Armee archäologisch verfolgen zu können. Erst wenn es gelingt, römische und frühneuzeitliche Schuhnägel typologisch klar zu unterscheiden, kann diese Frage vielleicht beantwortet werden.[21]

Der Angriff auf den Tross hatte die römische Armee in einer empfindlichen Situation getroffen. Die ohnehin bedenklich lange römische Marschkolonne war beim Passieren des geländetechnisch schwierigen Harzhorns noch weiter als normal auseinandergezogen worden. Die Funde am Harzhornfuß (Hotspot 2) zeigen zweifelsohne einen Angriff römischer Truppen von Norden nach Süden (Abb. 9). Das deutet darauf hin, dass sich hier das Eingreifen der dem Tross nachfolgenden Einheiten widerspiegelt, also der Nachhut einer sich insgesamt von Norden nach Süden bewegenden Marschkolonne. Die Römer waren demnach auf dem Rückweg von einem Feldzug ins Innere Germaniens nach Süden in Richtung Leinetal – Niederhessische Senke – Mainz. Wenn diese Hypothese zutrifft, hat sich am Harzhorn eine Konstellation fortgesetzt, die sich jahrhundertelang in den römisch-germanischen Auseinandersetzungen wiederholte und am besten unter dem Oberbegriff "asymmetrische Kriegsführung" analysiert werden kann. Beschrieben wird damit das Phänomen, wie es einem militärisch, also technisch und oft zahlenmäßig unterlegenen Kombattanten gelingt, seinen überlegenen Gegner zunächst am Siegen zu hindern und diesen dann, weil er nicht zu siegen vermag, sogar zu überwinden.[22] Prominente Beispiele hierfür finden sich in den kolonialen oder postkolonialen Konflikten der Neuzeit von Vietnam bis Afghanistan. Zu den Prinzipien asymmetrischer Kriegsführung gehört, dass der vermeintlich unterlegene Gegner es schafft, seinen Feind in einem für diesen ungünstigen Terrain zu stellen, wo dessen Überlegenheit zumindest teilweise aufgehoben ist. Die Auswahl des Kampfortes ist also entscheidend und gelingt nur, wenn der Standort und das Ziel des Gegners eingeschätzt werden können. Angesichts der schwierigen Kommunikationsstrukturen in vormodernen Gesellschaften kann das nur im Hinblick auf einen Gegner gelingen, der sich auf dem Rückmarsch befindet, weshalb noch heute die militärischen Anweisungen moderner Armeen für Patrouillen getrennte An- und Abmarschwege vorsehen. Das heißt aber auch: Die am Harzhorn angreifenden Germanen waren bestens über die Absicht ihrer Gegner informiert und konnten diese realistisch einschätzen.

Aber auch die Römer konnten ihre Gegner beurteilen und die eklatanten Schwächen ihrer eigenen Position erkennen. Für eine in Kolonnen marschierende Armee ist kaum etwas so riskant wie der Übergang zu der in die Breite formierten Kampfaufstellung. Aber ohne dieses kritische Manöver würden die Kolonnen mehr oder weniger hilflos in ihren Untergang marschieren, so wie das vermutlich 9 n. Chr. geschehen war. Am Harzhorn reagierten die Offiziere der Nachhut offenbar militärisch korrekt: Sie blendeten das Kampfgeschehen auf dem Hauptkamm vor ihnen aus, verzichteten darauf, den Tross direkt zu unterstützen, und begannen, ihre Truppen nach Westen nördlich des Harzhorns in einer klassischen Schlachtformation aufzustellen.[23] Neben Infanterie verfügten sie über Bogenschützen und Torsionsgeschütze mit deren Bedienungsmannschaften, vermutlich auch über leichte Kavallerie.

Gleichzeitig sammelten sich auf dem vor ihnen liegenden Grat Germanen, die nach dem Überfall auf den Tross weiter nach Osten vorgedrungen waren. Während die römische Armee über eine ausgeprägte Hierarchie verfügte, ihre militärischen Manöver durch jahrelangen Drill exakt eingeübt waren und diese mit akustischen und optischen Signalen steuerten, wurden die germanischen Verbände von charismatischen Anführern gelenkt, deren Befehlsgewalt sich aus ihrer Fähigkeit ableitete, militärische Gefolgschaften zu unterhalten und Beute zu machen.[24] Erfolg war ihre Grundvoraussetzung. Die sich sammelnden Germanen sahen sich hier zum ersten Mal einer römischen Armee gegenüber, die sich in Kampfaufstellung formierte, und ahnten unschwer, dass der für sie harmlosere Teil der Kampfhandlung ein Ende gefunden hatte. Ihnen blieben zwei Alternativen: sich mit dem Erreichten zufrieden zu geben, sich aufzulösen und nach Süden und Westen abzusetzen oder einen wenig aussichtsreichen Angriff zu wagen. Mit jeder verstreichenden Minute wuchs sicherlich die Tendenz, Ersteres zu tun.

Abb. 10 Römische Pfeilspitzen.

Abb. 11 Römische Pionieraxt (*dolabra*) mit eingeritzter Inschrift.

Irgendwie gelang es den germanischen Anführern offenbar, ihre Gefolgschaft zum Angriff den Hang hinabzubewegen. Ihre vermeintlich strategisch starke Position gaben sie dabei allerdings auf. Die Germanen gerieten in einen Hagel römischer Pfeilspitzen (Abb. 10). Die Kartierung (Abb. 9) zeigt, dass die Fundpunkte der Pfeilspitzen in etwa einer Höhenlinie im mittleren Hangbereich folgen, vermutlich eine oder mehrere abgeschossene Salven. Das erklärt sich nur daraus, wenn gezielt ein den Hang hinab angreifender Gegner beschossen wurde. Hätte es sich um den Beschuss eines sich nach Süden zurückziehenden Gegners gehandelt, würden die Einschläge tiefer am Hangfuß liegen mit einer zwangsläufigen Ballung. Gleichzeitig zeigt die Karte die dichte Konzentration von Torsionsgeschützprojektilen im Westen am Fuß des dort immer steiler aufragenden Harzhornkamms.

Zur modernen Kriegstechnik gehört es, bestimmte Bereiche eines Schlachtfeldes durch intensiven Beschuss für den Gegner extrem gefährlich zu machen, da ihm hier die höchsten Verluste zugefügt werden: sogenannte *killing zones*.[25] Offenbar haben die Römer im Jahr 235 am Harzhorn genau das gemacht: Indem sie massiv mit Torsionsgeschützen den westlichen Bereich von Hotspot 2 unter Feuer nahmen, verhinderten sie, dass germanische Angreifer dort die römischen Truppen umgingen. Angesichts der dicht bei dicht einschlagenden Projektile schreckten die Germanen zurück und schwenkten ab – und gerieten ins Visier der römischen Bogenschützen. Genau das war der Moment, in dem ihnen die Vorteile der asymmetrischen Kriegsführung verloren gingen angesichts der militärischen Routine der antiken Supermacht.

Wahrscheinlich war schon während dieser Episode eine römische Einheit mit Bogenschützen, Torsionsgeschützen und Infanterie nach Westen unterwegs, wo sie zum Fuß einer breiten Erosionsrinne gelangte, die bis zum Hauptkamm hinaufführt.[26] Vermutlich ohne auf Gegenwehr zu stoßen erreichte sie ein nördlich vorgelagertes Plateau und stand damit dicht vor Teilen ihres eigenen Trosses, den die Germanen von der eigentlichen Stelle des Überfalls weiter südlich fast auf die höchste Stelle des Harzhorn-Grats getrieben hatten und dessen Plünderung in vollem Gang war. Jetzt konnten die Römer massiv zwei Waffenarten aufbieten, denen die Germanen nichts Gleichwertiges entgegensetzen konnten: osrhoenische Bogenschützen und Torsionsgeschütze.

Aus der in der heutigen Osttürkei gelegenen Landschaft Osrhoene rekrutierten sich die gefürchteten Bogenschützen der römischen Armee, die häufig auch am Limes eingesetzt wurden und von denen Einheiten beispielsweise auch auf der Saalburg im Taunus oder im niederbayerischen Straubing stationiert waren.[27] Ähnlich den mittelalterlichen englischen Langbogenschützen wurden sie schon im Kindesalter für den Kampf mit dieser speziellen Waffe trainiert, bei der es sich um einen vergleichsweise kurzen Kompositbogen mit extrem hoher Spannkraft handelte. Der einzige Nachteil dieses Bogentyps bestand darin, dass er sich bei anhaltendem Regen in seine mit wasserlöslichem Leim verklebten Bestandteile aus Holz, Knochen und Sehnen aufzulösen begann, weshalb er sich nördlich der Alpen nie dauerhaft durchsetzen konnte, wo man beim unhandlichen, aber in dieser Hinsicht verlässlichen Langbogen blieb. Am Harzhorn zeigen die in Linien aufgereihten typischen dreiflügeligen Pfeilspitzen, dass Gruppen von Bogenschützen gezielte Salven abfeuerten.

Torsionsgeschütze[28] waren eine antike Vorform der modernen Artillerie. Zwei in Spannbüchsen aufgezogene tordierte Sehnen- oder Haarbündel übertrugen bei plötzlicher Entspannung ihre Energie über zwei kurze Arme mit zwischengespannter Sehne auf einen in einer Nut laufenden Pfeil. Reichweite (bis zu 500 m), Durchschlagskraft und Zielgenauigkeit sind enorm und übertreffen vergleichbare mittelalterliche Waffen. Allerdings waren sie vor allem für den Belagerungskrieg geeignet und weniger für das Anvisieren sich schnell bewegender Ziele in einer offenen Feldschlacht.[29]

Am Harzhorn sorgten in dieser Phase die osrhoenischen Bogenschützen und die vermutlich zerlegt auf Maultieren herantransportierten Torsionsgeschütze dafür, dass die germanischen Krieger auf Distanz gehalten wurden und den Aufmarsch der Römer nicht behindern konnten. Dann ging alles sehr schnell: Beim folgenden Angriff der römischen Infanterie lösten sich die germanischen Kriegerverbände rasch auf und zogen sich nach Süden und in die unwegsamen Wälder im Westen zurück. Anderthalb Kilometer weiter südlich war am Kahlberg auch der vordere Teil des römischen Trosses angegriffen worden, als er in einer schwierigen Geländesituation den Abstieg zu einer wasserreichen Quelle zu bewältigen hatte.[30] Wagenteile, zerstörte Maultierschirrungen und mutmaßliche Reste der Ladung zeigen, dass auch hier die germanischen Angreifer zunächst erfolgreich waren. Diesmal erfolgte der römische Gegenangriff offenbar schnell durch Kavallerie, wie deren zahlreiche Wurflanzen (*hastae*) zeigen, und Infanterie, während Projektile von Torsionsgeschützen und Pfeilspitzen fehlen. Dabei ging auch das bisher bedeutendste Fundstück verloren: eine römische Pionieraxt, eine sogenannte *Dolabra* mit einer eingeritzten und leider nicht ganz verständlichen Inschrift, die die 4. Legion *flavia felix* als Eigentümerin nennt (Abb. 11).[31] Diese Legion war in *Singidunum*, dem heutigen Belgrad, stationiert. Teile von ihr könnten aber 235 kurzfristig für den Feldzug des Maximinus Thrax an den Rhein verlegt worden sein, wo sie in Speyer einen Gedenkstein für einen ihrer Soldaten hinterlassen hat, der auf einer *expeditione germaniae* gefallen war.[32] Die Inschrift auf der *Dolabra* ist der bisher eindeutigste Einzelbeleg für eine Einbindung der Harzhornfunde in den skizzierten historischen Kontext.

Insgesamt wird der germanische Überfall nicht lang gedauert haben. Schon nach kurzer Zeit konnten sich die Römer am Kahlberg und am Harzhorn neu formieren und ihren Rückmarsch fortsetzen, während die Germanen sich anscheinend nur flüchtig die Zeit nahmen, das Gefechtsfeld nach wertvoller Beute – Bunt- und Edelmetalle sowie intakte Waffen – abzusuchen. Möglicherweise rechneten Römer wie Germanen mit weiteren Auseinandersetzungen weiter südlich. Beide Seiten empfanden sich vermutlich zu Recht als Sieger: Die Germanen hatten reiche Beute gemacht und wahrscheinlich auch in römische Gefangenschaft geratene Stammesangehörige befreit; die Römer hatten nur geringe Verluste erlitten, die Angreifer zurückgeschlagen und waren wieder auf ihrem Rückweg. Ihre Hauptziele, tief im Inneren Germaniens die Macht und die militärische Schlagkraft des Imperiums zu demonstrieren, hatten sie ohnehin bereits erreicht.

Diese Rekonstruktion der dramatischen Ereignisse am Harzhorn birgt in sich die Gefahr, für einen realen historischen Ablauf gehalten zu werden. Eine solche Einschätzung wäre aber grundlegend falsch, denn die gesamte Rekonstruktion beruht auf archäologischen Funden und der Analyse vergleichbarer Ereignisse, für die eine bessere historische Quellenlage vorliegt. – Die Archäologie kann eben doch nicht Geschichte schreiben. Sie kann lediglich Modelle entwickeln, die auf einer sorgfältigen Recherche basieren, aber jederzeit durch Neufunde oder neue Interpretationen infrage gestellt werden können. Das gilt es im Auge zu behalten. Dann aber ist das Harzhorn einer der faszinierendsten Fundplätze der Archäologie unserer Zeit: Ein dramatischer Moment des Jahres 235 konserviert in einem ungewöhnlichen archäologischen Befund wie eingefrorene Zeit.

1 Lendon 2005.
2 Grundsätzlich zum Thema Schlachtfeldarchäologie: Meyer 2010.
3 Vgl. Carman – Carman 2007.
4 Fischer – Moosbauer 2013.
5 Rost – Rost 2012.
6 Radoslava – Dzanev – Nikolov 2011.
7 Fischer – Moosbauer 2013, 55.
8 Zanier 2016, 546–571.
9 Geschwinde – Lönne 2013a.
10 Geschwinde – Lönne 2013b; Berger u. a. 2013a.
11 Berger 2013.
12 Bender 2013.
13 Berger u. a. 2013b, 69.
14 Deppmeyer 2013.
15 Hose 2013.
16 Heather 2011, 92.
17 Meyer – Moosbauer 2013b.
18 Geschwinde – Lönne – Meyer 2013, 334–340.
19 Geschwinde – Lönne – Meyer 2013, 313–314.
20 Geschwinde – Lönne 2013b, 283; Berger u. a. 2013a, 333–334.
21 Rebmann 2017.
22 Geschwinde 2014.
23 Geschwinde – Lönne – Meyer 2013, 319–327.
24 Rau 2013.
25 Keegan 1976, 104.
26 Geschwinde – Lönne – Meyer 2013, 333–334.
27 Meyer – Moosbauer 2013a, 224–226.
28 Moosbauer 2013; Koehn – Erkelenz 2014.
29 Koehn – Erkelenz 2014.
30 Geschwinde – Lönne – Meyer 2013, 326–339.
31 Wiegels u. a. 2011.
32 Geschwinde – Moosbauer 2013.

Das Meer als Kriegsschauplatz. Seeschlachten in der Ostsee, Unterwasserarchäologie und die Wracks der *Lindormen* und der *Prinsessan Hedvig Sophia*

Stefanie Klooß, Martin Segschneider, Jens Auer

Meere sind als Wasserwege ein verbindendes Element für die an ihren Küsten lebenden Menschen. Das ist schon seit der Steinzeit so und erreichte im Hochmittelalter mit dem Hanse-Handelsverbund einen ersten Höhepunkt. Über das Meer kommen Menschen in friedlicher Handelsabsicht zusammen, aber auch in kriegerischem Konflikt. Gerade seit der frühen Neuzeit spielt die Ostsee als Schauplatz kriegerischer Auseinandersetzungen eine bedeutende Rolle. Dabei sind die Überwindung der durchaus gefährlichen Wasserflächen, die Kampfesmacht sowie die Möglichkeiten zum Transport von Gütern stark vom jeweiligen technischen Entwicklungsstand abhängig.

Die dänischen Inseln in der westlichen Ostsee mit ihren durch Belte und Sunde engen Wasserstraßen und nicht zuletzt die noch heute wichtigste Einfahrtsstraße in die Ostsee durch den Fehmarnbelt in die Kadetrinne nehmen eine strategisch wichtige Position ein. Den dänischen Königen war es jahrhundertelang möglich, von den hier passierenden Schiffen Durchfahrtszölle zu verlangen. So kontrollierten sie den einzigen Meereszugang zum Ostseeraum und damit den Anschluss an das westliche Europa. Doch die Kontrolle über das *dominium maris baltici*, den Ostseeraum und die angrenzenden Küstengebiete, war keineswegs unangefochten.[1]

Das Ringen um die Vorherrschaft im Ostseeraum prägte das Verhältnis zwischen den konkurrierenden Seemächten Dänemark und Schweden vom 16. bis zum 18. Jahrhundert. Es führte zu einer Reihe von kriegerischen Auseinandersetzungen, deren Kampfhandlungen zu einem nicht geringen Teil auch auf dem Wasser ausgetragen wurden. Die Nordischen Kriege begannen 1563 mit dem Nordischen Siebenjährigen Krieg und fanden erst 1721 mit den Friedensverhandlungen nach dem sogenannten Großen Nordischen Krieg ein vorläufiges Ende. Neben Dänemark und Schweden waren auch andere Staaten, wie die aufstrebende Großmacht Russland, Polen und Preußen, in verschiedenen Konstellationen in die Kämpfe verwickelt.

In den vergangenen 15 Jahren wurden an der Ostseeküste Schleswig-Holsteins mit unterwasserarchäologischen Methoden zwei Wracks untersucht (Abb. 1), die im Zusammenhang mit dem Kampf um die Vorherrschaft im Ostseeraum stehen: die dänische *Lindormen* (Lindwurm; 1644) und das schwedische Flaggschiff *Prinsessan Hedvig Sophia* (1715). Beide Wracks sind nicht nur stumme Zeugen der bewegten und von bewaffneten Konflikten gekennzeichneten Geschichte, sondern ermöglichen durch die in ihnen gefundenen Objekte auch Einblicke in das einstige Leben an Bord. So kommen wir den Ereignissen, die zu ihrem Untergang führten, näher. Zudem sind sie ein gutes Beispiel dafür, wie sich archäologische und historische Quellen ergänzen können, um ein ganzheitliches Bild vergangener Ereignisse zu liefern.

linke Seite Auf der Spur der Kanonen: eine Linie von über Bord geworfenen Eisengeschützen führt zur Strandungsstelle der *Prinsessan Hedvig Sophia*.

KONFLIKT – MITEINANDER GEGENEINANDER

Abb. 1 Der südwestliche Ostseeraum mit den beiden Wrackfundstellen der *Prinsessan Hedvig Sophia* und der *Lindormen*.

Die Seeschlacht im Fehmarnbelt am 13. Oktober 1644 und das Wrack der *Lindormen*

Im Torstensson-Krieg von 1643 bis 1645 griffen schwedische Truppen die dänischen Landesteile in Holstein an. Nachdem sich die Dänen bei der Seeschlacht auf der Kolberger Heide vor der heutigen Schönberger Probsteiküste im Juli 1644 zunächst gegen die Schwedische Flotte hatten behaupten können, unterlagen sie bei einer weiteren Auseinandersetzung im Oktober 1644 im Fehmarnbelt einer deutlichen Übermacht. Der dänische Verband aus 17 Schiffen unter Kommandant Pros Mund sah sich am 13. Oktober im Fehmarnbelt einer Flotte aus 37 schwedischen und niederländischen Schiffen gegenüber.

Die Schriftquellen berichten, dass viele dänische Schiffe bei dieser Schlacht erobert wurden. Ein Schiff jedoch wurde durch das schwedische Brandschiff *Meerman* entflammt, nachdem der Hauptmast einen Treffer abbekommen hatte. Das Schiff explodierte und versank, wie es der Kupferstich von Matthäus Merian „*Praelium Navale Inter Suecos et Danos Ao. 1644*"[2] veranschaulicht (Abb. 2). Die brennende *Lindormen*, die als Flaggschiff des 2. Geschwaders unter Jochen Grabow an der Schlacht teilnahm, ist ein zentrales Motiv dieser Darstellung der Seeschlacht, die sogar zeigt, wie mehrere Personen von Bord springen. Nach dem Sieg im Fehmarnbelt konnte die schwedische Marine mithilfe der eroberten dänischen Schiffe ihre Überlegenheit noch weiter ausbauen. Demzufolge blieb Dänemark nichts weiter übrig, als 1645 in den Frieden von Brömsebro einzuwilligen, zu dessen Bedingungen die Abtretung des dänischen Gebiets Schonen an Schweden gehörte. Damit entfiel für die Schweden künftig der Öresundzoll und der Eisenkanonenhandel mit den Niederlanden florierte wieder.

Den historischen Quellen ist zu entnehmen, dass die *Lindormen* 1626 in Itzehoe gebaut worden war und eine Länge von 38,2 Metern sowie eine Breite von 8,8 Metern aufwies. Sie war mit 38 Kanonen ausgestattet und mit 200 bis 300 Mann besetzt. Nähere Informationen zum Schiff, zu seiner Besatzung und zum Unglücksort deckten erst Untersuchungen auf, die im Rahmen der Planungen für die feste Fehmarnbeltquerung erforderlich wurden. Mehrere seit 2006 unternommene Betauchungen und geophysikalische Messfahrten führten schließlich zur Entdeckung des Wracks.[3] Bei denkmalpflegerisch motivierten und durch den Bauherrn finanzierten Unterwasserausgrabungen im Sommer 2012 wurde die Wrackfundstelle vermessen und dokumentiert, Proben wurden entnommen sowie verschiedene Funde geborgen (Abb. 3). Es galt, das Wrack zu identifizieren und gemeinsam mit dem dänischen Wikingerschiffsmuseum Roskilde als Projektpartner ein wirksames Schutzkonzept zu entwickeln. Im Zuge dieser Arbeiten konnten auch wertvolle Hinweise zur Konstruktionsweise des Kriegsschiffes und zu den dramatischen Geschehnissen an Bord der *Lindormen* im Oktober 1644 erschlossen werden.[4] Europaweit einmalig dürfte die hervorragende grenzüberschreitende Zusammenarbeit des Archäologischen Landesamtes Schleswig-Holstein mit dem auf dänischer Seite zuständigen Wikingerschiffsmuseum Roskilde in diesem Projekt sein. Alle Arbeitsschritte erfolgten in enger Abstimmung und nach einheitlichen Standards.

Der Abgleich der überlieferten Größe der *Lindormen* mit dem Wrack zeigte in etwa übereinstimmende Maße von 36 Metern Länge und acht Metern Breite. Teile der Bordwand waren noch gut erhalten und ragten mehrere Meter aus dem Sediment. Die Zerstörung des Schiffsinneren durch Feuer war offensichtlich. Im Wrack verstreut lagen Teile der Takelage wie Blöcke, Seile und verkohlte Segeltuchfetzen. Das Heckruder fand sich etwa zwölf Meter vom Wrack entfernt, war am oberen Ende durch Feuer zerstört und wies noch eine Länge von über sechs Metern auf. Die Bronzekanonen des Schiffes waren in dem infernalischen Feuer größtenteils geschmolzen oder zumindest deformiert. Offensichtlich zerbarsten einige der durch den Brand stark erhitzten Kanonen beim Kontakt mit dem kalten Wasser, als das Schiff sank. Mehrere, teils reich verzierte Bruchstücke solcher Kanonen wurden geborgen (Abb. 4 und 5). Anhand ihrer Merkmale und Aufschriften konnte der Herstellungszeitraum der Kanonen zwischen 1629 und 1667, beginnend mit der Regierungszeit von Christian IV., eingegrenzt werden.[5] Als Produktionsort war Helsingør nördlich von Kopenhagen festzustellen. Die dazugehörige Munition, eiserne Kanonenkugeln sowie spezielle Klappkugeln aus zwei lose miteinander verbundenen Halbkugeln, lag verstreut im Schiffsrumpf (Abb. 6).

Die Untersuchungen konnten auch die Position der Kombüse mittschiffs lokalisieren. Das eiserne Kochgestell und die das Kochfeuer abschirmende Ziegelwand wurden dokumentiert. Zahlreiche Fragmente aus Nadel- und Eichenholz stammten von Fässern zur Aufbewahrung von Nahrungsmitteln und Getränken sowie von Schießpulver. Als Tischgeschirr dienten Keramikgefäße. Verschiedentlich aufgefundene Reste von Tier-

Abb. 2 Ausschnitt aus dem Kupferstich von Matthäus Merian *„Praelium Navale Inter Suecos et Danos Ao. 1644"* mit der Darstellung der explodierenden *Lindormen* bei der Seeschlacht im Fehmarnbelt.

Abb. 3 Ein Forschungstaucher vermisst Ziegel im Kombüsenbereich der *Lindormen*.

Abb. 4 Bergung einer Kanone vom Wrack der *Lindormen*.

Abb. 5 Barocke Pracht: Verzierter Handgriff am Ende einer Bronzekanone mit mythologischer Darstellung einer nackten weiblichen Figur, die kniend einen Delfin am Schwanz festhält.

knochen, vor allem von Dorsch und Rind, geben Einblick in die Zusammensetzung der Mahlzeiten an Bord. Traditionellerweise gab es „Fleisch- und Fischtage" auf den Militärschiffen des 17. Jahrhunderts.[6] Da der 13. Oktober 1644 ein Sonntag und damit ein Fleischtag war, hätte eine Fleischmahlzeit zubereitet werden müssen. Und tatsächlich wurde im Bereich der Kombüse eine Konzentration von Rinderknochen festgestellt.[7]

Über die Position verschiedener Teile von Möbeln, beispielsweise eines dreibeinigen Hockers oder auch von Fragmenten mehrerer Seekisten im nördlichen Teil der Wrackstelle, kann auf die Hecksektion des Schiffes geschlossen werden. Denn nur die Offiziere, deren Unterkünfte sich üblicherweise im Achterkastell befanden, durften eine eigene Seekiste mitführen. Zum persönlichen Besitz der Mannschaft sind zahlreiche Fragmente von Tonpfeifen zu zählen. Diese Fundstücke lassen sich anhand von Form, Verzierung und Herstellerzeichen in die Zeit zwischen 1630 und 1650 datieren.[8] Tatsächlich erreichte das Phänomen des Tabakgenusses Dänemark erst um 1600. Der König verbot zunächst das Rauchen auf seinen Militärschiffen unter Androhung der Strafe des Kielholens.[9] Doch auch als er um 1640 seine starre Haltung diesbezüglich aufgab, entwickelte sich keine eigene Pfeifenproduktion in Dänemark, sondern man behalf sich mit importierten Tonpfeifen, zumeist aus den Niederlanden. Auch die Reste von Lederschuhen (Abb. 7) mit mäßig hohen Absätzen lassen eine zeitliche Einordnung nach der Mode zwischen 1620 und 1650 als zutreffend erscheinen. Ein völlig eisenverkrusteter Klumpen erwies sich erst in einer CT-Aufnahme als ein reich mit Knöpfen und Stickerei verziertes Offiziershemd (Abb. 8).

Alle Informationen und Datierungshinweise zusammengenommen zeigen deutlich, dass das untersuchte Schiffswrack zwischen 1630 und 1650 gesunken sein muss. Die Bronzekanonen weisen das untergegangene Fahrzeug als dänisches Kriegsschiff aus. Die massiven

Abb. 6 Funde vom Wrack der *Lindormen*: Ursprünglich durch Seile verbundene Klappkugelhälften, später von Bohrmuscheln perforiert.

Abb. 7 Fund vom Wrack der *Lindormen*: Sohle eines Lederschuhs mit Absatz nach der Mode zwischen 1620 und 1650.

Brandspuren sowie die Ausmaße des Wracks sprechen ergänzend für eine Identifizierung als *Lindormen*.
Die unterwasserarchäologischen Untersuchungen hatten vor allem das Ziel, den Erhaltungszustand und die Gefährdung des Wrackfundes einzuschätzen. Durch die Verkohlung begünstigt weisen die Konstruktionshölzer des Schiffs einen relativ guten Erhaltungszustand auf. Jedoch litt es in seinen in der Wassersäule befindlichen Bestandteilen unter dem massiven Befall holzzerstörender Tierarten. Zum einen ist das der seit langem bekannte Schiffsbohrwurm (*Teredo navalis*), zum anderen auch die Holzbohrassel (*Limnoria lignorum*), die außerordentlich zahlreich auf dem Wrack vertreten war. Gleiches konnte auch auf der *Swarte Arent* festgestellt werden, ein durch das Wikingerschiffsmuseum Roskilde im dänischen Teil des Untersuchungskorridors lokalisiertes niederländisches Wrack, das in der gleichen Schlacht und sogar am gleichen Tag wie die *Lindormen* sank. Da als einziger wirksamer Schutz vor diesen Fraßschädlingen eine Überdeckung mit Sediment infrage kommt, wurden beide Wrackstellen 2014 mit einer mehrere Meter mächtigen Abdeckung aus Sand und Grobkies überlagert. Natürlich wurden auch die Planungen für den Tunnelbau der Fehmarnbeltquerung an die gewonnenen Erkenntnisse angepasst und eine Schutzzone um die Unterwasser-Kulturdenkmale wurde definiert.

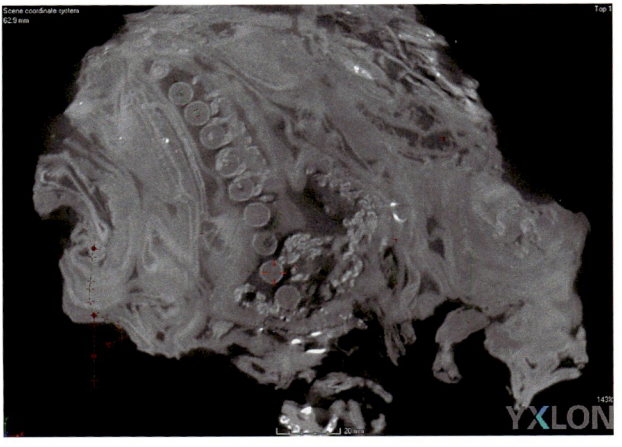

Abb. 8 Die CT-Aufnahme eines Konglomerates zeigt ein reich mit Knöpfen und Stickerei verziertes Offiziershemd.

Und während des dritten Glases „... hissten wir eine holländische Flagge unter der Saling der Großmarsstenge, als Zeichen, für alle Ihr Bestes zu geben ..."[10]: Das Wrack der *Prinsessan Hedvig Sophia* und die Schlacht bei Fehmarn 1715

War das Wrack der *Lindormen* noch Resultat einer deutlichen Niederlage Dänemarks im Fehmarnbelt, so hatte sich das Blatt 1715 gewendet. Die *Prinsessan Hedvig Sophia* sank als Folge eines überragenden Siegs der dänischen Flotte im Großen Nordischen Krieg.

Abb. 9 Taucher bei der Ausgrabung am Wrack der *Prinsessan Hedvig Sophia*.

nen zurückzuerobern, verlagerten sich die Kriegshandlungen in den Jahren 1710 bis 1715 in die schwedischen Besitzungen in Norddeutschland. In dieser Phase des Krieges spielten die Marinen beider Länder eine wichtige Rolle.

Im April 1715 war der schwedische Schoutbynacht[11] Graf Wachtmeister mit einer Flottenabteilung, bestehend aus vier Linienschiffen und zwei Fregatten, in die westliche Ostsee entsandt worden, um zu verhindern, dass Verstärkung aus dem verbündeten England nach Russland gelangte. Während Wachtmeister vor Fehmarn auf Hilfe aus Göteborg wartete, wurde er am 24. April 1715 von einem dänischen Geschwader unter Schoutbynacht Gabel, bestehend aus acht Linienschiffen und drei Fregatten, gesichtet und stellte sich dem Kampf.

Nachdem Schweden zu Beginn des Krieges mit Dänemark (1700) und Polen (1706) zwei seiner Hauptgegner zu Friedensabkommen gezwungen hatte, leitete die vernichtende Niederlage der Schweden gegen die Russen in Poltawa in der heutigen Ukraine im Jahr 1709 eine neue Phase des Konflikts ein. Sowohl Dänemark als auch das Kurfürstentum Sachsen nahmen die Kriegshandlungen gegen Schweden wieder auf. Nach einem missglückten Versuch, die ehemals dänische Provinz Scho-

Doch bevor wir uns dem Schlachtgeschehen zuwenden, werfen wir einen Blick auf die archäologischen Überreste am Meeresgrund. Die Fundgeschichte der *Prinsessan Hedvig Sophia* erstreckt sich bis ins Jahr 1970 zurück. Damals stieß ein Kieler Taucher auf zwei gusseiserne Kanonen vor der Bülker Huk am Eingang der Kieler Förde. Dieser Fund war der Beginn einer langen Suche nach dem zugehörigen Schiffswrack. Zwar tauchten immer wieder einzelne Objekte am Meeresgrund auf, das Wrack des

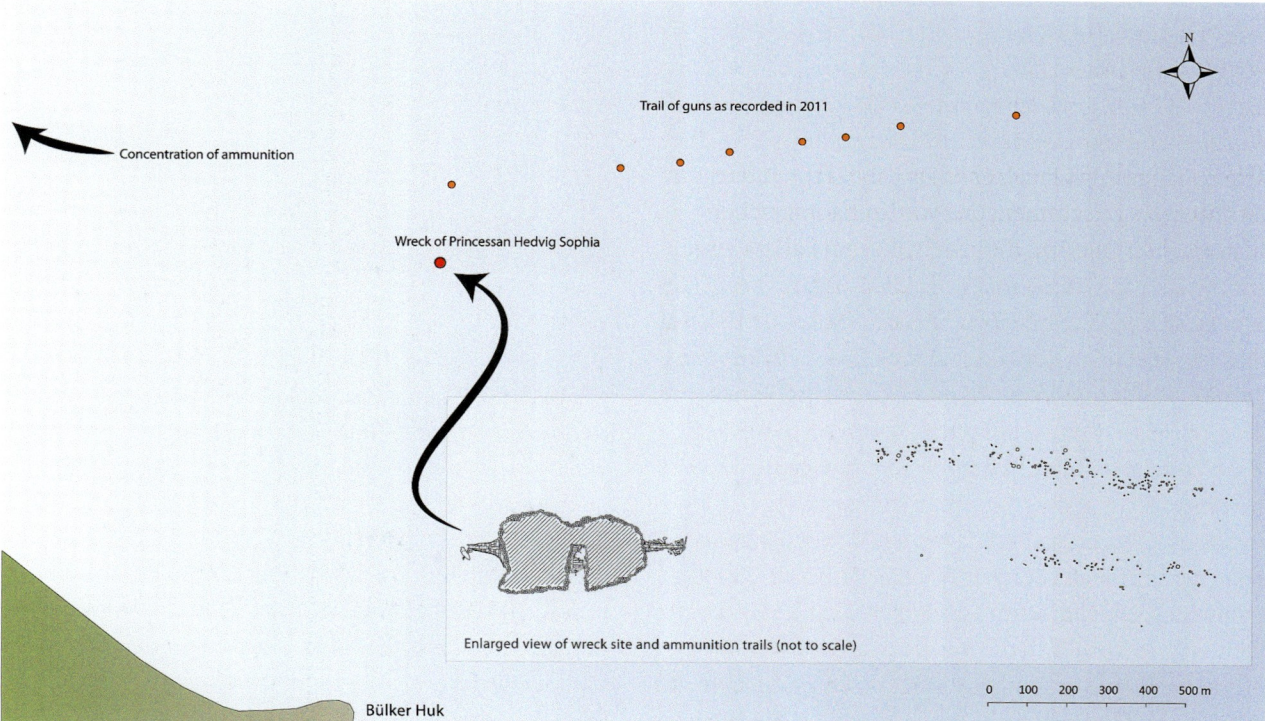

Abb. 10 Lageplan der Elemente des submarinen Schlachtfeldes um das Wrack der *Prinsessan Hedvig Sophia*.

schwedischen Kriegsschiffes blieb jedoch lange unentdeckt. Erst 2008 wurde seine Position der zuständigen Behörde, dem Archäologischen Landesamt Schleswig-Holstein, übermittelt (Abb. 1). Sofort begannen archäologische Untersuchungen, die in einer Kartierung und Dokumentation der Wrackstelle mündeten (Abb. 9).[12] Zudem wurden Wrack und Umgebung zur archäologischen Schutzzone erklärt. Schnell stellte sich heraus, dass es sich bei den Überresten am Meeresgrund um mehr als um die Wrackteile nur eines einzelnen Schiffes handelte. Das Fundmaterial verteilte sich über eine Fläche von 6,4 Quadratkilometern. Nördlich des Wracks des schwedischen Kriegsschiffs fand sich eine anderthalb Kilometer lange Spur aus Schiffsgeschützen. Einen Kilometer westlich des Wracks entdeckten Taucher Konzentrationen von Munition und direkt östlich des Wracks erstreckten sich zwei parallel verlaufende Munitionsspuren am Meeresgrund (Abb. 10).

Die Auswertung gedruckter Quellen sowie Recherchen im Reichsarchiv Kopenhagen förderten eine Vielzahl weiterer Informationen zutage. Neben einem Briefwechsel zwischen dem dänischen Admiral und seinem König sind unter anderem Logbücher verschiedener Kriegsschiffe erhalten. Auch die sogenannten Schiffsprotokolle, die den administrativen Alltag auf den dänischen Kriegsschiffen zusammenfassen und zum Beispiel Musterrollen und Vorratslisten enthalten, liefern detaillierte Informationen. Von besonderer Bedeutung für das Verständnis der Ereignisse im Jahr 1715 war die Auswertung der Protokolle und Logbücher des dänischen Flaggschiffs *Prinds Christian* (Abb. 11).[13] Interessant ist dabei das Zusammenspiel von archäologischen und historischen Quellen, die sich in diesem Fall gut ergänzen und einen relativ nuancierten Einblick in die Geschehnisse vor Fehmarn und Bülk liefern.[14] Im Folgenden wird versucht, den Ablauf der Schlacht vor Fehmarn und die nachfolgenden Ereignisse, die zum Verlust des schwedischen Flaggschiffs führten, anhand von schriftlichen Quellen und den Ergebnissen der archäologischen Untersuchungen zu rekonstruieren.

Laut den Aufzeichnungen im Logbuch des dänischen Flaggschiffs *Prinds Christian*, geführt von Kapitän Hoppe, wurde das schwedische Geschwader am 24. April 1715 während des 8. Glases der Morgenwache, also zwischen 8.00 und 8.30 Uhr gesichtet (1 Glas = 0,5 Stunden; ein Wachdienst von vier Stunden ist in acht Glasen eingeteilt, benannt nach den gläsernen Sanduhren = Stundenglas, die vor der Erfindung des Chronometers zur Zeitbestimmung an Bord dienten). Trotz abflauenden Windes nahmen die Dänen die Verfolgung auf und nutzten die Beiboote, um die großen Linienschiffe ins Schlepptau zu nehmen. Um 9.30 Uhr wurde sowohl die sogenannte

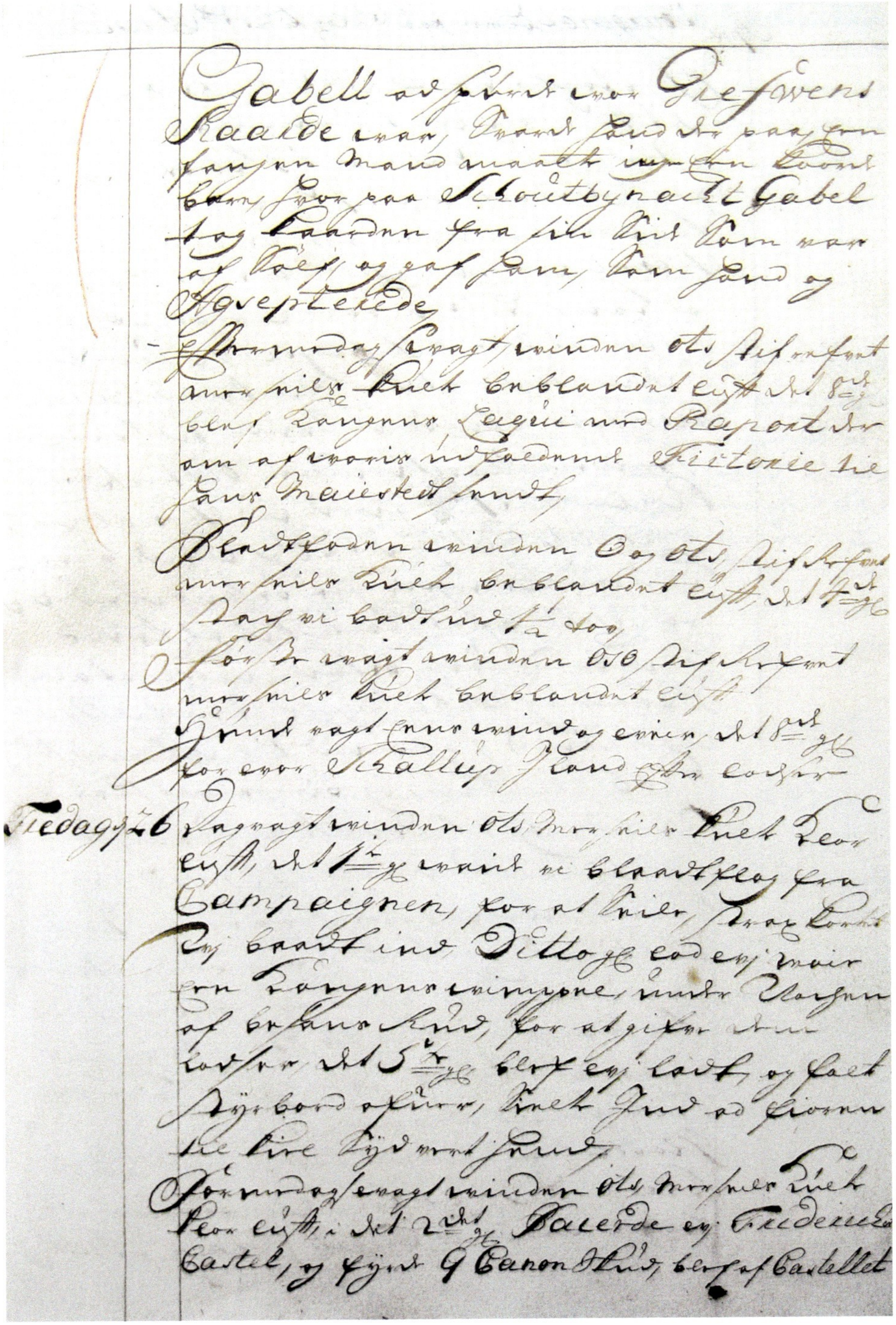

Abb. 11 Seite aus dem Logbuch des dänischen Flaggschiffs *Prinds Christian*.

KONFLIKT – MITEINANDER GEGENEINANDER

Abb. 12 Eine der Kanonen aus dem Seeschlachtfeld vor Bülk, geborgen aus dem Umfeld des Wracks der *Prinsessan Hedvig Sophia*.

Blutfahne aus rotem Tuch gesetzt[15] als auch eine holländische Flagge „unter der Saling der Großmarsstenge, als Zeichen, für alle Ihr Bestes zu geben", wie Hoppe notiert. Gegen 12.30 Uhr trafen die beiden Flotten in Kiellinie aufeinander, die Dänen hatten den Windvorteil. Es entbrannte ein heftiger Kampf. Bei einer Schlacht in Kiellinie segeln die gegnerischen Schiffe in einer Linie aneinander vorbei, so dass die Geschütze auf der Breitseite zum Tragen kommen. Bug und Heck der Linienschiffe sind dabei durch das vorhergehende sowie das Folgeschiff geschützt. Hoppes nüchterne Aufzeichnungen lassen den Tumult nur erahnen. Bereits nach einer halben Stunde hatten die feindlichen Kugeln erhebliche Schaden am dänischen Flaggschiff angerichtet. Teile des Riggs (d. h. Takelage) waren zerschossen, drei Treffer unter der Wasserlinie mussten abgedichtet werden und die Lafetten (d. h. Untergestell der Kanone) der 24-pfündigen Geschütze auf dem unteren Deck waren so zerstört, dass die Backbordgeschütze nach Steuerbord geschafft werden mussten, um Reparaturen zu ermöglichen (Abb. 12). Die eisernen Vollkugeln (Abb. 13) richteten erheblichen Schaden am Rumpf der hölzernen Segelschiffe an. Um Beschädigungen an Rigg und Segeln zu maximieren, wurden sogenannte Stangenkugeln (Abb. 14) verwendet, die nach dem Abfeuern in eine Rotationsbewegung gerieten. Auf kurze Distanz konnten Traubhagelgeschosse (Abb. 15), die eine ähnliche Wirkung wie heutige Schrotpatronen hatten, gegen feindliche Seemänner an Deck eingesetzt werden. Zusätzlich wurden auf den Marsen Scharfschützen postiert, die gezielt mit Musketen auf feindliche Offiziere feuerten. Die

Abb. 13 Zwei eiserne Kanonenkugeln aus dem Seeschlachtgebiet vor Bülk.

Abb. 14 Stangenkugeln aus dem Seeschlachtgebiet vor Bülk. Stangenkugeln geraten nach dem Abfeuern in eine Rotationsbewegung und beschädigen Rigg und Segel.

Schlacht dauerte bis zum Einbruch der Dunkelheit an. Die schwer beschädigten schwedischen Kriegsschiffe entkamen in die Nacht, wurden aber von den dänischen Fregatten verfolgt.

Doch wie sah ein Linienschiff nach einer neunstündigen Schlacht aus? Welche Verluste gab es? Antworten auf diese Fragen finden sich sowohl im Logbuch der *Prinds Christian* als auch in den Schiffsprotokollen. Auf dem dänischen Flaggschiff gab es acht Tote zu beklagen und 28 Verletzte, darunter einen Leutnant, dessen Beine abgeschossen worden waren. Die *Prinds Christian* hatte sechs Treffer unter der Wasserlinie abbekommen sowie 52 Treffer in die Seite. Auch in Masten und Rigg gab es erhebliche Schäden zu verzeichnen. Interessant ist eine Auflistung der verbrauchten Munition: Insgesamt wurden vom dänischen Flaggschiff 2251 Kanonenkugeln mit 4676 Kilogramm Pulver abgefeuert.

Nach notdürftigen Reparaturen setzte die dänische Flotte am Morgen des 25. April Segel, um den Feind aufzuspüren und den Sieg zu vollenden. In der Zwischenzeit hatten die schnellen dänischen Fregatten *Løvendals Galley*, *Høyenhald* und *Raa* bereits Fühlung mit dem Feind auf-

Abb. 15 Auf kurze Distanz wurden Traubhagelgeschosse gegen die Besatzungen der feindlichen Schiffe eingesetzt. Tuchummantelung rekonstruiert.

KONFLIKT – MITEINANDER GEGENEINANDER

Abb. 16 Aufstellung der Flotte.

genommen. Es war ihnen gelungen, das einzige intakte schwedische Schiff, die Fregatte *Vita Örn*, am Entkommen zu hindern und zum schwedischen Geschwader zurückzujagen.[16] Als die dänischen Fregatten bei der schwedischen Flotte eintrafen, bot sich ihnen ein erstaunliches Bild (Abb. 16): Sämtliche schwedische Kriegsschiffe waren vor Bülk auf Grund gesetzt worden. Eine weiße Flagge signalisierte die Aufgabe. Die dänische Flotte ankerte in sicherer Entfernung in einer Wassertiefe von zehn Faden (19 Meter). Wassertiefe und Beschaffenheit des Grundes wurden zuvor mit einem Lot, wie dem am Wrack der *Prinsessan Hedvig Sophia* gefunde-

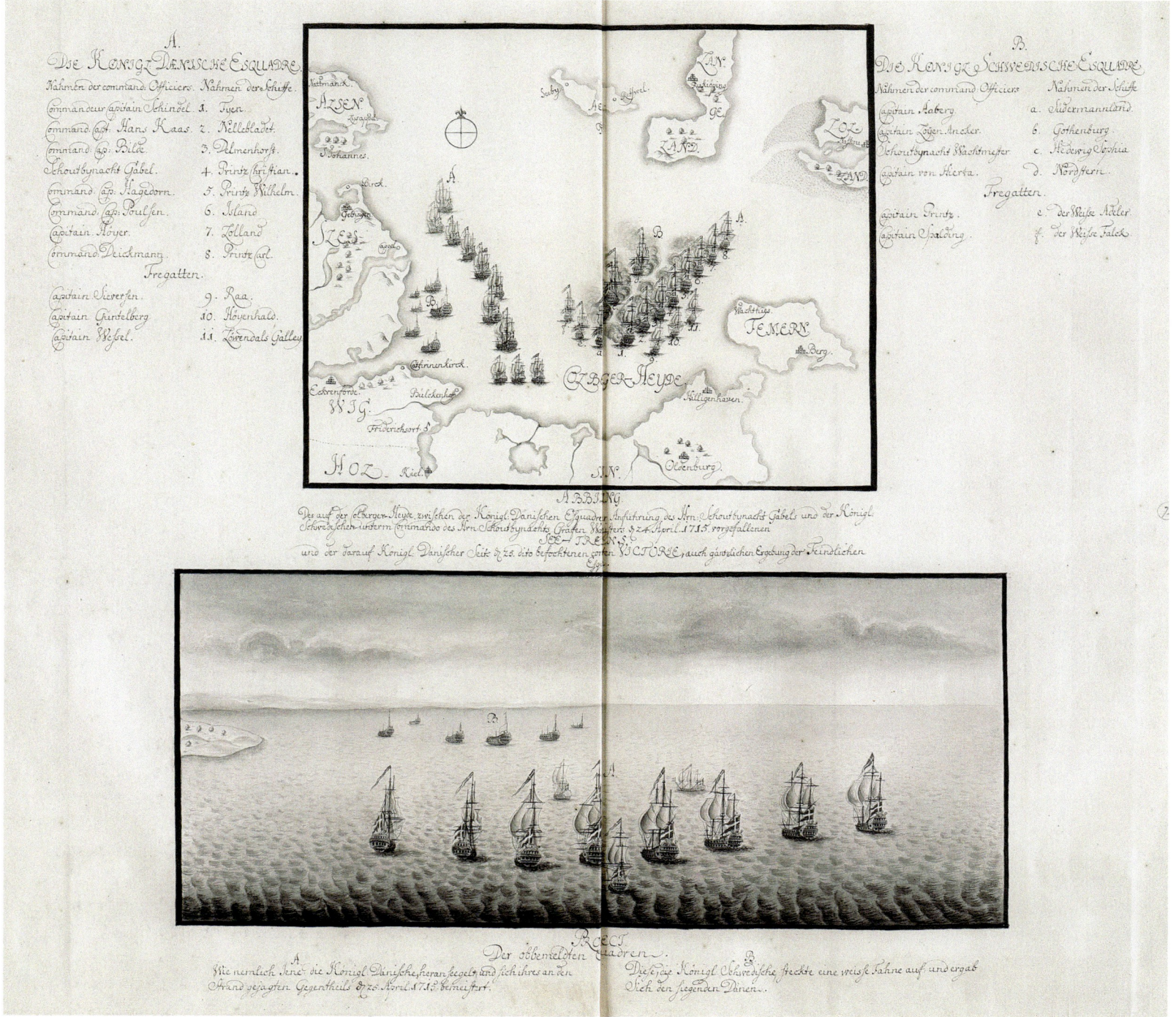

nen, bestimmt. Der schwedische Schoutbynacht Graf Wachtmeister wurde vom dänischen Fregattenkapitän Peter Wessel, der sich später als Tordenskjold einen Namen machte, an Bord des dänischen Admirals gebracht. Hierzu schreibt Hoppe: „Kapitän Wessel kam an Bord, zusammen mit dem schwedischen Schoutbynacht Graf Wachtmeister, ohne Degen, und seinem Kapitän, der ein Schiff namens *Falck* kommandiert. Er berichtete, er habe sechs Fuß [ca. 1,9 Meter] Wasser im Schiff nachdem er 17 Schuss unter die Wasserlinie erhalten habe. Nach der Strandung habe er seinen Großmast kappen lassen. Schoutbynacht Gabel fragte ihn nach seinem Degen, worauf er antwortete, dass ein gefangener Mann keinen Degen tragen dürfe. Darauf überreichte ihm Gabel seinen eigenen silbernen Degen".[17] Diese Episode im Logbuch der *Prinds Christian* gibt nicht nur einen Einblick in den Ehrenkodex der Offiziere des 18. Jahrhunderts, sondern schlägt auch einen spannenden Bogen zum archäologischen Fundmaterial. So wurden in der Umgebung des Wracks der *Prinsessan Hedvig Sophia* gleich zwei Degengefäße gefunden, von denen eines klar als Teil eines goldbesetzten schwedischen Offiziersdegens identifiziert werden konnte (Abb. 17).[18]

Während die Schriftquellen uns die Ereignisse der Schlacht aus dänischer Sicht näherbringen, erlauben die archäologischen Quellen einen Einblick in das Geschehen auf schwedischer Seite. Was geschah an Bord der schwedischen Kriegsschiffe, nachdem festgestellt worden war, dass die erlittenen Schäden zu groß waren, um entkommen zu können? Die 1500 Meter lange Spur aus sechspfündigen Kanonen, die sich 200 Meter nördlich des Wracks der *Prinsessan Hedvig Sophia* zum Land hin zieht (Abb. 10), scheint Zeugnis des Versuchs zu sein, das Gewicht des Schiffs zu verringern, um es möglichst nah vor der Küste auf Grund zu setzen. Diese Spur rührt womöglich von den schwedischen Kriegsschiffen *Södermanland*, *Göteborg* oder *Nordstjärnan* her, die allesamt eine ausreichende Anzahl Sechspfünder auf dem Oberdeck führten.[19] Auch die Munitionsspuren östlich des Wracks der *Prinsessan Hedvig Sophia* sind stumme Zeugen

Abb. 17 Funde vom Wrack der *Prinsessan Hedvig Sophia*: Teile eines vergoldeten schwedischen Offiziersdegens.

der letzten verzweifelten Handlungen der Schweden. Abstand und Länge der Spuren zeigen, dass hier entweder das schwedische Flaggschiff selbst oder die ähnlich große *Nordstjärnan* lag. Auch die nun unnütz gewordene Munition wurde über Bord befördert, um das Schiff leichter zu machen.

Gleich nach der Kapitulation der Schweden begannen die Dänen mit Bergungsarbeiten. Im Laufe des nächsten Monats wurde alles darangesetzt, die schwedischen Schiffe abzubringen, das heißt wieder flottzumachen, um sie der dänischen Marine einzuverleiben und damit den Triumph zu vollenden. Auch wenn der Sieg an sich schon überragend war, die Möglichkeit, gleich mehrere feindliche Linienschiffe und Fregatten zu erobern und für die eigene Marine zu verwenden, ergab sich äußerst selten. Die Bedeutung des dänischen Sieges zeigt sich auch darin, dass der König höchstpersönlich am 18. Mai 1715 nach Bülk kam, um die schwedischen Prisen (d. h. erbeuteten Schiffe) zu begutachten und die dänischen Offiziere auszuzeichnen. Ein Schiff nach dem anderen konnte abgebracht werden, nur über das schwedische Flaggschiff schreibt Schoutbynacht Gabel an den König, er hätte das Schiff längst geborgen, „wan nicht dieser sturm vere eingefallen, so den Suedischen Schoutbynacht Shif inzwei geshlagen das es nicht zu retten ist".[20] Schließlich wurden am 25. Mai die Bergungsversuche aufgegeben. Das schwedische Flaggschiff blieb als Wrack vor Bülk liegen und geriet bis zu seiner Wiederentdeckung 293 Jahre später in Vergessenheit.

Für Archäologen ist das Wrack der *Prinsessan Hedvig Sophia* eine Schatzkammer (Abb. 18). Die hölzernen Überreste geben Aufschluss über längst vergessene Schiffbautechnik des 17. Jahrhunderts.[21] Einzelne Objekte, wie ein hölzerner Becher, der von seinem Besitzer zurückgelassen und von Plünderern übersehen oder als unwichtig erachtet wurde, erlauben Einblicke in das Leben der einfachen Seemänner an Bord, die keinen Eingang in die Schriftquellen fanden.

Abb. 18 Plan der Wrackstelle der *Prinsessan Hedvig Sophia*.

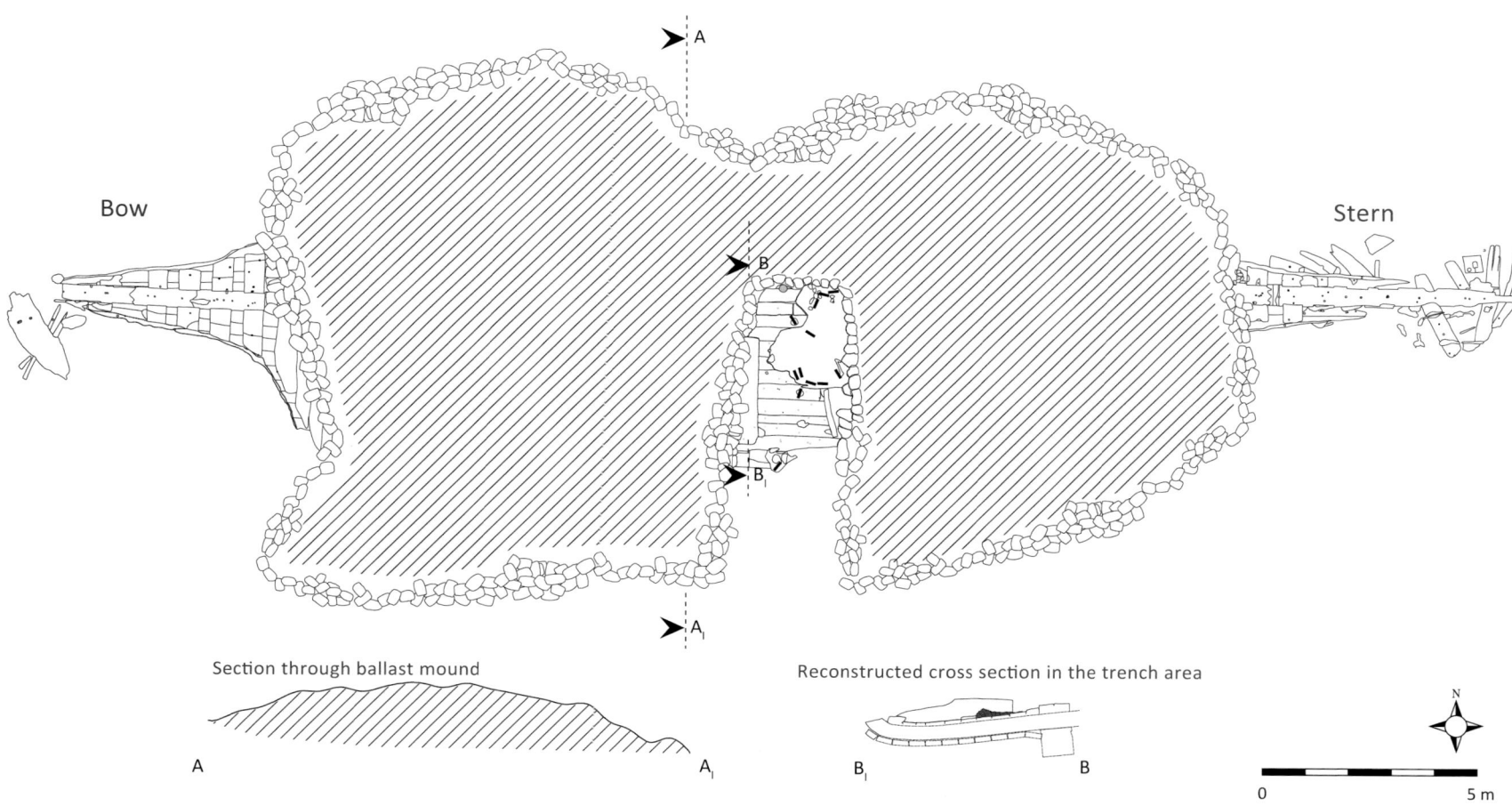

Unterwasserarchäologie und Kulturgüterschutz

Archäologische Kulturgüter liegen als Einzelfunde und Wracks, sogar in Form ganzer Seeschlachtgebiete auf dem Meeresgrund verborgen. Sie bilden einen Teil unseres gemeinsamen europäischen Kulturerbes, das wegen der vollständigen Bedeckung mit Wasser besonders gut erhaltene Objekte aufweist und aufgrund seiner Einzigartigkeit einen außerordentlichen wissenschaftlichen Aussagewert besitzt.

Gerade das Wrack der *Prinsessan Hedvig Sophia* zeigt deutlich, inwieweit sich archäologische Quellen und Schriftquellen ergänzen können, um uns einen ganzheitlichen Blick auf vergangene Ereignisse zu erlauben. Während uns historische Quellen Details zu Schlachtenverläufen liefern können und sogar Einblicke in das Denken und Ehrempfinden der Offiziere erlauben, sind technische Details zu Schiffskonstruktion und Bewaffnung eher archäologischen Quellen zu entnehmen. Auch das Leben der einfachen Seeleute an Bord wird erst durch archäologische Fundstücke fassbar.

Doch auch das unter Wasser liegende kulturelle Erbe ist gefährdet. Die intensivierte Nutzung der Meeresumwelt etwa durch Off-Shore-Windparkanlagen, Schifffahrtsrouten, untermeerische Kabel- und Leitungstrassen sowie der Ausbau von Häfen, Tunneln und Brücken fordern die Fachbehörden bei Genehmigungsverfahren und machen deren archäologische Begleitung sowie die Entwicklung von konkreten Schutzstrategien notwendig. Auch natürliche Gefährdungen wie Erosionsprozesse und Tierfraß an den Hölzern kommen zum Tragen. Die Aufklärung von Tauchtouristen über den historischen Wert von Wracks soll ebenfalls verhindern, dass Schäden an Wrackstellen entstehen. Der Schutz des Kulturerbes unter Wasser ist eine dringliche, gemeinsame europäische Aufgabe, die gerade in internationalen Gewässern nur durch eine staatenübergreifende Zusammenarbeit möglich wird.

---

1 Olesen 2015.
2 Veröffentlicht im Jahr 1651 in zweiter Auflage im Bd. 5 des Almanachs „*Theatrum Europaeum*".
3 Segschneider 2014.
4 Hyttel u. a. 2015.
5 Hyttel u. a. 2015, 46.
6 Barfod 2004, 58.
7 Hyttel u. a. 2015, 78.
8 Hyttel u. a. 2015, 79.
9 Bardenfleth 2002.
10 Logbuch des dänischen Kriegsschiffes *Prinds Christian*, Kopenhagen, Rigsarkiv RA 141-1 (1715) Skibsjournal Prinds Christian.
11 Admiralsrang in der schwedischen Flotte.
12 Auer 2011; Auer – Schweitzer 2012; Auer – Segschneider 2015.
13 Kopenhagen, Rigsarkiv RA 141-1 (1715) Skibsjournal Prinds Christian und RA 141-2 (1715) Skibsprotokoll Prinds Christian.
14 Auer 2015.
15 Ein Zeichen der Bereitschaft zum Kampf.
16 Tuxen – With-Seidelin 1922.
17 Logbuch des dänischen Kriegsschiffes *Prinds Christian*, Kopenhagen, Rigsarkiv RA 141-1 (1715) Skibsjournal Prinds Christian.
18 Auer – Segschneider 2015, 268.
19 Auer – Segschneider 2015; Auer 2015.
20 Kopenhagen, Rigsarkiv RA 509, 79, 1715.
21 Auer – Schweitzer 2012; Auer – Segschneider 2015.

Sieg und Niederlage. Spannende Archäologie vor dem Hintergrund dramatischer Zeitläufe

Claus von Carnap-Bornheim

In kaum einer Epoche der Vor- und Frühgeschichte war Europa ähnlich zerrissen und durch Gegensätze geprägt wie in den Jahrhunderten unmittelbar vor und nach Christi Geburt. Auf der einen Seite expandierte das römische Imperium ausgehend vom italischen Mutterland in alle Himmelsrichtungen, auf der anderen Seite befanden sich barbarische Gesellschaften, die weder das zivilisatorische Potential noch das militärische Organisationsniveau des Imperium Romanum auch nur annähernd erreichten. Dieses Gefälle verlangte notwendigerweise nach einer klaren Abgrenzung, die sich als mehrere Tausend Kilometer lange Linie – der Limes – durch die Mitte Europas zog. Diese Linie war primär ein militärisches Bauwerk, das jedoch durchlässig und transparent war und den Transfer von Waren und Ideen erlaubte. Am Ende konnte sie die Barbarisierung des Imperium Romanum und die großen Völkerwanderungen der Spätantike und des frühen Mittelalters nicht verhindern. Zahlreiche archäologische Quellen aus Siedlungen, militärischen Anlagen, Gräbern und Depots lassen uns die Interaktion zwischen den beiden Welten – seien sie friedlicher oder kriegerischer Natur – in unterschiedlichen Facetten nachzeichnen. Zusammen mit der historischen Forschung erlaubt die Archäologie so einen tiefen Einblick in jene Prozesse, die die Geschichte dieser Jahrhunderte prägten. Besonderes Gewicht erhalten dabei die militärischen Auseinandersetzungen, die auch das Geschehen in jenen Provinzen bestimmten, die auf dem Gebiet der heutigen Bundesrepublik Deutschland liegen

und die damit zwangsläufig in den Fokus der archäologischen Denkmalpflege und Forschung gelangen. Sie sollen im Zentrum dieses Beitrages stehen. Dabei wollen wir uns auf die Archäologie von Sieg und Niederlage konzentrieren – also auf jene Erscheinungen, die uns Informationen über Rituale und Verhalten liefern, mit denen einerseits Erfolge gefeiert oder andererseits Niederlagen bewältigt wurden. So können Einblicke in Mentalitäten und individuelle Schicksale gelingen, ebenso wie jene propagandistischen Instrumente erkennbar werden, die bei Bewältigung von Niederlagen und beim Feiern von Siegen Anwendung finden.

Propaganda

Kriegerische Auseinandersetzungen zwischen Römern und Germanen prägten seit dem ersten Kontakt in der Zeit Cäsars – also seit der Mitte des letzten vorchristlichen Jahrhunderts – das politische und das gesellschaftliche Klima und dies sowohl diesseits als jenseits des römischen Limes. Dabei ist das Spektrum aussagefähiger archäologischer Funde breit, woraus gefolgert werden kann, dass dementsprechend die Möglichkeiten und Mittel zur Propaganda, aber auch zur großen politischen Manifestation vielfältig waren. Hauptmedium zur Verbreitung entsprechender Siegesmeldungen waren vorzugsweise römische Münzen, auf denen sich eine fast unüberschaubare Vielfalt von entsprechenden Münzbil-

linke Seite Römischer Helm aus dem Thorsberger Moor, Schleswig-Holstein

KONFLIKT – MITEINANDER GEGENEINANDER

Abb. 1 Siegesmonument der *legio VI* bei *Vetera* (Xanten).

dern – insbesondere auf den Rückseiten – findet. Ihre weiträumige Zirkulation war ein ideales Instrument zur schnellen Verbreitung von Informationen. Für die römische Siegespropaganda spielen aber auch steinerne Monumente eine wichtige Rolle. Zahlreiche Beispiele ließen sich aufführen. Besonders eindringlich ist jedoch ein Monument dieser Fundgruppe, das 1978 im Rhein bei Xanten-Vynen (Kreis Wesel) entdeckt wurde (Abb. 1). Das 1,86 Meter hohe Steinfragment ist eindeutig lesbar und verweist auf die Beteiligung der 6. Legion (*legio VI Victrix*) an einer Schlacht, die bei *Vetera* – also in unmittelbarer Nähe von Xanten – im Jahre 70 n. Chr. gegen die Bataver geschlagen worden war.[1] Über Jahre schon hatte der Aufstand dieses germanischen Stammes den Nordwesten des Römischen Reiches unter Druck gesetzt. Im Juli 70 n. Chr. trafen die römischen Truppen unter Q. Petillius Cerialis auf die Gefolgschaften des batavischen *princeps* Civilis.[2] Zwei Tage dauerte die Schlacht. Sie endete mit der Niederlage der germanischen Bataver und der Kapitulation des Civilis. Es war daraufhin die *legio VI Victrix* selbst, die dieses Siegesmonument herstellen und mit hoher Wahrscheinlichkeit im Sommer 73 n. Chr. setzen ließ. Vermutlich befand es sich in unmittelbarer Nähe des Schlachtfeldes des Jahres 70 oder gar auf ihm selbst. Auf dem Stein wird unter anderem Kaiser Vespasian genannt, dem als oberstem militärischem Führer sicherlich das abschließende Verdienst für den Sieg zukommen musste. Bemerkenswert ist in unserem Zusammenhang allerdings die spezielle Art der Erinnerungskultur im Umfeld eines der größten römischen Kastelle am Niederrhein und auf einem Schlachtfeld, auf dem die Römer erfolgreich gegen die Bataver gekämpft hatten.

Ebenfalls primär auf das militärische Milieu selbst ausgerichtet sind propagandistische Darstellungen auf Militaria. Ein besonders eindrückliches Beispiel hierfür ist die silberne *Phalera* (Abb. 2) eines römischen Feldzeichens, das bereits im Jahr 1814 im Kastell Niederbieber bei Neuwied (Kreis Neuwied) entdeckt wurde.[3] Die Fundumstände dieses Stückes sind außergewöhnlich, wurde es doch zusammen mit anderen Militaria und menschlichen Skelettresten in den *Principia*, also den zentralen Administrationsgebäuden des Kastells, aufgefunden. Es liegt nahe, in dem Toten einen *Signifer* (Standartenträger) zu sehen, der dieses Feldzeichen als Identifikationssymbol der Legion und ihrer Unterver-

Sieg und Niederlage. Spannende Archäologie vor dem Hintergrund dramatischer Zeitläufe

Abb. 2 Silberne *Phalera* aus Niederbieber, Rheinland-Pfalz

bände bei militärischen Zeremonien, möglicherweise auch im Kampf, getragen und zur Schau gestellt hatte. Es ist daher kaum zufällig, auch dieses Stück in den Zusammenhang militärischer und politischer Siegespropaganda zu setzen. Es zeigt einen jugendlichen Herrscher, der – mit einer Lanze bewaffnet – auf einem Haufen von Waffen wie Schilden, Speeren, Rüstungen, Helmen und anderem Kriegsgerät zu stehen scheint. Gemeint sind hiermit sicherlich die Waffen besiegter Gegner. Das Bild symbolisiert deren physische und psychische Vernichtung. Bei dem jugendlichen Herrscher könnte es sich um den römischen Kaiser Saloninus handeln,[4] der zwischen 258 und 260 n. Chr. regierte. Gerade in einer Zeit größter Unruhe sowohl durch interne Konflikte als auch durch die germanische Bedrohung von jenseits der römischen Reichsgrenze kam entsprechenden Bildern große Bedeutung zu. Dass die Darstellung eines Siegers am Ende nicht immer einer nachhaltigen historischen Realität entspricht, belegt das Schicksal des Saloninus, der im Zuge des Postumus-Aufstandes im Jahr 260 n. Chr. hingerichtet wurde. Ausgangspunkt scheint dabei der Streit um die Kriegsbeute des Postumus gewesen zu sein.

Sind die Inschrift der *legio VI Victrix* und die silberne *Phalera* aus Niederbieber offizielle Siegesdokumente, so führt der Würfelturm aus Vettweiß-Froitzheim (Kreis Düren) in den eher privaten Bereich des täglichen Lebens (Abb. 3). Das äußerst interessante Stück wurde 1983 in stark fragmentiertem Zustand entdeckt und befindet sich heute neu zusammengesetzt im Rheinischen Landesmuseum in Bonn.[5] Gut 22 Zentimeter hoch und zehn Zentimeter breit ist seine Funktionszuweisung sicher: Er diente dem Glücksspiel, wobei die Würfel von oben in das Gerät eingeworfen wurden und unter dem Geläut von kleinen bronzenen Klingeln dann über die angefügte Treppe auf den Tisch fielen. Es ist leicht vorstellbar, dass Spannung und Freude über den glücklichen Wurf durch dieses kleine akustische Signal wesentlich verstärkt wurden. Bemerkenswert sind die Inschriften, die einerseits Glück verheißen sollen („VTERE / FELIX / VIVAS" = „Benutze (ihn), Glücklicher! Du sollst wohl leben!") und andererseits ein besonders politisches Schriftdokument zeigen. H. G. Horn liest es als „PICTOS / VICTOS / HOSTIS / DELETA / LVDITE / SECVRI", was mit „Die Pikten sind besiegt; der Feind ist vernichtet. Spielt unbekümmert" übersetzt werden kann.[6] Bei den Pikten handelt es sich um einen schottischen Stamm, der immer wieder an der Nordgrenze Britanniens in militärische Auseinandersetzungen mit den Römern trat. Da der Würfelturm wegen stilistischer Merkmale in das 4. Jahrhundert datiert werden kann, geht H. G. Horn davon aus, dass die Inschrift am wahrscheinlichsten mit dem Piktenkrieg

Abb. 3 Würfelturm: „Die Pikten sind besiegt ..."

des Valentinian der Jahre 367/69 n. Chr. in Verbindung zu bringen ist. Der Propagandawert dieses außergewöhnlichen Fundes ist hoch, kombiniert er doch das Geschehen dieser Kriege mit der Stresssituation des Glücksspiels – psychologisch zweifellos eine interessante Konstellation.

Dank an die Götter

Kriege und Schlachten sind immer gesellschaftliche sowie individuelle Stresssituationen. Es ist daher nicht verwunderlich, dass die Hilfe der Götter benötigt wurde, um diese zu bewältigen. Ein interessantes Beispiel für dieses Phänomen liegt aus Tholey-Wareswald (Kreis St. Wendel) im Saarland vor. Über viele Jahre wurde hier eine große römische Siedlung ausgegraben, die vom frühen 1. Jahrhundert bis ins 4. Jahrhundert n. Chr. genutzt worden war. Sie befand sich im Schnittpunkt wichtiger nord-süd- und ost-west-verlaufender Verkehrsachsen.[7] Im Zentrum der Siedlung, deren römischer Name nicht überliefert ist, stand ein gallorömischer Umgangstempel, der – so lässt sich aus dem Fund einer kleinen bronzenen Figur des Gottes und einem Depot von Lanzenspitzen ableiten – dem Kriegsgott Mars geweiht war (Abb. 4). Die Grabungen der Jahre 2003 bis 2011 erbrachten im unmittelbaren Umfeld dieser Anlage insgesamt siebzig eiserne Lanzenspitzen, in deren Tüllen zum Teil noch Fragmente der Holzschäfte erhalten waren. Vermutlich wurden die Waffen im Zuge der Kulthandlungen in diesem Tempel aufgestellt und dem Mars geweiht. Ihre exakte Positionierung kann heute nicht mehr rekonstruiert werden.[8]

Auch weibliche Gottheiten spielten bei militärischen Kulthandlungen eine große Rolle. Die Weiheinschrift des Albinus Super aus dem Matronen-Heiligtum in Bonn ist hierfür ein außerordentlich wichtiges Beispiel. Schon 1928 fanden unter dem Bonner Münster umfangreiche Ausgrabungen statt, die die Nutzung dieses Areals über viele Jahrhunderte belegen.[9] Entdeckt wurden unter anderem mehr als siebzig römische Steindenkmäler, von denen zahlreiche dem Kult der Aufanischen Matronen gewidmet waren. Diese besonders im Umfeld von Köln verehrten weiblichen Gottheiten gehen auf keltische Wurzeln zurück. Sie wurden immer in der Dreizahl und mit charakteristischen Kopfbedeckungen dargestellt. Albinus Super fühlte sich zu ihnen offensichtlich ganz besonders hingezogen. Er weihte ihnen einen Stein, der ihn als siegreichen Soldaten gegen einen Orientalen kämpfend zeigt. Die *legio* I aus Bonn hatte unter Lucius Verus in den 160er-Jahren n. Chr. im Osten des Reiches gegen die Parther gekämpft. Mit großer Wahrscheinlichkeit war auch Albinus von Bonn aus in das Kriegsgebiet verlegt worden, dann aber wieder nach Bonn zurückgekehrt. Dass er sich als einfacher Soldat in einem Bildschema darstellen lässt, das eigentlich mit der kaiserlichen Siegesikonographie zu verbinden ist,[10] muss als weiteres bemerkenswertes Detail verstanden werden. Über das Schicksal des Albinus Super ist sonst nichts bekannt. Es bleibt also nur zu hoffen, dass die Aufanischen Matronen aus Bonn ihn auf seinem weiteren Lebensweg begleitet und gut behütet haben.

Abb. 4 Warenswald, Marsfigur aus dem Tempel.

Abb. 5 Funde aus dem Thorsberger Moor in Schleswig-Holstein

Verlust und Beute

In der archäologischen Forschung sind Hort- und Verlustfunde von besonderer Bedeutung für die Identifikation kriegerischer Ereignisse, die aus schriftlichen Quellen nur bedingt und unvollständig erschlossen werden können. Ein Beispiel für diesen Interpretationsweg sind Münzhortfunde wie jener aus dem Kastell Niederbieber bei Neuwied (Kreis Neuwied).[11] Zunächst erlaubt das Inventar eine sehr genaue Datierung seiner Niederlegung. Ausschlaggebend sind hier die jüngsten Münzen, die sogenannten Schlussmünzen, die einen Terminus post quem definieren. Im Fall des Münzschatzes aus diesem Limeskastell sind es drei Prägungen des Kaisers Valerian und seines Mitregenten Gallienus aus dem Jahr 259/60 n. Chr. Wenn auch jede konkrete schriftliche Überlieferung zum Kastell Niederbieber fehlt, so können wir doch daraus folgern, dass das Kastell im Zuge der kriegerischen Auseinandersetzungen unterging, die in Verbindung mit der Gründung des „Gallischen Sonderreiches" stehen. Dass entsprechende Münzschätze die Jahrhunderte überdauerten und durch moderne archäologische Forschungen wiederentdeckt wurden, lässt den Schluss zu, dass jene, die die Münzen einst vergraben hatten, sie nicht mehr bergen konnten. Das konkrete Wissen um Ort und Inhalt dieser Depots ging verloren. Ob die ehemaligen Besitzer ums Leben kamen, in Gefangenschaft gerieten oder fliehen mussten, lässt sich heute nicht mehr rekonstruieren. Insgesamt ergeben solche Münzhorte Indizien für den Umfang und die Tragweite entsprechender militärischer Auseinandersetzungen, was für die Antike ebenso gilt wie für das Mittelalter und die Neuzeit.

Nach der gewonnenen Schlacht kommt der Verteilung der Beute – so berichten es auch die schriftlichen Quellen – eine besondere Signifikanz zu. Das Haupt des Varus, das Arminius nach der Schlacht im Teutoburger Wald an den markomannischen König Marbod schickte, kann

KONFLIKT – MITEINANDER GEGENEINANDER

als eine ganz besondere Kriegsbeute bezeichnet werden, deren politischen Wert Arminius zweifellos kannte.[12] Für das gefolgschaftliche System germanischer Kriegerverbände dürfte das Teilen der Beute von grundlegender und stabilisierender Bedeutung gewesen sein. Im archäologischen Fundstoff schlägt sich dies aber in der Regel nicht so deutlich nieder, dass hier eindeutige Zuweisungen und Interpretationen möglich wären. Anders sieht dies im Fall der großen Kriegsbeuteopfer aus, wie sie aus Schleswig-Holstein und von der Jütischen Halbinsel bekannt sind. Besonders die Grabungen der 1850er- und 1860er-Jahre erbrachten aus dem Thorsberger Moor in Süderbrarup (Kreis Schleswig-Flensburg) mit etwa 5500 Gegenständen ein außergewöhnlich reiches Inventar (Abb. 5–7).[13] Die Objekte waren in einem heute teilweise verlandeten See so deponiert worden, dass sie später nicht mehr geborgen werden konnten, was den rituellen Charakter dieser Niederlegung eindrücklich belegt. Schwertzubehör, Schilde, Pferdegeschirre und persönliche Ausrüstungen stellen die Hauptkomponenten der größten Niederlegung in diesem Moor dar, die sicherlich noch in der ersten Hälfte des 3. Jahrhunderts stattgefunden hatte. Die Bewaffnung stammt nicht nur aus lokalen Werkstätten, sondern in wesentlichen Teilen auch aus römischer Produktion. Der Import von römischen Waffen in das germanische Barbaricum spielte damit eine bedeutende Rolle. Offensichtlich galt es, den Göttern, die zum Sieg über die Feinde beigetragen hatten, in deren heiligen Mooren für die Hilfe zu danken. Vor der Deponierung waren die Waffen verbogen, zertrümmert, auseinandergerissen oder zerteilt worden. Teil des Ritus war damit auch die öffentliche Zerstörung der Waffen der

Abb. 6 Zierscheibe PA 456 aus dem Thorsberger Moor

Feinde, um deren Macht endgültig zu brechen.[14] Es ist nicht ausgeschlossen, dass die Besiegten an ebendiesen Ritualen hatten teilnehmen müssen. So wurde mit dem Demolieren ihrer Waffen zugleich die Identität der Krieger zerstört – ein Mechanismus, der sich auch in modernen Gesellschaften wiederfinden lässt.

Siegessymbolik im Kleinen

Kriege graben sich in das kollektive Gedächtnis von Gesellschaften ein und dies auf zwei sehr unterschiedlichen Wegen. Da sind zum einen die Mechanismen von Propaganda gleich welcher Art, zum anderen zeichnet das individuelle Erleben ein mikroskopisches Bild der Geschehnisse, beschreibt Tragik, Verlust und Tod als Teil persönlicher Geschichte und trägt so als kleines Mosaiksteinchen zum großen Ganzen bei. Selbst wenn die Erinnerung an den Zweiten Weltkrieg sowohl auf der Seite der Sieger als auch auf derjenigen der Besiegten langsam verblasst, so ist doch manches Teil des kollektiven Gedächtnisses geworden. Ein besonders eindrückliches Beispiel hierfür sind einige silberne Uhren aus einem Waldlager russischer Soldaten bei Gortz (Kreis Potsdam-Mittelmark), das unmittelbar nach dem Ende des Sturms auf Berlin angelegt wurde.[15] Solche Uhren waren für die einfachen Rotarmisten ein außerordentlich wichtiges Symbol für deren individuelle Beute aus dem großen Krieg. Es gibt in zahlreichen deutschen Erzählungen dieser Zeit Berichte über den Raub von Uhren oder ähnlichem Kleinmaterial. War das Plündern von Kunstsammlungen gängiges Instrument zur Erlangung hochwertiger Kriegsbeute, so fokussierte sich der einfache Rotarmist auf kleine persönliche Erinnerungsstücke. Gerade diese eher unscheinbaren Exponate verdeutlichen aber die tragische Verknüpfung, die zwischen Militär und Zivilisten, zwischen Siegern und Besiegten besteht. Selbst wenn die individuellen Geschichten dieser kleinen Uhrgehäuse verloren gegangen sind, so sind sie selbst doch Symbol für die Tragik des Krieges.

Abb. 7 Auch organisches Material hat sich gut erhalten: Hose aus dem Thorsberger Moor

---

1 Rüger 1979; Kunow 1987, 62 Abb. 36.
2 Tacitus, Historiae V, besonders Kap. 14–26.
3 Dorow 1826, 67; Dorow 1827, Taf. 15, Fig. a–c.
4 Nottbohm 1954.
5 Horn 1989.
6 Horn 1989, 145–156.
7 Henz 2010.
8 Henz 2016, 184–186.
9 Lehner 1930.
10 Ich danke Frau Dr. Susanne Willer (Bonn) für diesen Hinweis.
11 Zuletzt zusammenfassend mit weiterer Literatur: Heising 2010.
12 Salač – von Carnap-Bornheim 2009.
13 Lau 2014; Blankenfeldt 2015; Matešič 2015; von Carnap-Bornheim 2014.
14 Rau – von Carnap-Bornheim 2012.
15 Kersting 2016, 31.

„Er mich zerbrach, mein Ehr abnahm."
Bildersturm als Deutungsmöglichkeit archäologischer Befunde

Matthias Wemhoff

Die Oberfläche des Marmors ist rau und voller Kerben. Dass dieser verstümmelte Torso einst zu einer wunderbaren Venusfigur gehört hat, ist nicht mehr zu erkennen (Abb. links). Schon vor 500 Jahren war daher eine erläuternde Inschrift notwendig:

„Wolt ihr wissen was ich bin.
Ich bin gewesen ein Abgottin
Da S(ankt) Eucharius zu Trier kam,
er mich zerbrach, mein Ehr abnahm.
Ich war geehret als ein Gott.
Jetzt stehen ich hie der Welt zu Spot."

Die Inschrift vor der Klosterkirche von St. Matthias in Trier, die um 1500 erstmals nachgewiesen und um 1600 erneuert worden ist,[1] nennt deutlich zwei Beweggründe für die Zerstörung der römischen Steinfigur: Das „Abnehmen der Ehre" durch das Zerbrechen und die öffentliche Präsentation mit dem Ziel der „Verspottung". Die Inschrift in diesem konkreten Fall benennt damit fast allgemeingültig die beiden Ausdrucksformen eines Bildersturms: die Schändung und die Zerstörung sowie die Verhöhnung und die Verspottung. Ein Bild, ein Kunstwerk, ein Gebäude wird so zum Feindbild. Es wird zur Projektionsfläche von dem, was es zu überwinden gilt. In Trier haben die frommen Pilger über Jahrhunderte Steine auf die Skulptur geworfen – auch dann noch, als

linke Seite Venus von Trier. In dem durch Steinschläge zerstörten Torso ist die Figur kaum zu erahnen.

Abb. 1 Venus von Milo. Der direkte Vergleich zeigt, wie die Venus von Trier einmal ausgesehen hat.

Abb. 3 (rechts) Obernburg, Bayern, Jupitergigantensäule in situ.

Abb. 2 Obernburg, Jupitergigantensäule, rekonstruiert in ihrer ursprünglichen Aufstellung.

sie eines Schildes bedurfte, um überhaupt noch als Bildwerk erkannt zu werden. Hier ist die Aggression gegen das Kunstwerk zum Reinigungsritual auf einer Pilgerschaft geworden, das als „Heidenwerfen" bezeichnet wurde. Später wurde die einstige Venus an Ketten auf dem benachbarten Friedhof aufgehängt und schließlich in eine mit Steinen besonders gesicherte Grube geworfen. Eine gewisse Gefahr schien wohl immer noch von dem unheimlichen Werk auszugehen.[2] Die Formen des abwertenden Umgangs mit Bildwerken sind, und dies kann man schon gut an diesem einen Beispiel erkennen, vielfältig und im archäologischen Befund oft nicht eindeutig zu interpretieren.[3]

Ein gutes Beispiel für die komplizierte Deutung von vergrabenen Bildwerken sind die römischen Jupitersäulen. Die meisten Jupitersäulen sind in stark beschädigtem Zustand überliefert. 2015 gelang in Obernburg am Mainlimes die spektakuläre Entdeckung aller Teile einer ursprünglich vier Meter hohen Säule (Abb. 2).[4] Diese lagen in der Verfüllung eines Brunnenschachtes (Abb. 3). Der rechteckige Sockel ist in Form eines Viergöttersteines mit den Darstellungen von Juno, Herkules, Minerva und Merkur gestaltet. Dann folgt eine Gesimsplatte mit einer mehrfach erneuerten Bauinschrift. Auf einer auffällig schmalen Basis steht die eigentliche Säule, die von einem Kapitell mit stilisierten Palmetten und vier Gesichtsdarstellungen abgeschlossen wird. Darauf ruhte der eigentliche Bildstein, der den über einen Giganten hinwegreitenden Jupiter zeigt.

Eine solche Säule war im Römischen Reich nichts Außergewöhnliches. So konnten bislang 1200 Säulen in den römischen Provinzen nördlich der Alpen nachgewiesen werden.[5] Sie stammen alle aus der zweiten Hälfte des 2. und der ersten Hälfte des 3. Jahrhunderts n. Chr. Ihr Vorbild ist die große, 59 n. Chr. errichtete Mainzer Jupitersäule. Nun sind Jupitersäulen – die enorme Fundmenge legt dies nahe – nicht auf offizielle große Kultbezirke beschränkt, man findet sie gerade auch in ländlichen Siedlungen.[6] Sie waren für eine Villa Rustica so etwas wie das Hofkreuz oder der Bildstock an einem Bauernhof. Ihre Beliebtheit hängt vielleicht auch damit zusammen, dass es viele Verbindungen zu keltischen religiösen Vorstellungen gibt: Die mit „Schuppen" verzierte Säule kann als Baumstamm gedeutet werden und würde damit an keltische Baumheiligtümer erinnern, der Donnergott Jupiter selbst kann als Bezug zum ebenfalls donnernden keltischen Himmelsgott Taranis gesehen werden.

Bereits 2005 wurden in der Gemeinde Rommerskirchen-Evinghoven 25 Kilometer nordwestlich von Köln in den oberen Schichten der Verfüllung zweier Brunnen die Reste von gleich drei Jupitermonumenten geborgen, die zu einem Hofheiligtum gehört hatten. Sie zeigten den auf einem Thron sitzenden Jupiter (Abb. 4). Eine ähnliche Darstellung konnte 2017 bei einer Ausgrabung im Braunkohlegebiet Hambach gemacht werden.

Doch wieso gelangten diese Bildwerke in die Brunnen? Zunächst liegt der Gedanke an die Germaneneinfälle des 3. Jahrhunderts n. Chr. nahe. Die in das Römische Reich einfallenden Verbände könnten diese hochaufragenden römischen Bildzeichen bewusst zerstört haben. Doch hätte es dann ein einfaches Umstürzen nicht auch getan? Musste man die schweren Steine bis zum Brunnen schleppen? Waren die Angreifer überhaupt zu einem Bildersturm motiviert oder war ihr Interesse nicht viel eher auf Beute ausgerichtet? Sind die Bildsteine in den Brunnen vielleicht nur das Ergebnis eines „Zusammenräumens" bei der planmäßigen Aufgabe der Hofstelle? War es eine Deponierung, die zum Schutz der einst verehrten Bildwerke durch die letzten Nutzer erfolgte? Die sorgfältige Interpretation des archäologischen Befundes kann viele Indizien zur Deutung beitragen, eine eindeutige Aussage bleibt ohne weitere Quellen aber schwierig.[7]

Eindeutiger scheint da der spektakuläre Befund aus Waldgirmes zu sein. Vor der Varusschlacht ist der römische Wille zum dauerhaften Ausbau der Gebiete vor dem Limes deutlich zu spüren. So begannen die Römer im Lahntal in der Nähe von Wetzlar 4 n. Chr. mit dem Bau einer stadtähnlichen Siedlung.[8] Auf dem Forum stand schon bald eine prächtige Figurengruppe mit einer großen Reiterstatue. Doch der Glanz der vergoldeten Staute sollte nicht lange erstrahlen. Die Auswirkungen der verlorenen Schlacht im Jahr 9 n. Chr. führten auch zum Angriff auf Waldgirmes und zu seiner Zerstörung. Der vergoldete Pferdekopf wurde abgeschlagen, in einem Brunnen versenkt und mit Mühlsteinen beschwert.[9] Sollte dieses „Brunnenopfer" die römische Reiterei endgültig aus diesen Gebieten fernhalten? Der Kontext einer bewussten Zerstörung und Deponierung ist hier deutlich zu fassen, aber dieser Umgang traf wohl nicht alle Teile der einstigen Figurenausschmückung des Forums. In einer nur sechs Kilometer entfernten Siedlung wurde

Abb. 4 Rommerskirchen, Nordrhein-Westfalen, Thronender Jupiter.

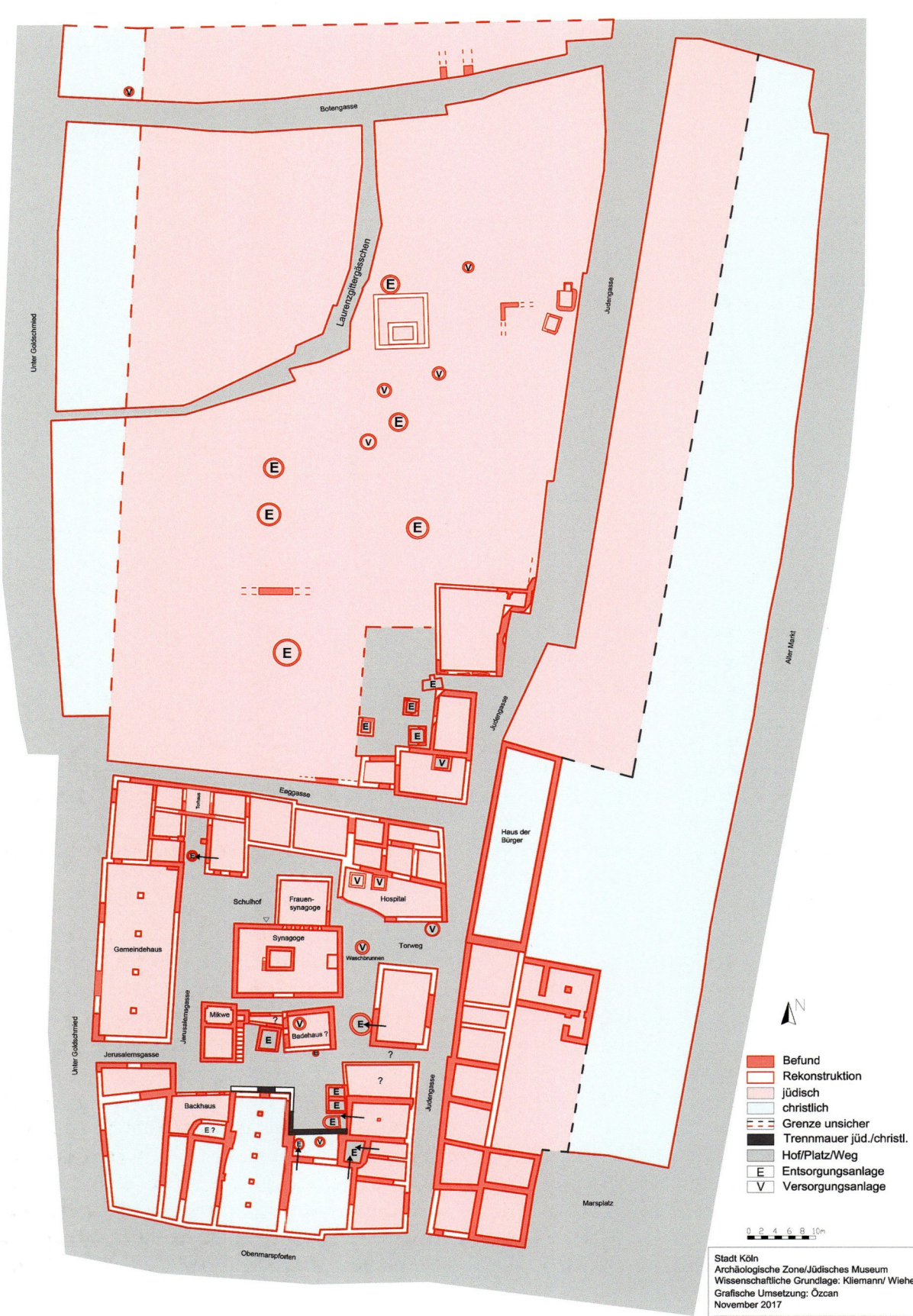

Abb. 5 Köln. Plan des jüdischen Viertels.

ein möglicherweise zugehöriges vergoldetes Bronzefragment entdeckt. Bei den nicht so spektakulären Teilen hat dann wohl doch der Blick auf den Materialwert überwogen und sie wurden der Wiederverwertung zugeführt. Immer wieder haben so historisch überlieferte Ereignisse von großer Tragweite ihre Spuren im archäologischen Befund hinterlassen. Auf das Jahr und den Tag genau ist eine große Brand- und Zerstörungsschicht mitten im Zentrum des mittelalterlichen Köln zu datieren. Sie betrifft das jüdische Quartier unmittelbar in der Nähe des Rathauses.[10] Die ersten Ausgrabungen von 1953 bis 1956 legten bereits viele Zerstörungsspuren frei. In den letzten Jahren ist das gesamte Areal flächig untersucht worden. Brandschutt bedeckte dabei große Teile der Grabungsfläche. Das Feuer betraf sowohl vollständig eingerichtete Wohnhäuser als auch die sakralen Bereiche des jüdischen Viertels. Nach dem Brand wurden die Gebäudereste einplaniert, an ihrer Stelle entstand ein großer Platz. Vor dem Brand lebten in diesem Viertel etwa 800 Menschen. Mit der Synagoge, der Mikwe, dem Bade- und dem Backhaus, einem Hospital und einem Gemeindehaus für Feierlichkeiten verfügte das Viertel auch über alle wichtigen Gemeinschaftsräume. Die Grabungen der letzten Jahre haben gezeigt, dass es sich nicht um einen hermetisch abgeschlossenen jüdischen Bereich handelte, sondern dass auch Häuser von Christen in diesem Quartier in unmittelbarer Nachbarschaft mit Häusern von jüdischen Familien standen (Abb. 5). Seit Beginn des 14. Jahrhunderts wurde das Leben für die Juden in Köln allerdings immer schwieriger. Zu dieser Zeit wurde das jüdische Viertel auch ummauert. Das Zusammenleben in der Stadt endete abrupt und tragisch. In der Bartholomäusnacht vom 23. auf den 24. August 1349 wüteten viele Kölner im Judenviertel, legten Feuer und zerschlugen bewusst die wertvolle künstlerische Ausstattung der Synagoge. Viele Juden wurden ermordet. Wer hinter diesem Pogrom steckte und wer die Rädelsführer waren, ist bis heute unklar.

Die Funde berichten aber nicht nur von der Zerstörung. Die Bauskulptur aus dem beginnenden 13. Jahrhundert, die die Bima, die Lesekanzel in der Synagoge, einst schmückte, ist von hoher Qualität, die Steinmetze waren geübte Spezialisten aus dem Kirchen- und dem Profanbau in Köln, der damals florierte (Abb. 6). Diese Ausstattungsstücke zeigen, dass die jüdische Gemeinde in den 300 Jahren seit ihrer Gründung zu einem festen Be-

Abb. 6 Auf über 200 Schiefertafelfragmenten sind hebräische Schriften und figürliche Ritzzeichnungen abgebildet. Die fragmentarischen Funde belegen durch die Nähe zur Synagoge die mittelalterliche Lehre und Lehrtätigkeit im jüdischen Viertel.

standteil der Stadtgemeinde geworden war. Und doch richtete sich in der Krisensituation, die mit dem Voranschreiten der Pest seit 1346 in Mitteleuropa herrschte, die Aggression gegen die Mitbewohner, die sich durch das Ausüben einer anderen Religion und durch besondere Gebräuche von der Mehrheitsgesellschaft abhoben.

Aber es sind nicht nur die Fremden oder Fremdgebliebenen, die die Aggression treffen kann und deren kulturelle Zeugnisse zerschlagen werden. Es gibt Erregungszustände von Gesellschaften, in denen gewalttätige Handlungen erzeugt werden, die sich gegen die eigenen kulturellen Errungenschaften richten, die kurz zuvor noch bewundert und geschätzt worden sind. Bevor der Blick in die dunklen Jahrzehnte des 20. Jahrhunderts geht, richten wir ihn auf das 16. Jahrhundert. Dem Gedenken an die Reformation vor 500 Jahren wurde bereits eine ganze Dekade, die sogenannte Luther-Dekade von 2008 bis 2017, gewidmet. Doch Reform und Chaos liegen manches Mal nahe beieinander. Davon zeugt die Geschichte der Wiedertäufer in Münster. Einen Tag nach der Machterlangung der Täufer im Jahr 1534 durch eine reguläre Ratswahl plünderten und verwüsteten sie den

KONFLIKT – MITEINANDER GEGENEINANDER

Dom, zertrümmerten die Kunstwerke, schändeten die Reliquien und zerschlugen die Glasfenster mit den Darstellungen der Heiligen. Dies waren keine fremden Barbaren, keine wilden Horden, sondern viele gutbürgerliche Münsteraner, die der Erlösungsrhetorik einiger wortgewandter Demagogen verfallen waren. Wir kennen viele aktuelle Beispiele, die zeigen, wie Wahlen oder Volksentscheide auf solche Art gewonnen werden können. Die Bürger schleppten die zerschlagenen Skulpturen aus den Kirchen und verstärkten damit die Wälle gegen die schon bald anrückenden bischöflichen Truppen. Bereits 1898 sind eindrucksvolle Ensembles dieser zerstörten Kunstwerke gefunden worden, die heute zu den wichtigsten Werken des Westfälischen Landesmuseums in Münster gehören. Weitere, in den 70er-Jahren entdeckte Skulpturen sind heute im Stadtmuseum zu sehen. Die Quellen berichten auch von der Zerstörung der Glasfenster der Kirchen. 2013 wurde auf dem Domplatz im Bereich der einstigen Siegelkammer eine Abfallgrube freigelegt, in der etwa 150 000 (!) Fragmente von Fensterglas entsorgt worden sind.[11] Bei dem weitaus größeren Teil handelte es sich um farblose Gläser, ein kleiner Teil stammte von farbigen und bemalten Gläsern. Peter Steppuhn, der den Komplex bearbeitet hat, kam zu dem Ergebnis, dass alleine mit dem geborgenen Material eine Fläche von über fünfzig Quadratmetern verglast werden könnte. Da es sich nur um den Abfall handelt, muss die tatsächlich verglaste Fläche um ein Vielfaches größer gewesen sein. Die farbigen Gläser zeigen überwiegend florale und geometrische Muster, einzig ein Bildmotiv ist erhalten (Abb. 7, unten links). Darauf ist der Auferstandene mit der Osterfahne und zum Gruß erhobener Hand abgebildet, eine Grisaillemalerei aus dem 13./14. Jahrhundert. Die weißen Gläser sind dagegen jünger. Die genaue Analyse des Komplexes hat erbracht, dass viele Abschnitte von zur weiteren Verarbeitung aus der

Abb. 7 Glasfragmente vom Domplatz in Münster, Nordrhein-Westfalen

Glashütte angelieferten Glastafeln dazwischenliegen, es also der Abfall einer neue Fenster produzierenden Werkstatt ist. Entgegen der ersten Vermutung handelt es sich also nicht um die direkten Zeugnisse des Bildersturms der Wiedertäufer, sondern um einen indirekten Nachweis. Es spricht vieles dafür, dass diese Werkstatt mit der Reparatur des Domes nach dem Ende der Täuferherrschaft beauftragt gewesen ist. Die Neuweihe erfolgte bereits 1537.

Als 2012 in unmittelbarer Domnähe in einem Fundament verbaute Skulpturen gefunden wurden, dachten in Münster viele zwangsläufig an das Wüten der Wiedertäufer. Doch diesmal waren es nicht die üblichen Verdächtigen.[12] Diese Skulpturen gehören zwar im weiteren Sinne noch zu der durch die Zerstörungswut der Täufer notwendig gewordenen Neuausstattung des Domes, sie mussten aber dann wiederum selbst Platz machen für eine barocke Neugestaltung im damaligen Zeitgeschmack. Zunächst wanderten sie in das Lager der Dombauhütte, aber um 1750, im Spätbarock, wurde das endgültige Urteil über sie gefällt: sperriges Gut, das niemand mehr brauchen würde. So wurden sie das Opfer einer Lagerrevision und zum Fundament einer Mauer (Abb. 8). Bildwerke, die man auch damals noch schätzte, wurden hingegen in der Wand sichtbar vermauert. Es ist, wie so häufig, eine besondere Ironie der Geschichte, dass diese Werke nicht mehr vorhanden sind, die aussortierten aber, im Schutze des Fundamentes jedem Blick, aber auch Beschädigungen entzogen, jetzt wieder bewundert werden können. Die Skulpturen zeigen König David und alttestamentarische Propheten, die mit auf die Heilsgeschichte Jesu Christi hinweisenden Spruchtafeln ausgestattet waren. Ihre Köpfe gingen einst in Kapitelle über – so wurden sie, wie in der Renaissance beliebt, zu tragenden Elementen eines Altaraufbaus (Abb. 9). Diese Fundstücke zeigen gut, welche Vielfalt von Deutungen bei der Entdeckung von Kunstwerken möglich ist. Die jüngste Fundgruppe dieser Aus-

Abb. 8 Münster. Die Skulpturen der Wiedertäufer waren in der Mauer verbaut.

stellungseinheit aber zeigt, dass die Phantasie von Archäologen nicht ausreicht, um sich die mögliche Geschichte hinter solchen Funden vorzustellen.

Ein Bildersturm beginnt nicht mit der Zerstörung der Kunstwerke. Schon vorher ist zu spüren, woher der Wind weht. Die nationalsozialistische Ideologie ist wie alle autoritären und diktatorischen Regime auf eine Vereinheitlichung und Gleichmacherei der Menschen aus gewesen. Seinen Ausdruck fand das besonders im Menschenbild. Kein Makel, kein Hinweis auf Krankheit und Verletzung, keine Nachdenklichkeit oder Betroffenheit durfte die Darstellung der gesunden „völkischen Kraft" schmälern. Erhellend ist in dieser Hinsicht der Vergleich der Werke, die 1937 in München zeitgleich in den Ausstellungen „Deutsche Kunst" und „Entartete Kunst" präsentiert worden sind. Die mit den Ausstellungen verbundenen Ziele zeigen deutlich, dass für einen Bildersturm zunächst ein ideologisches Fundament geschaffen sein muss.[13] Die Verächtlichmachung von Kunst, wie sie mit großem inszenatorischem Geschick in der Femeschau „Entartete Kunst" betrieben wurde, bildete die Grundlage für eine von weiten Teilen der Bevölkerung akzeptierte negative Bewertung, mit der sogar die Zerstörung von Werken begründet werden konnte. Die Wirkung auf die Besucher und vielleicht sogar auf einen Großteil der Bevölkerung ist gut anhand von einigen Fotografien aus der Ausstellung „Entartete Kunst" nachzuvollziehen. Eine Aufnahme aus der in Berlin 1938 gezeigten Schau lässt uns in die Gesichter einer Männergruppe schauen, die offensichtlich Zoten über die bewusst abwertend auf einem Holztisch ausgestellten Objekte erzählen (Abb. 10). Von hier bis zum Beifall für die Zerstörung dieser „lächerlichen Werke" war es nur noch ein kleiner Schritt. Auf dem Tisch ist links eine glänzende, das Licht reflektierende Figur in Bewegung dargestellt. Wie anders sah diese Tänzerin bei ihrer Entdeckung unmittelbar vor dem Berliner Rathaus im Sommer 2010 aus (Abb. 11)! Doch wie ist sie zusammen mit den anderen 15 Skulpturen in die Mitte Berlins gelangt?

Im August 2010, beim Beginn der Bauarbeiten für den neuen U-Bahnhof Berliner Rathaus, gelang die Entdeckung des Großteils der Skulpturen.[14] Nach einer ersten behutsamen Reinigung in der Werkstatt des Museums für Vor- und Frühgeschichte konnte die als Expertin hinzugezogene Direktorin des Georg Kolbe Museums, Ursel Berger, erste Identifizierungen vornehmen. Der

Abb. 10 Die Ausstellung „Entartete Kunst" im Jahr 1938 in Berlin.

Schlüssel war dabei die Figur „Die Schwangere" von Emy Roeder. Von der roten Terrakottaskulptur überstand nur der eindrucksvolle Kopf mit den großen Augen die Zerstörung, der schwangere Leib ist verloren (Abb. 12). Die rote Terrakotta, so zeigte schon eine erste Internetrecherche, war eines der bedeutendsten Werke von Emy Roeder und galt seit der nationalsozialistischen Femeschau als vermisst. Damit war auch für die anderen Fundstücke ein Zusammenhang mit dieser Aktion zu vermuten und Meike Hoffmann von der Forschungsstelle „Entartete Kunst" der Freien Universität konnte schließlich die in keiner Dokumentation der NS-Ausstellungen erfassten Skulpturen in den Beschlagnahmeunterlagen identifizieren. Im Oktober 2010 führte eine Nachgrabung in einem bisher nicht untersuchten schmalen Areal zur Entdeckung von vier weiteren Werken, die ebenfalls reidentifiziert werden konnten.

Die insgesamt 16 Skulpturen stammen aus zehn verschiedenen Museen, unter denen das Hamburger Museum für Kunst und Gewerbe mit fünf Werken besonders stark vertreten ist. Es handelt sich um acht Skulpturen aus Bronze beziehungsweise aus Messing, drei Keramiken, zwei Steinskulpturen und drei Werke aus Steinguss. Der großen Bandbreite der Herkunftsmuseen entspricht die Vielzahl der Künstlerinnen und Künstler, die jeweils eine oder maximal zwei der entdeckten Arbeiten geschaffen haben. Doch wie gelangte diese Zusammenstellung in die Königstraße 50? Zunächst lieferte der archäologische Befund erste Indizien.[15] Die Fundsituation belegte, dass die Objekte von einem erhöhten Standpunkt aus in den Keller gefallen waren. Sie wurden zusammen mit einem Tresor entdeckt, der Schriftstücke von Erhard Oewerdieck enthielt. Er gehört ebenso wie seine Frau zu jenen mutigen Deutschen, die jüdische Mitbürger versteckten und ihnen so das Leben retteten. Dafür werden die Eheleute in Yad Vashem als „Gerechte unter den Völkern" geehrt. Gab es eine Verbindung zwischen diesem mutigen Mann, der als Wirt-

Abb. 9 (linke Seite) Münster, Figur der Wiedertäufer.

Abb. 11 Berliner Skulpturenfund. Die „Tänzerin" von Marg Moll, um 1930, nach der Auffindung 2010, Messing.

Abb. 12 Berliner Skulpturenfund. Emy Roeder, Kopffragment der „Schwangeren", 1918, Terrakotta.

schaftsprüfer tätig war, und den Skulpturen? Oder war die Fundsituation nur das Ergebnis zweier zeitlich paralleler, aber nicht miteinander verbundener Geschichten? Erst ein Hinweis aus der Bevölkerung auf einen bislang übersehenen Brief im Bundesarchiv ergab ein schlüssiges Gesamtbild. Darin wurde die Einlagerung von zu Propagandazwecken benötigten Werken der „Entarteten Kunst" in das Depot des Reichspropagandaministeriums in der Königstraße 50 angeordnet. Es gab also ein offizielles Depot in diesem Haus, in dem noch in Berlin verbliebene oder aus Ausstellungen und anderen Verwendungen dorthin zurückgeführte Werke 1942 eingelagert wurden. Aus vorhandenen Listen kann man eine Vorstellung davon gewinnen, welche Werke in dieses Depot verbracht wurden. Bereits der Blick auf die Materialien der geborgenen Skulpturen zeigt deutlich, dass 2010 nur jene Werke geborgen werden konnten, die aus nicht brennbaren Materialien bestehen. Wie bei nahezu allen archäologisch fassbaren Katastrophen haben nur Objekte aus Stein, Keramik oder Metall den Brand, der nach der Bombardierung des Viertels ausbrach, überstanden.

Die Analyse der aus dem Brandschutt geborgenen Aschereste hat zur Gewissheit gemacht, was schon zu vermuten stand: In der Königstraße 50 befand sich kein reines Skulpturendepot, sondern hier wurden alle beschlagnahmten Werke aufbewahrt, unter denen die Skulpturen nur eine kleine Sondergruppe bildeten. Dieser sind zudem noch vermutlich zerstörte Arbeiten aus Gips und Holz hinzuzurechnen. Daneben ist daher mit großer Wahrscheinlichkeit von mehreren Hundert graphischen Werken und Gemälden auszugehen, die hier verbrannten.

Die Archäologie hat mit diesem Fund, wie Peter Klaus Schuster es formulierte, die Moderne Kunst erreicht. Sie hat einen Vorgang erhellen können, der trotz der Dichte der schriftlichen Überlieferung bisher nicht aufgeklärt werden konnte. Auch historische Geschehnisse der jüngsten Epochen können – und dies lehrt dieser Fund exemplarisch – durch archäologische Grabungen in vielen bisher unbekannten Aspekten beleuchtet werden. Zudem hat die Archäologie gerade auch in diesem Fall mit der Erfassung von unterschiedlichsten Geschehnissen an einem Ort die Vielfalt und Parallelität von historischen Vorgängen deutlich machen können, die sonst niemals gemeinsam unter einer Fragestellung untersucht worden wären.

Gleichzeit hat die Archäologie die moderne Kunst aber auch im materiellen Sinne erfasst. Die ausgegrabenen Werke haben seit ihrer Erschaffung ihren Charakter geändert, sie haben eine besondere Transformation erlebt. Mit kunsthistorischen Methoden alleine sind sie nicht mehr zu beschreiben. Ihre bewegte Geschichte ist ihnen anzusehen und hat ihre Spuren hinterlassen. Damit ändert dieser Fund auch unseren Blick auf archäologische Objekte anderer Art. Diese sind ebenfalls geprägt von ihrer Geschichte und nicht als ein authentisches Abbild ihrer ursprünglichen Gestalt zu verstehen.

So zeigt dieser Komplex besonders deutlich die vielen verschiedenen Ausprägungen, in denen sich ein „Bildersturm" an archäologischen Funden zeigen kann. Die Herausnahme der Objekte aus den Sammlungen und ihre Zusammenziehung an einem Ort zum Zwecke der Propaganda waren der erste Schritt in der Genese dieses Fundkomplexes. Hätten wir nicht die schriftliche Überlieferung und damit die Kenntnis der Hintergründe, würden wir mit großer Wahrscheinlichkeit zu der Aussage gelangen, dass alle diese Objekte Teil einer Sammlung waren, die auf der Grundlage der Wertschätzung der Kunst dieser Zeit entstanden ist. Genau die gegenteilige Intention liegt jedoch dieser „Sammlung" zugrunde. Damit steht sie nicht alleine, denn auch die Skulpturen aus Amarna wurden nicht aufgrund ihrer Wertschätzung an einem Ort zusammengetragen, sondern bewusst nach dem Ende der Ära Echnatons zurückgelassen. Im Gegensatz zu vielen verkauften Werken aus dem Bestand der „Entarteten Kunst", die sich heute in der Regel in anderen Museen als vor ihrer Beschlagnahme befinden, sieht man dem Berliner Skulpturenfund an, dass die Geschichte seiner Objekte einen Bruch aufweist. Die Verbindung von Bombenkrieg und Beschlagnahmeaktion „Entartete Kunst" zeigt beispielhaft, in welchem Zusammenhang ein „Bildersturm", also die Verhöhnung und Verächtlichmachung von Zeugnissen der Kunst, der Kultur oder der Religion, steht. Die Beweggründe des Krieges, die zur Zerstörung oder erheblichen Beschädigung der Kunstwerke führte, waren letztlich auch ursächlich für diese Aktion.

1   Klöckner 2012, 30.
2   Klöckner 2012.
3   Deppmeyer 2018.
4   Reis 2015; Reis 2018.
5   Noelke 2011.
6   Schaub 2006.
7   Noelke 2006.
8   Becker – Rasbach 2016.
9   Rasbach – Ulbrich 2013.
10 Wiehen 2018; Otten 2018.
11 Holfester – Marschalkowski 2014; Dickers – Ellger 2018.
12 Pohlmann 2012; Dickers – Ellger 2018.
13 Wemhoff 2012.
14 Wemhoff 2012.
15 Wemhoff 2012.

Die Zerschlagung des Augustus. Der Pferdekopf von Waldgirmes

Gabriele Rasbach

Abb. 1 Waldgirmes. Plan der römischen Siedlung in ihrer Ausbauphase (Gebäude 6: Forum).

In Lahnau-Waldgirmes (Hessen, Lahn-Dill-Kreis) wurde zwischen 1993 und 2009 erstmals eine zivile römische Siedlung aus der Zeit um Christi Geburt in ihrer Entstehungsphase großflächig archäologisch untersucht. Das langfristige Projekt der Römisch-Germanischen Kommission, Frankfurt am Main, und des Landesamtes für Denkmalpflege, Wiesbaden, wurde maßgeblich durch die Deutsche Forschungsgemeinschaft unterstützt.

Die Siedlung bestand rund zwanzig Jahre, von 4 v. Chr. bis 16 n. Chr., und gehört in die römische Eroberungsphase der Germania, die die Errichtung einer Provinz östlich des Rheins zum Ziel hatte. Bis zu dieser Ausgrabung waren östlich des Rheins nur römische Militärlager bekannt, in Waldgirmes ist nun der erste Beleg für die Anlage von zivilen Siedlungen zutage gekommen. Spuren aus Holz errichteter Häuser zeigen Grundrisse römischer Atriumhäuser, Speicher und Überreste von handwerklichen Tätigkeiten, aber auch Hausformen der einheimischen Bevölkerung (Abb. 1). In der Gründungsphase erinnert diese Ansiedlung an einen Händlerposten. Wenige Jahre danach wandelte sich das Bild, als im Zentrum ein Forum errichtet wurde. Dieser Akt ist gut mit dem Auftrag des Publius Quinctilius Varus zu verbinden, zivile Strukturen in den neu eroberten Gebieten aufzubauen und römisches Recht durchzusetzen. Im großen Innenhof des Forums fanden sich die Fundamentgruben von fünf Statuenbasen.

Die in der Siedlung lebende Bevölkerung setzte sich aus Galloömern und Einheimischen zusammen. Darauf lassen sowohl Gebäudegrundrisse wie auch Keramik und Kleinfunde schließen. Diese Menschen bildeten das Substrat einer neuen regionalen, mit der römischen Politik und Verwaltung konform gehenden Bevölkerung. Während des Bestehens der Siedlung kam es, möglicherweise im Zusammenhang mit der römischen Niederlage in der Schlacht im Teutoburger Wald 9 n. Chr., zu einem Bildersturm. Die Statuen wurden zerschlagen und einige Fragmente davon gezielt deponiert. Dazu gehörte auch ein lebensgroßer vergoldeter Pferdekopf aus Bronze, der, von Mühlsteinen beschwert, in einem Brunnen versenkt worden war (Abb. 2). Anschließend hatte man verschiedene Holzobjekte, darunter Architekturteile, Gefäße, Wagenteile sowie Astwerk, in den Schacht geworfen und den Brunnen damit unbrauchbar gemacht. Dendrochronologische Untersuchungen ergaben, dass die Eichen zum Bau des Brunnens im Herbst/Winter des Jahres 4/3 v. Chr. geschlagen worden waren. In mittlerer Höhe der Verfüllung fand sich ein römischer As mit einem Gegenstempel des Varus, wodurch ein Terminus post quem von 7 n. Chr. – der Beginn seiner Statthalterschaft – für die Verfüllung gegeben ist. Die jüngsten Holzobjekte aus dem Brunnenschacht – verschiedene Teile von Leitern – konnten hingegen auf Herbst/Winter des Jahres 9/10 datiert werden. Das Verschließen der Wasserquelle muss folglich nach 9 n. Chr. stattgefunden haben. Dieses Ereignis markierte jedoch nicht das Ende der Siedlung; sie wurde erst rund zehn Jahre später aufgegeben und geschleift.

Der Pferdekopf

Der lebensgroße bronzene Pferdekopf lag auf der Sohle des über elf Meter tiefen Brunnens 2 zwischen acht römischen Mühlsteinen, Scherben von Vorratsgefäßen und Amphoren (Abb. 3). Der Kopf ist von hervorragender Qualität und ist mit einer Länge von 55 Zentimetern lebensgroß. Sein Zaumzeug ist reich mit figürlich verzierten Scheiben geschmückt. Das ganze Stück war ursprünglich blattvergoldet. Die an der Bundesanstalt für Materialprüfung, Berlin, durchgeführte Tomographie zeigt, dass das wächserne Gussmodell des Kopfes aus verschiedenen Teilformen bestand. Auch die Schmuckscheiben waren nicht separat hergestellt, sondern bereits im Wachsmodell angelegt. Die drei seitlichen Medaillons tragen halbplastische Büsten der Göttin Victoria. Das ovale Prometopidion (Stirnschutz) auf dem Nasenrücken zeigt das Bild des auf einem Felsen sitzenden Kriegsgottes Mars in flachem Relief. Auf der Stirn des Pferdes befindet sich ein weiteres rundes Medaillon, aus dem einst ein vollplastischer Kopf herausragte, der jedoch abgebrochen und verloren ist. Insgesamt fällt der qualitative Unterschied zwischen dem Pferdekopf und dem Zaumschmuck auf. Der Kopf zeigt eine feine, detailreiche Zeichnung, die sich an den Schmuckscheiben in dieser Qualität nicht findet. Da die Scheiben nicht separat gegossen sind, müssen verschiedene Handwerker mit unterschiedlichem Können an dem Gussmodell gearbeitet haben.

Auf dem Rand des Fasses, dass sich unterhalb des Brunnenschachtes fand, ist der linke Schuh eines Reiters zu liegen gekommen. Im Gegensatz zu den meisten anderen Fragmenten war der Schuh offenbar nicht oder noch nicht mit Blattgold versehen, was als Indiz für die Existenz einer weiteren Statue gewertet werden kann. Drei weitere gut ansprechbare Bruchstücke ge-

Abb. 2 Waldgirmes. Fotogrammetrie von Brunnen 2.

hören zu Brustriemen des Zaumzeugs, die mit floralen Motiven geschmückt sind. Zwei von ihnen stammen aus dem inneren Umwehrungsgraben nördlich des Westtores, das größte Bruchstück kam im Straßengraben südlich des Forums zutage. Aufgrund der unterschiedlichen Gestaltung und Größe der Fragmente sind sie sicher als Bestandteile von mindestens zwei Statuen anzusprechen, die beide vergoldet waren.

Die Baufunde des Forums bestätigen, dass es in augusteischer Zeit offenbar einen festen Gebäudekanon für Verwaltungszentren gab, wozu, wie die Statuenfragmente belegen, auch ein Bildprogramm gehörte. Wegen der in Größe und Ausrichtung gleichen Fundamente kann die Aufstellung einer genealogischen Gruppe des iulisch-claudischen Herrscherhauses aus fünf Reiterstatuen mit Augustus im Zentrum vermutet werden. Mit diesen Abbildern wandten sich die neuen Herrscher, in deren Namen Recht gesprochen wurde, lebensgroß und goldglänzend an die einheimische Bevölkerungsgruppe der Siedlung wie des Umfeldes.

Deponierung und Verlust

Die Statuenfragmente werfen verschiedene Fragen auf: zum einen nach dem Anlass, der zur Zerschlagung der Statuen geführt hatte, zum anderen nach der Fundsituation der größeren und schwereren Teile. Während die überwiegende Zahl der Bruchstücke nur aus wenigen Zentimeter großen Splittern besteht, die als Verluste über große Bereiche der Siedlung streuten, waren alle größeren Stücke offenbar gezielt in Gruben, Gräben und im Brunnen 2 deponiert worden. Solche planvollen Niederlegungen kennen wir aus dem antiken Kulturbereich und aus dem einheimischen Milieu Nordgalliens und der Germania. Gerade die Befundsituation in Brunnen 2 mit dem zwischen Mühlsteinen irreversibel deponierten Pferdekopf unterstützt diese Aussage.

Ausgelöst durch ein unbekanntes Ereignis, vielleicht die römische Niederlage 9 n. Chr., kam es in Waldgirmes zu Unruhen, in deren Verlauf die Abbilder der Herrscher zerschlagen und, wie die Befunde zeigen, auch einige Gebäude in Mitleidenschaft gezogen wurden. Nachdem sich der Aufruhr gelegt hatte, reparierte man die Gebäude, befestigte die Straßen neu und deponierte größere Fragmente der Statuen im Brunnen 2 und in verschiedenen Gruben. An fast allen diesen Befunden konnten eine gezielte Verschließung und/oder Unbrauchbarmachung nachgewiesen werden.

Im Zusammenhang mit dem in Rom beschlossenen Rückzug der römischen Truppen aus der Germania über den Rhein 16 n. Chr. wurde schließlich auch die römische Siedlung in Waldgirmes aufgegeben, abgebrannt und geschleift.

Literatur

Becker – Rasbach 2015
Rasbach 2014
Rasbach – Ulbrich 2013
Ulbrich 2017

Abb. 3 Waldgirmes. Bronzener Pferdekopf aus Brunnen 2. Länge 59 cm.

KONFLIKT – MITEINANDER GEGENEINANDER

Funde aus dem mittelalterlichen jüdischen Viertel in Köln

Katja Kliemann, Michael Wiehen

Abb. 1 Mittelalterliche Synagoge Köln bis 1349. Vorläufige Rekonstruktion der gotischen Bima (Arbeitsstand Juli 2018).

Aus mehreren Verfüllungen von Kellern, einer Latrine und einer Grube aus dem Bereich um die Synagoge Köln stammen Objekte, die einen Blick in die spätmittelalterliche jüdische Lebenswelt ermöglichen. Zumindest ein gewisser Teil der Gegenstände, die den Plünderungen während des Pogroms 1349 entgingen, gelangte zusammen mit dem Gebäudeschutt in die Erde. Da diese Bereiche in den folgenden Jahrhunderten nicht überbaut oder unterkellert wurden, erhielten sich die Verfüllungen wie in einer Zeitkapsel. Während der Ausgrabung 2007–2016 am Rathausplatz in Köln konnten die nachfolgend beschriebenen Objekte geborgen werden. Es handelt sich um Teile der romanischen und gotischen Ausstattung sowie um Bauplastik der in der ersten Hälfte des 11. Jahrhunderts errichteten Synagoge, aber auch um Gegenstände aus der Alltags- oder möglicherweise Geschäftswelt der jüdischen Gemeinde vor dem Pogrom.

In die Gruppe der Bauplastiken gehört eine bei Ausgrabungen im Jahre 1956 dokumentierte und später abgetragene Halbsäule, die außen an der Südwestecke der Synagoge angebracht war. Im Rahmen der Neuaufdeckung ab 2007 wurden die Fragmente der Halbsäule im einplanierten Verfüllmaterial wiederentdeckt. Sie war einst dekoratives Gestaltungselement der Westfassade der romanischen Bauphase. An dieser Seite befand sich damals der Eingang zur Synagoge.

Mehrere Fragmente einer fast komplett erhaltenen 1,10 Meter hohen Biforie aus Kalksinter können einem Fenster der Synagoge zugeordnet werden. Das im Mittelalter wertvolle Material entstand über etwa 200 Jahre aus Ablagerungen in der etwa 95 Kilometer langen gemauerten römischen Wasserleitung, die aus der Eifel nach Köln führte. Der Kalk und die im Wasser enthalte-

nen Eisenoxide setzten sich darin nach und nach ab und bildeten schließlich eine bis zu dreißig Zentimeter dicke Sinterschicht, die im 11. bis 13. Jahrhundert herausgebrochen und für kleinteilige Architekturteile, vorwiegend in Kirchen, verwendet wurde.

Ein wichtiges Ausstattungselement einer Synagoge ist die Bima (Abb. 1), eine erhöhte Plattform, von der aus die Tora vorgelesen wird. Die Kölner Bima lag annähernd in der Mitte des Raumes und maß in etwa 4,10 Meter x 3,40 Meter. Über 2500 geborgene Fragmente (Abb. 2), davon mehr als die Hälfte unbestimmt, belegen eine mit Kreuzblumen bekrönte gotische Architektur. Sie besteht aus Basen, Pfeilerbündeln, mit Blattwerk verzierten Kapitellen und Spitzbögen, in deren Zwickeln sich unterschiedliche Tiere wie Hunde, Vögel oder Affen zwischen Laubwerk und Früchten tummelten. Kunsthistorisch lässt sich die Bima mit der Bauplastik der Chorpiscinen des Kölner Doms vergleichen, so dass hier von derselben Werkstatt ausgegangen werden kann.

Der Fund einer teilplastischen Krone sowie Fragmente mindestens einer weiteren Krone belegen ein zusätzliches zentrales Ausstattungselement der Synagoge: den Toraschrein. Eine Schriftquelle, die *„Pirke Awot"* (*„Sprüche der Väter"*), spricht von drei Kronen: die Kronen des Gesetzes, der Priesterwürde und des Königtums, übertroffen nur von der Krone eines guten Namens. In späteren Synagogen findet sich diese Darstellung meist auf dem Toravorhang. In Köln ist diese Quelle bereits im Spätmittelalter architektonisch umgesetzt.

Das Fragment der Ölschale von einer sechsschneuzigen Hängelampe hat sich oben mit dem Ansatz des Schaftes und unten mit dem Ansatz des Hakens der Tropfschale erhalten. Von den ursprünglich sechs länglich-spitzen Schneuzen sind noch drei vorhanden. Diese sogenannte Schneuzenschale kann aufgrund des Fundortes als Lampe identifiziert werden, die während des Sabbat im jüdischen Haushalt brannte.

Abb. 2 Zwei Architekturfragmente der Bima: Blattkapitell mit Eichenlaub und Zwickelfüllung mit Vogelkopf, Kalkstein, um 1280.

Abb. 3 Gürtelbeschläge aus Silber mit Resten von Email, gotisch.

Abb. 4 Kettenhemd im Fundzustand, vor 1349.

Aus jüdischem Besitz stammen zwei silberne Gürtelbestandteile (Abb. 3). Zum einen ist dies ein segmentierter Kastenbeschlag mit figürlichem Dekor. In dessen oberem und unterem Segment ist jeweils eine männliche Gestalt erkennbar, mittig die Darstellung einer Frau. Das Objekt zeigt deutliche Spuren von Brandeinwirkung. Das mehrfarbige Email, das das Zellwerk ausfüllte, ist im Feuer bis auf kleinste Reste ausgeschmolzen. Zum anderen wurde eine Gürtelapplikation mit der Darstellung eines Mannes gefunden. In einem mandelförmigen Feld mit Vierpassrahmen kämpft dieser mit erhobenem Schwert in der linken und Schild in der nach oben gestreckten rechten Hand gegen eine Chimäre. Rechts und links dieser Szene befindet sich je ein Feld mit einer weiteren Chimäre. Ob es sich um Gürtel aus jüdischem Besitz, um Handelsgut, Pfänder oder „Altmetall" zur Weiterverarbeitung handelt, ist derzeit nicht zu klären. Funde von Tiegeln oder kleinen Schmelzöfen sowie Gussformen weisen durchaus auf Handwerk innerhalb des jüdischen Viertels hin.

Ebenfalls unklar ist die Bedeutung von Kettenpanzerungen, von denen bislang über achtzig Kilogramm gefunden wurden, allesamt fragmentiert (Abb. 4). Aus Schriftquellen ist bekannt, dass die Juden für die Verteidigung eines Abschnittes der Stadtmauer zuständig waren. So könnten nicht nur die Plünderer, sondern auch die Juden selbst in der Nacht des Pogroms die Träger dieser Kettenhemden gewesen sein. Aufgrund der Schäden an den Objekten auf Auseinandersetzungen während des Pogroms zu schließen, ist augenscheinlich nicht möglich. Brüche und Schäden können genauso während der Verfüllung entstanden sein. Auch hierbei kann es sich, wie bei den Schmuckstücken, um Pfänder, privaten Besitz oder Handelsgut handeln. Wie bei den Kettenhemden zeigt sich ebenso an einem Schiefer-Metall-Konglomerat die Hitzeentwicklung im Zuge des Pogroms. Der Dachschiefer ist mit einem Metallbeschlag verbacken, stellenweise hat sich glasartiger Niederschlag auf dem schichtig gelagerten, im Feuer aufgequollenen Schiefer abgesetzt.

Die bisherige Auswertung der Ausgrabung hat faszinierende neue Erkenntnisse zur Entstehung und Entwicklung des mittelalterlichen jüdischen Viertels ergeben. Die Auswertung ist noch lange nicht abgeschlossen und wird neben der Archäologie und Judaistik auch weitere Wissenschaften noch lange beschäftigen.

Literatur
Kliemann 2016
Potthoff – Wiehen 2017

INNO
OVATION

DIE ANEIGNUNG DER WELT

Als die moderne Kultur begann. Die Anfänge der Kunst und der Musik sowie die Bedeutung der Funde aus den Höhlen der Schwäbischen Alb

Nicholas J. Conard

Dann waren wir allein

Seit einigen zehntausend Jahren existiert weltweit nur noch eine Menschenform: Homo sapiens. Er entwickelte sich vor rund 250 000 Jahren in Afrika, doch lässt sich ein genaues Ursprungsdatum nicht leicht festlegen. Als Homo sapiens – der moderne Mensch – nach Eurasien kam, lebten in diesem riesigen Areal und in benachbarten Regionen nicht weniger als drei weitere Menschenformen: Neandertaler, die bereits seit der Mitte des 19. Jahrhunderts im westlichen Eurasien durch Fossilien belegt sind, Denisova-Menschen, die erst vor wenigen Jahren anhand paläogenetischer Untersuchungen identifiziert wurden, sowie die kleinwüchsigen Floresmenschen, die noch viele archaische Merkmale trugen und die Archäologen und Anthropologen auf der Insel Flores in Indonesien ebenfalls erst in 2003 identifizierten. Darüber hinaus ist es durchaus möglich, dass im Zuge neuerer Forschungen sogar noch weitere Menschenformen erkannt werden.

Da es in der altsteinzeitlichen Vergangenheit eigentlich üblich war, dass mehrere Menschenformen die bewohnbare Welt unter sich aufteilten, liegt die Frage nahe, was vor rund 40 000 Jahren geschehen ist, dass sich eine Menschenart auf Kosten der anderen Arten demographisch und geographisch durchsetzte. In diesem Zusammenhang kann man auch fragen, warum die Neandertaler sowie die anderen archaischen Menschenarten ziemlich rasch ausstarben. Auf der allgemeinen Ebene kann die Antwort nur heißen, dass der Homo sapiens im darwinschen Sinne erfolgreich war und die anderen Menschenarten verdrängte. Die spannendere Frage ist natürlich,

linke Seite Hohle Fels, Frauendarstellung aus der Ausgrabung 2008. Höhe: 6,6 cm.

Abb. 1 Vogelherd, Pferd aus G. Rieks Grabung von 1931. Länge: 4,8 cm.

Abb. 2 Vogelherd, Löwe aus G. Rieks Grabung von 1931. Das Fragment auf der Rückseite stammt aus den Nachgrabungen der Jahre 2005–2012. Länge: 8,8 cm.

INNOVATION – DIE ANEIGNUNG DER WELT

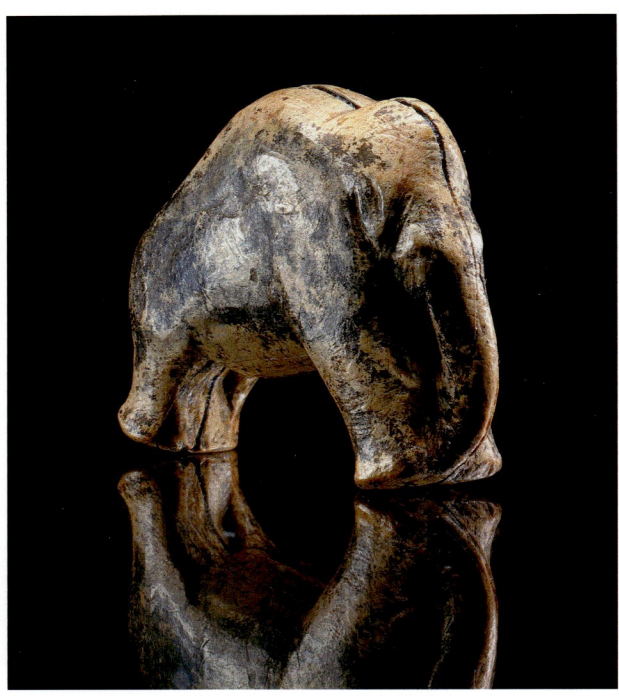

Abb. 3 Vogelherd, Mammut von 2006. Länge: 3,8 cm.

warum dies geschah, weil ein solches Ereignis, das die weitere Entwicklung der gesamten Menschheit ermöglichte, für das Verständnis unserer eigenen Vergangenheit von weitreichender Relevanz ist. Wie wir im Folgenden sehen werden, sind die Funde aus den Höhlen der Schwäbischen Alb von großer Bedeutung bei der Betrachtung dieser Fragen. Gerade für frühe Kunst und Musik gibt es keine Region, die eine bessere Quellenlage liefert.

Die älteste Kunst

Wenn wir die Entstehung der Kunst betrachten, müssen wir festhalten, dass es zahlreiche Vorformen von ihr gibt. Zudem sind figürliche von abstrakten Darstellungen zu unterscheiden. Obwohl es theoretisch auch anders hätte sein können, kommen die meisten frühen Darstellungen abstrakter Markierungen auf unterschiedlichen Trägern, zum Beispiel Ockerstücke mit Rautenmustern vom Fundplatz Blombos oder vielfältige Linien- und Gittermuster auf Straußeneischalen vom Fundplatz Diepkloof, aus Südafrika. Diese sehr bekannten Darstellungen sind sicherlich Informationsträger, aber die Inhalte, die vermittelt werden sollten, sind aus heutiger Sicht schwer – wenn nicht unmöglich – zu entziffern. Die meisten dieser frühen Belege sind zwischen circa 100 000 und 50 000 Jahre alt, aber es gibt vereinzelte, meist umstrittene Objekte wie beispielsweise eine markierte Muschelschale aus Trinil, Java, die sogar etwa 500 000 Jahre alt sein soll. Dazu kommen noch umstrittene Hinweise auf Malereien und andere Kunstformen von Neandertalern aus Europa, die möglicherweise vor der Ankunft von modern Menschen datieren.

Interessanterweise setzt die Herstellung der ersten sicheren Belege figürlicher Darstellungen, die in archäologischen Kreisen als Kunst bezeichnet werden, ziemlich schlagartig vor etwa 40 000 Jahren ein. Obwohl viele Forscher erwarten, dass die wichtigsten Innovationen auf dem afrikanischen Kontinent entstanden sind, weil auch der Homo sapiens von dort stammt, kommen die bestgesicherten Belege für eiszeitliche figürliche Kunst aus Europa. Auch wenn es vielleicht überraschen mag, fanden sich besonders vielfältige und gut dokumentierte Kunstwerke in vier Höhlen der Schwäbischen Alb, nämlich Vogelherd und Hohlenstein-Stadel im Lonetal nördlich von Ulm sowie Geißenklösterle und Hohle Fels im Achtal zwischen Blaubeuren und Schelklingen. Bei diesen Funden handelt es sich überwiegend um kleine Skulpturen aus Mammutelfenbein, die zwischen 42 000 und 36 000 Jahre alt sind (Abb. 1–3). Sie gehören in das Aurignacien, eine archäologische Einheit, die nach dem Fundplatz Aurignac in Südfrankreich benannt ist und mit der Zeit der Ausbreitung des modernen Menschen über Europa in Verbindung steht. Die Ausbreitung des Homo sapiens ist unmittelbar mit der Verdrängung und dem Aussterben des Neandertalers verbunden. Daher liegt die Frage nahe, ob es auch einen kausalen Zusammenhang zwischen der Entstehung von Kunst und Musik und der Ausbreitung des modernen Menschen gibt. Wie wir sehen werden, gibt es starke Argumente dafür, dass figürliche Kunst und Musik in diesem Kontext entstanden und auch zum demographischen Erfolg unseres Vorfahren beitrugen. Ebenfalls spannend ist, dass sich die figürliche Kunst sehr rasch weltweit ausgebreitet hat. Bald nach ihrer Entstehung wurde Kunst ein universaler Bestandteil der menschlichen Kultur. Nachdem der Mensch die Fähigkeit entwickelt hatte, Symbole zu handhaben, waren diese Innovationen von so hoher Bedeutung, dass sich symbolische Sprache, Kunst, Religion und Musik als Grundausstattung des Menschseins etablierten. Zumindest gibt es keine Kultur aus den letzten Jahrtausenden ohne diese Eigenschaften.

Die Höhlen im Ach- und im Lonetal

Was wissen wir über frühe Kunst und Musikinstrumente aus den südwestdeutschen Höhlen des Achtals und des Lonetals? Wie kam es dazu, dass dort so viele frühe Kunstwerke gefunden wurden? Zunächst muss man festhalten, dass die mitteleuropäische Altsteinzeitforschung ihren Anfang in Südwestdeutschland hatte. Bereits in den 1860er-Jahren führte der Naturforscher Oscar Fraas Ausgrabungen an der Schussenquelle in Oberschwaben und am Hohlenstein im Lonetal durch. Kurz danach forschte er gemeinsam mit dem Pfarrer Theodor Hartmann am Hohle Fels im Achtal. Auch wenn die ersten Kunstwerke aus den aurignacienzeitlichen Schichten des Vogelherds erst durch die Ausgrabung des Tübinger Urgeschichtlers Gustav Riek im Jahr 1931 entdeckt wurden, gibt es kein Gebiet in Mitteleuropa mit einer vergleichbar frühen und abwechslungsreichen Forschungsgeschichte. Rieks Entdeckung von rund einem Dutzend Kleinkunstwerken am Vogelherd motivierte die Ausgrabungen durch den Tübinger Anatom Robert Wetzel am

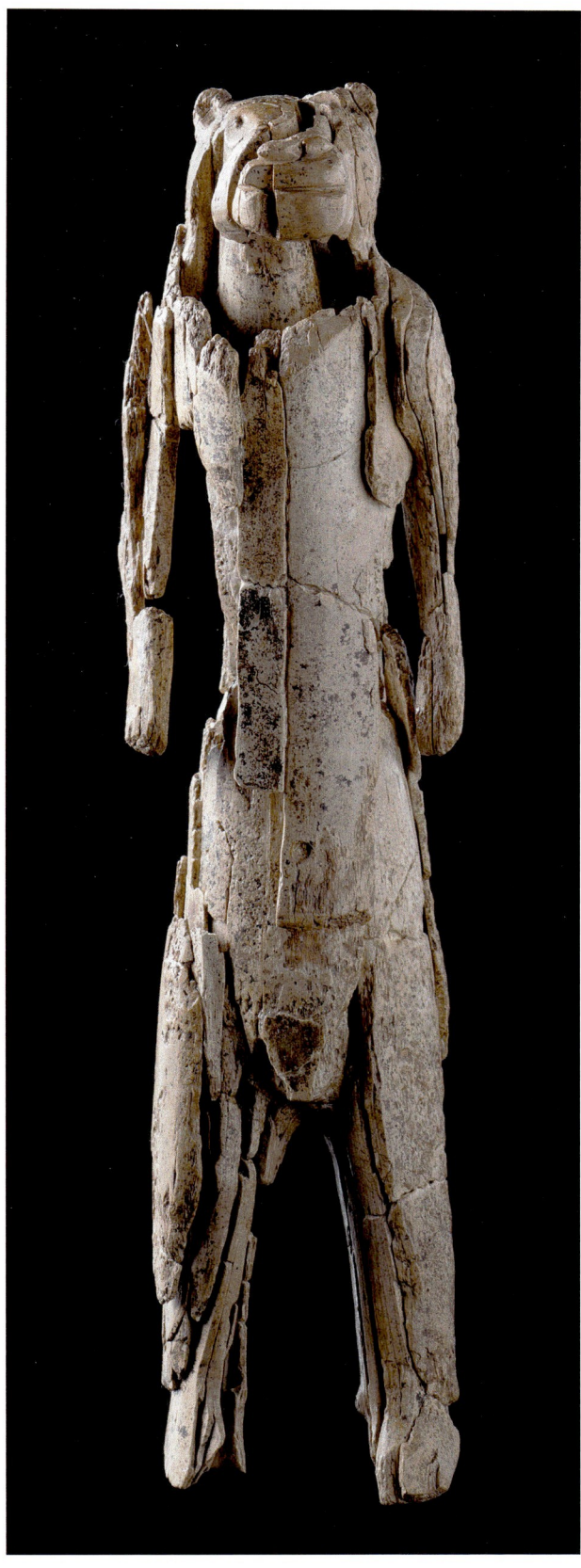

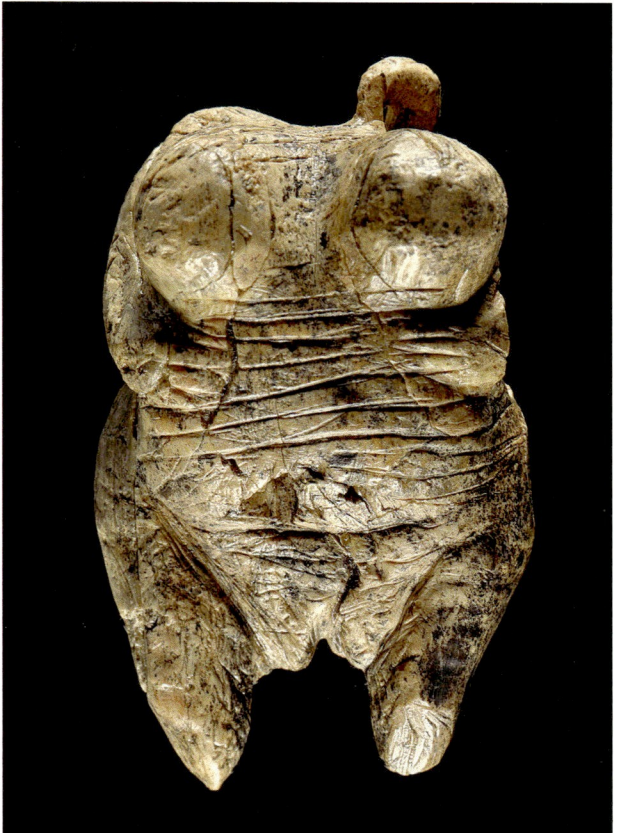

Abb. 4 Hohlenstein-Stadel, der Löwenmensch aus R. Wetzels Ausgrabung von 1939, ergänzt durch Fragmente aus Nachgrabungen der Jahre 2008–2013. Höhe: 31,1 cm.

Abb. 5 Hohle Fels, Frauendarstellung aus der Ausgrabung 2008. Höhe: 6,0 cm.

Hohlenstein noch in den 1930er-Jahren. Auch wenn die Bedeutung dieses Fundes erst viel später, nämlich 1969, durch die Forschungen des Tübinger Urgeschichtlers Joachim Hahn erkannt wurde, war der berühmte „Löwenmensch" bereits während Wetzels Geländearbeit am Hohlenstein-Stadel im Jahre 1939 ausgegraben worden (Abb. 4).

Die nächsten Funde von Aurignacienkunst lieferten Hahns Ausgrabungen am Geißenklösterle. Es handelt sich um vier Elfenbeinkunstwerke, die einen Bär, ein Mammut, einen Moschusochsen oder einen Wisent sowie im Relief ein Mischwesen darstellen, das wahrscheinlich einem Löwenmenschen entspricht. Dazu kommen die Funde, die durch die Ausgrabungen des Verfassers in den letzten zwei Jahrzehnten am Hohle Fels geborgen wurden. Dazu zählen ein Pferd, ein Wasservogel, ein kleiner Löwenmensch sowie zwei Frauenfigurinen, darunter die sogenannte Venus vom Hohle Fels, die im September 2008 entdeckt wurde (Abb. 5 und 6). Neben den vielen Funden aus Rieks Ausgrabung am Vogelherd haben die Nachgrabungen des Autors zwischen 2005 und 2012 dort zahlreiche weitere Funde von Tierdarstellungen geliefert, so dass man heute zweifellos sagen kann, dass die große Mehrheit der eiszeitlichen Kunstwerke aus dieser Höhle stammt. Allein aus dem Vogelherd gibt es über einhundert Elfenbeinfigurinen und Bruchstücke davon, von denen einige zu den schönsten und bekanntesten Kunstwerken der Eiszeit zählen.

Wie alt ist die Kunst?

Die Frage nach dem Alter der Kunstwerke aus dem Schwäbischen Aurignacien war lange umstritten. Über mehrere Generationen neigten Urgeschichtler dazu, die Funde eher spät im Aurignacien zu datieren. In einer

Abb. 6 Hohle Fels, Wasservogel aus den Ausgrabungen 2001 und 2002. Länge: 4,7 cm.

Zeit, in der radiometrische Datierungen unbekannt waren oder kaum vorlagen, spielte die stilistische Datierung eine bedeutende Rolle. Man argumentierte, die Funde müssten jung sein, weil sie so ästhetisch gelungen waren. Renommierte Forscher wie André Leroi-Gourhan und Gerhard Bosinski gingen davon aus, dass Kunst erst allmählich entstanden sei und ihre Vorformen schematische oder rudimentäre Darstellungen gewesen sein müssten. Es ist schwer belegbar, aber wahrscheinlich, dass weder die besonders einflussreichen frankophonen noch die anglophonen Forscher nach den zwei Weltkriegen besonders aufgeschlossen dafür waren, die Anfänge der Kunst in Schwaben zu sehen. Deswegen argumentierten viele Archäologen wie Leroi-Gourhan, dass die schematischen Tier- und Vulvendarstellungen aus der Dordogne älter wären als die Kunstwerke aus dem Vogelherd. Bosinski dagegen sah eine Pferdedarstellung aus Sungir in Russland am Anfang der Eiszeitkunst. Daher galt es als problematisch und ungewöhnlich, als in den 1990er-Jahren immer deutlicher wurde, dass die Figurinen aus den schwäbischen Höhlen mit der Radiokohlenstoffmethode in die frühen Phasen des Aurignacien datierten. Die Lage spitzte sich Ende der 1990er-Jahre zu, als Thermolumineszenz- und ESR-Datierungen darauf hindeuteten, dass die Aurignacienschichten auf mehr als 40 000 Jahre vor heute zurückdatierten. In den letzten zwanzig Jahren wurden diese Ergebnisse mehrfach bekräftigt und die Ausgrabungen mit modernen Methoden am Geißenklösterle und Hohle Fels platzieren den Beginn des Aurignacien in den Bereich von 42 000 Jahren vor heute. Dieses Ergebnis wurde zuletzt in umfangreichen Radiokohlenstoffdatierungen an organischen Funden aus dem Geißenklösterle von Forschern der Universität Oxford bestätigt. Die Wissenschaftler datierten den Beginn des Schwäbischen Aurignacien zwischen 43 000 und 42 000 Jahren vor heute, womit die bisher ältesten Hinweisen für das Aurignacien vorliegen.

Abb. 7 Geißenklösterle, Schwanenknochenflöte aus Ausgrabungen von 1973 und 1990, veröffentlicht 1995. Länge: 12,6 cm.

 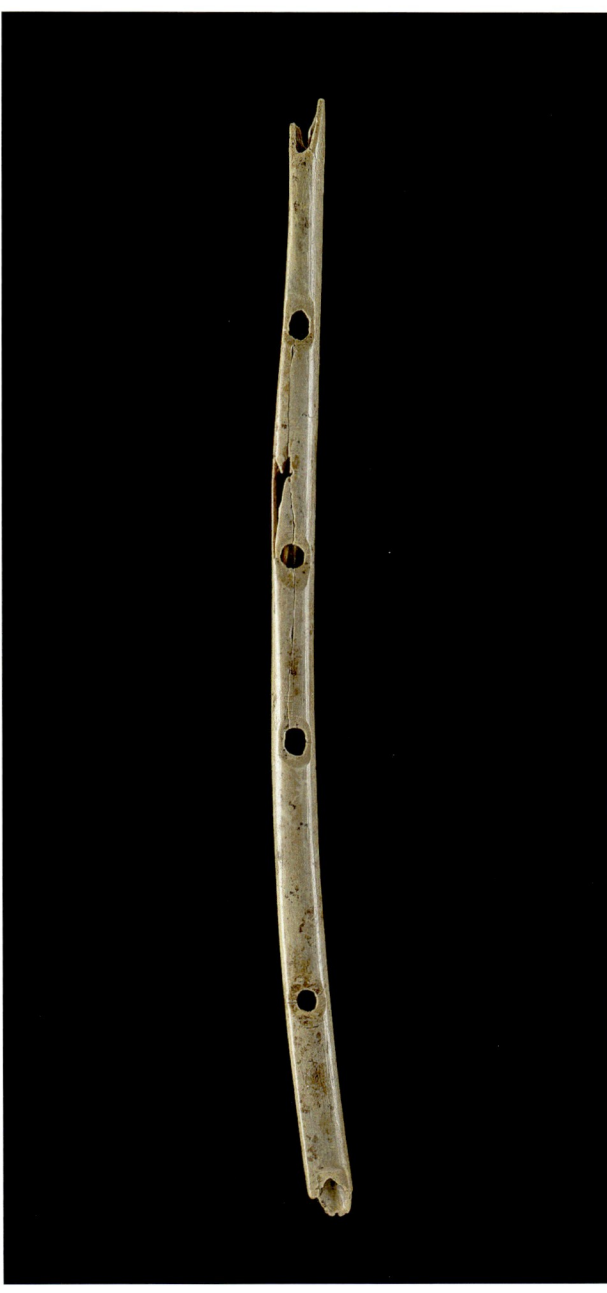

Abb. 8 Geißenklösterle, Flöte aus Mammutelfenbein aus Ausgrabungen der 1970er-Jahre veröffentlicht 2004. Länge: 18,7 cm.

Abb. 9 Hohle Fels, Flöte aus einem Gänsegeierflügelknochen aus der Ausgrabung von 2008. Länge: 21,6 cm.

Neben der Frage nach dem Alter des Aurignacien herrschen auch lebhafte Debatten über die Frage, ob Kunst und Musik gleich von Anfang an im Schwäbischen Aurignacien vorhanden waren, oder ob sich diese und andere symbolische Innovationen allmählich im Laufe von mehreren Jahrtausenden entwickelten. Um diese Frage zu beantworten, müssen wir wieder die hochauflösenden Daten von den Ausgrabungen am Geißenklösterle und am Hohle Fels unter die Lupe nehmen (Abb. 7 bis 9). Am Geißenklösterle stammen die Kunstwerke und Musikinstrumente (siehe dazu später) aus der oberen Aurignacienschicht II. Diese Beobachtung könnte darauf hindeuten, dass Kunst und Musik im Verlaufe des Aurignacien entstanden sind. Wenn man die Menge der bearbeiteten Elfenbeinfunde und die Anzahl der Abfälle der Elfenbeinbearbeitung betrachtet, stellt man jedoch fest, dass sich diese wesentlich häufiger in der unteren Aurignacienschicht III befinden. Damit ist klar, dass

Elfenbeinbearbeitung schon zu Beginn des Aurignacien häufig praktiziert wurde. Auch wenn am Hohle Fels die Schichtenfolge etwas komplexer ist, weil die Fundhorizonte nicht waagerecht liegen, gibt es auch hier zahlreiche Belege für die Herstellung und Benutzung symbolischer Artefakte gleich vom Anfang des Aurignacien an. Beispielsweise lagen die berühmte Frauenfigurine sowie eine gut erhaltene Knochenflöte im tiefsten Bereich der Aurignacienschichten, unmittelbar oberhalb fundfreier Sedimente, die die letzten Funde der Neandertaler von den ältesten Funden des modernen Menschen trennten. Damit ist belegt, dass die frühen modernen Menschen des Aurignacien entweder mit Kunstwerken und Musikinstrumenten ankamen oder diese für die Gesamtmenschheit so bedeutenden Innovationen unmittelbar nach ihrer Ankunft in der Region entwickelten. So oder so ist es spannend festzuhalten, dass es weltweit keine andere Region gibt, die ein so üppiges frühes Inventar an Schmuck mit einer dreidimensionalen Formgebung, figürlicher Kunst, Darstellungen von mythischen Wesen wie Löwenmenschen sowie Musikinstrumenten lieferte.

Nicht nur Löwen und Mammute

Zahlreiche Autoren haben bereits sehr viel über die Deutung der ältesten figürlichen Kunst geschrieben, aber um diese Frage zu beantworten, gilt es, zuerst zu bestimmen, was die aurignacienzeitlichen Künstler auf der Schwäbischen Alb abgebildet haben. Bei Zählung aller Kunstwerke ergeben sich 33 ziemlich gut erkennbare Darstellungen, darunter neun Mammute, acht Raubkatzen, die wir hier als Löwen ansprechen, drei Löwenmenschen, zwei Pferde, zwei Rinder oder Wisente, zwei Fische, zwei Frauen, ein Wasservogel, ein Moschusochse, ein Bär, ein igel- oder hasenartiges Tier und eine anthropomorphe Figur (Abb. 10 und 11). Es muss betont werden, dass einige dieser Funde auch andere Ansprachen erlauben und dass es auch im Allgemeinen viele schwer zu deutende Darstellungen in der Eiszeitkunst gibt.
In der Fachwelt herrscht weitgehend Einigkeit darüber, dass kein einzelner Deutungsansatz die komplette Vielfalt dieser Darstellungen erklären kann. Egal, ob es um Jagdmagie, Fruchtbarkeitssymbolik, Bewunderung der Natur, totemistische Darstellungen, Ausdruck von Clanzugehörigkeit, Spielzeuge, Gendersymbolik, Animismus, Schamanismus, l'art pour l'art sowie andere Erklärungsansätze geht: Alle Deutungen stoßen schnell an ihre Grenzen und es wäre unrealistisch, eine allgemeingültige Erklärung zu erwarten.

Eine besonders bekannte Deutung ist die Kraft-und-Aggression-Hypothese, die Joachim Hahn 1986 veröffentlichte. Zu diesem Zeitpunkt waren alle bekannten Tierdarstellungen Löwen, Mammute, Wisente, Pferde und Bären. Daher argumentierte Hahn, die aurignacienzeitlichen Künstler hätten kräftige, gefährliche, schnelle, aggressive und beeindruckende Tiere bewundert und besonders häufig dargestellt. Gerade die Darstellungen zahlreicher Löwen und Mammute sowie der Löwenmensch aus dem Hohlenstein-Stadel standen bei Hahns Interpretation im Vordergrund. Allein in den letzten Jahren wurde durch die Ausgrabungen die Anzahl der interpretierbaren Kunstwerke etwa verdoppelt. Durch die Entdeckungen neuer Motive, unter anderem Fische, Frauen, ein Wasservogel und ein igel- oder hasenartiges Tier, konnte die Allgemeingültigkeit der Kraft-und-Aggression-Hypothese widerlegt werden. Mit den Entdeckungen eines weiteren Löwenmenschen und eines Wasservogels – eine Tierart, die oft Schamanen begleitet – gewann die Schamanismus-Hypothese von David Lewis Williams und anderen Urgeschichtlern verbreitete Zustimmung. Wie bei der Kraft-und-Aggression-Hypothese bietet allerdings der Schamanismus ebenfalls keine allgemeingültige Erklärung. Allein die zwei kürzlich entdeckten Frauenfigurinen passen schlecht zu diesen beiden Ansätzen.

Die Frauenfigurinen vom Hohle Fels

Die Archäologie der Altsteinzeit hat eine lange und spannende Forschungsgeschichte, die bis in die Mitte des 19. Jahrhunderts zurückreicht. Am Anfang steht die Beschäftigung mit den grundsätzlichen Fragen der menschlichen Evolution, der groben Gliederung der Fossilgeschichte und der kulturellen Entwicklung der frühen Menschen. Seit der Wende zum 20. Jahrhundert ist bekannt, dass bereits in der Eiszeit Kunstwerke hergestellt wurden. Mit jeder Entdeckung vervollständigte sich die Gliederung der kulturellen Gruppen der Altsteinzeit. Nach der Auffindung der Frauenfigurine von Willendorf

Abb. 10 (rechte Seite) Zusammenstellung der 33 figürlichen Darstellungen der schwäbischen Höhlen, die relativ sicher identifiziert werden können. Dazu kommen viele Dutzende nicht indentifizierbare Fragmente.

Die Anfänge der Kunst und der Musik sowie die Bedeutung der Funde aus den Höhlen der Schwäbischen Alb

in der österreichischen Wachau im Jahr 1908 sowie unter anderem der Halbreliefdarstellung der „Venus von Laussel" in der Dordogne im Jahr 1911 wurde argumentiert, die sogenannten Venusfigurinen seien für den mittleren Abschnitt der jüngeren Altsteinzeit beziehungsweise des Jungpaläolithikums charakteristisch. In den folgenden Jahrzehnten wurden weitere Frauenfigurinen, zum Beispiel in Dolní Věstonice in Tschechien, in Kostenki in Russland sowie in weiten Teilen Europas, entdeckt.

Trotz reichlicher Variation bei den Darstellungen kennzeichnet die Venusfigurinen einige Gemeinsamkeiten. In der Regel stammen die klassischen Frauenfigurinen aus der Kultureinheit des Gravettien, die europaweit zwischen rund 35 000 und 22 000 Jahren vor heute datiert. Die Figurinen tragen sehr ausgeprägte Geschlechtsmerkmale wie große, oft hängende Brüste, breite Hüften und üppige Gesäße. Sie sind oft als gut ernährt bis fettleibig und in manchen Fällen vielleicht als schwanger dargestellt. Obwohl es auch einige relativ schlanke Figuren gibt, sind die sehr weiblichen und üppigen Darstellungen eher typisch. Mit wenigen Ausnahmen ist das Gesicht nicht erkennbar ausgebildet. Die Figurinen stellen in den allermeisten Fällen kein spezifisches Individuum dar. Oft ist der Kopf nach vorne gebeugt und in einigen Fällen, wie bei der „Venus von Willendorf", ist deutlich eine Frisur dargestellt. Die Figurinen sind oft aus Elfenbein geschnitzt, aber sie wurden auch aus unterschiedlichen Steinarten gefertigt und sogar aus Ton geformt. Die Formen- und materiale Vielfalt ist beeindruckend. Die große Anzahl der Venusfigurinen im Gravettien spricht dafür, dass sie eine bedeutende Rolle in der Glaubenswelt der damaligen Menschen spielten.

Am 8. September 2008 und in den Tagen danach geschah etwas, das die Fachwelt in der Eiszeitarchäologie dauerhaft prägen wird. Ausgräber am Hohle Fels haben an der Basis der aurignacienzeitlichen Schichten sechs Fragmente geschnitzten Mammutelfenbeins gefunden. Als sie zusammengesetzt wurden, war sofort deutlich, dass es sich hier um eine kopflose Frauenfigurine handelte, die in der Fachwelt und allgemein heute als die „Venus vom Hohle Fels" bekannt ist. Aus mehreren Gründen ist der Fund unmittelbar nach seiner Veröffentlichung weltbekannt geworden: Es handelt sich vielleicht um die älteste figürliche Darstellung weltweit und sicherlich um die älteste Darstellung eines Menschen. Die Überraschung war ebenfalls groß, weil, wie oben geschildert, das Schwäbische Aurignacien zuvor für seine Darstellungen von Tieren und Mischwesen bekannt war. Die stratigraphische Lage der Figurine wird oft als klarer Hinweis darauf gedeutet, dass die figürliche Kunst gleich am Anfang des Schwäbischen Aurignacien entstand. Daher wird die Region als ein bedeutendes Zentrum für die Evolution der figürlichen Kunst betrachtet. Auch wenn es aus verschiedenen Gründen vielleicht schwer vorstellbar ist, dass die figürliche Kunst ihre Urheimat in den Höhlen im Bereich der Oberen Donau hat, gibt es bis heute keine weitere Region mit einer derart beeindruckenden Gruppe früher Kunstwerke. Lediglich aus der Grotte Chauvet, die einige Tausend Jahre jünger ist, sind vergleichbar brillante, gemalte Darstellungen bekannt, auch wenn Jahr für Jahr neue Argumente für besonders frühe Kunst von Homo sapiens oder gar Neandertalern publiziert werden.

Die „Venus vom Hohle Fels" steht am Anfang der eiszeitlichen Entwicklung der Frauenabbildungen. Sie verkörpert zwar einige Eigenschaften späterer Figurinen, aber in einer Weise, die faktisch und stilistisch an den Beginn zu stellen sind. Ihre Geschlechtsmerkmale sind mit den vollen nach vorne gereckten Brüsten noch ausdrucksstärker als bei den späteren Darstellungen. Die Beine sind, wie bei vielen anderen Venusfigurinen, nur schwach entwickelt und Füße fehlen vollkommen. Dafür sind das Geschlechtsdreieck und die Vulva noch deutlicher und prominenter ausgearbeitet als bei den späteren Figurinen. Die Hände sind besonders fein wiedergegeben und liegen unterhalb der Brüste auf dem Bauch – scheinbar Zufriedenheit zum Ausdruck bringend. Interkulturelle Studien von Adeline Schebesch an der Universität Erlangen argumentieren, dass die „Venus vom Hohle Fels" eine positive Ausstrahlung zeigt im Vergleich zur Mehrheit der Venusfigurinen, die oft mit vorgebeugtem Kopf eine aus heutiger Sicht zurückhaltende, traurige oder gedemütigte Haltung verkörpern.

Die Frauenfigurine vom Hohle Fels zeigt sehr viele Körperdetails, Bearbeitungsspuren und klare Markierungen. Oben auf den breiten Schultern anstelle des Kopfes befindet sich eine Öse, die belegt, dass das Objekt einst um- oder aufgehängt worden war. Es ist naheliegend, dass Menschen und insbesondere Frauen des Aurignacien die Figurine um den Hals getragen haben, aber natürlich sind auch viele andere Arten der Nutzung denkbar. Die Figurine hat eine relativ massive Form, die von manchen heutigen Betrachtern als weniger gelungen als die berühmten Mammut-, Löwen- und Pferdedarstellungen empfunden wird. Offenbar hatte der Erschaffer andere Intentionen als bei den harmonischen und aus heutiger Sicht eleganteren Tierdarstellungen. Die Figurine besitzt eine stark ausgearbeitete Gesäßbackenspalte, die bis zur Vulva hin tief eingeschnitten wurde. Der Bauchnabel ist gut erkennbar. Viele tiefe Linien laufen über den Bauch und gehen komplett um die Frau herum. Sie können unterschiedlich als bänderartige Kleidung, Fettfalten, Dehnungsstreifen oder sonstige Körpermodifikationen interpretiert werden. Auch die vielen Kerben, sonstigen Linien und Markierungen sind schwer zu deuten, wobei sie teilweise an die Markierungen bei den Tierdarstellungen erinnern. Trotz mancher gegenteiliger Behauptungen ist die abgebildete Frau nicht schwanger, aber die Figurine könnte eventuell eine Frau kurz nach der Geburt darstellen.

Im Gegensatz zu den Tierdarstellungen, die sehr heterogene Deutungen zulassen, herrscht in der Fachwelt weitgehende Einigkeit darüber, dass die Frauenfigurine vom Hohle Fels mit Weiblichkeit, Sexualität und menschlicher Fortpflanzung in Verbindung steht. Im übertragenen Sinne kann diese Fruchtbarkeit auch symbolisch für die Welt und Umwelt der aurignacienzeitlichen Menschen im Allgemeinen gelten. Sicherlich waren das Leben und das Überleben in der eiszeitlichen Mammutsteppe nur möglich mit profunden Kenntnissen über die Lebenszyklen der Pflanzen, der Tiere und natürlich des Menschen selbst. Man neigt dazu, die Figur eher im Lebensbereich der Frauen als in dem der Männer zu sehen. Denkbar ist, dass sie von Frauen, die wie Hebammen Erfahrung mit Geburten hatten, verwendet wurde oder dass sie von der Großmutter an die Mutter und die Tochter weitergereicht wurde – aber diese Hypothesen sind schwer zu belegen. Zweifellos waren die relativ kleinen Gruppen aurignacienzeitlicher Jäger und Sammler auf ihre Frauen in fruchtbaren Jahren angewiesen. Daher hätte es kaum etwas Schlimmeres geben können, als dass die Frauen bei der Kindsgeburt starben. Demographisch gesehen gab es nichts Wertvolleres in der Gruppe als die fruchtbaren Frauen, von denen die biologische Zukunft weitgehend abhing.

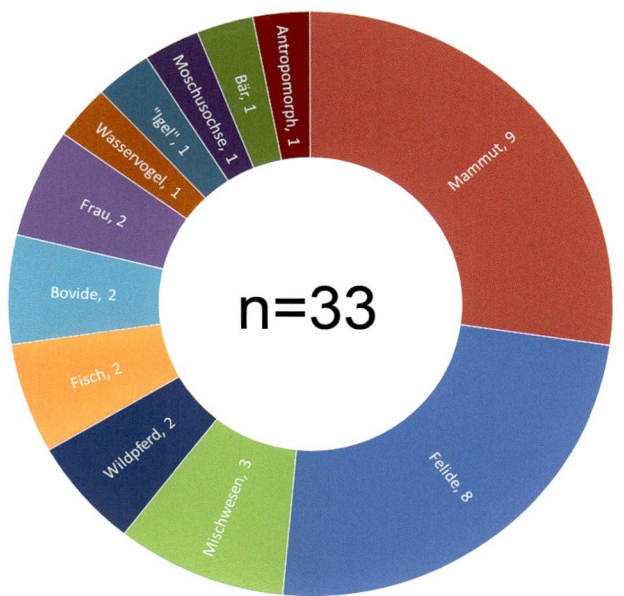

Abb. 11 Verteilung der 33 identifizierbaren Darstellungen aus den schwäbischen Höhlen nach Motiven.

Fast so spannend und wichtig wie die Entdeckung der „Venus vom Hohle Fels" war die Auffindung einer zweiten Frauendarstellung aus dem Aurignacien dieser Höhle. Die nur sehr fragmentarisch erhaltene Figurine besteht aus zwei zusammenpassenden Teilen. Es handelt sich um eine Brust und einen Teil des Bauches, sogar mit erkennbaren Fingerspitzen, die wie bei der ersten dort gefundenen Frauenfigurine unterhalb der Brüste aufliegen. Seit dieser Entdeckung von 2014 ist gewiss, dass die „Venus vom Hohle Fels" nicht singulär war und dass Frauenfigurinen zum festen Bestandteil der materiellen Kultur im Aurignacien gehörten. Während die „Venus" 6,0 Zentimeter groß ist, stammen die Bruchstücke von einer deutlich größeren Figur. Diese ist jedoch noch zu unvollständig, um genauere Aussagen dazu treffen zu können.

Eine Frauenfigurine vom Ende der Eiszeit

Wie oben geschildert, sind Frauendarstellungen gelegentlich aus dem Aurignacien und besonders zahlreich aus dem darauf folgenden Gravettien bekannt. Das Gravettien endet mit dem Beginn des Letzten Glazialen Maximums (LGM), das seinen Höhepunkt vor etwa 20 000 Jahren hatte. Während des LGM waren das heutige Deutschland und weite Teile Mitteleuropas wegen der Kälte und vor allem wegen fehlender Pflanzen und Tiere

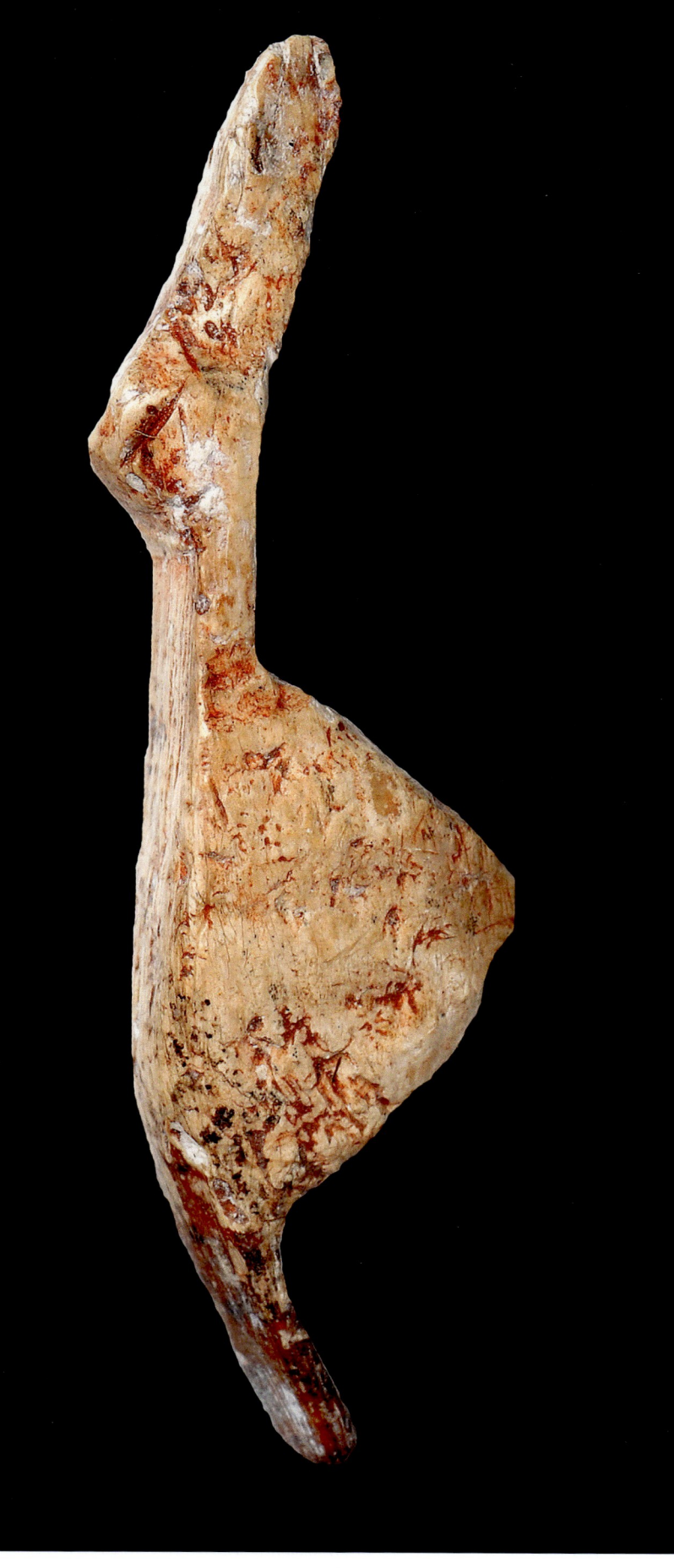

für Menschen meistens unbewohnt. Erst vor rund 15 000 Jahren, im Magdalénien, kehrten eiszeitliche Jäger und Sammler wieder in unseren Raum zurück. Sie brachten eine Tradition mit, in der Frauendarstellungen noch häufig waren, aber dieses Mal viel stärker stilisiert als im Aurignacien und im Gravettien. Weil der Fundplatz Gönnersdorf am Rhein, am Rande des Neuwieder Beckens, zahlreiche gravierte sowie vereinzelte aus Mammutelfenbein geschnitzte stark stilisierte Frauendarstellungen geliefert hat, spricht man in der Fachwelt oft von „Darstellungen vom Typ Gönnersdorf". Sie sind variabel in ihrem Material und ihrer Ausführung, aber stets gekennzeichnet durch den fehlenden Kopf, ein stark ausgeprägtes Gesäß und Brüste, die entweder gar nicht dargestellt oder weniger stark betont sind als bei den Frauenfigurinen aus der Zeit vor dem LGM (Abb. 12).

Die ältesten Musikinstrumente

Aus der gleichen Zeit, aus der wir die ersten sicheren Belege für figürliche Kunst kennen, stammen die ersten zweifelsfrei zu identifizierenden Musikinstrumente. Es handelt sich um Flöten, die ebenfalls in drei Höhlen der Schwäbischen Alb zutage traten. Die ersten Flöten wurden im Geißenklösterle im Achtal bei Blaubeuren entdeckt. Sie sind aus Schwanenflügelknochen geschnitzt und datieren, wie die Elfenbeinfigurinen vom gleichen Fundplatz, auf rund 40 000 Jahre vor heute. Die besser erhaltene Flöte besitzt drei sorgfältig geschnitzte Grifflöcher. Mit nachgebauten Flöten dieser Art lassen sich viele Töne und Übertöne erzeugen, die umfangreiche musikalische Ausdrucksformen ermöglichen. Da die Schwanenknochenflöten einen kleinen Innendurchmesser besitzen, haben sie einen schönen, aber hellen Klang. Die Funde wurden von Joachim Hahn und Susanne Münzel im Jahre 1995 veröffentlicht und galten gleich als älteste bekannte Musikinstrumente.

In den folgenden Jahren haben wir viele weitere Flöten entdeckt. Wenn man sich auf die besterhaltenen Flöten aus dem Aurignacien beschränkt, sind eine ziemlich vollständige Flöte aus Mammutelfenbein aus dem Geißenklösterle und eine äußerst gut erhaltene Flöte, die aus einem Flügelknochen eines Gänsegeiers geschnitzt wurde, aus dem Hohle Fels zu nennen. Beide Funde sind einmalig und spektakulär. Vor der Entdeckung der Elfenbeinflöte war es unvorstellbar, dass Menschen vor 40 000 Jahren eine so komplexe Form aus Elfenbein herstellen konnten. Da die Bearbeitungsspuren sehr charakteristisch sind, lassen sich selbst kleine Fragmente von Elfenbeinflöten ziemlich leicht identifizieren. Inzwischen kennt man Fragmente von Elfenbeinflöten auch aus dem Vogelherd und dem Hohle Fels.

Die Gänsegeierknochenflöte aus dem Hohle Fels lag ebenfalls an der Basis der Aurignacienschichten und nur siebzig Zentimeter von der „Venus" entfernt. Sie wurde am 17. September 2008 in zwölf Fragmenten bei der Suche nach den fehlenden Teilen der „Venus" gefunden. Damit spricht vieles dafür, dass Musik das Leben der frühen modernen Menschen im Oberen Donautal von Anfang an begleitet hat. Die Flöte ist fast vollständig mit fünf Grifflöchern und einem gabelartigen Anblasende. Sie misst 21,6 Zentimeter in der Länge, das hintere Ende ist abgebrochen. Wie die gut erhaltene Elfenbeinflöte vom Geißenklösterle weist auch die Gänsegeierflöte einen größeren Durchmesser auf als die Schwanenknochenflöte und erzeugt daher dunklere Töne. Die Ausgrabungen am Geißenklösterle, Hohle Fels und Vogelherd haben auch mehrere fragmentarische Reste von Flöten geliefert, die die Vielfältigkeit und Häufigkeit der Musik im Schwäbischen Aurignacien unterstreichen. Diese Flötenarten belegen die vielen Gemeinsamkeiten zwischen uns Heutigen und dem Homo sapiens des Aurignacien. Obwohl nachvollziehbar ist, welch komplexe Tonfolgen auf diesen eiszeitlichen Flöten spielbar waren, wissen wir nicht, in welchem Kontext die aurignacienzeitlichen Höhlenbewohner der Schwäbischen Alb musizierten. Die Flöten stammten aus Bereichen der Ausgrabungen mit sehr viel Alltagsabfall, was darauf hindeutet, dass Musik wahrscheinlich auch im Alltagsleben der damaligen Menschen eine Rolle spielte und nicht nur im sakralen oder ritualen Kontext. Das Gleiche gilt für die mehreren Dutzend figürliche Kunstwerke aus den Höhlen von Ach- und Lonetal, mit Ausnahme des in einem Depot weit hinten in der Höhle entdeckten großen Löwenmenschen vom Hohlenstein-Stadel. Sicherlich boten die Höhlen mit ihrer phantastischen Akustik eine perfekte Kulisse für Musik.

Obwohl es im engeren Sinne keine Beweise dafür gibt, ist es naheliegend, dass Schlaginstrumente und Gesang die Flötenmusik in den Höhlen begleiteten. Gut vorstellbar sind auch Tanz, Erzählungen und Schattenspiele an den Höhlenwänden als künstlerische Ausdrucksformen der Aurignacien-Menschen. Selbst bei Beschränkung auf die eindeutig nachgewiesenen künstlerischen Ausdrucksformen kommt man unweigerlich zu dem Schluss, dass es keine Unterschiede in den kreativen Fähigkeiten zwischen diesen eiszeitlichen Jägern und Sammlern sowie den rezenten Jägern und Sammlern gibt. Damit waren sie in jeder Hinsicht auch uns heutigen Menschen gleichwertig. Im Sommer 2017 erhielten die Höhlen des Achtals und des Lonetals mit deren einmaligen Funden UNESCO-Weltkulturerbestatus. Damit wurde deren herausragende universale Bedeutung für die Menschheit unterstrichen.

Literatur
Conard 2009
Conard – Kind 2017
Conard – Malina – Münzel 2009
Conard u. a. 2015
Conard u. a. 2004
Hahn 1986
Hahn – Münzel 1995
Potengowski – Münzel 2015
Riek 1934
Wehrberger 2013

Abb. 12 (linke Seite) Venusfigur vom Typ Gönnersdorf, stilisierte Frauendarstellung aus Oelknitz, Thüringen.

Das Wissen um Zeit und Raum: Himmelsdarstellungen in der Bronzezeit

Harald Meller

Über lange Zeiträume hinweg präsentiert sich die Vorgeschichte Mitteleuropas aus archäologischer Sicht als bilderfeindlich. Erste komplexe bildliche Äußerungen des Menschen treten hier in Form von Höhlenmalereien und Elfenbeinschnitzwerken vor etwa 36 000 Jahren in großer Zahl auf. Die stilisierten Bildwerke zeugen von der hervorragenden Beobachtungsgabe und dem Abstraktionsvermögen der Jäger und Sammler. Dabei erscheint das Motivspektrum, bestehend vor allem aus Tier-, aber auch Menschendarstellungen und abstrakten Zeichen, in Europa für die nächsten fast 20 000 Jahre streng limitiert. Darstellungen von Landschaften sowie von menschlichen Schöpfungen wie etwa Behausungen fehlen vollständig, gleiches gilt für den Sternenhimmel und irdische Naturerscheinungen jeder Art. Die neolithische Revolution in Europa vor etwa 7500 Jahren änderte daran nur wenig. Vielmehr geht die paläolithische Bilderflut drastisch zurück, die Tierdarstellungen verschwinden, es bleiben das bloße Ornament und stilisierte Menschenbilder, an Natur- oder gar Himmelsdarstellungen ist nicht zu denken.

Einige wenige Ausnahmen bestätigen anscheinend die Regel und ragen aus dieser Bildarmut heraus, so etwa die Steinstelen von Sion/Petit-Chasseur in der Schweiz. Die aufrecht stehenden Steinplatten gehören zu Grabanlagen aus dem 3. Jahrtausend v. Chr. Sie zeigen stilisierte Menschen, die den Eingang von Dolmengräbern bewachen. Die Personen sind mit Pfeil und Bogen, einem Gürtel und gemusterter Kleidung ausgestattet.

Abb. 1 Umgearbeitete Steinstele mit Sonnendarstellung von Sion, Petit-Chasseur, Dolmen MI, Schweiz.

linke Seite Detail vom Goldhut aus Schifferstadt, Rheinland-Pfalz. Die Buckelverzierung wird als Kalenderdarstellung gedeutet.

Doch eine Stele sticht aus der Gruppe heraus. Ihre gesamte Oberfläche wurde überarbeitet und etwa ein Drittel ziert eine als Halbkreis am Horizont strahlende Sonne anstelle des Gesichts (Abb. 1). In der Grabstätte wurden über einen längeren Zeitraum mehrmals Angehörige der Glockenbecherkultur bestattet. Auch in der folgenden Frühbronzezeit legte man dort Tote zusammen mit

INNOVATION – DIE ANEIGNUNG DER WELT

Abb. 2 Schale der Schönfelder Kultur mit Sonnendarstellung in Parabelform (2450–2200 v. Chr.), Möhringen, Stadt Stendal.

Abb. 3 Mehrphasige Abbildung auf Fels III von Cemmo (Valcamonica), Italien. Die Köpfe zweier Personen in der oberen Bildhälfte werden durch Strahlenkränze, die an leuchtende Himmelskörper erinnern, eingefasst. Capo di Ponte, Italien.

Grabbeigaben nieder, respektierte dabei die älteren Traditionen und begrub abschließend den Komplex unter einem Erdhügel.[1]

Ebenfalls in das 3. Jahrtausend v. Chr. datieren die „Sonnenschalen" der Schönfelder Kultur, deren Verbreitung mit Schwerpunkt im nördlichen Sachsen-Anhalt vom östlichen Niedersachsen über Berlin und Brandenburg vereinzelt bis nach Böhmen reichte. Die auf der Außenseite mit einer Sonnensymbolik verzierten Schalen treten im Zusammenhang mit einer weiteren Besonderheit auf: der Brandbestattung. Im Gegensatz zu den meisten anderen Kulturerscheinungen Mitteleuropas aus diesem Zeithorizont verbrannten die Menschen der Schönfelder Kultur ihre Toten regelhaft und legten die Überreste in Keramikgefäßen nieder. Die „Sonnenschalen" dienten hierbei als Leichenbrandbehältnis oder Abdeckung.[2] Eine zweite Verwendung wird durch Ösen, an jeder Schale einzeln oder paarweise angebracht, belegt. Offensichtlich wurden die Gefäße aufgehängt und mit der verzierten Seite, also mit der Darstellung der auf- oder untergehenden Sonne, zur Schau gestellt (Abb. 2). In den beiden soeben beschriebenen Fällen treten die Sonnendarstellungen im Bestattungskontext auf. Die Bilder sind demzufolge als fester Bestandteil komplexer ritueller Handlungen zu sehen, ohne dass sich diese weiter konkretisieren ließen.

Das Sonnensymbol, jedoch in anderer Ausführung, findet sich auch auf den spätneolithisch-bronzezeitlichen Felsbildern der Alpen, insbesondere im Valcamonica, oder aber in der bronzezeitlichen Felsbildkunst Skandinaviens wieder.[3] Dort treten nun Menschen in großer Zahl hinzu, in den Bildern des Valcamonica sogar Häuser und möglicherweise Landschaften sowie komplexe Anordnungen und Kombinationen oder absichtliche Überlagerung verschiedener Motive (Abb. 3). Jedoch fehlt nach wie vor auch hier jegliche Darstellung des Himmels als Gestirnkomplex. Mögliche Symbole einzelner Himmelskörper sind Radkreuze, einfache oder mehrfache konzentrische Ringe, zuweilen ergänzt durch Strichbündel und wenige andere Symbole. Sie erscheinen im Verlauf der Bronzezeit nun auch an den der Epoche ihren Namen gebenden Metallgegenständen wie Nadeln und anderem Schmuck, Waffen sowie Kultgerät wie der eindrucksvollen Goldscheibe des berühmten „Wagens" von Trundholm, Dänemark (Abb. 4). Die mit reicher Ornamentik gestaltete Scheibe des Kultobjekts wurde schon früh als Sonnensymbol erkannt und beschrieben.[4] Dabei sollte nicht außer Acht gelassen werden, dass kreisförmige Symbole immer auch als Monddarstellungen gesehen werden können, wie die gegensätzlich mit Gold und Bronze ausgestalteten Seiten in diesem Fall nahe-

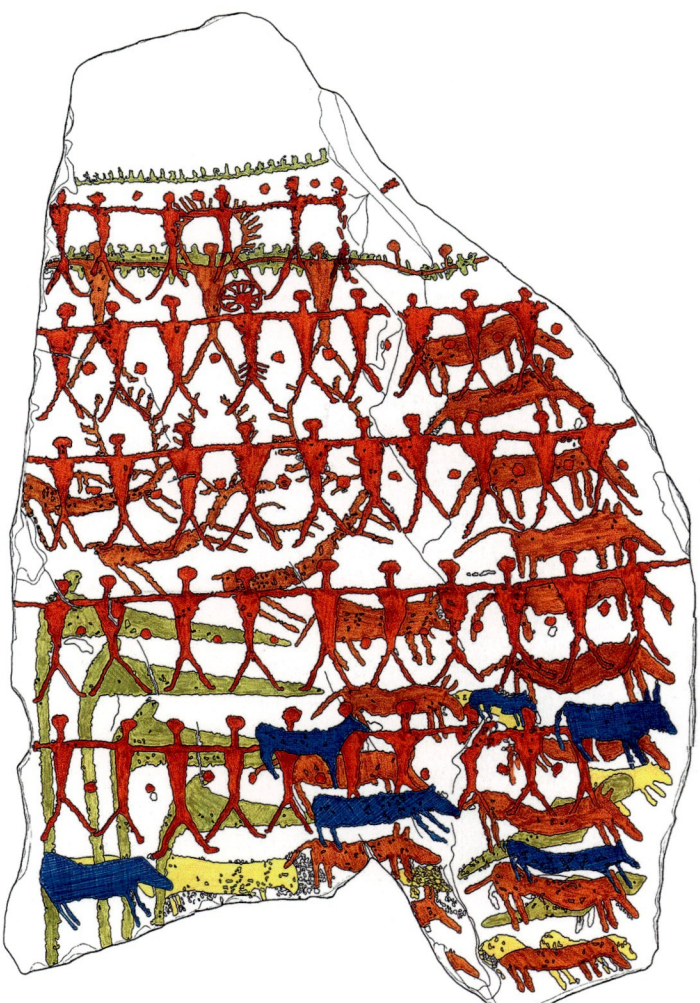

Abb. 4 Der Sonnenwagen von Trundholm. Die auf dem Wagen transportierte Scheibe besitzt eine goldglänzende (oben) und eine dunkle Seite (unten).

legen. Dies führte gar zu der Interpretation, dass Sonne und Mond in der Bronzezeit als zwei Erscheinungsformen ein und derselben göttlichen Macht gesehen wurden, gewissermaßen die „Sonne des Tages" und die „Sonne der Nacht".[5] Zum Symbolspektrum der Bronzezeit tritt die Mondsichel hinzu, deren seltenes Auftreten in einem auffälligen Missverhältnis zu den Kreissymbolen steht. Das Fehlen jeglicher komplexer Himmelsdarstellungen ist umso erstaunlicher, als der gestirnte Himmel ohne die Lichtverschmutzung der Neuzeit für die Menschen der Vergangenheit ein äußerst eindrucksvolles, womöglich allmächtiges oder bedrohliches, jedoch in seiner Allgegenwärtigkeit zugleich selbstverständliches Bild abgegeben haben dürfte.

Die Erklärung dafür ist vermutlich vergleichsweise einfach und lässt sich aus den Himmelsabbildungen der Hochkulturen ableiten. Denn handelt es sich nicht gerade um einfache, musterhafte geometrische Darstellungen der frühen Sternendecken in den ältesten Pyramiden, so sind die konkreten Himmelsdarstellungen der antiken Völker stets in mythologische Figuren eingeschrieben. Der Himmel wird somit sakralisiert und als heilige, von Göttern und mythologischen Wesen besiedelte Sphäre beschrieben, die keinesfalls rational und nüchtern abgebildet oder betrachtet werden konnte. Es wurde daher lange angenommen, dass die rationale Betrachtung und Beschreibung des Himmels in Europa erst mit den naturwissenschaftlichen Pionieren der Astronomie Galileo Gailei (1564–1642) und Johannes Kepler (1571–1630) begann, obgleich in anderen Teilen der Welt astronomische Beobachtungen in die Zeit der europäischen Frühgeschichte zurückreichen, so die chinesischen Sternenkarten von Dunhuang der frühen Tang-Dynastie (7. Jahrhundert n. Chr.). Umso erstaunlicher war deshalb die Entdeckung der Himmelsscheibe von Nebra im Burgenlandkreis durch zwei Raubgräber im Juni 1999. Nicht nur aufgrund der vorherigen Ausführungen hätte kein Spezialist der Vorgeschichte oder Bronzezeit ein solches Objekt für möglich gehalten.

Nach zahlreichen Detailstudien, naturwissenschaftlichen und kriminalistischen Untersuchungen sowie den inzwischen unstritt rekonstruierten Fundumständen ist nun völlig klar, dass die Himmelsscheibe von Nebra vom Mittelberg bei Kleinwangen stammt. Nachgrabungen vor Ort sowie die anschließenden Untersuchungen ergaben, dass die Himmelsscheibe zusammen mit zwei Kurzschwertern, zwei Randleistenbeilen und einem Meißel sowie zwei Armspiralen mehrere Jahrtausende dort vergraben lagerte (Abb. 5).[6] Die Beifunde datieren die Niederlegung des Bronzehortes um 1600 v. Chr., an das Ende der Frühbronzezeit. Zu diesem Zeitpunkt war die Himmelsscheibe selbst bereits etwa 200 Jahre in Gebrauch und mehrfach umgestaltet worden.[7] Das Objekt gilt damit als bisher älteste konkrete Himmelsdarstellung.

Die Einmaligkeit und Komplexität dieses Artefaktes führt zu einer Reihe von Fragestellungen, deren Beantwortung uns maßgeblich beim Verständnis der mitteleuropäischen Bronzezeit vorangebracht hat. In welchen gesellschaftlichen Kontext gehört die Himmelsscheibe von Nebra? Was ist der Inhalt ihres Bildwerkes, von wem und wie wurde sie benutzt und warum wurde sie letztendlich vergraben?

Bereits ein erster Blick auf die Anordnung der Goldbleche zeigt, dass das heutige Bildprogramm der Himmelsscheibe ein Ergebnis mehrerer Nutzungsphasen darstellt. Den herstellungstechnischen und materialanalytischen Untersuchungen zufolge lassen sich vier bis fünf Phasen isolieren.

Durch die Nutzungsdauer über mehrere Generationen, in der die Himmelsscheibe vielfach umgestaltet wurde und einen Bedeutungswandel erfuhr, wird das Artefakt zum Zeugnis des Wandels der kosmologischen Vorstellungen im Verlauf der frühen Bronzezeit. Die erste Phase der Scheibe (Abb. 6) zeigt Sonne beziehungsweise Vollmond, Sichelmond und 25 gleichmäßig angeordnete Sterne. Eine Konzentration aus sieben Sternen ist zudem auffällig zwischen Vollmond/Sonne und Sichelmond platziert, sie verkörpert die Plejaden. Diese altbekannten Kalendersterne sind auf zahlreichen bildlichen Darstellungen der Hochkulturen des Orients zu sehen (Abb. 7) und waren von zentraler Bedeutung für die ackerbäuerlichen Gesellschaften.[8] Sie dienten als Hilfsmittel zur Einteilung des bäuerlichen Jahres, das nach der letztmaligen Sichtbarkeit der Sternenkonzentration am 10. März beginnt und am 17. Oktober mit ihrem erneuten Untergang am westlichen Morgenhimmel endet. Aus dieser gut zu beobachtenden Auffälligkeit ergibt sich der Termin für die Frühjahrssaat. Als weitere Besonderheit verbirgt sich hinter der auffälligen Anordnung auf der Himmelsscheibe eine Schaltregel zur Abstimmung

Abb. 5 (linke Seite) Der frühbronzezeitliche Hortfund von Nebra. In der ursprünglichen Fundsituation lagen Schwerter gegenständig übereinander. Darüber wurden Beile und der Meißel niedergelegt.

INNOVATION – DIE ANEIGNUNG DER WELT

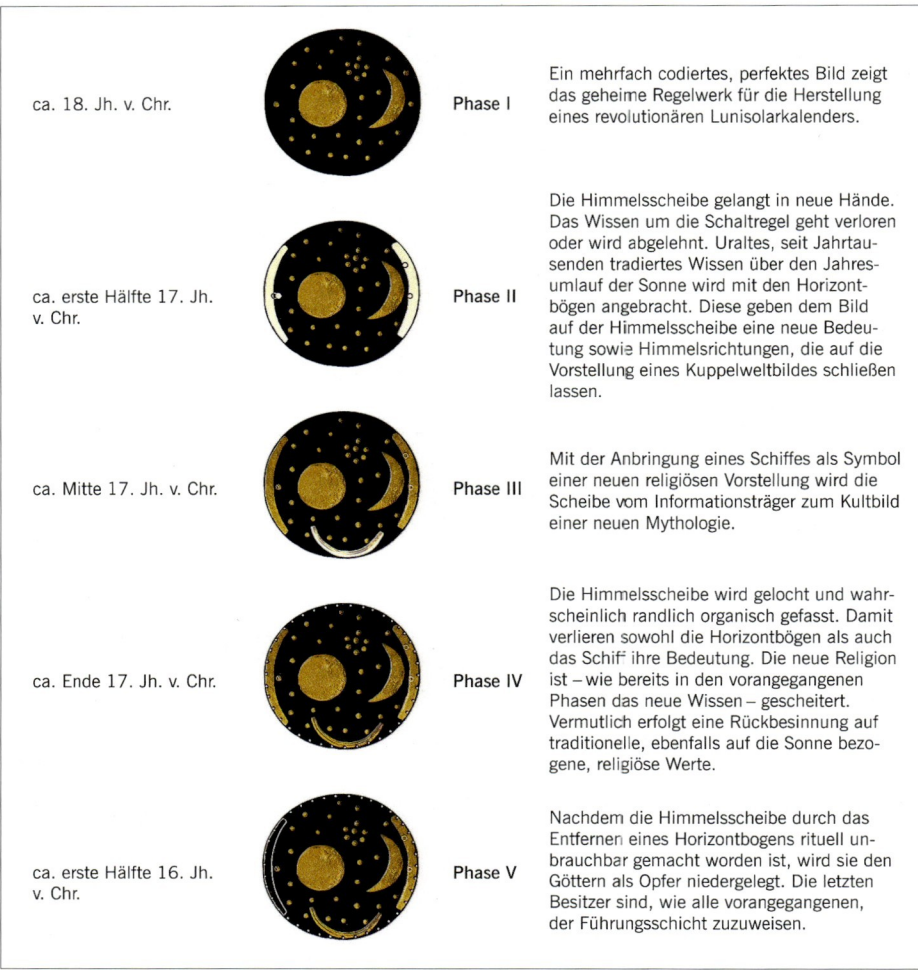

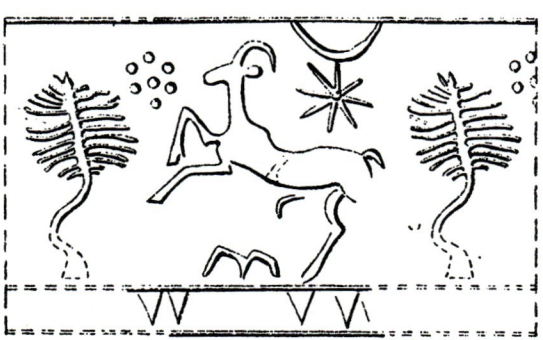

Abb. 6 Übersicht zu den Phasen der Himmelsscheibe.

Abb. 7 Rollsiegel des Vorderen Orients (15. Jahrhundert v. Chr.). Oben: Siegel von Tell Fecherije, Mitte: Rollsiegel von Nuzi, unten: Rollsiegel von Alalach IV.

des kürzeren Mondjahres mit dem längeren Sonnenjahr (Abb. 8).[9]

Für ihre Anwendung ist die Stellung der Plejaden zum Sichelmond und die Dicke der Sichel ausschlaggebend. Die Goldapplikation entspricht einem 4,5 Tage alten Mond. Erscheint der Mond im Monat März in dieser Form zusammen mit den Plejaden, so muss ein Schaltmonat in den Jahresverlauf eingefügt werden. Zusätzlich weist die Gesamtzahl der Sterne (32) auf das Schaltjahr hin. Wenn 32 Tage seit dem letzten Neulicht vergehen, bis der Mond im Frühlingsmonat März bei den Plejaden erscheint, so muss die Schaltregel zur Abstimmung von Mond- und Sonnenjahr in Kraft treten. Die sich hinter der Verschlüsselung verbergenden Informationen sind jedoch nicht für jeden Betrachter offensichtlich. Das Unverständnis der Allgemeinheit wird so zum Machtin-

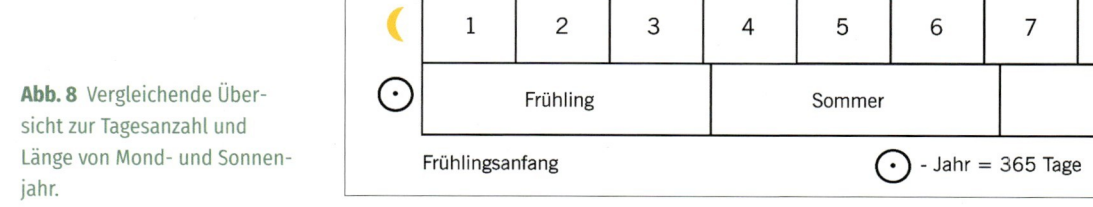

Abb. 8 Vergleichende Übersicht zur Tagesanzahl und Länge von Mond- und Sonnenjahr.

strument weniger in das astronomische Wissen eingeweihter Personen. Der Schöpfer der Himmelsscheibe oder ihr Auftraggeber dürfte daher der gesellschaftlichen Führungsschicht angehört haben und in ein über Europas Grenzen hinaus bis in den Orient reichendes Kommunikationsnetzwerk eingebunden gewesen sein. In der zweiten Nutzungsphase erhielt die Scheibe zwei gegenständige Horizontbögen, von denen einer im Verlauf der späteren Nutzung entfernt wurde oder durch Beschädigung verloren ging. Für diese Ergänzung wurden zwei Sterne abgenommen beziehungsweise versetzt. Es ist anzunehmen, dass die beiden Kreisbogenausschnitte den Horizontverlauf der Sonne von der Sommersonnenwende (21. Juni) bis zur Wintersonnenwende (21. Dezember) symbolisieren. Wird die Scheibe horizontal gehalten, so zeigt der linke Bogen den Bereich der Sonnenuntergänge und der rechte die Sonnenaufgänge zwischen Sommer- und Wintersonnenwende. Eine leichte Verschiebung der Bögen nach oben resultiert aus einer optischen Täuschung bei der Beobachtung des Himmels, hervorgerufen durch die Lichtbrechung in der Erdatmosphäre. Aus dieser Asymmetrie lassen sich Rückschlüsse auf die Ausrichtung ziehen und die Himmelsrichtungen auf der Scheibe bestimmen (Abb. 9). Diese Beobachtungen funktionieren jedoch nur, wenn man die Himmelsscheibe dem Sternenhimmel gleich über den Kopf hält. Es kann daher geschlussfolgert werden, dass die Menschen zu jener Zeit sich den Himmel als kuppelförmiges Gebilde vorstellten.[10] Die Himmelsscheibe von Nebra verkörpert somit die früheste Abstraktion dieses dreidimensionalen Gedankens in eine zweidimensionale Form (Abb. 10).

In einer dritten Phase wurden die festgehaltenen Beobachtungen durch die Anbringung eines weiteren, doch kleineren Goldblechbogens am unteren Scheibenrand um eine mythologisch-religiöse Komponente erweitert. Seine Fiederung, die Längsrillen und die leicht gekippte Stellung machen eine Interpretation als Sonnenschiff am wahrscheinlichsten. Um 1600 v. Chr. treten plötzlich zahlreiche Schiffsdarstellungen im nördlichen Mitteleuropa und in Skandinavien auf. Sie werden mit einem Wandel kosmologisch-religiöser Vorstellungen in Verbindung gebracht. Das Schiff, das einzeln, mit anderen Symbolen in Szene gesetzt oder in Abwandlung als sogenannte Vogelsonnenbarke bis an den Übergang zur Eisenzeit zahlreiche Bronzegegenstände zierte, stellte öffentlich die neue Denkweise als Sinnbild zur Schau. Der strenge Dar-

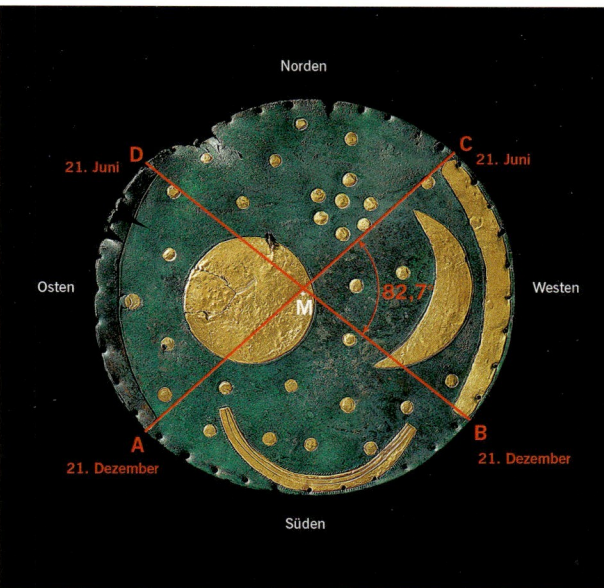

Abb. 9 Übersicht zum auf der Himmelsscheibe festgehaltenen Sonnenlauf während der Sommer- und Wintersonnenwende und den daraus ableitbaren Himmelsrichtungen. Dazu muss die Himmelsscheibe über den Kopf gehalten und von unten nach oben betrachtet werden, wie dies auch bei modernen Sternenkarten der Fall ist.

Abb. 10 Veranschaulichung des dreidimensionalen Kuppelweltbildes, auf das durch die Handhabung der Himmelsscheibe „kopfüber" hingewiesen wird.

INNOVATION – DIE ANEIGNUNG DER WELT

Abb. 11 Der „Berliner Goldhut", Höhe: 74,5 cm.

Transports auf dem Himmelsozean durch Tag und Nacht, mitunter durch Zuhilfenahme mythologischer Figuren wie Pferd, Wasservogel oder Fisch.[11] Die Verbreitung des Konzeptes vom Sonnenschiff als Kultsymbol beschränkte sich jedoch nicht auf Mitteleuropa. Gleichsam als Gefährt von Göttern und Menschen stellt das Schiff spätestens seit dem 3. Jahrtausend v. Chr. einen integralen Bestandteil der ägyptischen Glaubensvorstellung dar. Im 2. Jahrtausend v. Chr. war die mythologisch aufgeladene Schiffssymbolik kulturübergreifend in zahlreichen Varianten bis nach Vorderasien verbreitet und wurde an die jeweiligen kulturellen Rahmenbedingungen angepasst.[12]

In der vierten Phase wurde die Himmelsscheibe am Rand umlaufend mit Löchern versehen, um sie an einem flächigen Träger befestigen zu können. Da die auf der Rückseite der Scheibe ursprünglich herausragenden Grate der Löcher überschliffen wurden, ist ein flexibles und gegen Reibung empfindliches Material wie Stoff oder Leder als Trägermaterial wahrscheinlich. Die Durchlochung geschah in grober Weise und ohne Rücksicht auf die Goldapplikationen oder deren Symbolwert. Ein Bedeutungsverlust dieser Elemente oder gar deren Ablehnung in dieser Phase gilt somit als wahrscheinlich. Die Schiffssymbolik traf wohl zu der Zeit, als sie auf der Himmelsscheibe angebracht wurde, in weiten Teilen der Bevölkerung noch auf eine ablehnende Haltung und konnte sich erst später im mitteleuropäischen Raum durchsetzen. Stattdessen stand nun wieder ein anderer Bildbezug im Vordergrund, nämlich die zentralen Elemente Sonne/Vollmond und Sichelmond oder das Himmelsbild ganz allgemein. In einer letzten Phase wurde die Scheibe durch unabsichtliche Beschädigung oder bewusstes Entfernen eines Horizontbogens endgültig rituell unbrauchbar. Anschließend wurde sie zusammen mit den anderen Bronzegegenständen vergraben.

Nach der Umarbeitung der Himmelsscheibe, spätestens aber mit ihrer Deponierung war das komplexe astronomische Wissen der ersten Phase verloren gegangen. Am Ende stellte die Himmelsscheibe in ihrer letzten Fassung nicht viel mehr dar als zahlreiche goldene Sonnensymbole, die als Anhänger oder Nadeln und Goldscheiben in der gesamten mittel- und nordeuropäischen Bronzezeit im Umlauf waren.

Selbstverständlich gehörten die Goldscheiben mit Sonnensymbolik zum allgemeinen Kultgeschehen der Bronzezeit. Dass die Personen, die diese Rituale durchführten, einer herausgehobenen Gruppe angehörten, zeigen Fun-

stellungskanon dieser „Sonnenreise" ermöglicht die Rekonstruktion der zentralen religiösen Vorstellung des 2. Jahrtausends v. Chr. in Mitteleuropa. Sie beinhaltet die Vorstellung vom Lauf der Sonne beziehungsweise ihres

de wie ein mögliches Goldcape aus Mold, Wales,[13] sowie die fragilen Goldhüte, auf denen sich Sonne und Mond in ähnlichen Symbolen wie auf der Himmelsscheibe wiederfinden (Abb. 11). Insgesamt sind vier solcher kegelförmig getriebenen Goldblecharbeiten bekannt.[14] Wegen der erhaltenen Krempe des Exemplares von Schifferstadt erhielten die Objekte die Bezeichnung „Goldhut". Aufgrund der Empfindlichkeit des fein ausgearbeiteten Materials schien lange eine tatsächliche Funktion als Kopfbedeckung selbst unter Beschränkung auf rituelle Handlungen äußerst unwahrscheinlich. Der „Berliner Goldhut" mit seiner leicht ovalen Öffnung, die der durchschnittlichen Kopfgröße eines Erwachsenen entspricht, und die hervorragende Erhaltung des Objekts legen jedoch eine Interpretation als rituelle Kopfbedeckung mit einem organischen Futter als Trägermaterial nahe.

Die Goldhüte sind alle mit einem ähnlichen kanonartigen Muster aus Buckelscheiben, Kreis-, Rad- und Punktornamenten verziert und durch Friese und Leisten in Zonen unterteilt. Lediglich das Berliner Exemplar zeigt sichel- und mandelförmige Symbole. Bis auf den Hut von Schifferstadt wird jeder Kegel durch ein sternenartiges Muster aus länglichen Zacken bekrönt. Die Fülle aus bereits besprochenen Sonnenornamenten und insbesondere der sternförmige Abschluss machen die Verwendung im Kontext eines Sonnenkultes wahrscheinlich. Doch stellen Symmetrie und Rhythmus der Ornamente sowie die peniblen Prägungen ohne größere Ungenauigkeiten die Frage nach einer tiefgründigeren Bedeutung als die der bloßen Insignie oder des schmückenden Beiwerks für die Liturgie eines bronzezeitlichen Kultes. Denn hinter der Kombination und der Anordnung der Verzierungselemente des „Berliner Goldhutes" verbirgt sich einer These nach ein komplexes Zahlenspiel, das deutliche Bezüge zum Verhältnis zwischen Mond- und Sonnenphasen erkennen lassen soll.[15] Eine konkrete Funktionsbestimmung als lunisolarer Kalender ergibt sich daraus nicht, doch bezeugt der Goldhut aus dem Berliner Museum für Vor- und Frühgeschichte eine prähistorische Himmelsbeobachtung und projiziert die erkannten Regeln auf einen Bildträger, ebenso wie die 500 Jahre ältere Himmelsscheibe von Nebra. Buckelornamentik findet sich in ähnlicher Form auf Blechgefäßen der Spätbronzezeit aus Bronze und Gold, kombiniert mit der Ikonographie der „Sonnenreise", so auf der Bronzesitula aus einem Grab von Unterglauheim, Landkreis Dillingen. Dieses barg zwei übereinander gestülpte Bronzebecken mit dem Leichenbrand eines Verstorbenen sowie zwei goldene Becher.[16]

Über mehrere Jahrtausende treten so wiederkehrend astronomische Motive im sakralen Kontext auf. Die Bilder sind als fester Bestandteil der bronzezeitlichen Glaubensvorstellungen oder ritueller Handlungen zu sehen und wären ohne diese wohl nicht denkbar. Sie stehen für die kosmologische Vorstellung einer zyklischen Ordnung, in der Sonne und Mond als Gegenpole die zentralen Rollen einnehmen. Somit zeigt die Himmelsscheibe von Nebra als einziges Objekt nicht nur einen Zustand der Himmelsbeobachtung, sondern zugleich, wie sich der Wandel von einer bemerkenswert rationalen Denkweise hin zur rein mythologischen Vorstellung vollzog.

---

1 Primas 2010, 518–519, Abb. 1 und 2.
2 Zur Schönfelder Kultur siehe zusammenfassend bei Meller 2011, 36–41, oder ausführlich bei Wetzel 1979.
3 Sansoni 2015, 137, 133 Abb. 11.2.
4 Zusammenfassend Kaul 2010.
5 Sommerfeld 2010. Hierbei wird betont, dass uns diese Vorstellung nur deshalb befremdlich erscheint, weil wir über die Kenntnis zweier Himmelskörper verfügen.
6 Meller 2010, 34–42.
7 Meller 2010, 69 Abb. 35.
8 Hansen R. 2010; F. Blocher (2010, 983 f.) betont jedoch, dass es sich bei diesen Darstellungen eher um Zusätze handle, die mit der eigentlichen Thematik der Siegel i. d. R. nichts zu tun haben, und keinesfalls um eigenständige Zweckdarstellungen eines Kalenders.
9 Hierzu und zur folgenden astronomischen Erläuterung siehe Schlosser 2002, Schlosser 2004, 46–47, und Hansen R. 2006.
10 Schlosser 2004, 46–47.
11 Kaul 2004; Kaul 2008.
12 Maraszek 2010, 492–494.
13 Powell 1953.
14 Ezelsdorf-Buch, Landkreis Nürnberger Land; Schifferstadt, Rhein-Pfalz-Kreis; Avanton, Département Vienne, Frankreich, sowie der angekaufte Goldkegel im Museum für Vor- und Frühgeschichte Berlin.
15 Menghin 2000.
16 Wirth 2010.

Ideentransfer und geistiger Austausch

Franz Schopper

Im Zeitalter des World Wide Web ist die Verbreitung von Nachrichten, ob echt oder falsch, potentiell eine Sache von Sekunden oder gar nur Sekundenbruchteilen. Wissenschaftlerteams arbeiten weltumspannend an fachlichen Fragen. Ingenieure entwickeln interkontinental Produkte. In Bloggergemeinden finden sich Gleichgesinnte zusammen und pflegen einen zuweilen kruden und semireligiösen Austausch rund um den Globus.

Der moderne Fernverkehr führt per Eisenbahn, Auto, Schiff oder Flugzeug Menschen in ferne Länder und ermöglicht persönliche Begegnungen. Fremde Pflanzen und Tiere, aber auch neue Krankheiten wandern schnell über den Erdball. Geschichten und Ideen breiten sich, unterstützt durch den Gebrauch von „Weltsprachen" und Übersetzungsprogrammen, viel schneller aus als früher.

Wie war das im vor- und frühgeschichtlichen Europa mit seinen eingeschränkten Transportsystemen, seiner vergleichsweise dünnen Besiedlung, den vielfältigen Regional- und Lokalsprachen ohne Fremdsprachenunterricht und Wörterbuch, wo lokale politische Verbände ihren eigenen Weg suchten? Hängt alles an politischer Zusammengehörigkeit und weithin gültigen rechtlichen Rahmenbedingungen? Der Blick auf die Verhältnisse im Römischen Reich legt dies zunächst nahe.

Spätestens mit der Eroberung Galliens durch Cäsar um die Mitte des 1. Jahrhunderts v. Chr. und dem augusteischen Drang vom Voralpenland zur Donau und über den Rhein nach Osten gelangten weite Teil des heutigen Deutschlands unter den direkten Einfluss der römischen Kultur. Mit den importierten Produkten strömten auch neue, mediterrane Verhaltensweisen und Ideen in den Norden. Für die Archäologie greifbar wird dies zunächst in Grabbeigaben und Grabritus sowie nur wenig später in „fremdartigen" Votivgaben und neuartigen Heiligtümern.

Das spätkeltisch-frührömische Brandgrab von Bierfeld (Gemeinde Nonnweiler, Kreis St. Wendel) gibt Zeugnis von frühen Romanisierungsprozessen in einer spätlatènezeitlich-keltischen Umwelt in den letzten Jahrzehnten vor Christi Geburt.[1] Für Zeit und Ortskontext unty-

linke Seite Detail aus Abb. 5.

Abb. 1 Tausende Einzelteile bildeten die Grundlage für die Rekonstruktion einer römischen Kline aus Haltern am See, Nordrhein-Westfalen

INNOVATION – DIE ANEIGNUNG DER WELT

pisch ausgestattet, kam eine italische Amphore zutage. Südländische Luxusprodukte und Trinksitten gaben der keltischen Oberschicht ein Gepräge von Weltläufigkeit. Ganz besonderes Augenmerk verdienen in diesem Zusammenhang aber auch steinerne Drehmühlen. Ihre belegbare Zerstörung im Rahmen des Bestattungsrituals weist über ihre funktionale Bedeutung hinaus in den kultisch-religiösen Bereich. Zusammengenommen lassen Amphoren und Drehmühlen ganz neue Aspekte des jüngerlatènezeitlichen Totenrituals in der Gräberprovinz Hunsrück-Eifel aufscheinen. Zum Weinkonsum nach mediterranem Vorbild in importierten Gefäßen kommen über die Mühlen vermutlich mediterrane Weissagungsprozesse hinzu, sogenannte Mehl-Omnia. Neben diesen Zeugnissen beginnender Romanisierung spiegeln die ebenfalls vertretenen Gefäße aus einheimischer Produktion die Verankerung in der lokalen Bevölkerung. Ähnliches gilt noch für ein etwas jüngeres, frührömisches Männergrab, das um Christi Geburt in Dillingen (Kreis Saarlouis) angelegt wurde.[2] Dessen Inventar kombiniert einen einheimischen Gefäßsatz mit kleinteiligen Objekten römischer Herkunft wie *stili* (Griffel), *simpulum* (Schöpfkelle) und Gemme.

In andere Dimensionen verweist eine fragmentarisch erhaltene Kline von Haltern am See (Kreis Recklinghausen).[3] In 14 Gräbern des römischen Gräberfeldes fanden sich Überreste von verbrannten Knochenschnitzereien (Abb. 1 und 2), die ursprünglich zu solch einem Totenbett gehörten – ein Brauch, der seinen Ursprung im italischen Raum hat. Das Stück aus Grab 22/06, vermutlich ebenfalls im italischen Raum gefertigt, konnte mit seinen ungefähren Abmessungen gut rekonstruiert werden und belegt, dass nicht nur der Bestattungsbrauch, sondern auch zugehörige und derart sperrige Luxusgegenstände schon sehr früh ihren Weg bis an die entlegenen Grenzen des Reiches fanden (Abb. 3).

Über Jahrhunderte erhielten sich aber parallel dazu regionale Spezifika in materieller und geistiger Kultur. Nicht selten werden sie kreativ mit Neuem verschmolzen; häufig ohne dass für uns fassbar wird, inwieweit auch die gedanklichen Inhalte transportiert wurden, wenn mythische Gestalten der Mittelmeerwelt auf Fibeln nach einheimischem Schema auftauchen. Manchmal jedoch gibt das Zusammenspiel von Form, Ikonographie und Fundort wichtige Hinweise. Eine in ihrer runden Form einheimisch wirkende Scheibenfibel aus dem 2./3. Jahrhun-

Abb. 2 Teil der Kline: links das Original, rechts der rekonstruierte Kopf als 3D-Druck

dert von Hungen-Inheiden (Kreis Gießen)[4] trägt eine Pressblechauflage mit lateinischer Umschrift („CONCEPES RACAM PVERO ROGAT PERSEVS") und einen schlangenumwobenen Medusenkopf als Glaseinlage im Zentrum. Die germanische Grundform und die Feinde erstarren lassende Wirkung des Medusenkopfes passen gut ins Bild „römischer" Grenztruppen am Limes (Abb. 4). Weitaus komplexer ist die Symbolwelt eines römischen Grabes von Erkelenz-Borschemich (Kreis Heinsberg)[5] aus dem frühen 2. Jahrhundert n. Chr. Das Brandgrab IV liegt in einer exponierten Gräbergruppe und weist in sich eine elaborierte Struktur auf. Jeweils ein Gräberpaar (A I–II beziehungsweise B III–IV) ist durch eine rechteckige Pfostensetzung eingehegt. Zu rekonstruieren ist hier eine *cella memoriae* zweier Paare der lokalen romanisierten Aristokratie. Von besonderem Interesse ist das Frauengrab B IV. Der aufwendige Grabbau und die hohe Qualität der mitverbrannten Primärbeigaben fallen ins Auge. Bereits die geborgenen Reste einer Chalzedonschale deuten auf Libationsriten nach römischem Vorbild. Im Sinne des Ideentransfers von besonderer Be-

Abb. 3 Die vollständig rekonstruierte Kline

Abb. 4 Die Scheibenfibel aus Hungen-Inheiden (Hessen) mit dem Medusenkopf in der Mitte.

Abb. 5 Erkelenz-Borschemisch, Nordrhein-Westfalen. Götterappliken aus Schildpatt haben einst das Kästchen einer Priesterin aus dem 2. Jahrhundert verziert.

deutung sind aber die nicht verbrannten Sekundärbeigaben. Bronzenes Waschgeschirr und Balsamarien zeugen von Reichtum, die Schildpattbeschläge eines Holzkästchens von einer völlig fremden Welt. Ein einzigartiger Götterreigen römisch-ägyptischen Ursprungs tritt dem Betrachter entgegen. Zu Mars, Apollo und Minerva gesellen sich Sol, Hermanubis und Serapis. Von dem so geschmückten Kästchen geschützt war eine kleine Griffschale aus Bernstein. Als Spendenschale kann sie im Kult gedient haben und legt die Interpretation ihrer Besitzerin als Priesterin nahe (Abb. 5).

Neben Luxusgütern, Speisesitten, Grabbräuchen und Einzelaspekten des Symbolgutes und der Götterwelt hielten so auch komplette Religionskonzepte Einzug in römischen Lagerorten, Siedlungen und den Städten der Grenzprovinzen. Hervorragende Quellen sind hier Tempel- und Kultanlagen sowie Votivgaben, Weihealtäre und Inschriften. Eindrückliches Beispiel ist ein Tempelkomplex mit Votivgaben für Jupiter Dolichenus[6] in Nida-Heddernheim (Stadt Frankfurt/Main), dessen Befunde sich vom 1. bis zum 3. Jahrhundert n. Chr. erstrecken. Silberne Votivbleche sowie weitere Votivgaben, wie etwa eine vollplastische Adlerfigur (Abb. 6) und eine eiserne *tabula ansata* mit Inschrift (Abb. 7), sind Gaben an den Gott, der über einen langen Zeitraum auf dem Kultplatz in mindestens fünf nachgewiesenen Tempeln verehrt

Ideentransfer und geistiger Austausch

Abb. 6 Nida-Heddernheim, Hessen. Adlerfigur aus dem Policken.

Abb. 7 Nida-Heddernheim. *Tabula ansata.*

wurde. Nicht nur hier im Rhein-Main-Gebiet, in der Germania Superior, sondern auch in anderen Teilen des Imperiums zeigt der Doppelname des Gottes den Ideentransfer und die gegenseitige Befruchtung römischer und orientalischer Vorstellungen.

Dies gilt umso mehr für einen der bekanntesten Götter der römischen Kaiserzeit: Mithras. Bei großflächigen Grabungen im *vicus* bei Güglingen (Kreis Heilbronn)[7] wurde 2002 ein Mithrastempel aufgedeckt. Der mehrphasige Fachwerkbau ist um die Mitte des 3. Jahrhunderts abgebrannt. Unter dem Schutt des Ziegeldachs war die Ausstattung des Kultraums mit Liegepodien, Altären, Steinfiguren, Kultgeschirr und Votivgaben vollständig erhalten (Abb. 8). Selbst die Bemalung der herabgestürzten Decke konnte rekonstruiert werden (Abb. 9). Der Mithraskult ist eine bemerkenswerte Melange unterschiedlicher Einflüsse aus verschiedensten Regionen. In seiner Grundausprägung wohl im frühkaiserzeitlichen Italien entstanden, greift er im Götternamen und mit einzelnen Kultbegriffen vermeintlich persische Wurzeln auf, ohne dass dieser Kult im persischen Raum in der uns geläufigen Form bekannt ist.[8] Praktiziert wird der Kult fast nur in einigen „lateinischen" Provinzen im Westen des Reiches. Im Kontext des römischen Militärs gelangt der vermeintlich „persische" Gott selten auch in den Osten.[9] Ein orientalisch inspirierter semimonotheistischer Kult wird hier in die ideelle und die ideologische Welt des Imperiums eingefügt. Er ist markanter Ausdruck der polytheistischen Vielfalt und der gegenseitigen religiösen Beeinflussungen der unter dem Dach des Imperiums lebenden unterschiedlichen Völker und Volksgruppen.

So faszinierend die gegenseitige Befruchtung der keltisch-germanisch-römisch-griechisch-ägyptisch-persischen Ideen- und Götterwelt ist, scheinen die Verhältnisse im Imperium Romanum die Bedeutung weitgehend einheitlicher staatlicher Regeln und sprachlicher Homogenität für den Kulturtransfer zu betonen. So sa-

Abb. 8 Güglingen, Relief aus dem Mithrasheiligtum.

INNOVATION – DIE ANEIGNUNG DER WELT

Abb. 9 Güglingen, Rekonstruktion des Mithräums.

hen dies auch die Kirchenväter, als sie im frühen 4. Jahrhundert auf die Entwicklung des Christentums zurückblickten und den römischen Staat als eine gottgegebene Grundvoraussetzung für die Verbreitung des Christentums in der „ganzen" Welt ansahen.

Doch selbst in deutlich weiter zurückliegenden vorgeschichtlichen Perioden kann schneller, kontinentalübergreifender Ideen- und Brauchtumswandel beobachtet werden. Mit das beeindruckendste Beispiel ist hier der epochale Wechsel von Körper- hin zu Brandbestattungen während der entwickelten Bronzezeit. Nach Anfängen im 14. Jahrhundert v. Chr. hat sich um 1200 v. Chr. in praktisch allen Winkeln Europas die Verbrennung der Toten und meist die Niederlegung der Asche in Urnen als Bestattungsform durchgesetzt. Körperbestattungen treten in den nächsten eineinhalb Jahrtausenden (!) fast nur noch vereinzelt als Sonderformen auf. Diese blitzartige Verbreitung einer so tiefgreifenden Änderung in einem so bedeutenden Teil der religiösen und kultischen Praxis in einer schriftlosen Welt mit, aus heutiger Sicht, sehr eingeschränkten Transport- und Reisemöglichkeiten ist bis heute ein Rätsel.

Weiträumige Ähnlichkeiten im Symbolgut deuten aber bereits in der europäischen Jungsteinzeit auf transkontinentale Verbindungen. Nicht zuletzt sind in dieser Hinsicht für die mitteleuropäische Jungsteinzeit die Funde und Befunde aus den zirkumalpinen Seeuferrandsiedlungen aufgrund der dort gegebenen Erhaltungsbedingungen in Verbindung mit einer engagierten und kontinuierlichen Denkmalpflege- und Forschungstätigkeit eine einmalige Informationsquelle auch zum prähistorischen Ideentransfer durch Raum und Zeit. Im Strandbad von Bodman-Luwigshafen (Kreis Konstanz)[10] wurden Anfang der 1990er-Jahre die Überreste eines abgebrannten Hauses, dessen Wandverputz durch das Feuer gehärtet war, unter Wasser ausgegraben. Die Entdeckung löste damals ein weltweites Presseecho aus, da unter den Wandfragmenten auf die Wand modellierte, nahezu lebensgroße weibliche Brüste aufgefunden wurden. Im Zuge der Vorbereitungen für die Landesausstellung „4.000 Jahre Pfahlbauten" wurde der mehrere Tausend Stücke umfassende Fundkomplex erstmals systematisch aufgenommen. Es konnte ein sieben bis acht Meter langer Fries an der Wandinnenseite mit sieben unterschiedlich gestalteten Frauendarstellungen mit plastischen Brüsten rekonstruiert werden. Zwischen den Frauengestalten gibt es sogenannte Lebensbäume mit gestaffelten „M"- und „W"-Motiven. Die Malereien waren mit weißer Kalkfarbe auf eine Feinputzschicht, mit der der Wandverputz und die Brüste überzogen waren, aufgebracht. Es handelt sich hierbei um die ältesten Wandmalereien nördlich der Alpen (3867–3861 v. Chr.)! In den gleichen Zeithorizont (4200–3650 v. Chr.) gehört ein keramisches Maskenfragment aus Bad Schussenried-Riedschachen (Kreis Biberach) (Abb. 10).[11] Erhalten blieb der Teil der rechten Gesichtshälfte aus gebranntem Ton. Das Bruchstück kam zwar bereits bei Grabungen in den 1960er-Jahren im Federseeried zutage, aber erst im Zuge einer erneuten Sichtung des Fundmaterials 2014 konnte das Stück als Maske identifiziert werden. Mit Spiegelung und vorsichtiger Ergänzung des Fragmentes ergibt sich eine Maske mit schmaler Nase und einer deutlich nach innen eingefallenen Unterlippe: Das Gesicht eines zahnlosen Alten tritt uns entgegen. Jungsteinzeitliche Masken sind in Europa eine ausgesprochene Seltenheit. Aus Ton sind bisher erst zwei weitere Exemplare aus dem mittleren und dem unteren Donauraum (Ungarn, Rumänien) bekannt geworden.

In Zusammenschau mit dem Wandfries von Bodman kann die Maske eines Alten als deutlicher Hinweis auf einen Ahnenkult gewertet werden. Erinnerung und kulturelle Verankerung sollen über die Maske und die Ahnenbilder an der Wand über die Generationen hinweg vermittelt werden. Der Betrachter wird in die Tradition einer Generationenreihe, symbolisiert durch Geburt und Tod, gestellt. Markant sind hier auch die „M"- und „W"-Motive des Lebensbaumes. Sie geben Frauen in hockender Geburtshaltung stilisiert wieder. Übereinadergereiht folgt Generation auf Generation. Wir greifen hier erste Ansätze des Ideentransfers durch die Zeit über mehrere Generationen hinweg im Sinne einer kollektiven Erinnerung. Mit der hieroglyphenartigen „Verschriftlichung" und Fixierung im Wandfries ist ein Medium zur Herausbildung eines kulturellen Gedächtnisses[12] gefunden. Die Verbreitung der Symbolik auch im mittleren Donauraum ist eine Spur der räumlichen Ausdehnung dieses Ideen- und Symbolkomplexes.

Bis auf die peloponnesische Halbinsel führen die Kontakte einer bronzenen Widderplastik von Lossow bei Frankfurt (Oder) (Abb. 11).[13] Der mächtige Burgwall schützt die über dem Steilhang der Oder angelegte Sied-

Abb. 10 Bereits in den 1960er-Jahren wurde das Fragment in Schussenried, Baden-Würtemberg, von E. Wall geborgen, 50 Jahre später konnte die Maske mithilfe moderner digitaler Methode rekonstruiert werden.

Abb. 11 Widderfigur aus Lossow, Brandenburg

INNOVATION – DIE ANEIGNUNG DER WELT

Abb. 12 Dornach, Bronzestatuette der Athene. Höhe mit Sockel: 16,4 cm.

lungsfläche gegenüber dem Hinterland. Während das Areal in der Bronzezeit eine dichte Besiedlung trug, sind für die Eisenzeit eine Vielzahl von Schächten, die die Siedlungsschichten durchstoßen, mit diversen Opfergaben bis hin zu Schädeln und ganzen menschlichen Skeletten ergraben worden. Die Funktion des befestigten Platzes ändert sich im Laufe der Geschichte von der Siedlung zum Heiligtum. Erster Anzeiger mag hier die Widderplastik sein, die in die Zeit um oder nach 800 v. Chr. datiert. Die kleine zoomorphe Plastik ist bei einem Gewicht von 20 Gramm 4,6 Zentimeter lang und 3,5 Zentimeter hoch. Deutlich sind die nach hinten gerollten Hörner und der Schafssteiß zu erkennen. Der Körper ist gelocht und wirkt sehr schlank. Engste Gegenstücke kann die Ausgräberin im frühen Heiligtum von Olympia auf der Peloponnes sowie in anderen spätgeometrischen griechischen Heiligtümern nachweisen. Dass auch das

Objekt 2500 Kilometer weiter nördlich an einem herausragenden Platz niedergelegt wird, der dabei ist, seinen Charakter vom Wohnplatz zum Heiligtum zu wandeln, ist sicher kein Zufall. Hier wie dort scheinen die Figuren als Votivopfergaben niedergelegt worden zu sein. Welche Vorstellungen die Widderfigur im Detail begleiteten, muss aber vorerst im Dunkeln bleiben.

Unklar bleiben auch die genauen gedanklichen Hintergründe bei der Niederlegung einer kleinen Statue der Athena Parthenos in Dornach bei Aschheim (Kreis München)[14] (Abb. 12) in einem Schacht innerhalb eines keltischen, spätlatènezeitlichen Siedlungsbereiches (erstes Drittel 1. Jahrhundert v. Chr.). Die am Sockel leicht beschädigte Figur wurde hier sicherlich nicht einfach als Müll entsorgt, sondern bewusst der Erde übergeben. Aufschlussreich ist insbesondere die Gestaltung der Plastik selbst. Haltung und Gewand lassen die dargestellte Person in Verbindung mit dem nach hinten geschobenen korinthischen Helm als Athena Parthenos, die Stadtgöttin von Athen, erkennen. Die Hörner am Helm sind allerdings ungewöhnlich und erinnern möglicherweise an die Stadtgöttin der makedonischen Königsstadt Pella, in deren Gründungssage das Rind eine Rolle spielt. Nun scheint es sich weder um eine attische noch um eine makedonische Arbeit zu handeln. Dafür sprechen unter anderem Unproportionalitäten bei den Extremitäten. Auch der korinthische Helm wurde nicht mehr verstanden – so fehlen die notwendigen Augenöffnungen – und bildliche Vergleiche lagen dem Künstler nicht vor. Zu denken ist an eine lokale Produktion in der von Kelten bewohnten norditalischen Gallia Cisalpina, wo mitteleuropäische und mediterrane Welt eng verzahnt waren. Von dort gelangte die Göttin dann in die keltischen Regionen nördlich der Alpen. Hier ist das Objekt dingfeste Manifestation von Ideentransfers und synkretistischer Verschmelzung vom „olympischen" Griechenland über Makedonien ins barbarische, mediterran beeinflusste Oberitalien. Dort wird der Ideentransfer in Bronze gegossen. Sicherlich wieder mit einer Teiltransformation der begleitenden Ideen verbunden, gelangt die Figur zuletzt über die Alpen nach Deutschland und wird irgendwann niedergelegt. Auf diesem Transfer wandeln sich die Inhalte. Manches wird ergänzt, manches geht verloren. Aber die Athena von Dornbach bleibt Abbild göttlicher Kraft und Objekt kultisch-religiöser Verehrung.

Hier schließt sich nun der Kreis am Beginn der weite Teile unseres Kontinents umspannenden römischen Herrschaft. Der Transfer von Ideen quer durch Europa und die ganze „alte Welt" wird zunächst oft greifbar durch Importe oder einheimische Kopien. Bei genauerer Analyse und in Verbindung mit signifikanten Befunden kann die Archäologie aber auch die mitwandernden Ideen und Gedankengebilde greifbar machen. Fast immer sind synkretistische Neuschöpfungen die Folge. Fremdes wird dort, wo es nicht abgelehnt wird, zu Neuem und dann in geeigneter Weise in das Bekannte übernommen.

Für die weitere Geschichte Deutschlands und Europas von nicht zu überschätzender Bedeutung und bis heute unserer Leben prägend ist die Übernahme des Christentums in Spätantike und frühem Mittelalter. Nach wie vor raumbestimmend und identitätsstiftend in unseren Dörfern und Städten sind die prächtigen Kirchenbauten. Fast alle haben sie eine weit zurückreichende Geschichte und der Boden birgt archäologische Spuren ihrer Vorgänger. Sehr selten hingegen finden wir Glocken oder Gussgruben zu deren Herstellung. Ein Glücksfall der westfälischen Landesarchäologie sind daher die Grabungsergebnisse in Dülmen. Dort konnte die früheste sicher datierte Glockengussgrube Europas aus dem 8. Jahrhundert ergraben werden. Wohl zur Pfarrkirche am bischöflichen Haupthof gehörend, ist sie ein Zeichen für den Beginn der Christianisierung Westfalens und die frühe Kirchenorganisation nach den Sachsenkriegen Karls des Großen.

Die Glocke verbindet in sich auf einmalige Weise technische Innovation und Ideentransfer. Als innovatives Medium trägt ihr Schall Informationen zu Gottesdienstzeiten und Gefahren auch in dünn besiedelte Winkel der frühmittelalterlichen Landschaft. Ihr Klang steht für die Omnipräsenz Gottes und einen der bedeutendsten Ideentransfers in der Geschichte Europas.

Der flüchtige Klang der Glocke vermittelt noch heute in unseren Städten und Siedlungen Geborgenheit und Kontinuität. Gleichzeitig kennzeichnet unser modernes Leben in Europa eine Flut von Veränderungen. Innovationen und Ideentransfers verunsichern zuweilen, da sie „Althergebrachtes" infrage stellen. Die Geschwindigkeit mag sich erhöht haben, zum menschlichen Sein aber gehörten Ideenaustausch und Innovationen von Anfang an.

1. Gleser – Fritsch 2015.
2. Adler 2017.
3. Pak – Sundermann – Pechtold 2015.
4. Becker – Scholz – Vollmer 2012.
5. Schuler 2014.
6. Speidel 1980.
7. Kortüm – Neth 2016.
8. Clauss 2012, 14–18.
9. Clauss 2012, 185–189.
10. Schlichterle 2016a.
11. Schlichterle 2016b.
12. Assmann 1992.
13. Beilke-Voigt 2016.
14. Winghart 1994.

INNOVATION – DIE ANEIGNUNG DER WELT

Zusammengesetzt und entschlüsselt: Die ältesten Wandmalereien nördlich der Alpen

Helmut Schlichtherle

Taucharchäologische Untersuchungen im Bodensee brachten 1990 bis 1994 bei Bodman-Ludwigshafen zahlreiche Fragmente steinzeitlicher Wandmalereien zutage. Vor allem in die Malerei einbezogene, fast lebensgroß modellierte weibliche Brüste faszinierten damals Öffentlichkeit wie auch Medien, die weltweit davon berichteten. Die Funde wurden unter Wasser in den Ruinen eines abgebrannten Hauses geborgen, das zu einer großen Pfahlbausiedlung gehörte und hier offenbar eine rituelle Sonderrolle spielte, denn benachbarte Häuser wiesen nachweislich keine Malereien auf. Dendrochronologische Untersuchungen von Pfahlhölzern datierten die Siedlung um 3867–3861 v. Chr. Wie die genaue Kartierung der Malereifragmente zeigte, war eine Längswand des Gebäudes, dessen Hauptraum die Malereien enthielt, in unzählige Stücke zerbrochen im Seegrund abgelagert. Im gleichen Zeitraum entdeckten die Taucharchäologen des baden-württembergischen Landesamtes für Denkmalpflege weitere Fragmente von Wandbildern in der Pfahlbausiedlung Sipplingen, aber die Funde von Ludwigshafen waren weitaus besser erhalten. Alle Hoffnungen, die Bruchstücke wieder zusammensetzen und die Malereien rekonstruieren zu können, konzentrierten sich also auf das Fundmaterial von Ludwigshafen. Dabei war von vorneherein klar, dass es sich um die einzigen bislang in den zirkumalpinen Pfahlbausiedlungen bekannt gewordenen Malereien handelt und dass es keine Vorbilder gab, an denen man sich orientieren konnte.

Es stellte sich heraus, dass die bemalte Gebäudewand nicht als Ganzes umgefallen war, was ihre Zusammensetzung erheblich erleichtert hätte, sondern dass ihr Lehmverputz im Zuge einer Brandkatastrophe stückweise durcheinandergeraten war. Die Position einzelner Motive auf der Wand lässt sich im Fundniederschlag also nur unscharf erkennen. Zudem stellte sich heraus, dass nur wenige Fragmente passgenau wieder zusammengefügt werden konnten. Die Rekonstruktion des Wandbildes wurde also zu einem besonders schwierigen „Puzzle" und bedurfte mehrerer Anläufe. Erst als aus Einzelzusammensetzungen plausible Teilrekonstruktionen vorlagen, konnten Arbeitshypothesen zur Organisation und Gestalt des Gesamtbildes entwickelt werden (Abb. 1 und 2). Schließlich wurden alle größeren und aussagefähigen Stücke in den Jahren 2013 bis 2015 wieder auf einem großen

Abb. 1 Rekonstruktion des Wandfrieses von Bodman-Ludwigshafen. Er bestand aus mindestens sieben, wahrscheinlich acht bis neun großen Frauengestalten. Auch die bäumchenförmigen Zwischenmotive sind anthropomorph zu deuten und stellen genealogische Motive dar. Gesamtlänge der Rekonstruktion ca. 6,30 m.

Abb. 2 Die Frauengestalten wurden mit weißer Kalkfarbe auf die glattgestrichene Lehmwand gemalt, die Brüste plastisch aus dem Wandlehm herausmodelliert.

Abb. 3 Ableitung der genealogischen Motive aus entsprechend anthropomorphen Darstellungen auf neolithischen Keramikgefäßen. 1: Schematische Darstellung der Zusammensetzung aus Einzelgestalten, 2–8: auf Gefäßen der Linearband- und Stichbandkeramik, 9–10: auf Gefäßen der Pfahlbausiedlung Hornstaad, 11: Wandfragmente aus Ludwigshafen, 12: kleine, dreieckige Anthropomorphe mit erhobenen Armen erscheinen im Wandbild ähnlich abstrahiert wie auf neolithischer und metallzeitlicher Keramik.

Tisch ausgebreitet, in einem langwierigen Prozess mit den Fundplänen abgeglichen und folgerichtig geordnet. Damit gelang – zwanzig Jahre nach den Ausgrabungen – der Durchbruch: Die Rekonstruktion der gesamten Wand konnte 2015 auf der Großen Landesausstellung Baden-Württemberg in Bad Schussenried erstmals der Öffentlichkeit gezeigt werden.

Die Wiedergewinnung des Bildes gründet sich auf folgende Beobachtungen:

1. Die Abdrücke der Holzwand auf der Rückseite der Lehmverputzstücke erlauben eine Orientierung der Malereifragmente. Sie können also ausgerichtet zusammengesetzt werden.
2. Die modellierten Brüste gehören zu schemenhaft gemalten weiblichen Gestalten.
3. Die Frauen sind frontal dargestellt und spiegelsymmetrisch konstruiert. Damit kann eine folgerichtige spiegelsymmetrische Ergänzung gesicherter Partien vorgenommen werden.
4. Die beobachteten Motive wiederholen sich, es liegen zwei vollständige Brüste (Abb. 4) und sieben weitere Brustteile, sieben Kreuzungspunkte von Brustbändern, elf Fragmente unterschiedlicher Arme und Teile von mindestens vier Köpfen vor. Insgesamt musste es sich also um mindestens sechs bis sieben Figuren handeln, wahrscheinlich aber um acht bis neun.
5. Wenige Fragmente zeigen, dass neben den weiblichen Gestalten andere, aus baumartigen Winkelstapeln und Dreiecken zusammengesetzte Motive eingeschoben waren. In der Zusammenfindung half die Identifikation unterschiedlicher „Handschriften", die sich durch den Duktus der Pinselspuren, Farbaufträge und Punktsetzungen zu erkennen gaben. Am Ende des langwierigen Prozesses wurde eine im Einzelnen diskutable, aber durch Wiederholungen sich selbst bestätigende Lösung gefunden.

Die Untersuchungen sind noch nicht abgeschlossen. Es liegen weitere Motive vor, die bisher nicht eingepasst werden konnten. Vor allem die ornamentalen Gürtelzonen

Abb. 4 Die jugendlichen Brüste der gemalten Frauengestalten sind mit erstaunlichem Realismus geformt und nahezu lebensgroß.

der Gestalten sind unvollständig und in ihrer Zuordnung noch unsicher. Nicht alle Malereireste sind mit bloßem Auge klar zu erkennen. Inzwischen helfen Untersuchungen mit starkem UV-Licht weiter und gestatten eine Unterscheidung von Malerei und weißer, durch Kalkablagerungen entstandener Patina.

Auch wenn die Arbeiten noch nicht beendet sind, kann man das Ergebnis schon jetzt als sensationell bezeichnen. Es ließ sich ein etwa sieben bis acht Meter langer Fries mit weiblichen Gestalten rekonstruieren, die durch Zwischenmotive voneinander getrennt werden. Durch Analyse ähnlicher Darstellungen auf Keramikgefäßen lassen sich Informationen zum Bedeutungsgehalt der Zwischenmotive gewinnen. Demnach handelt es sich um genealogische Motive, die sich aus zeichenhaft vereinfachten menschlichen Darstellungen zusammensetzen (Abb. 3).

Vieles spricht dafür, dass wir es hier mit der Darstellung von Ahnenreihen einzelner *Lineages* zu tun haben, die in matrilinearer Abkunft zu verstehen sind. *Lineages* sind Familiengruppen, die sich auf die gleichen Vorfahren zurückführen. Da wir uns die jungneolithischen Gesellschaften in den Pfahlbausiedlungen relativ egalitär und in Segmenten organisiert vorstellen müssen, dürften hier also verschiedene Familienlinien mit jeweils eigener Anbindung an ihre Ahnfrauen dargestellt sein. Die Kette der Vorfahren verbindet die kleinsten menschlichen Gestalten auf dem Wandbild, nämlich die kleinen Dreiecke mit erhobenen Armen am unteren Ende der Ahnenreihen, mit den großen weiblichen Gestalten. Diese stellen vermutlich Urahnfrauen der verschiedenen *Lineages* dar. Die starke Größendifferenz, die Hervorhebung der Brüste und sonnenförmigen Köpfe lassen jedoch mehr vermuten. Es könnte sich um große Ahnfrauen aus bereits mythisch entrückter Vergangenheit handeln, mit denen man kosmische Kräfte und wesentliche Lebensimpulse verband. Vielleicht haben wir es mit schon gottähnlich gedachten Gestalten einer mythischen Urzeit zu tun, die jedoch nicht universell, sondern auf einzelne Familienlinien bezogen und wirksam waren. Ob es in der Jungsteinzeit bereits Gottesvorstellungen im Sinne antiker Hochkulturen gegeben haben kann, ist unter Religionsethnologen und Archäologen aus gutem Grund umstritten. Die Kultwand von Ludwigshafen gibt dieser Diskussion neue Impulse.

Die Wandmalereien von Ludwigshafen sind ein Glücksfall für die Forschung. Sie lassen ähnliche Zeichen und plastische Brustdarstellungen besser verstehen, die man auf verschieden alten Keramikgefäßen und frühen Metallobjekten vom mittleren Donauraum bis in den Alpenraum kennt. Sie gehören in den gleichen rituellen Traditionszusammenhang und geben neue Einsichten in die sozioreligiösen Verhältnisse neolithischer Bevölkerungsgruppen des 5. bis 3. Jahrtausends v. Chr. in Mittel- und in Südosteuropa.

Literatur
Schlichtherle 2014
Schlichtherle 2016a
Schlichtherle 2016c

INNOVATION – DIE ANEIGNUNG DER WELT

Bayerns älteste Skulptur. Der Statuenmenhir von Gallmersgarten (Nordwestmittelfranken)

Martin Nadler

Abb. 1 Der Statuenmenhir von Gallmersgarten, Vorderseite (Sandstein, Höhe 110 cm).

Für den gedanklichen und stilistischen Austausch, der Europa im 4. und 3. Jahrtausend v. Chr. erfasste, bildet der Statuenmenhir von Gallmersgarten im nordwestlichen Mittelfranken ein besonders beredtes Beispiel. Die Figur ist nicht nur ein Fund von herausragender kunsthistorischer Bedeutung und bildet eine bemerkenswerte Bereicherung für eine Denkmalgruppe, die in Deutschland bislang nur mit wenigen Exemplaren vertreten war, sondern sie zeigt in ihrer vollplastischen Ausformung mit dem maskenartigen „Eulengesicht" insbesondere die starke stilistische Anbindung an zeitgleiche Darstellungen im südfranzösischen Raum und in Norditalien, also ein Gebiet, zu dem üblicherweise keine Analogien in der materiellen Kultur erkennbar sind. Diese formale Verbindung ließ sich mit den bislang aus Mittel- und Südwestdeutschland bekannten, aus roh behauenen Steinplatten gefertigten und mit einfachen geritzten sowie gepickten Darstellungen versehenen Figuren jedenfalls nicht so klar darstellen.

Für den nordbayerischen Raum, wo diese Epoche archäologisch ohnehin schwer zu fassen ist, kann die beiläufige Entdeckung bei einer Kanalbaumaßnahme deshalb als wahrer Glücksfall bezeichnet werden, denn der Fund gibt den Blick auf historische Gegebenheiten frei, die durch Steingeräte und Keramikscherben allein nicht beleuchtet werden können.

Steinerne anthropomorphe Figuren sind aus der Spätphase der Jungsteinzeit in weiten Teilen Europas mit regionalen Schwerpunkten in teils größerer Zahl überliefert. Die erstmalige „monumentale" Darstellung ihrer selbst kann man als Zeichen eines neuen gesellschaftlichen Selbstverständnisses der Menschen jener Zeit sehen, die innewohnende Symbolik oder Zweckbestimmung indes kann vielfältiger und durchaus auch vielschichtiger Natur sein. Die Deutungen reichen von heroisierenden Ahnendarstellungen oder Verkörperungen numinoser Mächte bis zu einfachen Herrschaftssymbolen. Hierzu könnten Untersuchungen im Umkreis der Gallmersgartener Figur, die offensichtlich noch an ihrem ursprünglichen Aufstellungsort angetroffen wurde, Erhellendes beitragen. Möglicherweise hat sie einst, gemeinsam mit einer weiteren, in der Forschung bislang völlig verkannten Skulptur aus dem nur wenige Kilometer entfernten Ort Birkach, einen wichtigen Passweg einer uralten Wegeverbindung vom Donauraum ins Rhein-Main-Gebiet am nördlichsten Punkt der europäischen Hauptwasserscheide markiert.

Literatur
Huth 2016
Nadler 2015

Die Bestattung des Patroklos an der Oder.
Die Idee der Leichenverbrennung in der Lausitzer Kultur

Benjamin Wehry

„Siehe, die ganze Nacht durchwühlten sie zuckende Flammen, Sausend zugleich in das Totengerüst; und der schnelle Achilleus Schöpfte die ganze Nacht, in der Hand den doppelten Becher, Wein aus goldenem Krug und feuchtete sprengend den Boden, Stets die Seel anrufend des jammervollen Patroklos." (Ilias XXIII, 217–221)

Im XXIII. Gesang der „*Ilias*" setzt Homer der Bestattung des Patroklos, jenes Freundes des Achilleus, der vor Troja von Hektor getötet wurde, ein literarisches Denkmal. Die Vorgänge der Aufbahrung (Ilias XVIII, 350–355) und des Leichenzuges (Ilias XXIII, 128–139), die Errichtung des Scheiterhaufens und die Vorbereitung des Leichnams für die Verbrennung (Ilias XXIII, 163–176) sowie die Leichenverbrennung selbst (Ilias XXIII, 177–228) werden in Versen literarisch überhöht und idealisiert dargestellt, geben aber dennoch charakteristische Vorgänge spätmykenischer Grab- und Bestattungssitten im ägäischen Raum wieder: Das zentrale Ereignis ist die Verbrennung des Toten auf dem Scheiterhaufen. Zuvor wurde dem Chaos des Todes mit der Aufbahrung des

Abb. 1 Funktional abgestimmte Gefäße aus der norddeutschen Gefäßgruppe des Grabkomplexes 8 des spätmittelbronzezeitlichen Gräberfeldes von Wellmitz, nach dem Befund um die Leichenbrandschüttung angeordnet.

Toten eine künstliche Ordnung entgegengesetzt. Der balsamierte Tote liegt da, als schliefe er nur, noch dem Diesseits verbunden. Mit Kleidung und Kleidungszubehör, Nahrung für den Weg ins Jenseits und zuweilen persönlichen und symbolischen Beigaben wird er auf den Scheiterhaufen gelegt. Das Feuer ist Mittel der Transformation und zerstört das Artefakt der zusammen mit den Beigaben aufgebahrten Leiche. Nichts ist mehr wie vorher: Das Feuer wandelt den Toten in Rauch, der zum Himmel emporsteigt und alles Individuelle ins Jenseits hinwegzunehmen scheint. Auch die Bedeutung und die Funktion der individualisierenden Beigaben sind zerstört. Dieses Inferno hinterlässt ein neuerliches Chaos aus kalzinierten Knochenstückchen, dem sogenannten Leichenbrand, vermischt mit der Asche und Holzkohle des Scheiterhaufens. Nach dem Herunterbrennen, so berichtet Homer weiter, löschen die Achaier die Glut des Scheiterhaufens mit Wein. Der Leichenbrand des Patroklos wird getrennt von den Beigaben eingesammelt und in ein mit Fett gefülltes Leichenbrandgefäß gelegt. Wiederum entsteht eine künstliche Ordnung: ein Kenotaph, das die Reste des Scheiterhaufens und der mitverbrannten Schafe, Pferde, Hunde und Trojaner überhügelt und an den Toten erinnern soll, bis er gemeinsam mit Achilleus endgültig bestattet wird (Ilias XXIII, 235–256). Es folgen mehrtägige Leichenspiele zu Ehren des Patroklos (Ilias XXIII, 257–897).

Weit entfernt von diesen Geschehnissen wurde zur selben Zeit östlich der Oder nahe Wellmitz im Landkreis Krossen (heute Wełmice, Pow. Krośnieński, Woi. Lebus, Polen) ein Flachgräberfeld angelegt, das aus Urnen- und Brandschüttungsgräbern besteht und der sogenannten Lausitzer Kultur zugeordnet werden kann. Totenbehandlung, Gefäßausstattung und -anordnung dieser Gräber von Wellmitz entsprechen den spätmittel- bis jungbronzezeitlichen Grab- und Bestattungssitten im östlichen Mitteleuropa. Der Ausgräber, Pastor Schmidt aus Ketzin/Havel, notiert in seinem Grabungstagebuch: „Anscheinend kein Hügelgrab, über den Knochen, die mit Scherben bedeckt [waren], lagen wenige Steine, im Halbkreis herum 14 Beigefäße, zweimal eins ins andere gesteckt, einmal ein Deckel über dem Beigefäß, sämtliche Gefäße standen umgekehrt." Die exponierte Niederlegung des Leichenbrandes und die darauf bezogene Auswahl an Beigefäßen verweisen dabei auf ein zweiphasiges Totenritual, wie Homer für die Bestattung des Patroklos beschreibt, begleitet von rituellen Handlungen, die dem Toten den Übergang ins Jenseits erleichtern sollten. Archäologisch fassbar sind diese Vorgänge am Grab durch einen Gefäßsatz funktional aufeinander abgestimmter Gefäßformen, die zum Mischen, Schöpfen, Trinken und Ausgießen von Flüssigkeiten unter Einbeziehung des Leichenbrandes dienten und nach Abschluss ebenfalls im Grab niedergelegt wurden.

In Grab 8 von Wellmitz war die Leichenbrandschüttung im Norden und Westen von den Ensembles je-

Abb. 2 Funktionale Gefäßgruppen im Norden (oben) und Westen (unten) der Leichenbrandschüttung in Grab 8 des Gräberfeldes von Wellmitz.

weils eines Gefäßsatzes umgeben, deren Gefäße ausnahmslos umgekehrt mit der Mündung nach unten eingebracht und dadurch als an den Verteilvorgängen beteiligt gekennzeichnet waren. Die bestattungsnahe Gefäßgruppe im Norden bestand aus einer buckelverzierten Amphora, über die eine Schale gestürzt wurde, einer kleineren Amphora, einer Tasse, einer Schale und einem eiförmigen Topf sowie einem weitmundigen Trichterhalsgefäß, das eine weitere konische Schale barg. Funktional bildete dieser Gefäßsatz, ausgehend von dem Amphorenpaar auffällig unterschiedlicher Größe, zwei Gefäßgruppen aus jeweils mindestens zwei größeren Mischgefäßen und einer Tasse oder Schale als Schöpf- und Libationsgefäße. Weiter von der Leichenbrandschüttung entfernt im Westen befand sich der andere Gefäßsatz, der mit zwei eiförmigen Töpfen, die ineinandersteckten, zusätzlich einem gefäßsatzfremden Zylinderhalsgefäß und einer großen Kanne als Gießgefäß die Funktion des Verteilens von Flüssigkeiten erfüllt zu haben scheint. Die funktionale Aufgliederung und die geordnete Niederlegung der Gefäßsätze bieten Ansätze, die Vorgänge am offenen Grab während der Niederlegung des Leichenbrandes zu rekonstruieren. Besondere Flüssigkeiten, vielleicht mit spezieller Bedeutung, wurden herbeigebracht und verteilt, sodann nach festen, allgemein gültigen Regeln und unter Beteiligung immer wiederkehrender, funktionaler Gefäßformen gemischt, geschöpft und als Libation vergossen.

Dieser archäologische Befund erinnert frappierend an die Beschreibung der Vorgänge bei der Bestattung des Patroklos. Flüssigkeiten – genannt werden Wasser, Öl, Honig, Fett, Blut und Wein – spielen hier ebenfalls eine zentrale Rolle im Totenritual. Als Beigefäße werden Krüge mit Honig und Öl auf den Scheiterhaufen gestellt, die ebenfalls verbrannten, eine Grabsitte, die regelhaft auch in Gräbern der Lausitzer Kultur nachweisbar ist. Am lodernden Scheiterhaufen übt Achilleus Libation mit Wein aus einem doppelt gebauchten Becher, der aus einer Kanne nachgefüllt wird, zu Ehren der helfenden Götter, und auch der Scheiterhaufen wird mit Wein gelöscht. Ähnliche Vorgänge am offenen Grab sind dem Befund nach auch bei Brandgräbern der spätmittel- und jungbronzezeitlichen Lausitzer Kultur wahrscheinlich. Das Vorkommen archäologischer Befunde weit weg vom Ursprung ihrer literarischen Beschreibung über den archäologischen Befund hinaus lässt einen gegenseitigen Ideenaustausch zwischen dem mykenischen Kulturkreis und der Lausitzer Kultur zumindest postulieren. Auf der Grundlage charakteristischer riefenverzierter Keramik wurde dies von W. A. Heurtley bereits in den 1920er-Jahren vermutet und seitdem mehrfach diskutiert. Mit der Vorstellung weiträumiger Wanderbewegungen entstand die Vermutung, dass der Ausgangspunkt jener Grabsitte, den Toten zu verbrennen und zusammen mit vielteiligen, funktionalen Beigefäßsätzen zu bestatten, der sogenannten Urnenfelderbewegung, in der Lausitzer Kultur zu finden sei. Demographische Gründe sprechen zwar dagegen, die Idee der Leichenverbrennung und ihrer rituellen sowie religiösen Implikationen war jedoch offenbar überzeugend genug, um auch über weite Entfernungen in einem in der Bronzezeit weit vernetzten Europa transportiert und übernommen zu werden. Vielleicht lohnt es sich, diese Überlegungen wieder stärker in den Mittelpunkt der archäologischen Betrachtungen zu rücken.

Literatur
Hänsel 2011
Nebelsick 1995
Wehry 2014

INNOVATION – DIE ANEIGNUNG DER WELT

Kelten – Römer – Gallorömer. Die Verschmelzung antiker Kulturen im heutigen Saarland

Wolfgang Adler

Abb. 1 Ein sogenantes *simpulum* aus Dillingen, Grab 1.

Abb. 2 Dillingen, Grab 1, Fingerring mit Gemme.

Im Herzen der saarländischen Stahlindustrie, auf dem Werksgelände der Dillinger Eisenhütte, kam 2009 bei Bauarbeiten völlig überraschend ein reich ausgestattetes Grab zutage, das wohl wenige Jahre vor Christi Geburt angelegt worden war. Es wirft ein bezeichnendes Licht auf die Romanisation der einheimisch-gallischen Bevölkerung, die im Saar-Mosel-Raum durch zahlreiche weitere Befunde detailliert zu zeichnen ist. Nachdem Nordgallien von Cäsar 51 v. Chr. erobert war, dauerte es knapp dreißig Jahre, bis ein Synkretismus aus einheimisch-gallischer und römischer Kultur archäologisch deutlich fassbar wird. Das lässt sich an Grabfunden besonders eindrucksvoll darstellen, denn sie gewähren Einblicke, die über das Materielle hinausgehen. Zudem sind sie mittlerweile recht genau datierbar und erlauben es deshalb, den schnellen Kulturwandel zu verfolgen. Die keltische Kultur Galliens war bereits vor dem Auftauchen Cäsars vielfach römisch beeinflusst. Die Kontakte aus dem Norden in den Mittelmeerraum reichten schon Jahrhunderte zurück und brachten nicht nur einzelne exotische Gegenstände als Handelsgut oder Geschenk, sondern wirkten auch auf die immaterielle Kultur.

Die in Dillingen beerdigte Person war dreißig bis fünfzig Jahre alt und gehörte zu der ersten Generation, die bereits unter römischer Herrschaft aufwuchs. Das Bestattungsritual war noch ganz einheimisch-keltisch geprägt. Gleicher Grabbau und ähnlich zusammengesetzte Ausstattungen finden sich bereits in vorrömischer Zeit. Typisch ist auch die Niederlegung der verbrannten Knochen in einem heute vergangenen Beutel aus organischem Material zusammen mit Knochen eines mit der Leiche verbrannten Schweines. Der oder die Tote war wegen dieser traditionellen Bestattungssitten sehr wahrscheinlich indigen. Die Beigaben allerdings entstammen bereits groß-

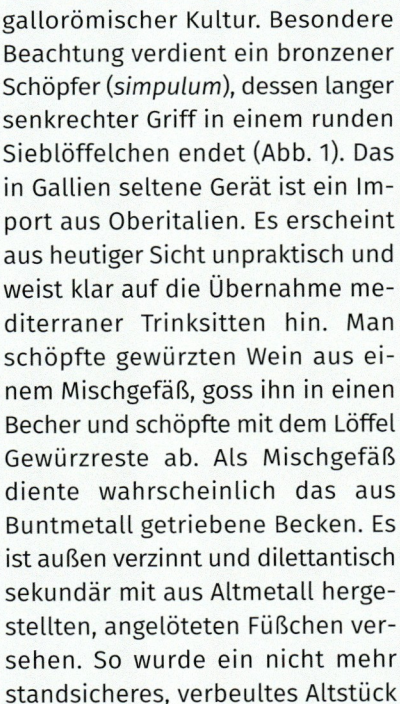

teils römischer beziehungsweise gallorömischer Kultur. Besondere Beachtung verdient ein bronzener Schöpfer (*simpulum*), dessen langer senkrechter Griff in einem runden Sieblöffelchen endet (Abb. 1). Das in Gallien seltene Gerät ist ein Import aus Oberitalien. Es erscheint aus heutiger Sicht unpraktisch und weist klar auf die Übernahme mediterraner Trinksitten hin. Man schöpfte gewürzten Wein aus einem Mischgefäß, goss ihn in einen Becher und schöpfte mit dem Löffel Gewürzreste ab. Als Mischgefäß diente wahrscheinlich das aus Buntmetall getriebene Becken. Es ist außen verzinnt und dilettantisch sekundär mit aus Altmetall hergestellten, angelöteten Füßchen versehen. So wurde ein nicht mehr standsicheres, verbeultes Altstück provisorisch und wohl nur für die Bestattung hergerichtet. Der Keramikbestand umfasst römische Formen, gallorömische Nachahmungen römischer Terra sigillata und die typische gallorömische Keramik, die graubelgische Ware (Abb. 3). Sie ist mit zahlreichen Exemplaren vertreten, darunter sehr qualitätsvoll gearbeitete Stücke, wie sie für die

Abb. 3 Dillingen, Grab 1, graubelgische Keramik.

INNOVATION – DIE ANEIGNUNG DER WELT

Abb. 4 Tholey-Wareswald, Bronzestatuette eines Hundes aus dem Marstempel.

frühe Produktion dieser ab etwa 25 v. Chr. in Gallien, oft mit formalen Bezügen zu latènezeitlichen Vorläufern, hergestellten Keramik charakteristisch sind. Zur Ausstattung gehören ferner zwei eiserne Schreibgriffel (für Wachstafeln, oben mit einem Spatel zum „Radieren"). Das Dillinger Grab ist eines der ältesten in Mittel- und Nordgallien mit Schreibzeug als Beigabe. Der eiserne Siegelring, dessen Gemme aus Karneol (?) in Italien hergestellt wurde, dürfte in den gleichen Kontext gehören (Abb. 2). Das Siegel zeigt einen alten bärtigen nackten Mann, der einen Kranich (?) auf dem Rücken trägt. Das Motiv weist in die antike Literatur (bukolische und zugleich Komödienszene eines alten Vogelfängers, dessen Beute gleich entfliehen wird) oder Mythologie (Kampf der Pygmäen gegen die Kraniche) und signalisiert die klassische Bildung des gallischen Besitzers. Ein auf der Drehbank hergestelltes rundes Knochenplättchen mag als Rechenstein gedient haben. Das Dillinger Grab gehört nicht zu den reichsten seiner Zeit, aber es zeigt deutlich, wie sehr schon die erste Generation im ländlichen Raum die römische Kultur angenommen hatte, weit über die Verwendung römischer Produkte hinaus.

Einen beharrenden Aspekt der Romanisation beleuchtet dagegen ein Fundkomplex aus einem Tempel im römischen *vicus* „Wareswald" bei Tholey. Dort konnte zwischen 2002 und 2015 ein sogenannter gallorömischer Umgangstempel vollständig ausgegraben werden. Er wurde um 100 n. Chr. errichtet und blieb bis gegen 400 n. Chr. in Funktion. Der Bautyp ist im römischen Gallien weit verbreitet und dürfte auf spätkeltische hölzerne Sakralarchitektur zurückgehen. Sehr oft wurden solche Tempel auch an Orten errichtet, an denen sich bereits in vorrömischer Zeit ein Kultplatz befunden hatte. Der Tempel im „Wareswald" dagegen ist eine kaiserzeitliche Neugründung. Geweiht war der Tholeyer Tempel wahrscheinlich dem Kriegs- und Heilgott Mars. Darauf weisen mehrere bronzene Marsstatuetten hin (Abb. 4). Zum kriegerischen Aspekt des Mars passen rund 85 eiserne Lanzenspitzen (eindeutige Pfeilspitzen fehlen), die als Opfer- oder Votivgaben zu deuten sind. Bei vielen Lanzen haben sich nicht nur eiserne Nieten, sondern sogar Reste von Holz in der Tülle erhalten; sie waren also sicher geschäftet gewesen. Benutzungs- oder Zerstörungsspuren weisen die Spitzen nicht auf, Verbiegungen sind selten. Es gab demnach keine kultische Vernichtung oder Beschädigung, wie bei spätkeltischen Waffenopfern und bei Grab-

beigaben üblich. Ein Teil der Lanzenspitzen, darunter fast alle großen Exemplare, geriet bereits beim Bau des Tempels um 100 n. Chr. in den Boden und wurde wahrscheinlich als Bauopfer neben die Fundamente gelegt. Viele weitere Spitzen gelangten dann beim Einbringen eines Estrichs um 300 n. Chr. (?) unter die Erde. Vermutlich wurden so alte Opfergaben entsorgt, ohne sie profanieren zu müssen.

Die Deponierung von Waffen in Heiligtümern war im spätkeltischen Gallien gängig. Die Sitte wurde dann in der Kaiserzeit weithin aufgegeben. Sie lebte allerdings regional in Nordostgallien weiter, verändert unter römischem Einfluss (Beschränkung auf Lanzen; keine kultische Zerstörung) und wurde – zeitversetzt dem allgemeinen Trend folgend – zunehmend durch die Opferung von Münzen abgelöst. Außer Lanzen sind im Marstempel des vicus „Wareswald" dem entsprechend vor allem Münzen geopfert worden. Die bronzenen Marsstatuetten wurden oben schon genannt. Hinzu kommen das Sandsteinrelief eines Gabenbringers und einzelne bronzene Votive in Form menschlicher Gliedmaßen, ein Hinweis auf eine Verehrung des Mars auch unter dem Heilaspekt.

Abb. 5 Tholey-Wareswald, Lanzenspitzen.

Literatur
Adler 2017
Adler 2018
Henz 2016
Meynersen 2017

Mit römischem Know-how über den Rhein

Sabine Schade-Lindig

Während des Gallischen Krieges (58–51/50 v. Chr.) bedrohten immer wieder rechtsrheinisch beheimatete „Germanen" – vornehmlich vom Stamm der Sueben – Cäsars Vorhaben, ganz Gallien bis zum Rhein zu unterwerfen. Um den Aufständischen Einhalt zu gebieten und die mit Rom befreundeten, zwischen Siegerland und Taunus bis an den Rhein siedelnden Ubier zu schützen, marschierte Cäsar zweimal in das Gebiet der Germanen, ein politisch heterogenes Gebilde, ein um dort seine Macht zu demonstrieren. Beim ersten Ausgreifen über den Rhein 55 v. Chr. brandschatzte er die von den sich zurückziehenden Sueben verlassenen germanischen Siedlungen und zog sich anschließend über die ubischen Siedlungsgebiete wieder über den Fluss zurück. Zu dieser Zeit muss das erste Marschlager (Lager I) auf dem Greifenberg bei Limburg-Eschhofen (Kreis Limburg-Weilburg, Hessen) (Abb. 1) errichtet worden sein. In spektakulärer Lage achtzig Meter hoch über der Lahn angelegt, grenzte es unmittelbar an eine einheimische Siedlung der Spätlatènezeit um 50 v. Chr. an. In exakter und für die Römer typischer Spielkarten-

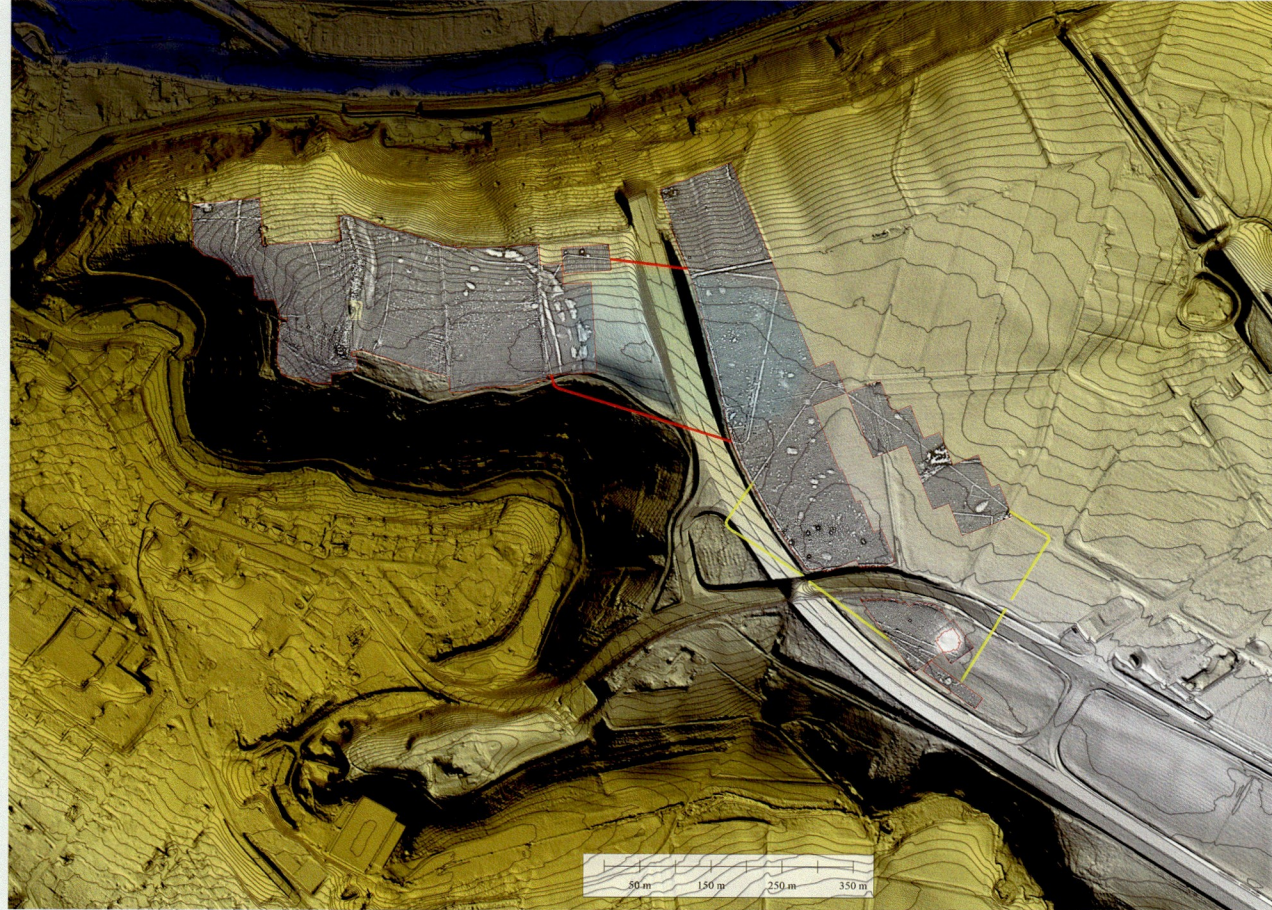

Abb. 1 Limburg-Eschhofen, Greifenberg im Lidar-Scan (Daten des HVBG) mit geophysikalischen Prospektionen (Orpheus mbH, Kriftel und PZP GbR, Marburg). Gelb ergänzt das ältere Lager I, hellblau der rekonstruierte Siedlungsumfang und in Rot ergänzt das jüngere Lager II.

form (Rechteck mit gerundeten Ecken) umschlossen Wall und Graben eine Fläche von zehn Hektar. Bei Ausgrabungen im Jahr 2012 zeigte die Grabenverfüllung eine Besonderheit: Auf der Grabensohle lagen hochgerechnet 20 000 Kilogramm faust- bis kinderkopfgroße Steine (Abb. 2). Diese stammen geologisch betrachtet aus der näheren, aber auch ferneren Umgebung und waren zuvor in der einheimischen Siedlung in Gebrauch, worauf auch viele zerschlagene Mühlsteine, Webgewichte und sogar rundliche Schmiedeschlacken aus dem gleichen Befund hinweisen. Wie aber waren sie auf die Grabensohle gelangt? Bei Aufgabe des Lagers musste sichergestellt werden, dass es nicht vom Feind genutzt werden konnte. Anscheinend schoben die Soldaten dazu zunächst die Berme (der flache Bereich zwischen Wall und Graben) ab; anschließend verfüllten sie den Restgraben mit Erdmaterial von den Wällen. Die massenhaft auf der Grabensohle angetroffenen Steine müssen daher ursprünglich in lockerer Streuung auf der Berme gelegen haben; sie konnten so ein Überspringen des nur zwei Meter breiten Grabens erschweren oder waren dort als Wurfgeschosse bereitgelegt. Wegen all des Hausrats, der sich unter diesen Steinen befand, musste die Siedlung zur Zeit des Lagerbaues bewohnt oder offen zugänglich gewesen sein. Vermutlich unterstützten die Einheimischen das römische Militär und versorgten dieses mit Nahrungsmitteln – Anzeichen für Kampfhandlungen fehlen gänzlich. Der Überlieferung zufolge verließ Cäsar nach nur 18 Tagen das rechtsrheinische Gebiet und machte bei seinem Rückzug Marschlager und auch die Rheinbrücke unbrauchbar.

Abb. 2 Die negativ ausgehobene Grabenspitze mit dicht liegenden Mahlsteine, Steinen, Webgewichten u. a., die aus der Siedlung entnommen und auf die Berme gelegt das Überspringen des Grabens erschweren sollten.

Abb. 3 Schuhnägel, die in den Matsch auf der *via sagularis* des Lagers II eingetreten waren.

Abb. 4 Nachgebauter Lagergraben mit *pila muralia* und den auf der Berme rekonstruierten Steinen.

Bereits zwei Jahre später, 53 v. Chr., kam es im besetzten Gallien erneut zu Aufständen, bei denen sich nun auch die Ubier mit den Sueben verbündeten. Cäsar ließ ein weiteres Mal eine Brücke über den Rhein errichten und rückte zu den Ubiern vor, während sich die Sueben erneut in die undurchdringlichen Wälder zurückzogen. In dieser Zeit muss das zweite Lager in Eschhofen entstanden sein (Abb. 1). Es lag aber nicht neben der einheimischen Siedlung, sondern direkt darüber. Die Siedlung war kurz zuvor von Unbekannten abgebrannt und eigens für den Bau der Militäranlage einplaniert worden. Auffallend ist der massive Ausbau des zweiten Lagers; die Grabendimensionen lagen bei der Ausgrabung noch bei zweieinhalb Metern Tiefe und fünf Metern Breite. Auf der Grabensohle fanden sich feingebänderte, mächtige Sedimente, die ebenso auf Starkregenereignisse hinwiesen wie der intensiv durchtretene Laufhorizont der *via sagularis* (der Patrouillenweg im Lagerinnern parallel zum Wall). Auch im Bereich des niedergelegten und teilverfüllten ersten Lagergrabens konnten ähnliche Beobachtungen gemacht werden: Hier war eine ganze Batterie von in die Erde eingegrabenen Backöfen angelegt worden. Man hatte dabei versucht, die aufgeweichte Oberfläche mit allen Mitteln betretbar zu halten. Selbst große Keramikscherben – darunter auch solche von etwa einem Meter hohen Amphoren aus dem Atelier von *Albinia* (Toskana, Italien) – wurden hierfür ausgelegt. Identische Keramik fand sich auch im Graben von Lager II. Das sich in den beiden Befunden abzeichnende Starkregenereignis schuf so eine Verbindung der beiden Lager zueinander.

Unter den Funden waren es letztlich einige kleine Schuhnägel, die – in den Schlamm der *via sagularis* auch über planierten spätlatènezeitlichen Befunden um 50 v. Chr. eingetreten – diesen Zusammenhang bekräftigen. Die typischen Merkmale der kreuzförmigen Verstärkung mit kleinen punktförmigen Erhebungen auf der Kopfunterseite der Nägel, die Halt an der Ledersohle geben sollten, halten sich bis um die Zeitenwende, doch die Größe der Nagelköpfe ist chronologisch relevant: Die älteren Ausführungen erwiesen sich bald als zu groß und damit funktional wenig zweckmäßig – eine Fehlentwicklung, die schnellstmöglich korrigiert wurde. Folgerichtig nahm die Größe der Schuhnagelkappen von 1,8 bis 2,5 Zentimetern Durchmesser (Abb. 3), die sich noch in den republikanischen Belagerungsanlagen Cäsars im Jahr 52/51 v. Chr. wie etwa um *Alesia* (Alise-Sainte-Reine, Côte-d'Or) finden, rasch ab: In der darauf folgenden augusteischen Zeit lagen die Durchmesser nur noch zwischen einem und anderthalb Zentimetern. Die Eschhofener Nägel haben noch erhaltene Kappendurchmesser von 1,8, 2,2 beziehungsweise 2,3 Zentimetern; damit datieren sie das Lager II in die Zeit Cäsars. Lager I, das früher angelegt wurde und wohl gleichzeitig mit der spätlatènezeitlichen Siedlung bestand, stammt damit aus der gleichen Epoche. Diese zeitliche Nähe unterstreichen auch alle übrigen Befundbeobachtungen.

Damit könnten wohl erstmalig archäologische Hinweise zu Cäsars Schrift *„De bello gallico"*, seinen beiden Rheinüberquerungen und zum vermuteten ubischen Siedlungsgebiet im hessischen Untertaunus vorliegen.

Literatur
Enzmann – Schnell 2013
Meyer – Schade-Lindig 2013
Meyer – Schade-Lindig – Schallmayer 2013
Schallmayer – Schade-Lindig – Meyer 2013

INNOVATION – DIE ANEIGNUNG DER WELT

In der Tradition antiker Kaiser –
Karl der Große und die Kaiserpfalz Ingelheim

Britta Schulze-Böhm, Ramona Kaiser, Barbara Gaertner

Seit 771 war Karl der Große Alleinherrscher mit dem Ehrgeiz, die römische Kaiserwürde wiederherzustellen (*Renovatio imperii Romanorum*). Wenn Architektur diesen Ehrgeiz auszudrücken vermag, so vor allem prachtvolle Pfalzen wie jene in Ingelheim, deren Bau Karl noch vor 800 in Auftrag gab. In ihr verbanden sich die großen Repräsentationsgedanken der frühmittelalterlichen Welt zu einem einzigartigen Entwurf. Sie diente Karl und nach ihm noch 21 weiteren mittelalterlichen Herrschern als Regierungsort. Im Mittelalter konnte das Reich noch nicht von einer Hauptstadt oder einer festen Residenz aus regiert werden. Vielmehr reisten die Herrscher für ihre Regierungsgeschäfte ständig durchs Land (Reisekönigtum). Die Pfalzen waren für sie nicht nur Unterkunft, sondern vor allem repräsentative Orte zur Ausübung ihrer Macht.
Der Halbkreisbau und Eingangsbereich im Osten ist mit römischen Vorbildern (z. B. Trajansforum in Rom) verwandt. Den nach Osten gerichteten, turmbestandenen Prachteingang findet man in der zeitgleichen Palastarchitektur bis hin zu sassanidischen Residenzen. Die Säulengänge und großen Höfe haben Parallelen in der römischen Monumentalarchitektur. An einen Gebäuderiegel im Norden schloss ein Sakralbereich mit einer kleinen Kapelle (*Trikonchos*) an, im Süden lag mit der Königshalle (*Aula regia*) der Rechtsbereich der Pfalz. Hier sind Einflüsse aus Byzanz, beziehungsweise dem römischen Trier wahrscheinlich.
Für die Säulengänge der Ingelheimer Pfalz wurden römische Marmorsäu-

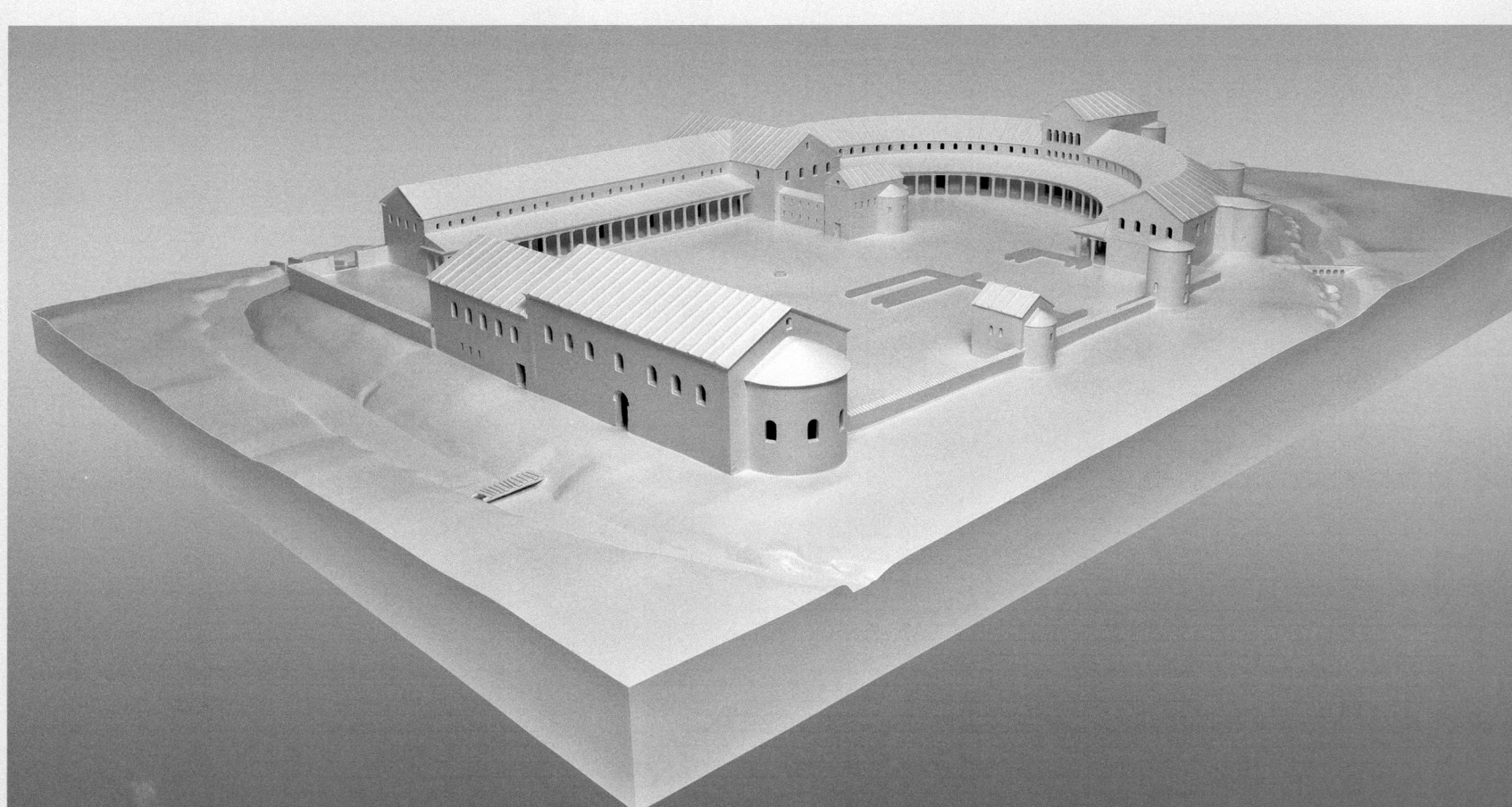

Abb. 1 Nach neuen Ausgrabungsergebnissen aktualisiertes Modell der Kaiserpfalz.

len und Kapitelle verwendet, Böden und Wände kleidete man in der römischen *Opus sectile*-Technik mit Marmor und Porphyr aus. Diese prachtvolle Ausstattung kann über eine digitale Rekonstruktion visualisiert werden, wobei auch unterschiedliche Forschungsansätze etwa zur Ausmalung der Königshalle Berücksichtigung finden. Charakteristisch für die Ausstattung der karolingischen Pfalz war die üppige Verwendung antiker Spolien. Stellvertretend dafür kann ein italisches Marmorkapitell aus dem 2. oder 3. Jahrhundert n. Chr. stehen. Auch beim Unterteil eines korinthischen Kapitells aus Kalkstein handelt es sich um eine antike Spolie, deren vorher unbearbeitete vierte Seite um 800 bearbeitet wurde. Dabei legte man zwar die grundsätzlichen Ornamentbestandteile eines antiken korinthischen Kapitells zugrunde, den Versuch einer möglichst genauen Nachbildung unternahm man jedoch nicht.

Der weitreichende Gebrauch kostbarer und schwer zu beschaffender Spolien zeigt die besondere Bedeutung, die diesem Material im späten 8. Jahrhundert beigemessen wurde; dies belegen auch Schriftquellen. Worin der besondere Wert dieser Objekte bestand, bleibt dagegen Spekulation. Die Stücke zeichneten sich schon allein durch ihre künstlerische Pracht aus. Möglicherweise sollte aber auch der nach antikem Vorbild erdachte Gesamtplan der Pfalz mit dem „passenden" Baumaterial ausgestattet sein. Schließlich konnte bei diesen massiven Rückgriffen auf antike Spolien das Moment der Übertragung antik-kaiserlicher Traditionen auf den neuen Bauzusammenhang nicht ausbleiben.

Die zur Zeit des Pfalzbaus neu entstandene Bauskulptur schöpfte motivisch und stilistisch aus vielen Quellen, was sich an dem sogenannten Flügelpferdrelief und einer Gruppe von Pyramidenstumpfkämpfern festmachen lässt. Spätantike Elemente wurden hier mit solchen des frühen Mittelalters kombiniert; beim Flügelpferdrelief spielen darüber hinaus motivische Einflüsse des Nahen Ostens und stilistische Merkmale der langobardischen Kunst eine wesentliche Rolle.

Die Gesamtschau der in Ingelheim verwendeten Bauskulptur zeigt: Stilistische Einheit war nicht oberstes Gebot. Ausschlaggebend war eine möglichst prachtvolle, exklusive Ausstattung, die die Verbindung von Gegensätzen wie alt und neu oder nah und fern nicht scheute.

Nicht nur in der Architektur zeigte sich der Anspruch, in der Tradition antiker Kaiser zu stehen. 1966 wurde bei archäologischen Ausgrabungen in direkter Nähe zur Pfalz eine Goldmünze (Solidus) mit dem Bildnis Karls des Großen gefunden. Die Titulatur auf der Vorderseite (recto) lautet: „D(ominus) N(oster) KARLUS IMP(erator) AUG(ustus) REX F(rancorum) ET L(angobardorum)": „Unser Herr Karl, oberster Heerführer, der Erhabene, König der Franken und Langobarden". Das Stadttor mit der Umschrift „Arelato" auf der Rückseite weist auf das provenzalische Arles als Prägeort. Der Goldgehalt beträgt etwa 91 Prozent.

Das Kaiserporträt Karls mit dem Lorbeerkranz des Siegers und dem Feldherrenmantel (*Paludamentum*) zitiert die Tradition des weströmischen Reiches und zeigt damit Karl auf Augenhöhe mit dem oströmischen Kaisertum Konstantinopels (Byzanz). Karl hatte 794 bereits eine monometallische Silberwährung begründet. Es wird daher vermutet, dass es sich bei dem Solidus um eine Sonderprägung anlässlich der Kaiserkrönung oder um eine posthum geprägte Gedenkmünze handelt. Die Prägung von Goldmünzen war in römischer Tradition ein kaiserliches Privileg und damit ein herausragendes Herrschaftszeichen. Die einzige bekannte Goldmünze Karls des Großen aus der Kaiserzeit verknüpft somit auf mehreren Deutungsebenen den Kaisertitel Karls mit dem römischen Erbe. So spricht einiges dafür, dass Karl mit der eigenen Geldreform brach, um von dem tradierten Exklusivrecht der Kaiser Gebrauch zu machen, Goldmünzen zu prägen. Ein Solidus war somit ein Herrschaftszeichen und diente zur Verbreitung einer Botschaft: Karl der Große ist Kaiser, das weströmische Reich ist mit ihm neu erstanden.

Ein weiteres bedeutendes Fundstück aus Ingelheim kam östlich der Königshalle zutage. Es handelt sich dabei um die Metallverstärkung des Riemenendes, eine Riemenzunge. Die Verzierung ist in einem „Tassilokelchstil" genannten Tierstil ausgeführt. Typisch sind die beiden mythischen Tiergestalten in einem vegetabilen Geflecht von Band- und Linienwerk. Das Hauptverbreitungsgebiet dieses Stils reicht vom Rhein-Main- bis zum Maasgebiet. Die Ornamentik ist eng mit angelsächsischer Kunst, wie zum Beispiel der Buchmalerei des „*Book of Kells*" (um 800) verwandt. Wir haben es mit einem Ideen- beziehungsweise Motivtransfer zu tun, der uns sowohl auf Schmuck und Trachtbestandteilen, Reitzeug und Waffen sowie auf liturgischem Gerät begegnet. Die Ingelheimer Riemenzunge war Teil einer Trachtausstattung, die einer höheren Gesellschaftsschicht vorbehalten war.

Abb. 2 Goldener Solidus Karls der Großen.

Technische Innovationen:
Ein neues Thema der Archäologie

Svend Hansen

Es ist heute allgemeiner Konsens, dass Innovationen, seien es neue Techniken und Produkte oder Verfahren der Herstellung, für die wirtschaftliche Entwicklung von größter Bedeutung sind.[1] Ebenso tief verwurzelt ist die Meinung, dass dies ein modernes Phänomen sei, während prähistorische und antike Gesellschaften im Bestehenden verhaftet und letztlich innovationsfeindlich gewesen seien, auch wenn die großen Ingenieursleistungen der Antike, wie die ägyptischen Pyramiden oder die römischen Aquädukte, immer bewundert wurden.[2] Wie sehr der Blick auf die technischen Fertigkeiten des prähistorischen Menschen von Vorurteilen behindert wird, zeigt das Beispiel Altamira. Die großartigen Höhlenmalereien hielt man lange Zeit für Fälschungen, denn man konnte sich den vermeintlich primitiven, paläolithischen Menschen nicht als Schöpfer dieser künstlerischen Meisterwerke vorstellen. Tatsächlich haben technische Innovationen von Beginn an das Leben der Menschen immer wieder grundlegend verändert, man denke nur an die Beherrschung des Feuers, die Herstellung von Steingeräten, den Übergang zur Sesshaftigkeit, die Entwicklung von Ackerbau und Viehzucht, die Metallurgie oder Fahren und Reiten.

Lange Zeit ging man einfach davon aus, dass alle technischen Erfindungen und Innovationen aus den Zentren der ältesten „Hochkulturen" Ägyptens und Mesopotamiens in die „Peripherien" verbreitet wurden. Zwei entscheidende Veränderungen haben Raum für einen Perspektivwechsel geschaffen.[3] Die erste große Veränderung war die *radiocarbon revolution*, die seit der Kalibration der Daten an der Jahrringkurve von Bäumen verlässliche Datierungen produziert. Sie korrigierte die prähistorische Chronologie grundlegend. So wissen wir heute, dass der Beginn von Ackerbau und Viehzucht in Westasien bis in das 10. Jahrtausend v. Chr. zurückreicht, die Metallurgie bereits um 5000 v. Chr. begann, dass megalithische Großsteingräber schon tausend Jahre vor den Pyramiden gebaut wurden und zur gleichen Zeit, um 3500 v. Chr., Rad und Wagen an der Nordsee bekannt waren (Abb. 1). Die zweite wesentliche Veränderung war die Öffnung der Länder der ehemaligen Sowjetunion für gemeinsame archäologische Forschungen, die nun die Entwicklungen im kleinen Europa mit denen im großen Eurasien verbinden können.[4] In dieser Perspektive fällt auf viele Innovationen gänzlich neues Licht. So wurde die Keramik der mesolithischen Ertebølle-Kultur im westlichen Ostseeraum lange Zeit auf Einflüsse aus den südlichen neolithischen Kulturen zurückgeführt. Tatsächlich steht sie in einer östlichen, bis zum Ural reichenden Tradition.[5] Eine fundierte Frühgeschichte der Techniken und des Wissens zu schreiben, wird heute durch eine Vielzahl von naturwissenschaftlichen Materialuntersuchungen unterstützt, die beispielsweise die Identifizierung der Herkunft von Rohstoffen oder die Rekonstruktion technischer Prozesse erlauben.

linke Seite Früheste Metallwerkzeuge: Kupferbeile aus Bad Bibra, Goldschau, Amsee und Rödingen, Sachsen-Anhalt.

Innovationen

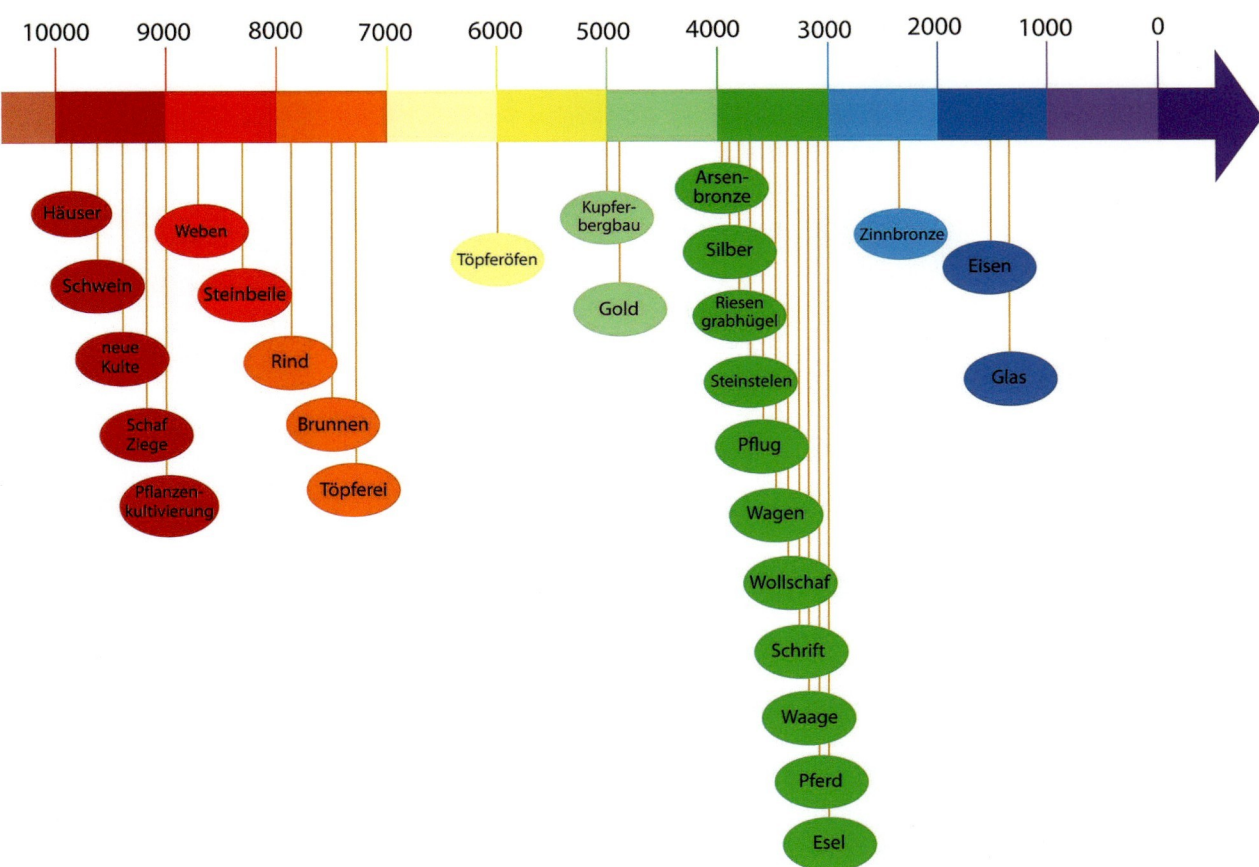

Abb. 1 Übersicht über Basisinnovationen.

Für die Frühgeschichte der Menschheit lassen sich endlich die technischen Entwicklungen als Bedingung und Möglichkeit von wirtschaftlichen, sozialen und politischen Prozessen angemessen berücksichtigen, auch wenn es noch große Lücken zu füllen gilt. Diese neue Perspektive wird in eine globale Geschichte des Menschheitswissens münden. Es ist eine ebenso simple wie treffende Feststellung, „*that, just as there is only one history of life on this planet, there is only one history of knowledge*".[6] Dass das Projekt einer globalen Wissensgeschichte erst heute in den Fokus rückt, hängt mit Definitionen des Wissens zusammen, die handwerkliches oder anderes nichtwissenschaftliches Wissen lange weitgehend aus der Betrachtung ausgeschlossen haben.

Die Erfindung technischer Apparaturen und die Entwicklung von Techniken ist kein linearer Prozess des menschlichen Genius, sondern vollzieht sich in Konjunkturen jeweils unter bestimmten sozialen Rahmenbedingungen. So ist es eine vieldiskutierte, aber immer noch unbeantwortete Frage, ob innovative Techniken im Zeichen der Krise entstehen, in der kreative Lösungen dringend gefragt sind, oder besonders unter günstigen Rahmenbedingungen von Frieden und geistiger Freiheit ermöglicht werden.[7] Innovationen beruhen auf Erfindungen, neuen Verfahrensweisen und technischen Problemlösungen und werden dann als solche wirksam, wenn sie in die Produktion integriert werden und die Produkte schließlich in den Markt eingeführt werden. In archäologischem Zusammenhang empfiehlt sich ein pragmatischer Gebrauch des Innovationsbegriffs. Die Innovation hat sich durchgesetzt, wenn sie im archäologischen Fundbild erscheint, also in eine soziale Praxis, etwa als Opfergabe in das Bestattungswesen, integriert wird. Damit ist in keinem Fall der Zeitpunkt der Erfindung oder die Länge des Diffusionsprozesses beschrieben. Vielmehr muss man vermutlich davon ausgehen, dass die Erfindungs- und Experimentierphase vieler Techniken in der Regel archäologisch nicht erfasst wird.

Innovationen gab es schon lange, bevor man viel über sie sprach. So stimulierten die Entwicklung von Werkzeugen und die damit verbundenen Rückkoppelungen kognitive Prozesse des paläolithischen Menschen und waren daher für dessen Evolutionsgeschichte von zentraler Bedeutung. Die Fähigkeit, mit Werkzeugen zu schneiden, darf man als einen fundamentalen Schritt in der technischen Entwicklung des Menschen verstehen. So war der Faustkeil für Hunderttausende von Jahren im Paläolithikum Waffe und Werkzeug für die verschiedensten Tätigkeiten, ein echtes Universalgerät. Er dürfte vor anderthalb Millionen Jahren in Afrika erfunden worden sein und wurde bis zum Ende des Mittelpaläolithikums verwendet. Die Faustkeile sind zwischen zehn und dreißig Zentimeter groß, relativ flach, beidseitig behauen und weisen einen mandelförmigen Umriss auf. Mit ihnen konnte man schneiden und klopfen. Sie dienten zum Zerteilen von Pflanzen und Tieren, aber auch zum Aufbrechen von Schalen und Knochen. Viele Faustkeile sind auffallend sorgfältig hergestellt und belegen den Sinn des Homo erectus für Formen und „schöne Dinge". Sie sind ein Zeugnis für die kreativen Fähigkeiten der frühen Menschen und man darf wohl annehmen, dass besonders sorgfältig geformte Faustkeile auch begehrte und prestigeträchtige Geräte waren. Der Faustkeil von Bad Salzuflen (Abb. 2) (Kreis Ostwestfalen-Lippe) ist etwa 350 000 bis 300 000 Jahre alt,[8] deutlich jünger, etwa 40 000 Jahre alt, ist der Faustkeil von Maschen (Kreis Harburg) (Abb. 3).

Ein herausragendes Beispiel für die Fülle von Informationen, die an Werkzeugen abgelesen werden können, sind 1994 im Braunkohletagebau Schöningen gefundene hölzerne Speere. Sie gehören in die Zeit des Homo erectus vor rund 300 000 Jahren und sind damit die bislang ältesten erhaltenen Jagdwaffen der Menschheit.[9] Die zwischen 1,80 und 2,50 Meter langen Speere sind aus Fichtenholz hergestellt, nur einer wurde aus Kiefer gefertigt. Wurftests mit modernen Nachbildungen haben ergeben, dass die paläolithischen Speere modernen Wettkampfspeeren ebenbürtig sind. Die Schöninger Speere waren also handwerkliche Spitzenprodukte, die

auf genauer Beobachtung und langer Erfahrung basierten. Dies wirft ein Schlaglicht auf die sorgsame Pflege und Weitergabe von Wissen und Erfahrungen von Generation zu Generation, die hinter solchen ausgefeilten technischen Gerätschaften stecken.

Abb. 2 Faustkeil von Bad Salzuflen, Nordrhein-Westfalen

Abb. 3 Faustkeil von Maschen, Niedersachsen

Die Holzspeere dürften die Überreste einer Jagd auf eine Herde Pferde darstellen, der mindestens zwanzig Tiere zum Opfer fielen. Man nimmt an, dass etwa zehn Jäger, möglicherweise auch Jägerinnen, daran beteiligt waren. In einiger Entfernung vom Seeufer versteckt, hätten die Jäger den Tieren aufgelauert und sie dann getötet. Die Schöninger Speere zeigen, dass Homo erectus kein (reiner) Aasfresser war, wie vielfach angenommen wurde, sondern ein geschickter (Großwild-)Jäger. Vor allem aber sind die Speere indirekte Belege dafür, dass er ein planendes Wesen war: Die Waffen mussten fachgerecht hergestellt werden, die Organisation der Jagd, wie Zeitpunkt und Ablauf, musste detailliert verabredet werden. Nach der Jagd mussten die Tiere rasch zerlegt werden, um das Fleisch zu sichern, möglicherweise zu konservieren sowie Felle und Sehnen zu gewinnen. All das konnte nur in einem Team, einer auf Kooperation basierenden Gruppe funktionieren.

Der über Hunderttausende von Jahren gespeicherte Wissensschatz der paläolithischen Sammler(innen) und Jä-

INNOVATION – DIE ANEIGNUNG DER WELT

Abb. 5 Kupferbeil von Steinbergen, Niedersachsen

ger, die Grundlage für die eigene Existenz, musste sorgsam gehütet und an die jeweils nächste Generation weitergegeben werden. Daran lässt sich erkennen, dass Wissen nicht nur durch kleine Populationen, sondern in größeren Gruppen – etwa in den gemeinschaftlichen Winterlagern – und in Netzwerken vor dem plötzlichen Erlöschen gesichert wurde.

Dieses Wissen war, was oft vergessen wird, die Voraussetzung für die Kultivierung von Pflanzen und die Domestikation von Tieren. Zu den paläolithischen Techniken gehört auch das Flechten, ein Handwerk, das im Neolithikum weiterhin eine wichtige Rolle spielt, etwa zur Fertigung von Körben, Matten, aber auch Kleidungsstücken.[10] Bei vielen Neuerungen werden wir nie das älteste Stück nachweisen können, weil Holz, Textilien oder Leder sich normalerweise nicht erhalten haben. Es bedarf günstiger Umstände – trockene Wüsten oder Feuchtbodenerhaltung unter Luftabschluss –, um Kleidungsreste zu finden.[11] So stammt aus einer Pfahlbausiedlung der Horgener Kultur (um 3000 v. Chr.) in Sipplingen-Osthafen (Abb. 4) (Bodenseekreis) eine geflochtene Sandale aus Lindenbast.[12] Erhalten sind die dicht geflochtene Sohle und die seitliche Wandung. Vergleichbare Sandalen fanden sich auch in der ungefähr zeitgleichen Siedlung Allensbach-Strandbad sowie in weiteren Pfahlbausiedlungen Südwestdeutschlands und der Schweiz. Etwas älter sind die Schuhe der Gletschermumie vom Hauslabjoch, dem „Ötzi". Meist wurde für solche Schuhe Linden- oder Eichenbast verwendet, Weide oder Esche sind deutlich seltener nachgewiesen. Der Bast, die Schicht zwischen Borke und Holz, wurde mit der Borke abgezogen. Um die Baststreifen von der Borke ablösen zu können, musste diese je nach Baumart für kürzere oder längere Zeit ins Wasser gelegt werden. Die Baststreifen wurden dann gewaschen und getrocknet, wodurch sie über Jahre haltbar blieben. Neben geflochtenem Schuhwerk aus Bast existierten sicher auch einfache Ledermokassins.[13] Dafür wurde ein Stück Leder um den Fuß gelegt und mit einer Schnur zusammengebunden, ein simples Prinzip, das gewiss sehr alt ist und für das es bis in historische Zeiten zahlreiche Belege gibt.

Der Anfang vom Ende der Steinzeit begann nach heutigem Kenntnisstand am Beginn des 5. Jahrtausends v. Chr. Erstmals wurde die Metallurgiekette von der bergmännischen Gewinnung des Erzes über dessen Verhüttung bis hin zum Guss von Gegenständen beherrscht. Dabei ist erstaunlich, dass dies offenbar in einer großen Region zwischen dem heutigen Iran und Serbien mehr oder minder gleichzeitig gelang. In genau dieser breiten geographischen Zone lassen sich auch bereits im 6. Jahrtausend v. Chr. Perlen und andere kleinere Objekte nachweisen, die aus „gediegen" Kupfer, also in der Natur vorkommendem reinem Metall, hergestellt wurden und das Interesse an dem Stoff belegen.

Das Kupfer veränderte die prähistorischen Gesellschaften nicht von heute auf morgen, aber am Ende doch grundlegend, denn es war der erste Rohstoff, der, einmal gewonnen, sich praktisch nicht verbrauchte. Eine zerbrochene Axt konnte wieder eingeschmolzen und zu einer neuen Axt gegossen werden. Die Herstellung von Metallobjekten war im 5. Jahrtausend v. Chr. wohl vor allem auf Südosteuropa beschränkt. Vereinzelt sind aber Funde aus dieser Zeit auch nördlich der Alpen bekannt, wie beispielsweise die Kupferaxt aus Frankfurt an der Oder, der Meißel von Bülow (Kreis Teterow) in Mecklenburg-Vorpommern oder eine kreuzschneidige Axt

Abb. 4 Lindenbastsandale aus Sipplingen, Baden-Württemberg.

Abb. 6 Der Dolch von Aspenstedt-Großer Berg, Sachsen-Anhalt

novationen. Eine der bedeutendsten fand bereits im späteren 5. und frühen 4. Jahrtausend v. Chr. statt, nämlich der entscheidende Schritt von der Metallurgie des weichen Kupfers zu derjenigen der harten Bronze durch Legierung des Kupfers.[16] Die Zugabe eines anderen Metalls veränderte die Eigenschaften des Kupfers: Mit dem Zuschlag von Arsen erhielt das rötliche Kupfer eine silberne, später mit dem Zusatz von Zinn eine goldene Farbe. Zudem wurde es härter und Sprödigkeit sowie Elastizität konnten verändert werden. Die Gießfähigkeit des flüssigen Metalls verbesserte sich entscheidend, weil der Schmelzpunkt gesenkt wurde. Zusätzlich wirkten die Zusatzstoffe als Antioxidantien und verminderten die Blasenbildung der Metallschmelze, was homogenere und nicht verlunkerte Objekte hervorbrachte. Da Kupfer im geschmolzenen Zustand Sauerstoff anzieht, entstehen Bläschen, die im erkaltenden Gussprodukt Lunker, also kleinere oder größere Hohlräume, bilden. Das spielte in einer massiven Kupferaxt keine große Rolle, bei einer Dolchklinge konnten Lunker aber fatale Folgen haben, weil sie eine Sollbruchstelle darstellten. Auch bestand die Gefahr, dass die Schneiden beim Nachschleifen schartig wurden. Der durch die Legierung verbes-

aus Karow (Kreis Jerichower Land) in Sachsen-Anhalt.[14] Auch einfache Flachbeile wie das aus Steinbergen (Kreis Schaumburg) (Abb. 5) dürften noch in das 5. Jahrtausend v. Chr. gehören. Die Fundlage des Beils auf einer markanten Geländekuppe legt den Gedanken nahe, dass es als eine Gabe für die imaginären Mächte, Geister oder Götter, deponiert wurde. Das trifft wahrscheinlich auch für andere vergleichbare Funde dieser Zeit zu. Von großer Bedeutung sind Schlackenfunde in einer Siedlung am Mariahilfbergl bei Brixlegg in Tirol, die in das 44./43. Jahrhundert v. Chr. gehören und damit in die Zeit der auch in Bayern verbreiteten Münchshöfener Kultur.[15] Die Schlacken belegen, dass in den Alpen bereits im 5. vorchristlichen Jahrtausend zumindest in begrenztem Umfang Bergbau betrieben wurde.

Auf dem langen Weg von den Anfängen des Kupferbergbaus bis zum industriellen Bergbau und den großen Stahlhütten der Moderne gab es eine Reihe wichtiger In-

Abb. 7 Äxte aus Mondseekupfer aus Ampfurth-Schermcke (links) und Halle-Advokatenweg (rechts), Sachsen-Anhalt

INNOVATION – DIE ANEIGNUNG DER WELT

Abb. 8 Merseburg, Sachsen-Anhalt, Spiralringe aus Mondseekupfer.

serte Guss war somit die Voraussetzung für die Herstellung langer Dolchklingen. Die meisten frühen Dolche bestehen aus mit Arsen angereichertem Kupfer, so auch der Dolch von Aspenstedt (Landkreis Halberstadt) aus dem 4. Jahrtausend v. Chr. (Abb. 6).[17] Zu der Zeit ist nördlich der Alpen allgemein ein deutlicher Anstieg an Metallobjekten zu verzeichnen, darunter solche aus einer arsenreichen Kupfersorte, dem sogenannten Mondseekupfer. Leider ist die Herkunft dieses Kupfers bis heute nicht bestimmt.[18] Aus diesem Material bestehen auch die Beile von Ampfurth-Schermcke (Kreis Börde) und Halle-Advokatenweg (Abb. 7) sowie Rastenberg (Kreis Sömmerda) und die Spiralringe aus Merseburg (Saalekreis) (Abb. 8).

Das 4. Jahrtausend war eine besonders dynamische Zeit, die durch eine Vielzahl von technischen Neuerungen – sogenannten Basisinnovationen – und einen raschen Wissenstransfer gekennzeichnet war.[19] Mit der Legierung des Kupfers wurden im letzten Viertel des Jahrtausends auch waffentechnische Innovationen, wie der Stabdolch in Europa sowie Schwert und Lanzenspitze im Kaukasus und in Ostanatolien, möglich. Die Züchtung einer Schafrasse mit langen Haaren ermöglichte die Gewinnung und Verarbeitung von Wolle, was zu einer textilen Revolution führte. Zur gleichen Zeit wurde das Pferd domestiziert. Das Reiten auf Pferden erlaubte die Kontrolle von größeren Rinder- und Schafherden, noch entscheidender war das schnelle Durchmessen des Raums auf dem Pferd. Die Geschwindigkeit des Pferdes gab den Takt der Geschichte bis in die Neuzeit vor. Erst durch die Eisenbahn wurde eine Beschleunigung bis dahin ungeahnten Ausmaßes freigesetzt. Die Kultivierung der Olive und des Weins gab zunächst im östlichen Mittelmeerraum den Anstoß für eine kulturelle Revolution. Im Vorderen Orient und in Ägypten begann die Herstellung überlebensgroßer Statuen aus Stein, die Götter und Herrscher darstellten. Die anthropomorphen Steinstelen zwischen Kaukasus und Atlantik sowie Zentralasien lassen sich als ikonographische Innovation dieses Jahrtausends beschreiben. Sie sind treffend als „Steine der Macht" bezeichnet worden, weil sie die Machtkonzentrationen in der damaligen Zeit in Szene setzten.[20]

Rad und Wagen gehören zu den technischen Errungenschaften des 4. Jahrtausends, die wir für elementar halten, weshalb die meisten „das Rad nicht noch einmal erfinden" wollen. Der Wagen erlaubte den Transport schwerer Güter, etwa der Ernte, und ermöglichte so indirekt die Ausweitung der landwirtschaftlichen Produktion.[21] Nicht minder wichtig war es, dass der Wagen die Entwicklung der mobilen Lebensweise von Rinder- und Schafzüchtern erleichterte, die für die Erschließung des osteuropäischen Steppenraums von entscheidender Bedeutung wurde. Bereits um 3500 v. Chr. waren zwischen Mesopotamien und der Ostsee Räderfahrzeuge in Betrieb.[22] Die Verbreitung des Wagens erfolgte nach heutigem Kenntnisstand außerordentlich rasch und im Grunde zur gleichen Zeit von verschiedenen Gesellschaften in unterschiedlichen Naturräumen. Dies verweist auf die unmittelbar einleuchtende Nützlichkeit des Wagens, seine relativ leichte technische Adaptierbarkeit – da Wagen in den meisten Regionen ohne schwierig zu beschaffende Rohstoffe hergestellt werden konnten – und nicht zuletzt auf die Durchlässigkeit der regionalen

Abb. 9 Kupfermodell eines Rindergespanns aus Bytyń (Gem. Kazmierz, Woi. Großpolen).

Netzwerke. War bis vor wenigen Jahren die Herleitung des Wagens aus Mesopotamien noch unstrittig, so kann dies im Licht der heute vorliegenden ^{14}C-Datierungen nicht mehr behauptet werden. Das primäre Entstehungszentrum der Wagentechnologie könnte vielmehr in der entwickelten Tripolje-Kultur des nordwestlichen Schwarzmeergebiets gelegen haben. Die Fundverbreitung ist nicht gleichmäßig, sondern durch regionale Verdichtungen und Lücken der Überlieferung geprägt. In Mesopotamien finden sich vor allem Bilder, aber kaum echte Wagenteile. Im nordpontischen Raum sind hölzerne Wagenteile aus mehr als 300 Gräbern bekannt. Dagegen ist der Bestand an Holzrädern aus den zirkumalpinen Feuchtbodensiedlungen sehr überschaubar. Indirekte Nachweise für Wagen sind Ochsengespanne, wie ein Kupfermodell aus Bytyń (Gem. Kazmierz, Woi. Großpolen) (Abb. 9). Solche Gespanne sind in größerer Zahl aus Bestattungen bekannt. So fanden sich in Profen (Burgenlandkreis) in Sachsen-Anhalt (Abb. 10) sogar zwei Gräber, in denen Gespanne bestattet worden waren.²³ Von dem hölzernen Wagen haben sich nur die Standspuren der Räder erhalten. Bestattungen von Rindergespannen gibt es nicht nur in der Bernburger Kultur, sondern in einem breiten geographischen Raum vom Karpatenbecken bis auf die jütische Halbinsel. Auf einem Stein aus dem megalithischen Kammergrab von Züschen bei Fritzlar in Nordhessen (Abb. 11) ist ein solches Gespann mit zweirädrigem Wagen eingraviert. Man erkennt links und rechts die großen Hörner der beiden Rinder, deren Körper als einfache senkrechte Striche wiedergegeben sind. Beide Rinder sind durch eine horizontale Linie, das Joch, verbunden. Zwischen den Tieren ist der zweirädrige Wagen mit seiner langen Deichsel sichtbar. Vergleichbare zeichenhafte Darstellungen, wir

Abb. 10 Profen, Sachsen-Anhalt, Wagenbestattung. Im Befund sind Achse und Räder als Verfärbungen erkennbar

Abb. 11 Darstellung eines zweirädrigen, von Rindern gezogenen Wagens im Kammergrab von Züschen bei Fritzlar.

INNOVATION – DIE ANEIGNUNG DER WELT

Abb. 12 Eiserne Lanzenspitze mit Bronzeeinlagen aus dem urnenfelderzeitlichen Gräberfeld bei Künzing, Bayern.

würden heute von *icons* sprechen, finden sich auch in den Alpen, in der Ukraine und im Kaukasus, was den hohen Prestigewert dieser Innovation unterstreicht.

Jede der Innovationen des 4. Jahrtausends brachte ökonomische, soziale und kulturelle Konsequenzen mit sich, doch sie veränderten auch den menschlichen Körper. Die Menschen wurden durch intensives Training Fahrer, Reiter, Krieger oder (in Ägypten und Mesopotamien) Schreiber. Man könnte sagen, dass wir im 4. Jahrtausend v. Chr. wurden, was wir noch bis in das 20. Jahrhundert n. Chr. waren. In nur wenigen Jahrhunderten wurden zahlreiche Techniken entwickelt, die Europa bis in die Neuzeit prägten.

Im 2. Jahrtausend v. Chr. begann sich die nächste metallurgische Innovation durchzusetzen, die Herstellung von Eisen. Es war durch seine Härte und zugleich Elastizität der Bronze bei der Herstellung von Waffen und Werkzeugen weit überlegen. Zudem kommt Eisen in der Erdkruste deutlich häufiger vor als die beiden Komponenten der Bronze, Kupfer und Zinn. In hethitischen Texten wird Eisen zunächst vereinzelt im 18. Jahrhundert v. Chr. genannt, bis im 14. und 13. Jahrhundert v. Chr. dann bereits häufiger Waffen aus Eisen erwähnt werden.[24] Der älteste Eisengegenstand in Europa – ein Messer oder eine Sichel – stammt aus Gánovce (Gansdorf, Bez. Poprad), einer befestigten Siedlung der Otomani-Kultur.[25] In Griechenland finden sich etwa ab 1000 v. Chr. in protogeometrischen Gräbern die ersten Schwerter aus Eisen.[26] Dass sie auch schon in der vorangegangenen submykenischen Zeit eine Rolle spielen, ist wahrscheinlich, lässt sich aber nicht beweisen, weil in dieser Zeit Schwerter nicht mit in das Grab gelegt werden. Allerdings gibt es bereits Eisenmesser. Etwas später finden sich Eisenobjekte auch im westlichen Mittelmeerraum und am Atlantik. Nördlich der Alpen treten ab etwa 900 v. Chr. vermehrt kleinere Objekte wie Nadeln, seltener Messer, vereinzelt Schwerter auf.[27] Das Fundbild der ältesten Eisenfunde ist sicherlich nicht repräsentativ, sondern stark durch rituelle Praktiken der Beigabenausstattung gefiltert. Die Funde aus Künzing (Landkreis Deggendorf) in Niederbayern zeigen, dass Eisen in der späten Urnenfelderzeit gerne für Schmucknadeln und als dekorative Einlage bei Schwertgriffen verwendet wurde. Bemerkenswert sind die beiden eisernen Lanzenspitzen.[28] Die mit vierzig Zentimeter ungewöhnlich lange Lanzenspitze aus Grab C (Abb. 12), vielleicht aus Italien importiert, war zweifellos eine ganz besonders prestigeträchtige Waffe. Die Eisentechnologie setzte sich in der Hallstattzeit rasch durch. Im Erzrevier bei Neuenbürg im Nordschwarzwald ist schon für die Späthallstattzeit die direkte Erzeugung von härtbarem Stahl belegt.[29] Berühmt war die keltische Eisengewinnung im Ostalpenraum mit ihrem *ferrum Noricum*. Auch im Westen konnte im Siegerland seit der Frühlatènezeit, besonders aber seit dem 3. Jahrhundert v. Chr. eine umfangreiche keltische Eisenproduktion nachgewiesen werden.[30] Siegerländer Eisen gelangte bis auf den Dünsberg bei Gießen. Inwieweit die hessischen Wallburgen sogar an der Erschließung des Siegerländer Reviers beteiligt waren, muss einstweilen offenbleiben.

Eisen wurde nicht nur zur Waffenherstellung verwendet, sondern auch für Geräte aller Art, die teilweise erst auf der Grundlage des neuen Werkstoffs entwickelt wurden. Damit setzte ein Wandel in der landwirtschaftlichen Produktion ein. Eiserne Pflugscharen, wie von der Milseburg bei Hofbieber-Danzwiesen (Landkreis Fulda), einem wichtigen Handels- und Verkehrsknotenpunkt in Osthessen, zählen zu den Werkzeugen, die die Ausweitung der Feldbestellung am direktesten anzeigen. Sie sind in Europa eine Innovation der jüngeren Eisenzeit. Die Pflugscharbleche laufen spitz zu und umkleiden das hölzerne Ende eines Hakenpfluges. Sie schützten so den hölzernen Pflug, der nun das Aufbrechen schwerer und steiniger Böden und damit eine Ausweitung der landwirtschaftlichen Nutzflächen in der Mittelgebirgsregion ermöglichte. Bereits seit der Mitte des 2. Jahrtausends v. Chr. wurden bronzene Pflugscharen im östlichen Mittelmeerraum verwendet.[31] Die ersten Pflugscharen aus Eisen sind aus dem 10. vorchristlichen Jahrhundert aus dem heutigen Israel bekannt. Die Kelten nördlich der Alpen übernahmen die eiserne Pflugschar im 5./4. Jahrhundert v. Chr. schließlich von den Etruskern.

Zu den eisenzeitlichen Neuentwicklungen nördlich der Alpen gehörte die Sense, wie sie hier als Neufund ebenfalls von der Milseburg gezeigt wird. Die Herstellung langer flexibler Klingen mit einer großen Härte wurde erst durch die verbesserten Materialeigenschaften des eisenzeitlichen Stahls möglich. Das Sensenblatt musste

in etwa zwanzig bis dreißig Arbeitsschritten ausgeschmiedet werden. Die Sense beschleunigte die Ernte erheblich, zugleich ermöglichte sie die Heuwirtschaft in größerem Stil als dies bisher mit der Sichel möglich war.[32]

Abb. 13 Römischer Hobel aus Aschheim, Bayern.

In der Latènezeit wurde, sicher auch unter mediterranem Einfluss, ein großer Teil des handwerklichen Geräts entwickelt, das in späteren Jahrhunderten weiterhin zum Bestand spezialisierter Werkstätten gehörte. Hierzu dürften auch Hobel gezählt haben, die meist nur aus Holz und dem Hobeleisen bestanden. Der Hobel aus einer römischen Villa Rustica von Aschheim (Abb. 13) weist eine eiserne Hobelsohle und das im Hobelmaul sitzende Hobeleisen auf.[33] Mit einer Normlänge von 37,5 Zentimetern dürfte dieser Hobel vor allem für längere Werkstücke oder größere Flächen eingesetzt worden sein. Trotz der vergleichsweise wenigen archäologischen Funde gehörte der Hobel im Holzhandwerk zu den wichtigsten Werkzeugen der Oberflächenbearbeitung. So finden sich Hobeldarstellungen auch des Öfteren auf Grabreliefs von Handwerkern.

Neben den Eisengeräten waren auch andere Innovationen für die Landwirtschaft von großer Bedeutung. Hierzu zählte besonders die Mahltechnik. Vom Frühneolithikum bis in die Eisenzeit wurde zum Mahlen von Getreide, aber auch von Wurzeln oder Fleisch die einfache Handmühle verwendet, bei der eine Person kniend mit dem Läufer über den fixierten Unterlieger rieb. Diese Technik war extrem zeitintensiv und anstrengend. Die neue Drehmühle verbesserte die Mahlleistung etwa um das Zwölffache.[34] Bei ihr waren der runde Unterlieger und der bewegliche Läufer passgenau aufeinander abgestimmt. Die Mahlflächen durften nur am äußersten Rand aufeinanderliegen, damit das dazwischenliegende Getreide durch die Drehung zermahlen werden konnte. Solche Drehmühlen gehen auf phönizische Vorläufer des 6. Jahrhunderts v. Chr. zurück und wurden nördlich der Alpen vereinzelt schon in der Frühlatènezeit verwendet. Ein sprunghafter Anstieg ist aber erst in der Spätlatènezeit zu verzeichnen. Die Handmühle von der Milseburg (Abb. 14) bei Hofbieber (Landkreis Fulda) wurde aus Olivinbasalt hergestellt, einem vermutlich in Bad Nauheim abgebauten Gestein. Besonders qualitätsvolle Mühlen stammten aber bereits in der Latènezeit aus der Eifel, wo auch später in römischer Zeit das bedeutendste Mühlsteinbruchrevier nördlich der Alpen bestand.

Abb. 14 Hofbieber-Danzwiesen „Milseburg", Hessen. Zwei Drehmühlsteinee aus Basalt

Daneben wurde in der Früheisenzeit überall die Salzproduktion ausgeweitet. Salz ist ein Rohstoff, der vielseitig eingesetzt wurde. Man brauchte es zur Konservierung von Lebensmitteln, in der Landwirtschaft zur Steigerung der Milchleistung der Kühe, in der Metallurgie im Zementationsprozess und in der Heilkunst.[35] Neolithische Salzgewinnung wird in Mitteleuropa an verschiedenen später genutzten Plätzen vermutet, ist aber im engeren Sinne nirgendwo nachgewiesen. Die bergmännische Gewinnung von Steinsalz setzte in Siebenbürgen und den Alpen spätestens im 14. Jahrhundert v. Chr. ein.[36] Seit dem 5. Jahrhundert v. Chr. nutzte man die Nauheimer Sole.[37] In der Spätlatènezeit wurde in zwei getrennten Salinenbezirken in der Talaue der Usa Salz in industriellem Maßstab produziert, wie die jüngeren Grabungen 2001–2004 eindrucksvoll zeigen konnten. Die Sole wurde dabei durch Kanäle und hölzerne Leitungen von der Quelle in Tonbecken geleitet, die der Vorgradierung dienten. Das Wasser verdunstete, wodurch sich der Salzgehalt der Sole erhöhte. Die Gradierung erfolgte dann in Becken mit Steinpflasterboden. Alternativ wurde dies auch in zwei Meter langen und 60–80 Zentimeter breiten Öfen durchgeführt: In dickwandigen konischen Siedegefäßen wurde die Sole zum Verdampfen gebracht und Frischsole nachgefüllt, bis eine hochprozentige Sole gewonnen war. Dann erfolgte das Sieden, bei dem das Salz auskristallisierte.

Nach Keramik und Metallen stellte Glas eine weitere – geheimnisvolle – Umwandlung von Materie dar, die vermutlich an der Wende vom 3. zum 2. Jahrtausend erstmals gelang. Glas war nicht nur ein Luxusgut, sondern zugleich ein „magischer" Stoff, der in Form von Perlen auch als Amulett sehr begehrt war. Um die Mitte des 2. Jahrtausends v. Chr. war Glas in Ägypten noch ein sehr seltenes Gut. Die Gläser waren intensiv blau gefärbt, wohl als Ersatz für die hoch geschätzten Edelsteine Lapislazuli und Türkis.[38] Das bronzezeitliche Handelsschiff von Ulu Burun (Türkei) hatte im 14. Jahrhundert v. Chr. 175 kobaltblaue Glasbarren geladen. Sie sind ein Beleg dafür, dass es primäre Werkstätten zur Herstellung und sekundäre zur Weiterverarbeitung von Glas gab. Der Rohstoff für die bronzezeitlichen Perlen nördlich der Alpen dürfte aus dem östlichen Mittelmeerraum gekommen sein, wobei die chemischen Analysen Spielräume

Abb. 15 Ein qualitativ hochwertiges Glasgefäß aus der Produktionswerkstatt in Hambach, Nordrhein-Westfalen.

offenlassen.[39] Glas blieb in der Eisenzeit Europas ein höchst seltener Stoff.

Technisch war die Erfindung der Glasbläserpfeife im 1. Jahrhundert v. Chr., vielleicht in Jerusalem, der entscheidende Durchbruch, um ein höchst seltenes Luxusprodukt für breitere Schichten zu erschließen.[40] Sie erlaubte die Herstellung dünnwandiger Glasgefäße, die durch den geringen Zeitaufwand in der Produktion erschwinglich wurden. Die Herstellung von Fensterglas eröffnete zudem völlig neue Perspektiven für die Architektur. Innerhalb weniger Jahrzehnte entstanden im römischen Reich Glasmacherwerkstätten. Allerdings stellt sich auch für die römische Zeit die Frage, ob Primärglas nicht ausschließlich in der Levante hergestellt wurde, weil hier alle Rohstoffe natürlich vorkommen und auch die entsprechenden Produktionsanlagen – großformatige Wannenöfen – nachgewiesen sind.[41] Köln war mit fünf Ateliers ein Zentrum der Glasherstellung. Das technische Know-how brachten geübte Handwerker aus dem Mittelmeerraum, vielleicht aus Palästina, mit. Neben Köln entstand auch in Hambach eine Glasbläserei, wo auf dem Gelände einer verlassenen Villa Rustica im 4. Jahrhundert n. Chr. eine möglicherweise auf einfaches grünes Glas spezialisierte Produktion begann (Abb. 15).

Vermutlich gehörte diese Produktionsstätte zu einem größeren Netz von Glasbläsereien in der nächsten Umgebung.

Mit dem Ende des Römischen Reichs war im Westen auch der Niedergang der Glasproduktion verbunden. Alle technischen Innovationen erfordern Infrastrukturen, ohne die sie nicht aufrechtzuerhalten sind. Nach dem Zusammenbrechen der Rohstoffversorgung und der Nachfrage konnte die Glasproduktion nicht weiter betrieben werden.

Die Geschichte der Innovationen ist keine kontinuierliche Reihe von Erfolgen. Die Durchsetzung technischer Innovationen war immer auch von Rückschlägen begleitet, Wissen ging mangels geeigneter Institutionen oder sich verändernder Lebensumstände und neuer Innovationen immer wieder auch verloren. Technischer Fortschritt entwickelte sich nicht linear. Vielmehr zeigen sich Entwicklung, Adaption und Tradierung von Techniken als ein vielschichtiger Prozess, der im weitesten Sinne von politischen, ökonomischen und sozialen Rahmenbedingungen abhängig ist. Diesen für die Entwicklung und Einführung von Innovationen maßgeblichen Faktoren detaillierter nachzugehen, ist eine aktuelle Aufgabe der Archäologie.

1. Grundlegend: Schumpeter 1939/2008; Überblick: Rogers 2003.
2. Zur Diskussion des Innovationspotentials im Römischen Reich: Greene 2000; aktuelle Übersichten über die antike Technik Schneider 2007; Cech 2010.
3. Hansen S. 2016b.
4. Daher stehen seit 2005 technische und soziale Innovationen im Zentrum der Forschungen der Eurasien-Abteilung des DAI. Das zentrale Projekt, der „Digitale Atlas der Innovationen", wird in Kooperation mit dem Max-Planck-Institut für Wissenschaftsgeschichte durchgeführt.
5. Piezonka 2011.
6. Renn – Hyman 2012, 15.
7. Müller-Prothmann – Dörr 2009.
8. Richter 2013.
9. Thieme 2008.
10. Dzudzudana-Höhle in Georgien, etwa 34 000 Jahre alte Flachsfasern: Kvavadze u. a. 2009. Abdrücke von Flechtwerk auch in Dolní Věstonice I und III sowie Pavlov I in Mähren: Soffer u. a. 2000.
11. Der bislang älteste bekannte Schuh – eine geflochtene Sandale – stammt aber aus einer Höhle in Missouri/USA und konnte in die Zeit zwischen 6300 und 6100 v. Chr. datiert werden: Kuttruff u. a. 1998.
12. Banck-Burgess 2016.
13. Z. B. Areni-Höhle in Armenien: Pinhasi u. a. 2010.
14. Bülow: Lutz u. a. 1997, 45–46; Govedarica 2010; Karow: Strahm – Wiermann – Müller-Scheeßel 2013, 72 Abb. 2.
15. Höppner u. a. 2005; Bartelheim u. a. 2007.
16. Lechtman 1996, 509; Hansen S. 2017.
17. Müller 2012.
18. Frank – Pernicka 2012.
19. Hansen S. 2011.
20. Vierzig 2017.
21. Reinhold u. a. 2017.
22. Burmeister 2004a; Klimscha 2017.
23. Friederich – Hoffmann 2013.
24. Yalçin 2000, 310; Siegelová – Tsumoto 2011.
25. Furmánek 2000. Die Datierung des Stücks in das 18. Jahrhundert v. Chr. ist mit wenig überzeugenden Argumenten von Benkovsky-Pivovarová 2002 bestritten worden.
26. Kilian-Dirlmeier 1993.
27. Derrix 2001; Miketta 2017.
28. Deicke 2011, 71–77.
29. Gassmann – Rösch – Wieland 2006.
30. Garner 2010; Garner u. a. 2012. Für die Zone nördlich der Mittelgebirge Brumlich – Meyer – Lychatz 2012.
31. Spehr 1992; Trebsche 2013, 94.
32. Trebsche 2013, 96.
33. Pietsch 2007; auch Gaitzsch – Matthäus 1981; Bach 1999.
34. Wefers 2012a; 2012b; 2014.
35. Stöllner 2015; Saile 2012.
36. Harding – Cavruk 2010; Reschreiter – Kowarik 2015.
37. Süß 2003. Hansen L. 2014; Hansen L. 2016.
38. Shortland 2012.
39. Lorenz 2006; Mildner u. a. 2010; Varberg u. a. 2016.
40. Schneider 2007.
41. Höpken 2010; Brüggler 2009; Höpken – Schäfer 2005.

Die ältesten Holzwaffen der Welt:
Speer II aus dem altsteinzeitlichen Wildpferdjagdlager von Schöningen

Henning Haßmann

Bei den Ausgrabungen im Braunkohletagebau Schöningen gelang Hartmut Thieme 1994 eine sensationelle Entdeckung: Unter den bis zu 15 Meter mächtigen Ablagerungen aus dem Eiszeitalter konnte das Team vom Niedersächsischen Landesamt für Denkmalpflege Fundstellen des Urmenschen in unterschiedlichen „Stockwerken" aufspüren und untersuchen. Feucht und luftdicht eingebettet in ein andernorts durch jüngere Eisvorstöße vollständig zerstörtes Schichtpaket hat sich ein Jagdlager perfekt erhalten. Hier hatten die steinzeitlichen Jäger vor etwa 300 000 Jahren an einem Seeufer Wildpferde erlegt, gerastet und die ältesten vollständig erhaltenen Jagdwaffen der Welt hinterlassen: Neun sorgfältig bearbeitete hölzerne Wurfspeere und ein beidseitig angespitztes kurzes Wurfholz deuten auf unerwartet hohe Fähigkeiten dieser Menschen hin.

Der 229 Zentimeter lange Speer II mit einem maximalen Durchmesser von 3,7 Zentimeter ist nahezu vollständig erhalten. Sein Schwerpunkt liegt von vorne bei einem Drittel der Waffenlänge. Der dünne Stamm aus Fichtenholz war sorgfältig mit Feuersteinklingen von Ästen befreit, entrindet und aufwendig geglättet worden. Die dünne Bastschicht unter der Rinde war nur an der Spitze abgeschält, die wegen des weichen Markkanals im Inneren des Stammes leicht exzentrisch und damit stabiler gestaltet war. Auffällig sind Spuren von Insektenfraß unter der Rinde. Die 45 bis 55 Jahre alte, im Frühsommer gefällte Fichte wuchs klimabedingt viel langsamer als heutige Bäume in Norddeutschland, was eine höhere Jahrringdichte und Festigkeit zur Folge hatte. Die ballistischen Eigenschaften entsprechen modernen Wettkampfspeeren. Experimente erzielten Wurfweiten von achtzig Metern, jedoch beste Trefferquoten unter zwanzig Metern Distanz. Unter der Sediment- und Gletscherlast wurde der Speer etwas deformiert.

Erkennbar wird eine organisierte Großwildjagd auf schnell fliehende Herden, die ohne planendes Handeln und Kommunikationsvermögen undenkbar wäre. Die kognitiven Fähigkeiten der Urmenschen aus der Zeit der frühesten Besiedlung Mitteleuropas hat die Forschung lange unterschätzt. Der Heidelbergmensch war nicht Spielball der Natur, sondern verfügte über hohe technologische Fähigkeiten, ausgefeilte Jagdstrategien und ein komplexes Sozialgefüge. Die weltweite Bedeutung dieser Fundstelle liegt auch in einer kontinuierlichen, seit über 35 Jahren andauernden interdisziplinären Forschungstätigkeit mit derzeit dreißig beteiligten Forschungseinrichtungen – präsentiert im Forschungs- und Erlebniszentrum paläon.

Literatur
Terberger u. a. 2018a

Abb. 1 Spitze des Speeres II aus der altpaläolithischen Fundstelle von Schöningen, Landkreis Helmstedt.

INNOVATION – DIE ANEIGNUNG DER WELT

Bienenwachs als Klebstoff der späten Altsteinzeit in Westfalen

Michael Baales, Susanne Birker

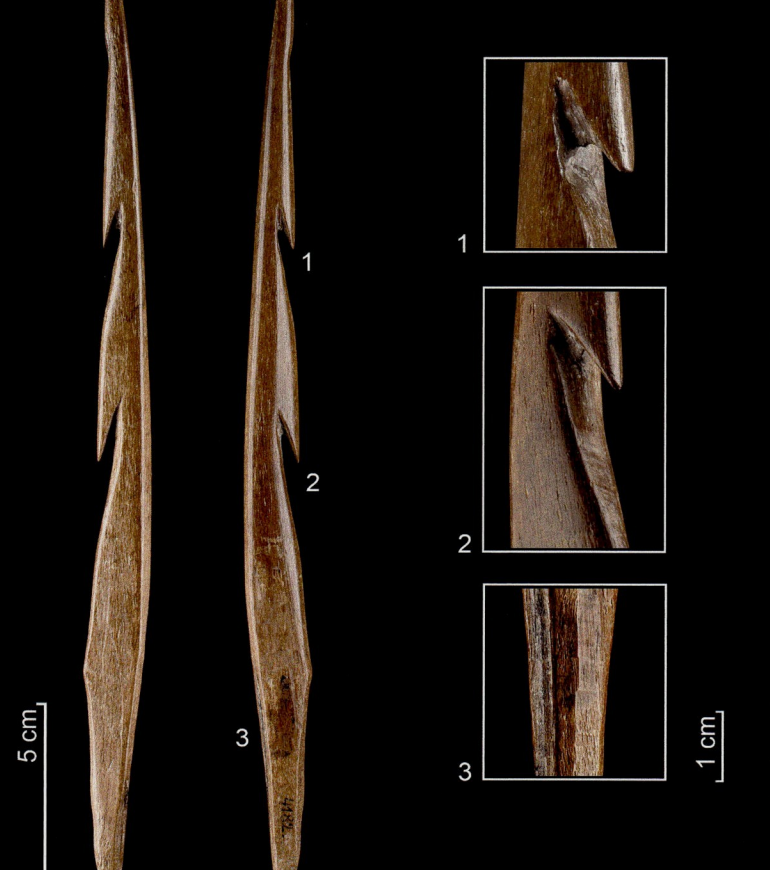

Abb. 1 Bergkamen-Oberaden. 13 000 Jahre alte Widerhakenspitze aus Knochen mit Details von Bearbeitungsspuren. An der Basis (3) sind verschiedene schwarze Anhaftungen der Schäftungsmasse zu erkennen.

Bereits seit über achtzig Jahren ist im Gustav-Lübcke-Museum in Hamm (Westfalen) eine sogenannte Widerhakenspitze aus Knochen ausgestellt, die in den 1930er-Jahren anlässlich der Begradigung der Seseke bei Bergkamen-Oberaden (Kreis Unna) zutage gekommen war. Um was für ein besonderes Stück es sich dabei handelt, ist erst durch naturwissenschaftliche Analysen der letzten Jahre deutlich geworden.

Zunächst konnte das 25,3 Zentimeter lange Objekt mit zwei großen und einem an der Spitze abgearbeiteten Widerhaken mittels der AMS-^{14}C-Methode in die späte Altsteinzeit (Spätpaläolithikum), die Zeit der Federmesser-Gruppen (ca. 11 000 v. Chr.), datiert werden. Allein das war schon überraschend, war man doch bislang zumeist von einer deutlich jüngeren, mesolithischen Zeitstellung ausgegangen. Weiterhin findet sich an der Basis des Stückes (Abb. 1) eine fest anhaftende schwarze Substanz, bei der es sich nur um Reste einer Schäftungsmasse handeln kann. Demnach war die Widerhakenspitze keine Harpunenspitze, die nur locker mit dem Speer verbunden war und sich bei einem Treffer lösen sollte, sondern eine fest am Holzschaft fixierte Fischspeerspitze. Anfänglich war davon auszugehen, dass es sich bei der dunklen Masse um Reste von Birkenpech handelt, dem steinzeitlichen „Universalkleber", den bereits der Neandertaler vor über 200 000 Jahren kannte. Dennoch sollte eine naturwissenschaftliche Analyse Sicherheit bringen. Diese Untersuchung führte Frank Mucha von der Fachhochschule Erfurt durch, der nach einer Infrarot-Spektroskopie und einer Gaschromatographie-Massenspektrometrie mit einem unerwarteten Ergebnis aufwartete: Völlig überraschend wurde nachgewiesen, dass die schwarze Substanz nicht das Klebemittel Birkenpech war, sondern ein Gemisch aus zerriebener Holzkohle und vor allem Bienenwachs.

Dies ist der aktuell älteste Nachweis dafür, dass in Mitteleuropa Menschen und Bienen bereits viel früher als bisher angenommen interagierten. Zwar wurde Bienenwachs im Rahmen experimenteller Nachbauten von steinzeitlichen Pfeilen, Speeren etc. häufig als Bestandteil von Klebemitteln genutzt, doch war es bisher archäologisch nur an einem mesolithischen Objekt aus Russland nachweisbar. Nun datiert der älteste europäische Beleg für Bienenwachs als Hauptbestandteil einer Schäftungsmasse in das Spätpaläolithikum Westfalens. Dies ist gleichzeitig der Beweis dafür, dass Honigbienen nicht erst während der Nacheiszeit, sondern schon gegen Ende der letzten Eiszeit in Mitteleuropa wieder heimisch wurden und somit früher aus ihren eiszeitlichen Refugien rund um das Mittelmeer zurückgekehrt waren.

Literatur
Baales – Birker – Mucha 2017
Baales – Pollmann – Stapel 2013

Der Kupferhort von Lüstringen. Fernhandel in der Jungsteinzeit

Henning Haßmann

Bei einer Baustellenbeobachtung in Osnabrück-Lüstringen entdeckte 2016 ein ehrenamtlicher Sondengänger im Auftrag der Stadtarchäologie eine Anhäufung grün schimmernder Artefakte. Eine Blockbergung erlaubte eine Computertomographie und eine Untersuchung dieser in Deutschland bislang einzigartigen Deponierung in der Restaurierungswerkstatt ohne Zeitdruck. Unter einer Knaufhammeraxt mit Schaftloch lagen waagerecht drei große mondsichelförmige Ringe aus flachem Blech mit aufgerollten Enden. Diese *Lunulae* („kleine Monde") dienten vermutlich als Hals- oder Brustschmuck. Alle drei Ringe weisen an der Außenseite gepunzte Zickzack-Rapportmuster auf, zwei der Ringe haben eine Mittelrippe. Einige Löcher wurden möglicherweise zum Aufnähen oder zur Aufnahme eines organischen Bandes hineingestanzt. Löcher an einer alten Bruchstelle zeigen, dass die zerbrochenen Stücke am Riss überlappend durchbohrt wurden, um sie zur Reparatur miteinander vernähen zu können.

Die wenigen, bisher nicht bei systematischen Untersuchungen gefundenen *Lunulae* aus Buntmetall galten als jüngere, schlichtere Variante der aus der älteren Bronzezeit bekannten irisch-westeuropäischen Gold-*Lunulae*. Die Vergesellschaftung der Lüstringer Stücke mit der in ihrem kaukasischen und südosteuropäischen Hauptverbreitungsgebiet in das vierte vorchristliche Jahrtausend datierten Kupferaxt weist diese Form nun eher in einen trichterbecherzeitlichen Kontext. Das wird durch die ersten Metallanalysen der Kupferartefakte untermauert, die wegen ihres hohen Arsen-, Antimon- und Bismutanteils zu den ältesten Metallprodukten in der eigentlich metallfreien Jungsteinzeit Norddeutschlands zählen. Weitere archäometrische Untersuchungen werden Aufschluss über die Herkunft der fremden Objekte geben und zeigen, ob das Kupfer durch eine gewollte Hinzufügung weiterer Metalle künstlich legiert worden ist oder ob die Beimengungen natürlichen Ursprungs sind. In jedem Fall stehen die Artefakte an der Schwelle zur Beherrschung der Bronzelegierung. Guss, Ausschmieden und Verzierung zeugen von hohem metallhandwerklichem Know-how. Eine spannende Frage ist, wo genau dieser Fertigungsprozess stattgefunden hat und wie die Stücke in den Norden gelangten. Die Fundstelle liegt in der Nähe eines alten Fernweges, der von Megalithgräbern und Grabhügeln gesäumt ist. Der Neufund liefert einen wichtigen Beitrag zur Diskussion um die frühe Metallnutzung, den über Tausende Kilometer erfolgten Gütertransfer und die Herausbildung von Eliten vor mehr als 5000 Jahren.

Literatur
Haßmann – Zehm 2016

Abb. 1 Das Ensemble der Kupferartefakte aus dem jungsteinzeitlichen Hortfund von Lüstringen, Stadt Osnabrück.

INNOVATION – DIE ANEIGNUNG DER WELT

Meisterwerke frühmittelalterlicher Waffenschmiede. Das Ringschwert von Krefeld-Gellep und eine Schweißmusterklinge aus Beckum werden neu geschmiedet

Ulrich Lehmann

Kaum ein Gegenstand wird so sehr mit dem frühmittelalterlichen Krieger assoziiert wie das zweischneidige Schwert (Spatha). Seine Klinge zeigte filigrane Schweißmuster, die das Können des Schmiedes demonstrierten und eine Ausdrucksform der starken Tiersymbolik dieser Objekte darstellten.[1] Äußerlich sind diese Muster jedoch heute nicht mehr zu erkennen.

Die im Schweißverbundverfahren gefertigten Klingen besitzen oftmals gehärtete Schneiden und einen Mittelteil aus mehreren Kompositstäben. Diese sind aus Lagen zweier abwechselnd geschichteter Metalllegierungen gefertigt und vollständig oder in Abschnitten tordiert.[2] Erst seit kurzem steht mit der hochauflösenden 3D-Röntgen-Computertomographie eine Methode zur Verfügung, die zerstörungsfrei und zuverlässig neue Erkenntnisse über konstruktionstechnische Details und die einst sichtbaren Schweißmuster liefert.[3] Sie wurde im Rahmen eines Forschungsprojektes der Altertumskommission für Westfalen in Kooperation mit der LWL-Archäologie für Westfalen an 32 Funden des 6. bis 8. Jahrhunderts erprobt.[4] Die Ergebnisse bildeten die Basis für zwei Anschlussprojekte, in denen originalgetreue Rekonstruktionen eine Neubewertung von Herstellungsaufwand und Kunstfertigkeit frühmittelalterlicher Waffenschmiede ermöglichen sollten.

Die Spatha von Beckum

Die Spatha aus Grab 68 (Gräberfeld I) von Beckum wurde bereits 1863 aus einer um die Mitte des 6. Jahrhunderts n. Chr. angelegten Bestattung geborgen.[5] Die Klinge besteht neben den Schneiden aus zwei Lagen von jeweils vier in regelmäßigen Abständen tordierten Kompositstäben (fünf Umdrehungen pro 5 cm).[6] Da sie einseitig bis zur Hälfte der ehemaligen Materialstärke abgeschliffen waren, zeigten sich Schweißmuster aus geraden Linien und bogenförmigen Strukturen mit kreisförmigen Füllungen. Zusätzlich wurden zerstörende metallographische Analysen (Deutsches Bergbau-Museum Bochum) und chemische Untersuchungen (Institut für Geologie, Mineralogie und Geophysik der Ruhr-Universität Bochum) durchgeführt.[7] Demnach bestehen die Schneiden aus Stahl mit circa 0,4–0,5 Prozent Kohlenstoff ohne Spuren einer Härtung. Für die Kompositstäbe hatte man reines Eisen und eine Eisenlegierung mit etwa 0,8 Prozent Phosphor verwendet.

Die Rekonstruktion der Spatha – maßgeblich unterstützt durch eine Sponsorengruppe aus Beckum – führte der professionelle Schwertschmied Stefan Roth aus Braunschweig durch.[8] Zuerst wurden die drei Metallsorten durch Verhüttung im Rennofen erzeugt und mit mobiler Röntgenfluoreszenzanalyse (LWL-Archäologie für Westfalen und LVR-Landesmuseum Bonn) auf ihre chemische Zusammensetzung geprüft. Beim sogenannten Ausheizen wurde das Metall für die weitere Verarbeitung aufbereitet. Die bei vielen Funden zu beobachtenden Muster (kreisförmige Füllungen) setzten ein Schweißpaket mit Rundstabelementen voraus (Abb. 1). Anspruchsvoll und aufwendig war die gleichmäßige und enge Torsion in genau begrenzten Bereichen. Im An-

Abb. 1 Schichtaufbau für das Schweißpaket eines Kompositstabes. Grau: Elemente aus reinem Eisen; rot: Elemente aus einer Eisen-Phosphor-Legierung.

schluss fügte der Schmied die Stäbe zum Klingenkern zusammen, schweißte die Schneidleiste an und formte die Griffangel aus. Schleifen und Polieren gaben der Klinge ihre endgültige Form und brachten die Schweißmuster zur Geltung. Wegen der schlechten Erhaltung des Originals wurden die zuletzt montierten Griffkomponenten einem älteren Holzgriff aus dem Moor von Nydam[9] nachempfunden (Abb. 4b).

Das Ringschwert von Krefeld-Gellep

Die Spatha aus dem um 520/30 zu datierenden Grab 1782 von Krefeld-Gellep[10] ist bereits am Griff als Prunkwaffe zu erkennen (Abb. 2). Entgegen früherer Annahmen[11] besaß sie jedoch auch eine besondere Klinge.[12] Ihr Mittelteil besteht ebenfalls aus zwei Lagen abgeschliffener Kompositstäbe, so dass sich in den tordierten Bereichen bogenförmige Muster mit Kreisfüllungen zeigten (Abb. 3). Die äußeren der drei Elemente auf der Rückseite sind vollständig tordiert (fünf Umdrehungen pro 5 cm), während der mittlere Stab ab etwa zehn Zentimeter unterhalb des Griffes alle 22 Millimeter um 180 Grad gedreht ist. Bisher ohne Vergleich sind die um 20 Grad schräggestellten tordierten und untordierten Komponenten der Vorderseite. Durch dieses Muster lässt sich das Schwert mit dem „Ekkisax" der Dietrichsage in Verbindung bringen, bei dem Lichtreflexe auf der Klinge den Anschein eines sich auf und ab windenden Wurmes erweckt haben sollen.[13] Auch der Griff des Krefelder Ringschwertes war aufwendig aus vergoldetem Buntmetall, massiven Goldelementen und Almandineinlagen gefertigt.[14] Das Ringpaar am Knauf weist den Toten als ranghohen Krieger einer königlichen Gefolgschaft aus.[15]

Die Rekonstruktion der Krefelder Ringspatha wurde – in Kooperation mit dem Landschaftsverband Rheinland und den Freunden der Museen Burg Linn e. V. – ebenfalls von Stefan Roth durchgeführt.[16] Da keine weiterführenden Materialanalysen möglich waren, kamen dieselben im Rennofen erzeugten Eisenlegierungen zum Einsatz wie beim Beckumer Schwert. Viele Arbeitsschritte entsprachen dabei denjenigen des Vorgängerprojekts. Eine wichtige Ausnahme bildete das Verschweißen der Stäbe zum Klingenmittelteil. Für die Vorderseite wurden zunächst Stücke mit schrägen Enden hergestellt, die dann nach dem Vorbild der kaiserzeitlichen sogenannten Mosaikdamastklingen mit der zuvor zusammengefügten Rückseite und den Schneiden verbunden wurden.

Parallel wurden die Griffelemente angefertigt: Perldrähte, Niete, Rahmenwerke und Ringpaar aus galvanisch vergoldetem Silber, Griffplattenschalen wie beim Original aus vergoldetem Buntmetall. Für die nicht genau bestimmbaren organischen Komponenten wurde eingefärbtes Buchenholz gewählt. Jede Zelle der Rahmenwerke wurde mit einer Waffelfolie sowie einem von Hand genau zugefeilten geschliffenen Almandin gefüllt. Anschließend erfolgte die Befestigung der Zellwerke auf einem Buntmetallkorpus und die Montage der Elemente nach Fertigstellung der Klinge auf der Griffangel (Abb. 4a).

Abb. 2 Ringschwert aus Grab 1782 von Krefeld-Gellep.

Abb. 3 Schematische Rekonstruktion des Klingenaufbaus und der ehemals sichtbaren Schweißmuster des Ringschwertes aus Grab 1782 von Krefeld-Gellep anhand der CT-Untersuchungen. Die weißen Bereiche im Klingenmittelteil kennzeichnen phosphorhaltiges Eisen, die dunklen Bereiche reines Eisen. Rückseite.

Abb. 4 Moderne Rekonstruktion des Ringschwertes aus Grab 1782 von Krefeld-Gellep (links) und der Spatha aus Grab 68 von Beckum (rechts).

Fazit

Der Ressourcenbedarf für die Herstellung der etwa ein Kilogramm schweren Klingen ist enorm: circa eine halbe Tonne Holzkohle sowie 15 bis 16 Kilogramm Luppe. Für das Beckumer Schwert fielen etwa 210 Arbeitsstunden an. Die Klinge der Krefelder Spatha benötigte kaum mehr Zeit, stellte aber wegen des Verschweißens der zahlreichen Elemente noch höhere Anforderungen an den Schmied. Zusammen mit dem aufwendigen Griff entstand das Ringschwert in etwa 550 Stunden, in denen ein Assistent den Schmied oft unterstützte. Trotz Einsatz eines mechanischen Hammers und dem Erfahrungsvorsprung der damaligen Schmiede liefern die Daten einen Eindruck vom immensen Fertigungsaufwand. Selbst die hervorragend gelungenen Rekonstruktionen erreichen dennoch kaum das handwerkliche Niveau der frühmittelalterlichen Funde.

1   Lehmann 2017a.
2   Z. B. Ypey 1982; Mäder 2009, 107–119.
3   Zur Methode: Stelzner 2016.
4   Lehmann 2016a.
5   Capelle 1979, bes. 33.
6   Lehmann 2016a, 379.
7   Lehmann 2016a, 160–166.
8   Lehmann 2016b; Lehmann – Roth – Lipka (im Druck).
9   Bemmann – Bemmann 1998, Taf. 56, 445.
10 Pirling 1966.
11 Menghin 1983, 239; Westphal 2002, 130.
12 Lehmann 2016a, 159–160.
13 Lehmann 2015, 233.
14 Lehmann 2016a, 118–120.
15 Steuer 1987, 220, 222, 225.
16 Lehmann 2017b.

Ein innovatives Medium der Karolingerzeit in Europa. Glockenguss im westfälischen Dülmen, Kreis Coesfeld

Gerard Jentgens, Hans-Werner Peine

Abb. 1 Ältere und jüngere Glockengussanlage im Planum. Der gelbe Kreis markiert den Stand der Glockenform in der jüngeren Anlage. Osten im Bild oben.

Mit den großen Bronzeglocken erschien in der Karolingerzeit in Europa erstmals ein innovatives Medium – heute vielleicht vergleichbar dem Internet –, das Informationen mit bis dahin nicht gekannter Geschwindigkeit in einen weiten, noch dünn besiedelten Raum vermittelte. Bis in die heutige Zeit rufen Glocken zu Gebet und Gottesdienst, künden von Taufe und Tod und warnen vor Feuer und Unwetter. Damals verbreitete der Glockenklang die Botschaft vom Heilsversprechen der neuen Religion, des Christentums, aber auch ambivalent vom Machtanspruch Karls des Großen, der diese Innovation im Rahmen der Mission maßgeblich initiierte und förderte. Glockengussgruben und Glocken im archäologischen Fundgut zeichnen, ähnlich wie die Kirchenbauten selbst, das Vordringen des Christentums europaweit nach. Daher nimmt die 2015/16 bei einer Grabung im Zentrum des 889 erstmals erwähnten Dülmen nördlich der Pfarrkirche St. Viktor entdeckte karolingerzeitliche Glockengussgrube (Abb. 1–3) eine herausragende Stellung ein. Sie belegt zunächst die unter Historikern bisher umstrittene Existenz einer frühen Kirche des 8. Jahrhunderts am Ort, muss darüber hinaus aber auch überregional als einzigartiges Zeugnis der Christianisierung der Sachsen gelten.

Bei der Freilegung trat eine etwa rundliche Grube von 2,7 Metern Durchmesser zutage, angefüllt mit Lehm, Holzkohle sowie Roll- und Sandsteinen, die durch die Hitze des Feuers teils rötlich gefärbt waren. Charakteristisch waren auch größere Lehmbrocken, teils reduzierend schwarzbraun, teils hellrot oxidierend gebrannt – Bruchstücke von Kern und Mantel der Glockengussformen. Die Grube durchschnitt diagonal ein Heizkanal, der mit vier Metern Länge im Nordosten und im Südwesten aus der Grube hinausführte. Durch diesen Kanal wurde der Brand der Glockenform, die in der Mitte des Befunds auf zwei halbkreisförmigen Sockeln aus in Lehm gesetzten Roll- und Sandsteinen ruhte, mit Luft versorgt und mit Holz beschickt. Vier große Steine zwischen Sockeln und Form sorgten dafür, dass die Flammen auch seitlich der Heizkanäle austreten konnten und die Form gleichmäßig erhitzten. Bei der weiteren Freilegung zeichnete sich ein

INNOVATION – DIE ANEIGNUNG DER WELT

Abb. 2 Ältere und jüngere Glockengussanlage in der Schrägaufnahme. Stratigraphie der Heizkanäle. Blick nach Süden.

zweiter Heizkanal mit Teilen des zugehörigen Glockenstands ab, den wie den ersten eine tiefschwarze Holzkohleschicht kennzeichnete. Er lag etwas weiter westlich und zog unter dem jüngeren eben vorgestellten Befund hindurch, war selbst also älter. Offensichtlich hatte man die jüngere Anlage bei leichter Korrektur der Ausrichtung in eine ältere, tiefer liegende Konstruktion hineingebaut. Dies belegt den Guss von wenigstens zwei Glocken in Dülmen, zeitlich dicht aufeinander folgend.

Anhand der Dimensionierung der Sockelkonstruktion und der Vermessung der Formbruchstücke ergeben sich bisher Größen der hier gegossenen Glocken von 0,7 bis 0,9 Metern Randdurchmesser, ein für karolingerzeitliche Glocken imponierendes Maß. Mit 0,4 Metern Randdurchmesser ist aber auch ein kleineres Exemplar vertreten. Insgesamt muss man also von wenigstens drei in Dülmen gegossenen Bronzeglocken ausgehen.

Aus der Verfüllung der Glockengussgrube stammen auch zahlreiche, aber meist kleine Reste grünlich korrodierter Gussbronze. Professor Alfred Tönsmann von der Westfälischen Hochschule Gelsenkirchen konnte erste Analysen des Materials vorlegen. Es resultiert mit 62 Prozent Kupfer, 27 Prozent Zinn und 11 Prozent Blei ein Kupfer-Zinn Verhältnis von etwa 2 : 1. Die Untersuchung zahlreicher Holzkohlen aus dem Heizkanal durch Dr. Ursula Tegtmeier vom Labor für Archäobotanik der Universität Köln zeigte, dass fast ausschließlich die energiereiche Eiche als Feuerungsmaterial Verwendung fand.

Inzwischen liegen aufsehenerregende gesicherte ^{14}C-Daten vor, die die archäologische Datierung anhand der Kumpfkeramik und die Einordnung in die Karolingerzeit

präzisieren. Die Messung zweier Holzkohlen ergab Daten von cal. AD 665–775 und cal. AD 670–775.
Auch im europäischen Vergleich nimmt der Dülmener Befund angesichts seines hohen Alters eine Sonderstellung ein. So datiert die Glockengussgrube der *St Oswald's Priory* im englischen Gloucester in die Zeit um 900 und eine weitere aus Zalavár, Komitat Zala, in Ungarn in das 9. Jahrhundert. Selbst die gewaltige Basilika von San Vincenzo al Volturno in Italien, für deren Erstausstattung man eine Glockengussgrube anlegte, wurde „erst" 808 geweiht.
Angesichts der Datierung ist natürlich auch nach den Bezügen des Dülmener Befunds zur Missionsgeschichte Westfalens in der Zeit Karls des Großen und den damals handelnden Personen zu fragen. In der *„Vita Ludgeri Secunda"* erfahren wir von einem Vorgänger Liudgers in der Sachsenmission, Bernrad. Er wird in der Regel identifiziert mit Beornrad, der dem Kloster Echternach ab 775 als Abt vorstand und 786 Bischof von Sens wurde. Angesichts der zeitlichen Koinzidenz ließe sich der Dülmener Befund vielleicht im Sinne einer Arbeitshypothese als archäologischer Beleg für eine Beornrad'sche Missionsphase in Westfalen interpretieren.
Der sprachkundige Beornrad gehörte zum Beraterkreis des Königs, der seine Missionsbemühungen durch Schenkungen und Privilegien unterstützte. Im Umfeld der königlichen Werkstatt, die unter anderem die Aachener Domtüren fertigte, gab es gewiss Fachleute, die über Technologie und Logistik zum Guss großer Bronzeglocken wie in Dülmen verfügten. Der wahrscheinlich nur kurzlebige Missionsvorstoß nach Dülmen mag also von großer Königsnähe geprägt gewesen sein. Der Guss von Großglocken entsprach dem imperialen Selbstverständnis Karls, da er „Hochtechnologie" und das kostbare Material Bronze in der Tradition römischer Großbronzen vereinigte.

Literatur
Jentgens – Peine 2016
Jentgens 2017/18 (im Druck)
Peine – Jentgens 2017

Abb. 3 Oben und Mitte: Bruchstücke der Gussform. Auf der Außenseite zeichnen sich Spuren von Bändern ab, die den Formmantel verstärkten. Unten: Bronzerest.

Die Holsterburg bei Warburg. Zeugnis von Innovation und Konflikt

Hans-Werner Peine, Kim Wegener

Burgen bilden seit Jahrzehnten einen Tätigkeitsschwerpunkt der westfälischen Mittelalter- und Neuzeitarchäologie. Zuletzt stand dabei neben der Falkenburg bei Detmold besonders die Holsterburg bei Warburg im Fokus. Unter dem unscheinbaren Hügel, der im Zuge der archäologischen Landesaufnahme 2010 aufgemessen wurde und zuvor als Standort einer Motte klassifiziert worden war, zeigte sich ein überraschender architektonischer Befund: der Grundriss einer Burg in Form eines Oktogons (Abb. 1). Oktogonale Burganlagen sind eine ausgesprochene Seltenheit innerhalb des europäischen mittelalterlichen Wehrbaus. Die Bauform darf dabei als herausragendes Statussymbol angesehen werden. Ein Beispiel dafür fand sich in Deutschland bislang nur in Tübingen-Kilchberg. Genannt werden müssen zudem die Burgen in Eguisheim, Guebwiller und Wangen im Elsass sowie die Torre de Federico in Enna auf Sizilien. Neben der ungewöhnlichen Bauform zeichnet die Holsterburg aber auch eine bemerkenswert hohe Qualität in der Bauausführung aus. Diese Gründe lassen ihre Einordnung als „Architektur von europäischem Rang" gerechtfertigt erscheinen. Von 2010 bis 2017 führte die LWL-Archäologie für Westfalen daher ein Forschungsprojekt durch, das vor allem die umfangreiche archäologische Ausgrabung und Dokumentation dieses exzeptionellen Denkmaltyps umfasste.

Die für die Holsterburg maßgeblichen Edelherren von Holthusen, genannt Berkule, treten seit dem späten 12. Jahrhundert n. Chr. im Gefolge der den Staufern nahestehenden Grafen von Everstein auf. Als *„domum suam Holthusen"*, Besitz der Brüder Hermann und Bernhard Berkule, erscheint sie erstmals unter den Erwerbungen des 1191 verstorbenen Kölner Erzbischofs Philipp von Heinsberg, dem die Brüder die Burg und das zugehörige Dorf Holthusen gegen den Widerstand des eigentlichen Oberlehnsherrn, des Mainzer Erzbischofs, übertragen hatten. Die Holsterburg lag dabei im Zentrum des familiären Aktionsraumes und mitten im namengebenden Bezugsort Holthusen nahe Warburg. Die Edelherren zeichneten sich beim Bau der allein schon ob ihres Grundrisses als innovativ zu verstehenden Burganlage vor allem durch die bereits genannte herausragende Qualität der Bauausführung aus. Besonders die Außenfassade ist für ein profanes Bauwerk äußerst qualitätsvoll. Die Außenschale der in Gänze aus sorgfältig bearbeiteten, lagenhaft und regelmäßig angeordneten Glattquadern und ebenso hochwertigen sowie annähernd fugenlos gesetzten Eckquadern gebildeten Ringmauer wies an allen Mauersegmenten erkennbaren, ausgesprochen hochwertigen Fugenmörtel mit deutlichem Kellenfugenstrich auf. Großformatige Quader stabilisieren dabei die Ecken des Oktogons und betonen diese wegen ihrer hervorragenden Bearbeitung mit glatter Ansichtsseite noch zusätzlich. Entsprechende kapitalintensive Bauausführungen finden sich sonst nur bei den Burgen des Hochadels, etwa bei denjenigen der Landgrafen von Thüringen und von Hessen.

Innovativ waren aber nicht nur die Form und die Bauausführung. Zur außergewöhnlichen Ausstattung der Gebäude auf der Süd- und der

Abb. 1 Luftbild der Holsterburg (genordet), erkennbar die Baustrukturen im Innenbereich der Anlage (Stand: 2016).

Westseite der Holsterburg zählt vor allem ein ausgeklügeltes Heizsystem. Hierbei handelt es sich um eine sogenannte Warmluftheizung, die in die Ringmauer der Burg integriert war und bündig mit der Innenschale der Mauer über vier Segmente des Oktogons verläuft. Ob und wie lange diese Heizung tatsächlich in Betrieb war, muss offenbleiben. Fragmente von oxidierend gebrannten Halbzylinderkacheln mit grüner Bleiglasur belegen darüber hinaus einen luxuriösen und äußerst repräsentativen Kachelofen als Wärmequelle auf der Burg. Die Halbzylinderkacheln sind eventuell vom „Typ Tannenberg" und können wegen der zeitlich fixierten Zerstörung der Anlage sicher vor 1294 datiert werden. Sie bilden somit den bislang frühesten Nachweis eines Ofens aus solchen Kacheln.

Das Fundgut unterstreicht zusätzlich den Rang und den Status der Burgherren. Insgesamt vier Spielsteine, dabei auch ein Exemplar eines zusammengesetzten Steines mit Durchbruchverzierung, bilden beispielsweise ein greifbares Zeugnis adeliger Freizeitgestaltung. Ein herausragender und ausgesprochen seltener Fund liegt mit dem Fragment eines kostbaren einteiligen Doppelkammes aus Elefantenelfenbein vor (Abb. 2). Dieser weist in seinem rechteckigen Mittelteil beidseitig kunstvoll gearbeitete Bildmotive auf. Vergleichbare, meist als „liturgisch" bezeichnete Elfenbeinkämme gehören in der Regel in den Bestand von Kirchenschätzen. Oft werden sie mit Heiligen oder Bischöfen in Verbindung gebracht, gelegentlich aber auch Königen zugeschrieben. Ihr Gebrauch bei liturgischen Handlungen ist durch Schriftquellen seit dem 10. Jahrhundert belegt. Der Kamm von der Holsterburg entstammt jedoch nachweislich nicht dem sakralen Milieu, denn aufgrund seines Fundortes und seiner Motivik war er eindeutig für einen adligen Käufer gefertigt worden.

Zum Fundkomplex zählen ferner ein keramisches Spielzeugpferdchen, glasierte Miniaturgefäße und verschiedene Militaria, beispielsweise Reitersporen, vergoldete Schildbeschläge, Armbrustbolzen und Pfeilspitzen. Die Militaria verweisen auf die immer wiederkehrenden kriegerischen Auseinandersetzungen, unter anderem zwischen der Alt- und der Neustadt Warburg und den Herren von Holthusen. Eine solche Auseinandersetzung markiert schließlich auch das Ende der Holsterburg. Sie wurde von einem Städtebündnis unter der Führung Warburgs und mit Rückendeckung des Paderborner Bischofs unter Einsatz einer Blide 1294 zerstört, anschließend in weiten Teilen geschleift, geplündert, mit einer mächtigen Erdschicht bedeckt und im wahrsten Wortsinn dem Erdboden gleichgemacht (Abb. 3). Mit diesem enormen Aufwand sollte das Andenken an die Herren von Holthusen endgültig und nachdrücklich aus dem Gedächtnis der nachfolgenden Generationen gelöscht werden. Dies führte letztlich auch dazu, dass der Hügel bis 2010 als Motte fehlinterpretiert wurde.

Literatur
Peine – Wegener 2017
Peine – Wegener 2018 (im Druck)

Abb. 2a, b Kostbarer Doppelkamm aus Elefantenelfenbein. In den Bildfeldern eine Hasenjagd und zwei gegenständige Pfaue (erh. Höhe 63,4 mm).

Abb. 3 Den Einsatz einer mittelschweren Blide bei der Zerstörung der Burg 1294 belegen mehrere Steinkugeln aus dem Zerstörungshorizont (Gewicht 30–40 kg; Dm. ca. 30 cm).

411

Innovation aus dem Osten.
Asiatisches Porzellan inspiriert die europäische Kultur

Stefan Krabath

Abb. 1 Dresden, Kleine und Große Brüdergasse, Planierung von Schutt aus dem Zweiten Weltkrieg, Plastik eines alten Mannes, wahrscheinlich Shou Lao, Gott des langen Lebens, Porzellan, sogenanntes Blanc de chine, Dehua, Provinz Fukien/Fujian, China, erste Hälfte 18. Jahrhundert.

Die große Begeisterung europäischer Fürstenhäuser für die chinesische Kultur im Spätbarock prägt die Sachkultur in einer grundlegenden Weise. Chinesische und japanische Einflüsse inspirierten die Architekten zahlreicher Schlossbauten, Kaffeehäuser und Gärten. Große Sammlungen fernöstlichen Porzellans bereicherten als Ausdruck höchsten Luxus Kabinette in diesen Bauwerken und ließen bei vielen Monarchen den sehnlichen Wunsch nach einer eigenen Porzellanherstellung unabhängig vom teuren asiatischen Markt entstehen. Die entscheidende Erfindung gelang 1710 im Kurfürstentum Sachsen. Das europäische Hartporzellan als kreativ und vielfältig einsetzbarer Werkstoff bildete im 18. Jahrhundert die Grundlage für die Entwicklung und die serielle Herstellung von Speise-, Kaffee- und Teeservices, wie sie in ihren Grundformen noch heute das Tafelgeschirr nicht nur bei festlichen Anlässen, sondern auch im Alltag prägen.

Das älteste Porzellan nach chinesischer Definition stammt aus der Tang-Dynastie (618–907). Seit dem 10. Jahrhundert n. Chr. entwickelte sich die chinesische Stadt Jingdezhen in der Provinz Jangxi zum führenden Zentrum der Porzellanherstellung. Echtes Porzellan, nach europäischer Definition, ist ab Ende des 13. Jahrhunderts nachgewiesen.

Bei kriegerischen Auseinandersetzungen in der Übergangszeit von der Ming- zur Qingdynastie wurde Jingdezhen mehrfach zerstört. Damals konnte Japan große Marktanteile gewinnen. Kaiser Kangxi (1661–1722) konsolidierte die Produktion in Jingdezhen. Der überwiegende Teil des heute in Mitteleuropa gefundenen Porzellans dieser Epoche wurde dort hergestellt. In Japan wurde seit 1616 Porzellan in der Stadt Arita produziert, das über den namengebenden Ausfuhrhafen Imari auf der Insel Kyūshū nach Europa gelangte. Das japanische Porzellan prägte neben dem chinesischen entscheidend die Formen und die Dekore früher Produkte der Meißner Manufaktur.

Einzelstücke der fremden Keramik fanden als Geschenke oder als Andenken bereits im Mittelalter den Weg nach Europa. Die europäische Begeisterung für das blau-weiße Luxusprodukt beginnt mit einer Straftat: 1602 und 1604 erbeuteten die Niederländer zwei portugiesische Schiffe. Deren Porzellanladungen wurden in den Niederlanden öffentlich versteigert. Die fremdartigen Gefäße fanden reißenden Absatz und steigerten die überregionale Nachfrage (Abb. 1).

Die 1602 gegründete *Vereenigde oostindische Compagnie* der Niederländer wurde schnell zum führenden „Global Player". Seit 1635 ließ die Kompanie in China Porzellan nach europäischem Geschmack herstellen. Als Grundlage dienten dafür graphische Vorlagen. Allein bis 1657 erreichten drei Millionen Gefäße Europa.

Die ältesten sächsischen Fundobjekte gehören in das frühe 17. Jahrhundert. Ein gehäuftes Auftreten der blau-weißen Porzellane lässt sich in archäologischen Fundkontexten von der zweiten Hälfte des 17. Jahrhunderts bis um 1800 nachweisen. Seit dem zweiten Drittel des 18. Jahrhunderts verdrängen Meissener und wenig später thüringisches Porzellan die wesentlich teureren asiatischen Importe. Die sächsische Manufaktur beginnt beträchtliche Gewinne abzuwerfen. Der hohe Preis machte Porzellan im 17. und 18. Jahrhundert nur für wohlhabende Haushalte erschwinglich. Demzufolge versuchten hiesige Töpfer, Gefäße mit ihren Mitteln in Hinblick auf Form und Dekor dem Porzellan nachzuempfinden. Führend waren die Werkstätten in Delft, wo Fayence produziert wurde. Viele Irdenwaretöpfer versuchten zusätzlich Porzellan durch weiß engobierte Keramik mit blauem Malhorndekor zu imitieren (Abb. 2).

1696 begann Johann Friedrich Böttger (1682–1719) aus Schleiz eine Apothekerlehre in Berlin. Er gab vor, Gold herzustellen, was ihm die Aufmerksamkeit der Obrigkeit einbrachte. Der sächsische Kurfürst Friedrich August I. (1670–1733) ließ ihn daraufhin auf der Festung Königstein bei Pirna inhaftieren und richtete ein „Forschungslabor" ein. Zwischen 1706 und 1709 wurde das sogenannte rote Böttger-Steinzeug in Anlehnung an das asiatische Vorbild erfunden. Am 15. Januar 1708 gelang Böttger und Ehrenfried Walther von Tschirnhaus (1651–1708) die bedeutendste Erfindung: das europäische Hartporzellan. Es folgte 1710 die Gründung der Meissener Porzellanmanufaktur als entscheidender Schritt für eine großangelegte Produktion.

Abb. 2 Dresden, Neumarkt 12, Heinrich-Schütz-Haus, Fächerschale (Dm. 22,6 cm), Irdenware, helle Engobe, blaues Malhorndekor, zweite Hälfte 17. Jahrhundert.

INNOVATION – DIE ANEIGNUNG DER WELT

Das europäische Porzellan besteht aus Kaolin, Feldspat und Quarz. Geschirrteile und Figuren wurden durch Gießen dieser Masse in Gipsformen oder durch Drehen geformt und bei relativ hohen, gleichbleibenden Temperaturen und konstanter Brennatmosphäre gebrannt. Die große Leistung Böttgers besteht darin, einen Ofen entwickelt zu haben, der diesen Anforderungen gerecht wurde. Temperaturunterschiede im Ofen versuchte er durch Brennkapseln zu minimieren (Abb. 3).
Das bei der chinesischen Ware so geschätzte „Blau einer milden Sommernacht" für die Dekoration wurde 1720 mit Kobalt aus dem Erzgebirge als erste Scharffeuerfarbe erfunden. 1817 kam Chromgrün hinzu und seit 1880 wurde eine reiche Farbpalette mit Metalloxiden entwickelt (Abb. 4).
Die neuen Genussmittel Tee, Kaffee und Schokolade erforderten temperaturbeständige und isolierende Gefäße. Anfangs aus Fayence oder Silber, dann aus Porzellan wurden hohe Kaffee-, gedrungene, kugelförmige Teekannen sowie kleine

Abb. 3 Meißen, Albrechtsburg, Brennkapseln (Dm. 34 cm), Irdenware, Anfang 19. Jahrhundert. Eingestellter Teller aus Dresden, Schloßstraße 36, 1934–1945.

Innovation aus dem Osten. Asiatisches Porzellan inspiriert die europäische Kultur

Schalen (Koppchen) und Tassen gefertigt. Das frühe europäische Teegeschirr orientierte sich dabei an Gefäßvorbildern des chinesischen Teezeremoniells und an Weinkannen. Kaffeekannen folgen in ihrer Grundform orientalischen Vorbildern. Der hohe Tüllenansatz erschwert ein Ausgießen des Kaffeesatzes. Ein hölzerner Quirl gestattet das Aufschlagen von Kakao in besonderen Kannen unmittelbar vor dem Genuss. Die am Ende des 18. Jahrhunderts entwickelten Gebrauchsformen bestimmen in ihren Grundzügen noch das heutige Design. Die Fertigung in Manufakturen trug zur Ergänzung der europäischen Esskultur durch einheitliche Services bei. Mit der industriellen Massenproduktion schlesischer Porzellanfabriken seit der ersten Hälfte des 19. Jahrhunderts erobert das nun günstige Porzellan die Haushalte in weiten Teilen Europas.

Literatur
van Campen 2014
Krabath 2011

Abb. 4 Meißen, Albrechtsburg, Malproben auf Porzellan, erste Hälfte 19. Jahrhundert.

Innovation im Geist der Tradition. Die Heizungs- und Lüftungsanlage für den Weißen Saal des Berliner Schlosses

Michael Malliaris

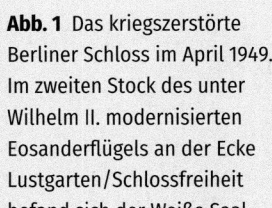

Auch jahrhundertealte Fürstengeschlechter können Motoren des Fortschritts sein. Das bezeugt in besonderer Weise die Baugeschichte des Berliner Schlosses im späten 19. und frühen 20. Jahrhundert (Abb. 1). Bei der Modernisierung des Eosanderflügels gingen nämlich technische Innovation und dynastische Tradition im Weißen Saal im Paradegeschoss (2. Obergeschoss) eine außergewöhnliche Verbindung ein. Der Weiße Saal war der größte Festsaal der Residenz. Dort stand auch der Thron Kaiser Wilhelms II. Die in darunter liegenden Kellerräumen eingebaute, damals hochmoderne Haustechnik ist ein exklusives Beispiel für die Anwendung fortschrittlicher Technologien in der Industriemetropole Berlin.

Kaiser Wilhelm II. bestieg den Thron im Dreikaiserjahr 1888. Mit Elan trieb der 29-jährige Hohenzoller die Modernisierung seiner städtischen Residenz an der Spree voran. Der technikbegeisterte Regent nutzte das Berliner Schloss so intensiv wie nur wenige seiner Vorfahren. Nicht zufällig liegt der schon 1891 begonnene vollständige Neubau des Weißen Saals mit Blick auf den Lustgarten und die Schlossfreiheit am Beginn seiner dreißigjährigen Herrschaft. Galt es doch, „einen dem Ansehen und der Größe des Reiches und seines Kaisertums angemessenen Festsaal im Schloß, der allen Anforderungen genügte, zu schaffen" (Geyer 1992, Teil 1, 105). Der Saal war immerhin schon seit dem Jahr 1883 mit einer Wechselstromanlage für elektrisches Licht ausgestattet. Aus den alten Heizungen drangen jedoch mit der ungefilterten Heizluft auch unerwünschte Gerüche und Ruß in den Festsaal. Unterhalb von Portal III trieben drei Gasmotoren zu je 30 PS drei Lichtmaschinen an. Das damit erzeugte elektrische Licht ergänzte jedoch nur das Kerzenlicht. 1889 entstand hinter dem Hofapothekenflügel an der Spree ein separater Bau zur Stromerzeugung mit Siemens-Lichtmaschinen. Alles in allem hatte der industrielle Fortschritt bislang nur geringe Spuren im Schloss hinterlassen.

Des Kaisers hohe Ansprüche an Komfort sollten an einem komplett erneuerten Weißen Saal überdeutlich werden. Die von Ernst Eberhard von Ihne geplante Modernisierung des Eosanderflügels zwischen dem Eosanderportal unterhalb der Schlosskuppel und der Lustgartenfront zog einen radikalen Umbau vom Keller bis zum Dach nach sich. Damit einher gingen eine weitgehende Entkernung des Baus und die Versetzung der Hoffront. Der nördliche Eosanderflügel verbreiterte sich durch eine Galerie zum Innenhof um acht Meter. Hier entstand de facto ein kompletter Neubau hinter alten Fassaden. In den tiefergelegten Kellerräumen fand eine hochmoderne Heizungs- und Lüftungsanlage Platz, von der aus nach der Fertigstellung im Jahr 1895 zahlreiche Kanäle und Leitungen in die darüber liegenden Räume führten. Ein zeitgenössischer Bericht im „Centralblatt der Bauverwaltung" aus dem Jahr 1895 lässt den Stolz über die Zentralheizung im Eosanderflügel des Berliner Schlosses erkennen: „Ganz unverhältnismäßig viel Mühe und Arbeit verursachte der Entwurf und die Ausführung der mit allen neuen Errungenschaften der Heiz- und Lüftungstechnik versehenen Anlage der Centralheizung, sowohl die räumliche Schaffung und Anordnung der Heizung selbst im Kellergeschoß, als auch beson-

Abb. 1 Das kriegszerstörte Berliner Schloss im April 1949. Im zweiten Stock des unter Wilhelm II. modernisierten Eosanderflügels an der Ecke Lustgarten/Schlossfreiheit befand sich der Weiße Saal.

ders die Anlage der Zuluft- und Abluft-Canäle, der Rauchrohrführungen für die Kesselfeuerungen sowie für die Kaminfeuerungen der in den unteren Geschossen liegenden fürstlichen Wohnungen. Die ausgeführte Heizungsanlage beheizt den gesamten durch den Umbau in Mitleidenschaft gezogenen Schloßtheil zwischen Portal III und Portal IV einschließlich der Schloßkapelle. Die Beheizung erfolgt [...] für diesen umfangreichen Gebäudetheil von einer einzigen Stelle aus, [...] durch eine Niederdruckdampfheizung für den Saal und durch eine Dampfheizung für die Weiße Saal-Treppe und die Schloßkapelle. Dafür sind vier Warmwasserheizkessel und drei Niederdruckdampfkessel aufgestellt. Für den Saal und die neue Galerie sowie für die Bildergalerie ist zugleich eine Druck- und Saugelüftungsanlage getroffen, die allen Anforderungen der Lüftung gerecht werden kann und ein Absaugen der Luft nach oben und unten möglich macht. Als eigenthümlich für die Heizanlage [...] darf jedoch die Vertheilung der in den Saal einzuführenden und abzusaugenden Luft durch Canäle unterhalb des Weißen Saal-Fußbodens hier nicht unerwähnt bleiben [...]. Die Luft steigt von dort in beiden Längswänden des Saales in Canälen, welche zur Seite der Fenster- und Thüröffnungen liegen, in die Höhe und strömt in den Sohlbänken der oberen Fensterreihe, also etwa 7 m hoch über dem Saalfußboden aus. Die zur Lüftung der Räume erforderliche Luftmenge beträgt 38500 cbm in der Stunde und wird, nachdem sie durch eine Fläche von 220 qm bildenden Nesselfilter hindurchgegangen ist, durch zwei elektromotorisch betriebene Ventilatoren in die Heizkammer und von da in den Saal und die Galerien gedrückt. Aehnliche Maschinen-Einrichtungen bewirken auch das Absaugen der Luft nach oben und unten. Die Ausführung der Heizkammern, des Kesselraumes, der Filterkammer, der Zu- und Abluftcanäle ist mit Rücksicht auf die thunlichste Reinlichkeit der einzuführenden Luft mit ganz besonderer Sorgfalt und fast durchweg durch Verwendung glasirter Steine und Platten abwaschbar hergestellt." (Sarrazin – Hoßfeld 1895, 38 ff.)

Bei den Ausgrabungen am Schlossplatz in Berlin-Mitte zwischen 1995 und 2012 wurden die gut erhaltenen Einbauten für Heiz- und Lüftungstechnik in den Kellergeschossen des Berliner Schlosses untersucht und teilweise geborgen (Abb. 2). Sie stellen eindrucksvolle Zeugnisse der haustechnischen Anlage dar, bei der Stromerzeugung, Heizung und Belüftung einen zusammenhängenden Komplex vom Keller bis zum Dach bildeten. Die aufwendig ausgebauten Raumfolgen unter dem Weißen Saal waren vollständig gekachelt. Die passgenau eingemauerten mannshohen Rotoren zum Ansaugen und Verteilen von Frisch- beziehungsweise Heizluft für den Weißen Saal sowie Ansaugtrichter und begehbare Kanalschächte befanden sich noch an Ort und Stelle. Zahlreiche Mauern und Stahlträger höchster Qualität waren für diese Anlage eingezogen worden, um die Übertragung von Schwingungen im Mauerwerk zu minimieren. Elektromotoren, die auf hochqualitativen Maschinenpodesten gestanden hatten, waren vor der Schlosssprengung im Jahr 1950 entfernt worden.

Die an der Hochschule für Technik und Wirtschaft in Berlin restaurierten Ventilatoren der Heizungs- und Lüftungsanlage erinnern daran, wie der technische Fortschritt industrieller Prägung für einen Traditionsbau wie das Berliner Schloss dienstbar gemacht wurde.

Abb. 2 Blick gegen Nordwesten auf die eingemauerten Ventilatoren der wilhelminischen Heizungs- und Lüftungsanlage im Berliner Schloss im Oktober 2011. Die Ausführung der Heizkammern war „mit Rücksicht auf die thunlichste Reinlichkeit der einzuführenden Luft mit ganz besonderer Sorgfalt und fast durchweg durch Verwendung glasirter Steine und Platten abwaschbar hergestellt". (Sarrazin – Hoßfeld 1895, 38 ff.)

Literatur
Geyer 1992
Malliaris – Wemhoff 2016
Sarrazin – Hoßfeld 1895

Detail aus Abb. 7

Das Alchemielabor von Wittenberg. Eine archäologische Grabung in der Geschichte der Naturwissenschaften

Alfred Reichenberger, Christian-Heinrich Wunderlich

Die Anfänge der Alchemie reichen bis in die Antike zurück.[1] Bereits im alten Ägypten versuchte man Metalle wie Kupfer, Blei oder Zinn so zu legieren, dass optisch gold- und silberähnliche Mischungen entstanden. Mit der griechischen Eroberung Ägyptens durch Alexander den Großen im Jahr 331 v. Chr. vermischten sich die theoretischen Vorstellungen der Griechen mit dem praktischen Wissen der Ägypter.[2] Der „Papyrus Leidensis X" und der „Papyrus Holmensis", beide aus der Zeit des 3./4. Jahrhunderts und nach ihren Aufbewahrungsorten Leiden beziehungsweise Stockholm benannt, haben derartige Originalrezepturen überliefert (Abb. 1).[3] Über arabisch-jüdische Vermittlung gelangten die antiken Texte und Rezepturen schließlich ins christliche Abendland, wo sie begierig aufgenommen und weiterentwickelt wurden.[4]

Zwar sind insbesondere seit dem 15./16. Jahrhundert zahlreiche schriftliche Zeugnisse zur Alchemie bekannt, äußerst spärlich sind jedoch bislang archäologische Belege aus dieser Zeit.[5] Der Fund einer Abfallgrube mit den umfänglichen Resten eines alchemistischen Laboratoriums in Wittenberg ergänzt daher den bisherigen Bestand an Realien nicht nur erheblich, er stellt neben einem Komplex aus dem niederösterreichischen Oberstockstall[6] auch den bislang größten Fund alchemistischer Realien des 16. Jahrhunderts nördlich der Alpen dar.

Im Rahmen umfänglicher Ausgrabungen auf dem Areal des ehemaligen Franziskanerklosters in Wittenberg durch das Landesamt für Denkmalpflege und Archäologie Sachsen-Anhalt wurde 2012 eine auf den ersten Blick ganz unscheinbare Abfallgrube (Befund 482) an der nördlichen Außenmauer der 1522 säkularisierten Franziskanerkirche entdeckt (Abb. 2).[7] Sie enthielt zahlreiche keramische Funde und Tausende von Glasscherben, die sich zu alchemistischen Gerätschaften, wie Cucurbiten (Glaskolben), Alembiken (Destillier-

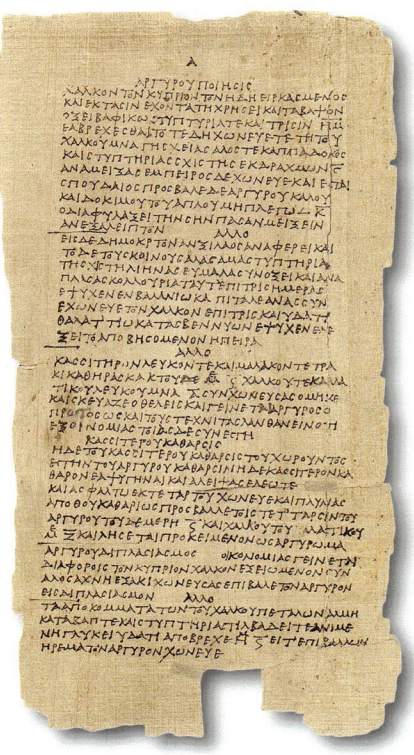

Abb. 1 *Papyrus Leidensis* (links) und *Papyrus Holmiensis*. Die beiden griechischen Handschriften stammen aus dem hellenistischen Ägypten des 3. und 4. Jahrhundert n. Chr. Sie enthalten neben praktischen Handwerker- und Färbereirezepten auch Arbeitsvorschriften, die man im weitesten Sinne als alchemistisch bezeichnen könnte.

INNOVATION – DIE ANEIGNUNG DER WELT

Abb. 2 Plan der archäologischen Untersuchungen im Bereich des Franziskanerklosters in Wittenberg. Befund 482 bezeichnet die Abfallgrube mit alchemistischen Gerätschaften.

helme) und anderen Gefäßen, zusammensetzen ließen (Abb. 3).[8] Daneben sind eine Reihe sogenannter Dreieckstiegel zu erwähnen (Abb. 4), aber auch Bruchstücke der Abdeckplatten alchemistischer Öfen und zahlreiche Gebrauchsgefäße aus Keramik und Glas.[9] In einem Tongefäß fand sich ferner das nahezu vollständige Skelett eines ausgewachsenen Hundes; ein Befund, dessen genaue Bedeutung unklar bleibt.[10] Das Formenspektrum datiert die Abfallgrube in die zweite Hälfte des 16. Jahrhunderts. Als sehr aufschlussreich erwiesen sich die an den Glasgefäßen haftenden chemischen Substanzen. Daraus ließ sich schließen, dass es sich bei dem Grubeninhalt um die Reste eines ehemaligen Alchemistenlabors handelte. Wie die Analysen ergaben, wurden dort offensichtlich in großem Maßstab Antimon- und Quecksilberverbindungen hergestellt.[11] Darüber hinaus erlaubt die außergewöhnlich gute archivalische Quellenlage in Wittenberg im Verbund mit weiteren archäologischen Befunden tiefe Einblicke in die frühe Medizingeschichte. So fanden sich im Bereich der Franziskanerkirche zwei menschliche Skelette mit Spuren von Schädelsektionen, die auch archivalisch nachzuweisen sind (Abb. 5),[12] sowie die Gebeine zweier schwer an Syphilis erkrankter Personen.[13] Die aus dem Geschlecht der Wettiner stammenden Kurfürsten von Sachsen standen der Alchemie sehr aufgeschlossen gegenüber. Über Rechnungen für das 16. Jahrhundert lassen sich gleich mehrere Alchemisten in Wittenberg nachweisen; unter ihnen war übrigens auch Paul Luther, ein Sohn des Reformators, der in der Stadt als Leibarzt des Kurfürsten und als Alchemist tätig war. Obskure Nachrichten und eine frühe Tradition, dass auch der historische Dr. Faustus in Wittenberg gewesen sei, sind jedoch nicht zu verifizieren.[14] Anna von Dänemark, die Gemahlin des Kurfürsten August von Sachsen, widmete sich im nahe bei Wittenberg gelegenen Schloss Annaburg der Heilkunde. Sie betrieb dort ein Destillierhaus, baute Heilpflanzen an und verfasste zahlreiche Arzneibücher. In ihrer Person sind Alchemistin und Apothekerin beispielhaft vereint.[15] Mit der 1502 erfolgten Gründung der Wittenberger Universität,[16] der Leucorea, entwickelte sich die kleine Residenzstadt sehr schnell zu einem der innovativsten Brennpunkte des Geisteslebens in Deutschland. Hier waren Luther, Melanchthon und viele andere tätig, die Studenten von weit her anzogen. In diesem Zusammenhang muss auch der Wittenberger Alchemiefund gesehen werden. Er erlaubt nicht nur tiefe Einblicke in das Zusammenspiel von Alchemie und Medizin, son-

Abb. 3 Übersicht über die Wittenberger Laborglasfunde während der Restaurierung.

Abb. 4 Dreieckstiegel aus dem Inventar der Wittenberger Alchemistenwerkstatt.

INNOVATION – DIE ANEIGNUNG DER WELT

Abb. 5 Keramiktopf und der darin beigesetzte Schädel einer ca. 21–24-jährigen Frau in situ. Schädelsektion, Franziskanerkloster Wittenberg; 16. Jahrhundert.

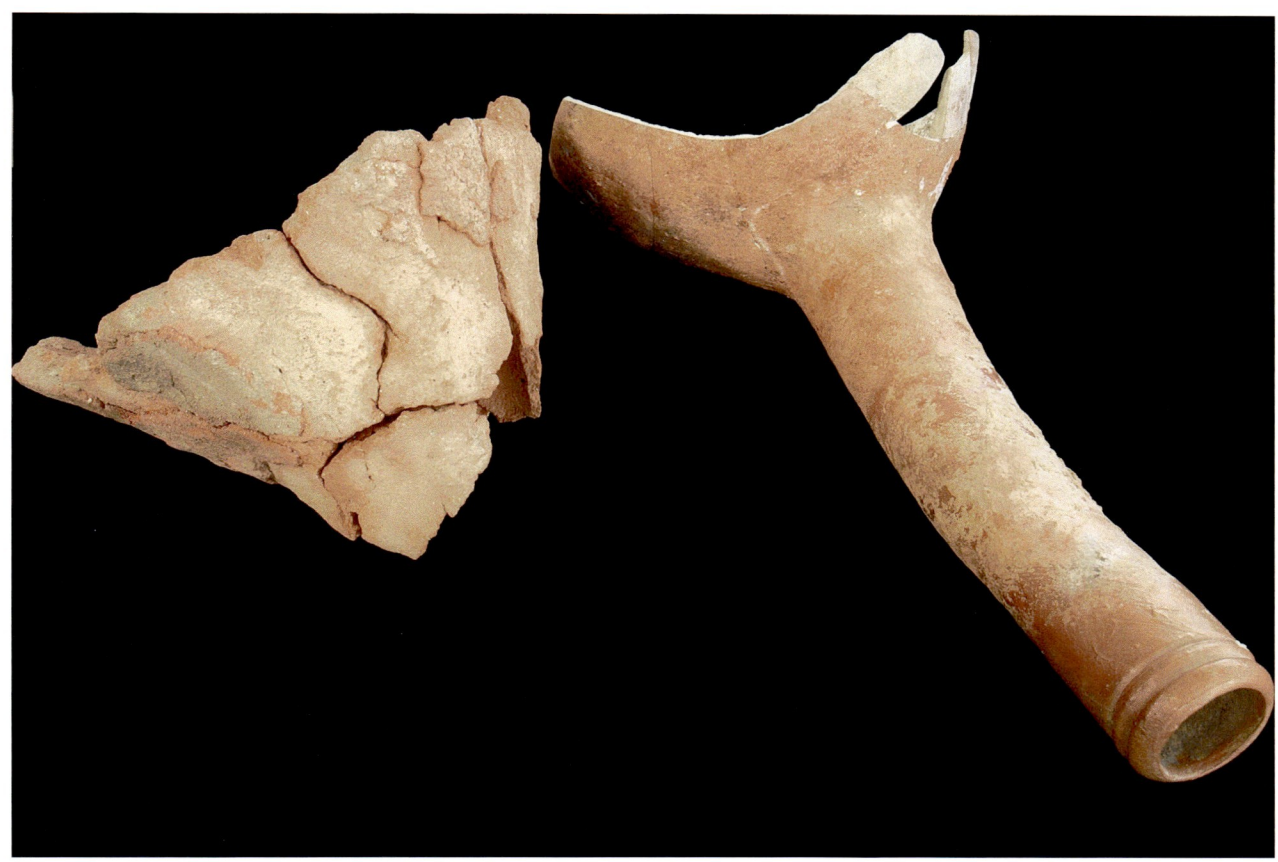

Abb. 6 Steinzeugretorte mit noch anhaftender Lutierung aus dem Wittenberger Laborinventar.

dern ist auch geeignet, das in der Öffentlichkeit allzu einseitig vorherrschende Bild vom Alchemisten als – oft betrügerischem – Goldmacher zu relativieren und ihn vielmehr als das zu erkennen, was er tatsächlich war: ein Vorläufer des modernen Naturwissenschaftlers.

Das Wittenberger Laborinventar

Die rekonstruierende Restaurierung des aus unzähligen Einzelscherben bestehenden Abfallgrubenfundes dauerte über 18 Monate. Die Scherben wurden hierzu nach Erscheinungsbild grob vorsortiert und dann wie ein 3D-Puzzle zusammengesetzt. Technische Hilfsmittel standen für diese Arbeiten nicht zur Verfügung, da es keine geeigneten Rechnerprogramme gibt. Die Arbeiten wurden zudem dadurch erschwert, dass die Scherben nicht gereinigt werden durften, weil sie ja noch mit aussagekräftigen Chemikalienspuren belegt waren. Dennoch gelang es, eine beachtliche Zahl von Laborgeräten zu rekonstruieren. Gefunden wurden die Reste von mindestens fünf Alembiken, zehn Retorten (Destilliergefäße) sowie einige weitere Fragmente, neun Dreieckstiegel, sechs sehr große, drei mittelgroße und 14 kleine Cucurbiten, eine Phiole sowie etliche abgesprengte Spitzen von Cucurbiten und außerdem eine größere Zahl von „Haushaltsgeräten" wie Schüsseln, Töpfe et cetera. Zehn Retorten ließen sich zusammensetzen. Eine davon besteht aus glasiertem Steinzeug; die übrigen aus teils sehr dünnwandigem Glas (0,5–1 mm). Es handelt sich um gewöhnliches „Waldglas", das in der Hitze leicht zersprang. Die Retorten wurden über einen „Tubus" befüllt und dienten hauptsächlich zur Destillation schwerflüchtiger Verbindungen.[17]

Retorten und andere Glasgeräte mussten mit *Lutum philosophorum*, einer lehmhaltigen Masse, ummantelt und so vor der direkten Einwirkung des Feuers geschützt werden (Abb. 6). Reste dieser Masse sind noch an einigen Fragmenten der Wittenberger Gerätschaften erhalten. Die Cucurbiten waren große, birnenförmige

INNOVATION – DIE ANEIGNUNG DER WELT

Abb. 7 Zusammengesetzte Cucurbiten aus dem Wittenberger Laborinventar.

Glaskolben. Ihren Namen haben sie vom lateinischen Wort *Cucurbita* (Flaschenkürbis). Die Gefäße wurden vorzugsweise als Destillationsblasen verwendet. Die größten in Wittenberg gefunden haben ein effektives Aufnahmevolumen von etwa zwei Litern (Abb. 7). Als Alembik bezeichnete man einen auf den Cucurbiten aufgesetzten Destillierhelm, der gleichzeitig einen kurzen Vorstoß besaß, an den eine Vorlage angelegt werden konnte. Wird das Destillationsgut im aufrecht stehenden Cucurbiten zum Sieden erhitzt, so kondensieren die aufsteigenden Dämpfe in der Kuppel des Alembiks. Die Tropfen des Destillats laufen an der Kuppeldecke herab und sammeln sich in der ringförmigen Rinne an der Basis. Über den Schnabel läuft das Destillat ab. Der Alembik ist ein reiner Luftkühler (Abb. 8). Von den sicher einst vorhandenen Öfen sind nur spärliche Reste erhalten. Ein Bruchstück einer Ofendecke mit zentralem Loch zur Aufnahme des zu erhitzenden Gefäßes und eckständigen Rauchabzugslöchern hat überdauert (Abb. 9).

Wittenberger Laboratoriumspraxis

In dem Wittenberger Laboratorium wurden keine Versuche zur Herstellung des „Steins der Weisen" ange-

stellt, sondern vielmehr einige in der von den Ideen des Paracelsus (1493/94–1541) bestimmten Medizin wichtige anorganische Verbindungen gewonnen. Dazu dienten Standardverfahren, die relativ gut bekannt und in zeitgenössischen Druckwerken des 16.–17. Jahrhunderts beschrieben sind.[18]

Schwefelsäure, von den Alchemisten als „Vitriolöl" bezeichnet, wurde durch starkes Erhitzen von geröstetem Eisenvitriol (basisches Eisen(III)-sulfat) und Auffangen der dabei entstehenden Dämpfe von Schwefeltrioxid in Wasser hergestellt (Abb. 10). Viele der gefundenen Retortenscherben enthalten Reste von Eisen(III)-oxid (Hämatit), das die Alchemisten *Caput mortuum vitriolii* („Totenkopf des Vitriols") nannten. Da man den Zustand der Retorte im Ofen nicht kontrollieren konnte, geschah es oft, dass der Kolben sich überhitzte und teilweise

Abb. 8 Destillierhelm auf Destillierkolben mit Gebrauchsspuren. Lehmabdichtung zwischen Helm und Kolben (a), Lutierung auf Kolbenaußenseite (b), Tropfspuren auf Kolbeninnenseite (c), rote Verfärbung im Destillierkolbenboden (Eisen(III)-oxid) (d).

INNOVATION – DIE ANEIGNUNG DER WELT

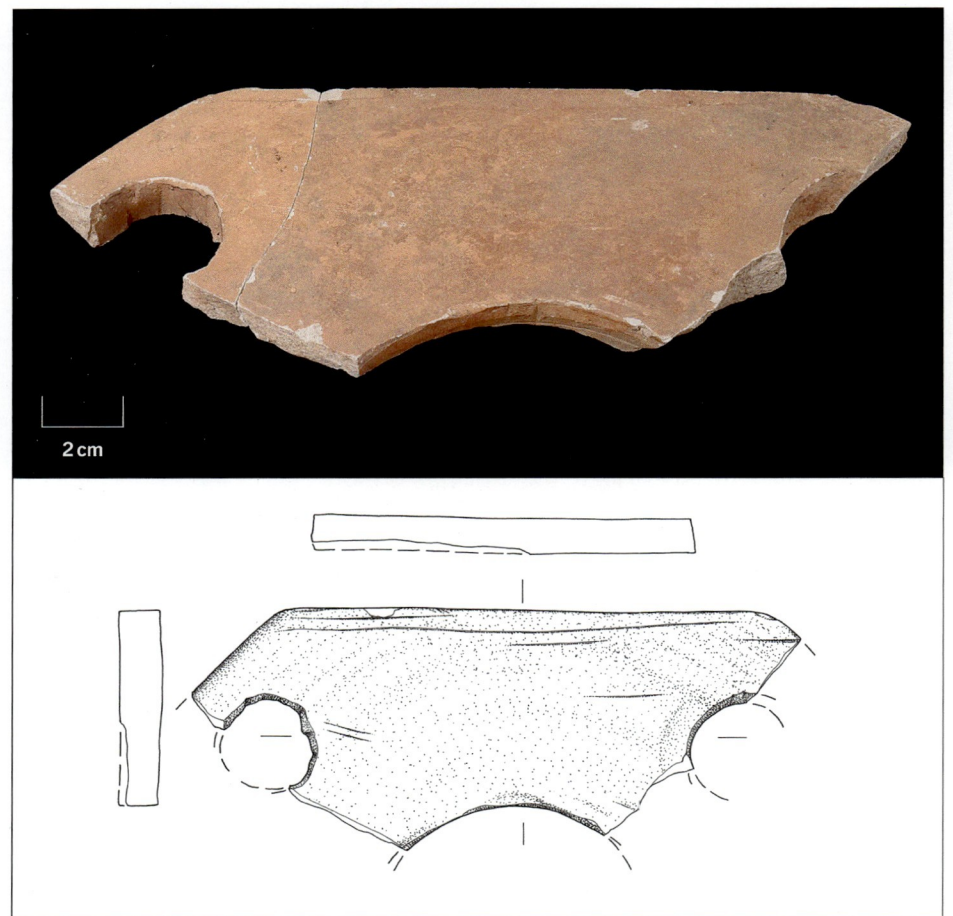

Quecksilberverbindungen

In einem Cucurbiten fanden sich neben Eisen(III)-oxid auch weiße, nadelige Dendriten kristallinen Quecksilber(I)-chlorids (Kalomel) (Abb. 12). Kalomel wurde als *Mercurius dulcis* ab dem beginnenden 17. Jahrhundert in den Pharmacopöen (Arzneibüchern) erwähnt. Im Wittenberger Fund war Kalomel wohl eher ein Nebenprodukt bei der Herstellung von „Sublimat" (Quecksilber(II)-chlorid). Letzteres stellte man her, indem man Quecksilber, Kochsalz, Salpeter und Eisenvitriol erhitzte, wobei das Quecksilber(II)-chlorid sublimierte und aufgefangen werden konnte. Dieses eigentliche Produkt wurde nicht mehr bei den Untersuchungen gefunden, weil es gut wasserlöslich ist und die Bodenlagerung folglich nicht überdauert hat. Die Substanz wurde als Ätzmittel äußerlich angewandt und diente auch als Ratten- und Mäu-

Abb. 9 Wittenberg, Franziskanerkloster: Ofendeckplatte mit großem Loch zum Einsetzen eines Reaktionsgefäßes und kleinem Loch als Rauchabzug.

Abb. 10 Eisen(III)-oxidreste (*Caput mortuum vitrioli*) in Retortenscherben.

Abb. 12 Weiße Nadeln von Quecksilber(I)-chlorid (Kalomel) zwischen roten Flecken von Eisen(III)-oxid aus einem Wittenberger Cucurbiten. Beide sind Nebenprodukt der Herstellung von *Mercurium sublimatum* (Quecksilber(II)-chlorid), dieses wiederum wurde zur Herstellung von Antimonöl bzw. *Mercurius vitae* (Antimon(III)-chlorid) benötigt.

schmolz (Abb. 11). Eine technische Verwendung für Schwefelsäure kannte man im 16. Jahrhundert noch nicht. In der Scheidekunst spielte sie, im Gegensatz zu Salpetersäure, praktisch keine Rolle. Ihre einzige Anwendung lag in der Medizin. Paracelsus empfahl wenige Tropfen Schwefelsäure in Wein zur Heilung von Epilepsie.

Neben Schwefel- wurde auch die alchemistisch wichtigere Salpetersäure, „Scheidewasser" genannt, erzeugt. Dazu wurde geröstetes Eisenvitriol mit Salpeter (Kaliumnitrat) im Kolben erhitzt. Die Mischung setzt nitrose Gase und Salpetersäure frei, die in Alembik und Vorlage mit Wasser zu Salpetersäure kondensieren. Salpetersäure diente zur Trennung von Gold und Silber, wurde aber auch zur Produktion von Arzneien verwendet, beispielsweise um *Mercurius praecipitatus diaphoreticus* herzustellen. Dies ist rotes Quecksilberoxid, das durch mehrfaches Abrauchen von Quecksilber mit Salpetersäure gewonnen wurde.

Das Alchemielabor von Wittenberg. Eine archäologische Grabung in der Geschichte der Naturwissenschaften

Abb. 11 Zusammengesetztes angeschmolzenes Retortenfragment aus dem Wittenberger Laborinventar.

INNOVATION – DIE ANEIGNUNG DER WELT

segift. Größere Mengen von Quecksilber(II)-chlorid wurden als Reagens zur Herstellung von Antimon(III)-chlorid („Antimonöl", s. u.) benötigt.

Antimonverbindungen

Die wichtigste Substanzgruppe im Wittenberger Alchemielabor waren Antimonverbindungen. Es finden sich rohe Klumpen aus dichtem Antimon(III)-sulfid (Stibnit, Grauspießglanz) und poröse Schmelzkuchen aus demselben Mineral (*Antimonium crudum*). Insgesamt fand man über ein halbes Kilo dieser Verbindung im Befund. Es diente als Rohstoff einer umfangreichen Produktion von Antimonpräparaten (Abb. 13). Analysen ergaben, dass das Rohantimon vermutlich aus dem Fichtelgebirge kam.[19] Mehrere Tiegel enthalten Reste von „Spießglas", glasige Massen nichtstöchiometrischer Antimonoxidsulfide, die entstehen, wenn Stibnit längere Zeit im Flammofen oxidierend geschmolzen und geglüht wird. Diese Massen sind nach dem Zerreiben – je nach verbliebenem Schwefelgehalt – orangegelb bis rötlich gefärbt. Antimonverbindungen lassen sich noch in einer Vielzahl weiterer Objekte aus Wittenberg nachweisen. Unter anderem ließ sich die Herstellung von Antimonchlorid (*Oleum Antimonii, Butyrum antimonii*) und Antimon(III)-Oxid (*Flores Antimonii*) belegen.[20]

In mehreren Cucurbiten fand sich eine dicke Schicht schwarzes Quecksilbersulfid in Mischung mit Antimonsulfid. Diese Substanzen sind Rückstände eines Prozesses, bei dem Quecksilber(II)-chlorid, das ja ebenfalls im Wittenberger Labor produziert wurde, zusammen mit Stibnit erhitzt wurde. Bei der doppelten Umsetzung entstanden schwarzes Quecksilbersulfid und Antimonchlorid, Letzteres destillierte man ab.

Antimon in der paracelsischen Medizin

Der Arzt und Alchemist Paracelsus zählt zu den herausragenden Persönlichkeiten des 16. Jahrhunderts.[21] Sein eigentlicher Name lautete Theophrastus Bombastus von Hohenheim. Paracelsus wandte die Alchemie auf den Menschen an, um Krankheiten zu heilen. Die von ihm als „Chemiatrie" oder „Spagyrik" bezeichnete medizinisch-pharmazeutische Lehre ging davon aus, dass es Parallelen der Vorgänge im Körper des Menschen zu chemischen Vorgängen zwischen Substanzen im Labor gäbe. Geraten diese Prozesse aus dem Gleichgewicht, ist der Mensch erkrankt. Besonders faszinierte Paracelsus das Antimon, denn seit Beginn des 16. Jahrhunderts wurde es in der Metallurgie als effektives Reinigungsmittel für Gold eingesetzt, ein damals innovativer Prozess. Georg Agricola beschrieb 1556 in seinem wegweisenden Werk „*De Re Metallica*" das Verfahren. Mindestens 16-karätiges Gold wurde zusammen mit dem doppelten Anteil Stibnit (Antimon(III)-sulfid) geschmolzen und in einen eisernen „Gießpuckel" umgegossen, worauf man es erkalten ließ. Der erstarrte Inhalt wurde herausgenommen und zerstoßen, wobei man den unten abgesetzten Regulus (Goldkügelchen) entnahm, der Gold und metallisches Antimon enthielt. Die ehemaligen Verunreinigungen des Goldes, also Kupfer und Silber, befanden sich in der sulfidischen Schlacke. Der Antimon-Gold-Regulus wurde in scharfem Feuer erhitzt und dabei das Antimon „abgetrieben" (verbrannt). Man erhielt daraus dann einen Regulus aus reinem Gold.[22] Paracelsus schloss daraus, dass das Antimon auch als Pharmakon eine reinigende Wirkung auf den Leib habe. In seiner „wundartzney" (1537) findet sich die Bemerkung: „... Auß dem volget nun die bereytung/in der gestalt/das auß dem Antimonio ein Tinctur werd/und das er bereyt werde in ein artzney/also das dieselbige gleich so wol das im menschen thu/das er thut im Gold/und zugleicherweiß wie er im Gold reynigt/also reynigt er auch im menschen."[23]

Abb. 13 Brocken von Antimon(III)-sulfid (Stibnit) aus dem Wittenberger Labor. Das Material war Ausgangsstoff einer Vielzahl von antimonhaltigen Pharmaka, die hier hergestellt wurden.

Die Dosis macht das Gift

Paracelsus war die Giftigkeit des Antimons bekannt. Er versuchte daher, dessen „böses" Wesen umzukehren, es zu „töten". Ein Weg, dies zu tun, war das oben beschriebene Verfahren, Stibnit (Sb_2S_3) im Flammofen in Spießglas (Sb_2O_{3-x}) S_x zu verwandeln – was im Falle von Antimon dessen Giftigkeit allerdings nicht verringert. Paracelsus setzte jedoch die Menge der verabreichten Antimonmittel so weit herab, dass die Wirkung noch hinreichend drastisch, aber nicht tödlich war. So formulierte er seinen bis heute gültigen Lehrsatz, dass allein die Dosis das Gift mache. Die Erfindung der Antimontherapie verbreitete sich in der Folge insbesondere im deutschsprachigen Raum rasch, fand aber auch vehemente Gegner.

Der „Triumphwagen des Antimons"

Das wohl bedeutendste Werk zur Antimontherapie erschien 1604 unter Pseudonym des mit Sicherheit fiktiven Benediktinermönchs „Basilius Valentinus". Herausgegeben und mit großer Wahrscheinlichkeit auch verfasst hat es der Alchemist und Salinist Johann Thölde (Abb. 14).[24] Wie der verheißungsvolle Titel „Triumphwagen des Antimons" schon sagt, wird darin die Antimontherapie propagiert, zudem enthält das Werk viele Rezepturen zur Darstellung von Antimonverbindungen.[25] Alle Antimonderivate führen, innerlich angewendet, zu ausgiebigem Erbrechen, Brechdurchfall und Schweißausbrüchen. Dies wurde als die gewünschte reinigende Kraft des Medikamentes angesehen. Dabei ist die therapeutische Breite gering. Die tödliche Dosis scheint von Individuum zu Individuum verschieden zu sein. Die aktuelle Gefahrstoffdatenbank gibt für Brechweinstein (Kaliumantimonyltartrat), einer häufigen Darreichungsform in der Antimontherapie, etwa 125–1200 Milligramm an.[26] 20–30 Milligramm lösen Brechreiz aus, toxische Wirkungen sind in Einzelfällen schon bei zehn Milligramm zu beobachten. Die Wirkung muss in jedem Falle drastisch und mit furchtbaren Qualen verbunden gewesen sein. So heißt es im Kommentar der „*Pharmacopoea Germanica*" von 1874: „Wer jemals ein tüchtiges Antimonbrechmittel mit etwa 3 Gran [ca. 185 mg] tartarus emeticus genommen hat, wird sich wohl noch des furchtbaren Zustands erinnern, den ihm dieses Gift im Leibe veranlasst. Uebelkeit, Brechen, Würgen, Abführen, Wadenkrampf zu gleicher Zeit ist zu viel für einmal. Es ist der höchste Zustand menschlichen körperlichen Elends, den man erregen kann."[27] Im späten 18. und im 19. Jahrhundert beschränkte sich die innerliche Anwendung nur noch auf die schweißtreibende Wirkung, als Brechmittel und als *Expectorans* (Hustenlöser). Jedoch wurde sogar Lungenentzündung noch als Indikation angegeben. Äußerlich wurde Antimonchlorid als Ätzmittel verwendet; noch 1940 war Antimon(V)-sulfid Bestandteil von Hustenpillen.[28]

Die Vielzahl der Kolben und Retorten und deren Größe zeigen, dass im Wittenberger Labor gewaltige Mengen von Antimonderivaten produziert wurden. Schon aus einem einzigen mittleren Cucurbiten ließ sich ein halbes

Abb. 14 Titelblatt zu einem Kommentar des „Triumphwagen des Antimons" des Alchemisten Kerckring, erschienen 1671 (Digitalisat, Getty Research Institute).

Kilogramm Antimonchlorid gewinnen. Sicher ist das weit mehr als nur der Bedarf einer einzelnen Apotheke, wahrscheinlich auch der gesamten Stadt Wittenberg oder des fürstlichen Hofes.

"Geschicht uns unrecht / van man uns als goldmacher außschreiet"

Die Alchemie wurde schon von den Zeitgenossen sehr ambivalent beurteilt. So schreibt etwa Alexander von Suchten, ein wichtiger Anhänger der Antimontherapie, bereits 1570: "Darumb geschicht uns unrecht / van man uns als goldmacher außschreiet [...] es ist uns leid, das man das mißbraucht / das uns zu widerbringung und erhaltung des Menschen Gesundheit von Gott geoffenbaret ist."[29]

Teilweise wurde die Alchemie gefördert durch Fürsten, deren Geldbedarf stets enorm war, was Betrüger geradezu auf den Plan rief. Die Wittenberger Neufunde erlauben vor dem Hintergrund und im Umfeld der 1502 neu gegründeten Wittenberger Universität Leucorea, der Rolle der Alchemie zwischen Scharlatanerie und Wissenschaft erneut nachzugehen. Insbesondere zeigen die Funde die große Bedeutung der Alchemie für die Heilkunst und Medizin – Aspekte, die häufig nur wenig Beachtung in diesem Kontext finden.

Die Analyse des Wittenberger Labors räumt mit der heute immer noch populären Vorstellung auf, Alchemisten seien in erster Linie betrügerische "Goldmacher" gewesen oder Menschen, die ihr Vermögen aufs Spiel setzten, um einen imaginären "Stein der Weisen" zu finden. Dieses Bild geht im Wesentlichen auf das 18. und 19. Jahrhundert zurück und ist eng verbunden mit der Emanzipation der Chemie und der Physik als eigenständige naturwissenschaftliche Disziplinen. Die Alchemisten des Mittelalters und der frühen Neuzeit waren vielmehr von dem Drang nach Wissen und Erkenntnis beseelt. Im "Stein der Weisen",[30] den sie vergeblich suchten, sahen sie das Allheilmittel, das nicht nur Blei in Gold verwandeln, sondern auch Krankheiten heilen und sogar die Erbsünde tilgen könnte. Auch wenn es schon damals – wie zu allen Zeiten – Scharlatane gab,[31] so verstanden sich doch die meisten Alchemisten als "Wissenschaftler" mit ehrlichen Zielen. Hätte man das Geheimnis gelüftet, wären alle Probleme auf einen Schlag lösbar gewesen. Dabei machten die Alchemisten Entdeckungen, die den Grundstein für die modernen Naturwissenschaften legten. Diese bauen nicht nur auf dem Wissen der Alchemisten auf, sie suchen auch heute noch – mit neuen Methoden und Theorien – nach den Gesetzen, die die Welt im Innersten zusammenhalten. Die Sehnsüchte, die sich daran knüpfen, sind dieselben geblieben: die Geißeln der Menschheit – Krankheit, Hunger und Armut – zu besiegen, aber auch Ruhm, Macht und Geld zu erlangen. Und damals wie heute werden erhebliche Summen aufgewendet, ohne dass man vorhersagen könnte, ob sich der Aufwand am Ende lohnen wird. So mancher moderne Forschungsantrag weckt Erinnerungen an das Versprechen, Gold machen zu können.

1. Schütt 2000, 11–148; Priesner 2011, 8–30; Priesner 2015, 46–57.
2. Priesner 2011, 8–27.
3. Zum *Papyrus Leidensis*: Pack 1952, 70 Nr. 1563; Berthelot 1967 [1888], 3–73; Halleux 1981, 84–109; Hild 1998, 265; zum *Papyrus Holmensis*: Lagercrantz 1913; Pack 1952, 70 Nr. 1564; Pack 1967, 109 Nr. 1998; Hengstl 1978, 274–275. Nr. 112 (Auszüge); Halleux 1981, 110–151; Hild 1998a, 265–266.
4. Priesner 2011, 27–45.
5. Bachmann – Hofmeier 1999, 96–97; Reichenberger 2016, 13; Feuerstein-Herz 2016, 281–297.
6. von Osten 1998; von Osten 2016, 337–345.
7. Rode 2016, 29–44.
8. Keil 2016, 45–58.
9. Stephan 2016; Albrecht 2016.
10. Döhle 2016.
11. Wunderlich 2016.
12. Böhmer 2009, 44–51.
13. Meyer u. a. 2016.
14. Stahl 2016, 205–248; Reichenberger 2016, 16–19.
15. Keller 2010.
16. Lück 2016, 131–144.
17. Wunderlich 2016, 61.
18. Wunderlich 2016, 59–89.
19. Pernicka 2016, 86–87.
20. Wunderlich 2016, 73–74.
21. Müller-Jahncke 1998, 267–270.
22. Agricola 1556, Buch X, 363–364.
23. Paracelsus 1537, Buch II, fünftes Kapitel, Doppelseite XXXVIII.
24. Priesner 1986, 107–119; Priesner 2011a, 65–74; Görmar 2015, 9–16.
25. Priesner 1997, 159–172.
26. GESTIS 2016, Stoffdatenbank des Instituts für Arbeitsschutz der Deutschen Gesetzlichen Unfallversicherung. URL: http://gestis.itrust.de/nxt/gateway.dll/gestis_de/000000.xml?f=templates$fn=default.htm$vid=gestisdeu:sdbdeu$3.0, dort unter dem Stichwort „Kaliumantimonyltartrat".
27. Mohr 1874, 826.
28. Marxer 2000, 731–736.
29. von Suchten 1570, 7–9.
30. Wunderlich – Werthmann 2016, 377–382.
31. Vgl. z. B. Feuerstein-Herz 2014, 338–341.

ANHANG

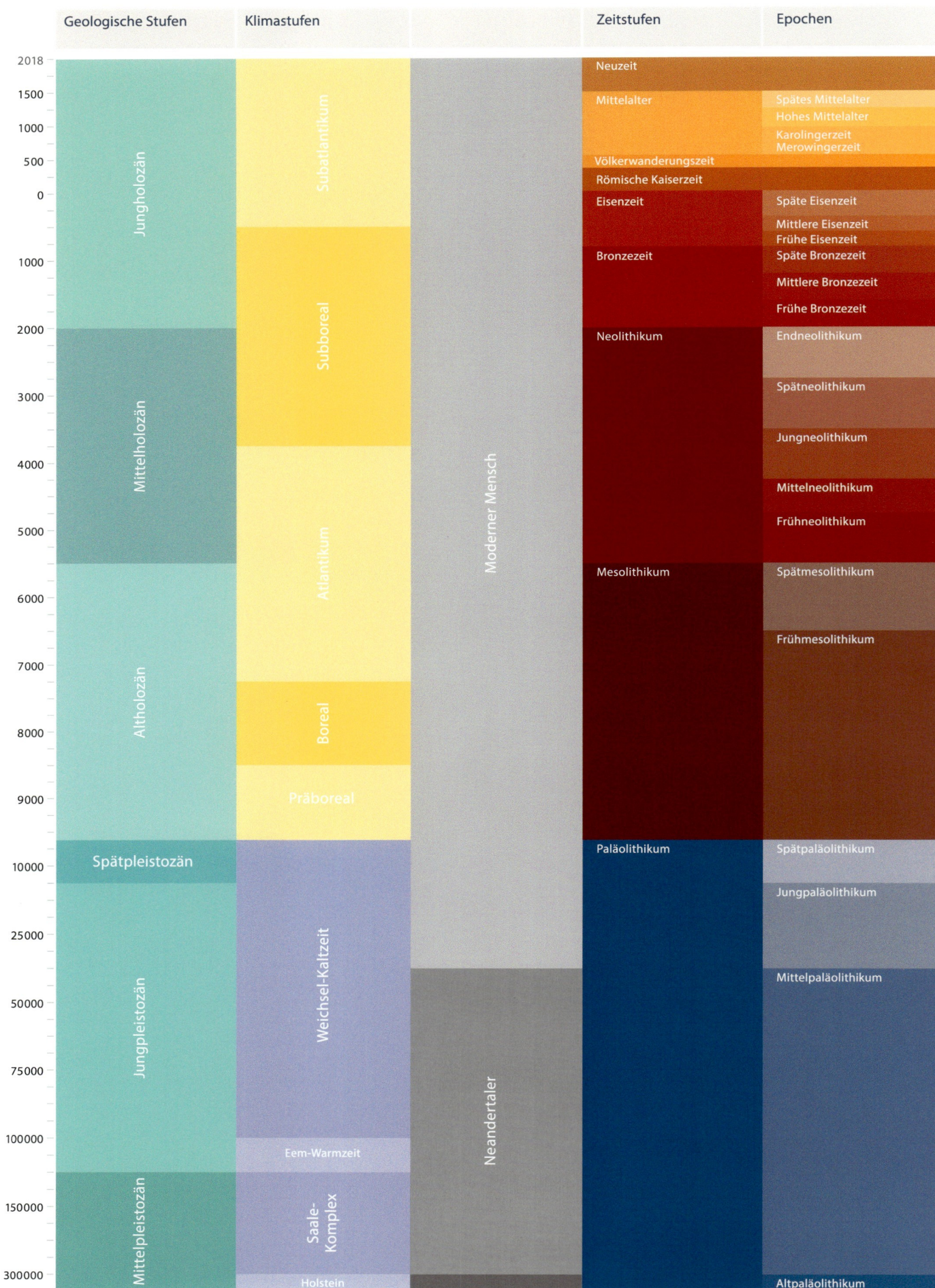

Schematische Übersicht der geologischen und archäologischen Zeitstufen in Deutschland

Liste der Autoren

Prof. Dr. Wolfgang Adler
Landesdenkmalamt des Saarlandes
Bodendenkmalpflege
Am Bergwerk Reden 11
66578 Schiffweiler

Dr. Jens Auer
Landesamt für Kultur und Denkmalpflege
Mecklenburg-Vorpommern
Landesarchäologie Mecklenburg-Vorpommern
Domhof 4/5
19055 Schwerin

Prof. Dr. Michael Baales
LWL-Archäologie für Westfalen
Außenstelle Olpe
In der Wüste 4
57462 Olpe

Dr. Andreas Bauerochse
Niedersächsisches Landesamt für Denkmalpflege
Scharnhorststraße 1
30175 Hannover

Susanne Birker
Gustav-Lübcke-Museum
Neue Bahnhofstraße 9
59065 Hamm

Dr. Dieter Bischop
Landesarchäologie Bremen
An der Weide 50a
28195 Bremen

Prof. Dr. Joachim Burger
Johannes Gutenberg University Mainz
Anselm Franz von Bentzel Weg 7
55128 Mainz

Dr. Ivonne Burghardt
Landesamt für Archäologie Sachsen
Zur Wetterwarte 7
01109 Dresden

Prof. Dr. Claus von Carnap-Bornheim
Archäologisches Landesamt Schleswig-Holstein
Schloss Annettenhöh
Brockdorff-Rantzau-Straße 70
24837 Schleswig

Dr. Silvia Codreanu-Windauer
Bayerisches Landesamt für Denkmalpflege
Dienststelle Regensburg
Adolf-Schmetzer-Straße 1
93055 Regensburg

Prof. Dr. Nicholas Conard
Universität Tübingen
Ur- und Frühgeschichte und Archäologie des Mittelalters
Burgsteige 11
72070 Tübingen

Dr. Renate Ebersbach
Landesamt für Denkmalpflege im Regierungspräsidium Stuttgart
Referat 84.1 – Archäologische Denkmalpflege: Grundsatz, Leitlinien, Denkmalforschung
Fischersteig 9
78343 Gaienhofen

Dr. Hubert Fehr
Bayerisches Landesamt für Denkmalpflege
Dienststelle Thierhaupten
Klosterberg 8
86672 Thierhaupten

Dr. Elke Först
Bodendenkmalpflege
Freie und Hansestadt Hamburg
Archäologisches Museum Hamburg
Museumsplatz 2
21073 Hamburg

Dr. Barbara Gaertner
Forschungsstelle Kaiserpfalz
Mainzer Straße 68
55218 Ingelheim am Rhein

Dr. Birgit Gehlen
Universität zu Köln
CRC 806, Projekt D4
Bernhard-Feilchenfeld-Straße 11
50969 Köln

Prof. Dr. Detlef Gronenborn
Römisch-Germanisches Zentralmuseum
Leibniz Research Institute for Archaeology
Ernst-Ludwig-Platz 2
55116 Mainz

Dr. Martin Grünewald
LVR-Amt für Bodendenkmalpflege im Rheinland / Außenstelle Titz
Ehrenstraße 14–16
52445 Titz

Dr. Michael Geschwinde
Niedersächsisches Landesamt für Denkmalpflege
Stützpunkt Braunschweig
– Bezirksarchäologie –
Husarenstraße 75
38102 Braunschweig

Dr. Wolfgang Haak
Max-Planck-Institut für Menschheitsgeschichte
Kahlaische Straße 10
07745 Jena

Dr. Andreas Haasis-Berner
Regierungspräsidium Stuttgart
Abt. 8 – Landesamt für Denkmalpflege
Ref. 84.2 – Fachbereich Inventarisation – Archäologische Denkmalpflege
Dienstsitz Freiburg
Günterstalstraße 67
79100 Freiburg

Dr. Julia Hallenkamp-Lumpe
LWL-Archäologie für Westfalen
Außenstelle Bielefeld
Am Stadtholz 24a
33609 Bielefeld

Prof. Dr. Svend Hansen
Deutsches Archäologisches Institut
Eurasien-Abteilung
Podbielskiallee 69–71
14195 Berlin

Dr. Michaela Harbeck
Staatssammlung für Anthropologie und Paläoanatomie München
Karolinenplatz 2a
80333 München

Dr. Henning Haßmann
Niedersächsisches Landesamt für Denkmalpflege
Scharnhorststraße 1
30175 Hannover

Dr. Christiane Hemker
Landesamt für Archäologie Sachsen
Zur Wetterwarte 7
01109 Dresden

Dr. Marion Heumüller
Niedersächsisches Landesamt für Denkmalpflege
Scharnhorststraße 1
30175 Hannover

Wolfgang Heuschen, M. A.
Neanderweg 10
40699 Erkrath

Dr. Volker Hilberg
Stiftung Schleswig-Holsteinische Landesmuseen
Schloss Gottorf
Schlossinsel 1
24837 Schleswig

Prof. Dr.-Ing. Karl Hofmann-von Kap-herr
Hochschule Trier – Trier University of Applied Sciences
Fachbereich: Technik / Maschinenbau
Schneidershof A210
54293 Trier

Prof. Dr. Carsten Jahnke
SAXO-Institute – Archaeology, Ethnology, Greek & Latin, History
KUA2, Building: 13B-1-18
2300 København S
Denmark

Dr. Detlef Jantzen
Landesamt für Kultur und Denkmalpflege
Archäologie und Denkmalpflege
Dezernat Archäologie
Domhof 4/5
19055 Schwerin

Dr. Gerard Jentgens
Jentgens & Partner Archäologie
Ökonomie St. Arnold
Emsdettenerstrasse 240
48485 Neuenkirchen

Dr. Olaf Jöris
MONREPOS
Archäologisches Forschungszentrum und Museum für menschliche Verhaltensevolution
56567 Neuwied

ANHANG

Ramona Kaiser, M. A.
Forschungsstelle Kaiserpfalz
Mainzer Straße 68
55218 Ingelheim am Rhein

Prof. Dr. Hans-Jörg Karlsen
Heinrich-Schliemann-Institut für
Altertumswissenschaften
Universität Rostock
18051 Rostock

Katja Kliemann, M. A.
– Archäologische Zone/
Jüdisches Museum –
Heumarkt 64–66
50667 Köln

Dr. Stefanie Klooß
Archäologisches Landesamt Schleswig-Holstein
Brockdorff-Rantzau-Straße 70
24837 Schleswig

Dr. Stefan Krabath
Niedersächsisches Institut für historische
Küstenforschung
Viktoriastraße 26/28
26382 Wilhelmshaven

Harald Krause, M. A.
Museum Erding
Prielmayerstraße 1
85435 Erding

Prof. Dr. Dirk L. Krausse
Landesamt für Denkmalpflege
Berliner Straße 12
73728 Esslingen

Katharina von Kurzynski, M. A.
Landesamt für Denkmalpflege Hessen
hessenARCHÄOLOGIE
Schloss Biebrich
65203 Wiesbaden

Dr. Mario Küßner
Thüringisches Landesamt für Denkmalpflege und Archäologie
Humboldtstraße 11
99423 Weimar

Sabrina Kutscher, M. A.
Institut für Vor- und Frühgeschichtliche
Archäologie und Provinzialrömische
Archäologie
Ludwig-Maximilians-Universität
München
Geschwister-Scholl-Platz 1
80539 München

Dr. Ulrich Lehmann
LWL-Archäologie für Westfalen
Zentrale Dienste
An den Speichern 7
48157 Münster

Dr. Esther Lehnemann
Landesamt für Denkmalpflege
Hessen/hessenARCHÄOLOGIE
Ketzerbach 10
35037 Marburg

Dr. Petra Lönne
Landkreis Northeim
Kreisarchäologie Northeim
Medenheimer Straße 6/8
37154 Northeim

Dr. Michael Malliaris
Landesdenkmalamt Berlin
Klosterstraße 47
10179 Berlin

Dr. Markus Marquart
Museen der Stadt Aschaffenburg
Schlossplatz 4
63739 Aschaffenburg

Dr. Christa Meiborg
Bezirksarchäologie
Mittelalter- und Neuzeitarchäologie
Landesamt für Denkmalpflege
Hessen/hessenARCHÄOLOGIE
Ketzerbach 10
35037 Marburg

Prof. Dr. Harald Meller
Landesamt für Denkmalpflege und
Archäologie
Landesmuseum für Vorgeschichte
Richard-Wagner-Straße 9
06114 Halle (Saale)

Prof. Dr. Carola Metzner-Nebelsick
Ludwig-Maximilians-Universität
Institut für Vor- und Frühgeschichtliche
Archäologie und Provinzialrömische
Archäologie
Schellingstraße 12
80799 München

Dr. Michael Meyer
Freie Universität Berlin
Fachbereich Geschichts- und Kulturwissenschaften
Institut für Prähistorische Archäologie
Fabeckstraße 23–25
14195 Berlin

Martin Nadler M. A.
Bayerisches Landesamt für Denkmalpflege
Dienststelle Nürnberg
Burg 4
90403 Nürnberg

Dr. Elke Nieveler
LVR-LandesMuseum Bonn
Bachstraße 5–9
53115 Bonn

PD Dr. Jörg Orschiedt
Curt-Engelhorn-Zentrum Archäometrie
gGmbH
D6, 3 und C4, 8
68159 Mannheim
Freie Universität Berlin
Institut für Prähistorische Archäologie
Fabeckstraße 23–25
14195 Berlin

Prof. Dr. Bernd Päffgen
Ludwig-Maximilians-Universität
Institut für Vor- und Frühgeschichtliche
Archäologie und Provinzialrömische
Archäologie
Schellingstraße 12
80799 München

Dr. Hans-Werner Peine
LWL-Archäologie für Westfalen
Mittelalter- und Neuzeitarchäologie
An den Speichern 7
48157 Münster

Prof. Dr. Ernst Pernicka
Curt-Engelhorn-Zentrum Archäometrie
gGmbH
D5, Museum Weltkulturen
68159 Mannheim

Dr. Gabriele Rasbach
Deutsches Archäologisches Institut (DAI)
Römisch-Germanische Kommission
(RGK) Frankfurt a.M.
Palmengartenstraße 10–12
60325 Frankfurt am Main

Dr. Alfred Reichenberger
Landesamt für Denkmalpflege und
Archäologie
Landesmuseum für Vorgeschichte
Richard-Wagner-Straße 9
06114 Halle (Saale)

Dr. Dirk Rieger
Hansestadt Lübeck
Fachbereich Kultur und Bildung
4.491 – Archäologie und Denkmalpflege
Abteilung Archäologie
Meesenring 8
23566 Lübeck

Prof. Dr. Michael M. Rind
LWL-Archäologie für Westfalen
An den Speichern 7
48157 Münster

Dr. Andreas Rott
Wissenschaftlicher und konservatorischer
Mitarbeiter
Staatssammlung für Anthropologie und
Paläoanatomie
Karolinenplatz 2a
80333 München

Dr. Sabine Schade-Lindig
Landesamt für Denkmalpflege Hessen,
hessenARCHÄOLOGIE
Schloss Biebrich/Ostflügel
65203 Wiesbaden

Prof. Dr. Christoph Schäfer
Universität Trier
Fachbereich III – Alte Geschichte
54286 Trier

Dr. Jonathan Scheschkewitz
Landesamt für Denkmalpflege
Berliner Straße 12
73728 Esslingen

Prof. Dr. Helmut Schlichtherle
Landesamt für Denkmalpflege im
Regierungspräsidium Stuttgart
Fischersteig 9
78343 Gaienhofen

Dr. Werner Schön
An der Lay 4
54578 Kerpen-Loog

Prof. Dr. Franz Schopper
Brandenburgisches Landesamt für
Denkmalpflege
und Archäologisches Landesmuseum
Wünsdorfer Platz 4–5
15838 Zossen (Ortsteil Wünsdorf)

Dr. Britta Schulze-Böhm
Forschungsstelle Kaiserpfalz
Mainzer Straße 68
55218 Ingelheim am Rhein

Liste der Autoren

Dr. Ralf Schwarz
Landesamt für Denkmalpflege und Archäologie
Landesmuseum für Vorgeschichte
Richard-Wagner-Straße 9
06114 Halle (Saale)

Lothar Schwinden
Auf Mohrbüsch 53
54292 Trier

Dipl.-Ing. Björn Seewald
Bayerisches Landesamt für Denkmalpflege
Referat Z V (Zentrallabor)
Hofgraben 4
80539 München

Dr. Martin Segschneider
Niedersächsisches Institut für historische Küstenforschung
Viktoriastraße 26/28
26382 Wilhelmshaven

Dr. Sven Spiong
LWL-Archäologie für Westfalen
Außenstelle Bielefeld
Am Stadtholz 24a
33609 Bielefeld

Dr. Harald Stäuble
Landesamt für Archäologie Sachsen
Zur Wetterwarte 7
01109 Dresden

Prof. Dr. Thomas Stöllner
Ruhr-Universität Bochum
Institut für Archäologische Wissenschaften
Ur- und Frühgeschichte, Lehrstuhl
Am Bergbaumuseum 31
44791 Bochum

Jörg Stolz Diplom Restaurator (univ.)
Frohschammerstraße 12c
80807 München

Dr. Christian Tannhäuser
Thüringisches Landesamt für Denkmalpflege und Archäologie
Humboldtstraße 11
99423 Weimar

Prof. Dr. Thomas Terberger
Niedersächsisches Landesamt für Denkmalpflege
Scharnhorststraße 1
30175 Hannover

Dr. Barbara Theune-Großkopf
Archäologisches Landesmuseum Baden-Württemberg
Benediktinerplatz 5
D-78467 Konstanz

Dr. Marcus Trier
Römisch-Germanisches Museum
Roncalliplatz 4
50667 Köln

Gabriele Wagner
Landesamt für Archäologie Sachsen
Zur Wetterwarte 7
01109 Dresden

Kim Wegener, M. A.
LWL-Archäologie für Westfalen
Mittelalter- und Neuzeitarchäologie
An den Speichern 7
48157 Münster

Dr. Benjamin Wehry
Museum für Vor- und Frühgeschichte
Staatliche Museen zu Berlin – Stiftung Preußischer Kulturbesitz
Archäologisches Zentrum
Geschwister-Scholl-Straße 6
10117 Berlin

Prof. Dr. Matthias Wemhoff
Museum für Vor- und Frühgeschichte
Staatliche Museen zu Berlin – Stiftung Preußischer Kulturbesitz
Archäologisches Zentrum
Geschwister-Scholl-Straße 6
10117 Berlin

Dr. Thomas Westphalen
Landesamt für Archäologie
Zur Wetterwarte 7
01109 Dresden

Prof. Dr. Thomas Wetzstein
Lehrstuhl für mittelalterliche Geschichte
Katholische Universität Eichstätt-Ingolstadt
Universitätsallee 1
85072 Eichstätt

Michael Wiehen, M. A.
– Archäologische Zone/Jüdisches Museum –
Heumarkt 64–66
50667 Köln

Dr. Joanna Wojnicz
Landesamt für Archäologie Sachsen
Zur Wetterwarte 7
01109 Dresden

Dr. Christian-Heinrich Wunderlich
Landesamt für Denkmalpflege und Archäologie
Landesmuseum für Vorgeschichte
Richard-Wagner-Straße 9
06114 Halle (Saale)

Dr. Andrea Zeeb-Lanz
Generaldirektion Kulturelles Erbe Rheinland-Pfalz
Direktion Landesarchäologie
Außenstelle Speyer
Kleine Pfaffengasse 10
67346 Speyer

ANHANG

Liste der in der Ausstellung gezeigten Exponate

EUROPA VERNETZT

Der römische Hafen von Köln

Bohlen einer Spundwand
Römisch, 89/90 n. Chr.
Eichenholz
Köln, Kurt-Hackenberg-Platz, Nordrhein-Westfalen
Römisch-Germanisches Museum der Stadt Köln

Prahmfragment und Modell des Prahm, M. 1 : 10
Römisch, 38–48 n. Chr.
Eichenholz
Köln, Alter Markt, Nordrhein-Westfalen
Römisch-Germanisches Museum der Stadt Köln

Nachbau eines römischen Lebendfischbehälters
Holz
Fundort des Originals: Xanten/Zwammerdam, Nordrhein-Westfalen
LVR-Archäologischer Park Xanten/LVR-Römer-Museum

Hammer, Hacken, Zieheisen, Abziehmesser
Eisenwerkzeuge Stadtmauerbau
Römisch, 1. Jahrhundert
Eisen
Köln, Kurt-Hackenberg-Platz, Nordrhein-Westfalen
Römisch-Germanisches Museum der Stadt Köln

Amphorenscherben mit Pinselaufschriften (tituli picti), Fragmente von Krügen, Töpfen und Bechern
Römisch, 1./2. Jahrhundert
Keramik
Köln, Kurt-Hackenberg-Platz, Nordrhein-Westfalen
Römisch-Germanisches Museum der Stadt Köln

Holzartefakte aus dem Hafenbereich, unter anderem Kämme und Kammhalbfabrikate, Teile von Schreibtafeln, Möbeln und Fensterrahmen, Dosen, Schöpfkellen, Gefäßverschlüsse und Spindeln
Römisch, 1./2. Jahrhundert
Buchsbaum, Tanne, Nadelholz, Eiche, Esche, Hainbuche, Kernobstgewächs, Kiefer, Fichte
Köln, Kurt-Hackenberg-Platz, Nordrhein-Westfalen
Römisch-Germanisches Museum der Stadt Köln

Inhalt einer Transportkiste: Terra-sigillata-Teller
Römisch, Ende 1./Anfang 2. Jahrhundert
Keramik
Köln, Kurt-Hackenberg-Platz, Nordrhein-Westfalen
Römisch-Germanisches Museum der Stadt Köln

Bootshaken, Kette, Netznadel, Ankerstock
Römisch, 1./2. Jahrhundert
Eisen
Köln, Kurt-Hackenberg-Platz, Nordrhein-Westfalen
Römisch-Germanisches Museum der Stadt Köln

Depot von Öllampen
Römisch, Mitte 2. Jahrhundert
Keramik
Köln, Kurt-Hackenberg-Platz, Nordrhein-Westfalen
Römisch-Germanisches Museum der Stadt Köln

Kasserollen und Sieb
Römisch, 1. bis Mitte 2. Jahrhundert
Bronze
Köln, Kurt-Hackenberg-Platz, Nordrhein-Westfalen
Römisch-Germanisches Museum der Stadt Köln

Rest eines Importgefäßes ägyptischer Herkunft
Zweite Hälfte 1. Jahrhundert/2. Jahrhundert
Keramik
Köln, Alter Markt, Nordrhein-Westfalen
Römisch-Germanisches Museum der Stadt Köln

Müll aus dem Hafenbereich
Römisch, 1./2. Jahrhundert
Keramik, Knochen, Mollusken, Metall u. a.
Köln, Kurt-Hackenberg-Platz, Nordrhein-Westfalen
Römisch-Germanisches Museum der Stadt Köln

Ziegelimporte von der Mosel mit Herstellerstempeln
1. Jahrhundert
Gebrannter Ton
Köln, Kurt-Hackenberg-Platz, Nordrhein-Westfalen
Römisch-Germanisches Museum der Stadt Köln

Skelett eines Mannes
Anfang 2. Jahrhundert
Knochen
Köln, Kurt-Hackenberg-Platz, Nordrhein-Westfalen
Römisch-Germanisches Museum der Stadt Köln

Hundebestattung mit Grabgefäßen
1. Jahrhundert
Knochen, Keramik
Köln, Kurt-Hackenberg-Platz, Nordrhein-Westfalen
Römisch-Germanisches Museum der Stadt Köln

Wollnashornschädel
Ca. 35000 v. Chr./römische Nutzung im 1. Jahrhundert
Knochen
Köln, Kurt-Hackenberg-Platz, Nordrhein-Westfalen
Römisch-Germanisches Museum der Stadt Köln

Grabdenkmal für einen Steuermann
Römisch
Kalkstein
Köln, Peterstraße/Lungenstraße, Nordrhein-Westfalen
Römisch-Germanisches Museum der Stadt Köln

Grabdenkmal für einen Steuermann
Römisch
Kalkstein
Köln, Peterstraße/Lungenstraße
Römisch-Germanisches Museum der Stadt Köln

Grabdenkmal des Matrosen Aemilius
Römisch
Kalkstein
Köln, Kreuzgang St. Severin, Nordrhein-Westfalen
Römisch-Germanisches Museum der Stadt Köln

Relief mit Schiffsheck
Römisch
Kalkstein
Köln, Nordrhein-Westfalen
Römisch-Germanisches Museum der Stadt Köln

Flussgottmaske
Römisch
Kalkstein
Köln, Nordrhein-Westfalen
Römisch-Germanisches Museum der Stadt Köln

Grabstein für den Zimmermann Vetinius Verus
Q(uinto) VETINIO VER[O] / MATER QUINTINIA / MATERNA FILIO DUL/CISSIMO EX COL(legio) FA(brum) TI(gnariorum) / CEN(turia) III ANN(orum) XXXI / M(ensium) VII D(ierum) XXVI FE(cit)
Römisch
Kalkstein
Köln, Luxemburger Straße, Nordrhein-Westfalen
Römisch-Germanisches Museum der Stadt Köln

Grabstein für den Parfümhändler Sextus Haparonius Iustinus
Römisch
Kalkstein
Köln, Kunibertkloster, Nordrhein-Westfalen

Römisch-Germanisches Museum der Stadt Köln

Grabdenkmal für den Flottensoldaten Lucius Valerius Verecundus
L(ucio) Val(erio) Verec/undo Rut(eno)/ mil(iti) coh(ortis) I class/icae > (centuria) Ingenu(i)/ ann(orum) XXV stip(endiorum) IIII/ ((h(eres) e)) x t(estamento) f(aciendum) c(uravit)
Römisch
Kalkstein
Köln-Alteburg, Nordrhein-Westfalen
Römisch-Germanisches Museum der Stadt Köln

Grabmal für einen Flottensoldaten
Römisch
Kalkstein
Köln, Marienburg, Nordrhein-Westfalen
Römisch-Germanisches Museum der Stadt Köln

Grabdenkmal für den Steuermann Horus; Grabmal des Untersteuermanns Horus aus Ägypten
Erste Hälfte 1. Jahrhundert
Römisch
Kalkstein
Köln, bei St. Ursula
Römisch-Germanisches Museum der Stadt Köln

Pfähle der römischen Rheinbrücke
Römisch, 336 n. Chr.
Holz, Eisen
Köln, Kurt-Hackenberg-Platz, Nordrhein-Westfalen
Römisch-Germanisches Museum der Stadt Köln

MOBILITÄT

Mesolithikum/Neolithikum – Migrationsbewegungen in der Jungsteinzeit

Erdgrab eines Säuglings
Spätmesolithikum, 5500 v. Chr.
Knochen, Rötelerde?, Sediment, Steine
Groß Fredenwalde, Kr. Uckermark, Brandenburg
Brandenburgisches Landesamt für Denkmalpflege und Archäologisches Landesmuseum

Funde aus einer Uferrandsiedlung: Fragment eines menschlichen Kiefers und Zähne, Kernbeile, Querschneider, Aalstecher, Zunderschwamm
Spätmesolithikum, ca. 7000–4500 v. Chr.
Knochen, Schwamm
Strande, Kr. Rendsburg-Eckernförde, Schleswig-Holstein
Museum für Archäologie Schloss Gottorf, Landesmuseen Schleswig-Holstein

Liste der in der Ausstellung gezeigten Exponate

Schulterblatt eines Auerochsen mit Kreisausschnitten
Endmesolithikum, 4345 v. Chr.
Knochen
Greven-Bockholt, Kr. Steinfurt, Nordrhein-Westfalen
LWL-Archäologie für Westfalen

Siedlungsfunde der Rössner und Bischheimer Kultur: Keramikgefäße, Mahlsteinfragment, Kratzer, Pfeilspitzen
Mittelneolithikum, 4790–4550 v. Chr.
Ruhrkarbonsandstein, Keramik, Feuerstein
Nottuln-Uphoven, Kr. Coesfeld, Nordrhein-Westfalen
LWL-Archäologie für Westfalen

Stielspitze, Rückenspitzen, Klingen/Klingengeräte
Spätpaläolithikum, ca. 9600 v. Chr.
Feuerstein
Blätterhöhle bei Hagen, Nordrhein-Westfalen
Stadtmuseum Hagen

Mikrolithen und Knochengeräte
Mesolithikum, ca. 9500–5000 v. Chr.
Feuerstein, Knochen
Blätterhöhle bei Hagen, Nordrhein-Westfalen
Stadtmuseum Hagen

Menschliche Schädelkalotte
Frühmesolithikum, 8750–8650 v. Chr.
Knochen
Blätterhöhle bei Hagen, Nordrhein-Westfalen
Stadtmuseum Hagen

Menschlicher Schädel
Spätes Jungneolithikum, 3600 v. Chr.
Knochen
Blätterhöhle bei Hagen, Nordrhein-Westfalen
Stadtmuseum Hagen

Wildschweinschädel
Frühmesolithikum, 8750–8650 v. Chr.
Knochen
Blätterhöhle bei Hagen, Nordrhein-Westfalen
Stadtmuseum Hagen

Flasche der ältesten Linienbandkeramischen Kultur
Frühneolithikum, ca. 5600 v. Chr.
Keramik
Niederhummel, Langenbach, Kr. Freising, Bayern
Archäologischer Verein im Kreis Freising e.V.

Widderhorngefäß
Frühneolithikum, ca. 5500 v. Chr.
Keramik
Niederhummel, Langenbach, Kr. Freising, Bayern
Archäologischer Verein im Kreis Freising e.V.

Spaltbohlen eines Kastenbrunnens
Frühneolithikum, 5500–4900 v. Chr.
Eichenholz
Erkelenz-Kückhoven, Kr. Heinsberg, Nordrhein-Westfalen
LWL-Archäologie für Westfalen

Schöpfbeutel aus dem Kastenbrunnen
Frühneolithikum, 5500–4900 v. Chr.
Lindenrinde, Lindenbast
Erkelenz-Kückhoven, Kr. Heinsberg, Nordrhein-Westfalen
LWL-Archäologie für Westfalen

Funde aus dem Kastenbrunnen
Frühneolithikum, 5500–4900 v. Chr.
Holz, organisches Material
Erkelenz-Kückhoven, Kr. Heinsberg, Nordrhein-Westfalen
LWL-Archäologie für Westfalen

Schöpftaschen und Schöpfbeutel
Frühneolithikum, um 5200 v. Chr.
Rindenbast, Haselholz
Altscherbitz, Kr. Nordsachsen, Sachsen
Landesamt für Archäologie Sachsen

Kumpf mit verschiedenen Verzierungsschichten aus dem Brunnenkasten
Frühneolithikum, um 5200 v. Chr.
Keramik, Pech, Bast
Altscherbitz, Kr. Nordsachsen, Sachsen
Landesamt für Archäologie Sachsen

Ösengefäß, mit Pech repariert
Frühneolithikum, um 5200 v. Chr.
Keramik, Pech
Altscherbitz, Kr. Nordsachsen, Sachsen
Landesamt für Archäologie Sachsen

Kümpfe, Butte und weitere Gefäße der Linienbandkeramischen Kultur
Frühneolithikum, um 5200 v. Chr.
Keramik, Pech, (Birken-)Rinde
Altscherbitz, Kr. Nordsachsen, Leipzig-Plaußig, Sachsen
Landesamt für Archäologie Sachsen

Flachhacke mit Schäftungsspuren, flacher Kiesel mit Durchbohrung aus dem Brunnenkasten
Frühneolithikum, um 5200 v. Chr.
Stein, Grünstein
Altscherbitz, Kr. Nordsachsen, Sachsen
Landesamt für Archäologie Sachsen

Flöten (?)
Frühneolithikum, um 5200 v. Chr.
Kranichknochen
Altscherbitz, Kr. Nordsachsen, Sachsen
Landesamt für Archäologie Sachsen

Anhänger aus der Lamelle eines Eberzahnes
Frühneolithikum, um 5200 v. Chr.
Zahn
Altscherbitz, Kr. Nordsachsen, Sachsen
Landesamt für Archäologie Sachsen

Kleiner Kumpf mit Winkelbändern
Frühneolithikum, um 5200 v. Chr.
Keramik
Altscherbitz, Kr. Nordsachsen, Sachsen
Landesamt für Archäologie Sachsen

Geflicktes Gefäß mit Lochpaar und Birkenrindenabklebung
Frühneolithikum, um 5200 v. Chr.
Keramik
Altscherbitz, Kr. Nordsachsen, Sachsen
Landesamt für Archäologie Sachsen

Scherbe eines Gefäßes mit Pechüberzug und Birkenrindenverzierung
Frühneolithikum, um 5200 v. Chr.
Keramik, Pech, Birkenrinde
Droßdorf, Kr. Leipzig, Sachsen
Landesamt für Archäologie Sachsen

Teil eines Bogens mit Sehnenaufnahme
Frühneolithikum, um 5200 v. Chr.
Holz
Zwenkau, Kr. Leipzig, Sachsen
Landesamt für Archäologie Sachsen

Erntemessergriff
Frühneolithikum, um 5200 v. Chr.
Holz
Zwenkau, Kr. Leipzig, Sachsen
Landesamt für Archäologie Sachsen

Silexklingen mit Lackglanz
Frühneolithikum, um 5200 v. Chr.
Holz
Zwenkau, Kr. Leipzig, Sachsen
Landesamt für Archäologie Sachsen

Birkenpechklumpen mit Zahnabdrücken
Frühneolithikum, um 5200 v. Chr.
Pech
Altscherbitz, Kr. Nordsachsen, Sachsen
Landesamt für Archäologie Sachsen

Donaukahnschnecken einer Kette
Frühneolithikum, um 5200 v. Chr.
Muschelkalk
Leipzig-Plaußig, Sachsen
Landesamt für Archäologie Sachsen

Gefäßkeramik der Trichterbecherkultur aus einem Großsteingrab (Denhoog): Trichterbecher, Trichterrandgefäß, Ösenbecher, Doppelkonus, Zylinderhalsgefäß, Becher, Backteller, Löffel
Mittelneolithikum, 3200–2800 v. Chr.
Keramik
Wenningstedt, Insel Sylt, Schleswig-Holstein
Museum für Archäologie Schloss Gottorf, Landesmuseen Schleswig-Holstein

Scheibenkeule und dünnnackige Beile, Hohlbeil, Meißel, Klingen aus einem Großsteingrab (Denhoog)
Mittelneolithikum, 3200–2800 v. Chr.
Felsgestein, Feuerstein
Wenningstedt, Insel Sylt, Schleswig-Holstein
Museum für Archäologie Schloss Gottorf, Landesmuseen Schleswig-Holstein

Perlen
Mittelneolithikum, 3200–2800 v. Chr.
Bernstein
Wenningstedt, Insel Sylt, Schleswig-Holstein
Museum für Archäologie Schloss Gottorf, Landesmuseen Schleswig-Holstein

Befunde und Funde eines Grabes der Schnurkeramischen Kultur: Skelett, Streitaxt, Becher, Amphora, Klinge
Spätneolithikum, 2800 v. Chr.
Knochen, Felsgestein, Feuerstein, Keramik, Erde
Profen, Elsteraue, Burgenlandkr., Sachsen-Anhalt
Landesamt für Denkmalpflege und Archäologie – Landesmuseum für Vorgeschichte – Sachsen-Anhalt

Grabinventar der Schnurkeramischen Kultur mit Hammerkopfnadel, Griffangeldolch, Meißel und zwei Bechern
Spätneolithikum, 2800 v. Chr.
Knochen, Kupfer, Keramik
Egeln/Bleckendorf, Salzlandkr., Sachsen-Anhalt
Landesamt für Denkmalpflege und Archäologie – Landesmuseum für Vorgeschichte – Sachsen-Anhalt

Grabinventar der Glockenbecherkultur mit Armschutzplatte, Pfeilspitzen, Lockenringen und zwei Böhmischen Bechern
Spätneolithikum, 2500 v. Chr.
Schiefer, Feuerstein, Elektron, Keramik
Apfelstädt, Kr. Gotha, Thüringen
Thüringisches Landesamt für Denkmalpflege Weimar

Befunde und Funde einer Grube mit zwei Rinderskeletten, einer Schale, Beilen, Knochen- und Pfeilspitzen
Spätneolithikum, 3100 v. Chr.
Knochen, Stein/Feuerstein, Keramik, Branderde
Niederwünsch, Saalekr., Sachsen-Anhalt
Landesamt für Denkmalpflege und Archäologie – Landesmuseum für Vorgeschichte – Sachsen-Anhalt

Wege und Fortbewegung

Pfahlweghölzer (Pr 31)
Frühneolithikum, ca. 4750 v. Chr.
Holz
Campemoor, Kr. Vechta, Niedersachsen
Industriemuseum Lohne

Pfahlweghölzer (Pr 32)
Spätneolithikum, 2975/2875 v. Chr.
Fichtenholz
Campemoor, Kr. Vechta, Niedersachsen
Industriemuseum Lohne

Spaltbohlenweg (SU 3)
Mittelbronzezeit, ca. 1700 v. Chr.
Holz
Bahrenborstel, Kirchdorf, Kr. Diepholz, Niedersachsen
Bethel im Norden, Freistatt

Bohlenweg (Pr 6)
Jüngere vorrömische Eisenzeit, ca. 50 v. Chr.
Holz
Aschener Moor, Kr. Diepholz, Niedersachsen
Niedersächsisches Landesmuseum Oldenburg, Landesmuseum Natur und Mensch

Pfähle und Streckbalken einer Jochpfahlbrücke
Mittellatènezeit, 269, 211/194–192 v. Chr.
Holz
Kirchhain-Niederwald, Kr. Marburg-Biedenkopf, Hessen
Landesamt für Denkmalpflege Hessen – Abt. hessenARCHÄOLOGIE

Mahlsteine und Mahlsteinfragmente, Trittspuren
Mittellatènezeit, 269, 211/194–192 v. Chr.
Basalt, Gips

ANHANG

Kirchhain-Niederwald, Kr. Marburg-Biedenkopf, Hessen
Landesamt für Denkmalpflege Hessen – Abt. hessenARCHÄOLOGIE

Leugenstein
Jüngere römische Kaiserzeit, 3. Jahrhundert
Sandstein
Friedberg, Wetteraukreis, Hessen
Wetterau-Museum Friedberg

Römisches Straßenpflaster (Foto)
Ältere römische Kaiserzeit, 1. Jahrhundert
Original: Kölner Hafenstraße
Köln, Nordrhein-Westfalen
Römisch-Germanisches Museum Köln

Wegbelag des Hellwegs mit Wagenspur
Mittelalter
Kiesel, Grauwacke
Paderborn, Nordrhein-Westfalen
Stadt- und Residenzmuseum Paderborn/Schloss-Neuhaus

Rollierung des älteren Marktpflasters
Mittelalter, um 1300
Stein, Sand, Ziegelgrus, Keramikscherben
Leipzig, Sachsen
Landesamt für Archäologie Sachsen

Reisigbündelbefestigung eines Weges (Foto)
Mittelalter, letztes Drittel 12. Jahrhundert
Original: Holz
Gießen, Hessen
Landesamt für Denkmalpflege Hessen – Abt. hessenARCHÄOLOGIE

Steinpflaster vom großen Hof des Berliner Schlosses
1836
Granit
Berlin-Mitte
Landesdenkmalamt Berlin

Segment des Postenweges an der Berliner Mauer und sog. Stalin-Rasen
1960er-Jahre
Beton, Stahl
Berlin-Mitte
Stiftung Berliner Mauer

Hand einer Moorleiche
650 v. Chr.
Gewebe, Haut
Uchter Moor, Uchte, Kr. Nienburg, Niedersachsen
Niedersächsisches Landesamt für Denkmalpflege

Reißscheiben und -fragmente, eine mit Ritzmarke
Spätmittelalter
Kupfer
Braunfels-Philippstein, Lahn-Dill-Kr.
Peter Ehrhardt, Braunfels/Landesamt für Denkmalpflege Hessen – Abt. hessenARCHÄOLOGIE

Eiförmige Schleudergeschosse
Ältere römische Kaiserzeit, frühes 1. Jahrhundert n. Chr.
Blei
Haltern am See, Kr. Recklinghausen, Nordrhein-Westfalen
LWL-Archäologie für Westfalen, Münster

Schuh und Schuhsohle, Messerscheide mit Bronzeniet, Gürtelfragmente und Gürtelbeschlag und Taschenfragment, mit Wachs oder Pech ausgestrichen
Hochmittelalter, 12./13. Jahrhundert
Bronze, Leder
Gießen, Hessen
Landesamt für Denkmalpflege Hessen – Abt. hessenARCHÄOLOGIE

Schuhsohlen, Schuhoberleder und Schuh ohne Sohle
Spätmittelalter, 14./15. Jahrhundert
Leder
Leipzig, Sachsen
Landesamt für Archäologie Sachsen

Sohlen mit Schuhnägeln von Soldatenschuhen mit Fußknochen
Jüngere römische Kaiserzeit
Eisen, Leder, Knochen
Saarbrücken-Arnual, Saarland
Landesdenkmalamt Saarbrücken

Werkabfälle vom Bau einer Jochpfahlbrücke
Mittellatènezeit, ca. 269, 211/194–192 v. Chr.
Holz
Kirchhain-Niederwald, Kr. Marburg-Biedenkopf, Hessen
Landesamt für Denkmalpflege Hessen – Abt. hessenARCHÄOLOGIE

Zugespitzte Bohlen von der Uferbefestigung des Karlsgrabens
Mittelalter, 793
Eichenholz
Treuchtlingen, Kr. Weißenburg-Gunzenhausen, Bayern
Archäologische Staatssammlung München

Flechtwerkmatte aus dem Karlsgraben
Mittelalter, 793
Holz
Weißenburg-Emetzheim, Kr. Weißenburg-Gunzenhausen, Bayern
Archäologische Staatssammlung München

Scheibenräder eines vierrädrigen Wagens
Frühbronzezeit, 1750–1550 v. Chr.
Erlenholz, Birkenholz (Buchsen)
Glum, Wardenburg, Kr. Oldenburg, Niedersachsen
Niedersächsisches Landesmuseum Oldenburg, Landesmuseum Natur und Mensch

Achse eines Wagens
Endneolithikum, 2400 v. Chr.
Eschenholz
Aschen, Diepholz, Kr. Diepholz, Niedersachsen
Niedersächsisches Landesmuseum Oldenburg, Landesmuseum Natur und Mensch

Speichenrad mit Felge (Rad IV)
Jungbronzezeit, 1000 v. Chr.
Bronze
Stade, Kr. Stade, Niedersachsen
Museen Stade

Reiterstatuette (Das Reiterle)
Hallstattzeit, 8./7. Jahrhundert v. Chr.
Bronze
Unlingen, Biberach, Baden-Württemberg
Landesamt für Denkmalpflege im Regierungspräsidium Stuttgart

Hängestöcke eines römischen Reisewagens
Römische Kaiserzeit, 2./3. Jahrhundert
Eisen
Nordheim, Donauwörth, Kr. Donau-Ries, Bayern
Museen der Stadt Donauwörth

Wagenbeschlag mit figürlicher Verzierung (Herkules und Amazone)
Jüngere römische Kaiserzeit, erste Hälfte 4. Jahrhundert
Bronze
Köln-Deutz, Nordrhein-Westfalen
LVR-LandesMuseum Bonn

Verschiedene Wagenbeschläge: Achsnägel, Achs- und Achsschenkelbeschläge, Nabenbüchsen und Stoßscheibe
Jüngere römische Kaiserzeit, 4. Jahrhundert
Eisen
Castrop-Rauxel, Ickern, Kr. Recklinghausen, Nordrhein-Westfalen
LWL-Archäologie für Westfalen, Münster

Zweirädriger römischer Reisewagen (cisium)
Ältere römische Kaiserzeit, 1./2. Jahrhundert
Eisen, Holz, Leder
Nachbau nach einer Darstellung auf der Igeler Säule
LVR-Archäologischer Park Xanten/LVR-Römer-Museum

Speichenrad
Spätmittelalter, 16. Jahrhundert
Holz
Hamburg-Altstadt
Archäologisches Museum Hamburg

Wegefunde

Hebeltrense, Hufeisen und Reitsporn
Hochmittelalter, 12./13. Jahrhundert
Eisen
Gießen, Hessen
Landesamt für Denkmalpflege Hessen – Abt. hessenARCHÄOLOGIE

Armbrustbolzen, Lanzenspitzen, Kettenhemdfragment
Hochmittelalter, 12./13. Jahrhundert
Eisen
Gießen, Hessen
Landesamt für Denkmalpflege Hessen – Abt. hessenARCHÄOLOGIE

Hufeisen und Hufeisenfragmente
Spätmittelalter, 14./15. Jahrhundert
Eisen
Leipzig, Sachsen
Landesamt für Archäologie Sachsen

Reitersporen, Trensen, Steigbügel und Hufeisen
Spätmittelalter, 14./15. Jahrhundert
Eisen
Hamburg-Harburg
Archäologisches Museum Hamburg

Klappmesser, Angelhaken und Messer mit Griffangel
Hochmittelalter, 12./13. Jahrhundert
Eisen
Gießen, Hessen
Landesamt für Denkmalpflege Hessen – Abt. hessenARCHÄOLOGIE

Schlüsselbund aus vier Schlüsseln
Hochmittelalter, 12./13. Jahrhundert
Eisen
Gießen, Hessen
Landesamt für Denkmalpflege Hessen – Abt. hessenARCHÄOLOGIE

Münzen
Hochmittelalter, 12./13. Jahrhundert
Silber
Gießen, Hessen
Landesamt für Denkmalpflege Hessen – Abt. hessenARCHÄOLOGIE

Ringfibeln, Gürtelschnallen, Spiegel mit Rahmenfragment
Hochmittelalter, 12./13. Jahrhundert
Bronze, verzinnte Bronze
Gießen, Hessen
Landesamt für Denkmalpflege Hessen – Abt. hessenARCHÄOLOGIE

Gürtelschnallen, wappenförmige Anhänger und Schmucknadel
Mittelalter
Bronze, Eisen
Leipzig, Sachsen
Landesamt für Archäologie Sachsen

Verschiedene Wege- und Verlustfunde: Würfel, Webkamm, Tierfigur, Spinnwirtel, Ring und Perle
Hochmittelalter, 12./13. Jahrhundert
Keramik, Glas, Speckstein, Knochen, Bernstein
Gießen, Hessen
Landesamt für Denkmalpflege Hessen – Abt. hessenARCHÄOLOGIE

Wetzsteinbruchstücke und Würfel
Spätmittelalter, 14./15. Jahrhundert
Knochen, Stein
Leipzig, Sachsen
Landesamt für Archäologie Sachsen

Topfkachelfragmente wohl einer Karrenladung
Hochmittelalter, 12./13. Jahrhundert
Handgemachte Keramik, Randzone nachgedreht
Gießen, Hessen
Landesamt für Denkmalpflege Hessen – Abt. hessenARCHÄOLOGIE

Kugeltöpfe und Miniaturgefäße
Hochmittelalter, 12./13. Jahrhundert
Keramik, nachgedrehte Ware
Gießen, Hessen
Landesamt für Denkmalpflege Hessen – Abt. hessenARCHÄOLOGIE

Schädel eines Hauspferdes der Salzmünder Kultur
Mittelneolithikum, 3370–3100 v. Chr.
Knochen
Salzmünde, Saalekr., Sachsen-Anhalt
Landesamt für Denkmalpflege und Archäologie – Landesmuseum für Vorgeschichte – Sachsen-Anhalt

Liste der in der Ausstellung gezeigten Exponate

Gründe für Mobilität (E20)

Pektoralkreuz und Schnalle aus dem Grab des armenischen Erzbischofs Gregorius
Hochmittelalter, 1093
Bronze, Eisen
Passau, Kloster Niedernburg, Bayern
Archäologische Staatssammlung München

Bleiplatten aus dem Grab des armenischen Erzbischofs Gregorius
Hochmittelalter, 1093
Bronze, Eisen
Passau, Kloster Niedernburg, Bayern
Archäologische Staatssammlung München

Reicher Hortfund der bayerischen Straubinger Kultur mit Scheibenkopfnadel und Schleifenfingerringen
Frühe Bronzezeit, 2200–1600 v. Chr.
Bronze
Gnoien, Kr. Rostock, Mecklenburg-Vorpommern
Landesamt für Kultur und Denkmalpflege Mecklenburg-Vorpommern

Brandgrab einer Quadin mit reicher Schmuck- und Trachtausstattung in einem römischen Bronzekessel
Ältere römische Kaiserzeit, 40–65 n. Chr.
Bronze, Gold, Silber, Bernstein, Horn, Harz/Pech
Profen, Burgenlandkr., Sachsen-Anhalt
Landesamt für Denkmalpflege und Archäologie – Landesmuseum für Vorgeschichte – Sachsen-Anhalt

Trompetenarmring, Fingerring, Goldblechperle, Riemenzungen und Messer aus einem gestörten Frauengrab
Frühmittelalter, zweite Hälfte 7. Jahrhundert
Gold, Silber, Messing, Eisen
Alpersdorf, Kr. Freising, Bayern
Archäologischer Verein im Landkreis Freising e. V.

Reiches Grabinventar mit Scheibenfibel, Schmucknadel, Fingerring mit Zierscheibe, Perlen, Gürtelschnalle, Schuhschnallen, Spinnwirtel, Messer, Nähnadel und Beigefäß
Frühmittelalter, zweite Hälfte 6. Jahrhundert
Vergoldetes Silber, Buntmetall, Eisen, Elfenbein, Knochen, Almandin, Glasfluss, Keramik
Dortmund-Asseln, Nordrhein-Westfalen
Museum für Kunst und Kulturgeschichte Dortmund

Grabstele einer Griechin namens Demo
Jüngere römische Kaiserzeit, erste Hälfte 3. Jahrhundert
Kalkstein
Bonn, Nordrhein-Westfalen
LVR-LandesMuseum Bonn

Schreibgriffel mit S-/Z-Dekor und schaufelförmigem Glättkopf
Hochmittelalterlich, 13. Jahrhundert
Bronze
Storkow, Kr. Oder-Spree, Brandenburg
Brandenburgisches Landesamt für Denkmalpflege und Archäologisches Landesmuseum

Schreibgriffel mit S-/Z-Dekor und balkenförmigem Glättkopf
Hochmittelalterlich, 12./13. Jahrhundert
Bronze
Doberlug, Kr. Elbe-Elster, Brandenburg
Brandenburgisches Landesamt für Denkmalpflege und Archäologisches Landesmuseum

Schreibgriffel mit S-/Z-Dekor und Glättkopf
Hochmittelalterlich, 12.–14. Jahrhundert
Messing
Passau, Bayern
Museum am Dom Passau

Schreibgriffel mit S-/Z-Dekor und balkenförmigem Glättkopf
Hochmittelalterlich, 13. Jahrhundert
Bronze
Paderborn-Kamp, Nordrhein-Westfalen
LWL-Archäologie für Westfalen

Schreibgriffel mit S-/Z-Dekor mit schaufelförmigem Glättkopf
Hochmittelalterlich, 13./14. Jahrhundert
Bronze
Bremen
Focke-Museum Bremen

Schreibgriffel mit S-/Z-Dekor und Glättkopf
Hochmittelalterlich, 13./14. Jahrhundert
Messing, Eisen, verzinnt
Stade, Niedersachsen
Hansestadt Stade

Schreibgriffel mit S-/Z-Dekor und Glättkopf
Hochmittelalterlich, 12./13. Jahrhundert
Bronze
Trier, Rheinland-Pfalz
Rheinisches Landesmuseum Trier – Generaldirektion Kulturelles Erbe Rheinland-Pfalz

Fragmente der nördlichen Reliefszene des Westlettners im Naumburger Dom
Hochmittelalterlich, um 1250
Kalkstein
Naumburg an der Saale, Sachsen-Anhalt
Vereinigte Domstifter zu Merseburg und Naumburg und des Kollegiatsstiftes Zeitz

Blattkapitell vom Westlettner des Naumburger Domes
Original hochmittelalterlich, um 1250; Replik 19. Jahrhundert
Original Kalkstein; Replik Gips
Naumburg an der Saale, Sachsen-Anhalt
Vereinigte Domstifter zu Merseburg und Naumburg und des Kollegiatsstiftes Zeitz

Blattkapitelle des Naumburger Meisters aus dem Meißener Dom
Hochmittelalterlich, 1250–1270
Elbsandstein
Meißen, Sachsen
Hochstift Meißen

Blattkapitelle des Naumburger Meisters aus dem Mainzer Dom
Hochmittelalterlich, um 1239
Grauer Sandstein
Mainz, Rheinland-Pfalz
Bischöfliches Dom- und Diözesanmuseum Mainz

Dolch mit Schäftung
Spätneolithikum, 2900–2800 v. Chr.
Feuerstein, Holz, Birkenteer
Allensbach-Strandbad, Kr. Konstanz, Baden-Württemberg

Keulenkopf
Alt-/Mittelneolithikum, 5500–5000 v. Chr.
Serpentingestein
Osttünnen, Stadt Hamm, Nordrhein-Westfalen
Gustav-Lübcke-Museum Hamm

Grabinventar mit britannischem Fibelpaar
Ältere römische Kaiserzeit, 2. Jahrhundert
Bronze, Keramik, Glas, Knochen
Günzburg, Kr. Günzburg, Bayern
Archäologische Staatssammlung München

"Norisch-pannonisches" Grabinventar
Ältere römische Kaiserzeit, 2. Jahrhundert
Bronze, Keramik
Günzburg, Kr. Günzburg, Bayern
Archäologische Staatssammlung München

Mediterranes Grabinventar
Ältere römische Kaiserzeit, 2. Jahrhundert
Keramik
Günzburg, Kr. Günzburg, Bayern
Archäologische Staatssammlung München

Postament einer Sonnenuhr mit griechischer und lateinischer Weiheinschrift
Ältere römische Kaiserzeit, 2. Jahrhundert
Sandstein
Martberg/Pommern, Kr. Cochem-Zell, Rheinland-Pfalz
LVR-LandesMuseum Bonn

Menschliche Schädelkalotten
Frühneolithikum, 4950 v. Chr.
Knochen
Herxheim, Kr. Südliche Weinstraße, Rheinland-Pfalz
GDKE – Direktion Landesarchäologie, Außenstelle Speyer

Linienbandverzierte Gefäße
Frühneolithikum, 4950 v. Chr.
Keramik
Herxheim, Kr. Südliche Weinstraße, Rheinland-Pfalz
GDKE – Direktion Landesarchäologie, Außenstelle Speyer

Keilmesser mit rundem Rücken und durch Schneidenschlag nachgeschärfter Klinge
Micoquien, 100 000–45 000 v. Chr.
Feuerstein
Balver Höhle, Märkischer Kreis, Nordrhein-Westfalen
LWL-Archäologie für Westfalen

Entlassungsurkunde des Septimius Bubas
Römisch, um 230 n. Chr.
Bronze
Östlicher Donauraum
LVR-LandesMuseum Bonn

Entlassungsurkunde des Reiters Cattaus
Römisch, 64 n. Chr.
Bronze

Geiselprechting/Vachendorf, Kr. Traunstein, Bayern
Archäologische Staatssammlung München

Römischer Dolch und Scheidenblech mit Opus interrasile-Dekor
Erste Hälfte 1. Jahrhundert
Eisen, Eisenblech; Replik: Kunstharz
Tell Schech Hamad, Prov. Deir ez-Zor, Syrien
Tell Schech Hamad Archiv, Institut für Vorderasiatische Archäologie der Freien Universität Berlin

Fünf Goldmünzen (solidi), als Stapel mit einem Golddraht umwickelt und mit einem Anhänger festgeklemmt
Völkerwanderungszeitlich, 5. Jahrhundert
Gold
Gützkow, Kr. Vorpommern-Greifswald, Mecklenburg-Vorpommern
Landesamt für Kultur und Denkmalpflege Mecklenburg-Vorpommern

Goldmünzen eines Hortfundes
Völkerwanderungszeit, 5./6. Jahrhundert
Gold
Biesenbrow, Kr. Uckermark, Brandenburg
Brandenburgisches Landesamt für Denkmalpflege und Archäologisches Landesmuseum
Staatliche Museen zu Berlin, Münzkabinett

Urne mit Deckschale und Beigefäß, Bewaffnung, Ausrüstung und Trachtzubehör
Älterkaiserzeitlich, 1. Jahrhundert
Bronze, Eisen, Keramik, Stein
Rheinaus-Diersheim, Ortenaukr., Baden-Württemberg
Archäologisches Landesmuseum Baden-Württemberg

Zwiebelknopffibel aus einem Männergrab
Spätrömisch, Ende 4. Jahrhundert
Bronze
Kletthamer Feld, Erding, Kr. Erding, Bayern
Museum Erding

Beigaben eines reichen römischen Frauengrabes
Spätrömisch, Ende 4. Jahrhundert
Bronze, Gold, Silber, Eisen, Glas, Gagat
Kletthamer Feld, Erding, Kr. Erding, Bayern
Museum Erding

Fünfköpfige Gruppe mit römischen Reisemänteln
Römische Kaiserzeit
Keramik
Mühlheim-Kärlich, Kr. Weißenthurm, Nordrhein-Westfalen
LVR-LandesMuseum Bonn

Pilgerzeichen verschiedener Heiligtümer
Mittelalter
Blei/Zinn
Seehausen, Kr. Stendal; Stolpe/Oder, Stadt Angermünde, Kr. Uckermark; Eberswalde, Kr. Barnim; Oranienburg, Kr. Oberhavel, Brandenburg
Brandenburgisches Landesamt für Denkmalpflege und Archäologisches Landesmuseum

Pilgermuscheln aus Santiago de Compostela
Mittelalter
Muschelkalk
Treskow, Kr. Ostprignitz-Ruppin; Strausberg,

Kr. Märkisch-Oderland
Brandenburgisches Landesamt für Denkmalpflege und Archäologisches Landesmuseum

Pilgermuschel aus Santiago de Compostela
Spätmittelalter, 15. Jahrhundert
Muschelkalk
Wismar, Mecklenburg-Vorpommern
Landesamt für Kultur und Denkmalpflege Mecklenburg-Vorpommern

Pilgerplakette aus St. Servatius in Maastricht und kreuzförmiges Pilgerzeichen aus Stromberg
Mittelalter, 13. Jahrhundert
Weichmetall
Greifswald, Kr. Vorpommern-Greifswald, Mecklenburg-Vorpommern
Landesamt für Kultur und Denkmalpflege Mecklenburg-Vorpommern

Pilgerzeichen aus Köln
Mittelalter, 13. Jahrhundert
Weichmetall
Stralsund, Kr. Vorpommern-Rügen, Mecklenburg-Vorpommern
Landesamt für Kultur und Denkmalpflege Mecklenburg-Vorpommern

Pilgerzeichen mit Christus als Weltenrichter unbekannter Herkunft
Mittelalter, 13. Jahrhundert
Weichmetall
Greifswald, Kr. Vorpommern-Greifswald, Mecklenburg-Vorpommern
Landesamt für Kultur und Denkmalpflege Mecklenburg-Vorpommern

Zwei Jakobsmuscheln
Mittelalter, 12./13. Jahrhundert
Muschelkalk
Heidelberg; Pforzheim, Baden-Württemberg
Archäologisches Landesmuseum Baden-Württemberg

Pilgerzeichen Maria im Grimmenthal
Spätmittelalter, 14./15. Jahrhundert
Bronze
Zwickau, Kr. Zwickau, Sachsen
Landesamt für Archäologie Sachsen

Pilgerflasche
Spätmittelalter, 14./15. Jahrhundert
Buntmetallblech
Eythra, Kr. Leipzig-Land, Sachsen
Landesamt für Archäologie Sachsen

Pilgerzeichen mit Kreuzigungsgruppe und Pilgerplakette aus Saint-Léonard-de-Noblat
Mittelalter, spätes 14. Jahrhundert
Blei-Zinn-Legierung
Bremen
Landesarchäologie Bremen

Bluthostien-Pilgerzeichen aus Wilsnack
Spätmittelalter, 15. Jahrhundert
Blei/Zinn
Bremen
Landesarchäologie Bremen

Pilgermünze Sacra ecclesia S. Maria cellensis in Österreich
Neuzeit
Buntmetall
Passau, Bayern
Museum am Dom, Passau

Pilgermünzen aus Bayern und Baden-Württemberg (Hostia miraculosa ad s: crucem Augustae, Maria in Neukirchen b. Hl. Blut, Sacer Sanguis Christi in Weingarten)
Neuzeit
Buntmetall
Passau, Bayern
Museum am Dom, Passau

Pilgermünzen aus Belgien (Notre Dame de Hal, Notre Dame de Montaigu)
Neuzeit
Buntmetall
Passau, Bayern
Museum am Dom, Passau

Pilgerzeichen Vera Icon und St. Servatius
Mittelalter
Blei-Zinn-Legierung
Falkenburg, Detmold-Berlebeck, Nordrhein-Westfalen
Lippisches Landesmuseum Detmold

Pilgerzeichen und Kruzifix
Mittelalter
Blei-Zinn-Legierung
Hamburg-Harburg
Archäologisches Museum Hamburg

Pilgerhorn, sog. Aachhorn aus dem Familienbesitz Martin Luthers
Spätmittelalter, 16. Jahrhundert
Keramik
Mansfeld, Kr. Mansfeld-Südharz, Sachsen-Anhalt
Landesamt für Denkmalpflege und Archäologie – Landesmuseum für Vorgeschichte – Sachsen-Anhalt

Künstlich deformierter Schädel aus einem Frauengrab
Frühmittelalter, zweite Hälfte 5. Jahrhundert
Knochen
Regensburg-Burgweinting, Bayern
Staatssammlung für Anthropologie und Paläoanatomie München

Künstlich deformierter Schädel aus einem Frauengrab
Frühmittelalter, 5./6. Jahrhundert
Knochen
Regensburg-Irlmauth, Bayern
Historisches Museum Regensburg

Künstlich deformierter Schädel
Frühmittelalter
Knochen
Kertsch, Krim, Ukraine
Römisch-Germanisches Museum Köln

Künstlich deformierter Schädel aus einem Frauengrab
Völkerwanderungszeit
Knochen
Oßmannstedt, Ilmtal-Weinstraße, Kr. Weimarer Land, Thüringen
Thüringisches Landesamt für Denkmalpflege und Archäologie

Künstlich deformierter Schädel
Frühmittelalter
Knochen
Ketzin, Kr. Havelland, Brandenburg
Brandenburgisches Landesamt für Denkmalpflege und Archäologisches Landesmuseum

Trachtzubehör, Arm- und Fußringe, Gewandnadel, Drahtspiralen
Hallstattzeit, 6. Jahrhundert v. Chr.
Bronze, Bernstein, Glas
Petershagen-Ilse, Kr. Minden-Lübbecke, Nordrhein-Westfalen
LWL-Archäologie für Westfalen

Kette mit Ring und Schloss aus dem Kastell Quintana
Römische Kaiserzeit
Eisen
Künzing, Kr. Deggendorf, Bayern
Archäologische Staatssammlung München

Handfessel
Römische Kaiserzeit
Eisen
Ahrweiler, Bad Neuenahr-Ahrweiler, Kr. Ahrweiler, Rheinland-Pfalz
GDKE – Direktion Landesarchäologie, Außenstelle Koblenz

Säulenbasis mit Darstellung zweier Gefangener in Ketten
Ältere römische Kaiserzeit, zweite Hälfte 1. Jahrhundert
Kalkstein
Mainz (Legionslager), Rheinland-Pfalz
GDKE – Direktion Landesmuseum Mainz

Handfessel mit Kupferauflage
Slawenzeit
Eisen, Kupfer
Vorwerk, Stadt Demmin, Kr. Mecklenburgische Seenplatte, Mecklenburg-Vorpommern
Landesamt für Kultur und Denkmalpflege Mecklenburg-Vorpommern

Hortfund mit Handfessel und Werkzeug
Frühmittelalter
Eisen
Wiesing, Kr. Cham, Bayern
Historisches Museum Regensburg

Doppelte Fußfessel mit Kette und rechteckigem Schloss
Jüngere römische Kaiserzeit, 4. Jahrhundert n. Chr.
Eisen
Castrop-Rauxel, Ickern, Recklinghausen, Nordrhein-Westfalen
LWL-Archäologie für Westfalen, Münster

Fußfessel mit Kette und Bügel
Jüngere römische Kaiserzeit, 4. Jahrhundert
Eisen
Castrop-Rauxel, Ickern, Kr. Recklinghausen, Nordrhein-Westfalen
LWL-Archäologie für Westfalen, Münster

Leichenbrandgefäß mit Graffito ACISIVS
Ältere römische Kaiserzeit, Ende 1./erste Hälfte 2. Jahrhundert
Keramik
Oberpeiching, Stadt Rain, Kr. Donaus Ries, Bayern
Museen der Stadt Donauwörth

Daubenfass und Zylindergefäß mit Organseparatbestattung
Neuzeit, um 1700
Holz, Seil, Weißblech
Berlin, Schlossplatz
Staatliche Museen zu Berlin, Museum für Vor- und Frühgeschichte

AUSTAUSCH – WAREN UND WEGE

Das Gründungsviertel von Lübeck

Standardisierte Konstruktionshölzer eines Kellergeschosses: Schwellen, Wandständer, Wandbohlen
Mittelalter, 12. Jahrhundert
Holz
Hansestadt Lübeck, Schleswig-Holstein
Bereich Archäologie und Denkmalpflege der Hansestadt Lübeck

Holzstützen
Mittelalter, 12. Jahrhundert
Holz
Hansestadt Lübeck, Schleswig-Holstein
Bereich Archäologie und Denkmalpflege der Hansestadt Lübeck

Treppe aus Backsteinen
Mittelalter, 12. Jahrhundert
Backstein
Hansestadt Lübeck, Schleswig-Holstein
Bereich Archäologie und Denkmalpflege der Hansestadt Lübeck

Fensterläden
Mittelalter, 12./13. Jahrhundert
Holz
Hansestadt Lübeck, Schleswig-Holstein
Bereich Archäologie und Denkmalpflege der Hansestadt Lübeck

Ofenkacheln
Mittelalter, 12. Jahrhundert
Keramik, glasiert
Hansestadt Lübeck, Schleswig-Holstein
Bereich Archäologie und Denkmalpflege der Hansestadt Lübeck

Dachziegel
Mittelalter, 12. Jahrhundert
Keramik
Hansestadt Lübeck, Schleswig-Holstein
Bereich Archäologie und Denkmalpflege der Hansestadt Lübeck

Zimmererwerkzeuge: Lot, Löffelbohrer, Hammer
Mittelalter, 12. Jahrhundert
Blei, Eisen, Holz
Hansestadt Lübeck, Schleswig-Holstein
Bereich Archäologie und Denkmalpflege der Hansestadt Lübeck

Löffelbohrer und Hämmer
Mittelalter/Spätmittelalter, 13.–15. Jahrhundert
Holz, Eisen
Hansestadt Lübeck, Schleswig-Holstein
Bereich Archäologie und Denkmalpflege der Hansestadt Lübeck

Liste der in der Ausstellung gezeigten Exponate

Dreilagenkämme
Mittelalter, 12. Jahrhundert
Knochen, Buntmetall
Hansestadt Lübeck, Schleswig-Holstein
Bereich Archäologie und Denkmalpflege der Hansestadt Lübeck

Wetzsteine
Mittelalter, zweite Hälfte 12. Jahrhundert/13. Jahrhundert
Sandstein
Hansestadt Lübeck, Schleswig-Holstein
Bereich Archäologie und Denkmalpflege der Hansestadt Lübeck

Eigentumsmarke
Mittelalter, um 1200
Knochen
Hansestadt Lübeck, Schleswig-Holstein
Bereich Archäologie und Denkmalpflege der Hansestadt Lübeck

Schreibgriffel
Mittelalter, zweite Hälfte 12. Jahrhundert
Bronze/Buntmetall
Hansestadt Lübeck, Schleswig-Holstein
Bereich Archäologie und Denkmalpflege der Hansestadt Lübeck

Klappwaagenfragmente und Gewichte
Mittelalter, 12./13. Jahrhundert
Buntmetall, Blei
Hansestadt Lübeck, Schleswig-Holstein
Bereich Archäologie und Denkmalpflege der Hansestadt Lübeck

Maultrommel
Mittelalter, um 1200
Eisen
Hansestadt Lübeck, Schleswig-Holstein
Bereich Archäologie und Denkmalpflege der Hansestadt Lübeck

Fingerring
Mittelalter, zweite Hälfte 12. Jahrhundert
Metall
Hansestadt Lübeck, Schleswig-Holstein
Bereich Archäologie und Denkmalpflege der Hansestadt Lübeck

Spielstein
Mittelalter, um 1200
Holz
Hansestadt Lübeck, Schleswig-Holstein
Bereich Archäologie und Denkmalpflege der Hansestadt Lübeck

Spiegeldose
Mittelalter, um 1200
Holz, Spiegelglas
Hansestadt Lübeck, Schleswig-Holstein
Bereich Archäologie und Denkmalpflege der Hansestadt Lübeck

Ringfibeln
Mittelalter, 12. Jahrhundert
Buntmetall
Hansestadt Lübeck, Schleswig-Holstein
Bereich Archäologie und Denkmalpflege der Hansestadt Lübeck

Götterfigur, sogenannter Taschengott
Mittelalter, 13. Jahrhundert
Holz
Hansestadt Lübeck, Schleswig-Holstein
Bereich Archäologie und Denkmalpflege der Hansestadt Lübeck

Schuhe und Reitersporne
Mittelalter, 12./13. Jahrhundert
Leder, Eisen
Hansestadt Lübeck, Schleswig-Holstein
Bereich Archäologie und Denkmalpflege der Hansestadt Lübeck

Gefäßscherben der sogenannten Pingsdorfer Keramik und Kanne
Mittelalter, 12. Jahrhundert
Keramik, gelbe Irdenware
Hansestadt Lübeck, Schleswig-Holstein
Bereich Archäologie und Denkmalpflege der Hansestadt Lübeck

Kugeltöpfe und Kugeltassen
Mittelalter, 13./14. Jahrhundert
Keramik, harte Grauware
Hansestadt Lübeck, Schleswig-Holstein
Bereich Archäologie und Denkmalpflege der Hansestadt Lübeck

Lübecker Kannen
Mittelalter, 13./14. Jahrhundert
Keramik, harte Grauware
Hansestadt Lübeck, Schleswig-Holstein
Bereich Archäologie und Denkmalpflege der Hansestadt Lübeck

Geschirrsatz
Mittelalter, um 1200
Keramik
Hansestadt Lübeck, Schleswig-Holstein
Bereich Archäologie und Denkmalpflege der Hansestadt Lübeck

Gotlandplatten
Mittelalter, 13./14. Jahrhundert
Kalkstein
Hansestadt Lübeck, Schleswig-Holstein
Bereich Archäologie und Denkmalpflege der Hansestadt Lübeck

Bodenfliesen und Terrakottaplatte
Mittelalter, 14.–16. Jahrhundert
Keramik, teilweise glasiert
Hansestadt Lübeck, Schleswig-Holstein
Bereich Archäologie und Denkmalpflege der Hansestadt Lübeck

Ofenkachel
Spätmittelalter, 16. Jahrhundert
Ton
Hansestadt Lübeck, Schleswig-Holstein
Bereich Archäologie und Denkmalpflege der Hansestadt Lübeck

Butzenscheibe und Bleiruten
Mittelalter, 14./15. Jahrhundert
Glas, Blei
Hansestadt Lübeck, Schleswig-Holstein
Bereich Archäologie und Denkmalpflege der Hansestadt Lübeck

Schlösser und Schlüssel
Mittelalter, 12./13. Jahrhundert
Buntmetall, Eisen
Hansestadt Lübeck, Schleswig-Holstein
Bereich Archäologie und Denkmalpflege der Hansestadt Lübeck

Krug
Mittelalter, 14./15. Jahrhundert
Faststeinzeug
Hansestadt Lübeck, Schleswig-Holstein
Bereich Archäologie und Denkmalpflege der Hansestadt Lübeck

Gefäßkeramik, teilweise anthropomorph verziert
Mittelalter, frühes 13. Jahrhundert
Keramik, rote Irdenware
Hansestadt Lübeck, Schleswig-Holstein
Bereich Archäologie und Denkmalpflege der Hansestadt Lübeck

Spardosen
Mittelalter, 14./15. Jahrhundert und 16. Jahrhundert
Keramik, rote Irdenware
Hansestadt Lübeck, Schleswig-Holstein
Bereich Archäologie und Denkmalpflege der Hansestadt Lübeck

Horn mit 114 Münzen
Spätmittelalter, 15./16. Jahrhundert
Horn, Buntmetall
Hansestadt Lübeck, Schleswig-Holstein
Bereich Archäologie und Denkmalpflege der Hansestadt Lübeck

Waagekästchen mit zwei Klappwaagen und drei Gewichten
Frühe Neuzeit, 16. Jahrhundert
Holz, Buntmetall
Hansestadt Lübeck, Schleswig-Holstein
Bereich Archäologie und Denkmalpflege der Hansestadt Lübeck

Petschafte
Spätmittelalter, 15./16. Jahrhundert
Buntmetall, Silber?
Hansestadt Lübeck, Schleswig-Holstein
Bereich Archäologie und Denkmalpflege der Hansestadt Lübeck

Wachstafelbuch, Etui und Griffel
Spätmittelalter, 13.–15. Jahrhundert
Holz, Wachs, Bronze, Leder
Hansestadt Lübeck, Schleswig-Holstein
Bereich Archäologie und Denkmalpflege der Hansestadt Lübeck

Tuchplomben
Frühe Neuzeit
Buntmetall
Hansestadt Lübeck, Schleswig-Holstein
Bereich Archäologie und Denkmalpflege der Hansestadt Lübeck

Korallenperlenkollier
Mittelalter, 15. Jahrhundert
Koralle
Hansestadt Lübeck, Schleswig-Holstein
Bereich Archäologie und Denkmalpflege der Hansestadt Lübeck

Paternosterperlen, Perlenrohlinge und -fragmente, Werkabfälle
Mittelalter, 14. Jahrhundert
Bernstein
Hansestadt Lübeck, Schleswig-Holstein
Bereich Archäologie und Denkmalpflege der Hansestadt Lübeck

Fingerringe
Mittelalter, 12.–16. Jahrhundert
Gold, Goldlegierung, Messing, vergoldet, Rubin?, Bergkristall?, Magnetit?
Hansestadt Lübeck, Schleswig-Holstein
Bereich Archäologie und Denkmalpflege der Hansestadt Lübeck

Schapel
Mittelalter, 13. Jahrhundert
Leder
Hansestadt Lübeck, Schleswig-Holstein
Bereich Archäologie und Denkmalpflege der Hansestadt Lübeck

Fürspane/Fibeln
Mittelalter, 13. Jahrhundert
Buntmetall
Hansestadt Lübeck, Schleswig-Holstein
Bereich Archäologie und Denkmalpflege der Hansestadt Lübeck

Glasschale
Mittelalter, erste Hälfte 16. Jahrhundert
Glas
Hansestadt Lübeck, Schleswig-Holstein
Bereich Archäologie und Denkmalpflege der Hansestadt Lübeck

Nierendolche
Mittelalter, 14./15. Jahrhundert
Eisen, Knochen
Hansestadt Lübeck, Schleswig-Holstein
Bereich Archäologie und Denkmalpflege der Hansestadt Lübeck

Vogelkäfig
Mittelalter, spätes 13. Jahrhundert
Eichen- und Nadelholz
Hansestadt Lübeck, Schleswig-Holstein
Bereich Archäologie und Denkmalpflege der Hansestadt Lübeck

Flöten
Mittelalter, 13.–15. Jahrhundert, und Frühe Neuzeit
Knochen, Holz
Hansestadt Lübeck, Schleswig-Holstein
Bereich Archäologie und Denkmalpflege der Hansestadt Lübeck

Ein Paar Trippen
Mittelalter, 15. Jahrhundert
Leder, Holz
Hansestadt Lübeck, Schleswig-Holstein
Bereich Archäologie und Denkmalpflege der Hansestadt Lübeck

Lederfassung einer Brille
Frühe Neuzeit
Leder
Hansestadt Lübeck, Schleswig-Holstein
Bereich Archäologie und Denkmalpflege der Hansestadt Lübeck

ANHANG

Buchdeckel
Mittelalter/frühe Neuzeit
Metall, Holz, Leder
Hansestadt Lübeck, Schleswig-Holstein
Bereich Archäologie und Denkmalpflege der
Hansestadt Lübeck

Bügeltasche aus Seide
Mittelalter, 15. Jahrhundert
Textil, Buntmetall
Hansestadt Lübeck, Schleswig-Holstein
Bereich Archäologie und Denkmalpflege der
Hansestadt Lübeck

Möbelteil, Truhenbrett, Minnekästchen
Mittelalter, 15./16. Jahrhundert
Holz, Metall
Hansestadt Lübeck, Schleswig-Holstein
Bereich Archäologie und Denkmalpflege der
Hansestadt Lübeck

Schachfiguren, Würfel, Spielsteine, Spielbrett
Spätmittelalter/frühe Neuzeit, 13.–15. Jahrhundert
Knochen, Geweih, Holz
Hansestadt Lübeck, Schleswig-Holstein
Bereich Archäologie und Denkmalpflege der
Hansestadt Lübeck

Fragment eines Taschenaltars
Mittelalter, 13. Jahrhundert
Holz, Wachs
Hansestadt Lübeck, Schleswig-Holstein
Bereich Archäologie und Denkmalpflege der
Hansestadt Lübeck

Pilgerflasche
Spätmittelalter
Steinzeug
Hansestadt Lübeck, Schleswig-Holstein
Bereich Archäologie und Denkmalpflege der
Hansestadt Lübeck

Pilgermuscheln
Mittelalter, 12. Jahrhundert
Muschelkalk
Hansestadt Lübeck, Schleswig-Holstein
Bereich Archäologie und Denkmalpflege der
Hansestadt Lübeck

Pilgerzeichen
Mittelalter, 13.–15. Jahrhundert
Blei-Zinn-Legierung
Hansestadt Lübeck, Schleswig-Holstein
Bereich Archäologie und Denkmalpflege der
Hansestadt Lübeck

Weihwasserampulle
Mittelalter, 12. Jahrhundert
Zinnlegierung (?), Wachs
Hansestadt Lübeck, Schleswig-Holstein
Bereich Archäologie und Denkmalpflege der
Hansestadt Lübeck

Hypokaustplatte und Hypokaustöpsel
Mittelalter, 12. Jahrhundert
Stein
Hansestadt Lübeck, Schleswig-Holstein
Bereich Archäologie und Denkmalpflege der
Hansestadt Lübeck

Elemente eines zweiteiligen Fensters (Biforium): Basen,
Säulenschaft, Kapitell
Mittelalter, 13./14. Jahrhundert
Kalkstein, Keramik
Hansestadt Lübeck, Schleswig-Holstein
Bereich Archäologie und Denkmalpflege der
Hansestadt Lübeck

Beischlagwange
Spätmittelalter
Kalkstein
Hansestadt Lübeck, Schleswig-Holstein
Bereich Archäologie und Denkmalpflege der
Hansestadt Lübeck

Schiffsplankenfragment
Mittelalter, um 1200
Holz, Eisen, Werg
Hansestadt Lübeck, Schleswig-Holstein
Bereich Archäologie und Denkmalpflege der
Hansestadt Lübeck

Juffer/Jungfer
Mittelalter, um 1200
Holz
Hansestadt Lübeck, Schleswig-Holstein
Bereich Archäologie und Denkmalpflege der
Hansestadt Lübeck

Kofférnagel
Mittelalter, um 1200
Holz
Hansestadt Lübeck, Schleswig-Holstein
Bereich Archäologie und Denkmalpflege der
Hansestadt Lübeck

Knebel unbekannter Funktion
Mittelalter, zweite Hälfte 12. Jahrhundert
Holz
Hansestadt Lübeck, Schleswig-Holstein
Bereich Archäologie und Denkmalpflege der
Hansestadt Lübeck

Teil eines Prahms
Mittelalter
Holz
Hansestadt Lübeck, Schleswig-Holstein
Bereich Archäologie und Denkmalpflege der
Hansestadt Lübeck

Koggennägel und Schiffsnieten
Mittelalter, 12./13. Jahrhundert
Eisen
Hansestadt Lübeck, Schleswig-Holstein
Bereich Archäologie und Denkmalpflege der
Hansestadt Lübeck

Koggenspant
Spätmittelalter
Holz
Hansestadt Lübeck, Schleswig-Holstein
Bereich Archäologie und Denkmalpflege der
Hansestadt Lübeck

Kalfatklammern
Mittelalter, spätes 12. Jahrhundert
Eisen
Hansestadt Lübeck, Schleswig-Holstein
Bereich Archäologie und Denkmalpflege der
Hansestadt Lübeck

Lübecker Hansetonne
Mittelalter, 12. Jahrhundert
Holz
Hansestadt Lübeck, Schleswig-Holstein
Bereich Archäologie und Denkmalpflege der
Hansestadt Lübeck

Fassdeckel
Mittelalter, 13./14. Jahrhundert
Holz
Hansestadt Lübeck, Schleswig-Holstein
Bereich Archäologie und Denkmalpflege der
Hansestadt Lübeck

Modell eines Schwellen-Ständer-Hauses
Bereich Archäologie und Denkmalpflege der
Hansestadt Lübeck

Austauschgüter – Vom Rohstoff bis zum Luxusprodukt

Spangenbarrenhort von Oberding
Frühe Bronzezeit, 1900–1500 v. Chr.
Kupfer
Oberding, Kr. Erding, Bayern
Museum Erding

Hortfund von Lebus
Spätbronzezeit, 9. Jahrhundert v. Chr.
Bronze
Lebus, Kr. Märkisch-Oderland, Brandenburg
Brandenburgisches Landesamt für Denkmalpflege und Archäologisches Landesmuseum

Goldhort von Gessel
Mittelbronzezeit, zweite Hälfte 14. Jahrhundert v. Chr.
Gold
Gessel, Syke, Kr. Diepholz, Niedersachsen
Niedersächsisches Landesmuseum Hannover

Halbfabrikate für Feuersteinbeile
Spätneolithikum, 3800–3000 v. Chr.
Feuerstein
Lousberg, Aachen, Nordrhein-Westfalen
LVR-LandesMuseum Bonn

Hortfund mit Axthämmern aus böhmischem Material
Frühneolithikum, erste Hälfte 5. Jahrtausend v. Chr.
Amphibolit, Diabas, Grauwacke
Friedefeld, Kr. Uecker-Randow, Mecklenburg-Vorpommern
Landesamt für Kultur und Denkmalpflege Mecklenburg-Vorpommern

Keltische Spitzbarren
Hallstattzeit/Latènezeit, 6.–1. Jahrhundert v. Chr.
Eisen
Pleidelsheim, Kr. Ludwigsburg, Baden-Württemberg
Landesamt für Denkmalpflege im Regierungspräsidium Stuttgart

Mahlsteinfragment
4. Jahrhundert
Mayener Basaltlava
Castrop-Rauxel, Ickern, Kr. Recklinghausen, Nordrhein-Westfalen
LWL-Archäologie für Westfalen, Münster

Mahlsteinfragment
4. Jahrhundert
Mayener Basaltlava
Castrop-Rauxel, Ickern, Kr. Recklinghausen, Nordrhein-Westfalen
LWL-Archäologie für Westfalen, Münster

Keltische Schiebemühlen („Napoleonshüte")
6./5. Jahrhundert v. Chr.
Quarzporphyr
Dossenheim, Rhein-Neckar-Kr., Baden-Württemberg
Landesamt für Denkmalpflege im Regierungspräsidium Stuttgart

Keltische Mahlsteine
Latènezeit, 5.–1. Jahrhundert v. Chr.
Mayener Basaltlava
Verschiedene Fundorte, Nordrhein-Westfalen
LVR-LandesMuseum Bonn

Funde der römisch-germanischen Bleigewinnung
(Gusszapfen, Model, Kleinbarren)
1.–4. Jahrhundert
Blei
Soest und verschiedene Fundorte im Sauerland, Nordrhein-Westfalen
Stadt Soest, Stadtarchäologie
Walter Ehls – Willebadessen
Bernd Reineke – Bestweig-Velmede

Warenetiketten und Tuchplomben
Warenetiketten für Pfeffer (Indien), Zimt (Ceylon), Spargel und Spatzen
Römisch
Blei
Trier, Rheinland Pfalz
Rheinisches Landesmuseum Trier – Generaldirektion Kulturelles Erbe Rheinland-Pfalz

Warenetikett mit Ritzinschrift
Römisch, zweite Hälfte 1. Jahrhundert
Blei
Groß-Gerau, Kr. Groß-Gerau, Hessen
Landesamt für Denkmalpflege Hessen – Abt. hessenARCHÄOLOGIE

Messer mit spargelförmigem Griff
Römisch
Bronze
Trier, Rheinland Pfalz
Rheinisches Landesmuseum Trier – Generaldirektion Kulturelles Erbe Rheinland-Pfalz

Plomben aus Ephesos und Smyrna
Römisch
Blei
Trier, Rheinland-Pfalz
Rheinisches Landesmuseum Trier – Generaldirektion Kulturelles Erbe Rheinland-Pfalz

Warenplombe aus London
Frühe Neuzeit
Blei
Hamburg
Archäologisches Museum Hamburg

Warenplombe/Tuchmarke
17. Jahrhundert
Blei
Darmstadt-Arheilgen, Kr. Darmstadt-Dieburg,

Liste der in der Ausstellung gezeigten Exponate

Hessen
Landesamt für Denkmalpflege Hessen – Abt. hessenARCHÄOLOGIE

Warenplomben und Feinwaage von der Falkenburg
Spätmittelalter
Bronze
Detmold-Berlebeck, Kr. Lippe, Nordrhein-Westfalen
Lippisches Landesmuseum Detmold

80 Tuchplomben
17. Jahrhundert
Blei
Bremen
Landesarchäologie Bremen

Gelenkknochen eines Nordkaperwals
Spätes 17. Jahrhundert/um 1700
Knochen
Bremen
Landesarchäologie Bremen

Geschnitzter Messergriff
18. Jahrhundert
Walrosselfenbein
Bremen
Landesarchäologie Bremen

Ölamphoren aus Portugal und Spanien
Frühe Neuzeit, 1600–1800
Keramik, Glasur
Hamburg-Neustadt, Elbe bei Hamburg
Archäologisches Museum Hamburg

Runde und rechteckige Barren aus einem Schiffswrack
Frühe Neuzeit, frühes 17. Jahrhundert
Kupfer
Hamburg-Rissen (Wittenbergen)
Archäologisches Museum Hamburg

Chinesischer Porzellankürbis mit Innenleben
Um 1700
Porzellan
Berlin, Königstraße
Museum für Vor- und Frühgeschichte der Staatlichen Museen zu Berlin
Plastik des Shou Lao, Gott des langen Lebens
Erste Hälfte 18. Jahrhundert
Porzellan aus Dehua, Prov. Fukien/Fujian, China
Dresden, Altstadt
Landesamt für Archäologie Sachsen

Chinesisches Kraakporzellan und portugiesische Merida-Ware
16.–18. Jahrhundert
Porzellan, Keramik
Hamburg
Archäologisches Museum Hamburg

Delfter Fayence aus den Niederlanden
17./18. Jahrhundert
Keramik
Hamburg-Harburg
Archäologisches Museum Hamburg

Tasse
Frühbronzezeit, 18.–16. Jahrhundert v. Chr.
Gold
Fritzdorf, Wachtberg, Rhein-Sieg-Kr., Nordrhein-Westfalen
LVR-LandesMuseum Bonn

Grabhügel von Ilmendorf
Mittelbronzezeit, 1600–1300 v. Chr.
Bronze, Stein, Gold, Glas
Ilmendorf, Geisenfeld, Kr. Pfaffenhofen, Bayern
Archäologische Staatssammlung München

Weitgereiste Bronzebecken
Jungbronzezeit
Kupferlegierung
Norderstapel, Kr. Schleswig-Flensburg, Schleswig-Holstein
Museum für Archäologie Schloss Gottorf, Landesmuseum Schleswig-Holstein

Bernstein
Bernstein von der Ostseeküste wird seit der Steinzeit zu Schmuckstücken verarbeitet und ist daher überall in Europa verbreitet. Die langen Transportwege machten ihn zu einem begehrten Luxusmaterial.

Älteste Bernsteinperle Nordrhein-Westfalens
6. Jahrtausend v. Chr.
Bernstein
Kückhoven-Erkelenz, Kr. Heinsberg, Nordrhein-Westfalen
LVR-LandesMuseum Bonn

Collier mit Perlen und Schiebern
Mittelbronzezeit
Bernstein, Bronze
Heilbronn-Klingenberg, Baden-Württemberg
Archäologisches Landesmuseum Baden-Württemberg

Große Bernsteinperle
Hallstattzeit
Bernstein
Aalen-Wasseralfingen, Ostalbkr., Baden-Württemberg
Archäologisches Landesmuseum Baden-Württemberg

Ring mit Frauenbüste
Der Ring aus baltischem Bernstein wurde vermutlich in den für ihre Arbeiten bekannten Werkstätten von Aquileia in Norditalien hergestellt.
Bernstein
Römisch, 1./2. Jahrhundert
Günzburg, Kr. Günzburg, Bayern
Archäologische Staatssammlung München

Gürtelschnalle aus Edelstein
Gürtelschnallen aus Edelsteinen wurden im Frühmittelalter nördlich der Alpen vermutlich nicht hergestellt. Sie stammen aus dem Mittelmeerraum, wo manche der verwendeten Mineralien vorkommen. Dort entstanden spezialisierte Werkstätten, die mit den oft schwer zu verarbeitenden Steinen umgehen konnten.
5. Jahrhundert
Opalit
Regesbostel-Rahmstorf, Kr. Harburg, Hamburg
Archäologisches Museum Hamburg

Glasperlen
Perlen aus Glas wurden in Europa seit der Eisenzeit produziert. In riesigen Mengen und großer Formenvielfalt finden sie sich dann besonders in Frauengräbern des Frühmittelalters.

Glasperlenkette
Jüngere Merowingerzeit
Glas
Rheinfelden-Herten, Kr. Lörrach, Baden-Württemberg
Archäologisches Landesmuseum Baden-Württemberg

Kette und Glasperlen aus einem Grab
Spätlatènezeit
Glas, Eisen
Hasborn, Tholey, Kr. St. Wendel, Saarland
Landesdenkmalamt Saarland

Ostgotisches Stengelglas
Um 500
Glas
Regensburg-Burgweinting, Bayern
Museen der Stadt Regensburg – Historisches Museum

„Trierer Spruchbecher" mit Trinksprüchen
Römisch, 3./4. Jahrhundert
Keramik
Trier, Rheinland-Pfalz
Rheinisches Landesmuseum Trier – Generaldirektion Kulturelles Erbe Rheinland-Pfalz

Rüsselbecher mit Inschriften „Lebe durch Wein" und „des Weins"
Glas
Frühes Mittelalter, um 500
Buxtehude-Immenbeck, Kr. Stade, Niedersachsen
Hansestadt Buxtehude

Kanne mit Aposteldarstellungen
Silber, Niello, Vergoldung, Weichlot
Erste Hälfte 5. Jahrhundert
Trier, Rheinland-Pfalz
Rheinisches Landesmuseum Trier – Generaldirektion Kulturelles Erbe Rheinland-Pfalz

Nah- und Fernimporte von Trinkgläsern
Erste Hälfte 16. Jahrhundert
Glas
Isny im Allgäu, Kr. Ravensburg, Baden-Württemberg
Landesamt für Denkmalpflege im Regierungspräsidium Stuttgart

Schmuck und Gürtelteile mit Granatcloisonné
Metall, Granatsteine
Frühmittelalter
Fundorte im Rheinland
LVR-LandesMuseum Bonn

Schmuckensemble aus einem Grab: Scheibenfibel und Kettenanhänger
Gold
Frühmittelalter
Wesel-Bislich, Kr. Wesel, Nordrhein-Westfalen
LVR-Archäologischer Park Xanten/LVR-Römer-Museum

Keramik aus Syrien
Schärbe von der Falkenburg
Spates 12./frühes 13. Jahrhundert
Keramik (Raqqa-Ware)
Detmold-Berlebeck, Kr. Lippe, Nordrhein-Westfalen
Lippisches Landesmuseum Detmold

Gefäß
13./14. Jahrhundert
Keramik (Raqqa-Ware)
Raqqa, Syrien (?)
Staatliche Museen zu Berlin, Museum für Islamische Kunst

Kreuz mit Limosiner Emaille
Bronze, Emaille
12./13. Jahrhundert
Horno, Kr. Spree-Neiße, Brandenburg
Brandenburgisches Landesamt für Denkmalpflege und Archäologisches Landesmuseum

Scharnierbeschlag mit Harpyien-Darstellung mit Limosiner Email
Leipzig-Innenstadt
Metall, Email
Hochmittelalter
Landesamt für Archäologie Sachsen

Leier aus einem alamannischen Sängergrab
Merowingerzeit, um 580
Holz
Trossingen, Kr. Tuttlingen, Baden-Württemberg

Funde aus der Werkstatt eines Bergkristallschleifers
Bergkristall, Eisen
Mittelalter, 12. Jahrhundert
Köln, Domimmunität, Nordrhein-Westfalen
Römisch-Germanisches Museum Köln

Jadeitbeile
5./4. Jahrtausend v. Chr.
Jadeit
Dinslaken, Kr. Wesel, und Brühl, Rhein-Erft-Kr., Nordrhein-Westfalen
Hochstetten, Kr. Bad Kreuznach, Rheinland Pfalz
LVR-LandesMuseum Bonn
Westhofen, Kr. Alzey-Worms, Rheinland Pfalz
Museum der Stadt Worms im Andreasstift, Worms

Frühes Kupfer
Mittlere Jungsteinzeit, 3950–2700 v. Chr.
Kupfer
Auleben, Heringen/Helme, Kr. Nordhausen, Thüringen
Landesamt für Denkmalpflege und Archäologie – Landesmuseum für Vorgeschichte – Sachsen-Anhalt

Flachbeile aus karpatenländischem Kupfer oder Arsen-Antimon-Silberkupfer
Mittlere Jungsteinzeit, 3950–2700 v. Chr.
Kleinheringen-Rödlingen, Bad Bibra und Goldschau, Burgenlandkreis, Sachsen-Anhalt
Landesamt für Denkmalpflege und Archäologie – Landesmuseum für Vorgeschichte – Sachsen-Anhalt

Brotlaib-Idole
Keramik
Frühbronzezeit, 1700–1500 v. Chr.
Bodman-Schachen, Kr. Konstanz, Baden-Württemberg
Archäologisches Landesmuseum Baden-Württemberg

ANHANG

Kloster Weltenburg, Kelheim, Kr. Kelheim, Bayern
Archäologisches Museum der Stadt Kelheim
Mangolding, Kr. Regensburg, Bayern
Museen der Stadt Regensburg – Historisches Museum
Freisinger Domberg, Kr. Freising, Bayern
Archäologischer Verein im Landkreis Freising e. V.

Funde eines keltischen Montanraums
Latènezeit
Eisen, Weichstahl, Bronze, Lehm, Schlacke
Fundorte im Siegerland, Nordrhein-Westfalen
LWL-Archäologie für Westfalen, Münster

Römischer Schrott bei den Germanen
Römische Kaiserzeit, v. a. 3.–4. Jahrhundert
Keramik, Bronze, Silber, Blei, Buntmetall, Glas
Kamen-Westick, Kr. Unna, Borken-West, Kr. Borken, Castrop-Rauxel, Ickern/Zeche Erin, Kr. Recklinghausen, Nordrhein-Westfalen
LWL-Archäologie für Westfalen, Münster

Hacksilberfund mit islamischen Münzen aus Kleinasien, Syrien und aus dem wolga-bulgarischen Raum (ca. 200 Teile, 800 g)
Vor 950
Silber
Drewelow, Kr. Vorpommern-Greifswald, Mecklenburg-Vorpommern
Landesamt für Kultur und Denkmalpflege Mecklenburg-Vorpommern, Landesarchäologie

Größter Hacksilberfund Sachsens mit Münzen aus dem ostfränkisch-deutschen Reich und dem islamischen Raum
Silber
10.–11. Jahrhundert
Cortnitz, Weißenberg, Kr. Bautzen, Sachsen
Landesamt für Archäologie Sachsen

Goldhort aus dem Dreißigjährigen Krieg
16./17. Jahrhundert
Gold
Fürstenberg, Kr. Oberhavel, Brandenburg
Brandenburgisches Landesamt für Denkmalpflege und Archäologisches Landesmuseum

Distribution

Schaufeln aus den Schulterblättern eines Rindes
Jung-/Spätneolithikum, 4./3. Jahrtausend v. Chr.
Knochen
Artern, Kyffhäuserkr., Thüringen
Thüringisches Landesamt für Denkmalpflege und Archäologie

Abschlag
Jung-/Spätneolithikum, 4./3. Jahrtausend v. Chr.
Baltischer Moränen-Feuerstein
Artern, Kyffhäuserkr., Thüringen
Thüringisches Landesamt für Denkmalpflege und Archäologie

Hacke aus dem Geweih eines Rothirsches
Jung-/Spätneolithikum, 4./3. Jahrtausend v. Chr.
Knochen
Artern, Kyffhäuserkr., Thüringen
Thüringisches Landesamt für Denkmalpflege und Archäologie

Kernsteine als Rest der Klingenherstellung
Jung-/Spätneolithikum, 4./3. Jahrtausend v. Chr.
Baltischer Moränen-Feuerstein
Artern, Kyffhäuserkr., Thüringen
Thüringisches Landesamt für Denkmalpflege und Archäologie

Produktionsabfall: Abschläge und Splitter
Jung-/Spätneolithikum, 4./3. Jahrtausend v. Chr.
Baltischer Moränen-Feuerstein
Artern, Kyffhäuserkr., Thüringen
Thüringisches Landesamt für Denkmalpflege und Archäologie

Rohe Feuersteinknollen
Elster-Kaltzeit, 400 000–320 000 v. Chr.
Baltischer Moränen-Feuerstein
Artern, Kyffhäuserkr., Thüringen
Thüringisches Landesamt für Denkmalpflege und Archäologie

Sichel
Jung-/Spätneolithikum, 4./3. Jahrtausend v. Chr.
Baiersdorfer Plattensilex
Leubingen, Kr. Sömmerda, Thüringen
Thüringisches Landesamt für Denkmalpflege und Archäologie

Siedegefäße, sogenannte Briquetage und Fragmente
Mittel- bis Spätlatènezeit, Mitte 3.– 1. Jahrhundert v. Chr.
Keramik
Bad Nauheim, Wetteraukr., Hessen
Landesamt für Denkmalpflege Hessen – Abt. hessenARCHÄOLOGIE

Stützen
Mittel- bis Spätlatènezeit, Mitte 3.– 1. Jahrhundert v. Chr.
Keramik
Bad Nauheim, Wetteraukr., Hessen
Landesamt für Denkmalpflege Hessen – Abt. hessenARCHÄOLOGIE

Zwischenlage zur Fixierung der Briquetage auf den Stützen
Mittel- bis Spätlatènezeit, Mitte 3.– 1. Jahrhundert v. Chr.
Keramik
Bad Nauheim, Wetteraukr., Hessen
Landesamt für Denkmalpflege Hessen – Abt. hessenARCHÄOLOGIE

Deckel, einer mit Knauf
Mittel- bis Spätlatènezeit, Mitte 3.– 1. Jahrhundert v. Chr.
Keramik
Bad Nauheim, Wetteraukr., Hessen
Landesamt für Denkmalpflege Hessen – Abt. hessenARCHÄOLOGIE

Bürste mit Besteckung aus Dornen
Mittel- bis Spätlatènezeit, Mitte 3.– 1. Jahrhundert v. Chr.
Eichenholz, Dornen (Steinobst)
Bad Nauheim, Wetteraukr., Hessen
Landesamt für Denkmalpflege Hessen – Abt. hessenARCHÄOLOGIE

Schuhfragment
Hochmittelalter, um 1225
Leder
Altes Lager, Rammelsberg, Goslar, Niedersachsen
Braunschweigisches Landesmuseum, Braunschweig

Beilspäne
Spätmittelalter, 13.–15. Jahrhundert
Eiche
Altes Lager, Rammelsberg, Goslar, Niedersachsen
Braunschweigisches Landesmuseum, Braunschweig

Förderseil
Spätmittelalter, 14. Jahrhundert
Bast
Altes Lager, Rammelsberg, Goslar, Niedersachsen
Braunschweigisches Landesmuseum, Braunschweig

Säbelscheide eines hohen Bergbeamten
Spätmittelalter, 14. Jahrhundert
Leder, Buchenholz
Altes Lager, Rammelsberg, Goslar, Niedersachsen
Braunschweigisches Landesmuseum, Braunschweig

Geleucht, sogenannter Frosch
Spätmittelalter, 13./14. Jahrhundert
Keramik
Altes Lager, Rammelsberg, Goslar, Niedersachsen
Braunschweigisches Landesmuseum, Braunschweig

Haselnussschalen
Spätmittelalter, 14. Jahrhundert
Altes Lager, Rammelsberg, Goslar, Niedersachsen
Braunschweigisches Landesmuseum, Braunschweig

Gezähe: Bergeisen
Spätmittelalter, 14. Jahrhundert
Eisen
Altes Lager, Rammelsberg, Goslar, Niedersachsen
Braunschweigisches Landesmuseum, Braunschweig

Textilstücke oder Filz
Mittelalter
Textil, Wolle
Altes Lager, Rammelsberg, Goslar, Niedersachsen
Braunschweigisches Landesmuseum, Braunschweig

Fahrt
Mittelalter, 12.–15. Jahrhundert
Holz
Dippoldiswalde, Kr. Sächsische Schweiz-Osterzgebirge, Sachsen
Landesamt für Archäologie Sachsen

Kratzenblatt
Mittelalter, 12.–15. Jahrhundert
Holz
Dippoldiswalde, Kr. Sächsische Schweiz-Osterzgebirge, Sachsen
Landesamt für Archäologie Sachsen

Bergeisen
Mittelalter, 12.–15. Jahrhundert
Eisen
Hartmannsdorf; Sachsenburg, Frankenberg, Kr. Mittelsachsen; Niederpesterwitz, Stadt Freital, Kr. Sächsische Schweiz-Osterzgebirge; Pegenau-Scharfenberg, Gmd. Klipphausen, Kr. Meißen; Ehrenfriedersdorf, Erzgebirgskr., Sachsen
Landesamt für Archäologie Sachsen

Fragment eine Schaufel
Mittelalter, 12.–15. Jahrhundert
Holz
Dippoldiswalde, Kr. Sächsische Schweiz-Osterzgebirge, Sachsen
Landesamt für Archäologie Sachsen

Grubenlampen
Mittelalter, 12.–15. Jahrhundert
Keramik
Freiberg, Kr. Mittelsachsen, Sachsen
Landesamt für Archäologie Sachsen

Unterlegstein (Pochstein)
Mittelalter, 12.–15. Jahrhundert
Stein
Dippoldiswalde, Kr. Sächsische Schweiz-Osterzgebirge, Sachsen
Landesamt für Archäologie Sachsen

Teile einer Haspel: Haspelhorn, Haspelstütze und Welle
Mittelalter, 12.–15. Jahrhundert
Holz
Dippoldiswalde, Kr. Sächsische Schweiz-Osterzgebirge, Sachsen
Landesamt für Archäologie Sachsen

Nadelkopf mit Öse und vier bärtigen Gesichtern
Slawenzeit, 8.–11. Jahrhundert
Buntmetall
Groß Strömkendorf, Kr. Nordwestmecklenburg, Mecklenburg-Vorpommern
Landesamt für Kultur und Denkmalpflege Mecklenburg-Vorpommern

Beschlag mit Zellwerkverzierung
Slawenzeit, 8.–11. Jahrhundert
Silber, vergoldet
Groß Strömkendorf, Kr. Nordwestmecklenburg, Mecklenburg-Vorpommern
Landesamt für Kultur und Denkmalpflege Mecklenburg-Vorpommern

Nadel mit verziertem Kopfende
Slawenzeit, 8.–11. Jahrhundert
Buntmetall
Groß Strömkendorf, Kr. Nordwestmecklenburg, Mecklenburg-Vorpommern
Landesamt für Kultur und Denkmalpflege Mecklenburg-Vorpommern

Liste der in der Ausstellung gezeigten Exponate

Schlüssel mit verziertem Griff
Slawenzeit, 8.–11. Jahrhundert
Buntmetall
Groß Strömkendorf, Kr. Nordwestmecklenburg, Mecklenburg-Vorpommern
Landesamt für Kultur und Denkmalpflege Mecklenburg-Vorpommern

Steigbügelriemenbeschläge mit zoomorpher und anthropomorpher Verzierung
Wikingerzeit, 10./11. Jahrhundert
Kupferlegierung
Haithabu, Gmd. Busdorf, Kr. Schleswig-Flensburg, Schleswig-Holstein
Museum für Archäologie Schloss Gottorf, Landesmuseen Schleswig-Holstein

Zaumzeugbeschlag
Wikingerzeit, 10./11. Jahrhundert
Kupferlegierung
Fahrdorf, Kr. Schleswig-Flensburg, Schleswig-Holstein
Museum für Archäologie Schloss Gottorf, Landesmuseen Schleswig-Holstein

Runder Anhänger mit Stierkopfverzierung
Wikingerzeit, 10./11. Jahrhundert
Silber
Fahrdorf, Kr. Schleswig-Flensburg, Schleswig-Holstein
Museum für Archäologie Schloss Gottorf, Landesmuseen Schleswig-Holstein

Runde, stern- und blütenförmige Scheibenfibeln, teilweise mit Einlagen
Wikingerzeit, 10./11. Jahrhundert
Kupferlegierung, Glas
Haithabu, Gmd. Busdorf, Kr. Schleswig-Flensburg, Schleswig-Holstein
Museum für Archäologie Schloss Gottorf, Landesmuseen Schleswig-Holstein

Steigbügelriemenbeschläge
Wikingerzeit, 10./11. Jahrhundert
Kupferlegierung
Haithabu, Gmd. Busdorf, Kr. Schleswig-Flensburg, Schleswig-Holstein
Museum für Archäologie Schloss Gottorf, Landesmuseen Schleswig-Holstein

Kugelzonengewichte
Wikingerzeit, 10./11. Jahrhundert
Kupferlegierung, Eisen
Haithabu, Gmd. Busdorf, Kr. Schleswig-Flensburg, Schleswig-Holstein
Museum für Archäologie Schloss Gottorf, Landesmuseen Schleswig-Holstein

Denare, halbe Münzen und Münzfragmente
Wikingerzeit, 10./11. Jahrhundert
Silber
Haithabu, Gmd. Busdorf, Kr. Schleswig-Flensburg, Schleswig-Holstein
Museum für Archäologie Schloss Gottorf, Landesmuseen Schleswig-Holstein

Zaumzeugbeschläge, gleichschenklig, mit dreieckigen Abschlüssen
Wikingerzeit, 10./11. Jahrhundert
Bleibronze, Kupferlegierung
Haithabu, Gmd. Busdorf, Kr. Schleswig-Flensburg, Schleswig-Holstein
Museum für Archäologie Schloss Gottorf, Landesmuseen Schleswig-Holstein

Münzfibeln
Wikingerzeit, 10./11. Jahrhundert
Kupferlegierung, Goldauflage
Haithabu, Gmd. Busdorf, Kr. Schleswig-Flensburg, Schleswig-Holstein
Museum für Archäologie Schloss Gottorf, Landesmuseen Schleswig-Holstein

Gussform
Wikingerzeit, 10./11. Jahrhundert
Kupferlegierung
Haithabu, Gmd. Busdorf, Kr. Schleswig-Flensburg, Schleswig-Holstein
Museum für Archäologie Schloss Gottorf, Landesmuseen Schleswig-Holstein

Axt
Wikingerzeit, 10./11. Jahrhundert
Eisen
Haithabu, Gmd. Busdorf, Kr. Schleswig-Flensburg, Schleswig-Holstein
Museum für Archäologie Schloss Gottorf, Landesmuseen Schleswig-Holstein

Kreuzscheibenfibeln
Wikingerzeit, 10./11. Jahrhundert
Kupferlegierung, Glas
Haithabu, Gmd. Busdorf, Kr. Schleswig-Flensburg, Schleswig-Holstein
Museum für Archäologie Schloss Gottorf, Landesmuseen Schleswig-Holstein

Nietsporn
Wikingerzeit, 10./11. Jahrhundert
Eisen
Haithabu, Gmd. Busdorf, Kr. Schleswig-Flensburg, Schleswig-Holstein
Museum für Archäologie Schloss Gottorf, Landesmuseen Schleswig-Holstein

Schatzfund aus Münzen und Medaillen
Frühe Neuzeit, 15.–17. Jahrhundert
Gold
Leipzig, Sachsen
Landesamt für Archäologie Sachsen

Rechenmünze (?) mit sechszackigem Stern
Spätmittelalter, 14./15. Jahrhundert
Metall (?)
Leipzig, Sachsen
Landesamt für Archäologie Sachsen

Gewichtstöpfchen von Gewichtssätzen zum Stapeln
Mittelalter/Frühe Neuzeit
Bronze
Leipzig-Innenstadt und Leipzig-Seehausen, Sachsen
Landesamt für Archäologie Sachsen

Gewichte
Mittelalter/Frühe Neuzeit
Blei
Leipzig-Innenstadt, Sachsen
Landesamt für Archäologie Sachsen

Pyramidenförmiges Gewicht mit Stempel
Mittelalter/Frühe Neuzeit
Buntmetall
Leipzig-Innenstadt, Sachsen
Landesamt für Archäologie Sachsen

Spiegelkapsel
Spätmittelalter, 14./15. Jahrhundert
Metall
Leipzig, Sachsen
Landesamt für Archäologie Sachsen

Ringförmige Schnallen
Mittelalter/Frühe Neuzeit
Metall (?)
Leipzig-Innenstadt, Sachsen
Landesamt für Archäologie Sachsen

Dreiteiliger Taschenbügel
Mittelalter/Frühe Neuzeit
Buntmetall
Leipzig-Innenstadt, Sachsen
Landesamt für Archäologie Sachsen

Brakteatendosen mit Prägungen (Pegauer Äbte)
Mittelalter/Frühe Neuzeit
Buntmetall
Leipzig-Innenstadt, Sachsen
Landesamt für Archäologie Sachsen

Brakteatenhort
Mittelalter, 1221–1323
Silber
Bad Lausnick, Sachsen
Landesamt für Archäologie Sachsen

Tuchplombe mit Wappen
Frühe Neuzeit, 16. Jahrhundert
Blei
Leipzig-Innenstadt, Sachsen
Landesamt für Archäologie Sachsen

Warenplomben mit verschiedenen Kennzeichnungen: Leipziger Wappen, Turm und Schwerter, Serge de Bois und Blüte, Doppeladler, Achteck und Meisterzeichen
Frühe Neuzeit/Neuzeit
Blei
Leipzig-Innenstadt, Sachsen
Landesamt für Archäologie Sachsen

Pferdefigur mit Reiter und verschiedene Produkte aus Zinn
Spätmittelalter/frühe Neuzeit
Zinn
Leipzig-Innenstadt, Sachsen
Landesamt für Archäologie Sachsen

Spanschachteln und Spanholzdose
Spätmittelalter/frühe Neuzeit
Holz
Leipzig-Innenstadt, Sachsen
Landesamt für Archäologie Sachsen

Austernschalen und Weinbergschnecken
Spätmittelalter/frühe Neuzeit
Muschelkalk, Schneckengehäuse
Leipzig-Innenstadt, Sachsen
Landesamt für Archäologie Sachsen

Straußeneischalen
Spätmittelalter/frühe Neuzeit
Kalk
Baruth, Kr. Bautzen, Sachsen
Landesamt für Archäologie Sachsen

Flügelglasfragmente, teilweise venezianischer Stil
Neuzeit, 17. Jahrhundert
Glas
Leipzig-Innenstadt, Sachsen
Landesamt für Archäologie Sachsen

Kreuze
Neuzeit
Rotopakes Glas
Leipzig-Innenstadt, Sachsen
Landesamt für Archäologie Sachsen

Rechenpfennige mit Inschriften, Namenszügen und Kennzeichen
Spätmittelalter/frühe Neuzeit
Metall
Leipzig-Innenstadt, Sachsen
Landesamt für Archäologie Sachsen

Marken mit Kennzeichen
Spätmittelalter/frühe Neuzeit
Metall
Leipzig-Innenstadt, Sachsen
Landesamt für Archäologie Sachsen

Kämme
Spätmittelalter/frühe Neuzeit
Elfenbein
Leipzig-Innenstadt, Sachsen
Landesamt für Archäologie Sachsen

Würfel, Augen teilweise falsch angeordnet, einer mit Bleikügelchen gezinkt
Spätmittelalter/frühe Neuzeit
Knochen, Elfenbein, Blei
Leipzig-Innenstadt, Sachsen
Landesamt für Archäologie Sachsen

Narwalzahn
Spätmittelalter/frühe Neuzeit
Elfenbein
Leipzig-Innenstadt, Sachsen
Landesamt für Archäologie Sachsen

Holzgriffreste mit Überzug aus Rochenhaut
Spätmittelalter/frühe Neuzeit
Holz, Haut
Leipzig-Innenstadt, Sachsen
Landesamt für Archäologie Sachsen

Unterlegstein/Pochsteine
Späthallstattzeit/Frühlatènezeit, 6./5. Jahrhundert v.Chr.
Stein
Waldrennach, Enzkr., Baden-Württemberg
Landesamt für Denkmalpflege im Regierungspräsidium Stuttgart

Schlackenklötze
Späthallstattzeit/Frühlatènezeit, 6./5. Jahrhundert v.Chr.
Eisenschlacke
Waldrennach, Enzkr., Baden-Württemberg
Landesamt für Denkmalpflege im Regierungspräsidium Stuttgart

ANHANG

Schiebemühlen
Späthallstattzeit/Frühlatènezeit, 6./5. Jahrhundert v. Chr.
Stein
Waldrennach, Enzkr., Baden-Württemberg
Landesamt für Denkmalpflege im Regierungspräsidium Stuttgart

Reibstein
Späthallstattzeit/Frühlatènezeit, 6./5. Jahrhundert v. Chr.
Stein
Neuenbürg, Enzkr., Baden-Württemberg
Landesamt für Denkmalpflege im Regierungspräsidium Stuttgart

Tüllenbeile
Späthallstattzeit/Frühlatènezeit, 6./5. Jahrhundert v. Chr.
Eisen
Neuenbürg, Enzkr., Baden-Württemberg
Landesamt für Denkmalpflege im Regierungspräsidium Stuttgart

Sensenblatt
Späthallstattzeit/Frühlatènezeit, 6./5. Jahrhundert v. Chr.
Eisen
Neuenbürg, Enzkr., Baden-Württemberg
Landesamt für Denkmalpflege im Regierungspräsidium Stuttgart

Ösenstift
Späthallstattzeit/Frühlatènezeit, 6./5. Jahrhundert v. Chr.
Eisen
Neuenbürg, Enzkr., Baden-Württemberg
Landesamt für Denkmalpflege im Regierungspräsidium Stuttgart

Keltische Spitzbarren
Hallstattzeit/Latènezeit
Eisen
Pleidelsheim, Kr. Ludwigsburg, Baden-Württemberg
Landesamt für Denkmalpflege im Regierungspräsidium Stuttgart

Halbfabrikate keltischer Schiebemühlen, sogenannte Napoleonshüte
Späthallstattzeit/Frühlatènezeit, 6./5. Jahrhundert v. Chr.
Quarzporphyr
Dossenheim, Rhein-Neckar-Kr., Baden-Württemberg
Landesamt für Denkmalpflege im Regierungspräsidium Stuttgart

Sense
Hallstatt- bis Latènezeit, 6.–1. Jahrhundert v. Chr.
Eisen
Milseburg, Hofbieber-Danzwiesen, Kr. Fulda, Hessen
Stadt- und Kreisarchäologie Fulda

Sichel
Hallstatt- bis Latènezeit, 6.–1. Jahrhundert v. Chr.
Eisen
Milseburg, Hofbieber-Danzwiesen, Kr. Fulda, Hessen
Stadt- und Kreisarchäologie Fulda

Drei Messer
Hallstatt- bis Latènezeit, 6.–1. Jahrhundert v. Chr.
Eisen
Milseburg, Hofbieber-Danzwiesen, Kr. Fulda, Hessen
Stadt- und Kreisarchäologie Fulda

Bügelschere
Hallstatt- bis Latènezeit, 6.–1. Jahrhundert v. Chr.
Eisen
Milseburg, Hofbieber-Danzwiesen, Kr. Fulda, Hessen
Stadt- und Kreisarchäologie Fulda

Reib- oder Mahlsteine
Hallstatt- bis Latènezeit, 6.–1. Jahrhundert v. Chr.
Basalt, Sandstein, Granit
Milseburg, Hofbieber-Danzwiesen, Kr. Fulda, Hessen
Stadt- und Kreisarchäologie Fulda

Zwei Meißel
Hallstatt- bis Latènezeit, 6.–1. Jahrhundert v. Chr.
Bronze, Eisen
Milseburg, Hofbieber-Danzwiesen, Kr. Fulda, Hessen
Stadt- und Kreisarchäologie Fulda

Treibhammer
Hallstatt- bis Latènezeit, 6.–1. Jahrhundert v. Chr.
Eisen
Milseburg, Hofbieber-Danzwiesen, Kr. Fulda, Hessen
Stadt- und Kreisarchäologie Fulda

Amboss
Hallstatt- bis Latènezeit, 6.–1. Jahrhundert v. Chr.
Eisen
Milseburg, Hofbieber-Danzwiesen, Kr. Fulda, Hessen
Stadt- und Kreisarchäologie Fulda

Tüllenbeil
Hallstatt- bis Latènezeit, 6.–1. Jahrhundert v. Chr.
Bronze
Milseburg, Hofbieber-Danzwiesen, Kr. Fulda, Hessen
Stadt- und Kreisarchäologie Fulda

Paukenfibel
Hallstattzeit, 6./5. Jahrhundert v. Chr.
Bronze
Milseburg, Hofbieber-Danzwiesen, Kr. Fulda, Hessen
Stadt- und Kreisarchäologie Fulda

Fibel
Frühlatènezeit, 4.–2. Jahrhundert v. Chr.
Bronze
Milseburg, Hofbieber-Danzwiesen, Kr. Fulda, Hessen
Stadt- und Kreisarchäologie Fulda

Gekröpfte Nadel
Hallstatt- bis Latènezeit, 6.–1. Jahrhundert v. Chr.
Eisen
Milseburg, Hofbieber-Danzwiesen, Kr. Fulda, Hessen
Stadt- und Kreisarchäologie Fulda

Armringfragment
Hallstatt- bis Latènezeit, 6.–1. Jahrhundert v. Chr.
Glas mit gelber Fadenauflage
Milseburg, Hofbieber-Danzwiesen, Kr. Fulda, Hessen
Stadt- und Kreisarchäologie Fulda

Gürtelhaken
Hallstatt- bis Latènezeit, 6.–1. Jahrhundert v. Chr.
Bronze
Milseburg, Hofbieber-Danzwiesen, Kr. Fulda, Hessen
Stadt- und Kreisarchäologie Fulda

Armring mit abgesetzten Enden
Hallstatt- bis Latènezeit, 6.–1. Jahrhundert v. Chr.
Bronze
Milseburg, Hofbieber-Danzwiesen, Kr. Fulda, Hessen
Stadt- und Kreisarchäologie Fulda

Zügelfragment
Hallstatt- bis Latènezeit, 6.–1. Jahrhundert v. Chr.
Bronze
Milseburg, Hofbieber-Danzwiesen, Kr. Fulda, Hessen
Stadt- und Kreisarchäologie Fulda

Drehscherbenkeramik, Graphittonkeramik und Scherben mit hessisch-thüringischer Ritzverzierung und sogenannter Laufender-Hund-Verzierung
Hallstatt- bis Latènezeit, 6.–1. Jahrhundert v. Chr.
Keramik
Milseburg, Hofbieber-Danzwiesen, Kr. Fulda, Hessen
Stadt- und Kreisarchäologie Fulda

Römisches Fass
Ältere römische Kaiserzeit, 118 n. Chr.
Holz
Regensburg-Burgweinting, Bayern
Museen der Stadt Regensburg – Historisches Museum

Römisches Fass mit Brandmarken
Römische Kaiserzeit
Holz
Munningen, Kr. Donau-Ries, Bayern
Archäologische Staatssammlung München

Schmelzrest
Mittelalter, 11./12. Jahrhundert
Zinn
Schleswig, Kr. Schleswig-Flensburg, Schleswig-Holstein
Museum für Archäologie Schloss Gottorf, Landesmuseen Schleswig-Holstein

Nierenförmiges und halbmondförmiges Ohrringfragment
Mittelalter, 11./12. Jahrhundert
Silber, Zinn
Schleswig, Kr. Schleswig-Flensburg, Schleswig-Holstein
Museum für Archäologie Schloss Gottorf, Landesmuseen Schleswig-Holstein

Gussformen
Mittelalter, 11./12. Jahrhundert
Kalkstein
Schleswig, Kr. Schleswig-Flensburg, Schleswig-Holstein
Museum für Archäologie Schloss Gottorf, Landesmuseen Schleswig-Holstein

Gusszapfen
Mittelalter, 11./12. Jahrhundert
Zinn, Blei
Schleswig, Kr. Schleswig-Flensburg, Schleswig-Holstein
Museum für Archäologie Schloss Gottorf, Landesmuseen Schleswig-Holstein

Perlen
Mittelalter, 11./12. Jahrhundert
Zinn
Schleswig, Kr. Schleswig-Flensburg, Schleswig-Holstein
Museum für Archäologie Schloss Gottorf, Landesmuseen Schleswig-Holstein

Plateaufibeln und Buckelfibel
Mittelalter, 11./12. Jahrhundert
Zinn
Schleswig, Kr. Schleswig-Flensburg, Schleswig-Holstein
Museum für Archäologie Schloss Gottorf, Landesmuseen Schleswig-Holstein

Scheibenfibeln
Mittelalter, 11./12. Jahrhundert
Silber, Kupferlegierung, Glas
Schleswig, Kr. Schleswig-Flensburg, Schleswig-Holstein
Museum für Archäologie Schloss Gottorf, Landesmuseen Schleswig-Holstein

Klappwaage
Mittelalter, 11./12. Jahrhundert
Kupferlegierung
Schleswig, Kr. Schleswig-Flensburg, Schleswig-Holstein
Museum für Archäologie Schloss Gottorf, Landesmuseen Schleswig-Holstein

Gewichte
Mittelalter, 11./12. Jahrhundert
Kupferlegierung, Blei
Schleswig, Kr. Schleswig-Flensburg, Schleswig-Holstein
Museum für Archäologie Schloss Gottorf, Landesmuseen Schleswig-Holstein

Messerscheidenbeschlag
Mittelalter, 11./12. Jahrhundert
Zinn

Liste der in der Ausstellung gezeigten Exponate

Schleswig, Kr. Schleswig-Flensburg, Schleswig-Holstein
Museum für Archäologie Schloss Gottorf, Landesmuseen Schleswig-Holstein

Zaumzeugbeschlagfragment
Mittelalter, 11./12. Jahrhundert
Kupferlegierung
Schleswig, Kr. Schleswig-Flensburg, Schleswig-Holstein
Museum für Archäologie Schloss Gottorf, Landesmuseen Schleswig-Holstein

Fibel im sogenannten Urnesstil
Mittelalter, 11./12. Jahrhundert
Kupferlegierung
Schleswig, Kr. Schleswig-Flensburg, Schleswig-Holstein
Museum für Archäologie Schloss Gottorf, Landesmuseen Schleswig-Holstein

Ringe
Mittelalter, 11./12. Jahrhundert
Buntglas
Schleswig, Kr. Schleswig-Flensburg, Schleswig-Holstein
Museum für Archäologie Schloss Gottorf, Landesmuseen Schleswig-Holstein

Figur, sogenannter Schleswig-Mann
Mittelalter, 11./12. Jahrhundert
Holz
Schleswig, Kr. Schleswig-Flensburg, Schleswig-Holstein
Museum für Archäologie Schloss Gottorf, Landesmuseen Schleswig-Holstein

Figur
Mittelalter, 11./12. Jahrhundert
Holz
Schleswig, Kr. Schleswig-Flensburg, Schleswig-Holstein
Museum für Archäologie Schloss Gottorf, Landesmuseen Schleswig-Holstein

Drachenkopfschnitzerei
Mittelalter, 11./12. Jahrhundert
Holz
Schleswig, Kr. Schleswig-Flensburg, Schleswig-Holstein
Museum für Archäologie Schloss Gottorf, Landesmuseen Schleswig-Holstein

Münzen
Mittelalter, 11./12. Jahrhundert
Silber
Schleswig, Kr. Schleswig-Flensburg, Schleswig-Holstein
Museum für Archäologie Schloss Gottorf, Landesmuseen Schleswig-Holstein

Elitegräber: Teilhaber von europaweitem materiellem und geistigem Austausch

Leier aus einem alamannischen Sängergrab
Merowingerzeit, um 580
Holz
Trossingen, Kr. Tuttlingen, Baden-Württemberg
Archäologisches Landesmuseum Baden-Württemberg

Importiertes oder adaptiertes Trachtzubehör aus einem Grab
Frühe Jungbronzezeit, 1200 v. Chr.
Bronze, Leder
Wulfen, Kr. Anhalt-Bitterfeld, Sachsen-Anhalt
Museum für Vor- und Frühgeschichte der Staatlichen Museen zu Berlin

Funde aus den Gräbern einer Frau und eines Mädchens aus der Umgebung der Heuneburg
Späthallstattzeit, 583 v. Chr.
Gold, Bronze, Bernstein, Ölschiefer, Wildschweinzahn
Herbertingen, Kr. Sigmaringen, Baden-Württemberg
Landesamt für Denkmalpflege im Regierungspräsidium Stuttgart

„Fürstengräber" von Neudorf-Bornstein
Holz, Kupferlegierung, Glas, Keramik, Silber, Gold, Bernstein
Jüngere römische Kaiserzeit, zweite Hälfte 3. Jahrhundert
Neudorf-Bornstein, Kr. Rendsburg-Eckernförde, Schleswig-Holstein
Museum für Archäologie Schloss Gottorf, Landesmuseum Schleswig-Holstein

Reiches Frauengrab der Spätantike
Spätantike, 400–450
Gold, Glas, Kupferlegierung, Silber, Eisen, Keramik, Bernstein, Koralle
Pförring, Kr. Eichstätt, Bayern
Gemeinde Markt Pförring

Völkerwanderungszeitlicher Schatzfund: Silbergefäße, Kleidungsbesätze, Klappstuhl
Um 450
Silber, Kupferlegierung, Gold, Schmucksteine
Rülzheim, Kr. Germersheim, Rheinland-Pfalz
GDKE – Direktion Landesarchäologie, Außenstelle Koblenz

Byzantinische Bronzegefäße in Süddeutschland
Frühmittelalter
Bronze
Remseck-Pattonville, Kr. Ludwigsburg, Baden-Württemberg
Landesamt für Denkmalpflege im Regierungspräsidium Stuttgart

Kriegergrab von Boilstädt
Merowingerzeit, um 600
Bronze, Buntmetall, Eisen, Glas, Keramik, Knochen
Boilstädt, Kr. Gotha, Thüringen
Thüringisches Landesamt für Denkmalpflege und Archäologie

„Herr von Morken"
Um 600
Gold, Silber, Bronze, Almandin, Eisen, Glas, Meerschaum/Sepiolith
Morken, Rhein-Erft-Kr., Nordrhein-Westfalen
LVR-LandesMuseum Bonn

Kriegergrab
7. Jahrhundert
Eisen, Holzreste, Silber- und Buntmetalltauschierung, Bronze
Bergkamen-Weddinghofen, Kr. Unna, Nordrhein-Westfalen
LWL-Archäologie für Westfalen, Münster

KONFLIKT

Bildersturm

Teile einer Jupitergigantensäule
Jüngere römische Kaiserzeit, 3. Jahrhundert
Stein
Obernburg, Kr. Miltenberg, Bayern
Archäologische Staatssammlung München

Viergöttersteine mehrerer Jupitergigantensäulen
Jüngere römische Kaiserzeit, 4. Jahrhundert
Stein
Rommerskirchen-Evinghoven, Rhein-Kr. Neuß, Nordrhein-Westfalen
LVR-LandesMuseum Bonn

Weihestein für Mars Cicollus
Ältere römische Kaiserzeit, zweite Hälfte 1. Jahrhundert
Stein
Xanten (Colonia Ulpia Traiana), Kr. Wesel
LVR-Archäologischer Park Xanten/LVR-Römer-Museum

Skulpturenfragmente
Spätmittelalter, letztes Viertel 16. Jahrhundert
Sandstein
Münster (Domplatz), Nordrhein-Westfalen
Hohes Domkapitel der Kathedralkirche St. Paulus zu Münster

Erkennungsplakette der Täufer
Spätmittelalter, 1534/35
Blei
Münster, Nordrhein-Westfalen
Münster Stadtarchäologie

Fenster-Flachglasscherben, teilweise farbig und mit Binnenverzierung
Mittelalter, spätes 12.– frühes 16. Jahrhundert
Glas
Münster, Nordrhein-Westfalen
Münster Stadtarchäologie

Torso einer antiken Steinfigur, sogenannte Venus von St. Matthias
1. Jahrhundert
Marmor
Trier, Kloster St. Matthias, Rheinland-Pfalz
Rheinisches Landesmuseum Trier – Generaldirektion Kulturelles Erbe Rheinland-Pfalz

Fragmente der Bima der Synagoge zu Köln: Basisgesims, Eckzierbasis mit Säulenschaft, Achteckbasis, Bogenfragment, Blattkapitell und Vogelkopffragment
Mittelalter, erste Hälfte 14. Jahrhundert (vor 1349)
Kalkstein
Köln (Archäologische Zone), Nordrhein-Westfalen
Stadt Köln, Dezernat für Kunst und Kultur

Fragment des Thoraschreines der Synagoge zu Köln
Mittelalter, erste Hälfte 14. Jahrhundert (vor 1349)
Tuffstein, vergoldet, mit Resten der Farbfassung
Köln (Archäologische Zone), Nordrhein-Westfalen
Stadt Köln, Dezernat für Kunst und Kultur

Fragment einer Sitzbankplatte mit Graffite
Mittelalter, erste Hälfte 14. Jahrhundert (vor 1349)
Blaustein
Köln (Archäologische Zone), Nordrhein-Westfalen
Stadt Köln, Dezernat für Kunst und Kultur

Halbsäulenfragment von der Südwestecke der Synagoge zu Köln
Mittelalter, erste Hälfte 14. Jahrhundert (vor 1349)
Tuffstein
Köln (Archäologische Zone), Nordrhein-Westfalen
Stadt Köln, Dezernat für Kunst und Kultur

Münzschatz
Mittelalter, zweites Drittel 14. Jahrhundert (vor 1349)
Gold, Silber
Köln (Archäologische Zone), Nordrhein-Westfalen
Kölnisches Stadtmuseum, Köln

Dreiflammiger Schabbatleuchter
Mittelalter, erste Hälfte 14. Jahrhundert (vor 1349)
Bronze
Köln (Archäologische Zone), Nordrhein-Westfalen
Stadt Köln, Dezernat für Kunst und Kultur

Gürtelbeschläge mit figürlichem Dekor
Mittelalter, erste Hälfte 14. Jahrhundert (vor 1349)
Silber, Email
Köln (Archäologische Zone), Nordrhein-Westfalen
Stadt Köln, Dezernat für Kunst und Kultur

Fragmente von Kettenhemden
Mittelalter, erste Hälfte 14. Jahrhundert (vor 1349)
Eisen
Köln (Archäologische Zone), Nordrhein-Westfalen
Stadt Köln, Dezernat für Kunst und Kultur

Verbrannte Dachschieferfragmente
Mittelalter, erste Hälfte 14. Jahrhundert (vor 1349)
Schiefer
Köln (Archäologische Zone), Nordrhein-Westfalen
Stadt Köln, Dezernat für Kunst und Kultur

Stehendes Mädchen (Otto Baum)
1930
Bronze
Berlin-Mitte, Rathausstraße
Staatliche Museen zu Berlin, Museum für Vor- und Frühgeschichte

ANHANG

Frau mit Traube (Karl Ehlers)
1933
Bronze
Berlin-Mitte, Rathausstraße
Staatliche Museen zu Berlin, Museum für Vor- und Frühgeschichte

Kopf (Otto Freundlich)
1925
Terrakotta, schwarz glasiert
Berlin-Mitte, Rathausstraße
Staatliche Museen zu Berlin, Museum für Vor- und Frühgeschichte

Figurenfragment (Richard Haizmann)
1929
Marmor
Berlin-Mitte, Rathausstraße
Staatliche Museen zu Berlin, Museum für Vor- und Frühgeschichte

Hagar (Karl Knappe)
1923
Bronze
Berlin-Mitte, Rathausstraße
Staatliche Museen zu Berlin, Museum für Vor- und Frühgeschichte

Sitzendes Mädchen I (Will Lammert)
1913
Steinzeug
Berlin-Mitte, Rathausstraße
Staatliche Museen zu Berlin, Museum für Vor- und Frühgeschichte

Tänzerin (Marg Moll)
Um 1930
Messing
Berlin-Mitte, Rathausstraße
Staatliche Museen zu Berlin, Museum für Vor- und Frühgeschichte

Die Einfältigen (Karel Niestrath)
1924
Steinguss
Berlin-Mitte, Rathausstraße
Staatliche Museen zu Berlin, Museum für Vor- und Frühgeschichte

Frommer Mann (Karel Niestrath)
1924
Steinguss
Berlin-Mitte, Rathausstraße
Staatliche Museen zu Berlin, Museum für Vor- und Frühgeschichte

Schwangere (Emy Roeder)
1918
Terrakotta
Berlin-Mitte, Rathausstraße
Staatliche Museen zu Berlin, Museum für Vor- und Frühgeschichte

Bildnis der Anni Mewes (Edwin Scharff)
1917
Bronze
Berlin-Mitte, Rathausstraße
Staatliche Museen zu Berlin, Museum für Vor- und Frühgeschichte

Kniende (Milly Steger)
Um 1914/20
Steinguss
Berlin-Mitte, Rathausstraße
Staatliche Museen zu Berlin, Museum für Vor- und Frühgeschichte

Reiter (Fritz Wampe)
1933/34
Bronze
Berlin-Mitte, Rathausstraße
Staatliche Museen zu Berlin, Museum für Vor- und Frühgeschichte

Stehender weiblicher Akt mit angezogener Linken (Gustav Heinrich Wolff)
Erste Hälfte des 20. Jahrhunderts
Marmor?
Berlin-Mitte, Rathausstraße
Staatliche Museen zu Berlin, Museum für Vor- und Frühgeschichte

Stehende Gewandfigur (Gustav Heinrich Wolff)
1925
Bronze
Berlin-Mitte, Rathausstraße
Staatliche Museen zu Berlin, Museum für Vor- und Frühgeschichte

Weibliche Büste (Naum Slutzky)
1930/31
Bronze
Berlin-Mitte, Rathausstraße
Staatliche Museen zu Berlin, Museum für Vor- und Frühgeschichte

Koppelschloss der Wehrmacht mit Überprägung durch den Sowjetstern und Schablone
Um 1945
Metall
Grünefeld, Schönwalde-Glien und Klein Behnitz, Nauen, Kr. Havelland

Brandenburgisches Landesamt für Denkmalpflege und Archäologisches Landesmuseum

Schlachtfeldarchäologie

Menschliche Knochen und Schädel in Fundlage
Spätbronzezeit, um 1250 v. Chr.
3D-Modell
Tollensetal, Burow und Werder, Lkr. Mecklenburgische Seenplatte, Mecklenburg-Vorpommern
Landesamt für Kultur und Denkmalpflege Mecklenburg-Vorpommern, Schwerin

Flachbeil
Frühbronzezeit, um 2000 v. Chr.
Kupfer
Tollensetal, Fundstelle Kessin 12, Lkr. Mecklenburgische Seenplatte, Mecklenburg-Vorpommern
Landesamt für Kultur und Denkmalpflege Mecklenburg-Vorpommern, Schwerin

Absatzbeil, böhmischer Typ
Spätbronzezeit, um 1200 v. Chr.
Bronze
Tollensetal, Fundstelle Weltzin 13, Lkr. Mecklenburgische Seenplatte, Mecklenburg-Vorpommern
Landesamt für Kultur und Denkmalpflege Mecklenburg-Vorpommern, Schwerin

Verschiedene Wegefunde: Fibelfragmente, Schwertteile, Messer, Barren
Mittel- bis Spätbronzezeit
Bronze
Tollensetal, Fundstellen Kessin 12 und Weltzin 13, Lkr. Mecklenburgische Seenplatte, Mecklenburg-Vorpommern
Landesamt für Kultur und Denkmalpflege Mecklenburg-Vorpommern, Schwerin

Tüllenpfeilspitzen
Spätbronzezeit, um 1250 v. Chr.
Bronze
Tollensetal, Fundstellen Wodarg 32, Weltzin 20, 28 und 32, Lkr. Mecklenburgische Seenplatte, Mecklenburg-Vorpommern
Landesamt für Kultur und Denkmalpflege Mecklenburg-Vorpommern, Schwerin

Pfeilspitzen
Spätbronzezeit, um 1250 v. Chr.
Feuerstein
Tollensetal, Fundstelle Weltzin 20, Lkr. Mecklenburgische Seenplatte, Mecklenburg-Vorpommern
Landesamt für Kultur und Denkmalpflege Mecklenburg-Vorpommern, Schwerin

Hortfund mit Werkzeug
Spätbronzezeit
Bronze
Tollensetal, Fundstelle Golchen 18, Lkr. Mecklenburgische Seenplatte, Mecklenburg-Vorpommern
Landesamt für Kultur und Denkmalpflege Mecklenburg-Vorpommern, Schwerin

Hort mit Schwert, Knopfsicheln, Armring und Tutulus
Spätbronzezeit
Bronze
Tollensetal, Fundstelle Wodarg 3, Lkr. Mecklenburgische Seenplatte, Mecklenburg-Vorpommern
Landesamt für Kultur und Denkmalpflege Mecklenburg-Vorpommern, Schwerin

Menschlicher Schädel und Knochen mit Verletzungsspuren: verheiltes Trauma, Oberschenkelfraktur und Hüftbein mit Stichverletzung
Spätbronzezeit, um 1250 v. Chr.
Knochen
Tollensetal, Fundstelle Weltzin 20 und 32, Lkr. Mecklenburgische Seenplatte, Mecklenburg-Vorpommern
Landesamt für Kultur und Denkmalpflege Mecklenburg-Vorpommern, Schwerin

Menschlicher Schädel und Oberarmknochen mit Geschossspitzen
Spätbronzezeit, um 1250 v. Chr.
Bronze, Feuerstein, Knochen
Tollensetal, Fundstelle Weltzin 20, Lkr. Mecklenburgische Seenplatte, Mecklenburg-Vorpommern
Landesamt für Kultur und Denkmalpflege Mecklenburg-Vorpommern, Schwerin

Lanzenspitzen
Spätbronzezeit, um 1250 v. Chr.
Bronze
Tollensetal, Fundstelle Weltzin 7001 und Wodarg 18, Lkr. Mecklenburgische Seenplatte, Mecklenburg-Vorpommern
Landesamt für Kultur und Denkmalpflege Mecklenburg-Vorpommern, Schwerin

Lanzen-, Speer-, Pfeil- und Geschossspitzen
Römische Kaiserzeit
Eisen, Messing
Harzhorn, Gmd. Kalefeld, und Bad Gandersheim, Kr. Northeim, Niedersachsen
Braunschweigisches Landesmuseum, Braunschweig

Schaufelhacke
Römisch
Eisen
Harzhorn, Gmd. Kalefeld, und Bad Gandersheim, Kr. Northeim, Niedersachsen
Braunschweigisches Landesmuseum, Braunschweig

Hipposandalen vom Pferd oder Muli
Römisch
Eisen
Harzhorn, Gmd. Kalefeld, und Bad Gandersheim, Kr. Northeim, Niedersachsen
Braunschweigisches Landesmuseum, Braunschweig

Vier Speerspitzen und drei Wurfspeere mit eisernem Vorschaft (pila)
Römisch
Eisen
Harzhorn, Gmd. Kalefeld, und Bad Gandersheim, Kr. Northeim, Niedersachsen
Braunschweigisches Landesmuseum, Braunschweig

Schaftlappenaxt
Römisch
Eisen
Harzhorn, Gmd. Kalefeld, und Bad Gandersheim, Kr. Northeim, Niedersachsen
Braunschweigisches Landesmuseum, Braunschweig

Zwei Pionieräxte (dolabrae)
Römisch
Eisen
Harzhorn, Gmd. Kalefeld, und Bad Gandersheim, Kr. Northeim, Niedersachsen
Braunschweigisches Landesmuseum, Braunschweig

Kettenhemdfragment
Römisch
Eisen
Harzhorn, Gmd. Kalefeld, und Bad Gandersheim, Kr. Northeim, Niedersachsen
Braunschweigisches Landesmuseum, Braunschweig

Brustpanzerverschluss, Beschlag
Römisch
Eisen
Harzhorn, Gmd. Kalefeld, und Bad Gandersheim, Kr. Northeim, Niedersachsen

Liste der in der Ausstellung gezeigten Exponate

Braunschweigisches Landesmuseum, Braunschweig

Schildfessel und Schildbeschläge
Römisch
Eisen, Buntmetall
Harzhorn, Gmd. Kalefeld, und Bad Gandersheim, Kr. Northeim, Niedersachsen
Braunschweigisches Landesmuseum, Braunschweig

Zierscheiben
Römisch
Bronze
Harzhorn, Gmd. Kalefeld, und Bad Gandersheim, Kr. Northeim, Niedersachsen
Braunschweigisches Landesmuseum, Braunschweig

Standartenaufsatz
Römisch
Eisen
Harzhorn, Gmd. Kalefeld, und Bad Gandersheim, Kr. Northeim, Niedersachsen
Braunschweigisches Landesmuseum, Braunschweig

Denare und Bronzemünze (geprägt zwischen 193 und 235)
Römisch
Silber, Bronze
Harzhorn, Gmd. Kalefeld, und Bad Gandersheim, Kr. Northeim, Niedersachsen
Braunschweigisches Landesmuseum, Braunschweig

Gürtelbeschläge
Römisch
Eisen
Harzhorn, Gmd. Kalefeld, und Bad Gandersheim, Kr. Northeim, Niedersachsen
Braunschweigisches Landesmuseum, Braunschweig

Messerfutteralbeschlag
Römisch
Bronze, Verzinnung
Harzhorn, Gmd. Kalefeld, und Bad Gandersheim, Kr. Northeim, Niedersachsen
Braunschweigisches Landesmuseum, Braunschweig

Fibel
Römisch
Bronze, Verzinnung, Eisen
Harzhorn, Gmd. Kalefeld, und Bad Gandersheim, Kr. Northeim, Niedersachsen
Braunschweigisches Landesmuseum, Braunschweig

Metallteile von Zugtierjochen
Römisch
Bronze, Eisen, Buntmetall
Harzhorn, Gmd. Kalefeld, und Bad Gandersheim, Kr. Northeim, Niedersachsen
Braunschweigisches Landesmuseum, Braunschweig

Joch für ein Pferd oder Muli
Römisch
Eisen
Harzhorn, Gmd. Kalefeld, und Bad Gandersheim, Kr. Northeim, Niedersachsen
Braunschweigisches Landesmuseum, Braunschweig

Hipposandale vom Pferd oder Muli
Römisch
Eisen
Harzhorn, Gmd. Kalefeld, und Bad Gandersheim, Kr. Northeim, Niedersachsen
Braunschweigisches Landesmuseum, Braunschweig

Achsnägel
Römisch
Eisen
Harzhorn, Gmd. Kalefeld, und Bad Gandersheim, Kr. Northeim, Niedersachsen
Braunschweigisches Landesmuseum, Braunschweig

Mitnehmer einer Handdrehmühle
Römisch
Eisen
Harzhorn, Gmd. Kalefeld, und Bad Gandersheim, Kr. Northeim, Niedersachsen
Braunschweigisches Landesmuseum, Braunschweig

Handfesselfragment
Römisch
Eisen
Harzhorn, Gmd. Kalefeld, und Bad Gandersheim, Kr. Northeim, Niedersachsen
Braunschweigisches Landesmuseum, Braunschweig

Löffelbohrer und Stechzirkel
Römisch
Eisen
Harzhorn, Gmd. Kalefeld, und Bad Gandersheim, Kr. Northeim, Niedersachsen
Braunschweigisches Landesmuseum, Braunschweig

Amboss und Hammer
Römisch
Eisen
Harzhorn, Gmd. Kalefeld, und Bad Gandersheim, Kr. Northeim, Niedersachsen
Braunschweigisches Landesmuseum, Braunschweig

Ringkonglomerat
Römisch
Eisen, Buntmetall
Harzhorn, Gmd. Kalefeld, und Bad Gandersheim, Kr. Northeim, Niedersachsen
Braunschweigisches Landesmuseum, Braunschweig

Schaftlappenaxt
Römisch
Eisen
Harzhorn, Gmd. Kalefeld, und Bad Gandersheim, Kr. Northeim, Niedersachsen
Braunschweigisches Landesmuseum, Braunschweig

Hebeschlüssel
Römisch
Eisen, Überzug aus unbestimmtem Material
Harzhorn, Gmd. Kalefeld, und Bad Gandersheim, Kr. Northeim, Niedersachsen
Braunschweigisches Landesmuseum, Braunschweig

Siebgefäß
Römisch
Bronze
Harzhorn, Gmd. Kalefeld, und Bad Gandersheim, Kr. Northeim, Niedersachsen
Braunschweigisches Landesmuseum, Braunschweig

Schemelstütze von einem Lastwagen
Römisch
Eisen
Harzhorn, Gmd. Kalefeld, und Bad Gandersheim, Kr. Northeim, Niedersachsen
Braunschweigisches Landesmuseum, Braunschweig

Deckel eines Tintenfasses
Römisch
Buntmetall
Harzhorn, Gmd. Kalefeld, und Bad Gandersheim, Kr. Northeim, Niedersachsen
Braunschweigisches Landesmuseum, Braunschweig

Zelthering
Römisch
Eisen
Harzhorn, Gmd. Kalefeld, und Bad Gandersheim, Kr. Northeim, Niedersachsen
Braunschweigisches Landesmuseum, Braunschweig

Torsionsarmbrust
Römisch, 1. Jahrhundert
Buntmetall, Eisen
Xanten-Wardt, Kr. Wesel, Nordrhein-Westfalen
LVR-Archäologischer Park Xanten/LVR-RömerMuseum

Rekonstruktion der Torsionsarmbrust aus Xanten-Wardt
LVR-Archäologischer Park Xanten/LVR-RömerMuseum

Kanone
Neuzeit, vor 1715
Gusseisen
Wrack des Kriegsschiffes Prinsessan Hedvig Sophia, Ostsee vor Bülk, Kieler Förde, Schleswig-Holstein
Museum für Archäologie Schloss Gottorf, Landesmuseen Schleswig-Holstein

Kanonenkugeln
Neuzeit, vor 1715
Gusseisen
Wrack des Kriegsschiffes Prinsessan Hedvig Sophia, Ostsee vor Bülk, Kieler Förde, Schleswig-Holstein
Museum für Archäologie Schloss Gottorf, Landesmuseen Schleswig-Holstein

Stangenkugeln
Neuzeit, vor 1715
Eisen
Wrack des Kriegsschiffes Prinsessan Hedvig Sophia, Ostsee vor Bülk, Kieler Förde, Schleswig-Holstein
Museum für Archäologie Schloss Gottorf, Landesmuseen Schleswig-Holstein

Teile zweier Degen: Parierstange, Korb, Korbbügel und Knauf
Neuzeit, vor 1715
Messing, Kupferlegierung
Wrack des Kriegsschiffes Prinsessan Hedvig Sophia, Ostsee vor Bülk, Kieler Förde, Schleswig-Holstein
Museum für Archäologie Schloss Gottorf, Landesmuseen Schleswig-Holstein

Traubhagel und Traubhagelkugeln
Neuzeit, vor 1715
Eisen, Holz
Wrack des Kriegsschiffes Prinsessan Hedvig Sophia, Ostsee vor Bülk, Kieler Förde, Schleswig-Holstein
Museum für Archäologie Schloss Gottorf, Landesmuseen Schleswig-Holstein

Geschosskugeln von Handfeuerwaffen
Neuzeit, vor 1715
Eisen
Wrack des Kriegsschiffes Prinsessan Hedvig Sophia, Ostsee vor Bülk, Kieler Förde, Schleswig-Holstein
Museum für Archäologie Schloss Gottorf, Landesmuseen Schleswig-Holstein

Handlot
Neuzeit, vor 1715
Blei
Wrack des Kriegsschiffes Prinsessan Hedvig Sophia, Ostsee vor Bülk, Kieler Förde, Schleswig-Holstein
Museum für Archäologie Schloss Gottorf, Landesmuseen Schleswig-Holstein

Becher
Neuzeit, vor 1715
Holz
Wrack des Kriegsschiffes Prinsessan Hedvig Sophia, Ostsee vor Bülk, Kieler Förde, Schleswig-Holstein
Museum für Archäologie Schloss Gottorf, Landesmuseen Schleswig-Holstein

Block und Blockscheibe
Neuzeit, vor 1715
Holz
Wrack des Kriegsschiffes Prinsessan Hedvig Sophia, Ostsee vor Bülk, Kieler Förde, Schleswig-Holstein
Museum für Archäologie Schloss Gottorf, Landesmuseen Schleswig-Holstein

Vorderer Teil eines Kanonenladestockes
Neuzeit, vor 1715
Holz
Wrack des Kriegsschiffes Prinsessan Hedvig Sophia, Ostsee vor Bülk, Kieler Förde, Schleswig-Holstein
Museum für Archäologie Schloss Gottorf, Landesmuseen Schleswig-Holstein

ANHANG

Kanonenfragmente
Neuzeit, 1644
Kupferlegierung
Wrack des Kriegsschiffes Lindormen, Ostsee, Fehmarnbelt, Schleswig-Holstein
Museum für Archäologie Schloss Gottorf, Landesmuseen Schleswig-Holstein

Kanonenkugeln
Neuzeit, 1644
Eisen, Holz
Wrack des Kriegsschiffes Lindormen, Ostsee, Fehmarnbelt, Schleswig-Holstein
Museum für Archäologie Schloss Gottorf, Landesmuseen Schleswig-Holstein

Tabakspfeifen
Neuzeit, 1644
Gebrannter Pfeifenton
Wrack des Kriegsschiffes Lindormen, Ostsee, Fehmarnbelt, Schleswig-Holstein
Museum für Archäologie Schloss Gottorf, Landesmuseen Schleswig-Holstein

Flasche
Neuzeit, 1644
Irdenware
Wrack des Kriegsschiffes Lindormen, Ostsee, Fehmarnbelt, Schleswig-Holstein
Museum für Archäologie Schloss Gottorf, Landesmuseen Schleswig-Holstein

Schuhwerk, Schuhsohlen und Lederrest
Neuzeit, 1644
Leder
Wrack des Kriegsschiffes Lindormen, Ostsee, Fehmarnbelt, Schleswig-Holstein
Museum für Archäologie Schloss Gottorf, Landesmuseen Schleswig-Holstein

Handlot
Neuzeit, 1644
Blei
Wrack des Kriegsschiffes Lindormen, Ostsee, Fehmarnbelt, Schleswig-Holstein
Museum für Archäologie Schloss Gottorf, Landesmuseen Schleswig-Holstein

Geschosskugeln
Neuzeit, 1644
Eisen
Wrack des Kriegsschiffes Lindormen, Ostsee, Fehmarnbelt, Schleswig-Holstein
Museum für Archäologie Schloss Gottorf, Landesmuseen Schleswig-Holstein

Menschlicher Knochen
Neuzeit, 1644
Knochen
Wrack des Kriegsschiffes Lindormen, Ostsee, Fehmarnbelt, Schleswig-Holstein
Museum für Archäologie Schloss Gottorf, Landesmuseen Schleswig-Holstein

Bootsteil und Stuhlfragment
Neuzeit, 1644
Holz
Wrack des Kriegsschiffes Lindormen, Ostsee, Fehmarnbelt, Schleswig-Holstein
Museum für Archäologie Schloss Gottorf, Landesmuseen Schleswig-Holstein

Ohrlöffel
Neuzeit, 1644
Kupferlegierung, Textilfaser
Wrack des Kriegsschiffes Lindormen, Ostsee, Fehmarnbelt, Schleswig-Holstein
Museum für Archäologie Schloss Gottorf, Landesmuseen Schleswig-Holstein

Sieg und Niederlage

Siegesmonument der 6. Legion (legio VI Victrix)
Römisch, 73 n. Chr.
Stein
Xanten, Kr. Wesel, Nordrhein-Westfalen
LVR-LandesMuseum Bonn

Mars-Statuette, Figurine eines Kampfhundes und Waffendepot
Römisch, 1./2.–4. Jahrhundert
Bronze, Eisen
Tholey-Wareswald, Kr. St. Wendel, Saarland
Landesdenkmalamt Saarland

Weiheinschrift des Legionärs Albanius Super
Römisch, 166 n. Chr.
Stein
Bonn, Nordrhein-Westfalen
LVR-LandesMuseum Bonn

Würfelturm
Römisch, 4. Jahrhundert
Buntmetall
Vettweiß-Froitzheim, Kr. Düren, Nordrhein-Westfalen
LVR-LandesMuseum Bonn

Zierscheibe eines römischen Feldzeichens: Unterwerfung germanischer Stämme durch Kaiser Saloninus
Römisch, 258–260
Silber
Niederbieber, Kr. Neuwied, Rheinland-Pfalz
LVR-LandesMuseum Bonn

Helmmaske
Römische Kaiserzeit
Silber, Vergoldung
Thorsberger Moor, Kr. Schleswig-Flensburg, Schleswig-Holstein
Museum für Archäologie Schloss Gottorf, Landesmuseen Schleswig-Holstein

„Spangenkappe"
Römische Kaiserzeit
Gold, Silber
Thorsberger Moor, Kr. Schleswig-Flensburg, Schleswig-Holstein
Museum für Archäologie Schloss Gottorf, Landesmuseum Schleswig-Holstein

Zierscheibe
Römische Kaiserzeit
Messing, Silberblech, Vergoldung
Thorsberger Moor, Kr. Schleswig-Flensburg, Schleswig-Holstein
Museum für Archäologie Schloss Gottorf, Landesmuseum Schleswig-Holstein

Reithose
Römische Kaiserzeit
Textil
Thorsberger Moor, Kr. Schleswig-Flensburg, Schleswig-Holstein
Museum für Archäologie Schloss Gottorf, Landesmuseum Schleswig-Holstein

Römischer Reiterhelm
Römische Kaiserzeit, 3. Jahrhundert
Bronze, Weißmetall
Thorsberger Moor, Kr. Schleswig-Flensburg, Schleswig-Holstein
Museum für Archäologie Schloss Gottorf, Landesmuseum Schleswig-Holstein

Schnallen, Beschläge und Riemenzungen von Gürteln
Römische Kaiserzeit
Kupferlegierung
Thorsberger Moor, Kr. Schleswig-Flensburg, Schleswig-Holstein
Museum für Archäologie Schloss Gottorf, Landesmuseum Schleswig-Holstein

Schildbuckel und Schildbeschlag
Römische Kaiserzeit
Kupferlegierung, Silber
Thorsberger Moor, Kr. Schleswig-Flensburg, Schleswig-Holstein
Museum für Archäologie Schloss Gottorf, Landesmuseum Schleswig-Holstein

Pinzetten, Rasiermesser in Vogelform und Messergriff
Römische Kaiserzeit
Kupferlegierung
Thorsberger Moor, Kr. Schleswig-Flensburg, Schleswig-Holstein
Museum für Archäologie Schloss Gottorf, Landesmuseum Schleswig-Holstein

Pfeilschäfte
Römische Kaiserzeit
Holz
Thorsberger Moor, Kr. Schleswig-Flensburg, Schleswig-Holstein
Museum für Archäologie Schloss Gottorf, Landesmuseum Schleswig-Holstein

Teile von Schwertgriffen und Schwertscheiden
Römische Kaiserzeit
Silber, Holz, Kupferlegierung, Gold
Thorsberger Moor, Kr. Schleswig-Flensburg, Schleswig-Holstein
Museum für Archäologie Schloss Gottorf, Landesmuseum Schleswig-Holstein

Fibeln mit Armbrustkonstruktion
Kupferlegierung, Silber, Gold
Römische Kaiserzeit
Thorsberger Moor, Kr. Schleswig-Flensburg, Schleswig-Holstein
Museum für Archäologie Schloss Gottorf, Landesmuseum Schleswig-Holstein

Perlen und Spielstein aus Millefioriglas
Römische Kaiserzeit
Glas, Bernstein
Thorsberger Moor, Kr. Schleswig-Flensburg, Schleswig-Holstein
Museum für Archäologie Schloss Gottorf, Landesmuseum Schleswig-Holstein

Fragmente von Tierkopfarmringen
Römische Kaiserzeit
Gold
Thorsberger Moor, Kr. Schleswig-Flensburg, Schleswig-Holstein
Museum für Archäologie Schloss Gottorf, Landesmuseum Schleswig-Holstein

Teile von Pferdezaumzeugen
Römische Kaiserzeit
Kupferlegierung, Kupfer
Thorsberger Moor, Kr. Schleswig-Flensburg, Schleswig-Holstein
Museum für Archäologie Schloss Gottorf, Landesmuseum Schleswig-Holstein

Axt mit Schäftung
Römische Kaiserzeit
Eisen, Holz
Thorsberger Moor, Kr. Schleswig-Flensburg, Schleswig-Holstein
Museum für Archäologie Schloss Gottorf, Landesmuseum Schleswig-Holstein

Hortfund von Uhrengehäusen
Der kleine Hort aus Uhrengehäusen wurde in einem Waldlager russischer Soldaten aufgefunden. Das Lager wurde kurz nach der Eroberung Berlins angelegt.
1945
Silber
Wünsdorf, Waldsiedlung, Landkreis Teltow-Fläming, Brandenburg
Brandenburgisches Landesamt für Denkmalpflege und Archäologisches Landesmuseum

INNOVATION

Etablierte Erfindungen

Bestattung eines Rindergespanns und Erdverfärbungen eines zweirädrigen Wagens
Jungneolithikum, spätes 4. Jahrtausend v. Chr.
Knochen, Erde
Profen, Burgenlandkr., Sachsen-Anhalt
Landesamt für Denkmalpflege und Archäologie – Landesmuseum für Vorgeschichte – Sachsen-Anhalt

Rotor der Warmluftheizung im Weißen Saal des Berliner Schlosses und elektrische Antriebswelle mit Fliesenfragmenten des Sauberluftraumes
Wilhelminische Zeit, 1904
Eisen, Kalkstein, glasierte Keramik
Berlin
Staatliche Museen zu Berlin, Museum für Vor- und Frühgeschichte

Scheibenrad
Neolithikum, 2897 v. Chr.
Ahornholz
Bad Schussenried-Olzreute, Kr. Biberach, Baden-Württemberg
Landesamt für Denkmalpflege im Regierungspräsidium Stuttgart

Modellräder
Neolithikum, 2900–2800 v. Chr.
Holz

Liste der in der Ausstellung gezeigten Exponate

Bad Schussenried-Olzreute, Kr. Biberach, Baden-Württemberg

Faustkeil
Altpaläolithikum, ca. 300 000 v. Chr.
Feuerstein
Bad Salzuflen, Kr. Lippe, Nordrhein-Westfalen
Privatbesitz Harald Hübner

Faustkeil
Mittelpaläolithikum, 35 000–30 000 v. Chr.
Feuerstein
Maschen, Kr. Harburg, Hamburg
Archäologisches Museum Hamburg

Faustkeile
Mittelpaläolithikum
Feuerstein
Löbnitz, Kr. Nordsachsen, und Eythra, Kr. Leipzig-Land, Sachsen
Landesamt für Archäologie Sachsen

Schöninger Speer II
Altpaläolithikum
Holz
Schöningen, Kr. Helmstedt, Niedersachsen
Niedersächsisches Landesamt für Denkmalpflege Hannover, Abteilung Archäologie

Levallois-Kerne
Paläolithikum, Mousterien, 200 000 v. Chr.
Feuerstein
Ratingen, Kr. Mettmann, Nordrhein-Westfalen
LVR-LandesMuseum Bonn
Wehlen, Undeloh, Kr. Harburg, Hamburg
Archäologisches Museum Hamburg

Zielabschläge und Levalloisabschlag
Paläolithikum
Feuerstein
Grabschütz, Kr. Nordsachsen, Sachsen
Landesamt für Archäologie Sachsen

Harpunenspitze mit Resten einer Klebemasse
Spätpaläolithikum, 10. Jahrtausend v. Chr.
Knochen
Bergkamen, Kr. Unna, Nordrhein-Westfalen
Gustav-Lübcke-Museum Hamm

Geflecht
Jungneolithikum, 4000–3980 v. Chr.
Lindenbast
Degersee, Bodenseekr., Baden-Württemberg
Landesamt für Denkmalpflege im Regierungspräsidium Stuttgart

Geflochtenes Schuhwerk
Spätneolithikum, 2917–2856 v. Chr.
Bast
Sipplingen, Kr. Konstanz, Baden-Württemberg
Landesamt für Denkmalpflege im Regierungspräsidium Stuttgart

Flachbeile aus Mondseekupfer
Jungsteinzeit, 3800–3400 v. Chr.
Kupfer
Ampfurth-Schermke, Kr. Börde, und Halle-Advokatenweg, Sachsen-Anhalt
Landesamt für Denkmalpflege und Archäologie – Landesmuseum für Vorgeschichte – Sachsen-Anhalt

Ältestes Kupferbeil Niedersachsens
Jungsteinzeit, 4. Jahrtausend v. Chr.
Kupfer
Steinbergen, Kr. Schaumburg, Niedersachsen
Niedersächsisches Landesmuseum Hannover

Spiralringe aus Mondseekupfer (Salzmünder Kultur)
Spätneolithikum
Kupfer
Merseburg, Saalekr., Sachsen-Anhalt
Landesamt für Denkmalpflege und Archäologie – Landesmuseum für Vorgeschichte – Sachsen-Anhalt

Spiralringe
Spätneolithikum, 3800–3400 v. Chr.
Kupfer
Unseburg, Kr. Salzlandkr., Sachsen-Anhalt
Landesamt für Denkmalpflege und Archäologie – Landesmuseum für Vorgeschichte – Sachsen-Anhalt

Kupferhort mit drei Kupferblechlunulae und einer Knaufhammeraxt
Jungsteinzeit, 3./4. Jahrtausend v. Chr.
Kupfer
Lüstringen, Stadt Osnabrück, Niedersachsen
Niedersächsisches Landesamt für Denkmalpflege Hannover, Abteilung Archäologie

Bimetallische Schwertgriffe und Lanzenspitze
Spätbronzezeit, Urnenfelderzeit, 1300–800 v. Chr.
Bronze, Eisen
Künzing, Kr. Deggendorf, Bayern
Museum Quintana – Archäologie in Künzing

Hobel
Römisch, vor 161 n. Chr.
Eisen
Aschheim, Kr. München, Bayern
AschheiMuseum, Gemeinde Aschheim

Funde einer Glaswerkstatt in der Villa Rustica von Hambach
Zweite Hälfte 1. Jahrhundert bis erste Hälfte 5. Jahrhundert

Elsdorf, Rhein-Erft-Kr., Nordrhein-Westfalen
LVR-LandesMuseum Bonn

Damaszierte Schwerter und ihre Rekonstruktionen
Frühmittelalter, 6. Jahrhundert
Eisen, Stahl, Gold, Almandin, Meerschaum
Beckum, Kr. Warendorf, und Krefeld-Gellep, Nordrhein-Westfalen
LWL-Archäologie für Westfalen, Münster
Stadtmuseum Beckum
Stadt Krefeld

Ulfberhtschwert
Mittelalter, 10. Jahrhundert
Eisen
Großenwieden, Stadt Hessisch-Oldendorf, Kr. Hameln-Pyrmont, Niedersachsen
Niedersächsisches Landesmuseum Hannover

Handgranaten
Frühe Neuzeit, 18. Jahrhundert
Glas, Keramik

Freiburg i. Breisgau und Singen am Hohentwiel, Kr. Konstanz, Baden-Württemberg
Archäologisches Landesmuseum Baden-Württemberg

Wachsschmelzgefäß
Spätmittelalter
Keramik
Hamburg, Kleine Reichenstraße
Archäologisches Museum Hamburg

Siegburger Steinzeug
2 Schnellen, Fußschale, 4 Matrizen, Trichterhals-, Zylinderhalskrüge, Kugeltopf, Becher/Trichterhalsbecher, Bartmannkrug
15.–17. Jahrhundert
Siegburg, Rhein-Sieg-Kr., Nordrhein-Westfalen
LVR-LandesMuseum Bonn

Steinzeug aus Sachsen
Spätmittelalter, Frühe Neuzeit
Steinzeug, Faststeinzeug
Dresden, Leipzig-Innenstadt, Rodewisch, Vogtlandkr., Freiberg, Kr. Mittelsachsen, Zwickau, Kr. Zwickau und Zittau, Kr. Görlitz, Sachsen
Landesamt für Archäologie Sachsen

Meißener Porzellan
18.–20. Jahrhundert
Porzellan
Dresden, Bischofswerda und Königstein, Sachsen
Landesamt für Archäologie Sachsen

Muffel (Innovation Brennhilfe)
1. Hälfte 19. Jahrhundert
Irdenware
Meißen, Sachsen
Landesamt für Archäologie Sachsen

Imitationen von Meißener Porzellan
Frühe Neuzeit, um 1700
Fayence
Dresden Altstadt, Sachsen
Landesamt für Archäologie Sachsen

Alchemie – frühe Laborarbeit

Destillieraufsätze, sogenannte Alembiken
Frühe Neuzeit, 16. Jahrhundert
Glas, chemische Rückstände
Wittenberg (Franziskanerkloster), Sachsen-Anhalt
Landesamt für Denkmalpflege und Archäologie – Landesmuseum für Vorgeschichte – Sachsen-Anhalt

Destillierkolben und Abschlüsse
Frühe Neuzeit, 16. Jahrhundert
Glas, Lehmreste, chemische Rückstände
Wittenberg (Franziskanerkloster), Sachsen-Anhalt
Landesamt für Denkmalpflege und Archäologie – Landesmuseum für Vorgeschichte – Sachsen-Anhalt

Retorten und Abschlüsse
Frühe Neuzeit, 16. Jahrhundert
Glas, Keramik, chemische Rückstände
Wittenberg (Franziskanerkloster), Sachsen-Anhalt
Landesamt für Denkmalpflege und Archäologie – Landesmuseum für Vorgeschichte – Sachsen-Anhalt

Vakuumglocken und Vorratsglas
Frühe Neuzeit, 16. Jahrhundert
Glas
Wittenberg (Franziskanerkloster), Sachsen-Anhalt
Landesamt für Denkmalpflege und Archäologie – Landesmuseum für Vorgeschichte – Sachsen-Anhalt

Schmelztiegel, Tiegelsätze und Schmelzkuchen
Frühe Neuzeit, 16. Jahrhundert
Keramik, Antimonsulfid
Wittenberg (Franziskanerkloster), Sachsen-Anhalt
Landesamt für Denkmalpflege und Archäologie – Landesmuseum für Vorgeschichte – Sachsen-Anhalt

Gefäßkeramik verschiedener Form und Funktion
Frühe Neuzeit, 16. Jahrhundert
Keramik
Wittenberg (Franziskanerkloster), Sachsen-Anhalt
Landesamt für Denkmalpflege und Archäologie – Landesmuseum für Vorgeschichte – Sachsen-Anhalt

Henkeltopf mit den angekohlten Knochen eines Hundeskeletts
Frühe Neuzeit, 16. Jahrhundert
Keramik, Knochen, Zähne
Wittenberg (Franziskanerkloster), Sachsen-Anhalt
Landesamt für Denkmalpflege und Archäologie – Landesmuseum für Vorgeschichte – Sachsen-Anhalt

Menschlicher Schädel, zur Obduktion geöffnet
Frühe Neuzeit, 16. Jahrhundert
Knochen, Zähne
Wittenberg (Franziskanerkloster), Sachsen-Anhalt
Landesamt für Denkmalpflege und Archäologie – Landesmuseum für Vorgeschichte – Sachsen-Anhalt

Ideentransfer

Votivfigur eines Widders
Spätbronzezeit, 9. Jahrhundert v. Chr.
Bronze
Lossow (Burgwall), Stadt Frankfurt (Oder), Brandenburg
Brandenburgisches Landesamt für Denkmalpflege und Archäologisches Landesmuseum

Votivfiguren eines Pferdes und eines Stiers
Geometrische Zeit, zweite Hälfte 8. Jahrhundert v. Chr.
Bronze
Olympia, Griechenland
Staatliche Museen zu Berlin, Antikensammlung

ANHANG

Votivfigur eines Widders
Geometrische Zeit, 9./8. Jahrhundert v. Chr.
Bronze
Milet, Türkei
Staatliche Museen zu Berlin, Antikensammlung

Statuette der Athena Parthenos mit Hörnerhelm
Späthellenistische Zeit, erstes Drittel 1. Jahrhundert v. Chr.
Bronze
Aschheim-Dornach, Kr. München, Bayern
AschheiMuseum, Gemeinde Aschheim

Beigefäße und Leichenbrand eines Brandschüttungsgrabes der Lausitzer Kultur
Frühe Jungbronzezeit, 1200 v. Chr.
Keramik, Knochen
Wellmitz/Wełmice, Pow. Lebus, Polen
Staatliche Museen zu Berlin, Museum für Vor- und Frühgeschichte

Römische Schuhnägel
Frührömisch, 1. Jahrhundert v. Chr.
Original: Eisen
Limburg-Eschhofen, Kr. Limburg-Weilburg
Landesamt für Denkmalpflege Hessen – Abt. hessenARCHÄOLOGIE

Unterlieger einer Drehmühle aus dem Lagergraben
Frührömisch, 1. Jahrhundert v. Chr.
Feinporöser Vulkanit
Limburg-Eschhofen, Kr. Limburg-Weilburg
Landesamt für Denkmalpflege Hessen – Abt. hessenARCHÄOLOGIE

Läufer einer Drehmühle
Frührömisch, 1. Jahrhundert v. Chr.
Sandstein
Limburg-Eschhofen (Lagergrabenspitze), Kr. Limburg-Weilburg
Landesamt für Denkmalpflege Hessen – Abt. hessenARCHÄOLOGIE

Amphorenscherben aus dem Lagergraben
Frührömisch, 1. Jahrhundert v. Chr.
Keramik
Limburg-Eschhofen, Kr. Limburg-Weilburg
Landesamt für Denkmalpflege Hessen – Abt. hessenARCHÄOLOGIE

Webgewichte aus der Grabenspitzenverfüllung
Frührömisch, 1. Jahrhundert v. Chr.
Löss/Ton
Limburg-Eschhofen, Kr. Limburg-Weilburg
Landesamt für Denkmalpflege Hessen – Abt. hessenARCHÄOLOGIE

Webgewicht aus dem Grabenprofil
Frührömisch, 1. Jahrhundert v. Chr.
Löss/Ton
Limburg-Eschhofen, Kr. Limburg-Weilburg
Landesamt für Denkmalpflege Hessen – Abt. hessenARCHÄOLOGIE

Steine aus der Grabenspitzenverfüllung
Frührömisch, 1. Jahrhundert v. Chr.
Stein
Limburg-Eschhofen, Kr. Limburg-Weilburg
Landesamt für Denkmalpflege Hessen – Abt. hessenARCHÄOLOGIE

Helmbeschläge, Fibelfragmente, Terra sigillata, Rand einer südspanischen Fischsaucen-Amphore, Münzen
Frührömisch
Bronze, Keramik, Buntmetall, Silber
Olfen, Kr. Coesfeld, Nordrhein-Westfalen
LWL-Archäologie für Westfalen, Münster

Helm
Spätrepublikanisch bis frühaugusteisch
Bronze
Olfen, Kr. Coesfeld (aus der Lippe), Nordrhein-Westfalen
LWL-Archäologie für Westfalen, Münster

Löwenfiguren als Grabwächter
Römisch
Stein
Obernburg, Kr. Miltenberg, Bayern
Archäologische Staatssammlung München

Inventar eines frührömischen Grabes: Keramikgeschirr, Schreibgriffel (stili), Eisenteile, Fibeln, Löffel, Fingerring, zerschlagenes Bronzegefäß, Bronzering, Spielstein, Schöpfgefäß, Scherbe einer Weinamphore
Um Christi Geburt
Keramik, Eisen, Bronze, Knochen, Karneol
Dillingen, Dillinger Hütte, Kr. Saarlouis, Saarland
Landesdenkmalamt Saarland

Beschläge einer römischen Kline
Römisch, 1. Jahrhundert
Knochen
Haltern am See, Kr. Recklinghausen, Nordrhein-Westfalen
LWL-Archäologie für Westfalen, Münster

Rekonstruktion der Kline aus Haltern am See
LWL-Archäologie für Westfalen, Münster

Zierbeschläge aus einem römischen Frauengrab
Römisch, 2. Jahrhundert
Schildpatt
Erkelenz-Borschemich, Kr. Heinsberg, Nordrhein-Westfalen
LVR-LandesMuseum Bonn

Rekonstruktion des Kästchens aus Erkelenz-Borschemich
LVR-LandesMuseum Bonn

Votivgaben aus einem Tempelkomplex: Tabula ansata (IOVI DOLICHENO), Adlerfigur, Diana-Statuette, Sockel einer Merkur-Statue mit Weihinschrift, Schildfibel, Fingerring mit Merkur-Gemme
2./3. Jahrhundert
Eisen, Bronze, Weißmetalllegierung, Silber, Karneol (?)
Nida-Heddernheim, Frankfurt/Main, Hessen
Archäologisches Museum Frankfurt

Luftaufnahme des Tempelkomplexes
Nida-Heddernheim, Frankfurt/Main, Hessen
Archäologisches Museum Frankfurt

Lackprofil einer Kultgrube aus dem Tempelkomplex
2./3. Jahrhundert
Nida-Heddernheim, Frankfurt/Main, Hessen
Archäologisches Museum Frankfurt

Scheibenfibel
3. Jahrhundert
Bronze, Glas
Hungen-Inheiden, Kr. Gießen, Hessen
Landesamt für Denkmalpflege Hessen – Abt. hessenARCHÄOLOGIE

Solidus Karls des Großen
Karolingisch, um 800–814
Gold
Ingelheim, Kr. Mainz-Bingen, Rheinland-Pfalz
Stadt Ingelheim am Rhein/Forschungsstelle Kaiserpfalz Ingelheim

Riemenzunge im Tassilokelch-Stil
Karolingerzeit, letztes Viertel 8. Jahrhundert/frühes 9. Jahrhundert
Kupfer, Vergoldung
Ingelheim, Kr. Mainz-Bingen, Rheinland-Pfalz
Stadt Ingelheim am Rhein/Forschungsstelle Kaiserpfalz Ingelheim

Relieffragment: Pegasus und Löwen aus der karolingischen Kaiserpfalz
Karolingerzeit
Kalkstein
Ingelheim, Kr. Mainz-Bingen, Rheinland-Pfalz
GDKE – Direktion Landesmuseum Mainz

Modell der Kaiserpfalz Ingelheim
Stadt Ingelheim am Rhein/Forschungsstelle Kaiserpfalz Ingelheim

Römisches Kapitell aus der karolingischen Kaiserpfalz
Römisch, in der Karolingerzeit wiederverwendet
Marmor
Ingelheim, Kr. Mainz-Bingen, Rheinland-Pfalz
GDKE – Direktion Landesmuseum Mainz

Korinthisches Wandkapitell
Römisch, 3. Jahrhundert, um 800 überarbeitet
Kalkstein
Ingelheim, Kr. Mainz-Bingen, Rheinland-Pfalz
Museum bei der Kaiserpfalz, Ingelheim am Rhein

Pyramidenstumpfkämpfer
Um 800
Kalkstein
Ingelheim, Kr. Mainz-Bingen, Rheinland-Pfalz
Museum bei der Kaiserpfalz, Ingelheim am Rhein

Itinerar Karls des Großen
Digitalisat
Stadt Ingelheim am Rhein/Forschungsstelle Kaiserpfalz Ingelheim

Modell der Glockengussgrube
Dülmen, Kr. Cosfeld, Nordrhein-Westfalen
LWL-Archäologie für Westfalen, Münster

Bruchstücke von Mantel und Kern der Glockenform
8. Jahrhundert
Lehm
Dülmen, Kr. Cosfeld, Nordrhein-Westfalen
LWL-Archäologie für Westfalen, Münster

Teile des Glockenstandes mit Flammenaustrittsöffnung
8. Jahrhundert
Lehm und Steine
Dülmen, Kr. Cosfeld, Nordrhein-Westfalen
LWL-Archäologie für Westfalen, Münster

Tiegelfragmente
Keramik
8. Jahrhundert
Dülmen, Kr. Cosfeld, Nordrhein-Westfalen
LWL-Archäologie für Westfalen, Münster

Gussreste
Buntmetall
8. Jahrhundert
Dülmen, Kr. Cosfeld, Nordrhein-Westfalen
LWL-Archäologie für Westfalen, Münster

Ecksteine der oktogonalen Burganlage Holsterburg
Drittes Viertel 12. Jahrhundert bis 1294
Stein
Warburg, Kr. Höxter, Nordrhein-Westfalen
LWL-Archäologie für Westfalen, Münster

Funde aus der Holsterburg: Schmuck, Waffen und Ausrüstung, Spielsteine, Pferdefigur
Drittes Viertel 12. Jahrhundert bis 1294
Glas, Knochen, Buntmetall, Keramik, Eisen, Vergoldung, Silber
Warburg, Kr. Höxter, Nordrhein-Westfalen
LWL-Archäologie für Westfalen, Münster

Kamm von der Holsterburg
Vor 1180
Elfenbein
Warburg, Kr. Höxter, Nordrhein-Westfalen
LWL-Archäologie für Westfalen, Münster

Früheste Kunst

Älteste figürliche Venusdarstellung
Paläolithikum, Aurignacien
Elfenbein
Hohle Fels, Achtal, Alb-Donau-Kreis, Baden-Württemberg
Urgeschichtliches Museum Blaubeuren, Zweigmuseum des Archäologischen Landesmuseum Baden-Württemberg

Steinritzung einer Frau, „Venus von Bierden"
Altmesolithikum
Sandstein
Bierden, Stadt Achim, Kr. Verden, Niedersachsen
Niedersächsisches Landesmuseum Hannover

Schieferplatten mit Frauenritzungen vom Typ Gönnersdorf
Jungpaläolithikum
Schiefer
Gönnersdorf/Neuwied, Kr. Neuwied, Rheinland-Pfalz
GDKE – Direktion Landesarchäologie, Außenstelle Koblenz

Schieferplatten mit Mammut- und Wildpferdritzungen
Jungpaläolithikum
Schiefer
Gönnersdorf/Neuwied, Kr. Neuwied, Rheinland-Pfalz
GDKE – Direktion Landesarchäologie, Außenstelle Koblenz

Liste der in der Ausstellung gezeigten Exponate

Frauenfiguren vom Typ Gönnersdorf
Jungpaläolithikum, 15 700–11 000 v. Chr.
Knochen, Elfenbein
Nebra, Burgenlandkr., Sachsen-Anhalt
Oelknitz, Gde. Rothenstein, Saale-Holzland-Kr., Thüringen
Landesamt für Denkmalpflege und Archäologie – Landesmuseum für Vorgeschichte – Sachsen-Anhalt
Thüringisches Landesamt für Denkmalpflege und Archäologie

Flöte
Paläolithikum, Aurignacien
Knochen
Hohle Fels, Achtal, Baden-Württemberg
Urgeschichtliches Museum Blaubeuren, Zweigmuseum des Archäologischen Landesmuseum Baden-Württemberg

Älteste Skulptur Bayerns
Spätneolithikum
Sandstein
Gallmersgarten, Kr. Neustadt a. d. Aisch-Bad Windsheim, Bayern

Bemalter Wandverputz eines neolithischen Kulthauses
Jungneolithikum, 3867–3861 v. Chr.
Lehmputz, Kalkfarbe
Bodman-Ludwigshafen, Kr. Konstanz, Baden-Württemberg
Landesamt für Denkmalpflege im Regierungspräsidium Stuttgart

Gynaikomorphe Gefäße und Gefäßfragmente
Jungneolithikum
Keramik
Bodman-Weiler, Sipplingen, Hornstaad-Hörnle, alle Kr. Konstanz, Baden-Württemberg
Archäologisches Landesmuseum Baden-Württemberg

Maskenfragment und Rekonstruktion der Maske
Jungneolithikum
Keramik
Bad Schussenried-Riedschachen, Kr. Bieberach, Baden-Württemberg
Wissenschaftlicher Nachlass Ernst Wall (Dr. Helmut Schlichtherle, c.o. Landesamt für Denkmalpflege im RP-Stuttgart); Familie Wall (Hansjörg Wall, Überlingen)
Archäologisches Landesmuseum Baden-Württemberg

Raum und Zeit

Himmelsscheibe von Nebra
Frühbronzezeit, 1600 v. Chr.
Bronze, Gold
Mittelberg bei Wangen, Stadt Nebra, Burgenlandkr., Sachsen-Anhalt
Landesamt für Denkmalpflege und Archäologie – Landesmuseum für Vorgeschichte – Sachsen-Anhalt

Hortfund (Dieskau I)
Frühbronzezeit, um 1800 v. Chr.
Original: Gold, Replik: Kupfer, vergoldet
Dieskau, Kabelsketal, Saalekr., Sachsen-Anhalt
Staatlichen Museen zu Berlin, Museum Für Vor- und Frühgeschichte

Brotlaibidol
Frühbronzezeit, um 1600 v. Chr.
Gebrannter Ton
Bornhöck, Raßnitz, Schkopau, Saalekr., Sachsen-Anhalt
Landesamt für Denkmalpflege und Archäologie – Landesmuseum für Vorgeschichte – Sachsen-Anhalt

Berliner Goldhut
Spätbronzezeit, um 1000 v. Chr.
Gold
Fundort unbekannt
Staatliche Museen zu Berlin, Museum für Vor- und Frühgeschichte

Goldhut von Avanton
Spätbronzezeit, um 1000 v. Chr.
Gold
Avanton, Dép. Vienne, Frankreich
Musée d'Archéologie nationale – Domaine national de Saint-Germain-en-Laye

Goldhut von Schifferstadt
Spätbronzezeit, um 1300 v. Chr.
Gold
Schifferstadt, Rhein-Pfalz-Kr., Rheinland-Pfalz
Historisches Museum der Pfalz, Speyer

Amphora und Schalen
Spätbronzezeit, um 800 v. Chr.
Bronze
Herzberg, Kr. Ostprignitz-Ruppin, Brandenburg
Brandenburgisches Landesamt für Denkmalpflege und Archäologisches Landesmuseum

Amphore
Spätbronzezeit, um 800 v. Chr.
Bronze
Olsberg-Gevelinghausen, Hochsauerlandkr., Nordrhein-Westfalen
LWL-Archäologie für Westfalen, Münster

Amphore und drei Gefäße
Spätbronzezeit, um 800 v. Chr.
Bronze
Seddin, Groß Pankow, Kr. Prignitz, Brandenburg
Märkisches Museum, Staatliche Museen zu Berlin, Museum für Vor- und Frühgeschichte

Gürtelhaken mit Darstellung des Sonnengottes und Betern
Spätbronzezeit, um 800 v. Chr.
Bronze
Floth/Radolinek, Woj. Wielkopolskie, Polen
Staatliche Museen zu Berlin, Museum für Vor- und Frühgeschichte

Bibliographie

Abegg-Wigg 2008
A. Abegg-Wigg, Zu den Grabinventaren aus den „Fürstengräbern" von Neudorf-Bornstein, in: A. Abegg-Wigg – A. Rau (Hrsg.), Aktuelle Forschungen zu Kriegsbeuteopfern und Fürstengräbern im Barbaricum. Schr. Arch. Landesmus. Ergänzungsr. 4, Kongress Schleswig 2006 (Neumünster 2008), 279–297.

Adler 2017
W. Adler, Spätkeltische und römische Grabfunde aus dem Gelände der Dillinger Hütte, Dillingen/Saar. Schriftgebrauch und Romanisation. Landesarchäologie Saar 2010–2015. Denkmalpflege im Saarland 9, 2017, 93–153

Adler 2018
W. Adler, Tholey, Wareswald: Lanzen für Mars? Zum Kultgeschehen im gallorömischen Umgangstempel. Denkmalpflege im Saarland, Jahresbericht 2017 (2018), 66–69.

Agricola 1556 [1928]
Georg Agricola, De re metallica libri XII. Zwölf Bücher vom Berg- und Hüttenwesen (Berlin 1928 [Basel 1556]).

Agricola – Hahn – Helfert 2012
C. Agricola – T. Hahn – M. Helfert, Spätrömische Terra Nigra aus Castrop-Rauxel-Ickern – die Suche nach den Produzenten. Archäologie in Westfalen-Lippe 2012, 212–215.

Albrecht 2016
M. Albrecht, Ofenzubehör aus dem Wittenberger Alchemistenlabor, in: H. Meller – A. Reichenberger – C.-H. Wunderlich (Hrsg.), Alchemie und Wissenschaft des 16. Jahrhunderts. Fallstudien aus Wittenberg und vergleichbare Befunde. Internationale Tagung vom 3. bis 4. Juli 2015 in Halle (Saale). Tagungen des Landesmuseums für Vorgeschichte Halle 15 (Halle/Saale 2016), 99–107.

Amkreutz 2013
L. W. S. W. Amkreutz, Persistent Traditions. A long-term perspective on communities in the process of Neolithisation in the Lower Rhine Area (5500–2500 calBC) (Leiden 2013).

Anderson 1989
L. Andersson, Pilgrimsmärken och vallfart. Medeltida pilgrimskultur i Skandinavien, Lund Studies. Medieval Archaeology 7 (Kumla 1989).

Ankner-Dörr – Cichy – Sander 2012
D. Ankner-Dörr – E. Cichy – D. Sander, Ein Spathagurt aus Bergkamen – erste typologische Ergebnisse. Archäologie in Westfalen-Lippe 2012, 66–69.

Arbogast 2009
R.-M. Arbogast, Les vestiges de faune associés au site et structures d´enceinte du site rubané de Herxheim (Rhénanie-Palatinat, Allemagne), in: A. Zeeb-Lanz (Hrsg.), Krisen – Kulturwandel – Kontinuitäten. Zum Ende der Bandkeramik in Mitteleuropa. Beiträge der internationalen Tagung in Herxheim bei Landau (Pfalz) vom 14.–17.6.2007. Internationale Archäologie. Arbeitskreis, Tagung, Symposium, Kongress Bd. 10 (Rahden/Westf. 2009), 53–60.

Arbogast 2018 (in Vorb.)
R.-M. Arbogast, Analysis of the faunal assemblages of the LBK site of Herxheim: the larger mammals, in: A. Zeeb-Lanz (Hrsg.), Ritualised Destruction in the Early Neolithic – The Exceptional Site of Herxheim (Palatinate, Germany). Forschungen zur Pfälzischen Archäologie 8.2 (Speyer 2018 [in Vorb.]).

Ariantzi – Eichner 2018
D. Ariantzi – I. Eichner (Hrsg.), Für Seelenheil und Lebensglück. Das byzantinische Pilgerwesen und seine Wurzeln. Byzanz zwischen Orient und Okzident 10 (Mainz 2018).

Arnold 1985
J. E. Arnold, Economic specialization in Prehistory: Methods of Documenting the Rise of Lithic Craft Specialization, in: Lithic Resource Procurement: Proceedings from the Second Conference on Prehistoric Chert Exploitation. Southern Illinois University at Carbondale. Occasional Paper No. 4, 1985, 37–58.

Assmann 1954
E. Assmann, Schleswig–Haithabu und Südwesteuropa. Zeitschrift der Gesellschaft für Schleswig-Holsteinische Geschichte 78, 1954, 284–288.

Assmann 1992
J. Assmann, Das kulturelle Gedächtnis. Schrift, Erinnerung und politische Identität in frühen Hochkulturen (München 1992).

Aten 2001
N. Aten, Römerzeitliche bis neuzeitliche Befunde der Ausgrabungen auf dem Heumarkt in Köln. Kölner Jahrbuch 34, 2001, 623–700.

Auer 2011
J. Auer (Hrsg.), Fieldwork report Prinsessan Hedvig Sophia 2010, Maritime Archaeology Programme, University of Southern Denmark (Esberg 2011).

Auer 2015
J. Auer, And during the third glass "… we hoisted a Dutch flag under the trestle-tree of the main top mast A signal for everybody to do his best …": The Battle of Femern in the historical and archaeological record, in: S. L. Kling (Hrsg.), Great Northern War Compendium Volume 2: A collection of articles on the Great Northern War 1700–1721 (St. Louis 2015), 189–199.

Auer – Schweitzer 2012
J. Auer – H. Schweitzer (Hrsg.), Fieldwork report Prinsessan Hedvig Sophia 2011, Maritime Archaeology Programme, University of Southern Denmark (Esberg 2012).

Auer – Segschneider 2015
J. Auer – M. Segschneider, The wreck of the Prinsessan Hedvig Sofia and the aftermath of the Battle of Femern, in: R. Bleile – J. Krüger (Hrgs.), 'Princess Hedvig Sofia' and the Great Northern War (Schleswig 2015), 256–268.

Baales – Birker – Mucha 2017
M. Baales – S. Birker – F. Mucha, Hafting with beeswax in the Final Palaeolithic: a barbed point from Bergkamen. Antiquity 91, 2017, 1155–1170.

Baales – Cichy – Schubert 2007.
M. Baales – E. Cichy – A. H. Schubert, Die südwestfälische Landesgeschichte von der Altsteinzeit bis zum frühen Mittelalter nach archäologischen Quellen, in: M. Baales – E. Cichy – A. H. Schubert, Archäologie in Südwestfalen. Jubiläumsheft zum 25jährigen Bestehen der Außenstelle Olpe der LWL-Archäologie für Westfalen (Münster 2007) 26–72.

Baales – Pollmann – Stapel 2013
M. Baales – H.-O. Pollmann – B. Stapel, Westfalen in der Alt- und Mittelsteinzeit (Darmstadt 2013).

Bach 1999
D. Bach, Zwei römische Hobel aus Oberüttfeld. Funktionstechnologische Betrachtungen, Trierer Zeitschrift 21, 1999, 181–191.

Bachmann – Hofmeier 1999
M. Bachmann – T. Hofmeier, Geheimnisse der Alchemie. Ausstellungskatalog Basel – St. Gallen – Amsterdam (Basel 1999).

Bacmeister 1868
A. Bacmeister, C. Cornelius Tacitus. Die Germania (Stuttgart 1868).

Bagge 2009
S. Bagge, Early State formation in Scandinavia, in: W. Pohl – V. Wieser (Hrsg.), Der frühmittelalterliche Staat – europäische Perspektiven (Wien 2009) 145–154.

Balzer 2015
I. Balzer, Technological Innovations in Pottery. Examples from Celtic ›Princely‹ Sites (6th to 5th Century B.C.) in Continental Europe, in: W. Gauß – G. Klebinder-Gauß – C. v. Rüden (Hrsg.), The transmission of technical knowledge in the production of ancient Mediterranean pottery. Proceedings of the Internat. Conf. at the Austrian Arch. Inst. Athens 2012 (Wien 2015), 139–164.

Banck-Burgess 2016
J. Banck-Burgess, Mehr als nur Leder. Kleidung in den Pfahlbausiedlungen, in: 4.000 Jahre Pfahlbau. Begleitband zur Großen Landesausstellung Baden-Württemberg 2016 (Ostfildern 2006), 152–155.

Bardelli 2017
G. Bardelli, Das Prunkgrab von Bad Dürkheim 150 Jahre nach der Entdeckung. Monographien RGZM 137 (Main 2017).

Bardenfleth 2002
N. G. Bardenfleth, Kridtpiper og kridtpiperygning (Kopenhagen 2002).

Barfod 2004
J. H. Barfod, Så til søs! – orlogsflådens søfolk i tiden før 1700 (Kopenhagen 2004).

Baron 2009
A. Baron, Objects in black stones ("lignit") in the Iron Age: research of origin, handcraft and distribution in Celtic Europe from the VIIIth to Ist century BC. Phil. Diss. Universität Straßburg (2009).

Bartelheim u. a. 2007
M. Bartelheim – K. Eckstein – M. Huijsmans – R. Krauß – E. Pernicka, Kupferzeitliche Metallgewinnung in Brixlegg, Österreich, in: M. Bartelheim – E. Pernicka – R. Krause (Hrsg.), Die Anfänge der Metallurgie in der Alten Welt (Rahden/Westf. 2002), 33–82.

Bartels 1996
C. Bartels, Der Bergbau – im Zentrum das Silber, in: U. Lindgren (Hrsg.), Europäische Technik im Mittelalter: 800 bis 1200 – Tradition und Innovation. Ein Handbuch (Berlin 1996), 235–248.

Bartels – Hemker 2013
C. Bartels – C. Hemker, Alles kommt vom Berge her. Silberbergbau im Mittelalter, Archäologie in Deutschland 29/4, 2013, 20–25.

Barth 1976
F.E. Barth, Weitere Blockbauten im Salzbergtal bei Hallstatt. Archaeologia Austriaca Beih. 13. Festschr. R. Pittioni (Wien 1976), 538–545.

Barth 1857
H. Barth, Reisen und Entdeckungen in Nord- und Central-Afrika in den Jahren 1849–1854 (Gotha 1857).

Bauerochse – Haßmann – Püschel 2008
A. Bauerochse – H. Haßmann – K. Püschel (Hrsg.), „Moora", das Mädchen aus dem Uchter Moor. Eine Moorleiche der Eisenzeit aus Niedersachsen I. Materialhefte zur Ur- und Frühgeschichte Niedersachsens 37 (2003).

Bauerochse – Leuschner – Metzler 2012
A. Bauerochse – H.-H. Leuschner – A. Metzler, Das Campemoor im Neolithikum – Spuren früher Besiedlung in der südlichen Dümmerniederung, in: Jahrbuch für das Oldenburger Münsterland 2012, 135–153.

Bauerochse – Metzler 2014
A. Bauerochse – A. Metzler, Moorarchäologie in Niedersachsen. Nachrichten des Arbeitskreises für Unterwasserarchäologie (NAU) 17, 2014, 11–17.

Bauerochse u. a. 2018b
A. Bauerochse – A. Niemuth – N. Jantz – L. Shumilovskikh – A. Metzler (2018); Archäologische und paläobotanische Untersuchungen zum bronzezeitlichen Moorweg Su 3 im Darlaten Moor. In: A. Bauerochse – H. Haßmann – K. Püschel – M. Schultz (Hrsg.), „Moora" – Das Mädchen aus dem Uchter Moor. Materialhefte zur

Ur- und Frühgeschichte Niedersachsens 47, 15–31.

Bauerochse u. a. 2018b
A. Bauerochse – H. Haßmann – K. Püschel – M. Schultz (Hrsg.), „Moora", das Mädchen aus dem Uchter Moor. Eine Moorleiche der Eisenzeit aus Niedersachsen II. Materialhefte zur Ur- und Frühgeschichte Niedersachsens 47 (2018).

Baumeister 2004
M. Baumeister, Metallrecycling in der Frühgeschichte. Untersuchungen zur technischen. Wirtschaftlichen und gesellschaftlichen Rolle sekundärer Metallverwertung im 1. Jahrtausend n. Chr. Würzburger Arbeiten zur Prähistorischen Archäologie 3 (Rahden/Westf. 2004).

Bazelmans 1998
J. Bazelmans, Stichwort „Geschenke" § 1. General. a. Anthropological perspectives. Reallexikon der Germanischen Altertumskunde, Bd. 11 (Berlin – New York 1998), 466–470.

Beck – Bouzek 1993
C. W. Beck – J. Bouzek (Hrsg.), Amber in Archaeology. Proceedings of the Second International Conference on Amber in Archaeology, Liblitz 1990 (Prag 1993).

Becker 2013
T. Becker, Die Infrastruktur des römischen Reiches als Grundlage der Mobilität, in: D. Schmitz – M. Sieler (Hrsg.), Überall zu Hause und doch fremd. Römer unterwegs. Kataloge des LVR-Römermuseums im Archäologischen Park Xanten 5 (Petersberg 2013) 20–33.

Becker – Rasbach 2015
A. Becker – G. Rasbach, Waldgirmes. Die Ausgrabungen in der spätaugusteischen Siedlung von Lahnau-Waldgirmes. 1. Befunde und Funde. Römisch-Germanische Forschungen 71 (Darmstadt 2015).

Becker – Scholz – Vollmer 2012
T. Becker – M. Scholz – I. Vollmer, Perseus und der Knabe – eine Fibel mit süffisanter Inschrift aus Hungen-Inheiden, Hessen Archäologie 2012, 133–137.

Beilke-Voigt 2016
I. Beilke-Voigt, Eine Widderfigur im östlichen Brandenburg und ihre Beziehungen zu Tierfiguren des griechischen Mittelmeerraumes und den iranischen Bronzen der Eisenzeit, in: B. Gediga – A. Grossman – W. Piotrowski, Europa zwischen 8. Jhd. v. Chr. Geb. bis 1. Jhd. u. Z. (Biskupin/Breslau 2016), 87–121.

Bemmann – Bemmann 1998
G. Bemann – J. Bemmann, Der Opferplatz von Nydam: die Funde aus den älteren Grabungen: Nydam-I und Nydam-II (Neumünster 1998).

Bender 2013
S. Bender, Der Feldzug gegen die Germanen 23 n. Chr., in: Archäologisches Landesmuseum Baden-Württemberg (Hrsg.), Caracalla. Kaiser – Tyrann – Feldherr (Mainz 2013).

Benguerel u. a. 2010
S. Benguerel – H. Brem – H. Geisser – A. Hasenfratz – U. Leuzinger – C. Müller – A. Rast-Eicher, Gesponnen, geflochten, gewoben. Archäologische Textilien zwischen Bodensee und Zürichsee (Frauenfeld 2010).

Benkovsky-Pivovarova 2002
Z. Benkovsky-Pivovarova, Zur Datierung des bronzezeitlichen Brunnens von Gánovce, Slovenská Archeologia 50, 2002, 229–243.

Bentley – Layton – Tehrani 2009
R. A. Bentley – R. H. Layton – L. Tehrani, Kinship, marriage, and the genetics of past human dispersal. Human Biology 81, 2009, 159–179.

Bérenger 2000
D. Bérenger, Ilse – Ein oberrheinisches ‚Ghetto' an der Mittelweser?, in: H. G. Horn – H. Hellenkemper – G. Isenberg – H. Koschik (Hrsg.), Fundort Nordrhein-Westfalen – Millionen Jahre Geschichte. Schriften zur Bodendenkmalpflege in Nordrhein-Westfalen 5 (Köln – Mainz 2000), 247–249.

Bérenger 2001
D. Bérenger, Die Damen von Ilse, die Nienburger Kultur und die fremde Frau von Steimbke. Archäologie in Ostwestfalen 6, 2001 (Bielefeld 2002), 17–24.

Bérenger 2015a
D. Bérenger, Ilse – Fremde Frauen an der Mittelweser, in: J. Gaffrey – E. Cichy – M. Zeiler, Westfalen in der Eisenzeit (Münster 2015), 166–167.

Bérenger 2015b
D. Bérenger, Vom Stein und Sein, Importierte Jadeitbeile und ihre gesellschaftliche Bedeutung, in: T. Otten – J. Kunow – Michel M. Rind – M. Trier, Revolution Jungsteinzeit. Schriften zur Bodendenkmalpflege in Nordrhein-Westfalen 11,1. Ausstellungskatalog Bonn – Detmold – Herne (Bonn 2015), 212–219.

Bérenger u. a. 2010
D. Bérenger u. a., Zur Herkunft einzelner Individuen von westfälischen Fundorten anhand von (Sauerstoff-)Strontium-Isotopenanalysen, in: T. Otten – H. Hellenkemper – J. Kunow – M. Rind im Auftrag des Ministeriums für Bauen und Verkehr des Landes Nordrhein-Westfalen in Zusammenarbeit mit der Archäologischen Gesellschaft (Hrsg.), Fundgeschichten – Archäologie in Nordrhein-Westfalen. Schriften zur Bodendenkmalpflege in Nordrhein-Westfalen 9 (Köln – Mainz 2010), 334–337.

Berger 2013
F. Berger 2013, Die römischen Münzen am Harzhorn, in: H. Pöppelman – K. Deppmeyer – W.-D. Steinmetz (Hrsg.), Roms vergessener Feldzug. Die Schlacht am Harzhorn. Veröffentlichungen des Braunschweigischen Landesmuseums 115 (Darmstadt 2013), 285–293

Berger u. a. 2013a
F. Berger – F. Bittmann – M. Geschwinde – P. Lönne – M. Meyer – G. Moosbauer, Die römisch-germanische Auseinandersetzung am Harzhorn (Ldkr. Northeim, Niedersachsen). Germania 88, 2010 (2013), 313–402.

Berger u. a. 2013b
F. Berger – M. Geschwinde – M. Meyer – G. Moosbauer, Die Datierung des Fundmaterials. Ist es wirklich der Feldzug des Maximinus Thrax 235/236 n. Chr.?, in: H. Pöppelmann – K. Deppmeyer – W.-D. Steinmetz (Hrsg.), Roms vergessener Feldzug. Die Schlacht am Harzhorn. Veröffentlichungen des Braunschweigischen Landesmuseums 115 (Darmstadt 2013), 66–70.

Berke – Stapel 2005
H. Berke – B. Stapel, Alles nur geklaut…? Eine spätkaiserzeitliche Siedlung in Rosendahl-Osterwick/Kreis Coesfeld, in: H. G. Horn – H. Hellenkemper – G. Isenberg – J. Kunow (Hrsg.), Von Anfang am. Schriften zur Bodendenkmalpflege in Nordrhein-Westfalen 8 (Mainz 2005), 459–461.

Bernbeck – Burmeister 2017
R. Bernbeck – S. Burmeister, Archaeology and Innovation: Remarks on Approaches and Concepts, in: S. Burmeister – R. Bernbeck (Hrsg.), The Interplay of People and Technologies. Archaeological Case Studies on Innovation. Berlin Studies of the Ancient World 43 (Berlin 2017), 7–17.

Berthelot 1967 [1888]
M. P. E. Berthelot, Collection des anciens alchemistes grecs. 3 Bde. (Osnabrück 1967 [Paris 1888]).

Berthold – Lobüscher – Reuter 2017
J. Berthold – T. Lobüscher – I. Reuter, Ausgrabungen in der Trankgasse in Köln. Die archäologischen Untersuchungen im Rahmen des Nord-Süd Stadtbahnbaus. Kölner Jahrbuch 50, 2017, 67–132.

Berthold u. a. 2017
J. Berthold – D. Hupka – F. Kempken – R. Nehren, Ausgrabungen am Kurt-Hackenberg-Platz und am Domhof in Köln. Archäologische Untersuchungen im Rahmen des Nord-Süd Stadtbahnbaus. Kölner Jahrbuch 50, 2017, 153–539.

Bertola – Schäfer 2011
S. Bertola – D. Schäfer, Jurassic cherts from the Kelheim district (Bavaria, Germany) in the Lower Mesolithic assemblage of the Ullafelsen, in: Mensch und Umwelt im Holozän Tirols I. Das Mesolithikum-Projekt Ullafelsen (Teil 1) (Innsbruck 2011), 523–534.

Bickle – Whittle 2013
P. Bickle – A. Whittle (Hrsg.), The first farmers of central Europe. Diversity in LBK lifeways (Oxford – Oaksville 2013).

Bieg 2002
G. Bieg, Hochdorf V. Forsch. u. Ber. Vor- u. Frühgesch. Baden-Württembergs 83 (Stuttgart 2002).

Biel – Stephan – Schatz 2006
J. Biel – E. Stephan – K. Schatz, Archäozoologische Untersuchung der Faunenfunde aus hallstatt- und frühlatènezeitlichen Siedlungen und Gräbern – Studien zur Wirtschaftsgeschichte im Umfeld frühkeltischer Fürstensitze. URL: http://www.fuerstensitze.de/dna_media/www3-Biel+445f0383a228c.pdf

Bill – Roesdahl 2007
J. Bill – E. Roesdahl, Travel and transport, in: J. Graham-Campbell (Hrsg.), The archeology of medieval Europe. Vol. 1: Eighth to twelfth century. Acta Jutlandica Bd. 83,1 (Aarhus 2007), 261–288.

Binsteiner 1988
A. Binsteiner, Die Abensberger Methode, in: Vortr. 6. Niederbayer. Archäologentag (Deggendorf 1988), 7–13.

Binsteiner 2005
A. Binsteiner, Die Lagerstätten und der Abbau bayerischer Jurahornsteine sowie deren Distribution im Neolithikum Mittel- und Osteuropas. Jahrbuch RGZM 52, 2005, 43–155.

Binsteiner – Riederer – Engelhardt 1990
A. Binsteiner – J. Riederer – B. Engelhardt, Das neolithische Feuersteinbergwerk von Arnhofen, Ldkr. Kelheim. Ein Abbau auf Jurahornsteine in der südlichen Frankenalb (Mit Beiträgen von J. Riederer, Berlin, und B. Engelhardt, Landshut). Bayer. Vorgeschbl. 55, 1990, 1–56.

Birch – Rehren – Pernicka 2013
T. Birch – T. Rehren – E. Pernicka, The metallic finds from Çatalhöyük – a review and preliminary new work, in: I. Hodder (Hrsg.), Substantive Technologies at Çatalhöyük. Reports from the 2000–2008 seasons. Monumenta archaeologica 31. Çatalhöyük Research Project 9. British Institute of Ankara 48 (Oxford 2013), 307–316.

Bischop 2001
D. Bischop, Die römische Kaiserzeit und frühe Völkerwanderungszeit zwischen Weser und Hunte. Eine archäologische Bestandsaufnahme des Landkreises Diepholz (Oldenburg 2001).

Blankenfeldt 2015
R. Blankenfeldt, Das Thorsberger Moor, Bd. 2. Die persönlichen Ausrüstungen (Schleswig 2015).

Blocher 2010
F. Blocher, Gestirns- und Himmelsdarstellungen im alten Vorderasien von den Anfängen bis zur Mitte der 2. Jt. v. Chr., in: Meller 2010, 973–987.

Bockius 2000
R. Bockius, Antike Prahme. Monumentale Zeugnisse keltisch-römischer Binnenschiffahrt aus dem 2. Jh. v. Chr. bis ins 3. Jh. n. Chr. Jahrbuch RGZM 47/2, 2000 (2003), 439–493.

Bockius 2012
R. Bockius, Römische Schiffsfunde, in: M. Trier – F. Naumann-Steckner (Hrsg.), ZeitTunnel. 2000 Jahre Köln im Spiegel der U-Bahn-Archäologie. Begleitbuch zur Sonderausstellung des Römisch-Germanischen Museums (Köln 2012), 138–141.

Boenke 2005a
N. Boenke, Organic Ressources at the Iron Age Dürrnberg Mine (Hallein, Austria) – Long Distance Trade or Local Sources. Archaeometry 47/2, 2005, 471–483.

Boenke 2005b
N. Boenke, Ernährung in der Eisenzeit. Ein Blick über den Tellerrand, in: R. Karl – J. Leskovar (Hrsg.), Interpretierte Eisenzeiten- Fallstudien, Methoden, Theorie. Studien zur Kulturgeschichte von Oberösterreich 18 (Linz 2005), 241–246.

Bofinger – Sikora 2008
J. Bofinger – P. Sikora, Grabräubern auf der Spur Die abschließende Ausgrabungskampagne im geplante Neubaugebiet Patton-

ville, Gde. Remseck, Kreis Ludwigsburg. Archäologische Ausgrabungen Baden-Württemberg 2008, 2009, 165–169.

Bogaard u. a. 2007
A. Bogaard – T. H. E. Heaton – P. Poulton – I. Merbach. The impact of manuring on nitrogen isotope ratios in cereals: archaeological implications for reconstruction of diet and crop management practices. Journal of Archaeological Science, 34 (3), 2007, 335–343.

Böhmer 2009
W. Böhmer, Die medizinische Versorgung in der Stadt, in: W. Böhmer – A. Wurda (Hrsg.), Das heilkundige Wittenberg. Zur Geschichte des Wittenberger Gesundheits- und Sozialwesens von der Stadtfrühzeit bis zur Neuzeit. Veröffentlichungen der Städtischen Sammlungen der Lutherstadt Wittenberg 15 (Wittenberg 2009), 43–54.

Bollongino u. a. 2013
R. Bollongino – O. Nehlich – M. P. Richards – J. Orschiedt – M. G. Thomas – C. Sell – Z. Fajkošová – A. Powell – J. Burger, 2,000 years of parallel societies in Stone Age Central Europe. Science doi:10.1126/science.1245049.

Bosl 1972
K. Bosl, Die horizontale Mobilität der europäischen Gesellschaft im Mittelalter und ihre Kommunikationsmittel. Zeitschrift für bayerische Landesgeschichte 35 (1972), 40–53.

Both – Fansa 2011
F. Both – Fansa, Geschichte der Moorwegforschung zwischen Weser und Ems, in: Fansa, M.; Both, F. (Hrsg., 2011): „O, schaurig ist´s, übers Moor zu gehen" – 220 Jahre Moorarchäologie. = Schriftenreihe des Landesmuseums Natur und Mensch 79, 43–60.

Boulestin – Coupey 2015
B. Boulestin – A.-S. Coupey, Cannibalism in the Linear Pottery Culture: The human remains from Herxheim (Oxford 2015).

Boulestin u. a. 2009
B. Boulestin – A. Zeeb-Lanz – Ch. Jeunesse – F. Haack – R.-M. Arbogast – A. Denaire, Cannibalism in the Linear Pottery culture at Herxheim (Palatinate, Germany). Antiquity 83, 2009, 968–982.

Bourguignon 1992
L. Bourguignon, Analyse du processus opératoire des coups de tranchet latéraux dans l'industrie moustérienne de l'abri du Musée (Les Eyzies-de-Tayac, Dordogne). Paléo 4, 1992, 69–89.

Boyer 1968
M. N. Boyer, „Roads and bridges, western european", in: Dictionary of the Middle Ages Bd. 10 (1988), 409–422.

Bramanti u. a. 2009
B. Bramanti – M. G. Thomas – W. Haak – M. Unterländer – P. Jores – K. Tambets – I. Antanaitis-Jacobs – M. N. Haidle – R. Jankauskas – C.-J. Kind – F. Lüth – T. Terberger – J. Hiller – S. Matsumura – P. Forster – J. Burger, Genetic discontinuity between local hunter-gatherers and central Europe's first farmers. Science 326, 2009, 137–140.

Brandt 1997/98
K. Brandt, Neue Ausgrabungen in Hollingstedt, dem Nordseehafen von Haithabu und Schleswig. Ein Vorbericht, Offa 54/55, 1997/98, Festschrift für Kurt Schietzel, 289–307.

Brandt 2002
K. Brandt, Wikingerzeitliche und mittelalterliche Besiedlung am Ufer der Treene bei Hollingstedt (Kr. Schleswig-Flensburg). Ein Flusshafen im Küstengebiet der Nordsee, in: K. Brandt – M. Müller-Wille – C. Radtke (Hrsg.), Haithabu und die frühe Stadtentwicklung im nördlichen Europa, Schriften des archäologischen Landesmuseums 8 (Neumünster 2002), 83–105.

Brandt 2012
K. Brandt, Archäologische Untersuchungen in Hollingstedt (Kr. Schleswig-Flensburg), dem Nordseehafen von Haithabu und Schleswig, in: K. Brandt (Hrsg.), Hollingstedt an der Treene: Ein Flusshafen der Wikingerzeit und des Mittelalters für den Transitverkehr zwischen Nord- und Ostsee, Schriften des archäologischen Landesmuseums 10 (Neumünster 2012), 11–114.

Brather 2008
S. Brather, Archäologie der westlichen Slawen. Siedlung, Wirtschaft und Gesellschaft im früh- und hochmittelalterlichen Ostmitteleuropa, in: H. Beck – D. Geuenich – H. Steuer (Hrsg.), Ergänzungsbände zum Reallexikon der germanischen Altertumskunde, Bd. 61 (Berlin – New York 2008).

Brepohl 1999
E. Brepohl, Theophilus Presbyter und das mittelalterliche Kunsthandwerk (Köln u. a. 1999).

Brinker u. a. 2015
U. Brinker – A. Schramm – S. Flohr – J. Orschiedt, Die menschlichen Skelettreste aus dem Tollensetal, in: H. Meller – M. Schefzik, Krieg. Eine archäologische Spurensuche (Halle/Saale 2015), 347–350.

Brockow 1993
T. Brockow, Mittelalterliche Wand- und Deckenmalerei in Lübecker Bürgerhäusern, in: M. Eickmöller – R. Hammel-Kiesow (Hrsg.), Ausstattungen Lübecker Wohnhäuser, Raumnutzungen, Malereien und Bücher im Spätmittelalter und in der frühen Neuzeit. Häuser und Höfe in Lübeck 4 (Neumünster 1993), 41–118.

Brockow 2002
T. Brockow, Spätmittelalterliche Wandmalereien in Bürgerhäusern der hansischen Ostseestädte, in: A. Möhlenkamp – U. Kuder – U. Albrecht (Hrsg.), Geschichte in Schichten, Wand- und Deckenmalerei im städtischen Wohnbau des Mittelalters und der frühen Neuzeit. Denkmalpflege in Lübeck 4 (Lübeck 2002), 66–82.

Brockow – Eickhölter – Gramatzki 1993
T. Brockow – M. Eickhölter – R. Gramatzki, Katalog Lübecker Wand- und Deckenmalereien des 13. bis 18. Jahrhunderts, in: M. Eickmöller – R. Hammel-Kiesow (Hrsg.), Ausstattungen Lübecker Wohnhäuser. Raumnutzungen, Malereien und Bücher im Spätmittelalter und in der frühen Neuzeit. Häuser und Höfe in Lübeck 4 (Neumünster 1993), 357–530.

Brüggler 2009
M. Brüggler, Villa rustica, Glashütte und Gräberfeld. Die kaiserzeitliche und spätantike Siedlungsstelle HA 132 im Hambacher Forst (Mainz 2009).

Brühl 1968
C. Brühl, Fodrum, gistum, servitium regis. Studien zu den wirtschaftlichen Grundlagen des Königtums im Frankenreich und in den fränkischen Nachfolgestaaten Deutschland, Frankreich und Italien vom 6. bis zur Mitte des 14. Jahrhunderts. Kölner Historische Abhandlungen Bd. 14. 2 Bde. (Köln u. a. 1968).

Brumlich – Meyer – Lychatz 2012
M. Brumlich – M. Meyer – B. Lychatz, Archäologische und archäometallurgische Untersuchungen zur latènezeitlichen Eisenverhüttung im nördlichen Mitteleuropa, Prähistorischen Zeitschrift 87, 2012, 433–473.

Bruna 1996
D. Bruna, Enseignes de pélerinages et enseignes de profanes (Paris 1996).

Brunning – Mc Dermott 2013
R. Brunning – C. McDermott, Trackways and Roads Across the Wetlands, in: F. Menott – A. O'Sullivan, The Oxford Handbook of Wetland Archaeology (2013) 359–384.

Buckley 2005
J. H. Buckley, Indian Participation in the Rocky Mountain Fur Trade, in: F. R. Gowans – B. D. Francis (Hrsg.), The Fur Trade & Rendezvous of the Green River Valley (Pinedale 2005), 82–95.

Bullen 1677
Christian Bullen, Eines Seefahrenden Journal Oder Tag-Register/ Was auff der Schiffarth nach der Nordt-See und denen Insuln Groenlandt und Spitzbergen täglich vorgefallen Im Jahr Christi 1667: Worin außführlich der Wallfisch-Fang deren Arth und Natur/ auch andere in der See vorgefallene wunderbahre Sachen eygentlich und natürlich beschrieben werden, gedruckt zum zweyten mahl (Bremen 1677), URL: http://diglib.hab.de/wdb.php?dir=drucke/nx-76-1s&pointer=22.

Bünz 1995
E. Bünz, Hugo von Hildesheim. Ein frühhansischer Fernhändler im Ostseeraum und der holsteinische Volksadel um 1200. Hansische Geschichtsblätter 113, 1995, 7–25.

Bünz 2015
E. Bünz (Hrsg.), Geschichte der Stadt Leipzig Bd. 1 (Leipzig 2015).

Burger u. a. 2018 (in Vorb.)
J. Burger – J. Blöcher – R. Bollongino – A. Zeeb-Lanz, aDNA-analyses of human individuals from Herxheim (Arbeitstitel), in: A. Zeeb-Lanz (Hrsg.), Ritualised Destruction in the Early Neolithic – The Exceptional Site of Herxheim (Palatinate, Germany). Forschungen zur Pfälzischen Archäologie 8.2 (Speyer 2018 [in Vorb.]).

Burghardt 2018
I. Burghardt, Der Edel- und Buntmetallbergbau im meißnischen-sächsischen Erzgebirge (1350–1470). Verfassung – Betriebsorganisation – Unternehmensstrukturen, in: R. Smolnik (Hrsg.), Archaeo-Montan 1. Veröffentlichungen des Landesamtes für Archäologie Sachsen 64 (2018).

Burmeister 2004a
S. Burmeister, Der Wagen im Neolithikum und in der Bronzezeit. Erfindung, Ausbreitung und Funktion der ersten Fahrzeuge, in: S. Burmeister (Hrsg.), Rad und Wagen. Der Ursprung einer Innovation. Wagen im Vorderen Orient und Europa (Mainz 2004), 13–40.

Burmeister 2004b
S. Burmeister, Neolithische und bronzezeitliche Moorfunde aus den Niederlanden, Nordwestdeutschland und Dänemark, in: M. Fansa – S. Burmeister (Hrsg.), Rad und Wagen. Beiheft der Archäologischen Mitteilungen aus Nordwestdeutschland 40 (2004), 321–340.

Burmeister 2016
S. Burmeister, Räderwerk. Wagen der Stein- und Bronzezeit, in: Archäologisches Landesmuseum Baden-Württemberg/ Landesamt für Denkmalpflege Baden-Württemberg (Hrsg.), 4.000 Jahre Pfahlbauten. Begleitband zur Ausstellung (Ostfildern 2016), 404–410.

van Campen – Eliëns 2014
J. van Campen – T. Eliëns (Hrsg.), Chinese and Japanese porcelain for the Dutch Golden Age (Zwolle 2014).

Capelle 1973
T. Capelle, Stichwort „Beute" § 4. Römische Kaiserzeit. Reallexikon der Germanischen Altertumskunde, Bd. 2 (Berlin – New York 1973), 323–331.

Capelle 1979
T. Capelle, Das Gräberfeld Beckum I. Veröffentlichungen der Altertumskommission für Westfalen 7 (Münster 1979).

von Carnap-Bornheim 1998
C. von Carnap-Bornheim, Graphit und Graphittonkeramik. Hoops-Reallexikon der Germanischen Altertumskunde 12 (Berlin – New York 1998), 593–598.

von Carnap-Bornheim 2014
C. von Carnap-Bornheim (Hrsg.), Das Thorsberger Moor. Bd. 4. Fund- und Forschungsgeschichte, naturwissenschaftliche und materialkundliche Untersuchungen (Schleswig 2014).

von Carnap – Hilberg – Schultze 2014
C. von Carnap – V. Hilberg – J. Schultze, Research in Hedeby. Obligations and Responsibilities, in: C. von Carnap (Hrsg.), Quo Vadis? Status quo and Future Perspectives of Long-term Excavations in Europe. Schriften des Archäologischen Landesmuseums Ergänzungsreihe 10 (Hamburg – Neumünster 2014), 225–248.

Carman – Carman 2007
J. Carman – P. Carman, Mustering the Landscape: What Historic Battlefields share in Common, in: D. Scott – L. Babits – C. Haecker (Hrsg.), Fields of Conflict. Battlefield Archaeology from the Roman Empire to the Korean War (Dulles 2007), 39–49.

Carver 1990
M. Carver, Pre-Viking traffic in the North Sea, in: S. McGrail (Hrsg.), Maritime Celts, Frisians and Saxons. CBA Research Report 71 (Oxford 1990), 117–125.

Cauuet 2004
B. Cauuet, L'or des Celtes du Limousin. Culture et Patrimoine en Limousin (Limoges 2004).

Cech 2008
B. Cech, Die Produktion von Ferrum Noricum am Hüttenberger Erzberg. Die Ergebnisse der interdisziplinären Forschungen auf der Fundstelle Semlach/Eisner in den Jahren 2003–2005. Austria Antiqua 2 (Wien 2008).

Cech 2010
B. Cech, Technik in der Antike (Darmstadt 2010).

Chaume 2001
B. Chaume, Vix et son territoire à l'Age du Fer. Protohist. Européenne 6 (Paris 2001).

Chmielewski 1969
W. Chmielewski, Ensembles Micoquo-Pradnikiens en Europe centrale. Geographia Polonica 17, 1969, 371–386.

Cichy – Aeissen 2011
E. Cichy – M. Aeissen, Mit Blick auf die Seseke – Reste eines frühmittelalterichen Gräberfeldes in Bergkamen. Archäologie in Westfalen-Lippe 2011, 96–99.

Claßen – Gebhard – Wiedmann 2010
E. Claßen – R. Gebhard – S. Wiedmann, Fürstin, Priesterin, Händlerin: Wer bin ich in der Hallstattzeit? Archäologie in Deutschland 2010, H. 6, 24–27.

Clauss 2012
M. Clauss, Mithras. Kult und Mysterium (Darmstadt 2012).

Conard 2009
N. J. Conard, A female figurine from the basal Aurignacian of Hohle Fels Cave in southwestern Germany. Nature 459, 248–252.

Conard – Kind 2017
N. J. Conard – C.-J. Kind, Als der Mensch die Kunst erfand. Eiszeithöhlen der Schwäbischen Alb (Darmstadt 2017).

Conard – Malina – Münzel 2009
N. J. Conard – M. Malina – S. C. Münzel, New flutes document the earliest musical tradition in southwestern Germany. Nature 460, 737–740.

Conard u. a. 2015
N. J. Conard – M. Bolus – E. Dutkiewicz – S. Wolf, Eiszeitarchäologie auf der Schwäbischen Alb. Die Fundstellen im Ach- und Lonetal und in ihrer Umgebung (Tübingen 2015).

Conard u. a. 2004
N. J. Conard – M. Malina – S. C. Münzel – F. Seeberger, Eine Mammutelfenbeinflöte aus dem Aurignacien des Geißenklösterle. Neue Belege für eine musikalische Tradition im frühen Jungpaläolithikum auf der Schwäbischen Alb. Archäologisches Korrespondenzblatt 34, 447–462.

Condorelli 1995
O. Condorelli, Clerici peregrini. Aspetti giuridici della mobilità clericale nei secoli XII–XIV. I libri di Erice Bd. 12 (Rom 1995).

Cordes 1998
A. Cordes, Spätmittelalterlicher Gesellschaftshandel im Hanseraum, Quellen und Darstellungen zur Hansischen Geschichte N.F. 45, 1998.

Coupland 1999
S. Coupland, The Frankish tribute payments to the Vikings and their consequences. Francia 26, 1999, 57–75.

CRFB 2009
Corpus der römischen Funde im europäischen Barbaricum, Deutschland Bd. 7. Land Nordrhein-Westfalen, Landesteile Westfalen und Lippe (Bonn 2009).

Čižmařova 1996
J. Čižmařova, Bernstein auf dem keltischen Oppidum Staré Hradisko in Mähren. Arh. Vest. 47, 1996, 173–182.

Dahm – Lobbedey – Weisgerber 1998
C. Dahm – U. Lobbedey – G. Weisgerber (Hrsg.), Der Altenberg. Bergwerk und Siedlung aus dem 13. Jahrhundert im Siegerland. Bd. 1: Die Befunde, Denkmalpflege und Forschung in Westfalen 34 (Bonn 1998)

Danielisova – Fernández-Götz 2015
A. Danielisova – M. Fernández-Götz (Hrsg.), Persistent Economic Ways of Living. Production, Distribution, and Consumption in Late Prehistory and Early History. Archaeolingua (Budapest 2015).

David 2016
W. David, Brotlaibidole als Zeugen transalpiner Kommunikation zwischen Sudbayern und Norditalien in der älteren Bronzezeit. Bayerische Archäologie 4/2016, 26–30.

Davis 1975
F. D. Davis, Die Hornsteingeräte des älteren und mittleren Neolithikums im Donauraum zwischen Neuburg und Regensburg. Bonner Hefte zur Vorgesch. 10 (Bonn 1975).

Deicke 2011
A. Deicke, Studien zu reich ausgestatteten Gräbern aus dem urnenfelderzeitlichen Gräberfeld von Künzing (Lkr. Deggendorf, Niederbayern), Jahrbuch des Römisch-Germanischen Zentralmuseums 58, 2011, 1–188.

Denaire 2009
A. Denaire, Remontage de la céramique des fossés / Zusammensetzungen von Keramik in den Grubenringen, in: A. Zeeb-Lanz, Krisen – Kulturwandel – Kontinuitäten. Zum Ende der Bandkeramik in Mitteleuropa. Beiträge der internationalen Tagung in Herxheim bei Landau (Pfalz) vom 14.-17.6.2007. Internationale Archäologie. Arbeitskreis, Tagung, Symposium, Kongress Bd. 10 (Rahden/Westf. 2009), 79–85.

Denaire 2018 (in Vorb.)
A. Denaire, Pottery refits and connections from Herxheim, in: A. Zeeb-Lanz (Hrsg.), Ritualised Destruction in the Early Neolithic – The Exceptional Site of Herxheim (Palatinate, Germany). Forschungen zur Pfälzischen Archäologie 8.2 (Speyer 2018 [in Vorb.]).

Deppmayer 2013
K. Deppmayer, Vom Germanicus maximus zum Staatsfeind, in: H. Pöppelmann – K. Deppmayer – W.-D. Steinmetz (Hrsg.), Roms vergessener Feldzug. Die Schlacht am Harzhorn. Veröffentlichungen des Braunschweigischen Landesmuseums 115 (Darmstadt 2013), 359–364.

Deppmeyer 2018
K. Deppmeyer, Feindbild Venus, Archäologie in Deutschland 2/2018, 24–25.

Depreux 1994
P. Depreux, Büchersuche und Büchertausch im Zeitalter der karolingischen Renaissance am Beispiel des Briefwechsels des Lupus von Ferrières. Archiv für Kulturgeschichte 76 (1994), 267–284.

Derrix 2001
C. Derrix, Frühe Eisenfunde im Odergebiet, Studien zur Hallstattzeit in Mitteleuropa (Bonn 2001).

Desbrosse – Kozłowski – Zuate y Zuber 1976
R. Desbrosse – J. K. Kozłowski – J. Zuate y Zuber, Prondniks de France et d'Europe centrale. L'Anthropologie 80, 1976, 431–448.

Detmar-Chronik
Detmar-Chronik von 1105–1276, Die Chroniken der niedersächsischen Städte. Lübeck 1: Die Chroniken der deutschen Städte 19 (Leipzig 1884).

Dickers – Ellger 2018
C. Dickers – ??Ellger 2018. Hin und weg - bedrohte Kunst, Archäologie in Deutschland 2/2018, 32–35.

Dickmann 1995
E. Dickmann, Der Handels- und Opferplatz der späten römischen Kaiserzeit in Castrop-Rauxel, Erin, in: H. G. Horn – H. Hellenkemper – H. Koschik – B. Trier (Hrsg.), Ein Land macht Geschichte. Archäologie in Nordrhein-Westfalen. Schriften zur Bodendenkmalpflege in Nordrhein-Westfalen Bd. 3 (Mainz 1995), 213–217.

Dickmann 1997
E. Dickmann, Erin. Archäologie in Castrop-Rauxel (Castrop-Rauxel 1997).

Dickmann 2005
E. Dickmann, Klein aber fein. Neue Funde der Römischen Kaiserzeit aus Borken-Südwest, in: H. G. Horn – H. Hellenkemper – G. Isenberg – J. Kunow (Hrsg.), Von Anfang an. Schriften zur Bodendenkmalpflege in Nordrhein-Westfalen 8 (Mainz 2005), 453–455.

Dietmar – Trier 2006
C. Dietmar – M. Trier, Mit der U-Bahn in die Römerzeit (Köln ²2006).

Diplomatarium Danicum
Diplomatarium Danicum (Kopenhagen 1938).

Dirlmeier – Fouquet – Fuhrmann 2003
U. Dirlmeier – G. Fouquet – B. Fuhrmann, Europa im Spätmittelalter 1215–1378, Oldenburg Grundriss der Geschichte (München 2003).

Dobesch 2002
G. Dobesch, Handel und Wirtschaft der Kelten in antiken Schriftquellen, in: C. Dobiat – S. Sievers – T. Stöllner (Hrsg.), Dürrnberg und Manching. Wirtschaftsarchäologie im ostkeltischen Raum. Akten Internat. Koll. Hallein/Bad Dürrnberg 1998. Koll. Ur- u. Frühgesch. 7 (Bonn 2002), 1–25.

Dobiat – Sievers – Stöllner 2002
C. Dobiat – S. Sievers – T. Stöllner (Hrsg.), Dürrnberg und Manching. Wirtschaftsarchäologie im ostkeltischen Raum. Akten Internat. Koll. Hallein/Bad Dürrnberg 1998. Koll. Ur- u. Frühgesch. 7 (Bonn 2002).

Döhle 2016
H.-J. Döhle, Der Hund aus der Abfallgrube einer Alchemistenwerkstatt im Wittenberger Franziskanerkloster, in: H. Meller – A. Reichenberger – C.-H. Wunderlich, Alchemie und Wissenschaft des 16. Jahrhunderts. Fallstudien aus Wittenberg und vergleichbare Befunde. Internationale Tagung vom 3. bis 4. Juli 2015 in Halle (Saale). Tagungen des Landesmuseums für Vorgeschichte Halle 15 (Halle/Saale 2016), 91–97.

Doll 2007
M. Doll, Speisereste, Sondermüll und Sägespuren – Archäozoologische Untersuchungen an den Funden aus der Hansestadt Soest, in: W.Melzer (Hrsg.), Handel, Markt, Haustiere – zur Geschichte von Markt und Tiernutzung in Soest. Soester Beiträge zur Archäologie 7 (Soest 2007), 83–205.

Dombrowsky 2014
A. Dombrowsky, Bronzezeitliche Metallfunde aus dem Gebiet der mittleren Tollense unter besonderer Berücksichtigung der Flussfunde, in: D. Jantzen – J. Orschiedt – J. Piek – T. Terberger, Tod im Tollensetal – Forschungen zu den Hinterlassenschaften eines bronzezeitlichen Gewaltkonfliktes in Mecklenburg-Vorpommern 1. Beiträge zur Ur- und Frühgeschichte in Mecklenburg-Vorpommern 50 (Schwerin 2014), 131–180.

Dombrowsky 2017
A. Dombrowsky, Der gefiederte Tod in Zeiten des Umbruchs – Bronzene Waffenfunde von der Fundstelle im Tollensetal, Mecklenburg-Vorpommern, in: D. Brandherm – B. Nessel (Hrsg.), Phasenübergänge und Umbrüche im bronzezeitlichen Europa: Beiträge zur Sitzung der Arbeitsgemeinschaft Bronzezeit auf der 80. Jahrestagung des Nordwestdeutschen Verbandes für Altertumsforschung. Universitätsforschungen zur prähistorischen Archäologie 297 (Bonn 2017), 143–157.

Domergue – Leroy 2000
C. Domergue – M. Leroy, L'État de la recherché sur les mines et les metallurgies en Gaule, de l'Époque gauloise au Haut Moyen Âge. Gallia 57, 2000, 3–10.

Doms 1990
A. Doms, Siedlung und Friedhof der römischen Kaiserzeit und der frühen Völkerwanderungszeit in Bielefeld-Sieker, in: H. Hellenkemper – H. G. Horn – H. Koschik – B. Trier (Hrsg.), Archäologie in Nordrhein-Westfalen. Schriften zur Bodendenkmalpflege in Nordrhein-Westfalen 1 (Mainz 1990), 264–270.

Dorow 1826/1827
W. Dorow, Römische Alterthümer in und

um Neuwied am Rhein mit Grundrissen, Aufrissen und Durchschnitten des daselbst ausgegrabenen Kastells, und Darstellungen der darin gefundenen Gegenstände. Textband (Berlin 1826); Tafelband (Berlin 1827).

Dozio 2011
E. Dozio, Aulus Umbricius Scaurus, in: H. Meller – J.-A. Dickmann (Hrsg.), Pompeji – Nola – Herculaneum: Katastrophen am Vesuv. Katalog des Landesmuseums für Vorgeschichte Halle (München 2011), 168–169.

Drescher 1995
H. Drescher, Die Verarbeitung von Buntmetall auf der Heuneburg, in: E. Gersbach, Baubefunde der Perioden IVc–IVa der Heuneburg. Heuneburgstudien IX. Römisch-Germanische Forschungen 53 (Mainz 1995), 255–364.

Dubuis – Garcia – Millet 2015
C. Dubuis – D. Garcia – E. Millet, Les contacts entre la Méditerranée archaïque et le monde celtique: le cas de la tombe de Lavau (Aube). Comptes rendus des séances de l'Académie des Inscriptions et Belles-Lettres 2015–III, 1185–1212.

Dufour 1997
J. Dufour, „Totenroteln", in: Lexikon des Mittelalters Bd. 8 (1997), Sp. 897–898.

Duncan-Jones 1982
R. Duncan-Jones, The Economy of the Roman Empire. Quantitative Studies (Cambridge u. a. ²1982).

Eck 2004
W. Eck, Köln in römischer Zeit (Köln 2004).

Eder 1988
J. F. Eder, Hunter-gatherer/farmer exchange in the Philippines: Some implications for ethnic identity and adaptive wellbeing, in: T. Rambo – K. Gillogy – K. Hutterer (Hrsg.), Ethnic Diversity and the Control of Natural Resources in Southeast Asia, Michigan Papers on South and Southeast Asia (Center for South and Southeast Asian Studies. University of Michigan, Ann Arbor 1988), 37–57.

Edwards 2009
R. W. Edwards, The North American Fur Trade World System. Field Notes: A Journal of Collegiate Anthropology 1, 2009, 46–64.

Ehlers 2002
C. Ehlers (Hrsg.), Orte der Herrschaft. Mittelalterliche Königspfalzen (Göttingen 2002).

Ehlers 2014
C. Ehlers, Der reisende Herrscher: Organisation und Kommunikation, in: F. Pohle (Hrsg.), Karl der Große, Charlemagne. Ort der Macht. Essays (Dresden 2014), 40–47.

Ehmig 2007
U. Ehmig, Tituli Picti auf Amphoren in Köln. Kölner Jahrbuch 40, 2007, 215–322.

Ehmig 2009
U. Ehmig, Tituli Picti auf Amphoren in Köln II. Kölner Jahrbuch 42, 2009, 393–445.

Ehmig 2017
U. Ehmig, Noch mehr Grünspan. Eine neue Pinselaufschrift aus Köln. Kölner Jahrbuch 50, 2017, 547–551.

Eich 2015
A. Eich, Die Söhne des Mars. Eine Geschichte des Krieges von der Steinzeit bis zum Ende der Antike (München 2015).

Elburg 2010
R. Elburg, Der bandkeramische Brunnen von Altscherbitz – Eine Kurzbiografie. Ausgr. Sachsen 2, Beiheft 21 Arbeits- u. Forsch.ber. sächsisch. Bodendenkmalpflege 2010, 231–234.

Endrigkeit 2014
A. Endrigkeit, Älter- und mittelbronzezeitliche Bestattungen zwischen nordischem Kreis und süddeutscher Hügelgräberkultur. Gesellschaftsstrukturen und kulturhistorische Beziehungen. Frühe Monumentalität und soziale Differenzierung 6 (Bonn 2014).

Engelhardt 1983
B. Engelhardt, Steinzeitlicher Silexabbau im Landkreis Kelheim, in: Erwin Rutte-Festschrift (Kelheim/Weltenburg 1983), 65–77.

Engelhardt – Binsteiner 1988
B. Engelhardt – A. Binsteiner, Vorbericht über die Ausgrabungen 1984–1986 im neolithischen Feuersteinabbaurevier von Arnhofen, Ldkr. Kelheim. Germania 66, 1988, 1–28.

Englert 2015
A. Englert, Large Cargo Ships in Danish Waters 1000–1250. Evidence of specialised merchant seafaring prior to the Hanseatic Period. Ships and Boats of the North 7 (Roskilde 2015).

Enzmann – Schnell 2013
J. Enzmann – G. Schnell, Nach dem Marsch und vor dem Essen – Schanzarbeiten nicht vergessen. hessenARCHÄOLOGIE 2012 (2013), 101–104.

Erding 2017
Stadt Erding (Hrsg.), Spangenbarrenhort Oberding. Gebündelt und vergraben – ein rätselhaftes Kupferdepot der Frühbronzezeit, Museum Erding, Schriften 2 (Erding 2017).

Erdrich 2000a
M. Erdrich, Römische Germanienpolitik im 1. Jahrhundert n. Chr., in: L. Wamser (Hrsg.), Die Römer zwischen Alpen und Nordmeer. Zivilisatorisches Erbe einer europäischen Militärmacht. Schriftenr. Arch. Staatssammlung 1. Ausstellungskat. Rosenheim 2000 (Mainz 2000), 193–196.

Erdrich 2000b
M. Erdrich, Römische Germanienpolitik in der mittleren Kaiserzeit, in: Die Römer zwischen Alpen und Nordmeer. Zivilisatorisches Erbe einer europäischen Militärmacht. Schriftenr. Arch. Staatssammlung 1. Ausstellungskat. Rosenheim 2000 (Mainz 2000), 227–230.

Erdrich 2001a
M. Erdrich, Rom und die Barbaren. Römisch-Germanische Forschungen 58 (Mainz 2001).

Erdrich 2001b
M. Erdrich, Wirtschaftsbeziehungen zwischen der Germania inferior und dem germanischen Vorland – ein Wunschbild, in: T. Grünewald (Hrsg.), Germania inferior. Besiedlung, Gesellschaft und Wirtschaft an der Grenze der römisch-germanischen Welt. Reallexikon der germanischen Altertumskunde, Ergänzungsband 28 (Berlin – New York 2011), 306–335.

Erlenkeuser 2002
H. Erlenkeuser, 14C-Datierungen mittelalterlicher Plattformen am Ufer der Treene in Hollingstedt/Schleswig-Holstein, in: K. Brandt – M. Müller-Wille – C. Radtke (Hrsg.), Haithabu und die frühe Stadtentwicklung im nördlichen Europa, Schriften des archäologischen Landesmuseums 8 (Neumünster 2002), 107–115.

Ertel 2015
C. Ertel, Der Kaiserkultbezirk von Mogontiacum (Mainz), Mainzer Archäologische Zeitschrift 10, 2015, 1–48.

Falk 2011
A. Falk, Hoch- und spätmittelalterliche Ofenkeramik aus Lübeck, in: M. Schneider (Hrsg.), Von der Feuerstelle zum Kachelofen – Heizanlagen und Ofenkeramik vom Mittelalter bis zur Neuzeit, Stralsunder Beiträge Bd. III (Bergen/Rügen 2001), 64–79.

Falkenstein 2008
F. Falkenstein, Geschlechterrollen und Sozialstatus im Spiegel der neolithischen Gräberfelder von Aiterhofen-Ödmühle und Trebur, in: F. Falkenstein – S. Schade-Lindig – A. Zeeb-Lanz (Hrsg.), Kumpf, Kalotte, Pfeilschaftglätter. Zwei Leben für die Archäologie. Gedenkschrift für Annemarie Häußer und Helmut Spatz. Internationale Archäologie – Studia honoraria 27 (Rahden/Westf. 2008), 77–95.

Fansa – Both 2011
M. Fansa – F. Both (Hrsg.), „O, schaurig ist's, übers Moor zu gehen" – 220 Jahre Moorarchäologie. Schriftenreihe des Landesmuseums Natur und Mensch 79 (2011).

Farruggia 2002
J.-P. Farruggia, Une crise majeure de la civilisation du Néolithique danubien des années 5100 avant notre ère. Mélanges Zápotocká, Archeologické rozhledy 54, 2002, 1–34.

Faust – Hoss 2007
S. Faust – S. Hoss, Der Spargel wächst. Antike Welt 38, 3/2007, 67–70.

Fehring 1989
G. P. Fehring, „Domus lignea cum caminata". Hölzerne, turmartige Kemenaten des späten 12. Jahrhunderts in Lübeck und ihre Stellung in der Architekturgeschichte, in: Hammaburg N.F. 9, 1989, Festschrift für Wolfgang Hübener, 271–283.

Feldtkeller 2016
A. Feldtkeller, Verband oder Monatsschutz? Multitalent Lindenbast, in: 4.000 Jahre Pfahlbau. Begleitband zur Großen Landesausstellung Baden-Württemberg 2016 (Ostfildern 2006), 155.

Feuerstein-Herz 2014
P. Feuerstein-Herz, Die betrüglichen Goldmacher, in: P. Feuerstein-Herz – S. Laube (Hrsg.), Goldenes Wissen. Die Alchemie – Substanzen, Synthesen, Symbolik. Ausstellung der Herzog August Bibliothek Wolfenbüttel vom 31. August 2014 bis zum 22. Februar 2015. Ausstellungskataloge der Herzog August Bibliothek 98 (Wolfenbüttel 2014), 338–341.

Feuerstein-Herz 2016
P. Feuerstein-Herz, Schriftliche und bildliche Quellen zur Alchemie des 16. Jahrhunderts, in: H. Meller – A. Reichenberger – C.-H. Wunderlich, Alchemie und Wissenschaft des 16. Jahrhunderts. Fallstudien aus Wittenberg und vergleichbare Befunde. Internationale Tagung vom 3. bis 4. Juli 2015 in Halle (Saale). Tagungen des Landesmuseums für Vorgeschichte Halle 15 (Halle/Saale 2016), 281–297.

Fichtenau 1986
H. Fichtenau, Reisen und Reisende, in: H. Fichtenau, Beiträge zur Mediävistik. Ausgewählte Aufsätze. Bd. 3: Lebensordnungen – Urkundenforschung – Mittellatein (Stuttgart 1986), 1–79.

Fiedler 2012
M. Fiedler, Vom Nil an den Rhein – Ein ägyptischer Import in Köln, in: M. Trier – F. Naumann-Steckner (Hrsg.), ZeitTunnel. 2000 Jahre Köln im Spiegel der U-Bahn-Archäologie. Begleitbuch zur Sonderausstellung des Römisch-Germanischen Museums (Köln 2012), 142–143.

Fischer 1973
F. Fischer, KEIMELIA. Bemerkungen zur kulturgeschichtlichen Interpretation des sogenannten Südimports in der späten Hallstatt- und frühen Latène-Kultur des westlichen Mitteleuropas. Germania 51, 1973, 436–459.

Fischer – Moosbauer 2013
T. Fischer – G. Moosbauer, Schlachtfeldarchäologie. Römische Schlachten – archäologisch bezeugt, in: H. Pöppelmann – K. Deppmeyer – W.-D. Steinmetz (Hrsg.), Roms vergessener Feldzug. Die Schlacht am Harzhorn. Veröffentlichungen des Braunschweigischen Landesmuseum 115 (Darmstadt 2013), 51–56.

Fischer – Trier 2014
T. Fischer – M. Trier, Das römische Köln (Köln 2014).

Fischer u. a. 2007
A. Fischer – J. Olsen – M. P. Richards – J. Heinemeier – A. Sveinbjörnsdóttir – P. Bennike, Coast-inland mobility and diet in the Danish Mesolithic and Neolithic: evidence from stable isotope values of humans and dogs. Journal of Archaeological Science 34, 2007, 2125–2150.

Fischer u. a. 2010
E. Fischer – M. Rösch – M., Sillmann – O. Ehrmann – H. Liese-Kleiber – R. Voigt, Landnutzung im Umkreis der Zentralorte Hohenasperg, Heuneburg und Ipf. Archäobotanische und archäozoologische Untersuchungen und Modellberechnungen zum Ertragspotential von Ackerbau und Viehhaltung, in: D. Krausse – D. Beilharz (Hrsg.), Fürstensitze und Zentralorte der frühen Kelten. Abschlusskolloquium des DFG-Schwerpunktprogramms 1171 in Stuttgart, 12.–15. Oktober 2009. Forschungen und Berichte zur Vor- und Frühgeschichte in Baden-Württemberg 120/1–2 (Stuttgart 2010), 195–265.

Fonseca 1999
C. D. Fonseca, L'Europa dei santuari, in: M. D'Onofrio (Hrsg.), Romei e giubilei. Il

pellegrinaggio medievale a San Pietro (350–1350) (Rom 1999), 49–56.

Först 2011
E. Först, Die Elbe als Handelsweg – Importkeramik des 12. bis 17. Jahrhunderts in Hamburg. Siedlungs- und Küstenforschung im südlichen Nordseegebiet 34, 2011, 243–262.

Fossier 1982
R. Fossier, Enfance de l'Europe. Xe–XIIe siècles. Aspects économiques et sociaux. I: L'homme et son espace. 2: Structures et problèmes. Nouvelle Clio Bd. 17 und 17bis (Paris 1982).

Frank – Pernicka 2012
C. Frank – E. Pernicka, Copper artefacts of the Mondsee group and their possible sources, in: M. S. Midgley – J. Sanders (Hrsg.), Lake Dwellings after Robert Munro. Proceedings from the Munro International Seminar: The Lake Dwellings of Europe 22nd and 23rd October 2010, University of Edinburgh (Leiden 2012), 113–128.

Frei u. a. 2015
K. M. Frei – A. N. Coutu – K. Smiarowski – R. Harrison – C. K. Madsen – J. Arneborg – R. Frei – G. Gu mundsson – S. M. Sindbæk – J. Woollett – S. Hartman – M. Hicks – T. H. McGovern, Was it for walrus? Viking Age settlement and medieval walrus ivory trade in Iceland and Greenland. World Archeology 47 (2015), 439–466, URL: https://doi.org/10.1080/00438243.2015.1025912.

Frei-Stolba 2011
R. Frei-Stolba, Les étiquettes en plomb. Des documents de l'écriture au quotidien. In: M. Corbier, J.-P. Guilhembet (Hrsg.), L'écriture dans la maison romaine. De l'archéologie à l'histoire (Paris 2011) 331–344.

Frenz 1992
H. G. Frenz, Denkmäler römischen Götterkultes aus Mainz und Umgebung, CSIR Deutschland II,4 (Bonn 1992).

Frick – Floss 2017
J. A. Frick – H. Floss, Analysis of bifacial elements from Grotte de la Verpillière I and II (Germolles, France). Quaternary International 428, Part A, 2017, 3–25.

Frick u. a. 2017
J. A. Frick – K. Herkert – C.T. Hoyer – H. Floss, The performance of tranchet blows at the Late Middle Paleolithic site of Grotte de la Verpillière I (Saône-et-Loire, France). PLoS ONE 12 (11) (San Francisco, Cambridge 2017), URL: https://doi.org/10.1371/journal.pone.0188990.

Fried (im Druck)
J. Fried, Wendezeiten – Ein Jahrhundert der Krisen und Haithabus Untergang. Zugleich eine Entmythologisierung, in: V. Hilberg, Haithabu in der späten Wikingerzeit. Der Untergang eines dänischen Handelszentrums im 11. Jahrhundert. Die Ausgrabungen in Haithabu 19 (im Druck).

Friedland – Hollstein 2008
S. N. Friedland – W. Hollstein, Der Schatz im Acker – Ein Hacksilberfund des 11. Jahrhunderts aus Cortnitz, Stadt Weißenberg (Lkr. Bautzen), Arbeits- und Forschungsberichte zur sächsischen Bodendenkmalpflege 50, 2008, 211–229.

Friederich – Hoffmann 2013
S. Friederich – V. Hoffmann, Die Rinderbestattungen von Profen, in: H. Meller (Hrsg.), 3300 BC. Mysteriöse Steinzeittote und ihre Welt (Halle 2013), 82–83.

Fröhlich – Steuer – Zettler 1999
M. Fröhlich – H. Steuer – A. Zettler, Die Burg am „Birchiberg" in Bollschweil-St. Ulrich, Kreis Breisgau-Hochschwarzwald. Archäologische Ausgrabungen in Baden-Württemberg 1998 (1999), 279–285.

Furmánek 2000
V. Furmánek, Eine Eisensichel aus Gánovce. Zur Interpretation des ältesten Eisengegenstandes in Mitteleuropa, Prähistorische Zeitschrift 75, 2000, 153–160.

Gabriel 1974
I. Gabriel, Zum Rohmaterial der Silex-Artefakte im Neolithikum Westfalens und Nordhessens, in: A. Alföldi – K. Tackenberg (Hrsg.), Kurt Tackenberg zum 75. Geburtstag. Antiquitas Reihe 2, 10 (Bonn 1974), 25–45.

Gaffrey – Remme 2000
J. Gaffrey – A. Remme, Eine germanische Handwerkersiedlung bei Borken, in: H. G. Horn – H. Hellenkemper – G. Isenberg – H. Koschik (Hrsg.), Fundort Nordrhein-Westfalen. Schriften zur Bodendenkmalpflege in Nordrhein-Westfalen 5 (Mainz 2000), 337–338.

Gaitzsch – Matthäus 1981
W. Gaitzsch – H. Matthäus, Runcinae – römische Hobel, Bonner Jahrbücher 181, 1981, 205–247.

Galsterer 2012
H. Galsterer, Geschäftsfreunde, in: M. Trier – F. Naumann-Steckner (Hrsg.), ZeitTunnel. 2000 Jahre Köln im Spiegel der U-Bahn-Archäologie. Begleitbuch zur Sonderausstellung des Römisch-Germanischen Museums (Köln 2012), 78–79.

Galsterer – Galsterer 2010
B. Galsterer – H. Galsterer, Die römischen Steininschriften aus Köln. Kölner Forschungen 10 (Köln 2010).

Garner 2010
J. Garner, Der latènezeitliche Verhüttungsplatz Siegen-Niederschelden „Wartestraße", Metalla 17, 2010, 1–147.

Garner u. a. 2012
J. Garner – S. Menic – T. Stöllner – M. Zeiler, Forschungen zur eisenzeitlichen Produktion und Distribution von Stahl aus dem Siegerland, Archäologie in Westfalen-Lippe 2012, 53–57.

Gassmann – Ligouis 2016
G. Gassmann – B. Ligouis, Montanarchäologische Fragen zur Rohstoffversorgung der Heuneburg. Arch. Ausgrabungen Baden-Württemberg 2015 (Stuttgart 2016), 55–59.

Gauer 1991
W. Gauer, Die Bronzegefäße von Olympia I. Olympische Forsch. 20 (Berlin – New York 1991).

Gebhard 1989
R. Gebhard, Der Glasschmuck aus dem Oppidum von Manching, Ausgrabungen in Manching 11 (Stuttgart 1989).

Gebühr 1998
M. Gebühr, Stichwort „Fürstengräber" § 4. Römische Kaiserzeit. Reallexikon der Germanischen Altertumskunde, Bd. 10 (Berlin – New York 1998), 185–195.

Gelting 2016
M. Gelting, Kong Svend, Slesvig Stadsret og arvekøbet i de jyske købstæder: Spor af Danmakrs ældste købstadprivilegier, in: L. C. A. Sonne – S. Croix (Red.), Svend Estridsen. University of Southern Denmark Studies in History and Social Sciences 528 (Odense 2016), 195–216.

Geschwinde 2014
M. Geschwinde, Adler und Rabe. Taktik im Alltag asymmetrischer Kriegsführung. Archäologie in Niedersachsen 17, 2014, 60–63.

Geschwinde – Lönne 2013a
M. Geschwinde – P. Lönne, Die Entdeckung eines Schlachtfeldes, das es eigentlich gar nicht geben konnte, in: H. Pöppelmann – K. Deppmeyer – W.-D. Steinmetz (Hrsg.), Roms vergessener Feldzug. Die Schlacht am Harzhorn. Veröffentlichungen des Braunschweigischen Landesmuseums 115 (Darmstadt 2013), 58–65.

Geschwinde – Lönne 2013b
M. Geschwinde – P. Lönne, Relikte einer Schlacht, in: H. Pöppelmann – K. Deppmeyer – W.-D. Steinmetz (Hrsg.), Roms vergessener Feldzug. Die Schlacht am Harzhorn. Veröffentlichungen des Braunschweigischen Landesmuseums 115 (Darmstadt 2013), 272–284.

Geschwinde – Lönne – Meyer 2013
M. Geschwinde – P. Lönne – M. Meyer, Das Harzhorn-Ereignis. Die Archäologie einer römisch-germanischen Konfrontation im 3. Jh. n. Chr. in: H. Pöppelmann – K. Deppmeyer – W.-D. Steinmetz (Hrsg.), Roms vergessener Feldzug. Die Schlacht am Harzhorn. Veröffentlichungen des Braunschweigischen Landesmuseums 115 (Darmstadt 2013), 294–348.

Geschwinde – Moosbauer 2013
M. Geschwinde – G. Moosbauer, Dis Manibus. Auf den Spuren der expeditio Germanica 235/236 n. Chr., in: H. Pöppelmann – K. Deppmeyer – W.-D. Steinmetz (Hrsg.), Roms vergessener Feldzug. Die Schlacht am Harzhorn. Veröffentlichungen des Braunschweigischen Landesmuseums 115 (Darmstadt 2013), 352–357.

Geyer 1992
A. Geyer, Die Geschichte des Schlosses zu Berlin, Zweiter Band. Vom Königsschloß zum Schloß des Kaisers (1698–1918), bearbeitet von Sepp-Gustav Gröschel (Teil I: Der Text; Teil II: Die Bilder) (Berlin 1992).

Gideon 1948
S. Gideon, Mechanization Takes Command. A Contribution to Anonymous History (New York 1948).

Gläser 1985
M. Gläser, Befunde zur Hafenrandbebauung Lübecks als Niederschlag der Stadtentwicklung im 12. und 13. Jahrhundert. Vorbericht zu den Grabungen Alfstraße 36/38 und Untertrave III/112, Lübecker Schriften zur Archäologie und Kulturgeschichte 11, 1985, 117–130.

Glaser 2001
R. Glaser, Klimageschichte Mitteleuropas. 1000 Jahre Wetter, Klima, Katastrophen (Darmstadt 2001).

Gleirscher 2010
P. Gleirscher, Hochweidewirtschaft oder Almwirtschaft? Alte und neue Überlegungen zur Interpretation urgeschichtlicher und römerzeitlicher Fundstellen in den Ostalpen, in: F. Mandl – H. Stadler (Hrsg.), Archäologie in den Alpen. Alltag und Kult. Forschungsberichte der ANISA 3, Nearchos Bd. 19 (Haus i. E. 2010), 43–62.

Gleser 2015
R. Gleser, Ein technologiesprung – Frühes Metall, in: T. Otten – J. Kunow – M. M. Rind – M. Trier (Hrsg.), Revolution Jungsteinzeit. Schriften zur Bodendenkmalpflege in Nordrhein-Westfalen 11,1. Ausstellungskatalog Bonn – Detmold – Herne (Bonn 2015), 251–259

Gleser – Fritsch 2015
R. Gleser – T. Fritsch, Eine neu entdeckte spätrepublikanische Amphore im Umfeld des keltischen Oppidums „Hunnenring" bei Otzenhausen. Die Grabungen 2013 im Brandgräberfeld Bierfeld „Vor dem Erker", Gem. Nonnweiler, Kr. St. Wendel, Saarland, Archäologie in der Großregion 2015, 137–160.

Gnaedig – Marquart 2012
J. Gnaedig – M. Marquart, Zwei hochmittelalterliche Schreibgriffel aus Aschaffenburg. Archäologisches Korrespondenzblatt 42, 2012, 273–293.

Golitko – Keeley 2007
M. Golitko – L. H. Keeley, Beating ploughshares back into swords: warfare in the Linearbandkeramik. Antiquity 81, 2007, 332–342.

Görmar 2015
G. Görmar, Johann Thölde. Alchemiker und Salinist. Geschichte der Pharmazie 67, H. 1, 2015, 9–16.

Govedarica 2010
B. Govedarica, Spuren von Fernbeziehungen in Norddeutschland während des 5. Jahrtausends v. Chr., Das Altertum 55, 2010, 1–12.

Graßmann 1976
A. Graßmann, Die Urkunde, in: Lübeck 1226, Reichsfreiheit und frühe Stadt (Lübeck 1976), 9–19.

Greene 2000
K. Greene, Technological Innovation and Economic Progress in the Ancient World: M. I. Finley Re-considered, Economic History Review 53, 2000, 29–59.

Grillo 1997
A. Grillo, Hornsteinnutzung und -handel im Neolithikum Südostbayerns. Beitr. z. Ur- und Frühgesch. Mitteleuropas 12 (Weissbach 1997).

Grömer 2010
K. Grömer, Prähistorische Textilkunst in Mitteleuropa: Geschichte des Handwerkes und der Kleidung vor den Römern. Unter Mitarbeit von R. Hofmann-de Keijzer u. H. Rösel-Mautendorfer, Wien: Naturhistorisches Museum (Wien 2010).

Gronenborn – Strien 2014
D. Gronenborn – H.-C. Strien, Linienbandkeramik und La Hoguette. Wirtschaft und kulturelle Dynamik im 6. Jahrtausend, in: D. Gronenborn – T. Terberger (Hrsg.), Vom Jäger und Sammler zum Bauern. Die Neolithische Revolution. Archäologie in Deutschland, Sonderheft 5, 2014, 130–138.

de Grooth 1991
M. E. Th. de Grooth, Socioeconomic aspects of neolithic flint mining: a preliminary study, in: Helinium 31, 1991, 153–189.

de Grooth 1994
M. E. Th. de Grooth, Die Versorgung mit Silex in der bandkeramischen Siedlung Hienheim „Am Weinberg" (Ldkr. Kelheim) und die Organisation des Abbaus auf gebänderte Plattenhornsteine im Revier Arnhofen (Ldkr. Kelheim). Germania 72, 1994, 355–407.

Grünert 1983
H. Grünert, Austausch und Handel, in: Die Germanen. Geschichte und Kultur der germanischen Stämme in Mitteleuropa. Band I: Von den Anfängen bis zum 2. Jahrhundert unserer Zeitrechnung. Veröffentlichungen des Zentralinstituts für Alte Geschichte und Archäologie der Akademie der Wissenschaften der DDR, Band 4,14 (Berlin 1983), 504–515.

Grünewald 2017
M. Grünewald, Roman Healing Pilgrimage North of the Alps, in: M. T. Kristensen – W. Friese (Hrsg.), Excavating Pilgrimage – Archaeological Approaches to Sacred Travel and Movement in the Ancient World. Routledge Studies in Pilgrimage, Religious Travel and Tourism (London – New York 2017), 130–151.

Grünewald 2018
M. Grünewald, Heilpilgern in den Nordwest-Provinzen des Römischen Reiches – Grundlage christlichen Pilgerns im Mittelalter?, in: D. Ariantzi – F. Daim – I. Eichner (Hrsg.), Für Seelenheil und Lebensglück. Das byzantinische Pilgerwesen und seine Wurzeln. Byzanz zwischen Orient und Okzident 10, 2018, 43–55.

Guggisberg 2004
M. A. Guggisberg, Keimelia. Altstücke in fürstlichen Gräbern diesseits und jenseits der Alpen, in: M. A. Guggisberg (Hrsg.), Die Hydria von Grächwil. Schriften des Bernischen Historischen Museums 5 (Bern 2004), 175–191.

Haack 2009
F. Haack, Zur Komplexität der Verfüllungsprozesse der Grubenanlage von Herxheim: Zwei Konzentrationen aus Menschenknochen, Keramik, Tierknochen und Steingeräten der Grabungen 2005 bis 2008, in: A. Zeeb-Lanz (Hrsg.), Krisen – Kulturwandel – Kontinuitäten. Zum Ende der Bandkeramik in Mitteleuropa. Beiträge der internationalen Tagung in Herxheim bei Landau (Pfalz) vom 14.–17.6.2007. Internationale Archäologie. Arbeitskreis, Tagung, Symposium, Kongress Bd. 10 (Rahden/Westf. 2009), 27–40.

Haack 2016
F. Haack, The early Neolithic enclosure of Herxheim. Architecture, fill formation processes and service life, in: A. Zeeb-Lanz, A. (Hrsg.), Ritualised Destruction in the Early Neolithic – The Exceptional Site of Herxheim (Palatinate, Germany). Forschungen zur Pfälzischen Archäologie 8.1 (Speyer 2016), 15–118.

Haak u. a. 2005
W. Haak – P. Forster – B. Bramanti – S. Matsumura – G. Brandt – M. Tänzer – R. Villerns – C. Renfrew – D. Gronenborn – K. W. Alt – J. Burger, Ancient DNA from the First European Farmers in 7500-Year-Old Neolithic Sites. Science 11, 2005, 1016–1018.

Haak u. a. 2010
W. Haak – O. Balanovsky – J. J. Sanchez – S. Koshel – V. Zaporozhchenko – C. Adler – C. S. I. Der Sarkissian – G. Brandt – C. Schwarz – N. Nicklisch – V. Dresely – B. Fritsch – E. Balanovska – R. Villems – H. Meller – K. W. Alt – A. Cooper, The Genographic Consortium, Ancient DNA from European Early Neolithic Farmers Reveals Their Near Eastern Affinities, PLOS biology 9.11.2010 (doi.org/10.1371/journal.pbio.1000536). Internationale Archäologie. Arbeitskreis, Tagung, Symposium, Kongress Bd. 10 (Rahden/Westf. 2009), 61–78.

Haak u. a. 2015
W. Haak – I. Lazaridis – N. Patterson – N. Rohland – S. Mallick – B. Llamas – G. Brandt – S. Nordenfelt – E. Harney – K. Stewardson – Q. Fu – A. Mittnik – E. Bánffy – C. Economou – M. Francken – S. Friederich – R. Garrido Pena – F. Hallgren – V. Khartanovich – A. Khokhlov – M. Kunst – P. Kuznetsov – H. Meller – O. Mochalov –V. Moiseyev – N. Nicklisch – S. L. Pichler – R. Risch – M. A. Rojo Guerra – C. Roth – A. Szécsényi-Nagy –J. Wahl – M. Meyer – J. Krause – D. Brown – D. Anthony – A. Cooper – K. W. Alt – D. Reich Massive migration from the steppe is a source for Indo-European languages in Europe. Nature 522, 2015, 207–211, URL: https://doi.org/10.1038/nature14317.

Haasis-Berner 2002a
A. Haasis-Berner, Pilgerzeichenforschung. Forschungsstand und Perspektiven, in: H. Kühne – W. Radtke – G. Strohmaier-Wiederanders (Hrsg.), Spätmittelalterliche Wallfahrt im mitteldeutschen Raum. Beiträge einer interdisziplinären Arbeitstagung, Eisleben 7.–8. Juni 2002 (Berlin 2002), 63–85.

Haasis-Berner 2002b
A. Haasis-Berner, Archäologische Funde von mittelalterlichen Pilgerzeichen und Wallfahrtsandenken in Westfalen. Westfalen 78, 2002, 345–363.

Haasis-Berner 2003
A. Haasis-Berner, Pilgerzeichen des Hochmittelalters. Veröffentlichungen zur Volkskunde und Kulturgeschichte Nr. 94 (Würzburg 2003).

Haasis-Berner 2006
A. Haasis-Berner, Pilgerzeichen zwischen Main und Alpen, in: D. Dolezal – H. Kühne (Hrsg.), Wallfahrten in der europäischen Kultur. Europäische Wallfahrtsstudien Band 1 (Frankfurt/M. 2006), 237–252.

Haasis-Berner – Poettgen 2002
A. Haasis-Berner – J. Poettgen, Die Pilgerzeichen von Köln. Zeitschrift für die Archäologie des Mittelalters 30, 2002, 173–202.

Hachmann 1990
R. Hachmann, Gundestrup-Studien. Untersuchungen zu den spätkeltischen Grundlagen der frühgermanischen Kunst. Bericht der Römisch-Germanischen Kommission 71, 1990, 566–903.

Haffner 1976
A. Haffner, Die westliche Hunsrück-Eifel-Kultur. Römisch-Germanische Forsch. 36 (Berlin 1976).

Hahn 1986
J. Hahn, Kraft und Aggression. Die Botschaft der Eiszeitkunst im Aurignacien Süddeutschlands? (Tübingen 1986).

Hahn – Münzel 1995
J. Hahn – S. Münzel, Knochenflöten aus dem Aurignacien des Geißenklösterle bei Blaubeuren, Alb-Donau-Kreis. Fundberichte aus Baden-Württemberg 20, 1–12.

Hakenbeck 2009
S. E. Hakenbeck, 'Hunnic' modified skulls: Physical appearance, identity and the transformative nature of migrations, in: H. Williams – D. Sayer (Hrsg.): Mortuary Practices and Social Identities in the Middle Ages. Essays in Honour of Heinrich Härke (Exeter 2009), 64–80.

Halleux 1981
R. Halleux (Hrsg.), Les alchimistes grecs. I. Papyrus de Leyde. Papyrus de Stockholm. Fragments des Recettes (Paris 1981).

Hänsel 1995
B. Hänsel (Hrsg.), Handel, Tausch und Verkehr im bronze- und früheisenzeitlichen Südosteuropa. Südosteuropa-Schriften 17, zugleich Prähistorische Archäologie in Südosteuropa 11 (München – Berlin 1995).

Hänsel 2011
B. Hänsel, Zur Lausitzer Kultur. Deutungsversuche im Wandel der Zeit. Schriftenreihe der Spreewälder Kulturstiftung 3, 2011, 11–18.

Hansen R. 2006
R. Hansen, Sonne oder Mond? Wie der Mensch der Bronzezeit mit Hilfe der Himmelsscheibe Sonnen- und Mondkalender ausgleichen konnte. Arch. in Sachsen-Anhalt 4/II, 2006, 289–304.

Hansen L. 2010
L. Hansen, Hochdorf VIII. Die Goldfunde und Trachtbeigaben des späthallstattzeitlichen Fürstengrabes von Eberdingen-Hochdorf (Kr. Ludwigsburg). Forschungen und Berichte zur Vor- und Frühgeschichte in Baden-Württemberg 118 (Stuttgart 2010).

Hansen L. 2014
L. Hansen, Neue Forschungen zur eisenzeitlichen Saline von Bad Nauheim (Wetteraukreis). Die Befunde der Grabungen der Jahre 2001–2004 in der Kurstraße 2, Berichte zur Archäologie in Rheinhessen und Umgebung 7, 2014, 7–22.

Hansen L. 2016
L. Hansen, Die latènezeitliche Saline von Bad Nauheim: die Befunde der Grabungen der Jahre 2001–2004 in der Kurstraße 2 (Wiesbaden 2016).

Hansen R. 2010a
R. Hansen 2010, Sonne oder Mond? Verewigtes Wissen aus der Ferne, in: Meller 2010, 953–962.

Hansen S. 1995
S. Hansen, Aspekte des Gabentausches und Handels während der Urnenfelderzeit in Mittel- und Nordeuropa im Lichte der Fundüberlieferung, in: B. Hänsel (Hrsg.), Handel, Tausch und Verkehr im Bronze- und früheisenzeitlichen Südosteuropa (München – Berlin 1995), 67–80.

Hansen S. 2011
S. Hansen, Technische und soziale Innovationen in der zweiten Hälfte des 4. Jahrtausends v. Chr., in: S. Hansen – J. Müller (Hrsg.), Sozialarchäologische Perspektiven: Gesellschaftlicher Wandel 5000–1500 v. Chr. zwischen Atlantik und Kaukasus, Archäologie in Eurasien 24 (Mainz 2011), 153–191.

Hansen S. 2013
S. Hansen, Innovative metals: copper, gold and silver in the Black Sea Region and the Carpathian Basin during the 5th and 4th millenia BC, in: S. Burmeister – S. Hansen – M. Kunst – N. Müller-Scheeßel (Hrsg.), Metal matters (Rahden/West. 2013), 137–170.

Hansen S. 2015
S. Hansen, Krieg in der Bronzezeit, in: H. Meller – M. Schefzik, Krieg. Eine archäologische Spurensuche (Halle/Saale 2015), 205–212.

Hansen S. 2016a
S. Hansen, Innovationen und Wissenstransfer in der frühen Metallurgie des westlichen Eurasiens, in: S. Țerna – B. Govedarica (Hrsg.), Interactions, Changes and Meanings. Essays in honour of Igor Manzura on the occasion of his 60th birthday (Kischinau 2016), 107–120.

Hansen S. 2016b
S. Hansen, Prähistorische Innovationsforschung, Das Altertum 61, 2016, 81–132.

Hansen S. 2017
S. Hansen, Technical Innovations. The Role of Early Metallurgy, in: J. Maran – P. W. Stockhammer (Hrsg.), Appropriating innovations: entangled knowledge in Eurasia 5000–1500 BCE. Papers of the Conference, Heidelberg, 15.–17. Januar 2015 (Oxford 2017).

Hansen S. – Neumann – Vachta 2012
S. Hansen – D. Neumann – T. Vachta (Hrsg.), Hort und Raum. Aktuelle Forschungen zu bronzezeitlichen Deponierungen in Mitteleuropa. Berlin, Boston 2012.

Harder 2014
J. Harder, Aparter Abort – ein erhaltenes Toilettenhaus des 13. Jahrhunderts, in: Lübeck und der Hanseraum, Beiträge zu Archäologie und Kulturgeschichte, Festschrift für Manfred Gläser (Lübeck 2014), 115–121.

Harder 2018
J. Harder, Die Kloakenanlagen im Untersuchungsgebiet, Lübecker Schriften zur Archäologie und Kulturgeschichte 32, 2018 (im Druck).

Harding – Cavruk 2010
A. Harding – V. Cavruk, A prehistoric salt production site at B ile Figa, Romania, Eurasia Antiqua 16, 2010, 131–167.

Hårdh 2002
B. Hårdh, Silber im 10. Jahrhundert. Ökonomie, Politik und Fernbeziehungen, in: J. Henning (Hrsg.), Europa im 10. Jahrhundert – Archäologie einer Aufbruchszeit. Internationale Tagung in Vorbereitung der Ausstellung „Otto der Große, Magdeburg und Europa" (Mainz 2002), 181–193.

Hardt 2004
M. Hardt, Gold und Herrschaft. Die Schätze europäischer Könige und Fürsten im ersten Jahrtausend (Berlin 2004).

Haßmann – Zehm 2016
H. Haßmann – B. Zehm, Überraschung bei Osnabrück: Ein Kupferhort aus der Steinzeit in Lüstringen. Berichte zur Denkmalpflege in Niedersachsen 4/2016, 185–186.

Haßmann u. a. 2012:
H. Haßmann – T. Heintges – A. Niemuth – B. Rasink – F.-W. Wulf, Der bronzezeitliche Goldhort von Gessel, Stadt Syke, Ldkr. Diepholz. Beschreibung der einzelnen Goldobjekte, Beobachtungen zur Herstellungsweise und erste archäologische Einordnung. Nachrichten aus Niedersachsens Urgeschichte 81, 2012, 145–185.

Haßmann u. a. 2014:
H. Haßmann – A. Niemuth – M. Pahlow – B. Rasink – S. Winghart – F.-W., Der Goldhort von Gessel, in: H. Meller – R. Risch – E. Pernicka (Hrsg.), Metalle der Macht – Frühes Gold und Silber. Tagungen des Landesmuseums für Vorgeschichte Halle 11/II, 2014, 777–788.

Hatz 1974
G. Hatz, Handel und Verkehr zwischen dem Deutschen Reich und Schweden in der späten Wikingerzeit. Die deutschen Münzen des 10. Und 11. Jahrhunderts in Schweden (Stockholm/Lund1974).

Headland – Reid 1991
T. N. Headland – L. A. Reid, Holocene foragers and interethnic trade: a critique of the myth of isolated independent hunter-gatherers, in: S. A. Gregg (Hrsg.), Between Bands and States, Occasional papers 9 (Centre for Archaeological Investigations, Southern Illinois University, Carbondale 1991), 333–340.

Heather 2011
P. Heather, Invasion der Barbaren. Die Entstehung Europas im ersten Jahrtausend nach Christus (Stuttgart 2011).

Hees 2002
M. Hees, Production et commerce du sel à l'Âge du Fer en Baden-Württemberg (Allmagne), in: O. Weller (Hrsg.), Salzarchäologie. Techniken und Gesellschaft in der Vor- und Frühgeschichte Europas. Internationale Archäologie. Arbeitsgemeinschaft, Symposium, Tagung, Kongress (Rahden/Westf. 2002), 209–215.

Heger 1970
H. Heger, Das Lebenszeugnis Walthers von der Vogelweide. Die Reiserechnungen des Passauer Bischofs Wolfger von Erla (Wien 1970).

Hegewisch 2013
M. Hegewisch, Ein Komplex mit germanischer Nigra aus Essen-Überruhr (Hinsel), in: G. Rasbach (Hrsg.), Westgermanische Bodenfunde. Akten des Kolloquiums anlässlich des 100. Geburtstages von Rafael von Uslar am 5. und 6. Dezember 2008. Kolloquien zur Vor- und Frühgeschichte 18 (Bonn 2013), 147–170.

Heindel 2007
I. Heindel, Artikel „Zangen" in: J. Hoops, Reallexikon der Germanischen Altertumskunde, Bd. 34 (Berlin – New York 2007) 422.

Heising 2010
A. Heising, Perspektiven der Limesforschung am Beispiel des Kastells Niederbieber, in: P. Henrich (Hrsg.), Perspektiven der Limesforschung. 5. Kolloquium der Deutschen Limeskommission (Stuttgart 2010), 56–71.

Hengstl 1978
J. Hengstl (Hrsg.), Griechische Papyri aus Ägypten als Zeugnisse des öffentlichen und privaten Lebens. Griechisch-deutsch. Unter Mitarbeit von G. Häge und H. Kühnert (München 1978).

Henz 2010
K.-P. Henz, Entlang der Straßen, in: Landesdenkmalamt im Ministerium für Umwelt, Energie und Verkehr, Saarbrücken (Hrsg.), Landesarchäologie 2005–2009. Denkmalpflege im Saarland 2, 2010, 119–125.

Henz 2016
K.-P. Henz, Ein gallo-römischer Umgangstempel im Wareswald, Gmde. Tholey, Kr. St. Wendel: ein Vorbericht, in: M. Koch (Hrsg.), Archäologie in der Großregion. Archäologentage Otzenhausen 2, 2015 (Nonnweiler 2016), 183–192.

Hemker 2014
C. Hemker, ArchaeoMontan 2012–2014. Drei Jahre grenzüberschreitende Forschungen zum mittelalterlichen Bergbau im Erzgebirgsraum: Archäologie – Geschichte – Natur- und Geoinformationswissenschaften – Ausstellung – Tagung – Publikation, in: ArchaeoMontan 2014. Ergebnisse und Perspektiven. Arbeits- und Forschungsberichte zur sächsischen Bodendenkmalpflege, Beiheft 29, 2014, 7–24.

Herbers 1984
K. Herbers, Der Jacobuskult des 12. Jahrhunderts und der „Liber Sancti Jacobi". Studien über das Verhältnis zwischen Religion und Gesellschaft im Hochmittelalter (Wiesbaden 1984).

Herbers 2007
K. Herbers, Jakobsweg. Geschichte und Kultur einer Pilgerfahrt. Beck'sche Reihe Bd. 2394. 2., durchgesehene Aufl. (München 2007).

Hermanns – Höpken 2014
M. H. Hermanns – C. Höpken, Zur Schiffbarkeit des Kölner Hafens. Wrackteile römischer Flachbodenschiffe in der Rinne zwischen Stadt und Rheininsel, in: H. Kennecke (Hrsg.), Der Rhein als europäische Verkehrsachse. Die Römerzeit, Bonner Beiträge zur Vor- und Frühgeschichtlichen Archäologie 16 (Bonn 2014), 145–174.

Hesberg 2002
H. von Hesberg, Bauteile der frühen Kaiserzeit in Köln. Das Oppidum Ubiorum zur Zeit des Augustus, in: Festschrift Gundolf Precht. Xantener Berichte 12 (Mainz 2002), 13–36.

Heumüller 2016
M. Heumüller, Die vorgeschichtlichen Wege des Federseemoores, in: Die früh- und mittelbronzezeitliche Siedlung "Forschner" im Federseemoor. Naturwissenschaftliche Untersuchungen. Bohlenwege, Einbäume und weitere botanische Beiträge. Siedlungsarchäologie im Alpenvorland XIII, Forschungen und Berichte zur Vor- und Frühgeschichte Baden-Württemberg 128, 361–488.

Heumüller – Matthes 2018
M. Heumüller – A. Matthes, Auf schwankendem Grund: Moorwege. Archäologie in Deutschland 1, 2018, 28–31.

Heuschen – Baales – Orschiedt 2017
W. Heuschen – M. Baales – J. Orschiedt, Blätterhöhle 2016 – nach 10 Jahren Forschung ist die Eiszeit erreicht, Archäologie in Westfalen-Lippe 2016, 2017, 29–32.

Heuschen – Baales – Orschiedt 2018
W. Heuschen – M. Baales – J. Orschiedt, Die Blätterhöhle – neue Forschungen zum spätpaläolithisch- bis neolithischen Fundplatz, Archäologie in Westfalen-Lippe 2017 (im Druck).

Hilberg 2014
V. Hilberg, Zwischen Innovation und Tradition. Der karolingische Einfluss auf das Münzwesen in Skandinavien, in: K. P. Hofmann – H. Kamp – M. Wemhoff (Hrsg.), Die Wikinger und das Fränkische Reich. Identitäten zwischen Konfrontation und Annäherung. MittelalterStudien 29 (München 2014), 133–215.

Hilberg 2016
V. Hilberg, Hedeby's Demise in the Late Viking age and the Shift to Schleswig, in: L. Holmquist – S. Kalmring – C. Hedenstierna-Jonson (Hrsg.), New Aspects on Viking-age Urbanism c. AD 750–1100. Proceedings of the International Symposium at the Swedish History Museum, April 17–20th 2013. Theses and Papers in Archaeology B:12 (Stockholm 2016), 63–80.

Hilberg 2017
V. Hilberg, The access to raw materials and its impact on Hedeby's development in the Viking period, in: P. Eisenach – T. Stöllner – A. Windler (Hrsg.), The RITaK Conferences 2013–2014. Der Anschnitt Beiheft 34 (Rahden/Westf. 2017), 253–270.

Hilberg – Kalmring 2014
V. Hilberg – S. Kalmring, Viking Age Hedeby and Its Relations with Iceland and the North Atlantic: Communication, Long-distance Trade and Production, in: D. Zori – J. Byock (Hrsg.), Viking Age Archaeology in Iceland: Mosfell Archaeological Project. Cursor Mundi 20 (Turnhout 2014), 221–245.

Hild 1998
H. Hild, s. v. Papyrus Leiden (Papyrus Leidensis), in: C. Priesner – K. Figala (Hrsg.), Alchemie. Lexikon einer hermetischen Wissenschaft (München 1998), 265.

Hild 1998a
H. Hild, s. v. Papyrus Stockholm (Papyrus Holmensis), in: C. Priesner – K. Figala (Hrsg.), Alchemie. Lexikon einer hermetischen Wissenschaft (München 1998), 265–266.

Himmelmann 2015
U. Himmelmann, Seiner Geschichte beraubt – der spätantike Schatzfund von Rülzheim, in: P. Diehl (Hrsg.), Wissensgesellschaft Pfalz: 90 Jahre Pfälzische Gesellschaft zur Förderung der Wissenschaft. Veröff. Pfälzischen Gesellschaft Förderung Wissenschaften 116 (Ubstadt-Weiher 2015), 165–174.

Himmelmann – Petrovszky 2017a
U. Himmelmann – R. Petrovszky, Der Schatzfund von Rülzheim – Ein hunnisches Totenopfer im Westen?, in: A. von Berg – M. Schwab (Hrsg.), Vorzeiten. 70 Jahre Landesarchäologie Rheinland-Pfalz. Ausstellungskat. Mainz 2017 (Regensburg 2017), 237–245.

Himmelmann – Petrovszky 2017b
U. Himmelmann – R. Petrovszky, Der reiternomadisch-hunnische Schatzfund von Rülzheim (Rheinland-Pfalz) – zum vorläufigen Forschungsstand. Mitteilungen des Historischen Vereins der Pfalz 115, 2017, 77–107.

Hirschmann 2001
F. G. Hirschmann, Brückenbauten des 12. Jahrhunderts – „ad communem utilitatem", in: F. G. Hirschmann – G. Mentgen, (Hrsg.), „Campana pulsante convocati". Festschrift anläßlich der Emeritierung von Prof. Dr. Alfred Haverkamp (Trier 2005), 223–256.

Hittinger 2008
D. Hittinger, Auswertung der Tuchplombenfunde der Teerhofgrabung. Bremer Archäologische Blätter 7, 2008, 111–144.

Höckmann 1998
O. Höckmann, Das Lager Alteburg, die Germanische Flotte und die römische Rheinschifffahrt. Kölner Jahrbuch 31, 1998, 317–350.

Höckmann 2007
O. Höckmann, Reinigungsarbeiten an antiken Häfen. Kölner Jahrbuch 40, 2007, 335–350.

Hoffstadt 2005
J. Hoffstadt, Die Untersuchung der Silexartefakte aus der Ufersiedlung Hornstaad-Hörnle IA. Siedlungsarch. im Alpenvorland VII (Stuttgart 2005).

Hofmann von Kap-herr – Schäfer 2017
K. Hofmann von Kap-herr – C. Schäfer, Experimentelle Archäologie trifft auf Schifffahrt. Ein römischer Prahm im Test, Antike Welt 5, 2017, 76–83.

Hofmanová 2016
Z. Hofmanová, Palaeogenomic and biostatistical analysis of ancient DNA data from Mesolithic and Neolithic skeletal remains. URL: https://publications.ub.uni-mainz.

de/theses/volltexte/2017/100001355/pdf/100001355.pdf

Holfester – Marschalkowski 2014
U. Holfester – A. Marschalkowski, Mauern, Gräben, Grubenhäuser – Ausgrabungen im Westen der Münsteraner Domburg, Archäologie in Westfalen-Lippe 2014, 94–98.

Höpken 2004
Höpken, Servandus und der römische Festkalender. Eine neue tagesdatierte Terrakottafigur aus Köln, Kölner Jahrbuch 37, 2004, 39–44.

Höpken 2010
C. Höpken, Orient trifft Okzident. Glas im Osten und Westen des römischen Reiches, Kölner Jahrbuch 43, 2010, 379–398.

Höpken 2011
C. Höpken, In La Graufesenque verpackt, in Köln versunken. Ein Terra Sigillata-Fund aus dem Kölner Hafen, in: M. Müller (Hrsg.), Xantener Berichte 20 (Mainz 2011), 48–64.

Höpken – Schäfer 2005
C. Höpken – F. Schäfer, Glashütten und Werkstätten in Köln, in: G. Creemers – B. Demarsin – P. Cosyns (Hrsg.), Roman Glas in Germania inferior. Interregional comparisons and recent results. Kolloquium Tongeren 2005 (Tongeren 2005), 74–85.

Höppner u. a. 2005
B. Höppner – M. Bartelheim – M. Huijsmans – R. Krauss – K.-P. Martiffnek – E. Pernicka – R. Schwab, Prehistoric Copper Production in the Inn Valley (Austria), and the Earliest Copper in Central Europe, Archaeometry 47, 2005, 293–315.

Horn 1989
H. G. Horn, Si per me misit, nil nisi vota feret. Ein römischer Spielturm aus Froitzheim, Bonner Jahrbücher 189, 1989, 139–160.

Hornung 2014
S. Hornung (Hrsg.), Produktion – Distribution – Ökonomie. Siedlungs- und Wirtschaftsmuster der Latènezeit. Akten Internat. Kolloquium Otzenhausen 28.–30. Oktober 2011. Universitätsforsch. Prähist. Arch. 258 (Bonn 2014).

Hose 2013
M. Hose, Ausgelöschte Geschichte. Der Feldzug des Maximinus Thrax in das Innere Germaniens 235/236 n. Chr. in der historischen Überlieferung, in: H. Pöppelmann – K. Deppmeyer – W.-D. Steinmetz (Hrsg.), Roms vergessener Feldzug. Die Schlacht am Harzhorn. Veröffentlichungen des Braunschweigischen Landesmuseums 115 (Darmstadt 2013), 111–115.

Hublin – Roebroeks 2009
J. J. Hublin – W. Roebroeks, Ebb and flow or regional extinctions? On the character of Neandertal occupation of northern environments. Comptes Rendus Palevol 8, 2009, 503–509.

Hurst 2008
M. J. Hurst (Hrsg.), Steinwerke – ein Bautyp des Mittelalters? Vorträge des Kolloquiums Steinwerke vom 2. bis 4. März in Osnabrück, Schriften zur Archäologie des Osnabrücker Landes 6 (Bramsche 2008).

Huth 2016
C. Huth, Erinnerungen in Stein – Stelen und Menhire in Menschengestalt, in: 4000 Jahre Pfahlbauten. Begleitband zur Großen Landesausstellung Baden-Württemberg 2016 (Ostfildern 2016) 189–191.

Hyttel u. a. 2015
F. Hyttel – B. S. Majchczack – J. Dencker – M. Segschneider, Fehmarn Belt Fixed Link, Marine Archaeological Report, The Excavations on the Wreck of Lindormen (Ostsee Gebiet 1433, LA 3). Arbeitsbericht AA2012-279. Archäologisches Landesamt Schleswig-Holstein (Schleswig 2015).

Ilias
Homer, Ilias. Übersetzung Johann Heinrich Voß (Hamburg 1793).

Ilisch 2000
P. Ilisch, Römische Münzen aus Borken, in: H. G. Horn – H. Hellenkemper – G. Isenberg – H. Koschik (Hrsg.), Fundort Nordrhein-Westfalen. Schriften zur Bodendenkmalpflege in Nordrhein-Westfalen 5 (Mainz 2000), 341–342.

Ilisch 2013
P. Ilisch, De tidligste Otto Adelheid-mønter – foreløbige bemærkninger på grundlag af Strandby-skatten, Nordisk Numismatisk Unions Medlemsblad 4, 2013, 100–107.

Jacobsen 2012
P. C. Jacobsen (Bearb.), 1645 – Wanderungen durch Köln mit Aegidius Gelenius: vier Kapitel aus dem ersten Buch seiner Schrift „Über die bewunderungswürdige geistliche und bürgerliche Größe der Ubierstadt Colonia Claudia Agrippinensis Augusta" (Köln 2012).

Jahnke 2006
C. Jahnke, „… und er verwandelte die blühende Handelsstadt in ein unbedeutendes Dorf". Die Rolle Schleswigs im internationalen Handel des 13. Jahrhunderts, in: G. Fouquet – M. Hansen – C. Jahnke – J. Schlürmann (Hrsg.), Von Menschen, Ländern, Meeren, Festschrift für Thomas Riis zum 65. Geburtstag (Tönning 2006), 251–268.

Jahnke 2008
C. Jahnke, Handelsstrukturen im Ostseeraum im 12. und beginnenden 13. Jahrhundert. Ansätze einer Neubewertung, in: Hansische Geschichtsblätter 126, 2008, 145–185.

Jahnke 2015
C. Jahnke, The Baltic Trade, in: A companion to the Hanseatic League, D. J. Harreld (Hrsg.). Brill's Companions to European History, Vol. 8, Leiden 2015, 194–240.

Jankuhn 1986
H. Jankuhn, Haithabu. Ein Handelsplatz der Wikingerzeit (Neumünster 81986).

Jantzen 2014
D. Jantzen, Die ersten archäologischen Untersuchungen in Weltzin im Jahr 1996, in: D. Jantzen – J. Orschiedt – J. Piek – T. Terberger, Tod im Tollensetal – Forschungen zu den Hinterlassenschaften eines bronzezeitlichen Gewaltkonfliktes in Mecklenburg-Vorpommern 1. Beiträge zur Ur- und Frühgeschichte in Mecklenburg-Vorpommern 50 (Schwerin 2014), 33–36.

Jantzen – Terberger 2016
D. Jantzen – T. Terberger, Überfall an der Brücke? Das bronzezeitliche Fundareal im Tollensetal. Archäologie in Deutschland 3, 2016, 8–13.

Jantzen u. a. 2017
D. Jantzen – G. Lidke – J. Dräger – J. Krüger – K. Rassmann – S. Lorenz – T. Terberger, An early Bronze Age causeway in the Tollense Valley, Mecklenburg-Western Pomerania – The starting point of a violent conflict 3300 years ago? Bericht der Römisch-Germanischen Kommission 95/2014 (2017), 13–49.

Jäschke 2017
J. Jäschke, ‚Burgenses', ‚consules', ‚maiores'. Sozial- und kulturwissenschaftliche Untersuchungen zu den Mitgliedern der Führungsgruppe(n) der Stadt Lübeck im 13. Jahrhundert, Phil. Diss. masch. (Kiel 2017).

Jenks 1995
S. Jenks, Die Welfen, Lübeck und die werdende Hanse, in: B. Schneidmüller (Hrsg.), Die Welfen und ihr Braunschweiger Hof im hohen Mittelalter, Wolfenbütteler Mittelalter Studien 7 (Wiesbaden 1995), 483–522.

Jentgens – Peine 2016
G. Jentgens – H.-W. Peine, Wem die Glocke schlägt – 1200 Jahre Kirche und Siedlung in Dülmen. Archäologie in Westfalen-Lippe 2015 (2016), 79–83.

Jentgens 2017/18 (im Druck)
G. Jentgens, Im Zeichen der Glocke. Ein Beitrag zur Christianisierung Westfalens. Jahrbuch für Glockenkunde 29/30, 2017/18 (im Druck).

Jeunesse 2015
C. Jeunesse, The Dogma of the Iberian Origin of the Bell Beaker. Attempting Its Deconstruction. Journal of Neolithic Archaeology, march 2nd, 158–166, URL: https://doi.org/10.12766/jna.2014.5.

Joachim 1985
H.-E. Joachim, Zu eisenzeitlichen Reibsteinen aus Basaltlava, den sog. Napoleonshüten. Archäologisches Korrespondenzblatt 15, 1985, 359–369.

Johrendt 2001
J. Johrendt, Die Reisen der frühen Reformpäpste – ihre Ursachen und Funktionen. Römische Quartalschrift 96 (2001), 57–94.

Jordan 2015
J. Jordan, Rot und funkelnd wie das Feuer…. Das Projekt „Weltweitees Zellwerk" im LVR-LandesMuseum Bonn – Teil 2, Berichte aus dem LVR-LandesMuseum Bonn 2/2015, 16–20.

Jordan 1978
K. Jordan, Heinrich der Löwe (München 1978).

Jöris 1992
O. Jöris, Pradniktechnik im Micoquien der Balver Höhle. Archäologisches Korrespondenzblatt 22, 1992, 1–12.

Joris 1993
A. Joris, Probleme der mittelalterlichen Metallindustrie im Maasgebiet, in: A. Joris, Villes, affaires, mentalités. Autour du pays mosan. Bibliothèque du Moyen âge (Brüssel 1993), 259–279.

Jöris 2001
O. Jöris, Der spätmittelpaläolithische Fundplatz Buhlen (Grabung 1966–69). Stratigraphie, Steinartefakte und Fauna des oberen Fundplatzes. Universitätsforschungen zur prähistorischen Archäologie 73 (Bonn 2001).

Jöris 2004
O. Jöris, Zur chronographischen Stellung der spätmittelpaläolithischen Keilmessergruppen. Der Versuch einer kulturgeographischen Abgrenzung einer mittelpaläolithischen Formengruppe in ihrem europäischen Kontext. Bericht der Römisch-Germanischen Kommission 84, 2003 (2004), 49–153.

Jöris 2012
O. Jöris, Keilmesser, in: H. Floss (Hrsg.), Steinartefakte – Vom Altpaläolithikum bis in die Neuzeit. Tübingen Publications in Prehistory, 2012, 297–208.

Jöris – Uomini (im Druck)
O. Jöris – N. Uomini, Evidence for Neanderthal hand-preferences from the late Middle Palaeolithic site of Buhlen, Germany: insights into Neanderthal learning behavior, in: Y. Nishiaki – O. Jöris (Hrsg.), Learning Strategies during the Palaeolithic. Replacement of Neanderthals by Modern Humans Series (Tokio, im Druck).

Kalmring 2010
S. Kalmring, Der Hafen von Haithabu. Die Ausgrabungen in Haithabu 14 (Neumünster 2010).

Kappel 1969
I. Kappel, Die Graphittonkeramik von Manching. Die Ausgrabungen in Manching 2. (Wiesbaden 1969).

Kardulias 1990
P. N. Kardulias, Fur Production as a Specialized Activity in a World System: Indians in the North American Fur Trade. American Indian Culture and Research Journal 14, 1990, 25–60.

Kaul 2004
F. Kaul, Die Sonnenschiffe des Nordens. In: Meller 2004, 58-63.

Kaul 2008
F. Kaul, Solens reise. Rogaland i europeisk bronsealder / The journay of the sun. Rogaland in the European Bronze Age. AmSmåtrykk 80 (Stavanger 2008).

Kaul 2010
F. Kaul, The Sun from Trundholm (Chariot of the Sun) – a commented history of research, in: H. Meller (Hrsg.), Der Griff nach den Sternen. Internationales Symposium in Halle (Saale) 16.–21. Februar 2005. Tagungen Landesmus. Vorgesch. Halle (Halle/Saale 2010), 521–536.

Kaul 2015
F. Kaul, Lurens forløber. Skalk 5, 2015, 14–17.

Keegan 1976
J. Keegan, The Face of Battle (New York 1976).

Kehne 1998
P. Kehne, Stichwort „Geschenke" §2 Historisches. Reallexikon der Germanischen Altertumskunde, Bd. 11 (Berlin – New York 1998), 470–474.

Keil 2016
V. Keil, Zur Restaurierung der Wittenberger Alchemistenfunde, in: H. Meller – A. Reichenberger – C.-H. Wunderlich (Hrsg.), Alchemie und Wissenschaft des 16. Jahrhunderts. Fallstudien aus Wittenberg und vergleichbare Befunde. Internationale Tagung vom 3. bis 4. Juli 2015 in Halle (Saale). Tagungen des Landesmuseums für Vorgeschichte Halle 15 (Halle/Saale 2016), 45–58.

Keller 2010
K. Keller, Kürfürstin Anna von Sachsen (1532–1585) (Regensburg 2010).

Kennecke 2014
H. Kennecke, Der Trachytabbau im Siebengebirge und sein Transfer über den Rhein in römischer Zeit, in: H. Kennecke. (Hrsg.), Der Rhein als europäische Verkehrsachse. Die Römerzeit. Bonner Beiträge zur Vor- und Frühgeschichtlichen Archäologie 16 (Bonn 2014), 93–108.

Kern u. a. 2008
A. Kern – K. Kowarik – A. W. Rausch – H. Reschreiter (Hrsg.), Salz-Reich. 7000 Jahre Hallstatt. Veröffentlichungen der Prähistorischen Abteilung des Naturhistorischen Museums Wien 2 (Wien 2008).

Kersting 2016
T. R. Kersting, Zwischen Krieg und Frieden. Waldlager der Roten Armee in Brandenburg 1945. Begleitheft zur Sonderausstellung, Archäologisches Landesmuseum Brandenburg (Zossen 2016).

Keune 1901
J. B. Keune, Das Briquetage im oberen Seillethal. Jahr-Buch der Gesellschaft für lothringische Geschichte und Altertumskunde 13, 1901, 370–401.

Keynes 2000
S. Keynes, Die Wikinger in England (um 790–1016), in: P. Sawyer (Hrsg.), Die Wikinger. Geschichte und Kultur eines Seefahrervolkes (Darmstadt 2000), 58–92.

Kibbert 1980
K. Kibbert, Die Äxte und Beile im mittleren Westdeutschland I (München 1980).

Kiernan 2012
P. Kiernan, Pagan pilgrimage in Rome's Western Provinces. HEROM. Journal on Hellenistic and Roman Material Culture 1, 2012, 79–106.

Kilian-Dirlmeier 1993
I. Kilian-Dirlmeier, Die Schwerter in Griechenland (außerhalb der Peloponnes), Bulgarien und Albanien (Stuttgart 1993).

Kimmig 1988
W. Kimmig, Das Kleinaspergle. Forsch. u. Ber. Vor- u. Frühgesch. Baden-Württembergs 30 (Stuttgart 1988).

Kindler 2012
L. Kindler, Die Rolle von Raubtieren in der Einnischung und Subsistenz jungpleistozäner Neandertaler. Archäozoologie und Taphonomie der mittelpaläolithischen Fauna aus der Balver Höhle (Westfalen). Monographien des Römisch-Germanischen Zentralmuseums 99 (Mainz 2012).

Kliemann 2016
K. Kliemann, Das mittelalterliche jüdische Viertel: neue Erkenntnisse zu den Bauphasen der Synagoge. Archäologie im Rheinland 2015, 2016, 169–171.

Klimscha 2017
F. Klimscha Transforming Technical Knowhow in Time and Space. Using the Digital Atlas of Innovations to Understand the Innovation Process of Animal Traction and the Wheel, eTopoi 6, 2017, 16–63, DOI:10.17169/FUDOCS_document_000000026267.

Klindt-Jensen 1953
O. Klindt-Jensen, Bronzekedelen fra Brå (Arhus 1953).

Klöckner 2012
Klöckner, Von der Anschauung zur Anbetung – Götterbilder im antiken Griechenland, Giessener Universitätsblätter 45, 2012, 29–41.

Kloft 2006
H. Kloft, Die Wirtschaft des Imperium Romanum (Mainz 2006).

Klooß – Lidke 2014
S. Klooß – G. Lidke, Gundula, Zwei Holzkeulen vom Fundplatz 20 bei Weltzin und weitere Holzobjekte aus dem Tollensetal, in: D. Jantzen – J. Orschiedt – J. Piek – T. Terberger, Tod im Tollensetal – Forschungen zu den Hinterlassenschaften eines bronzezeitlichen Gewaltkonfliktes in Mecklenburg-Vorpommern 1. Beiträge zur Ur- und Frühgeschichte in Mecklenburg-Vorpommern 50 (Schwerin 2014), 117–120.

Kluge 2001
B. Kluge, Sachsenpfennige und Otto-Adelheid-Pfennige. Anfänge und Dimensionen der Münzprägung in Magdeburg und Sachsen zur Zeit der Ottonen, in: M. Puhle (Hrsg.), Otto der Große. Magdeburg und Europa. Band I: Essays (Mainz 2001), 417–426.

Kluge 2005
B. Kluge, ATHALHET, ATEAHLHT und ADELDEIDA. Das Rätsel der Otto-Adelheid-Pfennige, in: F. Staab – T. Unger (Hrsg.), Kaiserin Adelheid und ihre Klostergründung in Selz. Referate der wissenschaftlichen Tagung in Landau und Selz vom 15.–17.10.1999. Veröffentlichungen der Pfälzischen Gesellschaft zur Förderung der Wissenschaften 99 (Speyer 2005), 91–114.

Knipper 2005
C. Knipper, Die Strontiumisotopenanalyse: Eine naturwissenschaftliche Methode zur Erfassung von Mobilität in der Ur- und Frühgeschichte, Jahrbuch des Römisch-Germanischen Zentralmuseums 51 (2004), 2005, 589–685.

Knopf 2014
T. Knopf, Embedded Economy – Ökonomie als kulturelles System: eine Annäherung an die Latènezeit, in: S. Hornung (Hrsg.), Produktion – Distribution – Ökonomie. Siedlungs- und Wirtschaftsmuster der Latènezeit. Akten Internat. Kolloquium Otzenhausen 28.–30. Oktober 2011. Universitätsforsch. Prähist. Arch. 258 (Bonn 2014), 3–12.

Knopf 2017
T. Knopf, Kulturelle Ökonomie: Theoretische Aspekte und archäologisch-ethnographische Beispiele, in: P. Eisenach – T. Stöllner – A. Windler (Hrsg.), The RITaK conferences 2013–2014. Der Anschnitt Beiheft 34. Raw Materials, Innovation, Technology of Ancient Cultures 1 (Bochum 2017), 25–34.

Koch 1976
H. J. Koch (Hrsg.), Mittelalter I. Die deutsche Literatur. Ein Abriss in Text und Darstellung 1 (Stuttgart 1976).

Koch 1997
U. Koch, Der Ritt in die Ferne, in: Archäologisches Landesmuseum Baden-Württemberg (Hrsg.), Die Alamannen. Ausstellungskat. Stuttgart 1997 (Stuttgart 1997), 403–415.

Kóčka-Krenz 2000
H. Kóčka-Krenz, Slawische Hortfunde, in: H.-M. Hinz – A. Wieczorek (Hrsg.), Europas Mitte um 1000. Handbuch zur Ausstellung (Stuttgart 2000), 203–206.

Koehn – Erkelenz 2014
C. Koehn – C. Erkelenz, Der leise Tod. Das Imperium Romanum und die asymmetrische Kriegsführung. Archäologie in Niedersachsen 17, 2014, 64–67.

Kohler-Schneider 2001
M. Kohler-Schneider, Verkohlte Kultur- und Wildpflanzenreste aus Stillfried an der March als Spiegel spätbronzezeitlicher Landwirtschaft im Weinviertel, Niederösterreich. Mitteilungen der Prähistorischen Kommission 37 (Wien 2001).

Kompatscher 2011
K. Kompatscher – N.M. Kompatscher, Mittelsteinzeitliche Fernverbindungen über den Alpenhauptkamm, in: Mensch und Umwelt im Holozän Tirols I. Das Mesolithikum-Projekt Ullafelsen (Teil 1) (Innsbruck 2011), 205–241.

Köninger 2002
J. Köninger (Hrsg.), Schleife, Schlitten, Rad und Wagen. zur Frage früher Transportmittel nördlich der Alpen. Hemmenhofener Skripte 3 (Stuttgart 2002).

Köninger 2016
J. Köninger, Zahlen und Zeichen. Mysteriöse Tonobjekte der Bronzezeit, in: Archäologisches Landesmuseum Baden-Württemberg und Landesamt für Denkmalpflege im Regierungspräsidium Stuttgart (Hrsg.), 4.000 Jahre Pfahlbauten. Begleitband zur Großen Landesausstellung Baden-Württemberg 2016. (Ostfildern 2016), 436–439.

Köpp-Junk 2015
H. Köpp-Junk, Der Pharao siegt (fast) immer – Die Schilderung der Schlachten bei Megiddo und Kadesch im Spiegel altägyptischer Quellen. in: H. Meller – M. Schefzik, Krieg. Eine archäologische Spurensuche (Halle/Saale 2015), 235–238.

Kortüm – Neth 2016
K. Kortüm – A. Neth, Mithras im Zabergäu. Die Mithräen von Güglingen, Imperium Romanum. Roms Provinzen an Necker, Rhein und Donau 2016, 225–231.

Koschik 1998
H. Koschik (Hrsg.), Brunnen der Jungsteinzeit. Intern. Symposium in Erkelenz 27.–29.10.1997. Mat. Bodendenkmalpflege Rheinland 11, Köln 1998.

Kossack 1994
G. Kossack, Früheisenzeit im Mittelbirgsraum. Ber. RGK 74, 1993, 565–605.

Köster 1983
K. Köster, Pilgerzeichen und Pilgermuscheln von mittelalterlichen Santiagostraßen. Saint-Léonard, Rocamadour, Saint-Gilles, Santiago de Compostela. Schleswiger Funde und Gesamtüberlieferung. Ausgrabungen in Schleswig, Berichte und Studien 2 (Neumünster 1983).

Koster – Müller 2004
P. Koster – H. Müller, Chronik der Kaiserlichen Freien Reichs- und Hansestadt Bremen 1600–1700 (Bremen 2004).

Krabath 2011
S. Krabath, Luxus in Scherben. Fürstenberger und Meißner Porzellan aus Grabungen (Dresden 2011).

Krabath – Poremba – Schauer 2012
S. Krabath – T. Poremba – B. Schauer, Der Goldschatz von Fürstenberg an der Havel, Lkr. Oberhavel, und sein stadtarchäologischer Kontext. Veröffentlichungen zur brandenburgischen Landesarchäologie 45, 2011 (2012), 227–256.

Krausse 1996
D. Krausse, Hochdorf III. Forsch. u. Ber. Vor- u. Frühgesch. Baden-Württembergs 64 (Stuttgart 1996).

Krausse 2008
D. Krausse (Hrsg.), Frühe Zentralisierungs- und Urbanisierungsprozesse. Zur Genese und Entwicklung frühkeltischer Fürstensitze und ihres territorialen Umlandes. Forsch. u. Ber. Vor- u. Frühgesch. Baden-Württembergs 101 (Stuttgart 2008).

Krausse 2010
D. Krausse (Hrsg.), Fürstensitze und Zentralorte der frühen Kelten. Forsch. u. Ber. Vor- u. Frühgesch. Baden-Württemberg 120 (Stuttgart 2010).

Krausse – Ebinger-Rist 2018
D. Krausse – N. Ebinger-Rist, Das Geheimnis der Keltenfürstin (Darmstadt 2018).

Krausse u. a. 2016
D. Krausse – M. Fernandez-Götz – L. Hansen – I. Kretschmer, The Heuneburg and the Early Iron Age Princely Seats: First Towns North of the Alps (Budapest 2016).

Krausse u. a. 2017
D. Krausse – N. Ebinger-Rist – S. Million – A. Billamboz – J. Wahl – E. Stephan, The Keltenblock project: discovery and excavation of a rich Hallstatt grave at the Heuneburg, Germany. Antiquity 91–355, 2017, 108–123.

Kretzschmer 1983
F. Kretzschmer, Bilddokumente römischer Technik (Düsseldorf 1983).

Kreuz 2004
A. Kreuz, Landwirtschaft im Umbruch? Archäobotanische Untersuchungen zu den Jahrhunderten um Christi Geburt in Hessen und Mainfranken. Ber. RGK 85, 2004, 97–292.

Kreuz – Friedrich 2014
A. Kreuz – K. Friedrich, Iron Age agriculture – a potential source of wealth?, in: S. Hornung (Hrsg.), Produktion – Distribution – Ökonomie. Siedlungs- und Wirt-

schaftsmuster der Latènezeit. Akten Internat. Kolloquium Otzenhausen 28.–30. Oktober 2011. Universitätsforsch. Prähist. Arch. 258 (Bonn 2014), 307–319.

Krier 2016
J. Krier, Eine seltene Terrakotte aus der römischen Villa von Echternach. Archaeologia Luxemburgensis 3, 2016, 65–75.

Kristensen – Friese 2017
T. M. Kristensen – W. Friese (Hrsg.), Excavating Pilgrimage – Archaeological Approaches to Sacred Travel and Movement in the Ancient World. Routledge Studies in Pilgrimage, Religious Travel and Tourism (London – New York 2017).

Krohm – Kunde 2011/12
H. Krohm – H. Kunde (Hrsg.), Der Naumburger Meister (Ausstellungskatalog Landesausstellung Naumburg Bd. 1–3). Schriftenreihe der Vereinigten Domstifter zu Merseburg und Naumburg und des Kollegiatstifts Zeitz 4 (Petersberg 2011/12).

Krüger – Nagel 2014
J. Krüger – S. Nagel – F. Nagel, Die taucharchäologischen Untersuchungen in der Tollense bis 2011 – Ein Zwischenbericht, in: D. Jantzen – J. Orschiedt – J. Piek – T. Terberger, Tod im Tollensetal – Forschungen zu den Hinterlassenschaften eines bronzezeitlichen Gewaltkonfliktes in Mecklenburg-Vorpommern 1. Beiträge zur Ur- und Frühgeschichte in Mecklenburg-Vorpommern 50 (Schwerin 2014), 61–72.

Krüger u. a. 2012
J. Krüger – F. Nagel – S. Nagel – D. Jantzen – R. Lampe – J. Dräger – G. Lidke – O. Mecking – T. Schüler – T. Terberger, Bronze Age tin rings from the Tollense Valley in northeastern Germany. Prähistorische Zeitschrift 87,1/2012, 29–43.

Küas 1976
H. Küas, Das alte Leipzig in archäologischer Sicht. Veröffentlichungen des Landesmuseums für Vorgeschichte Band 14 (Berlin 1976).

Küchelmann 2008
H. C. Küchelmann, Ein Walknochenfund vom Teerhof in Bremen. Deutsches Schiffahrtsarchiv 30, 2008, 125–140.

Küchelmann 2011
H. C. Küchelmann, Whale Bones as architectural elements in and around Bremen, Germany, in: J. Baron – B. Kufel-Diakowska (Hrsg.), Written in Bones Studies on Technological and Social Contexts of Past Faunal Skeletal Remains (Warschau 2011), 207–223.

Kühne 2008
H. Kühne, Die Pilgerzeichenforschung in Deutschland seit dem Tod von Kurt Köster 1986, in: H. Kühne – L. Lambacher – K. Vanja (Hrsg.), Das Zeichen am Hut im Mittelalter. Europäische Reisemarkierungen. Europäische Wallfahrtsstudien 4 (Berlin 2008), 153–160.

Kühne – Ziesack 2005
H. Kühne – A.-K. Ziesak (Hrsg.), Wunder – Wallfahrt – Widersacher. Die Wilsnackfahrt (Regensburg 2005).

Kull 2003
B. Kull (Hrsg.), Sole & Salz schreiben Geschichte. 50 Jahre Landesarchäologie. 150 Jahre Archäologische Forschung (Mainz 2003).

Kunow 1980
J. Kunow, Negotiator et vectura. Händler und Transport im freien Germanien. Kleine Schriften aus dem Vorgeschichtlichen Seminar Marburg 6 (Marburg 1980).

Kunow 1987
J. Kunow, Die Militärgeschichte Niedergermaniens, in: H. G. Horn, Die Römer in Nordrhein-Westfalen (Stuttgart 1987), 27–109.

Künzl 1998
E. Künzl, Der Eisendolch mit Opus Interrasile-Dekor aus Grab 95/07 vom Tell Schech Hamad/Syrien. Archäologisches Korrespondenzblatt des Römisch-Germanischen Zentralmuseums Mainz 28/2, 1998, 269–282.

Künzl 2000
E. Künzl, Der Dolch aus Grab 95/07, in: M. Novák – A. Oettel – C. Witzel, Der parthisch-römische Friedhof von Tall Šēḫ Ḥamad/Magdala. Teil I. Berichte der Ausgrabung Tall Šēḫ Ḥamad (BATSH) 5, 2000, 89–98.

Künzl 2002
S. Künzl, Stichwort „Neupotz". Reallexikon der Germanischen Altertumskunde, Bd. 21 (Berlin – New York 2002) 117–119.

Kurz – Wahl 2006
S. Kurz – J. Wahl, Zur Fortsetzung der Grabungen in der Heuneburg-Außensiedlung. Arch. Ausgrabungen Baden-Württemberg 2006 (Stuttgart 2007), 78–82.

Küßner – Schwerdtfeger – Nováček 2018
M. Küßner – K. Schwerdtfeger – J. Nováček, Jungsteinzeitliche Bergleute in Nordthüringen. Archäologie in Deutschland 1/2018, 8–13.

Kuttruff u. a. 1998
J. T. Kuttruff – S. Gail DeHaert – M. J. O'Brian, 7500 Years of Prehistoric Footwear from Arnold Research cave/Missouri, Science 281, 1998, 72–75.

Kvavadze u. a. 2009
E. Kvavadze – O. Bar-Yosef – A. Belfer-Cohen – E. Boaretto – N. Jakeli – Z. Matskevich – T. Meshveliani, 30,000 Years old wild flax fibers – Testimony for fabricating prehistoric linen, Science 325 (5946), 2009, 1359.

Lagercrantz 1913
O. Lagercrantz (Hrsg.), Papyrus Graecus Holmiensis (P. Holm.). Recepte für Silber, Steine und Purpur. Arbeten utgifna med understöd af Vilhelm Ekmans Universitetsfond Uppsala 13 (Uppsala 1913).

Lammers 2009
D. Lammers, Das karolingisch-ottonische Buntmetallhandwerker-Quartier auf dem Plettenberg in Soest. Soester Beiträge zur Archäologie 10 (Soest 2009).

Lau 2014
N. Lau, Das Thorsberger Moor. Bd. 1: Die Pferdegeschirre. Germanische Zaumzeuge und Sattelgeschirre als Zeugnisse kriegerischer Reiterei im mittel- und nordeuropäischen Barbaricum (Schleswig 2014).

Lazardi u. a. 2014
I. Lazaridis – N. Patterson – A. Mittnik – G. Renaud – S. Mallick – P. H. Sudmant – J. G. Schraiber – S. Castellano – K. Kirsanow – C. Economou – R. Bollongino – Q. Fu – K. Bos – S. Nordenfelt – C. de Filippo – K. Prüfer – S. Sawyer – C. Posth – W. Haak – F. Hallgren – E. Fornander – G. Ayodo – H. A. Babiker – E. Balanovska – O. Balanovsky – H. Ben-Ami – J. Bene – F. Berrada – F. Brisighelli – G. B. J. Busby – F. Cali – M. Churnosov – D. E. C Cole – L. Damba – D. Delsate – G. van Driem – S. Dryomov – S. A. Fedorova – M. Francken – I. Gallego Romero – M. Gubina – J. M. Guinet – M. Hammer – B. Henn – T. Helvig – U. Hodoglugil – A. R. Jha – R. Kittles – E. Khusnutdinova – T. Kivisild – V. Kucinskas – R. Khusainova – A. Kushniarevich – L. Laredj – S. Litvinov – R. W. Mahley – B. Melegh – E. Metspalu – J. Mountain – T. Nyambo – L. Osipova – J. Parik – F. Platonov – O. L. Posukh – V. Romano – I. Rudan – R. Ruizbakiev – H. Sahakyan – A. Salas – E. B. Starikovskaya – A. Tarekegn – D. Toncheva – S. Turdikulova – I. Ukteryte – O. Utevska – M. Voevoda – J. Wahl – P. Zalloua – L. Yepiskoposyan – T. Zemunik – A. Cooper – C. Capelli – M. G. Thomas – S. A. Tishkoff – L. Singh – K. Thangaraj – R. Villems – D. Comas – R. Sukernik – M. Metspalu – M. Meyer – E. F. Eichler – J. Burger – M. Slatkin – S. Pääbo – J. Kelso – D. Reich – J. Krause, Ancient human genomes suggest three ancestral populations for present-day Europeans. Nature 513, 2014, 409–413, URL: https://doi.org/10.1038/nature13673.

Lechtman 1996
H. Lechtman, Arsenic Bronze: Dirty Copper or Chosen Alloy? A View from the Americas, Journal of Field Archaeology 23, 1996, 477–514.

Legant 2010
G. Legant, Zur Siedlungsgeschichte des ehemaligen Lübecker Kaufleuteviertels im 12. und frühen 13. Jahrhundert, Lübecker Schriften zur Archäologie und Kulturgeschichte 28 (Rahden/Westfalen 2010).

Legant 2015
G. Legant, 800 Jahre Stadtgeschichte auf dem Grundstück Fischstraße 14. Die archäologischen Befunde der Anschlussgrabung im ehemaligen Kaufleuteviertel, 1994-1996, Lübecker Schriften zu Archäologie und Kulturgeschichte 28, 2015, 217–325.

Lehmann 2015
U. Lehmann, Die Spatha des Fürsten von Krefeld-Gellep, in: S. Kronsbein – M. Siepen (Hrsg.), Beiträge zur Archäologie des Niederrheins und Westfalens, Festschrift für Christoph Reichmann zum 65. Geburtstag, Niederrheinische Regionalkunde 22. Schriften des Vereins der Freunde der Museen Burg Linn e. V. 3 (Krefeld 2015), 213–237.

Lehmann 2016a
U. Lehmann, Wurmbunte Klingen, Studien zu Konstruktion, Herstellung und Wertigkeit der frühmittelalterlichen Spatha in Westfalen, Veröffentlichungen der Altertumskommission für Westfalen 21 (Münster 2016).

Lehmann 2016b
U. Lehmann, Vom Erz zum Schwert – eine frühmittelalterliche Spatha aus Beckum wird rekonstruiert, Archäologie in Westfalen-Lippe 2015 (Langenweißbach 2016), 258–260.

Lehmann 2017a
U. Lehmann, „... als ob der Wurm lebendig wäre". Zur Tiersymbolik der frühmittelalterlichen Spatha, in: V. Brieske – A. Dickers – M. M. Rind (Hrsg.), Tiere und Tierdarstellungen in der Archäologie, Beiträge zum Kolloquium in Gedenken an Torsten Capelle, 30.–31. Oktober 2015 in Herne. Veröffentlichungen der Altertumskommission für Westfalen 22 (Münster 2017), 273–288.

Lehmann 2017b
U. Lehmann, Eisen, Gold und Almandin – das Ringschwert von Krefeld-Gellep wird neu geschmiedet, Archäologie im Rheinland 2016 (Darmstadt 2017), 248–251.

Lehmann – Fellenger – Vogt 2014
R. Lehmann – D. Fellenger – C. Vogt, Modern metal analysis of Bronze Age gold in Lower Saxony by using laserablation mass spectrometry, in: H. Meller – R. Risch – E. Pernicka (Hrsg.), Metalle der Macht. Frühes Gold und Silber. Metals of power-Early gold and silver (Halle 2014), 237–246.

Lehmann – Roth – Lipka (im Druck)
U. Lehmann – S. Roth – C. Lipka, Phosphoric Iron and Welded Patterns – The Reconstruction of an Early Medieval Sword from Beckum, in: L. Deutscher – M. Kaiser – S. Wetzler (Hrsg.), The Sword – Form and Thought (im Druck).

Lehnemann u. a. 2017
E. Lehnemann – R. Urz – A. Stobbe – C. Meiborg, Eine Brücke in die Vergangenheit. Archäologie in Deutschland 4, 2017, 8–13.

Lehnemann – Urz – Meiborg 2017
E. Lehnemann – R. Urz – C. Meiborg, „Über unbekannte Strecken schnell fahren?", in: U. Recker (Hrsg.), Iucundi acti labores. Festschrift für Egon Schallmayer anlässlich des 65. Geburtstags, hessenARCHÄOLOGIE Sonderband 5 (Darmstadt 2017), 94–106.

Lehner 1930
H. Lehner, Römische Steindenkmäler von der Bonner Münsterkirche, Bonner Jahrbücher 135, 1930, 1–48.

Lehrberger u. a. 1997
G. Lehrberger – J. Fridrich – R. Gebhard – J. Hrala (Hrsg.), Das prähistorische Gold in Bayern, Böhmen und Mähren. Herkunft – Technologie – Funde. Památky Archeologický, Supplement 7 (Prag 1997).

Lehrberger – Duschl – Wimmer 2011
G. Lehrberger – F. Duschl – G. Wimmer, Graphit – ein besonderer mineralischer Rohstoff der Vor- und Frühgeschichte in Mitteleuropa. Eigenschaften, Entstehung, Verwendung und Vorkommen, in: K. Schmotz (Hrsg.), Vorträge des 29. Niederbayerischen Archäologentages (Deggendorf 2011), 313–348.

Leighton 1972
A. C. Leighton, Transport and Communication in Early Medieval Europe. AD 500–1100 (Newton Abbot 1972).

Leimus 2007
: I. Leimus, Die letzte Welle des orientalischen Münzsilbers im Norden, in: M. Andersen – H. W. Horsnæs – J. C. Moesgaard (Hrsg.), Magister Monetae. Studies in Honour of Jørgen Steen Jensen. Publications of the National Museum. Studies in Archaeology and History 13 (Kopenhagen 2007), 111–125.

Lendon 2005
: J. E. Lendon, Soldiers & Ghosts. A History of Battle in Classical Antiquity (New Haven – London 2005).

LfDH – hessenARCHÄOLOGIE 2003
: Landesamt für Denkmalpflege Hessen, Abt. Archäologische und Paläontologische Denkmalpflege (Hrsg.), Sole und Salz schreiben Geschichte. 50 Jahre Landesarchäologie – 150 Jahre Archäologische Forschung in Bad Nauheim. Zusammengestellt von Brigitte Kull (Mainz am Rhein 2003).

Lidke – Terberger – Jantzen 2015
: G. Lidke – T. Terberger – D. Jantzen, Das bronzezeitliche Schlachtfeld im Tollensetal – Fehde, Krieg oder Elitenkonflikt? in: H. Meller – M. Schefzik, Krieg. Eine archäologische Spurensuche (Halle/Saale 2015), 2015, 337–346.

Lipson u. a. 2017
: M. Lipson – A. Szécsényi-Nagy – S. Mallick – A. Pósa – B. Stégmár – V. Keerl – N. Rohland – K. Stewardson – M. Ferry – M. Michel – J. Oppenheimer – N. Broomandkhoshbacht – E. Harney – S. Nordenfelt – B. Llamas – B. G. Mende – K. Köhler – K. Oross – M. Bondár – T. Marton – A. Osztás – J. Jakucs – T. Paluch – F. Horváth – P. Csengeri – J. Koós – K. Seb k – A. Anders – P. Raczky – J. Regenye – J. P. Barna – S. Fábián – G. Serlegi – Z. Toldi – E. Gyöngyvér Nagy – J. Dani – E. Molnár – G. Pálfi – L. Márk – B. Melegh – Z. Bánfai – L. Domboróczki – J. Fernández-Eraso – J. A. Mujika-Alustiza – C. Alonso Fernández – J. Jiménez Echevarría – R. Bollongino – J. Orschiedt – K. Schierhold – H. Meller – A. Cooper – J. Burger – E. Bánffy – K. W. Alt – C. Lalueza-Fox – W. Haak – D. Reich, Parallel palaeogenomic transects reveal complex genetic history of early European farmers. Nature 551 (7680), 2017, 368–372, doi:10.1038/nature24476.

Löhr – Zeeb-Lanz 2012
: H. Löhr – A. Zeeb-Lanz, Jäger, Sammler, Viehzüchter und Ackerbauern – aber auch Menschenopfer und -verzehr? Zum Beginn der Jungsteinzeit in Rheinland-Pfalz, in: L. Clemen – F. J. Felten – M. Schnettger (Hrsg.), Kreuz – Rad – Löwe. Rheinland-Pfalz. Ein Land und seine Geschichte. Bd. 1: Von den Anfängen der Erdgeschichte bis zum Ende des Alten Reiches (Mainz 2012), 63–84.

Lopez 1977
: R. S. Lopez, The commercial revolution of the Middle Ages 950–1350 (Englewood Cliffs/NJ 1971).

Lorenz 2006
: A. Lorenz, Der spätbronzezeitliche Hortfund von Stadtallendorf unter besonderer Berücksichtigung seiner Gläser (Bonn 2006).

Lorenz u. a. 2014
: S. Lorenz – M. Schult – R. Lampe – A. Spangenberg – D. Michaelis – H. Meyer – R. Hensel – J. Hartleib, Geowissenschaftliche und paläoökologische Ergebnisse zur holozänen Entwicklung des Tollensetals, in: D. Jantzen – J. Orschiedt – J. Piek – T. Terberger, Tod im Tollensetal – Forschungen zu den Hinterlassenschaften eines bronzezeitlichen Gewaltkonfliktes in Mecklenburg-Vorpommern 1. Beiträge zur Ur- und Frühgeschichte in Mecklenburg-Vorpommern 50 (Schwerin 2014), 37–60.

Lück 2016
: H. Lück, Die Gründung der Universität Wittenberg und ihr akademisches Umfeld, in: H. Meller – A. Reichenberger – C.-H. Wunderlich (Hrsg.), Alchemie und Wissenschaft des 16. Jahrhunderts. Fallstudien aus Wittenberg und vergleichbare Befunde. Internationale Tagung vom 3. bis 4. Juli 2015 in Halle (Saale). Tagungen des Landesmuseums für Vorgeschichte Halle 15 (Halle/Saale 2016), 131–144.

Lüdecke 1999
: T. Lüdecke, Stade und Hamburg. Zur Entwicklung ihrer Hafen- und Stadttopographie im Mittelalter. Eine vergleichende Skizze, in: Maritime Topography and the Medieval Town, Papers from the 5th international conference on waterfront archaeology in Copenhagen, 14–16 may 1998. Publications from The National Museum, Studies in Archaeology & History 4 (Kopenhagen 1999), 95–108.

Lüdtke 1985
: H. Lüdtke, Die mittelalterliche Keramik von Schleswig, Ausgrabung Schild 1971–1975, Ausgrabungen in Schleswig 4 (Neumünster 1985).

Lüdtke 1997
: H. Lüdtke, Die archäologischen Untersuchungen unter dem Schleswiger Rathausmarkt, in: Kirche und Gräberfeld des 11.–13. Jahrhunderts unter dem Rathausmarkt von Schleswig, Ausgrabungen in Schleswig 12 (Neumünster 1997).

Lüning 1997
: J. Lüning, Anfänge und frühe Entwicklung der Landwirtschaft im Neolithikum (5500–2200 v. Chr.), in: J. Lüning – A. Jockenhövel – H. Bender – T. Capelle, Deutsche Agrargeschichte – Vor- und Frühgeschichte (Stuttgart 1997), 16–139.

Lutz – Schwab 2015
: J. Lutz – R. Schwab, Eisenzeitliche Nutzung alpiner Kupferlagerstätten, in: T. Stöllner – K. Oeggl (Hrsg.), Bergauf Bergab. 10000 Jahre Bergbau in den Ostalpen. Wissenschaftlicher Beiband zur Ausstellung Bochum und Bregenz. Veröff. DBM 207 (Bochum 2015), 113–116.

Lutz u. a. 1997
: J. Lutz – I. Matuschik – E. Pernicka – K. Rassmann, Die frühesten Meffitallfunde in Mecklenburg-Vorpommern im Lichte neuer Metallanafflysen, Jahrbuch der Bodendenkmalpflege in Mecklenburg-Vorpommmern 45, 1997, 41–67.

Mäder 2009
: S. Mäder, Stähle, Steine und Schlangen. Zur Kultur- und Technikgeschichte von Schwertklingen des frühen Mittelalters, Schriftenreihe des Kantonalen Museums Altes Zeughaus Solothurn 24 (Solothurn 2009).

Malliaris 2011
: M. Malliaris, Ausgrabungen auf dem Schlossplatz in Berlin-Mitte. Neues aus Alt-Cölln, Der Bär von Berlin. Jahrbuch 2011 des Vereins für die Geschichte Berlins, 9–28.

Malliaris 2015
: M. Malliaris, Ausgrabungen am Schlossplatz in Berlin-Mitte und die Wiederentdeckung der „Burgsdorff'schen Gruft". Acta Praehistorica et Archaeologica 2015, 141–153.

Malliaris 2018
: M. Malliaris, Die Baugeschichte des Dominikanerklosterareals in Cölln an der Spree vom 12. Jahrhundert bis zum Jahr 1747 nach den Ausgrabungen am Schlossplatz in Berlin-Mitte (Berlin 2018, im Druck).

Malliaris – Wemhoff 2016
: M. Malliaris – M. Wemhoff, Das Berliner Schloss. Geschichte und Archäologie (Berlin 2016).

Mangartz 2006
: F. Mangartz, Vorgeschichtliche bis mittelalterliche Mühlsteinproduktion in der Osteifel, in: A. Belmont – F. Mangartz (Hrsg.), Mühlsteinbrüche. Erforschung, Schutz und Inwertsetzung eines Kulturerbes europäischer Industrie (Antike–21. Jahrhundert). Internat. Kolloquium Grenoble 2005. RGZM Tagungen 2 (Mainz 2006), 25–34.

Mangartz 2008
: F. Mangartz, Römischer Basaltlava-Abbau zwischen Eifel und Rhein. Monographien RGZM 75. Vulkanpark-Forschungen 7 (Mainz 2008).

Maraszek 2010
: R. Maraszek, Ein Schiff auf dem Himmelsozean – Zur Deutung des gefiederten Goldbogens auf der Himmelsscheibe von Nebra, in: H. Meller (Hrsg.), Der Griff nach den Sternen. Internationales Symposium in Halle (Saale) 16.–21. Februar 2005. Tagungen Landesmus. Vorgesch. Halle (Halle/Saale 2010), 487–500.

Marquart 2013
: M. Marquart, Metallische Schreibgriffel des hohen Mittelalters aus Aschaffenburg und ihre Vergleiche. Aschaffenburger Jahrbuch 29, 2013, 9–63.

Martens 2012
: A. Martens, Porzellan, Fayence, Majolika. Konsum chinesischer, mediterraner und niederländischer Keramik in den Hansestädten Hamburg und Lüneburg im 16./17. Jahrhundert. Denkmalpflege in Lüneburg, Beiheft 2 (Berlin 2012).

Martin-Kilcher 2005
: S. Martin-Kilcher, Handel und Importe, in: Imperium Romanum. Roms Provinzen an Neckar, Rhein und Donau. Begleitbuch zur Landesausstellung Stuttgart (Stuttgart 2005), S. 426–434.

Martin-Kilcher – Schatzmann 2009
: S. Martin-Kilcher – R. Schatzmann, Das römische Heiligtum von Thun-Allmendingen, die Regio Lindensis und die Alpen. Schriften des Bernischen Historischen Museums 9 (Bern 2009).

Marxer 2000
: N. Marxer, Heilen mit Antimon. Von der Chemiatrie zur Chemotherapie, Pharmazeutische Zeitung 145, 2000/10, 731–736.

Maschke 1977
: E. Maschke, Die Brücke im Mittelalter. Historische Zeitschrift 224 (1977), 265–292.

Matešić 2015
: S. Matešić, Die militärischen Ausrüstungen. Vergleichende Untersuchungen zur römischen und germanischen Bewaffnung. Das Thorsberger Moor 3 (Schleswig 2015).

Matthias 1961
: W. Matthias, Das mitteldeutsche Briquetage-Formen, Verbreitung und Verwendung. Jahresschrift für mitteldeutsche Vorgeschichte 45, 1961, 119–225.

Matzerath – Schyle 2015
: S. Matzerath – D. Schyle, Rohstoffe aus der Tiefe. Früher Bergbau in Europa und Austauschnetzwerke im rheinisch-westfälischen Neolithikum, in: T. Otten – J. Kunow – M. M. Rind – M. Trier (Hrsg.), Revolution Jungsteinzeit. Schriften zur Bodendenkmalpflege in Nordrhein-Westfalen 11,1. Ausstellungskatalog Bonn – Detmold – Herne (Bonn 2015), 198–211.

Maus 1993
: H. Maus, Deutschlands Mitte – reich an Erzen. Lagerstätten in Karte und Bild, in: H. Steuer – U. Zimmermann (Hrsg.), Alter Bergbau in Deutschland (Stuttgart 1993), 16–23.

Mauvilly u. a. 1998
: M. Mauvilly – I. Antenen – W. Garcia Cristobal – M. Ruffieux – V. Serneels, Sévaz „Tudinges": chronique d'un atelier de métallurgistes du début de La Tène dans la Broye. Archäologie der Schweiz 21/4, 1998, 144–154.

Mecking 2018 (in Vorb.)
: O. Mecking, Clay analysis of the pottery from Herxheim, in: A. Zeeb-Lanz (Hrsg.), Ritualised Destruction in the Early Neolithic – The Exceptional Site of Herxheim (Palatinate, Germany). Forschungen zur Pfälzischen Archäologie 8.2 (Speyer 2018 [in Vorb.]).

Medieninformation 2016
: Landesamt für Denkmalpflege und Archäologie, Der „Herr von Boilstädt" und die archäologische Ausgrabung zur Ortsumfahrung Gotha-Sundhausen (2016). URL: http://www.thueringen.de/th1/tsk/kultur–denkmalpflege/landesamt/archaeologischedenkmalpflege/aktuelles/presse–data/89202/index.aspx [Stand 5.2.2018].

Meiborg 2010
: C. Meiborg, Überreste einer keltischen Brücke in der Kiesgrube von Kirchhain-Niederwald. hessenARCHÄOLOGIE 2009 (2010), 66–70.

Meiborg 2012
: C. Meiborg, Fundort Kiesgrube: Die kelti-

Meiborg u. a. 2013
C. Meiborg – R.-J. Braun – E. Lehnemann – R. Urz, Eine latènezeitliche Siedlung am Fluss – Ausgrabungen 2009–2012 in Kirchhain-Niederwald. hessenARCHÄOLOGIE 2012 (2013), 74–78.

Meller 2010
H. Meller (Hrsg.), Der Griff nach den Sternen. Internationales Symposium in Halle (Saale) 16.–21. Februar 2005. Tagungen Landesmus. Vorgesch. Halle (Halle/Saale 2010).

Meller 2011
H. Meller, Vom Tiber an die Elbe, von der Saale an den Sarno – Rom und die ‚Germania libera' vor dem Vesuvausbruch, in: H. Meller – J.-A. Dickmann (Hrsg.), Pompeji – Nola – Herculaneum. Katastrophen am Vesuv. Begleitband zur Landesausstellung im Landesmuseum für Vorgeschichte, Halle, 9.12.2011–8.6.2012 (Halle – München 2011), 316–327.

Meller 2014
H. Meller, Die neolithischen und bronzezeitlichen Goldfunde Mitteldeutschlands – Eine Übersicht, in: H. Meller – R. Risch – E. Pernicka (Hrsg.) Metalle der Macht – Frühes Gold und Silber (Halle/Saale 2014) 611–716

Meller 2015
H. Meller, Krieg – Eine archäologische Spurensuche, in: H. Meller – M. Schefzik, Krieg. Eine archäologische Spurensuche (Halle/Saale 2015), 2015, 19–24.

Meller – Maraszek – Dozio 2011
H. Meller – R. Maraszek – E. Dozio, Pompeji – Nola – Herculaneum. Katastrophen am Vesuv. Sonderausstellung 9.12.2011–8.6.2012. Begleitheft zu Sonderausstellungen im Landesmuseum für Vorgeschichte Halle 3 (Halle/Saale 2011).

Meller – Risch – Pernicka 2014
H. Meller – R. Risch – E. Pernicka (Hrsg.), Metalle der Macht – Frühes Gold und Silber. Tagungen des Landesmuseums für Vorgeschichte Halle 11,1.2 (Halle/Saale 2014).

Menghin 1983
W. Menghin, Das Schwert im frühen Mittelalter, Chronologisch-typologische Untersuchungen zu Langschwertern aus germanischen Gräbern des 5.–7. Jahrhunderts n. Chr., Wissenschaftliche Beibände zum Anzeiger des Germanischen Nationalmuseums 1 (Stuttgart 1983).

Menghin 2000
W. Menghin, Der Berliner Goldhut und die goldenen Kalendarien der alteuropäischen Bronzezeit. Acta Praehist. et Arch. 32, 2000, 31–108.

Menic 2016
S. Menic, Die latènezeitliche Eisenproduktion im Siegerland: Chaîne opératoire und Ökonometrie der Prozessschritte. Studien zur Montanlandschaft Siegerland 2. Der Anschnitt, Beiheft 32 (Bochum 2016).

Merkel 2016
S. W. Merkel, Silver and the Silver Economy at Hedeby. Der Anschnitt Beiheft 33 (Rahden/Westf. 2016).

Merkel (im Druck)
S. W. Merkel, The Elemental and Lead Isotope Analysis of Brass and other Copper-Based Alloys from Viking Hedeby and High Medieval Schleswig, in: V. Hilberg, Haithabu in der späten Wikingerzeit. Der Untergang eines dänischen Handelszentrums im 11. Jahrhundert. Die Ausgrabungen in Haithabu 19 (im Druck).

Metcalf 1998
D. M. Metcalf, An Atlas of Anglo-Saxon and Norman Coin Finds, c. 973–1086 (London 1998).

Metzner-Nebelsick 2009
C. Metzner-Nebelsick, Wagen- und Prunkbestattungen von Frauen in der Hallstatt- und frühen Latènezeit in Europa, in: J. M. Bagley – C. Eggl – D. Neumann – M. Schefzik (Hrsg.), Alpen, Kult und Eisenzeit. Festschrift A. Lang (Rahden 2009), 237–270.

Metzner-Nebelsick 2010
C. Metzner-Nebelsick, Weibliche Eliten in den vorrömischen Metallzeiten. Archäologie in Deutschland 2010, H. 6, 18–22.

Meurers-Balke – Kaszab-Olschewski 2010
J. Meurers-Balke – T. Kaszab-Olschewski (Hrsg.), Grenzenlose Gaumenfreuden. Römische Küche in der germanischen Provinz (Mainz 2010).

Meyer 1965
H.-R. Meyer, Die Bremische Grönlandfahrt, in: 1000 Jahre Bremer Kaufmann, Bremisches Jahrbuch 50, 221–286.

Meyer 2010
M. Meyer, Prähistorische Kampfplätze, in: C. Dobiat – P. Ettel – F. Fless (Hrsg.), Zwischen Fjorden und Steppe. Festschrift J. Callmer (Rahden/Westf. 2010), 409–422.

Meyer – Moosbauer 2013a
M. Meyer – G. Moosbauer, Osrhoener, Mauren und Germanen. Bogenschützen und Speerschleuderer, in: H. Pöppelmann – K. Deppmeyer – W.-D. Steinmetz (Hrsg.), Roms vergessener Feldzug. Die Schlacht am Harzhorn. Veröffentlichungen des Braunschweigischen Landesmuseums 115 (Darmstadt 2013), 223–226.

Meyer – Moosbauer 2013b
M. Meyer – G. Moosbauer, Der Weg zum Harzhorn, in: H. Pöppelmann – K. Deppmeyer – W.-D. Steinmetz (Hrsg.), Roms vergessener Feldzug. Die Schlacht am Harzhorn. Veröffentlichungen des Braunschweigischen Landesmuseums 115 (Darmstadt 2013), 265–268.

Meyer – Schade-Lindig 2013
J. Meyer – S. Schade-Lindig, Spätkeltische Siedler hinterlassen Befunde mit Spekulationspotential. hessenARCHÄOLOGIE 2012 (2013), 84–88.

Meyer – Schade-Lindig – Schallmayer 2013
J. Meyer – S. Schade-Lindig – E. Schallmayer, De bello Gallico in Hessen – archäologische Spuren Caesars rechts des Rheins. Denkmalpflege und Kulturgeschichte 4, 2013, 2–9.

Meyer u. a. 2015
C. Meyer – C. Lohr – D. Gronenborn – K. W. Alt, The Massacre Mass Grave of Schöneck-Kilianstädten Reveals New Insights into Collective Violence in Early Neolithic Central Europe. Proceedings of the National Academy of Sciences of the United States of America 112 (36), 2015, 11217–22, URL: https://doi.org/10.1073/pnas.1504365112.

Meyer u. a. 2016
C. Meyer – J. Brauer – H. Rode – K. W. Alt, Menschliche Skelettfunde mit Spuren anatomischer Sektionen des frühen 16. Jahrhunderts und frühe Fälle von Syphilis aus der ehemaligen Franziskanerkirche in Wittenberg, in: H. Meller – A. Reichenberger – C.-H. Wunderlich (Hrsg.), Alchemie und Wissenschaft des 16. Jahrhunderts. Fallstudien aus Wittenberg und vergleichbare Befunde. Internationale Tagung vom 3. bis 4. Juli 2015 in Halle (Saale). Tagungen des Landesmuseums für Vorgeschichte Halle 15 (Halle/Saale 2016), 153–173.

Meynersen 2017
F. Meynersen, Auch zum Vergnügen und zur Zierde. Ein Ringstein mit dem Siegelmotiv eines grotesken Kranichträgers. Landesarchäologie Saar 2010–2015. Denkmalpflege im Saarland 9, 2017, 155–168.

Miketta 2017
F. Miketta, Die bronzenen Eisenartefakte aus Mittel- und Westeuropa. Chronologische, typologische und chorologische Untersuchungen (Bonn 2017).

Mildner u. a. 2010
S. Mildner – F. Falkenstein – J.-P. Schmidt – U. Schussler, Materialanalytische Untersuchungen an ausgewählten Glasperlen des bronzezeitlichen Hortfundes von Neustrelitz, Lkr. Mecklenburg-Strelitz, Jahrb. Bodendenkmalpfl. Mecklenburg-Vorpommern 57, 2010, 43–63.

Miller 1887
K. Miller, Die Weltkarte des Castorius, genannt die Peutingersche Tafel (Ravensburg 1887).

Modarressi-Teherani 2009
D. Modarressi-Teherani, Untersuchungen zum früheisenzeitlichen Metallhandwerk im westlichen Hallstatt- und Frühlatènegebiet. Bochumer Forschungen zur Ur- und Frühgeschichtlichen Archäologie Bd. 2 (Rahden/Westf. 2009).

Moesgaard 2006
J. C. Moesgaard, The import of English coins to the Northern Lands: some remarks on coin circulation in the Viking Age based on new evidence from Denmark, in: B. Cook – G. Williams (Hrsg.), Coinage and History in the North Sea World c. 500–1250. Essays in Honour of Marion Archibald. The Northern World 19 (Leiden 2006), 389–433.

Moesgaard – Hilberg – Schimmer 2016
J. C. Moesgaard – V. Hilberg – M. Schimmer, Münzen aus Schleswigs Frühphase und Blütezeit 1070–1150. Zur Interpretation des Fundkomplexes der Ausgrabung Hafengang 11. Arkæologi i Slesvig/Archäologie in Schleswig 16, 2016, 49–68.

Moesgaard – Hilberg – Schimmer 2017
J. C. Moesgaard – V. Hilberg – M. Schimmer, Mønter fra Slesvigs blomstringstid 1070-1150, Nationalmuseets Arbejdsmark, 2016, 182–195.

Mohr 1874
F. Mohr, Commentar zur Pharmacopoea Germanica (Braunschweig 1874).

Moosbauer 2013
G. Moosbauer, Torsionsgeschütze. Antike Wunderwaffen, in: H. Pöppelmann – K. Deppmeyer – W.-D. Steinmetz (Hrsg.), Roms vergessener Feldzug. Die Schlacht am Harzhorn. Veröffentlichungen des Braunschweigischen Landesmuseums 115 (Darmstadt 2013), 242–248.

Morteani – Northover 1995
G. Morteani – J. P. Northover (Hrsg.), Prehistoric Gold in Europe. Mines Metallurgy and Manufacture. Nato ASI Series, E 280 (Dordrecht – Boston – London 1995).

Mückenberger 2013
K. Mückenberger, Elsfleth-Hogenkamp. Archäologische Funde des 1. Jahrtausends n. Chr. am Zusammenfluss von Hunte und Weser. Studien zur Landschafts- und Siedlungsgeschichte im südlichen Nordseegebiet 4 (Rahden/Westf. 2013).

Muhl – Schwarz 2018
A. Muhl – R. Schwarz, Die Erfindung der Germanen. Frühe Römische Kaiserzeit 1. und 2. Jahrhundert n. Chr. Begleithefte zur Dauerausstellung im Landesmuseum für Vorgeschichte Halle 6 (Halle/Saale 2018).

Mührenberg 2001
D. Mührenberg, To borende, to dreyende, to snidende – Der Paternostermacher bei der Arbeit, in: Mit Gugel, Pritschholz und Trippe – Alltag im mittelalterlichen Lübeck, Jahresschrift 2/3 der Archäologischen Gesellschaft der Hansestadt Lübeck 1997/99 (Lübeck 2001), 124–125.

Mührenberg 2006
D. Mührenberg, Das Handwerk in Lübeck vom 12. bis zum 18. Jahrhundert im Spiegel archäologischer Funde und Befunde, in: Lübecker Kolloquium zur Stadtarchäologie im Hanseraum V: Das Handwerk (Lübeck 2006), 253–270.

Müller 1980
D. W. Müller, Die ur- und frühgeschichtliche Besiedlung des Gothaer Landes, Alt-Thüringen 39, 1980, 19–180.

Müller 1994
R. Müller, Das Gräberfeld von Trotha und die „hallesche Kultur der frühen Eisenzeit". Ber. RGK 74, 1993, 413–443.

Müller 2016
U. Müller, Haithabu – Schleswig, in: M. Gläser (Hrsg.), Die Stadtgründungen. Kolloquium zur Archäologie im Hanseraum X (Lübeck 2016), 339–357.

Müller 2012
J. Müller, Aspenstedt-Großer Berg: Ein

spätneolithisches Grab mit kupfernem Nietdolch – Hinweis auf eine „verpasste Innovation", Prähistorische Zeitschrift 87, 2012, 44–57.

Müller 2017
J. Müller, Großsteingräber, Grabenwerke, Langhügel – Frühe Monumentalbauten Mitteleuropas. Archäologie in Deutschland Sonderheft 11 (Darmstadt 2017).

Müller-Jahncke 1998
W.-D. Müller-Jahncke, s. v. Paracelsus, in: C. Priesner – K. Figala (Hrsg.), Alchemie. Lexikon einer hermetischen Wissenschaft (München 1998), 267–270.

Müller-Mertens 1980
E. Müller-Mertens, Die Reichsstruktur im Spiegel der Herrschaftspraxis Ottos des Grossen. Mit historiographischen Prolegomena zur Frage Feudalstaat auf deutschem Boden, seit wann deutscher Feudalstaat?. Forschungen zur mittelalterlichen Geschichte Bd. 25 (Berlin 1980).

Müller-Prothmann – Dörr 2009
T. Müller-Prothmann – N. Dörr, Innovationsmanagement. Strategien, Methoden und Werkzeuge für systematische Innovationsprozesse (München 2009).

Münzing 1987
J. Münzing, Der historische Walfang in Bildern (Herford 1987).

Nadler 2015
M. Nadler, Bayerns älteste Skulptur – eine spätneolithische Menhirstatue aus Gallmersgarten, Lkr. Neustadt an der Aisch-Bad Windsheim, Mittelfranken., Das Archäologische Jahr in Bayern 2014 (Darmstadt 2015) 34–36.

Naumann-Steckner 2016
F. Naumann-Steckner, Glas im römischen Köln, in: M. Trier – F. Naumann-Steckner (Hrsg.), Zerbrechlicher Luxus. Köln – ein Zentrum antiker Glaskunst (Regenburg 2016), 35–146.

Naumburger Meister, Kurzführer
Der Naumburger Meister. Kurzführer zur Ausstellung „Der Naumburger Meister – Bildhauer und Architekt im Europa der Kathedralen" in Naumburg a. d. Saale 2011. Kleine Schriften der Vereinigten Domstifter zu Merseburg und Naumburg und des Kollegiatstifts Zeitz 11 (Petersberg 2011).

Navarro u. a. 2004
N. Navarro – C. Lécuyer – S. Montuire – C. Langlois – F. Martineau, Oxygen isotope compositions of phosphate from arvicoline teeth and Quaternary climatic changes, Gigny, French Jura. Quaternary Research 62, 2004, 172–182.

Nebelsick 1995
L. Nebelsick, Der doppelte Abschied. Überlegungen zum hallstattzeitlichen Bestattungsritual auf dem Gräberfeld Niederkaina, Lkr. Bautzen. Archäologie Aktuell im Freistaat Sachsen 3, 1995, 61–73.

Neubert – Wiermann 2014
A. Neubert – R. R. Wiermann, Archäologie der anhaltischen Fürsten. Zur frühen Forschungsgeschichte der Archäologie in Anhalt, Mitteilungen des Vereins für Anhaltische Landeskunde 23 (2014) 11–56.

Niekus 2009
M. J. L. Th. Niekus, Trapeze shaped flint tips as proxy data for occupation during the Late Mesolithic and the Early to Middle Mesolithic in the northern part of the Netherlands. Journal of Archaeological Science 36, 2009, 236–247.

Nieszery 1995
N. Nieszery, Linearbandkeramische Gräberfelder in Bayern. Internat. Arch. 16 (Rahden 1995).

Nieveler 2014
E. Nieveler, Das projekt „Weltweites Zellwerk" im LVR-LandesMuseum Bonn – ein erster Zwischenbericht. Archäologie im Rheinland 2014, 2015, 160–161.

Nieveler 2015
E. Nieveler, Das Grab des Herrn von Morken, Neue fragen an alte Funde. Das Grab des Herrn von Morken und das Gräberfeld von Bedburg-Königshoven, in: T. Otten – J. Kunow – M. M. Rimd – M. Trier, Archäologie in Nordrhein-Westfalen 2010–2015, (2015) 135–139.

Noelke 2006
P. Noelke, Bildersturm und Wiederverwendung am Beispiel der Iuppitersäulen in den germanischen Provinzen des Imperium Romanum. Bericht der Römisch-Germanischen Kommission 87, 2006, 273–386.

Noelke 2011
P. Noelke, Neufunde von Jupitersäulen und –pfeilern in der Germania Inferior seit 1980. Bonner Jahrbücher 210/211, 2010/2011, 149–374.

Nottbohm 1954
G. Nottbohm, Caligula oder Saloninus?, in: R. Lullies, Neue Beiträge zur Klassischen Altertumswissenschaft. Festschrift B. Schweitzer (Stuttgart 1954), 364–366, Taf. 82.

O'Brien 2015
W. O'Brien, Prehistoric Copper Mining in Europe. 5500–500 BC (Oxford 2015).

Oesau 1937
W. Oesau, Schleswig-Holsteins Grönlandfahrt auf Walfischfang und Robbenschlag vom 17.–19. Jahrhundert (Hamburg – New York 1937).

Oesau 1955
W. Oesau, Hamburgs Grönlandfahrt auf Walfischfang und Robbenschlag vom 17.–19. Jahrhundert (Hamburg 1955).

Ohler 1983
N. Ohler, Zur Seligkeit und zum Troste meiner Seele. Lübecker unterwegs zu mittelalterlichen Wallfahrtsstätten. Zeitschrift des Vereins für Lübeckische Geschichte und Altertumskunde 63, 1983, 83–103.

Ohler 2004
N. Ohler, Reisen im Mittelalter (Darmstadt 2004).

Olearius 1701
J. C. Olearius, Mausoleum in museo… (Jena 1701).

Olalde u. a. 2018
I. Olalde – S. Brace – M. E. Allentoft – I. Armit – K. Kristiansen – T. Booth – N. Rohland u. a., The Beaker Phenomenon and the Genomic Transformation of Northwest Europe. Nature 555 (7695), 2018, 190–196, URL: https://doi.org/10.1038/nature25738.

Olesen 2015
J. E. Olesen, The struggle for dominium maris baltici between Denmark-Norway and Sweden (1563–1720/21), in: R. Bleile – J. Krüger (Hrsg.), 'Princess Hedvig Sofia' and the Great Northern War (Schleswig 2015), 16–29.

Olivier – Kovacik 2006
L. Olivier – J. Kovacik, The "Briquetage de la Seille" (Lorraine, France): proto-industrial salt production in the European Iron Age. Antiquity 80/309, 2006, 558–565.

Olivier u. a. 2010
L. Olivier u. a., Nouvelles recherches sur le site de sauniers du premier âge du Fer de Marsal „la Digue" (Moselle). Antiquités nationales 41, 2010, 127–160.

Orschiedt – Heuschen – Baales 2017
J. Orschiedt – W. Heuschen – M. Baales, Blätterhöhle – Bilanz von zehn Jahren Ausgrabung. Archäologie in Deutschland 2, 2017, 60–63.

Orschiedt u. a. 2012
J. Orschiedt – B. Gehlen – W. Schön – F. Gröning. The Neolithic and Mesolithic cave site "Blätterhöhle" in Westphalia, Germany. Notae Prehistoricae 32, 2012, 73–88.

Orschiedt u. a. 2014
J. Orschiedt – R. Bollongino – O. Nehlich – F. Gröning – J. Burger, Parallelgesellschaften? Paläogenetik und stabile Isotopen an mesolithischen und neolithischen Menschresten aus der Blätterhöhle. Archäologische Informationen 37, 2014, 23–31. DOI: dx.doi.org/10.11588/ai.2014.0.

von Osten 1998
S. von Osten, Das Alchemistenlaboratorium von Oberstockstall – ein Fundkomplex des 16. Jahrhunderts aus Niederösterreich. Monographien zur Frühgeschichte und Mittelalterarchäologie 6 (Innsbruck 1998).

von Osten 2016
S. von Osten, Das Alchemistenlaboratorium von Oberstockstall – Passauer Domherren forschen auf den Gebieten der Chemie, der Metallurgie und der Pharmazie (1548/49-1590), in: H. Meller – A. Reichenberger – C.-H. Wunderlich (Hrsg.), Alchemie und Wissenschaft des 16. Jahrhunderts. Fallstudien aus Wittenberg und vergleichbare Befunde. Internationale Tagung vom 3. bis 4. Juli 2015 in Halle (Saale). Tagungen des Landesmuseums für Vorgeschichte Halle 15 (Halle/Saale 2016), 337–345.

Otten 2018
T. Otten, „da man die Juden zu Colne sluch", Archäologie in Deutschland 2/2018, 30–31.

Otten u. a. 2015
T. Otten – J. Kunow – M. M. Rind – M. Trier (Hrsg.), Revolution Jungsteinzeit. Schriften zur Bodendenkmalpflege in Nordrhein-Westfalen 11,1. Ausstellungskatalog Bonn – Detmold – Herne (Bonn 2015).

Pack 1952
R. A. Pack, The Greek and Latin Literary Texts from Greco-Roman Egypt (Ann Arbor 1952).

Pack 1967
R. A. Pack, The Greek and Latin Literary Texts from Greco-Roman Egypt. Second revised and enlarged edition (Ann Arbor 1967).

Pak – Sundermann – Pechtold 2015
L. Pak – K. Sundermann – S. Pechtold, Fertigstellung der 3-D-Rekonstruktion einer römischen Kline aus Haltern am See, Archäologie in Westfalen-Lippe 2015, 254–257.

Pankhurst 1962
R. Pankhurst, "Primitive money" in Ethiopia. Journal de la Société des Africanistes 32/2, 1962, 213–248.

Pape – Speckmann 2010
J. Pape – A. Speckmann, Delfine an der Emscher – Die kaiserzeitliche Siedlung von Castrop-Rauxel-Ickern, in: T. Otten – H. Hellenkemper – J. Kunow – M. Rind (Hrsg.), Fundgeschichten – Archäologie in Nordrhein-Westfalen (Mainz 2010), 118–121.

Paracelsus 1537
Paracelsus, Der grossenn wundartzney, Das ander Buch, Von den offnen schäden […] (Augsburg 1537).

Paulus 1922–1923
N. Paulus, Geschichte des Ablasses im Mittelalter (Darmstadt 1922–1923).

Peine – Jentgens 2017
H.-W. Peine – G. Jentgens, Nachklang karolingerzeitlicher Glocken in Dülmen. Archäologie in Westfalen-Lippe 2016 (2017). 83–86.

Peine – Wegener 2017
H.-W. Peine – K. Wegener, Zur repräsentativen Außenfassade der Holsterburg bei Warburg (Nordrhein-Westfalen). Eine oktogonale Ringmauer aus archäologisch-bauhistorischer Perspektive, Burgen und Schlösser. Zeitschrift für Burgenforschung und Denkmalpflege 3/2017, 149–165.

Peine – Wegener 2018 (im Druck)
H.-W. Peine – K. Wegener, Von filigran bis katastrophal – Elfenbeinkamm, Spielstein und Schadereignisse, Archäologie in Westfalen-Lippe 2017, 2018 (im Druck).

Peltz 2004
U. Peltz, Die etruskische Bronzeamphora aus Schwarzenbach – Herstellung und Restaurierung. Jahrb. Berliner Museen N.F. 46, 2004, 233–244.

Pernicka 2016
E. Pernicka, Zu den isotopischen und chemischen Untersuchungen der Antimonherkunft. Anhang zum Beitrag von C.-H. Wunderlich, in: H. Meller – A. Reichenberger – C.-H. Wunderlich (Hrsg.), Alchemie und Wissenschaft des 16. Jahrhunderts. Fallstudien aus Wittenberg und vergleichbare Befunde. Internationale Tagung vom 3. bis 4. Juli 2015 in Halle (Saale). Tagungen des Landesmuseums für Vorgeschichte Halle 15 (Halle/Saale 2016), 86–87.

Peterson 1978
J. T. Peterson, Hunter-Gatherer/Farmer Exchange. American Anthropologist 80, 1978, 335–351.

Petrovszky 2006
R. Petrovszky, Der Hortfund von Hagen-

bach, in: Historisches Museum der Pfalz Speyer (Hrsg.), Der Barbarenschatz – Geraubt und im Rhein versunken. Ausstellungskat. Speyer 2006 (Darmstadt 2006), 192–195.

Peyer 1982
H. C. Peyer, Gastfreundschaft und kommerzielle Gastlichkeit im Mittelalter. Historische Zeitschrift 235 (1982), 265–288.

Pietsch 2007
N. Pietsch, Hobeln in einer römischen Villa von Aschheim, Das Archäologische Jahr in Bayern 2007, 64–66.

Piezonka 2011
H. Piezonka, Wildbeuterkeramik zwischen Weißrussland und Weißem Meer. Neue Forschungen zur Ausbreitung früher Tonware in das Gebiet östlich und nördlich der Ostsee, Eurasia Antiqua 17, 2011, 121–156.

Pinhasi u. a. 2010
R. Pinhasi – B. Gasparian – G. Areshian – D. Zardaryan – A. Smith – G. Bar-Oz – T. Higham, First Direct Evidence of Chalcolithic Footwear from the Near Eastern Highlands, PLoS ONE 5(6), 2010: e10984. doi:10.1371/journal.pone.0010984.

Pinhasi u. a. 2102
R. Pinhasi – M. G. Thomas – M. Currat – J. Burger, The genetic history of Europeans. Trends in Genetics 28 (10), 2012, 496–505.

Pirling 1966
R. Pirling, Ein fränkisches Fürstengrab von Krefeld-Gellep, in: O. Doppelfeld – R. Pirling, Fränkische Fürsten im Rheinland. Die Gräber aus dem Kölner Dom, von Krefeld-Gellep und Morken, Schriften des Rheinischen Landesmuseums Bonn 2 (Düsseldorf 1966), 50–65.

Pittioni 1985
R. Pittioni, Über Handel im Neolithikum und in der Bronzezeit Europas, in: K. Düwel – H. Jankuhn – H. Siems – D. Timpe (Hrsg.), Untersuchungen zu Handel und Verkehr der vor- und frühgeschichtlichen Zeit in Mittel- und Nordeuropa, Teil 1. Abhandl. Akademie der Wiss. Göttingen, Phil.-Histor. Klasse 143 (Göttingen 1985), 127–180.

Pohle 2015
F. Pohle, Die Erforschung der karolingischen Pfalz Aachen. Rheinische Ausgrabungen 70 (Darmstadt 2015).

Pohlmann 2012
A. Pohlmann, Schlaun beerdigt den Manierismus – die Skulpturenfunde am Dom zu Münster, Archäologie in Westfalen-Lippe 2012, 159–162.

Poly 1976
J.-P. Poly, La Provence et la société féodale, 879–1166. Contribution à l'étude des structures dites féodales dans le Midi (Paris 1976).

Potengowski – Münzel 2015
A. F. Potengowski – S. C. Münzel, Die musikalische "Vermessung" paläolithischer Blasinstrumente der Schwäbischen Alb anhand von Rekonstruktionen. Anblastechniken, Tonmaterial und Klangwelt. Mitteilungen der Gesellschaft für Urgeschichte 24, 173–191.

Potthoff – Wiehen 2017
T. Potthoff – M. Wiehen, „da man die Juden zu Colne sluch [...] inde die hus in der Judengassen verbrannt wurden" – Das Kölner Judenpogrom von 1349. Mitteilungen der Deutschen Gesellschaft für Archäologie des Mittelalters und der Neuzeit 30, 2017, 21–36.

Powell 1953
T. G. E. Powell, The gold ornament from Mold, Flintshire, North Wales. Proceedings of the Prehistoric Society 19, 1953, S. 161–179.

Prejawa 1886
H. Prejawa, Die Ergebnisse der Bohlwegsuntersuchungen in dem Grenzmoor zwischen Oldenburg und Preussen und in Wellinghausen im Kreise Sulingen. Mitteilungen des historischen Vereins zu Osnabrück 21, 1886.

Price u. a. 2017
T. D. Price – R. Frei – U. Brinker – G. Lidke – T. Terberger – K. M. Frei – D. Jantzen, Multi-isotope proveniencing of human remains from a Bronze Age battlefield in the Tollense Valley in northeast Germany. Archaeological and Anthropological Sciences, DOI 10.1007/s12520-017-0529-y, 2017.

Price – Wahl – Bentley 2006
T. D. Price – J. Wahl – R. A. Bentley, Isotopic evidence for mobility and group organization among Neolithic farmers at Talheim, Germany, 5000 BC. European Journal of Archaeology 9, 2006, 259–284.

Priesner 1986
C. Priesner, Johann Thölde und die Schriften des Basilius Valentinus, in: C. Meinel (Hrsg.), Die Alchemie in der europäischen Kultur- und Wissenschaftsgeschichte, Wolfenbütteler Forschungen 32 (1986), 107–119.

Priesner 1997
C. Priesner, Basilius Valentinus und die Labortechnik um 1600, Berichte zur Wissenschaftsgeschichte 20 (1997), 159–172.

Priesner 2011
C. Priesner, Geschichte der Alchemie (München 2011).

Priesner 2011a
C. Priesner, Johann Thölde und seine Kunstfigur Basilius Valentinus, in: H.-H. Walter (Hrsg.), Johann Thölde, Alchemist, Salinist, Schriftsteller und Bergbeamter in Bad Frankenhausen (Freiberg 2011), 65–74.

Priesner 2015
C. Priesner, Chemie. Eine illustrierte Geschichte (Darmstadt 2015).

Primas 2004
M. Primas, Wirtschaft und Gesellschaft urnenfelderzeitlicher Seeufersiedlungen – eine Aktualisierung, in: B. Hänsel (Hrsg.), Parerga Praehistorica, Jubiläumsschrift zur Prähistorischen Archäologie. Universitätsforsch. Prähist. Arch. 100 (Bonn 2004), 113–133.

Margarita Primas Himmelskörper im Bild - Nebra und Sion, in: H. Meller – F. Bertemes, Der Griff nach den Sternen. Internationales Symposium in Halle (Saale) 16.–21. Februar 2005. Tagungen Landesmus. Vorgesch. Halle (Halle/Saale 2010), 517–520.

Pucher 1999
E. Pucher, Archäozoologische Untersuchungen am Tierknochenmaterial der keltischen Gewerbesiedlung im Ramsautal auf dem Dürrnberg (Salzburg). Dürrnberg-Forsch. 2, Abt. Naturwiss. (Rahden/Westf. 1999).

Pucher 2010
E. Pucher, Hallstatt and Dürrnberg. Two Salt Mining Sites, Two Different Meat-Supply Strategies, in: P. Anreiter u. a. (Hrsg.), Mining in European History and ist Impact on Environmental and Human Societies. Proceedings of the 1st Mining in European History Conference of the SFB HiMAT 2009 (Innsbruck 2010), 193–197.

Quast 2015
D. Quast, Die Grabbeigaben – Ein kommentierter Fundkatalog, in: D. Quast (Hrsg.), Das Grab des fränkischen Königs Childerich in Tournai und die Anastasis Childerici von Jean-Jacques Chifflet aus dem Jahre 1655. Monographien RGZM 129 (Mainz 2015), 165–208.

Raddatz 1967
K. Raddatz, Das Wagengrab der jüngeren Eisenzeit in Husby, Kr. Flensburg (Neumünster 1967).

Radis 2014
U. Radis, Der baugeschichtlich-historische Kontext ausgewählter Baubefunde der Großgrabung im Gründungsviertel Lübecks, Lübeck und der Hanseraum. Beiträge zu Archäologie und Kulturgeschichte, Festschrift für Manfred Gläser (Lübeck 2014), 135–147.

Radis 2018
U. Radis, Backsteinbau im Gründungsviertel Lübecks. Baubefunde der Grabungen aus den Jahren 2009 bis 2017, Lübecker Schriften zur Archäologie und Kulturgeschichte 32, 2018 (im Druck).

Radoslava – Dzanev – Nikolov 2011
G. Radoslava – G. Dzanev – N. Nikolov, The Battle at Abritus in AD 251: Written Sources, Archaeological and Numismatic Data. Archaeologia Bulgaria XV, 2011.3, 23–49.

Rahmstorf 2016:
L. Rahmstorf, From 'value ascription' to coinage: a sketch of monetary developments in Western Eurasia from the Stone to the Iron Age, in: C. Haselgrove – S. S. Krmnicek (Hrsg.), The Archaeology of Money. Proceedings of the Workshop „Archaeology of Money" (Leicester 2016) 19–42.

Rathmann 2002
M. Rathmann, „Straßen V. Römisches Reich", in: Der Neue Pauly Bd. 12,2 (2002), Sp. 1134–1159.

Radtke 1983
C. Radtke, Zur Geschichte der Stadt Schleswig in vorhansischer Zeit, in: Hansische Geschichtsblätter 101, 1983, 15–27.

Radtke 2009
C. Radtke, Haithabu. Perspektiven einer Stadtentwicklung in drei Stationen – 800, 900, 1000, Zeitschrift für Archäologie des Mittelalters 37, 2009, 135–162.

Rasbach 2014
G. Rasbach, Bronzene Reiterstatuen aus der augusteischen Stadtgründung von Waldgirmes – ein herausragender Neufund frühkaiserzeitlicher Großplastik. Archäologischer Anzeiger 2014/1, 15–44.

Rasbach – Ulbrich 2013
G. Rasbach – A. Ulbrich, Der vergoldete Pferdekopf einer römischen Reiterstatue aus Lahnau-Waldgirmes (Lahn-Dill-Kreis). Restaurierung und Archäologie 6, 2013, 1–18.

Rau 2013
A. Rau, Der unsichtbare Gegner. Größe und soziale Zusammensetzung germanischer Kampfverbände, in: H H. Pöppelmann – K. Deppmeyer – W.-D. Steinmetz (Hrsg.), Roms vergessener Feldzug. Die Schlacht am Harzhorn. Veröffentlichungen des Braunschweigischen Landesmuseums 115 (Darmstadt 2013), 167–171.

Rau – von Carnap-Bornheim 2012
A. Rau – C. von Carnap-Bornheim, Die kaiserzeitlichen Heeresausrüstungsopfer Südskandinaviens. Überlegungen zu Schlüsselfunden archäologisch-historischer Interpretationsmuster in der kaiserzeitlichen Archäologie, in: H. Beck – D. Geuenich – H. Steuer (Hrsg.), Altertumskunde – Altertumswissenschaft – Kulturwissenschaft. Erträge und Perspektiven nach 40 Jahren Reallexikon der Germanischen Altertumskunde. RGA Ergänzungsbände 77 (Berlin – Boston 2012 [2011]), 515–540.

Rebmann 2017
K.K. Rebmann, Die Schuhnägel vom römisch-germanischen Schlachtfeld am Harzhorn, Lkr. Northeim, Niedersachsen. Unpubl. Masterarbeit FU Berlin 201

Redman 2009
N. Redman, Whales' Bones of Germany (London 2009).

Reichenberger 2016
A. Reichenberger, Der Alchemiefund aus dem Franziskanerkloster in Wittenberg im Spannungsfeld zwischen Scharlatanerie und Wissenschaft. Eine Einführung, in: H. Meller – A. Reichenberger – C.-H. Wunderlich (Hrsg.), Alchemie und Wissenschaft des 16. Jahrhunderts. Fallstudien aus Wittenberg und vergleichbare Befunde. Internationale Tagung vom 3. bis 4. Juli 2015 in Halle (Saale). Tagungen des Landesmuseums für Vorgeschichte Halle 15 (Halle/Saale 2016), 13–28.

Reinhold u. a. 2017
S. Reinhold – J. Gresky – N. Berezina – A. R. Kantorovich – C. Knipper – V. E. Maslov – V. G. Petrenko – K. W. Alt – A. B. Belinsky, Contextualising Innovation: Cattle Owners and Wagon Drivers in the North Caucasus and Beyond, in: J. Maran – P. W. Stockhammer (Hrsg.), Appropriating innovations: entangled knowledge in Eurasia 5000–1500 BCE. Papers of the Conference, Heidelberg, 15.–17. Januar 2015 (Oxford 2017), 78–97.

Reis 2015
A. Reis, Eine Jupitersäule aus Obernburg a. Main. Das archäologische Jahr in Bayern 2015, 83–86.

Reis 2018
A. Reis, Tief gefallen: Jupiter im Brunnen, Archäologie In Deutschland 2/2018, 26–29.

Renfrew 1972
C. Renfrew, The emergence of civilisation. The Cyclades and the Aegean in the third Millenium B.C. (London 1972).

Renfrew 1977
C. Renfrew, Alternative models for exchange and spatial distribution, in: T. K. Earle – J. E. Ericson (Hrsg.), Exchange systems in prehistory (New York 1977), 71–90.

Renken 1937
F. Renken, Der Handel der Königsberger Großschäfferei des Deutschen Ordens mit Flandern um 1400, Abhandlungen zur Handels- und Seegeschichte V (Weimar 1937).

Renn – Hyman 2012
J. Renn /M.D. Hyman, The Globalization of Knowledge in History: An Introduction, in: J. Renn (Hrsg.), The Globalization of Knowledge in History (Edition Open Access 2012), 15–44.

Reschreiter – Kowarik 2015
H. Reschreiter – K. Kowarik, Die prähistorischen Salzbergwerke von Hallstatt, in: T. Stöllner – K. Oeggl (Hrsg.), Bergauf Bergab. 10.000 Jahre Bergbau in den Ostalpen. Wissenschaftlicher Beiband zur Ausstellung im Deutschen Bergbau-Museum Bochum vom 31.10.2015–24.04.2016 (Bochum 2015), 289–296.

Reuter 1985
T. Reuter, Plunder and tribute in the Carolingian empire. Transactions of the Royal Historical Society (London) Ser. 5, Vol. 35, 1985, 75–94.

Reuter 1996
T. Reuter, Die Unsicherheit auf den Straßen im europäischen Früh- und Hochmittelalter: Täter, Opfer und ihre mittelalterlichen und modernen Betrachter, in: J. Fried (Hrsg.), Träger und Instrumentarien des Friedens im hohen und späten Mittelalter. Vorträge und Forschungen Bd. 43 (Sigmaringen 1996), 169–201.

Reuter 2008
M. Reuter, Wirtschaftsstandort Colonia Ulpia Traiana – Handel und Handwerk in der CUT, in: M. Müller – H.-J. Schalles – N. Zieling (Hrsg.), Colonia Ulpia Traiana. Xanten und sein Umland in römischer Zeit (Mainz 2008), 471–493.

Richter 2013
J. Richter, Bewusste geometrische Gestaltung bei Homo Heidelbergensis? Arbeitsschrittanalyse an einem Faustkeil aus Bad Salufflen (Ostwestfalen-Lippe), Archäologisches Korrespondenzblatt 43, 2013, 1–17.

Rieger 2014
D. Rieger, The use of early bricks in secular architecture of the 12th and early 13th century in Lübeck. Fresh Approaches to Brick Production and Use in the Middle Ages, in: BAR International Series 2611, 2014, 39–49.

Rieger 2017
D. Rieger, Die neue Großgrabung im Lübecker Gründungsviertel – ein erster Überblick, in: Archäologie – Mittelalter – Neuzeit – Zukunft, Bamberger Schriften zur Archäologie des Mittelalters und der Neuzeit 6, Festschrift für Prof. Dr. Ingolf Ericsson (Bamberg 2017), 208–221.

Rieger 2018a
D. Rieger, Die Holzgebäude des 12. und 13. Jahrhunderts, Lübecker Schriften zur Archäologie und Kulturgeschichte 32, 2018 (im Druck).

Rieger 2018b
D. Rieger, Genese und Besiedlungsentwicklung, Lübecker Schriften zur Archäologie und Kulturgeschichte 32, 2018 (im Druck).

Riehm 1965
K. Riehm, Genormtes Formsalz aus dem urgeschichtlichen Salzbergbau in Hallstatt. Archaeologia Austriaca. Beiträge zur Paläanthropologie, Ur- und Frühgeschichte Österreichs 38, 1965, 86–98.

Riek 1934
G. Riek, Die Eiszeitjägerstation am Vogelherd im Lonetal I: Die Kulturen (Tübingen 1934).

Rind 2012
M. M. Rind, Zum Stand der Ausgrabungsergebnisse im neolithischen Hornsteinbergwerk von Abensberg-Arnhofen, in: R. Gleser – V. Becker (Hrsg.), Mitteleuropa im 5. Jahrtausend vor Christus. Beiträge zur Internationalen Konferenz in Münster 2010 (Berlin 2012), 421–429.

Rind 2014
M. M. Rind, Das neolithische Hornsteinbergwerk in Abensberg-Arnhofen: eine Zwischenbilanz, in: L. Husty – W. Irlinger – J. Pechtl (Hrsg.), „… und es hat doch was gebracht!" Festschrift für K. Schmotz zum 65. Geburtstag. Internationale Arch. – Studia honoraria 35 (Rahden/Westf. 2014), 163–178.

Rind – Roth 2007
M. M. Rind – G. Roth, Ausgrabungen in Deutschlands größtem Feuersteinbergwerk. Archäologie in Deutschland 4/2007, 8–13.

Ristow 2016
S. Ristow, Frühchristliches Aachen vor dem Pfalzbau Karls des Großen – Eine Bilanz von 150 Jahren Archäologie, in: O. Brandt – V. Fiocchi Nicolai – G. Castiglia (Hrsg.), Acta XVI Congressus Internationalis Archaeologiae Cristianae, Romae 22.–28.9.2013. Studi di Antichità Cristiana 66 (Vatikanstadt 2016), 1793–1804.

Rode 2016
H. Rode, Die Abfallgrube der Alchemistenwerkstatt und die anatomischen Befunde im aufgelassenen Wittenberger Franziskanerkloster, in: H. Meller – A. Reichenberger – C.-H. Wunderlich (Hrsg.), Alchemie und Wissenschaft des 16. Jahrhunderts. Fallstudien aus Wittenberg und vergleichbare Befunde. Internationale Tagung vom 3. bis 4. Juli 2015 in Halle (Saale). Tagungen des Landesmuseums für Vorgeschichte Halle 15 (Halle/Saale 2016), 29–44.

Rodekamp – Smolnik 2015
V. Rodekamp – R. Smolnik (Hrsg.), 1015. Leipzig von Anfang an. Begleitband zur Ausstellung des Stadtgeschichtlichen Museums Leipzig 20.Mai – 25. Oktober 2015 (Leipzig 2015).

Rogers 2003
E. Rogers, Diffusion of Innovations (New York 2003).

Rolley 2003
C. Rolley, La tombe princière de Vix (Paris 2003).

Rösch 2015
F. Rösch, Das Hafenviertel von Schleswig im Hochmittelalter. Entstehung – Entwicklung – Topographie, Diss. (Kiel 2015).

Rösch 2017
F. Rösch, Zentraler Knotenpunkt in einer vernetzten Welt. Das Schleswiger Hafenviertel im 11. Jahrhundert, Mitteilungen der deutschen Gesellschaft für Archäologie des Mittelalters und der Neuzeit 30, 2017, 137–150.

Rösch 2018
F. Rösch, The 11th Century Schleswig Waterfront. Formation, Development and Actors of a Commercial Hotspot, in: C. von Carnap-Bornheim – F. Daim – P. Ettel – U. Warnke (Hrsg.), Harbours as Objects of Interdisciplinary Research – Archaeology + History + Geosciences 2015. RGZM Tagungen 34. Interdisziplinäre Forschungen zu den Häfen von der Römischen Kaiserzeit bis zum Mittelalter in Europa 5 (Regensburg 2018), 329–352.

Rösener 2010
W. Rösener, Das Wärmeoptimum des Hochmittelalters: Beobachtungen zur Klima- und Agrarentwicklung des Hoch- und Spätmittelalters. Zeitschrift für Agrargeschichte und Agrarsoziologie 58 (2010), 13–30.

Rossiaud 2007
J. Rossiaud, Le Rhône au Moyen Âge. Histoire et représentations d'un fleuve européen (Paris 2007).

Rost – Rost 2012
A. Rost – S. Rost, Kalkriese 6. Die Verteilung der Kleinfunde auf dem Oberesch in Kalkriese. Kartierung und Interpretation der römischen Militaria unter Einbeziehung der Befunde. Römisch-Germanische Forschungen 70 (Mainz 2012).

Roth 2008
G. Roth, Geben und Nehmen – eine wirtschaftshistorische Studie zum neolithischen Hornsteinbergbau von Abensberg-Arnhofen, Lkr. Kelheim (Niederbayern). Diss. Universität Köln 2008. URL: http://kups.ub.uni-koeln.de/id/eprint/4176.

Rothenhöfer 2014
P. Rothenhöfer, *Rhenus flumen* – Bemerkungen zur Bedeutung des Rhein für die Wirtschaft im römischen Rheinland, in: H. Kennecke (Hrsg.), Der Rhein als europäische Verkehrsachse. Die Römerzeit. Bonner Beiträge zur Vor- und Frühgeschichtlichen Archäologie 16 (Bonn 2014), 11–23.

Rüger 1979
C. B. Rüger, Eine Siegesdenkmal der legio VI victrix, Bonner Jahrbücher 179, 1979, 187–200.

Sahlins 1972
M. Sahlins, Stone age economics (Chicago – New York 1972).

Saile 2001
T. Saile, Salz im ur- und frühgeschichtlichen Mitteleuropa – Eine Bestandsaufnahme. Römisch-Germanische Kommission des Deutschen Archäologischen Instituts 81, 2000/01, 130–197.

Saile 2012
T. Saile, Salt in the Neolithic of Central Europe: production and distribution, in: V. Nikolov – K. Bačvarov, Salz und Gold: die Rolle des Salzes im prähistorischen Europa, Akten der internationaler Fachtagung (Humboldt-Kolleg) in Provadia, Bulgarien 30. September – 4. October 2010 (Provadia, Veliko Tarnovo 2012), 225–238.

Salač 2002
V. Salač, Zentralorte und Fernkontakte, in: A. Lang – V. Salac (Hrsg.), Fernkontakte in der Eisenzeit (Liblitz – Prag 2002), 20–46.

Salač – von Carnap-Bornheim 2009
V. Salač – C. v. Carnap-Bornheim, Ritual, Kommunikation und Politik oder: Was geschah mit dem Kopf des Publius Quinctilius Varus?, in: Landesverband Lippe (Hrsg.), 2000 Jahre Varusschlacht Mythos (Stuttgart 2009), 123–132.

Sansoni 2015
U. Sansoni, Alpine and Scandinavian rock art in the Bronze Age: a common cultural matrix in a web of continental influences, in: P. Skoglund – J. Ling – U. Bertilsson (Hrsg.), Picturing the Bronze Age. Swedish Rock Art Series 3 (Oxford 2015), 129–141.

Sarrazin – Hoßfeld 1895
O. Sarrazin – O. Hoßfeld, Der Umbau des Weißen Saals im Königlichen Schlosse in Berlin. Centralblatt der Bauverwaltung, XV. Jahrgang, 1895, Nr. 4 (Berlin 1895) 38ff.

Schaaff 2015
H. Schaaf, Antike Tuffbergwerke am Laacher See-Vulkan. Monographien des Römisch-Germanisches Zentralmuseums 107, Vulkanpark-Forschungen 11 (Mainz 2015).

Schäfer 1998
D. Schäfer, Zum Untersuchungsstand auf dem altmesolithischen Fundplatz vom Ullafelsen im Fotschertal (Stubaier Alpen, Tirol). Germania 76, 1998, 439–496.

Schäfer 2011
D. Schäfer, Das Mesolithikum-Projekt Ullafelsen – Landschaftlicher Rahmen und archäologische Befunde. Arbeitsstand 2009/2010, in: Mensch und Umwelt im Holozän Tirols I. Das Mesolithikum-Projekt Ullafelsen (Teil 1) (Innsbruck 2011), 245–351.

Schäfer 2014
A. Schäfer, Römischer Hafen und rheinseitige Stadtbefestigung. Zur Rolle des römischen Heeres als Bauträger, in: H. Kennecke (Hrsg.), Der Rhein als europäische Verkehrsachse. Die Römerzeit (Bonn 2014), 117–143.

Schäfer 2017
A. Schäfer, Die Stadterneuerung des römischen Köln unter Kaiser Domitian, in: J. Lipps (Hrsg.), Transfer und Transformation römischer Architektur in den Nordwestprovinzen. Kolloquium vom 6.–7. November 2015 in Tübingen (Rahden/Westf. 2017), 107–119.

Schäfer 2016
C. Schäfer, Oil for Germany. Some thoughts on Roman long-distance trade, in: C. Schäfer (Hrsg.), Connecting the Ancient World. Mediterranean Shipping, Maritime Networks and their Impact, Pharos 38 (Rahden/Westf. 2016), 211–248.

Schäfer – Stöllner 2001
A. Schäfer – T. Stöllner, Frühe Metallgewinnung im Mittleren Lahntal. Vorbericht über die Forschungen der Jahre 1999–2001. 6. Berichtsheft der KAL, 2000/01, 83–111.

Schalies 1992
I. Schalies, Archäologische Untersuchungen zum Hafen Lübecks. Befunde und Funde der Grabung An der Untertrave/Kaimauer, Lübecker Schriften zur Archäologie und Kulturgeschichte 18, 1992, 305–344.

Schalies 2014
I. Schalies, Von Kaianlagen, Bohlwerken und Uferbefestigungen – archäologische Befunde zum Ausbau des stadtseitigen Trave-Ufers im 12.–20. Jahrhundert, in: A. Falk – U. Müller – M. Schneider (Hrsg.), Lübeck und der Hanseraum, Beiträge zu Archäologie und Kulturgeschichte, Festschrift für Manfred Gläser (Lübeck 2014), 161–172.

Schallmayer – Schade-Lindig – Meyer 2013
E. Schallmayer – S. Schade-Lindig – J. Meyer, Mit den Kelten kommen die Römer. Militäranlagen an der Lahn bei Limburg-Eschhofen. hessenARCHÄOLOGIE 2012 (2013), 95–101.

Schaub 2006
A. Schaub, Bemerkungen zu einer ländlichen Siedlung des 1.–4. Jahrhunderts im südlichen Niedergermanien, in: G. Seitz (Hrsg.), Im Dienste Roms. Festschrift für H. U. Nuber (Remshalden 2006) 351–358.

Schaub 2013a
A. Schaub, Aachen in römischer Zeit aus archäologischer Sicht – Versuch einer Neubewertung, in: R. von Haehling – A. Schaub (Hrsg.), Römisches Aachen. Archäologisch-historische Aspekte zu Aachen und der Euregio (Regensburg 2013), 131–205.

Schaub 2013b
A. Schaub, Tempel für Kybele und Isis in Aachen, in: R. von Haehling – A. Schaub (Hrsg.), Römisches Aachen. Archäologisch-historische Aspekte zu Aachen und der Euregio (Regensburg 2013), 261–267.

Schauberger 1986
O. Schauberger, Bau und Bildung der Salzlagerstätten der ostalpinen Salinars. Archiv f. Lagerstättenforsch. Geol. Bundesanstalt 7, 1986, 217–254.

Scherreiks 1995
R. Scherreiks, Die Salzlagerstätten Bayerns in ihrem geologischen Rahmen, in: Salz macht Geschichte. Veröffentlichungen zur Bayerischen Geschichte und Kultur 29 (Augsburg 1995), 20–26.

Schimmelpfennig 2018 (in Vorb.)
D. Schimmelpfennig, The stone material from Herxheim – in special consideration of the excavation 2005–2008 and the youngest phase („ritual phase") of the Bandkeramik in Herxheim, in: A. Zeeb-Lanz (Hrsg.), Ritualised Destruction in the Early Neolithic – The Exceptional Site of Herxheim (Palatinate, Germany). Forschungen zur Pfälzischen Archäologie 8.2 (Speyer 2018 [in Vorb.]).

Schimmer 2013
F. Schimmer, Unterwegs für das große Geld – Fernhandel der früheren und mittleren römischen Kaiserzeit, in: D. Schmitz – M. Sieler (Hrsg.), Überall zu Hause und doch fremd. Römer unterwegs. Kataloge des LVR-Römermuseums im Archäologischen Park Xanten 5 (Petersberg 2013), 92–103.

Schirok 1993
B. Schirok, Die Wandmalereien in der ehemaligen Johannisstraße 18 und in der Fischergrube 20, in: M. Eickmöller – R. Hammel-Kiesow (Hrsg.), Ausstattungen Lübecker Wohnhäuser. Raumnutzungen, Malereien und Bücher im Spätmittelalter und in der frühen Neuzeit, Häuser und Höfe in Lübeck 4 (Neumünster 1993), 269–298.

Schlichtherle 2014
H. Schlichtherle, Weibliche Symbolik auf Hauswänden und Keramikgefäßen: Spuren frauenzentrierter Kulte in der Jungsteinzeit?, in: B. Röder (Hrsg.), Ich Mann, Du Frau. Feste Rollen seit Urzeiten? (Freiburg i. Br. 2014), 114–135.

Schlichtherle 2016a
H. Schlichtherle, Mitten im Leben – Kulthäuser und Ahnenreihen, in: Archäologisches Landesmuseum Baden-Württemberg/Landesamt für Denkmalpflege Baden-Württemberg (Hrsg.), 4.000 Jahre Pfahlbauten (Ostfildern 2016), 178–187.

Schlichtherle 2016b
H. Schlichtherle, Totengesicht – Eine Maske aus den Schussenrieder Pfahlbauten, in: Archäologisches Landesmuseum Baden-Württemberg/Landesamt für Denkmalpflege Baden-Württemberg (Hrsg.), 4.000 Jahre Pfahlbauten (Ostfildern 2016), 192–193.

Schlichtherle 2016c
H. Schlichtherle, Wandbilder in neolithischen Pfahlbausiedlungen des Bodensees. Überlegungen zur Deutung von Bildern und Zeichen des südwestdeutschen Neolithikums, in: G. Bosinski – H. Strohm (Hrsg.), Höhlen, Kultplätze, sakrale Kunst (Paderborn 2016), 207–243.

Schlosser 2002
W. Schlosser, Zur astronomischen Deutung der Himmelsscheibe von Nebra. Archäologie in Sachsen-Anhalt N. F. 1, 2002, 21–23.

Schlosser 2004
W. Schlosser, Die Himmelsscheibe von Nebra - Astronomische Untersuchungen, in: H. Meller (Hrsg.), Der geschmiedete Himmel. Die weite Welt im Herzen Europas vor 3600 Jahren. Begleitband zur Sonderausstellung, Landesmuseum für Vorgeschichte Halle (Halle/Saale 2004) 44–47.

Schmauder 2002
M. Schmauder, Oberschichtgräber und Verwahrfunde in Südosteuropa im 4. und 5. Jahrhundert. Archaeologia Romanica 3 (Bukarest 2002).

Schmidl – Oeggl 2007
A. Schmidl – K. Oeggl, Ernährung und Wirtschaftsweise der Siedler am Ganglegg bei Schluderns während der Bronze- und Eisenzeit – paläoethnobotanische Untersuchungen, in: H. Steiner (Hrsg.), Die befestigte Höhensiedlung am Ganglegg in Vintschgau. Ergebnisse der Ausgrabungen 1997–2001. Forschungen zur Denkmalpflege in Südtirol 3, 2007, 511–589.

Schmidt 1997
J.-P. Schmidt, Ein bronzezeitliches Frauengrab der Periode III aus Ludwigsburg, Lkr. Ostvorpommern. Jahrbuch Bodendenkmalpflege in Mecklenburg-Vorpommern 45, 1997, 129–161.

Schmidt 2004
J.-P. Schmidt, Die Bewaffnung während der Bronzezeit, in: H. Jöns – F. Lüth, Mythos und Magie. Archäologische Schätze der Bronzezeit in Mecklenburg-Vorpommern. Archäologie in Mecklenburg-Vorpommern 3 (Schwerin 2004), 56–63.

Schmidt 2014
J.-P. Schmidt, Der älterbronzezeitliche Werkzeughort von Golchen, Lkr. Mecklenburgische Seenplatte, in: D. Jantzen – J. Orschiedt – J. Piek – T. Terberger, Tod im Tollensetal – Forschungen zu den Hinterlassenschaften eines bronzezeitlichen Gewaltkonfliktes in Mecklenburg-Vorpommern 1. Beiträge zur Ur- und Frühgeschichte in Mecklenburg-Vorpommern 50 (Schwerin 2014), 181–190.

Schmidts 2000
T. Schmidts, Germanen im spätrömischen Heer, in: L. Wamser (Hrsg.), Die Römer zwischen Alpen und Nordmeer. Katalog-Handbuch zur Landesausstellung des Freistaates Bayern. Schriftenreihe der Archäologischen Staatssammlung 1 (Mainz 2000) 219–225

Schmitz 2015
D. Schmitz, Agrippina und die Menschen im Oppidum Ubiorum. Die Einwohner Kölns in den ersten drei Jahrzehnten n. Chr., in: M. Trier – F. Naumann-Steckner (Hrsg.), Agrippina – Kaiserin aus Köln. Begleitbuch zur Sonderausstellung des Römisch-Germanischen Museums (Köln 2015), 24–29.

Schmugge 1979
L. Schmugge, „Pilgern macht frei" – Eine These zur Bedeutung des mittelalterlichen Pilgerwesens, Römische Quartalschrift 74, 1979, 16–31.

Schmugge 1991
L. Schmugge, Mobilität und Freiheit im Mittelalter, in: J. Fried (Hrsg.), Die abendländische Freiheit vom 10. zum 14. Jahrhundert. Der Wirkungszusammenhang von Idee und Wirklichkeit im europäischen Vergleich. Vorträge und Forschungen Bd. 39 (Sigmaringen 1991), 307–324.

Schneider 2007
H. Schneider, Geschichte der antiken Technik (München 2007).

Schneider 2008
M. Schneider, Archäologie im Lübecker Gründungsviertel – Fragestellungen, Chancen und Perspektiven neuer Großgrabungen, in: F. Biermann – U. Müller – T. Terberger (Hrsg.), „Die Dinge beobachten …". Archäologie und historische Forschungen zur frühen Geschichte Mittel- und Nordeuropas, Festschrift für Günter Mangelsdorf zum 60. Geburtstag (Rahden/Westfalen 2008), 271–282.

Schneidmüller 1989
B. Schneidmüller, Briefe und Boten im Mittelalter. Eine Skizze, in: W. Lotz (Hrsg.), Deutsche Postgeschichte. Essays und Bilder (Berlin 1989), 10–19.

Schopper 2004:
F. Schopper, Aus nah und fern. Zum spätbronzezeitlichen Hortfund von Lebus, Lkr. Märkisch-Oderland. Archäologie in Berlin und Brandenburg 2003 (2004), 76–79.

Schötz 1988
M. Schötz, Zwei unterschiedliche Silexabsatzgebiete im Neolithikum des Vilstals. Bayer. Vorgeschbl. 53, 1988, 1–15.

Schreiber 2013
S. Schreiber, Archäologie der Aneignung. Zum Umgang mit Dingen aus kulturfremden Kontexten. Forum Kritische Archäologie 2, 2013, 48–123.

Schröder 2015
F. Schröder, Die montanarchäologischen Ausgrabungen in Niederpöbel (2011–2013), in: ArchaeoMontan 2015. Montanarchäologie im Osterzgebirge, Arbeits- und Forschungsberichte zur sächsischen Bodendenkmalpflege, Beiheft 30, 2015, 23–150.

Schröter 1988
P. Schröter, Zur beabsichtigten künstlichen Kopfumformung im völkerwanderungszeitlichen Europa, in: H. Dannheimer – H. Dopsch (Hrsg.): Die Bajuwaren – Von Severin bis Tassilo 488–788 (München u. a. 1988), 258–265.

Schuler 2005
A. Schuler, Das nördliche Suburbium des römischen Köln. Kölner Jahrbuch 38, 2005, 245–431.

Schuler 2014
A. Schuler, Das römische „Götterkästchen" aus Borschemich: Untensiel einer Priesterin?, Archäologie im Rheinland 2014, 143–145.

Schulze-Forster 2015
J. Schulze-Forster, Die latènezeitlichen Funde vom Dünsberg. Berichte der Kommission für archäologische Landesforschung in Hessen 13, 2014/15 (Rahden/Westf. 2015).

Schumpeter 1939/2008
J. Schumpeter, Konjunkturzyklen. Eine theoretische, historische und statistische Analyse des kapitalistischen Prozesses (Stuttgart 2008).

Schunk – Jöris – Uomini 2017
L. Schunk – O. Jöris – N. Uomini, New evidence for handedness and social learning in European Neanderthals – a comparative study of the Late Middle Palaeolithic assemblages from Balver Höhle and Buhlen, Germany. Proceedings of the European Society for the study of Human Evolution 6, 2017, 174.

Schuster 2010
J. Schuster, Lübsow: Älterkaiserzeitliche Fürstengräber im nördlichen Mitteleuropa. Bonner Beiträge zur vor- und frühgeschichtlichen Archäologie 12 (Bonn 2010).

Schütt 2000
H.-W. Schütt, Auf der Suche nach dem Stein der Weisen. Die Geschichte der Alchemie (München 2000).

Schwab u. a. 2006
R. Schwab – D. Heger – B. Höppner – E. Pernicka, The provenance of iron artefacts from Manching: a multi-technique approach, in: Archaeometry 48/3, 2006, 433–452.

Schwabenicky 2009
W. Schwabenicky, Der mittelalterliche Silberbergbau im Erzgebirgsvorland und im westlichen Erzgebirge (Chemnitz 2009).

Schweissing – Grupe 2000
M. M. Schweissing – G. Grupe, Local or nonlocal? A research of strontium isotope ratios of teeth and bones on skeletal remains with artificial deformed skulls. Anthropologischer Anzeiger 58, 2000, 99–103.

Schwinden 2018 a
L. Schwinden, Vom Ganges an den Rhein. Warenetiketten und Bleiplomben im Fernhandel, in: Ch. Eger (Hrsg.), Warenwege – Warenflüsse. Handel, Logistik und Transport am römischen Niederrhein. Xantener Berichte 32 (Mainz 2018) 423–441.

Schwinden 2018b
L. Schwinden, Antike Wareneticketten – Notizen auf Blei. Archäologie in Deutschland 3/2018, H. 3, 32–35.

Schwinges 2007
R. C. Schwinges (Hrsg.), Straßen- und Verkehrswesen im hohen und späten Mittelalter. Vorträge und Forschungen Bd. 66 (Ostfildern 2007).

Schyle 2010
D. Schyle, Der Lousberg in Aachen. Rhein. Ausgrabungen 66 (Mainz 2010).

Scior 2009
V. Scior, Bemerkungen zum frühmittelalterlichen Boten- und Gesandtschaftswesen, in: W. Pohl – V. Wieser (Hrsg.), Der frühmittelalterliche Staat – europäische Perspektiven. Österreichische Akademie der Wissenschaften. Philosophisch-Historische Klasse, Denkschriften Bd. 386. Forschungen zur Geschichte des Mittelalters Bd. 16 (Wien 2009), 315–330.

Segschneider 2014
M. Segschneider, Verbrannt und versunken – Das Wrack Lindormen im Fehmarnbelt. Archäologische Nachrichten aus Schleswig-Holstein 2014 (Schleswig 2014), 88–93.

Senczek 2017
S. Senczek, Velburg. Eine hallstattzeitliche Siedlungslandschaft und ihre Dynamik im südlichen Oberpfälzer Jura. Phil.Diss. Bochum (2017).

Serangeli – Bolus 2008
J. Serangeli – M. Bolus, Out of Europe – The dispersal of a successful European hominin form. Quartär 55, 2008, 83–98.

Shortland 2012
A. Shortland, Lapis Lazuli from the kiln. Glass and Glassmaking in the Late Bronze Age (Löwen 2012).

Siegelová – Tsumoto 2011
J. Siegelová – H. Tsumoto, Metals and Metallurgy in Hittite Anatolia, in: H. Genz – D. P. Mielke, Insights into Hittie History and Archaeology (Löwen u. a. 2011), 275–300.

Sievers 2002
S. Sievers, Wirtschaftliche Strukturen anhand des Fundstoffes von Manching, in: C. Dobiat – S. Sievers – T. Stöllner (Hrsg.), Dürrnberg und Manching. Wirtschaftsarchäologie im ostkeltischen Raum. Akten Internat. Koll. Hallein/Bad Dürrnberg 1998. Koll. Ur- u. Frühgesch. 7 (Bonn 2002), 174–182.

Smolnik 2010
R. Smolnik (Hrsg.), Funde, die es nicht geben dürfte. Brunnen der Jungsteinzeit in Sachsen. Eine Sonderausstellung des Landesamtes für Archäologie im Stadtgeschichtlichen Museum Leipzig, Februar–April 2010 (Dresden 2010).

Söder – Verse 2014
U. Söder – F. Verse, Die Milseburg in der Rhön, immer für eine Überraschung gut. Grabung auf der Milseburg bei Hofbieber-Danzwiesen, Lkr. Fulda, hessenARCHÄOLOGIE 2014, 64–67.

Sofeso u. a. 2012
C. Sofeso – M. Vohberger – A. Wisnowsky – M. Harbeck – B. Päffgen, Verifying archaeological hypotheses: Investigations on origin and genealogical lineages of a privileged society in Upper Bavaria from Imperial Roman times (Erding, Kletthamer Feld), in: J. Burger – E. Kaiser – W. Schier (Hrsg.), Population dynamics in Pre- and Early History. New Approaches by using Stable Isotopes and Genetics. Proceedings of the conference in Berlin, March 24–26, 2010 (Berlin 2012), S. 115–132.

Soffer u. a. 2000
O. Soffer – J. M. Adovasio – D. C. Hyland, The "Venus" Figurines. Textiles, Basketry, Gender and Status in the Upper Paleolithic, Current Anthropology 41, 2000, 511–537.

Sommerfeld 2010
C. Sommereld, Die Kehrseite – Anmerkung zur Rolle des Mondes in der Ikonographie der Bronzezeit, in: H. Meller (Hrsg.), Der Griff nach den Sternen. Internationales Symposium in Halle (Saale) 16.–21. Februar 2005. Tagungen Landesmus. Vorgesch. Halle (Halle/Saale 2010), 537–551.

Spatz 1998
H. Spatz, Krisen, Gewalt, Tod – zum Ende der ersten Ackerbauernkultur Mitteleuropas, in: A. Häußer (Hrsg.), Krieg oder Frieden? Herxheim vor 7000 Jahren. Katalog zur gleichnamigen Sonderausstellung in Herxheim 1998 (Speyer 1998), 10–19.

Spazier – Seidl – Schenk 2014/15
I. Spazier – C. Seidl – E. Schenk, Die Gräbergruppe von Oberwellenborn, Lks. Saalfeld-Rudolstadt, im Vergleich zu anderen slawischen Gräberfeldern in Thüringen – Aussagen zur historischen Schmuckherstellung. Altthüringen 44, 2014/15, 167–208.

Speckmann – Pape 2009
A. Speckmann – J. Pape, Neue Ergebnisse aus der kaiserzeitlichen Siedlung von Castrop-Rauxel-Ickern. Archäologie in Westfalen-Lippe 2009, 47–51.

Speckmann – Pape 2010
A. Speckmann – J. Pape, Neues von der Emscher – die Grabung Castrop-Rauxel-Ickern 2010. Archäologie in Westfalen-Lippe 2010, 93–96.

Spehr 1992
R. Spehr, Latènezeitliche Pflugschargeräte im Mittelgebirgsraum, in: S. Dušek (Hrsg.), Beiträge zur keltisch-germanischen Besiedlung im Mittelgebirgsraum. Internationales Kolloquium 15.–17. Mai 1990 in Weimar. Weimarer Monogr. Ur- u. Frühgesch. 28 (Stuttgart 1992), 53–68.

Speidel 1980
M. P. Speidel, Jupiter Dolichenus. Der Himmelsgott auf dem Stier, Kleine Schriften zur Kenntnis der römischen Besatzungsgeschichte Südwestdeutschlands 24, 1980.

Speidel 2015
M. Speidel, Göttertanz und Unheil-Schlangen – Die Bilder der Trossinger Leier, Fundberichte aus Baden-Württemberg 35, 2015, 537–553.

Spencer 1998
B. W. Spencer, Pilgrim Souvenirs und Secular Badges (London 1998).

Spickermann 2003
W. Spickermann, Germania Superior. Religionsgeschichte des römischen Germanien 1. Religion der Römischen Provinzen 2 (Tübingen 2003).

Spufford 1993
P. Spufford, Money and its use in medieval Europe (Cambridge 1993).

Stahl 2016
A. Stahl, Alchemistische Netzwerke in und um Wittenberg – Faust in Wittenberg?, in: H. Meller – A. Reichenberger – C.-H. Wunderlich (Hrsg.), Alchemie und Wissenschaft des 16. Jahrhunderts. Fallstudien aus Wittenberg und vergleichbare Befunde. Internationale Tagung vom 3. bis 4. Juli 2015 in Halle (Saale). Tagungen des Landesmuseums für Vorgeschichte Halle 15 (Halle/Saale 2016), 205–248.

Stahl 2006a
C. Stahl, Mitteleuropäische Bernsteinfunde von der Frühbronzezeit bis zur Frühlatènezeit. Ihre Verbreitung, Formgebung, Zeitstellung und Herkunft (Dettelbach 2006).

Stammwitz 2014
U. Stammwitz, Neue archäologische Befunde zu frühen Backsteinbauten in der Lübecker Fischstraße, in: Lübeck und der Hanseraum. Beiträge zu Archäologie und Kulturgeschichte, Festschrift für Manfred Gläser (Lübeck 2014), 183–192.

Stapel 2014
B. Stapel, Ausblick: Nachfahren der letzten Jäger, Sammlerinnen und Fischer in Westfalen, in: M. Baales – H.-O. Pollmann – B. Stapel (Hrsg.), Westfalen in der Alt- und Mittelsteinzeit (Münster 2014), 228–231.

Stäuble 2002
H. Stäuble, Brunnen der Linienbandkeramik. Ein unerschöpliches Wissensreservoir, in: W. Menghin – D. Planck (Hrsg.), Menschen, Zeiten, Räume – Archäologie in Deutschland (Berlin – Stuttgart 2002), 139–141.

Stäuble 2014
H. Stäuble, Die Krise am Ende der Bandkeramik? Oder ist es am Ende eine Krise der Bandkeramik-Forschung?! Ein archäologisches Feuilleton, in: T. Link – D. Schimmelpfennig (Hrsg.), No future? Brüche und Enden kultureller Erscheinungen. Beispiele aus dem 6. 2. Jahrtausend v. Chr. Fokus Jungsteinzeit, Berichte der AG Neolithikum 4 (Kerpen-Loogh 2014) 11–49.

Stelzner 2016
J. Stelzner, Die Computertomographie als Untersuchungs- und Dokumentationsmethode zur Bearbeitung frühmittelalterlicher Fundkomplexe, Dissertation, 2016, DOI: 10.11588/artdok.00004429.

Stephan 2016
H.-G. Stephan, Gläsernes und keramisches Laborgerät, Trinkgläser und Gebrauchskeramik des Wittenberger Alchemistenfundes – Aspekte der zeitlichen, kultur- und wissenschaftsgeschichtlichen Einordnung, in: H. Meller – A. Reichenberger – C.-H. Wunderlich (Hrsg.), Alchemie und Wissenschaft des 16. Jahrhunderts. Fallstudien aus Wittenberg und vergleichbare Befunde. Internationale Tagung vom 3. bis 4. Juli 2015 in Halle (Saale). Tagungen des Landesmuseums für Vorgeschichte Halle 15 (Halle/Saale 2016), 109–126.

Steuer 1987
H. Steuer, Helm und Ringschwert - Prunkbewaffnung und Rangabzeichen germanischer Krieger : eine Übersicht, Studien zur Sachsenforschung 6 (1987) 190–236

Steuer 1997a
H. Steuer, Herrschaft von der Höhe, in: Archäologisches Landesmuseum Baden-Württemberg (Hrsg.), Die Alamannen. Ausstellungskat. Stuttgart 1997 (Stuttgart 1997), 149–162.

Steuer 1997b
H. Steuer, Handel und Fernbeziehungen, in: Archäologisches Landesmuseum Baden-Württemberg (Hrsg.), Die Alamannen. Ausstellungskat. Stuttgart 1997 (Stuttgart 1997), 389–402.

Steuer 1998a
H. Steuer, Stichwort „Gefolgschaft" § 3 Archäologisches. Reallexikon der Germanischen Altertumskunde, Bd. 10 (Berlin – New York 1998), 546–554.

Steuer 1998b
H. Steuer, Stichwort „Fürstengräber" § 1 Allgemeines. Reallexikon der Germanischen Altertumskunde, Bd. 10 (Berlin – New York 1998), 168–175.

Steuer 1998c
H. Steuer, Stichwort „Fürstengräber" § 6 Merowingerzeit. Reallexikon der Germanischen Altertumskunde, Bd. 10 (Berlin – New York 1998), 196–210.

Steuer 1999
H. Steuer, „Handel", in: Reallexikon der Germanischen Altertumskunde, Bd. 13 (Berlin u. a. 1999), 502–574.

Steuer 1999a
H. Steuer, Handel und Wirtschaft in der Karolingerzeit, in: C. Stiegemann – M. Wemhoff (Hrsg.), 799 – Kunst und Kultur der Karolingerzeit. Karl der Große und Papst Leo III. in Paderborn. Beiträge zum Katalog der Ausstellung (Mainz 1999), 406–416.

Steuer 2002
H. Steuer, „Mobilität", in: Reallexikon der germanischen Altertumskunde Bd. 20 (2002), 118–123.

Steuer 2004
H. Steuer, Münzprägung, Silberströme und Bergbau um das Jahr 1000 in Europa – wirtschaftlicher Aufbruch und technische Innovation, in: A. Hubel – B. Schneidmüller (Hrsg.), Aufbruch ins zweite Jahrtausend. Innovation und Kontinuität in der Mitte des Mittelalters. Mittelalter-Forschungen 16 (Ostfildern 2004), 117–149.

Steuer 2014
H. Steuer, Mittelasien und der wikingerzeitliche Norden, in: K. P. Hofmann – H. Kamp – M. Wemhoff (Hrsg.), Die Wikinger und das Fränkische Reich. Identitäten zwischen Konfrontation und Annäherung. MittelalterStudien 29 (München 2014), 217–238.

Steuer – Stern – Goldenberg 2002
H. Steuer – W. B. Stern – G. Goldenberg, Der Wechsel von der Münzgeld- zur Gewichtsgeldwirtschaft in Haithabu um 900 und die Herkunft des Münzsilbers im 9. und 10. Jahrhundert, in: K. Brandt – M. Müller-Wille – C. Radtke (Hrsg.), Haithabu und die frühe Stadtentwicklung im nördlichen Europa. Schriften des Archäologischen Landesmuseums 8 (Neumünster 2002), 133–167.

Stiegemann – Wemhoff 2006
C. Stiegemann – M. Wemhoff (Hrsg.), Canossa 1077. Erschütterung der Welt. Geschichte, Kunst und Kultur am Aufgang der Romanik. Ausstellungskatalog (München 2006).

Stöllner 2002a
T. Stöllner, Salz als Fernhandelsgut in Mitteleuropa während der Hallstatt- und Latènezeit, in: A. Lang – V. Salac, Fernkontakte in der Eisenzeit. Konferenz Liblitz 2000 (Prag 2002), 47–71.

Stöllner 2002b
T. Stöllner, Der Dürrnberg, sein Salzwesen und das Inn-Salzach-Gebiet als Wirtschaftsraum, in: C. Dobiat – S. Sievers – T. Stöllner (Hrsg.), Dürrnberg und Manching. Wirtschaftsarchäologie im ostkeltischen Raum. Akten Internat. Koll. Hallein/Bad Dürrnberg 1998. Koll. Ur- u. Frühgesch. 7 (Bonn 2002), 77–94.

Stöllner 2003
T. Stöllner, The Dürrnberg – an Iron Age Salt mining centre in the Austrian Alps – New results on its economy: A decade of research and results, with contributions by H. Aspöck, N. Boenke, C. Dobiat, H.-J. Gawlick, W. Groenman-van Waateringe, W. Irlinger, K. von Kurzynski, R. Lein, W. Lobisser, K. Löcker, J. V. S. Megaw FSA, M. Ruth Megaw FSA, G. C. Morgan FSA, E. Pucher and T. Sormaz. Antiquaries Journal 83, 2003, 123–194.

Stöllner 2004
T. Stöllner, „Verborgene Güter" – Rohstoffe und Spezereien als Fernhandelsgut in der Späthallstatt- und Frühlatènezeit, in: M. Guggisberg (Hrsg.), Die Hydria von Grächwil 1851–2001. Funktion und Rezeption mediterraner Importe in der Zone nördlich der Alpen. Schriften des Bernischen Historischen Museums (Bern 2003), S. 137–158.

Stöllner 2005
T. Stöllner, More than old rags. Textiles from the Iron Age Salt-mine at the Dürrnberg, in: P. Bichler – K. Grömer – R. Hofmann-de Kejzer – A. Kern – H. Reschreiter (Hrsg.), Hallstatt Textiles. Technical Analysis, Scientific Infestigation and Experiment on Iron Age Textiles. Proceedings of the Symposium Hallstatt 2004. BAR International Series 1351 (Oxford 2005), 161–174.

Stöllner 2007a
T. Stöllner, Handwerk im Grab – Handwerker? Überlegungen zur Aussagekraft der Gerätebeigabe in eisenzeitlichen Gräbern, in: R. Karl – J. Leskovar (Hrsg.), Interpretierte Eisenzeiten. Fallstudien, Methoden, Theorie. Tagungsbeiträge 2. Linzer Gespräche zur interpretativen Eisenzeitarchäologie (Linz 2007), 227–252.

Stöllner 2007b
T. Stöllner, Siedlungsdynamik und Salzgewinnung im östlichen Oberbayern und in Westösterreich während der Eisenzeit, in: J. Prammer – R. Sandner – C. Tappert (Hrsg.), Siedlungsdynamik und Gesellschaft. Beiträge des internationalen Koll. Straubing 2006. Jahrb. Hist. Verein Straubing Sonderband 3 (Straubing 2007), 313–362.

Stöllner 2015
T. Stöllner, Salz als Lebens- und Wirtschaftsmittel, in: T. Stöllner – K. Oeggl (Hrsg.), Bergauf Bergab. 10.000 Jahre Bergbau in den Ostalpen. Wissenschaftlicher Beiband zur Ausstellung im Deutschen Bergbau-Museum Bochum vom 31.10.2015–24.04.2016 (Bochum 2015), 283–288.

Stöllner – Schwab 2009
T. Stöllner – R. Schwab: Hart oder weich? Worauf es ankommt. Pickel aus dem prähistorischen Bergbau in den Ostalpen. Mitt. Anthr. Ges. Wien 139, 2009 (Festschrift für F.E. Barth), 149–166.

Stöllner – Zeiler 2014
T. Stöllner – M. Zeiler, Smelting and forging during the La Tène period: Preliminary results of surveys and excavations in Siegerland region, Germany, in: E. Pernicka – R. Schwab (Hrsg.), Under the Volcano. Proceedings of the International Symposium on the Metallurgy of the European Iron Age (SMEIA) held in Mannheim, Germany 2010, Forschungen zur Archäometrie und Altertumswissenschaft 5 (Rahden/Westf.), 91–102.

Stopford 2014
J. Stopford, Some approaches to the archeology of Christian pilgrimage. World Archeology 26 (1994), 57–72.

Strahm – Wiermann – Müller-Scheeßel 2013
C. Strahm – R. Wiermann – N. Müller-Scheeßel, Salzmünde – Kupfer: erst Prestige, dann Technologie, in: H. Meller (Hrsg.), 3300 BC. Mysteriöse Steinzeittote und ihre Welt (Halle 2013), 71–77.

von Suchten 1570
A. von Suchten, Liber unus De secretis Antimonii. Das ist/Von der großen heymligkeit/des Antimonii die Artzney belangent (Straßburg 1570).

Süß 2003
L. Süß, Die Salzgewinnung aus Quellsole in Bad Nauheim seit der Latènezeit, in: Landesamt für Denkmalpflege Hessen, Abt. Archäologische und Paläontologische Denkmalpflege (Hrsg.), Sole und Salz schreiben Geschichte. 50 Jahre Landesarchäologie – 150 Jahre Archäologische Forschung in Bad Nauheim. Zusammengestellt von Brigitte Kull (Mainz 2003).

Szabó 1994
T. Szabó, Die Entdeckung der Straße im 12. Jahrhundert, in: Società, istituzioni, spiritualità. Studi in onore di Cinzio Violante. Centro Italiano di Studi sull'Alto Medioevo. Collectanea Bd. 1 (Spoleto 1994), 913–929.

Szabó 1995
T. Szabó, „Post", in: Lexikon des MIttelalters Bd. 7 (1995), Sp. 126–127.

Szabó 2014
T. Szabó, Die Infrastruktur des Karolingerreichs, in: F. Pohle (Hrsg.), Karl der Große, Charlemagne. Ort der Macht. Essays (Dresden 2014), 48–57.

Szécsényi-Nagy u. a. 2014
A. Szécsényi-Nagy – V. Keerl – J. Jakucs – G. Brandt – E. Bánffy – K. W. Alt, Ancient DNA Evidence for a Homogeneous Maternal Gene Pool in Sixth Millenium cal BC Hungary and the Central European LBK. Proceedings of the British Academy 198, 2014, 71–93.

Tanner 1965
A. Tanner, The structure of fur trade relations (Vancouver 1965).

Tegel u. a. 2012
W. Tegel – R. Elburg – D. Hakelberg – H. Stäuble – U. Büntgen, Early Neolithic water wells reveal the world's oldest wood architecture. PLOS ONE (PONE-D-12-22210R1) 2012, 1–8.

Tegtmeier 2016
U. Tegtmeier, Holzobjekte und Holzhandwerk im römischen Köln. Archäologie Nord-Süd Stadtbahn Köln I. Monographien zur Archäologie in Köln 1 (Mainz 2016).

Tenfelde – Bartels – Slotta 2012
K. Tenfelde – C. Bartels – R. Slotta (Hrsg.), Geschichte des deutschen Bergbaus. Bd. 1: Der alteuropäische Bergbau. Von den Anfängen bis zur Mitte des 18. Jahrhunderts (Münster 2012).

Terberger u. a. 2018a
T. Terberger – U. Böhner – F. Hillgruber – A. Kotula (Hrsg.), 300.000 Jahre Spitzentechnik. Der altsteinzeitliche Fundplatz Schöningen und die ältesten Speere der Menschheit (Darmstadt 2018).

Terberger u. a. 2018b
T. Terberger – D. Jantzen – J. Krüger – G. Lidke, Das bronzezeitliche Kampfgeschehen im Tollensetal – ein Großereignis oder wiederholte Konflikte?, in: S. Hansen – R. Krause, Bronzezeitliche Burgen zwischen Taunus und Karpaten / Bronze Age Hillforts between Taunus and Carpathian Mountains. Universitätsforschungen zur prähistorischen Archäologie 319, Prähistorische Konfliktforschung 2 (Bonn 2018) 103–124.

Terberger – Heinemeier 2014
T. Terberger – J. Heinemeier, Die Ernährungsweise der bronzezeitlichen Menschen aus dem Tollensetal im Spiegel ihrer 13C- und 15N-Isotopie – erste Ergebnisse. In: D. Jantzen – J. Orschiedt – J. Piek – T. Terberger (Hrsg.), Tod im Tollensetal – Forschungen zu den Hinterlassenschaften eines bronzezeitlichen Gewaltkonfliktes in Mecklen-burg-Vorpommern. Teil 1: Die Forschungen bis 2011. Beitr. Ur- u. Frühgesch. Mecklenburg-Vorpommern 50 (Schwerin 2014) 209–214.

Theune-Großkopf 2012
B. Theune-Großkopf, Mit Leier und Schwert. Das frühmittelalterliche „Sängergrab" von Trossingen (Friedberg 2010).

Thieme 2008
H. Thieme (Hrsg.), Die Schöninger Speere. Mensch und Jagd vor 400000 Jahren (Stuttgart 2008).

Thoma 1999
G. Thoma, Bischöflicher Fernbesitz und räumliche Mobilität. Das Beispiel des Bistums Freising (12.–14. Jahrhundert). Zeitschrift für bayerische Landesgeschichte 62 (1999), 15–40.

Thüry 2001
G. E. Thüry, Müll und Marmorsäulen. Siedlungshygiene in der Antike (Mainz 2001).

Tillmann 1993
A. Tillmann, Kontinuität oder Diskontinuität? Zur Frage einer bandkeramischen Landnahme in Mitteleuropa, Archäologische Informationen 16/2, 1993, 157–187.

Timpe 1985
D. Timpe, Der keltische Handel nach historischen Quellen, in: Untersuchungen zu Handel und Verkehr der vor- und frühgeschichtlichen Zeit in Mittel- und Nordeuropa I. Abh.Akad.Wiss.Göttingen. Phil.Hist. Klasse 3. Folge Nr. 143, 1985, 258–284.

Trebsche 2013
P. Trebsche, Neue Mühlen mahlen schneller. Landwirtschaftliche Techniken in der Eisenzeit, in: H. Etzlstorfer – M. Pfaffenbichler – C. Rapp – F. Regner (Hrsg.), Katalog zur Niederösterreichischen Landesausstellung „Brot & Wein" 27. April bis 3. November 2013 (Schallaburg 2013), 93–101.

Trier 2013
M. Trier, Das Archäologische Jahr in Köln 2012, in: J. Kunow – M. Trier (Hrsg.), Archäologie im Rheinland 2012 (Darmstadt 2013), S. 20–22.

Trüper 2000
H. G. Trüper, Ritter und Knappen zwischen Weser und Elbe. Die Ministerialität des Erzstiftes Bremen, Schriftenreihe des Landschaftsverbandes der ehemaligen Herzogtümer Bremen und Verden 12 (Stade 2000).

Turck 2018 (in Vorb.)
R. Turck, Woher kamen die Toten von Herxheim? Isotopenanalysen menschlicher Individuen aus den Fundkonzentrationen in den Grabenringen, in: A. Zeeb-Lanz (Hrsg.), Ritualised Destruction in the Early Neolithic – The Exceptional Site of

Herxheim (Palatinate, Germany). Forschungen zur Pfälzischen Archäologie 8.2 (Speyer 2018 [in Vorb.]).

Turck u. a. 2012
R. Turck – B. Kober – J. Kontny – A. Zeeb-Lanz – F. Haack, „Widely travelled people" at Herxheim? Sr isotopes as indicators of mobility, in: E. Kaiser – J. Burger – W. Schier (Hrsg.), Population Dynamics in Prehistory and Early History. New Approaches Using Stable Isotopes and Genetics. TOPOI, Berlin Studies of the ancient World 5 (Berlin 2012), 149–163.

Turnbull 1965
C. Turnbull, Wayward servants: the two worlds of the African Pygmies (New York 1965).

Tuxen – With-Seidelin 1922
A. P. Tuxen – C. L. With-Seidelin, Erobringen af Sverigs tyske Provinser 1715–1716 (Kopenhagen 1922).

Ulbrich 2017
A. Ulbrich, Herstellungstechnik und Archäometrie des Pferdekopfes von Waldgirmes, in: M. Kemkes (Hrsg.), Römische Großbronzen am UNESCO-Welterbe Limes. Beiträge zum Welterbe Limes 9 (Darmstadt 2017) 167–172.

Varberg u. a. 2016
J. Varberg – B. Gratuze – F. Kaul – A. Haslund Hansen – M. Rotea – M. Wittenberger, Mesopotamian glass from Late Bronze Age Egypt, Romania, Germany, and Denmark. Journal of Archaeological Science 71, 2016, 181–194.

Veeramah u. a. 2018
K. Veeramah – A. Rott – M. Groß – K. Kirsanow – L. van Dorp – S. López – C. Sell – J. Blöcher – D. Wegmann – V. Link – Z. Hofmanová – J. Peters – B. Trautmann – J. Haberstroh – B. Päffgen – G. Hellenthal – B. Haas-Gebhard – M. Harbeck – J. Burger, Population genomic analysis of elongated skulls reveals extensive female-biased immigration in Early Medieval Bavaria. Proceedings of the National Academy of Sciences of the United States of America, URL: https://doi.org/10.1073/pnas.1719880115

Venclová 2001
N. Venclová, Výroba a sídla v době laténské. Projekt Loděnice. Archeologický ústav AV ČR (Prag 2001).

Venclová 2002
N. Venclová, Theoretische Modelle zur Produktion und Wirtschaft in der Latènezeit, in: C. Dobiat – S. Sievers – T. Stöllner (Hrsg.), Dürrnberg und Manching. Wirtschaftsarchäologie im ostkeltischen Raum. Akten Internat. Koll. Hallein/Bad Dürrnberg 1998. Koll. Ur- u. Frühgesch. 7 (Bonn 2002), 33–48.

Verdu u. a. 2013
P. Verdu – N. S. Becker – A. Froment – M. Georges – V. Grugni – L. Quintana-Murci – J. M. Hombert – L. Van der Veen – S. Le Bomin – S. Bahuchet – E. Heyer – F. Austerlitz, Sociocultureal behavior, sex-biased admixture, and effective population size in Central African Pygmies and non-Pygmies. Molecular Biology and Evolution 30, 2013, 918–937.

Verse 2006
F. Verse, Die Keramik der älteren Eisenzeit im Mittelgebirgsraum zwischen Rhein und Werra. Münster. Beitr. Ur.- u. Frühgesch. Arch. 2 (Münster 2006).

Vierzig 2017
A. Vierzig, Menschen in Stein: Anthropomorphe Stelen des 4. und 3. Jahrtausends v. Chr. zwischen Kaukasus und Atlantik. Universitätsforschungen zur Prähistorischen Archäologie 306 (Bonn 2017).

Villads Jensen 2004
K. Villads Jensen, Danske Korstog, Krig og mission i Østersøen (Kopenhagen 2004).

Vogel 1983
V. Vogel, Archäologische Stadtkernforschung in Schleswig 1969–1982, in: V. Vogel (Hrsg.), Ausgrabungen in Schleswig. Berichte und Studien 1 (Neumünster 1983), 9–54.

Vogel 1989
V. Vogel, Schleswig im Mittelalter. Archäologie einer Stadt (Neumünster 1989).

Vogel 1999
V. Vogel, Der Schleswiger Hafen im hohen und späten Mittelalter, in: Maritime Topography and the Medieval Town, Papers from the 5th international conference on waterfront archaeology in Copenhagen, 14–16 may 1998, Publications from The National Museum, Studies in Archaeology & History, Vol. 4 (Kopenhagen 1999), 187–196.

Vogt 2002
U. Vogt, Zur Glasverarbeitung in der Germania Magna, in: A. Friederichs – K. Igel – B. Zehm (Hrsg.), Vom Grosssteingrab zur Domburg. Forschungsorientierte Denkmalpflege im Osnabrücker Land. Festschrift W. Schlüter. Internationale Archäologie 19 (Rahden/Westf. 2002), 100–106.

Voß 2007
H.-U. Voß, Das Corpus der römischen Funde im europäischen Barbaricum – zu einigen Aspekten der Fundauswertung, in: E. Droberjar – O. Chvojka (Hrsg.), Archeologie barbar 2006. Archeologické vyzkumy v jižních Čechách, Supplementum 3, Bd. 1 (Budweis 2007), 7–26.

Voß 2013
H.-U. Voß, Der römische Import der Rhein-Weser-Germanen. Zum Forschungsstand zur Zeit Rafael von Uslars und heute, in: G. Rasbach (Hrsg.), Westgermanische Bodenfunde. Akten des Kolloquiums anlässlich des 100. Geburtstages von Rafael von Uslar am 5. und 6. Dezember 2008. Kolloquien zur Vor- und Frühgeschichte 18 (Bonn 2013), 199–212.

de Waal 1900
A. de Waal, Andenken an die Romfahrt im Mittelalter, Römische Quartalschrift für Geschichte und Archäologie 14, 1900, 54–67.

Wagner 2017
G. Wagner, Geophysikalische Untersuchungen in Köln: Flottenlager Alteburg und Äußerer Grüngürtel, in: J. Kunow – M. Trier (Hrsg.), Archäologie im Rheinland 2016 (Darmstadt 2017), 21–24.

Wagner – Wojnicz 2015
G. Wagner – J. Wojnicz, Silberschatz unter der Lupe. Archæo 12, 2015, 34–35.

Waldhauser 1981
J. Waldhauser, Keltische Drehmühlen in Böhmen. Pamatky Archeologické 72, 153–221.

Waldhauser 1992
J. Waldhauser, Keltische Distributionssysteme von Graphittonkeramik und die Ausbeutung der Graphitlagerstätten während der fortgeschrittenen Latènezeit. Archäologisches Korrespondenzblatt 22, 377–392.

Waßenhoven 2006
D. Waßenhoven, Skandinavier unterwegs in Europa (1000–1250). Untersuchungen zu Mobilität und Kulturtransfer auf prosopographischer Grundlage. Europa im Mittelalter 8 (Berlin 2006).

Webb 1999
D. Webb, Pilgrims and pilgrimage in the medieval West (London – New York 1999).

Wechler – Wetzel 1987
K.-P. Wechler – G. Wetzel, Eine Fundstelle mit steinzeitlichem Bergbau auf Moränenfeuerstein von Bergheide, Kr. Finsterwalde. Veröffentlichungen des Museums für Ur- und Frühgeschichte Potsdam 21, 7–30.

Wefers 2006
S. Wefers, Latènezeitliche Handdrehmühlen im nordmainischen Hessen, in: A. Belmont – F. Mangartz (Hrsg.), Mühlsteinbrüche. Erforschung, Schutz und Inwertsetzung eines Kulturerbes europäischer Industrie (Antike – 21. Jahrhundert). Internat. Kolloquium Grenoble 2005. RGZM Tagungen 2 (Mainz 2006), 15–24.

Wefers 2012a
S. Wefers, Latènezeitliche Mühlen aus dem Gebiet zwischen den Steinbruchrevieren Mayen und Lovosice. Monogr. RGZM 95. Vulkanpark-Forsch. 9 (Mainz 2012).

Wefers 2012b
S. Wefers, Reibst Du noch oder drehst Du schon? Die ältesten bekannten Drehmühlen aus dem westlichen Europa, in: A. Kern – J. K. Koch – I. Balzer – J. Fries-Knoblach – K. Kowarik – C. Later – P. C. Ramsl – P. Trebsche – J. Wiethold (Hrsg.), Technologieentwicklung und -transfer in der Hallstatt- und Latènezeit. Beiträge zur Internationalen Tagung der AG Eisenzeit und des Naturhistorischen Museums Wien, Prähistorische Abteilung – Hallstatt 2009 (Langenweißbach 2012), 13–24.

Wefers 2014
S. Wefers, Schwarzes Gold der Eifel – Distribution von latènezeitlichen Drehmühlen des Steinbruchreviers um Mayen, in: S. Hornung (Hrsg.), Produktion – Distribution – Ökonomie. Siedlungs- und Wirtschaftsmuster der Latènezeit. Akten des internationalen Kolloquiums in Otzenhausen, 28.–30. Oktober 2011 (Bonn 2014), 115–128.

Wehrberger 2013
K. Wehrberger (Hrsg.), Die Rückkehr des Löwenmenschen. Geschichte – Mythos – Magie (Ostfildern 2013).

Wehry 2013
B. Wehry, Zwischen Orient und Okzident. Das arsakidenzeitliche Gräberfeld von Tall Šēḫ Ḥamad/Magdala. Berichte der Ausgrabung Tall Šēḫ Ḥamad (BATSH) 13/2, 2013.

Wehry 2014
B. Wehry, Mittelbronzezeitliche Gefäßsätze in Gräbern der Lausitzer Kultur. Acta Praehistorica et Archaeologica 46, 2014, 105–113.

Wehry 2016
B. Wehry, Die Grosse-Mutter aller Urnen und ihre Lausitzer Verwandten. Acta Praehist. Arch. 48, 2016, 55–73.

Weiner 1998
J. Weiner, Der Lousberg in Aachen. Rhein. Kunststätten 436 (Köln 1998).

Weisgerber 1993
G. Weisgerber, Quarzit, Feuerstein, Hornstein, Jaspis, Ocker – mineralische Rohstoffe der Steinzeit, in: H. Steuer – U. Zimmermann, Alter Bergbau in Deutschland (Stuttgart 1993), 24–34.

Weisgerber 1999
G. Weisgerber (Hrsg.), 5000 Jahre Feuersteinbergbau – Die Suche nach dem Stahl der Steinzeit. Veröff. aus dem Dt. Bergbau-Museum Bochum 77 (Bochum 31999).

Weller 2002
O. Weller, Aux origines de la production du sel en Europe. Vestiges, fonctions et enjeux archéologiques, in: O. Weller (Hrsg.), Salzarchäologie. Techniken und Gesellschaft in der Vor- und Frühgeschichte Europas. Internationale Archäologie. Arbeitsgemeinschaft, Symposium, Tagung, Kongress (Rahden/Westf. 2002), 163–175.

Wemhoff 2012
M. Wemhoff, Der Berliner Skulpturenfund – Von der Entdeckung zur Ausstellung, in: M. Wemhoff (Hrsg.), Der Berliner Skulpturenfund. „Entartete Kunst" im Bombenschutt. Entdeckung – Deutung – Perspektive, in Zusammenarbeit mit M. Hoffmann und D. Scholz (Regensburg 2012), 13–28.

Werner 1956
J. Werner, Beiträge zur Archäologie des Attila-Reiches. Abhandlungen der Bayerischen Akademie der Wissenschaften, Phil.-Hist. Klasse N.F. Heft 38A und 38 B (München 1956).

Westermann 2001
E. Westermann, Zeugen des Hamburger Hamburger Kupferhandels an der Wende vom 16. zum 17. Jahrhundert. In: J. Bracker (Hrsg.), Gottes Freund – aller Welt Feind : von Seeraub und Konvoifahrt, Störtebeker und die Folgen (Hamburg 2001).

Westphal 2002
H. Westphal, Franken oder Sachsen? Untersuchungen an frühmittelalterlichen Waffen, Studien zur Sachsenforschung 14 (Oldenburg 2002).

Wetzel 1979
G. Wetzel, Die Schönfelder Kultur. Veröff. Landesmus. Vorgesch. Halle 31 (Halle/Saale 1979).

Wetzstein 2008
T. Wetzstein, Wie die urbs zum orbis wurde. Der Beitrag des Papsttums zur Entstehung neuer Kommunikationsräume im europäischen Hochmittelalter, in: J. Johrendt – H. Müller (Hrsg.), Römisches Zentrum und kirchliche Peripherie. Das universale Papsttum als Bezugspunkt der Kirchen von den Reformpäpsten bis zu Innozenz III.

Neue Abhandlungen der Akademie der Wissenschaften zu Göttingen. Neue Folge Bd. 2 (Berlin – New York 2008), 47–75.

Wetzstein 2013
T. Wetzstein, Die Welt als Sprengel. Der päpstliche Universalepiskopat zwischen 1050 und 1215, in: C. Andenna u. a. (Hrsg.), Die Ordnung der Kommunikation und die Kommunikation der Ordnungen. Bd. 2: Zentralität. Papsttum und Orden im Europa des 12. und 13. Jahrhundert. Aurora Bd. 1.2 (Stuttgart 2013), 169–187.

White 1855
A. White, A collection of documents on Spitzbergen & Greenland (New York 1855).

Wiegels u. a. 2011
R. Wiegels – G. Moosbauer – M. Meyer – P. Lönne – M. Geschwinde, Eine römische Dolabra aus dem Umfeld des Schlachtfeldes am Harzhorn (Lkr. Northeim) in Niedersachsen. Archäologisches Korrespondenzblatt 41, 2011, 561–570.

Wiegels 2012
R. Wiegels, Fragmente beschrifteter Bronzeplatten aus Borken-West. Ausgrabungen und Funde in Westfalen-Lippe 11, 2012, 433–443.

Wiehen 2018
M. Wiehen – T. Potthoff, „da man die Juden zu Colne sluch […] inde die hus in der Judengassen verbrannt wurden" Das Kölner Judenpogrom von 1349, Mitteilungen der Deutschen Gesellschaft für Archäologie des Mittelalters und der Neuzeit, Bd. 31, 2018, 21–36.

Wieland 1999
G. Wieland (Hrsg.), Keltische Viereckschanzen. Einem Rätsel auf der Spur (Stuttgart 1999).

Williams 2011
G. Williams, Silver Economies, Monetisation and Society: An Overview. in: J. Graham-Campbell – S. M. Sindbæk – G. Williams (Hrsg.), Silver Economies, Monetisation and Society in Scandinavia, AD 800–1100 (Aarhus 2011), 337–372.

Willms 1982
C. Willms, Zwei Fundplätze der Michelsberger Kultur aus dem westlichen Münsterland, gleichzeitig ein Beitrag zum neolithischen Silexhandel in Mitteleuropa. Münstersche Beitr. z. Ur- u. Frühgesch. 12 (Hildesheim 1982).

Willms 1985
C. Willms, Neolithischer Spondylusschmuck: Hundert Jahre Forschung. Germania 63, 1985, 331–343.

Winghart 1994
S. Winghart, Eine späthellenistische Bronzestatuette der Athene aus Dornach, Gde. Aschheim, Landkreis München, Archäologisches Jahr in Bayern 1994, 94–97.

Wirth 2010
S. Wirth, Sonnenbarke und zyklisches Weltbild – Überlegungen zum Verständnis der spätbronzezeitlichen Ikonographie in Mitteleuropa, in: H. Meller (Hrsg.), Der Griff nach den Sternen. Internationales Symposium in Halle (Saale) 16.–21. Februar 2005. Tagungen Landesmus. Vorgesch. Halle (Halle/Saale 2010), 501–515.

Wolff 1963
P. Wolff, Quidam homo nomine Roberto negociatore. Le Moyen Âge 69 (1963), 129–139.

Wolters 1986
J. Wolters, Die Granulation (München 1986).

Wolters 2007
R. Wolters, Stichwort „Tribut". Reallexikon der Germanischen Altertumskunde, Bd. 35 (Berlin – New York 2007), 233–237.

Wood 1990
W. R. Wood, Early fur trade on the Northern Plains, in: V. L. Heidenreich (Hrsg.), The fur trade in North Dakota (Bismarck 1990), 3–16.

Wood 2001
I. Wood, The missionary life. Saints and the evangelisation of Europe, 400–1050 (Harlow u. a. 2001).

Wunderlich 2016
C.-H. Wunderlich, Keine „Alchimei böser Buben". Spagyrische Arzneiproduktion in Renaissance und Barock am Beispiel der Laborfunde von Wittenberg und Huysburg, in: H. Meller – A. Reichenberger – C.-H. Wunderlich (Hrsg.), Alchemie und Wissenschaft des 16. Jahrhunderts. Fallstudien aus Wittenberg und vergleichbare Befunde. Internationale Tagung vom 3. bis 4. Juli 2015 in Halle (Saale). Tagungen des Landesmuseums für Vorgeschichte Halle 15 (Halle/Saale 2016), 59–89.

Wunderlich – Werthmann 2016
C.-H. Wunderlich – R. Werthmann, Der der Wiesen des Esaias Stumpffeld – Alchemist im Dienste des Fürsten zu Stolberg-Wernigerode, in: H. Meller – A. Reichenberger – C.-H. Wunderlich (Hrsg.), Alchemie und Wissenschaft des 16. Jahrhunderts. Fallstudien aus Wittenberg und vergleichbare Befunde. Internationale Tagung vom 3. bis 4. Juli 2015 in Halle (Saale). Tagungen des Landesmuseums für Vorgeschichte Halle 15 (Halle/Saale 2016), 377–382.

Yalçin 2000
Ü. Yalçin, Zur Technologie der frühen Eisenverhüttung, Arbeits- und Forschungsberichte zur sächsischen Bodendenkmalpflege 42, 2000, 307–316.

Ypey 1982
J. Ypey, Europäische Waffen mit Damaszierung, Archäologisches Korrespondenzblatt 12, 1982, 381–388.

Zanier 2016
W. Zanier, Der spätlatène- und frühkaiserzeitliche Opferplatz auf dem Döttenbichl südlich von Oberammergau. Veröffentlichungen der Kommission zur vergleichenden Archäologie römischer Alpen- und Donauländer (München 2016).

Zeeb-Lanz 2011
A. Zeeb-Lanz, Besondere Schädel und mehr. Der rätselhafte bandkeramische Ritualplatz von Herxheim (Pfalz), in: A. Wieczorek – W. Rosendahl (Hrsg.), Schädelkult. Kopf und Schädel in der Kulturgeschichte des Menschen. Begleitband zur Sonderausstellung. Publikation der Reiss-Engelhorn-Museen 41 (Regensburg 2011), 63–67.

Zeeb-Lanz 2014
A. Zeeb-Lanz, Gewalt im Ritual – Gewalt an Toten. Die Krise am Ende der Bandkeramik im Spiegel außergewöhnlicher Befunde, in: Th. Link – H. Peter-Röcher (Hrsg.), Gewalt und Gesellschaft. Dimensionen der Gewalt in ur- und frühgeschichtlicher Zeit / Violence and Society. Dimensions of violence in pre- and protohistoric times. Internationale Tagung an der Julius-Maximilians-Universität Würzburg 14.–16.3.2013, Universitätsforschungen zur prähistorischen Archäologie 259 (Bonn 2014), 257–270.

Zeeb-Lanz 2016
A. Zeeb-Lanz (Hrsg.), Ritualised Destruction in the Early Neolithic – The Exceptional Site of Herxheim (Palatinate, Germany), Vol. 1, Forschungen zur Pfälzischen Archäologie 8.1 (Speyer 2016).

Zeeb-Lanz 2017
A. Zeeb-Lanz, Herxheim bei Landau (Pfalz): Einzigartiger Schauplatz jungsteinzeitlicher Zerstörungsrituale mit Menschenopfern / Herxheim près de Landau (Palatinat) : Théâtre extraordinaire des rituels de destruction avec sacrifices humains, in: M. Koch (Hrsg.), Archäologentage Otzenhausen Bd. 3, 2016. Beiträge der Internationalen Tagung zur Archäologie in der Großregion in der Europäischen Akademie Otzenhausen, 14.–17. April 2016 (2017), 101–122.

Zeeb-Lanz – Haack – Bauer 2013
A. Zeeb-Lanz – F. Haack – S. Bauer, Menschenopfer – Zerstörungsrituale mit Kannibalismus – Schädelkult: Die außergewöhnliche bandkeramische Anlage von Herxheim in der Südpfalz. Mitteilungen des Historischen Vereins der Pfalz 111, 2013, 5–53.

Zeeb-Lanz u. a. 2016
A. Zeeb-Lanz – R.-M. Arbogast – S. Bauer – B. Boulestin – A.-S. Coupey – A. Denaire – F. Haack – Ch. Jeunesse – D. Schimmelpfennig – R. Turck, Human „Sacrifice as Crisis Management"? The Case of the Early Neolithic Site of Herxheim, Palatinate, Germany, in: C. Murray (Hrsg.), Diversity of Sacrifice, IEMA Proceedings Vol. 5 (Albany 2016), 171–189.

Zeiler 2011
M. Zeiler, Die Siedlung von Soprom-Krautacker (Westungarn) in der jüngeren Latènezeit. Arch. Korrbl. 41, 374–395.

Zeiler 2013
M. Zeiler, Latènezeitliche Eisenwirtschaft im Siegerland. Bericht über die montanarchäologischen Forschungen 2009–2011. Metalla 20/1 (2013), 11–160.

Zeiler u. a. 2009
M. Zeiler – P. C. Ramsl – E. Jerem – J. V. S. Megaw, Stempelgleiche Frühlatène-Keramik zwischen Traisental und Neusiedlersee, in: G. Cooney – K. Becker – J. Coles – M. Ryan – S. Sievers (Hrsg.), Relics of Old Deceny: archaeological studies in later prehistory. Festschrift für Barry Raftery (Dublin 2009), 259–276.

Zerres 2017
J. Zerres, Kapuzenmäntel in Italien und den Nordwestprovinzen des Römischen Reiches. Gebrauch – Bedeutung – Habitus (Kerpen-Loogh 2017).

Zimmermann 1977
A. Zimmermann, Die bandkeramischen Pfeilspitzen aus den Grabungen im Merzbachtal, in: Beitr. Zur neolithischen Besiedlung der Aldenhovener Platte II. Rhein. Ausgr. 18 (Bonn 1977), 351–417.

Zimmermann 1995
A. Zimmermann, Austauschsysteme von Silexartefakten in der Bandkeramik Mitteleuropas. Universitätsforsch. zur Prähist. Arch. 26 (Bonn 1995).

Zimmermann – Hilpert – Wendt 2009
A. Zimmermann – J. Hilpert – K.P. Wendt, Estimations of Population Density for Selected Periods Between the Neolithic and AD 1800. Human Biology 81, 357–380.

Zotz 1986
T. Zotz, Adel, Bürgertum und Turniere in deutschen Städten vom 13. bis 15. Jahrhundert, in: Josef Fleckenstein (Hrsg.), Das ritterliche Turnier im Mittelalter, Beiträge zu einer vergleichenden Formen- und Verhaltensgeschichte des Rittertums (Göttingen 1986), 450–499.

Zürn 1970
H. Zürn, Hallstattforschungen in Nordwürttemberg. Veröffentlichungen des Staatlichen Amtes für Denkmalpflege Stuttgart. Reihe A: Vor- und Frühgeschichte (Stuttgart 1970).

Bildnachweis

Europa vernetzt

Trier
Aufmacher, Abb. 5, 9, 10, 11, 13, 15, 16, 18, 25: Römisch-Germanisches Museum der Stadt Köln/Rheinisches Bildarchiv, A. Wegner – Abb. 1, 4: Römisch-Germanisches Museum der Stadt Köln – Abb. 2, 7, 12, 22: Römisch-Germanisches Museum der Stadt Köln; M. Trier – Abb. 3: Römisch-Germanisches Museum der Stadt Köln, G. Wagner/M. Trier – Abb. 6, 19, 24: Köln, International School of Design (KISD)/Colonia 3D, M. Eichhorn, M. Wallasch, C. D. Herrmann – Abb. 8, 21, 23: Römisch-Germanisches Museum der Stadt Köln/A. Thünker, DGPh – Abb. 14: Römisch-Germanisches Museum der Stadt Köln, U. Karas – Abb. 17: National Geographic, R. Bitter; Bearbeitung D. Greinert – Abb. 20, 26: Römisch-Germanisches Museum der Stadt Köln/Arge KölnArchäologie – Abb. 27: Kölnisches Stadtmuseum/Rheinisches Bildarchiv

Schäfer
Abb. 1, 2, 3: Hochschule Trier – Abb. 4: R. Kreutzfeld

Mobilität

Bauerochse, Heumüller
Aufmacher, Abb. 1, 2, 3, 4, 8, 9: Niedersächsisches Landesamt für Denkmalpflege/A. Bauerochse – Abb. 5: Niedersächsisches Landesamt für Denkmalpflege/M. Heumüller – Abb. 6: Landesmuseum Natur und Mensch, Oldenburg/W. Kehmeier – Abb. 7: H. Prejawa

Bauerochse
Abb. 1: Niedersächsisches Landesamt für Denkmalpflege/C. Fuchs

Ebersbach
Abb. 1, 2c: Landesamt für Denkmalpflege im Regierungspräsidium Stuttgart/Y. Mühleis – Abb. 2a,b: Archäologisches Landesmuseum Baden-Württemberg/M. Hoffmann

Baales, Jöris
Abb. 1: MONREPOS, Neuwied/O. Jöris– Abb. 2 Foto oben: RGZM, Mainz/S. Steidl, Fotos unten: LWL-Archäologie für Westfalen/H. Menne; Zeichnungen: MONREPOS, Neuwied/O. Jöris – Abb. 3 MONREPOS, Neuwied/ K. Ruebens – Abb. 4: LWL-Archäologie für Westfalen/H. Menne

Jörg Orschiedt, Wolfgang Heuschen, Michael Baales, Birgit Gehlen, Werner Schön, Joachim Burger
Aufmacher: LWL Archäologie für Westfalen– Abb. 1: Vermessung Arbeitskreis Kluterhöhle e.V.; Zeichnung S. Voigt – Abb. 2, 6: LWL-Archäologie für Westfalen, Projekt Blätterhöhle/W. Heuschen – Abb. 3: Historisches Centrum Hagen/H. Wippermann – Abb. 4, 5: Projekt Blätterhöhle/ J. Orschiedt – Abb. 7: LWL-Archäologie für Westfalen/H. Menne – Abb. 8: Projekt Blätterhöhle/W.Heuschen, S. Grunwald, B. Gehlen, J. Orschiedt – Abb. 9: J. Orschiedt

Gronenborn
Aufmacher, Abb. 6: Thüringisches Landesamt für Denkmalpflege und Archäologie/H. Arnold Abb. 1: National Geographic/Ralph Bitter – Abb. 2: Magistrat der Stadt Hofheim; Römisch-Germanisches Zentralmuseum; Architectura Virtualis – Abb. 3: Römisch-Germanisches Zentralmuseum/R. Müller – Abb. 5: Landesamt für Archäologie und Denkmalpflege Sachsen-Anhalt/J. Lipták

Stäuble
Abb. 1: Landesamt für Archäologie Sachsen/H. Stäuble – Abb. 2, 4: Landesamt für Archäologie sachsen/R. Elburg – Abb. 3: smac/J. Lösel

Zeeb-Lanz
Abb. 1, 2, 5, 7, 11: GDKE Speyer, F. Haack – Abb. 3: GDKE Speyer, J. Orschiedt – Abb. 4: GDKE Speyer, J. Lipták – Abb. 6: GDKE Speyer, J. Winkelmann – Abb. 8: GDKE Speyer, D. Schimmelpfennig – Abb. 9, 10: GDKE Speyer

Hallenkamp-Lumpe, Spiong
Abb. 1, 3: LWL-Archäologie für Westfalen/ C. Hildebrand, A. Madziala – Abb. 2: LWL-Archäologie für Westfalen – Abb. 4: LWL-Archäologie für Westfalen/St. Brentführer

Lehnemann, Meiborg
Abb. 1, 3: hessenARCHÄOLOGIE/R. J. Braun – Abb. 2: hessenARCHÄOLOGIE/E. Lehnemann

Wehry (Dolch)
Abb. 1: Staatliche Museen zu Berlin, Museum für Vor- und Frühgeschichte/C. Klein

Päffgen, Rott, Codreanu-Windauer, Harbeck
Aufmacher, Abb. 6, 8: Staatssammlung für Anthropologie und Paläoanatomie München – Abb. 1: L. Cotlow 1966, S. 21–22 Abb. 2: Verfasser nach Veeramah u. a. 2018 – Abb. 4: Römisch-Germanisches Museum Köln Abb. 5: Bayerisches Landesamt für Denkmalpflege Regensburg – Abb. 7: M. Harbeck auf Grundlage von Daten aus Codreanu-Windauer – Harbeck 2016 – Abb. 9: Verfasser nach Veeramah u. a. 2018

Päffgen, Harbeck, Krause
Abb. 1: Fa. SingulArch/N. Determeyer (München) – Abb. 2, 3: Museum Erding/H. Krause

Meller, Schwarz
Abb. 1: Landesamt für Denkmalpflege und Archäologie Sachsen-Anhalt/J. Lipták (München) – Abb. 2,3: Landesamt für Denkmalpflege und Archäologie Sachsen-Anhalt

Wetzstein
Aufmacher, Abb. 6: Handschriftensammlung der Universität Würzburg – Abb. 1: Vorlage Carl-richard Brühl, bearb. von Hajo Höhler-Brockmann im Auftrag der Forschungsstelle Kaiserpfalz Ingelheim – Abb. 2: Stiegemann – Wemhoff 2006, 40 – Abb. 3: Staatliche Museen zu Berlin, Museum für Vor-und Frühgeschichte/D. Greinert nach Dufour 1977, Kartengrundlage National Geographic, R. Bitter – Abb. 4: Vincent Burmeister – Abb. 5: Bayerisches Landesamt für Denkmalpflege

Wehry (Naumburg)
Abb. 1: Vereinigte Domstifter Naumburg – Abb. 2: Mainz, Bischöfliches Dom- und Diözesanmuseum/A. Hermanns

Marquart
Abb. 1: Stadtarchäologie Stade

Grünewald
Aufmacher, Abb. 7: Archäologisches Museum Hamburg – Abb. 1: Ertel 2015, 3 Abb. 1, Grundlage LVR-Amt für Bodendenkmalpflege – Abb. 2: LVR-LandesMuseum Bonn/J. Vogel – Abb. 3 : Musée gallo-romain de Lyon/C. Thioc und J.-M. Degueule – Abb. 4 : Miller 1887, Weltkarte Segment 3 – Abb. 5 : V. Kassühlke, RGZM Abb. 6: Landesamt für Denkmalpflege und Archäologie Sachsen-Anhalt, J. Lipták

Malliaris
Abb. 1, 2: Landesdenkmalamt Berlin, M. Malliaris

Austausch

Rind
Aufmacher: LVR-LandesMuseum Bonn/J. Vogel – Abb. 1, 5: LVR-Landesmuseum Bonn/Chr. Duntze – Abb. 2: M. M. Rind – Abb. 3: nach Rind – Roth 2007 – Abb. 4: R. P. Gawel, Niederzier – Abb. 6, 8: LWL-Archäologie für Westfalen/St. Brentführer – Abb. 7: Bayerisches Landesamt für Denkmalpflege – Abb. 9: Landesamt für Denkmalpflege und Archäologie Sachsen-Anhalt/J. Lipták – Abb. 10: Museum für Archäologie Schloss Gottorf

Küßner
Abb. 1: Luftbild, DGM 1 und Vermessung Grabung, Thüringisches Landesamt für Denkmalpflege und Archäologie /Jäger, Küßner, Milbradt, Schwertdtfeger mit Daten der GDI-Th – Abb. 2: Thüringisches Landesamt für Denkmalpflege und Archäologie/Küßner

Haßmann
Aufmacher, Abb. 1: BLfD, Jörg Stolz – Abb. 2: 4, 6, 7, 8, 10: V. Minkus/NLD – Abb. 3: YXLON/A. TroÅNller-Reimer, NLD – Abb. 5 Abb. W. Köhne-Wulf, NLD – Abb. 9: Brandenburgisches Landesamt für Denkmalpflege und Landesmuseum/D. Sommer – Abb. 11: Wolfgang David

Krause u. a.
Abb. 1: Museum Erding, Harald Krause – Abb. 2, 3: Bayerisches Landesamt für Denkmalpflege, Jörg Stolz

Stöllner
Aufmacher: : LWL Archäologie in Westfalen/M. Zeiler – Abb. 1: Zusammenstellung durch T. Stöllner – Abb. 2: Fotos: Deutsches Bergbaumuseum, Thorsten Rabsilber, M. Schicht; Zeichnung nach T. Ewald (nach A. Haffner) – Abb. 3, 5: Deutsches Bergbaumuseum Bochum, T. Stöllner – Abb. 4: LWL-Archäologie für Westfalen/H. Menne – Abb. 6: Foto: Deutsches Bergbaumuseum Bochum/Ruhr-Universität Bochum, Th. Stöllner, Zeichnung: M. Krause, Marburg – Abb. 7: Landesamt für Denkmalpflege im Regierungspräsidium Stuttgart

Von Kurzynski
Abb. 1, 4: Landesamt für Denkmalpflege Hessen, hessenARCHÄOLOGIE/B. Bettwieser – Abb. 2, 3: Landesamt für Denkmalpflege Hessen, hessenARCHÄOLOGIE/P. Odvody

Karlsen
Aufmacher: LWL-Archäologie für Westfalen/H. Menne – Abb. 1, 2, 3, 4: LWL-Archäologie für Westfalen/ St. Brentführer

Krausse, Scheschkewitz
Aufmacher, Abb. 3, 4, 5, 13: Copyright Landesamt für Denkmalpflege im Regierungspräsidium Stuttgart, Y. Mühleis – Abb. 1: Staatliche Museen zu Berlin, Museum für Vor- und Frühgeschichte – Abb. 2: bpk / RMN Grand Palais/M. Rabeau – Abb. 6: Landesamt für Denkmalpflege im Regierungspräsidium Stuttgart/Rekonstruktion N. Ebinger-Rist, Graphik F. Courtial – Abb 7: Bayerisches Landesamt für Denkmalpflege – Abb. 8: Landesdenkmalamt Saarland/artsystems Wallerfangen – Abb. 9: Museum für Archäologie Schloss Gottorf, Landesmuseen Schleswig-Holstein – Abb. 10, 12: GDKE Landesarchäologie Rheinland-Pfalz/P. Haag-Kirchner – Abb. 12: LVR-LandesMuseum Bonn/J. Vogel – Abb. 14: LWL-Archäologie für Westfalen/ St. Brentführer

Wehry (Wulfen)
Abb. 1, 2: Staatliche Museen zu Berlin, Museum für Vor- und Frühgeschichte/C. Klein

Theune-Großkopf
Abb. 1: Archäologisches Landesmuseum Baden-Württemberg/M. Schreiner – Abb. 2: Landesamt für Denkmalpflege im Regierungspräsidium Stuttgart/Zeichnung: M. Lier, E. Belz, Amt für Archäologie des Kantons Thurgau – Abb. 3: Archäologisches Landesmuseum Baden-Württemberg/Chr. von Elm, Die Zeichnerei, Tübingen

Fehr
Abb. 1: Firma ProArch, Ingolstadt/V. Planert – Abb. 2, 3: Bayerisches Landesamt für Denkmalpflege/M. Forstner

Tannhäuser
Abb. 1: Thüringisches Landesamt für Denkmalpflege und Archäologie/M. Tomuschat – Abb. 2, 3: Thüringisches Landesamt für Denkmalpflege und Archäologie /H. Arnold

Nieveler (Granat)
Abb. 1: LVR-LandesMuseum Bonn/J. Vogel

Nieveler (Herr von Morken)
Abb. 1, 2: LVR-LandesMuseum Bonn/J. Vogel

Hilberg
Abb. 1: Stiftung Schleswig-Holsteinische Landesmuseen Schloss Gottorf, Schleswig/J. Schüller Abb. 2, 9, 12: V. Hilberg – Abb. 3, 4, 5, 6, 10, 11: Stiftung Schleswig-Holsteinische Landesmuseen Schloss Gottorf/C. Janke Schleswig – Abb. 7: Archäologisches Landesamt Schleswig-Holstein, Schleswig/L. Hermannsen – Abb. 8: aus Kalmring 2010, Abb. 82, 84

Rieger, Jahnke
Aufmacher, Abb. 5, 6, 7, 9, 10, 11, 12, 13, 14, 15, 16, 17: Abt. Archäologie der Hansestadt Lübeck Abb. 1, 3, 4, 8: D. Rieger – Abb. 2: F. Rösch

Westphalen
Abb. 1, 4: Landesamt für Archäologie Sachsen Abb. 2: Landesamt für Archäologie Sachsen/U. Wohmann – Abb. 3: Landesamt für Archäologie Sachsen/J. Liptak

Bischop
Aufmacher: Stiftung Historische Museen Hamburg, Altonaer Museum – Abb. 1, 2: nach Christian Bullen 1677 – Abb. 3, 6, 7: Landesarchäologie Bremen/C.-C. v. Fick – Abb. 4a, 5: Staatsarchiv Bremen/J. Kötzle – Abb. 4b: Landesarchäologie Bremen/E. Schindler

Först
Abb. 1, 2, 3: Archäologisches Museum Hamburg

Schwinden
Abb. 1, 2: Rheinisches Landesmuseum Trier/Th. Zühmer

Burghardt, Hemker, Wagner, Wojnicz
Aufmacher: Landesamt für Archäologie Sachsen/M. Jehnichen – Abb. 1: Landesamt für Archäologie Sachsen/U. Wohmann – Abb. 2: Landesamt für Archäologie Sachsen (Aufnahme vom 15.4.2004, 4752/083-02; Film 2553/29) – Abb. 3: nach Friedland – Hollstein 2008, 223, Abb. 13 – Abb. 4, 5, 6, 9: Landesamt für Archäologie Sachsen/G. Wagner – Abb. 7: Landesamt für Archäologie Sachsen/Karte M. Bertuch – Abb. 8: Münzkabinett, Staatliche Kunstsammlungen Dresden/J. Dornheim, – Abb. 10: Landesamt für Archäologie Sachsen/H. Hönig, F. Schröder – Abb. 11: Landesamt für Archäologie Sachsen/Katasterplan F. Göttlich/H.Hönig – Abb. 12: Landesamt für Archäologie Sachsen/ Grundriss und Schnitt H. Hönig – Abb. 13: Landesamt für Archäologie Sachsen/Th. Reuter –

Abb. 14: Landesamt für Archäologie Sachsen/ Bearbeitung F. Göttlich – Abb. 15: Landesamt für Archäologie Sachsen/F. Schröder – Abb. 16, 17: Landesamt für Archäologie Sachsen/H. Hönig, F. Schröder

Krabath(Fürstenberg)
Abb. 1: Brandenburgisches Landesamt für Denkmalpflege und Archäologisches Landesmuseum/D. Sommer

Konflikt

Jantzen, Terberger
Aufmacher: S. Sauer für das Tollensetal-Projekt Abb. 1: Landesamt für Kultur und Denkmalpflege Mecklenburg-Vorpommern – Abb. 2: Landesamt für Kultur und Denkmalpflege Mecklenburg-Vorpommern, Landesarchäologie/F. Ruchhöft Abb. 3: DAI, RGK/R. Scholz, K. Rassmann (Geophysik); Niedersächsisches Landesamt für Denkmalpflege/J. Dräger – Abb. 4: Landesamt für Kultur und Denkmalpflege Mecklenburg-Vorpommern, Landesarchäologie/F. Ruchhöft, Bearbeitung D. Jantzen – Abb. 5, 7b, 8, 9, 10, 11: Landesamt für Kultur und Denkmalpflege Mecklenburg-Vorpommern, Landesarchäologie/S. Suhr – Abb. 6: Niedersächsisches Landesamt für Denkmalpflege/G. Lidke – Abb. 7a: V. Minkus für das Tollensetal-Projekt

Geschwinde, Lönne, Meyer
Aufmacher: Braunschweigisches Landesmuseum/I. Simon, – Abb. 1,7: Niedersächsisches Landesamt für Denkmalpflege/C. S. Fuchs – Abb. 2, 10: Niedersächsisches Landesamt für Denkmalpflege/M. Failla,– Abb. 3, 5, 6: Niedersächsisches Landesamt für Denkmalpflege7Th. Schwarz, – Abb. 4: Niedersächsisches Landesamt für Denkmalpflege/V. Minkus – Abb. 8, 9: Niedersächsisches Landesamt für Denkmalpflege – Abb. 11: Niedersächsisches Landesamt für Denkmalpflege/Th. Deutschmann

Klooß, Segschneider, Auer
Aufmacher: G. Lorenz, Wendtorf – Abb. 1: Kartengrundlage National Geographic, R. Bitter, Bearbeitung durch D. Greinert – Abb. 2: Veröffentlicht im Jahr 1651 in zweiter Auflage im Bd. 5 des Almanachs Theatrum Europaeum – Abb. 3: Archäologisches Landesamt Schleswig-Holstein/U. Kunz – Abb. 4, 5: Archäologisches Landesamt Schleswig-Holstein/S. Kleingärtner – Abb. 6, 7: Archäologisches Landesamt Schleswig-Holstein/L. Hermannsen – Abb. 8: YXLON International GmbH, Hamburg – Abb. 9, 10, 18: J. Auer – Abb. 11, 16: Kopenhagen, Rigsarkiv RA 141-1 (1715) Skibsjournal Prinds Christian – Abb. 12, 13, 14, 15, 17: C. Janke, Stiftung Schleswig-Holsteinische Landesmuseen Schloss Gottorf

Carnap-Bornheim
Aufmacher, Abb. 5,6,7: Museum für Archäologie Schloss Gottorf, Landesmuseen Schleswig-Holstein Abb. 1, 3: LVR-LandesMuseum Bonn/J. Vogel – Abb. 2: GDKE Rheinland-Pfalz – Abb. 4: Landesdenkmalamt Saarland

Wemhoff
Aufmacher: GDKE Rheinisches Landesmuseum Trier Abb. 1: bpk/RMN - Grand Palais/M. Rabeau Abb. 2: Archäologische Staatssammlung München/S. Friedrich – Abb. 3: A. Reis – Abb. 4: LVR-Landesmuseum Bonn – Abb. 5: Plan Katja Kliemann/Michael Wiehen, Stadt Köln; Grafik Ertan Öczan – Abb.6: Stadt Köln – Archäologische Zone/Jüdisches Museum, MiQua. LVR-Jüdisches Museum im Archäologischen Quartier Köln – Abb.7: Institut für Klassische Archäologie und Christliche Archäologie der Westfälischen Wilhelms- Universität/R. Dylka (dunkelgrünes, blaues und rotes Glas), Staatliche Museen zu Berlin, Museum für Vor- und Frühgeschichte/F. Thieme (hellgrünes Glas) – Abb. 8: Stadtarchäologie Münster/U. Holtfester Abb. 9: Bischöfliches Diözesanmuseum Bistum Münster – Kunstpflege – Abb. 10: Staatliche Museen zu Berlin, Zentralarchiv – Abb. 11: © VG Bild-Kunst Bonn, 2018 – Abb. 11–12: Staatliche Museen zu Berlin, Museum für Vor- und Frühgeschichte/A. Kleuker

Kliemann, Wiehen
Abb. 1: Stadt Köln – Archäologische Zone/Jüdisches Museum, MiQua. LVR-Jüdisches Museum im Archäologischen Quartier Köln, Technische Universität Darmstadt, Fachgebiet Digitales Gestalten, Architectura Virtualis GmbH, Kooperationspartner der TU Darmstadt – Abb. 2, 3, 4: Stadt Köln – Archäologische Zone/Jüdisches Museum, MiQua. LVR-Jüdisches Museum im Archäologischen Quartier Köln

Rasbach
Abb. 1, 2: Römisch-Germanische Kommission, Frankfurt am Main – Abb. 3: Landesamt für Denkmalpflege Hessen, hessenARCHÄOLOGIE, Wiesbaden

Innovation

Conard
Aufmacher: Urgeschichtliches Museum Blaubeuren/J. Wiedmann – Abb. 1, 2, 3, 6, 8, 9: Foto: J. Lipták, Universität Tübingen – Abb. 4: Landesamt für Denkmalpflege im RP Stuttgart/Y. Mühleis – Abb. 5, 7: Foto: H. Jensen, Universität Tübingen Abb. 10, 11: Universität Tübingen/M. Malina – Abb. 12: Thüringisches Landesamt für Denkmalpflege und Archäologie/B. Stefan

Meller
Aufmacher: Historisches Museum der Pfalz, Speyer/ P. Haag-Kirchner – Abb. 1: Musées cantonaux du Valais, H. Preisig – Abb. 2, 4, 5: Landesamt für Denkmalpflege und Archäologie Sachsen-Anhalt/J. Lipták, Köln – Abb. 3: Anati 2008, 191 Abb. 187, WARA Archive W07627 – Abb. 6, 9: Landesamt für Denkmalpflege und Archäologie Sachsen-Anhalt, B. Parsche – Abb. 7: Müller-Karpe 1980, Taf. 97, B1;101, 31; 163, C12 – Abb. 8: Landesamt für Denkmalpflege und Archäologie Sachsen-Anhalt, M. Wiegmann – Abb. 10: Landesamt für Denkmalpflege und Archäologie Sachsen-Anhalt/K. Schauer Abb. 11: Staatliche Museen zu Berlin, Museum für Vor-und Frühgeschichte/C. Plamp

Schopper
Aufmacher, Abb. 5: LVR-LandesMuseum Bonn/J. Vogel – Abb. 1, 2, 3: LWL-Archäologie für Westfalen/St. Brentführer – Abb. 4: Landesamt für Denkmalpflege Hessen, hessenARCHÄOLOGIE – Abb. 6, 7: Denkmalamt Frankfurt – Abb. 8, 9: Römermuseum Güglingen/R. Hajdu – Abb. 10: Landesamt für Denkmalpflege Baden-Württemberg/M. Erne – Abb. 11: Detlef Sommer, Brandenburgisches Landesamt für Denkmalpflege und Archäologie – Abb. 12: AschheiMuseum/Pütz

Schlichtherle
Abb. 1 Landesamt für Denkmalpflege Baden-Württemberg/Bildmontage H. Schlichtherle, M. Fischer und M. Erne – Abb. 2: Landesamt für Denkmalpflege Baden-Württemberg/M. Erne – Abb. 3: Landesamt für Denkmalpflege Baden-Württemberg/Zusammenstellung: H. Schlichtherle – Abb. 4: Archäologisches Landesmuseum Baden-Württemberg/M. Schreiner

Nadler
Abb. 1: Felix Wagner, Bayerisches Landesamt für Denkmalpflege, Nürnberg

Wehry (Brandbestattung)
Abb. 1: Staatliche Museen zu Berlin, Museum für Vor-und Frühgeschichte/C. Klein – Abb. 2 Foto: Staatliche Museen zu Berlin, Museum für Vor-und Frühgeschichte/D. Greinert

Adler
Abb. 1: Landesdenkmalamt Saarland/M. Schönberger – Abb. 2: Landesdenkmalamt Saarland/ O. Jungmann – Abb. 3, 4: Landesdenkmalamt Saarland

Schade-Lindig
Abb. 1, 3: Landesamt für Denkmalpflege Hessen, hessenARCHÄOLOGIE/S. Schade-Lindig Abb. 2, 4: Landesamt für Denkmalpflege Hessen, hessenARCHÄOLOGIE/J. Meyer

Hansen
Aufmacher, 7, 8, 10: Landesamt für Denkmalpflege und Archäologie Sachsen-Anhalt/J. Lipták – Abb. 1: S. Hansen – Abb. 2: Lippisches Landesmuseum Detmold Abb 3: Archäologisches Museum Hamburg – Abb. 4: Landesamt für Denkmalpflege im Regierungspräsidium Stuttgart/Y. Mühleis Abb 5: Niedersächsisches Landesamt für Denkmalpflege/V. Minkus – Abb. 6: A. Heitmann, Kiel – Abb. 9: Mus. Pozna 11: Museumslandschaft Hessen Kassel – Abb. 12: Museum Quintana – Archäologie in Künzing – Abb. 13: AschheiMuseum/ Pütz Abb. 14: Vonderau Museum Fulda/Z. Jez – Abb. 15: LVR-LandesMuseum Bonn/J. Vogel

Haßmann (Schöningen)
Abb. 1: Niedersächsisches Landesamt für Denkmalpflege/Ch. Fuchs

Baales, Birker
LWL-Archäologie für Westfalen (AS Olpe)/H. Menne

Bildnachweis

Haßmann (Lüstringen)
Abb. 1: Niedersächsisches Landesamt für Denkmalpflege/V. Minkus

Lehmann
Abb. 1, 3: Altertumskommission für Westfalen/Th.s Maertens – Abb. 2, 4: LWL-Archäologie für Westfalen/S. Brentführer

Jentgens, Peine
Abb. 1: Jentgens & Partner Archäologie/G. Jentgens

Peine, Wegener
Abb. 1: LWL-Archäologie für Westfalen/R. Klostermann – Abb. 2, 3: LWL-Archäologie für Westfalen/S. Brentführer

Krabath (Porzellan)
Abb. 1: Landesamt für Archäologie Sachsen/K. E. Senf – Abb. 2: Landesamt für Archäologie Sachsen/U. Wohmann – Abb. 3: Landesamt für Archäologie Sachsen/St. Krabath – Abb. 4 Landesamt für Archäologie Sachsen/U. Wohmann, St.Krabath

Malliaris
Abb. 1: Landesdenkmalamt Berlin/F. Tiedemann – Abb. 2: Landesdenkmalamt Berlin/ M. Malliaris

Wunderlich, Reichenberger
Abb. 1: Papyrus leidensis: Rijksmuseum van Oudeheden, Leiden (NL); Papyrus Holmiensis: Schwedische Nationalbibliothek, Stockholm – Abb. 2: S. Grasser – Abb. 3, 4, 6, 7, 8, 10, 11, 12, 13: Landesamt für Denkmalpflege und Archäologie Sachsen-Anhalt/V. Keil – Abb. 5 Jurai Lipták – Abb. 9: Landesamt für Denkmalpflege und Archäologie Sachsen-Anhalt/Foto M. Albrecht, Zeichnung: M. Janietz-Herrmann – Abb. 14: Digitalisat, Getty Research Institute

Zeittafel: LWL-Archäologie für Westfalen, angepasst durch D. Greinert
Karte: Museum für Vor- und Frühgeschichte; National Geographic/R. Bitter

Liste aller Fundorte der in der Ausstellung gezeigten Exponate